Bundesrepublik Deutschland
Volksrepublik Polen

Bilanz der Beziehungen
Probleme und Perspektiven
ihrer Normalisierung

Herausgegeben
von
Hans-Adolf Jacobsen, Carl-Christoph Schweitzer,
Jerzy Sułek und Lech Trzecíakowskí

1979

Alfred Metzner
Verlag
Frankfurt am Main

Polski Instytut
Spraw Międzynarodowych
Warszawa

CIP-Kurztitelaufnahme der Deutschen Bibliothek

Bundesrepublik Deutschland, Volksrepublik Polen:
Bilanz d. Beziehungen, Probleme u. Perspektiven ihrer Normalisierung/hrsg. von Hans-Adolf Jacobsen . . . — Frankfurt am Main: Metzner; Warszawa: Polski Instityt Spraw Międzynarodowych, 1979.
ISBN 3-7875-5256-1

NE: Jacobsen, Hans-Adolf [Hrsg.]

ISBN: 3-7875-5256-1
Satz und Druck: Pfälzische Verlagsanstalt, Landau

Inhalt

Vorwort der Herausgeber

Die Beziehungen zwischen Deutschen und Polen, in der Vergangenheit vielfach belastet, haben nach dem Zweiten Weltkrieg eine neue Wende genommen und darüber hinaus den Verlauf der gesamten europäischen Politik wesentlich mitbestimmt. Auch in Zukunft wird ihnen bei der Sicherung und Gestaltung des Friedens in unserer Zeit eine bedeutsame Rolle zufallen.

Jedoch erst mit der Unterzeichnung und Ratifizierung des Vertrages von Warschau am 7. Dezember 1970 wurde der Prozeß der Normalisierung zwischen der Bundesrepublik Deutschland und der Volksrepublik Polen ermöglicht. Entscheidend blieb allerdings die Frage, ob es gelingen würde, dieses Vertragswerk mit Leben zu erfüllen und eine Politik der Verständigung und des Interessenausgleichs bei gegenseitiger Respektierung unterschiedlicher Gesellschaftsordnungen einzuleiten.

Das hier vorgelegte wissenschaftliche Gemeinschaftsprojekt, das als Veröffentlichung zur gleichen Zeit in polnischer und deutscher Sprache erscheint, geht auf eine Entstehungsgeschichte von mehreren Jahren zurück. Lange vor Abschluß des Kulturabkommens zwischen der Bundesrepublik Deutschland und der Volksrepublik Polen von 1976 konzipiert, war das Werk zwar von dem jeweils erreichten Stand der beiderseitigen Beziehungen durchaus abhängig, nahm aber in gewissem Sinne Zielvorstellungen dieses Abkommens vorweg. Denn es will verstanden werden als ein erster bescheidener Versuch, Möglichkeiten, Grenzen und Perspektiven intersystemarer Zusammenarbeit auf dem Gebiete der Geisteswissenschaften zu verdeutlichen entsprechend der Schlußakte von Helsinki aus dem Jahre 1975. Daran haben sich Vertreter verschiedener Wissenschaftsdisziplinen unserer Länder beteiligt. In mehreren Arbeitssitzungen und Aussprachen wurden die einzelnen Forschungsergebnisse diskutiert — zunächst von den Autoren, sodann aber vor allem von den Herausgebern. Es sollte und konnte keine Einmütigkeit in der Bewertung von Fakten und Zusammenhängen erzielt oder gar bestimmte, auch weiterhin bestehende Gegensätze verwischt werden. Vielmehr wurden solche Gegensätze offen ausgesprochen und dort, wo es uns exemplarisch erforderlich zu sein schien, durch eine entsprechende Kommentierung der jeweils anderen Seite deutlich gemacht (s. die jeweiligen Sternchen im Text) — und zwar gerade im Interesse einer immer besseren Verständigung zwischen den beiden Staaten und Völkern.

Die Herausgeber waren bemüht, in vier zusammengefaßten Sachbereichen bekannte Wissenschaftler relevanter Disziplinen aus der Sicht beider Länder für eine Bilanz der bilateralen Beziehungen der Probleme und Perspektiven ihrer Normalisierung zu gewinnen; allerdings konnte nicht mehr in allen Beiträgen die Entwicklung der letzten Jahre berücksichtigt werden. Damit möchten sie einen Präzedenzfall für die Zusammenarbeit zwischen wissenschaftlichen Vertretern unterschiedlicher Gesellschaftsordnungen schaffen.

Aufbau und Gliederung ergaben sich daraus, daß zunächst die historischen Grundlagen der Gesamtproblematik dargelegt und sodann die im engeren Sinne politischen Beziehungen nach 1945 mit der deutlichen Zäsur des Jahres 1970 behandelt werden sollten. Es folgen die Erörterung der immer wichtiger gewordenen wirtschaftlichen Fragen und schließlich ein unter dem Rubrum „Kultur" konzipierter Teil, der in die entscheidende Problematik der jeweiligen Fremdbilder ausmündet. Sie galt es, mit dem im Kommuniqué nach dem Besuch des 1. Sekretärs des Z.K. der polnischen Arbeiterpartei, E. Gierek, in der Bundesrepublik Deutschland 1976 als besonders wichtig herausgestellten Ziel zu analysieren, das eigene Bild nur als einen Teil der Wirklichkeit zu verstehen, den anderen in seinem Eigenwert zu begreifen und durch verbesserte Informationen Verzerrungen auf beiden Seiten zu reduzieren.

Für die einzelnen Beiträge zeichnen inhaltlich allein die jeweiligen Autoren verantwortlich, denen die Herausgeber an erster Stelle für das Zustandekommen dieses wissenschaftlichen Wagnisses danken möchten. Ihr besonderer Dank gilt aber der Robert-Bosch-Stiftung in Stuttgart für die finanzielle Förderung der Veröffentlichung in der Bundesrepublik* und dem Polnischen Institut für Internationale Fragen in Warschau. Alle Beteiligten hoffen, daß die Leser in beiden Ländern dieses Vorhaben ebenso verständnisvoll wie kritisch aufnehmen und damit auch wertvolle Anregungen für weitere Arbeiten geben werden, die der Verständigung zwischen beiden Staaten und Völkern dienen.

Bonn — im Februar 1979 — Warszawa

Die Herausgeber:
H.-A. Jacobsen C. C. Schweitzer — J. Sułek L. Trzeciakowski

Zusatz für die deutsche Ausgabe:

* Im Rahmen ihres Schwerpunktes „Deutschland und seine Nachbarn" legt die Stiftung ein besonderes Gewicht auf die Förderung der deutsch-polnischen Beziehungen. Sie möchte dazu beitragen, daß das gegenseitige Verstehen zwischen Deutschen und Polen wächst. Die Menschen in beiden Völkern sollen mehr übereinander erfahren und miteinander ins Gespräch kommen, damit dauerhafte Beziehungen des Austausches und der Zusammenarbeit entstehen.

In dem Vorhaben, dessen Ergebnisse hier vorgelegt werden, sieht die Robert-Bosch-Stiftung einen Schritt auf dem Wege zu diesen Zielen. Sie wollte mit ihrer Förderung die Kooperation ermöglichen, die die Voraussetzung eines solchen Projektes bildet, und das bessere Kennenlernen unterstützen, das sein Ergebnis sein kann. Aussagen und Wertungen in den einzelnen Beiträgen liegen ganz in der Verantwortung der Autoren.

I. Geschichte

Zu den historischen Grundlagen der deutsch-polnischen Beziehungen 1918—1945

von

Jörg K. Hoensch

Das spannungsreiche deutsch-polnische Nebeneinander in der Zwischenkriegszeit, das mit der Auslösung des Zweiten Weltkriegs und des Versuchs einer gezielten Verdrängung und Ausrottung weiter Teile der polnischen Bevölkerung seinen inhumanen und in den Auswirkungen bis heute noch nicht völlig überwundenen Höhepunkt erreichte, ist nicht allein das Ergebnis des militärischen Zusammenbruchs des Deutschen Reiches und der Wiedererrichtung eines polnischen Staates im Ersten Weltkrieg. Über die Erste Teilung der polnischen Adelsrepublik 1772 hinaus läßt sich die Rivalität zwischen Polen und Deutschen in wechselnder Intensität über den Konflikt des Deutschen Ritterordens mit dem Jagiellonenreich bis in das 10. Jahrhundert zurückverfolgen, in dem das christliche Polen unter dem Fürsten Mieszko I. und seinem Sohn, König Bolesław I. Chrobry, in die Geschichte der abendländischen Staatenwelt eintrat. Die Erfahrungen zumal, welche die Polen unter preußischer Herrschaft im 19. Jahrhundert gemacht hatten, prägten sich der Nation ohne Staat besonders tief ein und bestimmten verhängnisvoll das politische Klima bereits während des Ersten Weltkriegs und in der Weimarer Republik.[1] Das Mißtrauen der Polen in die preußische Staatsgewalt hatte seine historischen Wurzeln, angefangen vom angeblichen Verrat des preußischen Bundesgenossen im Jahre 1791, der die Realisierung der für die damalige Zeit modernen Konstitution vom 3. Mai verhindert hatte und der in der Zweiten Teilung mündete, die nur teilweise Erfüllung der aus der Wiener Kongreßakte von 1815 und dem ,,königlichen Zuruf" hergeleiteten Versprechungen König Friedrich Wilhelms III., die preußische Beteili-

1 Auf die ältere, etwas tendenziöse Darstellung von Laubert, M., Die preußische Polenpolitik 1772—1914, Berlin o. J. (3. Auflage 1943) kann heute verzichtet werden dank der einfühlsamen Studie von Broszat, M., Zweihundert Jahre deutsche Polenpolitik, München 1963 (erw. Neuauflage Frankfurt 1972). Siehe auch Baske, S., Praxis und Prinzipien preußischer Polenpolitik vom Beginn der Reaktionszeit bis zur Gründung des Deutschen Reiches (1841—1871), in: Forschungen zur osteuropäischen Geschichte 9 (1963), S. 7—268; Wehler, H.-U., Die Polenpolitik im deutschen Kaiserreich 1871—1918, in: Politische Ideologien und nationalstaatliche Ordnung. Festschrift für Theodor Schieder, München/Wien 1968, S. 297—316. Von polnischer Seite bringt die Studie von Feldman, W., Geschichte der politischen Ideen in Polen, München 1917, weitere Aufschlüsse.

gung an der Niederschlagung des November-Aufstands von 1830, die Germanisierungspolitik in Posen während der „Ära Flottwell" und die 1846 abrupt gestoppte „Versöhnungsära" unter der Regierung Friedrich Wilhelms IV. Doch diese schlechten Erfahrungen waren während der revolutionären Märztage des Jahres 1848 vergessen, als sich die liberalen Kräfte in Deutschland letztmalig für die polnische Frage begeisterten und im Wiederentstehen eines geeinten Polen eine Grundvoraussetzung für die Errichtung eines demokratischen deutschen Einheitsstaates zu erkennen glaubten.* Der Sieg der Reaktion und das Überhandnehmen ungezügelter Nationalismen führte auf beiden Seiten zu einer starken Ernüchterung bei gleichzeitiger Herausbildung scharf voneinander getrennter nationaler Lager, die sich nach der Errichtung des Norddeutschen Bundes und der Bismarckschen Reichsgründung weiter verfestigten. Der Kulturkampf der 1870er Jahre mit seinen eindeutigen antipolnischen Maßnahmen, die Schul-, Sprach-, Ansiedlungs- und Enteignungsgesetzgebung[2] sowie die politische Diskriminierung gipfelnd in der Unterstellung, der polnische Bevölkerungsteil bestehe nur aus „Reichsfeinden", begünstigten das engere Zusammenrücken aller betroffenen Polen unter Ausbildung einer vollständigeren Sozialverfassung und die Entstehung eines modernen, über die Teilungsgrenzen ausgreifenden, auf dem Landespatriotismus der polnischen Adelsgesellschaft basierenden Nationalgefühls. Die durch die preußische Historikerschule gezielt vorgenommene Abwertung der polnischen kulturellen und politischen Leistungen der Vergangenheit[3] sowie die lärmende, das Verhältnis zwischen deutscher Staatsnation und polnischer Minderheit vergiftende antipolnische Kampagne von Ostmarkenverein und Alldeutschem Verband trugen zur Verfestigung eines vorurteilsbehafteten, verständnislosen und irrealen Polenbildes in der deutschen Öffentlichkeit bei, während unter den Polen auf dem Höhepunkt wilhelminischen Weltmachtstrebens die Sorge um die Existenz der geteilten Nation im Konflikt zwischen dem „deutschen Drang nach Osten" und dem zaristischen Expansio-

2 Aus der Fülle der Darstellungen zu diesem Problemkreis seien hier herausgegriffen die Arbeiten von Mai, J., Die preußisch-deutsche Polenpolitik 1885—1887. Eine Studie zur Herausbildung des Imperialismus in Deutschland, Berlin (Ost) 1963; und Neubach, H., Die Ausweisung von Polen und Juden aus Preußen 1885—86. Ein Beitrag zu Bismarcks Polenpolitik und zur Geschichte des deutsch-polnischen Verhältnisses, Wiesbaden 1967. Über die Folgen der Germanisierungspolitik berichtet Tims, R., Germanising Prussian Poland, New York 1961.

3 Darüber berichtet Biedermann, G., Polen im Urteil der nationalpreußischen Historiographie des 19. Jahrhunderts, Phil. Diss. Erlangen 1967.

* Dazu Anmerkung Krasuski: Zu zunehmenden Spannungen in den deutsch-polnischen Beziehungen kam es nicht erst in der Zeit der Reaktion nach 1848. Die Quelle des Konfliktes wurde die schon im April 1848 gefällte Entscheidung sowohl der liberalen preußischen Regierung als auch des deutschen Vorparlaments und der Deutschen Nationalversammlung in Frankfurt a. Main hinsichtlich der Einverleibung eines Großteils des Großfürstentums Posen in das zu gründende Deutsche Reich. Nach den Beschlüssen des Wiener Kongresses von 1815 war das Großfürstentum Posen mit der preußischen Krone verbunden; es war aber kein Bestandteil des Deutschen Bundes. Gegen die beabsichtigte Einverleibung des Großfürstentums Posen durch Deutschland brach im April 1848 ein polnischer Aufstand aus.

nismus überhandnahm. Der Ausbruch des Ersten Weltkriegs, der eine Lösung der polnischen Frage zu bringen versprach, ließ vorerst auch die Auseinandersetzungen innerhalb der unterschiedlichen politischen Gruppierungen in den einzelnen Teilgebieten über die künftige Ausrichtung eines wiederzuerstehenden Staatswesens verstummen und alle polnischen Patrioten geschlossen für die Realisierung des großen Ziels der Eigenstaatlichkeit kämpfen.[4]

Ein großer Erfolg konnte am 5. November 1916 verzeichnet werden, als die deutsche und österreichische Besatzungsmacht unter dem Druck der Kriegsereignisse ein Königreich Polen als einen „Staat mit erblicher Monarchie und konstitutioneller Verfassung" proklamierten, ohne jedoch Aussagen über das künftige Staatsgebiet und das Ausmaß der nationalen Souveränität zu machen. Der Petrograder Sowjet ließ in einem Aufruf am 14./27. März 1917 das polnische Proletariat wissen, daß er das „nationalpolitische Selbstbestimmungsrecht der Völker" anerkenne, die Teilungsverträge als ungültig betrachte und für ein „in staatlicher und internationaler Hinsicht vollkommen unabhängig(es)" Polen eintreten werde. Doch bei den wachsenden Spannungen zwischen den Besatzungsmächten, zumal zwischen der deutschen Obersten Heeresleitung unter Ludendorff und dem Provisorischen Staatsrat bzw. dem Regentschaftsrat als den geduldeten und abhängigen polnischen Zivilverwaltungskörperschaften, und wegen der in Polen weitverbreiteten Vorbehalte gegen die junge Sowjetmacht nach der Oktoberrevolution der Bolschewiki lag die Initiative zur Lösung der Polenfrage in der Endphase des Krieges eindeutig auf seiten der Westalliierten. Dem im 13. der vierzehn Punkte Wilsons am 8. Januar 1918 abgegebenen Versprechen, das neue Polen werde „einen freien und gesicherten Zugang zum Meer" erhalten, maßen die polnischen Patrioten besonderes Gewicht bei, nicht zuletzt weil Ludendorffs bis in den August 1918 hinein gehegten Pläne, ohne Rücksicht auf Polen einen breiten „Schutzstreifen" vom Bobr und Narew bis nach Oberschlesien unter Abschiebung der dort seßhaften polnischen Bevölkerung zu annektieren und dem neugegründeten Königreich Litauen sowie einem ukrainischen Nationalstaat weite polnische Gebiete zuzuteilen, die Ablehnung der gesamten polnischen Nation fand.[5] Auch wenn die amerikanische Regierung bis zur deutschen Kapitulation davon ausging, daß unter dem Prinzip eines unparteiisch ausgelegten Selbstbestimmungsrechtes nur solche Gebiete an den neuzugründenden polnischen Nationalstaat fallen sollten, die „von einer unbestreitbaren polnischen Bevölkerung bewohnt werden"[6], hatten der Einsatz der polnischen

4 Komarnicki, T., The Rebirth of the Polish Republic. A Study in Diplomatic History, London 1957; Holzer, J. und J. Molenda, Polska w pierwszej wojnie światowej (Polen im Ersten Weltkrieg), Warszawa 1973.

5 Geiss, I., Der polnische Grenzstreifen. Ein Beitrag zur deutschen Kriegszielpolitik im Ersten Weltkrieg, Hamburg/Lübeck 1960; Basler, W., Deutschlands Annexionspolitik in Polen und im Baltikum 1914—1918, Berlin (Ost) 1962.

6 Mamatey, V. S., The United States and Eastern Central Europe 1914—1918. A Study in Wilsonian Diplomacy and Propaganda, Princeton, N. J., 1957; Leczyk, M., Komitet Narodowy Polski a Ententa i Stany Zjednoczone 1917—1919 (Der Polnische Nationalrat, die Entente und die Vereinigten Staaten 1917—1919), Warszawa 1966.

Legionen auf seiten der Westalliierten und das Wirken des Polnischen Nationalkomitees in Paris die Grundeinstellung auf der Seite der Sieger so weit beeinflußt, daß der Führer der Nationaldemokratie, Roman Dmowski, am 8. Oktober 1918 die Bildung einer unabhängigen, starken polnischen Republik als einer „großen schöpferischen Demokratie in Osteuropa" und als einer „Schanze gegen den deutschen Drang nach Osten" fordern konnte, wobei diesem Staat außer Kongreßpolen im Westen Posen, Westpreußen, Oberschlesien und Teile Ostpreußens zugeteilt, im Osten fast das gesamte Großfürstentum Litauen sowie Wolhynien und Podolien zugeschlagen, im Süden schließlich ganz Galizien und Teschen übereignet werden sollten. Dieser Konzeption eines national betonten Großpolens stellte Józef Piłsudski, der Führer der polnischen Sozialisten und die unbestritten moralische und militärische Autorität, seinen Plan eines wiederentstehenden „jagiellonischen" Polen — eines föderativ aufgebauten übernationalen Großbereiches unter polnischer Führung — entgegen.[7] Trotz der Spannungen wegen dieser Doppelgleisigkeit der Ansätze über die territoriale Ausstattung, der nationalen Komposition sowie der politischen Aufgabe des neuen Polen, die Piłsudski nach seiner Freilassung aus deutscher Festungshaft auszugleichen und mit einer Kompromißlösung in konstruktive Bahnen zu lenken suchte, war allein durch die Tatsache des Wiederentstehens eines polnischen Staates am 11. November 1918 einer der das deutsch-polnische Nachbarschaftsverhältnis in der Zwischenkriegszeit dominierenden Konfliktbereiche erwachsen.[8]

Denn breite Kreise der deutschen Bevölkerung, vornehmlich die im nationalkonservativen Lager Stehenden, noch wenige Monate vor dem Zusammenbruch durch geschönte Nachrichten über den bevorstehenden Enderfolg und einen Siegfrieden im Osten leichtfertig getäuscht, konnten oder wollten sich nicht mit dem Gedanken anfreunden, daß die verachteten, als inferior abgestempelten Polen, die man als gutwillige und ausbeutbare Saisonarbeiter auf den ostelbischen Gütern oder als Hilfskräfte der Industrie im Ruhrgebiet gerade noch toleriert hatte, nun ein eigenes Staatswesen und dazu z. T. noch *auf Kosten* des Deutschen Reiches in seinen Grenzen von 1914 erhalten sollten. Zumal der am 27. Dezember 1918 ausgebrochene Aufstand in Posen[9], der bis zum 8. Januar 1919 fast die gesamte Provinz

7 Dziewanowski, M. K., Piłsudskis Federal Policy 1919—1921, in: Journal of Central European Affairs 10 (1950), S. 113—128 und S. 271—287; und, ders., Joseph Piłsudski. A European Federalist 1918—1922, Stanford 1969.

8 Als wichtigste Gesamtdarstellungen der Geschichte der Zweiten Polnischen Republik der Zwischenkriegszeit unter Berücksichtigung des deutsch-polnischen Verhältnisses können gelten: Historia Polski (Geschichte Polens). (Hrsg. vom Instytut Historii Polskiej Akademii Nauk). Bd. IV, Warszawa ab 1966; Osteuropa-Handbuch Polen. (Hrsg. von W. Markert), Köln/Graz 1959; Roos, H., Geschichte der polnischen Nation 1916—1960. Von der Staatsgründung im Ersten Weltkrieg bis zur Gegenwart, Stuttgart ^{2}1961; Zweig, F., Poland Between Two Wars, London 1944; Polonsky, A., Politics in Independent Poland 1921—1939. The Crisis of Constitutional Government, Oxford 1972; Holzer, J., Mozaika polityczna Drugiej Rzeczypospolitej (Ein politisches Mosaik der Zweiten Republik), Warszawa 1974.

9 Die Posener Vorgänge erfahren in der älteren Studie von Wieliczka, Z., Wielkopolska a Prusy w dobie powstania 1918/19 (Großpolen und Preußen während des Aufstands 1918/19),

in polnische Hände brachte und damit ein nicht mehr revidierbares fait accompli für die im Februar aufgenommenen Beratungen der „Kommission für polnische Angelegenheiten" bei den Pariser Friedensverhandlungen schuf, wurde auf deutscher Seite als nicht zu überbietender Ausdruck polnischer Überheblichkeit und Größenwahns gewertet. Die Tatsache, daß eine der wichtigsten Kornkammern und ein vielversprechendes industrielles Entwicklungsgebiet wegen der deutschen militärischen Schwäche fast kampflos aufgegeben werden mußte und dadurch die polnische Grenze nur in 160 km Entfernung von der deutschen Hauptstadt verlief, prägte sich als niederschmetterndes Symbol der Niederlage, der Revolution und der suspekten demokratischen Veränderungen in das deutsche Nationalbewußtsein ein. Und obschon — nicht zuletzt auf Insistieren Lloyd George's — die Friedenskonferenz die polnischen Forderungen von 84 198 km² Reichsterritoriums auf ein Gebiet von 42 927 km² reduzierte, lösten die Abtretung der gesamten Provinz Posen, von Teilen Mittelschlesiens und des pommerellischen Herzstücks von Westpreußen zur Schaffung des polnischen Zugangs zum Meer westlich von Danzig sowie die Anordnung von Plebisziten in Oberschlesien und den strittigen Gebieten um Marienwerder und Allenstein (Art. 87—98 des Versailler Vertrags) besonders starke deutsche Empörung aus. Die Erhebung Danzigs zur Freien Stadt im Umfang von 1914 km² mit 315 000 deutschen und etwa 10 000 polnischen Einwohnern sollte, obgleich die wirtschaftlichen und verkehrspolitischen Rechte Polens im einzelnen am 24. Oktober 1921 formal festgeschrieben wurden, wegen der beiderseitigen unerbittlichen Verteidigung jeder juristischen Position zu stets gespannten Beziehungen führen und zunehmend auch das deutsch-polnische Verhältnis belasten.*

Das tiefverwurzelte Gefühl des Mißtrauens wurde nicht zuletzt auch durch die von allen polnischen Kabinetten verfolgte Politik der Verdrängung oder der rechtlichen Einschränkung des Deutschtums, dokumentiert im „Ostmarkengesetz" von 1924 und dem sog. „Liquidationsgesetz", angeheizt; der „Optantenstreit" und der Rückstrom der rund 700 000 deutschen Emigranten in das Reichsgebiet stellten eine zusätzliche Belastung erster Größenordnung der bilateralen Kontakte dar.**

Poznań 1932, eine ausgewogene Interpretation. Wichtiger sind die neueren Darstellungen von Grygier, T., St. Kubiak und A. Kucner, Studia z historii Powstania Wielkopolskiego 1918/19 (Studien zur Geschichte des Großpolnischen Aufstands 1918/19), Poznań 1967; Powstanie Wielkopolskie 1918/19 (Der Großpolnische Aufstand 1918/19). (Hrsg. von Zd. Grot), Poznań 1968; Kubiak, St., Niemcy a Wielkopolska 1918—1919 (Deutschland und Großpolen 1918—1919), Poznań 1969.

* Dazu Anmerkung Krasuski: Die Grenze von 1919 stellte nichts anderes dar als eine annähernde Wiederherstellung des Zustandes vor den Teilungen Polens, allerdings mit Einschränkungen zuungunsten Polens: Polen bekam weder die gesamte Provinz Posen, noch das Gesamt-Westpreußen (das vor den Teilungen Polens königliches Preußen hieß), noch Ermland zurück; Westpreußen und Ermland mit Ausnahme Danzigs und Thorns verlor Polen 1772, Danzig, Thorn und die Posener Provinz erst 1793.

** Dazu Anmerkung Krasuski: Weder 1924 noch zu irgendeiner anderen Zeit wurde ein ‚Ostmarkengesetz' erlassen, von der Terminologie des Verf. ganz zu schweigen: die Posener Provinz und Pommerellen konnten die Polen keinesfalls als ihre ‚Ostmark' ansehen, allenfalls

Die Entfesselung des ersten der drei Schlesischen Aufstände im August 1919, wodurch von polnischer Seite eine territoriale Entscheidung vor der Durchführung des Plebiszits herbeigeführt werden sollte, heizte die antipolnische Stimmung im Deutschen Reich weiter an. Auch nach dem Einrücken alliierter Truppen in Oberschlesien und der vernichtenden Abstimmungsniederlage Polens in Masuren am 11. Juli 1920 (in Ostpreußen stimmten nur 2,2 %, in Marienwerder 7,6 % der Stimmberechtigten für Polen) blieb die Lage verworren; der weite Einbruch der sowjetischen Truppen unter Tuchačevskij, der Einheiten der Roten Armee Ende Juli 1920 bis nach Lemberg, vor die Tore Warschaus und nach Thorn brachte, wurde unbeschadet des von den Bolschewiki proklamierten Ziels, die kommunistische Revolution jetzt nach Mitteleuropa tragen zu wollen, in weiten deutschen Kreisen begrüßt und der von den Experten vorausgesagte militärische Zusammenbruch Polens als gerechte Strafe für die Großmannssucht und die nationale Überheblichkeit schadenfroh herbeigesehnt. Als Piłsudski die Rote Armee nach der Gegenoffensive vom 16. August zum Rückzug zwang, wurde dieser überraschende Umschwung unter

als ihre Westmark. Ein polnischer Historiker kann sich überhaupt nicht vorstellen, welches Gesetz der Verf. hier im Sinne haben könnte. Was aber das an anderer Stelle erwähnte Liquidationsgesetz, d. h. das Gesetz über den Zwangskauf des in deutschen Händen befindlichen Landbesitzes in Polen angeht, so wurde dieses Gesetz am 15. Juli 1920 vom Sejm gebilligt. Dieses Gesetz war nicht Ausdruck polnischer Willkür, sondern stellte die Ausführung von Art. 92 Abs. 4 des Versailler Vertrages dar. Hier wäre hinzuzufügen, daß der Besitz deutscher Staatsangehöriger in den Belgien und Frankreich zufallenden Gebieten nicht dem Zwangskauf, sondern einer reinen Konfiszierung ohne Entschädigung unterlag (Art. 297 des Versailler Vertrages). Die Auflösung des deutschen Besitzes in Polen traf nicht die deutsche Minderheit, sondern die deutschen Staatsangehörigen in Polen.

In seinen Ausführungen erlaubt sich der Verf. das Verfahren, die zwei Kategorien deutscher Bevölkerung in Polen, nämlich polnische Staatsangehörige deutscher Volkszugehörigkeit und deutsche Staatsangehörige, undifferenziert zu behandeln.

Das Minderheitenschutzabkommen und die Verfassung der polnischen Republik erkannten die Gleichberechtigung ausschließlich polnischen Staatsangehörigen deutscher Volkszugehörigkeit, nicht aber deutschen Staatsangehörigen zu.

Wer gehörte zu den polnischen Staatsangehörigen deutscher Volkszugehörigkeit? Man unterschied hier zwei Kategorien: a) Personen, die ihren ständigen Wohnsitz auf polnischem Gebiet in den Jahren von 1908—1920 hatten (Art. 91 des Versailler Vertrages); b) Personen, die auf polnischem Territorium geboren wurden, und deren Eltern dort ihren ständigen Wohnsitz hatten (Art. 4 des Minderheitenschutzabkommens). Personen, die unter diese oben angeführten Kategorien fielen, konnten sich für die deutsche Staatsangehörigkeit entscheiden, mußten jedoch dann bis zum 10. Januar 1923 Polen verlassen (Art. 3 des Minderheitenschutzabkommens). Da aber ein Teil der Personen, die für die deutsche Staatsangehörigkeit optiert hatten, Polen nicht verlassen wollte, wies die polnische Regierung einige Hunderte aus. Die polnische Regierung verzichtete am 24. Oktober 1925 angesichts des Locarno-Vertrages darauf, von diesem Recht weiteren Gebrauch zu machen.

Dazu Anmerkung Hoensch: Es ist in der wissenschaftlichen Literatur durchaus üblich, sich der Terminologie der Zeit zu bedienen. Der Begriff „Ostmarken-Gesetz“ fand in der Weimarer Republik sowohl im Parlament als auch in der Presse Verwendung und später auch Eingang in die deutsche Historiographie. Vgl. u. a. H. Roos, Polen zwischen den Weltkriegen, in: Osteuropa-Handbuch. Band Polen. Hrsg. von W. Markert. Köln, Graz 1959, S. 38.

bewußter Mißachtung der dafür allein ausschlaggebenden Erfolge der polnischen Waffen dem Eingreifen des französischen Generalstabs und alliierter Militärhilfe zugeschrieben. Als dann das Plebiszit in Oberschlesien vom 20. März 1921 59,6 % der Stimmen für Deutschland und 40,4 % für Polen erbrachte und entsprechend der Richtlinien des Versailler Vertrags der Völkerbundsrat am 20. Oktober 1921 eine Aufteilung unter weitgehender Berücksichtigung der lokalen Abstimmungsergebnisse vornahm, kannte die deutsche Enttäuschung über die angebliche Komplizenschaft der Alliierten mit den Polen bei der Zerreißung des nach dem Ruhrgebiet größten industriellen Ballungsraums keine Grenzen.[10*]

Die zwischen 1919 und 1921 von den Alliierten vorgenommene Grenzziehung im Osten wurde in der Weimarer Republik weder hingenommen, geschweige denn anerkannt. Die Forderung nach der Revision der Ostgrenze fand mit Ausnahme der KPD bei allen deutschen Parteien die vorbehaltlose Unterstützung, prägte die deutsche Außenpolitik aller Kabinette der Weimarer Republik entscheidend mit und wurde zu einem der wenigen echten nationalen Integrationsfaktoren für die nach der Niederlage so verunsicherte und in sich selbst zerrissene deutsche Öffentlichkeit. Führende Gelehrte und Publizisten — darunter Dietrich Schäfer, Oskar Jäger, Eduard Heyck, Paul Rohrbach, Albrecht Wirth, Heinrich Wolf, Ernst Class und Ernst Graf Reventlow — sahen es als eine ihrer Hauptaufgaben an, diese Wunde nicht vernarben zu lassen und diese — möglichst umgehend zu revidierende — nationale Schmach der Bevölkerung immer von neuem ins Gedächtnis zu rufen. Der Historiker Erich Marcks, der — nach Meinung Walther Hofers — wie die meisten deutschen Hochschullehrer nie begriffen hat, was 1918 geschehen war und noch weniger, was 1933 heraufkam, wurde nicht müde, auf das Unrecht hinzuweisen, das Deutschland durch das Wiederentstehen eines unabhängigen Polen widerfahren sei, da dieses Polen sich weite Teile deutschen Landes angeeignet habe: „Das alles ist, solange ein Deutschland lebt und atmet, unvergeßbar, unertragbar und unversöhnbar". Sein Appell an das Weltgewissen, dem Ruf der Gerechtigkeit das Ohr zu

10 Aus der umfangreichen und z. T. bis heute stark emotionsbeladenen Oberschlesien-Literatur seien zur Vertiefung der Problematik hier nur folgende Werke aufgeführt: Oberschlesien und der Genfer Schiedsspruch. (Hrsg. vom Osteuropa-Institut Breslau). Breslau 1925; Rose, W. J., The Drama of Upper Silesia. A Regional Study, London 1936; Kaeckenbeek, G., The International Experiment of Upper Silesia. A Study in the Working of the Upper Silesian Settlement 1922—1937, London 1942; Schumann, W., Oberschlesien 1918/19. Vom gemeinsamen Kampf deutscher und polnischer Arbeiter, Berlin (Ost) 1961; Sontag, E., Adalbert (Wojciech) Korfanty. Ein Beitrag zur Geschichte der polnischen Ansprüche auf Ostoberschlesien, Kitzingen 1954; Orzechowski, M., Wojciech Korfanty. Biografia polityczna (Adalbert Korfanty. Eine politische Biographie), Wroclaw 1975.

* Dazu Anmerkung Krasuski: Die globalen Ergebnisse der Volksbefragung hatten keine rechtsverbindliche Bedeutung. Art. 88 des Versailler Vertrages besagte, daß die Ergebnisse nach den Gemeinden gezählt werden sollten; in Anlehnung an diese Bestimmung verfügte der Völkerbund die Teilung Oberschlesiens, ähnlich wie zuvor bei der Zuweisung von etlichen Gemeinden an Polen aus dem Abstimmungsgebiet von Allenstein und Stuhm verfahren worden war.

verleihen und Deutschland das Geraubte zurückzugeben, mußte für Polen — durchaus erkannte und herbeigeredete — schwerwiegende Konsequenzen zeitigen; „Wird nicht Polen das natürliche Ziel unvermeidlicher künftiger Rückstöße sein, russischer wie deutscher Rückstöße, dieser unnatürlichste Staat, dieses unerträglichste Hemmnis alles deutschen Lebens? . . . Wann wird der Schrei, die Daseinsforderung der Geknechteten, der Unerlösten, diesen Osten und alle Welt unabweisbar durchhallen, überall wo es Deutsche gibt?“[11] Der bekannte Historiker Johannes Haller ließ es sich nicht nehmen, Polen als den Erbfeind Deutschlands zu verteufeln: „Polen denken wir uns mit Recht als den Erbfeind der Deutschen im Osten. Seit zu Beginn des 14. Jahrhunderts die bisherige Vielheit polnischer Fürstentümer zu einem Königreich zusammengefaßt war, hat Feindschaft zwischen ihm und dem deutschen Nachbar bestanden“.[12] Auch für die Reichswehrführung war es vom militärischen Standpunkt aus betrachtet eine absolute Notwendigkeit, Polen erneut von der Landkarte Europas verschwinden zu lassen und die gemeinsamen deutsch-russischen Grenzen von 1815 wiederherzustellen. „Polens Existenz ist unerträglich und wird verschwinden durch eigene innere Schwäche und durch Rußland — mit unserer Hilfe“, lautete am 11. September 1922 das Credo in einer Denkschrift des Reichswehrschefs General Hans von Seeckt, der zudem aus seiner Verachtung für die Demokratie und besonders für die parlamentarische Regierungsform der Weimarer Republik keinen Hehl machte. In der genannten Denkschrift hieß es dann u. a. weiter: „Wir wollen zweierlei: erstens eine Stärkung Rußlands auf wirtschaftlichem und auf politischem, also militärischem Gebiet und damit indirekt die eigene Stärkung, indem wir einen zukünftigen möglichen Bundesgenossen stärken; wir wollen ferner, zunächst vorsichtig und versuchend, die unmittelbare eigene Stärkung, indem wir eine uns im Bedarfsfall dienstbare Rüstungsindustrie in Rußland heranbilden helfen.“ Es bedurfte nicht erst des polnisch-französischen Bündnisvertrags vom 19. Februar 1921 mit der zwei Tage später unterzeichneten geheimen Militärkonvention, um Polen als den wichtigsten Eckpfeiler im cordon sanitaire der französischen Nachkriegspolitik zu diffamieren und die Lebensfähigkeit dieses „Saisonstaates“ allein dem französischen Wohlwollen zuzuschreiben: eingepfercht zwischen dem unversöhnlichen reichsdeutschen Revisionismus und der Sowjetmacht, mit Ausnahme Rumäniens mit allen Nachbarn verfeindet, blieb dem polnischen Staat während seiner schwierigen Konsolidierungsphase kein anderer Ausweg als die enge Anlehnung an die Westmächte. Der Auftrag jedoch, den Druck der jungen Sowjetmacht und des Deutschen Reiches auf Ostmitteleuropa zu neutralisieren und den von den „Nachfolgestaaten“ zwischen Ostsee und Adria ausgefüllten Raum politisch und wirtschaftlich zu stabilisieren, mußte die Kräfte Polens wegen seiner ungünstigen wirtschafts- und gesellschaftspolitischen Ausgangslage bei weitem überfordern.

11 Marcks, E., Männer und Zeiten, Stuttgart/Berlin 1942, Bd. 2, S. 82 f.

12 Haller, J., Die Epochen der deutschen Geschichte, München 1962, S. 92. Zum nachfolgenden: Schüddekopf, O.-E., Das Heer und die Republik, Hannover—Frankfurt 1955, S. 160 ff.

Das nach fast einhundertfünfzigjähriger Teilungszeit wiedererstandene Polen umfaßte zwar ein Territorium von 388 000 km^2 mit mehr als 27 Mill. Einwohnern, aber mehrfach, zuletzt im Sommer 1920, war die Kriegswalze über die polnischen Lande gerollt und hatte im Verein mit den hohen Requisitionen schwere Schäden hinterlassen. Außer der Schwierigkeit, vier unterschiedliche Verwaltungs-, Rechts-, Finanz-, Verkehrs- und Bildungssysteme zu koordinieren, sahen sich die polnischen Behörden vor die Aufgabe gestellt, die im ganzen unzulängliche wirtschaftliche Ausstattung, eine erhebliche strukturelle Unausgewogenheit sowie die regionalen Gegensätze im technischen Stand der Wirtschaftszweige zu überwinden und die unter sich fast beziehungslosen Wirtschaftsgebiete, deren Ergänzungsräume jetzt außerhalb der Grenzen lagen, zu einer ökonomischen Einheit zu integrieren. Das fast vollständige Fehlen wertvoller Rohstoffe, der chronische Kapitalmangel, der wenig aufnahmefähige Binnenmarkt sowie häufige politische und finanzielle Krisen hemmten den industriellen Ausbau. Da 1921 fast drei Viertel der Beschäftigten (72,3 %) und mehr als drei Fünftel (63,8 %) der Gesamtbevölkerung von der Landwirtschaft abhingen, stellte sich als Kernproblem jedweder Modernisierung in Polen die Verbesserung oder gar Beseitigung der strukturellen Mängel des sozialökonomischen Gefüges auf dem Agrarsektor dar. Es galt, vorrangig der ungleichen Verteilung von landwirtschaftlicher und industrieller Bevölkerung zu begegnen, die ungesunde agrarische Betriebsstruktur, eine Folge der Überbevölkerung des Dorfes und der latenten Unterbeschäftigung der Bewohner, zu überwinden und eine gerechtere Verteilung des Bodens herbeizuführen. Die Schwierigkeiten, aus diesen unausgewogenen strukturellen Grundlagen einen funktionierenden volkswirtschaftlichen Organismus zu schaffen sowie Landwirtschaft, Industrie und Verkehr auf die Bedürfnisse des eigenen Marktes und des Exports abzustimmen, wurden durch das Fehlen eines einheitlichen Verwaltungsapparates, die Kapitalarmut und die Instabilität der politischen Ordnung in den Anfangsjahren in Polen potenziert. Gerade auf wirtschaftlichem Gebiet hätte das Deutsche Reich Polen umfassende Hilfe beim Aufbau moderner Einrichtungen und Industrien anbieten können. Zwischen dem oberschlesischen Industriegebiet mit seiner vielseitig entwickelten, großbetrieblich organisierten Montan- und Schwerindustrie und dem deutschen Wirtschaftsraum blieb die vom Völkerbundsrat verordnete Zusammenarbeit nur bis zum Auslaufen der Kohleabnahme-Konvention am 15. Juni 1925 bestehen; zwischen 1922 und 1925 nahm das Deutsche Reich fast 50 % der polnischen Exporte auf und lieferte etwa 40 % der polnischen Einfuhren. Danach setzte ein ruinöser Zollkrieg ein, durch den die Reichsregierung politische Konzessionen für die in Polen verbliebene deutsche Minderheit und eine partielle Grenzrevision erzwingen wollte.[13] Aus dieser

13 Puchert, B., Der Wirtschaftskrieg des deutschen Imperialismus gegen Polen 1925—1934, Berlin (Ost) 1963; Kruszewski, C., The German-Polish Tariff War (1925—1934) and its Aftermath, in: Journal of Central European Affairs, 3 (1943), S. 294—315; Ratyńska, B., Geneza wojny celnej polsko-niemieckiej (Der Ursprung des deutsch-polnischen Zollkriegs), in: Najnowsze Dzieje Polski. Materiały i studia z okresu 1914—1939, 6 (1963), S. 77—103; Sokulski, H., Wojna celna Rzeszy przeciw Polsce w latach 1925—1934 (Der

Zwangslage heraus hatte Polen — begünstigt durch den britischen Bergarbeiterstreik von 1926 — neue Märkte für seine Kohle in den skandinavischen Ländern zu erschließen und durch eine Diversifikation der Produkte und der Handelspartner die Abhängigkeiten zu vermindern versucht. Die Fertigstellung der sog. Kohlenmagistrale und der forcierte Ausbau des Hafens von Gdingen galten in dem nach dem Staatsstreich Piłsudskis vom 12. Mai 1926 autoritär regierten Polen[14] als Symbole für den polnischen „Drang zum Meer", als Beweise der erreichten ökonomischen Effizienz und Dynamik sowie als Grundstein der wirtschaftlichen Unabhängigkeit. Obschon das Deutsche Reich auch während und nach der Weltwirtschaftskrise seine Stellung als der bedeutendste Außenhandelspartner Polens verteidigte, blieben die sich aus einer engeren wirtschaftlichen Kooperation ergebenden Möglichkeiten einer echten politischen Annäherung und eines Abbaus des vorhandenen Mißtrauens unter den Nachbarn ungenutzt.[15]

Während in der Weimarer Republik aus den genannten Gründen eine wirkliche Freundschaftspolitik gegenüber Polen so gut wie ausgeschlossen blieb, machten auch die Polen in ihrem verständlichen Stolz, ihre nationale Unabhängigkeit wiedergewonnen zu haben, ihrem westlichen Nachbarn eine Politik des Ausgleichs nicht leicht. Die von den polnischen Regierungen verfolgte Minderheitenpolitik[16] heizte die latenten Spannungen sogar noch weiter an und machte die deutsche Öffentlichkeit für eine antipolnische Hetze durchaus aufnahmebereit. Nach den — wohl zu Recht heftig angezweifelten — offiziellen Angaben waren dem jungen Staat 4 Mill. Ukrainer, je 1,1 Mill. Deutsche und Weißruthenen sowie 2,1 Mill. Juden einverleibt worden, so daß die nationalen Minderheiten mindestens 31 % der Staatsbevölkerung ausmachten.* Nach dem vom Völkerbund garantierten Minder-

Zollkrieg des Reiches gegen Polen in den Jahren 1925—1934), in: Sprawy Międzynarodowe 8/1958, S. 54—65.

14 Die wichtigste Monographie zum Verständnis der Hintergründe, der Zielsetzung und der Durchführung des Staatsstreichs lieferte: Rothschild, J., Piłsudski's Coup d'Etat, New York 1966.

15 Siehe den informativen Beitrag von Poralla, C., Die Wirtschaft zwischen den Kriegen, in: Osteuropa-Handbuch Polen, S. 69—97. Ausführliche Literaturangaben zur polnischen Wirtschaftsentwicklung bei Polonsky, Politics in Independent Poland 1921—1939, S. 547—551.

16 Die beste Gesamtdarstellung der Minderheitenproblematik in einer westlichen Sprache legte vor Horak, St., Poland and Her National Minorities 1919—1939, New York 1961. Die Stellung der deutschen Minderheit untersuchten Heike, O., Das Deutschtum in Polen 1918—1939, Bonn 1955; Bierschenek, T., Die deutsche Volksgruppe in Polen 1934—1939, Kitzingen 1954; Breyer, R., Das Deutsche Reich und Polen 1932—1937. Außenpolitik und Volksgruppenfragen, Würzburg 1955; Cygański, M., Mniejszość niemiecka w Polsce centralnej w latach 1918—1939 (Die deutsche Minderheit in Zentralpolen in den Jahren 1918—1939), Lódz 1962. Zur Lage der Ukrainer und Weißrussen siehe Żółtowski, A., Border of Europe. A Study of the Polish Eastern Provinces, London 1950.

* Dazu Anmerkung Krasuski: Die Volkszählung von 1925 ergab 784 000 Polen auf dem damaligen deutschen Reichsgebiet (einschließlich der von der deutschen Statistik der kaschubischen und masurischen Volkszugehörigkeit zugeschlagenen Personen; es ist klar, daß die

heitenschutzvertrag und den Art. 109 und 110 der März-Verfassung von 1921 sollte den Minoritäten ein gewisser, liberalen Ideen entspringender Rechtsschutz in einem nationalpolnischen Einheitsstaat zustehen, wobei der Grundsatz einer allmählichen Assimilierung nicht geleugnet wurde. Noch bevor unter dem Einfluß der Nationaldemokraten die polnischen Kabinette der frühen 1920er Jahre gezielt daran gehen konnten, durch ihre Boden- und Siedlungspolitik die wirtschaftliche Basis der Minderheiten zu zerschlagen und anschließend die Kulturautonomie der nichtpolnischen Gruppen stetig zu beschneiden, sah sich die deutsche Minderheit sogleich nach der Staatsgründung besonders heftigen Repressionen ausgesetzt, da sie — wenigstens in den westlichen Wojewodschaften — als Mitträgerin einstiger Germanisierungsbestrebungen verdächtigt wurde. Zwischen 1919 und 1930 fiel die Zahl der deutschen Schulen von 564 auf 83, wobei sich vor allem St. Grabski während seiner Amtsführung als Unterrichtsminister 1925/26 mit der Einführung von zweisprachigen, aber nationalpolnisch geprägten Lehranstalten unter den Deutschen ein zweifelhaftes Renommee erwarb. Diese auf eine möglichst weitgehende Unterdrückung deutschen Unterrichts ausgehende Schulpolitik war so erfolgreich, daß am Ende der Zwischenkriegszeit von rund 127 000 schulpflichtigen deutschen Kindern nur noch 29 000 deutsche Privatschulen oder überwiegend deutschsprachige Staatsschulen besuchten, 31 000 polnische Staatsschulen mit wenigen Wochenstunden deutschsprachigen Unterrichts und 67 000 rein polnischsprachige Staatsschulen.

Die polnische Regierung übernahm im Prinzip die zuvor von den preußisch-deutschen Behörden praktizierte antipolnische Land- und Enteignungsgesetzgebung und wandte sie, nicht ohne beträchtliche Verschärfung, konsequent gegen Deutsche an.* Auf Grund von Sondergesetzen, die wie das sog. „Liquidationsge-

ihre Muttersprache als kaschubisch oder masurisch angebenden Personen sich von der deutschen Volkszugehörigkeit abheben wollten; offensichtlich ist auch, daß bei Angabe von Kaschubisch und Masurisch anstatt von Polnisch als Muttersprache die Betreffenden sich weniger einer Diskriminierung seitens der deutschen Behörden und der deutschen Bevölkerung aussetzten).

Siehe zu dem Gesamtkomplex auch die Anmerkung der polnischen Herausgeber, S. 28.

Von den in Deutschland ansässigen Polen lebten im Jahre 1925 528 243 Polen im deutschen Teil Oberschlesiens. Nur dieser Teil der polnischen Bevölkerung in Deutschland genoß internationalen Schutz, nämlich den der am 15. Mai 1922 in Genf vereinbarten deutsch-polnischen Konvention. Diese Vereinbarung erlosch am 15. Juli 1937.

Dazu Anmerkung Hoensch: Da die vom internationalen Minderheitenschutz nicht erfaßten rund 255 000 Polen im Deutschen Reich weitgehend in ihre neue Umgebung integriert waren und ihr Schicksal politisch keinen bedeutsamen Streitpunkt zwischen Berlin und Warschau darstellte, schien es im Rahmen einer konzisen Darstellung gerechtfertigt, diese Problematik auszuklammern. Dem polnischen Co-Autor sollte es überlassen bleiben, aus seiner Sicht der Lage dieser vornehmlich im Ruhrgebiet lebenden polnischen Minderheit Rechnung zu tragen und ihre Beeinflussung des deutsch-polnischen Verhältnisses in der Zwischenkriegszeit zu bewerten.

* Dazu Anmerkung Krasuski: Die polnische Regierung hat keine antipolnische preußische Gesetzgebung übernommen und sie ihrerseits gegen Deutsche umfunktioniert; schon gar nicht hat sie diese in einer verschärften Form angewandt. Von zwei, vom Verf. erwähnten Gesetzen (Land- und Enteignungsgesetz), hat die polnische Regierung das Enteignungsgesetz weder

setz"* nur Deutsche betrafen, gingen allein bis 1926 etwa eine halbe Million Hektar deutschen Landbesitzes in polnische Hände über; die danach wirksam werdende

übernommen noch selbst erlassen, bzw. andere als im Versailler Vertrag vorgesehene Enteignungen vorgenommen. Was das Landgesetz, d. h. das Gesetz über die Tätigkeit der preußischen Ansiedlungskommission angeht, so verhält sich die Sache so: kraft Art. 256 des Versailler Vertrages übernahm die polnische Regierung die Rechtstitel des preußischen Staatsschatzes in bezug auf ihr eigenes Territorium. Damit wurde anstelle der preußischen Ansiedlungskommission die polnische Regierung Vertragspartner deutscher Ansiedler. Die polnische Regierung anerkannte nicht die nach dem 11. November 1918 zwischen der preußischen Ansiedlungskommission und den Ansiedlern abgeschlossenen Pachtverträge; sie vertrieb die Ansiedler im Besitz der letztgenannten Pachtverträge von ihren Betrieben. Und dies waren sehr merkwürdige Pachtverträge, weil sie in manchen Fällen vorsahen, daß der Ansiedler eine Pacht bis zum Jahr 1948 bezahlen sollte. Die von der polnischen Regierung vertretene Rechtsauffassung weckte auf deutscher Seite Proteste, die aber keinerlei Begründung zu haben schienen. Darüber hinaus hatte die polnische Regierung aus dem selben rechtlichen Grund einen Anspruch, vom Wiederkaufsrecht Gebrauch zu machen, das zuvor der preußischen Ansiedlungskommission zugestanden hatte. Die preußische Regierung hatte sich dieses Recht früher in den Pachtverträgen mit den deutschen Ansiedlern vorbehalten, um so den Übergang der Betriebe beim Erbfall oder durch Verkauf in polnische Hände zu verhindern. Die polnische Regierung machte von diesem Gesetz nur in 21 Fällen Gebrauch; im Abwicklungsabkommen (Liquidationsabkommen) mit Deutschland vom 31. Oktober 1929 hat sie auf dieses Recht verzichtet.

* Dazu Anmerkung Krasuski: Das Enteignungsgesetz, d. h. das Gesetz über den Zwangskauf des Landbesitzes deutscher Staatsangehöriger in Polen vom 15. Juli 1920, war kein Sondergesetz, und es ist unbegreiflich, warum der Verf. hervorhebt, daß es sich ausschließlich auf Deutsche bezog. Denn auf wen sonst sollte sich dieses Gesetz, das die Anwendung von Art. 92 Abs. 4 des Versailler Vertrages bedeutete, beziehen? S. auch Anmerkung Krasuski ** S. 5 f.

Man fragt sich, woher der Verf. die Zahl von einer halben Million Hektar durch die polnische Regierung bis zum Jahre 1926 enteigneten oder zwangsgekauften Landes genommen hat. Die Reichsregierung war in dieser Hinsicht viel gemäßigter. So teilte sie 1930 anläßlich der Ratifizierungsdebatte über das Abwicklungsabkommen dem Reichstag mit, daß die polnische Regierung bis dahin 54 000 Hektar Land enteignet habe, in deutschen Händen aber 55 000 Hektar Land verblieben seien (s. Verhandlungen des Deutschen Reichstages. Band 439, Anlage 1621, Jahr 1930). Aus den Angaben der Reichsregierung selbst geht also hervor, daß die polnische Regierung nicht einmal die Hälfte des ihr aufgrund des Art. 92 Abs. 4 des Versailler Vertrages zustehenden Handlungsspielraumes ausgenutzt hat. Aufgrund des Abwicklungsabkommens vom 31. Oktober 1929 verzichtete die polnische Regierung auf die weitere Anwendung des Enteignungsrechtes bezüglich des Besitzes deutscher Staatsangehöriger.

Dazu Anmerkung Hoensch: Die in Frage gestellten Angaben über die Höhe des Verlustes von deutschem Landbesitz finden sich in dem bereits erwähnten Handbuch-Beitrag von H. Roos auf den S. 30 und 52. W. Kuhn hat in seinem Aufsatz „Das Deutschtum in Polen und sein Schicksal in Kriegs- und Nachkriegszeit" in: Hdb., a. a. O., S. 150 Anm. 28, ebenfalls vermerkt: „Die Durchführung des Liquidationsgesetzes, des Annulierungsgesetzes und der Agrarreform — letztere ließ den privaten deutschen Landbesitz in Posen-Pommerellen von rund 1 560 000 ha (1914) bis 1926 auf etwa 1 036 000 ha absinken — entzog vor allem der deutschen Landbevölkerung vielfach die Existenzgrundlage". Ich habe keinen Anlaß, diese Angaben anerkannter Sachkenner in einem auch in der VR Polen geschätzten Handbuch anzuzweifeln. In der westdeutschen Historiographie besteht weitgehend Einvernehmen darüber, daß die vor dem Reichstagsplenum und später vor dem Völkerbundsforum aufgeführten Klagepunkte, u. a. die Verweigerung von Rohstoffen in der Periode der Zwangswirtschaft, parteiische Handhabung der Steuerbestimmungen, Einzelakte der Zwangsverwaltung, Boykott,

Agrarreformgesetzgebung entzog den Deutschen jährlich weitere 10 000 ha.* Unter diesem wirtschaftlichen und administrativen Druck wanderten aus den ehemaligen Provinzen Posen und Westpreußen zwischen 1919 und 1926 rund 600 000, danach bis 1939 weitere 100 000 Deutsche in das Reichsgebiet ab. Allein in der autonomen Wojewodschaft Schlesien erfreute sich die deutsche Bevölkerung wenigstens bis 1926 einer einigermaßen liberalen, im Geiste des Genfer Minderheitenschutzvertrages geführten Verwaltungspraxis, während sich danach seit der Ernennung des neuen Wojewoden Grażyński eine plötzliche Wendung zu einer Politik ständiger und konsequenter Polonisierung und Entnationalisierung Deutschgesinnter unter Einsatz wirtschaftlicher Druckmittel vollzog.

Die Grenzfrage, der anhaltende Ärger um den „Korridor" trotz der Vereinbarungen über den Transitverkehr zwischen Ostpreußen und dem Reich (21. April 1921), die wirtschaftliche Benachteiligung Danzigs** und die stets wachgehaltene Problematik der deutschen Minderheit belasteten also das Verhältnis zwischen der

Entzug der Konzessionen und das subjektive Gefühl der Rechtsunsicherheit unter der deutschen Bevölkerung in Polen das Bewußtsein des Ausgeliefertseins an eine fremde Staatsmacht förderten, Panikstimmung hervorriefen und somit Angstverkäufe und Abwanderungen begünstigten.

* Dazu Anmerkung Krasuski: Das Gesetz über die Landreform wurde am 28. Dezember 1925 gebilligt. Es sah die Parzellierung des Grundbesitzes von mehr als 180 Hektar gegen Entschädigung vor. Das Gesetz zielte nicht auf die Deutschen, sondern auf den Großgrundbesitz in seiner Gesamtheit, allerdings in den westlichen Wojewodschaften richtete es sich naturgemäß vorwiegend gegen den deutschen Landbesitz. Nach deutschen Angaben (Wilhelm Winkler, Statistisches Jahrbuch für das gesamte Deutschtum, Berlin 1927, S. 411) befand sich 1921 in den Händen deutscher Staatsangehöriger in Pommerellen 59 % aller landwirtschaftlichen Betriebe über 100 Hektar, in der Provinz Posen 33 % und in Oberschlesien 81 %. Trotz dieses eindeutigen Sachverhalts klagte Deutschland Polen vor dem Völkerbund wegen diskriminierender Anwendung der Bodenreform an. Der Völkerbund stellte folgendes fest: (Journal Officiel de la Societé de Nations, Vol. XIII, Nr. 12, S. 1970—1983). Von landwirtschaftlichen Betrieben über 180 Hektar, die der Bodenreform unterlagen, gehörten deutschen Staatsangehörigen in den Wojewodschaften Pommern (Pommerellen) und Posen (das Gesetz über die Bodenreform galt nicht in Oberschlesien) im Jahre 1926 69 % bzw. 47 %, im Jahre 1932 61 % bzw. 35 %. Obwohl aus diesen Daten hervorgeht, daß im Ergebnis der Bodenreform der deutsche Anteil am landwirtschaftlichen Besitz von über 180 Hektar etwas zurückging, lag dieser Anteil dennoch wesentlich höher als der Anteil deutscher Staatsangehöriger an der Bevölkerung dieser Provinzen.

Ab 1930 wurde die Bodenreform nicht mehr durchgeführt, so daß der riesige deutsche Anteil am Großgrundbesitz im Westen Polens ebenso wie der polnische Großgrundbesitz im Osten keine weitere Veränderung mehr erfuhr, was jedoch weder in sozialer noch in nationaler Hinsicht als Erfolg anzusehen ist.

** Dazu Anmerkung Krasuski: Polen hat Danzig keiner wirtschaftlichen Diskriminierung ausgesetzt. Der polnische Eisenbahntarif war so gestaltet, daß es sogar günstiger war, Waren aus Wilna über Danzig zu exportieren, als sie über das näher liegende Königsberg auszuführen. Der polnische Vorzugszoll für importierte Seefracht begünstigte in gleichem Maße Danzig wie Gdingen zum Nachteil Königsbergs und Stettins. Bis 1926 war Danzig der einzige polnische Hafen. Der Danziger Senat jedoch, in seinem Bestreben nach Anschluß an Deutschland, schuf dauernd Schwierigkeiten. Dennoch und trotz des Aufbaus von Gdingen stiegen die Danziger Handelsumsätze weiter, so daß der Hafen im Gegensatz zur Vorkriegszeit zum

Weimarer und der polnischen Republik in erheblichem Maße. Die deutsche Minorität und die deutsche Danziger Bevölkerung besaßen in der Berliner Regierung einen mächtigen Fürsprecher für ihre Sache; Stresemann insbesondere genoß es sichtlich, als „Anwalt der Minderheiten" im Völkerbund auftreten und sich in dem ständigen juristischen Kleinkrieg zwischen Polen und der Freien Stadt Danzig als Anwalt gerieren zu können, so daß auch diese Beziehung geradezu eine Funktion des deutsch-polnischen Verhältnisses bildete.[17] Unter diesen Voraussetzungen fand kein deutscher Staatsmann den Mut, sich offen zum Ziel einer deutsch-polnischen Aussöhnung zu bekennen; ja, keiner der verantwortlichen demokratischen Politiker, z. B. weder Stresemann noch Curtius oder Treviranus, scheinen sich über die möglichen Konsequenzen der bestehenden bitteren Feindschaft Gedanken gemacht zu haben. Kein Wunder, daß sich unter dem Druck eines Systems der offenen oder versteckten Benachteiligung, wie sie ehedem im wilhelminischen Deutschland die Polen getroffen hatte und die nun der deutschen Minderheit galt, sich die deutsche Volksgruppe, politisch im parlamentarischen System seit 1930 weitgehend zur Wirkungslosigkeit verdammt und ohne im Überschwang der Idee von einer „gesamtdeutschen Volksgemeinschaft" über die Grenzen hinweg die verborgenen Gefahren des Nationalsozialismus zu erkennen, zusammenschloß. Vor allem die jüngere Generation nahm die antipolnischen Propagandaparolen begeistert auf, hatte aber

größten Ostseehafen wurde. Der polnische Generalbevollmächtigte in den Jahren 1924—1932, Henryk Strassburger, war ein aufrechter Befürworter der wirtschaftlichen Zusammenarbeit zwischen Polen und Danzig, legte aber letztlich aus Protest gegen die Politik des Danziger Senats, die auf den Anschluß an Deutschland zielte, sein Amt nieder.

Einer der Gründe für die Entscheidung, einen neuen Hafen in Gdingen zu errichten, war die Notwendigkeit für Polen, einen Kriegshafen zu besitzen. Trotz wiederholter Bemühungen, vom Danziger Senat Hafenrechte für die Schiffe der polnischen Kriegsmarine zu erlangen, kam es in diesem Punkt zu keiner Einigung. Am 14. März 1924 räumte der Völkerbund Polen das Recht zur Errichtung eines Munitionslagers auf der Halbinsel Westerplatte in Danzig und zur Stationierung einer Wachkompanie von einer Stärke bis 88 Mann ein (!). Der Danziger Senat widersetzte sich diesem Beschluß 1½ Jahre lang. Am 25. Juli 1927 rief der Danziger Senat den Völkerbund auf, seinen Beschluß hinsichtlich der Westerplatte zurückzunehmen, allerdings ohne Erfolg. In den Jahren 1930—1932 und 1939 wurde Danzig zum Schauplatz antipolnischer Ausschreitungen. Nach der Machtergreifung durch Hitler begünstigte die polnische Regierung den nationalsozialistisch orientierten Danziger Senat und half ihm bei der Verfolgung sowohl linker als auch konservativer Opposition. Man mag eine solche Politik seitens der polnischen Regierung beklagen, aber man kann nicht behaupten, daß diese Politik eine Verschärfung der Spannung zwischen der Reichsregierung und dem Senat der Freien Stadt Danzig zum Ziel hatte.

Dazu Anmerkung Hoensch: Die reiche und in meinen Anmerkungen aufgeführte westsprachige Literatur zum Danzig-Komplex gewährt der wirtschaftlichen Diskriminierung der Freien Stadt durch Polen als einer der Ursachen für das rasche Anwachsen des Nationalsozialismus in Danzig breiten Raum.

17 Kimmich, Ch., The Free City. Danzig and German Foreign Policy 1919—1934, New Haven/London 1968; Dopierała, B., Gdańska polityka Józefa Becka (Die Danziger Politik Józef Becks), Poznań 1967; Burckhardt, C. J., Meine Danziger Mission 1937—1939, München 1960; Leonhardt, H. L., Nazi Conquest of Danzig, Chicago 1942.

nach der Parteiengleichschaltung der auslandsdeutschen Volksgruppen durch das nationalsozialistische Regime nach 1934 eine auffallende Zurückhaltung zu üben, als sie infolge des deutsch-polnischen Paktes und der daraus entspringenden außenpolitischen Rücksichten nur noch bedingt auf die Unterstützung durch die deutsche Regierung rechnen konnte. Der Austritt des Deutschen Reiches aus dem Völkerbund und die einseitige polnische Aufkündigung des Minderheitenschutzvertrages am 13. September 1934 beraubte die deutsche Minorität bis zum Abschluß eines bilateralen deutsch-polnischen Abkommens am 5. November 1937 eines effektiven Minderheitenschutzes.* Die nach schwierigen Verhandlungen zu diesem späten Zeitpunkt vereinbarten Grundrechte in sprachlicher, wirtschaftlicher, kultureller und kirchlicher Hinsicht auf der Basis der Gegenseitigkeit blieben faktisch ohne Wirkung; kleinliche polnische Repressalien im Schulwesen, die Intensivierung der nationalstaatlichen Verwaltungspraxis und die mit der Verstaatlichung der Großindustrie einhergehenden polonisatorischen Maßnahmen ließen den Unmut unter der deutschen Minorität ins Unangemessene wachsen. Als Hitler seit dem Frühjahr 1939 offen den Konflikt mit Polen schürte und die deutsche Minderheit gewissenlos zur Verschärfung der Lage einsetzte, antwortete die polnische Administration seit März 1939 trotz der Staatsloyalität der überwiegenden Mehrheit der Deutschen mit Verfolgungsmaßnahmen und verursachte damit ihrerseits eine tragische Zuspitzung der Beziehungen. — Die polnische Historiographie hat insgesamt konsequent der Versuchung widerstanden, die polnischen Staatsbürger deutscher Herkunft undifferenziert und in ihrer Gesamtheit als Fünfte Kolonne des nationalsozialistischen Imperialismus zu diffamieren.

Die krisenhafte Zuspitzung der bilateralen Beziehungen bis hin zur Entfesselung des Zweiten Weltkriegs durch Hitler wird jedoch nur dann verständlich, wenn die Kontinuität der deutschen Polenpolitik in der Zwischenkriegszeit — unbeschadet des anscheinenden Bruchs nach der Unterzeichnung der deutsch-polnischen Nichtangriffserklärung am 26. Januar 1934 — erkannt wird. Die nach Versailles vorgegebene außenpolitische Konstellation eines mit dem französischen „Erbfeind" verbündeten Polen, mit dessen Hilfe dieser Deutschland umklammert hielt, glaubten einflußreiche Kreise in Berlin nur durch die Aufnahme einer engen politischen, wirtschaftlichen und militärischen Kooperation mit Sowjetrußland neutralisieren zu können. Die Gefahren, die sich nach der Unterzeichnung des Vertrags von Rapallo am 16. April 1922 für die territoriale Integrität und die innenpolitische Stabilität Polens ergaben, wurden in Warschau wahrscheinlich sogar überschätzt. Als sich Stresemann intensiv um eine Normalisierung der deutsch-französischen Beziehungen und um die Aufnahme der Weimarer Republik in den Völkerbund zu bemühen begann, sah die polnische Diplomatie unter dem Außenminister Grafen Skrzyński

* Dazu Anmerkung Krasuski: Von Anfang an empfand Polen das ihm aufgezwungene Minderheitenschutzabkommen als eine Diskriminierung und verlangte die Ausweitung des Anwendungsbereiches auch auf Deutschland. Bei seiner Aufkündigung am 13. September 1934 erklärte Polen seine Bereitschaft zur Wiedererneuerung unter der Bedingung, daß auch andere Staaten sich den Bestimmungen des Abkommens unterwerfen würden.

durchaus die darin für Polen liegende Gefährdung, hegte aber wohl doch die Hoffnung, daß sich das Deutsche Reich im Verlauf der Verhandlungen zu einer offiziellen Anerkennung seiner Ostgrenzen bereitfinden werde. Denn außer der durch ein Ultimatum erzwungenen Unterschrift unter den Vertrag von Versailles hatte die Weimarer Republik jede spätere Anerkennung der polnischen Westgrenze vermieden und gegen die Teilung Oberschlesiens eine „für alle Zeiten gültige Verwahrung“ eingelegt.[18] Unter dem Aspekt des deutschen Revisionsstrebens wurde die Wahrnehmung der Interessen der deutschen Minderheit in Polen zur Politik der „Festigung des deutschen Volkstums“ und mußte — wie oben darzulegen versucht wurde — polnische Restriktionsmaßnahmen gegen diese Minderheit geradezu herausfordern. Charakteristisch für die deutsche Polen-Politik blieb aber, daß sie den Widerspruch zwischen ihrem Ziel der Grenzrevision und den realen Erfordernissen einer Schutzpolitik nicht reflektierte, sondern als unvermeidlich hinnahm. Zudem vollzog sich das Geschäft der Diplomatie im Jahre 1925 vor dem Hintergrund einer in beiden Staaten — nicht zuletzt wegen des Zollkriegs — emotionalisierten Öffentlichkeit, und das gab einer deutsch-polnischen Annäherung wenig Chancen.

Solange Deutschland aus einer Position der Schwäche heraus operiert hatte, brauchte Polen sich durch den deutschen Revisionsanspruch nicht besonders bedroht zu fühlen. Mit Locarno änderte sich das. Obschon es primär um das deutsch-französische Verhältnis ging, spielte die Frage der deutsch-polnischen Grenze eine wichtige Rolle, wurde in Paris und Warschau doch die Gefahr erkannt, daß die Reichsregierung nach der Verweigerung einer Garantie für die bestehende Ostgrenze die Möglichkeit besaß, durch eine sukzessive Aufrollung ost- und mitteleuropäischer Probleme „etwa von Danzig und dem Korridor beginnend über Oberschlesien, Posen und den Anschluß Österreichs hinweg den gegenwärtigen Status von Europa umzuwerfen“. Und dennoch gelang es Stresemann, nicht zuletzt dank der Mitwirkung der britischen Diplomatie, einer Grenzgarantie, einem Nichtangriffspakt und einem „restlosen“ Schiedsvertrag mit Frankreich als Garantiemacht auszuweichen.[19] Mit Locarno trat Deutschland in den Kreis der europäischen Groß-

18 Reichskanzler Hans Luther hatte am 16. Februar 1925 die Erklärung abgegeben, daß die „Ostgrenzen ... eine Verletzung des Völkerrechts (darstellen), die Deutschland niemals akzeptieren wird“. In einer öffentlichen Rede sprach Reichsminister Gottfried Treviranus am 10. August 1930 von den an Polen im Osten „heute noch verlorenen, einst wiederzugewinnenden Landen“.

19 In den Gesamtdarstellungen der deutsch-polnischen Beziehungen — Kellermann, V., Schwarzer Adler, weißer Adler. Die Polenpolitik der Weimarer Republik, Köln 1970; Riekhoff, H. v., German-Polish Relations 1918—1933, Baltimore/London 1971; Krasuski, J., Stosunki polsko-niemieckie 1919—1925 (Polnisch-deutsche Beziehungen 1919—1925), Poznań 1962; und, ders., Stosunki polsko-niemieckie 1926—1932, Poznań 1964; sowie in Dębicki, R., The Foreign Policy of Poland, New York 1962 — wird dem Locarno-Komplex breiter Raum gewährt. Die wichtigsten Spezialuntersuchungen stammen von Gąsiorowski, Z. J., Stresemann and Poland before Locarno und Stresemann and Poland after Locarno, in: Journal of Central European Affairs, 18 (1958), S. 25—47 und 292—317; Balcerak, W., Polska polityka zagraniczna wobec układów lokarneńskich (Die polnische Außenpolitik gegen die Verträge von Locarno), in: Przegląd Zachodni, 15 (1959), S. 259—297.

mächte ein — Polen trat aus ihm ab. Das Gefühl der diplomatischen Niederlage, die Einsicht, trotz einer Revision der polnisch-französischen Beistandsverpflichtungen von seinem wichtigsten Alliierten im Stich gelassen worden zu sein, die Erkenntnis einer Abqualifizierung seiner Westgrenze zu einer „Grenze zweiter Klasse" und der Zwang zur Mitunterzeichnung der Vereinbarungen von Locarno zur Vermeidung der gänzlichen Isolierung verfestigen sich traumatisch in den Vorstellungen der polnischen Politiker; die Überlegung, daß mit der Aufnahme in den Völkerbund Deutschland die Formen internationaler Verbindlichkeit und Kooperation anerkennen müsse, die es ihm erschweren würden, im Sinne der Revisionspolitik unbefangen aufzutreten, besaß nur geringen Trost. Dieser — durch die Unterzeichnung des Berliner Vertrages am 24. April 1926 zwischen dem Deutschen Reich und der UdSSR noch unterstrichene — außenpolitische Erfolg der Weimarer Republik samt der damit verbundenen Aktualisierung der Revisions- und Minderheitenpolitik dürfte als Auslösefaktor für den Staatsstreich Piłsudskis wohl ebenso bedeutsam gewesen sein wie die durch den Zollkrieg noch verschärften wirtschaftspolitischen Schwierigkeiten und die durch den Parteienhader genährten innenpolitischen Querelen.

Nach dem innenpolitischen Umschwung in Polen war der Eindruck zu gewinnen, als ob sich das komplizierte Verhältnis zwischen beiden Nachbarstaaten normalisieren würde und sich wenigstens korrekt-freundschaftliche Beziehungen zwischen Warschau und Berlin entwickeln könnten. Der Realist Stresemann hatte wohl erkannt, daß sein Prinzip „Ausnutzung der Wirtschaft durch Politik" zur Erreichung einer territorialen Revision im Osten ungeeignet war; ab 1927 wandte er sich den Tagesproblemen in den deutsch-polnischen Beziehungen zu und überwand nun auch gegenüber Polen mit seiner praktischen Vernunft die Blockade des Vorurteils.[20] Wegen der Konfliktsituation mit den Regierungen der UdSSR und Litauens — die Ermordung des Warschauer Sowjetgesandten Vojkov am 7. Juni 1927 und der virulente Streit mit Litauen, das formal immer noch am Kriegszustand mit Polen festhielt, beschworen die Gefahr einer kriegerischen Verwicklung herauf — suchte auch Piłsudski zu einem Modus vivendi mit der Reichsregierung zu kommen, vor allem hinsichtlich einer Milderung des Handelskriegs und des Revisionsstreits. Da die communis opinio der deutschen Öffentlichkeit in der Revisionsfrage jedoch absolut unnachgiebig war und von Polen wenigstens die Beseitigung des „Korridors" verlangt wurde, kam eine Annäherung der Standpunkte nicht zustande, obgleich die Warschauer Regierung für den Verzicht auf Revisionsforderungen die Öffnung des gesamten polnischen Marktes für die deutsche Industrie anbot. Zudem gewann das polnische Kabinett den Eindruck, daß Deutschland die Minderheitenschutzbestimmungen nur zur Stützung seiner Außenpolitik, mithin als Vehikel für die Durchsetzung von Grenzrevisionen, ausnutzen wolle — schon aus diesem Grunde glaubte man durch eine verstärkte Polonisierungspolitik den rein polni-

20 Lippelt, H., Zur deutschen Politik gegenüber Polen nach Locarno, in: Vierteljahrshefte für Zeitgeschichte, 19 (1971), S. 323—372.

schen Charakter der westlichen Provinzen erweisen zu müssen; die einstigen Forderungen auf Masuren und Deutsch-Oberschlesien wurden in der Publizistik wieder aufgegriffen. Da zudem die deutsche Heeresleitung den Ausbau des illegalen, aber ausschließlich aus Furcht vor polnischen Handstreichen geschaffenen „Grenzschutz Ost" forcierte, und der Reichstag in konsequenter Fortsetzung der seit 1925 betriebenen wirtschaftlichen Diskriminierung Polens die Ratifizierung des nach langjährigen, äußerst schwierigen Verhandlungen am 27. März 1930 unterzeichneten Handelsvertrags ablehnte, empfand Piłsudski die Gefährdung der polnischen Westgrenze wie auch die deutsch-sowjetische militärische Zusammenarbeit als derart bedrohlich, daß er seit 1930 militärische Übungen als Abschreckungsmanöver an den deutschen Grenzen vornehmen ließ. Das teilweise Bekanntwerden seiner Pläne, gemeinsam mit Frankreich eine militärische Präventivaktion einzuleiten, rief in Deutschland wegen der Gefährdung Ostpreußens und Oberschlesiens einen solchen negativen Widerhall hervor, daß sich die deutsch-polnische Gegnerschaft noch unheilvoller verhärtete.

Da Polen nach der Unterzeichnung des Kriegsächtungspaktes am 27. August 1928 und nach seiner vorzeitigen Inkraftsetzung die Spannungen gegenüber der UdSSR abzubauen verstand und nach dem Abschluß eines Nichtangriffsvertrags mit der Sowjetunion am 25. Juli 1932 mit der fühlbaren Entlastung seiner Ostgrenzen ein hohes Maß an politischer Bewegungsfreiheit gewonnen hatte[21], sah sich die Warschauer Regierung in die Lage versetzt, eine schärfere Frontstellung gegen die in der Ära Brüning besonders aktivierten deutschen Forderungen nach Grenzrevision und Aufrüstung einzunehmen. Die vor allem um Ostpreußen konzentrierten militärischen Abschreckungsmanöver der Polen wirkten tief in die deutsche Innenpolitik hinein, denn sie trugen wegen der deutschen Befürchtungen vor einer polnischen Invasion mit annexionistischen Zielen zur politischen Radikalisierung im Reich bei und beschleunigten somit auch den Sturz Brünings. Als Ziel verfolgten Piłsudski und sein am 2. November 1932 ernannter Außenminister Józef Beck das Programm, ein von Frankreich weniger abhängiges Polen zur Führungsmacht in Ostmitteleuropa und zum Kristallisationskern eines von der Ostsee bis zur Adria reichenden „Dritten Europa" in einer Riegelfunktion gegen Kommunismus und Sowjetunion und einen revisionistischen deutschen Nationalismus zu erheben. Die vom Kabinett Papen lauthals geforderte Aufrüstung Deutschlands glaubten die polnischen Politiker mit allen Mitteln verhindern zu müssen, weil das durch diesen Anspruch geeinte Deutsche Reich unter Ausnutzung der strategischen Vorteile seiner

21 Budurowycz, B., Polish-Soviet Relations 1932—1939, New York/London 1963; Jaworznicki, B., Polsko-radziecki pakt o nieagresji z r. 1932 (Der polnisch-sowjetische Nichtangriffspakt aus dem Jahr 1932), in: Sprawy Międzynarodowe 5 (1952), S. 70—82; Umiastowski, R., Russia and the Polish Republic 1918—1941, London 1945. Die Bedeutung der polnisch-sowjetischen Vereinbarung für Polen durch Beendigung der deutsch-sowjetischen Einkreisungspolitik betont Korbel, J., Poland Between East and West: Soviet and German Diplomacy Toward Poland 1919—1933, Princeton, N. J., 1963. Die turbulente Anfangsphase der polnisch-sowjetrussischen Beziehungen verfolgt Wandycz, P. S., Soviet-Polish Relations 1917—1921, Cambridge, Mass., 1969.

Ostgrenzen jeder seiner Revisionsforderungen gegenüber Polen den Nachdruck der Macht verleihen konnte. Die Machtergreifung Hitlers wurde daher in Warschau mit einer gewissen Erleichterung aufgenommen, weil von ihm als „Österreicher" ein geringeres Engagement für die Revision der Ostgrenze vorausgesetzt und seine Absorption mit innenpolitischen Fragen höher veranschlagt wurde.

Als Hitler jedoch — wenngleich gerade aus innenpolitischen Gründen — die Revisionsforderungen aufgriff, sah sich Piłsudski zu einer Demonstration der polnischen Verteidigungsbereitschaft gehalten. Unter Wiederaufnahme der seit 1932 betriebenen Einschüchterungspolitik um Danzig wurde am 5. März 1933 die polnische Garnison auf der Westerplatte vertragswidrig verstärkt. Polen wollte Hitler, in dem kein Revisionist „in der allgemein üblichen, konventionellen Wortbedeutung" gesehen wurde, ohne daß die möglichen Konsequenzen seiner Lebensraumpolitik für das deutsche Volk auf Kosten Polens und der Sowjetunion erkannt worden wären, warnen und gleichzeitig der den deutschen revisionistischen Forderungen geneigten Haltung der Westmächte die geziemende Antwort erteilen. Nach internen Verhandlungen im Völkerbundsrat sah sich die polnische Regierung am 16. März zum Truppenrückzug gehalten. Dennoch reifte bei Piłsudski der Gedanke, mit Hilfe eines später so genannten „Präventivkriegs"[22] unter der Ägide des Völkerbunds und im Zusammenwirken mit Frankreich eine Polizeiaktion gegen Hitler-Deutschland durchzuführen, bei der Polen nach dem Vorbild der Ruhrbesetzung zeitweilig Ostpreußen und Oberschlesien okkupieren und dadurch die strikte Einhaltung der Versailler Territorial- und Rüstungsbestimmungen erzwingen wollte. Mit Ausnahme von Danzig war nach dem erfolgreichen Abschluß der Aktion an die Rückgabe der besetzten Gebiete gedacht. Doch die französische Regierung verschloß sich zweimal — sowohl im März/April als auch im Oktober/November 1933, nach dem Austritt Deutschlands aus dem Völkerbund — dieser polnischen Initiative.* Im-

22 Die angeblichen „Präventivkriegspläne" Piłsudskis und ihre Bedeutung für die deutsch-polnischen Beziehungen haben in der historischen Publizistik ein starkes, höchst kontroverses Echo ausgelöst. In den beiden erschöpfenden Gesamtdarstellungen von Roos, H., Polen und Europa. Studien zur polnischen Außenpolitik 1931—1939, Tübingen 1957; und von Wojciechowski, M., Die polnisch-deutschen Beziehungen 1933—1938, Leiden 1971, finden sie ebenso Berücksichtigung wie in Aufsätzen von Čelovsky, B., Gąsiorowski, Z. J., Lepecki, M. B., Kuźmiński, T., Roos, H., Pobóg-Malinowski, W. u. a.

* Dazu Anmerkung Krasuski: Der Verf. widmet viel zu viel Platz vermeintlichen Plänen eines Präventivkrieges gegen Deutschland. Diese Hypothese basiert auf keinerlei Dokumenten, ihr Ursprung liegt in den von einigen Journalisten verbreiteten Gerüchten. Indem er von der angeblichen Bedrohung Ostpreußens und Oberschlesiens durch Polen schreibt, wiederholt der Verf. zur damaligen Zeit von Reichswehrkreisen verbreitete Unterstellungen, die darauf abzielten, die deutsche Wiederaufrüstung zu begründen. Aus den Ausführungen wäre zu entnehmen, daß Polen mehrere Jahre hindurch sich mit dem Gedanken trug, Deutschland anzugreifen und sich in dieser Frage mehrmals mit entsprechenden Vorschlägen an Frankreich wandte. Dennoch ist weder in den bekannten diplomatischen Dokumenten noch in den Aufzeichnungen der polnischen Außenminister Zaleski und Beck, bzw. in den Aufzeichnungen französischer Staatsmänner eine einzige Erwähnung dieser Vorgänge zu finden. Was die Ein-

merhin hatte sich Hitler auf eine ultimative Anfrage vom 2. Mai 1933 veranlaßt gesehen, im Rahmen seiner „Friedensoffensive“ die Respektierung der deutsch-polnischen Grenze ausdrücklich zu unterstreichen und durch die Aufgabe einiger bisher zäh verteidigter deutscher Rechtspositionen in Danzig ein Zeichen für seine Kooperationsbereitschaft gegenüber Polen zu setzen. Nicht zuletzt der Vermittlung des nationalsozialistischen Danziger Senatspräsidenten Rauschning war es zuzuschreiben, daß der Plan, eine direkte Verständigung zwischen Warschau und Berlin herbeizuführen, gegen Jahresende 1933 Gestalt annahm.

Anknüpfungspunkte ergaben sich aus der antikommunistischen Innenpolitik Hitlers und der Beendigung der Beziehungen zwischen Reichswehr und Roter Armee im Juni 1933. Eine Abkehr von der UdSSR bedingte indessen die Herstellung verbesserter Beziehungen zu Polen, wo Hitler in Piłsudski anfangs eine kongeniale Führerpersönlichkeit zu erblicken glaubte, weil er dessen zweifellos autoritäres System als faschistisch-diktatorisch mißverstand. Piłsudskis schon lange zurückliegende militärischen Erfolge sowie seine antirussische und sodann auch antisowjetische Haltung während seiner Kampfjahre um Polen brachten ihn für Hitler in Parallele zur eigenen Politik gegenüber dem Sowjetstaat. Zudem bedurfte Hitler nach dem Verlassen der Abrüstungskonferenz und dem Austritt aus dem Völkerbund dringend eines außenpolitischen Erfolgs, um innenpolitisch die „nationalsozialistische Revolution“ vorantreiben, insgeheim die Voraussetzungen für eine Außenpolitik der Stärke im Interesse einer vollständigen Revision der Versailler Verträge zu

stellung zu Hitler angeht, so rechnete die polnische Regierung mit seiner Machtergreifung schon ab 1930 und versprach sich davon eine Auflockerung der Zusammenarbeit Deutschlands mit Frankreich und der Sowjetunion.

Die Manöver des polnischen Heeres bedrohten in Wirklichkeit weder Ostpreußen noch viel weniger Niederschlesien. Sie waren einfach ein Druckmittel auf die Freie Stadt Danzig, die durch keine völkerrechtlichen Bande an Deutschland gebunden war. Außer der von der polnischen Presse verbreiteten Nachricht über die Manöver der polnischen Steitkräfte in Pommerellen fanden noch zwei weitere Vorkommnisse statt. Am 15. Juni 1932 drohte der Danziger Senat, den polnischen Zerstörer „Wicher“, der den Auftrag hatte, die in Danzig eingetroffenen englischen Flotteneinheiten zu begrüßen, nicht in den Hafen zu lassen. Marschall Piłsudski befahl, „Wicher“ solle Danzig beschießen, wenn der Danziger Senat seine Drohung verwirklichen sollte. Am 15. Februar 1933 kündigte der Senat das zwischen Polen und der Freien Stadt bestehende Abkommen über die gemeinsame Wasserschutzpolizei. Am 6. März 1933 landete eine zusätzliche Kompanie Marineinfanterie auf der Westerplatte, wodurch die zugelassene Zahl der Besatzungsmitglieder von 88 Mann beträchtlich überschritten wurde. Unter dem Druck der Westmächte nahm die polnische Regierung am 14. März 1933 diese Kompanie zurück. Soweit die historischen Fakten im Zusammenhang mit der Legende vom „Präventivkrieg“.

Dazu Anmerkung Hoensch: Die Tatsache, daß die angeblichen „Präventivkriegspläne“ Piłsudskis nach dem Zweiten Weltkrieg eine höchst kontrovers geführte wissenschaftliche Diskussion ausgelöst haben (vgl. meine Anm. 22), spricht dafür, daß wohl mehr dahinter steckte als phantasievolle Meldungen sensationslüsterner Journalisten. Die Quellenlage ist in der Tat wegen der kriegsbedingten Verluste von Akten des polnischen und des französischen Außenministeriums höchst unbefriedigend. Da aber dieser Komplex die deutsch-polnischen Kontakte bis in den Herbst 1933 wesentlich beeinträchtigte, mußte er hier, ebenso wie in der relevanten wissenschaftlichen Literatur, Aufnahme und Erwähnung finden.

schaffen und mit der Gewinnung neuen Lebensraums die deutsche Hegemonie über Europa errichten zu können. Piłsudski ist auf die — durchaus als taktisch erkannte — Verständigungsbereitschaft Hitlers wohl in der Erkenntnis eingegangen, daß eine völkerrechtlich legale Aktion gemeinsam mit den Westmächten zur Unterbindung der deutschen Aufrüstung nicht zustandezubringen war; er folgte dem Zwang, sich mit Deutschland zu arrangieren, solange Polen militärisch noch stärker war und relativ günstige Bedingungen zu erzielen vermochte. Das auf zehn Jahre befristete deutsch-polnische Nichtangriffsabkommen vom 26. Januar 1934 sah völligen Gewaltverzicht und unmittelbare Verständigung in allen Fragen der gegenseitigen Beziehungen, Nichteinmischung in innere Angelegenheiten und die „Begründung eines gutnachbarlichen Verhältnisses" vor.[23] Diese von beiden Seiten als nützlicher Waffenstillstand gewertete Vereinbarung beendete auch den neunjährigen Zoll- und Wirtschaftskrieg und leitete eine kurze Ära deutsch-polnischer Zusammenarbeit ein, die in beiden Ländern nicht auf die ungeteilte Zustimmung der völlig überraschten Bevölkerung stieß. Es rächte sich, daß der deutsch-polnische Pakt, der einen Abbau der Pressepolemik und eine Intensivierung des Kulturaustausches beinhaltete, in beiden Ländern gegen die bisherige Stimmung der Öffentlichkeit so plötzlich oktroyiert worden war und nicht offen diskutiert werden konnte. Die konstruktiven Elemente der Vereinbarungen, die an frühere Anregungen zur Überwindung der Nationalitätenprobleme anknüpften, wurden von all denen begrüßt, die der Überzeugung waren, daß nur ein deutsch-polnischer Ausgleich eine Befriedung Europas herbeiführen könne. Hitler sah die Nichtangriffserklärung, der er eine erfolgversprechende Weiterverfolgung der Revisionspolitik wie auch die Vertretung der Belange der deutschen Minderheit in Polen zeitweilig aufzuopfern bereit war, unter dem Aspekt der Gewinnung eines zukünftigen Aufmarschraums gegen die UdSSR, einer Herauslösung Polens aus dem französischen Bündnissystem und als Zeichen einer aktiven „nationalsozialistischen Friedenspolitik". Piłsudski gedachte den Zeitgewinn zur weiteren militärischen Aufrüstung seines Landes, zur Ablenkung der deutschen außenpolitischen Stoßrichtung nach Südosten und zur Initiierung einer polnischen Gleichgewichtspolitik zwischen den beiden mächtigen Nachbarn zu nutzen. Doch die Umverteilung der außenpolitischen Gewichtungen erbrachte eher eine Verschlechterung der polnischen Ausgangslage: der Eintritt der UdSSR in den Völkerbund am 18. September 1934 in konsequenter Verfolgung ihrer Politik der friedlichen Koexistenz führte zu einer engen russisch-französi-

23 In den bereits aufgeführten Studien von Roos, Breyer und Wojciechowski wird dem Zustandekommen des deutsch-polnischen Nichtangriffsvertrags große Aufmerksamkeit geschenkt. In Spezialuntersuchungen befaßten sich mit der Materie Gąsiorowski, Z. J., The German-Polish Nonaggression Pact of 1934, in: Journal of Central European Affairs 15 (1955), S. 3—29; Lipski, J., Przyczynki do polsko-niemieckiej deklaracji o nieagresji (Beiträge zur polnisch-deutschen Nichtangriffsdeklaration), in: Bellona 3 (1950), S. 18—37 und 4 (1951), S. 3—21. Den Auswirkungen auf das polnisch-französische Verhältnis schenkt Aufmerksamkeit Kuźmiński, T., Polska, Francja, Niemcy 1933—1935. Z dziejów sojuszu polsko-francuskiego (Polen, Frankreich, Deutschland 1933—1935. Zur Geschichte des polnisch-französischen Bündnisses), Warszawa 1963.

schen (2. Mai 1935) und russisch-tschechoslowakischen (16. Mai 1935) Zusammenarbeit und entwertete die von Beck am 5. Mai 1934 zustande gebrachte Parallelisierung des polnisch-sowjetischen mit dem deutsch-polnischen Nichtangriffspakt. Obwohl sich Piłsudski, der in der UdSSR nach wie vor Polens gefährlichsten Gegner sah, sich Hitlers Vorschlägen energisch widersetzte, einen gemeinsamen antisowjetischen Feldzug vorzubereiten, so führte doch die sowjetische Politik in Westeuropa, durch die in polnischen Augen das Bündnis Paris-Warschau abgewertet wurde, Polen unfreiwillig näher an Hitler-Deutschland heran, als es der außenpolitisch hellsichtige Piłsudski eigentlich intendiert hatte.

Als Józef Piłsudski am 12. Mai 1935 starb, verfiel sein System, dessen Korsettstangen die Offiziere seiner einstigen Legion waren, sehr schnell, obwohl es äußerlich noch scheinbar unangefochten fortbestand. Es fehlte den Nachfolgern die Autorität, die genialische Skrupellosigkeit und die unbeugsame Charakterstärke des Vorbilds. Nach dem Wegfall des selbst bei Hitler vorhandenen echten Respekts für den alten Marschall setzte eine deutsche Umarmungspolitik ein, der sich die „Obristen“ nur durch eine Schaukelpolitik zu entziehen wußten, die ihr Ansehen weder im In- noch im Ausland hob. Die seit 1930/31 latent vorhandene innenpolitische Radikalisierung brach schlagartig aus, weil die materielle Not der Bauern vernachlässigt und die Überwindung der Wirtschaftskrise nicht konsequent vorangetrieben worden war. Ein ausgesprochener Rechtskurs, der sich programmatisch auf die Ideologie der Nationaldemokratie stützte, aber auch durch Rezeption totalitärer Vorbilder des Nationalsozialismus und des Kommunismus stalinistischer Prägung gekennzeichnet war, bestimmte die Regierungspolitik. Die internen Machtkämpfe wußte Beck zu nutzen, um den Primat der Außenpolitik für die künftige Regierungsarbeit zu verankern und eine nicht ungefährliche Balance-Politik zwischen der französisch-sowjetischen Bündnisgruppe und dem Deutschen Reich zu betreiben. Spannungen und unmotivierte Kurskorrekturen konnten nicht ausbleiben, da die immer einflußreicher werdende Generalität einer stärkeren französischen Orientierung das Wort redete, Beck andererseits in lockerer Anlehnung an das Deutsche Reich rasche außenpolitische Erfolge und einen Prestigegewinn für Polen hinsichtlich der selbst angemaßten Führungsrolle in einem „Dritten Europa“ erhoffte. Hitler suchte seinerseits aus rein taktischen Überlegungen durch ständig wiederholte Angebote eine Art von deutsch-polnischen Zweckverband gegen die UdSSR zustande zu bringen, der nach außen defensive Züge trug, insgeheim aber der Vorbereitung zur Eroberung deutschen Lebensraums im Osten dienen sollte. Die Politik Hitlers war dabei von Anfang an konsequent auf die Niederwerfung Polens gerichtet: entweder durch ein neuerliches Zerschlagen der polnischen Staatlichkeit oder durch das Hineinzwingen Polens in ein Satellitensystem unter deutscher Führung. Verhängnisvoll für Polen wirkte sich aus, daß die Nachfolger Piłsudskis nicht an der vom Marschall nüchtern an den Machtverhältnissen orientierten Außenpolitik festhielten und anstatt den Weg zur Entspannung und Verständigung in einer Richtung konsequent weiterzugehen, eine gefährliche und der eigenen Stärke unangemessene Schaukelpolitik betrieben. Wegen ihrer Verteidigungsvorbereitungen großen Ausmaßes an ihrer Westgrenze wurde die Sowjetunion von Polen weiterhin als „Feind Nr. 1" angesehen; die unbarmherzige Verfolgung der Kommunisten im eigenen Land, die schroffe Zurückweisung der von der UdSSR propagierten Volksfrontpläne und die stille Billigung des Antikominternpaktes (25. November 1936) arbeiteten Hitler in die Hände, da die grundsätzlich antisowjetische Haltung Polens die Ostflanke des Deutschen Reiches deckte und dadurch Hitler in die Lage versetzt wurde, nach der Rheinlandbesetzung (7. März 1936) und dem deutschen Engagement im Spanischen Bürgerkrieg den Anschluß Österreichs und die Liquidation der Tschechoslowakei voranzutreiben. Die verbalen Distanzierungen von der Politik Hitlers führten zwar zu einer kurzfristigen Intensivierung der Zusammenarbeit mit Frankreich (Abkommen von Rambouillet, 3. September 1936), was 1937 zeitweise die politische Entfremdung von dem deutsch-polnischen Nichtangriffspakt so weit vorantrieb, daß die dabei zutage tretenden Spannungen an die verhärtete Lage im Jahre 1919/20 erinnerten und vor allem die deutsche Minderheit unter kleinlichen Repressalien zu leiden hatte. Die Kritik, die dem „Regime der Obristen" in der polnischen Historiographie daher nach dem Zweiten Weltkrieg zuteil wurde, besitzt insgesamt einen soliden Kern.[24]

Denn mit der Beteiligung an der Zerschlagung der Tschechoslowakei wurde Polen zum Komplizen von Hitlers Aggressionspolitik. Beck sah in dem vordergründig um das sudetendeutsche Problem gruppierten deutsch-tschechoslowakischen Konflikt nur die Bestätigung seiner These von der Notwendigkeit eines Zerfalls des ungeliebten südlichen Nachbarn, durch den das befreundete Ungarn gestärkt und die Voraussetzungen für das Zusammenwachsen jenes ostmitteleuropäischen Staatenblocks unter polnischer Führung geschaffen würden, der neben der historischen britisch-französischen Entente und der sich herausbildenden „Achse Rom-Berlin" als dritte Kraft bei der Ausgestaltung der europäischen Politik nicht übergangen werden könnte.[25] Als mit der Entscheidung von München (29. September 1938) der tschechische Querriegel gegen jeden polnischen Expansionsversuch nach Süden aufgebrochen, die Kleine Entente gesprengt und das französisch-sowjetisch-tschechoslowakische Bündnissystem vom Mai 1935 zerschlagen wurde, erkannte die Warschauer Politik zu spät, daß sich mit dem gewaltigen Machtzuwachs Hitlers und den verbesserten strategischen Ausgangslagen für die deutsche Wehrmacht die Situation für Polen besorgniserregend verschlechtert hatte. Die Gewinnung des

24 Jędruszak, T., Piłsudczycy bez Piłsudskiego. Powstanie Obozu Zjednoczenia Narodowego w 1937 roku (Die Anhänger Piłsudskis ohne Piłsudski. Die Entstehung des Lagers der Nationalen Vereinigung 1937), Warszawa 1963; Micewski, A., W cieniu marszałka Piłsudskiego (Im Schatten des Marschalls Piłsudski), Warszawa 1968.

25 Aus der reichen Literatur zur Außenpolitik Becks gegenüber der ČSR und der damit verfolgten Ziele seien hier nur aufgeführt; Kozeński, J., Czechosłowacja w polskiej polityce zagranicznej w latach 1932—1938 (Die Tschechoslowakei in der polnischen Außenpolitik 1932—1938), Poznań 1964; Stanisławska, St., Polska a Monachium (Polen und München), Warszawa 1967; Batowski, H., Zdrada Monachijska. Sprawa Czechosłowacji i dyplomacja europejska w roku 1938 (Der Münchner Verrat. Die Frage der Tschechoslowakei und die europäische Diplomatie im Jahr 1938), Poznań 1973.

Olsa-Gebiets mit seinem Industriepotential konnte nicht als ausreichende Kompensation für das künftig erhöhte Risiko gelten, zumal Hitler sowohl im Donauraum als auch im Baltikum die Anstrengungen der polnischen Politik des „Dritten Europa" erfolgreich abzublocken wußte.

Mit der Münchner Entscheidung sah der „Führer" die Voraussetzungen für die Verwirklichung seiner Ostkonzeption gegeben; Polen sollte die politisch-militärische Aufmarschbasis gegen die UdSSR abgeben. Es ist zu bezweifeln, ob die seit dem 24. Oktober 1938 der polnischen Regierung unterbreiteten Vorschläge zu einer „Globallösung" mit der Rückgliederung Danzigs an das Deutsche Reich und der Errichtung einer exterritorialen Straßen- und Eisenbahnverbindung durch den Korridor ernst gemeint waren und Polen vor dem deutschen Überfall bewahrt hätten, war doch das Angebot der formellen Anerkennung der deutsch-polnischen Grenze und der Verlängerung der Geltungsdauer des Nichtangriffspakts auf 25 Jahre mit der Beitrittsforderung zum Antikominternpakt verbunden. Die offenkundige Gefahr für Polen, sich gegenüber seinem östlichen Nachbarn unverantwortlich und provokativ zu exponieren und faktisch aus dem westlichen Bündnissystem auszuscheiden, hätte bei der gewaltigen machtpolitischen und militärischen Überlegenheit des Deutschen Reiches längerfristig den Verlust der Eigenstaatlichkeit bedingt; bei dem Prestigeverlust für die innenpolitisch ohnedies nicht genügend fundierte polnische Regierung wäre eine Machtübernahme der vom Deutschen Reich unterstützten faschistischen Kräfte und damit die Aushöhlung selbst eines Souveränitätsverhältnisses nicht zu vermeiden gewesen. Zwar garantierte unter dem ungeheueren Eindruck, den die Besetzung Prags (15. März 1939) gemacht hatte, und in dem Gefühl der akuten militärischen Bedrohung Polens die britische Regierung die nationale Integrität des Landes im Falle einer direkten oder indirekten Aggression (31. März bzw. 6. April 1939)[26]; der Angriffswille Hitlers gegenüber Polen wurde dadurch jedoch nur gesteigert, weil er darin die Bestätigung für seine These einer englischen Einkreisung Deutschlands mit Hilfe Polens zu finden glaubte. Die konsequente polnische Ablehnung aller deutschen Vorschläge mit dem Hinweis, daß jeder deutsche Griff nach Danzig den Krieg auslösen werde, nahm Hitler am 3. April zum Anlaß, den Befehl zur Vorbereitung des militärischen Angriffs auf Polen zu geben und am 28. April den deutsch-polnischen Nichtangriffspakt mit der Begründung zu kündigen, daß das britisch-polnische Abkommen im Widerspruch dazu stünde.* Die im Deutschen Reich schlagartig von neuem einsetzende antipolnische Pressekampagne griff die alten Vorbehalte und Vorurteile gegen den Nach-

26 Raczyński, E., The British-Polish Alliance: Its Origin and Meaning, London 1948; Cienciala, A. M., Poland and the Western Powers 1938—1939. A Study in Interdependence of Eastern and Western Europe, Toronto 1968; Turlejska, M., Rok przed klęską (Das Jahr vor der Niederlage), Warszawa 1962².

* Dazu Anmerkung Krasuski: Es soll hervorgehoben werden, daß die Aufkündigung des Nichtangriffspaktes mit Polen durch Hitler widerrechtlich war, weil dieser Pakt keine Möglichkeit der Aufkündigung vor Ablauf einer zehnjährigen Frist, d. h. vor dem Jahre 1944, vorsah.

barn auf. Goebbels betrieb einen so perfiden, aber trotz aller Unglaubwürdigkeit der Behauptungen so perfekten Verleumdungsfeldzug, daß weite Kreise der deutschen Bevölkerung von der Richtigkeit des Hitlerschen Vorgehens überzeugt waren und sich voll mit der unnachgiebigen Haltung der Reichsregierung identifizierten. Dieser erneute Rückfall in die akute Feindschaft war mit den äußerlich ähnlichen Krisenphasen der zwanziger Jahre nicht mehr vergleichbar, weil das nationalsozialistische Deutschland im Gegensatz zur Weimarer Republik über die militärischen Machtmittel zur Auslösung einer Aggression verfügte und sich Hitler uneinsichtig in den Gedanken verrannt hatte, die Ehre Großdeutschlands verlange den Gang mit der Waffe gegen Polen. Unbeschadet seiner antisowjetischen Grundhaltung faßte Hitler die Möglichkeit einer Zusammenarbeit mit der UdSSR zur Durchsetzung einer „doppelten Revision", der polnischen Grenzen oder gar einer neuen Teilung Polens ins Auge. Es kann der polnischen Diplomatie nicht der Vorwurf erspart werden, daß sie in der dramatischen Phase vor Ausbruch des Zweiten Weltkriegs die als axiomatisch geltenden Gegensätze zwischen Nationalsozialismus und Bolschewismus nicht erkannte und mit Hilfe der Westalliierten das im Abkommen vom 23. August 1939 sanktionierte Zusammenwirken der beiden Nachbarstaaten nicht zu verhindern wußte. Das seit der Staatsgründung mit schweren und ungelösten inneren und äußeren Hypotheken belastete, in seiner Selbstverwirklichung oft über die Grenzen der Staatsklugheit hinausgehende polnische Staatswesen konnte die überwiegend unverschuldete Zerschlagung trotz tapferer militärischer Gegenwehr nicht aufhalten; mit seinem militärischen Zusammenbruch Ende September — Anfang Oktober 1939 setzte die leidvollste Phase der polnischen Geschichte aber erst ein.[27]

Der reale Machtzuwachs des Deutschen Reiches und der persönliche Prestigegewinn für Hitler lösten bei der deutschen Bevölkerung eine bisher nicht gekannte Identifikation mit dem nationalsozialistischen Staat und seinen aggressiven Zielen aus. Eine geschickte deutsche Propaganda wußte die polnischen Ausschreitungen gegen Angehörige der deutschen Minderheit in so eingängiger Art auszuschlachten, daß die deutsche Aggression gerechtfertigt werden konnte und der Ruf nach einer „schonungslosen Bestrafung" des polnischen Volkes breiten Widerhall fand. Die Volksverhetzung nahm solche Ausmaße an, daß sich nur wenige Stimmen der Vernunft und des Mitleids regten, als große Teile der polnischen Bevölkerung aus den dem Deutschen Reich eingegliederten Gebieten deportiert oder als Zwangsarbeiter ins Reichsgebiet verschleppt wurden.[28] Hitler ließ seinen ursprünglichen Plan, einen in etwa dem Königreich Polen im Ersten Weltkrieg entsprechenden entmilitarisier-

27 Batowski, H., Ostatni tydzień pokoju (Die letzte Woche des Friedens), Poznań 1964; Vormann, N., Der Feldzug 1939 in Polen. Die Operationen des Heeres, Weißenburg 1958; Kirchmayer, J., Kampania wrześniowa (Der Septemberfeldzug), Warszawa 1946.

28 Broszat, M., Nationalsozialistische Polenpolitik 1939—1945, Stuttgart 1965; Madajczyk, C., Polityka III Rzeszy w okupowanej Polsce (Die Politik des Dritten Reichs im besetzten Polen), 2 Bde., Warszawa 1970; Eisenblätter, .G., Grundlinien der Politik des Reiches gegenüber dem Generalgouvernement 1939—1945, Phil. Diss. Frankfurt 1965.

ten und ganz von Deutschland abhängigen polnischen Reststaat zu schaffen, fallen, als sich die Westalliierten durch dieses „Zugeständnis" nicht zur Aufnahme von Friedensverhandlungen bereit zeigten und weil sich keine polnischen Patrioten für die Bildung einer „Quisling"-Regierung hergaben. Nicht zuletzt deshalb hatte die polnische Bevölkerung sowohl in den eingegliederten „Ostgebieten", die für die Germanisierung vorgesehen waren, als auch im Generalgouvernement unter der Statthalterschaft Hans Franks die ganze Schwere der nationalsozialistischen Herrenmenschen- und Lebensraumideologie zu erleiden. Die maßlose deutsche Herrschaft rottete den Glauben an die aus der Zeit des Ersten Weltkriegs bekannte deutsche Gerechtigkeit und Verwaltungstüchtigkeit rasch aus und ließ die Bevölkerung anfangs in Apathie, bald in eine kämpferische Ablehnung der Fremdherrschaft verfallen. Die Hitlersche Volkstums- und Umsiedlungspolitik und der Polizeiterror Himmlers weckten einen abgründigen Nationalhaß und ließen die Reihen der Untergrundkämpfer anschwellen. Die strafrechtlichen Sonderbestimmungen, die im Vergleich zu den Deutschen bestehende erhebliche Benachteiligung bei den Arbeitsbedingungen, der Entlohnung und der Ernährung sowie die systematische Ausrottung oder Deportation der geistigen und kulturellen Eliten motivierte alle polnischen Patrioten zu einem kompromißlosen Widerstand.[29]

Der deutsche Sieg in Frankreich machte jede Aussicht auf eine baldige Restitution Polens zunichte. Die Verfolgungs- und Vernichtungsmaßnahmen setzten gezielt und in perfider Perfektion ein, um die polnische Bevölkerung, anfangs gekennzeichnet durch die physische Liquidation großer Teile der Intelligenz, auf die Stufe eines halbfreien, politisch unbewußten und lediglich technisch einigermaßen gebildeten Hilfsvolks im Sinne der NS-Rassendoktrin herabzudrücken. Nach dem deutschen Überfall auf die Sowjetunion (22. Juni 1941) wurde der nazistische Terror systematisch gesteigert und die Verwaltung im Generalgouvernement allein den kriegswirtschaftlichen Erfordernissen unterworfen. Die ungezügelten Entnahmen von Rohstoffen, Nahrungsmitteln und Vieh beschworen besorgniserregende Versorgungsengpässe herauf; die Mißachtung des Privateigentums an Grund und Boden trug wesentlich dazu bei, die bäuerlichen Massen der nationalen Untergrundbewegung in die Arme zu treiben. Den wohl stärksten Impuls erhielt der Widerstandswille der polnischen Einwohner durch die Mitte 1942 einsetzende planvolle physische Vernichtung der polnischen Staatsbürger mosaischen Glaubens, der mit mehr als 2,5 Mill. Menschen fünf Sechstel der polnischen Juden zum Opfer fielen. Die Furcht der ethnisch polnischen Bevölkerung, daß sie nach der Ausrottung der Juden infolge des nationalsozialistischen Rassenwahns selbst einer teilweisen Liquidation zum Opfer fallen würde, nahm zu und stärkte den Abwehrkampf der nationalen Résistance. Die erfolgreiche Zerstörung deutscher Nachschublinien und Verkehrsmittel lösten seit dem Sommer 1943 deutsche Repressalien aus, die wegen ihrer Brutalität einen übermäßigen, aber aus der Situation heraus verständlichen Wunsch

29 Kleßmann, Ch., Die Selbstbehauptung einer Nation. NS-Kulturpolitik und polnische Widerstandsbewegung. Düsseldorf 1971; Jacobmeyer, W., Heimat und Exil. Die Anfänge der polnischen Untergrundbewegung im Zweiten Weltkrieg, Hamburg 1973.

nach Rache gegen Deutschland und alles Deutsche schlechthin in Polen aufkommen ließen. Aber auch unter der durch den von Hitler leichtfertig angezettelten Krieg leidenden deutschen Bevölkerung prägte sich der Haß gegen dieses Aufbäumen des starken polnischen Überlebenswillens ein, konnte doch den Polen ein Gutteil „Schuld" für die militärischen Mißerfolge im Osten, für das Scheitern der Blitzkriegstrategie und für die Verhinderung des Phantoms vom „deutschen Lebensraum im Osten" angelastet werden. Verständnis für die Lage der anderen Nation, aufrichtiges Mitgefühl für die unmenschlichen Leiden oder den Mut zum Eingeständnis sowohl einer kollektiven als auch einer individuellen Verantwortung besaßen nur wenige. General Stieff, ein Opfer des 20. Juli 1944, rang sich angesichts des Leides des polnischen Volkes zu der schmerzhaften Erkenntnis durch: „Man schämt sich, Deutscher zu sein"!

Während sich der Sieg der Alliierten immer deutlicher abzeichnete und die Pläne für eine ethnische Entflechtung und die Neufestlegung der Grenzen zur Verhinderung einer erneuten deutschen Aggression in ein konkretes Stadium traten, hatte die Bevölkerung Polens noch besonders schwere und verlustreiche Leiden zu ertragen. Der Warschauer Getto-Aufstand von 1943 und die tapfere Erhebung in der polnischen Hauptstadt am 1. August 1944 bildeten gleichsam die Peripetie des Kampfes gegen den deutschen Feind, der nach der Niederschlagung der Insurrektion am 3. Oktober 1944 eine militärisch völlig sinnlose Zerstörungsaktion begann, bei der die nationalsozialistische Barbarei durch die Vernichtung fast aller Gebäude, Archive, Sammlungen und Museen Warschau zur leblosen Ruinenstadt machte. Und auch als das Land mit Hilfe polnischer Verbände durch die sowjetische Winteroffensive von 1945 endgültig befreit wurde, mußte Polen einen hohen Blutzoll und schwere Verluste an kulturellen Werten leisten. Die deutsche Zivilbevölkerung, durch gesteuerte Umsiedlungsaktionen oder in wilder Flucht vor der Roten Armee nach Westen strömend, hatte jetzt ebenfalls voll die Lasten und Leiden des Kriegs und den Verlust von Habe und Heimat zu tragen. Sie und die später aus den Polen zugesprochenen ehemaligen deutschen Ostgebieten Zwangsumgesiedelten haderten lange mit ihrem Schicksal und zeigten nur geringe Bereitschaft, den nach den Erfahrungen des Naziterrors und des über 6 Millionen polnischen Staatsbürgern das Leben kostenden deutschen Rassenwahns verständlichen Wunsch des polnischen Volkes, in gesicherten Grenzen zu leben, zu respektieren.

Mit schweren historischen Belastungen sind beide Völker in die Nachkriegszeit eingetreten. Die historisch gewachsenen Antipathien, durch eine unkluge, zum Teil unrealistische Politik nach 1918 noch vertieft und von der Überzeugung verbrämt, daß dem eigenen Volk durch den Nachbarn ein Übermaß nicht mehr zu tolerierender „nationaler Entwürdigung" zugemutet worden sei, waren in der von der nationalsozialistischen Führung heraufbeschworenen krisenhaften Zuspitzung der zwischenstaatlichen Beziehungen in einer Art und Weise virulent geworden, die beiden Nationen als Angehörigen der zivilisierten westlichen Welt nicht angemessen war. Der deutsche Überfall auf Polen und die nationalsozialistische Terrorherrschaft mußten sich in einem Volk traumatisch verfestigen, in dem fast jeder fünfte Staatsbürger unnötig sein Leben lassen mußte und jede polnische Familie unersetzliche personelle und materielle Opfer zu beklagen hatte. Die nationalsozialistische Greuelpropaganda zeigte leider auch nach dem deutschen Zusammenbruch ihre makabre Wirksamkeit und veranlaßte viele, die ihre Heimat östlich von Oder und Neiße verloren hatten, undifferenziert „die Polen" für ihr persönliches Schicksal oder für den Tod ihrer Angehörigen auf der Flucht verantwortlich zu machen. Während in Polen schon bald nach 1945 penibel zwischen den „Nazis" und den „Deutschen" unterschieden wurde, glaubten manche westdeutschen Politiker und Vertriebenenfunktionäre, die nichts aus den Erfahrungen der Weimarer Zeit gelernt hatten, sie könnten sich der normativen Kraft des Faktischen entziehen und die Verluste eines verlorenen Krieges durch die Nichtzurkenntnisnahme der neuen Grenzen und der inzwischen erwachsenen politischen Realitäten wieder wettmachen. Doch gerade der Rückblick auf die leidvolle Geschichte der deutsch-polnischen Beziehungen sollte die uneingeschränkte Bereitschaft fördern, am Werk des Ausgleichs und der Annäherung konstruktiv und unermüdlich mitzuarbeiten.

Anmerkung der polnischen Herausgeber zu S. 11:

Wir möchten hier darauf hinweisen, daß der Verfasser in seiner Darstellung das Schicksal der polnischen ethnischen Minderheit in Deutschland (sowohl in der Weimarer Republik als auch im Dritten Reich) insbesondere die Germanisierungsbestrebungen der deutschen Behörden außer acht läßt. Zu diesem Fragenkomplex siehe u. a.: W. Wrzesiński, Polski ruch narodowy w Niemczech 1922—1939, Poznań 1970; Polacy w Republice Weimarskiej i w III Rzeszy (ein Sammelwerk), Olsztyn 1965; M. Cygański, Hitlerowskie prześladowania Polonii w Nadrenii-Westfalii w latach 1939—1945, in: Przegląd Zachodni Nr. 2/1974.

Die deutsch-polnischen Beziehungen bis zum Jahre 1945

von

Jerzy Krasuski

Die Hauptursache für das Mißtrauen, das die Polen den Deutschen entgegengebracht haben, war das im Verlauf von Jahrhunderten unter verschiedenen Erscheinungsformen immer wieder auftretende Hegemoniestreben der Deutschen in Europa.[1] Im Mittelalter kam dieses Streben darin zum Ausdruck, daß die deutschen Könige den Titel „römischer Kaiser“ führten (962—1806) und somit den Anspruch auf die Vorherrschaft über die ganze Welt erhoben. Die Ablehnung dieses Anspruchs wurde zur Vorbedingung der Entstehung des europäischen Systems unabhängiger und gleichrangiger Staaten.

Die Kaiserkrone wurde fast die ganze Zeit von Herrschern getragen, deren Hausmacht sich im Osten Deutschlands befand. Dies waren: die Dynastie der Sachsen (919—1024), die Dynastie der Luxemburger (1308—1437 mit einer Unterbrechung) und die Dynastie der Habsburger (seit 1438). Die Kaiserwürde wurde von diesen Dynastien dazu ausgenutzt, ihre Besitztümer nach Osten hin auszudehnen. Den Luxemburgern und den Habsburgern gelang es unter anderem, Böhmen und Ungarn ständig zu beherrschen. Beide Dynastien bemühten sich auch immer wieder, entweder mit Gewalt, durch Verschwägerung oder durch Versuche, ihre Kandidaten vom polnischen Adel wählen zu lassen, die polnische Krone zu er-

1 Der hier dargestellte Grundriß der deutsch-polnischen Beziehungen enthält keine neuen Tatsachen. Sie können alle in jedem, insbesondere polnischen Geschichtslehrbuch, in jeder Enzyklopädie nachgeprüft werden. So wird nachstehend nur die wichtigste Sachliteratur, vorwiegend polnische, aufgeführt.

Zum Gesamtkomplex der deutsch-polnischen Beziehungen in der Geschichte vergleiche:

Labuda, G., Polska granica zachodnia (Polnische Westgrenze. Tausend Jahre politischer Geschichte), Poznań 1971; Krasuski, J., G. Labuda, A. W. Walczak (Hrsg.): Stosunki polsko-niemieckie w historiografii (Deutsch-polnische Beziehungen in der Geschichtsschreibung. Studien aus der Geschichte der polnischen u. der deutschen Geschichtsschreibung), Poznań 1974;

Zum besseren Verständnis der deutsch-polnischen Beziehungen sollte man auch die Geschichte der polnischen Westprovinzen beachten. Siehe hierzu:

Labuda, G. (Hrsg.), Historia Pomorza (Geschichte Pommerns — bis 1466), 2 Bde, Poznań 1972; (Gemeinschaftswerk): Historia Śląska (Geschichte Schlesiens — bis 1850), 6 Bde Wrocław 1960—1970; Luczak, C. (Hrsg.), Dzieje Wielkopolski (Geschichte Großpolens — bis 1918), 2 Bde, Poznań 1969—1973.

langen. Dies ist ihnen jedoch niemals gelungen. Die Tatsache einer so wesentlichen Divergenz zwischen Böhmen und Ungarn einerseits und Polen andererseits hat die Geschichte Ostmitteleuropas wesentlich geprägt. Außerdem wirkte sich die Expansion deutscher territorialer Kleinstaaten nach Osten von Anfang an ungünstig auf die deutsch-polnischen Beziehungen aus.

Am Anfang seiner Geschichte war Polen von Deutschland durch ein von den Westslawen besiedeltes Gebiet getrennt gewesen. Dennoch mußte Polen im X. bis XII. Jahrhundert sowohl dem Hegemonieanspruch des Kaiserreiches als auch der Expansion deutscher territorialer Kleinstaaten bewaffnet entgegentreten. Vor dem Hintergrund dieser Konflikte wurde die Pilgerfahrt Kaiser Otto III. an das Grab des Heiligen Adalbert in Gniezno (Gnesen) im Jahre 1000 eine erfreuliche Episode. Der Kaiser erklärte sich damals vor allem mit der kirchlichen Unabhängigkeit Polens von Deutschland einverstanden, was in der Schaffung des Erzbistums Gniezno (Gnesen) zum Ausdruck kam. Dagegen erhielt das von Anfang an vom Kaiserreich abhängige Böhmen ein eigenes Erzbistum in Prag erst 1344.

Im XII. Jahrhundert wurden die Westslawen von Herrschern deutscher territorialer Kleinstaaten unterworfen: Heinrich dem Löwen und Albrecht dem Bär. Dies wurde durch die feudale Zersplitterung Polens zwischen 1138—1320 erleichtert. Einen unmittelbaren Verlust bildete für Polen die Unterwerfung Pommerns unter die Obrigkeit des Kaisers im Jahre 1180. Auf dem unterworfenen slawischen Gebiet entstanden zwei relativ starke deutsche territoriale Kleinstaaten: Brandenburg und (Ober)Sachsen. Als das vereinigte Königreich Polen 1320 wieder erstand, gehörten Pommern und Schlesien nicht mehr dazu. Denn in der Zeit der Zersplitterung Polens geriet Schlesien unter die Oberherrschaft der Könige von Böhmen. Von 1310—1437 saßen die Luxemburger auf dem böhmischen Thron, von 1526—1918 die Habsburger; 1740 verloren die Habsburger den Großteil Schlesiens an Preußen.

Westpommern war seit 1180 dem Kaiser untertan; Ostpommern oder (Pommerellen) wurde 1308 von dem Deutschen Ritterorden erobert. Der Ritterorden war 1226 vom Herzog von Masowien ins Land gerufen worden, um die heidnischen Pruzzen zu unterwerfen. Nachdem dies von den Ordensrittern vollbracht worden war, erklärten sie sich von den polnischen Fürsten unabhängig, wobei sie beim Papst und Kaiser Unterstützung fanden. Da sich Ostpommern nun in ihrer Hand befand, war das Anfang des XIV. Jahrhunderts wieder erstandene Königreich Polen vom Zugang zur Ostsee abgeschnitten.

Im XIII. und XIV. Jahrhundert wurde Polen Objekt intensiver deutscher Besiedlung sowie einer Besiedlung nach deutschem, hauptsächlich dem Magdeburger Recht.[2] Es muß dabei betont werden, daß die Besiedlung nach deutschem Recht nicht immer mit einer Besiedlung durch deutsche Bevölkerung gleichbedeutend war. Bei Gründung neuer Dörfer und Städte bedienten sich die polnischen Feudal-

2 Vgl. Friedberg, M., Kultura polska a niemiecka (Die polnische und die deutsche Kultur), 2 Bde, Poznań 1946; Kaczmarczyk, Z., Kolonizacja niemiecka. . . . (Deutsche Kolonisation ostwärts der Oder), Poznań 1945.

herren der von Deutschland entlehnten rechtlichen Vorbilder. Es unterliegt keinem Zweifel, daß die deutsche Besiedlung zur wirtschaftlichen und kulturellen Entwicklung der polnischen Gebiete wesentlich beigetragen hat. Andererseits widersetzte sich das deutsche Patriziertum der Städte der Wiedervereinigung der polnischen Gebiete unter der Herrschaft der Piasten und sprach sich für die in Böhmen und im Kaiserreich herrschenden Luxemburger aus. Der deutsch- -polnische Antagonismus in den Städten war oft klassenbedingt.

Die Existenz des Anfang des XIV. Jahrhunderts wiedervereinigten Königreiches Polen war durch das Bündnis zwischen den Luxemburgern und den Ordensrittern gefährdet. Die Ordensritter begannen nun eine Eroberung des heidnischen Litauen. 1385 bekehrten sie das gebietsmäßig umfangreiche Litauen zum Christentum und schlossen mit Polen eine Union, um dem gemeinsamen Feind Einhalt gebieten zu können. Die Bekehrung Litauens zum Christentum bewog aber die Ordensritter nicht, auf weitere Expansion zu verzichten; sie behaupteten, die Bekehrung sei nur taktischer Natur. Auf dem Konzil von Konstanz (1414—1418) trug der polnische Abgeordnete Paweł Włodkowic aus Brudzewo in seiner Streitschrift „De potestate papae et imperatoris respectu infidelium" die für damalige Zeit revolutionäre These vor, daß weder der Papst noch der Kaiser das Recht habe, heidnische Völker mit Gewalt zum Christentum zu bekehren.

Infolge der sich lange dahinziehenden erbitterten Kriege zwischen Polen-Litauen und den Ordensrittern (Schlacht bei Grunwald/Tannenberg 1410) erhielt Polen auf Grund des Friedensvertrages von Toruń (Thorn) 1466 Pommerellen, das als das Königliche Preußen bezeichnet wurde, zurück, und gewann Ermland. Zu diesem polnischen Erfolg trug die vom deutschen Bürgertum solcher Städte wie Toruń (Thorn), Gdańsk (Danzig) und Malbork (Marienburg) dem König von Polen gewährte Unterstützung entscheidend bei. Das Bürgertum ließ sich dabei vor allem von wirtschaftlichen Interessen leiten, da ja Polen das durch die Weichsel mit der Ostsee verbundene Hinterland bildete. Einen weiteren Grund lieferten die in Polen herrschenden ständischen Freiheiten, die im krassen Gegensatz zu dem von den Ordensbehörden ausgeübten Druck standen.[3]

Damit endeten die Kriege zwischen Polen-Litauen und dem Ritterorden aber noch nicht. Die Lage veränderte sich erst mit der Säkularisierung des Ordensstaates und der Annahme des lutherischen Glaubens durch den Großteil der Ordensritter 1525. Damit verloren sie die Unterstützung seitens des Papstes und des Kaisers. Der damalige Hochmeister des Ordens, Albrecht von Hohenzollern, erklärte sich zum Erbherzog von Preußen unter polnischer Lehnsoberhoheit.

Im XVI. und XVII. Jahrhundert galt die Aufmerksamkeit des polnischen Adels den Bemühungen der sonst in Österreich, Böhmen, Ungarn und Spanien regierenden und die Kaiserwürde tragenden Habsburger, auch noch die polnische Krone zu erlangen. Die geschichtliche Bedeutung dieser Bemühungen bestand nicht nur dar-

3 Vgl. Biskup, M., Trzynastoletnia wojna z Zakonem Krzyżowym (Der dreizehnjährige Krieg gegen den Kreuzritterorden, 1454—1466), Warszawa 1967; Kuczyński, S. M., Wielka wojna ... (Der große Krieg gegen den Kreuzritterorden, 1409—1411), Warszawa 1966.

in, daß im Falle ihres Erfolges der deutsche Einfluß in Polen zugenommen hätte, sondern auch darin, daß die Macht der Habsburger zum Werkzeug einer rücksichtslosen Gegenreformation geworden wäre. Fast alle Könige von Polen waren zwar den Habsburgern geneigt, vor allem in Anbetracht der von Schweden und der Türkei kommenden Bedrohung, sowie angesichts der mit dieser Bedrohung verbundenen religiösen Probleme. Der Adel befürchtete jedoch, daß die Habsburger ihm den Absolutismus aufdrängen und einen gegenreformatorischen Druck ausüben würden. Ein großer Teil des Adels war nämlich, ähnlich wie in Ungarn, zum Calvinismus, das deutsche Bürgertum in Polen zum Luthertum übergetreten. Kraft der Beschlüsse der sog. Warschauer Konföderation von 1573 wurde den Protestanten die Gleichberechtigung zuerkannt. In dieser Hinsicht stellte Polen eine ruhmreiche Ausnahme im Europa des XVI. bis XVII. Jahrhunderts dar. Sporadisch auftretende Verstöße gegen den Grundsatz der Toleranz fanden erst in der zweiten Hälfte des XVII. Jahrhunderts statt, nachdem eine vorübergehende Eroberung Polens durch die lutheranischen Schweden (1655) eine gereizte Atmosphäre hervorgerufen hatte.

Die Redensart „Solange die Welt besteht, werden Polen und Deutsche nicht zu Brüdern" stammt aus dem XVI. Jahrhundert, als die Habsburger nach der polnischen Krone strebten. In der Schlacht bei Byczyna 1588 nahmen die Polen den Thronbewerber Erzherzog Maximilian von Österreich gefangen. Obwohl dies im Grunde nur eine Episode in den sonst guten Beziehungen zwischen Polen und den Habsburgern war, gewann der Sieg, der von dem Idol des polnischen Adels Jan Zamoyski bei Byczyna errungen worden war, eine ungeheure Popularität, was als ein Zeichen seiner sowohl außen- wie innenpolitischen Bedeutung zu werten ist. Dieser Sieg stellte nämlich den Gegenpol zu jenem Sieg dar, den die Habsburger 1620 am Weißen Berge errangen, der der Unabhängigkeit Böhmens für drei Jahrhunderte ein Ende setzte.

Infolge des großen, durch Klassen-, Religions- und Nationalitätengegensätze 1648 ausgelösten Aufstandes in der Ukraine (orthodoxe ukrainische Bauern), sowie infolge blutiger Kriege mit Moskau, der Türkei und Schweden setzte der Verfall des polnisch-litauischen Reiches ein. In dieser Lage erwuchs Polen ein neuer Feind. Durch Erbschaft war 1618 der Thron des Herzogs von Preußen, mit Zustimmung des Königs von Polen, an die Kurfürsten von Brandenburg übergegangen. Von diesem Augenblick an wurde das Königliche Preußen von Hohenzollern in die Zange genommen. Zwar blieben die Hohenzollern als Herzöge von Preußen weiterhin in Lehnsabhängigkeit von den Königen von Polen, dies hinderte jedoch den Großen Kurfürst Friedrich Wilhelm (1640—1688) nicht daran, auf die Seite Schwedens überzuwechseln. Kraft der 1657 in Welawa (Wehlau) und Bydgoszcz (Bromberg) geschlossenen Verträge mußte der geschwächte König von Polen eine Unterstützung des Großen Kurfürsten suchen und auf die Oberhoheit über das Herzogtum Preußen verzichten. Der Nachfolger des Großen Kurfürsten nützte den Ausbruch eines neuen Krieges zwischen Polen und Schweden, um sich 1701 zum „König in Preußen" krönen zu lassen. Von da an war der Kurfürst von Brandenburg der einzige deutsche Kurfürst, der gleichzeitig den Königstitel führte, dies allerdings auf

Grund der Tatsache, daß ein Teil seiner Länder dem Kaiser nicht unterstand. Dies war ein Vorbote künftiger Konflikte zwischen den Hohenzollern und den Habsburgern. Der Kaiser jedoch, der schwere Kriege gegen Frankreich führte, konnte dies nicht verhindern.

In den Jahren 1697—1763 waren zwei Kurfürsten von Sachsen aus der Dynastie der Wettiner Könige von Polen; sie wurden dem sich im Verfall befindenden polnisch-litauischen Reich in weitem Maße von Österreich und Rußland aufgezwungen. Allerdings wurde die sich damit bietende einmalige Chance, durch eine dauerhafte sächsisch-polnisch-litauische Union der wachsenden Macht Preußens Einhalt zu gebieten, infolge der in Polen-Litauen herrschenden Anarchie sowie wegen der eigenwilligen dynastischen Politik der Wettiner nicht ausgenutzt.[4] Der erste König von Polen aus diesem Geschlecht, August der Starke, verwickelte Polen-Litauen, gegen den Willen des Sejms, in den Nordischen Krieg gegen Schweden (1700—1721). Dem zweiten dieser Könige, August III., gelang es dagegen nicht, Polen-Litauen zur Teilnahme am Siebenjährigen Krieg, der 1756—1763 zwischen Österreich, Rußland und Frankreich einerseits und Preußen und Großbritannien andererseits tobte, zu bewegen. Seine Neutralität vermochte Polen vor den Angriffen des Königs von Preußen, Friedrich des Großen, nicht zu schützen, der unter dem Vorwand, August III. nehme als Kurfürst von Sachsen auf Seiten Österreichs an diesem Krieg teil, ins Land einfiel.[5]

Nachdem Friedrich der Große Schlesien in drei Kriegen den Habsburgern entrissen hatte, setzte er sich zum Ziel, durch die Annexion des Königlichen Preußen eine territoriale Verbindung zwischen dem Herzogtum Preußen und dem Kurfürstentum Brandenburg herzustellen. Um dies zu verwirklichen, schlug er der Zarin von Rußland, Katharina der Großen (die übrigens eine deutsche Prinzessin aus dem Hause Zerbst-Anhalt war), eine Teilung des polnisch-litauischen Reiches vor. Bei der ersten Teilung 1772 erhielten die Hohenzollern das Ermland und das Königliche Preußen (Pommerellen), allerdings ohne die Städte Gdańsk (Danzig) und Toruń (Thorn). Angesichts einer erstaunlichen inneren Wiedererstarkung Polens nach der ersten Teilung entschloß sich Preußen, ein Bündnis mit Polen 1790 einzugehen. Preußen nutzte dieses Bündnis jedoch in treubrüchiger Weise als ein Erpressungsmittel gegenüber Rußland. Den Ausbruch eines Krieges zwischen Polen und Rußland sah Preußen nämlich als den geeigneten Augenblick an, 1793 eine zweite Teilung Polens zu erzwingen, bei der es Gdańsk (Danzig), Toruń (Thorn) und Poznań (Posen) annektierte. Österreich, das sich bei der ersten Teilung den Großteil Kleinpolens, das Galizien genannt wurde, einverleibt hatte, beteiligte sich an der zweiten Teilung nicht mehr. 1795 nahmen jedoch Preußen, Österreich und Rußland die dritte und endgültige Teilung Polens vor. Österreich annektierte Krakau, Preußen Warschau. Das polnisch-litauische Reich hatte damit aufgehört zu existieren.

4 Vgl. Gierowski, J., Między saskim absolutyzmem ... (Zwischen dem sächsischen Absolutismus und der „goldenen Freiheit"), Wrocław 1953.

5 Vgl. Konopczyński, W., Fryderyk Wielki a Polska (Friedrich der Große und Polen), Poznań 1947.

Die Freude Preußens an seinem Gebietserwerb währte jedoch nicht lange, denn nach der ihm von Napoleon zugefügten Niederlage mußte es im Friedensvertrag von Tilsit 1807 die bei der zweiten und dritten Teilung Polens gewonnenen Gebiete an das aus denselben von Napoleon geschaffene Herzogtum Warschau wieder abtreten. Herzog von Warschau wurde der Kurfürst von Sachsen, den Napoleon zum König von Sachsen erhob. Bereits die berühmte polnische Verfassung vom 3. Mai 1791 hatte diesen Kurfürst zum künftigen König von Polen nach dem Tode König Stanislaus August Poniatowskis vorbestimmt. Am Vorabend des endgültigen Niedergangs Polens wurde also die Idee einer Union mit Sachsen wieder aufgegriffen.

Die Niederlage Napoleons brachte auch das Ende des Herzogtums Warschau mit sich. Auf dem Wiener Kongreß 1815 wurde aus dem östlichen Teil des Herzogtums ein Königreich Polen in Personalunion mit Rußland, aus seinem westlichen Teil ein Großherzogtum Posen in Personalunion mit Preußen geschaffen. In diesem Zusammenhang ist es beachtenswert, daß der auf dem Wiener Kongreß geschaffene Deutsche Bund weder das Großherzogtum Posen noch das ehemalige Königliche Preußen noch das Herzogtum Preußen umfaßte, sich aber auf das zu den Habsburgern gehörende Böhmen erstreckte. Das ehemalige Königliche Preußen und das Herzogtum Preußen bildeten innerhalb des Königreichs Preußen die Provinz Preußen; 1877 wurde diese Provinz in Ostpreußen und Westpreußen aufgeteilt. Formell gesehen, wurden die Provinz Preußen und das Großherzogtum Posen erst mit der Entstehung des Norddeutschen Bundes 1867 und mit der Schaffung des Deutschen Reiches 1871 zu einem Teil Deutschlands. Die Einverleibung des Großherzogtums Posen in Deutschland stieß in beiden Fällen auf einen Protest der polnischen Reichstagsabgeordneten.

Die Autonomie des Großherzogtums Posen, die im Amt des Statthalters (der übrigens Pole war) zum Ausdruck kam, währte nur bis 1830. Nachdem der Zar nach dem Novemberaufstand des Jahres 1830 die Reste der Selbständigkeit des Königreiches Polen beseitigt hatte, folgte der König von Preußen im Großherzogtum Posen diesem Beispiel.[6] Eine Politik der schrittweisen Eindeutschung des Großherzogtums wurde eingeleitet. Andererseits rief der polnische Novemberaufstand bei Liberalen und Demokraten in anderen deutschen Staaten — Preußen und Österreich ausgenommen — große Begeisterung hervor. Es entstanden Gedichte zu Ehren des Freiheitskampfes der Polen, die Polenlieder genannt wurden.[7]

Der scharfe deutsch-polnische Gegensatz stammt aus der Zeit der Revolutionen des Jahres 1848. Die Deutsche Nationalversammlung in Frankfurt am Main beschloß, das Großherzogtum Posen in einen polnischen und einen die Stadt Poznań (Posen) selbst umfassenden deutschen Teil aufzuteilen. Ein Aufstand der Polen gegen diesen Beschluß wurde niedergeschlagen. Der Anführer dieses Aufstandes,

6 Vgl. Paprocki, F., Wielkie Księstwo Poznańskie w okresie rządów Flottwella (Das Großfürstentum Posen unter Regierung Flottwell, 1830—1831), Poznań 1970.

7 Vgl. Kocoj, H., Niemcy a Powstanie Listopadowe (Deutschland und der Novemberaufstand) Warszawa 1970.

Ludwik Mierosławski, kämpfte dann an der Spitze eines demokratischen Aufstandes in Baden.

Die Eindeutschungspolitik wurde nach der Schaffung des Deutschen Reiches 1871 verstärkt. Die völlige Unterordnung der Polen war eines der Motive des sog. Kulturkampfes, den der Reichskanzler Bismarck gegen die katholische Kirche 1872—1879 führte.[8] 1886 wurde eine Ansiedlungskommission gegründet, um den polnischen Großgrundbesitz aufzukaufen und den Boden unter deutsche Bauern aufzuteilen. 1908 ging man sogar so weit, ein Gesetz über die Möglichkeit der Enteignung polnischen Grundbesitzes zu beschließen. Die Eindeutschungspolitik der preußischen Regierung ging mit der chauvinistischen Propaganda des 1894 gegründeten Deutschen Ostmarkenvereins, allgemein HaKaTe genannt, Hand in Hand. Die Verwaltung, das Gerichts- und Schulwesen wurden bereits in den sechziger Jahren vollständig eingedeutscht. In polnischer Sprache wurde nur der Religionsunterricht in den Volksschulen erteilt; seit Anfang des XX. Jahrhunderts begann man jedoch auch hier die deutsche Sprache einzuführen. Als sich 1901 die Kinder in der Kleinstadt Września (Wreschen) weigerten, in deutscher Sprache zu beten, wurden sie geprügelt und die eingreifenden Eltern zu Gefängnisstrafen verurteilt. Die Ereignisse von Września fanden in Europa ein starkes Echo.[9]

Das Hauptmotiv der Bismarckschen Bündnispolitik mit Rußland war sein Streben, ein erneutes Auftauchen der polnischen Frage zu verhindern. Der 1863 gegen Rußland gerichtete Januaraufstand der Polen erleichterte Bismarck die Realisierung dieser Politik. Die dem Zarentum damals von Bismarck zuteil gewordene Unterstützung war einer der Gründe für die Passivität, die Rußland angesichts des deutsch-französischen Krieges 1870/71 und angesichts der Vereinigung Deutschlands an den Tag legte. Bismarck rechnete jedoch mit der Möglichkeit eines künftigen Krieges mit Rußland und stellte im Zusammenhang damit Überlegungen an, wie in solch einem Fall ein neuer Aufstand der Polen gegen Rußland heraufbeschworen werden könnte. Er hegte die Hoffnung, daß die polnische Frage innerhalb der Grenzen Preußens bis dahin gelöst sein werde.[10]

Die Eindeutschungspolitik wurde vor allen Dingen durch eine sich seit Mitte des XIX. Jahrhunderts abzeichnende Ostflucht, d. h. die Abwanderung von Deutschen in den hochindustrialisierten Nordwesten Deutschlands und nach Berlin durchkreuzt. Dieses Phänomen erfaßte teilweise auch Polen und führte dazu, daß sich etliche Hunderttausende von ihnen in Westfalen, in den Nordseehäfen und in Berlin ansiedelten. Angesichts einer sehr starken Landflucht beschäftigten deutsche Großgrundbesitzer im gesamten Gebiet des damaligen deutschen Ostens eine große Anzahl polnischer Arbeiter, die teilweise aus dem von Rußland annektierten Landesteil

8 Vgl. Trzeciakowski, L., Pod pruskim zaborem (Unter preußischer Herrschaft, 1850—1918) Warszawa 1973.

9 Vgl. Derselbe: Kulturkampf w zaborze pruskim (Kulturkampf im preußischen Teilgebiet Polens), Poznań 1970.

10 Vgl. Feldman, J., Bismarck a Polska (Bismarck und Polen), Warszawa 1966.

kamen. Der Zustrom polnischer Landarbeiter nach Deutschland hielt bis zum Beginn der nationalsozialistischen Ära an.

Neben einer Repolonisierung Poznańs (Posen) stellte das Erwachen einer polnischen Volksbewegung in Oberschlesien, das seit Ende des XIII. Jahrhunderts nicht mehr zu Polen gehört hatte, den größten polnischen Erfolg dar. Es handelt sich hier um eine gegen deutsche Großgrundbesitzer und Kapitalisten gerichtete, also einen eindeutigen Klassencharakter habende Bewegung polnischer Bauern und Arbeiter. Diese Bewegung war anfänglich als eine katholische Opposition gegen die kirchenfeindliche Politik Bismarcks entstanden. Die Bemühungen des deutschen Klerus, eine Entwicklung dieser katholischen Bewegung zu einer polnischen Volksbewegung zu verhindern, schlugen fehl.

Nach amtlichen deutschen Statistiken stellten sich die Nationalitätenverhältnisse in den Ostprovinzen folgendermaßen dar. In den Jahren 1861, 1890 und 1910 betrug der Prozentsatz der Polen im Regierungsbezirk Posen (Poznań) 60 %, 66 % und 68 %, im Regierungsbezirk Bromberg (Bydgoszćz) 47 %, 50 % und 50 %, im Regierungsbezirk Oppeln (Opole) 59 %, 58 % und 53 %.[11]

Nach 120 Jahren Unfreiheit stand während des Ersten Weltkrieges die Frage einer Wiederherstellung Polens zur Diskussion. Da das Reservoir an deutschen Soldaten erschöpft war, drang General Ludendorff darauf, polnische Rekruten aus dem von deutschen Truppen besetzten Teilgebiet einzuziehen (unabhängig davon, daß Polen aus allen drei Teilgebieten in fremden Armeen kämpfen mußten, manchmal auch gegeneinander, wobei sie schwere Verluste erlitten, unter anderem bei Verdun). Am 5. November 1916 verkündeten der deutsche Kaiser und der Kaiser von Österreich, daß ein Königreich Polen auf dem Gebiet des ehedem auf dem Wiener Kongreß 1815 geschaffenen Königreiches Polen wiederhergestellt werden solle. In dieser Proklamation wurde jedoch vorbehalten, daß die Grenzen des neuen Königreiches zu einem späteren Zeitpunkt festgelegt würden. Es ging darum, daß Deutschland diesem ohnehin schon winzigen polnischen Staat einen „Grenzstreifen“ entreißen wollte, wobei Erwägungen angestellt wurden, die Polen aus diesem Grenzstreifen auszusiedeln, um die Anzahl der in Preußen lebenden Polen nicht noch zu vergrößern. Der österreichischen und deutschen Regierung gelang es nicht, sich über die Person eines Königs von Polen zu verständigen. Deutschland wehrte sich nämlich dagegen, die polnische Krone — dem Wunsch eines Teils der Polen entsprechend — den Habsburgern zu übertragen und dadurch eine Vereinigung des neuen Königreiches Polen mit dem österreichischen, sich seit 1868 einer Autonomie erfreuenden Teilgebiet zu ermöglichen. Unter diesen Umständen stellte sich die Schaffung einer polnischen Armee unter deutschem Oberbefehl als ein völliges Fiasko heraus, da sie die Zahl von 5000 Soldaten nicht überstieg.[12]

11 Angaben nach G. Labuda, Polnische Westgrenze, a. a. O., S. 197—200.

12 Vgl. Pajewski, J., „Mitteleuropa“. Studia z dziejów niemieckiego Imperializmu (Mitteleuropa. Studien aus der Geschichte des deutschen Imperialismus), Poznań 1959; Geiss, I., Der polnische Grenzstreifen 1914—1918, Lübeck 1960.

Der Erste Weltkrieg endete mit einer Niederlage Deutschlands.[13] Kraft des Friedensvertrages von Versailles von 1919 mußte Deutschland fast die ganze Provinz Posen und Westpreußen an Polen abtreten, jedoch ohne Gdańsk (Danzig), das zur Freien Stadt erklärt wurde, in der Polen eine Reihe von besonderen, die Nutzung des Hafens betreffenden Rechten erhielt; die Stadt sollte zum polnischen Zollgebiet gehören, Polen ihre Interessen dem Ausland gegenüber vertreten. Bei Streitigkeiten zwischen der polnischen Regierung und dem Danziger Senat sollte der von einem Hohen Kommissar an Ort und Stelle vertretene Völkerbund entscheiden.

Für Teile der Regierungsbezirke Marienwerder (Kwidzyń), Allenstein (Olsztyn) und Oppeln (Opole) wurden Volksabstimmungen vorgesehen. Bei den ersten zwei Volksabstimmungen, die am 11. Juli 1920 stattfanden, erlitten die Polen schwere Niederlagen. Hauptursache dafür scheinen die von den polnischen Truppen in einem von Polen kurz vorher gegen Sowjetrußland ausgelösten Krieg erlittenen Rückschläge gewesen zu sein.

Am schwierigsten fiel es, eine Lösung für Oberschlesien zu finden. Der Versailler Vertrag sah eine Aufteilung des Volksabstimmungsgebietes auf der Grundlage der nach Gemeinden ausgerechneten Ergebnisse vor; das Gesamtergebnis hatte dagegen keine juristische Bedeutung (Art. 88). Infolge der jahrhundertelangen Zugehörigkeit Schlesiens zu Deutschland, einer intensiven Eindeutschungspolitik und der erst sehr kurzen Existenz des neuerstandenen Polen, des von deutschen Unternehmern, deutscher Industrie- und Staatsverwaltung ausgeübten Druckes, dessen Einfluß durch die Übernahme der Oberhoheit über das Abstimmungsgebiet durch eine Interalliierte Kommission kurz vor der Abstimmung nicht ausgeglichen werden konnte, sprachen sich am 20. März 1921 479 000 Personen, d. h. 40 % für Polen, 707 000 hingegen für Deutschland aus. Die Behauptungen der deutschen Propaganda, das gesamte Abstimmungsgebiet hätte Deutschland einverleibt werden sollen, standen im Widerspruch zu Art. 88 des Versailler Vertrages. Über die Art und Weise der Aufteilung Oberschlesiens kam es zwischen Großbritannien und Frankreich zu Meinungsverschiedenheiten, denn weder die Gemeinden, die für Polen gestimmt hatten, noch diejenigen, die für Deutschland gestimmt hatten, bildeten ein in sich geschlossenes Gebiet. Die Briten legten großen Wert darauf, den am stärksten industrialisierten Teil Oberschlesiens nicht aufzuteilen und ihn Deutschland zu überlassen. Dies sollte auch Deutschland erleichtern, seinen Kriegsreparationsverpflichtungen den Westmächten gegenüber nachzukommen. Um eine so für die Polen nachteilige Teilung zu verhindern, brach ein dritter, und zwar der größte polnische Aufstand aus (die vorherigen fanden 1919 und 1920 statt). In dieser Lage beschloß der Völkerbund, eine Kompromißlösung anzustreben, die darin bestand, daß Polen nur 29 % des Abstimmungsgebietes erhielt (dieser Prozentsatz lag viel niedriger als der Prozentsatz der für Polen abgegebenen Stimmen, dafür aber handelte es sich hier um den industriell und im Hinblick auf Bodenschätze wertvollsten Land-

13 Vgl. Pajewski, J., J. Krasuski, G. Labuda und K. Piwarski (Hrsg.), Problem polsko-niemiecki w Traktacie Wersalskim (Das deutsch-polnische Problem im Versailler Vertrag), Poznań 1963.

strich), in diesem Gebiet wohnten jedoch 46 % der Bevölkerung. In dem Polen zuerkannten Teil Oberschlesiens wohnten damals 260 000 Deutsche, in dem Deutschland zuerkannten Teil sogar 532 000 Polen (nach der deutschen Volkszählung aus dem Jahre 1925). Die Minderheitenrechte wurden in beiden Teilen Oberschlesiens durch eine 1922 geschlossene Konvention sichergestellt. Garant für die Einhaltung dieser Konvention wurde der Völkerbundsrat. Leider sollte diese Konvention nur 15 Jahre lang, d. h. bis 1937, in Kraft bleiben. Oberschlesien wurde der einzige Landesteil des damaligen Deutschland, in dem ein international garantierter Minderheitenschutz in Kraft war. Polen hingegen — wie auch anderen Staaten Ostmitteleuropas — wurden von den Westmächten die sogenannten Minderheitenschutzverträge aufgezwungen. Dies wurde in Polen als eine Diskriminierung empfunden. Jeder Privatmann, der einer Minderheit angehörte, war berechtigt, gegen den Staat, dessen Staatsangehöriger er war, beim Völkerbundsrat Klage einzulegen. Das konnte zu einer absurden Situation führen. Um zu vermeiden, daß der Völkerbundsrat völlig unbegründete Klagen hätte prüfen müssen, wurde aus seinen Mitgliedern ein Dreierausschuß eingesetzt, der zunächst einmal prüfen sollte, ob die Klage begründet sei. Andererseits hatte nicht nur dieser Dreierausschuß, sondern auch jedes Mitglied des Völkerbundrates das Recht, den Rat auf Verstöße gegen die Minderheitenschutzverträge „aufmerksam zu machen". Vom polnischen Standpunkt aus verschlechterte sich die Lage, seitdem Deutschland 1926 einen ständigen Sitz im Völkerbundsrat erhalten hatte. Nachdem Hitler 1933 aus dem Völkerbund ausgetreten war, konnte Polen es sich leisten, den Minderheitenschutzvertrag ein Jahr danach zu kündigen.

Die deutsche Reichsregierung verfolgte das Ziel, die deutsche Minderheit in Polen zu erhalten und sowohl ihre Rückkehr nach Deutschland als auch ihr Aufgehen in der polnischen Bevölkerung zu verhindern. Diese Politik zielte darauf ab, das Vorhandensein dieser Minderheit zu einer künftigen Grenzrevision zugunsten Deutschlands zu nutzen. Nach der Volkszählung von 1921 stellten die Deutschen kaum über 4 % der Gesamtbevölkerung Polens dar, im Posener Gebiet und Pommerellen jedoch insgesamt 17 % und in Oberschlesien 28 %. Aus dieser Statistik geht hervor, daß die Zahl der Deutschen in Polen als Ganzes im Vergleich zu 1910 um 1,1 Millionen zurückgegangen war. Dieses starke Absinken der Zahl der in Polen lebenden Deutschen wurde in hohem Maße durch die Abwanderung mit dem preußischen Staatsapparat verbundener Personen hervorgerufen. Die Deutschen in Polen konnten auf Sympathie der Polen kaum rechnen, weil sie Werkzeuge der preußischen Eindeutschungspolitik gewesen waren. Beachtenswert waren die Probleme der Eigentumsstruktur. Von den über 100 ha großen Gütern entfielen im Jahre 1921 auf Deutsche in Pommerellen 59 %, in Posen 35 %, im polnischen Teil Oberschlesiens 81,5 %. Fast die gesamte oberschlesische Industrie befand sich in deutschen Händen. Angesichts der revisionistischen Politik der deutschen Reichsregierung stellte dies eine ernsthafte Bedrohung Polens dar.

Die polnische Regierung war bestrebt, das Recht der Deutschen auf Erwerb der polnischen Staatsangehörigkeit, dank deren sie in Polen eine international geschützte Minderheit bilden konnten, einzuschränken. Es kam darüber zu scharfen Auseinandersetzungen. Einen anderen Grund für Konflikte bildete die Bestrebung der polnischen Regierung, das ihr vom Versailler Vertrag zugestandene Recht zum Zwangsaufkauf von deutschen Gütern, deren Besitzern weder der Friedens- noch der Minderheitenschutzvertrag das Recht auf polnische Staatsangehörigkeit zuerkannt hatte, wahrzunehmen. Was das ehemalige deutsche Staatsvermögen anbetraf, so sollte Polen dessen Gegenwert an die alliierte Reparationskommission zahlen. Das Recht auf deutsche Reparationszahlungen wurde Polen nicht zuerkannt. Kraft des mit dem Young-Plan in Verbindung stehenden sogenannten Liquidationsabkommens wurde Polen 1929 von der Verpflichtung, den Gegenwert des übernommenen deutschen Staatsvermögens zu zahlen, befreit und verzichtete seinerseits als Gegenleistung auf die weiteren Zwangsaufkäufe von Gütern deutscher Staatsangehöriger.

Das Bestreben, eine Revision der deutsch-polnischen Grenze herbeizuführen, bildete von Anfang an ein grundlegendes und offizielles Ziel aller deutschen Regierungen. Dieses Programm erfreute sich der Unterstützung aller im Reichstag vertretenen Parteien. Unterschiede bestanden nur hinsichtlich des Umfangs der geforderten Revision und hinsichtlich der Art und Weise ihrer Verwirklichung. Die Sozialdemokraten, Demokraten und die katholische Zentrumspartei sprachen sich offiziell für eine Revision auf friedlichem Wege aus, indem sie Gdańsk (Danzig), Pommerellen und Oberschlesien im Auge hatten. Die Rechtsparteien sprachen sich für die Wiederherstellung der Grenze von 1914 in ihrem vollen Umfang aus. Die durch den Versailler Vertrag festgelegte Grenze wurde als „brennend" und „blutend" bezeichnet. Auch war in Deutschland die Überzeugung stark verbreitet, daß Polen ein „Saisonstaat" sei. Die Ironie der Geschichte hat es gewollt, daß die Regierung der Bundesrepublik Deutschland gerade die Grenze, die vor dem Zweiten Weltkrieg in Deutschland als völlig unannehmbar gegolten hatte, nach dem Zweiten Weltkrieg über 20 Jahre lang als die einzige rechtmäßig bestehende Grenze erachtete.

Solange Deutschland ein militärisch schwaches Land war, rechnete es mit einer Revision der deutsch-polnischen Grenze auf friedlichem Wege mit Einwilligung der Westmächte, die einen neuen Krieg mit Deutschland um jeden Preis vermeiden wollten und die Deutschland sogar als ein antikommunistisches und antisowjetisches Bollwerk festigen wollten. Den Preis für diese Politik der Westmächte sollte Polen zahlen. Auf der Konferenz von Locarno 1925 verzichtete Deutschland auf seinen Anspruch auf Elsaß und Lothringen und erreichte als Gegenleistung dafür, daß Großbritannien und Italien nur die deutsch-belgische und die deutsch-französische, nicht aber die deutsch-polnische und die deutsch-tschechoslowakische Grenze garantierten. Diese Politik des Ausgleichs mit dem Westen und gleichzeitigen Festhaltens an den Ansprüchen Polen gegenüber wurde von Gustav Stresemann geleitet, der 1923—1929 deutscher Außenminister war. In demselben Jahr, in dem die Verträge von Locarno geschlossen wurden, begann Deutschland — in der Hoffnung auf einen Zusammenbruch der polnischen Wirtschaft — einen neunjährigen Wirtschaftskrieg gegen Polen (1925—1934).

Polen unternahm mehrere Schritte, um die Beziehungen zu Deutschland zu verbessern. Ein Zusammentreffen von Marschall Piłsudski und Stresemann im Dezember 1927 in Genf führte zu keinerlei Ergebnissen. Von 1930 an erfaßte Deutschland eine wahrhafte antipolnische Hysterie. Als einerseits von amtlicher Seite Worte fielen, Polen müsse seine Westprovinzen zurückgeben (Reichsminister Gottfried Treviranus am 10. August 1930), wurden andererseits Gerüchte verbreitet, Piłsudski plane einen Präventivkrieg gegen Deutschland. In Gdańsk (Danzig) führten deutsche Nationalisten provokatorische Aktionen durch, die darauf abzielten, den polnischen Einfluß aus der Freien Stadt zu verdrängen.[14]

Ein erstaunliches Paradoxon bildet die Tatsache, daß eine Verbesserung der deutsch-polnischen Beziehungen mit der Machtübernahme durch Hitler eintrat. Dies betraf insbesondere die Freie Stadt Danzig (Gdańsk), wo antipolnische Ausschreitungen für vier Jahre eingestellt wurden. 1934 wurde ein deutsch-polnischer Nichtangriffspakt abgeschlossen und der Wirtschaftskrieg beendet. Deutschland weigerte sich jedoch, die Unverletzbarkeit der deutsch-polnischen Grenze zu bestätigen. Hitler trug im Bereich der deutsch-polnischen Beziehungen seine Friedensbereitschaft zur Schau und bereitete gleichzeitig den Boden für Aggressionen vor. Er trat aus dem Völkerbund aus (1933), führte die allgemeine Wehrpflicht wieder ein (1935), ließ das nach dem Vertrag von Versailles und den Verträgen von Locarno entmilitarisierte Rheinland von seinen Truppen besetzen (1936), und verleibte schließlich Österreich und das tschechoslowakische Sudetenland dem Reich ein (1938). Großbritannien und Frankreich setzten ihre in Locarno eingeleitete Appeasement-Politik Deutschland gegenüber fort, während das faschistische Italien auf die Seite Hitler überging. Die damalige polnische Regierung der „Obristen" fühlte sich der Zusammenarbeit mit Hitler so sicher, daß sie ihm bei der Zerschlagung der Tschechoslowakei 1938 half.[15]

Es ist unbekannt, welchen Platz Polen in den ursprünglichen außenpolitischen Konzeptionen Hitlers eingenommen hatte. In seinem Buch „Mein Kampf" hat er Polen nicht einmal erwähnt. Er kritisierte sowohl das frühere Streben Deutschlands nach Überseegebieten als auch die Bemühungen, die Grenzen von 1914 wiederherzustellen. Frankreich nannte er den „unerbittlichen Erbfeind Deutschlands", für notwendig hielt er dagegen eine Verständigung mit Großbritannien und Italien. Seiner Meinung nach sollte die Gewinnung von „Lebensraum" in „Rußland und den ihm untertanen Randstaaten" das Hauptziel der deutschen Politik bilden. Woran er hierbei dachte, war nicht ganz klar. Nach einer von Oberst Hossbach verfaßten Niederschrift bezeichnete Hitler in den Beratungen vom 5. November 1937 einen

14 Vgl. Broszat, M., 200 Jahre deutsche Polenpolitik. München 1963; Krasuki, J., Stosunki polsko-niemieckie 1919—1932 (Die deutsch-polnischen Beziehungen von 1919—1932), Poznań 1975; derselbe, Stosunki polsko-niemieckie 1871—1939 (Die deutsch-polnischen Beziehungen von 1871—1939), Warszawa 1967.

15 Vgl. Roos, H., Polen und Europa. Studien zur polnischen Außenpolitik 1931—1939, Tübingen 1957; Wojciechowski, M., Stosunki polsko-niemieckie 1933—1938 (Die deutsch-polnischen Beziehungen von 1933—1938), Poznań 1965.

Konflikt mit Polen als wenig wahrscheinlich. In den Beratungen vom 22. August 1939 und vom 23. November 1939 behauptete Hitler, nach der Besetzung Böhmens im März 1939 sei er unschlüssig gewesen, ob er im Westen hätte losschlagen oder Polen hätte angreifen sollen.

Hitlers Forderungen an Polen wurdem dem polnischen Botschafter zweimal unterbreitet: am 24. Oktober 1938 und am 21. März 1939. Sie lauteten: Angliederung der Freien Stadt Gdańsk (Danzig) an Deutschland, Zustimmung Polens zum Bau einer exterritorialen Autobahn und Eisenbahnlinie durch den sogenannten polnischen Korridor, d. h. durch Pommerellen, Beitritt Polens zu dem sogenannten Antikomintern-Pakt, der Deutschland mit Japan und Italien verband. Die polnische Regierung war der Ansicht, daß diese Forderungen nur ein Vorwand seien und lehnte sie am 26. März 1939 ab, betonte aber gleichzeitig, sie sei zu weiteren Verhandlungen bereit. Als Antwort darauf erteilte Hitler am 3. April den Befehl, einen Überfall auf Polen bis zum 1. September vorzubereiten. Am 28. April kündigte er unrechtmäßig den 1934 auf 10 Jahre abgeschlossenen Nichtangriffspakt.

Am 1. September 1939 fielen die deutschen Truppen in Polen ein und errangen dank ihrer totalen Überlegenheit an Truppen und Material einen Blitzsieg. Der Angriff auf Polen weitete sich jedoch zu einem Weltkrieg aus, da Großbritannien und Frankreich, die mit Polen ein Bündnis abgeschlossen hatten, Deutschland am 3. September den Krieg erklärten. Triumphierend verkündete Hitler, daß der polnische Staat aufgehört habe zu existieren. Durch den Erlaß vom 8. Oktober 1939 verleibte Hitler Deutschland die Gebiete ein, die vor dem Ersten Weltkrieg zu Deutschland gehört hatten, fügte diesen Gebieten jedoch noch die im Hinblick auf die Industrie wertvollen Gebiete von Łódz und Dombrowa hinzu, die vor dem Ersten Weltkrieg zu Rußland gehört hatten.*

Aus dem übrigen von den Deutschen besetzten Teil Polens entstand ein Generalgouvernement mit Kraków (Krakau) als Hauptstadt. Sein Rechtsstatus war unklar. All dies waren illegale Schritte, denn der Krieg ging weiter, während der polnische Staat und die polnische Regierung weiter existierten, und die polnischen Truppen setzten ihren Kampf an verschiedenen Fronten fort.

Sofort nach der Besetzung Polens begannen die Nationalsozialisten mit der Ausrottung des polnischen Volkes. Bereits im Herbst 1939 wurden Massenerschießungen von Vertretern der Intelligenz und Persönlichkeiten des öffentlichen Lebens vorgenommen. Unter unmenschlichen Bedingungen begann man, die Polen aus den einverleibten Gebieten in das Generalgouvernement auszusiedeln. Es ging darum, die dem Reich einverleibten Gebiete so schnell wie möglich einzudeutschen. In diesen Gebieten wurden fast alle katholischen Kirchen geschlossen und der Großteil

16 Vgl. Broszat, M., Nationalsozialistische Polenpolitik 1939—1945, Frankfurt/M. 1961; Madajczyk, C., Polityka III Rzeszy w okupowanej Polsce (Die Politik des Dritten Reiches im besetzten Polen), 2 Bde, Warszawa 1970.

* Anmerkung der deutschen Herausgeber: Siehe hierzu den Beitrag von Hoensch, Seite 25 f.

des Klerus verhaftet. Die polnischen Kinder wurden in Sonderschulen geschickt, in denen ihnen insbesondere die Ehrfurcht vor den Deutschen eingeimpft wurde. Die Arbeitspflicht betraf Kinder ab dem zwölften Lebensjahr. Man schreckte nicht einmal vor so kleinlichen Maßnahmen zurück wie der, daß die Polen Deutsche in Uniform zu grüßen hatten.

Man rechnete damit, daß die Eindeutschung des Generalgouvernements viel mehr Zeit in Anspruch würde nehmen müssen. Jedoch hier lassen sich die Ziele der nationalsozialistischen Politik in vier Punkten zusammenfassen: 1) Ausrottung der Juden und Zigeuner, 2) Ausrottung der polnischen Intelligenz, 3) Verminderung der allgemeinen Bevölkerungsdichte, 4) Versklavung der übrigen Polen. Die Massenumsiedlungen von Polen aus den „einverleibten" Gebieten sowie die rücksichtslose wirtschaftliche Ausbeutung und die Plünderung von Maschinen, Getreide, Holz und anderen Artikeln aus dem Generalgouvernement riefen bei der dort zusammengepferchten Bevölkerung schreckliche Hungersnot und Krankheiten hervor, die eine hohe Sterblichkeit zur Folge hatten. Die Juden wurden ohne Rücksicht auf Geschlecht und Alter dahingemordet, indem sie auf unmenschliche Weise in geschlossenen Gettos dem Hungerstod preisgegeben, erschossen und in Gaskammern vernichtet wurden. Bei der Ermordung von nichtjüdischen Polen ging man zunächst selektiv vor. Die Nationalsozialisten erschossen vor allem Angehörige der Intelligenz, verbrachten Millionen von Polen unter diesem oder jenem Vorwand oder auch ohne jeglichen Vorwand in die verschiedenartigsten Gefängnisse, Konzentrations- und Arbeitslager oder verschleppten sie zu Zwangsarbeit nach Deutschland. Die polnische Verwaltung blieb nur auf der niedrigsten Stufe bestehen, das polnische Schulwesen wurde auf die Volksschule begrenzt, das kulturelle Leben wurde völlig ausgeschaltet. In polnischer Sprache erschienen lediglich wertlose Asphaltzeitungen; nur wenige Zirkus- und Theatervorstellungen auf niedrigstem Niveau wurden zugelassen.

In dieser Lage entstand eine ständig stärker werdende Widerstandsbewegung, die politisch verschiedener Färbung war. Auf Sabotageakte und Partisanenangriffe antwortete die NS-Führung mit sinnlosen und wüsten Strafmaßnahmen, indem sie Dörfer verbrennen und Verhaftungen, Erschießungen und Erhängungen von Unschuldigen vornehmen ließ.

Zwar hatte die NS-Führung nicht allzuviel Zeit, um die Polen auszurotten, aber diese Zeit war auch nicht gerade kurz. Die Macht Deutschlands wurde für die Polen und für Europa zur Tragödie. Der Krieg gegen Deutschland dauerte über fünfeinhalb Jahre. Unterdessen arbeitete die Vernichtungsmaschinerie, der Juden und Polen zum Opfer fielen, mit wachsender Leistungsfähigkeit. 1944 beschloß das sich bereits im Zustand der Agonie befindende Hitlerdeutschland, Warschau von der Landkarte auszuradieren. Der Warschauer Aufstand dauerte, obwohl die Polen über keine schweren Waffen verfügten, 63 Tage; die Nazis schlugen ihn bestialisch nieder, deportierten die ganze Bevölkerung Warschaus — einer Stadt mit über einer Million Einwohner — und zerstörten bereits nach Beendigung der Kampfhandlungen alle noch intakt gebliebenen Gebäude. Als die Nazis 1945 vor der nachrückenden siegreichen Sowjetischen Armee flohen, ließen sie zwar ihre Ausrüstung und Waffen zurück, hatten aber immerhin Zeit genug, um die Gefangenen umzubringen oder sie Hunderte von Kilometern in Richtung Westen zu treiben.

Das Jahr 1945 hat in vielerlei Hinsicht die Bedeutung eines Wendepunktes in den deutsch-polnischen Beziehungen. Von Mitte des X. bis Mitte des XIX. Jahrhunderts war Deutschland in einer politischen, wirtschaftlichen, demographischen und kulturellen Expansion nach Osten begriffen. In Deutschland selbst wurde dieses Phänomen in Veröffentlichungen der zweiten Hälfte des XIX. Jahrhunderts mit dem Begriff „Drang nach Osten" bezeichnet. Von Mitte des XIX. Jahrhunderts verlagerte sich dagegen der demographische und wirtschaftliche Schwerpunkt Deutschlands in den Nordwesten, in das an Kohle reiche Westfalen und in das Rheinland sowie an die Elb- und Wesermündung. Der Osten Deutschlands blieb ein wirtschaftlich und sozial rückständiges, verhältnismäßig ödes landwirtschaftliches Gebiet. Die deutsche Ostpolitik wurde dieser neuen Lage nicht angepaßt. Die nationalsozialistische Vernichtungspolitik war ein Versuch, den historischen Prozeß der Rückbewegung des Deutschtums aus dem Osten aufzuhalten und rückgängig zu machen. Dieser Versuch ist Hitler nicht gelungen. Im Jahre 1919 gewann Polen seine Westgrenze zurück, wie sie vor den Teilungen im XVIII. Jahrhundert verlaufen war. Im Jahre 1945 erhielt Polen jene Grenze, die es am Anfang seiner staatlichen Existenz besessen hatte.

II. Politik

Bundesrepublik Deutschland — Volksrepublik Polen

Bestimmungsfaktoren ihrer Beziehungen 1949 - 1970

von

Hans-Adolf Jacobsen

Bei jeder wissenschaftlichen Analyse der Beziehungen zwischen der Bundesrepublik Deutschland und der Volksrepublik Polen wird es neben einer kritischen historischen Bilanz erforderlich sein, Handlungsspielraum, Ziele und Methoden der beiden nationalen Systeme in einer sich stetig verändernden Umwelt zu untersuchen. In dem nachfolgenden Überblick sollen wesentliche Bestimmungsfaktoren für die Entwicklung des Verhältnisses beider Staaten systematisch dargestellt werden, um die entscheidenden Gründe für den schwierigen Prozeß der Annäherung bis zum Abschluß des Vertrages vom 7. Dezember 1970 zu verdeutlichen.

Vielleicht ist der Handlungsspielraum eines nationalen Systems zu verstehen als die Summe von Alternativen — auch unter Berücksichtigung der jeweiligen geographischen Lage — die die Akteure (Führungseliten) in der internationalen Politik im Einvernehmen oder gegen den Widerstand anderer Systeme glauben im eigenen Interesse durchsetzen zu können oder die ihre „akzeptablen Kosten" übersteigen.[1] Dieser hängt natürlich auch von dem Grad der Integration der betreffenden Gesellschaft und ihren sozio-ökonomischen Bedingungen ab. In jedem Fall ist Außenpolitik eines Landes stets zugleich Resultante der Politik ihrer Umwelt. Um also über Möglichkeiten und Grenzen, Erfolg oder Mißerfolg derselben gesicherte Aussagen machen zu können, muß zunächst der internationale Rahmen, d. h. u. a. die Stellung der Großmächte, ihre Interessen und Konkurrenz, multinationale Zusammenhänge (Bündniskonstellationen — wirtschaftliche Verflechtungen), Abhängigkeiten sowie die Eigenart zweiseitiger Beziehungen angedeutet werden, ebenso die Qualität der Waffensysteme, Fragen des sozialen Konsens und der Ideologien, um Anpassung und Einwirkungen auf das Internationale System feststellen und die Rolle mittlerer Mächte in unserer Zeit besser bewerten zu können.[2]

1 Allgemein: Rosenau, J. N. u. a., World Politics. An introduction, New York-London 1976, S. 15 ff. Hier: Bestimmungsfaktoren der Außenpolitik in der zweiten Hälfte des 20. Jahrhunderts, hrsg. von G. Ziebura u. a., Berlin 1974, S. 37. Außerdem: Handbuch deutscher Außenpolitik, hrsg. von H.-P. Schwarz, München-Zürich 1975.

2 Vgl. Mittlere Mächte in der Weltpolitik, Opladen 1969 (Schriftenreihe des Forschungsinstituts der DGAP, Bonn).

Internationale Umwelt

Mit dem Ende des 2. Weltkrieges war das multilaterale Staatensystem der Welt zerstört. An die Stelle des bis dahin dominierenden europäischen Gleichgewichts trat die Bipolarität der beiden Supermächte USA und Sowjetunion. Diese waren als eigentliche Sieger aus dem weltumspannenden Konflikt der Jahre 1939 bis 1945 hervorgegangen. Damit verlagerte sich der Schwerpunkt der Weltpolitik nach Washington und Moskau. Wohl hatten sich die Mächte zu den 1945 gegründeten Vereinten Nationen als Instrument kollektiver Friedenssicherung bekannt, jedoch hatten sie, im Gegensatz zu 1918, vorher keine Einigung über den status quo erzielt. Im Ringen um denselben brach schließlich die alte Kriegskoalition (Großbritanniens, Frankreichs, der Sowjetunion und der USA) auseinander. Von Jahr zu Jahr sichtbarer bildeten sich zwei antagonistische Blöcke heraus, deren Konkurrenzkampf im Schatten der Atomwaffen von dem Charakter eines Entweder — Oder durchdrungen war. Aufgrund der ideologischen und machtpolitischen Spaltung wurde die Welt nicht mehr einheitlich interpretiert. Theorie und Praxis der internationalen Beziehungen schlossen einen echten Dialog über Grundfragen menschlichen Zusammenlebens weitgehend aus. Der „Kalte Krieg" führte wiederholt zu gefährlicher Konfrontation, zumal jeder Schritt der einen Seite von dem Gegenüber als Herausforderung und Verschwörung oder Subversion gegen sich selbst und seine eigenen Interessen ausgelegt wurde.[3] Außerdem war die wechselseitige Kommunikation entweder verzerrt oder ganz einfach blockiert. Eine besondere Rolle spielten dabei die subjektiven Bedrohungsvorstellungen in Ost und West, ebenso die daraufhin verwirklichte Politik und ihre Rückkoppelungseffekte, die von weitgehend deckungsgleichen Sicherheitsinteressen der in Bündnissen zusammengeschlossenen Systemmitglieder zeugten.[4] Da sich Westeuropa von der sowjetischen Politik nach dem 2. Weltkrieg bedroht fühlte, ergriff es wirtschaftliche, politische und militärische Maßnahmen zum eigenen Schutz. Dabei hat es — wie auch im umgekehrten Falle — viel zu wenig berücksichtigt, daß naturgemäß ihr eigenes Vorgehen, z. B. die Gründung der NATO und das Bündnis mit den USA („Politik der Stärke"), auf der anderen Seite als Bedrohung, als der Versuch eines „roll back" und damit als Gefährdung der sozialistischen Interessen und der Sicherheit der Sowjetunion (Polens usw.) betrachtet werden mußte.

Vor diesem Hintergrund muß das deutsch-polnische Verhältnis der Nachkriegszeit gesehen werden; allerdings auch vor dem der alliierten-sowjetischen Deutschlandpolitik. Diese stand zunächst noch ganz im Zeichen des tiefen Mißtrauens gegenüber einem möglichen Wiederaufleben der deutschen Großmacht. Im Verlaufe des Ost-West-Konfliktes entwickelte sich indessen bald eine Strategie des Zug um Zuges. Anstelle von Neutralisierung und Kontrolle Deutschlands trat die schrittwei-

3 Vgl. hierzu: Nolte, E., Deutschland und der Kalte Krieg, München-Zürich 1974; Halle, L. J., Der kalte Krieg, Frankfurt 1969.

4 Vgl. Bedrohungsvorstellungen als Faktor der Internationalen Politik, Red. K. Kaiser, Düsseldorf 1971 (Jahrbuch für Friedens- und Konfliktforschung Bd. 1), S. 15 ff, 89 ff, 159 ff.

se Assimilierung. Obgleich ein alliierter Kontrollrat als Oberstes Organ Deutschlands für die Zeit der gemeinsamen Besatzung konstituiert worden war, der von den vier Mächten (in Potsdam) vereinbarten Grundsatz ausging, Deutschland als wirtschaftliche Einheit[5] zu behandeln, führten Ost und West mit unterschiedlichen Prioritäten und wechselnden Initiativen eine Verschmelzung der Zonen und Umstrukturierung der von ihnen beherrschten Gebiete Deutschlands nach dem Vorbild ihres eigenen Ordnungsmodells durch. Die Konsequenz war 1949 die de-facto-Spaltung Deutschlands, die Einbeziehung der später souverän gewordenen Teile in die Bündnisse in Ost und West und somit das Ende der deutschen Großmacht in den Grenzen von 1937.

Selbstverständlich mußte sich die nunmehr immer stärker in Erscheinung tretende Zweistaatlichkeit, schwerwiegender Bestandteil der Weltpolitik und der europäischen Sicherheit, auch auf das deutsch-polnische Verhältnis auswirken. Denn mit der Konstituierung der Deutschen Demokratischen Republik trat für Polen in der Politik ein neuer deutscher Grenznachbar auf, der schon frühzeitig (1950) die Oder-Neiße als Friedensgrenze anerkannte, als sozialistischer Partner seine ökonomisch-gesellschaftliche Struktur ähnlich wie die anderen osteuropäischen Staaten revolutionär veränderte und unter sowjetischer Führung die internationale Lage prinzipiell übereinstimmend beurteilte.[6] Zur gleichen Zeit blieben alle Bemühungen, eine Politik der Annäherung zwischen der Bundesrepublik Deutschland und Polen auf der staatlich-diplomatischen Ebene zu verwirklichen, ohne Erfolg, was kulturelle, wirtschaftliche und zwischenmenschliche Kontakte seit der zweiten Hälfte der fünfziger Jahre nicht ausschloß.

Zur Ostpolitik in der Ära Adenauer

Der Zusammenbruch des Deutschen Reiches mit seinen Konsequenzen, der ausbrechende Ost-West-Konflikt und die Teilung Deutschlands haben zunächst den Handlungsspielraum der Bundesrepublik Deutschland wesentlich eingeengt. Jedoch schon in der ersten Phase westdeutscher Außenpolitik unter der CDU/CSU-Regierung mit ihren Koalitionspartnern konnte dieser schrittweise in Westeuropa und in der Welt erweitert, zugleich weithin verloren gegangenes Vertrauen wiedergewonnen werden. Unterdessen vollzogen sich mit Hilfe der sozialen Marktwirtschaft der Wiederaufbau und die Eingliederung in die Weltwirtschaft im Zeichen fortschrittlicher Liberalisierungstendenzen. Das außenpolitische Leitmotiv lautete von Anfang an: Westintegration, — vor allem genutzt als Mittel zur Wiedererlangung der Souveränität und der internationalen Gleichberechtigung —, Sicherung der territo-

5 Vgl. Deuerlein, E., Auslegung und Vollzug des Potsdamer Abkommens, in: Potsdam und die deutsche Frage, Gütersloh 1970, S. 36 ff.

6 Vgl. DDR-VRP. Bündnis und Zusammenarbeit, Berlin 1974; Bontschek, F., Die Volksrepublik Polen und die DDR. Ihre Beziehungen und ihre Probleme, Köln 1975 (Berichte des Bundesinstituts für Ostwissenschaftliche und internationale Studien 10/1975).

rialen Unversehrtheit, Freiheit der Eigenentwicklung und Wiedervereinigung verbunden mit dem Anspruch auf Rechtsnachfolge, Alleinvertretung, friedensvertragliche Regelung der territorialen Fragen im Osten sowie das Selbstbestimmungsrecht für alle Deutschen.[7] Diese Politik, die zudem auf einem prinzipiellen Gewaltverzicht[8] beruhte, fand im Laufe der fünfziger Jahre in hohem Maße die Zustimmung der Bevölkerung, was besonders bei den Bundestagswahlen 1953 und 1957 zum Ausdruck kam.[9] Beispielhafte Grundlage für eine friedliche Konfliktregelung unter Wahrung der nationalen Interessen war die nach freier Meinungsäußerung der Wähler erfolgte Eingliederung der Saar zum 1. 1. 1957.[10] Während die Bundesrepublik Deutschland die wichtigsten bilateralen Probleme (insbesondere die Wiedergutmachung) mit den westlichen Staaten klärte, entscheidende Beiträge zur westeuropäischen Wirtschafts- und Sicherheitsgemeinschaft leistete, die Partnerschaft mit den USA vertiefte und durch den 1963 abgeschlossenen Vertrag mit Frankreich[11] den Willen nach Aussöhnung dokumentierte, blieb ihr Verhältnis zu Osteuropa ambivalent wenn nicht negativ. Nicht zuletzt auch deshalb, weil sie aufgrund des Verfassungsauftrages nicht bereit war, die Existenz eines zweiten deutschen Staates als politisches Faktum zu akzeptieren. Im September 1955 nahm sie zwar diplomatische Beziehungen zur Sowjetunion auf, ohne jedoch eine Ausweitung derselben auf die anderen sozialistischen Staaten anzustreben.[12]

K. Adenauer, als entschlossener Gegner des Kommunismus von einem tiefen Mißtrauen gegenüber der Politik der Sowjetunion beseelt, glaubte, die Interessen der Bundesrepublik nur in Gemeinschaft mit den westlichen Partnern durchsetzen zu können. Im übrigen hielt er Verhandlungen über Abrüstung und Rüstungskontrolle erst dann für sinnvoll, wenn Fortschritte in der Wiedervereinigungspolitik erzielt waren. Denn für ihn und seine Freunde war die Spaltung Deutschlands einer der Hauptursachen für die Spannungen in Europa. Als die Westmächte sich jedoch dem Zwang zur (wenn auch nur losen) Kooperation und vermehrter Kommunikation mit den Staaten Osteuropas immer weniger entziehen konnten, mußte er sein Konzept nicht nur modifizieren, sondern auch schließlich durch Setzen neuer Prioritäten ändern. Jetzt sollte versucht werden, im Rahmen einer Ost-West-Entspan-

7 Vgl. Gotto, K., Adenauers Deutschland- und Ostpolitik 1945—1963, in: Adenauer-Studien Bd. III, Mainz 1974, S. 3 ff; ferner: Baring, A., Außenpolitik in Adenauers Kanzlerdemokratie, Wien, München 1969.

8 Hierzu grundlegend: Haftendorn, H., Abrüstungs- und Entspannungspolitik zwischen Sicherheitsbefriedigung und Friedenssicherung. Zur Außenpolitik der Bundesrepublik Deutschland 1955—1973, Düsseldorf 1974, S. 193 ff.

9 Vgl. Kaack, H., Geschichte und Struktur des deutschen Parteiensystems, Opladen 1971, S. 216 ff, S. 234 ff.

10 Vgl. Schneider, H., Das Wunder an der Saar, Stuttgart 1974.

11 Vgl. Mantzke, M. A., Grundzüge der Frankreichpolitik Konrad Adenauers 1958—1963, Dissertation Bonn 1975, S. 20 6 ff.

12 Vgl. Moskau-Bonn. Die Beziehungen zwischen der Sowjetunion und der Bundesrepublik Deutschland 1955—1973, hrsg. von B. Meißner, Köln 1975, S. 14 ff; Geschichte der sowjetischen Außenpolitik, Frankfurt 1971 (Red. B. N. Ponomarew u. a.), S. 267 ff.

nung die deutsche Frage langfristig zu lösen. Das Dilemma seiner in sich sonst schlüssigen Politik bestand indessen darin, daß man keinen realistischen Weg weisen konnte, auf dem Westintegration und Wiedervereinigung gleichzeitig oder zumindest in einander nicht ausschließender Weise verfolgt werden konnten. Jahrelang hat Adenauer gehofft, durch eine „Politik der Stärke" die Wiedervereinigung unter westlichen Vorzeichen erzwingen zu können. Aber das erwies sich von Jahr zu Jahr mehr als die große Illusion.[13]

Diese Politik des „roll back" im Zeichen des Antikommunismus hat in Osteuropa als Herausforderung und in Verbindung mit manchen extrem revisionistischen Forderungen in der Bundesrepublik als subjektiver Bedrohungsfaktor eine nicht zu unterschätzende Rolle gespielt. Aber das galt auch umgekehrt für Westeuropa, das sich durch die Präsenz sowjetischer Streitkräfte in Mitteleuropa und das Verhalten der Sowjetunion bedroht fühlte. Das Bedrohungssyndrom war auf beiden Seiten durch ideologisch-machtpolitische Gegensätze, den Antagonismus der Gesellschaftssysteme, die fortschreitende Verflechtung innerhalb der Bündnisse und durch das vorhandene Wehrpotential (insbesondere auf atomarem Gebiet) gekennzeichnet.[14] Im besonderen Maße sind von ihm die bilateralen Beziehungen zwischen der Bundesrepublik Deutschland und der Volksrepublik Polen beeinflußt worden, ohne daß sich empirisch gesichert nachweisen ließe, in welchem Umfang beide Seiten objektiv bedroht waren, zumal nicht hinreichend zwischen Potential und politischen Intentionen differenziert worden ist, und jede Seite dazu neigte, verschiedene Argumente bzw. Äußerungen des Gegenüber, häufig auch im Interesse der Systemkohärenz, aufzubauschen oder einseitig zu interpretieren. Polnische Komentatoren verglichen z. B die Situation in der Bundesrepublik Deutschland allzugern mit der Zeit nach dem 1. Weltkrieg, obgleich der deutsche Revisionismus der Weimarer Republik gegenüber Polen sich von dem in der Bundesrepublik Deutschland in vieler Hinsicht unterschied.[15] Haben doch z. B. alle Bundesregierungen Gewalt als Mittel der Politik unmißverständlich abgelehnt und die Westintegration als einen Beweis dafür betrachtet, daß die Bundesrepublik nur im Rahmen der westeuropäischen Gemeinschaft zu handeln gewillt war. Überdies war die Sicherheit Polens durch die Streitkräfte des Warschauer Paktes gewährleistet. Darauf haben die Staatsmänner und Parteiführer Polens immer wieder mit Recht hingewiesen.[16] In jedem Fall bleibt festzuhalten, daß aufgrund mangelnder Kommunikation, fehlenden Austauschs und verhärteter politischer Positionen das gegenseitige Mißtrauen nicht reduziert werden konnte.

13 Vgl. Jacobsen, H. - A. (Hrsg.,) Mißtrauische Nachbarn. Deutsche Ostpolitik 1919/1970, Düsseldorf 1970, S. 208 ff.

14 Vgl. Anm. 4.

15 Vgl. dazu: Jacobsen, H. - A., Anmerkungen zum Problem der Kontinuität deutscher Außenpolitik im 20. Jhrdt., in: Tradition und Neubeginn, hrsg. von J. Hütter u. a., Köln 1975, S. 12 ff; Strobel, G. W., Deutschland-Polen, Wunsch und Wirklichkeit, Bonn 1971 (erweiterte Aufl.), S. 38 ff.

16 Vgl. die zahlreichen Reden: In: Deutschland-Polen, hrsg. von G. W. Strobel, Bonn 1971, S. 55 ff.

Das hing natürlich auch mit der strittigen Grenzfrage zusammen. Die westdeutschen Führungseliten haben dabei übereinstimmend und unabhängig von der Parteizugehörigkeit (von der KPD einmal abgesehen) den Rechtsstandpunkt vertreten und im Sinne des Wiedervereinigungsgebots argumentiert. Ausgehend von der deutschen Übersetzung der Potsdamer Vereinbarungen vom 2. 8. 1945*, daß die Gebiete jenseits von Oder und Neiße „unter Verwaltung des polnischen Staates" gestellt und die „Westgrenze Polens" erst auf einer Friedenskonferenz „endgültig" festgelegt werden sollte, vertraten sie — auch als Konsequenz der Interpretation der Potsdamer Beschlüsse durch die westlichen Alliierten seit 1946 — die Auffassung, daß Polen dieses Gebiet noch nicht endgültig erworben habe, und die Oder-Neiße nicht völkerrechtlich wirksam als Staatsgrenze anerkannt worden sei, zumal die damaligen Vertragspartner Deutschland nicht als Normenadressaten angesehen hätten. Sie hätten lediglich allierte Grundsätze vereinbart. Diese aber seien für das deutsche Volk rechtlich nicht bindend; eine vertragliche Vereinbarung mit Deutschland über den status quo sei nicht zustande gekommen. Daher konnte nur ein aus freien Wahlen hervorgegangener gesamtdeutscher Souverän über das deutsche Gebiet befinden.[17] Mit anderen Worten: Die Wiedervereinigung in Frieden und Freiheit nach westlichem Vorbild war für diese Führungseliten die conditio sine qua non für jede de-jure-Entscheidung über die Grenzfrage. Demgegenüber hat die polnische Regierung an ihrer grundsätzlichen Einstellung niemals Zweifel gelassen. Für sie war die Grenzfrage aufgrund der Entscheidungen und Maßnahmen von 1945 — angesichts ihrer nationalen Interessenlage — ein für allemal gelöst. Sie betrachtete die Oder-Neiße-Grenze als definitiv. Sie hat daher die Neubesiedlung und Integration dieser Gebiete zügig vorangetrieben.[18]

In der Bundesrepublik hat fast alle relevanten Debatten das „Recht auf Heimat" beherrscht.[19] Allerdings wurde dieses Recht von Jahr zu Jahr problematischer. Denn wer durfte sich eigentlich auf dieses Recht berufen: diejenigen, die als Folge des 2. Weltkrieges zum Verlassen von Haus und Hof gezwungen worden oder jene, die seit Kriegsende dort geboren waren. Das waren 1960 immerhin schon 47,5 % der polnischen Einwohner in diesen Gebieten; diese besaßen ihrer Meinung nach jetzt dort das Selbstbestimmungsrecht.[20]

Und schließlich kam noch ein taktisches Moment hinzu: viele Diplomaten und Politiker in der Bundesrepublik Deutschland wandten sich gegen eine Politik der

* Anm. der polnischen Herausgeber: Vgl. jedoch Beitrag Kokot, S. 69 ff. und Anhang (engl. Originaltext der Potsdamer Vereinbarungen) S. 393 f.

17 Vgl. Bluhm, G., Die Oder-Neiße-Linie in der deutschen Außenpolitik, Freiburg 1963, S. 53 ff.

18 ebd., S. 15 ff; Vierheller, V., Polen und die Deutschlandfrage 1939—1949, Köln 1970, S. 94 ff.

19 Vgl. Schweitzer, C. C., H. Feger, Das deutsch-polnische Konfliktverhältnis seit dem Zweiten Weltkrieg, Boppard 1975, S. 96 ff. S. auch: Nahm, H., Das Recht auf Heimat, in: Bulletin 1964, Nr. 133, S. 1247 (v. 28. 8. 1964).

20 Vgl. Bluhm, a. a. O., (Anm. 17), S. 31.

Vorleistungen, weil eine solche nur die künftige Verhandlungsbasis schwächen würde. Symptomatisch bei diesen oder ähnlichen Vorschlägen blieb, daß zwar immer wieder eine Politik gutnachbarlicher Beziehungen zwischen der Bundesrepublik Deutschland und der Volksrepublik Polen gefordert wurde, aber kaum Vorstellungen bestanden bzw. bewußt nicht entwickelt worden sind, wie denn möglicherweise ein Kompromiß in der Grenzfrage, unter Berücksichtigung der dort lebenden Menschen und der neuen machtpolitischen Konstellation, hätte aussehen können. Jede Konkretisierung hätte wahrscheinlich immer von neuem das weithin ausgeprägte Wunschdenken der politischen Führung in der Bundesrepublik enthüllt.[21]

Seit Anfang 1955 hatte die Volksrepublik Polen ihre Bereitschaft zu erkennen gegeben, diplomatische Beziehungen ohne Vorbedingungen zur Bundesrepublik Deutschland aufzunehmen.[22] Jedoch hat Bonn trotz zunehmender Bereitschaft, das deutsch-polnische Verhältnis verbessern zu wollen, ein solches Angebot im letzten Moment aus prinzipiellen Erwägungen immer wieder abgelehnt. An der Spitze aller Vorbehalte stand die sog. „Hallstein-Doktrin", d. h. jene Grundsatzentscheidung aus dem Jahre 1955, die Aufnahme diplomatischer Beziehungen von Drittstaaten zur DDR als „unfreundlichen Akt" anzusehen und durch den Abbruch der Beziehungen bzw. durch andere Maßnahmen zu beantworten.[23] Alles sollte vermieden werden, was die angestrebte Wiedervereinigung erschweren und den Alleinvertretungsanspruch beeinträchtigen konnte. Einige Politiker befürchteten darüber hinaus, daß die Aufnahme diplomatischer Beziehungen zu Polen in der DDR als Hinweis auf eine angebliche Änderung des Bonner Standpunktes in der Deutschlandfrage gewertet werden könne. Andere schienen hingegen nicht abgeneigt gewesen zu sein, in dieser Frage positiver zu entscheiden, vielleicht in der geheimen Hoffnung, die „evolutionäre Entwicklung" in Polen fördern zu können.[24] Im Jahre 1958 hatten die Fraktionen der SPD und FDP des Deutschen Bundestages empfohlen, diplomatische Beziehungen zu Polen herzustellen.[25] Einige Monate später hatte offenbar auch die amerikanische Regierung in diesem Sinne interveniert, so daß K. Adenauer eine derartige Möglichkeit ernsthaft zu prüfen begann.[26] Vielleicht konnte mit einer solchen politischen Maßnahme zum Abbau der Spannungen um Berlin beigetragen werden. Als erstes dachte der Bundeskanzler an eine Erklärung zur Oder-Neiße, zu einem besonderen Gewaltverzicht und zum „Recht auf Heimat", evtl. auch an einen Vorschlag für wirtschaftliche Zusammenarbeit; als weitere Zwi-

21 Vgl. die zahlreichen Zeugnisse in: Dokumente zur Deutschlandpolitik, III. / IV. Reihe, Frankfurt 1963 ff.

22 Vgl. Trybuna Ludu v. 17. 3. 1955 (Min. Präs. Cyrankiewicz während der VI. Sitzung des Sejm). Vgl. S. 406.

23 Vgl. End, H., Zweimal deutsche Außenpolitik, Köln 1973, S. 36 ff.

24 Vgl. die Zeugnisse in: Dokumente zur Deutschlandpolitik III. Reihe (1956/1957).

25 Vgl. Dokumente zur Deutschlandpolitik, III. Reihe, Bd. 4, hrsg. von Bundesmin. für Gesamtdt. Fragen, Frankfurt 1969, S. 430 ff (23. 1. 1958).

26 Vgl. Baring, A., (Hrsg.), Sehr verehrter Herr Bundeskanzler! Heinrich von Brentano im Briefwechsel mit Konrad Adenauer 1949— 1964, Hamburg 1974, S. 249 ff.

schenstation konnte man die Errichtung von Handelsmissionen in Aussicht nehmen. Nach dem Abwägen des Für und Wider faßte das Kabinett in Bonn, nicht zuletzt auch unter dem Druck des Bundes der Vertriebenen (BdV), jedoch den Beschluß, keine öffentliche Erklärung abzugeben, die in der Grenzfrage als Präjudizierung einer künftigen Regelung angesehen werden konnte, und auf die Aufnahme der Beziehungen zu Polen unter den gegebenen Umständen zu verzichten.[27] Hinzu kamen noch andere Überlegungen. Außenminister v. Brentano sah Ende der fünfziger Jahre für einen Missionschef der Bundesrepublik Deutschland in Warschau keine Möglichkeit, sich der Deutschstämmigen in Polen anzunehmen, während Adenauer die Meinung vertrat, ein künftiger Bonner Botschafter könne in einem „Satellitenstaat" höchstens die Rolle eines Beobachters spielen.[28]

Noch dezidierter war die Haltung des Bundes der Vertriebenen. Dieser hatte im Januar 1958 in einer Denkschrift seine grundsätzlichen Bedenken gegen die Aufnahme diplomatischer Beziehungen zu Polen zusammengefaßt.[29] Unter dem Hinweis auf die z. Zt. von Polen „verwalteten Gebiete" ostwärts der Oder-Neiße wiederholte er in massiver Form seine alten Vorbehalte. Seiner Meinung nach würde die Bundesrepublik mit einem solchen Schritt den Eindruck erwecken, den „Weg zum Verzicht auf die deutschen Ostgebiete" beschreiten zu wollen. Er warnte zudem vor den Rückwirkungen auf das polnische Volk und die in Polen lebenden Deutschen. Er befürchtete, daß die „seelische Widerstandskraft gegen den Kommunismus" und das „Bewußtsein des unrechtmäßigen Besitzes" in Polen durch die Aufnahme diplomatischer Beziehungen geschwächt würden. Aus ähnlichen Gründen lehnte der BdV auch die Gewährung langfristiger Kredite für industrielle und agrarische Investitionsgüter an Polen ab. Diese würde nur die „Konsolidierung des status quo" begünstigen. Diese Stellungnahme hinderte den BdV jedoch nicht daran, in seinen öffentlichen Manifestationen stets von neuem den Wunsch nach der Pflege freundschaftlich-nachbarlicher Beziehungen zum polnischen Volk auszusprechen, wie immer man sich die Verwirklichung einer solchen Politik in der Praxis auch vorstellen mochte. Derartige Äußerungen, z. T. widerspruchsvoll, zeugten eben von dem weithin ausgeprägten Unvermögen vieler Funktionäre des BdV und der Landsmannschaften, die Probleme auch einmal aus der Interessenlage der Volksrepublik Polen zu werten.

Mit der Entschließung des Deutschen Bundestages vom 14. 6. 1961, die Beziehungen der Bundesrepublik Deutschland zu den osteuropäischen Staaten ohne Preisgabe lebenswichtiger Interessen der Nation gedeihlich und friedlich verbessern zu wollen, der Ernennung G. Schröders zum Außenminister (November 1961) und der Rede E. Bahrs, einem der engsten Mitarbeiter W. Brandts (Juli 1963), in der er einen „Wandel durch Annäherung" gefordert hatte, kamen neue Impulse für die

27 ebd. S. 269 ff.

28 Vgl. Allg. Adenauer, K., Erinnerungen 1955—1959, Stuttgart 1967, S. 228 ff, 347 ff. Vgl. vor allem: Dokumente zur Deutschlandpolitik, III. Reihe (1956); IV. Reihe (1958 ff), Frankfurt 1971.

29 Stellungnahme des Vorstandes des BdV v. 26. 1. 1958 (Kopie im Besitz des Verfassers).

Ost- und Deutschlandpolitik der Bundesrepublik Deutschland.[30] Freilich sind diese im engen Zusammenhang mit den weltweiten und sicherheitspolitischen Wandlungen zu Beginn der sechziger Jahre zu sehen. G. Schröder leitete 1962 die sog. „Politik der Bewegung" ein, bei der er es als Aufgabe der Bundesrepublik bezeichnete, Brücken nach dem Osten zu schlagen.[31] Dies war eine Äußerung, die nach der von Adenauer und seinen engsten Mitarbeitern so lange praktizierte Politik der starren Fronten immerhin aufhorchen ließ. Zwar wollte auch Schröder den Alleinvertretungsanspruch der Bundesrepublik Deutschland nicht aufgeben, doch plädierte er bereits dafür, die „Hallstein-Doktrin" nicht mehr so eng wie in der Vergangenheit zu handhaben. Vor allem wurde nunmehr der Außenhandel mit den sozialistischen Staaten intensiviert. Sichtbarster Erfolg war die Errichtung von Handelsmissionen: als erstes in Polen im September 1963, sodann 1964 in Rumänien, Ungarn und schließlich in Bulgarien.[32]

Eine „europäische" Lösung?

Unter dem Eindruck der Ereignisse in Polen (1956) hofften führende Vertreter der großen Parteien, das deutsch-polnische Verhältnis vielleicht im Rahmen einer größeren, langfristigen europäischen Lösung bereinigen zu können. Ausgangspunkt z. B. der Überlegungen Adenauers und des Außenministers v. Brentano war die Vorstellung, daß ein wiedervereinigtes Deutschland mit einem unabhängigen bürgerlichen polnischen Staat, in dem die Freiheiten nach westlichem Vorbild gesichert waren, gerechte friedliche Vereinbarungen treffen könne, zumal in einem Vereinten Europa das Problem der Grenzen in den Hintergrund treten würde. Eine Regelung im „europäischen Geiste", d. h. nach dem Saar-Modell hielten viele nicht für ausgeschlossen.[33]

Im Januar 1957 äußerte sich Bundesratspräsident Sieveking zu dem Verhältnis zu Polen.[34] Beide Regierungen in Bonn und Warschau, so erläuterte er, müßten auf ihre öffentliche Meinung Rücksicht nehmen. Bemerkenswert waren seine Hinweise auf den Untergang Preußens, die völlig veränderte soziale und wirtschaftliche

30 Vgl. Meißner, B., (Hrsg.), Die deutsche Ostpolitik 1961—1970. Kontinuität und Wandel, Köln 1970, S. 17 ff, 36 ff, 45 ff. Vgl. auch: Löwenthal, R., Vom kalten Krieg zur Ostpolitik, in: Die zweite Republik, hrsg. von R. Löwenthal und H.-P. Schwarz, Stuttgart 1974, S. 604 ff, 665 ff.

31 ebd. (Meißner), S. 36 ff; außerdem: Kuper, E., Frieden durch Konfrontation und Kooperation. Die Einstellung von G. Schröder und W. Brandt zur Entspannungspolitik, Stuttgart 1974, S. 49 ff.

32 Meißner, a. a. O. (s. Anm. 30), S. 41 ff, 104 63 ff.

33 Vgl. u. a. Interviews v. Brentano 14. 12. 1956, in: Dokumente zur Deutschlandpolitik, III. Reihe, Bd. 2, Frankfurt 1963, S. 978 ff, v. 17. 12. 1956, S. 984 ff. S. auch die Erklärungen Adenauers, a. a. O., 21. 10. 1956, S. 811 ff; v. 8. 11. 1956 im Bundestag, S. 875 ff u. ö.

34 Vgl. seine Ausführungen v. 21. 1. 1957, in: Dokumente zur Deutschlandpolitik, III. Reihe, Bd. 3, Frankfurt 1967, S. 56 ff.

Struktur in den ehemaligen deutschen Ostgebieten und auf den Bevölkerungstrend von Ost nach West. Polen habe ein „vitales Interesse" an festen Grenzen. Eine Regelung von Dauer könne nur dann erreicht werden, wenn die Bundesrepublik Deutschland eine illusionslose Politik verfolge. Sieveking hoffte auf eine eigenständige nationale Entwicklung Polens, eines jedoch kommunistischen Staates, die es vielleicht erlauben würde, daß sich in Zukunft Polen und Deutschland „als Angehörige Europas" gegenübertreten würden, was zu einer Entschärfung des territorialen Konflikts beitragen könne.

Bezeichnend für das damalige politische Klima in der Bundesrepublik war, daß diese Ausführungen sogleich heftig kritisiert wurden; es wurde Sieveking vorgeworfen, „politischen Unfug" zu treiben bzw. ein „Verzichtpolitiker" zu sein.[35]

Adenauer hegte — wie es scheint — eine Zeitlang die Hoffnung, die Gebiete jenseits von Oder und Neiße in eine gesamtdeutsche Einheit integrieren zu können — während Staatssekretär Carstens im Oktober 1960 die Ansicht vertrat, daß in einem „freien Europa", zu dem Polen mit seiner europäischen Geschichte gehöre, auch im Osten einmal der „Brückenschlag" zwischen (den) zwei Nationen gelingen werde.[36] Einige Jahre später sprach Außenminister Schröder von der Erwartung, daß in Osteuropa ein starker Geist „nationaler Eigenart und die Anziehungskraft nationaler Interessen" wirksam werden könne. Bundeskanzler Erhard wies im März 1964 auf den Erfolg bei der Lösung der Grenzprobleme im Westen hin; ein ähnlicher Weg der Verständigung müsse doch auch mit den östlichen Nachbarn auf der Grundlage des Rechts, der friedlichen Verhandlung und der gegenseitigen Achtung möglich sein. Und im Oktober 1966 deutete Bundespräsident Lübke bei einer Tischrede an, daß staatliche Grenzen im Falle einer Einigung Europas ihre bisherige Bedeutung verlieren würden. Möglicherweise könnten dann „Deutsche in dem heute unter polnischer Verwaltung stehenden Gebiet siedeln und Eigentum erwerben" und „umgekehrt". Im gleichen Jahr hatte Fr. J. Strauß seine „Europakonzeption" mit der Bemerkung konkretisiert, die einzige Möglichkeit, das „bestehende Kräfteverhältnis" so zu verschieben, daß die deutsche Frage „keine Quelle der Unruhe" mehr für West- und Osteuropa bedeute, führe „über Europa"; an die Wiederherstellung „eines deutschen Nationalstaates, auch nicht innerhalb der Grenzen der vier Besatzungszonen", glaube er nicht.[37]*

35 Vgl. z. B. die Erklärung des Abg. Feller (GB/BHE) v. 31. 1. 1957, in: Dokumente zur Deutschlandpolitik, a. a. O., S. 181 ff; Abg. Gille (GB/BHE) v. 31. 1. 1957, ebd., S. 255 ff.

36 Vgl. Dokumente zur Deutschlandpolitik, a. a. O., IV. Reihe, Bd. 5, Frankfurt 1973, S. 415 ff (Artikel v. 11. 10. 1960). Vgl. auch: Carstens, K., Politische Führung. Erfahrungen im Dienst der Bundesregierung, Stuttgart 1971, S. 230 ff (Außenpolitik).

37 Vgl. Anm. 30 (Meißner), a. a. O., S. 76 ff; Strauß-Interview, v. 8. 4. 1966, ebd., S. 128 ff.

* Anmerkungen der polnischen Herausgeber: Die in der Bundesrepublik Deutschland erwogenen „europäischen Lösungen" mit dem Ziel, das Oder-Neiße-Grenzproblem zu entschärfen, setzten eine Abkehr Polens vom Sozialismus voraus. Praktisch hätte das u. a. den Austritt Polens aus dem Warschauer Vertrag bedeutet und damit eine Gefährdung seiner Sicherheit.

Zur Rolle der westlichen Verbündeten

Eine der Grundlagen westdeutscher Außen- und Sicherheitspolitik war die Abstimmung mit den westlichen Verbündeten. Ungeachtet mancher Kontroversen zwischen Bonn, Paris, London und Washington in Fragen außenpolitischer Prioritäten, der Strategie und der Wirtschaftspolitik, zu denen es auch unter den Partnern der Europäischen Gemeinschaft kam, haben die Westmächte offiziell die Deutschland- und Ostpolitik der Bundesrepublik — vor allem im Bewußtsein ihrer Verantwortung in bezug auf Berlin und Deutschland als Ganzes — und damit das Ziel der Wiedervereinigung sowie die friedensvertragliche Regelung aller strittigen Fragen unterstützt. Allerdings ist das Kapitel der multilateralen Konsultationen bisher noch nicht geschrieben worden. Jedoch darf es bei unserer Analyse nicht außer acht gelassen werden, weil infolge der wechselseitigen Kontakte und Kommunikation zwischen Westeuropa und den USA die Einstellung der deutschen Führungseliten zu diesem Grundproblem staatlicher Existenz natürlich mitbeeinflußt worden ist.[38]

Seit Mitte der fünfziger Jahre hatten prominente Amerikaner, Engländer und Franzosen in mehr oder weniger versteckter oder offener Form der Bundesrepublik Deutschland empfohlen, gegenüber Polen größere Bereitschaft zu Zugeständnissen in der Grenzfrage zu zeigen. Im Juli 1956 äußerte sich der ehemalige amerikanische Hochkommissar McCloy in diesem Sinne.[39] Er hoffte offenbar, ein Kompromiß in dieser Frage zwischen den beiden Staaten könne die Wiedervereinigung erleichtern und die „Angst vor einem deutschen Irredentismus" nehmen. Freilich: was er unter „einigen Zugeständnissen" verstand, ließ er offen. Heftige Proteste löste das Buch der Engländerin E. Wiskemann (1956) „Deutschlands östliche Nachbarn" aus, in dem die Verfasserin die Oder-Neiße als einzige mögliche Friedensgrenze zwischen Deutschland und Osteuropa bezeichnet hatte.[40] Im Rahmen seiner Disengagement-Vorschläge vertrat der britische Oppositionsführer H. Gaitskell die Auffassung, daß in einem Mehrstufenplan eine neutrale Zone in Europa geschaffen werden sollte mit dem Ziel einer Wiedervereinigung, freilich verbunden mit dem möglichen Preis, die Oder-Neiße anzuerkennen.[41] C. J. Friedrich, der in Heidelberg und Harvard lehrende Wissenschaftler, wies im September 1958 auf die öffentliche Meinung in den USA hin.[42] Diese habe kaum Verständnis für die zahlreichen Deutschlandpläne der Bundesrepublik, da darin viel zu wenig berücksichtigt würde, „wieviel man in der Bundesrepublik Deutschland persönlich zu opfern bereit sei". Geradezu pein-

38 Vgl. jetzt: Morgan, R., Washington und Bonn. Deutsch-amerikanische Beziehungen seit dem Zweiten Weltkrieg, München 1975.

39 Vgl. sein Interview v. 3. 7. 1956, in: Dokumente zur Deutschlandpolitik, a. a. O., III. Reihe/Bd. 2, Frankfurt 1963, S. 565 ff.

40 Vgl. die Stellungsnahmen dazu v. Kraus (28. 2. 1957) und Borries (1. 3. 1957), in: Dokumente zur Deutschlandpolitik, III. Reihe, Bd. 3, Frankfurt 1967, S. 424 ff.

41 Vgl. Synopse zur Deutschlandpolitik 1941—1973, bearb. v. W. Weber u. W. Jahn, Göttingen 1973, S. 279 (18. 3. 1957).

42 Vgl.: 20. 9. 1958, in: Dokumente zur Deutschlandpolitik, III. Reihe, Bd. 4, Frankfurt 1969, S. 1603 ff.

lich berühre immer wieder die Tatsache, daß jedesmal, wenn ein Politiker auch nur das Problem der Oder-Neiße zur Diskussion stelle, ihn eine Flut von Entrüstung überschwemme. Das wohl größte Aufsehen erregte die Bemerkung Ch. de Gaulles auf einer Pressekonferenz vom 25. 3. 1959, daß die Wiedervereinigung eines freien Deutschlands dann als Ziel betrachtet werden müsse, wenn es seine gegenwärtigen Grenzen nicht in Frage stelle. Mochte die französische Regierung in einer Art Dementi auch sogleich den offiziellen Standpunkt der westlichen Alliierten betonen, der französische Staatspräsident hat niemals verheimlicht (erneut in der Mitte der sechziger Jahre), daß er die Anerkennung der Oder-Neiße-Grenze stets als Voraussetzung einer Befriedung Osteuropas betrachtete.[43]

Über die zwiespältige Haltung ihrer Verbündeten in der Grenzfrage war sich die Bundesregierung nicht im unklaren. Am 17. August 1959 schrieb Bundespressechef Eckardt an Adenauer: „Es gibt keinen Politiker von Rang im Ausland, der bereit wäre, eine Änderung der Oder-Neiße-Grenze zu befürworten. Trotz des kommunistischen Regimes steht in dieser Frage die gesamte Weltöffentlichkeit auf der Seite Polens."[44] In den sechziger Jahren mehrten sich entsprechende Stimmen, darunter waren die von W. Lippmann und anderer Amerikaner sowie der britischen Abgeordneten Henderson, Swingler, Healey, Pell und Wilson.[45] Der konservative Abgeordnete Woodhouse zitierte 1961 K. Adenauer, daß die Bundesrepublik niemals daran denke, das Grenzproblem gewaltsam zu lösen. Er zog daraus bestimmte Schlußfolgerungen. Da es undenkbar sei, daß diese Grenze auf andere Weise als mit Gewalt geändert werden könne, komme das ihrer „faktischen Anerkennung" gleich, erläuterte er. Er forderte mit Nachdruck, diese „stillschweigende Anerkennung von uns allen" endlich auszusprechen.[46]

Aber es gab auch ganz andere Einflüsse auf das Denken und Handeln westdeutscher Politiker. Erwähnt sei nur als abschließendes Beispiel die sog. Brzezinski-Rostow-Schule in den USA. Diese amerikanischen Wissenschaftler hatten Mitte der sechziger Jahre zu einer aktiven und konstruktiven Osteuropa-Politik des Westens — als Gegenstück zur dynamischen sowjetischen Ost- und Mitteleuropa-Politik — aufgerufen, die in engeren Beziehungen zu Polen und der ČSR und in einer Isolierung der DDR bestehen sollte. Ihre Vorstellungen gipfelten in der These: Würde man Polen und Tschechen davon überzeugen können, daß ein „wiedervereinigtes Deutschland" ihre nationale Sicherheit und ihre territoriale Unantastbarkeit achten werde, „so wäre der Anfang gemacht", das Interesse, das sie auch an „Mitteldeutschland (gemeint war damit die DDR) als einen Pufferstaat" hätten, abzuschwächen.[47] Diesen Gedanken hat dann W. Jaksch in seiner Studie von 1965

43 Vgl. Dokumente zur Deutschlandpolitik, a. a. O., IV. Reihe, Bd. 1, Frankfurt 1971, S. 1266 ff; 3. 4. 1959: Bericht über Erklärungen eines Sprechers des franz. Außenministers. ebd, S. 1310; auch S. 1543 (6. 5. 1959: Adenauer-Debré).Vgl. Deutschland, Frankreich, Europa, hrg. v. R. Picht, München 1978.

44 Vgl. Dokumente zur Deutschlandpolitik, IV. Reihe, Bd. 3, Frankfurt 1972, S. 29 ff.

45 Vgl. ebd.; IV. Reihe, Bd. 4; 6 (1961), S. 977, 1269, 1396 u. ö.

46 ebd. (Bd. 1961), S. 1425 ff.

47 Vgl. allgemein: Morgan, R., Washington und Bonn, München 1975, S. 140 u. 148 ff.

weiterentwickelt, in der er das Konzept einer Wiedervereinigung durch einen Verständigungsfrieden mit Osteuropa vertrat. Mit Hilfe eines „wirtschaftlichen Opfers" — 50 Mrd. DM verbilligte Investitionskredite für die sozialistischen Staaten, die DDR ausgenommen, — sollte die Wiedervereinigung erkauft werden.[48]

Vom Einfluß des BdV und der Landsmannschaften (VdL)

Eine selbständigere politische Kraft, die auf ihre Weise die Ostpolitik der Bundesregierung zu beeinflussen versucht hat, stellten vor allem die Zwangsumgesiedelten und Umsiedler dar — in der Bundesrepublik Deutschland unter dem Begriff Heimatvertriebene zusammengefaßt —[49], die früher in den Gebieten östlich von Oder und Neiße, im sog. Sudetenland und in osteuropäischen Staaten gelebt hatten. Von diesen waren rd. 2,5 Millionen im Bund der Vertriebenen (BdV) — seit 1958 Sprecher der regionalen und landsmannschaftlichen Verbände — organisiert. In ihrer Charta von 1950 hatten sie wohl den Verzicht auf „Rache und Vergeltung" ausgesprochen[50], jedoch blieb der Kampf um Rechtsanspruch auf die „völker- und staatsrechtlich zu Deutschland gehörenden Gebiete", die konsequente Verwirklichung des Selbstbestimmungsrechtes und das „Recht auf Heimat" ihre „vornehmste Aufgabe". Im Lauf der Jahre wurden sie wie die anderen Flüchtlinge fest in die westdeutsche Gesellschaft integriert, was nicht zuletzt durch das Gesetz über den Lastenausgleich und das großzügige Wohnbauprogramm ermöglicht wurde. 1957 scheiterte ihre parteipolitische Interessenvertretung — (1950 war der Block der Heimatvertriebenen und Entrechteten, BHE, gegründet worden) — bei den Bundestagswahlen an der Fünfprozentklausel. Im übrigen zogen statt der bisher 94 Abgeordneten, die als „Vertriebenenvertreter" bezeichnet werden konnten, nur noch 66 (von 519) in den neuen Bundestag ein. Deren politischer Handlungsspielraum wurde allerdings durch die Zugehörigkeit zur CDU/CSU bzw. FDP-SPD-Fraktion eingeengt.

Fraglos haben die Funktionäre des BdV und der VdL durch ihre rastlose Aktivität, ihre lautstarken, vereinzelt sogar militanten Parolen und Forderungen, hinter ihrem Rücken dürfe keine Anerkennungspolitik betrieben werden, das politische Meinungsklima in der Bundesrepublik mitgeprägt.[51] Wenn ihr Einfluß auf die außenpolitischen Entscheidungen auch nicht überschätzt werden darf, so kann doch nicht übersehen werden, daß in der Adenauer-Ära die Verwirklichung mancher politischer Überlegung (so z. B. im Hinblick auf die Aufnahme diplomatischer Beziehungen zu Polen oder ein Abkommen über Gewaltverzicht), wie es Außenmi-

48 Vgl. Anm. 41, a. a. O., S. 614 ff.

49 Vgl. P. v. zur Mühlen, B. Müller u. K. Schmitz, Vertriebenenverbände und deutsch-polnische Beziehungen nach 1945, in: Schweitzer/Feger, a. a. O. (s. Anm. 19), S. 96 ff., s. auch Schulbuchempfehlungen, Anhang S. 470 f.

50 ebd., S. 101 ff.

51 ebd., S. 100 ff.

nister v. Brentano einmal formuliert hat, „von der Zustimmung einiger mehr oder minder radikaler Verbandsfunktionäre" lange Zeit abhängig geblieben ist.[52] Das zeigte sich insbesonders in den Jahren 1957 bis 1959, als Geheimsondierungen zwischen polnischen und deutschen Diplomaten stattfanden. Mit Rücksicht auf die Stimmen des BdV und der VdL lehnte es die Bundesregierung damals ab, Verhandlungen über einen Austausch von Botschaftern einzuleiten. Verschiedentlich mochten überdies einzelne Abgeordnete im Interesse der genannten Verbände Anträge und Gesetzesvorlagen im Bundestag verzögert und durch Interventionen finanzielle Mittel sowie personelle Entscheidungen in ihrem Sinne erwirkt haben.[53] Zudem konnte die Bundesregierung wiederholt veranlaßt werden, Bekenntnisse zum provisorischen Charakter der Oder-Neiße-Grenze abzulegen. Aber dies alles war doch in erster Linie darauf zurückzuführen, daß bis zur Bildung der Großen Koalition 1966 die Politik des BdV und der VdL mit der offiziellen Politik der Bundesregierung im wesentlichen übereinstimmte. Eine der Konsequenzen war, daß Bonn den beiden Verbänden vielfach falsche Hoffnungen machte und manche ihrer offensichtlichen Illusionen nährte. Die z. T. widerspruchsvolle Politik der Bundesregierung kam u. a. darin zum Ausdruck, daß einerseits die volle soziale Integration der Zwangsumgesiedelten und Umsiedler mit beachtlichem Erfolg verwirklicht, andererseits der „Eskapismus in die politische Irrationalität" unterstützt wurde.[54] Erst in den sechziger Jahren ging der Einfluß der beiden Organisationen schrittweise zurück. Doch änderte dies nichts an der Tatsache, daß das Verhalten mancher ihrer führenden Köpfe im Ausland Anlaß dazu gab, der Bundesrepublik Deutschland vorzuwerfen, sie treibe eine Politik des „Revanchismus". Oberflächlich betrachtet mochte das stimmen. Aber die große Mehrheit der Mitglieder des BdV und der VdL hat niemals einen Zweifel daran gelassen, daß sie eine Politik der Gewalt entschieden ablehnte. Im ganzen gesehen hat freilich die jahrelang propagierte „Alles-oder-Nichts"-Politik dieser Organisationen das deutsch-polnische Verhältnis schwer belastet.

Wandlungen des internationalen Systems in den sechziger Jahren

Fraglos haben die Wandlungen des internationalen Systems in den sechziger Jahren den Handlungsspielraum der Bundesrepublik Deutschland maßgebend beeinflußt und damit zugleich auch die deutsch-polnischen Beziehungen. Vor allem haben sie einen komplizierten Anpassungsprozeß erforderlich gemacht, der in seiner vollen Bedeutung erst im Laufe der Jahre begriffen und verwirklicht worden ist. Spätestens mit dem Bau der Berliner Mauer (1961) und der Lösung der Kuba-Krise (1962) im Zeichen des prekären Gleichgewichts des Schreckens war deutlich geworden, daß

52 Vgl. Brentano an Adenauer v. 23. 7. 1959, in: Baring (Hrsg.), a. a. O. (s. Anm. 26), S. 271.
53 S. Anm. 49, a. a. O. S. 159 ff.
54 Vgl. Anm. 49, a. a. O.

die beiden führenden Supermächte, die Sowjetunion und die USA, über die sie trennenden Gegensätze hinweg den europäischen Status quo und die beiderseitigen Interessen- und Einflußsphären zu respektieren gewillt waren.[55] In partiellen Bereichen schätzten beide Weltmächte offenbar ihre Interessenidentität höher ein als diejenige innerhalb des westlichen bzw. östlichen Bündnisses, die jeweils sehr sorgsam beachtet worden war. Diese Neueinschätzung der weltpolitischen Lage mochte in erster Linie aus der Einsicht in die Gefahren gegenseitiger atomarer Vernichtung und aus der Sorge wachsender Rüstungslasten resultieren.

Gleichzeitig bemühten sich die Mächte, die Strategie der Konfrontation einzudämmen, bestimmte ideologische Frontstellungen aufzuweichen und den Kurs einer flexibleren Politik der Entspannung und der begrenzten Kooperation, insbesondere im Bereich der Rüstungskontrolle einzuschlagen. Währenddessen verlagerten sich die Konflikte in weltpolitische Randzonen (Vietnam, Naher Osten), in denen sich die USA und die Sowjetunion, sicherlich auch zur Sicherung des weltpolitischen Gleichgewichts, engagierten, jedoch eine direkte Auseinandersetzung vermieden. Der schrittweise Übergang von einem ausgeprägten bipolaren zu einem tendenziell stärker multipolaren System, begleitet von einem sich steigernden Gegensatz zwischen Industriestaaten und Ländern der Dritten Welt, war auch durch die Auflokkerung der Bündnissysteme, die Spannungen zwischen der Sowjetunion und China, den wirtschaftlichen Aufstieg Japans und durch technologisch-gesellschaftspolitische Innovationen verursacht worden. Bedeutsam bei alldem blieb, daß die Staaten in Ost und West ungeachtet ihres Antagonismus mehr und mehr gemeinsame Interessen zu erkennen, in ihren Dialog einzubeziehen und ihr gegenseitiges Verhalten besser einzuschätzen begannen. Einsichtigere Staatsmänner, Diplomaten und Fachleute hatten erkannt, daß Konflikte nicht absolut identisch mit Rüstung und Rüstungskontrolle nicht gleichbedeutend mit Frieden waren. Aufgrund dieser Entwicklung bildete sich schließlich ein neues Beziehungsmuster des internationalen Systems heraus: auf der einen Seite eine Art trianguläres Verhältnis primär kooperativer Form — nämlich zwischen den USA, Westeuropa und Japan —, auf der anderen Seite die eines Systems der Konkurrenz mit partieller Kooperation zwischen den USA, der Sowjetunion und China.[56]

Bewußtseinsveränderungen in der Gesellschaft der Bundesrepublik Deutschland

Allein so unmißverständlich amtliche Regierungsstellen und Repräsentanten der demokratischen Parteien in der Deutschland- und Grenzfrage auch die genannten Rechtspositionen zu behaupten und gegenüber dem In- und Ausland nachhaltig zu vertreten wußten, vereinzelte Erklärungen und Reden ließen schon in der zweiten

55 Vgl. hierzu die Jahrbücher des Forschungsinstitutes der DGAP: Die Internationale Politik 1958—67, Wien 1971 ff (6 Bde).

56 Czempiel, E. O., Grundzüge der Weltpolitik 1945—1969, in: Internationale Politik, hrsg. v. J. Mück, Wiesbaden (1970), S. 32 ff.

Hälfte der fünfziger Jahre erkennen, daß es abweichende Auffassungen gab. Freilich, wenn sie geäußert wurden, brach meistens ein Sturm der Entrüstung aus, nicht selten begleitet von schärfsten Vorwürfen oder Angriffen gegen ihre Verfasser. Indessen politisches Gewicht besaßen diese kaum, da sie weder in den Parteien noch in der breiten Öffentlichkeit die notwendige Resonanz, geschweige denn politische Unterstützung fanden. Noch war der Erfahrungszeitraum einfach zu kurz, um mit größerer Sicherheit die Erfolgsaussichten der offiziösen, auch von den Westmächten unterstützten Politik abzuschätzen.

Zu einem der ersten Politiker, die stets von neuem die Lage realistischer einzuschätzen bestrebt blieben, zählte der Sozialdemokrat Carlo Schmid. Seine Rede auf der 2. Deutsch-Französischen Konferenz im Oktober 1956 war sogleich auf heftige Kritik gestoßen, als er im Zusammenhang mit der Grenzfrage darauf hingewiesen hatte, daß das Problem der Wiedervereinigung ohne Einverständnis über die Grenzfrage gar nicht gelöst werden könne.[57] Zwar sei seiner Meinung nach „den Vertriebenen Unrecht geschehen", aber inzwischen seien neue Fakten geschaffen worden. Es müsse auf dem Verhandlungswege versucht werden, durch beiderseitiges Entgegenkommen und Verzicht eine Einigung zu erzielen. Mit bemerkenswerter Offenheit resumierte er, daß in den Gebieten jenseits von Oder und Neiße zwar die „Steine deutsch" sprechen würden, aber in diesen lebten keine Deutschen mehr. Schon aus moralischen Gründen könne er sich nicht für eine neue Umsiedlung der heute dort lebenden Polen aussprechen.

Angesichts möglicher erhöhter Bedrohungsvorstellung in Osteuropa durch den Aufbau der Bundeswehr regte der Referent für Sicherheitsfragen bei der SPD-Fraktion im Deutschen Bundestag, Beermann, im Februar 1957 an, Polen gegenüber die Bereitschaft erkennen zu geben, daß die Bundesrepublik Deutschland „das Oder-Neiße-Problem" in einer für jede polnische Regierung tragbaren Weise lösen wolle. Die Bundeswehr solle so klein gehalten werden, daß sie die „Existenzangst der Polen nicht fördere"[58].

Fast zur gleichen Zeit hatte der Historiker Golo Mann die Frage zu beantworten versucht, ob dem Politiker überhaupt zugemutet werden könne, sein Handeln allein am „Grundsatz der Gerechtigkeit" auszurichten. Müsse sich der Politiker nicht einfach nach den „Konstellationen und Machtgruppierungen" richten, um das Mögliche zu erreichen? Er hob hervor, daß eine moralisierende Betrachtungsweise wenig hilfreich sei. Politik des Rechts könne nur heißen, „auch auf den anderen Rücksicht nehmen, sich nicht vom eigenen Egoismus treiben lassen"; das gelte ebenso für die Frage der deutschen Ostgrenzen.[59]

57 Vgl. 7. 10. 1956, in: Dokumente zur Deutschlandpolitik, III, Reihe, Bd. 2, Frankfurt 1963, S. 782 ff. Vgl. allgemein: Schmid, C., Politik als geistige Aufgabe, München/Zürich 1976.

58 Vgl. 1. 2. 1957, in: Dokumente zur Deutschlandpolitik, III. Reihe, Bd. 3, Frankfurt 1967, S. 266 ff.

59 Vgl. Stuttgarter Zeitung v. 26. 1. 1957, in: Dokumente zur Deutschlandpolitik, a' a. O., S. 430 ff (Anm. 9).

Bilaterale Verhandlungen, Entschärfung des territorialen Konflikts, realistischeres Einschätzen des Möglichen unter Berücksichtigung der internationalen Mächtekonstellation und Reduzierung der Bedrohung — so und ähnlich lauteten die ersten vorsichtigen Empfehlungen zu einer gewissen Kursänderung der Politik der Bundesrepublik Deutschland gegenüber Polen Ende der fünfziger Jahre. Allerdings blieben die meisten der im Interesse guter friedlicher Nachbarschaft unterbreiteten Ratschläge in entscheidenden Punkten vage oder zweideutig, inhaltlich nicht präzise und in der Konsequenz nicht bis ins Letzte durchdacht, vor allem was die inzwischen angesiedelte polnische Bevölkerung in den westlichen Wojewodschaften anbetraf. Wenn Carlo Schmid im Mai 1959 — ausgehend von der Tatsachenlage seit 1945 (Polen habe dort die Gewalt) — eine Politik des Verhandelns forderte, da die Regulierung der deutsch-polnischen Grenzfrage die Voraussetzung für die Wiedervereinigung sei, so ließ er wahrscheinlich bewußt offen, was dabei de facto herauskommen sollte[60], ganz abgesehen davon, daß er und Gleichgesinnte in der Regelung der Grenzfrage einen weiteren Hebel zur Wiedervereinigung sahen. Aus all dem sprach doch eine gewisse Ratlosigkeit, zwischen den beiden extremen Standpunkten der Bundesrepublik Deutschland und der Volksrepublik Polen einen mittleren Weg finden zu können. Einen entscheidenden Schritt weiter ging schließlich der SDS in seiner Entschließung vom 24. 5. 1959. Er forderte die Bundesregierung kurzerhand auf, die Oder-Neiße-Grenze anzuerkennen.[61] Von dem Programm der KPD einmal abgesehen, war dies wohl eine der ersten öffentlichen Verzichtserklärungen. Aber für solch einen Schritt schien die Zeit einfach noch nicht reif zu sein. Entsprechend reagierten denn auch die Parteivorstände und — die Organisationen des BdV und der VdL.[62]

Erst die veränderte politische Lage — insbesondere nach den Ereignissen des 13. 8. 1961 (Mauerbau an der deutsch-deutschen Grenze und in Berlin) — veranlaßte zu Beginn der sechziger Jahre Vertreter einzelner gesellschaftlicher Gruppen zu einem schrittweisen, immer radikaleren Umdenken in der Deutschland- und Ostpolitik. Natürlich war es für jene, die nicht in der politischen Verantwortung zum Handeln gezwungen waren, in vieler Hinsicht leichter, alternative Vorschläge zu unterbreiten, dafür aber um so schwieriger, die von ihnen empfohlene neue Politik durchzusetzen. Denn dazu bedurften sie der Unterstützung durch die Führungseliten. Häufig versuchten sie daher auch als erstes, durch vertrauliche Denkschriften Bundestagsabgeordnete oder Parteivorstände zu beeinflussen, jedoch meistens mit der Konsequenz, daß durch Indiskretion Teile des Inhalts derselben an die Öffentlichkeit gelangten. Anfang November 1961 hatten acht führende evangelische Laien und Theologen — unter ihnen C. F. v. Weizsäcker, W. Heisenberg, K. v. Bismarck und L. Raiser — ein Memorandum zur Innen- und Außenpolitik unterzeichnet, das

60 Vgl. 22. 5. 1959, in: Dokumente zur Deutschlandpolitik, IV. Reihe, Bd. 2, Frankfurt 1971, S. 278.

61 Vgl. Wortlaut der Entschließung, in: Dokumente zur Deutschlandpolitik IV. Reihe, Bd. 2, Frankfurt 1971, S. 329.

62 Vgl. allgemein: Deutscher Ostdienst (DOD), 1. Jhrg. 1959 ff.

sie als Arbeitsunterlage für interne Diskussionen mit Parlamentariern aller Fraktionen betrachteten; Mitte Februar 1962 veröffentlichte der Evangelische Pressedienst den vollen Wortlaut desselben. Dieses ließ an Deutlichkeit nichts zu wünschen übrig.[63] Scharf kritisierten die Verfasser die Bundesregierung und die politischen Parteien, die ihrer Meinung nach den Blick für die politischen Realitäten verloren hätten und sich scheuen würden, harte Entscheidungen zu treffen und dem Volk die Wahrheit zu sagen. In der Beurteilung der Lage hieß es u. a., daß die „deutsche Position“ durch das Festhalten an Ansprüchen geschwächt würde, die auch von den Westmächten nicht mehr voll unterstützt würden. Die Wiedervereinigung könne gegenwärtig nicht mehr realisiert werden; im übrigen müsse der Souveränitätsanspruch auf die Gebiete jenseits der Oder-Neiße-Grenze aufgegeben werden. Eine erfolgreiche aktive Außenpolitik der Bundesrepublik Deutschland sei nur dann möglich, wenn die Beziehungen zu den östlichen Nachbarn normalisiert würden.

Ohne Frage hat diese Denkschrift ein Signal gesetzt — ungeachtet der massiven Kritik, die sogleich der BdV und der VdL, eine Gruppe von sieben evangelischen Abgeordneten des Deutschen Bundestages und Teile der Massenmedien an ihr übten.[64] Vor allem hatten die Verfasser einen ganz besonders wunden Punkt in der Politik der Bundesrepublik Deutschland angesprochen. Mit einer gewissen Berechtigung konnten sie nämlich darauf hinweisen, daß politisch verantwortliche Kreise aller Parteien die hier dargelegten Ansichten z. T. teilten, sich jedoch aus innenpolitischen Rücksichten scheuten, dies offen einzugestehen. Ähnliche Erfahrungen mußte auch der FDP-Politiker W. Schollwer machen. Sein um die Jahreswende 1961/62 entwickeltes neues Konzept zur Deutschlandpolitik, in dessen Mittelpunkt eine Politik der Verklammerung beider deutscher Staaten, die Anerkennung der Zweistaatlichkeit, das Einfrieren des atomaren Status in der Bundesrepublik Deutschland und die Respektierung der Oder-Neiße-Grenze bis zu einem Friedensvertrag stand, wurde nicht zuletzt deshalb durch ein Geschäftsordnungsverfahren innerhalb der FDP abgeblockt, weil der Parteivorstand offenbar den Verlust von Wählerstimmen und negative Auswirkungen auf die (gerade erst wieder gebildete) Koalition mit der CDU/CSU befürchtete.[65]

Immerhin setzte seitdem auch innerhalb der FDP der Prozeß des Überdenkens alter Positionen ein. In den Reden ihrer führenden Köpfe klangen häufiger denn je die Forderungen an, Tabus zu durchbrechen und sich den veränderten Verhältnissen anzupassen, ohne indessen die grundsätzlichen Rechtspositionen aufzugeben. Als die FDP 1966 die Oppositionsrolle übernahm, nutzte sie die Zeit zur Ausarbeitung eines Kontrastprogramms zur Regierungspolitik der Großen Koalition. Die Forderungen von W. Schollwer und des Schatzmeisters der Partei, H. W. Rubin, die Deutschlandpolitik radikal zu ändern, Verhandlungen zwischen beiden deutschen Staaten über gemeinsam interessierende Fragen einzuleiten und den An-

63 Vgl. Das geteilte Deutschland. Eine Dokumentation der Meinungen, hrsg. v. K. P. Tudyka, Stuttgart 1965, S. 190 ff.

64 Vgl. DOD (s. Anm. 62) v. 2. 4. 1962 (S. 5 ff). Vgl. auch Anm. 49, a. a. O.

65 Vgl. Anm. 63, a. a. O., S. 176 ff.

spruch auf die deutschen Ostgebiete aufzugeben, lösten jedoch immer noch heftige Kontroversen innerhalb und außerhalb der Partei aus. Auf dem Bundesparteitag der FDP im April 1967 fanden ihre Vorschläge zwar keine Mehrheit, aber das schließlich aufgrund eines Kompromißvorschlages von D. Genscher verabschiedete Aktionsprogramm der Partei bedeutete einen Schritt nach vorwärts auf dem Wege zur vollen Einbeziehung der DDR in den Entspannungsprozeß und zur Regelung der territorialen Frage.[66]

Auch die innerkirchliche Diskussion über das Verhältnis der Bundesrepublik Deutschland zu ihren östlichen Nachbarn hatte u. a. von dem Tübinger Memorandum der Acht einen entscheidenden Anstoß erhalten. Durch die neunzehn „Bielefelder Thesen" (1963), in deren Mittelpunkt der Begriff der Versöhnung, deren christliches Verständnis und der daraus resultierende Verzicht auf die Rückkehr in die verlorenen Ostgebiete stand, und die ihnen widersprechenden Lübecker-Thesen (Oktober 1964) waren die gegensätzlichen Positionen deutlich gekennzeichnet.[67] Wie H. Huber in seiner Genesis der Denkschrift der Kammer der EKD für öffentliche Verantwortung vom Oktober 1965 herausgearbeitet hat, vertraten deren Autoren in der „Sache" schließlich die Auffassung der Bielefelder Thesen, ohne jedoch die Argumentation derselben im einzelnen zu übernehmen. Mit großem Nachdruck hatten die Verfasser die Aussöhnung zwischen Deutschland und Polen gefordert und betont, daß 20 Jahre nach dem Ende des 2. Weltkrieges eine volle Wiederherstellung des alten deutschen Besitzstandes unmöglich sei, da Polen diese Gebiete erfolgreich in sein Staatsgebiet integriert habe.

Wie schwierig jedoch die innergesellschaftliche Kommunikation über dieses Problem immer noch war, verdeutlichte die lebhafte Reaktion auf die Denkschrift der EKD. Während auf der einen Seite Teile der Gesellschaft — lange Zeit in der Minderheit — „eine offene, vorurteilsfreie Erwägung aller für das Verhältnis zu den östlichen Nachbarn in Betracht kommenden Fakten befürworteten", in der Hoffnung, damit zu einer neuen „Grundlagenbesinnung ohne vorher feststehendes Ergebnis" beitragen zu können, waren andere nicht gewillt, ihre eigenen, auf den bekannten Rechtspositionen beruhenden Ansichten ernsthaft zu diskutieren, geschweige denn in Frage zu stellen.[68] Jedoch war der geistige Dialog — orientiert an den Leitvorstellungen einer Versöhnung Deutschlands mit seinen östlichen Nachbarn und einer echten Friedenspolitik — nicht mehr einzudämmen. Das bewiesen u. a. auch der Briefwechsel zwischen den katholischen Bischöfen Polens (November 1965) und dem deutschen Episkopat (Dezember 1965) sowie das Bensberger Memorandum vom März 1968. In diesem hatten katholische Laien und Geistliche zu den deutsch-polnischen Fragen Stellung genommen und hervorgehoben, daß der

66 Vgl. Meißner (Hrsg.), a. a. O. (s. Anm. 30), S. 193 ff (Rubin), S. 198 ff (Mende), S. 199 ff (Aktionsprogramm der FDP). Jacobsen, a. a. O. (s. Anm. 13), S. 400 ff (Schollwer). S. aber schon dem Artikel von Schollwer in: Freie Demokr. Korrespondenz v. 9. 7. 1963.

67 Vgl. Jacobsen, a. a. O. (s. Anm. 13), S. 362 ff, S. 379 ff. Auch: Schweitzer, W., Gerechtigkeit und Friede an Deutschlands Ostgrenzen, Berlin 1964.

68 Vgl. Anm. 49, a. a. O.

von der Bundesregierung angebotene Gewaltverzicht nur dann ernst genommen werden könne, wenn mit einer solchen Erklärung „die Anerkennung der gegenwärtig bestehenden territorialen Verhältnisse zwischen Deutschland und Polen", verbunden werde.[69]

Unterdessen hatten aber auch andere Gruppen der Gesellschaft in der Bundesrepublik durch Denkschriften, Tagungen, Buchveröffentlichungen und eine sachlichere Informationspolitik den Prozeß der Bewußtseinsänderung gefördert. Auslandskorrespondenten der ARD — z. B. G. Ruge (Moskau), S. Hasselblatt und J. Stehle (in Warschau), dessen Fernsehfilm „Deutschlands Osten, Polens Westen" am 2. 10. 1964 großes Aufsehen erregte —, politische Redakteure beim Rundfunk (z. B. P. Bender und S. Haffner), Journalisten und Publizisten, darunter Gräfin Dönhoff, zudem J. Neven du Mont und Wissenschaftler wie K. Jaspers, G. Mann und H. Roos haben mit ihren Beiträgen nicht nur zur Versachlichung der Diskussionen beigetragen, sondern auch zum Verständnis der polnischen Interessenlage. Das gleiche traf für zahlreiche Tagungen über Osteuropa, Bundesrepublik Deutschland — Volksrepublik Polen in den Akademien der Bundesrepublik Deutschland zu, auf denen Vertreter Polens, der ČSR und anderer Ostblockstaaten zu Wort kamen.[70] Sie alle haben wie die Kirchen — sicherlich in unterschiedlicher Weise — ihren Teil für die Voraussetzungen einer neuen deutschen Ostpolitik beigetragen und verdeutlicht, daß derjenige Opfer bringen muß, der den Frieden ernsthaft wünscht. Die Folge war, daß allmählich monolithische Antihaltungen aufgeweicht und das Verhältnis zwischen beiden Staaten realistischer eingeschätzt wurde. Sogar unter vielen Mitgliedern des BdV und der VdL, die jahrelang ein hohes Maß an Realitätsblindheit hatten erkennen lassen und die über eine isolierte Selbstdarstellung ostdeutscher Kulturarbeit nicht nenneswert hinausgekommen waren, häuften sich individuelle Äußerungen, in denen der Verzicht auf Rückkehr in die alte Heimat ausgesprochen wurde, während alte Bilder verblaßten. Sie bemühten sich, beliebte Denkkategorien der Konfrontation abzubauen und ihre Arbeit entsprechend den politischen Wandlungen neu zu profilieren. Im übrigen kann dieser Prozeß des Umdenkens innerhalb der westdeutschen Gesellschaft auch an den Ergebnissen der Demoskopie verdeutlicht werden.[71]

Flexiblere Ostpolitik in der Zeit der Großen Koalition (1966—1969)

Die angedeutete innen- und außenpolitische Entwicklung in der Mitte der sechziger Jahre erleichterte der 1966 gebildeten Regierungskoalition von CDU/CSU und SPD unter Bundeskanzler Kiesinger, die Ostpolitik zu aktivieren. Hinzu kam, daß nach mehr als 15 Jahren politischer Opposition die Sozialdemokraten, an ihrer Spitze W. Brandt, jetzt als neuer Außenminister, Regierungsverantwortung über-

69 Vgl. Hierzu die Zusammenfassungen in: Jacobsen, a. a. O., (s. Anm. 13), S. 380 ff.

70 Vgl. Jacobsen, H. - A.,/M. Tomala (Hrsg.), Wie Polen und Deutsche einander sehen, Düsseldorf 1973, S. 199 ff; Leonhart, L., Das unsichtbare Fluchtgepäck, Köln-Berlin 1970.

71 Vgl. den Beitrag v. H. Feger, S. 241 ff., 252 ff.

nahmen. Die Große Koalition räumte zwar auch, wie ihre Vorgänger, den Beziehungen zur UdSSR Priorität ein, dennoch setzte sie vor allem in dem Verhältnis gegenüber der DDR und den osteuropäischen Staaten neue Akzente.*

Im Gegensatz zur Politik der Regierung Erhard, die sich durch eine Strategie der Isolierung der DDR ausgezeichnet hatte, bezogen Kiesinger/Brandt die DDR in ihre Entspannungsbemühungen mit ein. So erneuerte der Bundeskanzler in seiner Regierungserklärung vom 13. 12. 1966 das bereits in der „Friedensnote" vom 25. 3. 1966 enthaltene Angebot, Erklärungen über einen Gewaltverzicht jetzt allerdings mit allen sozialistischen Staaten auszutauschen (einschließlich der DDR). Zudem verzichtete er auf die bis dahin geübte Praxis, die DDR als Staat offiziell überhaupt nicht zur Kenntnis zu nehmen und von einem Anschluß der DDR an die Bundesrepublik zu sprechen. Er legte Wert darauf, zu einem geregelten Miteinander beider deutscher Staaten zu kommen — jedoch ohne die DDR völkerrechtlich anzuerkennen.[72]

Besonders hob Kiesinger bei seiner Amtsübernahme den Wunsch weiter Schichten des deutschen Volkes „nach einer Aussöhnung mit Polen" hervor, dessen „leidvolle Geschichte" die Deutschen nicht vergessen hätten und dessen Verlangen „endlich in einem Staatsgebiet mit gesicherten Grenzen" zu leben „wir im Blick auf das gegenwärtige Schicksal unseres eigenen geteilten Volkes besser als in früheren Zeiten" begreifen würden. Allerdings fügte er hinzu: „Aber die Grenzen eines wiedervereinigten Deutschlands können nur in einer frei vereinbarten Regelung mit einer gesamtdeutschen Regierung festgelegt werden, die die Voraussetzungen für ein von beiden Völkern gebilligtes, dauerhaftes und friedliches Verhältnis guter Nachbarschaft schaffen sollen." In diesen und ähnlichen Äußerungen manifestierte sich noch immer etwas von dem Unvermögen, die Außenpolitik der Bundesrepublik Deutschland der veränderten Lage anzupassen. Das war schon vorher bei dem Angebot zum Gewaltverzicht deutlich geworden, das u. a. an seinem inneren Widerspruch gescheitert war. Auf der einen Seite sollte die Bereitschaft der Bundesregierung zum Ausgleich und Modus vivendi im Hinblick auf den territorialen Status quo in Europa ausgedrückt werden; auf der anderen Seite stellte sie diesen wieder in Frage, weil sie die umstrittenen Punkte — Alleinvertretungsanspruch, Oder-Neiße-Grenze oder auch die Ungültigkeit des Münchner Abkommens und die nukleare Option — auszuklammern versucht hatte.[73]

72 Vgl. Im Deutschen Bundestag, Deutschland- und Ostpolitik, Bd. 2, Hrsg. v. F. J. Schmitt, Bonn 1973, S. 57 ff.

73 Vgl. Haftendorn, H., Außenpolitische Prioritäten der Bundesrepublik Deutschland in den sechziger Jahren, in: Politik und Kultur 3/4, Berlin 1975, S. 79 ff, 88.

* Anmerkungen der polnischen Herausgeber: Die Ostpolitik der CDU/CSU Regierungen hatte die Bundesrepublik Deutschland in den sechziger Jahren mehr und mehr isoliert. Nur mit einer fundamentalen Änderung der Ostpolitik aber war dieser Zustand zu ändern und eine Anpassung an die veränderte internationale Lage im Zeichen der beginnenden Entspannungspolitik zwischen Ost und West möglich.

Immerhin: ein weiterer neuer Akzent bestand darin, daß die Bundesregierung bestrebt war, mit den osteuropäischen Staaten nicht mehr nur auf dem Umweg von Memoranden und halboffiziösen Pressekommentaren zu sprechen, sondern auch direkte Kontakte zu suchen. So reiste im Januar 1967 Staatssekretär Lahr nach Ungarn zu politischen Gesprächen; im Sommer 1967 fuhr Egon Bahr als Sonderbotschafter von Außenminister Brandt nach Prag. Ein Ergebnis dieser Reise war der Austausch von Handelsmissionen mit der ČSR. Auch auf Ministerebene wurde die Besuchsdiplomatie zu einem wichtigen Faktor der Entkrampfung. So flog Willy Brandt nach Rumänien und im Sommer 1968 nach Jugoslawien, wo er von Staatschef Tito empfangen wurde. Umgekehrt besuchten der stellvertretende Außenminister Bulgariens und der rumänische Außenminister Manescu Bonn. Halboffizielle und hochoffizielle Staatsbesuche, eigentlich eine ganz normale Form des diplomatischen Verkehrs, hatten zwischen Bonn und Osteuropa in der Vergangenheit so gut wie gar nicht stattgefunden. Daß man jetzt gewillt war, damit wieder zu beginnen, war ein erstes Zeichen für eine neue Phase in den gegenseitigen Beziehungen.[74]

Einen wichtigen Schritt weiter führte die Wiederaufnahme der diplomatischen Beziehungen zu Rumänien 1967 und Jugoslawien 1968. In beiden Fällen umgingen die westdeutschen Politiker die Klippe der sogenannten „Hallstein-Doktrin" mit der sogenannten „Geburtsfehler-Theorie". Bonn vertrat die Auffassung, daß die Staaten in den fünziger Jahren wegen ihrer Abhängigkeit von Moskau keine andere Wahl als die der Anerkennung der DDR gehabt hätten.[75]

Überdies bemühte sich die Regierung der Großen Koalition um eine politische Klima-Verbesserung gegenüber den osteuropäischen Staaten. Im April 1968 deutete W. Brandt an, daß durch eine spezielle Gewaltverzichtserklärung die augenblicklichen polnischen Grenzen für jene Zeit anerkannt werden könnten, für die sich die Bundesrepublik festlegen könne, nämlich bis zu einer endgültigen Friedensregelung. Auch gegenüber Moskau selbst hatte Bonn die Initiative ergriffen. Im Juli 1967 war es zu ausführlichen Gesprächen zwischen Außenminister Brandt und dem Sowjetbotschafter Zarapkin gekommen. In einem 14-Punkte-Katalog waren die möglichen Verhandlungsthemen zwischen der Bundesrepublik und der UdSSR fixiert worden.[76]

Führende Vertreter der CDU/CSU wurden durch die ostpolitische Aktivität der Regierung unangenehm berührt. Vor allem innerhalb der CSU gab es viele Politiker, die den Einfluß Willy Brandts und Herbert Wehners auf Bundeskanzler Kiesinger in der Ost- und Deutschlandpolitik mißtrauisch beobachteten, zumal der Einmarsch der Warschauer-Pakt-Truppen in die ČSR im August 1968 sie in der

74 Vgl. Die Auswärtige Politik der Bundesrepublik Deutschland, hrsg. v. Auswärtigen Amt, Köln 1972, S. 61 ff.

75 ebd.; vgl. zudem: Jahn, E. / Rittberger, V. (Hrsg.), Die Ostpolitik der Bundesrepublik Deutschland, Opladen 1974.

76 Vgl. Meißner (Hrsg.), a. a. O. (s. Anm. 30), S. 213 ff. Vgl. Meißner (Hrsg.), a. a. O. (s. Anm. 30), S. 251 ff (Artikel in „Foreign Affairs").

Richtigkeit ihrer eigenen Auffassungen bestärkt haben mochte. Meinten sie jetzt doch, die Friedfertigkeit und Glaubwürdigkeit der Sowjetunion und ihrer Bündnispartner nach wie vor in Zweifel ziehen zu können.[77]

Ohne Frage haben die Prager August-Ereignisse der Ostpolitik der Großen Koalition einen Rückschlag versetzt. Kiesinger, im bevorstehenden Wahlkampf innerhalb seiner Partei ohnehin um das Image eines härteren Politikers bemüht, bremste die Fortführung der Entspannungspolitik gegenüber Osteuropa und der DDR. So wurde mancher brauchbare Ansatz zunächst verschüttet. Jedoch hatte die Große Koalition endlich in der Nach-Adenauer-Ära die Initiative ergriffen und zumindest ein Fundament für eine neue deutsche Ostpolitik gelegt. So konnte nach den Bundestagswahlen* von 1969 die neue Regierung von SPD und FDP unter Willy Brandt als Kanzler dort anknüpfen, wo die Entspannungspolitik gegenüber Osteuropa im August 1968 ausgesetzt hatte. Zum erstenmal seit 1949 war ein Sozialdemokrat Bundeskanzler geworden. Willy Brandt und sein Außenminister Scheel hatten schon in der Zeit der Koalitionsverhandlungen erkennen lassen, daß sie neben innenpolitischen Reformen vor allem in der Außenpolitik eine neue Richtung einschlagen wollten. Der deutschland- und ostpolitische Teil der Regierungserklärung Willy Brandts setzte bereits andere Akzente, wenn damit auch noch keine radikale Kursänderung angedeutet wurde.[78]

Zur neuen Ostpolitik der Regierung Brandt/Scheel

Aus der Regierungserklärung und aus der nachfolgenden Bundestagsdebatte war die Konzeption der Ost- und Deutschlandpolitik der Regierung Brandt/Scheel auf drei Ebenen der Entspannung deutlich herauszulesen. Ausgangspunkt aller Überlegungen war die Einsicht, daß die Teilung Deutschlands auf vorerst unabsehbare Zeit andauern werde. Das langfristige Ziel blieb zwar die Gewährung des Selbstbestimmungsrechts für das ganze deutsche Volk, Nahziel aber mußte der Zusammenhalt der beiden nun als selbständige Staaten apostrophierten Teile Deutschlands sein. Um dies zu erreichen, wurde von der Regierung Brandt/Scheel eine Strategie der sich gegenseitig bedingenden Zugeständnisse entworfen, verbunden mit einer Annäherung an die DDR. Bonn betrachtete diese als einen von zwei Staaten deutscher Nation. Eine völkerrechtliche Anerkennung der DDR wurde jedoch nach wie

77 Vgl. das Interview Kiesingers v. 25. 8. 1968, in: Meißner, a. a. O. (s. Anm. 30), S. 279 ff; Erklärung v. 18. 10. 1968 (S. 312 ff).

78 Vgl. Meißner (Hrsg.), a. a. O. (s. Anm. 30), S. 380 ff; Reg. Erklärung von Brandt, S. 389 ff (Rede Scheels). Jetzt auch: Brandt, W., Begegnungen und Einsichten. Die Jahre 1960—1975, Hamburg 1976.

* Anmerkungen der polnischen Herausgeber: Unserer Meinung nach haben die angestrebte Aussöhnung mit Osteuropa durch die SPD/FDP und das Signal von Gomulka im Mai 1969 für den Wahlsieg der Sozial-Liberalen eine Rolle gespielt.

vor abgelehnt. Wenn Ost-Berlin unter diesen Voraussetzungen zu einer Politik der Kooperation bereit sein sollte, wollte die neue Regierung einer Anerkennung der DDR durch Drittstaaten ihrerseits keine Hindernisse mehr in den Weg legen.[79]

Gegenüber der Sowjetunion bedeutete dies: Nach der Unterzeichnung des Atomsperrvertrages sollten Verhandlungen über einen gegenseitigen Gewaltverzicht aufgenommen werden. Bonn erhoffte sich davon den Verzicht der UdSSR auf das in der UN-Charta verbriefte Interventionsrecht gegenüber Deutschland und außerdem die psychologisch und politisch wichtige offizielle Erklärung Moskaus, daß die Bundesrepublik keine Politik des „Revisionismus“ und „Revanchismus“ betreibe.

Polen gegenüber war Bonn zu einer bilateralen Grenzvereinbarung bereit, wie sie von Gomulka im Frühjahr 1969 vorgeschlagen worden war, ohne aber die endgültige Regelung eines Friedensvertrages zu präjudizieren. Von Warschau wurde dafür die Anerkennung der prinzipiellen Zusammengehörigkeit der deutschen Nation erwartet.[80]

Der Erfurter Begegnung zwischen Bundeskanzler Brandt und DDR-Ministerpräsident Stoph am 19. März 1970 folgte am 21. Mai ein zweites Treffen in Kassel. Damit hatte zwar der innerdeutsche Dialog über die schwebenden Fragen zwischen den beiden Staaten begonnen, aber sehr schnell wurde dabei deutlich, daß es vorerst in der offiziellen Politik Bonns und Ost-Berlins keine nennenswerten Gemeinsamkeiten gab. Zuviel Trennendes und Gegensätzliches lag zwischen den zwei Staaten deutscher Nation. Aber auch in der Innenpolitik prallten die Gegensätze aufeinander, zumal die neue Opposition der CDU/CSU die Ostpolitik der Regierung Brandt/Scheel vor allem aus rechtspolitischen Gründen ablehnte.[81]

Im übrigen aber stand das Jahr 1970 außenpolitisch gesehen ganz im Zeichen der Verhandlungen zwischen der Bundesrepublik Deutschland, der Sowjetunion und Polen über die Regelung der beiderseitigen Beziehungen — begleitet von heftigen Debatten im Bundestag über den Kurs der Regierung Brandt/Scheel. Der Meinungsaustausch Bonn-Warschau vollzog sich in vier Etappen (5./6. Februar; 9. bis 11. März; 22. bis 24. April; 8. bis 10. Juni 1970). Nachdem W. Brandt am 12. August 1970 den Vertrag in Moskau unterzeichnet hatte, in dessen Mittelpunkt ein Gewaltverzicht und ein Bekenntnis zur Unverletzlichkeit der Grenzen stand, reiste Außenminister Scheel Anfang November nach Warschau zu den abschließenden Verhandlungen.[82]

Ohne Frage wird der Warschauer Vertrag vom 7. 12.1970 als der erste entscheidende Wendepunkt in den politischen Beziehungen zwischen der Bundesrepublik

79 Vgl. End, H., a. a. O. (s. Anm. 23), S. 68 ff.

80 Vgl. Arndt, C., Die Verträge von Moskau und Warschau, Bonn-Bad Godesberg 1973; Deutsch-polnisches Völkerrechtskolloquium 1972, Frankfurt 1972.

81 Vgl. allgemein: Hacke, Ch., Die Ost- und Deutschlandpolitik der CDU/CSU. Wege und Irrwege der Opposition seit 1969, Köln 1975.

82 Vgl. Der Vertrag zwischen der Bundesrepublik Deutschland und der Volksrepublik Polen, Bonn 1970.

Deutschland und der Volksrepublik Polen betrachtet werden können. Mit Recht hat *H. Roos* darauf hingewiesen, daß die Vereinbarungen zwischen den beiden Staaten das erste Beispiel einer „freiwilligen, zweiseitigen und international anerkannten Grenzregelung in der gesamten Geschichte der deutsch-polnischen Nachbarschaft“ sind.[83]

Denn in und mit ihm erkannte die Bundesregierung für die Bundesrepublik Deutschland die polnische Westgrenze rechtsverbindlich an, mag auch die letzte völkerrechtliche Bestätigung einer Friedensregelung vorbehalten bleiben. *K. Krakau* hat in diesem Zusammenhang von einem völkerrechtlichen Vergleich gesprochen, dessen Funktion darin bestehe, „im Hinblick auf die Festigung des Friedens die bisherige politische und rechtliche Unsicherheit der Grenzfrage jetzt und für die Zukunft zu beseitigen“. Die Grenze sei von nun an „keine nur faktische Grenzlinie“, da sie dem rechtlichen Streit enthoben worden sei. Für die Bundesrepublik Deutschland gebe es keine Streitfrage Oder-Neiße-Grenze mehr im Verhältnis zu Polen; sie habe diese für die „Dauer ihrer staatlichen Existenz uneingeschränkt, unbefristet und unbedingt als verbindliche und rechtsgültige polnische Staatsgrenze akzeptiert “.[84]

Bundeskanzler *Brandt* hat das Abkommen vor allem als „Schlußstrich unter die Leiden und Opfer einer bösen Vergangenheit“[85] bewertet, bei dem nichts preisgegeben wurde, was nicht schon längst verspielt worden sei, das aber keinen formellen Friedensvertrag ersetze und die Rechte und Verantwortlichkeiten der Vier Mächte für Deutschland als Ganzes nicht aufhebe. Außenminister *Scheel* interpretierte den Vertrag in erster Linie als die Möglichkeit, die Normalisierung der Beziehungen (Art. III) einzuleiten und die humanitären Probleme besser regeln zu können.[86]

Alles in allem hat die sozialliberale Koalition die Vereinbarungen mit Polen als einen gewichtigen Beitrag zur Friedenspolitik in den siebziger Jahren, als Katalysator zur Verbesserung der innerdeutschen Beziehungen und Kontakte und als reale Möglichkeit zur Erweiterung des eigenen außenpolitischen Handlungsspielraums in Osteuropa eingeschätzt.

83 Vgl. Jacobsen/Tomala, a. a. O. (s. Anm. 70), s. S. 269 ff.

84 Vgl. Krakau, K., Feindstaatenklauseln und Rechtslage Deutschlands nach den Ostverträgen, Frankfurt 1975, S. 135 ff.

85 Vgl. Anm. 82, a. a. O., S. 21 (Fernsehansprache Brandts aus Warschau).

86 Vgl. Scheel, W., Reden und Interviews, hrsg. von Presse- und Inf. Amt der Bundesregierung, Bonn 1972, S. 325. Zur Außenpolitik der Bundesrepublik Deutschland vgl. jetzt auch allgemein: Verwaltete Außenpolitik, hrsg. v. H. Haftendorn u. a., Köln 1978; zur Ostpolitik im besonderen: Schmid, G., Entscheidung in Bonn, Köln 1979.

Die politischen Beziehungen zwischen Polen und Deutschland (mit besonderer Berücksichtigung der Beziehungen zwischen Polen und der Bundesrepublik Deutschland) in den Jahren 1945—1955*

von

Józef Kokot

1. *Unabdingbare Voraussetzungen und Ziele polnischer Politik Deutschland gegenüber unter dem Alliierten Kontrollrat*

Zu den offensichtlichen Schlußfolgerungen, zu denen die polnische Gesellschaft durch den gerade beendeten Zweiten Weltkrieg bewogen wurde, gehörte — was die deutsch-polnischen Beziehungen angeht —, die Feststellung, daß die Aggression des Dritten Reiches gegen Polen im Jahre 1939 weder eine wie immer geartete Korrektur der Versailler Grenze zum Ziele hatte, noch eine Intervention zugunsten der deutschen Minderheit in Polen war, sondern daß sie den rücksichtslosen Versuch darstellte, den polnischen Staat zu vernichten und das polnische Volk auszutilgen. Der verbrecherische Charakter dieses Angriffs Nazi-Deutschlands auf Polen rechtfertigte in den Augen des Durchschnittspolens jede Maßnahme, die dem gequälten und zur Vernichtung verurteilten Volk nicht nur Genugtuung bringen, sondern es auch vor der ihm seitens seines „bösen Nachbarn" — dessen Haß für alles Polnische die Schwelle des Völkermordes überschritten hatte — ständig drohenden Gefahr[1] ein für allemal befreien sollte.

S. 91—92: „Subjekte des Völkerrechts sind Staaten, die sich gegenseitig als solche anerkennen. Am 1. September 1939 hat das Deutsche Reich, unter Verletzung des Pariser Paktes [Briand-Kellog-Pakt] vom Jahre 1928, dessen Vertragsparteien auch Polen und das Reich waren, und des deutsch-polnischen Abkommens vom 26. Januar 1934, das diesen Pakt erneut bestätigte, Polen angegriffen; bis zum Ende des Krieges im Mai 1945 mißachtete das Reich jegliche Deutschland und Polen bindenden Regeln des Vertrags- und Gewohnheitsrechts [illegale Aggression, Eingliederung polnischer Gebiete ins Reich, Zusammenfassung anderer Teile Polens als „Nebenland" des Reiches, Mord an Millionen polnischer Bürger, Deportation und

* Prof. Dr. J. Kokot, Direktor des Schlesischen Instituts in Opole (Oppeln), verstarb am 23. 12. 1975. Sein Beitrag, der in seiner Erstfassung im April 1975 abgeschlossen vorlag, konnte daher nicht mehr diskutiert werden. Die Hrsg. haben sich entschlossen, eine leicht gekürzte Fassung desselben (mit Anmerkungen der deutschen Herausgeber) zu veröffentlichen.

Obwohl das Aufwallen antideutscher Gefühle aus leicht zu verstehenden Gründen sehr ausgeprägt war, bemühten sich die Behörden des wiedererstandenen Staates, das Zustandekommen von Rache und Haß von Anfang an zu unterbinden, um eine zukünftige friedliche Koexistenz mit dem deutschen Volk — dem geschichtlich vorgegebenen Nachbarn — nicht zu erschweren. So wurden z. B. Fälle antideutscher Ausschreitungen gerichtlich verfolgt. Das ganze polnische Volk solidarisierte sich jedoch mit den Feststellungen der drei Großmächte in Potsdam, die die Verantwortung der Deutschen festlegten und ihre künftige Behandlung bestimmten.[2]

Die Sprache der Sieger war hart und durchdrungen von der Logik der eben durchgemachten Kriegserfahrungen und der Last der Verantwortung für die Herbeiführung eines *gerechten* und *dauerhaften* Friedens. Im Einklang mit dieser allgemeinen Haltung, nicht der Rachsucht freien Lauf zu lassen, sondern vielmehr die eigene Existenz im Rahmen eines Weltfriedens zu sichern, führte der polnische Delegierte auf der Konferenz der stellvertretenden Außenminister in bezug auf Deutschland am 27. Januar 1947 aus: „Ich möchte schon von Anfang an betonen, daß wir zu Euch, unseren Alliierten, nicht mit der Absicht kommen, Rache und Vergeltung an den Deutschen zu verlangen. Das Haßgefühl ist der menschlichen Natur nicht fremd. Wir möchten jedoch einen dauerhaften Frieden, wir möchten lange Jahre des friedlichen Aufbaus genießen, deren unser verwüstetes Land so sehr bedarf und die es sich wünscht. Wir wollen einen konstruktiven Frieden, einen Frie-

Einkerkerung von Millionen anderer Bürger]. Dadurch hat das Reich zum Ausdruck gebracht, daß es seine internationalen Verpflichtungen Polen gegenüber, und folglich Polen als Subjekt des Völkerrechts nicht anerkennt. Zu den grundsätzlichen Prinzipien des Völkerrechts gehört u. a. das Gleichheits- oder Gegenseitigkeitsprinzip. Ein Staat, der seinen Verpflichtungen gegenüber einem anderen Staate nicht nachkommt, hat kein Recht, zu verlangen, daß der andere diese Verpflichtungen ihm gegenüber erfüllt. Wenn ein Staat völlig oder zu einem großen Teil seinen Verpflichtungen einem anderen Staate gegenüber nicht nachkommt, so wird der andere Staat durch das Gleichheitsprinzip oder Gegenseitigkeitsprinzip von der Pflicht, diesen Staat als Subjekt des Völkerrechts anzuerkennen, entbunden. Folglich hat Polen, indem es seine Souveränität auf die West- und Nordgebiete ausdehnte, keine Verpflichtungen völkerrechtlichen Charakters gegenüber dem Reiche, das bis zum Jahre 1945 existierte, verletzt."

2 Potsdamer Beschlüsse — Berlin, 2. August 1945, in: Zbiór Dokumentów (Dokumentensammlung) 1946, Akte 1 S. 8—9: „Die Alliierten Streitkräfte haben ganz Deutschland besetzt, und das deutsche Volk begann, die Rechnung für die schrecklichen Verbrechen, die unter der Führung derjenigen begangen worden sind, deren Taten es in der Zeit der Erfolge offenbar akzeptierte, und auf die es blind hörte, zu bezahlen. Der Militarismus und der deutsche Nationalsozialismus werden bis an die Wurzel zerstört, und die Alliierten werden nach gegenseitiger Verständigung gegenwärtig und in der Zukunft Verfügungen treffen, um die Sicherheit zu erlangen, daß Deutschland nie wieder zu einer Bedrohung für seine Nachbarn und den Weltfrieden wird. Die Alliierten beabsichtigen nicht, das deutsche Volk zu vernichten oder zu versklaven. Sie beabsichtigen, dem deutschen Volk die Gelegenheit zu geben, seine Existenz umzugestalten auf einer friedlichen und demokratischen Basis. Wenn die eigenen Anstrengungen dieses Volkes dauernd in diese Richtung weisen werden, wird ihm unter gegebenen Umständen wieder ein ihm gebührender Platz unter den freien und friedliebenden Völkern eingeräumt."

den, der uns den Wiederaufbau unseres Landes ermöglicht und den Weg zu dem in Polen seit so langem nicht gekannten Wohlstand ebnet.

Aber wenn wir auch im Namen der Vernunft, im Namen unserer Staatsräson und der friedlichen Entwicklung aller Völker die Rache ablehnen, wenn wir als eine Nation auf unserem Boden fortbestehen wollen, gebietet uns unsere Staatsräson, dennoch vorsichtig zu sein, gebietet uns, *sehr vorsichtig* und voraussehend zu sein.

Sechs Jahre war Polen von den Deutschen besetzt. In diesen sechs Jahren — wenn wir darauf verzichten, in den Geschichtsbüchern nachzuschlagen, und uns ausschließlich auf den letzten Krieg beschränken — war das deutsche Problem für das polnische Volk eine Frage des Seins oder Nichtseins, des Lebens oder des Todes, eine Frage der Existenz oder der Vernichtung. Hunderttausende von Polen sahen das deutsche Problem durch den Stacheldraht der Vernichtungslager, durch die Gitter der Todeszellen in den Gefängnissen. Unsere Jugend, unsere Kinder wuchsen in Hunger auf, in Angst vor dem grausamen Terror derjenigen, die nach Polen kamen mit der Absicht, die Polen, solange sie noch als Volk bestanden, zu versklaven und aus ihnen Parias zu machen . . .

Polen hat zirka sechs Millionen Menschen verloren . . . Wir haben in diesem Krieg so große Verluste erlitten — und das war nicht der erste von den Deutschen gegen uns entfachte Krieg —, daß die Sicherung vor einem neuen Angriff seitens Deutschland zum Hauptanliegen unserer Politik werden muß . . ., zumal . . . manche Deutschen schon heute die alte Konzeption der Zurückdrängung der polnischen Nation auf ein Reduit irgendeines Generalgouvernements wiederaufnehmen möchten."[3]

Diese nüchterne Stimme des Delegierten der polnischen Regierung gab die Einstellung der ganzen polnischen Gesellschaft wieder. In seiner „Botschaft an die katholische Bevölkerung der wiedergewonnenen Territorien" vom 24. Mai 1948 legte der damalige Primas von Polen, Kardinal August Hlond, die ethischen Grundlagen dieser Haltung dar: „. . .Zur Verteidigung der Rechte und des Wohls der polnischen Republik sind wir auch durch unser christliches Gewissen verpflichtet. Es ist unsere christliche Pflicht, unser Land vor der Wiederholung der Katastrophe der letzten Jahre zu bewahren. Angesichts des Elends, in das Hitlers Aggression Polen gestürzt hat, haben wir ein unbestrittenes Recht, Wiedergutmachung zu verlangen. Es steht weiter fest, daß nach dem ungeheuerlichen Überfall, dem wir zum Opfer fielen, nach unglaublichen Verlusten und Leiden, die uns durch die Exterminationspolitik des Okkupanten zugefügt wurden, nach grenzenlosem Unrecht sowohl im materiellen als auch im moralischen Bereich, nach der heldenhaftesten Verteidigung, die jemals in der Geschichte verzeichnet wurde, nach dem heroischen — wenn auch nicht richtig gewürdigten — Einhalten unserer militärischen Verpflichtungen den Alliierten gegenüber, Polen nicht dazu verurteilt werden darf, für die Neugestaltung Europas mit dem Schicksal eigener Bürger und mit der Aufgabe der

3 Ausführung des polnischen Delegierten auf der Konferenz stellvertretender Außenminister über Deutschland, in: Zbiór Dokumentów 1947, Akte 1—2, S. 4—6, 26.

Sicherheit der eigenen Grenzen für die Folgen der Verbrechen, die von den anderen begangen worden sind, bezahlen zu müssen.

Unsererseits wollen wir aufrichtig mit allen gemäß den Regeln christlicher Ethik und des internationalen Lebens in Eintracht und menschlicher Brüderlichkeit zusammenleben. Wir wollen gutnachbarliche und sich auf gegenseitiges Vertrauen stützende Beziehungen zu unseren Nachbarn haben. ... Wir verzichten auf den Haß. Wir suchen keine Rache. Wir möchten ein tatkräftiger Faktor einer internationalen Ordnung werden, ein Faktor der Annäherung und der Zusammenarbeit der ganzen Menschheit. Wir erwarten jedoch, daß die Baumeister der neuen Welt sowohl unseren guten Willen, wie auch die Rechte des polnischen Volkes, dessen moralische Haltung und riesiger Blutzoll zum Sieg über die Gewaltherrschaft in Europa verholfen haben, gebührend einschätzen und berücksichtigen."[4]

Die Konkretisierung der so begründeten Rechte des polnischen Volkes bedeutete die Lösung von zwei Hauptaufgaben. Einerseits ging es um die Festlegung der neuen Westgrenze Polens, andererseits um die Sicherung einer ethnischen Einheitlichkeit des polnischen Staates durch die Aussiedlung* von noch verbliebenen Resten deutscher Bevölkerung, die entweder von den deutschen Behörden nicht mehr evakuiert werden oder nicht vor der heranrückenden Front fliehen konnten. Diese zwei Anliegen standen im Mittelpunkt des am 10. Juli 1945 — also einige Tage vor dem Beginn der Potsdamer Konferenz, die ein vorläufiges Ende der unter den Alliierten geführten Diskussion darstellte über die Gestaltung der Welt und Europas, über die Befreiung Europas aus dem Chaos, in das es von den Deutschen hineingestoßen wurde, — von der polnischen Provisorischen Regierung der Nationalen Einheit den Regierungen der Vereinigten Staaten, Großbritanniens und der Sowjetunion vorgelegten Memorandums.

Zu den wichtigsten Etappen des beschriebenen Prozesses, der seinem Wesen nach einen Kompromißcharakter trug, gehörten zweifellos vor der Kapitulation Deutschlands die Konferenzen der Regierungen der Großen Drei, nämlich der Sowjetunion, der USA und Großbritanniens in Teheran und Jalta. Besonders bei diesem letzten Treffen vom Februar 1945, als die endgültige Zerschlagung des Dritten Reiches kurz bevorstand, wurden viele *Normen* geschaffen, die schon in Kürze ihre Verwirklichung finden sollten. Eine ganze Reihe von ihnen betraf auch unmittelbar Polen und die deutsch-polnischen Beziehungen, die hier als ein wesentlicher Teil einer gesamteuropäischen Regelung angesehen wurden. Der stellvertretende Premierminister Großbritanniens und damalige Führer der Labour Party, C. Attlee sagte in seiner Rede vor dem britischen Unterhaus am 1. März 1945 unter anderem: „Ich möchte die Sache Polens im allgemeinen Bild der Konferenz von Jalta se-

4 Kardinal August Hlond, „Botschaft des Kardinal Primas an die katholische Bevölkerung der ‚Wiedergewonnenen Gebiete'", in: „Tygodnik Powszechny" (Allgemeine Wochenzeitung) Krakow, Nr. 25/1948

* Anmerkung der deutschen Herausgeber: Vgl. jedoch die Schulbuchempfehlungen (S. 469 ff.) und die dort vorgeschlagene Differenzierung des umstrittenen Komplexes.

hen ... Wir müssen diese Angelegenheiten vom Standpunkt der Zukunft der Völker Europas betrachten ... Wir sollten das riesige Ausmaß des Sturms einschätzen, der über Europa zog, Millionen tötete und die Existenz von Millionen Menschen vernichtete. Wir sollten nicht immer denken, daß die Rückkehr zu der alten Ordnung notwendig ist ... Die Verantwortung für alles tragen die Führer des Nationalsozialismus und das deutsche Volk, das ihnen tatkräftig seine Unterstützung leistete; dies trifft zu sowohl für diejenigen (obwohl im geringen Maße), die stillschweigend zustimmten wie auch für jene, die völlig zufrieden waren, solange die Sache gut lief. Ich behaupte nicht, daß man eine pauschale Anklage gegen ein ganzes Volk erheben kann, man kann aber auch nicht das ganze Volk von der Verantwortung freisprechen ... Ich glaube nicht, daß man sie (die Deutschen) ähnlich behandeln soll, wie sie die anderen behandelten; jedoch kann ich nicht akzeptieren, daß sie das Recht haben, sich auf die Regeln der Moral und des Gesetzes zu berufen, die sie selber ihrerseits völlig ignoriert haben. Deshalb, wenn es nötig wäre, ein bestimmtes Stück des deutschen Bodens wegzunehmen, um damit Verluste auszugleichen, die dem unschuldigen holländischen Volk zugefügt worden sind, ... werde ich das nicht als Unrecht ansehen. Wenn es für nötig gehalten wird, einige Territorien an das polnische Volk zu veräußern, um ihm die Möglichkeit zu einer freien und vollen Entfaltung zu bieten, werde ich es nicht als Unrecht ansehen, und ich glaube nicht, daß den Deutschen ein Recht zusteht zu klagen. Alle diese Veränderungen würde ich weder vom Standpunkt ihrer Übereinstimmung mit der Geschichte noch als einen Racheakt beurteilen und ansehen, sondern ausschließlich als einen Beitrag zur Schaffung der Zukunft eines friedlichen Europa."[5]

Im Memorandum vom 10. Juli 1945 führte die damalige polnische Regierung in Übereinstimmung mit der Formel von C. Attlee, die auch die Zustimmung der anderen Alliierten fand, an, daß „ein dauerhafter Frieden nur durch eine solche Lösung der Grenzprobleme gewährleistet wird, die allen Völkern und allen Staaten die Möglichkeit bietet zu bestehen und sich zu entwickeln."[6] Die Sachlage allge-

5 Rede des stellvertretenden Premierministers C. Attlee im Abgeordnetenhaus am 1. März

6 Memorandum der Provisorischen Regierung der Nationalen Einheit, vorgelegt den Regierungen der Vereinigten Staaten von Amerika, Großbritanniens und der Sowjet-Union am 10. Juli 1945. Moskau, zit. nach „Westgrenze Polens auf der Potsdamer Konferenz", in: Biuletyn Niemcoznawczy („Blätter für Deutschlandkunde") des Schlesischen Instituts in Oppeln, Nr. 4—5 (28—29), Opole 1970, bearbeitet von Gwidon Rysiak, S. 9. Weiterhin führte das Memorandum folgendes aus: „Die Gestaltung Neu-Europas sollte zur Regelung vieler internationaler Fragen nicht nur in Anlehnung an Besitzrechte — erworben im Verlauf langer historischer Prozesse, weil diese sehr häufig in Unrecht und Gewalt ihre Wurzeln haben —, sondern in Anbetracht der reellen und heutigen Bedürfnisse und Entwicklungsmöglichkeiten der vorgegebenen Gesellschaft geschehen. Ein unabhängiges und demokratisches Polen hat das Recht, ein so starker und mächtiger Staat zu werden, daß es in Anlehnung an alle drei Alliierten eine eigenständige Politik und Wirtschaft betreiben kann, die seiner Bevölkerung die ihr zustehende Existenz und Entwicklung gewährleisten würden." Weiter stellte die Provisorische Regierung der Front der Nationalen Einheit fest, daß: „Polen über genügend landwirt-

mein zusammenfassend stellte das Memorandum fest, daß „Polen das ganze Kapitel ‚Osten' in der deutschen Geschichte geschlossen hat, dieses Kapitel, mit dem vor Jahrhunderten die räuberische Politik des Reiches begann ... Die (deutsche) Gefahr muß für Polen wie auch für das ganze Europa endgültig ausgemerzt und die Ausgangsbasen den Deutschen weggenommen werden. Polen muß die Oder unter seine Hoheit bringen. Dies liegt im Interesse aller friedliebenden Völker der Welt. Die Oder-Neiße-Grenze und die Zerstörung Ostpreußens, dieser Wiege des preußischen Junkertums, werden den Deutschen günstige places d'armes wegnehmen, von denen aus sie bis jetzt unter besonders vorteilhaften Bedingungen das polnische Territorium angreifen konnten. Die Liquidierung Ostpreußens und die wesentliche Verkürzung der Grenze von 1912 km auf etwa 350 km wird eine wirksamere Verteidigung der Grenzen ermöglichen. Die Oder-Neiße-Grenze stellt die natürliche, am leichtesten zu verteidigende Grenze dar. Sie wird den 1939 Polen von der Tschechoslowakei trennenden deutschen Keil beseitigen. Sie ist also nicht nur für Polen, sondern auch für die Sowjetunion und alle anderen slawischen Länder die beste Sperre für eine immer mögliche Aggression Deutschlands. Polen soll fähig sein, ein selbständiges Leben zu führen, muß also auf den alten Heimatboden zurückkehren, die alte Piastenpolitik wieder aufnehmen und gemäß zeitgeschichtlichen Grundsätzen der Demokratie den Charakter eines Nationalstaates besitzen. Ein solches Polen wird zum Wahrzeichen des Sieges der Alliierten (der Demokratie also) über den Hitlerfaschismus."

Außer dem Grenzproblem und der Aussiedlung der noch in Polen verbliebenen deutschen Bevölkerung hatte all das für Polen außerordentliche Bedeutung, auch unter sicherheitspolitischen Aspekten, was in Deutschland geschah: hinsichtlich der Entnazifizierung, Entkartellisierung, Umerziehung und Demokratisierung, Entmilitarisierung — auch im Wirtschaftsbereich, Wiedergutmachung, Besatzungsform (das Leben in verschiedenen Besatzungszonen, die Fraternisierung, Mitwirkung der Deutschen, Okkupationsgesetzgebung) sowie der strafrechtlichen Verfolgung der Kriegsverbrecher. Polen stand hinsichtlich all dieser Fragen auf dem Boden der Potsdamer Beschlüsse. Es verlangte die Zerschlagung der wirtschaftlichen und staatspolitischen Grundlagen des deutschen Militarismus, eine wirksame Kontrolle

schaftlich nutzbaren Boden zur ausreichenden Versorgung der Bevölkerung mit Lebensmitteln sowie über die Basis jeder Industrialisierung, d. h. Bodenschätze, verfügen sollte. Vor dem letzten Krieg war Polen ein industriell unterentwickeltes Land mit einem zu großen Anteil der Landbevölkerung und dementsprechend niedrigen Lebensstandard und Konsumniveau. Diese Benachteiligung der polnischen Gesellschaft stellte das Ergebnis einer nachteiligen Territorialgestaltung dar, nämlich der Trennung Schlesiens, Pommerns und des Lebuser-Landes von Polen, der Trennung (Ober-)Schlesiens, des Warthe- und des Posener-Landes von der Oder und der „Verstopfung" der Weichsel durch die Bildung der Freien Stadt Danzig und der politischen Barriere in Gestalt Ostpreußens. Eine unzureichende Diversifikation der Rohstoffbasis und die durch 150 Jahre Besatzungspolitik der Teilungsmächte verursachte Vernachlässigung vieler Wirtschaftsbereiche erschwerten die Industrialisierung und zwangen die überflüssigen Arbeitskräfte (vorwiegend landwirtschaftliche) zur Auswanderung ..."

über die deutsche Industrie mit gleichzeitiger Begrenzung ihrer Kapazitäten, was Größe und Ausrichtung anging, zur Verwirklichung der im Kap. 15, III. Teil (Deutschland)[7] der Potsdamer Vereinbarung festgelegten Ziele, sowie die Ableistung einer Polen zustehenden Wiedergutmachung; diese letztere auch in Form der Lieferungen aus den westlichen Besatzungszonen (IV. Teil der Potsdamer Vereinbarung).[8]

Man kritisierte in Polen vor allem die Art und Weise, wie die Auseinandersetzung um die Entnazifizierung in Westdeutschland geführt wurde, und die dabei sichtbar gewordenen Inkonsequenzen — auch was die Auslieferung von Kriegsverbrechern an Polen betraf. Beunruhigt und enttäuscht verfolgte man die auf den raschen Wiederaufbau des Wirtschaftspotentials zielende Politik der Erweiterung deutscher Industriekapazitäten bei gleichzeitiger Einstellung der Reparationslieferungen nach Polen. Besorgt war man auch wegen der Nichterfüllung polnischer Forderungen, darunter auch derjenigen, die die humanitären Fragen betrafen, wie z. B. Rückgabe und Rückkehr polnischer Kinder in die Heimat oder Rückkehr der Polen aus dem Ruhrgebiet. Als ein feindlicher Akt gegen Polen wurden der Marshall-Plan und der schrittweise vollzogene Zusammenschluß der Besatzungszonen, zuerst zur Bizone, dann zur Bundesrepublik angesehen, da diese Maßnahmen die Wiedergeburt der deutschen kapitalistischen Wirtschaftsordnung mit expansiven Tendenzen begünstigten. Das Anwachsen revisionistischer Propaganda gegen die Oder-Neiße-Grenze und die immer „mutiger" werdende antipolnische Tätigkeit der Landsmannschaften sowie gewisse neonazistische Tendenzen in Westdeutschland und auch einige Aktionen im Norden und Westen des Landes veranlaßten Polen zu besonderer Wachsamkeit.[9]

7 Die deutsche Wirtschaft wurde der Aufsicht der Alliierten unterstellt, siehe Zbiór Dokumentów, a. a. O.

8 Vgl. Kapitel IV „Wiedergutmachung" der Potsdamer Akte: 1. Die Forderungen der UdSSR werden aus den entsprechenden Auslandsaktiva Deutschlands und auf dem Wege der Ausfuhr der industriellen Ausrüstungen aus der sowjetischen Besatzungszone erfüllt. 2. Die Sowjet-Union verpflichtet sich, die Forderungen Polens aus eigenen Entschädigungen zu erfüllen. 3. Die Forderungen der Vereinigten Staaten, Großbritanniens und der dazu befugten Länder werden durch die Lieferungen aus den westlichen Besatzungszonen und aus den entsprechenden Auslandsaktiva Deutschlands erfüllt. 4. Außer der Wiedergutmachung aus der eigenen Besatzungszone soll die UdSSR zusätzlich aus den westlichen Zonen folgendes bekommen. . . (vgl. amtl. dt. Übersetzung, S. 384 ff.).

9 Hinsichtlich der Untergrundbewegung (Werwolf) in Nachkriegspolen siehe u. a.: Gołąmbek, C. u. R. Tryc, Aus der Entstehungsgeschichte und der Tätigkeit des Werwolfs in den polnischen Westgebieten (poln.), in: Wojskowy Przegląd Historyczny, 2/1962; Kowalik, A., Die Entstehungsgeschichte, Organisation und Tätigkeit der deutschen Untergrundsbewegung in Niederschlesien 1945—1947 (poln.), in: Śląski Kwartalnik Historyczny, 4/1967; Pasierb, B., Die Migrationsbewegungen der deutschen Bevölkerung Niederschlesiens 1944—1947 (poln.), Wrocław — Kraków — Warszawa 1969, S. 60—66; Janas, E., Die Tätigkeit der posthitlerischen Untergrundbewegung in dem Wiedergewonnenen Schlesien 1945—1947 (poln.), Opole 1957.

2. Die Haltung der deutschen Kreise — insbesondere in den westlichen Besatzungszonen — der Oder-Neiße-Grenze und dem Umsiedlungsproblem gegenüber

In der sowjetischen Besatzungszone hatte man nach den Erfahrungen der ersten Besatzungszeit im Zeitraum 1945—1947 verstanden, daß man den Revisionismus als Antriebskraft neuer nationalistischer Tendenzen nicht mit dem Programm des Aufbaus einer sozialistischen Gesellschaft auf einen Nenner bringen konnte.

Mit dem Aufbau des Sozialismus in der SBZ wurde sehr bald ein Prozeß eingeleitet, der in der Konsequenz zur Akzeptierung der Oder-Neiße-Linie führte und entscheidend dazu beitrug, das akute Problem der Aussiedler auf schnellstem Wege zu lösen. Dazu verhalfen auch die Agrarreform und die Wohnungszwangswirtschaft, die den Umsiedlern gesellschaftliche, wirtschaftliche und politische Gleichstellung mit der einheimischen Bevölkerung wirksam sicherte. Daher gab es weder Landsmannschaften noch revisionistische Aktionen gegen Polen und die Tschechoslowakei. Eine solche Politik fand auch eine entschlossene Unterstützung in der Tätigkeit der sowjetischen Besatzungsverwaltung und in den allgemeinen Konzeptionen sowjetischer Deutschlandpolitik, die dem deutschen Volk die Perspektive eines vereinten, demokratischen und friedfertigen Deutschland eröffnete; allerdings in den neuen Grenzen im Osten und unter Förderung der Bevölkerungsverschiebung.*

Die Lage sah ganz anders in den westlichen, insbesondere angelsächsischen Besatzungszonen aus. Hier wurde die revisionistische Propaganda von Anfang an toleriert und seit der berühmten Stuttgarter Rede von Byrnes sogar unterstützt, indem man entsprechende Äußerungen seitens der Parteien und deutscher Verwaltungsbehörden erlaubte und die Gründung von Vertriebenenverbänden und Landsmannschaften zuließ, die zwar ursprünglich den Charakter wirtschaftlicher und existenzieller „Interessengemeinschaften" — etwa nach dem Muster der Gewerkschaften — trugen, bald aber zum Werkzeug einer systematisch gegen die in Potsdam beschlossenen territorialen Veränderungen und Umsiedlung gerichteten Politik wurden und dieser ihre Legitimation und ihr Alibi lieferten. Die Erhaltung der Aussiedler** im Zustand sozialer und bürgerrechtlicher Unsicherheit, wo das Entgegenkommen der Verwaltungsbehörden sich auf das notwendigste Minimum beschränkte, um einer eventuellen Radikalisierung und einem ihr folgenden verstärkten Druck in Richtung gesellschaftspolitischer Veränderungen vorzubeugen, sollte dem Zweck dienen, die Bevölkerung der westlichen Besatzungszonen unter dem Zeichen der Grenzrevision und der Rückkehr zu dem Zustand von 1937 zu organisieren bei gleichzeitiger Vernachlässigung der Frage der Wiedervereinigung. Die Rolle des Verteidigers des „Deutschen Reiches in den Grenzen vom 31. Dezember 1937", des „Rechts auf Selbstbestimmung", des völkerrechtlichen Annexionsverbo-

* Anmerkung der deutschen Herausgeber: Vgl. jedoch die viel abgewogenere Stellungnahme der Schulbuchkommission (s. S. 466 ff.). S. auch: Jacobsen, S. 56 ff.

** Anmerkung der deutschen Herausgeber: Vgl. jedoch den Beitrag von Jacobsen, S. 56.

tes bei gleichzeitiger Bekämpfung des „Unrechts der Vertreibung" im Namen eines neukonstruierten „Rechts auf die Heimat"[10] — also allesamt der Rechte, die das Dritte Reich soeben den Polen verweigert hatte — nahmen die in der Politik wirkenden Kräfte auf sich, die 1945 die Katastrophe aller deutschen Institutionen überdauert hatten, wie z. B. die Katholische Kirche, oder die nach dieser Katastrophe wieder „auferstanden waren" — wie die SPD — oder auch neu entstanden sind, wie die CDU/CSU und die FDP. Es kam auch zur Gründung starker nationalistischer (wie der DP) oder sogar neonazistischer politischer Gruppierungen, wie der DRP bzw. später SRP.*

Die polnische Öffentlichkeit wurde im höchsten Grade durch alle diese politischen Elemente irritiert — dies unabhängig von der Beurteilung der Bedrohung, die solche Aktionen tatsächlich für die Interessen Polens darstellen konnten —, bei denen man nicht die geringste Veränderung zu der herkömmlichen Einstellung Polen gegenüber feststellen konnte. Man befürchtete, daß die antipolnischen Vorurteile im Vergleich zu denjenigen aus der Zeit der Weimarer Republik und des Dritten Reiches sogar an Kraft zunehmen könnten. In dieser Lage rief jede Bezugnahme auf jegliche „Rechte" im Verhältnis zu dem Volke, dem man soeben alle Rechte — auch das Existenzrecht — abgesprochen hatte, jeder Vergleich der polnischen Maßnahmen mit dem hitlerschen Terrorregime und allem andern voran die Aufstellung einer „Rechnung des Unrechts" bei der polnischen Bevölkerung im Zusammenhang mit anderen vom polnischen Standpunkt aus negativen Erscheinungen im politischen Leben Westdeutschlands starke antideutsche Gefühle hervor, was auf der praktischen Ebene einen Niederschlag in zweierlei Hinsicht fand: nämlich in der Beschleunigung der in Potsdam beschlossenen Aussiedlung und im Widerstand gegen das Wiedererstehen des deutschen Staates beziehungsweise in der Akzeptierung** der These von der Existenz zweier deutscher Staaten.

Gleichzeitig wurde polnischerseits eine entschiedene Polemik gegen den deutschen Revisionismus und seine auf die Irreführung der Bevölkerung der Westzonen

10 Dieses Problem wurde ausführlich von J. Sułek dargestellt in: Die Haltung der Regierung der Bundesrepublik Deutschland der Oder-Neiße-Grenze gegenüber in den Jahren 1949 bis 1966, West-Institut, Poznań 1969. Siehe auch: J. Sułek, Die Haltung der westdeutschen Parteien der Oder-Neiße-Grenze gegenüber 1945—1949, in: „Przeglad Zachodni" (West-Rundschau) Poznań 1966, Nr. 1; ebenda: Programm des deutschen Revisionismus in den Jahren 1945—1949, in: Studia z dziejów najnowszych (Studien aus der Zeitgeschichte), Warszawa 1969, Nr. 7;

* Anmerkung der deutschen Herausgeber: Dies muß allerdings in den richtigen Proportionen gesehen werden. Bei den Wahlen zum 1. Deutschen Bundestag (1949) errangen von 402 Mandaten die CDU/CSU 139 Mandate (Stimmen 31 %), die SPD 131 Mandate (Stimmen 29,2 %), die FDP/DVP 52 = 11,9 %, die KPD 15 = 5,7 %, die Bayernpartei 17, D.P. 17 Mandate, Zentrum 10, Dt. Reichspartei/Konserv. 5 = 1,8 % der Stimmen (u. a. 4).

** Anmerkung der deutschen Herausgeber: Dies mag vielleicht aus polnischer Sicht so gedeutet werden. Vgl. jedoch den Standpunkt in der Bundesrepublik Deutschland: Jacobsen, S. 49.

und der Weltöffentlichkeit — was einen Schaden für den Weltfrieden bedeutete[11] — abzielenden Theorien geführt. Das wichtigste war hier das Ignorieren der bedingungslosen, am 7. Mai 1945 von General Jodl in Reims unterschriebenen Kapitulation, die am 8. Mai 1945 von Generalfeldmarschall Keitel und den ihn begleitenden Personen in Berlin auf Grund der ihm vom damaligen Reichspräsidenten Dönitz erteilten Vollmacht ratifiziert wurde. Die eindeutig die Ratifizierung der bedingungslosen Kapitulation einbeziehende Vollmacht für Keitel wurde schon nach der Kenntnisnahme des Inhalts des Punktes 4 dieses Dokumentes ausgestellt. Dieser Punkt stellte fest, daß die „vorliegende Akte" kein Hindernis bedeutete für eine andere allgemeine Kapitulationsurkunde, die von den Vereinten Nationen oder in ihrem Namen in bezug auf ganz Deutschland und die Gesamtheit der deutschen Streitkräfte erlassen werden könnte. In völkerrechtlicher Hinsicht stellte der Akt der bedingungslosen Kapitulation der deutschen Streitkräfte vom 7. und 8. Mai 1945 nicht nur eine Kapitulation der Streitkräfte dar, sondern auch die bedingungslose Kapitulation des Reiches. Was den Inhalt dieser Urkunde anbetrifft, bestand kein Zweifel im Moment ihrer Unterzeichnung: „The allied armies . . . have wrung from Germany a final and unconditional surrender" kündigte Harry Truman, Präsident der Vereinigten Staaten, in seiner Proklamation vom 8. Mai 1945 an. Und einen Tag davor erklärte Jodl aus eigener Initiative nach der Unterzeichnung der bedingungslosen Kapitulationsurkunde: „With this signature the German people and the German Armed Forces are, for better or worse, delivered into hands of the victors . . ." Man hatte also eine „bedingungslose und endgültige Kapitulation Deutschlands erkämpft", und das „deutsche Volk und die deutschen Streitkräfte" wurden auf Gnade und Ungnade den Siegern ausgeliefert. Als eine bis dahin — das heißt bis zur Kapitulation — unabhängige Nation wurde Deutschland durch die „bedingungslose Kapitulation", die von seinen legitimierten Staatsbehörden vorgenommen und vollzogen wurde, zum Objekt des internationalen Rechts ohne jedweden Anspruch, von den siegreichen Alliierten in der Zukunft als Subjekt desselben Rechts und Mitglied der internationalen Völkergemeinschaft angesehen zu werden. Zu-

11 Brozek, Andrzej und Kokot, Józef, Eingliederung der Aussiedler in Deutschland nach dem Zweiten Weltkrieg, Wrocław 1966; Buchała, Rudolf, Eine Doktrin gegen das Recht — also Recht auf die Heimat, Warszawa 1967; Ehrlich, Ludwik, Die Souveränität Polens in den West- und Nordgebieten, Katowice 1967; Klafkowski, Alfons, Die rechtlichen Grundlagen der Oder-Neiße-Grenze im Lichte der Konferenzen von Jalta und Potsdam, Poznań 1947; derselbe: Potsdamer Vereinbarung vom 2. August 1945. Die juristischen Grundlagen der Liquidierung der Folgen des deutsch-polnischen Krieges von 1939—1945, Warszawa 1960; derselbe: Deutsch-polnische Grenze nach dem Zweiten Weltkrieg, Poznań 1970; Kokot, Józef, Die Logik von Potsdam, Katowice 1961; Labuda, Gerard, Polnische Westgrenze. Tausend Jahre politischer Geschichte, Poznań 1974; Schimitzek, Stanisław, Gegen die Fälschungen, Warszawa 1966; Skubiszewski, Krzysztof, Die Aussiedlung der Deutschen nach dem Zweiten Weltkrieg, Warszawa 1968; derselbe: Westgrenze Polens im Lichte der Verträge, Poznań 1975; Sułek, Jerzy, Haltung der Regierung der Bundesrepublik Deutschland der Oder-Neiße-Grenze gegenüber, 1949—1966, Poznań 1969; Wiewiora, Bolesław, Die deutsch-polnische Grenze im Lichte des Völkerrechtes, Poznań 1957;

gleich muß festgestellt werden — was vom Standpunkt des Völkerrechts und der internationalen Beziehungen noch wichtiger erscheinen mag —, daß der Rahmenartikel 4 der bedingungslosen Kapitulation — der in potentia und in statu nascendi alle später von den Alliierten erlassenen juristischen Akte enthielt — deren Billigung im voraus durch die befugten deutschen Behörden bedeutete. Dies entzog diesen Akten den Charakter der Funktion inter alios, zwischen dritten Personen, und verlieh ihnen die Verbindlichkeit für Deutschland und das deutsche Volk — unabhängig von der Form, in der sie beschlossen und veröffentlicht werden konnten.[12*]

Bei der Ausführung des Punktes 4 der bedingungslosen Kapitulation gaben die Alliierten am 5. Juni 1945 eine Bekanntmachung über die Niederlage Deutschlands und die Übernahme der obersten Gewalt über Deutschland durch die Regierungen der UdSSR, Großbritanniens und der Vereinigten Staaten heraus. Zugleich wurde vorbehalten, dies sogar gleich zweimal in der Präambel, daß diese Bekanntmachung nicht den Inhalt der Kapitulationsurkunde erschöpft; in ihr enthaltene Beschlüsse wurden gefaßt „ohne Vorentscheidung ... über jedweden späteren Beschluß, der in bezug auf Deutschland gefällt werden könnte". Einer späteren Entscheidung der betroffenen Regierungen als Inhaber der obersten und unbeschränkten Gewalt wurde auch vorbehalten, die „Grenzen Deutschlands oder nur einen Teil von ihnen, sowie die Rechtslage Deutschlands oder aller Gebiete, die gegenwärtig zu Deutschland gehören, später zu bestimmen". Trotz dieses klaren Beschlusses, der seine Verwirklichung in der sich auf Polen beziehenden Klausel der Potsdamer Vereinbarung fand (IX. Teil), wurde dem deutschen Volk eingeredet, daß die Alliierten die territoriale Integrität des Dritten Reiches in den Grenzen vom 31. Dezember 1937 garantiert hätten, weil sie in der *vollstreckenden* Erklärung vom selben Tag zu der Bekanntmachung hinsichtlich der Festlegung der Besatzungszonen in Deutschland feststellten, daß „Deutschland in den Grenzen, in denen es am 31. Dezember 1937 bestand, in vier Okkupationszonen zwecks Besatzung geteilt wird". Bis zur Unterzeichnung der Potsdamer Vereinbarung konnten die Territorien ostwärts der Oder-Neiße tatsächlich als ein Teil der sowjetischen Besatzungszone betrachtet werden. Sie wurden aber durch diese Vereinbarung expressis verbis ausgesondert und die westliche Grenze Polens den „beiden Flüssen entlang", wie es schon früher angekündigt worden war, festgelegt. Genau gesagt: Polen wurde ermächtigt, für eine unbestimmte Zeit und ohne andere sachliche Begrenzung jeglicher Art *„ehemalige* deutsche Territorien unter seine Verwaltung zu nehmen" bis zur „endgültigen *Grenzziehung*" („Final *delimitation*") bei der zukünftigen „Friedensregelung" („peace settlement"). Die Grenzziehung, also die rein techni-

12 Näher und umfassender wird dieses Thema behandelt in: Józef Kokot, Die deutsche Frage ein Vierteljahrhundert nach der bedingungslosen Kapitulation des Dritten Reiches, Ossolineum, Wrocław 1968, S. 6 ff.

* Anmerkung der deutschen Herausgeber: Dies ist einer der umstrittensten Punkte in den bilateralen Beziehungen. Zur Deutung aus der Sicht der Bundesrepublik Deutschland: Vgl. Jacobsen, S. 49 und die dort zitierte Literatur.

sche Maßnahme der Festlegung der Grenze, und nicht die wesentliche Entscheidung darüber (die doch schon in Potsdam gefällt wurde), wurde bis zu einer Friedensregelung (also nicht unbedingt bis zu einem Friedensvertrag) zurückgestellt. Trotz dieser Tatsache wurde in West-Deutschland die These verbreitet, daß „die deutschen Territorien" sich unter polnischer Besatzung oder unter „provisorischer Verwaltung" befänden. Dabei wurde der wichtige Terminus „ehemalige-former" ausgelassen und die Bezeichnungen „Besatzung" und „provisorische Verwaltung" hinzugefügt, wodurch selbstverständlich der Potsdamer Text zum Zweck innerpolitischer Irreführung (weil für die Außenwelt das Ganze ohnehin bedeutungslos war) verfälscht wurde.*

Aus der Analyse der Teile IX, III (Deutschland), XIII (Umsiedlung) und IV (Wiedergutmachung) der Potsdamer Vereinbarung geht hervor, daß die Verfasser der Vereinbarung einen unabänderlichen juristischen und politischen Zustand geschaffen haben; unter Deutschland wurden lediglich die vier Besatzungszonen verstanden, von denen ausdrücklich die *ehemals* deutschen Gebiete, die unter polnische Verwaltung gestellt worden waren und in denen Polen ermächtigt war, Aussiedlungen „aus Polen nach Deutschland", also westwärts der neu festgelegten Grenze, vorzunehmen, ausgenommen waren. In jedem beliebigen deutsch-englischen Wörterbuch oder auch in deutschen Wörterbüchern konnte man eindeutig nachlesen, was Grenzziehung[13] bedeutet; jede andere Interpretation war ein Ausdruck bösen Willens Polen gegenüber und Ausdruck einer Politik, die gefährliche Illusionen schuf und für Jahrzehnte eine Normalisierung der Beziehungen zwischen der VR Polen und der Bundesrepublik Deutschland unmöglich machte.**

13 Vgl. Langenscheidts Taschenwörterbuch, Zweiter Teil, Deutsch-Englisch, 11. Aufl., Berlin 1929, S. 5: *abgrenzen* — to mark off, to delimit, to demarcate. Substantiv — delimitation, demarcation. Oder: Der Große Duden, Rechtschreibung der deutschen Sprache und der Fremdwörter, Leipzig 1939, 11. Aufl., S. 99: delimitieren-abgrenzen, berichtigen (die Grenzen).

* Anmerkung der deutschen Herausgeber: Vgl. jedoch hierzu die sehr viel differenziertere Aussage in den Schulbuchempfehlungen, S. 469 ff.

** Anmerkung der deutschen Herausgeber: Der Verf. ist hier ungenau, da er sich nur auf den ersten Teil der Aussagen zur Grenze im Kapitel IX des Potsdamer Abkommens bezieht. Hier wird in der Tat von „final delimitation" gesprochen, im nächsten Abschnitt jedoch von „final determination". Unter delimitation könnte man eine Markierung im Gelände verstehen, unter determination jedoch einen weitergehenden Inhalt im Sinne der vom Verf. angegriffenen Interpretationen. Im Deutschen wird in beiden Fällen der Begriff „Festlegung" verwendet. Dafür ist die deutsche Seite aber nicht „verantwortlich", weil es sich in allen Fällen um amtliche Texte des Kontrollrates handelte. Vgl. Dokument 1 hier S. 384 ff. Im übrigen siehe etwa auch in den Memoiren bei Byrnes neben vielen anderen „Quellen" von nicht-deutscher Seite: „. . . to remove even an excuse for Poland or the Soviet Union to claim that the line had been established or that there was any promise to support a particular line, the Berlin Protocol declared . . ." (folgt erster Teil: „ . . . final delimitation . . . should await the peace settlement") „. . . We had recognized from the outset, however, that we would have to accept for the time being the Polish administration . . .": J. F. Byrnes, Speaking frankly, New York and London 1947, pp 79 ff., zit. nach engl. Ausgabe: The Genesis of the Oder-Neiße Linie. . . . Sources and Documents, ed. G. Rhode and W. Wagner, Stuttgart 1959.

Man mobilisierte im Rahmen dieser Aktion gegen Polen die Zwangsumgesiedelten und humanitäre Gefühle der übrigen Gesellschaft und der internationalen Öffentlichkeit. Entgegen der historischen Wahrheit versuchte man, eine Identität zwischen der Aussiedlung der Deutschen und der hitlerschen Deportation der Polen herzustellen. Bewußt wurden die wesentlichen Unterschiede ignoriert: Hitler handelte rechtswidrig, Polen dagegen im Einklang mit den Beschlüssen dazu befugter Alliierter; Hitler beförderte die Polen in seinem Machtbereich, den er in ein riesiges KZ verwandelt hatte, willkürlich hin und her, Polen dagegen siedelte Deutsche, nachdem ihr Zusammenleben mit den Polen als Ergebnis des Zweiten Weltkrieges unmöglich geworden war, aus nach Deutschland, damit sie dort in Freiheit und Frieden leben konnten. Die Aktionen Hitlers waren ein Instrument des Völkermordes, ausgeführt durch einen zuverlässigen, gut organisierten Staatsapparat, die Aussiedlung der Deutschen aus Polen hingegen bedeutete im Grunde ihre Rettung durch den sich erst organisierenden, von den Deutschen zerstörten polnischen Staat vor den unvermeidlichen Repressalien für die am polnischen Volk begangenen Verbrechen und stellte eine Präventivmaßnahme für die Befriedigung Europas dar.

3. Bahnbrechende Entscheidungen der DDR — Reaktionen seitens der Bundesrepublik Deutschland

Den Mut, dem deutschen Volk über alles die Wahrheit zu sagen, und die Tatsachen als einen Preis anzusehen, den man für die verbrecherische, völkermörderische Aggression gegen Polen und im Interesse der Gestaltung eines friedlichen Zusammenlebens der Völker Europas zahlen müsse, hat erst die neu erstandene DDR aufgebracht. Schon sehr früh hat sie sich auf den Boden der Potsdamer Vereinbarung gestellt und sich ausdrücklich zur Verwirklichung ihrer Beschlüsse nicht nach dem Muster irgendeiner „Erfüllungspolitik", sondern im wohlverstandenen Interesse der deutschen Nation und der historischen Abrechnung mit der Vergangenheit bekannt. Die rasche Wiedereingliederung der Umsiedler, die Reinigung des öffentlichen Lebens von den Elementen des Hitlerismus, die Auflösung des ostelbischen feudal-kapitalistischen Systems, das die Rekrutierungsbasis des Militarismus, Chauvinismus und Hitlerismus war, und zuletzt die formelle Festlegung der schon bestehenden deutsch-polnischen Grenze im Görlitzer Abkommen vom 6. Juli 1950 — all das sind die wichtigsten Etappen der Politik, die im wesentlichen zur Milderung antideutscher Gefühle in Polen, zur Belebung der kulturellen, wirtschaftlichen und politischen Kontakte zwischen den beiden Staaten beigetragen hat.

Im Vergleich zu diesem politischen Realismus und der Pionierrolle der DDR bei der Normalisierung der Beziehungen zwischen beiden Nationen führte die Bundesrepublik Deutschland eine revisionistische Kampagne — unter Berufung auf Potsdam, dessen Entschlüsse man entstellte, und auf die Atlantik-Charta, deren Anwendung auf Deutschland von den Alliierten im voraus mit bestimmten Ausnahmen ausgeschlossen war (vgl. die sogenannten Feindstaatenklauseln in der Charta der

Vereinten Nationen). Auf dieser Linie machte der Kanzler Adenauer dem Führer der SPD-Opposition, Kurt Schumacher, Konkurrenz, indem er den angeblichen Potsdamer Text[14] in seiner ersten Regierungserklärung vor dem Bundestag am 20. September 1949 zitierte und feststellte: „Deswegen können wir keinesfalls diese einseitige *später erfolgte Abtrennung* dieser Gebiete durch die Sowjetunion und Polen akzeptieren". Adenauer übersah bewußt, daß diese Gebiete von den Großen Drei (und einige Tage später auch von Frankreich) von Deutschland abgetrennt wurden unter der Bezeichnung „the former German territories", und daß diese Mächte im Alliierten Kontrollratsgesetz Nr. 46 vom 25. Februar 1947 über die Auflösung Preußens in Übereinstimmung mit diesem Beschluß über das Schicksal der Territorien entschieden haben, die „zu Preußen *gehörten*, und die *gegenwärtig der Hoheit des Alliierten Kontrollrats unterstehen*"; denn nur in diesen Grenzen existiert das Potsdamer Deutschland, auf das sich alle Beschlüsse der Potsdamer Vereinbarung und des Alliierten Kontrollrates beziehen. Dieser Umstand fand häufigen Niederschlag in verschiedenen Rechtsakten des Alliierten Kontrollrates.

In Konkurrenz mit Adenauer erinnerte Schumacher in derselben Bundestagsdebatte an die „Verdienste" der SPD, indem er auf die Inkonsequenzen des Kanzlers in der Behandlung des Themas — (was die grundsätzliche Haltung der Bundesrepublik Deutschland in bezug auf die Rolle des Friedensvertrages in Frage stellte) — im Osten wie im Westen hinwies: „... Es ist die Feststellung angebracht, daß *die SPD 1945 über eine längere Zeit die einzige Partei war, die in Deutschland und vor der Weltöffentlichkeit gegen die Oder-Neiße-Grenze auftrat.*

(Sehr richtig! — Von den Bänken der SPD, Protestrufe in der Mitte.) Aber, Hohes Haus, man kann nicht einseitig über die Grenzprobleme der einen Seite diskutieren. Sogar die scheinbar geringfügigen Fragen der Grenzkorrektur im Westen sind von wesentlicher Bedeutung, die über die materiellen Fragen hinausreichen; sie haben eine psychologisch-politische Bedeutung ... *Wir dürfen nichts akzeptieren, was die Beschlüsse eines späteren Friedensvertrages präjudizieren könnte.* Damit würden wir nicht nur in verantwortungsloser Weise unsere Position im Westen, sondern auch im Osten schwächen. *Jeder, der eine Kompromißhaltung einnimmt, befürwortet die Abtrennung Deutschlands vom Saargebiet, verliert den festen Boden* im politischen Kampf gegen die Oder-Neiße-Grenze ...". Lediglich der KPD-Vorsitzende Max Reimann hatte den Mut, sich dieser Politik zu widersetzen und ihre Konsequenzen beim Namen zu nennen: „Gerade die revisionistischen Forderungen sind nicht nur ein Hindernis in unseren Beziehungen zu Polen, sondern bedeuten letztlich den Krieg. So kann es nicht weitergehen! Unsere Nation darf nicht in einem

14 K. Adenauer: „In der Potsdamer Vereinbarung wurde ausdrücklich gesagt: Die Häupter der drei Regierungen bekräftigten ihre Auffassung, daß die endgültige Festlegung der Westgrenze Polens bis zu der Friedenskonferenz zurückgestellt werden soll." (Verhandlungen des 1. Deutschen Bundestages, 5. Sitzung vom 20. September 1949). Im authentischen Text von Potsdam heißt es aber: Die Häupter der drei Regierungen bekräftigten ihre Auffassung, daß die endgültige Festlegung (final delimitation) der Westgrenze Polens bis zu der Friedensregelung (peace settlement) zurückgestellt werden soll.

Dritten Weltkrieg vernichtet werden. Die Oder-Neiße-Grenze ist eine Friedensgrenze."[15]

15 Dieselbe Debatte, 7. Bundestagssitzung vom 22. September 1949, Verhandlungen des 1. Deutschen Bundestages, 7. Sitzung vom 22. September 1949, S. 64—67. Im folgenden aus der Rede von M. Reimann hinsichtlich der Grenze: „... Der Herr Bundeskanzler sprach in seiner Regierungserklärung davon, daß er ‚in einem geordneten Rechtsgang' Ansprüche auf die Gebiete jenseits der Oder-Neiße-Linie verfolge.

(Abgeordneter Strauß: Wie stehen Sie dazu?)

Was versteht der Herr Bundeskanzler unter ‚geordnetem Rechtsgang', nachdem er das Potsdamer Abkommen, die einzig existierende, von den Besatzungsmächten feierlich verkündete Rechtsgrundlage, ablehnt?

(Zurufe: Was heißt Rechtsgrundlage? Wie stehen Sie zu Potsdam?) Sie haben, Herr Bundeskanzler, mit einem Male

(Abgeordneter Strauß: Wie stehen Sie zu Potsdam?)

das Potsdamer Abkommen zitiert und ausgeführt, daß die endgültige Grenzregelung auf einer Friedenskonferenz vorgenommen werden soll. Es mutet mich sehr eigenartig an, daß Sie sich auf das Potsdamer Abkommen und auf eine Friedenskonferenz berufen. Mir scheint, hier zeigen Sie sich, Herr Bundeskanzler, als ein Politiker der verpaßten Gelegenheiten;

(Sehr gut! bei der KPD)

denn Ihre Politik ist es ja gewesen, die Durchführung des Potsdamer Abkommens zu verhindern. Sie haben ja die Westmächte ermuntert, vom Potsdamer Abkommen abzutreten. Sie haben doch gerade, wenn ich mich recht erinnere, das Besatzungsstatut begrüßt und den Abschluß eines Friedensvertrages mit einer gesamtdeutschen Regierung durch die Bildung eines westdeutschen Staates verhindert ...

(Sehr gut! bei der KPD)

... Angesichts dieser Dokumente, die ich noch erweitern könnte, erhebt sich die Frage, wie es möglich ist, daß die Westalliierten, die so eifrig für die Aussiedlung der Deutschen eintraten und die *Oder-Neiße-Linie* mit festlegten, sich heute für eine Änderung der von ihnen betriebenen Maßnahmen so stark machen.

(Abgeordneter Strauß: Wie stehen Sie als Deutscher zur Oder-Neiße-Linie?)

Die Antwort ist ganz einfach, nämlich,

(Zuruf in der Mitte: Verhalten Sie sich als Deutscher!)

weil es nicht so kam, wie Sie es wünschten, weil Polen und Tschechoslowakei sich vom englisch-amerikanischen Einfluß befreiten!

(Lebhafte Zurufe in der Mitte und rechts: Aha!)

Ich wage zu behaupten: wäre Polen heute noch das alte Polen mit der Regierung Pilsudski oder einer ähnlichen, so würde kein Churchill, auch nicht Herr Truman, die Frage der Revision der Oder-Neiße-Linie stellen.

(Zuruf in der Mitte: Aber wir Deutschen!)

Es würde westdeutschen Politikern verboten werden, die Revision zu fordern!

(Abgeordneter Renner: Sehr gut! — Erregte Zurufe in der Mitte und rechts. — Abgeordneter Strauß: Wie stehen Sie denn als Deutscher zur Oder-Neiße-Linie? — Abgeordneter Schütz: Man soll nicht die anderen in den Gassen suchen, wo man selber spazierengeht!)

Hätten wir eine polnische Regierung, geführt durch den katholischen Bauernführer Mikolajczyk, hinter dem der Vatikan steht, —

(Erregte Zurufe in der Mitte und rechts)

ich wage zu behaupten, Herr Adenauer, Sie würden dann die Revision der Oder-Neiße-Linie nicht fordern.

(Erregte Zurufe in der Mitte und rechts: Pfui! unerhört! — Große Unruhe — Zuruf: Schämen Sie sich als Deutscher! — Weitere Zurufe: Raus! Raus!)

Genausowenig, wie Sie das heute für das Saargebiet tun!

(Andauernde erregte Zurufe in der Mitte und links: Eine Frechheit sondergleichen! Pöbeleien! — Glocke des Präsidenten.)

Präsident Dr. Köhler: Herr Abgeordneter Reimann, Ihre Redezeit ist abgelaufen!

Reimann (KPD): Ich komme jetzt zum Schluß. Wäre dort eine englandhörige Regierung, wäre Herr Churchill sogar bereit,

(erneute lebhafte Zurufe: Pfui!)

die Grenze bis an die Spree zu verlegen.

(Weitere erregte Zurufe: Pfui! Pöbel! — Abgeordneter Renner: Wo sitzt denn der Pöbel?)

Aber weil es anders gekommen ist, der britische-amerikanische Einfluß ausgeschaltet ist, deshalb will man revidieren,

(Große Unruhe)

deshalb hetzt man das deutsche Volk erneut gegen die Völker des Ostens auf.

(Abgeordneter Renner: Sehr richtig! — Lachen in der Mitte und rechts. — Pfuirufe.)

Man gibt dem deutschen Volk ein Kriegsziel.

(Abgeordneter Strauß: Gehen Sie hin! Wir wollen Sie hier gar nicht sehen!) Wenn die Herren jenseits des Kanals, wenn die Herren amerikanischen Imperialisten die Kraft hätten, würden sie die Grenze bis zur Weichsel oder noch weiter ostwärts verlegen.

(Abgeordneter Renner: Sehr gut!)

Dies hat Hitler schon probiert.

(Zuruf in der Mitte: Wir fordern die alten Grenzen wieder!)

Das deutsche Volk, welches diesem Wahnsinnigen folgte, mußte diese Gefolgschaft mit dieser Katastrophe bezahlen.

(Abgeordneter Strauß: Ihr folgt dem anderen Wahnsinnigen!)

Es wäre Pflicht eines jeden real denkenden deutschen Politikers, dem deutschen Volke die Wahrheit über diese Lage zu sagen.

(Abgeordneter Renner: Sehr richtig!)

Das ist besser und für unser Volk erfolgreicher, als wenn es täglich solche kriegshetzerischen Reden hört.

(Lebhafter Widerspruch in der Mitte und rechts)

Das deutsche Volk, das nach zwei Weltkriegen zwei furchtbare Niederlagen hinnehmen mußte, das Millionen Menschen opferte, darf nicht noch einmal für die Interessen fremder und der hier im Westen Deutschlands restaurierten Imperialisten in einen Dritten Weltkrieg gehetzt werden,

(Lebhafte Zurufe in der Mitte und rechts)

der mit der Vernichtung unseres Volkes enden würde.

(Abgeordneter Strauß: War auch Hitler Stalins Beauftragter?)

Wir wollen in Frieden und Freundschaft mit allen Völkern leben und besonders mit den Völkern des Ostens und des Südostens.

(Händeklatschen bei der KPD — Zuruf aus der Mitte: Ihr habt die Heimat von 12 Millionen Menschen vergeben!)

Gerade die Revision stört nicht nur unser Verhältnis gegenüber Polen, sondern bedeutet in der endgültigen Konsequenz den Krieg!

(Abgeordneter Renner: Sehr gut!)

Das darf nicht sein! Unser Volk darf nicht in einem Dritten Weltkrieg vernichtet werden.

(Lebhafte Zurufe.)

Die Oder-Neiße-Grenze ist die Grenze des Friedens.

(Andauernde erregte Rufe: Pfui! Pfui! — Lärm — Glocke des Präsidenten; Erregte Zurufe: Abtreten! Abtreten!) . . .“

Auch in den Äußerungen der Regierung der Bundesrepublik Deutschland sowie in der Bundestagsdebatte vom 13. Juni 1950 hinsichtlich des unter Berufung auf Potsdam vorgenommenen Grenzziehungsvertrages, des sogenannten Görlitzer Abkommens zwischen Polen und der DDR, klangen wieder Thesen an, die eben diesen Potsdamer Beschlüssen eindeutig *widersprachen* — zum Beispiel die Behauptung, daß an Polen abgetretene Gebiete „Teil der SBZ", seien — (sämtliche Hervorhebungen hier durch den Verfasser).

4. Polens Haltung gegenüber den beiden deutschen Staaten

Alles dies mußte die polnische Öffentlichkeit gegen Westdeutschland aufbringen und ihre Sympathie für die DDR und die Bereitschaft zur Zusammenarbeit mit ihr noch mehr verstärken. Es gab keinen Anlaß völkerrechtlicher oder politischer Natur, die beiden deutschen Staaten im formellen Umgang nicht als gleichberechtigt und gleichrangig zu behandeln. Deswegen nahm Polen die diplomatischen Beziehungen mit der DDR auf. In Anlehnung an diesen Schritt kam es zu lebhaften bilateralen Kontakten und einer immer engeren Zusammenarbeit auf der Kultur- und Wirtschaftsebene, die im Laufe der Zeit sich auch auf den politischen Bereich ausdehnte und in einer Freundschaft im gemeinsamen Kampf gegen den westdeutschen Revisionismus für den Aufbau des Sozialismus in beiden Ländern gipfelte; vor allem weil hier zu keiner Zeit die polnischen Grenzen in Frage gestellt wurden.

Der Aufnahme der dipolomatischen Beziehungen zur Bundesrepublik Deutschland standen damals unüberwindbare Hindernisse im Wege. Der territoriale Revisionismus Bonns, sein Anspruch auf die Alleinvertretung Deutschlands und die verstärkte Tendenz zum Wiederaufbau der Streitkräfte vereitelten den polnischen Willen, normale diplomatische Beziehungen zur Bundesrepublik Deutschland aufzunehmen. Der Kalte Krieg war für Polen an dieser Front am kältesten.

Die Forcierung einer Politik aus der „Position der Stärke" heraus — unter anderem durch Adenauer und die CDU/CSU — konnte für die polnische Öffentlichkeit nur eines bedeuten: nämlich, daß trotz Friedensbekundungen seitens der Regierung, der politischen Parteien und der „Charta der Vertriebenen" die Bundesrepublik Deutschland den Wiederaufbau ihrer militärischen Macht und die westliche Integration anstrebte, um ihre revisionistischen Ziele dem westlichen Block aufzuzwingen, mit dessen Unterstützung sie eine Grenzänderung von Polen erlangen zu können glaubte. Angesichts der Entschlossenheit der polnischen Gesellschaft in Sachen Oder-Neiße-Grenze bedeutete dies, einen Weg in Richtung Krieg einzuschlagen. Das war auch der Grund, warum Polen sich an allen diplomatischen Aktionen beteiligte, deren Ziel darin bestand, Europa und die Welt vor der Wiedergeburt der deutschen Wirtschaftsmacht und der Gefahr des Wiedererstehens des deutschen Militarismus zu warnen. Alle sog. europäischen Lösungsvorschläge stellten für den Durchschnittspolen unverständliche Beweise dafür dar, daß die westlichen Nationen auf die Früchte des friedenversprechenden Sieges im Zweiten Weltkrieg verzichteten.

Seinen Höhepunkt erreichte dieser gegen die Wiederbewaffnung Westdeutschlands und gegen seinen Beitritt zur NATO geführte Kampf, als diese beiden Absichten — trotz zahlreicher Mahnungen seitens der sozialistischen Länder — Wirklichkeit wurden. Die Antwort darauf war die Unterzeichnung des Warschauer Vertrages am 14. Mai 1955, eines integrierten Verteidigungsbündnisses, dem auch die DDR angehörte. Die Teilung Deutschlands, für deren Überwindung die UdSSR und die anderen sozialistischen Länder eine ganze Reihe von Initiativen ergriffen hatten, wurde damit endgültig vollzogen. Dies geschah im Endergebnis einer Politik, die von der „Position der Stärke" für die politischen Kräfte von gestern den Zweiten Weltkrieg *ex post* für Deutschland gewinnen wollte. Die Eingliederung der Bundesrepublik Deutschland in das westliche Bündnis und das Programm einer ähnlichen Eingliederung für das wiedervereinigte Deutschland (den ausdrücklichen Formulierungen der Pariser Verträge gemäß) schlossen ex definitione die Möglichkeit der Wiedervereinigung Deutschlands auf dem Wege eines „Anschlusses" der DDR an die Bundesrepublik Deutschland aus. Auch die Aufnahme diplomatischer Beziehungen zu der UdSSR (im September 1955) und die Veröffentlichung der Hallstein-Doktrin konnten nicht mehr helfen, den Folgen dieser „nationalen Lüge" der Adenauerschen Regierungen auszuweichen. Die Hallstein-Doktrin wurde dabei von Anfang an von der polnischen Regierung zurückgewiesen; dies um so mehr, als auch einseitige schriftliche Erklärungen Adenauers unter anderem die polnische Westgrenze an Oder und Neiße in Frage stellten. Auf diese Weise wurde damals die sich anbietende Chance der Normalisierung der Beziehungen mit den sozialistischen Ländern, also auch mit Polen, vertan.[16]

16 Paul Reichelt, Deutsche Chronik 1945—1970, 1. Band: 1945—1957, Köln 1970, S. 256: „In einem Zusatzschreiben Adenauers, das von den Sowjets zwar entgegengenommen, inhaltlich aber abgelehnt wurde, heißt es: ‚Die Aufnahme diplomatischer Beziehungen . . . stelle keine Anerkennung des derzeitigen territorialen Besitzstandes dar. Dies bleibe dem Friedensvertrag vorbehalten. Die Bundesregierung ändere nicht ihren Rechtsstandpunkt, daß sie das deutsche Volk in internationalen Angelegenheiten vertrete, und den Rechtsstandpunkt im Hinblick auf diejenigen deutschen Gebiete, die außerhalb ihrer effektiven Hoheitsgewalt lägen.' Aus politischen Gründen (Botschafteraustausch) und wegen humanitären Erwägungen (Kriegsgefangenenfrage) wollte die Bundesregierung ihre erste Ost-West-Verhandlung nicht scheitern lassen. Um dennoch den Rechtsstandpunkt in der deutschen Frage gegenüber Moskau zu wahren, wählte Bonn erstmals den Weg, durch einseitige Vorbehaltserklärungen in Form separater Erläuterungen an den Grundsätzen der Deutschlandpolitik festzuhalten."

Zur Rolle und zum Standort Polens (1945—1970) und der Bundesrepublik Deutschland (1949—1970) in der internationalen Politik

— (Unter besonderer Berücksichtigung der Probleme des Friedens und der europäischen Sicherheit) —

von

Marian Orzechowski

Die Volksrepublik Polen und die Bundesrepublik Deutschland gehörten und gehören zu zwei unterschiedlichen gesellschaftlich-politischen und ideologischen Systemen. Diese Tatsache legt in objektiver Weise den allgemeinen Rahmen für die Funktion und den Standort beider Staaten in der internationalen Politik, vor allem aber auf dem europäischen Kontinent fest.[1] Sie bestimmt ferner den Standpunkt

1 Die konzentrierte Form der Problemdarstellung zwingt uns zur Beschränkung der Anmerkungen und des wissenschaftlichen Apparates auf das unerläßliche Minimum. Die den polnischen Standpunkt wiedergebende Literatur ist, soweit sie unser Problem betrifft, in Fülle vorhanden. Daher führen wir hier nur die wichtigsten und repräsentativsten Werke auf. Außer den im weiteren Verlauf der Arbeit zitierten Autoren sind folgende Werke hinzugezogen worden:

Daszkiewicz, W., Polska na arenie międzynarodowej 1944—1969 (Polen auf der internationalen Bühne 1944—1969), Warszawa 1970;

Dobrosielski, M., Poland's Contributive to the Security of Europe, in: Studies on International Relations, 1/1973;

Frelek, P., Europejskie prognozy (Europäische Prognosen), Warszawa 1970;

Gajda, E., Polska polityka zagraniczna 1944—1974 (Polnische Außenpolitik 1944—1974), Warszawa 1974;

Klafkowski, A., Umowa poczdamska a sprawy polskie 1945—1970 (Das Potsdamer Abkommen und die polnischen Angelegenheiten), Poznań 1970;

Kokot, J., Kwestia niemiecka w ćwierć wieku po bezwarunkowej kapitulacji III Rzeszy (Die Deutsche Frage ein Vierteljahrhundert nach der bedingungslosen Kapitulation des Dritten Reiches), Wrocław 1968;

derselbe: Od Poczdamu do Helsinek. Koniec okresu powojennego w Europie (Von Potsdam bis Helsinki. Ende der Nachkriegszeit in Europa), Opole 1974;

Kowalski, W. T., Walka dyplomatyczna o miejsce Polski w Europie (Der diplomatische Kampf um Polens Platz in Europa), Warszawa 1974;

derselbe: Polityka zagraniczna RP 1944—1947 (Außenpolitik der Polnischen Republik 1944—1947), Warszawa 1971;

Krasuski, J., Podział Niemiec. NRD i NRF w latach 1949—1955 (Teilung Deutschlands. Die DDR und die Bundesrepublik Deutschland in den Jahren 1949—1955), Poznań 1969;

Pastusiak, L., Podział i zjednoczenie Niemiec w dyplomacji Wielkiej Czwórki (Teilung und Wiedervereinigung Deutschlands in der Diplomatie der Großen Vier), Katowice 1972;

derselbe: Polityka wschodnia NRF. Wybrane kierunki i problemy (Die Ostpolitik der Bundesrepublik Deutschland. Eine Auswahl von Tendenzen und Problemen), Katowice 1972;

beider Länder in einer Frage von fundamentaler Bedeutung für ihre politische und nationale Existenz, nämlich in der Frage des Friedens und der Sicherheit in Europa sowie das Verhältnis beider Staaten zum Status quo, wie er durch den Sieg über das Dritte Reich entstanden und in Potsdam besiegelt worden ist. Die Zugehörigkeit zu zwei unterschiedlichen Systemen ist ebenfalls von grundlegender Bedeutung für die Entwicklung der bilateralen Beziehungen zwischen Polen und der Bundesrepublik Deutschland, die, insbesondere im Hinblick auf die jüngste NS-Vergangenheit und die gegenwärtige geographische Lage in der neuralgischsten Zone des europäischen Kontinents, spezifische politische Bedeutung als Schlüssel zu Frieden und Sicherheit für Gesamteuropa erlangt haben.

Die Position beider Staaten, ihre Rolle und ihr Standort in der internationalen Politik werden zudem von einer Reihe von objektiven und subjektiven Faktoren bestimmt. Als objektive Faktoren bezeichnen wir hier u. a. die geographische Lage, die gesellschaftlich-politische Ordnung, die Tradition, das politische Kräfteverhältnis im Inland wie im internationalen Bereich usw. Zu den subjektiven Faktoren wollen wir vor allem die politischen Konzeptionen der staatlichen und politischen Führungszentren sowie die von diesen unternommenen Maßnahmen im Hinblick darauf zählen, ob sie im Einklang oder im Widerspruch zu den wichtigsten Entwicklungstendenzen der Welt von heute stehen. Jene subjektiven Faktoren spielen eine besonders wesentliche Rolle; sie schaffen nämlich einen breiten Handlungsspielraum, der schließlich niemals gänzlich von Faktoren objektiver Natur bestimmt wird.

Trotz prinzipieller Unterschiede hinsichtlich der Rolle und des Standorts Polens und der Bundesrepublik Deutschland in der internationalen Politik, die sich aus ihrer Existenz innerhalb unterschiedlicher gesellschaftlich-politischer und ideologischer Strukturen ergeben, gibt es dennoch in ihrer Lage bestimmte Ähnlichkeiten

derselbe: Polityka wschodnia NRF (Die Ostpolitik der Bundesrepublik Deutschland), Warszawa 1967;

derselbe: Polityka zagraniczna Polskiej Rzeczypospolitej Ludowej w świetle Układu Poczdamskiego (Die Außenpolitik der VR Polens im Licht des Potsdamer Abkommens), Warszawa 1972;

derselbe: Polska-NRD. Sojusz i współpraca (Polen und die DDR. Bündnis und Zusammenarbeit), Warszawa 1974;

derselbe: Polityka zagraniczna Polskiej Rzeczypospolitej Ludowej w świetle Układu Poczsunków (Polen und die Bundesrepublik Deutschland. Voraussetzungen und Normalisierungsprozeß der Beziehungen), Poznań 1972;

Rakowski, M., Polityka zagraniczna PRL (Außenpolitik der VR Polen), Warszawa 1974;

Skowroński, A., Polska a problem Niemiec 1945—1965 (Polen und das Deutschland-Problem 1945—1965), Warszawa 1967;

Sulek, J., Die polnische Außenpolitik und die Beziehungen der VR Polen zur Bundesrepublik Deutschland, in: Polnisches Mosaik, Köln 1974;

Tomala, M., Dwie drogi rozwoju Niemiec (Zwei Wege der deutschen Entwicklung), Warszawa 1968;

derselbe: Polityka wschodnia NRF (Die Ostpolitik der Bundesrepublik Deutschland), Warszawa 1967.

und Analogien. Diese resultieren z. B. aus ihrer geopolitischen Lage im Rahmen größerer sozio-ökonomischer (RGW, EWG) und politisch-militärischer Gemeinschaften (Warschauer Pakt, NATO) sowie aus der Rolle, die beide in diesen Gruppierungen spielen.

Analogien in der Situation beider Staaten ergeben sich ebenfalls aus der besonderen Rolle, die historische Traditionen und Belastungen aus der Vergangenheit bei der Gestaltung von Richtungen, Zielen und Methoden ihrer Außenpolitik — und ebenso bei der Selbstbestimmung ihres Standortes in Europa — spielen.

Für das demokratische Polen im Augenblick seines Entstehens war das Verhältnis zur Tradition ein Problem der Wahl zwischen der sogenannten jagiellonischen und piastischen Orientierung. Die Entscheidung für eine dieser beiden Orientierungen, die in der Geschichte des polnischen politischen Denkens und in der außenpolitischen Orientierung des polnischen Staates stark verwurzelt sind, implizierte eine ganz bestimmte, jeweils diametral entgegengesetzte Haltung zur Festlegung der eigenen Rolle und des eigenen Standortes in Europa, zu Deutschland und der Sowjetunion, zu den slawischen Staaten im allgemeinen und zur Tschechoslowakei im besonderen, zu den Westmächten, unter welchen Frankreich für Polen ein besonderes Gewicht hatte. Die Gestaltung der Grundlagen der Außenpolitik Volkspolens war gleichzeitig die Überwindung einer bestimmten Tradition und die schöpferische Anknüpfung an eine andere.[2]

Für das besiegte und besetzte Deutschland und später für die Bundesrepublik Deutschland (und mutatis mutandis auch für die DDR) war das ein Problem der Einstellung zu früheren Traditionen, zu der bismarckisch-wilhelminischen und der noch sehr jungen Weimarer Tradition, aber auch zur NS-Tradition. Jede dieser Traditionen hatte eine etwas andere Gestalt und einen etwas anderen Sinn. Alle jedoch symbolisierten die dauerhaften Ziele und Bestrebungen des deutschen Imperialismus und Nationalismus sowie verschiedene Wege und Methoden zu ihrer Verwirklichung. Die Gestaltung der Grundlagen der Außenpolitik der Bundesrepublik Deutschland in der „Ära Adenauer" bedeutete jedoch nach polnischer Auffassung nicht — so wie das in Volkspolen der Fall war — eine entschiedene Abkehr von bisherigen Traditionen, sondern lediglich den mehr oder minder gelungenen Versuch, sie an die veränderten Verhältnisse anzupassen.*

Wenn man die prinzipiellen Unterschiede und gewisse Analogien bezüglich des Standortes und der Rolle Volkspolens und der Bundesrepublik in der internationalen Politik verdeutlichen will, vor allem aber in der europäischen Politik, muß man auch auf den besonderen Charakter der sie in der Vergangenheit und Gegenwart

2 Vgl. Kruczkowski, A., Polityka zagraniczna Polski Ludowej (Außenpolitik der VR Polen), Warszawa 1966;
Sieradzki, J., U źródeł polityki zagranicznej Polski Ludowej (An den Quellen der Außenpolitik der VR Polen), Krakow 1948;

* Anmerkung der deutschen Herausgeber: Vgl. jedoch den unterschiedlichen Standpunkt westdeutscher Wissenschaftler: Beitrag Jacobsen, S. 46 ff., 56 ff. (mit Anm.).

verbindenden Beziehungen hinweisen, die insgesamt eine Synthese von Vergangenheit und Gegenwart bildeten und bilden (sofern man sie nicht in engem Sinne verstehen und auf ihre formalrechtlichen und vertraglichen Beziehungen beschränken will). Für Polen, für die polnische Regierung, die politischen Parteien und die Bevölkerung war die Bundesrepublik Deutschland viele Jahre lang die Verkörperung einer potentiellen Bedrohung der grundlegenden Werte, welche die Existenzgrundlage der sozialistischen Nation und des sozialistischen polnischen Staates ausmachen. Für die Bundesrepublik Deutschland hingegen war und bleibt Polen der Staat, der einerseits das erste Opfer der Naziaggression von 1939 und einer während der Besatzungszeit rücksichtslos betriebenen, auf die nationale Ausrottung abzielenden Politik war[3], aber andererseits auch der Staat, der nach der Niederlage Deutschlands beträchtliche Teile deutscher Vorkriegsgebiete übernommen und die deutsche Bevölkerung aus diesen Gebieten auf Grund des Potsdamer Abkommens zwangsausgesiedelt bzw. umgesiedelt hat. Diesem zweigeteilten Bild über Polen und die Polen entsprach auch das ambivalente Verhältnis der Bundesrepublik Deutschland zu Polen: Einerseits gab es mehr oder minder aufrichtige Bestrebungen zur „Versöhnung" (wir abstrahieren hier von den konkreten Inhalten, die diesem Begriff von den verschiedenen Regierungen, politischen Parteien, Klassen und gesellschaftlichen Gruppen gegeben wurden) und zur „Wiedergutmachung", und andererseits das Bestreben zur Veränderung des Nachkriegs-status-quo, ja sogar zur Revanche, die die rechtsradikalen Kräfte forderten.*

Die gesellschaftliche und politische Revolution, die in Polen im Juli 1944 eingeleitet wurde und mit der Veränderung der Ausdehnung des staatlichen und nationalen Hoheitsgebiets im Westen und im Norden verknüpft war, bedeutete auch eine grundlegende Wende im Charakter, in den Richtungen und Zielen der polnischen Außenpolitik sowie in der Bestimmung des Standortes und der Rolle Polens in Europa. Das Wesen dieser Wende bestand darin, daß das frühere Polen — „ein hilfloses Werkzeug für Kombinationen" der Westmächte, zwischen West und Ost lavierend und in der Folge schwach und isoliert — nunmehr unwiderruflich der Vergangenheit angehört. Der ganze Komplex von Verträgen mit der Sowjetunion und allen anderen sozialistischen Staaten, der auf der Übereinstimmung der grundlegenden gesellschaftlichen, nationalen und Klasseninteressen beruht, hat Polen in die Gemeinschaft der sozialistischen Staaten geführt. Diese Tatsache wurde zur hauptsächlichen Garantie für die Sicherheit Polens, für seine souveräne Existenz und seine günstige Entwicklung.[4]

3 Vgl. Madajczyk, Cz., Polityka III Rzeszy w okupowanej Polsce (Politik des Dritten Reiches im besetzten Polen), Warszawa 1970.

4 Vgl. XXX-lecie Polskiej Rzeczypospolitej Ludowej. Uroczyste posiedzenie Sejmu PRL (30 Jahre VR Polen. Bericht von der feierlichen Sitzung im Sejm der VR Polen), Warszawa 1974, S. 4.

* Anmerkung der deutschen Herausgeber: Das traf höchstens für einige wenige rechtsextremistische Gruppierungen ohne politischen Einfluß in der Bundesrepublik Deutschland zu. Vgl. den Beitrag von Jacobsen, S. 56 f.

Durch eine eindeutige und endgültige Entscheidung hat Polen seinen Standort und seine Rolle in Europa in grundlegender Weise geändert. Diese Entscheidung ist u. a. darauf zurückzuführen, daß die neuen gesellschaftlichen Kräfte die Vergangenheit Polens schöpferisch und kritisch durchdacht und die bourgeoise Tradition des politischen Denkens überwunden haben. Determinanten dieser neuen Rolle waren viele unterschiedliche Faktoren. Eine wesentliche Rolle spielte dabei der Beitrag Polens zum Sieg über den Faschismus, der die Grundlage für eine moralische und politische Formulierung und Verkündung einer eigenen Meinung zur Frage der Sicherheit und des Friedens und insbesondere zu der so unmittelbar damit in Verbindung stehenden deutschen Frage war. (Polen hat als erster Staat der Nazi-Aggression bewaffneten Widerstand geleistet; anschließend leistete es der Okkupation durch eine sich auf breite Massen stützende Widerstandsbewegung und durch Partisanenkampf Widerstand, und in der letzten Phase des Krieges stellte Polen eine 600 000 Mann starke Armee zur Verfügung; das war zahlenmäßig die viertgrößte Armee der siegreichen Koalition, nach denen der UdSSR, den USA und Großbritannien). Eine ungewöhnlich wichtige Rolle für die Bestimmung des neuen Standortes Polens in Europa spielte die Festlegung der polnischen West- und Nordgrenze an Oder und Lausitzer Neiße sowie an der breiten Küste der Ostsee. Zu den besonders bedeutsamen und dauerhaften Determinanten der neuen Rolle Polens in Europa gehört das Bündnis mit der Sowjetunion und die Teilnahme an der sozialistischen Gemeinschaft. Das Bündnis und die Freundschaft mit der Sowjetunion machten das Wesen der Wende in der Situation des Volkes und des polnischen Staates am eindringlichsten offenkundig. Als Fundament der polnischen Außen- und Innenpolitik verliehen sie dieser neue Kräfte und Dynamik sowie Erfolg. In derselben Richtung wirkte sich die Teilnahme Polens an der Gemeinschaft der sozialistischen Staaten aus. Aus der Überzeugung und Erfahrung, daß die Kraft der Gemeinschaft zugleich die Quelle der eigenen Kraft ist, entstanden und entstehen weiterhin verschiedene polnische Initiativen zur Festigung der Gemeinschaft, zur Vertiefung ihres inneren Zusammenhalts, zur Bereicherung ihrer Formen und Richtungen der wirtschaftlichen, politischen, wissenschaftlich-technischen und kulturellen Zusammenarbeit. Unter den wechselvollen und ungewöhnlich dynamischen Determinanten der Rolle und des Standorts Polens kommt dem wachsenden wirtschaftlichen und bevölkerungsmäßigen Potential sowie der Dynamik der Außenpolitik die wesentlichste Bedeutung zu. Nicht ohne Grund hat schon gegen Ende des Jahres 1945 das Presseorgan der polnischen Regierung realistisch folgendes konstatiert: „Nicht die Beurteilung der Verdienste, nicht die Honorierung unserer Verluste und auch nicht die moralische Haltung des besten Kämpfers werden in der Zukunft für unsere Rolle und Bedeutung unter den Mitgliedern der Vereinten Nationen entscheidend sein. Nicht hiervon wird es abhängen, welches Gewicht andere Völker unserer Meinung und unserem Standpunkt beimessen werden ... Unter dem historischen Aspekt werden für die Völker der Welt das Vorgehen und der Standpunkt die größte Bedeutung haben, die in maximaler Weise das Gefühl der Sicherheit für die Menschen unseres Erdballes garantieren. Und wenn wir in den Jahren des vergangenen Krieges „das Gewissen der Welt" genannt wurden, wenn die Haltung Polens gegenüber dem Naziregime in der Tat „eine Inspiration für die Völker" gewesen ist, so werden wir in Zeiten, die vor uns liegen, in der Lage sein, in noch größerem Maße diese ehrenvolle Position zu festigen."[5]

Das wiedergeborene Polen begann in der großen Politik aus einer bestimmten internationalen Situation heraus zu agieren, die in ganz wesentlicher Weise die grundlegenden polnischen Ziele und Bestrebungen bestimmte. Hierzu gehörten u. a. die Zerschlagung Nazideutschlands und die Entwicklung der Sowjetunion zu einer Weltmacht, wodurch Lauf und Charakter der geschichtlichen Ereignisse wesentlich beeinflußt wurden; der Prozeß der fortschrittlichen gesellschaftlichen und wirtschaftlichen Veränderungen in Ostmitteleuropa und sodann die Entstehung des Weltsystems der sozialistischen Staaten; die Schwächung der Großmachtposition Frankreichs und Großbritanniens; die dominierende amerikanische Position in Westeuropa; die steigende Bedeutung der demokratischen Kräfte innerhalb des kapitalistischen Europas. Vom Standpunkt der Staatsführung Polens und des polnischen Volkes ergab sich aus der neuen internationalen Lage (vor allem aus der europäischen) für Polen der kategorische Imperativ zur Anerkennung des absoluten Primats von Frieden und Sicherheit als conditio sine qua non zur Verwirklichung der polnischen Ziele und der polnischen nationalen Bestrebungen.

Der Vorsitzende der Polnischen Arbeiterpartei W. Gomułka erklärte im Juli 1945 folgendes: „Das Wesen der Wiedergeburt Polens beruht auch darauf, daß es in die internationale Arena als Faktor eines neuen, friedlichen Zusammenlebens der Völker untereinander eintritt. Polen, das aus den füchterlichen Qualen des Krieges wiedererstanden ist, möchte den Frieden für sein eigenes Volk sichern und im Kampf um den Frieden mit allen Staaten der Welt, die dasselbe Ziel anstreben, zusammenarbeiten. Die auf den internationalen Frieden gerichtete Politik ist eines der charakteristischen Merkmale, die das Antlitz des wiedergeborenen Polens kennzeichnen."[6]

Verbunden mit der Anerkennung des Primats von Frieden und Sicherheit durch Polen waren auf integrale Weise die Bestrebungen nach Erhaltung der Integrität des europäischen Kontinents — wie sie während des Krieges gegen den Faschismus entstanden ist — sowie der entschiedene Widerstand gegen die sich bereits an der Schwelle des Friedens abzeichnende Teilung Europas (und der gesamten Welt) in zwei gegeneinander gerichtete gesellschaftlich-politische, militärische und ideologische Blöcke. Die politisch verantwortlichen Kräfte und die Diplomatie in Polen beobachteten den schrittweisen Zerfall der großen Anti-Hitler-Koalition und die Abkehr der Westmächte von „dem Geist von Potsdam" mit großer Sorge. Im Entstehen der gegeneinander gerichteten Blöcke sah Polen „die größte Gefahr für den Frieden und die Zukunft der Welt". Als der polnische Außenminister Z. Modzelew-

5 Vgl. „Rzeczpospolita", 13. Oktober 1945.

6 Vgl. Gomułka, W., Artykuły i przemówienia (Aufsätze und Reden, Bd. 1), Warszawa 1962, S. 337.

ski diese Sorge vor der UNO am 17. September 1947 zum Ausdruck brachte, sagte er, die polnische Regierung werde sich „mit allen Mitteln den Versuchen widersetzen, die Welt, und vor allem Europa, in zwei Lager aufzuteilen, und ... nicht zulassen, daß Polen durch einen eisernen Vorhang abgeriegelt wird, der von gewissen Kräften, deren Versuche, Polen ihren Interessen unterzuordnen, gescheitert sind, so meisterhaft konstruiert worden ist".[7]

Das Ideal Polens, das sich im politischen Gedankengut, in Programmen und Erklärungen aller Parteien und politischen Gruppierungen sowie in Vorschlägen manifestiert hatte, die der UNO vorgelegt und von der polnischen Außenpolitik realisiert wurden, war ein demokratisches und friedliches Europa, denn in der friedlichen Zusammenarbeit und Eintracht der Völker sah Polen „den einzigen Weg zur allgemeinen Sicherheit". Die Konsequenz einer solchen Haltung waren polnische Postulate und Initiativen bei der UNO, die darauf abzielten: a) alle noch bestehenden „faschistischen Zentren", die eine potentielle Bedrohung für den Frieden darstellen, aus dem politischen Leben in Europa auszuschalten[8] (polnische Initiativen bei der UNO in „der spanischen Frage") und b) eine einvernehmliche Zusammenarbeit aller Staaten mit unterschiedlichen gesellschaftlich-politischen Systemen zu erreichen, deren Ausgangspunkt es sein sollte, den Primat der gemeinsamen Ziele und Aufgaben, die mit dem wirtschaftlichen Wiederaufbau und der Festigung einer friedlichen Ordnung verbunden sind, gegenüber der „oft verhängnisvollen Vergangenheit" anzuerkennen, c) die Abrüstung und ein Verbot der Atomwaffen zu erlangen. Diese Postulate und Initiativen machten den Rang besonders deutlich, der dem Frieden und der Sicherheit im Gesamtgefüge der Politik im neuen Polen beigemessen wurde (das kam u. a. in der polnischen Unterstützung für die sowjetischen Initiativen vom Dezember 1946 und März 1948 zum Ausdruck).

Das Ideal Polens war somit, wie das im Juli 1947 der polnische Regierungschef J. Cyrankiewicz erklärte, ein Europa, das „in umfassender Weise die schöpferischen Kräfte friedlicher Nationen freisetzt ... auf der Grundlage einer freiwilligen Koordinierung, unter voller gegenseitiger Achtung ihrer Würde und ihrer politischen und wirtschaftlichen Souveränität".[9] Das neue demokratische Polen, das infolge einer neuen politischen Konstellation auf neue Weise in der geopolitischen Struktur Europas plaziert war, hatte damals den Ehrgeiz, aus Warschau „eine Begegnungsstätte für Ost und West in brüderlicher Zusammenarbeit der Völker" zu machen. Das bedeutete, daß Polen endgültig mit der Tradition bricht, sich in Europa in der Rolle eines „Bollwerks des Christentums" und einer „Barriere" zu begreifen, die den „kommunistischen Osten" vom „demokratischen Westen" trennt.[10]

7 Vgl. Modzelewski, Z., Polityka zagraniczna Polski (Außenpolitik Polens), Warszawa 1960, S. 72.

8 Vgl. Erklärung der polnischen Regierung vom 16. Oktober 1945 in: Dokumentensammlung (Zbiór Dokumentów), Nr. 1, 1945, S. 47.

9 Vgl. Erklärung des polnischen Premierministers, J. Cyrankiewicz, in: Dokumentensammlung Nr. 6—7, 1947, S. 154.

10 Vgl. Sieradzki, a. a. O.

Die grundlegenden Aufgaben und Bestrebungen der polnischen Außenpolitik, die auf Erhaltung und Festigung des Friedens und der allgemeinen Sicherheit gerichtet waren, konzentrierten sich auf das Verhältnis Polens zur *deutschen Frage*, die für den polnischen Staat und die Polen eine Existenzfrage für Staat und Nation war. Die Frage ihrer richtigen Lösung, die den Schlüssel zur Sicherheit Polens und ganz Europas darstellte, war zum fundamentalen Kanon des politischen Denkens der Polen, der polnischen politischen Konzeptionen und der polnischen Außenpolitik geworden, bedingt durch jahrhundertelange historische Erfahrungen und gestützt auf eine nüchterne Analyse und Beurteilung der Entwicklung der Lage in Europa nach dem Zweiten Weltkrieg.

Der Vorsitzende der Polnischen Arbeiterpartei, W. Gomułka, erklärte sofort nach Beendigung des Zweiten Weltkrieges folgendes: „Die Frage der Zukunft Deutschlands ist für uns von lebenswichtiger Bedeutung, viel stärker als für irgendein anderes Volk in der Welt. Diese Feststellung enthält nicht die geringste Übertreibung; während nämlich für alle Staaten Europas und sogar der Welt die Frage der Zukunft Deutschlands zu einer Frage der Schaffung eines dauerhaften Friedens in der Welt geworden ist, während z. B. für viele Staaten und Völker die Frage der Zukunft Deutschlands eine Frage der Integrität und Unverletzlichkeit ihrer Grenzen oder sogar ihrer Unabhängigkeit sein kann, ist demgegenüber für uns, für Polen, für die polnische Nation . . . die Frage der Zukunft Deutschlands eine Frage der Existenz der polnischen Nation überhaupt, eine Frage der Absicherung vor der physischen Vernichtung."[11] Ein so verstandener Kern und ein so verstandener Sinn der „deutschen Frage" bestimmten das Verhältnis Polens zu den Potsdamer Beschlüssen. Ihre konsequente und volle Verwirklichung war für Polen die lebenswichtigste nationale Aufgabe. So konzentrierten sich denn auch um die Verwirklichung der Potsdamer Beschlüsse alle wichtigsten polnischen diplomatischen Initiativen — im gesamteuropäischen Rahmen, wie auch innerhalb der sozialistischen Gemeinschaft. Der Sinn dieser Initiativen läßt sich wie folgt zusammenfassen:

1. Kampf gegen das Streben der Westmächte zur Wiederherstellung der wirtschaftlichen und politischen Kraft Deutschlands zwecks Ausnutzung gegen die sozialistische Gemeinschaft.
2. Demaskierung und Bekämpfung revisionistischer und revanchistischer Tendenzen in Deutschland selbst.
3. Festigung der freundschaftlichen Beziehungen zu den demokratischen und sozialistischen Kräften in der sowjetischen Zone.
4. Umfassende Unterstützung aller Bemühungen, die darauf abzielten, das besiegte Deutschland in einen friedlichen, demokratischen, neutralen und den Status quo im Nachkriegseuropa akzeptierenden Staat umzugestalten. Indem Polen die volle Verwirklichung der Potsdamer Beschlüsse forderte, insbesondere die Bestrafung der NS-Verbrecher und die Beseitigung aller Erscheinungsformen und Quellen des Faschismus, ließ es sich nicht vom Geiste der Rache oder der Revanche lei-

11 Vgl. „Rzeczpospolita", 16. November 1946.

ten und identifizierte auch nicht das Naziregime mit dem deutschen Volk. Aus polnischer Sicht bedeutete die Verwirklichung der Potsdamer Beschlüsse nur das *unerläßliche Minimum*, einen Kompromiß, der von den Großen Drei angenommen werden konnte. Die vollständige und wirkliche Lösung der deutschen Frage verband Polen mit der Beseitigung aller gesellschaftlich-ökonomischen, politischen und geistigen Quellen des deutschen Imperialismus, Militarismus und des chauvinistischen Nationalismus, also mit einer gründlichen, strukturellen und sozialen Umwandlung im Nachkriegsdeutschland.

Die deutsche Frage in ihrer damaligen Gestalt war für Polen einer der wichtigsten Impulse, die — außer Faktoren ideologischer, gesellschaftlicher und struktureller Natur — Polen dazu veranlaßten, die freundschaftlichen, auf Hilfe und Zusammenarbeit beruhenden Beziehungen zur Sowjetunion, zur slawischen Tschechoslowakei und zum slawischen Jugoslawien und auch zu den anderen sozialistischen Staaten zu festigen und zu vertiefen.

Ausdruck dessen war die von Polen vorgeschlagene tschechoslowakisch-jugoslawisch-polnische Konferenz (zu Beginn des Jahres 1948), deren Erklärung über Deutschland „eine Stimme der Warnung angesichts der gegenwärtigen Versuche war, das Deutschlandproblem auf eine Weise zu lösen, die, entgegen den lebenswichtigsten Interessen der Völker Europas, Deutschland zu einem Zentrum der Unruhe und zum Werkzeug einer neuen Aggression umgestalten würde, die die friedliche Entwicklung Europas bedroht".[12] Auf diese Weise nahm die polnische Konzeption für ein solidarisches Vorgehen der Staaten Mittel- und Südeuropas, also der Opfer der Naziaggression, denen daher am meisten an einer Lösung der deutschen Frage im Einklang mit den Interessen des Friedens und der Sicherheit gelegen war, reale Gestalt an. Damit verwirklichte sich auch die These aus dem Manifest des Polnischen Komitees zur Nationalen Befreiung (Juli 1944), derzufolge „die Geschichte und die Erfahrungen aus diesem Krieg beweisen, daß nur die Errichtung eines großen slawischen Damms, dessen Basis eine polnisch-sowjetisch-tschechoslowakische Vereinbarung ist, vor dem Drang des germanischen Imperialismus schützen kann". Ein großer Erfolg Polens war ebenfalls die Erklärung der Konferenz der Außenminister von acht sozialistischen Staaten (Warschau, Juni 1948), in der die Grenze an Oder und Lausitzer Neiße als „Friedensgrenze" anerkannt wurde.[13]

Auf der Basis der Gemeinsamkeit der Interessen in der deutschen Frage strebte das wiedererstandene Polen die Erneuerung und Festigung des traditionellen Bündnisses mit Frankreich in Übereinstimmung mit der von den führenden polnischen Staatsmännern formulierten These an, daß „jegliche Bedrohung Frankreichs von seiten Deutschlands eine tödliche Gefahr für die Zukunft Polens bedeute und umgekehrt, daß jegliche Gelüste gegen Polen ebenfalls eine solche Gefahr für Frankreich darstellen".[14] In Übereinstimmung mit dieser These waren Oder und Rhein

12 Dokumentensammlung Nr. 3, 1948, S. 104—105.

13 Dokumentensammlung Nr. 7, 1948, S. 445—465.

14 Stenographischer Bericht aus der Sitzung des Landesvolksrates (KRN) vom 26., 27. und 28. April 1946, S. 364.

die Grenzen für die Sicherheit ganz Europas, ja sogar der Welt, und „die Kette der Sicherheit von Ländern, die eine deutsche Aggression vereiteln wollen, würde sich noch bedeutend verstärken, wenn als Kettenglied Frankreich dazugehören würde".[15]

In den Jahren 1945—1949 haben sich die grundlegenden Prinzipien der polnischen Außenpolitik endgültig herausgebildet und sich in der Praxis als richtig erwiesen; diese Prinzipien entsprachen der neuen Rolle Polens in Europa, und sie schufen auch die Grundlage für diese Rolle. Zu diesen grundlegenden Prinzipien gehörten u. a.: Das Bündnis und die Freundschaft mit der Sowjetunion und allen sozialistischen Staaten, die Unterstützung der Kräfte des Fortschritts und des Sozialismus auf der ganzen Welt, die Solidarität mit den nationalen Befreiungsbewegungen in Kolonien und abhängigen Ländern, die friedliche Koexistenz und Zusammenarbeit mit Staaten mit unterschiedlichen gesellschaftlich-politischen Systemen. Polen, das in seiner Politik den Primat von Frieden und Sicherheit anerkannte, zeigte unverändert ein besonderes Interesse an dem deutschen Problem, an der Gegenwart und Zukunft Deutschlands. Polen sprach sich gegen die Teilung Europas in zwei gegeneinander gerichtete Blöcke aus; aus diesem Grunde kam aus polnischer Sicht dem richtigen Funktionieren und der richtigen Rolle der UNO eine enorme Bedeutung zu, denn Polen empfand sich — gemäß der Definition des polnischen Außenministers — als „natürlichen Bündnispartner einer gut funktionierenden UNO, die den Frieden und die Entwicklungsmöglichkeit für jedes Land garantieren kann".[16]

Jedoch für Europa begann allmählich die Periode „des Kalten Krieges", die den Versuch darstellte, das Rad der Geschichte zurückzudrehen und das Kräfteverhältnis, wie es infolge des Zweiten Weltkriegs entstanden war, zu verändern. Der „Kalte Krieg" hat es zwar nicht vermocht, eine Veränderung des prinzipiellen Kräfteverhältnisses in Europa und in der Welt herbeizuführen, doch hat er recht wirksam alle Sphären des gesellschaftlich-wirtschaftlichen, politischen und geistigen Lebens in Europa vergiftet, zu einer Blockbildung in West und Ost geführt und die Idee einer Zusammenarbeit der Großmächte zugunsten der allgemeinen Sicherheit zunichte gemacht. Somit vertiefte er die politische, ideologische und in der Konsequenz auch die wirtschaftliche Teilung Europas und führte zu einem faktisch unkontrollierten Wettrüsten. Er verschärfte das deutsche Problem und lähmte die Verwirklichung der Potsdamer Beschlüsse.[17]

Die oben formulierte polnische Beurteilung von Genese, Charakter und Konsequenzen des „Kalten Krieges" implizierte zugleich Richtung und Ziele der polnischen Außenpolitik sowie Rolle und Standort des sozialistischen Polens in Europa, das in zwei gegeneinander gerichtete Blöcke geteilt war. Das generelle Ziel der Politik Polens läßt sich zusammenfassen in dem konsequenten Streben nach:

15 Vgl. Stenographischer Bericht aus der 28. Sitzung des gesetzgebenden Sejms, 29. Oktober 1947, S. 16—17.

16 Vgl. Kowalski, W. T., Polityka zagraniczna RP 1944—1947 (Außenpolitik der Polnischen Republik 1944—1947), Warszawa 1971, S. 97.

17 Vgl. Frelek P., Historia Zimnej Wojny (Geschichte des Kalten Krieges), Warszawa 1971.

1. Überwindung des „Kalten Krieges", der eine Bedrohung im Sinne einer Erschütterung oder sogar Zunichtemachung des Status quo bedeutete, mit dem Polen die Sicherheit und Dauerhaftigkeit seiner nationalen Existenz verband, sowie

2. Beseitigung aller Konsequenzen dieses „Kalten Krieges".

Im Hinblick auf das deutsche Problem, das eine Domäne der besonderen Interessen Polens darstellte, ließen sich die polnischen Ziele wie folgt zusammenfassen:

1. Initiierung und umfassende Unterstützung — wie das in der Note der polnischen Regierung vom 5. Juni 1949 formuliert wurde — „aller Anstrengungen, die zur konsequenten Verwirklichung der Potsdamer Beschlüsse und zu einer demokratischen und im Interesse des Friedens liegenden Lösung der deutschen Frage führen, einer Lösung im Einklang mit dem Geist dieser Beschlüsse, unter Beteiligung der friedlichen und demokratischen Kräfte im deutschen Volk".[18]

2. Umfassende Entwicklung und Konsolidierung der friedlichen, gutnachbarlichen und freundschaftlichen Beziehungen zur DDR, in deren Entstehen Polen „die Voraussetzungen für die Garantie der Sicherheit Polens von Westen her und die Sicherung eines dauerhaften Friedens in ganz Europa" sah.[19]

Ausdruck und zugleich Konsequenz des polnischen Standpunktes hinsichtlich der aus dem „Kalten Krieg" entstandenen Probleme waren die polnische Außenpolitik, die zahlreichen, immer wieder erneuerten und modifizierten Initiativen, die auf internationale Entspannung, auf die Begrenzung und Überwindung des Wettrüstens, ein Verbot der Atomwaffen, die Wiederherstellung einer Atmosphäre zur Förderung des gegenseitigen Verständnisses, Vertrauens und der Zusammenarbeit abzielten, insbesondere an der mitteleuropäischen Nahtstelle von zwei Systemen und zwei Welten. In der Zeit des „Kalten Krieges" trat Polen im Einklang mit den schon früher umrissenen Prinzipien seiner Außenpolitik als aktiver, selbständiger, aber seine Vorhaben mit der ganzen sozialistischen Gemeinschaft koordinierender Fürsprecher der internationalen Entspannung und Schaffung umfassender Bedingungen für einen dauerhaften Frieden und eine allgemeine Sicherheit hervor.

Und später nutzte Polen den „Geist von Genf", der den schwierigen Beginn des komplizierten Entspannungsprozesses symbolisierte, aktivierte seine Außenpolitik und dynamisierte seinen eigenen Beitrag zur Entspannung und zur Schaffung der Grundlagen für die europäische Sicherheit. Ausdruck dessen war u. a. die Normalisierung der Beziehungen zu Frankreich, den USA, zu Großbritannien, Italien, den Benelux-Ländern, zu den skandinavischen Staaten und anderen Ländern Westeuropas. Eine besondere Rolle in diesem Prozeß spielte das Bemühen Polens um die „Beseitigung der Überreste aus der Zeit der Spannungen" aus den Beziehungen zu Frankreich und um die Gestaltung „einer Atmosphäre, die den gemeinsamen Interessen und historischen Traditionen der Freundschaft beider Völker entspricht".[20] Das faktische Eintreten de Gaulles für eine Anerkennung des unwiderruflichen

18 Vgl. Męclewski, E., Niemcy w Europie (Deutschland in Europa), Warszawa 1974, S. 134.

19 Vgl. Zbiór Dokumentów, Nr. 11, S. 951, 1949, S. 957.

20 Vgl. Stenographischer Bericht aus der Sejmsitzung vom 26.—27. Februar 1957, S. 31.

Charakters der Grenze an Oder und Lausitzer Neiße erleichterte und beschleunigte die Entstehung eines *speziellen Modells* von Beziehungen zwischen Staaten mit unterschiedlichen gesellschaftlich-politischen Systemen, die nicht nur auf Traditionen basieren, sondern auf der Übereinstimmung grundlegender nationaler Interessen (Festigung des Friedens und der Sicherheit, Achtung der bestehenden Grenzen, Erhaltung des Status quo, Zusammenarbeit auf wirtschaftlichem, wissenschaftlich-technischem und kulturellem Gebiet zum gegenseitigen Nutzen usw.). Ausdruck der erhöhten polnischen Aktivität zugunsten der Entspannung in Europa waren auch: der Beschluß über die Beendigung des Kriegszustandes mit Deutschland (Februar 1955), der den Weg zur Normalisierung der Beziehungen zu der Bundesrepublik Deutschland eröffnete, sowie die in den Jahren 1955—1957 erneut an die Adresse der Bundesrepublik Deutschland gerichteten Vorschläge über die Aufnahme diplomatischer Beziehungen[21], ferner auch die Initiativen zur Schaffung einer atomwaffenfreien Zone (sogenannter Rapacki-Plan) bzw. zur Einfrierung der Nuklearwaffen (sogenannter Gomułka-Plan).

Die Synthese der polnischen Bemühungen um Entspannung in Europa war die polnische Initiative (vom 14. Dezember 1964 auf der 19. Sitzung der UNO-Vollversammlung) zur Einberufung einer europäischen Konferenz für Sicherheit und Zusammenarbeit.[22] Diese Initiative war aus der Überzeugung entstanden, daß „die Vertiefung der Zusammenarbeit zwischen allen europäischen Staaten ... ohne Ausnahme, sowie die Verminderung der Spannung die Möglichkeit zur Erörterung bisher noch strittiger, ungelöster politischer Probleme bieten würde".[23] In der Periode der Entspannung war somit Polen Verkünder der „sozialistischen Konzeption der Vereinigung Europas" auf der Basis

a) der friedlichen Koexistenz und umfassenden Zusammenarbeit zwischen Staaten mit unterschiedlicher Gesellschaftsordnung,

b) der Ersetzung der Militärblöcke durch ein kollektives Sicherheitssystem,

c) der Einheit Europas in Frieden und friedlicher Zusammenarbeit.

Die Ziele und Bestrebungen der Bundesrepublik Deutschland standen im grundsätzlichen Widerspruch zu den Zielen und Bemühungen Polens. Schon an der Schwelle ihrer Geburt und ihrer Existenz bildete sich im polnischen politischen Denken, im allgemeinen Volksbewußtsein, ausgehend von den Erfahrungen aus der Vergangenheit, ein Bild von der Bundesrepublik Deutschland als dem einzigen Staat in Europa heraus, „in welchem die Politik der Revanche bewußt unterstützt

21 Vgl. Stenographischer Bericht aus der sechsten Sejmsitzung vom 16. März bis 5. April 1955, S. 10; Dokumentensammlung, Nr. 6—7, 1957, S. 1435; Sułek, J., Haltung der Regierung der Bundesrepublik Deutschland der Oder-Neiße-Grenze gegenüber, 1949—1966, Poznań 1969, S. 156—160.

22 Dokumentensammlung Nr. 11—12, 1946, S. 1559—1577.

23 Dokumentensammlung Nr. 10—11, 1966, S. 1116—1117.

Dobrosielski, M., Wklad Polski w kształtowanie bezpieczeństwa Europy (Der polnische Beitrag an der Gestaltung der europäischen Sicherheit), in: Sprawy Międzynarodowe, Nr. 5, 1972.

wird und in welchem man offen Gebietsansprüche erhebt"[24], was eine Bedrohung des Friedens in Europa bewirkte.*

Aus dieser grundsätzlichen Unterschiedlichkeit von Zielen und Bemühungen entstand auch die Tatsache, daß das, was für die Bundesrepublik Deutschland ein „Verbrechen gegenüber Deutschland und gegen die Menschlichkeit" war (territoriale Veränderungen, in Potsdam sanktioniert, Zwangsaussiedlung der deutschen Bevölkerung aus den Gebieten östlich von Oder und Lausitzer Neiße), für Polen den echten Ausdruck einer geschichtlichen Gerechtigkeit und einer teilweisen Wiedergutmachung für die Verluste bedeutete, die das polnische Volk, insbesondere während des Krieges und der Naziokkupation, erlitten hat. Das, was für die Bundesrepublik Deutschland das Streben nach Selbstbestimmung war („Liquidierung" der DDR und Wiederherstellung der Grenzen von 1937), war nach Auffassung Polens ein gegen die gesamte sozialistische Gemeinschaft gerichtetes Streben und ein auf die elementaren Interessen des polnischen Volkes und Staates abzielender Revisionismus und Revanchismus, und das, was für die Bundesrepublik Deutschland „das Recht zur Verteidigung" war (Wiederbewaffnung und Zugang zu Atomwaffen), war für Polen gleichbedeutend mit der Bedrohung des Friedens und der Sicherheit in Europa.

Die Rolle der Bundesrepublik Deutschland in der Zeit des „Kalten Krieges" war die Resultante vielfältiger Faktoren wie etwa: das innerstaatliche gesellschaftlich-politische Kräfteverhältnis, das systematisch anwachsende Wirtschaftspotential und in dessen Folge auch das zunehmende militärische Potential der Bundesrepublik, Form und Charakter ihrer Beziehungen zu den kapitalistischen Staaten (vor allem zu den USA, Frankreich und Großbritannien) und zu den Entwicklungsländern.

In der Reihenfolge dieser Bonner Ziele standen an vorrangiger Stelle die Überwindung des Status quo, der auf Grund des Sieges über Nazideutschland festgelegt und in Potsdam sanktioniert worden war, die Wiedervereinigung Deutschlands, welche die Umkehr des Verlaufs der gesellschaftlichen und strukturellen Veränderungen in der DDR und anschließend deren Angliederung bedeutete, die Wiederherstellung der Grenzen von 1937 (bei der Verwirklichung dieses Ziels kam den Vertriebenenorganisationen eine besondere Bedeutung zu, die einerseits als „revisionistische Lobby" sui generis einen starken Einfluß auf die ganze gesellschaftlich-politische Struktur und die Atmosphäre in der Bundesrepublik Deutschland ausübten und andererseits für Adenauer ein Alibi gegenüber der eigenen und der ausländischen öffentlichen Meinung waren) sowie die Wiedererlangung einer Machtposition (u. a. durch die Wiederbewaffnung und Schaffung einer starken, modern ausgerüsteten Armee).

Diese Ziele und Bestrebungen blieben unverändert, aber Wege und Mittel zur ihrer Verwirklichung waren Modifikationen unterworfen, bedingt durch die Entwicklung des Kräfteverhältnisses in der Bundesrepublik Deutschland selbst und in

24 Vgl. Zbiór Dokumentów Nr. 4, 1958, S. 693.

* Anmerkung der deutschen Herausgeber: Dies mag wiederum in Polen eine subjektive Einschätzung gewesen sein. Vgl. jedoch den Beitrag von Jacobsen, S. 46 ff.

der gesamten Welt, vor allem aber durch die Evolution der amerikanischen Globalstrategie. In der Zeit des „Kalten Krieges" war die Bundesrepublik Deutschland ein wichtiges Element in der amerikanischen Globalstrategie zur „Eindämmung des Kommunismus"; zudem standen der „Kalte Krieg", die Strategie der „Eindämmung" und der „Befreiung" sowie die Politik aus einer „Position der Stärke" und des Balancierens am „Rande des Krieges" im Einklang mit den Konzeptionen und Interessen der regierenden Kräfte in der Bundesrepublik Deutschland während der „Ära Adenauer", weil nach ihrer Meinung eine derartige Strategie die Chance zur Verwirklichung der grundlegenden Ziele des westdeutschen Staates bot.[25] Das bedeutet jedoch nicht, daß es zwischen den USA und der Bundesrepublik Deutschland eine völlige Übereinstimmung der Interessen gegeben hätte, und daß die Bundesrepublik Deutschland lediglich nur passiver und willenloser Vollstrecker des politischen Willens und der strategischen Pläne der USA gewesen sei, d. h. eine Schachfigur in dem von den USA betriebenen „großen Spiel".

Die sich verändernde Rolle der Bundesrepublik Deutschland in Europa und innerhalb der Globalstrategie der kapitalisitischen Welt (vom Objekt amerikanischer Politik zur Verwirklichung ihrer strategischen Ziele über den untergeordneten Bündnispartner bis hin zum eigenständigen Machtfaktor) ist auf dialektische Weise zu verstehen und durch das Prisma struktureller und immanenter Gegensätze innerhalb des kapitalistischen Systems zu sehen. Ausdruck dessen war z. B. die distanzierte Haltung Frankreichs (aber auch anderer Bündnispartner der Bundesrepublik Deutschland) bezüglich der Konzeption der Wiedervereinigung Deutschlands. Ein Versuch, diese Gegensätze zu überwinden, war die Politik einer immer stärkeren Verknüpfung der Bundesrepublik Deutschland mit der NATO und der EWG, die zur Stärkung ihres Potentials und ihrer Position führte — in der Konsequenz aber auch zu größeren Hegemonialtendenzen —, was wiederum neue Differenzen auslöste, die auf der Linie Bonn-Paris besonders deutlich sichtbar wurden.

Auf dem Hintergrund und im Rahmen der Globalstrategie der USA zeichnete sich deutlich die Adenauersche Orientierung der CDU/CSU bezüglich der Rolle der Bundesrepublik Deutschland in der europäischen Politik während des „Kalten Krieges" ab. Diese Orientierung beruhte — nach polnischer Auffassung hier einmal überaus verkürzt und synthesenhaft dargestellt — auf dem konsequenten und systematischen Widerstand gegen die Entspannungspolitik, auf der Torpedierung aller Entspannungsinitiativen (sowohl solcher, die von der sozialistischen Gemeinschaft, als auch solcher, die von der kapitalistischen Welt ausgingen) und auf der Usurpation eines Vetorechts sui generis in Fragen der europäischen Sicherheit und in den Ost-West-Beziehungen.

Die Entspannungspolitik lief nämlich den Grundsätzen der Adenauerschen Konzeptionen, seiner These „erst Wiedervereinigung, dann Entspannung", und der Ideologie der „Machtpolitik" zuwider. Sehr treffend bemerkte ein Publizist in „Le

25 Vgl. Pastusiak, L., USA-NRF. Sojusz i sprzeczności (USA und die Bundesrepublik Deutschland. Bündnis und Gegensätze), Warszawa 1972, S. 15.

Monde", (22. Juli 1955), daß „Adenauer nach Beendigung des ‚Kalten Krieges' wieder das sein wird, was er vorher gewesen ist: Bürgermeister der bis zu den Ausmaßen der Bundesrepublik Deutschland erweiterten Stadt Köln. Er wird dann kein Ritter des antikommunistischen Kreuzzugs mehr sein".

Wenn wir aus der zeitlichen Perspektive heraus gewissermaßen ex post die Rolle der Bundesrepublik Deutschland während des „Kalten Krieges" charakterisieren, so können wir feststellen, daß sie auf der Unterbindung und Lähmung und danach auf der Eindämmung und Begrenzung der objektiven Tendenzen beruhte, die sich zwischen den gewundenen Läufen der großen Politik den Weg zur Festigung und Vertiefung des Status quo in Europa bahnten; sie beruhte ferner auf dem Streben nach Desintegration der sozialistischen Gemeinschaft, und diesem Ziel dienten sowohl die Außenpolitik als auch die Wirtschaftspolitik und die westdeutsche Propaganda. Gerade diese Rolle der Bundesrepublik Deutschland wurde mit besonderer Intensität und Ausdruckskraft nach 1954 offenkundig, als die ersten Symptome der Entspannung deutlich werden. Die Bundesrepublik Deutschland tritt der NATO bei, baut die Bundeswehr aus, strebt nach Stärkung ihrer Position im Atlantischen Bündnis, zeigt atomare Ambitionen und erschwert somit die beginnenden Entspannungstendenzen und Bestrebungen im Ost-West-Verhältnis. Die entscheidende Rolle der Bundesrepublik Deutschland bei der Blockierung von polnischen Initiativen (Rapacki-Plan und Gomułka-Plan), die Ablehnung polnischer Vorschläge zur Normalisierung der Beziehungen, eine Politik, die auf die Lockerung der Beziehungen Polens zur Sowjetunion und zur sozialistischen Gemeinschaft abzielte[26] — all dies waren bezeichnende, aber nicht die einzigen Fakten, die unsere Behauptung bestätigen.

Die Quellen des „Kalten Krieges" in Europa, seine Konsequenzen sowie die Wege zu seiner Überwindung wurden denn auch von Polen bzw. von der Bundesrepublik Deutschland völlig unterschiedlich verstanden. Für Adenauer und seine Mannschaft, für alle politischen Kräfte der damaligen Bundesrepublik Deutschland — außer den Kommunisten und der sozialdemokratischen Linken — war die Ursache des „Kalten Krieges" und in der Konsequenz die Ursache für die Teilung Europas in zwei gegeneinander gerichtete Blöcke in der Teilung Deutschlands zu sehen, und die Aufrechterhaltung und Vertiefung dieser Teilung war — auf der Basis des Rückkopplungseffekts — der Grund für die Fortsetzung des „Kalten Krieges" mit allen seinen Konsequenzen. Aus einer solchen Beurteilung der Situation ergab sich der logische Schluß, daß der Weg zur Entspannung über die Wiedervereinigung Deutschlands führt. „Erst Wiedervereinigung — dann Entspannung" — das war der Kernpunkt der politischen Strategie, die lange Jahre hindurch den Weg zur Entspannung wirksam blockiert hat. Adenauer verlieh im Jahr 1955 dieser Strategie durch die lautstarke Formal Ausdruck, daß „es eine wirkliche Sicherheit in Europa ohne die Wiedervereinigung Deutschlands nicht geben wird".

26 Vgl. Sułek, J., Stanowisko rządu Niemieckiej Republiki Federalnej wobec granicy na Odrze i Nysie Łużyckiej 1949—1966 (Haltung der Regierung der Bundesrepublik Deutschland der Oder-Neiße-Grenze gegenüber, 1949—1966), Poznań 1969, S. 165—166.

Die Rolle der Bundesrepublik Deutschland in der europäischen Politik in der „Ära Adenauer", (und später Erhard) wurde immer anachronistischer und stand immer mehr im Widerspruch zu den grundlegenden und objektiven Entwicklungstendenzen der modernen Welt. Der Dissens zwischen der dynamischer und elastischer werdenen Globalstrategie der USA („Brückenschlag", „die friedlichen Grundlagen des kommunistischen Systems", die Hoffnung auf einen „nationalen Kommunismus"), innerhalb welcher die deutsche Frage in der „Hierarchie der Prioritäten und Interessen der Diplomatie der führenden imperialistischen Mächte zweitrangig wurde"[27], und der Haltung der Bundesrepublik Deutschland führte zu deren immer stärker werdenden Isolation und machte sie zum „letzten Mohikaner des Kalten Krieges". In den führenden Kreisen der westlichen Staaten breitete sich immer stärker die Überzeugung aus, daß die starre und revisionistische Politik der Bundesrepublik Deutschland die sozialistischen Staaten zusammenschweiße, während die Strategie des Westens auf „die Lockerung der Bande und des Zusammenhalts der sozialistischen Staaten" abzielte.[28]

Allmählich gewann jedoch die objektive Tendenz zur Beibehaltung des Status quo in Europa gegenüber der Politik der Regierungen Adenauers und Erhards die Oberhand. Einfluß darauf hatten vor allem die sich verändernde Lage in Europa und die Haltung der Bündnispartner der Bundesrepublik Deutschland, insbesondere der USA, aber auch Frankreichs (Frankreich hatte sich wiederholt für die Notwendigkeit der Anerkennung der Grenze an Oder und Lausitzer Neiße durch die Bundesrepublik Deutschland ausgesprochen; Frankreich betrachtete diese Grenze als „unveränderliches Faktum" und „ein starkes Polen in seinen unveränderlichen Grenzen" als „notwendiges Element des europäischen Gleichgewichts") sowie die Veränderungen in der Bundesrepublik Deutschland selbst — Änderungen in der Stimmung und Haltung ihrer Bevölkerung, insbesondere der jungen Generation. Die Ostpolitik der „Großen Koalition" war der in sich widersprüchliche Ausdruck der sich in der Bundesrepublik Deutschland ausbreitenden neuen Tendenzen. Die innere Widersprüchlichkeit und Halbherzigkeit dieser Politik zeigte sich darin, daß sie den Status quo durch seine teilweise Anerkennung zu überwinden versuchte, und darin, daß sie zwar die Normalisierung mit Polen, aber ohne Anerkennung der Grenzen und um den Preis der Isolierung der DDR anstrebte.

Die Ostpolitik der „Großen Koalition" hat die sich selbst gesetzten Ziele nicht erreicht, aber sie hat den Weg für den unaufhaltsamen Prozeß bereitet, aus dem erst die „Kleine Koalition" die Konsequenzen zog. Der Wahlsieg der SPD und FDP im Jahre 1969 und die Bildung der Regierung der „Kleinen Koalition" leitete das schrittweise und wirkliche Sichabfinden mit den Konsequenzen des Zweiten Weltkrieges ein.

27 Vgl. Pastusiak, L., a. a. O. S. 135—136.

28 Vgl. Sułek, J., Polityka wschodnia rządu Wielkiej Koalicji 1966—1969 (Ostpolitik der Großen Koalition), Warszawa 1971, S. 138—143.

Konflikt und Kooperation zwischen der Bundesrepublik Deutschland und der Volksrepublik Polen seit dem Warschauer Vertrag von 1970*

von

C. C. Schweitzer

1. Einleitung

Der nachfolgende Beitrag versucht die Beziehungen zwischen der kapitalistisch orientierten und in das westliche Bündnissystem integrierten Bundesrepublik Deutschland auf der einen Seite und der kommunistisch orientierten und in das östliche Bündnissystem integrierten Volksrepublik Polen auf der anderen seit Abschluß des Warschauer Vertrages aus der Sicht der Politikwissenschaft im Bereich einer sich als multi- und interdisziplinär verstehenden Friedens- und Konfliktforschung zu analysieren. Ausgangspunkt ist die wohl nicht zu bezweifelnde These, daß es sich im Gesamtverhältnis zwischen der Bundesrepublik Deutschland und der Volksrepublik Polen von 1949 bis zum Dezember 1970 um ein Konfliktverhältnis handelte, darüber hinaus aber dieses Verhältnis auch nach dem 1970 proklamierten Beginn eines „Normalisierungsprozesses" nicht als konfliktfrei anzusehen war, weil immer noch in wichtigen Fragen sich scheinbar gegenseitig ausschließende Nationalinteressen der beiden Staaten zu konstatieren waren. Die entscheidenden Hindernisse konnten tatsächlich erst 1975/76 beseitigt werden. Der Blick der Politiker und ihrer Völker sollte heute, 1978, mehr oder weniger ausschließlich nach vorne gerichtet sein. Die Wissenschaft, bzw. die moderne Friedens- und Konfliktforschung, muß jedoch zusätzlich die jüngste Vergangenheit analysieren, damit diese durch die beteiligten Völker, besonders durch die jungen Generationen, im Interesse der Friedenssicherung endgültig bewältigt werden kann.

Wir gehen bei dieser Analyse im folgenden von einem „Konfliktbegriff" aus, der zwischenstaatliche Divergenzen als eine Form von Beziehungen begreift, bei denen ein Staat einen anderen als einen Akteur im internationalen System perzipiert, dessen Verhalten darauf angelegt ist, Ressourcen auf Kosten des Perzipierenden zu gewinnen oder dessen sonstige Interessen zu beeinträchtigen, ja zu schädigen.[1] Im

1 Vgl. R. M. Goldmann, A theory of conflict-processes and organizational offices, in: Journal of Conflict Resolution, 10, S. 335

* In der polnischen Fassung durchweg als „Vertrag vom 7. Dezember 1970" bezeichnet.

Falle des deutsch-polnischen Verhältnisses überschnitten sich seit 1945 „bilaterale, regionale und internationale Gegensätze, durchdringen einander politische, gesellschaftliche, ideologische, ökonomische, rechtliche, historische, sozialpsychologische, geographische, moralische, sogar religiöse Probleme. Materielle und machtpolitische Interessen (Landgewinn, Vermögen, Machtzuwachs etc.) sind mit ideellen Werten (‚Heimat', Kultur, Recht etc.) verquickt und lassen sich vielfach nicht deutlich trennen".[2] Darüber hinaus war mit Q. Wright auch bei diesem spannungsgeladenen Verhältnis eigentlich von sechs „Parteien" zu sprechen, und zwar: A und B, A in der Sicht von B und B in der Sicht von A sowie A's Deutung der Sicht, die B von ihm hat und B's Deutung der Sicht, die A von ihm hat. In unserer Kurzstudie werden daher im Hinblick auf die vier letzten „Parteien" auch wiederholt bundesrepublikanische Perzeptionen der polnischen Einschätzung Bonns und seiner Polenpolitik sowie polnische Deutungen der bundesdeutschen Einschätzung der Warschauer „Bundesrepublik-Deutschland-Politik" angedeutet werden.[3] Alle in diesem Gesamtzusammenhang relevanten Fremdbilder (images) können oft von der Realität weit entfernt sein, stellen aber dennoch die Grundlage dar, auf der die Regierenden ihr Handeln aufbauen. Unter Zugrundelegung eines solchen konfliktanalytischen Gesamtschemas soll nun zunächst der neue, 1970 vorgegebenermaßen eingeleitete Normalisierungsprozeß zwischen den beiden Ländern von einer doppelten Fragestellung der Friedens- und Konfliktforschung her untersucht werden, indem einmal den *Ursachen* für zunächst noch vorhandene Konfliktaspekte und zum anderen den sich anbahnenden Kooperationsformen und damit auch weiteren Konfliktlösungen nachgegangen wird.

Zu den wichtigsten, insbesondere von der Politikwissenschaft analysierten *Ursachen* für die Entstehung und Verschärfung eines zwischenstaatlichen Konfliktes im Internationalen System unserer Zeit — wie mutatis mutandis auch in früheren — sind *Kollisionen einzelstaatlicher nationaler Interessen* sowie das Vorhandensein von gegenseitigen *Bedrohungsvorstellungen* zu zählen. Beide Phänomene traten in den Beziehungen zwischen der Bundesrepublik Deutschland und der Volksrepublik Polen von Anfang an, d. h. seit 1949, in Erscheinung. Beide suchten fraglos dann die Architekten des Warschauer Vertrages und seiner Begleitdokumente durch einen diplomatischen Kompromiß in ihrem Bemühen zu minimieren, die Voraussetzungen für einen Prozeß der Normalisierung zu schaffen. Es ist daher zu fragen, ob diese implizit und explizit Ende 1970 von beiden Seiten beschworenen Zielvorstellungen einer Verwirklichung durch den Warschauer Vertrag als solchen sowie durch die Entwicklung der Beziehungen zwischen der Bundesrepublik Deutschland und der VR Polen seit seinem Inkrafttreten nähergekommen sind.

2 Siehe H. G. Lehmann, Grundlagen und Voraussetzungen des Oder-Neiße-Konfliktes, in: Schweitzer/Feger [Hrsg.]: Das deutschpolnische Konfliktverhältnis — eine interdisziplinäre Untersuchung, Boppard 1975, S. 21

3 Siehe Q. Wright, Design for a research project on international conflicts and the factors causing their aggravation or amelioration, in: Western Political Quarterly, X, 1957, S. 265 ff.

Kollisionen nationaler Interessen ergaben sich von Anfang an aus den durch den Zweiten Weltkrieg herbeigeführten Besitzveränderungen in den Gebieten östlich der Oder und Neiße, Belastungen, die ihrerseits entstanden aus der Zeit der NS-Gewaltherrschaft. Die Geschichte des deutsch-polnischen Verhältnisses nach 1945/49 war in ihrem Kern eine Geschichte des Ringens von polnischer Seite um die völkerrechtliche Absicherung der in Besitz genommenen Gebiete und von westdeutscher um die Offenhaltung eben dieser Besitzstandsfrage. Dabei handelte es sich zunächst für beide Seiten um Fragen eines primären oder vitalen nationalen Interesses,[4] weil das neue Polen unter volkswirtschaftlichen Gesichtspunkten auf eine solche Entschädigung für die verlorengegangenen Gebiete im Osten des Landes angewiesen war,* was in der Bundesrepublik Deutschland schon 1963 der Politologe G. Bluhm mit eindrucksvollen Statistiken belegt hatte,[5] während es auf deutscher Seite in den ersten Jahren nach Kriegsende um Lebensgrundlagen und Besitztitel von Millionen einzelner Deutscher und den Verlust eines wichtigen Agrar- und Industriegebietes des alten Reiches ging.

Mit dem Fortschreiten eines Prozesses der Eingliederung eben dieser Millionen von Flüchtlingen und Zwangsausgesiedelten in der Bundesrepublik Deutschland (und der DDR) sowie mit dem wirtschaftlichen Aufschwung der Bundesrepublik Deutschland, veränderten sich die Gewichte der nationalen Interessenlage auf der deutschen Seite in dem Sinne und Umfange, daß etwa von Mitte der fünfziger Jahre an für Bonn nicht länger vitale oder Primärinteressen, sondern Sekundärinteressen auf dem Spiele standen. So kam es in der Bundesrepublik denn auch zu ersten Anzeichen einer Kompromißbereitschaft in der Frage einer „Anerkennung" eines neuen Status in den Oder-Neiße-Gebieten.[6] Nunmehrige Sekundärinteressen betrafen vor allem das Recht auf Umsiedlung bzw. Aussiedlung getrennter Familien und der noch oder wieder zur Ausreise entschlossenen Personen „deutscher Volkszugehörigkeit", aber seit Ende des Zweiten Weltkrieges mit optionsweise polnischer Staatsbürgerschaft in den nunmehr nach polnischem Staatsrecht polnischen Westgebieten**. Es ist seitdem ein Problem der terminologischen Präferenz, ob wir auf Grund der kontinuierlichen Verringerung des in Frage kommenden Personenkreises von sekundären, ja vielleicht sogar nur von tertiären Interessen sprechen können, die hier für die Deutschen in der Bundesrepublik Deutschland auf dem Spiele stehen. Umgekehrt stellte, das wurde auch in der Bundesrepublik Deutschland oft so gesehen, das Umsiedlerproblem für die polnische Seite unter gesamtvolkswirtschaftlichen Gesichtspunkten ein wichtiges nationales (aber wohl sekundäres) Interesse dar, worauf später näher einzugehen sein wird.

4 Vgl. dazu C. C. Schweitzer, Chaos oder Ordnung — Einführung in Probleme der Internationalen Politik, Köln 1973 mit Literaturangaben

5 Siehe G. Bluhm, Die Oder-Neiße in der deutschen Außenpolitik, Freiburg 1963

6 So zum Beispiel zu informellen Kontakten des Gesandten von Kessel in Washington mit der polnischen Seite Anfang Januar 1957 (dessen Mitteilung gegenüber dem Verfasser, vgl. auch Erklärung des damaligen Bundesaußenministers von Brentano in London)

* S. Anm. Sułek, S. 130;

** S. Anm. Janicki, S. 130

2. Bewertung des Warschauer Vertrages

Die Unterhändler und schließlich die Unterzeichner wollten nun fraglos auf beiden Seiten mit dem *Warschauer* Vertrag ebenso wie mit den anderen aus bundesrepublikanischer Sicht als Ostverträge bezeichneten Abkommen (Moskauer Vertrag, Verträge mit der DDR und der CSSR, vor allem aber natürlich das „zugunsten" der beiden deutschen Staaten abgeschlossene Vier-Mächte-Abkommen über Berlin) im Hinblick auf solche bis dahin kollidierenden Nationalinteressen der Bundesrepublik und der VR Polen einen klassischen diplomatischen Kompromiß erreichen, in dem beide Seiten ein zwischen ihnen zustande kommendes Vertragssystem als ein für sie jeweils tragfähiges do-ut-des Geschäft perzipieren konnten. Diese konfliktregulierende, ja konfliktlösende Funktion des Warschauer Vertrages schien zumindest bei Vertragsabschluß Ende 1970 gegeben zu sein.: Auch aus der Sicht bundesrepublikanischer Beobachter stellte sich für die Volksrepublik Polen — für seine Führung ebenso wie für die öffentliche Meinung im Lande — als das entscheidende Plus des Warschauer Vertrages die völkerrechtliche Anerkennung der Westgrenze des Landes durch die Bundesrepublik Deutschland dar, die jede Veränderung mit und ohne Gewalt künftig als Möglichkeit der bundesdeutschen — wie vorher der DDR-deutschen — Politik ausschloß. Eine solche Einschätzung schien unberührt zu bleiben von dem ausdrücklich angemeldeten bundesrepublikanichen Vorbehalt, daß die Bundesregierung diese Grenzgarantie nur im Namen der Bundesrepublik selber, nicht aber im Hinblick auf einen möglichen Rechtsnachfolger — also einen gesamtdeutschen Nachfolgestaat — aussprechen könne.[7] Aus der Sicht Bonns mußte sich die polnische Seite in diesem Zusammenhang der engen Grenzen bewußt gewesen sein, die jeder deutschen Bundesregierung in dieser Frage durch das Grundgesetz gezogen sind.*

Erst die aus innenpolitisch-taktischen Gründen zustande gekommene „Gemeinsame Resolution" aller Parteien im Deutschen Bundestag vom 17. Mai 1972 schien in Warschau vorübergehend Zweifel an dem Willen zur Befriedigung polnischer Vitalinteressen durch die Bundesrepublik hervorzurufen, zumal die Resolution auch in späteren Jahren von der CDU/CSU-Opposition im Bundestag immer wieder in den Mittelpunkt ihrer Argumentation gestellt wurde, um dadurch den Charakter der Vorläufigkeit einer „Anerkennung" der Oder-Neiße-Grenze herauszustellen.[8] Dennoch glaubte man in der Bundesrepublik Deutschland davon ausgehen zu können, daß sich die polnische Seite im Hinblick auf die Wiener Vertragskonvention von Anfang an der völkerrechtlichen Irrelevanz dieser Resolution bewußt war — im

7 Siehe: Die Auswärtige Politik der Bundesrepublik Deutschland, Dokumentarband, [hrsg.] vom Auswärtigen Amt unter Mitwirkung eines Wissenschaftlichen Beirates, Köln 1972, S. 779, sowie den amtlich vom Presse- und Informationsamt der Bundesregierung veröffentlichten Wortlaut des Vertrages und seiner Begleitdokumente

8 „Gemeinsame Resolution" siehe: Deutscher Bundestag, 6. Legislaturperiode, 187. Sitzung, 17. Mai 1972, 10 943 ff. Zur fortlaufenden Auseinandersetzung darüber siehe ebenda, 7. Legislaturperiode, zum Beispiel 88. Sitzung, 21. März 1974

* S. Anm. Janicki, S. 130

Gegensatz etwa zur Einschätzung von einseitigen oder zweiseitigen Briefwechseln, die im Zusammenhang mit der Unterzeichnung oder Ratifizierung von Verträgen eingeführt werden. Die Auseinandersetzungen um diese Resolution in Polen konnten aus deutscher politikwissenschaftlicher Sicht als ein geradezu klassisches Beispiel dafür bezeichnet werden, wie schwierig es nach wie vor in den zwischenstaatlichen Beziehungen ist, die verfassungsrechtlichen und verfassungspolitischen Realitäten, d. h. also die innenpolitische Gesamtlage im System des jeweiligen Kontrahenten, richtig einzuschätzen, in diesem Falle also für die polnischen Betrachter sich in das Regierungssystem der Bundesrepublik Deutschland hineinzuversetzen.*

In der Bundesrepublik wurde der Warschauer Vertrag 1970 von einer Mehrheit als ein noch annehmbarer, wenn auch natürlich opfervoller Kompromiß[9] im Sinne eines do-ut-des akzeptiert, weil dem „Abschreiben" der alten deutschen Ostgebiete und damit eines beachtlichen Teiles des Territoriums des alten Deutschen Reiches in den Grenzen von 1937 — mit den damit implizierten großen Verlusten an öffentlichem und privatem Besitztum — die Hoffnung auf einen endgültig befriedigenden Abschluß der Aussiedlungen gegenüberstand, vor allem aber weil die moralisch-ethische Kategorie einer Wiedergutmachung des nationalsozialistischen Völkermordes an Polen weitgehend anerkannt wurde. Dieser Aspekt war durch die beabsichtigte oder spontane, die ganze Welt tief beeindruckende Geste eines deutschen Bundeskanzlers vor dem Ehrenmal am Warschauer Getto von der öffentlichen Meinung in der Bundesrepublik nach anfänglichem Zögern und bei anhaltender Ablehnung einer Minderheit genauso perzipiert worden: Einer Umfrage des Allensbacher Institutes zufolge unmittelbar nach diesem Auftreten des Bundeskanzlers W. Brandt hielten 41 von 100 Bundesbürgern den Kniefall für „angemessen", 48 für „übertrieben", elf hatten keine Meinung.[10] Auch aus deutscher Sicht konnte nichts den Tod von über 6 Millionen ermorderter Polen (und darüber hinaus die Zwangsarbeit von 2½ Millionen Polen im Zweiten Weltkrieg sowie die Leidensgeschichte von einigen 100 000 Überlebender von NS-Konzentrationslagern) „aufwiegen",[11] ebensowenig wie sich das an den deutschen Zwangsausgesiedelten begangene Unrecht aus der Welt schaffen ließ,** worauf ja ebenfalls Bundeskanzler Willy Brand mehrfach in jenen Dezembertagen 1970 seine eigenen Landsleute und die Weltöffentlichkeit hingewiesen hatte.[12]

Man wird dieses Gesamtbild der Bewertung des Warschauer Vertrages in der Bundesrepublik seinerzeit auffächern können nach den strukturellen Merkmalen des Regierungssystems zwischen dem gouvernementalen Bereich von Exekutive, Legisla-

9 Zur Lehre vom Kompromiß in den internationalen Beziehungen, siehe C. C. Schweitzer, Chaos oder Ordnung, a. a. O. S. 57 mit Literaturangabe

10 Zitiert nach „Welt am Sonntag", 20. Dezember 1970

11 Vgl. dazu auch E. Meclewski, Der faschistische Völkermord in Polen, in: Deutsche Außenpolitik, 12 (1967), S. 169 ff.

12 Fernsehansprache Bundeskanzler W. Brandt in Warschau am 7. Dezember 1970, in: Die Verträge der Bundesrepublik Deutschland mit der Union der Sozialistischen Sowjetrepubliken und mit der Volksrepublik Polen, Bonn 1972, S. 169

* S. Anm. Janicki, S. 130;** ebd.

tive und Judikative, dem intermediären der Interessengruppen aller Art einschließlich der Kirchen und der Presse sowie der Summe der Aktivbürger, also der in Meinungsumfragen immer wieder repräsentativ erfaßten „öffentlichen Meinung“:[13] *Die Bundesregierung* und die sie tragende *parlamentarische Mehrheit* glaubte Ende 1970 davon ausgehen zu dürfen, daß Warschau das im obigen Sinne als „national“ definierte deutsche Interesse an einer vom Umfang her möglichst befriedigenden „Endlösung“ der Aussiedlerfrage durch die polnische *„Information“* abzudecken bereit war. Später fragte man sich wohl auch in diesen Kreisen, ob bei den Verhandlungen über dieses Problem vielleicht doch exaktere Quantizierungen und Qualifizierungen hätten vorgenommen werden können, ja vorgenommen werden müssen. Erst die Verhandlungsakten werden darüber einst Auskunft geben können. Parlamentarier auf seiten der Opposition in Bonn — sowohl von der Regierung als einsichtig Einzustufende wie Philip von Bismarck als auch Uneinsichtigere wie Hupka und Czaja — kritisierten jedenfalls im Einvernehmen mit vielen Vertretern von BdV und VdL schon sehr frühzeitig gerade diesen Aspekt und gewannen dann auf Grund der tatsächlichen Entwicklung der Aussiedlerstatistik seit 1971 zunehmend an Boden. Eine gewisse Lautstärke der Opposition in dieser Frage hätte nun allerdings die polnische Seite nach Auffassung der Bundesregierung nicht zu falschen Schlüssen verleiten dürfen. Wenn Warschau angesichts solcher innerdeutschen Oppositionsargumente immer wieder darauf hingewiesen hat, daß die tatsächliche Aussiedlerpolitik der Regierung der Volksrepublik nicht im Widerspruch zu dem in der „Information“ gegebenen Versprechen stehe (was ja „rein semantisch“ nicht völlig abwegig ist), so half dies der Bundesregierung und ihrer Mehrheit in der innerparlamentarischen Auseinandersetzung mit der Opposition gar nicht, weil der Vorwurf einer angeblich mangelhaften Vertragssorgfalt dadurch eher neue Nahrung erhielt.

Im intermediären Bereich überwog 1970, was verständlich war, bei den diversen Organisationen wie BdV und VdL die Ablehnung des Warschauer Vertrages — bei den *Kirchen* insgesamt jedoch die Zustimmung.[14] Charakteristisch für die Bewertung der *Vertriebenengruppen* in der Bundesrepublik war etwa der Kommentar vom 9. Dezember 1970 im „Deutschen Ostdienst“ unter der Überschrift: „Halbmast für Deutschland“: „Bonn hat eine gute Sache begraben und meint einer besseren zu dienen. Uns aber war, ist und bleibt der deutsche Osten mehr, ist Frieden mehr als wohlfeiles Versöhnungsgehabe ausschließlich zu Lasten Deutschlands und der Vertriebenen. Wir meinen, daß eine wirkliche Aussöhnung nur durch beiderseitige Re-

13 Zum Begriff der öffentlichen Meinung bzw. öffentlichen Meinungen und ihre generelle Bedeutung für die Außenpolitik, siehe C. C. Schweitzer, Chaos oder Ordnung, a. a. O. S. 39 ff

14 Zur Haltung der Vertriebenenverbände im einzelnen vgl. Müller/Schmitz u. a. in: Schweitzer/Feger: Das deutsch-polnische Konfliktverhältnis a. a. O.; zur Einstellung der Vertriebenen siehe jetzt auch H. Hapke, Einheimische und Vertriebene, soziologische Aspekte ihrer Einstellung zum deutsch-polnischen Verhältnis, ebenda und Diplomarbeit Universität Köln, 1973

spektierung übervölkisch und überzeitlich gültiger Rechtsgüter erfolgen kann".[15] Im *evangelischen* Bereich konnte die Erklärung des Ratsvorsitzenden der Evangelischen Kirche in Deutschland, Landesbischof D. Dietzfelbinger, vom 22. Dezember 1970 als charakteristisch gelten. Hier wurde an die Politiker appelliert, in der Auseinandersetzung um den Vertrag im Interesse der Aussöhnung mit Polen Maß und Sachlichkeit wahren.[16] Die Erklärung der deutschen Katholischen Bischofskonferenz vom gleichen Tage sprach demgegenüber stärker die Vertriebenen* an, die noch einmal dafür belobigt wurden, daß sie sich bald nach Kriegsende öffentlich und uneingeschränkt zur Versöhnung mit dem polnischen Volk bekannt und jede Gewalt abgelehnt hätten. Sie, die „besonderes Leid und Unrecht erdulden mußten", hätten einen „Anspruch auf die Soldidarität aller Bevölkerungsgruppen". In der sehr allgemein gehaltenen Erklärung hieß es dann weiter: „Die Aussöhnung zwischen den Völkern ist nicht Aufgabe der Politiker allein, sondern auch und vor allem des einzelnen und der Gruppen in jedem Volk. Wir wissen, daß in unserem Volk hierzu eine große Bereitschaft besteht und daß manches im stillen schon geschehen ist. Leider aber sind bis heute dem Zeichen der Versöhnung Grenzen gesetzt. Wir bitten die Politiker und Behörden beider Völker herzlich, solche Barrieren abzubauen, ja darüber hinaus großzügige Wege für Zeichen des Verständigungswillens und der Solidarität sowie Möglichkeiten des Kontaktes zu eröffnen. Das kann auch die Wahrung der unveräußerlichen Rechte der einzelnen und der Gruppen fördern, die im internationalen Recht verankert und die Grundlage jedes dauerhaften Ausgleichs und des Friedens sind".[17] Ganz eindeutig war die positive Würdigung des Warschauer Vertrages durch den sogenannten „Bensberger Kreis" bundesweit bekannter Katholiken, die schon 1968 ähnlich wie die evangelische Seite mit ihrer berühmten Denkschrift zur Vertriebenenfrage eindeutig Stellung bezogen hatten. So hieß es am 17. Juni 1971 in einer Stellungnahme zur gesamten Ost- und Deutschlandpolitik der sozialliberalen Regierung: „. . . billigt der Bensberger Kreis die Verträge von Moskau und Warschau. Ihr historischer Verdienst liegt darin, einen wesentlichen Beitrag zur Schaffung jener gesamteuropäischen Friedensordnung geleistet zu haben, die eine der wichtigsten Aufgaben aller europäischen Regierungen in den 70er Jahren sein wird. Er weiß aber auch, daß es sich hierbei um eine langfristige und überaus mühsame Aufgabe handelt, daß es immer wieder Rückschläge geben wird. Die Spaltung Europas in antagonistische Gesellschafts- und Militärsysteme unter dem Schirm strategischer Droh- und Abschreckwaffen läßt sich nicht von heute auf morgen überwinden. In dieser Konstellation bleibt das Gewicht der Bundesrepublik gering. Der Handlungsspielraum kann angesichts der

15 Deutscher Ostdienst, Bonn 9. Dezember 1970

16 Vgl. u. a. Evangelischer Pressedienst vom 21., 22. und 23. Dezember 1970

17 Siehe Katholische Nachrichten Agentur, Bonn, Nr. 84, 22. Dezember 1970 („Dokumentation")

* Anm. der Herausgeber: Vgl. hier und im folgenden zu diesem Begriff die Schulbuchempfehlungen, in denen genauer zwischen Evakuierten, Geflüchteten, Zwangsaussiedlern und Umsiedlern unterschieden wird, S. 470 f.

bestehenden Machtverhältnisse von der Bundesrepublik isoliert nicht erweitert werden. Übertriebene Erwartungen sind daher genauso illusorisch wie das Festhalten an sogenannten Rechtspositionen, hinter denen sich nicht selten machtpolitische Ambitionen verbergen.

Nichtsdestoweniger wäre auch nur der geringste Fortschritt auf dem Wege zu mehr Sicherheit und Frieden in Europa ohne die Verträge von Moskau und Warschau undenkbar. Sie geben der Bundesrepublik ein nicht unwichtiges Vertrauenskapital nach Osten hin."[18]

Das Echo in der westdeutschen *Presse* war nach der Unterzeichnung des Vertrages im Dezember 1970 überwiegend positiv. Dafür einige Beispiele: „Die Stuttgarter Zeitung" sah in dem Vertrag vor allem eine „Vorleistung für Europa" und das entscheidende Äquivalent für eine noch ausstehende Absicherung Berlins. Die „Süddeutsche Zeitung" bezeichnete den Vertrag als einen „Baustein des Friedens", die FAZ als einen „neuen Anfang" in den Beziehungen zwischen den beiden Völkern, bei dem es um die Frage gehe, „ob die Erinnerung an das Erlittene so übermächtig ist, daß sie beide in die Einbahnstraße des Nationalismus zurückstößt, oder ob sie zurückfinden zum Willen zur Toleranz". Sehr viele Kommentare stellten ihre Betrachtungen unter Begriffe wie: „Wille zur Aussöhnung" (Frankfurter Neue Presse), „Auf dem Wege zur Versöhnung" (Berliner Telegraph), „Akt der Vernunft" (Allgemeine Zeitung in Mainz), „Weichen in die Zukunft", (Frankfurter Rundschau), „Schlußpunkt unter die Vergangenheit" (Die Zeit) oder der „Weg der Vernunft" (Welt der Arbeit). Kritische Kommentare verzeichneten etwa „Christ und Welt" unter der Überschrift: „Politik mit Gefühlen" oder Zeitungen des Springer-Konzerns, in denen der Verleger selber das Wort ergriff und nicht zuletzt davor warnte, daß ein tiefer Riß durch das deutsche Volk auf Grund dieser Verträge gehen würde und „gegnerische Anschauungen" zur „Feindschaft entarten" könnten. Keineswegs atypisch war demgegenüber der Kommentar in der Zeitschrift „Publik" vom 18. Dezember 1970 zur Verwendung des Wortes „Aussöhnung" für die angestrebte Normalisierung zwischen der Bundesrepublik und Polen. Er hielt diese Verwendung „nicht nur in sich für fragwürdig; sie wird es noch mehr dadurch, daß sie die Analogie zur deutsch-französischen Verständigung aufdrängt. In Wahrheit ist diese Analogie aber unzulässig. Polen mag in vieler Hinsicht ein „westliches Land sein, aber nicht unter einem entscheidenden Gesichtspunkt, nämlich dem politischen. Das Land gehört einem Bündnis an, dessen Interessen demjenigen entgegenstehen, dem die westeuropäischen Nationen angehören". Anzumerken ist aus dem Bereich der Presse vielleicht noch, daß die „Kieler Nachrichten" schon am 12. Dezember 1970 auf die völkerrechtliche Problematik der Formulierung des Artikels 1,1 im Vertrag hinwiesen, in dem es hieß, daß „die bestehende Grenzlinie, deren Verlauf von Kapitel IX der Beschlüsse der Potsdamer Konferenz. . . . festgelegt worden ist, die westliche Staatsgrenze der Volksrepublik Polen bildet". Die Zeitung stellte dem gegenüber fest, daß die polnische Westgrenze ent-

18 Zitiert nach Privatarchiv des Verfassers, hektographische Erklärung

lang der Oder ja schon in einem Geheimabkommen vom Juli 1944 zwischen Stalin und der damaligen provisorischen polnischen Regierung, dem Lubliner Komitee*, vereinbart worden war, nach der Potsdamer Konferenz dann aber bei Stettin noch 10 km weiter nach dem Westen verschoben wurde.

Was die „Summe der *Aktivbürger*" betraf, so war es bemerkenswert, daß schon im Dezember 1970 49 % eines repräsentativen Querschnitts der Bundesrepublik Deutschland einer Umfrage des INFAS-Institutes zufolge den Vertragsabschluß billigten, ihn nur 24 % ablehnten, 14 % ihm mit Gleichgültigkeit gegenüberstanden und 13 % keine Angaben zu machen vermochten. Die größten Unterschiede ergaben sich damals hinsichtlich der parteipolitischen Präferenz. So unterstützten 73 % der SPD-Sympathisanten und 63 % der FDP-Anhänger den Vertrag, aber nur 26 % der CDU und 21 % der CSU-Anhänger. 48 % der CDU- und 36 % der CSU-Anhänger lehnten den Vertrag ab. Die stärkste Ablehnung erfuhr der Vertrag im Dezember 1970 von den in den entsprechenden Vertriebenen- oder Flüchtlingsverbänden Organisierten. Von ihnen standen 55 % dem Vertrag negativ gegenüber, während nur 40 % ihn begrüßten. Unter den 18—24jährigen begrüßten 55 % den Vertrag im Gegensatz zu 16 %, die ihn ablehnten. Die Zustimmung zum Vertrag stieg proportional zum Bildungsniveau. Allerdings nahm der Widerstand gegen das Vertragswerk in den unteren Bildungsschichten auch nicht zu. 62 % erwarteten damals eine Verbesserung der künftigen Beziehungen zur Volksrepublik Polen, nur 2 % eine Verschlechterung, und 25 % keinerlei Änderungen; 11 % vermochten dazu keine Angaben zu machen.[19]

Entscheidend für die Bewertung des Warschauer Vertrages war es in der Bundesrepublik Deutschland zweifellos, daß dieser Vertrag auf deutscher Seite in bezug auf die dort sanktionierte Gebietsabtretung *in den Worten von Willy Brandt als ein „endgültiger Schlußstrich" unter die Vergangenheit der Schreckenszeit von 1939—1945 und damit als ein Neubeginn speziell für die Beziehungen zwischen den jungen Polen und den jungen Deutschen angesehen wurde, für eine Generation also, die die künftigen deutsch-polnischen Beziehungen unbeschwert von dieser unseligen Vergangenheit gestalten sollte.[20] Aus dieser Sicht wurde von Brandt ebenso wie von den meisten anderen deutschen Sprechern daher der dann bald aufkommende Gedanke ausdrücklich abgelehnt, daß die Bundesrepublik einzelnen Polen gegenüber noch zusätzliche Entschädigungsansprüche aus der Zeit des Dritten Reiches befriedigen müsse, abgesehen von Opfern medizinischer KZ-Versuche. Ein Hochspielen der später aufgeworfenen sogenannten Entschädigungsfrage, auf die noch näher eingegangen wird, mußte auch deshalb aus der Sicht der Regierungsmehrheit in Bonn vermieden werden, weil dadurch nur weitere Gegenrechnungen

19 Institut für angewandte Sozialwissenschaft, Bonn-Bad Godesberg, Februar 1971, 761/3523

20 Vgl. Ansprache des Bundeskanzlers Willy Brandt in Warschau, in: Die Verträge der Bundesrepublik Deutschland mit der Union der Sozialistischen Sowjetrepubliken und mit der Volksrepublik Polen, Bonn 1972, S. 178 ff und Präambel des Warschauer Vertrages

* S. Anm. Janicki, S. 130;

aus Vertriebenenkreisen präsentiert worden wären über den eigenen Verlust an Besitz aller Art in den ehemaligen deutschen Ostgebieten*.

Aber genau in dieser entscheidenden Bewertungsfrage hatten, wie sich dann bald herausstellte, das gewissermaßen amtliche Polen und die amtliche Bundesrepublik in den ersten drei Jahren nach Inkrafttreten des Vertrages ebenso aneinander vorbeigeredet und vorbeigedacht, wie die „Öffentlichkeit" in den beiden Ländern — mit der schwerwiegenden Konsequenz, daß trotz des Neubeginns vom Dezember 1970 immer noch ernste Konfliktelemente das beiderseitige Verhältnis belasteten. Denn für die *polnische* Führung und für die polnische öffentliche Meinung schien sich, wie man zunehmend mit Enttäuschung und Irritation in der Bundesrepublik zur Kenntnis nahm, der Warschauer Vertrag von Anfang an in erster Linie als die entscheidende *Voraussetzung* dafür dargestellt zu haben, daß von Polen das Gespräch mit den Deutschen überhaupt im versöhnlichen Sinne wieder aufgenommen wurde und noch strittige Fragen einschließlich solcher, die die unselige Vergangenheit des Dritten Reiches betreffen, einvernehmlich geregelt werden konnten. Die Ursachen und Auswirkungen der in den ersten sechs Monaten des Jahres 1974 immer wieder öffentlich erhobenen Warschauer Forderungen nach deutschen Zahlungen für die Entschädigung von noch lebenden polnischen KZ-Opfern waren — so so stellte sich dies später informierten Beobachtern in der Bundesrepublik dar — wohl mehr unter solchen „volkspsychologischen" Gesichtspunkten zu sehen und zu bewerten, wenngleich man in der Bundesrepublik auch politisch-verhandlungstaktische Gesichtspunkte zu erkennen glaubte. Auf besonderes Unverständnis stieß in der Bundesrepublik allerdings das immer wieder geäußerte polnische Argument, daß sich die Polen dank der ihnen gegebenen Garantien vom eigenen Paktsystem her ohnehin in ihren neuen Grenzen von 1945 ein für alle Mal sicher etabliert sahen. Bei aller Würdigung verhandlungstaktischer Aspekte fragte man sich angesichts einer solchen Argumentation, warum dann der polnischen Seite über Jahre hinweg so sehr an einer „Anerkennung" der Oder-Neiße-Grenze auch durch die Bundesrepublik gelegen war.**

Die Politiker auf beiden Seiten mußten jedenfalls versuchen — dies Fazit schien schließlich Anfang 1975 gegeben zu sein — solche volkspsychologischen Versäumnisse, d. h. das Unterlassen einer Aufklärung über die zu vermutende Perzeption der nationalen Interessenlage durch die jeweils andere Seite, wieder gutzumachen.

3. *Bedrohungsvorstellungen*

Damit ist in dieser Analyse der Übergang gegeben zu einer kurzen Betrachtung eines zweiten Syndroms der Verursachung internationaler Spannungen auch im Hinblick auf das Verhältnis der Bundesrepublik Deutschland mit VR Polen, d. h. des Phänomens sogenannter *Bedrohungsvorstellungen*, die als Gegenstand der Konfliktforschung immer wichtiger geworden sind.

* S. Anm. poln. Hrg., S. 378 und Beitrag Sułek.
** S. Anm. Sułek, S. 378

Dieses Phänomen ist dann gegeben, wenn sich eine Gruppe, ein Staat oder ein Volk A von einer Absicht B's bedroht glaubt und bei B zusätzlich das Vorhandensein eines entsprechenden Bedrohungspotentials annimmt oder unterstellt. Mit anderen Worten — und in einer Gleichung ausgedrückt:

Bedrohungsvorstellungen sind eine Kombination von angenommener Bedrohungsabsicht und vermutetem Potential zur Verwirklichung einer solchen Absicht. Nun ist auch in sozialpsychologischen Experimenten wiederholt nachgewiesen worden, daß es in einem solchen Zusammenhang gar nicht so sehr darauf ankommt, ob die Einschätzung von A einer Bedrohungsabsicht und eines Bedrohungspotentials von B richtig oder falsch oder auch teilweise richtig oder falsch ist. Entscheidend ist vielmehr das Vorhandensein von Bedrohungsvorstellungen bei A als solchen und die Tatsache, daß diese dann bei B entsprechende Vorstellungen hervorrufen oder auch schon vorhandene verstärken.

Auf jeden Fall kommt es immer wieder zu einer Eskalation gegenseitiger Bedrohungsvorstellungen und Abwehrmaßnahmen, wie die Geschichte des Kalten Krieges in Europa von 1947 bis ungefähr 1967 zur Genüge zeigt. Für die Friedens- und Konfliktforschung ist darüber hinaus von Bedeutung, daß Bedrohungsvorstellungen in einer bestimmten Gruppe, einem Volk oder einem Staat häufig, ja in der Regel einhergehen mit der Herausbildung und Verstärkung von Vorurteilen und Stereotypen — in unserem Fall gegenüber „dem" Polen. Sie alle prägen nicht nur die öffentliche Meinung, die öffentlichen Meinungen, sondern auch häufig das Weltbild von wichtigen außenpolitischen Entscheidungsträgern.[21]

Angewandt auf die Beziehungen zwischen der Bundesrepublik Deutschland und der VR Polen in der Zeit von1945 bis 1970 wäre davon auszugehen, daß die Polen über alle durchaus denkbaren Differenzierungen ihrer politischen und anderen Anschauungen hinweg mittelfristige oder langfristige Befürchtungen in Richtung auf einen „deutschen Gegenstoß" zur Wieder-Inbesitznahme der neuen polnischen Westgebiete hegten, sich also in ihren vitalen Interessen bedroht fühlten und bei den Deutschen in der Bundesrepublik auch das Vorhandensein eines entsprechenden Machtpotentials zur Verwirklichung solcher Absichten irgendwann in der Zukunft annahmen.

Für solche polnischen Vorstellungen brachte man in der Bundesrepublik auch schon vor 1970 ein gewisses „Verständnis" auf. Ihnen suchten, das wird man objektiv festzuhalten haben, daher auch schon Regierungsvertreter in Bonn vor Beginn der sozial-liberalen Ära zu begegnen. Man sah in Bonn, daß sich die Polen in entsprechenden Einschätzungen durch die zumindest in den fünfziger Jahren ständig publizierten Bekundungen einer Entschlossenheit auf seiten der Vertriebenenverbände, eines Tages wieder in die angestammte Heimat zurückkehren zu wollen, bestärkt fühlten. Beteuerungen von Funktionären aus BdV und VdL, daß man auf der

21 Dazu grundsätzlich C. C. Schweitzer, Chaos oder Ordnung, a. a. O. S. 77 ff und Jahrbuch für Friedens- und Konfliktforschung, Bd 1: Bedrohungsvorstellungen als Faktor der internationalen Politik, Bertelsmann Universitätsverlag, Düsseldorf 1971 unter Mitwirkung von K. W. Deutsch u. a.

Linie der Stuttgarter „Charta der Vertriebenen" von 1950 nur gewaltlos zurückkehren und im übrigen künftig mit den Polen in Freundschaft und Kooperation leben wolle, wurden demgegenüber — auch diese polnische Perzeption stieß in der Bundesrepublik Deutschland als eine „subjektive" auf Verständnis — als Ausdruck einer „schizophrenen" Grundhaltung oder einer bewußt doppelbödigen Argumentation angesehen.

So stellte sich Bonn die polnische Politik gegenüber der Bundesrepublik Deutschland sehr bald als eine Funktion der Abwehr vermeintlicher wie „erfundener" revanchistischer Bestrebungen ebenso wie als Teil der gesamten polnischen „Ostblockpolitik" mit ihrer überwölbenden ideologischen Zielsetzung dar, umgekehrt aber diese Ostblockpolitik auch als Teil der polnischen West- bzw. Deutschlandpolitik. Auf der anderen Seite konnte man in der Bevölkerung der Bundesrepublik Deutschland über einen langen Zeitraum seit Anfang der fünfziger Jahre hinweg das Vorhandensein eines Gefühls des Bedrohtwerdens durch den gesamten kommunistischen Ostblock ebenso unterstellen wie die Annahme eines — in diesem Falle möglicherweise übertrieben groß eingeschätzten — sowjetischen Potentials zur Verwirklichung des Zieles einer kommunistischen Weltrevolution. Auf jeden Fall verstärkten immer wieder propagandistische Bekundungen, aber auch praktische politische Schritte des „Ostens" etwa im Jahre 1958 in der Berlinfrage (ob defensiv oder „offensiv" motiviert, war vom Ergebnis her irrelevant) schon in der Bundesrepublik Deutschland vorhandene Bedrohungsvorstellungen. Unbeschadet der wiederholt geäußerten gegenteiligen Ansicht von bundesrepublikanischen Ostspezialisten glaubten viele Westdeutsche in diesem Zusammenhang, in den polnisch-sowjetischen Beziehungen Elemente eher einer unauflöslichen ideologischen Verbindung als einer in der Geschichte häufiger aufgetretenen Interessengegensätzlichkeit entdecken zu können.[22]

Auch im Hinblick auf solche Bedrohungssyndrome hätte der Warschauer Vertrag eine neue Ära kontinuierlich besser werdender Beziehungen nach sich ziehen müssen. Mit der Anerkennung der polnischen Westgrenze durch die Bundesrepublik Deutschland schien den Polen die Basis ihrer Bedrohungsvorstellungen entzogen zu sein. Umgekehrt trug auch dieser Vertrag — neben den anderen sogenannten Ostverträgen der Regierung Brandt/Scheel — mit dem dadurch und danach beginnenden Normalisierungsprozeß bei den Deutschen in der Bundesrepublik Deutschland zu einer Reduzierung des Gefühls eines Bedrohtwerdens durch die kommunistischen Staaten insgesamt bei. In Korrelation dazu stieg die Zahl derer, die dem Warschauer Vertrag unter Gesichtspunkten eines regionalen Ausgleichs zwischen Ost- und Westeuropa einen hohen Stellenwert beimaßen. Vergleiche bieten sich an zu dem meßbaren Abbau von Bedrohungsvorstellungen in der westdeut-

22 Wie die Reaktionen insbesondere in der Bundesrepublik unter Bundeskanzler Adenauer auf den sogenannten Rapacki-Plan zeigten, vermochten auch solche konfliktregulierenden Vorschläge der polnischen Seite in jenen Jahren an dem Bild, das man sich bei den damaligen außenpolitischen Entscheidungsträgern in Bonn von den Warschauer Pakt-Staaten machte, nichts zu ändern.

schen Bevölkerung gegenüber der Sowjetunion z. B. alleine in dem Zeitraum von August 1969 bis Oktober 1970, d. h. also, vor und nach der Unterzeichnung des *Moskauer* Vertrages.[23] Die positive Einschätzung nicht nur des Warschauer Vertrages in sich, sondern auch des Gesamtgeflechtes der Ostverträge der Bundesregierung lag im Frühjahr 1972 bei rund 55 % — im Gegensatz zu einem ablehnenden Prozentsatz zwischen 16 % und 21 %.[24] Mit dem Abstimmungsergebnis im Bundestag waren dann im Frühsommer 1972 41 % einverstanden und weitere 11 % nur deshalb nicht, weil sie eine noch größere Stimmenmehrheit zugunsten der Verträge lieber gesehen hätten. Lediglich 20 % bedauerten das Abstimmungsergebnis offensichtlich unter insgesamt ablehnenden Gesichtspunken.[25]

Der hohe Stellenwert des Warschauer Vertrages für eine Entspannung und Normalisierung gründete sich damit für beide Seiten von Ende 1970 bis Mitte 1972 letztlich darauf, daß mit ihm Mißtrauen abgebaut und ein Grundstein für neues Vertrauen zwischen den Regierungen und Völkern geschaffen wurde, wie denn überhaupt sogenannten vertrauensbildenden Maßnahmen im gesamten Ostwest-Konfliktverhältnis bzw. dessen Überwindung — denken wir hier nur an die postulierten Ziele der KSZE — eine große Bedeutung zukommt. Von daher konnte der Vertrag auch der Beginn eines Prozesses sein, in dem in der öffentlichen Meinung beider Seiten bislang falsche Fremdbilder vom jeweils anderen Volk langsam „entzerrt" werden würden. Zu diesem Problem äußert sich H. Feger in diesem Band insbesondere im Zusammenhang mit einer von ihm und dem Verfasser herausgegebenen interdisziplinären Forschungsveröffentlichung.[26]

4. Enttäuschte Erwartungen

Trotz aller dieser positiven Ansätze trug nun aber der Warschauer Vertrag in den ersten Jahren nach seinem Inkrafttreten keineswegs nur die von vielen Deutschen in der Bundesrepublik und Polen sicherlich gleichermaßen erhofften und gleichermaßen auch erwarteten Früchte. Vielmehr geriet spätestens um die Jahreswende von 1973/74 der durch diesen Vertrag aus der Sicht der öffentlichen Meinung in beiden Ländern eingeleitete Normalisierungsprozeß wieder ins Stocken. Der entscheidende Grund neben dem schon genannten einer unterschiedlichen volkspsychologischen Bewertung des Vertrages in Punkto „Vergangenheitsbewältigung" dürfte die Tatsache gewesen sein, daß sowohl in der Volksrepublik Polen als auch in der Bundesrepublik Deutschland Ende 1970 die Erwartungen offensichtlich zu hoch gespannt gewesen waren, d. h. enttäuscht wurden, und dadurch wiederum in beiden Ländern Kritiker, wenn nicht sogar heimliche Gegner, der bundesrepublikanisch-

23 Siehe INFAS, 12/70, Teil 1, BPA 15. Dezember 1971

24 Siehe Institut für Demoskopie, Allensbach, Auswertung einer Befragung Januar/Februar 1972, in: Presse- und Informationsamt der Bundesregierung 4/1972

25 Siehe Emnid-Befragung 5/3, veröffentlicht 4. September 1972 in einer Zusammenfassung des Presse- und Informationsamtes der Bundesregierung

26 Siehe Beitrag H. Feger, S. 241 ff.

polnischen Normalisierung neuen Auftrieb für alte Argumente erhielten. Beide Seiten tendierten jedoch dahin, jeweilige negative Entwicklungen und Stimmen bei den anderen zu registrieren und die eigenen zu übersehen. So schien in der Bundesrepublik Deutschland ein im April 1974 veröffentlichter Artikel des polnischen Sejm-Abgeordneten E. Osmanczyk in der Trybuna Robotnicza durchaus bezeichnend zu sein für eine plötzlich wieder kritischere, mehr oder weniger amtliche Argumentations- und Betrachtungsweise Warschaus, wenngleich man sich in der Bundesrepublik Deutschland der unterschiedlichen systembedingten Gewichtigkeit zwischen parlamentarischen Äußerungen — auf andere wird noch hinzuweisen sein — durchaus bewußt war. In dem Artikel hatte es geheißen;

„Es ist kein Geheimnis, daß der Dialog zwischen Polen und dem westdeutschen Staat nicht reibungslos verläuft. Dies ist für jeden, der die von den Bundestagsparteien während der Verhandlung vor der Unterzeichnung des Vertrages zwischen Polen und der Bundesrepublik und während der darauffolgenden 14 Monate bis zu seiner Ratifizierung angewandte Taktik verfolgt hat, kaum überraschend. Man brauchte nicht nur 14 Monate, um den Vertrag zu ratifizieren, sondern dies geschah in der denkbar schlechtesten Art und Weise unter gleichzeitiger Verwerfung des Vertrages durch die berüchtigte Bundestagsresolution, in der angekündigt wurde, daß in Zukunft — unter für Westdeutschland günstigeren Umständen — die mit der Sowjetunion und Polen abgeschlossenen Verträge nicht bindend sein würden. Mit anderen Worten, sie würden nur zu einem Fetzen Papier in der Geschichte der bourgeoisen deutschen Diplomatie werden. . . .

Im März 1974, fast zwei Jahre nach der Ratifizierungsdebatte, war im Bundestag ein anderer gut einstudierter anti-polnischer Refrain zu hören; es wurden Beschuldigungen laut, daß Polen es unterlassen hätte, ein sehr spezifisches humanitäres Problem zu lösen. . . .

Der Verfasser erinnert an das, was er einmal in Warschau während einer Diskussion mit Bundestagsabgeordneten gesagt hatte, nämlich, daß sie besser aufhören sollten, von Humanität zu sprechen, da es allein in Warschau Gräber von über 200 000 Menschen gäbe, die niemals in der Lage sein würden, sich mit ihren Familien zu vereinigen. . . .

In dieser Lage müßten sich die Bundestagsparteien, und insbesondere die Parteien der Regierungskoalition, sagen lassen, daß es absurd ist, gegenüber Polen eine Politik von der Position der Stärke aus zu führen. . . .“

Solche Stimmen, wurden von den um einen weiteren Interessenausgleich zwischen beiden Staaten Bemühten, durchaus starken Kräften in der Bundesrepublik bestenfalls noch als Ausdruck enttäuschter polnischer Erwartungen gewertet — im negativsten Falle aber auch schon als Versuch einer „Einschüchterung“.

Enttäuschte Erwartungen in der Bundesrepublik genauso wie in Polen blieben wahrscheinlich zunächst beschränkt auf politische Führungskräfte in Exekutive und Legislative sowie auf die verschiedenen, im Hinblick auf spezielle Fragen des Verhältnisses zwischen der Bundesrepublik Deutschland und der Volksrepublik Polen als besonders „interessiert“ einzustufende gesellschaftliche Gruppen — zum Beispiel in Industrie und Handel auf der polnischen, in Vertriebenenkreisen auf der bundesrepublikanischen Seite. Es wurde auch in der Bundesrepublik Deutschland durchaus unterstellt, daß sich polnische Wirtschafts- und Regierungskreise sehr viel mehr von den finanziellen Möglichkeiten der Bundesrepublik Deutschland versprochen hatten, der polnischen Wirtschaft mit zinsgünstigen Krediten im großen Umfange entgegenzukommen.

Umgekehrt aber hatte sich die deutsche Seite nach 1970 große Hoffnungen auf eine beschleunigte, großzügige und endgültige Abwicklung der Aussiedlerfrage gemacht — um in diesem Zusammenhang nur die jeweils wichtigsten, sehr bald als Passivposten perzipierten Faktoren ins Feld zu führen. Bis zum Spätsommer 1974 hatten sich in der Bundesrepublik Deutschland solche Enttäuschungen im gouvernementalen und intermediären Bereich schon auf die Aktivbürger insgesamt, d. h. auf einen repräsentativen Querschnitt der öffentlichen Meinung, ausgewirkt. So äußerten sich in einer Umfrage vom August/September 1974 56 % der Bevölkerung von der Entwicklung enttäuscht — allerdings im Hinblick auf *alle* Ostverträge mit der Sowjetunion, Polen, der CSSR und der DDR, und nur 23 % „zufrieden" bei 21 % Unentschiedenen.[27]

Eine derartige Phase beiderseitiger Enttäuschungen weist Aspekte auf, die vom Blickwinkel einer die Möglichkeiten der Deeskalation von internationalen Konflikten und der Förderung von internationaler Kooperation analysierenden Friedens- und Konfliktforschung von grundsätzlichem Interesse sind, spielt doch hier der immer wieder nachweisbare Umstand eine Rolle, daß es selbst für positiv gegenüber der jeweils anderen Seite und im Hinblick auf diese Seite als Experten anzusehende einzelne, Gruppen und Regierungsvertreter sehr schwierig ist, sich in ein diametral entgegengesetztes Regierungs- und Gesellschaftssystem zumindest dann objektiv hineinzudenken, wenn eigene „nationale" Interessen auf dem Spiel zu stehen scheinen. So vermochte man nach bundesrepublikanischer Auffassung auf der polnischen Seite lange Zeit offensichtlich nicht einzusehen, daß in den Jahren 1973/74 sogar einem bundesrepublikanischen Kapitalmarkt und damit auch der Bundesregierung im Hinblick auf ihre finanzpolitischen Instrumentarien und Möglichkeiten angesichts insbesondere der gesamt-westeuropäischen Stabilitätskrise enge Grenzen bei der Kreditgewährung gesetzt sein mußten. Auch schien man in Polen den Unterschied zwischen den Möglichkeiten zum Beispiel der „kapitalistisch" operierenden Deutschen Bank zu übersehen, einerseits der ebenfalls sich im westlich-kapitalistischen Rahmen bewegenden französischen Staatsbank einen Staatskredit zu gewähren — wie er seinerzeit von dem Finanzminister Schmidt gegenüber seinem Kollegen Guiscard d'Estaing offeriert worden war — und andererseits den Möglichkeiten einer Gewährung von zinsgünstigen Krediten durch die im Rahmen einer freien Marktwirtschaft operierenden Bundesregierung zugunsten einer kommunistisch gelenkten Planwirtschaft.* Umgekehrt unterschätzten aber sicherlich sogar bundesrepublikanische Fachleute im Bereich von Exekutive und Legislative die Schwierigkeit der polnischen Seite, etwa in bestimmten Wirtschaftsregionen wie dem Kattowitzer Becken zu viele Arbeitsfachkräfte auf einmal in die Bundesrepublik Deutschland ausreisen zu lassen.

Für die Bundesrepublik Deutschland — für die öffentliche Meinung ebenso wie für besonders interessierte Gruppen, aber auch für Vertreter von Exekutive und Le-

27 Zitiert nach Jahrbuch der Öffentlichen Meinung 1975

* Anmerkung der polnischen Herausgeber: Vgl. dazu den Standpunkt der polnischen Seite im Beitrag von Grabska, S. 221 ff.

gislative — kam dann die Forderung des 1. Sekr. des ZK der PVAP, E. Gierek in seiner März-Rede 1973 nach einer Globalentschädigung für die noch lebenden rund 200 000 polnischen KZ-Häftlinge als „Voraussetzung" für weitere Normalisierungsmaßnahmen sozusagen aus heiterem Himmel* und leitete eine Entwicklung in den darauffolgenden Monaten ein, die zunächst zu einem Abbruch der um die Jahreswende 1973/74 an sich noch sehr hoffnungsvoll stimmenden Verhandlungen führte.

Als schließlich im März 1974 von weiteren kompetenten und in der Bundesrepublik Deutschland durchaus bekannten polnischen Deutschlandkennern und politischen Führungskräften ein, wie es in Bonn scheinen mußte, „publizistisches Sperrfeuer" gelegt wurde, wich die Überraschung in der Bundesrepublik einem Gefühl der Betroffenheit, ja Verstimmung. Aufsehen erregten vor allem die Aufsätze in der parteiamtlichen Zeitschrift „Polityka" vom 30. März 1974 sowie in der regierungsamtlichen Zeitung „Zycie Warszawy" vom 30. März 1974. In der erstgenannten Veröffentlichung wurde für die deutsche Seite die schon angedeutete unterschiedliche volkspsychologische Wertung des Warschauer Vertrages sehr deutlich und von daher die Frage der Entschädigung für die noch lebenden KZ-Häftlinge in Anlehnung an die Gierek-Rede 1973 als *entscheidende* Crux bezeichnet.

Diese Entschädigung, so hieß es, sei für das polnische Volk im Jahre 1974 eine *„Voraussetzung"* für jede *„volle"* (! d. V.) Normalisierung.

Von der Bonner Regierungsseite mußte im Frühjahr 1974 gegenüber solchen polnischen Stimmen immer wieder darauf verwiesen werden, daß erstens die Bundesrepublik insgesamt ja bereits einen Betrag von rund 140 Millionen DM für die Entschädigung von medizinischen KZ-Opfern gezahlt hatte — was einem Betrag von rund 30 000 DM pro Person gleichkam und zweitens individuelle Entschädigungsansprüche von der Bundesrepublik Deutschland auch gegenüber westlichen und anderen Nachbarn gemäß den Richtlinien der Entschädigungsgesetzgebung gehandhabt wurden, d. h. sich mehr oder weniger ausschließlich auf den Kreis der rassisch, religiös und weltanschaulich Verfolgten beschränkten. Diese Kriterien lagen allen zwölf sogenannten Globalabkommen mit westlichen Staaten zugrunde.

Anders ausgedrückt: Eine Entschädigung für Verfolgungen auf nationaler Basis allein, also zum Beispiel für niederländische, norwegische oder andere Widerstandskämpfer, wurde unter dem übergeordneten Stichwort Reparationen völkerrechtlich und politisch als abgegolten betrachtet, wie dies auch im Schlußbericht der „Interalliierten Reparationsagentur" klar zum Ausdruck gebracht worden war. An diesem Schlußbericht war als einziges östliches Land auf Grund der Entwicklung bis 1948 nur die CSSR beteiligt gewesen. Dennoch hatte sich auch Polen Deutschland gegenüber im Hinblick auf Reparationsleistungen 1953 als abgefunden erklärt.[28] Nach Auffassung der Bundesrepublik Deutschland hätte im übrigen die DDR aus dieser Gesamptproblematik später nicht ausgeklammert werden dürfen.**

* S. Anm. Sułek, S. 378; ebenso** s. Anm. poln. Hrg., S. 378

Auch in Bonn berücksichtigte man aber durchaus das polnische Argument, daß man von der Bundesrepublik aus polnische Geschädigte schon vor 15 Jahren, d. h. lange vor 1969, beschieden hatte, individuelle Wiedergutmachungsanträge könnten grundsätzlich erst bearbeitet werden, wenn diplomatische Beziehungen zwischen Warschau und Bonn hergestellt worden seien. (Daher hatte es sich, wie wir jetzt wissen, um Antworten untergeordneter deutscher Verwaltungsinstanzen unter CDU/CSU geführten Bundesregierungen gehandelt.).

Offiziell wurde dann 1975 von beiden Seiten ein Junktim zwischen „Geldwünschen" einerseits und Aussiedlerquoten andererseits geleugnet bzw. strikt abgelehnt. Tatsächlich bestand es aber zumindest in Form einer weiteren diplomatischen do-ut-des-Überlegung: Unmißverständlich mußte von der Bundesregierung in Verhandlungen — und keineswegs eben nur von der Opposition öffentlich im Bundestag — den Polen im neuen „Krisenjahr" 1974 der Beziehungen entgegengehalten werden, daß für die Bundesrepublik eine befriedigende, das heißt endgültige Lösung der Aussiedlerproblematik eine condition sine qua non für alle weiteren Kooperationen war. Die Argumentation von BdV und VdL innerhalb und außerhalb des Deutschen Bundestages ging ohnehin schon sehr frühzeitig in diese Richtung. Diese Kreise hielten konsequent an der vom Deutschen Roten Kreuz rund 10 Jahre vorher ermittelten Gesamtzahl von rund 283 000 aussiedlungswilliger Deutschstämmiger in den neuen polnischen Westgebieten fest, während andere bundesrepublikanische Analytiker geneigt waren, erhebliche Abstriche zu machen. Tatsächlich hatte der Suchdienst des Deutschen Roten Kreuzes zwischen 1949/50 und 1970/71 drei sogenannte Aktualisierungsversuche unternommen bzw. drei verschiedene Karteien angelegt und jeweils auf den neusten Stand zu bringen versucht: Einmal 1949/50 auf Grund der großen Flüchtlingsbewegungen der unmittelbaren Nachkriegsjahre, zum zweiten 1958 auf Zuschriften hin aus den Gebieten jenseits von Oder-Neiße selber sowie aus Verwandtenkreisen und Freunden von Deutschstämmigen dort, die sich in der Bundesrepublik befanden und schließlich das noch bestehende Karteisystem, das Ende 1970 Anfang 1971 auf Grund von schriftlichen Rückfragen des Deutschen Roten Kreuzes (in einer Auflage von rund 80 000) erstellt wurde. Solche großangelegten Versuche, die Karteien jeweils auf den neuesten erkennbaren Stand zu bringen, kann das Deutsche Rote Kreuz mit dem ihm zur Verfügung stehenden Kräften nicht häufiger als alle 5—8 Jahre durchführen.[29]

Diese zuletzt genannte Kartei dient nach wie vor als entscheidende Bewertungsunterlage. 1973 glaubte das Deutsche Rote Kreuz selber noch von einer Zahl von rund 283 000 Aussiedlungswilligen ausgehen zu können. Ende 1975 bzw. Anfang

28 Text der polnischen Erklärung in: Tägliche Rundschau, 25. August 1953: „Mit Rücksicht darauf, daß Deutschland seinen Verpflichtungen zur Zahlung von Reparationen bereits in bedeutendem Maße nachgekommen ist, . . . hat die Regierung der VRP den Beschluß gefaßt, mit Wirkung vom 1. Januar 1954 auf die Zahlung von Reparationen an Polen zu verzichten. . ."

29 Besuch des Verfassers beim Suchdienst des Deutschen Roten Kreuzes in Hamburg Ende 1975

1976 mußte es jedoch erklären, daß eine völlig gesicherte Zahlenangabe nicht möglich sei, sondern vielmehr von rein hypothetischer Natur bleiben müsse. Galt diese Feststellung schon in beschränktem Umfange für diejenigen, die unter die Kategorie der Familienzusammenführung fielen, so erst recht für den Kreis derer, die sich auf ihre deutsche Volkszugehörigkeit beriefen. Das Deutsche Rote Kreuz hat in den letzten Jahren immer wieder erklären müssen, daß es Anträge von Aussiedlungswilligen entgegennehmen, keinesfalls aber diese selber auf ihre Stichhaltigkeit hin nachprüfen könne. Die Bundesregierung unter Helmut Schmidt legte sich ihrerseits in dieser quantitativen Frage nicht fest, sondern wies durch den Mund des Bundeskanzlers im Januar 1975 auf den engen politischen und zeitlichen Zusammenhang zwischen Aussiedlung, Rentenzahlungen und einer verstärkten wirtschaftlichen Kooperation hin.[30]

Denn wie hoch oder niedrig auch immer die tatsächlichen Aussiedlerzahlen waren, von denen die amtlichen Stellen in beiden Ländern jeweils unterschiedlich 1975/76 ausgingen, sicher war, daß die Position der Bundesrepublik Deutschland insgesamt auf diesem Gebiet zunächst einmal von wichtigen *rechtlichen* und *moralischen* Vorstellungen ausging. Was die rechtlichen betrifft, so kann man sogar nach bundesrepublikanischer Auffassung zurück bis hin zum Potsdamer Abkommen argumentieren, das in seinem Abschnitt 13 („ordnungsmäßige Überführung deutscher Bevölkerungsteile") das Anerkenntnis der „drei Regierungen", enthält, daß „die Überführung der deutschen Bevölkerung oder Bestandteile derselben, die in Polen. . . zurückgeblieben sind, nach Deutschland durchgeführt werden muß".[31*] Der 1966 unterzeichnete und 1973 auch von der Bundesrepublik Deutschland ratifizierte *„Internationale Pakt über bürgerliche und politische Rechte"* stipuliert darüber hinaus das Recht eines jeden Menschen, ein bzw. sein Land jederzeit verlassen und in ein anderes nach Wahl umsiedeln zu dürfen.[32] Der moralische Aspekt, der weit über den „naturrechtlichen" Bereich hinaus bis in „alttestamentarische" Vorstellungen zurückverfolgt werden könnte, vor allem der des individuellen Rechtes auf „Wohnsitzwahl", war für die Bundesrepublik eng mit diesem juristischen verknüpft und wog um so schwerer, als ja, wie schon erwähnt wurde, gerade diese Dimension bei der Hinnahme des deutschen Gebietsverlustes durch die Bundesrepublik Deutschland psychologisch eine große Rolle spielte.

30 Wörtlich erklärte er: „Die Ostpolitik der sozialliberalen Koalition wird ihre Abrundung erfahren, wenn eine weitere Verständigung mit Polen erreicht sein wird, d. h. wenn es gelingt, wichtige Probleme wie die Familienzusammenführung oder den Abschluß eines Rentenabkommens zu lösen. Erst dann erscheint es möglich, die wirtschaftliche Kooperation und die Fragen ihrer Finanzierung in Angriff zu nehmen". Zitiert aus: Eröffnungsansprache des Bundeskanzlers zur Außenpolitischen Bundeskonferenz der SPD, 17. Januar 1975, Bonn

31 Zitiert nach Dokumentation zur Deutschlandfrage: Von der Atlantik-Charta 1941 bis zur Berlin-Sperre 1961, Hauptband I, zusammengestellt von H. von Ziegler, Bonn, Wien, Zürich 1961, S. 46

32 Siehe Bundesgesetzblatt Teil II, 20. November 1973 „Gesetz zu dem Internationalen Pakt über bürgerliche und politische Rechte", Artikel 12 dieses Paktes. Jetzt auch von Polen ratifiziert

* und ** s. S. 378 Anm. Janicki

Verkannt wurde natürlich gerade unter denjenigen, die den Warschauer Vertrag positiv bewerteten, nicht, daß sich für Polen in diesem Zusammenhang drei Probleme ergaben: Zum ersten die schon angesprochene Schwierigkeit, daß es sich bei einer großen Zahl der noch in Frage kommenden „deutschstämmigen" Aussiedler um Personen handeln dürfte, die vom Staatsbürgerrecht der Volksrepublik Polen her auf Grund ihrer „Option" nach 1945 Polen wurden und heute natürlich vom polnischen Staat als solche reklamiert werden, während umgekehrt nach dem in der Bundesrepublik unverändert geltendem deutschem *Staatsangehörigkeitsrecht* solche Personen ihre alte deutsche Staatsbürgerschaft oder nach dem deutschen ius-sanguinis-Prinzip die ihrer Vorfahren nur auf Grund einer freiwilligen Willensbekundung dem deutschen Staat gegenüber verlieren und daher im gewünschten Falle uns gegenüber auf ihrer deutschen Staatsangehörigkeit bestehen können, *möglicherweise* auch im Rahmen einer doppelten Staatsangehörigkeit. Eindeutig gilt nach dem geltenden Recht in der Bundesrepublik die Möglichkeit einer Willensbekundung, wenn solche Personen in der Bundesrepublik Deutschland eingereist sind. Nach deutschem Staatsrecht, aber auch nach anerkannten Regeln des Völkerrechts, bedeutet ohnehin ein Gebietswechsel nicht automatisch einen Wechsel der Staatsangehörigkeit.*

Nach dem Bundesvertriebenengesetz in der Fassung von 1957, § 6, ist als deutscher „*Volkszugehöriger*" anzusehen, wer sich in seiner Heimat zum deutschen Volkstum bekannt hat, sofern dieses Bekenntnis durch bestimmte Merkmale wie Abstammung, Sprache, Erziehung, Kultur bestätigt wird. Das Vorliegen objektiver Merkmale alleine genügt nicht. Auf ein Bekenntnis zum deutschen Volkstum kann nach dem eindeutigen Wortlaut dieses Paragraphen nicht verzichtet werden. Ein solches Bekenntnis setzt das Bewußtsein und den Willen voraus, selbst Deutscher zu sein und keinem anderen Volk anzugehören. Ein solches Bekenntnis erfordert ferner, daß der Wille als Angehöriger dieser Volksgruppe zu gelten, für Dritte wahrnehmbar verbindlich kundgetan wurde. Eine deutsch-freundliche Einstellung oder die Zugehörigkeit zum deutschen Sprach- und Kulturkreis reicht nicht aus, um den Tatbestand des Bekenntnisses zum deutschen Volkstum zu erfüllen.[33] Es ist natürlich auch aus der Sicht der Bundesrepublik Deutschland ein Ärgernis, daß rein historisch betrachtet in die akademische und praktische Erörterung dieser sehr komplizierten Problematik die Verordnungen über die sogenannte deutsche Volksliste und die deutsche Staatsangehörigkeit aus den Jahren 1941 und 1942 hineinspielen. Juristisch sind jedoch diese Gesetze heute auch in der bundesrepublikanischen Beurteilung ohne Belang. Festzuhalten ist auf jeden Fall, daß nach 1970 von offizieller bundesrepublikanischer Seite keinerlei Anspruch mehr darauf erhoben wurde, auf dem Umwege über ein Problem der Staatsangehörigkeit noch hoheitliche Funktionen einem bestimmten Personenkreis gegenüber ausüben zu können, der sich in dem als zu Westpolen zugehörig anerkannten Staatsgebiet der Volksre-

33 Zitiert nach W. F. Schleser, Die deutsche Staatsangehörigkeit, 1975, S. 130; vgl. auch: Bontschek (Lit. Verz. S. 530).

* s. S. 378 f. Anm. Janicki

publik Polen befindet.* Die Geltendmachung eines solchen Anspruches wäre in der Tat völkerrechtswidrig. Dieser Aspekt jedoch ist völlig getrennt zu sehen von dem nach wie vor von Seiten der Bundesrepublik Deutschland aufrechterhaltenen Anspruch, an Deutschen in Gebieten jenseits der Oder und Neiße in der Frage ihrer Aussiedlung ein Schutzinteresse zu haben sowie an der Klarstellung, daß durch den Warschauer Vertrag keiner Person „Rechte verlorengehen, die ihr nach den in der Bundesrepublik Deutschland geltenden Gesetzen zustehen". (So die Erklärung des Bundesministers des Auswärtigen vom 14. November 1970 in Warschau.)[34] Es wurde schon seinerzeit völlig klargestellt, daß sich diese Erklärung in erster Linie auf das Problem der Staatsangehörigkeit beziehe.[35]**

Die bundesrepublikanische Seite sieht sich in dieser ihrer Auffassung bestätigt u. a. durch die der Vier-Mächte-Verantwortung für Deutschland als Ganzes und Berlin zugrunde liegende Theorie von dem juristischen Fortbestand eines Deutschland als Ganzem und durch den Wortlaut des Warschauer Vertrages selber, der ausdrücklich im Artikel 4 festhält, daß für die vertragsschließenden Parteien Verträge mit Dritten unberührt bleiben. Auch der Wortlaut der sogenannten „Information" der polnischen Regierung aus dem Jahre 1970 wird in diesem Zusammenhang herangezogen (Punkte 2 und 3). Bundestag und Bundesregierung könnten gar nicht die Staatsangehörigkeits-Artikel des Grundgesetzes 16 und 116 durch eine zusätzliche Gesetzgebung des Bundes uminterpretieren. Absurd wäre auch die „Sorge", daß auf diese Weise eines Tages bestimmte Gruppen, wie zum Beispiel aus der heutigen Sowjetunion in die Volksrepublik Polen Eingewanderte, die zwar als deutschstämmig anzusehen waren, aber niemals die deutsche Staatsangehörigkeit besaßen, eine deutsche Staatsangehörigkeit für sich in Anspruch nehmen könnten. Wirklich problematisch sind allenfalls noch Fragen der Staatsangehörigkeit von Ehegatten unterschiedlicher Volkszugehörigkeit. Schließlich und endlich ist in diesem Zusammenhang natürlich auch noch das Urteil des Bundesverfassungsgerichtes vom 7. Juli 1975 zu beachten in Sachen Verfassungsbeschwerden gegen die Zustimmungsgesetze zu den Verträgen von Moskau und Warschau, die auf die Verletzung der Grundgesetzartikel 14, 16 und 6 gestützt wurden.*** Hier heißt es wörtlich: „Sie (die Zustimmungsgesetze) sind auch nicht geeignet, in anderer Weise grundrechtlich geschützte individuelle Rechtspositionen unmittelbar zu verschlechtern. Sie schmälern keine Vermögensrechte; sie bewirken keinen Verlust der deutschen Staatangehörigkeit; sie beeinträchtigen nicht die Bemühungen um Zusammenführung getrennter Familien. 3. Verfassungsbeschwerden gegen Zustimmungsgesetze zu völkerrechtlichen Verträgen mit allgemeinem politischen Inhalt wie den Ostverträgen sind unzulässig. . ."[36] Auch hier wird also nochmals ganz klar auf die deutsche Rechtsposition abgehoben, d. h. unterschieden zwischen der eindeutig geklärten Ausübung

34 Zitiert nach Bulletin des Presse- und Informationsamtes der Bundesregierung 15. November 1970

35 Vgl. Anmerkung C. C. Schweitzer im Beitrag von Janicki, S. 162

36 Siehe Entscheidungen des Bundesverfassungsgerichtes, Bd 40, S. 141

* und**, ebenso*** s. S. 379 Anm. Janicki

von Hoheitsrechten in den Gebieten östlich der Oder und Neiße, die ausschließlich der Volksrepublik Polen zustehen, und andererseits Individualrechten vormals deutscher Staatsangehöriger, die noch in diesen Gebieten wohnhaft sind. Abschließend zu diesem Fragenkomplex sei nur angemerkt, daß auch dieser Staatsangehörigkeitsaspekt der Beziehungen zwischen der Bundesrepublik Deutschland und der VR Polen bzw. die polnische Auffassung zu demselben zeigt, wie schwer es selbst in der Wissenschaft ist, bestimmte Probleme, die die Rechtsordnung eines anderen Staates betreffen, jeweils systemimmanent zu analysieren und zu bewerten.*

Im Lichte der von deutscher Seite aktenmäßig ja noch nicht zu überprüfenden Geschehnisse in Polen nach 1945 wurde dann auch in der Bundesrepublik das immer wieder zu hörende zweite polnische Argument bewertet, daß es sich zum Teil bei den Ausreisewilligen um „Volkswagendeutsche" handeln könnte, d. h. um solche, die sich nach dem „Grundsatz" richten: „ubi bene, ibi patria". Schließlich wurde aber drittens in der Bundesrepublik Deutschland durchaus die polnische Schwierigkeit gesehen und gewürdigt, die darin lag und zum Teil noch liegt, daß sich Aussiedlerquoten nicht sehr schnell beliebig erhöhen lassen, weil sonst Fachkräfte von heute auf morgen ausfallen und nicht ersetzt werden könnten. Nicht zuletzt dies erklärte auch im „Bonner" Verständnis, warum eine Anzahl von deutschstämmigen Ausreisewilligen in Polen bei einzelnen örtlichen Behörden manchmal auf Schwierigkeiten stießen.

Bei der ganzen Frage nach den tatsächlich noch gegebenen Zahlen deutscher Aussiedlungswilliger in Polen ist seit dem Warschauer Vertrag immer wieder von *zwei Kategorien* ausgegangen worden, und zwar einerseits von Familienzusammenführungen und zum anderen von Personen mit einer „unbestreitbar deutschen Volkszugehörigkeit". Bei der ersten Kategorie ging und geht es in Anlehnung an entsprechende internationale Vereinbarungen im Rahmen des Internationalen Roten Kreuzes natürlich vor allem um Verwandte ersten Grades (also Eltern, Geschwister, Ehepaare, Kinder, aber immerhin auch schließlich noch um entferntere Verwandte im Onkel-Neffen-Verhältnis etc.). Nach den vom Verfasser Ende 1975 beim Suchdienst des Deutschen Roten Kreuzes in Hamburg eingesehenen amtlichen Unterlagen (Stand von Ende 1974) waren unter den noch nicht Zusammengeführten im nahen Verwandtschaftsverhältnis 63 % Geschwister einschließlich Anhang, der doppelt so hoch war wie die eigentlichen Ausreiseberechtigten, 27,2 % Kinder einschließlich Anhang, der hier bis zu dreimal so hoch lag, und rund 1,7 % Ehepaare (= 59 % aller registrierten Ausreisewilligen). Die im erweiterten Verwandtschaftsverhältnis stehende Gruppe sowie Freunde und Bekannte und schließlich die sogenannten „Stützpunktlosen" unter den Ausreisewilligen, die ja zum Teil auch unter die Kategorie derjenigen „deutscher Volkszugehörigkeit" fielen bzw. fallen, machten damals insgesamt etwa 41 % aller Registrierten aus.

Hinsichtlich nun der zweiten Kategorie — eben derjenigen mit unbestreitbarer deutscher Volkszugehörigkeit — handelte und handelt es sich, darauf muß in dieser

* Anmerkung der polnischen Herausgeber: Siehe dazu den Standpunkt von Janicki in seinem Beitrag dieser Veröffentlichung.

Veröffentlichung mit Nachdruck hingewiesen werden, keineswegs nur um politisch oder gar verhandlungstaktische Aspekte, sondern auch um solche von grundsätzlichem akademischem Interesse. Diese Frage hat in der wechselvollen Geschichte der deutschpolnischen Beziehungen schon immer eine Rolle gespielt — und auch positive Wirkungen in Gestalt von „Umsiedlungen" in der Gegenrichtung, das heißt von Polen zum Beispiel in das Ruhrgebiet, gezeitigt.

Sollten — so ist zu fragen — im Internationalen System für die Bestimmung einer Zugehörigkeit von X Y zu einem Volk, einem Staat und einer Nation primär sogenannte objektive Kriterien (der gemeinsamen Sprache, Kultur usw.) gelten oder vielmehr sogenannte subjektive im Sinn von Renans berühmter Formel vor 100 Jahren von der Nation als einem „immerwährenden Volksentscheid"? Bekanntlich waren objektive Kriterien in der deutschen Geistesgeschichte und politikgeschichtlichen Tradition mit ihrer Betonung von „Kulturvölkern" und „Kulturnationen" angesiedelt und damit in der Rückschau durch die Mentalität vieler früherer Mitglieder des sogenannten „Vereins für das Deutschtum im Ausland", immer wieder in nationalen und internationalen Verruf geraten. Demgegenüber heben es subjektive Kriterien ab auf die stärker traditionelle französische Vorstellung, d. h., auf die Willensbekundung des einzelnen, zu einem bestimmten Staat, Volk oder einer bestimmten Nation dazu gehören zu wollen.[37] Immer stärker wurden die Stimmen der Vernunft in beiden Ländern Mitte der 70er Jahre, die die Forderung erhoben, das ganze Problem der sogenannten „Deutschstämmigkeit" weiter zu entemotionalisieren. Vorschläge wurden sogar inoffiziell gemacht, durch eine gemeinsame Kommission von Wissenschaftlern die beiden Rot-Kreuz-Gesellschaften beraten und unter Zugrundelegung beiderseits anerkannter Kriterien entsprechende Anträge prüfen zu lassen. Diese Prüfung erfolgte und erfolgt auf deutscher Seite bekanntlich nicht durch das DRK, sondern durch das Bundesverwaltungsamt in Köln.[38]

Es ist den beiden Rot-Kreuz-Gesellschaften in den vergangenen Jahren trotz wiederholter Bemühungen nicht möglich gewesen, gemeinsame Kriterien für den Nachweis einer unbestreitbar deutschen Volkszugehörigkeit aufzustellen. Die Schwierigkeiten für die Gesellschaften liegen insbesondere darin, daß die Entwicklung eigener Rot-Kreuz-Kriterien zu dem paradoxen Ergebnis führen würde, daß es ausgerechnet die der Humanität besonders verpflichteten Gesellschaften sind, die praktisch vorsortieren würden, wer ausreisen darf und wer nicht. Die Lösung dürfte vermutlich darin liegen, daß nicht über die Kriterien gestritten wird, sondern Aussiedlerwillige über die Jahre die Chance erhalten, ihren Willen zu verwirklichen, was dann auf das Prinzip hinausliefe: Deutscher ist, wer trotz jahrelanger Wartefristen Deutscher in der Bundesrepublik sein will und die „Einreisegenehmigung" des Bundesverwaltungsamtes in Köln erhält.

37 Vgl. dazu C. C. Schweitzer, Chaos oder Ordnung, a. a. O. S. 70 ff mit Literaturangaben und auch ders.: Von Bismarck bis Honecker — Aussagen zur deutschen Nation, Bonn, 1975

38 Siehe auch Anmerkungen Schweitzer im Beitrag von Janicki, S. 165 ff.

5. *Ein neuer Kompromiß — der letzte entscheidende Durchbruch: Vereinbarung zwischen Schmidt und Gierek in Helsinki und Bonn 1975/76*

Nicht zuletzt dem Ziel einer Lösung auch dieser Interessengegensätze diente dann der zweite historische „Durchbruch" — der von Helsinki bzw. Bonn. Auf polnischer Seite erbrachte man noch vor der abschließenden Ratifizierung der verschiedenen ausgehandelten Kompromißvereinbarungen von Helmut Schmidt und Edward Gierek zwei entscheidende „Vorleistungen": *Erstens* wurde noch im Herbst in Polen ein Bündel von Gesetzen erlassen, wodurch die Entschädigungsleistungen zugunsten ehemaliger polnischer KZ-Häftlinge und ihre Renten wesentlich heraufgesetzt wurden.

Zweitens setzte wieder ein verstärkter Aussiedlerstrom ein, nachdem nunmehr in Polen neue Kommissionen zur Überprüfung von Anträgen mit Hochdruck an die Arbeit gingen.[39]

Ganz deutlich — und insofern volkspsychologisch gesehen für die deutsche Seite schlechthin entscheidend — wurde jetzt das Bemühen aller einflußreichen Kreise in Polen, in dem neu vereinbarten Vierjahreszeitraum nach Möglichkeit abschließend die Aussiedlungswilligen ausreisen zu lassen, die unter die entsprechenden Kategorien fallen würden. In der Bundesrepublik würdigt man es spätestens seit der Beilegung der Kontroverse im Bundesrat, daß für die polnischen Behörden genauso wie für den polnischen „Mann auf der Straße" auf die Dauer angesichts der Erfahrungen zwischen den beiden Weltkriegen Probleme einer deutschen Minderheit nicht mehr erwünscht sind und im Gegensatz zu früheren Jahren die polnische Volkswirtschaft auch den Abgang aussiedlungswilliger Fachkräfte kontinuierlich besser zu verkraften und zu ersetzen imstande sein wird. Bemerkenswert war für die deutsche Seite in diesem Zusammenhang eine Meldung, daß Anfang 1976 mehr als 80 % eines repräsentativen Querschnitts der polnischen Bevölkerung laut Umfrage die endgültige Ausreise aller früheren Deutschen wünschte, die eine solche Absicht hegen. Jedenfalls setzte die Bundesregierung seit den Vereinbarungen von Helsinki zwischen Helmut Schmidt und Edward Gierek im Gegensatz zur Opposition, die erst auf die gleiche Linie unmittelbar vor der Schlußratifikation im Bundesrat einschwenkte, ihr uneingeschränktes Vertrauen in die Zusicherung der polnischen Regierung, auch noch nach vier Jahren einzelne Anträge gemäß den Richtlinien der Information von 1970 entgegenzunehmen und entsprechend zu bearbeiten. Beide Regierungen stimmten von Anfang an völlig überein in der Beurteilung der völkerrechtlichen Relevanz und Verbindlichkeit dieses Teiles des Kompromißpaketes, d. h. des Briefwechsels zwischen beiden Außenministern.

Für die polnische Seite von Bedeutung war demgegenüber erstens die abschließende befriedigende Regelung der Rentenzahlungen, die nunmehr nach dem sogenannten Eingliederungsprinzip und nicht nach dem Leistungsprinzip vorgenommen

39 So Mitteilung eines polnischen Parlaments-Abgeordneten an den Verfasser 1975 zum Beispiel Kattowitz betreffend

werden; zweitens die Bereitstellung eines Kredites der Bundesrepublik und drittens die feste Inaussichtnahme größerer wirtschaftlicher Kooperationsprojekte, auf die noch zurückzukommen sein wird. Auch für die deutsche Seite war die Rentenregelung annehmbar, besonders in Anbetracht entsprechender richterlicher Urteile, die in der Bundesrepublik Deutschland ergangen bzw. zu erwarten waren und in der Bundesrepublik Deutschland die Bundesregierung im Endeffekt zu sehr viel höheren Individualleistungen gezwungen hätten.*

Der bis zur letzten Abstimmung im Bundesrat relativ schwere innenpolitische „Stand" der Bundesregierung stieß bei den polnischen Vertragspartnern Anfang 1976 durchaus auf Verständnis. Bundeskanzler und Außenminister mußten sich insbesondere mit dem Argument der CDU/CSU-Opposition auseinandersetzen, daß nun, 1975/76 ein zweites Mal — d. h. nach 1970 — die Bundesrepublik zur Befriedigung ihrer eigenen zum Teil noch offenen Nationalinteressen Opfer bringen, oder wie man es im Bundestag wiederholt ausdrückte, erneut „zahlen" mußte. Schließlich setzten sich aber in einer realistischen Beurteilung der Dinge doch die einsichtigen Kräfte in der Opposition durch, zumal nachdem ihnen durch die bekannte Entwicklung in der Endphase des Dramas im Bundesrat entsprechende Brücken gebaut wurden. Was den Finanzkredit betraf, so konnte dieser Aspekt angesichts der prekären Wirtschaftslage in der Bundesrepublik selber durchaus Vorwahlkampf-Munition abgeben. Diese Munition wurde aber u. a. mit Hinweisen auf den Nutzen entschärft, den dieser Teil der Vereinbarungen dem deutschen Arbeitsmarkt bringen konnte, zumal nun auch ein für allemal weitere polnische Entschädigungsansprüche vom Tisch waren.**

6. Möglichkeiten der Kooperation

Für die Theoretiker ist im Hinblick auf die Zukunftsperspektive der Beziehungen zwischen der Bundesrepublik Deutschland und der Volksrepublik Polen nach Helsinki — im doppelten Sinne der Vereinbarungen von Schmidt/Gierek und der KSZE — die vielleicht „spannendste" Frage diejenige nach den Möglichkeiten und Grenzen einer Kooperation zwischen Blocksystem oder Teilsystemen mit unterschiedlichen Gesellschaftsordnungen, die in letzter Zeit von Politologen, u. a. von Gerda Zellentin, als „antagonistische" Kooperation definiert worden ist. Bislang wurden die Theorien der sogenannten Funktionalisten bzw. Neofunktionalisten, eine bilaterale oder multilaterale Kooperation in bestimmten funktionalen Bereichen wie etwa Wirtschaft, Gesundheit oder Verkehr als Mittel zur Entschärfung bzw. Beseitigung von zwischenstaatlichen politischen Konflikten im engeren Sinne einzusetzen, erfolgreich nur zwischen Staaten mit ähnlichen Gesellschafts- und Wirtschaftsordnungen auf die Probe gestellt. Im ganzen läßt sich sagen, daß trotz

* Janicki, s. S. 379 (Anm.)

** Anmerkung der polnischen Herausgeber: Siehe dazu den Standpunkt von Sułek in seiner Veröffentlichung in diesem Beitrag.

aller Schwächen funktionalistischer bzw. neufunktionalistischer Hypothesen die Entwicklung in der Europäischen Gemeinschaft insgesamt gesehen zumindest eine partielle Bestätigung für ihre Richtigkeit liefern kann. Hingegen ist noch niemals eine Nagelprobe in bezug auf eine Zusammenarbeit zwischen Staaten mit völlig unterschiedlichen Gesellschafts-, Wirtschafts- und Staatsordnungen, d. h. eben im Hinblick auf eine antagonistische Kooperation, gemacht worden. Zu einer solchen Nagelprobe könnte es nun in der Tat multilateral nach der KSZE in Helsinki kommen — und für die Zwecke unseres Themas bilateral bei der Regelung des weiteren Verhältnisses zwischen der Volksrepublik Polen und der Bundesrepublik Deutschland.

Es gibt drei wichtige *Voraussetzungen* für eine Intensivierung der Kooperation zwischen der Bundesrepublik Deutschland und der Volksrepublik Polen auf den verschiedensten Ebenen, die wie folgt zu formulieren wären.[40]

Erstens: Es wird auch künftig notwendig sein, daß sich insbesondere offizielle Vertreter beider Länder aus Exekutive, Legislative, Wissenschaft, Wirtschaft, Kunst, Jugendarbeit, Publizistik und anderen Bereichen immer wieder in die jeweils andere Seite hineinzuversetzen suchen und einen solchen approach in ihrem Lande propagieren. (Als „volkspsychologische Voraussetzung" zu definieren.)

Zweitens: Wir können daher auch bei wichtigen Einzelfragen der gegenwärtigen und zukünftigen Zusammenarbeit nicht die Tatsache aus dem Auge verlieren, daß wir es mit unterschiedlichen Gesellschafts-, Staats- und Wirtschaftsordnungen, d. h. also politischen Systemen in der Sprache der Politikwissenschaft, zu tun haben, denen ideologisch unterschiedlich begründete Ordnungsvorstellungen zugrunde liegen.

Drittens: Wir müssen daher ferner realistischerweise in Rechnung stellen, daß im Hinblick auf die Gestaltung der Zusammenarbeit zwischen der Volksrepublik Polen und der Bundesrepublik Deutschland dritte Staaten mitreagieren und nicht zuletzt aus diesem Grunde neben der bilateralen Ebene auch immer wieder multilaterale (auf der Linie von „Helsinki") oder „trianguläre" Unternehmungen der Kooperation und des Gedankenaustausches ins Auge fassen.

Zu Recht ist in den Vereinbarungen zwischen Gierek und Schmidt in Helsinki und in Bonn 1976 betont worden, daß es entscheidend darauf ankomme, dem jeweiligen Vertragsstaat zu einem noch besseren, weil der Realität angepaßteren Verständnis der Probleme und Gegebenheiten im anderen Staat zu verhelfen. In der Tat gilt es jetzt, unilaterale wie bilaterale wissenschaftlich fundierte Strategien zu entwickeln zur weiteren Verbesserung des gegenseitigen *Fremdbildes* — im sekundären und tertiären Bildungsbereich sowie in der Publizistik, bzw. insbesondere mit Hilfe der Pädagogen, Psychologen und Publizisten. In der Bundesrepublik Deutschland wird seit 1977 in Anlehnung an eine großangelegte wissenschaftliche

40 Im folgenden wird aus den Kurzthesen zitiert, die der Verfasser bei einer Konferenz deutscher und polnischer Experten in Posen im Herbst 1976 vorgetragen hat

41 Schweitzer/Feger, Das deutsch-polnische Konfliktverhältnis, a. a O.

Veröffentlichung aus dem Jahre 1975[41] zunächst auf der Ebene eines Regierungsbezirks in Nordrhein-Westfalen an der Ausarbeitung solcher konkreter Strategien für den sekundären Bildungsbereich gearbeitet. Hier sind — auf der Linie des Kulturabkommens — unbedingt auch im stärkeren Umfange gemeinsame Forschungsvorhaben zu initiieren. Schon erzielte Erfolge im Bereich der allgemeinen wissenschaftlichen Zusammenarbeit seit 1970 sollten im übrigen in beiden Ländern deutlich herausgestellt werden mit dem Ziel, zu weiteren Steigerungen zu kommen.

Entscheidendes Gewicht muß auf eine noch schnellere und wirkungsvollere Inangriffnahme der nach den Gierek-Schmidt-Gesprächen intendierten Verstärkung bilateraler Jugendbegegnungen gelegt werden. Auch eingedenk der Tatsache, daß nach diesen Gesprächen zunächst Ferienzeiten, vor allem aber ein bundesrepublikanischer Wahlkampf abzuwarten war, festgestellt werden, daß sich die „Bürokratien" auf diesem Gebiete zuviel Zeit ließen. Große Bedeutung wird auch in Zukunft den von Schmidt/Gierek vereinbarten und schon zweimal durchgeführten Jahreskonferenzen (Forum) zukommen, wobei darauf hinzuweisen ist, daß künftig nicht nur „Bekehrte" Begegnungen mit anderen „Bekehrten" durchführen, sondern das Ziel verwirklicht wird, für den schwierigen und langwierigen Prozeß der weiteren Normalisierung der beiderseitigen Beziehungen von Jahr zu Jahr neue „Mulitiplikatoren" zu gewinnen. Hier ist in erster Linie an Lehrer sowie an Mitarbeiter in der Erwachsenenbildung, der Jugendarbeit, aber auch der Publizistik zu denken. In diesem Gesamtzusammenhang sollten Städtepartnerschaften gesehen und daher ausgebaut werden. Beide Seiten müßten auch die Möglichkeit des Tourismus noch mehr ausbauen, obwohl er bekanntermaßen schon beachtliche Ausmaße angenommen hat. Eine weitere Steigerung der Besuchsreisen würde im übrigen zu einer kontinuierlichen Objektivierung mathematischer „Aussiedlerdenkspiele" auf deutscher Seite beitragen.

In den Wirtschaftsbeziehungen gilt es nach der Ära überhöhter Erwartungen zwischen 1972 und 1976 auch weiterhin einerseits die tatsächlich schon erzielten Fortschritte der Zusammenarbeit auch im Bereich von Großobjekten stärker im eigenen Lande herauszustellen und andererseits gerade hier zu einer realistischen Fremdeinschätzung, d. h. der Einschätzung der Möglichkeiten im anderen Lande aufzufordern. Was die von Schmidt und Gierek vereinbarten Großprojekte betrifft, so hat die deutsche Seite erfreulicherweise noch intensiver nach dem Besuch von Edward Gierek in Bonn im Bereiche des Kreditwesens „in die Tasche gegriffen", um auch und vor allem damit ihren politischen Willen zur Zusammenarbeit erneut unter Beweis zu stellen. Es ist zu begrüßen, daß ganz erhebliche Kreditabstützungen des im ganzen sehr ehrgeizigen sogenannten Kohlevergasungsprojektes von seiten der Bundesrepublik Deutschland im Haushalt berücksichtigt werden konnten und darüber hinaus auch entsprechende Vereinbarungen im Hinblick auf das zweite Großprojekt im Bereich des „Kupfers" in Warschau abgeschlossen wurden. Immerhin handelt es sich bei dem Kohle-Chemie-Projekt in der Nähe von Katowice um eine Gesamtanlage im Werte von 2,6 Milliarden DM, wobei der deutsche Lieferanteil in Höhe von ca. 2 Milliarden DM aus den Erlösen des mit Krupp-Koppers gemeinsam betriebenen weltweiten Verkaufs der Erzeugnisse abgegolten wird. Es wurden für den von deutscher Seite zu liefernden Anlagenanteil 2 Millarden DM bundesverbürgte Lieferantenkredite und für den polnischen Projektbeitrag unter anderem 500 Millionen DM nichtverbürgte Finanzkredite durch die deutschen Banken bereitgestellt. Im Bereich des Kupfers hat ein deutsches Bankenkonsortium unter Führung der Deutschen Bank einen Kredit in Höhe von 300 Millionen DM zum Ausbau der polnischen Kupferproduktion bereitgestellt, den die Bundesregierung verbürgt hat.

Die Zukunftsperspektive der Zusammenarbeit zwischen der Bundesrepublik Deutschland und der Volksrepublik Polen weist angesichts der fortbestehenden ideologischen und systembedingten Gegensätze zwischen Ost und West auch auf eine größere gesamteuropäische Zusammenarbeit hin, d. h. auf der Linie der „Konferenz für Sicherheit und Zusammenarbeit in Europa", weil die einzige Alternative letztlich ein neuer Konflikt, ein neuer Krieg und damit das Ende Europas, ja der Welt überhaupt wäre. Alle Verantwortlichen und sich für die weitere Ausgestaltung der Beziehungen zwischen der Bundesrepublik Deutschland und der VR Polen mitverantwortlich Fühlenden in der Volksrepublik Polen und der Bundesrepublik Deutschland sollten sich der historisch ihnen erwachsenen besonderen Mittlerrolle ihrer beiden Staaten im Rahmen ihrer jeweiligen multilateralen festgefügten Systeme bewußt sein im Hinblick auf die Realisierung der Vereinbarungen von Helsinki (KSZE) sowie einen Abschluß der Wiener Gespräche über den Truppenabbau.

Realismus und konkrete Utopien tun Not. Es muß auf jeden Fall hoffnungsvoll stimmen, daß in einer großangelegten Untersuchung zum Polenbild in der Bundesrepublik Deutschland 1972/73 bei einem repräsentativem Querschnitt im Hinblick auf das Jahr 2 000 48 % die Entwicklung des Verhältnisses zwischen beiden Staaten als von einer zunehmenden Verständigung geprägt sahen und weitere 35 % immerhin die Ansicht vertraten, daß sich Unterschiede und Gegensätze zwar nie ganz ausräumen lassen werden, aber man sich doch gegenseitig tolerieren werde.[42] Diesem Gefühl der Völker sollten die Regierungen beider Staaten in den kommenden Jahren und Jahrzehnten im Interesse von Sicherheit, Frieden und mehr Wohlstand in Europa in geduldiger Kleinarbeit Rechnung zu tragen suchen.*

42 Siehe Thomas Kutsch et al: Die Einstellung der westdeutschen Bevölkerung zu Polen aus soziologischer Sicht, in: Schweitzer/Feger, a, a. O. An eine zunehmende Verständigung glaubten dabei 63,2 % der SPD, 50,7 % der FDP, aber nur 35,7 % der CDU-Anhänger sowie 57,8 % der Altersgruppen von 21—30 (als höchster) und 42,3 % der 61—70jährigen als niedrigster Prozentsatz.

* Gemeinsame Anm. der Hrg.: Es wird nochmals daran erinnert, daß die Bezeichnung „Warschauer Vertrag" für die Kennzeichnung des Vertrages zwischen der Volksrepublik Polen und der Bundesrepublik Deutschland vom 7. 12. 1970 in der polnischen Version in einem anderen Kontext verwendet wird, nämlich für die Kennzeichnung des 1955 von den sozialistischen Staaten Europas gegründeten Verteidigungsbündnisses. Darüber hinaus wurde das von dem Verfasser häufig gebrauchte Adjektiv „deutsch" in der polnischen Version „westdeutsch" übersetzt bzw. ausdrücklich in Relation zu der Bundesrepublik Deutschland gesetzt.

* Anm. Sułek s. S. 105 — Die Festlegung der neuen deutsch-polnischen Grenze nach dem Zweiten Weltkrieg erfolgte weniger in Konsequenz der Westverschiebung der polnischen Ostgrenze (die sogenannte Kompensationstheorie). Vielmehr war sie ein Ergebnis der Sorge um die Friedenssicherung und die internationale Sicherheit in Europa: Diesem Ziel wurde die Gestaltung der Beziehungen zwischen Polen und dem zukünftigen Deutschland völlig untergeordnet. Die Rückkehr Polens an die Oder und die Ostsee war Ausdruck zunächst der bewußten Politik der vier alliierten Großmächte und des Strebens Polens als Nation und Staat nach Verhinderung einer eventuellen zukünftigen deutschen Aggression durch die Schaffung eines starken und stabilen polnischen Staates in Mitteleuropa bei gleichzeitiger ökonomischer wie territorialer Schwächung Deutschlands; die an Deutschland vorgenommenen Gebietsabtrennungen sollten übrigens sowohl im Osten als auch im Westen stattfinden.

** Anmerkung Janicki s. S. 105 — Die polnischen West- und Nordgebiete gehören zum Staatsgebiet der Volksrepublik Polen, vor allem nach dem Völkerrecht und erst an zweiter Stelle nach der polnischen Staatslehre.

* Anmerkung Janicki s. S. 106 — Polen schloß den Vertrag vom 7. 12. 1970 mit der Bundesrepublik Deutschland als einem Subjekt des Völkerrechts, das aus der Natur der Sache befugt war, zu handeln und alleine in seinem eigenen Namen handelte. Auch die Deutsche Demokratische Republik handelte ausschließlich in ihrem eigenen Namen, als sie 1950 das Abkommen von Zgorzelec (Görlitzer Abkommen) unterzeichnete. Der Vertrag vom 7. 12. 1970 bindet jedenfalls die Bundesrepublik Deutschland ausnahmslos und für die Zeit ihres Bestehens als Staat. In dieser Hinsicht schreibt das Grundgesetz keine Beschränkungen vor. Die Frage, ob in der Zukunft ein gesamtdeutscher Staat entsteht und welche Haltung dieser eventuell seinen Grenzen gegenüber einnehmen würde, hat im Hinblick auf die juristische Interpretation des Vertrages vom 7. 12. 1970 gar keine Bedeutung. Angewandt werden im gegebenen Falle die allgemein anerkannten Regeln des Völkerrechtes unter anderem auch im Hinblick auf Fragen der Staatennachfolge.

* Anmerkung Janicki s. S. 107 — Die polnische Seite vertrat von Anfang an den Standpunkt, daß die Bundestagsresolution vom 17. 5. 1972 keine völkerrechtliche und überhaupt keine rechtliche Bedeutung hat. Dies beweisen u. a. die offiziellen Verlautbarungen der polnischen Regierung. Man darf jedoch nicht die politische Bedeutung dieser Resolution verharmlosen. Denn nicht nur die der Volksrepublik Polen abgeneigten Kreise — vor allem innerhalb der CDU/CSU —, sondern auch manche mit der Opposition nicht liierte Politiker und Vertreter der westdeutschen Rechtswissenschaft versuchen auf die öffentliche Meinung mit der nicht aufrechtzuerhaltenen These einzuwirken, daß die Resolution als Interpretationsinstrument des Vertrages gemäß Artikel 31 der Wiener Vertragskonvention herangezogen werden muß und dies, obwohl Polen die „Gemeinsame Resolution" ausdrücklich abgelehnt hat.

**Anmerkung Janicki s. S. 107 — Es muß hier von polnischer Seite darauf hingewiesen werden, daß es sich in diesem Falle um die aus dem Potsdamer Abkommen resultierende und zugleich durch dieses Abkommen völkerrechtlich sanktionierte Zwangsaussiedlung deutscher Staatsangehöriger handelt, die diese Gebiete noch nicht aus eigenem Entschluß, d. h. auf der Flucht vor der heranrückenden Front, verlassen haben.

* Anmerkung Janicki s. S. 111 — Der Vertrag vom 7. 12. 1970 bedeutete keine „Sanktionierung" der Gebietsabtretung durch die Bundesrepublik Deutschland. Diese konnte, durch die Vertragsunterzeichnung in ihrem eigenen Namen — was unanfechtbar ist — keinesfalls an Polen etwas abtreten, was sie weder juristisch noch faktisch besaß. Sie anerkannte lediglich deklaratorisch die in dieser Hinsicht *konstitutiven Bestimmungen des Potsdamer Abkommens,* kraft derer die der polnischen Verwaltung unterstellten Gebiete ostwärts der Oder-Neiße für „ehemals deutsche Gebiete" anerkannt, aus der sowjetischen Besatzungszone ausgesondert und von der alliierten Oberhoheit ausgenommen — und das bedeutet von Deutschland völlig abgetrennt — wurden.

Weitere Anmerkungen der polnischen Herausgeber am Schluß der Analysen, Seite 378/379.

Die politischen Beziehungen zwischen der Volksrepublik Polen und der Bundesrepublik Deutschland in den siebziger Jahren

von

Jerzy Sułek

Die über eintausendjährige Geschichte der Nachbarschaft Polens mit Deutschland ist für das polnische Volk zumindest in zweierlei Hinsicht lehrreich.[1] Erstens: Im Verlauf der ganzen polnischen Geschichte gehörten die Beziehungen zum westlichen Nachbarn beinahe ununterbrochen zu den Fragen von fundamentaler Bedeutung für die Sicherheit und Entwicklung Polens als Volk und Staat. Zweitens: Im historischen Ausmaß konnten die Beziehungen zwischen Deutschland und Polen in der Regel eine wichtige europäische Funktion als zuverlässiges Barometer der allgemeinen politischen Lage auf dem europäischen Kontinent erfüllen. Diese beiden Funktionen — die bilaterale und die europäische — kamen in den Beziehungen Polens zu den beiden deutschen Staaten deutlich zum Vorschein auch in der Nachkriegszeit[2], als die Aufmerksamkeit der Regierungen und der öffentlichen Meinung Europas sowie vieler außereuropäischen Staaten fast unablässig sich gerade auf die deutsche Problematik konzentrierte.

1. *Der gesamteuropäische Rahmen der Beziehungen zwischen der VRP und der Bundesrepublik Deutschland*

Im laufenden Jahrzehnt nehmen wir eine entscheidende Änderung der internationalen Funktion der deutschen Problematik in der Gesamtheit der europäischen Politik

1 Vgl. R. Frelek, Europejskie Prognozy [Europäische Prognosen] Warszawa 1970, S. 110—138; Rakowski, M., Polityka zagraniczna PRL [Die Außenpolitik der VRP], Hrsg. Interpress, Warszawa 1974. S. 170; J. Sułek, Die polnische Außenpolitik und die Beziehungen der Volksrepublik Polen zur Bundesrepublik Deutschland, im Sammelwerk: Polnisches Mosaik. Selbstdarstellungen, Verlag Klaus Hesse, Mülheim 1974, S. 11—14.

2 Die Erörterung der Beziehungen Polens zu den beiden deutschen Staaten im ersten Nachkriegsvierteljahrhundert enthalten die in diesem Werk gedruckten Beiträge von H. A. Jacobsen, J. Kokot und M. Orzechowki. Außerdem: H. A. Jacobsen, M. Tomala [Hrsg.], Wie Polen und Deutsche einander sehen. Beiträge aus beiden Ländern, Düsseldorf 1973; PRL-NRD. Sojusz i współpraca [VRP-DDR. Bündnis und Zusammenarbeit], PISM, Warszawa 1974; C. C. Schweitzer, H. Feger, Das deutsch-polnische Konfliktverhältnis seit dem Zweiten Weltkrieg, Boppard/Rh. 1975.

wahr, darunter insbesondere die Veränderung ihrer Rolle und Bedeutung in den Ost-West-Beziehungen. Vorher, d. h. im ersten Vierteljahrhundert nach dem Zweiten Weltkrieg, bildete die deutsche Problematik eines der wichtigsten Bestandelemente der Konfrontation im kalten Kriege auf dem europäischen Kontinent, und als solches übte sie einen negativen Einfluß auf die Entwicklung der Ost-West-Beziehungen aus: Um die deutsche Problematik herum wie in einer Sammellinse konzentrierten sich wesentliche Meinungsverschiedenheiten und Interessenwidersprüche zwischen den Staaten der NATO und des Warschauer Vertrages, und jegliche Versuche, die Entspannung und Zusammenarbeit zwischen den Staaten des Ostens und Westens zu vertiefen, wurden von den christlich-demokratischen Regierungen in der Bundesrepublik Deutschland mit der Unterstützung der Westmächte jedesmal von der vorherigen Lösung der deutschen Frage abhängig gemacht. Auch die Beziehungen zwischen der Bundesrepublik Deutschland und der VRP wurden damals diesem allgemeinen Trend untergeordnet: die tiefe Kluft, die infolge der Naziokkupation zwischen den beiden Völkern entstanden war, konnte in der Atmosphäre des fortdauernden, immer von neuem genährten Mißtrauens und der Ost-West-Konfrontation nicht zugeschüttet werden.

Erst in den siebziger Jahren ändert die deutsche Problematik ihren vorherigen Konfliktcharakter und beginnt, als wichtiger Bestandteil des Entspannungsprozesses und der Entwicklung der friedlichen Zusammenarbeit der Staaten und Völker auf dem europäischen Kontinent, eine neue Rolle in der Gesamtheit der europäischen Politik zu spielen.

Die Veränderung der internationalen Funktion der deutschen Problematik in der europäischen Politik erfolgte sowohl unter dem Einfluß objektiver und umfangreicherer Entspannungsprozesse, die in den sechziger und siebziger Jahren im grundlegenden Ost-West-Verhältnis, insbesondere auf dem europäischen Kontinent, im globalen Maßstab auftraten[3], als auch unter dem Einfluß „subjektiver" Veränderungen in der bundesrepublikanischen Außenpolitik selbst, besonders im Bereich der Beziehungen zu den sozialistischen Staaten [allgemein bezeichnet als „neue Ostpolitik" der SPD/FDP].

In der qualitativ neuen internationalen Entspannungslage der siebziger Jahre konnte sich erneut der europäische Kontext der bilateralen polnisch-westdeutschen Beziehungen bestätigen. So wie früher die Zeit des „kalten Krieges" ihr Gepräge den Beziehungen zwischen der VRP und der Bundesrepublik Deutschland verliehen hatte, wodurch eine Verständigung zwischen den beiden Staaten unmöglich wurde, mußte auch der Entspannungsprozeß zwischen Ost und West besonders ausdrucksvoll in den Beziehungen zwischen der VRP und der Bundesrepublik

3 Eine umfassende Analyse des aktuellen Entspannungsprozesses in Europa ist u. a. in der Sammelpublikation der Ständigen Kommission für Europäische Sicherheit der wissenschaftlichen Forschungsinstitute der sozialistischen Länder enthalten: Perspektywy Europy — bezpieczeństwo i współpraca w latach 70-tych [Perspektiven Europas — Sicherheit und Zusammenarbeit in den siebziger Jahren], PISM, Warszawa 1975.

Deutschland, die ihre Eigenart in der Gesamtheit der Ost-West-Beziehungen in Europa haben, sichtbar werden. Als der grundsätzliche Entspannungstrend begann, die Entwicklung der Ost-West-Beziehungen zu gestalten, u. a. auf der Basis der Akzeptierung der Dauerhaftigkeit der gesellschaftlich-wirtschaftlichen Wandlungen in Ost- und Südosteuropa durch die westlichen Staaten sowie auf Grund der im Ergebnis des Zweiten Weltkrieges vollbrachten territorial-politischen Veränderungen in Mitteleuropa, ist es klar geworden, daß der Durchbruch in den Beziehungen zwischen Polen und der Bundesrepublik Deutschland sich nur auf der Grundlage der Anerkennung des unverletzbaren und endgültigen Charakters der Grenze an der Oder und Lausitzer Neiße durch die Bundesregierung in Bonn vollziehen konnte.

2. *Der Durchbruch in den gegenseitigen Beziehungen — Vertrag vom 7. Dezember 1970*

Seinerseits versuchte Polen, jede Chance der Normalisierung seiner Beziehungen zu der Bundesrepublik Deutschland im Rahmen des sich allmählich verstärkenden Entspannungsprozesses auszunutzen. Noch in der zweiten Hälfte der sechziger Jahre begann Polen mit Aufmerksamkeit die Wandlungen zu beobachten, die sich damals in der Ost- und Deutschlandpolitik Bonns, darunter vornehmlich in der Haltung der SPD und der FDP gegenüber den sozialistischen Staaten, vollzogen.[4] Die polnische Regierung beteiligte sich aktiv an der Entfaltung der diplomatischen Friedensoffensive der Warschauer Vertragsstaaten für die Einberufung der gesamteuropäischen Konferenz über Sicherheit und Zusammenarbeit, und ihr Bestreben war zugleich darauf gerichtet, im Rahmen der Entspannungsbemühungen der sozialistischen Staaten auch mit der Bundesrepublik Deutschland unter den damals als grundlegende Prämisse des Friedens und der Sicherheit in Europa[5] anerkannten Bedingungen zu einer Verständigung zu kommen.

4 Die neue Ost- und Deutschlandpolitik der Kiesinger-Brandt-Regierung wurde damals der Bewertung der polnischen wissenschaftlichen Kreise unterzogen — vgl. hierzu die in der Bibliographie beispielsweise angeführten Arbeiten von: St. Cholewiak, P. Lippóczy, J. Sułek. Außerdem: Polityka wschodnia NRF. Wybrane kierunki i problemy [1969—1972] — [Die Ostpolitik der Bundesrepublik Deutschland. Ausgewählte Richtungen und Probleme], Sammelwerk unter der redaktionellen Bearbeitung von B. Kowalski, Katowice 1973.

5 Dem Standpunkt der Warschauer Vertragsstaaten und der europäischen Kommunistischen Arbeiterbewegung zufolge waren es: Anerkennung durch die Bundesrepublik Deutschland der in Europa bestehenden Grenzen, insbesondere der Grenze an der Oder und Lausitzer Neiße sowie der Grenze zwischen den beiden deutschen Staaten, als unverletzlich; Anerkennung des Bestehens von zwei souveränen und gleichberechtigten deutschen Staaten; kein Zugang der Bundesrepublik Deutschland zu den Kernwaffen; Erklärung des Münchner Abkommens für ungültig und Behandlung Westberlins als selbständige politische Einheit [vgl. z. B. die Erklärung der Konferenz der Kommunistischen und Arbeiterparteien Europas v. 25. April 1967 in Karlove Vary, in: Zbiór Dokumentów/Dokumentensammlung, PISM, Warszawa 1967, Nr. 4].

Am 17. Mai 1969 machte Polen der Bundesrepublik Deutschland den Vorschlag, einen zwischenstaatlichen Vertrag, in dem die Bundesregierung den endgültigen Charakter der Grenze an der Oder und Lausitzer Neiße anerkennen sollte, zu schließen.[6] Die polnische Initiative ergab sich durchaus nicht aus der Besorgnis um die Dauerhaftigkeit der westlichen Grenze Polens, die doch durch das Bündnis Polens mit der UdSSR und mit anderen sozialistischen Ländern gewährleistet war und ist und somit kein Objekt internationaler Diskussionen bzw. Auseinandersetzungen sein konnte. In ihrem Handeln ließ sich somit die polnische Diplomatie nicht von dem Wunsch leiten, eine zusätzliche Sicherung dieser Grenze zu erzielen, sondern sie strebte danach, daß die beiden Staaten durch den gemeinsamen Vertrag entsprechende Voraussetzungen schaffen könnten, die die gegenseitige Verständigung sowie Vertiefung und Festigung des Entspannungsprozesses in Europa fördern würden. Denn die polnische Seite glaubte, daß einer der potentiellen Konfliktherde, der nicht nur die Entwicklung einer vorteilhaften Zusammenarbeit zwischen den beiden Staaten unmöglich machte, sondern auch die Spannung in den europäischen Beziehungen schuf, mit der Anerkennung der Grenze an der Oder und Lausitzer Neiße durch die Bundesrepublik Deutschland ausgelöscht sein werde. Aus diesen Gründen hob die polnische Seite mehrmals hervor, daß „es für Polen kein Problem der Grenzen gibt, sondern nur ein Problem des Friedens, das ganz Europa betrifft, besteht."[7]

Die polnische Initiative vom 17. Mai 1969 bedeutete außerdem ein Entgegenkommen und den Versuch, die realistischen Tendenzen zu festigen, die in jener Zeit begannen, sich immer stärker den Weg in der Bevölkerung der Bundesrepublik Deutschland und in einem Teil der im Bundestag vertretenen politischen Kreise, hauptsächlich in der SPD und der FDP, zu bahnen. Die Frage der Stellungnahme zum polnischen Vorschlag hat den Prozeß der Differenzierung von Standpunkten der SPD, FDP und CDU/CSU in der Bundesrepublik Deutschland beschleunigt und vertieft. Während die CDU/CSU mit Vorsicht, dennoch eindeutig, die Möglichkeit ablehnte, Gespräche mit Polen aufzunehmen, die zur Anerkennung der Grenze an der Oder und Lausitzer Neiße führen könnten, sprachen sich die SPD und die FDP für den Dialog mit Polen aus.[8] Nach dem Sieg in den Bundestagswahlen im Herbst 1969 bildeten diese beiden Parteien eine neue Regierung, die sich für die Politik der Verständigung mit den sozialistischen Ländern, darunter auch für die Aufnahme der polnischen Initiative, aussprach.[9]

6 Vgl. Dokument Nr. 16 im Anhang.

7 Diese Formel wurde konsequent und wiederholt von polnischen Vertretern auf der internationalen Arena vorgebracht. Sie erschien auch in der zitierten Rede von Wł. Gomułka vom 17. Mai 1969.

8 Vgl. Äußerung von W. Brandt vom 19. Mai 1969 in Erwiderung auf den polnischen Vorschlag (s. Anhang).

9 Ferner Brandt, W., Begegnungen und Einsichten. Die Jahre 1960—75, 1976 [besonders das Kapitel: Die Ostpolitik]; J. Skibiński, Polska-RFN. Problemy normalizacji stosunków [VRP-Bundesrepublik Deutschland. Probleme der Normalisierung der Beziehungen], Warszawa 1974, S. 43—71.

Dies bedeutete aber ganz und gar nicht, daß die Standpunkte der beiden Seiten — der polnischen Regierung und der neuen Brandt-Scheel-Regierung — damals annähernd gleich waren. Die polnische Seite war bestrebt, einen Vertrag über die Anerkennung der Grenze an der Oder und Lausitzer Neiße mit der Bundesrepublik Deutschland abzuschließen, während die Bundesregierung einen Vertrag über den Verzicht auf die Anwendung von Gewalt anstrebte, was u. a. auch eine Form der Anerkennung de facto, doch nicht de jure, der Grenzen Polens, darunter auch der Grenze an der Oder und Lausitzer Neiße, durch die Bundesrepublik Deutschland sein sollte. Beide Regierungen anerkannten jedoch die Zweckmäßigkeit der Aufnahme der Gespräche, von der Voraussetzung ausgehend, daß man im Interesse der beiden Staaten und für das Wohl Europas zur gegenseitigen Verständigung kommen sollte. Am 5. Februar 1970 wurden die offiziellen zwischenstaatlichen Kontakte aufgenommen, und nach monatelangen, mühsamen und schwierigen Verhandlungen wurde am 7. Dezember des selben Jahres der „Vertrag zwischen der Volksrepublik Polen und der Bundesrepublik Deutschland über die Grundlagen der Normalisierung ihrer gegenseitigen Beziehungen"[10] unterzeichnet.

Es war allerdings kein Zufall, daß beide Seiten sich entschlossen hatten, gerade eine solche Bezeichnung für den vereinbarten Text anzunehmen: er bestimmt nämlich die Grundlagen, auf die sich die gegenseitigen, zwischenstaatlichen Beziehungen stützen sollen. Über die geschichtliche Tragweite des Vertrages[11] haben vor al-

10 Vgl. Nr. 19 des Dokumentationsanhangs.

11 Völkerrechtliche und politische Aspekte des VRP-Bundesrepublik Deutschland-Vertrages vom 7. Dezember 1970 wurden einer allseitigen wissenschaftlichen Analyse unterzogen — in polnischem Schrifttum vgl. u. a. [in chronologischer Anordnung]: A. D. Rotfeld und J. Sułek, Układ PRL-NRF na tle Umowy Poczdamskiej, Układu w Zgorzelcu i Układu ZSRR-NRF [der VRP-Bundesrepublik Deutschland-Vertrag auf dem Hintergrund des Potsdamer Abkommens, des Vertrages von Zgorzelec (Görlitz) und des UdSSR-Bundesrepublik Deutschland-Vertrages], [vergleichende Analyse], PISM, Warszawa 1970; R. Frelek, Podstawa normalizacji [Die Grundlage der Normalisierung], in: Sprawy Międzynarodowe 1971, Nr. 1; K. Skubiszewski, Zachodnia granica Polski w świetle układów z 1970 r. [Westgrenze Polens im Lichte der Verträge von 1970], in: Państwo i Prawo 1971, Nr. 3—4; A. Klafkowski, Układ Polska-NRF o podstawach normalizacji stosunków jako element uznania status quo w Europie [Der VRP-Bundesrepublik-Deutschland-Vertrag über die Grundlagen der Normalisierung der Beziehungen als Element der Anerkennung des Status quo in Europa], in: Sprawy Międzynarodowe 1971, Nr. 9; A. D. Rotfeld, Wokół ratyfikacji układu PRL-NRF. Problemy polityczne i prawne [Um die Ratifizierung des VRP-Bundesrepublik Deutschland-Vertrages. Politische und rechtliche Probleme], in: Sprawy Międzynarodowe 1972, Nr. 4; J. Sułek, Główne kierunki politycznej i prawnej interpretacji układu PRL-NRF z 7 grudnia 1970 r. [Hauptrichtungen der politischen und rechtlichen Auslegung des VRP-Bundesrepublik Deutschland-Vertrages vom 7. Dezember 1970], in: Sprawy Międzynarodowe 1972, Nr. 6; A. Klafkowski, Układ między PRL a RFN z 7. grudnia 1970 — podstawy wykładni prawnomiędzynarodowej [Der Vertrag zwischen der VRP und der Bundesrepublik Deutschland vom 7. Dezember 1970 — Grundlagen der völkerrechtlichen Auslegung], Interpress Warszawa 1973; J. Skibiński, Polska-RFN. Problemy normalizacji stosunków [Polen — die Bundesrepublik Deutschland. Probleme der Normalisierung der Beziehungen], Interpress Warszawa 1974; L. Gelberg, Układ PRL-NRF z 7 grudnia 1970 r. Analiza prawna [Der VRP-Bundesre-

lem jene seine Bestimmungen entschieden, welche die Anerkennung der bestehenden und entlang der Oder und Lausitzer Neiße festgelegten Grenzlinie als westlicher Staatsgrenze der Volksrepublik Polen durch die Bundesrepublik Deutschland betreffen [Art. 1]: Der polnische Außenminister brachte dies folgendermaßen zum Ausdruck:

„Der Vertrag schließt mithin in den rechtlich-politischen Kategorien das Problem des Kampfes um die endgültige Anerkennung des Rechtes Polens auf Leben und Entwicklung innerhalb gerechter und von keinem anderen Staat bestrittener Grenzen ab . . . Der Abschluß eines Vertrages, der sich allein auf den Verzicht auf die Anwendung von Gewalt oder Androhung deren Anwendung beschränkte, würde sein Ziel verfehlen. Der Verzicht auf die Anwendung von Gewalt hat eigentlichen Sinn und Bedeutung nur in Anlehnung an die Anerkennung der Unverletzlichkeit der Grenzen und die Achtung der territorialen Integrität".[12]

Infolge der Anerkennung der Oder-Lausitzer Neiße-Grenze durch die Bundesrepublik Deutschland konnte das hauptsächliche Hindernis, das in der Vergangenheit die Normalisierung der Beziehungen zwischen den beiden Staaten unmöglich gemacht hatte, aus dem Weg geräumt werden. Diese Anerkennung bildete zugleich die grundlegende Voraussetzung für die Einleitung des Normalisierungsprozesses und eine Entwicklung von gegenseitigen Beziehungen nach den Grundsätzen der beiderseitig vorteilhaften Partnerschaft.

Der Vertrag bedeutete somit, daß der grundsätzliche Durchbruch in der bisherigen Entwicklung[13] erzielt wurde, und daß die beiden Staaten entschlossen waren, einen neuen konstruktiven Abschnitt in der Geschichte der gegenseitigen Beziehungen einzuleiten. Wie schon der Titel des Vertrages zu verstehen gab, bedeuteten seine Unterzeichnung und danach sein Inkrafttreten nicht, daß die Normalisierung der Beziehungen zwischen den beiden Staaten damit automatisch vollendet war, sondern sie bildeten nur eine unentbehrliche Voraussetzung für die Einleitung einer neuen Periode in der Entwicklung dieser Beziehungen. In diesem Sinne hat daher der „Vertrag über die Grundlagen der Normalisierung" weder die Belastungen der

publik Deutschland-Vertrag vom 7. Dezember 1970. Die rechtliche Analyse], Wrocław 1974; J. Kokot, Od Poczdamu do Helsinek. Koniec okresu powojennego w Europie [Von Potsdam bis Helsinki. Ein Ende der Nachkriegsperiode in Europa], Opole 1974; K. Skubiszewski, Zachodnia granica Polski w świetle traktatów [Die Westgrenze Polens im Lichte der Verträge], Poznań 1975.

12 Aus der Rede des Außenministers der VRP, S. Olszowski, im Sejm am 27. April 1972 [„Trybuna Ludu" vom 28. April 1972].

13 Der Kanzler der Bundesrepublik Deutschland, W. Brandt, stellte in seiner Ansprache nach der Unterzeichnung des Vertrages u. a. folgendes fest: „Mit der Unterzeichnung des Vertrages haben wir es unternommen, einen Schlußstrich zu setzen und gleichzeitig das Zeichen zu geben für einen Anfang" [Der Vertrag zwischen der Bundesrepublik Deutschland und der Volksrepublik Polen — „Bulletin des Presse- und Informationsamtes der Bundesregierung", Bonn 1970, S. 31]. Eine ähnliche Bewertung enthielt auch die Ansprache des Ministerpräsidenten der VRP aus demselben Anlaß [Siehe „Trybuna Ludu" vom 8. Dezember 1970].

„Hypothek der Vergangenheit" liquidiert noch zahlreiche in den Beziehungen zwischen Polen und der Bundesrepublik Deutschland bestehende Probleme automatisch gelöst. Ihre Regelung sollte in der Zukunft erfolgen — in zahlreichen bilateralen Vereinbarungen, welche die nacheinander folgenden Entwicklungsphasen des Normalisierungsprozesses zum Ausdruck bringen sollten.

Es sei überdies daran erinnert, daß die Bedeutung des VR Polen-Bundesrepublik Deutschland-Vertrages weit über den bilateralen Rahmen hinausgeht. Wie dies vom Ministerpräsidenten der VR Polen, Cyrankiewicz, zum Ausdruck gebracht wurde: „Allgemein sieht man in ihm einen Akt, welcher der gesamteuropäischen Entspannung förderlich sein und diese Entspannung voraussetzen werde, also als einen Akt von großem Gewicht für die Festigung des Friedens und der Sicherheit auf unserem Kontinent."[14] Zugleich bildete er einen wichtigen Bestandteil des Normalisierungsprozesses von Beziehungen zwischen den sozialistischen Ländern und der Bundesrepublik Deutschland und damit auch den Bestandteil der Normalisierung und Entwicklung der Beziehungen zwischen Ost und West in Europa im weitesten Sinne.

Der Vertrag vom 7. Dezember 1970 ist in die Nachkriegsgeschichte Europas als eine der wichtigen völkerrechtlichen Akte eingegangen, welche eine lange Periode des Kampfes um die territorial-politische Anerkennung des im Ergebnis des Zweiten Weltkriegs entstandenen Status quo in Mitteleuropa abgeschlossen haben. In dieser Eigenschaft ist der VR Polen-Bundesrepublik Deutschland-Vertrag — neben den durch die UdSSR, die DDR und die ČSSR mit der Bundesrepublik Deutschland in den Jahren 1970—1973 geschlossenen Verträgen sowie der vierseitigen Vereinbarung über Westberlin — zum Meilenstein auf dem Entspannungsweg zur Konferenz über Sicherheit und Zusammenarbeit in Helsinki geworden.[15*]

3. *Der bisherige Verlauf des Normalisierungsprozesses*

Die Entwicklung der Beziehungen zwischen Polen und der Bundesrepublik Deutschland seit der Unterzeichnung des Vertrages vom 7. Dezember 1970 kann in folgende Phasen eingeteilt werden:

14 Ebenda

15 Vgl. ferner die Beiträge von J. Sułek: Porozumienia normalizacyjne z lat 1970—1972 a bezpieczeństwo Europy [Normalisierungsvereinbarungen aus den Jahren 1970—1972 und die Sicherheit Europas], in: Sprawy Międzynarodowe 1972, Nr. 7/8; Znaczenie porozumień międzynarodowych z lat 1970—1972 dla bezpieczeństwa w Europie [Die Bedeutung der internationalen Vereinbarungen aus den Jahren 1970—1972 für die Sicherheit in Europa], in: Studia nauk politycznych", 1973/3. Diese Beiträge sind in englischer Sprache auch in: „Studies on International Relations", Warsaw 1973/2 und in: „Polish Western Affairs", Poznań 1973/1, erschienen.

* Dazu Anmerkung Schweitzer: Die amtliche Bezeichnung der Bundesrepublik Deutschland und ihrer westlichen Verbündeten lautet für das Vertragswerk: Das Viermächte-Abkommen über Berlin.

— Kampf um die Ratifizierung des Vertrages [vom Dezember 1970 bis Mai 1972];
— Aufbau der Normalisierungsgrundlagen der Beziehungen [vom Mai 1972 bis Juni 1976];
— Beginn der Etappe des fortgeschrittenen Normalisierungsprozesses [seit dem Besuch von E. Gierek in der Bundesrepublik Deutschland im Juni 1976].

3.1. Um die Ratifizierung des Vertrages

Der Vertrag zwischen der Bundesrepublik Deutschland und der Volksrepublik Polen über die Grundlagen der Normalisierung ihrer gegenseitigen Beziehungen wurde mit seltener Einmütigkeit buchstäblich in ganz Europa begrüßt. Allgemein wollte man in diesem Vertrag den endgültigen Abschluß eines der schwierigsten Kapitel des Zweiten Weltkrieges und den Beitrag beider Staaten zum Aufbau einer neuen friedlichen Zukunft auf dem europäischen Kontinent erblicken.[16]

In der Bundesrepublik Deutschland wurde der Vertrag mit Polen jedoch nicht in gleicher Weise interpretiert. Die christlich-demokratische Opposition hat ihre Haltung zu den „Ostverträgen", die zu Beginn der siebziger Jahre von der Brandt-Scheel-Regierung mit den sozialistischen Ländern abgeschlossen wurden [darunter auch zum Vertrag vom 7. Dezember 1970], den parteitaktischen Interessen untergeordnet: Um des innenpolitischen Kampfes gegen die SPD-FDP-Koalition willen wandten die christlichen Demokraten die Taktik der totalen Konfrontation mit der Regierung gerade im Bereich der Ostpolitik an; eines der Bestandelemente dieser Taktik war eine scharfe, kritische Beurteilung des Vertrages mit Polen durch die Mehrheit von christlich-demokratischen Politikern. Ohne Rücksicht auf den politischen Schaden einer Vertiefung der feindlichen Gesinnung der bundesdeutschen Bevölkerung gegen Polen als Staat und Volk zu nehmen und alte antipolnische Vorurteile und Ressentiments erweckend, entfesselte der rechte Flügel der CDU/CSU eine nationalistische und antikommunistische Kampagne, um die Ratifizierung der Verträge mit der UdSSR und Polen zu verhindern und die SPD/FDP-Regierung zu stürzen.[17] Unter Bedingungen eines außerordentlich scharfen politischen Kampfes sprach sich der Bundestag am 17. Mai 1972 mit Stimmen von 248 Abgeordneten [bei 17 Neinstimmen und 231 Enthaltungen der christlich-demokratischen Opposition] für den Vertrag vom 7. Dezember 1970 aus. Zwei Tage später

16 Hierzu: Kommuniqué der Tagung des NATO-Ministerrates in Brüssel v. 4. Dezember 1970; Erklärung des Sprechers des State Department der USA in Washington v. 18. November 1970; Erklärung der Regierung Großbritanniens in London v. 20. November 1970: Erklärung des Ministerpräsidenten Frankreichs J. Chaban-Delmas in Warschau, v. 26. November 1970.

17 Vgl. Ch. Hacke, Die Ost- und Deutschlandpolitik der CDU/CSU. Wege und Irrwege der Opposition seit 1969, Köln 1975; J. Skibiński, Polska-RFN. Problemy normalizacji stosunków [Polen-Bundesrepublik Deutschland, Probleme der Normalisierung der Beziehungen], Warschau 1974, S. 106—186.

erhielt dieser Vertrag die Zustimmung des Bundesrats und am 23. Mai 1972 unterzeichnete der damalige Bundespräsident, G. Heinemann, das Ratifizierungsgesetz.

Eine gewisse Rolle in der Änderung der Haltung der CDU/CSU [Übergang von der totalen Ablehnung zur Stimmenenthaltung, was mit der stillschweigenden Zustimmung zur Ratifizierung des Vertrages gleichbedeutend war] spielte zweifellos die von allen Parteien des Bundestages gemeinsam verabschiedete Entschließung vom 17. Mai 1972 als einseitige Erklärung des Bundestages zu den Verträgen mit der UdSSR und Polen. Diese Entschließung rückte erneut den Verzicht auf die Anwendung von Gewalt [und nicht die Anerkennung der Oder-Lausitzer-Neiße-Grenze durch die Bundesrepublik Deutschland] als Substanz des Vertrages über die Grundlagen der Normalisierung in den Vordergrund und stellte direkt fest, daß die Verträge mit der UdSSR und Polen „eine friedensvertragliche Regelung für Deutschland nicht vorwegnehmen und keine Rechtsgrundlage für die heute bestehenden Grenzen schaffen".[18]

In dieser Situation vertraten die beiden Vertragspartner der Bundesrepublik Deutschland, die Sowjetunion und Polen, übereinstimmend den Standpunkt, daß die genannte Entschließung des Bundestages im Lichte des Völkerrechts keine Bedeutung hat, und daß der gemeinsam vereinbarte und ratifizierte Text der Verträge ausschließlich und allein die einzige Auslegungsgrundlage für die Parteiseiten bildet.[19] In dieser Angelegenheit stellte der Außenminister Polens, Stefan Olszowski, während der Sejmdebatte am 25. Mai 1972 folgendes fest: „Im Vertrag hat die Bundesrepublik Deutschland die Grenze an der Oder und Lausitzer Neiße als unverletzlich und endgültig anerkannt. Die ist eine endgültige völkerrechtliche Anerkennung und jegliche Vorbehalte in der einseitigen Entschließung des Bundestages haben keine Kraft vom Standpunkt des Völkerrechts und der Verpflichtungen, die sich aus dem Vertrag ergeben."[20]

18 Verhandlungen des Deutschen Bundestages, VI. Wahlperiode, Stenographische Berichte, S. 10960 [B]. Vgl. auch: Zbiór Dokumentów [Dokumentensammlung], PISM, Warszawa 1972, S. 843.

19 Äußerung des Außenministers der UdSSR, A. Gromyko, in der Ratifizierungsdebatte über den UdSSR-Bundesrepublik Deutschland-Vertrag am 31. Mai 1972 [Isviestija vom 1. Juni 1972]; Äußerung des Ministerpräsidenten der VRP, P. Jaroszewicz, am 14. Mai 1972 in Berlin [Trybuna Ludu vom 15. Mai 1972]; Äußerung des Außenministers der VRP, S. Olszowski am 25. Mai 1972 im Sejm [Trybuna Ludu vom 26. Mai 1972].

20 „Trybunu Ludu" vom 26. Mai 1972. Die völkerrechtliche Beurteilung dieser Sache wird unternommen u. a. von: L. Gelberg, Układ PRL-NRF [Der VRP-Bundesrepublik Deutschland-Vertrag] . . ., S. 37—39; K. Skubiszewski, Zachodnia granica Polski [Die Westgrenze Polens], S. 238 und 242—245; L. Janicki, Koalicja SPD/FDP a realizacja układu PRL-RFN z 7. grudnia 1970 [Die SPD/FDP-Koalition und die Realisierung des VRP-Bundesrepublik-Deutschland-Vertrages vom 7. Dezember 1970] im Sammelwerk unter dem Titel: Bilans rządów „małej koalicji" w Republice Federalnej Niemiec w latach 1970 bis 1975 [Die Bilanz der Regierungen der „kleinen Koalition" in der Bundesrepublik Deutschland in den Jahren 1970 —1975], WAP, Warszawa 1976, S. 14—16.

Die Ratifizierung des Vertrages vom 7. Dezember 1970 nahm auch auf der polnischen Seite einen interessanten Verlauf. In Anbetracht der großen Bedeutung des Vertrages mit der Bundesrepublik Deutschland wurde ein besonderes Verfahren eingeleitet[21], welches mit einem positiven Beschluß des Staatsrates der Volksrepublik Polen vom 26. Mai 1972 über die Ratifizierung des Vertrages endete.

Im Ergebnis einer solchen Entwicklung der Ereignisse in der Bundesrepublik Deutschland und in Polen konnte am 3. Juni 1972 der Austausch von Ratifizierungsurkunden erfolgen; damit war der Vertrag vom 7. Dezember 1970 als grundlegendes politisches und völkerrechtliches Dokument, das die Gegenwart und die Zukunft der Beziehungen zwischen den beiden Ländern bestimmt, in Kraft getreten.

3.2. Der Aufbau von Grundlagen des Normalisierungsprozesses

Der anderthalbjährige politische Kampf um die Ratifizierung, der infolge der politischen Labilität in der Bundesrepublik Deutschland und der scharfen Angriffe der nationalistisch-revisionistischen Rechten gegen die Ostpolitik der Brandt-Regierung gewisser Elemente der Dramatik und Spannungen nicht entbehrte, hat in vollem Umfang die Richtigkeit der Ansicht bestätigt, daß „der Weg der Normalisierung von Beziehungen ... weder einfach noch leicht sein und viel Zeit und Mühe beanspruchen werde, um Barrieren zu liquidieren und Hindernisse zu beseitigen, welche die Vergangenheit zwischen den beiden Staaten und Völkern angestaut hat.“[22]

Darüber hinaus führte die spätere Entwicklung der Beziehungen zwischen Polen und der Bundesrepublik Deutschland in den Jahren 1972—1977 beinahe unaufhörlich das Ausmaß der Schwierigkeiten und Hindernisse des Normalisierungsprozesses vor Augen. Aus heutiger Sicht darf man feststellen, daß die schwierige und komplizierte Entwicklung dieses Prozesses sowohl objektive wie auch subjektive Gründe hatte und teilweise immer noch hat. Objektive Bedingtheiten der Normalisierung werden im Schlußteil des vorliegenden Artikels behandelt; an dieser Stelle dagegen

21 Nach der Genehmigung des Vertrages durch die polnische Regierung stellte der Ministerpräsident am 20. April 1972 an den Staatsrat der VRP den Antrag auf Ratifizierung. Der Staatsrat leitete dann den Text des Vertrages samt dem Regierungsantrag weiter an das Sejmpräsidium mit dem Ersuchen um Begutachtung. In diesem Zusammenhang wurde die Angelegenheit des Vertrages mit der Bundesrepublik Deutschland in der Plenarsitzung des Sejms am 27. April 1972 erörtert und danach an zwei Sejmausschüsse [für Außenpolitik und für Gesetzgebungsarbeiten] überwiesen, die beauftragt wurden, zum Regierungsantrag Stellung zu nehmen. In gemeinsamer Sitzung am 25. Mai 1972 nahmen die beiden Sejmausschüsse positiv Stellung zur Vertragsratifizierung; am 26. Mai 1972 beschloß der Staatsrat — nachdem er sich mit der gemeinsamen Entscheidung beider Ausschüsse vertraut gemacht hatte —, den Vertrag zu ratifizieren.

22 Aus der Ansprache des Außenministers der VRP, S. Olszowski, vom 27. April 1972 [Trybuna Ludu vom 28. April 1972].

wollen wir uns den wichtigsten subjektiven Voraussetzungen der Entwicklung von Beziehungen zwischen den beiden Staaten in den siebziger Jahren zuwenden.

Dazu würde ich zu allererst die voneinander ziemlich abweichenden Vorstellungen der beiden Seiten vom Charakter, Inhalt und Verlauf des Normalisierungsprozesses der gegenseitigen Beziehungen rechnen.

Der Abschluß des Vertrages mit Polen war für die Bundesrepublik Deutschland ein Akt der moralisch-politischen Genugtuung für die Aggression des Hitler-Deutschland und für die Leiden des polnischen Volkes in der Zeit der Okkupation. Die im Vertrag vollbrachte Anerkennung der Oder und Lausitzer Neiße als der westlichen Staatsgrenze der Volksrepublik Polen wurde von der Bundesregierung u. a. als eine Form der endgültigen Abrechnung der Bundesrepublik Deutschland mit der Hitler-Vergangenheit Polen gegenüber angesehen. Aus diesem Grunde zeigte die westdeutsche Seite keine Bereitschaft, im Laufe des Normalisierungsprozesses die sich aus der Vergangenheit ergebenden Fragen zu regeln; sie vertrat den Standpunkt, daß die territoriale Verringerung Deutschlands im Osten nach dem Jahre 1945 eine ausreichende Form der Entschädigung zugunsten der polnischen Seite bilde.[23] Diese Ansicht wurde überdies von der Überzeugung begleitet, daß die Regierungen beider Staaten auf die Zukunft blicken und das Normalisierungswerk aufbauen sollten, ohne gegenseitig Rechenschaft über die Vergangenheit abzulegen.*

Als einen zusätzlichen subjektiven Faktor, der auf der Seite der Bundesrepublik Deutschland die Entwicklung der Normalisierungsprozesse mit Polen erschwerte, ist die Labilität des innenpolitischen Kräfteverhältnisses in der Bundesrepublik Deutschland zu erwähnen. In den siebziger Jahren wurde die Handlungseffektivität der SPD/FDP-Regierung im Bereich der Ostpolitik unaufhörlich eingeengt durch die Aktivität der christlich-demokratischen Opposition und der nationalistisch-revisionistischen Kräfte, die bemüht waren, die Verwirklichung von Regierungsmaßnahmen, die auf die Inkraftsetzung der mit Polen, der Sowjetunion und anderen sozialistischen Ländern getroffenen Vereinbarungen abzielten, zu erschweren oder sogar zu torpedieren. In unablässiger Konfrontation mit der starken politischen Opposition und unter dem Druck reaktionärer, rechtsorientierter Kräfte bemühte

23 Von zahlreichen offiziellen Äußerungen der Vertreter der Bundesrepublik Deutschland über diese Frage führen wir die ziemlich charakteristische Stellungnahme der damaligen Präsidentin des Bundestages, A. Renger, an, die Anfang November 1974 in „SPD-Pressedienst" schrieb:

„Den stets von neuem [von der polnischen Seite] als unumgänglich für die Normalisierung der polnisch-deutschen Beziehungen vorgebrachten Forderungen nach Entschädigungen zugunsten der Opfer der Konzentrationslager konnte und sollte man das Argument entgegenhalten, daß das Parlament, die Regierung und die Bevölkerung der Bundesrepublik Deutschland sich davon leiten ließen, daß mit dem Abschluß des Vertrages vom 7. Dezember 1970 ein Schlußstrich unter diese Fragen gezogen und damit eine Grundlage für die Normalisierung der Beziehungen geschaffen worden sei."

* Vgl. dazu den Beitrag von C. C. Schweitzer, S. 107 ff., 111 f.

sich die Brandt-Scheel-Regierung, und später die Schmidt-Genscher-Regierung, die historische Chance, die Beziehungen mit Polen auf neuen Grundlagen aufzubauen, nicht zu verspielen; die beiden Regierungsparteien waren — außer den kommunistischen Kräften — die Hauptbefürworter der Verständigungspolitik mit den sozialistischen Ländern. Ununterbrochen dem Druck der christlich-demokratischen Opposition, insbesondere ihres nationalistisch-revisionistischen, rechtsorientierten Flügels ausgesetzt, hatte die sozialliberale Koalition mithin keine allzu große Manövrierfreiheit; darüber hinaus ging sie nach dem Jahre 1972 im Bereich der Ostpolitik eigentlich zur politischen Defensive über. Um sich an der Macht zu erhalten oder auch optimale Unterstützung für ihre Außenpolitik in der Wählerschaft der Bundesrepublik Deutschland zu erlangen, hatten die SPD/FDP-Regierungen der christlich-demokratischen Opposition gegenüber eine Reihe von politischen Zugeständnissen gemacht; im Bereich der Beziehungen zu Polen sind darunter u. a. folgende zu nennen: Inkonsequenz und Passivität im Entgegenwirken gegen die nationalistische und revisionistische, antipolnische Propaganda, betrieben in der Bundesrepublik Deutschland vom rechten Flügel in der CDU/CSU und von der revisionistischen „Vertriebenen-Lobby"*, wie auch eine partielle Übernahme gewisser Forderungen und Argumente der Opposition durch die SPD/FDP-Regierungen [dies betraf zum Beispiel die Frage der „Familienzusammenführung"].[24]

Alles in allem: Nach der Ratifizierung des Vertrages vom 7. Dezember 1970 erweckte die SPD/FDP-Regierung den Eindruck, als ob sie kein konstruktives und langfristiges Programm der allseitigen Normalisierung der Beziehungen zu Polen hätte und ausschließlich auf die Erledigung jener Fragen, für die sie ein besonderes Interesse hatte, eingestellt wäre. Von der Annahme ausgehend, daß der Vertrag vom 7. Dezember 1970 eine ausreichende moralisch-politische Geste sei, machte nun die sozialliberale Koalition die weitere Entwicklung der Beziehungen zu Polen vor allem von der Lösung der Frage der sogenannten „Familienzusammenführung" abhängig. Es sei daran erinnert, daß die polnische Regierung ihre diesbezügliche Stellungnahme in Form einer „Information"[25] noch im Herbst 1970 in der Endphase der Verhandlungen über den Normalisierungsvertrag der Bundesrepublik Deutschland übermittelt hatte. Darin brachte sie ihre Bereitschaft zum Ausdruck, durch die Vermittlung der nationalen Organisationen des Roten Kreuzes einigen zehntausend Personen, die dem „deutschen Volke unbestreitbar angehören" bzw. aus den getrennten oder gemischten Familien stammen, unter „Beachtung der in

24 Dies äußerte sich u. a. in Angaben von zahlenmäßig überaus zu hohen Schätzungen der in Polen eingereichten Anträge auf die Ausreise für ständigen Aufenthalt in der Bundesrepublik Deutschland, durch Vorbringen einer These über das Bestehen einer deutschen nationalen Minderheit in Polen u. dgl. m.

25 Vgl. Nr. 18 des Dokumentationsanhangs.

* Anmerkung: Aus der Sicht der deutschen Herausgeber ist dieser polnische Terminus in Anführungsstrichen zu setzen, zumal feststeht, daß die sozial-liberale Bundesregierung und ihre Abgeordneten innerhalb und außerhalb des Deutschen Bundestages in jenen Jahren laufend einer gewissen Propaganda dieser Kreise entgegengewirkt haben.

Polen geltenden Gesetze und Rechtsvorschriften" die Ausreise aus Polen in die Bundesrepublik Deutschland zu ermöglichen. Auf Grund dieser Zusage sind insgesamt 62 490 Personen in den Jahren 1971—1975 aus Polen in die Bundesrepublik Deutschland übergesiedelt.[26] Es sei auch daran erinnert, daß die polnischen Behörden in den Jahren 1955—1969 die Übersiedlung von mehr als 400 000 Personen aus Polen nach den beiden deutschen Staaten [darunter 368 824 in die Bundesrepublik Deutschland] bewilligten.[27] In der Frage der „Familienzusammenführung" ließ sich die polnische Seite mithin vor allem von humanitären Aspekten leiten; sie war auch entschlossen, den Wünschen der SPD/FDP-Regierung entgegenzukommen, in der Erwartung, daß die schrittweise Lösung dieser Frage es ermöglichen werde, einen Fortschritt in übrigen Bereichen des Normalisierungsprozesses der gegenseitigen Beziehungen zu erzielen. Es kam jedoch anders. Um der Propaganda willen wurde die Problematik der „Familienzusammenführung" in den Jahren 1972—1975 für scharfe, antipolnische Angriffe ausgenutzt, und die revisionistisch-nationalistischen Kräfte bemühten sich, daraus politisches Kapital zu schlagen.* Außerdem war es bezeichnend, daß sich in den antipolnischen Angriffen in der Regel jene politischen Kräfte auszeichneten, die ihrerseits nur wenig oder überhaupt nichts Konstruktives zum Normalisierungsprozeß der Beziehungen zwischen den beiden Staaten und Völkern beigetragen hatten. Angesichts der heftigen Propagandakampagne, die in einem Teil der Massenmedien in der Bundesrepublik Deutschland entfesselt wurde, und der sich verschärfenden Angriffe der revisionistisch-rechtsorientierten Kreise wie auch wegen der mangelnden Bereitschaft der Bonner Regierung, zufriedenstellende Lösungen in bezug auf andere [außer der „Familienzusammenführung"] wichtige Probleme der Normalisierung zu finden — begannen die polnischen Be-

26 H.-A. Jacobsen, Fünf Jahre Warschauer Vertrag, in: Die Friedenswarte H. 3—4, Berlin 1976, S. 95 [nach Angaben des Deutschen Roten Kreuzes von der Bundesrepublik Deutschland].

27 Ibidem. Vergleichsweise sei auch erinnert, daß Polen Objekt einer scharfen Propaganda-Kampagne war, obwohl die Regierung der VR Polen in der Frage der Ausreise nach der Bundesrepublik Deutschland für ständigen Aufenthalt sehr weitgehend entgegengekommen ist. Es zeugen davon die nachstehenden Daten des „Deutschen Roten Kreuzes" der Bundesrepublik Deutschland [veröffentlicht in: „Das Parlament" 1977, Nr. 2, S. 3]:

Land	1955 — 1974	1975	I — III Quartal 1976	Zusammen
UdSSR	38 174	5 985	8 463	52 622
VRP	424 273	7 041	22 932	454 246
CSSR	68 224	518	775	69 517
Ungarn	7 885	277	205	8 367
Rumänien	48 628	5 079	2 985	56 692
Jugoslawien	55 453	419	250	56 122
insgesamt	642 637	19 319	35 610	697 566

* Vgl. die Haltung in der Bundesrepublik Deutschland zu diesem Fragenkomplex insgesamt bei C. C. Schweitzer, S. 119 ff.

hörden, die Zahl der in die Bundesrepublik Deutschland Ausreisenden allmählich zu beschränken, von dem Grundsatz ausgehend, daß die „Familienzusammenführung" nicht das einzige, in vollem Umfang gelöste Problem in den bilateralen Beziehungen sein darf, wenn zugleich andere Fragen und insbesondere jene, an deren Regelung die polnische Seite besonders interessiert war, ungelöst bleiben würden. Infolge der entgegenstehenden Standpunkte der beiden Seiten war die Angelegenheit der „Familienzusammenführung" eine der Hauptursachen dessen, daß die offiziellen Beziehungen zwischen Polen und der Bundesrepublik Deutschland in der Mitte der siebziger Jahre in eine Sackgasse gerieten.[28*]

Im Unterschied zu der Bundesregierung zeigte die polnische Seite ein andersartiges Herangehen an den Normalisierungsprozeß.[29] Die polnische Regierung vertrat den Standpunkt, daß der Vertrag vom 7. Dezember 1970 eine Ausgangsbasis für den Normalisierungsprozeß bildet, in dessen Verlauf beide Seiten die Vergangenheit überwinden und neue gegenseitige Beziehungen gemeinsam aufbauen sollten. Mit anderen Worten: Während die im Vertrag festgelegte Anerkennung der westlichen Grenze Polens von der Bundesrepublik Deutschland als letztes Glied in der Kette ihrer Abrechnung mit der Hitler-Vergangenheit betrachtet wurde, sah die polnische Seite in dieser Anerkennung die grundsätzliche Voraussetzung zur Einleitung eines Prozesses, dessen Bestandteil auch die Regelung der von der schmerzlichen Vergangenheit erzeugten humanitären Probleme sein sollte. Polnischerseits wurde in diese Kategorie vor allem die Frage der Entschädigungen zugunsten polnischer Bürger für die Naziverfolgungen, insbesondere für die Zwangsarbeit und Gefangenschaft in den Hitler-Konzentrationslagern, eingereiht. In den vorausge-

28 Der Standpunkt Polens, die Aktion „Familienzusammenführung" betreffend, fand seine Widerspiegelung im deutschsprachigen Schrifttum — vgl. u. a.: H.-A. Jacobsen, Fünf Jahre Warschauer Vertrag in: Die Friedenswarte, 1976 B. 58; J. Lubojański, Worum geht es? in: Begegnung mit Polen 1973/3—4; J. Sułek, Der Normalisierungsprozeß Bundesrepublik Deutschland-Polen aus polnischer Sicht, in: Deutschland Archiv 1973/12.

29 Der Ministerpräsident der VRP, P. Jaroszewicz, kündigte am 16. Juni 1972, d. h. fast unmittelbar nach dem Inkrafttreten des Vertrages mit der Bundesrepublik Deutschland, an: „Wir werden streben nach ...

a) voller Erfüllung durch die Bundesrepublik Deutschland der in den Verträgen mit der UdSSR und Polen übernommenen Verpflichtungen, vornehmlich derjenigen, die mit der Anerkennung des endgültigen Charakters und der Unverletzlichkeit aller Grenzen in Europa, insbesondere der Grenze an der Oder und Lausitzer Neiße sowie der Grenze an der Elbe und der Werra, verbunden sind ...

b) der Erzielung einer vollständigen Normalisierung in den Beziehungen der Bundesrepublik Deutschland zu allen sozialistischen Staaten, insbesondere zu der DDR ...

c) der Vertiefung der Umorientierung der Denkungsart der Bevölkerung in der Bundesrepublik Deutschland in Richtung auf konsequente Anerkennung der politischen Realität in Europa, darunter vornehmlich der Tatsache des Bestehens zweier deutscher Staaten sowie der Notwendigkeit einer solchen Gestaltung der Beziehugen zu Polen, die alle Zweideutigkeit in der Angelegenheit des endgültigen Charakters der Grenze an der Oder und Lausitzer Neiße ausschließen würde. [Nowe Drogi 7/1972].

* Vgl. die Haltung in der Bundesrepublik Deutschland hierzu Beitrag C. C. Schweitzer, S. 120 f.

gangenen Jahren hatten die verschiedenen Regierungen der Bundesrepublik Deutschland die Rechtmäßigkeit von Entschädigungsansprüchen der Opfer des Naziterrors anerkannt, trafen offizielle Vereinbarungen mit über zehn Ländern und zahlten den Opfern von Verfolgungen oder ihren Vertretern angemessene Geldentschädigungen aus. Im Hinblick auf Polen ist dies unmöglich gewesen, nicht nur wegen des Nichtvorhandenseins von diplomatischen Beziehungen, sondern auch wegen des [für die polnischen Opfer der nationalsozialistischen Verfolgungen] diskriminatorischen Charakters der westdeutschen Rechtsgebung, die keine Entschädigungsansprüche für Verfolgung wegen nationaler Zugehörigkeit anerkennt. In einer positiven Erledigung der Ansprüche der Opfer des Hitlerfaschismus in Polen, wo der Okkupant die blutigsten Verbrechen begangen und verhältnismäßig die größten Vernichtungen verursacht hatte, sah die polnische Seite einen tiefen moralisch-politischen Sinn. Aus diesem Grunde haben die polnischen Behörden bald nach dem Inkrafttreten des Vertrages vom 7. Dezember 1970 das Entschädigungsproblem als Prioritätsfrage im Normalisierungsprozeß der Beziehungen mit der Bundesrepublik Deutschland betrachtet.[30] Die Bundesregierung verweigerte die Regelung dieser Frage aus formell-rechtlichen und finanziellen Gründen[31], hat sich aber infolge der beharrlichen Haltung der polnischen Seite zuerst für eine symbolische finanzielle Hilfe[32] und danach für eine gewisse Berücksichtigung der moralisch-politischen Aspekte im Paket der Gierek-Schmidt-Vereinbarungen von Helsinki im Sommer 1975 entschieden. Im ganzen aber verbleibt die Frage der Entschädigungen zugunsten polnischer Bürger, der Opfer des Nazismus, in der Geschichte der polnisch-deutschen Nachkriegsbeziehungen ein — ohne polnische Schuld — ungeregeltes und offenes Problem — trotz des großen moralischen Wertes.*

30 Der Ministerpräsident der VRP, P. Jaroszewicz, brachte in seiner Ansprache vom 16. Juni 1972 die Entschädigungsfrage als Bestandteil des polnischen Katalogs der Normalisierung von Beziehungen zu der Bundesrepublik Deutschland vor [der Text der Ansprache erschien — in „Nowe Drogi" 7/1972]. Während seines Besuchs im Herbst 1972 in Bonn brachte sie auch Min. S. Olszowski zur Sprache. Der Erste Sekretär des ZK der PVAP, E. Gierek, berührte sie in seiner Ansprache vom 22. März 1973 [Trybuna Ludu vom 23. März 1973].

Es sei erinnert, daß der polnische Staat in den Jahren 1945—1975 150 Mrd. Złoty [zirka 20 Mrd. DM] für Invalidenrenten, ärztliche Betreuung und andere Formen der sozialen Hilfe zugunsten der Opfer von Naziverfolgungen ausgegeben hat.

31 Aus Platzmangel kann die Problematik der Entschädigungen hier nicht eingehend erörtert werden. Für eine umfassendere meritorische Begründung der polnischen Stellung zu dieser Frage — vgl. u. a. die in der Bibliographie angegebenen: Monographie von A. Klafkowski „Der Vertrag . . .", Kap. VI, sowie die Beiträge von St. Cholewiak und Cz. Pilichowski.

32 Unter der Ägide des Internationalen Roten Kreuzes wurde am 16. November 1972 in Genf eine Vereinbarung zwischen dem Ministerium für Gesundheit und soziale Fürsorge der VRP und den Ministerien für Wirtschaft und Finanzen der Bundesrepublik Deutschland über die finanzielle Hilfe in der Höhe von 100 Mill. DM für die polnischen Opfer der nazistischen pseudomedizinischen Experimente, die in den Konzentrationslagern des Dritten Reiches geführt wurden, getroffen.

* Dazu Anmerkung Schweitzer: Für die Bundesrepublik ist dieses Problem durch die erwähnten Gesamtvereinbarungen bzw. den erzielten Gesamtkompromiß als endgültig geregelt anzusehen, wie immer befriedigend oder unbefriedigend im einzelnen dies für die eine oder andere Seite gewesen sein mag.

Die Meinungsverschiedenheiten zwischen den Regierungen Polens und der Bundesrepublik Deutschland in den beiden grundlegenden Fragen — der „Familienzusammenführung“ und der Entschädigungen — hatten für den Verlauf des Normalisierungsprozesses zwei wesentliche Folgen. Einerseits bemühten sich die beiden Partner — trotz der Schwierigkeiten in der weiteren Entwicklung der politischen Beziehungen — um konkrete Fortschritte in den übrigen Sphären, wovon wesentliche Ergebnisse in der Entwicklung des wirtschaftlichen und kulturwissenschaftlichen Austausches, im Tourismus, im Bereich verschiedenartiger menschlicher Kontakte u. dgl. m. zeugten [wir stellen sie in anderen Kapiteln der vorliegenden Publikation dar]. Andererseits mußte jedoch die Verschiedenheit der Standpunkte in den beiden Fragen, die von Polen und der Bundesrepublik Deutschland als Prioritätsfragen anerkannt wurden, sich auf den allgemeinen Verlauf des Normalisierungsprozesses nachteilig auswirken, und der andauernde Mangel an Verständigung begann — im Laufe der Zeit — die politischen Beziehungen allmählich in eine Sackgasse zu treiben; es wurde zudem immer klarer, daß eine derartige Lage zuletzt zu einer Verlangsamung des positiven Entwicklungsprozesses auch in den übrigen Bereichen der bilateralen Beziehungen führen würde.

Unterdessen hat jedoch die Entwicklung der internationalen Lage, vor allem der allgemeine Entspannungstrend in den Ost-West-Beziehungen, in der europäischen Politik besonders deutlich sichtbar, überaus gute Chancen für die Beseitigung der Schwierigkeiten zwischen Polen und der Bundesrepublik Deutschland geschaffen. In der Atmosphäre der allmählichen Festigung der Entspannungsprozesse in Europa begannen die beiden Länder im Bewußtsein ihrer internationalen Rolle und der Bedeutung der Beziehungen zwischen der VR Polen und der Bundesrepublik Deutschland für das politische Klima auf dem europäischen Kontinent, immer eifriger nach einem Ausweg aus der Sackgasse zu suchen. Der mühevolle politische Dialog, der eigentlich ununterbrochen seit dem Moment des Inkrafttretens des Normalisierungsvertrages im Juni 1972 zwischen den beiden Ländern auf verschiedenen Ebenen geführt wurde, fand zuletzt seine Krönung in der politischen Vereinbarung, die von dem Ersten Sekretär des ZK der PVAP, Edward Gierek, und Bundeskanzler Helmut Schmidt in der Nacht zum 2. August 1975 in Helsinki getroffen wurde. In der Politik ist es außerordentlich wichtig, daß die Entscheidungen zum geeigneten Zeitpunkt getroffen werden. Die Tatsache, daß es gleich nach dem Abschluß der KSZE zum fruchtbaren Zusammentreffen der führenden Staatsmänner der beiden Staaten kam, nachdem die höchsten Vertreter von 35 Staaten Europas und Nordamerikas ihre Unterschriften unter die als Charta des Friedens in Europa allgemein anerkannte Schlußakte gesetzt hatten, hatte ihren symbolischen, weit über die bilaterale Beziehungen hinausgehenden Sinn. Einige Monate später, am 9. Oktober 1975, nahm die Absprache von Helsinki die förmlich-rechtliche Gestalt der offiziellen zwischenstaatlichen Vereinbarungen an.[33]

33 Interessante meritorische Analysen der Vereinbarungen vom 9. Oktober 1975 wurden durchgeführt u. a. von H.-A. Jacobsen, Fünf Jahre Warschauer Vertrag, a. a. O.; A. D. Rot-

Die Regierungen Polens und der Bundesrepublik Deutschland haben sie [im Bewußtsein aller Vorzüge und Nachteile einer derartigen Entscheidung für beide Staaten] als einen notwendigen Kompromiß betrachtet, der vom gesunden Menschenverstand diktiert und für beide Seiten im Interesse der Überwindung der Hindernisse in den gegenseitigen politischen Beziehungen und einer weiteren konstruktiven Entwicklung des Normalisierungsprozesses zwischen Polen und der Bundesrepublik Deutschland annehmbar war. Die beiden Länder waren entschlossen, dadurch einen konkreten Beitrag zur Festigung des Entspannungsprozesses, der Verbesserung des politischen Klimas und der Vertiefung der Zusammenarbeit in den Ost-West-Beziehungen auf dem europäischen Kontinent zu leisten.[34]

Der Durchbruch von Helsinki stieß auf harten Widerstand der christlich-demokratischen Opposition und der rechtsnationalistischen Kräfte, die an der Bremsung und Störung des Normalisierungsprozesses interessiert waren. Wie zur Zeit des Kampfes um die Ratifizierung des Vertrages von 1970, so auch diesmal diente die Angelegenheit der Vereinbarungen mit Polen dem rechten Flügel der CDU/CSU als Vorwand, um die nationalistische und antikommunistische Demagogie mit dem Ziel zu betreiben, eine möglichst breite Anhängerschaft für das christlich-demokratische Lager im Wahlkampf gegen die Parteien der Koalition zu gewinnen. Erst die Furcht, daß die Bundesrepublik Deutschland in der internationalen Öffentlichkeit — die sich den Gierek-Schmidt-Vereinbarungen gegenüber wohlwollend verhielt, in dem sie diese als die Interesssen der beiden Staaten berücksichtigende und dem Frieden in Europa dienende Musterlösung anerkannte — isoliert werden könnte, wie die Notwendigkeit, auf die Stimmungen der Mehrheit der bundesdeutschen Gesellschaft Rücksicht zu nehmen, zwangen die CDU/CSU zu einer etwas vernünftigeren Stellungnahme, die in der Haltung der christlich-demokratischen Vertreter im Verlauf der Abstimmung über die Vereinbarungen vom 9. Oktober 1975 ihren Ausdruck fand.[35]

feld: Prawno-polityczne problemy normalizacji stosunków między Polska a RFN [Rechtspolitische Probleme der Normalisierung der Beziehungen zwischen Polen und der Bundesrepublik Deutschland], in: Sprawy Międzynarodowe 1/1977; K. Terfloth, Bonn-Warschau — ein Schritt zur Versöhnung, in: Außenpolitik 2/1976.

34 Bundeskanzler H. Schmidt stellte am 17. September 1975 in seiner Rede im Bundestag u. a. fest: „. . . die Vereinbarung von Helsinki beruht auf der Bereitschaft beider Seiten, die Beziehungen zwischen beiden Staaten fortzuentwickeln, Belastungen aus der Vergangenheit zu überwinden und das deutsch-polnische Verhältnis auf die Zukunft zu orientieren. Dieses Ziel war für keine der beiden Seiten dadurch zu erreichen, daß man Maximalforderungen stellte und auf ihnen beharrte. Beide Seiten mußten — und das werden sie auch in Zukunft müssen — besondere Anstrengungen und Opfer erbringen, um einen beiderseits zumutbaren und deshalb tragfähigen Kompromiß zu finden."

In ähnlicher Weise nannte der Bundeskanzler Schmidt am 26. November 1975 die Vereinbarung von Helsinki einen „Kompromiß der beiden Völker zugunsten des Friedens."

35 Vom Paket der Vereinbarungen von Helsinki bedurfte das Abkommen über die Renten- und Unfallversicherung der Ratifizierung in den beiden Staaten, die Protokollnotiz über die Ausreisen aus Polen dagegen der Bestätigung durch den Staatsrat der VR Polen; für die übrigen Vereinbarungen war ihre Annahme durch die beiden Regierungen ausreichend. Am

3.3. Die Einleitung der Etappe der fortgeschrittenen Normalisierung

So wie der Vertrag vom 7. Dezember 1970 den schwierigen Normalisierungsprozeß zwischen den beiden Staaten in Gang brachte, schuf die Vereinbarung von Helsinki eine neue Qualität in den Beziehungen zwischen Polen und der Bundesrepublik Deutschland; sie war nämlich eine unentbehrliche politische Entscheidung, die nicht nur die Beseitigung der grundsätzlichen Schwierigkeiten in der praktischen Verwirklichung der Normalisierungspolitik ermöglichte, sondern auch dem ganzen Normalisierungsprozeß neue Dynamik verlieh, womit sich weitreichende Intensivierungsmöglichkeiten der Entwicklung von gegenseitigen Beziehungen im Interesse der beiden Staaten eröffnet haben. Mit dem Inkrafttreten der Vereinbarungen von Helsinki im Frühling 1976 wurden auch die hauptsächlichen Schwierigkeiten für einen Besuch von E. Gierek in der Bundesrepublik Deutschland beseitigt, der in der Zeit vom 8. bis 12. Juni desselben Jahres stattfand. Dieses wichtige Ereignis soll man in zwei Maßstäben, im bilateralen und im europäischen, bewerten. Erstens: Der Besuch von Edward Gierek in der Bundesrepublik Deutschland hob nochmals die europäische Funktion der Beziehungen zwischen den Polen und den Deutschen hervor. Es sei daran erinnert, daß die Ankunft der polnischen Spitzenpersönlichkeit in der Bundesrepublik Deutschland zu einem Zeitpunkt stattfand, als ein erheblicher Teil der politischen Kreise im Westen die Möglichkeit einer weiteren Entwicklung des Entspannungsprozesses in Europa zu bezweifeln begann. In einem solchen Augenblick übten die erfolgreichen Ergebnisse des Besuchs des polnischen Staatsmannes in der Bundesrepublik Deutschland ihren Einfluß auf die europäische Politik aus als gutes Beispiel und Symbol des Verständigungswillens zweier Staaten, die entschlossen sind, über die sie trennenden ideologischen Unterschiede und Interessenkonflikte hinweg effektiv für das eigene Wohl und im gesamteuropäischen Interesse miteinander zu arbeiten. Der Verlauf und die Ergebnisse dieses Besuchs haben bewiesen, daß die beiden Staaten durch die Entwicklung ihrer bilateralen Beziehungen einen konkreten Beitrag zur faktischen Ausführung der KSZE-Schlußakte leisten wollen.[36] Im gesamteuropäischen Entspannungskontext war der Besuch von E. Gierek ebenfalls ein Kettenglied im umfangreichen Normalisierungsprozeß der Beziehungen der Bundesrepublik Deutschland zu den sozialistischen Ländern, der einen wesentlichen Bestandteil der Beziehungen zwischen Ost und West bildete.

Andererseits spielte der psychologisch-politische Effekt des Besuchs eine bedeutende Rolle im bilateralen Verhältnis: Der Aufenthalt Edward Giereks in der Bun-

19. Februar 1976 erhielt das Abkommen über Renten- und Unfallversicherung im Bundestag die Mehrheit von 275 Stimmen der SPD- und FDP-Abgeordneten [darunter auch 15 Stimmen der CDU/CSU-Abgeordneten], und am 12. März 1976 — die einstimmige Unterstützung des Bundesrates [somit zusammen mit den CDU/CSU-Vertretern].

36 Vgl.: P. Bender, Ende der Nachkriegszeit, in: Deutschland Archiv 7/1976; J. Sułek, Die Schlußakte der KSZE als Grundlage der Beziehungen zwischen der VRP und der Bundesrepublik Deutschland, in: Radar, 5/1976.

desrepublik Deutschland konnte nicht ein gewöhnliches, diplomatisches Ritual sein; es war der erste Besuch eines polnischen Staatsmannes in der Bundesrepublik 31 Jahre nach einem Krieg, der in der Absicht der Nazis zur physischen Vernichtung Polens als Staat und Volk hätte führen sollen. Aus diesem Grunde wurde im Laufe des Besuchs in den Äußerungen der höchsten Vertreter der beiden Staaten mehrmals der Standpunkt zum Ausdruck gebracht, daß der mit der schmerzlichen Vergangenheit verbundene moralische Aspekt ein weittragendes, politisches Element ist, welches die beiden Regierungen und Völker in ihren gegenseitigen Beziehungen berücksichtigen sollen.

„Hier gibt es kein Vergessen; es mag Vergebung geben — sie steht im Ermessen derjenigen, die gelitten haben."[37] In diesem Sinne war der Besuch von Edward Gierek kaum eine Form der endgültigen „Vergebung den Deutschen", sondern er bildete eine wichtige Etappe auf dem Weg zur Überwindung der schmerzlichen Vergangenheit durch die gemeinsame Gestaltung neuer Beziehungen zwischen der VR Polen und der Bundesrepublik Deutschland, die auf die gegenwärtige und zukünftige, jedoch auch vor dem Hintergrund der Vergangenheit gesehene Zusammenarbeit gestützt sein würden.[38]

Während des Besuchs von E. Gierek haben die beiden Seiten eine Reihe von wichtigen Vereinbarungen getroffen, die eine wesentliche Entfaltung und Erweiterung der bisherigen Zusammenarbeit zwischen Polen und der Bundesrepublik Deutschland bedeuten.[39] Ähnlich war es bei dem Besuch von Bundeskanzler H. Schmidt in Polen November 1977. Man darf feststellen, daß auf diese Weise die erste, einleitende Etappe eines langfristigen Prozesses der Gestaltung von neuen Beziehungen zwischen den beiden Staaten — die Etappe der förmlich-rechtlichen Grundlagen für den Prozeß der Normalisierung zwischen Polen und der Bundesrepublik Deutschland — gekrönt worden ist. Sie wurde mit dem Vertrag vom 7. Dezember 1970 eingeleitet und dann mit der Aufnahme der diplomatischen Beziehungen im September 1972, dem Paket der Gierek-Schmidt-Vereinbarungen von Helsinki und mit vielen anderen wichtigen bilateralen Vereinbarungen, die in den Jahren 1970—1976 zwischen den beiden Ländern zustande kamen, fortgesetzt. Die Bedeutung dieser Vereinbarungen und Verträge bestand nicht nur darin, daß sie gewissermaßen die aufeinanderfolgenden Schritte zur „Formalisierung" der gegenseitigen Beziehungen, d. h. zu ihrem Aufbau auf förmlich-rechtlicher bzw. vertraglicher Grundlage darstellten. Vor allem beseitigten sie nacheinander die Hindernisse, welche die Verständigung zwischen den beiden Staaten unmöglich machten bzw. erschwerten; sie bestimmten die Hauptrichtungen der Entwicklung des Normalisierungsprozesses, füllten ihn mit einem konkreten Inhalt und gestalteten damit nach

37 Aus der Tischrede des Kanzlers H. Schmidt am 9. Juni 1976 in Bad Godesberg [Trybuna Ludu vom 10. Juni 1976]. Vgl. auch die Erwiderung von E. Gierek [Trybuna Ludu vom 10. Juni 1976].

38 Vgl. die Information des Ministers S. Olszowski im Sejm der VRP am 24. Juni 1976 [Trybuna Ludu vom 26.—27. Juni 1976].

39 Wir veröffentlichen diese im Dokumentenanhang [Nr. 30 und 31].

und nach die materielle Basis für die sich auf gegenseitige Verständigung, den Ausgleich der Interessen und der beiderseitigen Vorteile stützenden Beziehungen der Partnerschaft und Zusammenarbeit zwischen den beiden Ländern.

Auf dem Boden bilateraler Vereinbarungen — trotz beträchtlicher Schwierigkeiten und Hemmungen des Normalisierungsprozesses — begann sich eine neue Qualität der Verhältnisse zwischen Polen und der Bundesrepublik Deutschland in den Jahren 1970—1977 herauszubilden, welche von derjenigen grundsätzlich abwich, die zwischen den beiden Staaten in der Vergangenheit bestanden hatte. Man darf wohl sagen, daß die siebziger Jahre in die Geschichte beider Länder als Zeitabschnitt einer unvergleichlichen Entwicklung von gegenseitigen Beziehungen eingehen werden; in zahlreichen wichtigen Bereichen wurden so viele wesentliche Fortschritte gemacht, wie noch nie zuvor in der ganzen Nachkriegszeit. Erinnern wir uns nur daran, daß in jener Zeit nicht nur die ersten Besuche der führenden Staatsmänner der beiden Seiten [des Bundeskanzlers W. Brandt in Warszawa im Dezember 1970, des Ersten Sekretärs des ZK der PVAP, E. Gierek, in der Bundesrepublik Deutschland im Juni 1976, und des Bundeskanzlers Schmidt 1977 in Polen] stattgefunden haben, sondern auch eine intensive Entwicklung in der politischen Sphäre der gegenseitigen Beziehungen vor sich ging, was sich im Austausch von Besuchen der Außenminister und Chefs vieler anderer Ressorts wie auch in Besuchen der Parlamentarier, Politiker und Parteifunktionäre der beiden Staaten äußerte.[40] Als Zeichen der sich allmählich normalisierenden Beziehungen sind auch solche Tatsachen zu werten, wie die Einleitung von regelmäßigen politischen Konsultationen zwischen den beiden Ressorts des Äußeren über bilaterale und internationale Themen; die Bildung eines „Ständigen Forums" für Zusammentreffen von Politikern und Wirtschaftlern, Wissenschaftlern und Publizisten der beiden Länder; die Verbreiterung der offiziellen Kontakte zwischen den Gewerkschafts-, Sozial- und Jugendorganisationen sowie die Entwicklung der Städtepartnerschaften zwischen Polen und der Bundesrepublik Deutschland; der zufriedenstellende Verlauf der „Familienzusammenführung" [die polnischen Behörden erfüllen genau die in der Vereinbarung vom 9. Oktober 1975 über die Ausreisebewilligung für etwa 120 000—125 000 Personen, die in die Bundesrepublik Deutschland umsiedeln möchten, eingegangenen Verpflichtungen]; und schließlich ein wachsender Personenverkehr. Hinsichtlich dieses letzten Punktes möchten wir erinnern, daß im Jahre 1970 Polen von 36 000, 1978 aber von 314 000 Bundesbürgern besucht wurde. Der Personenverkehr aus Polen in die Bundesrepublik wuchs im gleichen Zeitraum von 45 000 auf 150 000 an. Bei der Berücksichtigung, daß die Bevölkerung Polens etwas mehr als die Hälfte der Bevölkerungszahl der Bundesrepublik Deutschland ausmacht, darf man feststellen, daß Bürger beider Länder etwa im gleichen Maße von der Möglichkeit des gegenseitigen Besuchs Gebrauch machen. Die Bundesrepublik Deutschland nimmt auf diese Weise den ersten Platz im Personenverkehr Polens mit den Ländern des Westens ein und Polen seinerseits nimmt den ersten Platz im Personenverkehr der Bun-

40 Was die offiziellen Besuche und Kontakte zwischen Polen und der Bundesrepublik Deutschland anbetrifft vgl. ferner die Chronik der gegenseitigen Beziehungen.

desrepublik Deutschland mit den Ländern der RWG [mit Ausnahme der DDR] ein. Dies bedeutet jedoch ganz und gar nicht, daß man den bestehenden Stand der Dinge für völlig zufriedenstellend betrachten könnte. Die Entwicklung der gegenseitigen Beziehungen ist immer noch weit von den wirklichen Erfordernissen und aktuellen Möglichkeiten der beiden Seiten entfernt: fast in allen Bereichen aber bestehen konkrete Voraussetzungen für eine weitere Intensivierung bzw. Erweiterung der Zusammenarbeit; in manchen Bereichen ist es jedoch nötig, vertraglich die Basis zu erweitern, in manchen wiederum fehlen jegliche vertragliche Regelungen zwischen den beiden Staaten, die es erleichtern würden, weitere Resultate im allseitigen Normalisierungsprozeß zu erzielen.[41] Im ganzen ist jedoch bereits jenes qualitative und quantitative Niveau in der Entwicklung der Beziehungen zwischen Polen und der Bundesrepublik Deutschland erreicht worden, das die entsprechenden förmlichrechtlichen und faktischen Voraussetzungen für den Übergang zur nächsten, höheren Phase des Normalisierungsprozesses schafft. Der Besuch von Edward Gierek in der Bundesrepublik Deutschland kann als eine Zäsur erkannt werden, die den Aufbau der Normalisierungsgrundlagen in den Jahren 1970—1976 von der nächsten Etappe trennt, die darauf gerichtet sein sollte, eine volle Normalisierung der gegenseitigen Beziehungen zu erzielen.[42]

4. Bilanz und Perspektiven der weiteren Entwicklung

Die bisherige Entwicklung vermag uns wohl als die schwierigste Etappe des Normalisierungsprozesses erscheinen. Persönlich glaube ich, daß sie ebenso schwierig wie fruchtbar war. In einer verhältnismäßig kurzen Zeit ist es den beiden Seiten — trotz beträchtlicher Schwierigkeiten und Widerstände — gelungen, den gegenwärtigen Beziehungen zwischen Polen und der Bundesrepublik Deutschland eine vollkommen neue Dimension zu geben: Hauptgegenstand des Interesses in den offiziellen Beziehungen zwischen den beiden Staaten ist heute nicht mehr die Angelegenheit der Grenze an der Oder und Lausitzer Neiße, sondern der Verlauf des Normalisierungsprozesses. Mit anderen Worten: Die Aufmerksamkeit der Regierungen und Völker beider Staaten wendet sich den mannigfaltigen Problemen zu, die die Normalisierung und Entwicklung von gegenseitigen Beziehungen in den grundlegenden Bereichen der Koexistenz zwischen Polen und der Bundesrepublik Deutschland mit sich bringen. Die überaus entscheidende Bedeutung der Erfolge in den gegenseitigen Beziehungen in den siebziger Jahren besteht mithin vor allem darin, daß in diesem Zeitabschnitt die Regierungen der beiden Staaten gemeinsam die notwendigen förmlich-rechtlichen Grundlagen geschaffen und den politischen Rahmen für neue gegenseitige Beziehungen umrissen haben, womit ein tatsächli-

41 Beispielsweise sei hier daran erinnert, daß es beiden Seiten — wegen der Verschiedenheit der Standpunkte — nicht gelungen ist, solche völkerrechtliche Vereinbarungen zu treffen, wie: Konsularkonvention, Abkommen über die wissenschaftlich-technische Zusammenarbeit, Vereinbarung über den rechtlichen Verkehr und die Rechtshilfe in Zivil- und Strafsachen.

42 Vgl.: U. Scheuner, „Stan obecny . . .“ [Der gegenwärtige Stand] a. a. O.

cher Durchbruch eingeleitet worden ist, der weder rückgängig gemacht noch aus der Geschichte der beiden Länder gestrichen werden kann. In der gegenwärtigen, qualitativ neuen Situation handelt es sich nicht mehr so sehr darum, ob jemand und wer die Normalisierung wünscht und unter welchen Bedingungen sie stattfinden soll, als vielmehr „wie auf der Grundlage der tatsächlichen Normalisierung neue, gutnachbarliche Beziehungen zwischen den beiden Völkern entstehen können ... nicht unaufhörliche Erklärungen über die Normalisierungsabsichten, sondern konkrete Normalisierungsmaßnahmen werden den neuen Anfang bestätigen."[43]

In den geschichtlichen Maßstäben, also für die nach uns kommenden Generationen, werden nicht so sehr die siebziger Jahre, als vielmehr und vor allem der Zeitraum, der erst jetzt beginnt, entscheidende Bedeutung haben. Bis jetzt forderte man von den Regierungen der beiden Länder Einsicht und politischen Mut; von nun an wird man Beharrlichkeit und Ausdauer beweisen müssen, denn die Hauptaufgabe, vor welche die beiden Staaten gestellt werden, wird in den nächsten Jahren die Schaffung der Infrastruktur der fortgeschrittenen Normalisierung sein, d. h. eines dichten Netzes von Vereinbarungen und Bindungen, welche die normale, weit und breit im internationalen Verkehr angewandte Struktur der friedlichen Zusammenarbeit zweier Staaten mit unterschiedlichen sozialökonomischen Systemen bilden sollen. Dies wird erfordern: Entfaltung von weiteren Kontakten; Vermehrung und Erweiterung der Ebenen einer beiderseitig nutzbringenden Koexistenz; zahlreiche neue Abkommen und Vereinbarungen, welche die noch bestehenden Hindernisse beseitigen und eine weitere Entwicklung der gegenseitigen Beziehungen ermöglichen würden. Die wichtigste gesellschaftliche Konsequenz solch einer Entwicklung wäre die Veränderung der Einstellungen der Völker und einzelner Bürger der beiden Länder zueinander sowie die Schaffung der Atmosphäre eines besseren Verständnisses und gegenseitigen Kennenlernens. Wie dies sehr richtig von dem Vorsitzenden der SPD-Fraktion im Bundestag, H. Wehner, ausgedrückt wurde: „... daß beide Seiten allmählich und gegenseitig auch ihre positiven Eigenschaften beieinander feststellen würden und sie entsprechend einzuschätzen wüßten."[44]

Der bisherige Verlauf des Normalisierungsprozesses weist darauf hin, daß ad-hoc-Maßnahmen beziehungsweise einmalige Aktionen nicht ausreichend sind, um den hohen Erfordernissen der Normalisierungspolitik gerecht zu werden. Eine dauerhafte Verständigung zwischen den beiden Ländern als Endeffekt der Phase der fortgeschrittenen Normalisierung der Beziehungen kann nur aus der graduellen und über die Zeit verteilten Entwicklung resultieren. Sie wird weder automatisch aus der nur quantitativen Entwicklung von gegenseitigen Beziehungen noch spontan aus anderen Prozessen [z. B. aus der Entwicklung von Entspannungsprozessen in der internationalen Arena] erfolgen. Die Politik der Verständigung Polens und der Bundesrepublik Deutschland kann auch nicht konjunkturell als Objekt billiger

43 Stellvertretender Vorsitzender der SPD-Fraktion im Bundestag, B. Friedrich, in: SPD-Pressedienst vom 9. Januar 1976.

44 H. Wehner in einem Interview für „Vorwärts", im Januar 1976.

innenpolitischer Auseinandersetzungen behandelt werden; sie muß historisches Ausmaß haben und in dieser Eigenschaft erfordert sie nicht nur bewußte Entscheidungen und wohlabgewogene Maßnahmen, sondern auch unaufhörliche Sorgfalt, Interessiertheit und Mühen seitens der Regierungen, der politischen Kreise wie auch der Gesamtbevölkerung Polens und der Bundesrepublik Deutschland. Die Normalisierung soll mithin als ständige, sowohl im beiderseitigen als auch im gut verstandenen eigenen Interesse jeder der beiden Seiten, zu erfüllende Aufgabe und Pflicht betrachtet werden.[45]

Beim Übergang zur höheren Etappe einer fortgeschrittenen Normalisierung der Beziehungen zwischen der VRP und der Bundesrepublik Deutschland dürfen wir nicht vergessen, daß es für diesen Prozeß reale Grenzen gibt. Manche von diesen Grenzen sind von vorübergehender bzw. wandelbarer Bedeutung, andere bestehen dauerhaft und sind unwandelbar. Vom polnischen Standpunkt aus würde ich beispielsweise zur ersten Gruppe den bloßen Charakter des Normalisierungsprozesses zählen. Im Bewußtsein der Bevölkerung Polens und der Bundesrepublik Deutschland besitzen die gegenseitigen Beziehungen immer noch ihre moralpolitische Eigenschaft. Das Werk der Verständigung zwischen den beiden Ländern gehört gegenwärtig immer noch zu den schwierigen und heiklen Angelegenheiten, die vor allem mit leidvoller Vergangenheit, Feindlichkeit und Mißtrauen auf beiden Seiten belastet sind. Es wäre unsinnig zu erwarten, die schwere Hypothek der Jahrhunderte, darunter auch die Belastungen der nicht weit zurückliegenden Vergangenheit, würde im Laufe eines kurzen Zeitabschnitts aus der Welt geschafft werden. Die Normalisierung der Beziehungen muß somit als eine langfristige und auf wenigstens eine und vielleicht sogar mehrere Generationen verteilte Aufgabe betrachtet werden. Die in der Bewußtseinssphäre der Bürger beider Staaten bestehenden Hindernisse lassen sich nicht durch einen abgeschlossenen Vertrag oder sogar durch eine Reihe von Vereinbarungen auf einmal beseitigen, und jegliche Wandlungen sind nur als Effekt einer langsamen und andauernden Evolution möglich. Es ist jedoch zu hoffen, daß die positive Entwicklung der sich allmählich normalisierenden gegenseitigen Beziehungen auf die immer breiteren Gesellschaftskreise in den beiden Staaten einwirken und dadurch — in Anlehnung an immer besseres gegenseitiges Kennenlernen der beiden Partner sowie an ein immer größeres Verständnis für die Lage, Interessen und Handlungsmotive der beiden Seiten — zur Gestaltung neuer Elemente im Bewußtsein der Gesellschaften Polens und der Bundesrepublik Deutschland führen wird. Man soll kein Hehl daraus machen, daß die Politik der Verständigung zwischen Polen und der Bundesrepublik Deutschland für viele Gesellschaftskreise in beiden Ländern, insbesondere für die ältere Generation, eine Reihe von schwierigen Problemen schafft, sehr oft sogar schmerzvoll sein muß, weil sie mit persönlichen, meistens schlechten Erfahrungen aus der Zeit des letzten

45 Der Verfasser teilte die Meinung des bekannten Publizisten P. Bender, geäußert in dessen Artikel unter dem charakteristischen Titel „Normalisierung ist ständige Aufgabe". [„Deutschland Archiv" 1976, Nr. 2].

Weltkriegs in Zusammenhang stehen. Gerade aus diesem Grunde will heute ein Teil der Bürger in beiden Ländern vorläufig überhaupt nicht an dem Normalisierungsprozeß beteiligt sein oder ist sogar innerlich dagegen, indem er den guten Willen des Partners bezweifelt oder überhaupt nicht an die Möglichkeit der Errichtung von dauerhaften Beziehungen des Vertrauens und der Zusammenarbeit zwischen den beiden Ländern und Völkern glaubt.

Beide Regierungen sollen nun — durch Überwindung des immer noch bestehenden Mißtrauens und der Belastungen einer leidvollen Vergangenheit — den Weg zur gegenseitigen Verständigung bahnen. Dies bewirkt, daß die politischen Beziehungen zwischen Polen und der Bundesrepublik Deutschland noch eine Zeitlang ihren spezifischen Charakter werden behalten müssen.[46]

In dieselbe Kategorie der Faktoren von variabler Bedeutung würde ich überdies noch die strittigen Probleme zwischen Polen und der Bundesrepublik Deutschland einreihen. Einige von ihnen stammen aus der Vergangenheit, andere ergeben sich aus der Gegenwart — aus der Verschiedenheit der Interessen und Ziele der beiden Staaten. Ein Teil der strittigen Fragen wird zweifellos im Verlauf der Normalisierungsprozesse gelöst werden; einige von ihnen werden dagegen weiterhin ungelöst bleiben und samt den neuen Streitfragen, welche die künftige Entwicklung der gegenseitigen Beziehungen unter Umständen mit sich bringen kann, können sie die jeweils möglichen konkreten Formen der Zusammenarbeit zwischen den beiden Staaten in manchen Bereichen einschränken.

Zu den Realitäten der Situation muß auch die in den letzten Jahren anhaltende Labilität des innenpolitischen Kräfteverhältnisses in der Bundesrepublik Deutschland gerechnet werden.

Seit dem in den bilateralen Beziehungen vollzogenen Durchbruch betont die polnische Seite konsequent, daß sie das Werk der Verständigung mit der Bundesrepublik Deutschland in den geschichtlichen Kategorien behandelt und demzufolge nach der Verwirklichung solch einer Politik der Normalisierung strebt, an der — auf der Basis des Vertrages vom 7. Dezember 1970 — die für die ganze Gesellschaft der Bundesrepublik Deutschland repräsentativen politischen Kräfte, darunter auch die zur Zeit in der Opposition zu der SPD/FDP-Regierung stehenden Parteien, teilnehmen könnten. Aus diesem Grunde wurde die Haltung des guten Willens und der politischen Einsicht, die ein Teil der CDU-Politiker stärker in den Jahren 1970—1977 zu erkennen gab, stets mit Wohlwollen entgegengenommen und fand Unterstützung in Polen. Andererseits jedoch reagierte die polnische öffentliche Meinung sehr kritisch auf Äußerungen jener christlich-demokratischen Politiker,

46 Was diesen Aspekt anbetrifft, teilt der Verfasser nicht die oftmals in der Bundesrepublik Deutschland geäußerte Ansicht, daß die Beziehungen zwischen der VR Polen und der Bundesrepublik Deutschland heutzutage schon keine spezifischen Eigenschaften mehr aufweisen, durch welche sie sich in moralpolitischer Hinsicht von jenen Beziehungen unterscheiden würden, die die beiden Länder mit anderen Staaten unterhalten [Vgl. beispielsweise: U. Scheuner, „Stan obecny" — Der gegenwärtige Stand . . .].

die die Sache der Beziehungen zu Polen ziemlich oft den Regeln des politischen Kampfes der CDU/CSU gegen die sozialliberale Koalition oder den egoistischen Parteiinteressen unterordneten. Die letzten Jahre haben auch bewiesen, daß die Exponenten der revisionistischen „Vertriebenenlobby" wie die Abgeordneten Hupka und Czaja an dem Prozeß der Normalisierung der Beziehungen zwischen Polen und der Bundesrepublik Deutschland weder teilnehmen können noch wollen; sie lehnen den Vertrag vom 7. Dezember 1970 ebenso wie die übrigen „Ostverträge" als Basis der Verständigung der Bundesrepublik Deutschland mit Polen und anderen sozialistischen Ländern ab und bemühen sich, mit Hilfe einer lautstarken revisionistischen Kampagne von antipolnischer bzw. antikommunistischer Tonart der Normalisierungspolitik entgegenzuwirken. Man muß leider sagen, daß an dem Normalisierungsprozeß der Beziehungen zu Polen immer noch nur ein Teil und nicht die Gesamtheit der wichtigsten politischen und gesellschaftlichen Kräfte in der Bundesrepublik Deutschland konstruktiv beteiligt sind. Selbstverständlich kann diese Tatsache nicht ohne Einfluß auf Verlauf, Tempo und Umfang der Prozesse der Normalisierung der bilateralen Beziehungen bleiben.

Unter diesen Umständen gewinnen die Haltung und die Politik der Regierung der Bundesrepublik Deutschland Polen gegenüber eine entscheidende Bedeutung. „Es ist ein großes Verdienst der SPD und der FDP, ihrer Koalitionsregierungen, daß sie in der Bundesrepublik Deutschland den Weg zum Verständnis gebahnt haben, daß es keine Rückkehr zur Vergangenheit geben kann, zum Verständnis der historischen Notwendigkeit, schwierige Probleme zu regeln."[47] Ohne die mutige politische Entscheidung, die von der SPD/FDP-Koalition über den Abschluß des Vertrages vom 7. Dezember 1970 bzw. der Vereinbarungen vom 9. Oktober 1975 mit Polen getroffen wurde, wäre der Durchbruch in den bilateralen Beziehungen überhaupt nicht möglich gewesen. In die jahrhundertelange Geschichte der polnisch-deutschen Beziehungen sind ebenfalls die Bemühungen eingegangen, die in den siebziger Jahren von der W.-Brandt- und danach H.-Schmidt-Regierung zur Verteidigung des begonnenen Werkes der Normalisierung der Beziehungen der Bundesrepublik Deutschland zu Polen und zu den anderen sozialistischen Ländern unternommen wurden.

Um der geschichtlichen Wahrheit willen wollen wir aber gleichzeitig auf eine andere wichtige Eigenschaft der Haltung der regierenden SPD/FDP-Koalition hinweisen. Ich meine, daß die Politik der Verständigung und Normalisierung der Beziehungen der Bundesrepublik Deutschland zu Polen und zu den anderen sozialistischen Ländern zum Zwecke der Verwirklichung von konkreten politischen Zielen — die die Staats- und nationalen Interessen der Bundesrepublik [so wie sie die sozialliberale Koalition versteht] möglichst gut sichern sollen — aufgenommen und betrieben wurde bzw. noch wird. Wie es schon mehrmals von den Vertretern der SPD/FDP-Regierung zum Ausdruck gebracht wurde, sind die „Ostverträge", dar-

47 E. Gierek in seiner Ansprache am 9. Juni 1976 während des Besuchs in der Bundesrepublik Deutschland [„Trybuna Ludu" vom 10. Juni 1976].

unter auch der Vertrag vom 7. Dezember 1970, grundsätzlich ohne Verletzung der „deutschen Rechtsposition" abgeschlossen worden. U. a. bedeutet dies auch, daß der Durchbruch in den Beziehungen zwischen Polen und der Bundesrepublik Deutschland unter gleichzeitiger Beibehaltung der unterschiedlichen Standpunkte Polens und der Bundesrepublik Deutschland in bezug auf die völkerrechtliche Beurteilung der territorial-politischen Änderungen erfolgte, die in Mitteleuropa [insbesondere unter dem Dritten Reich] im Ergebnis des Zweiten Weltkrieges eingetreten sind. Die SPD/FDP-Regierung bemüht sich nun, die alten rechtlichen bzw. politischen Doktrinen [wie z. B. „Fortbestand des Deutschen Reiches in den Grenzen vom 31. Dezember 1937", „Recht auf die Heimat", „Recht auf die Alleinvertretung des ganzen deutschen Volkes", „Hallstein-Doktrin" usw.], die in der Zeit der CDU/CSU-Regierungen Bankrott machten, durch eine neue, abgeänderte Form ihres förmlich-rechtlichen Stellenwertes zu ersetzen. Dies äußert sich in solchen Rechtsformeln wie: Der „formalrechtliche Fortbestand des Deutschen Reiches" bzw. das Bestehen des „Deutschland" als rechtlichem Begriff, die „Offenhaltung der deutschen Frage" u. a. m., die in direktem Zusammenhang mit den Prozessen der Normalisierung der Beziehungen der Bundesrepublik Deutschland zu Polen, der UdSSR, der DDR bzw. zu den anderen sozialistischen Ländern stehen.* Dies wird deutlich an der Darstellung der Ostverträge als eines „modus vivendi", d. h. als einer Lösung von vorübergehendem und provisorischem Charakter, die noch im zukünftigen Friedensvertrag mit einem „vereinigten Deutschland" geändert werden könnte[48], und auch an der Tatsache, daß die bundesrepublikanischen Behörden es vermeiden, aus den „Ostverträgen" Folgerungen zu ziehen für ihre eigene, innere Gesetzgebung, die sich auf die Fiktion eines Weiterbestehens Deutschlands in den Grenzen von 1937 stützt[49]** usw. Wenn es sich hier um Probleme von sekundärer Bedeutung handeln würde, könnte man U. Scheuner zustimmen, „die Geschichte der Diplomatie in Europa ist reich an Beispielen, die bezeugen, daß die strittigen rechtlichen Auslegungen der bestehenden Sachlage keineswegs ein Hindernis für die Entwicklung der Zusammenarbeit" zwischen den Staaten „bilden müssen".[50] Jedoch die erwähnten Fiktionen, die dem rechtlichen Standpunkt der SPD/FDP-Regierung zugrundeliegen, ziehen die grundlegende Voraussetzung des Prozesses

48 Vgl. ferner den oben angeführten Beitrag von A. D. Rotfeld, Problemy polityczne i prawne ..." [Politische und rechtliche Probleme ...].

49 Dieses Problem wird in diesem Sammelwerk ausführlich von L. Janicki und C. C. Schweitzer behandelt.

50 U. Scheuner, „Stan obecny ..." [Der gegenwärtige Stand ...], a. a. O.

* Vgl. dazu die Ausführungen im Beitrag von C. C. Schweitzer, u. a. S. 122. Auf die „Offenhaltung der deutschen Frage" gegenüber dem Osten einschließlich der DDR kann keine „denkbare" Regierung der Bundesrepublik Deutschland verzichten. Der deutsche Herausgeber C. C. Schweitzer hat sich zu diesem Fragenkomplex u. a. in seiner Dokumentation: Die deutsche Nation — von Bismarck bis Honecker, Köln 1976, geäußert.

** Zur Ansicht der deutschen Herausgeber siehe dazu den Beitrag von C. C. Schweitzer, S. 127 ff.

der Normalisierung der Beziehungen zwischen Polen und der Bundesrepublik Deutschland in Zweifel: die in den „Ostverträgen", u. a. im Vertrag vom 7. Dezember 1970, enthaltene Anerkennung des territorial-politischen Status quo in Mitteleuropa [darunter auch die Anerkennung der Grenze an der Oder und Lausitzer Neiße] durch die Bundesrepublik Deutschland. Die Verschiedenheit der rechtlichen Gesichtspunkte der Regierungen Polens und der Bundesrepublik Deutschland hat übrigens nicht bloß theoretische Bedeutung: Wie dies im vollen Umfang von der Praxis der Entwicklung der politischen Beziehungen in den siebziger Jahren bestätigt worden ist, hat eben da eine Reihe von Schwierigkeiten und Hindernissen im Prozeß der Normalisierung ihren Ursprung.[51] Im engen Zusammenhang mit dem rechtlichen Standpunkt der Bundesrepublik Deutschland dem Osten gegenüber steht auch das Verhältnis der SPD/FDP-Regierung zur Frage der deutschen Einheit. Es besteht in diesem Bereich ein fundamentaler Gegensatz der strategischen Ziele zwischen der Bundesrepublik und den sozialistischen Ländern.

Von der zweiten Gruppe der Faktoren, die einen festen und unveränderlichen Rahmen für die gegenwärtige und künftige Entwicklung der Politik der Verständigung und Zusammenarbeit zwischen Polen und der Bundesrepublik Deutschland schaffen, würde ich dagegen vor allem die grundsätzliche Verschiedenheit der gesellschaftlich-politischen Systeme sowie die Zugehörigkeit der beiden Staaten zu unterschiedlichen militär-politischen und wirtschaftlichen Gruppierungen nennen. Sowohl die Bundesrepublik Deutschland als auch Polen „unternehmen ihr Normalisierungswerk der Beziehungen auf der Basis ihrer eigenen Bündnisverpflichtungen in Europa".[52] Diese Tatsache entscheidet über die wesentliche Verschiedenheit eines beträchtlichen Teils von Interessen und Zielen, denen Polen und die Bundesrepublik Deutschland in der internationalen Arena und in ihrer Innenpolitik zustreben. Die Ausrichtung der Außenpolitik der Bundesrepublik Deutschland seit 1969 auf Entspannung, Verständigung und Normalisierung der Beziehungen zu den sozialistischen Ländern hängt keinesfalls mit irgendeiner Änderung des Klassencharakters der Bundesrepublik Deutschland als eines kapitalistischen Staates in Europa zusammen, der sich gänzlich dem Westen zugewandt hat und der nun eine der Hauptstützen der NATO und der EWG bildet. Andererseits hat sich Polen für den sozialistischen Weg der Entwicklung nach dem Zweiten Weltkrieg entschieden und

51 Eben aus der oben erwähnten Verschiedenheit der rechtlichen Gesichtspunkte der beiden Staaten ergeben sich die teilweise divergente rechtliche Auslegung des Vertrages vom 7. Dezember 1970 und gewisse Hindernisse, die das Zustandekommen von manchen zwischenstaatlichen Vereinbarungen, die in der jetzigen Lage des entwickelten Personenverkehrs zwischen beiden Ländern unentbehrlich sind, [wie z. B. Konsularkonvention, Vereinbarung über den rechtlichen Verkehr und die Rechtshilfe], erschweren. Aus demselben Grunde entstehen auch die Schwierigkeiten in den Beziehungen zwischen Polen und der Bundesrepublik Deutschland, die die Anwendung von korrekten geographischen Namen bzw. die kartographische Darstellung der deutschen Grenzen, die Verwirklichung der Richtlinien über die Revision von Schulbüchern betreffen.

52 Dieses Element wird treffend von U. Scheuner in „Stan obecny . . ." [Der gegenwärtige Stand], a. a. O., betont.

ist mit der Gemeinschaft der sozialistischen Staaten durch ein enges Bündnis und Zusammenarbeit verbunden. In der noch nicht weit zurückliegenden Vergangenheit, d. h. in den fünfziger und sechziger Jahren, hatte der geschichtliche ideologische Antagonismus zwischen Ost und West [neben dem zusätzlichen polnisch-westdeutschen „Konfliktzustand", welcher durch die Nichtanerkennung der Grenze an der Oder und Lausitzer Neiße durch die Bundesrepublik Deutschland herbeigeführt wurde] zur Folge, daß in den Beziehungen zwischen der VR Polen und der Bundesrepublik Deutschland das Element der Konfrontation der beiden Blöcke vorherrschte.[53] Demgegenüber darf man die gegenwärtigen Beziehungen zwischen den beiden Staaten dialektisch als „Zustand einer antagonistischen Kooperation" bezeichnen, da die Ebene der Zusammenarbeit zwischen Polen und der Bundesrepublik Deutschland in den siebziger Jahren, so typisch für die Gesamtheit der Ost-West-Beziehungen, immer deutlicher zu erscheinen begann. Ein wesentlicher Sinn der Normalisierung der gegenseitigen Beziehungen besteht jedoch nicht in der Verwischung des Konfliktcharakters der polnisch-bundesrepublikanischen Beziehungen; es ist dagegen hauptsächlich zu wünschen, daß beide Seiten, des ideologischen Antagonismus, der Unterschiedlichkeit ihrer Systeme, Interessen und Ziele bewußt, immer stärker eine gleichberechtigte und beiderseitig vorteilhafte Zusammenarbeit entwickeln. Als Ergebnis soll allmählich der Wechsel der Größenverhältnisse zwischen den beiden grundlegenden Elementen der gegenseitigen Beziehungen, der Konfrontation und der Kooperation [zugunsten der letztgenannten], auf der Basis der Achtung der Grundsätze der friedlichen Koexistenz der Staaten mit unterschiedlichen gesellschaftlich-wirtschaftlichen Systemen sowie unter Berücksichtigung der konkreten Bedingtheiten der beiden Staaten und der Realitäten der europäischen Lage erfolgen, ohne daß das Wesen des Klassenantagonismus im beiderseitigen Verhältnis dabei verwischt wird.

Die äußeren Faktoren brauchen nun nicht immer bloß einschränkend auf Ausmaß und Verlauf des Normalisierungsprozesses der Beziehungen zwischen der VR Polen und der Bundesrepublik Deutschland einzuwirken; im Gegenteil — nicht selten können sie ihn stimulieren und günstig beeinflussen. Zu ihnen würde ich vor allem die beiden vom Standpunkt Polens wichtigsten Faktoren zählen: das Freundschaftsverhältnis zur DDR und den Entspannungsprozeß in den Beziehungen zwischen Ost und West.[54]

Seit einigen Jahren nehmen wir mit Zufriedenheit auch die neue Qualität in den Beziehungen zwischen Polen und der DDR wahr. Man kann sagen, daß die pol-

53 In diesem Sinne hat C. C. Schweitzer recht, wenn er den Beziehungen VR Polen — Bundesrepublik Deutschland den Namen „Konfliktverhältnis" gibt [in oben angeführtem Sammelwerk „Das deutsch-polnische Konfliktverhältnis"].

54 Zu den anderen äußeren Faktoren, die für die beiden Länder zusätzliche Intensivierungsmöglichkeiten der Normalisierungsprozesse schaffen, könnte man außerdem folgendes zählen: die günstige geographische Lage der beiden Staaten im Herzen Europas, ihre Stellung und Rolle in den militärpolitischen und wirtschaftlichen Gruppierungen des Ostens und Westens u. ä.

nisch-deutsche Nachbarschaft an der Oder und Lausitzer Neiße schon die schwierigste Phase des Überwindens von gegenseitigen Vorurteilen und alten Ressentiments sowie des Aufbaus und der Entwicklung von neuen Bindungen einer friedlichen Zusammenarbeit hinter sich hat. Diese Phase der Normalisierung der Beziehungen fiel hauptsächlich in die fünfziger Jahre und dauerte teilweise auch noch in den sechziger Jahren an. Als wichtigstes Kennzeichen der gegenwärtigen Dekade der Nachbarschaft Polens und der DDR würde ich ein vollkommen neues Phänomen in der zeitgenössischen Geschichte der polnisch-deutschen Beziehungen erkennen. Die neue Qualität der jetzigen Nachbarschaft bewährt sich gegenwärtig im Laufe eines konkreten, fast alltäglichen Zusammenwirkens und in Kontakten der staatlichen Organe und Institutionen sowie Millionen Bürger beider Staaten. Die in der Präambel zum Vertrag von Zgorzelec (Görlitz) enthaltene Bestimmung, daß „die festgelegte und bestehende Grenze die unantastbare Friedens- und Freundschaftsgrenze ist, die die beiden Völker nicht trennt, sondern einigt", war vor einem Vierteljahrhundert eine Programmlosung, eine Art Aufgabe für die Zukunft; heute dagegen ist sie im Bewußtsein der Gesellschaften Polens und der DDR etwas Offensichtliches und findet unaufhörlich ihre Bestätigung nicht nur in der offiziellen Politik der beiden Länder, sondern auch im Alltagsleben ihrer Bürger. Für Polen und die DDR sind hiermit unermeßliche Möglichkeiten für ein besseres gegenseitiges Kennenlernen, für Verständigung und Annäherung[55] entstanden. Diese Aufgabe war weder leicht noch einfach; auch gegenwärtig wird sie eine Zeitlang besondere Sorgfalt und Mühe der beiden Seiten erfordern. Die bisherigen Ergebnisse erlauben aber, der Zukunft mit Optimismus entgegenzusehen: Dank den in beiden Staaten unternommenen Bemühungen — insbesondere in den letzten Jahren — ist eine neue Infrastruktur der Nachbarschaft über die Oder und Lausitzer Neiße geschaffen worden, deren psycho-soziologischer Effekt das Zustandekommen einer entscheidenden Änderung in den gegenseitigen Vorstellungen und Auffassungen der Polen und der Deutschen aus der DDR[56] ist. Diese Veränderungen in dem gesellschaftlichen Bewußtsein der Bürger beider Staaten, als Ergebnis der Politik der Verständigung und Zusammenarbeit, die seit 1949 folgerichtig und mit vollem Bewußtsein ihrer historischen Bedeutung für die polnisch-deutsche Nachbarschaft betrieben wird, üben gleichfalls einen wesentlichen Einfluß auf die Beziehungen zwischen der VRP und der Bundesrepublik Deutschland aus, da sie im Bewußtsein eines beträchtlichen Teils der polnischen Gesellschaft den Weg zur Verständigung Polens mit dem anderen deutschen Staat, der Bundesrepublik Deutschland, gebahnt haben.

55 Beispielsweise sei hier erwähnt, daß etwa 65 Mill. Bürger aus beiden Staaten seit der Eröffnung der Grenze zwischen der VRP und der DDR [d. h. vom 1. Januar 1972 an] bis Ende 1976 diese Grenze überschritten haben; davon haben 35,7 Mill. Polen die DDR und 29,3 Mill. DDR-Bürger Polen besucht [„Trybuna Ludu" vom 2. Februar 1977, S. 8].

56 PRL-NRD. Sojusz i współpraca [VRP-DDR. Bündnis und Zusammenarbeit] op.cit. S. 157—219. Vgl. auch die Bewertung H.-A. Jacobsen in der Einleitung zu: Wie Polen und Deutsche einander sehen, Düsseldorf 1975, a. a. O., S. 196—199.

Die Bedeutung der Entwicklung der Beziehungen zwischen Polen und der Bundesrepublik Deutschland geht über den bilateralen Rahmen hinaus, da der begonnene Prozeß der Normalisierung zwischen beiden Staaten einen wichtigen Bestandteil des gesamteuropäischen Entspannungsprozesses, darunter vornehmlich einen wesentlichen Teil der weitgehenden Normalisierung der Beziehungen zwischen den sozialistischen Ländern und der Bundesrepublik Deutschland wie auch der Ost-West-Zusammenarbeit, bildet. So war es in den vergangenen Jahren und so wird es auch in der nächsten Zukunft sein. Polen hat das Werk der Normalisierung der Beziehungen zur Bundesrepublik Deutschland aus der Position eines vom Krieg schwer heimgesuchten Volkes, das den Endsieg mit ungeheuren Opfern erkauft hat und den Preis des Friedens gut kennt, aufgenommen. Polen ist entschlossen, das begonnene Werk weiterzuführen, weil es den Normalisierungsprozeß als „eine Prüfung vor der Geschichte" betrachtet, die im Interesse der nationalen Sicherheit Polens, der sozialistischen Gemeinschaft und des Friedens in Europa möglichst gut bestanden werden soll.

Zu einigen rechtlichen Aspekten des Normalisierungsprozesses

von

Lech Janicki

I.

Im Vertrag vom 7. Dezember 1970 über die Grundlagen der Normalisierung der Beziehungen zu der Volksrepublik Polen hat die Bundesrepublik Deutschland in ihrem Namen endgültig die ehemals deutschen Gebiete, die im Potsdamer Abkommen Polen zuerkannt worden sind, als integralen Bestandteil des Staatsgebiets der VR Polen anerkannt und die Verpflichtung übernommen, diesen Zustand uneingeschränkt, d. h. in ihrem gesamten Rechtssystem, also sowohl in der Gesetzgebung als auch in Verwaltungsakten und Gerichtsurteilen, zu respektieren.

Das innerstaatliche Recht eines jeden Staates hat nämlich im Einklang mit den internationalen Verpflichtungen dieses Staates zu stehen. Aus diesen Verpflichtungen resultiert, mit anderen Worten, falls erforderlich, die Notwendigkeit, das innerstaatliche Recht zu ändern oder zu ergänzen.[1] Das ist im Falle der Bundesrepublik Deutschland um so selbstverständlicher, wenn man bedenkt, daß der Vertrag vom 7. Dezember 1970 durch das westdeutsche Zustimmungsgesetz (sogen. Ratifizierungsgesetz) vom 23. Mai 1972 Bestandteil des Rechts der Bundesrepublik Deutschland geworden ist.[2] Diese Konsequenz scheinen auch jene Vertreter der Rechtswissenschaften der Bundesrepublik Deutschland zu sehen und anzuerkennen[3], die bisher gegenüber dem Vertrag mit Polen im Hinblick auf seine territorialen Bestimmungen distanziert eingestellt waren, und die seinerzeit die Ratifizierung des Ver-

1 Klafkowski, A.: Der Vertrag zwischen der Volksrepublik Polen und der Bundesrepublik Deutschland vom 7. Dezember 1970. Grundlagen für eine völkerrechtliche Interpretation, Warszawa 1973, S. 84—87.

2 RGBl. II, S. 361.

3 Vgl. Kimminich, O.: Der Warschauer Vertrag und die Staatsangehörigkeit der „Polen-Deutschen“, in: Die öffentliche Verwaltung, 17/1971, S. 577-578.

trages u. a. mit Hilfe der These, daß er im Widerspruch zur Verfassung der Bundesrepublik stehe, vereiteln wollten.[4]*

Sofern es sich allein um die Verfassung (Grundgesetz) der Bundesrepublik Deutschland handelt, kollidiert dieser Vertrag im Prinzip nicht mit ihr.[5] Das bedeutet jedoch nicht, daß er von dem Augenblick an, als er durch den Bundestag in Form eines Gesetzes gebilligt sowie durch den Bundespräsidenten ratifiziert wurde und als solcher in Kraft getreten ist, keine Rückwirkungen auf die Verfassung hätte. Es geht nach polnischer Auffassung hier nur um eine Auslegung des Grundgesetzes. Da der Vertrag nämlich (durch das erwähnte Gesetz vom 23. Mai 1972) Bestandteil des Bundesrechts geworden ist, verleiht er (muß er verleihen) allen Formulierungen oder Verfassungsbestimmungen, die bisher als verhüllter Ausdruck revisionistischer, u. a. auf den territorialen Besitzstand der VR Polen abzielender Zielsetzungen angesehen werden konnten und angesehen wurden, eine entsprechend neue Bedeutung. Anders ausgedrückt — dieser Vertrag muß ihre Interpretation entsprechend einengen.[6] Das betrifft insbesondere die Präambel sowie Artikel 116 des Grundgesetzes.

Schärfer jedoch zeichnet sich hier das Problem der übrigen (der sogenannten einfachen) Gesetzgebung der Bundesrepublik Deutschland ab, weil in ihr die Thesen vom Fortbestand des Deutschen Reiches in den Grenzen vom 31. Dezember 1937 und von der *Identität der Bundesrepublik* mit dem so verstandenen Reich in

4 So trat z. B. der o. a. O. Kimminich, indem er den Vertriebenenverbänden seiner Zeit sein Gutachten zur Verfügung stellte, gegen den Vertrag mit Polen auf wegen seiner angeblichen Unvereinbarkeit mit dem Grundgesetz sowie mit dem Deutschland-Vertrag von 1954 und mit der Vier-Mächte-Verantwortung für „Deutschland als Ganzes". Vgl.: Deutscher Ostdienst, Nr. 39 v. 16. 10. 1969, S. 7 und ausführlicher L. Janicki: Niektóre aspekty ratyfikacji układu z Polską w prawie państwowym NRF (Einige Aspekte der Ratifizierung des Vertrages mit Polen im Lichte des Staatsrechtes der Bundesrepublik Deutschland), in: Przegląd Zachodni, 2/1971, S. 279 ff.

5 Janicki, L.: a. a. O.

6 derselbe: Die Rückwirkungen des Vertrages zwischen der BRD und der VR Polen auf das Rechtssystem der BRD, in: Wissenschaftliche Zeitschrift. Gesellschafts- und sprachwissenschaftliche Reihe, Leipzig, Heft 3—4/1973, S. 265 ff; siehe auch C. Arndt, Die Verträge von Moskau und Warschau, Bonn-Bad Godesberg 1973, S. 184 und 196.

* Dazu Anmerkung Schweitzer: Vergleiche hierzu die kurze Darstellung des deutschen Standpunktes zu einigen Aspekten dieses Beitrages bei Schweitzer S. 121 ff. Es muß darauf verwiesen werden, daß durch den Artikel 4 des Vertrages vom 7. Dezember 1970, die Erklärung des Außenministers der Bundesrepublik Deutschland in Warschau im November 1970 und auf Grund anderer amtlicher Erklärungen bzw. Veröffentlichungen keinerlei „Rechte (der Vertragspartner) beeinträchtigt" werden konnten. Es besteht nach der herrschenden Völkerrechtslehre im Westen keine Verpflichtung, das Grundgesetz einem Vertrage bzw. Zustimmungsgesetz zu einem Vertrage anzupassen oder Bundes- bzw. Landesgesetze, die vor Abschluß eines Vertrages in Kraft waren, nachträglich zu ändern. Auf keinen Fall kann davon gesprochen werden, daß „im Vertrag" vom 7. Dezember 1970 ... die Bundesrepublik Deutschland die Verpflichtung übernommen hat, „ihr" gesamtes Rechtssystem einschließlich „Gerichtsurteile" dem neuen völkerrechtlichen Tatbestand anzupassen.

breiter Form Ausdruck gefunden haben und finden. Hier geht es um ein ganzes Paket von Gesetzgebungsakten, die seinerzeit in Polen und in der DDR als Ausdruck „einer juristischen Aggression" der Bundesrepublik Deutschland gebrandmarkt worden sind.[7]*

II.

Einen herausragenden Platz unter diesen Gesetzen nimmt die Gesetzgebung über die *Staatsangehörigkeit* ein. Es handelt sich hierbei um ein ganzes System von Gesetzen, die das Problem der sogenannten deutschen Staatsangehörigkeit regeln und — fügen wir hinzu — ein System, das durch Rechtsprechung der Gerichte ergänzt und durch Meinungen aus der wissenschaftlichen und politischen Doktrin der Bundesrepublik Deutschland gestützt wird. Es geht hier insbesondere um das Reichs- und Staatsangehörigkeitsgesetz vom 22. Juli 1913, in der in der Bundesrepublik Deutschland geltenden Fassung[8] sowie um die dieses Gesetz ergänzenden oder korrigierenden nachfolgenden westdeutschen Gesetze vom 22. Februar 1955[9], vom 17. Mai 1956[10], vom 19. Dezember 1963[11] und vom 8. September 1969.[12]

7 derselbe: Terytorium i obywatelstwo państwowe w systemach prawnych NRD i NRF, in: Przegląd Zachodni, 4/1970, S. 344 ff, und: Die Problematik des Staatsgebiets und der Staatsangehörigkeit im Rechtssystem der BRD, in: Volksrepublik Polen — Bundesrepublik Deutschland. Probleme der Normalisierung gegenseitiger Beziehungen. Hrsg. von J. Rachocki, Instytut Zachodni, Poznań 1972, S. 136 ff. Vgl. auch die Erwägungen in englischer und französischer Sprache, in: Polnisch Western Affairs, 1/1971, S. 44 ff und in: La Pologne et les Affaires Occidentales, 1/1971, S. 28 ff.

8 Reichs- und Staatsangehörigkeitsgesetz v. 22. Juli 1913 (RGBl. S. 583) siehe auch BGBl. Teil III, Folge 129. Die einzelnen Bestimmungen wurden später novelliert.

9 BGBl. I. S. 65.

10 BGBl. I. S. 431.

11 BGBl. I. S. 982.

12 BGBl. I. S. 1581.

* Dazu Anmerkung Schweitzer: Nach herrschender Völkerrechtslehre in der Bundesrepublik ist eindeutig davon auszugehen, daß das Deutsche Reich bisher nicht untergegangen ist und nach wie vor „Rechtsfähigkeit" besitzt. Es ist allerdings als Gesamtstaat mangels Organisation, insbesondere mangels institutionalisierter Organe, selbst nicht handlungsfähig. „Deutschland als Ganzes", d. h. das fortbestehende Rechtssubjekt Deutsches Reich, ist von der das Verfassungsrecht der Bundesrepublik Deutschland und der DDR überlagernden Vier-Mächte-Verantwortung erfaßt. (Vgl. u. a. Erklärungen vom 5. Juni 1945, Potsdamer Abkommen, Artikel 2 des sogenannten Deutschlandvertrages der drei Westmächte mit der Bundesrepublik Deutschland und Artikel 9 des allerdings jetzt „überholten" Freundschafts- und Beistandspaktes zwischen der UdSSR und der DDR vom 12. Juni 1964 sowie den indirekten Verweis auf diese Abkommen im Vier-Mächte-Abkommen über Berlin.) Keinesfalls bedeutet dies aber, daß im Verhältnis zur V R P über die Gebiete jenseits der Oder und Neiße von der Bundesrepublik Deutschland noch irgendwelche Hoheitsrechte beansprucht werden. Eine solche Inanspruchnahme wäre in der Tat seit dem Warschauer Vertrag völkerrechtswidrig.

Die Grundlage dieser Bestimmungen sowie ihrer bisherigen offiziellen Interpretation ist die These, daß eine allgemeine „deutsche Staatsangehörigkeit" nicht aufgehört hat zu bestehen und weiterbesteht, und dies als Ausdruck eines angeblich weiterbestehenden Deutschen Staates in den Grenzen von 1937. Ihre Trägerin ist dabei die Bundesrepublik Deutschland, die in diesem Zusammenhang das Institut einer eigenen Staatsbürgerschaft, d. h. einer Staatsangehörigkeit der Bundesrepublik Deutschland sensu stricto, nicht kennt. Jene „deutsche" Staatsangehörigkeit besitzen dabei Personen, die sie auf Grund von Rechtsvorschriften des Deutschen Reiches erworben und sie vom Standpunkt der Bundesrepublik Deutschland nicht verloren haben. Das sind u. a. ehemalige Bürger (Staatsangehörige) des Reiches und ihre Abkömmlinge, die ihren Wohnort oder ständigen Aufenthaltsort innerhalb des „deutschen" Staatsgebietes haben, das als „Inland" bezeichnet wird, also auf dem Hoheitsgebiet des „Deutschen Staates", das sich innerhalb seiner Grenzen befindet, die dieses Hoheitsgebiet zugleich vom Ausland trennen. Hier ist hinzuzufügen, daß dem *Begriff „Inland"* in der Bundesrepublik Deutschland von Anbeginn ihres Bestehens ein gesamtdeutscher staatsrechtlicher Charakter verliehen wurde* und das zugleich innerhalb des großen Rahmens des deutschen Hoheitsgebiets nach dem Stande vom 31. Dezember 1937.[13] Innerhalb eben dieses Rahmens und in dieser Bedeutung wurde dieser Begriff bisher auch im Hinblick auf die Gesetzgebung über die Staatsangehörigkeit interpretiert[14], ja sogar daraus direkt abgeleitet.[15]

Als deutsche Staatsangehörige, die mit der Bundesrepublik verbunden sind, betrachtete man und betrachtet man auf dieser Grundlage weiterhin u. a. die autochthonen Einwohner jener Gebiete, die im Potsdamer Abkommen Polen zuerkannt

13 Vgl. z. B. die amtliche Definition dieses Begriffes, in: Verhandlungen des Deutschen Bundestages. Anlagen zu den Stenographischen Berichten. 4. Wahlperiode, Drucksache IV/650, S. 106: „Das Inland umfaßt nach der gegenwärtigen völkerrechtlichen Lage außer den Gebieten, die zum räumlichen Geltungsbereich des StGB gehören, auch solche, die außerhalb dieses Geltungsbereiches liegen. Dazu gehören die sowjetische Besatzungszone Deutschlands, der Sowjetsektor von Berlin und die übrigen Gebiete des Deutschen Reiches in den Grenzen vom 31. Dezember 1937, die z. Z. unter fremder Verwaltung stehen . . .".

14 Vgl. Makarov, A. N.: Deutsches Staatsangehörigkeitsrecht, Frankfurt M. 1966, S. 129 und 131.

15 Darauf weist auch z. B. der Vergleich und die Gegenüberstellung von § 25 des Gesetzes vom 22. Juli 1913 (wie oben unter Anm. 8) mit § 7 des Gesetzes vom 22. Februar 1955 (wie oben unter Anm. 9) hin.

* Dazu Anmerkung Schweitzer: Einen einheitlichen, von der Verfassung geprägten Inlands-Begriff kennt die Rechtsordnung der Bundesrepublik Deutschland nicht. Bezogen auf das Reichs- und Staatsangehörigkeitsgesetz umfaßt der Begriff „Inland" aber auch nach dem Inkrafttreten der sogenannten Ostverträge das Bundesgebiet einschließlich Berlin und das Gebiet der DDR, nicht jedoch Polen. Das Wiedervereinigungsgebot des Grundgesetzes bezieht sich unzweifelhaft nur auf die beiden deutschen Staaten in „Deutschland", wie es vom Grundgesetz verstanden wird. Beide Staaten sind vom Begriff der „Deutschen Nation" erfaßt. Diesem Begriff kommt so etwas wie eine Klammerfunktion für Gesamtdeutschland zu.

wurden, und dies unabhängig davon, daß sie nach 1945 die Staatsbürgerschaft des polnischen Staates erworben haben.*

Die so verstandenen „deutschen Staatsangehörigen" bilden den Grundbestandteil für eine umfassendere Kategorie von „Deutschen", im Sinne von Artikel 116, Absatz 1 des Grundgesetzes. „Deutscher" ist im Sinne dieser Bestimmung jeder, der die „deutsche Staatsangehörigkeit" besitzt, und darüber hinaus auch jeder „deutsche Volkszugehörige", der die genannte „deutsche Staatsangehörigkeit" nicht besitzt, aber als „Flüchtling oder Vertriebener" in dem Gebiete „des Deutschen Reiches nach dem Stande vom 31. Dezember 1937" Aufnahme gefunden, d. h. also, seinen ständigen Aufenthaltsort genommen hat. Das betrifft ebenso den Ehegatten und die Abkömmlinge eines solchen „Flüchtlings oder Vertriebenen".

Wenn man bedenkt, daß von der Umsiedlung, die auf Grund und in Durchführung des Potsdamer Abkommens erfolgt ist, auch und vor allem der (östliche) Teil des Reichsgebietes von 1937 betroffen war, so stand diese Bestimmung von Anfang an im Widerspruch zu den politischen Realitäten. Sie war somit unlogisch und vom normativen Standpunkt aus betrachtet nicht funktionstüchtig. Sie diente lediglich propagandistisch-politischen Zwecken, und zwar weckte sie in der Bundesrepublik Deutschland und kann dort weiterhin Emotionen revisionistischer Art wecken, die im Widerspruch zum Geist des Vertrages mit Polen stehen und der Normalisierung der Beziehungen zwischen der Bundesrepublik Deutschland und der VR Polen abträglich sind. Somit sollte diese Bestimmung entsprechend korrigiert werden, was unbeschadet der Rechtsordnung in der Bundesrepublik Deutschland auch getan werden könnte.

Den in Artikel 116, Absatz 1 enthaltenen nationalistischen Akzent wollen wir hierbei einmal beiseite lassen. Unter den Begriff „Deutscher" (die Weimarer Verfassung stand hier Pate) fallen nämlich in erster Linie, wie gesagt, die „deutschen Staatsangehörigen". Neben den gebürtigen Deutschen waren und sind dies weiterhin auch Personen anderer Volkszugehörigkeiten, die auf diese Weise gewissermaßen von der deutschen Volksgemeinschaft adoptiert worden sind.** Die Polen werden hierbei an die Thesen aus der Teilungsperiode von den sogenannten polnisch

* Dazu Anmerkung Schweitzer: Das Potsdamer Abkommen enthält keinerlei Bestimmungen über die autochthonen Einwohner der Gebiete jenseits der Oder und Neiße. Es muß auch hier darauf hingewiesen werden, daß die Frage der Staatsangehörigkeit nach deutscher Rechtsauffassung völlig zu trennen ist von der unbestreitbaren Tatsache, daß die Bundesrepublik Deutschland durch den Vertrag vom 7. Dezember 1970 auf alle Hoheitsrechte über die Gebiete jenseits der Oder und Neiße verzichtet hat.

** Dazu Anmerkung Schweitzer: Siehe hierzu den Beitrag von Schweitzer S. 122 ff. Die Bundesrepublik Deutschland übernimmt Schutzverpflichtungen gegenüber polnischen (wie auch zum Beispiel tschechischen) Staatsangehörigen auf dem Staatsgebiet der Volksrepublik Polen (oder der CSSR) nur dann und insoweit, wie der betreffende Staat, d. h. die Volksrepublik Polen (oder die CSSR) auf eine „Reklamation" dieser Staatsangehörigen ihrerseits verzichtet.

sprechenden Preußen erinnert, die im Hinblick auf die polnische Bevölkerung in Preußen während der Teilungen Polens lanciert wurden.

Indem der Artikel 116, Absatz 1 den Begriff „Deutscher" definiert, enthält er aber auch einen Vorbehalt hinsichtlich der Möglichkeit — und läßt diese eindeutig zu —, eine abweichende Regelung dieses Problems durch einfaches Gesetz zu treffen („vorbehaltlich anderweitiger gesetzlicher Regelung"), also nicht nur durch eine formelle Verfassungsänderung.* Damit im Zusammenhang steht die Bestimmung des Artikels 16, Absatz 1 des Grundgesetzes, der sich auf die erste (und hauptsächliche) Gruppe von „Deutschen" nach Artikel 116, Absatz 1 bezieht, d. h. auf jene, die die „deutsche Staatsangehörigkeit" besitzen. Diese Bestimmung verbietet zwar den Entzug der Staatsangehörigkeit (in Einzelfällen), läßt jedoch die Ausbürgerung durch einfaches Gesetz, also den Verlust der Staatsangehörigkeit, unter der Bedingung zu, daß die davon betroffenen Personen dadurch nicht staatenlos werden. Von dieser Möglichkeit hat man jedoch in der Bundesrepublik Deutschland bisher keinen Gebrauch gemacht.

Hinzufügen kann man hier noch, daß jene „Deutschen" im Sinne der Verfassung, die formell die „deutsche Staatsangehörigkeit" nicht besitzen, also z. B. jene, die aus anderen Staaten oder aus den vom Reich im Zweiten Weltkrieg besetzten Gebieten umgesiedelt worden sind, in denen die Staatsangehörigkeitsvorschriften des Reichs nicht eingeführt wurden, diese Staatsangehörigkeit mit dem Augenblick, da sie sich in dem Gebiete des „Reiches von 1937" befanden, nicht ipso jure erworben haben und sie auch nicht erwerben; sie erhalten die Staatsangehörigkeit nur auf eigenen Antrag.[16] Sofern sie jedoch diese Staatsangehörigkeit nicht beantragen, behalten sie den Status von „Deutschen" im Sinne der Verfassung und partizipieren somit im Prinzip an den bürgerlichen Rechten und Pflichten, wie sie in der Bundesrepublik Deutschland Personen zustehen, die die „deutsche Staatsangehörigkeit" besitzen.[17] Vom Standpunkt der Bundesrepublik Deutschland aus betrachtet sind sie auch keine Ausländer.[18] Zu Ausländern werden sie erst dann, wenn sie für immer

16 Vgl. § 6 I des Gesetzes vom 22. Februar 1955 (wie oben unter Anm. 9).

17 Eine Ausnahme stellen hier einige politische Vorschriften dar (z. B. Art. 33 Grundgesetz), die — obwohl sie „Deutschen" als Adressaten haben — sich in der Praxis ausschließlich auf die Deutschen in der Bundesrepublik Deutschland beziehen.

18 Vgl. das Ausländergesetz vom 28. April 1965 (BGBl. I S. 353) mit den verschiedenen späteren Modifizierungen. Besonders siehe § 1.

* Dazu Anmerkung Schweitzer: Entgegen dem Anschein des Wortlautes unterstellt Artikel 116, Absatz 1 des Grundgesetzes den Gesamtinhalt dieses Teils des Artikels nicht der beliebigen anderweitigen Regelung durch ein einfaches Bundesgesetz. Der Gesetzesvorbehalt bezieht sich nur auf Randfragen, nicht auf die Kerngarantie des Absatzes 1, der wie das Grundgesetz insgesamt vor dem Fortbestand des deutschen Volkes ausgeht. Nach herrschender staatsrechtlicher Lehrmeinung in der Bundesrepublik Deutschland kann daher der bundesdeutsche Gesetzgeber die „deutsche Staatsangehörigkeit" nicht aufgeben. (Vgl. auch das Urteil des Bundesverfassungsgerichtes zum sogenannten Grundlagenvertrag zwischen der Bundesrepublik Deutschland und der DDR.)

das Gebiet des „Deutschen Reiches nach dem Stande vom 31. Dezember 1937" verlassen, insbesondere wenn sie in das Hoheitsgebiet eines Staates umsiedeln, aus dem sie ausgesiedelt worden sind.[19]*

Ein wenig anders hat man gesetzlich das Problem des verfassungsmäßigen Verlustes des Status eines „Deutschen" durch Personen geregelt, die die „deutsche Staatsangehörigkeit" besitzen. Diese Personen nämlich verlieren die Staatsangehörigkeit, wenn sie für immer das „Inland" (somit das Reichsgebiet von 1937) verlassen, sofern sie gleichzeitig auf eigenen Antrag die Staatsangehörigkeit eines anderen Staates erwerben, ohne das vorherige Einverständnis der zuständigen Behörden (der Bundesrepublik Deutschland) zur weiteren Beibehaltung der „deutschen Staatsangehörigkeit" erlangt zu haben.[20]

Die genannten Bestimmungen bewirken, daß die westdeutsche Rechtsordnung über die Staatsangehörigkeit mit dem Vertrag vom 7. Dezember 1970 und mit dem durch diesen Vertrag eingeleiteten Prozeß zur Normalisierung der Beziehungen zwischen der VRP und der Bundesrepublik Deutschland kollidiert. Sie steht ebenfalls zum Völkerrecht im Widerspruch. Dieses Völkerrecht verbietet nämlich die eigenmächtige Erstreckung der Staatsbürgerschaft durch einen Staat auf Bürger eines andern Staates, was auch Vertreter jener Richtung der Rechtswissenschaften in der Bundesrepublik Deutschland zugeben, die zum Vertrag mit Polen eine distanzierte Haltung einnehmen.[21]

19 Vgl. § 7 des Gesetzes vom 22. Februar 1955 (wie oben unter Anm. 9).

20 Vgl. § 25 des Gesetzes vom 22. Juli 1913 (wie oben unter Anm. 8) zusammen mit § 7 des Gesetzes vom 22. Februar 1955 (wie oben unter Anm. 9).

21 Dies wird auch von O. Kimminich zugegeben, in: Der Warschauer Vertrag ... a. a. O., siehe Anm. 3, S, 580. Vgl. auch Berhardt, R.: Pojęcie Niemca oraz niemiecka przynależność

* Dazu Anmerkung Schweitzer: Diese Formulierung ist aus der Sicht der Bundesrepublik Deutschland zumindest mißverständlich. Der Status von Deutschen geht nicht verloren, wenn die Betreffenden auswandern. Dieser Fall tritt nur ein, wenn sie in das Gebiet jenseits von Oder und Neiße zurückkehren. Hier ist nochmals darauf hinzuweisen, daß das deutsche Staatsangehörigkeitsgesetz auf dem Prinzip des ius sanguinis basiert. Dieser Fall stellt aber kein spezifisches Problem im Verhältnis zwischen Bundesrepublik Deutschland und VRP, sondern im Grunde zwischen vielen Staaten und der Bundesrepublik Deutschland dar. In der deutschen Staatsrechtslehre ist neuerdings vereinzelt die Frage aufgetaucht, ob man durch eine einfache Gesetzgebung oder aber durch eine Änderung des Grundgesetzes Artikel 16 ganze Gruppen aus der deutschen Staatsangehörigkeit entlassen könnte. Individuell ist dies auf keinen Fall möglich ohne eine ausdrückliche Willenserklärung des oder der Betroffenen. Der bundesdeutsche Gesetzgeber wird aber zweifellos auch in Zukunft nur mit größter Zurückhaltung an eine solche theoretische Möglichkeit herangehen angesichts der infamen Ausbürgerungspolitik des Dritten Reiches. Völlig abwegig ist der Gedanke, daß Deutsche im Ausland „noch" im Prinzip an den bürgerlichen Rechten und Pflichten partizipieren, wie sie in der Bundesrepublik Personen zustehen, die die deutsche Staatsangehörigkeit besitzen.

Wenn hier im übrigen von „partizipieren" gesprochen wird, so wird ganz offensichtlich der Status der Deutschen in der DDR aus der Sicht der Bundesrepublik Deutschland mit dem Status anderer Deutscher außerhalb des Gebietes verwechselt, das im Sinne der obigen Anmerkungen nach wie vor unter „Deutschland als Ganzem" zu verstehen ist.

Und, fügen wir hinzu: Eine solche Kollision ist um so offenkundiger, wenn man die revisionistische Grundlage relevanter Gesetze berücksichtigt, die mit der Negierung des territorialen Besitzstandes anderer Staaten in Verbindung steht.

In der Wissenschaft der Bundesrepublik Deutschland wird übrigens ebenfalls zugegeben, daß eine Änderung der Staatsgrenzen (Veränderung der territorialen Ausdehnung eines Staates) automatisch eine entsprechende Änderung der Staatsangehörigkeit der Bevölkerung in jenen Gebieten bewirkt, die von der Änderung betroffen sind: diese Bevölkerung erwirbt die Staatsbürgerschaft des Staates, der das betreffende Gebiet übernimmt.[22*] Polen hat die Gebiete östlich der Oder und Lausitzer Neiße auf Grund des Potsdamer Abkommens vom 2. August 1945 übernommen. Indem dieses Abkommen diese Gebiete ausdrücklich als *ehemalige* deutsche Gebiete bezeichnet und sie aus der sowjetischen Besatzungszone ausgliedert, hat es sie aus der territorialen Kompetenz des Alliierten Kontrollrates und überhaupt aus Deutschland herausgelöst. Von diesem Augenblick an haben diese Gebiete nicht mehr zu dem neuen ethnisch-politischen deutschen Gebiet gehört, das im Osten bis zur Westgrenze des polnischen Staates an der Oder und Lausitzer Neiße reicht, also bis zur Grenze, die — dies sei hier hinzugefügt — tatsächlich definitiv ist. In dem Potsdamer Abkommen ist nämlich gesagt worden, daß lediglich mit der endgültigen Delimitierung[23] bis zu einer (nicht näher präzisierten) „Friedensregelung"[24] zu warten sei.

Somit konnte auch *nur ein Deutschland in neuen Grenzen* vom rechtlichen Standpunkt aus betrachtet von nun ab als „Inland gelten, und nur ein solches Deutschland war bis 1949 „Inland". Somit war ebenfalls die deutsche Staatsangehörigkeit

państwowa w świetle prawa Republiki Federalnej Niemiec (Der Begriff des Deutschen und die deutsche Staatsangehörigkeit im Lichte der Gesetze der Bundesrepublik Deutschland) in: Przegląd Stosunków Międzynarodowych, 6/1976, S. 7 ff, besonders S. 16. Vgl. auch Kokot, J.: Pozycja prawna RFN w układach normalizacyjnych z Polską i ZSRR (Die Rechtslage der Bundesrepublik Deutschland in den Normalisierungsverträgen mit der VR Polen und der UdSSR), ebenda, S. 23 ff.

22 Makarov, A. N.: Staatsangehörigkeitsrecht, in: Wörterbuch des Völkerrechts, hrsg. v. H. J. Schlochauer, 3. Bd. Berlin, 1962, S. 328.

23 Delimitation hat als Begriff bekanntlich einen engeren Sinn als die eigentliche Festlegung der Grenze, die in bezug auf die polnische Staatsgrenze an der Oder-Neiße im Potsdamer Abkommen stattgefunden hat. Delimitation bedeutet nämlich in der Rechtslehre eine vertragliche detaillierte Beschreibung des Verlaufs der bereits festgelegten Grenze im Gelände und stellt die Grundlage für die letzte (dritte) Stufe der Entstehung einer Grenze dar, nämlich für ihre Demarkierung an Ort und Stelle. Vgl. Jones, S. B.: Boundary Making. A Handbook for Statesmen. Treaty Editors and Boundary Commissioners, Washington 1945, S. 5. Vgl. auch Skubiszewski, K.; Zachodnia granica Polski w świetle traktatów (Westliche Grenze Polens im Lichte der Verträge) Poznań 1975, S. 202 ff.

* Dazu Anmerkung Schweitzer: In dieser globalen Form ist die Formulierung falsch. Es gibt lediglich ganz vereinzelte Stimmen, die eine solche Formulierung abzustützen vermögen. Die herrschende Lehre in der Bundesrepublik Deutschland geht eindeutig in eine andere Richtung. Vgl. außerdem Anm. der dt. Hrg., S. 80.

der autochthonen Einwohner der Gebiete, die Polen zuerkannt wurden, erloschen, d. h. der Personen, die nicht unter die Umsiedlung nach Deutschland fielen und die polnische Staatsbürgerschaft erworben hatten.

Die Verleihung dieser Staatsbürgerschaft war die einfache Konsequenz der Territorialbestimmungen des Potsdamer Abkommens. Die autochthone Bevölkerung, die die dem polnischen Staat zuerkannten Gebiete bewohnte, hatte einen zweifelsfreien Anspruch auf Fürsorge von seiten dieses Staates und auf die Erlangung des Status seiner vollberechtigten Bürger. Dieser Anspruch wurde um so mehr begründet, als infolge der Entstehung von zwei separaten deutschen Staaten im Jahre 1949 die gesamtdeutsche Staatsangehörigkeit zu bestehen aufgehört hatte, welche die autochthonen Bewohner der West- und Nordwoiwodschaften Polens bis 1945 besessen hatten.

Eine der nach Potsdam auf dem Gebiet Deutschlands entstandenen Republiken, d. h. die Deutsche Demokratische Republik, hat in ihrem ersten völkerrechtlichen Vertrag, den sie am 6. Juli 1950 mit Polen in Zgorzelec (Görlitz) geschlossen hat, die konstitutiv-rechtlichen Territorialbestimmungen des Potsdamer Abkommens anerkannt und ihre Konsequenzen nicht in Frage gestellt, u. a. auch für den Bereich der Staatsangehörigkeit. Die Bundesrepublik Deutschland hingegen hat zunächst über zwanzig Jahre lang, d. h. bis zur Unterzeichnung des Vertrages mit Polen am 7. Dezember 1970, die Grenzbestimmungen des Potsdamer Abkommens nicht akzeptiert. Indem sie das „Wiedervereinigungsgebot" aus der Präambel des Grundgesetzes ableitete, bezog sie es mehr oder minder offen auf das Deutschland von 1937. Das stand auch im Widerspruch zu den offenkundigen rechtlich-politischen Realitäten, die sich aus der Entstehung von zwei deutschen Staaten im Jahre 1949 sowie aus der Anerkennung der Eigenständigkeit und staatlichen Integrität der DDR im Vertrag mit der Sowjetunion vom 12. August 1970 und später im sogenannten Grundvertrag mit der DDR vom 21. Dezember 1972 durch die Bundesrepublik Deutschland ergaben. Im Jahre 1949 entstand in der Bundesrepublik Deutschland und in der DDR im Einklang mit den anerkannten Prinzipien des Völkerrechts und des Staatsrechts das Institut einer separaten Staatsangehörigkeit, und damals fielen (um das nochmals hervorzuheben) die Grundlagen für die Existenz einer „deutschen Staatsangehörigkeit" in dem Sinne weg, wie es die Bundesrepublik Deutsch-

24 Im englischen Text „peace settlement". Dieser Begriff bedeutet nicht „Friedensvertrag", wie es bis jetzt in der Regel in den westdeutschen Veröffentlichungen hieß, sondern hat einen weiteren Sinn als der Begriff „Friedensvertrag" (peace treaty). Man kann davon ausgehen, daß die oben erwähnte „Friedensregelung" hinsichtlich der polnischen Westgrenze dadurch zustande gekommen ist, daß die diesbezüglichen konstituierenden rechtlichen Bestimmungen des Potsdamer Abkommens von der DDR mit dem Görlitzer Abkommen vom 6. Juli 1950 und von der Bundesrepublik Deutschland zuerst allgemein im Moskauer Vertrag vom 12. August 1970 und später im einzelnen mit dem Warschauer Vertrag vom 7. Dezember 1970 anerkannt worden sind. Dies geschah, wie zu unterstreichen ist, mit voller Zustimmung der Westmächte. Vgl. Janicki, L. a. a. O. siehe Anm. 6.

land versteht.[25] Das Subjekt und der Träger einer so verstandenen Staatsangehörigkeit hat nämlich aufgehört zu bestehen, d. h. es gab keinen gesamtdeutschen Staat mehr. Wie im westdeutschen Schrifttum hervorgehoben wurde, enthält die weitere Aufrechterhaltung des Instituts einer „deutschen Staatsangehörigkeit" eine contradictio in adjecto und ist gewissermaßen eine Verfassungsnorm die im Widerspruch zur Verfassung steht, weil sie weder mit der Personalhoheit noch mit der Schutzmöglichkeit und auch nicht mit der Gehorsamspflicht in Verbindung steht.[26*]

Im „Bericht zur Lage der Nation", der dem Bundestag im Januar 1970 durch die Koalitionsregierung aus SPD/FDP vorgelegt wurde, fanden sich zwar schon Feststellungen über die Existenz zweier deutscher Staaten in den Grenzen von 1970.[27] Außerdem erklärte diese Regierung in demselben Jahr, daß sie diesen Sachstand respektiere und sich in ihrer legislativen Praxis von der Überzeugung leiten lassen wird, daß die verfassungsmäßige Ordnung der Bundesrepublik Deutschland Gesetzgebungskompetenz nur für den Geltungsbereich des Grundgesetzes erteile, d. h. (fügen wir hinzu) für das Territorium der Bundesrepublik Deutschland sensu stricto.[28] Dennoch hat das Inkrafttreten des Vertrages vom 7. Dezember 1970 nicht zu Änderungen im Bereich der bisherigen Gesetzgebung geführt. Dies, obgleich auch im wissenschaftlichen Schrifttum der Bundesrepublik Deutschland z. B. darauf hingewiesen wird, daß dieser *Staat völkerrechtlich verpflichtet ist, den gesetzmäßigen Begriff „Inland" in einer Weise zu ändern, der dem Buchstaben und Geist des Vertrages mit Polen entspricht.*[29**] (Das Problem der Anpassung dieses Begriffs ebenfalls an die obengenannte Anerkennung der eigenen Staatlichkeit der DDR durch die Bundesrepublik Deutschland lassen wir hier außer acht.)

Das Zustimmungsgesetz vom 23. Mai 1972 zum Vertrag vom 7. Dezember 1970 mit Polen würde zwar die klassische Interpretation „lex posterior derogat legi priori" zulassen, wenn nicht viele politische Faktoren in der Bundesrepublik Deutsch-

25 Vgl. Janicki, L.: Ewolucja ustroju politycznego Niemieckiej Republiki Demokratycznej (Die Entwicklung des politischen Systems der DDR), Wrocław, 1974, S. 17—25 und 70—74.

26 So Doehring, K.: Die Teilung Deutschlands als Problem des völker- und staatsrechtlichen Fremdenrechts. Karlsruhe, 1968, S. 16. Vgl. auch Wilke, K.-M.: Bundesrepublik Deutschland und Deutsche Demokratische Republik. Grundlagen und ausgewählte Probleme des gegenseitigen Verhältnisses der beiden deutschen Staaten, Berlin, 1976, S. 92, 170 u. a.

27 Bulletin des Presse- und Informationsamtes der Bundesregierung, 6/1970 und 5/1970. Ebenso „Das Parlament", 3/1970 und folgende Nummern.

28 Bulletin . . . (wie oben), 70/1970, S. 672—673.

29 Vgl. Kimminich, O.: a. a. O. siehe Anm. 3, S. 578.

* Dazu Anmerkung Schweitzer: Auch hier ist die Formulierung in dieser globalen Form nicht akzeptabel. Ausnahmen wie etwa die von Meessen bestätigen nicht eine gegenteilige Regel. Im übrigen sei nochmals festgehalten, daß ein völkerrechtlicher Vertrag nicht die Verfassung selber außer Kraft setzen kann.

** Dazu Anmerkung Schweitzer: In dieser Frage gilt nach der herrschenden Lehre der Bundesrepublik Deutschland ebenfalls eine Einschränkung.

land tatsächlich an die bisherigen politischen Grundlagen anknüpften, die von der polnischen Seite als revisionistisch angesehen werden.

Parallel zur Änderung des Begriffes „Inland" muß eine grundsätzliche Revision der Bestimmungen über die Staatsangehörigkeit erfolgen. In der westdeutschen juristischen Literatur sind denn auch in jüngster Zeit Stimmen laut geworden, die die Einführung des Instituts einer Staatsangehörigkeit der Bundesrepublik Deutschland sensu stricto[30] und die Beschränkung des verfassungsmäßigen Begriffs „Deutscher" auf die Staatsangehörigen der Bundesrepublik Deutschland fordern, um somit sowohl die Staatsbürger der DDR als auch ehemalige Staatsangehörige des Reiches auszuschließen, die in den polnischen West- und Nordwoiwodschaften wohnen.[31] Das stünde auch im Einklang mit dem obengenannten Artikel 16, Absatz 1 des Grundgesetzes, weil die davon betroffenen Personengruppen, die schon seit vielen Jahren Staatsangehörige der VRP bzw. der DDR sind, durch Entlassung aus der „deutschen Staatsangehörigkeit" nicht staatenlos würden. Man kann sich jedoch schwerlich mit der hier gestellten Bedingung einer gleichzeitigen Beibehaltung der „deutschen Staatsangehörigkeit" als einer Art „offener Tür" für jene „Deutschen" im bisherigen Sinne der Verfassung einverstanden erklären, die nicht in der Bundesrepublik Deutschland wohnen.[32] So verstanden würde die *Bundesrepublik Deutschland* nämlich über *zwei Systeme des Staatsangehörigkeitsrechts* verfügen, die sich in ihrem territorialen und personellen Wirkungsbereich voneinander unterscheiden. Das würde nicht den „Prinzipien" des Staats- und des Völkerrechts entsprechen und den Zustand einer deutlichen rechtlichen Unsicherheit aufrechterhalten.*

Vorgeschlagen wird auch die einfache gesetzliche Anerkennung der „deutschen Staatsangehörigkeit" als Staatsangehörigkeit der Bundesrepublik Deutschland, ja sogar ihre entsprechende Umbenennung, wobei jedoch den bisherigen („historischen") „deutschen" Staatsangehörigen (scil. außerhalb der Bundesrepublik Deutschland) die (vom polnischen Standpunkt allerdings auch kontroverse) Inländerbehandlung garantiert wird, natürlich nur insoweit, als dies den Interessen und der Sicherheit der Bundesrepublik Deutschland nicht zuwiderläuft.[33] Man kann

30 „Staatsangehörigkeit der Bundesrepublik Deutschland".

31 Vgl. Meessen, K. M.: Verfassungsrechtliche Grenzen einer Neuregelung der Staatsangehörigkeit im geteilten Deutschland, in: Juristenzeitung, 22/1972, S. 673 ff.

32 Vgl. auch Meessen, K. M.: Das Problem der deutschen Staatsangehörigkeit nach dem Grundvertrag, in: Europa-Archiv, 15/1973, S. 515 ff.

33 So Rumpf, H.: Die deutsche Staatsangehörigkeit nach dem Grundvertrag in: Zeitschrift für Rechtspolitik, 9/1974, S. 201 und 205.

* Dazu Anmerkung Schweitzer: Es muß in diesem Zusammenhang erneut darauf hingewiesen werden, daß die Bundesrepublik Deutschland mit ihrem Festhalten an einer entsprechenden Auffassung zur Staatsangehörigkeit nach dem Vertrag vom 7. Dezember 1970 in keiner Weise hoheitsrechtliche Funktionen gegenüber irgendwelchen Personen in der Volksrepublik Polen beansprucht. Die deutsche Staatsangehörigkeit betrifft in ihrer praktischen Auswirkung eben nur diejenigen, die im Bundesgebiet ihren Wohnsitz oder ständigen Aufenthalt haben, oder aber *von sich aus* die deutsche Staatsangehörigkeit in Anspruch nehmen.

hier hinzufügen, daß eine solche formelle Umbenennung selbst nicht den obenerwähnten Artikel 16 des Grundgesetzes anzutasten brauchte, wenn angenommen wird, daß das Institut der „deutschen Staatsangehörigkeit", das durch die Rechtsordnung dieses Staates übernommen wurde, vom Standpunkt des Völkerrechts seit dem Bestehen der Bundesrepublik im Grunde ausschließlich ihre Staatsbürgerschaft sensu stricto, nicht dagegen eine allgemeine deutsche Staatsangehörigkeit sein konnte und auch war.

Es besteht ebenfalls kein Zweifel, daß die Bundesrepublik Deutschland auch im Lichte des Vertrages vom 7. Dezember 1970 die in den polnischen West- und Nordgebieten lebenden ehemaligen Staatsangehörigen des Reiches und deren Abkömmlinge nicht als mit der Bundesrepublik Deutschland verbundene „deutsche" Staatsangehörige betrachten kann. Dieses Prinzip gilt dabei ex tunc, d. h. von dem Augenblick der Verleihung der polnischen Staatsbürgerschaft an diese Personen. Man kann somit dieses Prinzip nicht allein auf jene Personen begrenzen, die die Staatsbürgerschaft der VRP nach Inkrafttreten des Vertrages vom 7. Dezember 1970, d. h. nach dem 3. Juni 1972, erworben haben oder sie in Zukunft erwerben werden.[34] Das ergibt sich nämlich aus der deklaratorisch-rechtlichen Anerkennung der vorausgehenden konstitutiven Territorialbestimmungen des Potsdamer Abkommens durch die Bundesrepublik Deutschland.

III.

Mit dem Vertrag vom 7. Dezember 1970 kann man auch viele andere normative Akte nicht in Einklang bringen, die ihren Geltungsbereich auf diese oder andere Weise auf das Gebiet des Deutschen Reiches von 1937 ausdehnen. Die Gesetze der Bundesrepublik Deutschland sprechen gewöhnlich vom *Geltungsbereich*, ohne diesen näher zu bestimmen. Man geht in solchen Fällen im allgemeinen davon aus, daß es sich um den Geltungsbereich *des Grundgesetzes* handelt, also um das sogenannte Bundesgebiet gemäß Artikel 23 des Grundgesetzes, das lediglich die Länder der ehemaligen drei westlichen Besatzungszonen Deutschlands umfaßt (zwar einschließlich „Großberlins", jedoch ist in diesem Bereich diese Bestimmung toter Buchstabe geblieben, und zwar auf Grund von Artikel 144, Absatz 2 des Grundgesetzes in Verbindung mit den bekannten offiziellen Vorbehalten der Westmächte von 1949 und in Verbindung mit dem Vier-Mächte-Abkommen vom 3. September 1971). Artikel 23 spricht zwar im zweiten Satz davon, daß das Grundgesetz in „anderen Teilen Deutschlands nach deren Beitritt" in Kraft gesetzt werden soll, doch diese „anderen Teile" sind nicht näher definiert. So hat man denn auch in der Bundesrepublik Deutschland seinerzeit u. a. angenommen, daß diese Bestimmung nicht mehr aktuell, vollkommen realisiert und gewissermaßen durch den Anschluß des Saarlandes an die Bundesrepublik Deutschland am 1. Januar 1957 konsumiert wor-

34 Den Standpunkt einer solchen Beschränkung vertritt auch C. Arndt, Die Verträge ..., a. a. O., S. 205.

den sei.[35] Ähnlich verhält es sich mit dem Begriff „Deutschland" selbst, der mehrfach im Grundgesetz vorkommt, aber nicht näher definiert wird. Der territoriale Rahmen dieses Begriffs ergibt sich allerdings mittelbar aus der richtigen Interpretation des obengenannten Artikels 116 der Verfassung. Der frühere (historische) Begriff „Deutsches Reich nach dem Stande vom 31. Dezember 1937" wurde hier lediglich zur Bestimmung einer der verfassungsmäßigen Kategorien des Begriffs „Deutscher" angewandt. So wurde denn auch im westdeutschen Schrifttum hervorgehoben, daß dieser Begriff nicht zugleich mit dem Terminus „Deutschland" identisch ist, den man in Absatz 2 dieses Artikels und an anderen Stellen der Verfassung gebraucht hat. Dieser Begriff konnte sich somit lediglich nur auf das Gebiet beziehen, das unter der deutschen Hoheitsgewalt und Verwaltung verblieben war, also auf das neue ethnisch-politische deutsche Gebiet, das im Potsdamer Abkommen festgelegt worden ist.[36]

In vielen Fällen jedoch geht die bisherige Gesetzgebung der Bundesrepublik Deutschland über den territorialen Rahmen hinaus, der von dem verfassungsmäßigen Begriff „Bundesgebiet" festgelegt worden ist, und knüpft an das Gebiet des Reiches nach dem Stande vom 31. Dezember 1937 an.* Als Beispiel könnte man hier das Gesetz über die Versorgung für die ehemaligen Soldaten der Bundeswehr und ihre Hinterbliebenen nennen. Dieses Gesetz unterschied — und zwar noch in der Fassung vom 5. März 1976 — den Begriff „Deutscher" im Sinne des Artikels 116 des Grundgesetzes vom Begriff einer Person, die ihren Wohnsitz oder dauernden Aufenthalt im Ausland, also gemäß der bisherigen offiziellen Interpretation außerhalb der Grenzen vom 31. Dezember 1937 hat (§§ 54 und 60).[37] Diese Vorschriften (Formulierungen) wurden neuerdings — was anzuerkennen ist — aufgehoben bzw. geändert und kommen in der neuesten Fassung dieses Gesetzes vom 18. Februar 1977 nicht mehr vor, obwohl auch in dieser Neufassung noch fragmentarisch (z. B. in §§ 53 und 90) vom Reichsgebiet nach dem Stande von 1937 die Rede ist.[38]

35 Vgl. Verhandlungen des Deutschen Bundestages. Stenographische Berichte. 2. Wahlperiode, S. 10026. Vgl. auch Mangoldt, H. v. und F. Klein: Das Bonner Grundgesetz. Berlin und Frankfurt/Main 1955, Bd. 1, 2. Aufl. S. 654.

36 So Makarov, A. N.: Deutsches Staatsangehörigkeitsrecht. Kommentar. a. a. O. siehe Anm. 15, S. 257.

37 Vgl. Soldatenversorgungsgesetz — SVG. Neufassung vom 5. März 1976 (BGBl. I S. 457).

38 Vgl. BGBl. I 1977, S. 337. Der Begriff des „Reichsgebietes" nach dem Stand vom Dezember 1937 (oder noch früher) als ein Territorialkriterium der Arbeit im Öffentlichen Dienst bei der Zuerkennung bestimmter sozialer Leistungen ist auch im neuesten Beamtenversorgungsgesetz (BeamtVG) vom 24. August 1976 zu finden (s. BGBl. I S. 2486, § 6, Satz 1 i. V. m. § 83).

* Dazu Auffassung der deutschen Herausgeber: Das Völkerrecht gebietet nicht, daß in Konsequenz eines völkerrechtlichen Vertrages einer der Vertragspartner in seiner Gesetzgebung auf Anknüpfung an frühere Rechtsordnungen verzichtet. Dies wäre nur dann nicht zulässig, wenn der *Wortlaut entsprechender Gesetze* eine Hoheitsanmaßung über Gebiete beinhaltet, die nicht mehr zum Hoheitsgebiet der Bundesrepublik Deutschland gehören — wie eben die Gebiete jenseits der Oder und Neiße.

Es gibt ebenfalls Gesetze, die sich des schon mehrfach genannten spezifischen Begriffs „Inland“ bedienen. Dieser Begriff kommt ebenfalls z. B. im Strafgesetzbuch in der Fassung vom 2. Januar 1975 vor[39] und auch in § 1, Absatz 1 des Gesetzes vom 28. Dezember 1968 zur Durchführung einer Statistik über die Personenbeförderung im Straßenverkehr.[40] Außerdem hat dieser Terminus seinen eindeutigen Niederschlag im *Gesetz* vom 29. Mai 1967 *über die Umsatzsteuer* gefunden, dessen Neufassung am 16. November 1973 veröffentlicht wurde.[41]* In § 1, Absatz 2 dieses Gesetzes wurde ausdrücklich festgestellt, daß „unter dem Begriff Inland im Sinne dieses Gesetzes das Gebiet des Deutschen Reiches in den Grenzen vom 31. Dezember 1937 (Reichsgebiet) zu verstehen ist, mit Ausnahme der Zollausschlüsse und der Zollfreigebiete“.**

Dieses Gesetz knüpft somit an die Begriffe des Zollgesetzes vom 14. Juni 1961 in der Fassung vom 18. Mai 1970 an.[42] Im Sinne der amtlichen Interpretation dieses Zollgesetzes bedeutet der zur Bestimmung des Zollgebietes der Bundesrepublik Deutschland benutzte Begriff „das deutsche Hoheitsgebiet“ „Deutschland“ in den Grenzen vom 31. Dezember 1937.[43] Das Zollgesetz sieht dabei sogenannte Zollausschlüsse vor; darunter versteht es „deutsche Hoheitsgebiete, die einem ausländischen Zollgebiet angeschlossen sind“.[44] Diese Ausschlüsse werden jedoch nicht namentlich aufgezählt. Faktisch werden in der Bundesrepublik Deutschland zu solchen Ausschlüssen die „deutschen“ Gebiete östlich von Oder und Lausitzer Neiße

39 Strafgesetzbuch (StGB) Neufassung vom 2. Januar 1975 (BGBl. I S. 1), §§ 3, 7, Absatz 2, Ziff. 1 und 2. Vgl. auch den amtlichen Kommentar zum strafrechtlichen Begriff „Inland“ — wie oben in Anm. 13.

40 Gesetz zur Durchführung einer Statistik über die Personenbeförderung im Straßenverkehr vom 28. Dezember 1968 (BGBl. I S. 1472).

41 Umsatzsteuergesetz (UStG) Neufassung vom 16. November 1973 (BGBl. I S. 1681 mit späteren Änderungen).

42 Zollgesetz — in der Fassung vom 18. Mai 1970 (BGBl. I S. 529 mit späteren Änderungen).

43 Bulletin des Presse- und Informationsamtes der Bundesregierung Nr. 17 vom 25. Januar 1962, S. 143.

44 § 2 des Gesetzes 1: „Zollgebiet ist das deutsche Hoheitsgebiet mit den Zollanschlüssen, aber ohne die Zollausschlüsse und ohne die Zollfreigebiete. Es wird von der Zollgrenze umschlossen.“ § 2 Absatz 2, Satz 2: „Zollausschlüsse sind deutsche Hoheitsgebiete, die einem ausländischen Zollgebiet angeschlossen sind“.

* Dazu Anmerkung Schweitzer: Auch hier zeigt sich wieder, daß im wesentlichen die vom Verfasser angesprochene Problematik eine deutsch-deutsche, nicht aber eine polnisch-deutsche ist. Durch entsprechende Bestimmungen über die Umsatzsteuer kommt zum Beispiel die DDR in den Genuß von EG-Vorteilen im Hinblick auf den innerdeutschen Handel.

** Dazu Anmerkung Schweitzer: Eine Formulierung „im Sinne dieses Gesetzes“ steht eben ganz im Einklang mit der wichtigen Unterscheidung, auf die in den früheren Anmerkungen schon hingewiesen wurde. Es kann in der Tat in dem einen oder anderen Falle in der Bundesgesetzgebung nach 1970 eine *terminologische* Anpassung übersehen worden sein. Dies wäre an Hand einer genauen Liste zu überprüfen, stellt aber nach bundesdeutscher Auffassung kein „Politikum“ dar!

gezählt, die man somit als Teile des „deutschen" Staatsgebietes, allerdings als gegenwärtig nicht von der „deutschen" Zollgrenze umfaßt, d. h. als außerhalb des einheitlichen „deutschen" Zollgebietes liegend, betrachtet.[45] Mit anderen Worten sollen das also deutsche Gebiete sein, die lediglich aus dem Geltungsbereich des Zollrechts der Bundesrepublik Deutschland ausgeklammert worden und somit von dem Gesetz über die Umsatzsteuer nicht betroffen sind.

Mit dem extensiv verstandenen Terminus *„Inland"*, der ebenfalls einen Teil des Staatsgebietes der VRP umfaßt, korrespondiert auch der (entsprechend modifizierte) Begriff *Ausland.* Ausland im Sinne verschiedener Gesetze der Bundesrepublik Deutschland sind somit die *Gebiete, die außerhalb der Grenzen des Reiches vom 31. Dezember 1937 liegen.*

So unterscheidet z. B. das *Gesetz über die Versorgung der Opfer des Krieges* gemäß einheitlicher Fassung vom *22. Juni 1976*[46] in § 1, Absatz 2 Buchstabe „c" deutlich den Begriff Ausland von den deutschen Gebieten, die nicht unter deutscher Verwaltung stehen, also u. a. von den Gebieten östlich der Oder und Lausitzer Neiße.[47] Ähnlich unterscheidet § 7 Absatz 1 dieses Gesetzes den Geltungsbereich des Gesetzes von den deutschen Gebieten, nach dem Stande vom 31. Dezember 1937, welche er aber zugleich dem Ausland gegenüberstellt.[48]
Ebenso unterscheidet das Gesetz vom 25. Februar 1960 zur Neuregelung der Fremdrenten und Auslandsrenten[49]

a) das Gebiet seines Geltungsbereichs,
b) Gebiete, die sich außerhalb dieses Gebietes befinden, aber nicht Ausland sind, und schließlich
c) das Ausland selbst.

Unter diesem Begriff nämlich versteht das Gesetz eindeutig erst das, was nicht Gebiet des Deutschen Reiches nach dem Stande von 1937 ist. Diese Art Dreiteilung kann man übrigens in allen jenen normativen Akten der Bundesrepublik Deutschland antreffen, in denen an erster Stelle finanzielle Überlegungen stehen, d. h. wenn es sich darum handelt, Ansprüche auf bestimmte finanzielle Leistungen des Staates

45 Rumpf, H.: Inland und Ausland als Rechtsbegriffe in ihrer Bedeutung für Deutschland, in: Der Staat. Zeitschrift für Staatslehre, öffentliches Recht und Verfassungsgeschichte, 3/1970, S. 289 ff, insbesondere S. 295 und 301—303.

46 Bundesversorgungsgesetz (BVG) Neufassung vom 22. Juni 1976 (BGBl. I S. 1633).

47 „. . . im Ausland oder in den nicht unter deutscher Verwaltung stehenden deutschen Gebieten."

48 „Das Gesetz wird angewendet auf: 1. Deutsche und deutsche Volkszugehörige, die ihren Wohnsitz oder gewöhnlichen Aufenthalt im Geltungsbereich dieses Gesetzes haben, 2. Deutsche und deutsche Volkszugehörige, die ihren Wohnsitz oder gewöhnlichen Aufenthalt in den zum Staatsgebiet des Deutschen Reiches nach dem Stande vom 31. Dezember 1937 gehörenden Gebieten östlich der Oder-Neiße-Linie oder im Ausland haben."

49 Fremdenrenten- und Auslandsrenten-Neuregelungsgesetz vom 25. Februar 1960 (BGBl. I S. 93, mit später erfolgten Modifizierungen). Vgl. Art. 1 und besonders §§ 1 und 3 des novellierten Fremdrentengesetzes und §§ 1315, 1321 und 1322 des im Art. 2 modifizierten Gesetzes.

im Prinzip nur auf die Bewohner der Bundesrepublik Deutschland zu beschränken, ohne gleichzeitig die These vom Bestehen des Reiches in den Zwischenkriegsgrenzen zu verletzen.

Der Begriff Ausland wurde den Gebieten des Deutschen Reiches nach dem Stande vom 31. Dezember 1937, die unter fremder Verwaltung stehen, auch im Güterverkehrsgesetz vom 22. Dezember 1969 gegenübergestellt.[50] Hier ist jedoch später eine Änderung erfolgt, die dem Vertrag der Bundesrepublik Deutschland mit Polen entspricht. So wurde in dem einheitlichem Text dieses Gesetzes vom 6. August 1975 die oben zitierte Formulierung gestrichen. Das Gesetz in seiner neuesten Fassung benutzt nur noch den allgemeinen Ausdruck „Geltungsbereich des Gesetzes".[51]

Dieser Schritt verdient zweifelsohne, hervorgehoben zu werden. Es besteht jedoch über die Notwendigkeit kein Zweifel, daß die Bundesrepublik das Begriffspaar „Inland-Ausland" an den Vertrag vom 7. Dezember 1970 und an den territorialen und politischen Status quo in Europa in ihrem gesamten Rechtssystem, *in allen* Gesetzgebungsakten, die dem Vertrag von Warschau widersprechende Formulierungen enthalten, anpassen muß. Erhebliche Zweifel sowohl rechtlicher als auch politischer Natur müssen daher jene Konzeptionen hervorrufen, die in der letzten Zeit in der Bundesrepublik Deutschland lanciert wurden, wonach die Gebiete östlich von Oder und Lausitzer Neiße in der Bundesrepublik Deutschland weiterhin nicht als Ausland zu betrachten sind, und wonach die einzelnen Gesetze der Bundesrepublik Deutschland in Abhängigkeit von ihren Zielen und Prinzipien festlegen können, ob die Gebiete, die im Potsdamer Abkommen Polen zuerkannt wurden, für die Bundesrepublik Deutschland Ausland sind oder nicht. Der *Bundesminister der Justiz* hat das deutlich gemacht, indem er in einem Prozeßschreiben, das er am 30. April 1974 im Namen der Bundesregierung an das Bundesverfassungsgericht gerichtet hat, feststellt, daß infolge des Vertrags mit Polen diese *Gebiete zwar* für die *Bundesrepublik nicht mehr „Inland"* seien, daß sie *aber von ihrer Rechtsordnung her betrachtet dennoch berechtigt sei, diese Gebiete weiterhin als „Inland" im Sinne des Begriffs „Deutschland als Ganzes" zu betrachten.* Das soll bedeuten, daß auf diese Weise weder über den staatsrechtlichen Status dieser Gebiete im übrigen Bereich, noch über ihren endgültigen völkerrechtlichen Status etwas gesagt worden ist.[52]

Eine solche Interpretation läßt sich weder mit dem Vertrag vom 7. Dezember 1970 noch mit den Zielen und Prinzipien der Charta der Vereinten Nationen vereinbaren, die durch Artikel 25 des Grundgesetzes ebenfalls für die innerstaatliche, rechtliche und politische Praxis der Bundesrepublik Deutschland bindend sind;

50 Güterkraftverkehrsgesetz (GüKG) — Neufassung vom 22. Dezember 1969 (BGBl. I 1970, S. 1 § 6 b): „... im Ausland oder in den unter ausländischer Verwaltung stehenden Gebieten des Deutschen Reiches nach dem Stande vom 31. Dezember 1937."

51 Güterkraftverkehrsgesetz (GüKG) — Neufassung vom 6. August 1975 (BGBl. I S. 2132) mit späteren Änderungen.

52 Diese Nachricht wurde auch von der Zeitung „Die Welt", Nr. 165, vom 19. Juli 1974 veröffentlicht, wobei die Folgerung gezogen wurde, daß für die Bundesregierung die Ostverträge keinen völkerrechtlich bindenden Verzicht auf die deutschen „Ostgebiete" bedeuten.

außerdem läßt sich diese Interpretation auch nicht mit der Schlußakte der Konferenz für Sicherheit und Zusammenarbeit in Europa vereinbaren.

Abgesehen von der offenkundigen Tatsache, daß „Deutschland als Ganzes" in staatsrechtlicher Hinsicht nicht existiert und kein Völkerrechtssubjekt ist (in diesem Bereich ist *Deutschland* lediglich Objekt bestimmter Kontrollbefugnisse der vier Siegermächte der Anti-Hitler-Koalition), ist diese These ebenfalls im Lichte des Urteils des Bundesverfassungsgerichts vom 31. Juli 1973 hinsichtlich des sog. Grundvertrages vom 21. Dezember 1972 unhaltbar. Darin stellt das Verfassungsgericht u. a. fest, daß „das Deutsche Reich", obgleich es als Rechtssubjekt (angeblich) weiterbesteht, dennoch in staatlicher Hinsicht nicht organisiert ist oder noch nicht in diesem Sinne reorganisiert wurde. Somit kann es keine eigene entsprechende staatsrechtliche Ordnung aufweisen.[53] Sofern es jedoch eine staatliche Organisation Deutschlands (des Deutschen Reichs) nicht gibt, gibt es auch kein gesamtdeutsches Rechtssystem. Infolgedessen kann von einem rechtlichen Institut „Inland" im Sinne entweder des Reiches oder auch „Deutschlands" als Staat keine Rede sein. Bekanntlich kann kein Staat zwei alternative Rechtssysteme besitzen und sich in den internationalen Beziehungen in Abhängigkeit von utilitaristisch-politischen Gesichtspunkten abwechselnd auf sie berufen. Das darf auch nicht die Bundesrepublik Deutschland tun, die sich schließlich selbst als Rechtsstaat bezeichnet.

Mit der Doktrin eines Rechtsstaates lassen sich auch die Gesetzesbestimmungen schwerlich in Einklang bringen, die auf diese oder jene Weise mit den Prinzipien oder Bestimmungen des Völkerrechts kollidieren.

Zu solchen Akten zählt außer den schon genannten das Wehrpflichtgesetz vom 21. Juli 1956, dessen Neufassung am 8. Dezember 1972 veröffentlicht worden ist.[54] Es unterscheidet in § 1, Absatz 1 seinen Geltungsbereich von den Gebieten, die außerhalb Deutschlands liegen, d. h. außerhalb des Hoheitsgebiets des Deutschen Reiches nach dem Stande vom 31. Dezember 1937. Diese Gebiete sind erst im Sinne von § 1, Absatz 2 dieses Gesetzes als Ausland zu betrachten. Somit ist anzunehmen, daß dieses Gesetz seinen Geltungsbereich formal auch auf die polnischen West- und Nordgebiete ausdehnt, die das Gesetz der Sache nach als deutsches Hoheitsgebiet betrachtet, die lediglich dem speziellen Provisorium einer fremden Verwaltung unterliegen und somit kein Bestandteil eines anderen Staates (in diesem Falle des polnischen Staates) sind.[55]

Das *Gesetz über die Entschädigung ehemaliger deutscher Kriegsgefangener* gemäß Fassung vom 2. September 1971[56] wendet ebenfalls den Begriff der *„z. Z. unter*

53 Vollständiger Text in: Dokumentation der Bayerischen Staatsregierung zur Prüfung der Verfassungsmäßigkeit des Grundvertrages durch das Bundesverfassungsgericht. Bayerische Staatskanzlei, München 1973, S. 265 ff. und die polnische Übersetzung in: Zbiór Dokumentów (Dokumentensammlung) Warszawa, 9/1973, S. 1245 ff.

54 Wehrpflichtgesetz — Neufassung vom 8. Dezember 1972 (BGBl. I S. 2277), mit späteren Änderungen.

55 Vgl. auch Janicki, L.: Die Rückwirkungen ... wie a. a. O. S. 270 und 272.

56 Kriegsgefangenenentschädigungsgesetz (KgfEG). — Neufassung vom 2. September 1971 (BGBl. I S. 1545), mit Änderungen.

fremder Verwaltung stehenden deutschen Ostgebiete" an.[57] Auch hier werden polnische West- und Nordgebiete nicht als Teil des Staatsgebietes der VRP betrachtet, sondern als separates (und weiterhin) „deutsches" Hoheitsgebiet.

In diesem Sinne knüpft dieses Gesetz an die Bestimmungen des Gesetzes über die Angelegenheiten der Umsiedler und Emigranten, (im Original Vertriebene und Flüchtlinge) vom 19. Mai 1953 an, dessen Neufassung am 3. September 1971[58] veröffentlicht worden ist. Es ist unmöglich, hier die Gesamtheit der Ausgangspositionen dieses Gesetzes darzulegen, die mit dem Buchstaben und Geist des Vertrages vom 7. Dezember 1970 kollidieren.[59] Es genügt, darauf hinzuweisen, daß das Gesetz in § 1, Absatz 2, Ziff. 3 die „z. Z. *unter fremder Verwaltung stehenden deutschen Ostgebiete*"[60] unter anderem *vom Territorium Polens und Danzigs unterscheidet.* Im Sinne dieses Gesetzes gehört somit weder das polnische Hoheitsgebiet, das vor 1937 zum Reich gehörte, noch das Gebiet der ehemaligen Freien Stadt Danzig zum Staatsgebiet der VRP. Gemäß diesem Gesetz ist „Vertriebener, wer als deutscher Staatsangehöriger oder deutscher Volkszugehöriger seinen Wohnsitz in den z. Z. unter fremder Verwaltung stehenden deutschen Ostgebieten oder in den Gebieten außerhalb der Grenzen des Deutschen Reiches nach dem Gebietsstand vom 31. Dezember 1937 hatte und diesen im Zusammenhang mit den Ereignissen des Zweiten Weltkrieges infolge Vertreibung, insbesondere durch Ausweisung oder Flucht, verloren hat" (§ 1, Absatz 1, Satz 1).

Somit erweitert dieses Gesetz künstlich den Kreis der Umgesiedelten und erkennt diesen Status auch den Ehegatten und Abkömmlingen zu, selbst wenn diese erst nach der Umsiedlung geboren wurden (§ 2 und 7). Daher steigt die Zahl ständig, statt im Laufe der Jahre abzunehmen. Das verhält sich auch aus dem Grunde so, weil ebenfalls die neuen freiwilligen Umsiedler aus Polen in der Bundesrepublik Deutschland häufig als „Vertriebene" bzw. „Flüchtlinge" bezeichnet und den Bestimmungen des eben genannten Gesetzes unterworfen werden.[61]

Formulierungen, in denen von den sogenannten deutschen Ostgebieten unter „fremder Verwaltung" oder vom Gebiet des Reiches nach dem Stande vom 31. Dezember 1937 die Rede ist, sind ebenfalls im Bundesgesetz zur Entschädigung für Opfer der nationalsozialistischen Verfolgung enthalten — Fassung vom 29. Juni 1956 sowie zweite (und abschließende) Novelle vom 14. September 1965.[62] Es ge-

57 „zur Zeit unter fremder Verwaltung stehende deutsche Ostgebiete". (§ 1 ff.).

58 Bundesvertriebenengesetz (BVFG). — Neufassung vom 3. September 1971 (BGBl. I S. 1566), mit späteren Änderungen.

59 Ausführlicher darüber Jasica, R.: Zachodnioniemiecka ustawa o . . . (Westdeutsches Gesetz über „Vertriebene und Flüchtlinge" und der Normalisierungsprozeß der Beziehungen zwischen der VR Polen und der Bundesrepublik Deutschland), in: Państwo i Prawo, 3/1974, S. 59 ff.

60 „. . . zur Zeit unter fremder Verwaltung stehende deutsche Ostgebiete".

61 Vgl. Gerbaulet, S.: Umsiedler aus Polen, in: „Frankfurter Allgemeine Zeitung", Nr. 36, 1974, Beilage, Bilder und Zeiten.

62 Bundesentschädigungsgesetz (BEG) in der Fassung vom 29. Juni 1956 (BGBl. I S. 559 und 562 mit späteren Änderungen) und BEG-Schlußgesetz vom 14. September 1965 (BGBl. I S. 1315, mit späteren Änderungen).

nügt, allein nur § 4, Absatz 1, Buchstabe „c", § 64, Absatz 1, § 185, Absatz 2 sowie den durch die Novelle vom 14. September 1965 hinzugekommenen Artikel V, Ziffer 1, Nummern 4 und 5 zu nennen.[63]

Zu den Gesetzen, die unter dem Gesichtspunkt ihrer Übereinstimmung mit den Prinzipien des Vertrages mit Polen Zweifel erregen, gehört außerdem das Gesetz vom 18. März 1971 über das Zentralregister und das Erziehungsregister.[64] Das Gesetz läßt nämlich im § 52 die Möglichkeit zu, in das Strafregister auch Strafen einzutragen, zu denen „Deutsche" von nicht „deutschen" Gerichten im Geltungsbereich dieses Gesetzes verurteilt worden sind, sofern die von ihnen begangenen Straftaten ebenfalls im Sinne des geltenden Strafrechts der Bundesrepublik Deutschland Straftaten sind. Auf diese Weise (vor allem weil der Geltungsbereich hier nicht näher bestimmt wurde) könnten in diesem Register auch Urteile polnischer Gerichte erscheinen, die solche Staatsangehörige der VRP betreffen, die in der Bundesrepublik Deutschland weiterhin im Sinne des Grundgesetzes als „Deutsche" betrachtet werden. Übrigens findet das bereits erwähnte Strafgesetzbuch der Bundesrepublik Deutschland auch Anwendung auf Straftaten, die nicht nur im „Inland" begangen worden sind, sondern ebenfalls von „Deutschen" außerhalb seiner Grenzen (§ 3 und 7 Absatz 2).[65] Außerdem gilt das allgemeine Prinzip, daß die Bestimmungen des Zivilrechts und des Zivilverfahrens jeden „Deutschen" betreffen.[66]

Schon diese Auswahl von Beispielen zeigt, wie weit die bisherigen gesetzgeberischen Grundsätze der Bundesrepublik Deutschland vom Buchstaben und Geist des Vertrages vom 7. Dezember 1970 abweichen. Eine Abkehr davon hätte auch große Bedeutung für die richtig verstandene volle Normalisierung der Beziehungen zwischen der Bundesrepublik Deutschland und Polen.

IV.

Man kann hier auch nicht die bisherigen Auswirkungen dieser Grundsätze in der politischen Praxis der Bundesrepublik Deutschland außer acht lassen. So hat man z. B. im Bereich des politischen *Bezeichnungswesens** dort über 20 Jahre lang allge-

63 Man kann hinzufügen, daß das oben erwähnte Novellierungsgesetz vom 14. September 1965 gegen das Völkerrecht verstößt, indem es die Verjährung der Wiedergutmachungsansprüche einführt. Denn wenn dieses Recht keine Verjährung für die Verfolgung der Kriegsverbrechen anerkennt, kann man vom völkerrechtlichen Standpunkt aus nicht die Verjährung der Wiedergutmachungsansprüche anerkennen. Hierzu vgl. auch Klafkowski, A.: Der Vertrag zwischen . . . a. a. O. siehe Anm. 1 S. 98—99.

64 Bundeszentralregistergesetz (BZRG) vom 18. März 1971 — Neufassung vom 22. Juli 1976 (BGBl. I S. 2005).

65 Vgl. Peters, K.: Strafprozeß, 2. Aufl., Karlsruhe 1966 S. 82.

66 Familienrechtsänderungsgesetz vom 11. August 1961 (BGBl. I S. 1221), insbesondere Art. 9 II 2, Ziffer 3.

* Dazu Anmerkung Schweitzer: Soweit im amtlichen bundesdeutschen Sprachgebrauch unter politisch und rechtlich relevanten Aspekten eine Einheitlichkeit der Bezeichnungs- und

mein eine Terminologie benutzt, die der These vom formellen Fortbestand eines gesamtdeutschen Staates in den Grenzen von 1937 entsprach. Diese Terminologie hat 1965 einen speziellen innerrechtlichen Ausdruck gefunden in Form einer damals ergangenen *Richtlinie*, die von dem Bundesminister für gesamtdeutsche Fragen E. Mende (FDP) erarbeitet und im Gemeinsamen Ministerialblatt veröffentlicht worden ist (Nr. 24 aus 1965 A, Seite 225). Ausgangspunkt dieser Richtlinie war die eindeutig revisionistische Feststellung: „Die Bundesrepublik Deutschland setzt — unbeschadet der Tatsache, daß ihre Gebietshoheit gegenwärtig auf den Geltungsbereich des Grundgesetzes beschränkt ist — das Deutsche Reich als Völkerrechtssubjekt unter Wahrung seiner rechtlichen Identität fort"; sowie: „Die völkerrechtlich gültigen Grenzen sind die des Deutschen Reiches nach dem Stand vom 31. Dezember 1937."

Diese Richtlinie legte daher genaue Prinzipien für den Bereich der Bezeichnungspraxis im behördlichen Verkehr und mittelbar im Schrifttum der Bundesrepublik fest. Und so empfahl diese Richtlinie, die Bundesrepublik Deutschland in verkürzter Form einfach als „Deutschland" überall dort zu bezeichnen, wo die Angabe der vollen Bezeichnung des westdeutschen Staates nicht ausdrücklich notwendig sei. Für die *Gebiete*, die *östlich* dessen liegen, was man ausschließlich mit *„Oder-Neiße-Linie"* bezeichnete, wurde die einheitliche Bezeichnung *„Deutsche Ostgebiete"* festgelegt, mit der eventuellen Hinzufügung „z. Z. unter fremder Verwaltung". Das Gebiet, das im Potsdamer Abkommen der Sowjetunion zuerkannt worden ist (Bezirk Königsberg), ist gemäß dieser Direktive *„Ostpreußen, z. Z. unter sowjetischer Verwaltung"*. Die Deutsche Demokratische Republik empfahl man in diesen Richtlinien weiterhin als „sowjetische Zone" oder als „sowjetische Besatzungszone Deutschlands" zu bezeichnen, bzw. als sogenanntes Mitteldeutschland. Alle neuen Staatsgrenzen, die infolge des Zweiten Weltkrieges und der politischen Entwicklung auf deutschem Gebiet nach Beendigung des Krieges entstanden waren, wurden, sofern diese Grenzen auf dem Gebiet des Deutschen Reiches nach dem Stand von 1937 verlaufen, in den Richtlinien als „Demarkationslinien" bezeichnet. Zuvor hatte im Jahre 1953 das Bundesinnenministerium eine Empfehlung herausgegeben, wonach in allen kartographischen Erzeugnissen, die das gegenwärtige deutsche Gebiet betreffen, die Grenzen des Reiches von 1937 zu vermerken sind.

Es braucht nicht hinzugefügt zu werden, daß die genannten Richtlinien in der ganzen Bundesrepublik Deutschland ebenfalls im Hinblick auf die Schulbücher an-

Kartenrichtlinien angestrebt werden muß, erfolgt von Fall zu Fall eine Abstimmung der zuständigen Stellen. Begriffe wie „Mitteldeutschland" werden im amtlichen Sprachgebrauch nicht mehr verwandt. Auf die Verwendung derartiger Begriffe im nichtstaatlichen Bereich hat die Bundesregierung keinerlei Einfluß. Das gilt auch für Grenzdarstellungen in nichtamtlichen Karten. Es sei lediglich darauf hingewiesen, daß zum Beispiel im 8. Anpassungsgesetz KOV, die in § 7, Absatz 1, Nummer 2 BVG enthaltene Formulierung „in der zur Zeit unter fremder Verwaltung stehenden deutschen Gebieten" durch die Worte „in den zum Staatsgebiet des Deutschen Reiches nach dem Stande vom 31. Dezember 1937 gehörenden Gebieten östlich der Oder/Neiße-Linie" ersetzt wurde (Bundesgesetzblatt I/1976, Seite 1481).

gewandt wurden. Dies wurde auch nicht durch die Tatsache verhindert, daß Angelegenheiten des Schulwesens und somit der Schulbücher, in der Bundesrepublik Deutschland nicht in die unmittelbare Zuständigkeit des Bundes fallen, sondern im Prinzip eine Domäne der verfassungsrechtlichen Zuständigkeit der einzelnen westdeutschen Länder sind.

Die Richtlinie aus dem Jahre 1965 wurde bekanntlich Ende Juni 1971 durch Beschluß der Bundesregierung (der sozialliberalen Koalition) aufgehoben. Wie damals ein Sprecher dieser Regierung erklärte, seien die Voraussetzungen dieser Richtlinie durch die politische Entwicklung überholt, und ihre Aufrechterhaltung wäre insbesondere im Hinblick auf die durch die Bundesrepublik Deutschland geschlossenen Verträge mit der Sowjetunion und Polen unsinnig.

Jedoch entgegen der Erwartung hat man die aufgehobenen Richtlinien durch keine neuen, dem Vertrag vom 7. Dezember 1970 entsprechenden Richtlinien ersetzt. Nach Meinung der Regierung sei die Herausgabe solcher Richtlinien unpraktisch und das angeblich aus dem Grunde, weil der Prozeß der Verbesserung der Beziehungen zu den sozialistischen Staaten Osteuropas noch nicht abgeschlossen sei. Und so überließ man den zuständigen höchsten Verwaltungsorganen des Staates völlige Freiheit bei der Auswahl der Bezeichnungsterminologie. Nach Auffassung des schon genannten Sprechers der Bundesregierung ging es darum, auf diese Weise den einzelnen Ministerien die Möglichkeit zu geben, solche Bezeichnungen anzuwenden, die sich sowohl mit der offiziellen Terminologie anderer Länder als auch mit dem Prinzip der Berücksichtigung „des üblichen deutschen Sprachgebrauchs" am besten in Einklang bringen lassen. Diese halbherzige Lösung und ihre zweideutige Grundlage wurde gleichzeitig ausdrücklich mit Rücksicht auf die internationale Rechtslage Deutschlands begründet, „die immer noch unter dem Vorbehalt eines Friedensvertrages steht".[67]

Und hier erwies sich letztlich ein Kriterium strikt politischer Art als maßgebend, bei dem man unschwer die Beziehung zu der — auf der fiktiven Prämisse vom Fortbestand des gesamtdeutschen Staates basierenden — These vom provisorischen Charakter der vertraglichen territorialpolitischen Festlegungen seitens der Bundesrepublik Deutschland gegenüber den sozialistischen Staaten herstellen kann.

Infolgedessen bleiben in vielen Fällen in der Bundesrepublik Deutschland Landkarten* im Gebrauch, die die neuen völkerrechtlichen staatlichen Grenzen in Ostmitteleuropa unberücksichtigt lassen bzw. in der oder anderen Weise die polnisch-deutsche Grenze von 1937 verzeichnen und Bezeichnungen enthalten, die sich auf die Richtlinien von 1965 stützen. Die Deutsche Demokratische Republik bezeichnet man in der Bundesrepublik Deutschland weiterhin häufig als „Mitteldeutschland", obgleich diese Bezeichnung einen breiteren Hintergrund und eine weitergehende Bedeutung hat. Sie geht nämlich von dem geopolitischen Gesichtspunkt aus, daß es (logischerweise) auch noch „Ostdeutschland" gibt, das östlich der Oder und Lausitzer Neiße liegt.

67 Den Text der Äußerung des Regierungssprechers C. Ahlers siehe in: SPD-Pressedienst, 132 vom 15. Juli 1971, S. 1.

Hier ist nicht der Ort für die Aufzählung verschiedener Beispiele in diesem Bereich. Es ist jedoch bezeichnend, und das muß hervorgehoben werden, daß eine genaue amtliche Regelung des politischen Bezeichnungswesens in der Bundesrepublik Deutschland bestanden hat und fast überall befolgt wurde, sofern es sich dabei um die Akzentuierung politischer Grundsätze von eindeutig revisionistischem Charakter handelte. Diese Regelung blieb jedoch aus, als die Bundesrepublik Deutschland den territorialen und politischen Status quo in Mitteleuropa anerkannt und sich verpflichtet hatte, diesen voll und ganz zu respektieren.

Das betrifft auch die Empfehlungen, die 1956 (z. Z. des sogenannten Kalten Krieges also) die Ständige Konferenz der Kultusminister der Länder der Bundesrepublik Deutschland für das Unterrichtsfach „Ostkunde" festgelegt hat. Diese im revisionistischen Geiste verfaßten Richtlinien sollten gewissermaßen eine Rückendeckung der damaligen Regierungspolitik der Bundesrepublik Deutschland in der öffentlichen Meinung sein. Sie wurden bisher nicht aufgehoben, obwohl sie dem Buchstaben und dem Geist des Vertrages vom 7. Dezember 1970, wie auch den durch die UNESCO-Kommission der Bundesrepublik Deutschland und der Volksrepublik Polen für Schulbücher gemeinsam festgelegten Empfehlungen für Schulbücher der Geschichte und Geographie widersprechen.

V.

Die Aufgabe der Bereinigung des gesamten Rechtssystems wie auch des behördlichen Verkehrs in der Bundesrepublik Deutschland von dem unbezweifelbaren Ballast von Vorschriften und Formulierungen, die sich auf offenkundige Fiktionen und Illusionen stützen, obliegt dabei nicht nur der Legislative und den zuständigen Behörden der Exekutive, sondern auch der Rechtsprechung und insbesondere dem Bundesverfassungsgericht im Hinblick auf seine besonderen Kompetenzen für die verbindliche Auslegung des Grundgesetzes. Das Verfassungsgericht hat jedoch bisher diesen Weg nicht beschritten. Im Gegenteil, in dem schon genannten Urteil vom 31. Juli 1973 hat es die alte These bestätigt, daß der deutsche Staat weiterhin als Rechtssubjekt und das in Form des „Reiches" besteht, somit in einer Form, die 1945 aufgehoben wurde und seither von allen vier Mächten der ehemaligen Anti-Hitler-Koalition nicht anerkannt wird. Abgesehen einmal von der Widersprüchlichkeit der Feststellungen des Urteils in bezug auf die allgemein anerkannten Prinzipien des Völkerrechts und in diesem Zusammenhang auf die Artikel 25 und 26 des Grundgesetzes sowie seinen Artikel 28, der die Bundesrepublik Deutschland als Rechtsstaat bezeichnet[68], ist hinzuzufügen, daß das Verfassungsgericht sich gleichzeitig auf den Boden der geltenden westdeutschen Gesetzgebung über die Staatsangehörigkeit in ihrer revisionistischen Begriffsbestimmung stellt, die im Widerspruch zum Völker-

68 Vgl. Janicki, L.: Political and Legal Problems in the Development of Relations between the two German Republics, in: Polish Western Affairs, 2/1972, S. 14.

recht steht, was in der letzten Zeit auch im wissenschaftlichen Schrifttum der Bundesrepublik Deutschland betont wurde, und — wir wiederholen es — was ebenfalls dem Verfassungsprinzip eines Rechtsstaates widerspricht.[69]

Ähnliche Bedenken lassen sich auch zu dem späteren Urteil des Bundesverfassungsgerichts vom 7. Juli 1975 geltend machen. In diesem Urteil hat das BVG zwar eine Reihe von Klagen zurückgewiesen, die von verschiedenen Personen gegen das Zustimmungsgesetz zum Vertrag vom 7. Dezember 1970 erhoben wurden. Aus der Begründung des Urteils geht aber zweifellos hervor, daß durch diesen Vertrag die ehemaligen deutschen Ostgebiete für die Bundesrepublik Deutschland nach Meinung des Verfassungsgerichts nicht zum Ausland geworden sind. Diese These wurde später vom Bundessozialgericht im Urteil vom 30. September 1976 übernommen, wobei gleichzeitig — dies muß hier hervorgehoben werden — dieses Gericht die Urteile der Sozialgerichte unterer Instanzen änderte, in denen die oben erwähnten Gebiete schon eindeutig als Ausland bezeichnet worden waren.[70]

Diese Urteile gehören zum innerstaatlichen rechtlich-politischen Bereich der Bundesrepublik Deutschland. Sie sind völkerrechtlich völlig irrelevant und können höchstens die politische und rechtliche Glaubwürdigkeit der Bundesrepublik Deutschland nach außen hin in Frage stellen. Entgegen den im Schrifttum der Bundesrepublik Deutschland geäußerten Thesen bezieht sich das auch auf die bekannte Entschließung des Bundestages vom 17. Mai 1972, die in der gespannten, mit der Zustimmung des Bundestages u. a. zum Vertrag vom 7. Dezember 1970 und mit seiner Ratifizierung durch die Bundesrepublik Deutschland verbundenen Situation beschlossen worden ist. Diese Entschließung ist im Punkt 2 darauf gerichtet, den Rechtscharakter der die polnische westliche Staatsgrenze an der Oder und Lausitzer Neiße betreffenden Feststellungen eben dieses Vertrages zu entkräften oder sogar zu untergraben.[71] Es unterliegt dennoch keinem Zweifel, daß die Bundesrepublik Deutschland auf Grund der durch sie im Vertrag vom 7. Dezember 1970 einge-

69 Vgl. Rumpf, H.: Die deutsche Staatsangehörigkeit . . . a. a. O. siehe Anm. 33 S. 201.

70 Vgl. „Frankfurter Allgemeine Zeitung", Nr. 221 vom 2. Oktober 1976 S. 4 (Ehemalige Ostgebiete sind nicht „Ausland").

71 Vollständiger Text dieser Entschließung in: Verhandlungen des Deutschen Bundestages. Stenographische Berichte 6. Wahlperiode, S. 10960 B und in: Zbiór Dokumentów (Dokumentensammlung). Warszawa 1972 S. 843. Im Schrifttum der Bundesrepublik Deutschland wird versucht, der Resolution vom 17. Mai 1972 einen völkerrechtlichen Charakter zuzusprechen. Siehe hierzu C. Arndt, Verträge a. a. O., S. 174—175. Der Verfasser behauptet unzutreffenderweise, daß diese später auch von der Bundesregierung übernommene Resolution in Verbindung mit dem Warschauer Vertrag vom 7. Dezember 1970 die instrumentale Bedeutung erhielt, die ihr laut Art. 31, Abs. 2 b der Wiener Vertragsrechtskonvention zukommt, weil der Text der Resolution angeblich der polnischen Regierung vorgelegt und von dieser widerspruchslos akzeptiert wurde. Man läßt dabei die Stellungnahme offizieller polnischer Kreise völlig außer acht, die jegliche völkerrechtliche Verbindlichkeit dieser Resolution entschieden zurückweisen. Ausführlicher hierzu Skubiszewski, K.: Zachodnia granica Polski w świetle traktatów (Westliche Grenze Polens im Lichte der Verträge), Poznań 1975, S. 238 ff.

gangenen rechtlichen Verpflichtungen die ehemaligen deutschen Ostgebiete als integralen Bestandteil des polnischen Staatsgebiets zu betrachten hat.[72]

Die Entschließung gehört, ähnlich wie die oben erwähnten Urteile zum inneren, rechtlich politischen Bereich der Bundesrepublik Deutschland. Diese Akte bringen deutlich die Argumente aller gegenüber dem Vertrag mit Polen sehr distanziert eingestellten Kreise und politischen Gruppierungen der Bundesrepublik Deutschland zum Ausdruck, die auf der These von der Vorläufigkeit der territorialen und politischen Lösungen in Verbindung mit der deutschen Frage nach dem Zweiten Weltkrieg beharren. Sie werden durch diese Kräfte auch entsprechend ausgeschlachtet.[73] Sie ändern jedoch nicht — weil sie nicht ändern können — die klaren und für die Bundesrepublik Deutschland verbindlichen Bestimmungen des Vertrages mit Polen, und sie können somit auch nicht das Ziehen aller sich aus dem Vertrag ergebenden Konsequenzen durch die Bundesrepublik Deutschland aufhalten, d. h. auch der innerrechtlichen Konsequenzen, die — wir wiederholen das abschließend — Prüfstein des guten Willens und gewissermaßen Exponent des gesamten Normalisierungsprozesses in den Beziehungen zwischen der Bundesrepublik Deutschland und der Volksrepublik Polen sind.

72 So u. a. Frowein, J. A.: Zur verfassungsrechtlichen Beurteilung des Warschauer Vertrages, in: Jahrbuch für internationales Recht, 18. Band 1975, S. 11 ff (S. 12, 13, 16, 19 u. a.). Diese Abhandlung konnte hier aus redaktionellen Gründen nicht näher berücksichtigt werden.

73 Vgl. Janicki, L.: Układ z Polską a Polską a ustawodawstwo, ustawodawstwo w NRF (Der Vertrag mit Polen und die Gesetzgebung der Bundesrepublik Deutschland) in: WTK. Tygodnik Katolików, 3/1974, S. 5.

III. Wirtschaft

Handel zwischen Politik und Profit

von

Eberhard Schulz

Die Wirtschaft gleicht einem großen Strom: Zwar gibt es eine Reihe von fixen oder wenig variablen Determinanten — dazu gehören etwa die geographischen Gegebenheiten — doch befindet sie sich ständig im Fluß. Ihr Wesen ist weit dynamischer als das der Politik; es gibt für sie keinen Stillstand. Gleichgültig, ob sie ihren Antrieb vornehmlich aus privatem Gewinnstreben (wie in der Bundesrepublik Deutschland) oder aus politisch motivierter zentraler Planung (wie in der Volksrepublik Polen) bezieht, steht sie unablässig unter einem Leistungsdruck. Stillstand ist für sie gleichbedeutend mit Tod. Dies gilt in einem ganz existentiellen, physischen Sinn für die primitivsten Wirtschaftsformen zu Beginn der Menschheitsgeschichte, und es bestätigt sich in unserem Zeitalter des rasenden technischen und sozialen Fortschritts.

Anders ist der Charakter der Politik. Sie kann Jahre oder gar Jahrzehnte auf der Stelle treten, ohne daß ihre verantwortlichen Akteure Schaden nehmen müssen. Eines aber haben Politik und Wirtschaft gemein: Bei allen Unterschieden, die sich aus der jeweiligen aktuellen Konstellation ergeben, lassen sich in den Beziehungen zwischen zwei Subsystemen einige typische Probleme, Determinanten und Verhaltensweisen über lange Zeit, manchmal über Jahrhunderte, in die Geschichte zurückverfolgen (wenngleich die meisten der in der Tagesdiskussion auftauchenden angeblichen Analogien bei näherer Betrachtung nicht zu rechtfertigen sind). Für die moderne Wirtschaft mit ihren raschen technologischen und sozialpolitischen Veränderungen gilt allerdings mehr als für andere Lebensbereiche die Erkenntnis der klassischen griechischen Philosophie, daß man nicht zweimal in denselben Fluß steigt. Das erfordert von den volks- und betriebswirtschaftlichen Akteuren ein hohes Maß von Flexibilität und Innovationsvermögen. Indessen hat auch dieser ständig neue Fluß seine Konstanz: Indem sich die Wasser der zahllosen Einzelentscheidungen immer tiefer in das Flußbett einer längerfristig konzipierten Zusammenarbeit hineinfressen, gewinnt der Strom an Regelmäßigkeit. Wenn es der Politik gelingt, unnötige Schleifen abzuschneiden und störende Klippen zu beseitigen, verliert der Fluß der Wirtschaft einen Teil seiner ärgerlichen Überraschungseffekte und steigert seinen Nutzen für das Zusammenleben der Völker.

Dieser Beitrag gilt der Untersuchung der Wirtschaftsbeziehungen zwischen der Bundesrepublik Deutschland und der Volksrepublik Polen während der letzten dreißig Jahre. Er soll einige wichtige Vorgänge erklären, um eine richtige Bewertung der Entwicklung in diesen dreißig Jahren zu erleichtern und einen Ausblick auf die Zukunft zu eröffnen.

Schatten der Vergangenheit

Daß Polen für die Bundesrepublik ein Partner besonderer Art ist, zeigt ein Blick auf die Außenhandelsstatistik: Der Handel mit keinem anderen Land ist so häufig von außenpolitischen Faktoren beeinflußt worden wie der mit Polen. Leider haben sich die Einflüsse in der Vergangenheit meist nachteilig ausgewirkt. Angesichts der Schärfe des Ost-West-Konflikts brauchten Rückwirkungen auf die Wirtschaftsbeziehungen der beteiligten Staaten nicht zu überraschen. So ist es durchaus begreiflich (wenn auch nicht erfreulich), daß sich der Handel zwischen den beiden deutschen Staaten nur sehr zähflüssig entwickelt und daß er bis heute nicht ein Niveau erreicht hat, das den natürlichen Gegebenheiten angemessen wäre; doch ist die Entwicklung noch einigermaßen kontinuierlich verlaufen. Für den Handel mit der Sowjetunion weist die Statistik schroffere Einbrüche auf, die jeweils Frostperioden in den gegenseitigen Beziehungen charakterisieren. Beides läßt sich auch in der Statistik des Handels mit Polen nachweisen, wenn sich dort auch politische Krisen, die Polen nicht unmittelbar betroffen haben, weniger oder gar nicht niederschlagen. Dagegen prägen sich hier Rückschläge in den bilateralen Beziehungen mit besonderer Schärfe aus. Im Handel findet die Politik ihre unmittelbare Fortsetzung.

Einem Polen braucht man die Gründe für dieses Phänomen wahrscheinlich nicht zu erklären; die polnische Nation hat zu den Deutschen immer ein besonders enges Verhältnis gehabt — sei es im Guten oder im Schlechten. Den meisten Bürgern der Bundesrepublik Deutschland sind die Gründe für die Belastung des Verhältnisses zwischen Deutschen und Polen und damit auch für das Verhalten der polnischen Führung gegenüber der Bundesrepublik Deutschland kaum bewußt, ja, sie werden nicht einmal empfunden haben, daß die Polen-Politik der früheren Bundesregierungen bis hin zur Wirtschaftspolitik durch Ressentiments gegenüber Polen beeinflußt worden ist. Die Unaufrichtigkeit der Stresemannschen Polen-Politik hat bei seinen geistigen Nachfolgern nach dem Zweiten Weltkrieg eine traurige Wiederauferstehung erlebt, die letztlich wohl für das Scheitern der mutigen Missionen von Berthold Beitz verantwortlich war und, was noch mehr ins Gewicht fällt, die Glaubwürdigkeit eines deutschen Gewaltverzichts mit einer schweren Hypothek belastet hat. Polnische Empfindlichkeit beruht eben nicht nur darauf, daß der Nationalsozialismus den deutschen Namen in Verruf gebracht hat, wie viele Westdeutsche glauben, und mit dem Zusammenbruch des Dritten Reiches sind die Spannungsherde keineswegs restlos ausgeräumt worden.

Daß Polen über Deutsche im allgemeinen besser informiert sind als umgekehrt, liegt in erster Linie an dem unmittelbaren und oft übermächtigen Einfluß, den Deutsche auf das Land ausgeübt haben. Doch ergeben sich gerade daraus auch Überzeichnungen und Mißverständnisse. Deutsche nationale Interessen werden von Polen nicht essentiell beeinflußt. So war es nur natürlich, daß die Ostpolitik der Bundesregierungen ihr Augenmerk zunächst auf die Sowjetunion richtete und sich von Beziehungen mit Polen keine Vorteile versprach. Erst für eine Bundesregierung, die sich eine Verbesserung der Verhältnisse Europas durch eine Politik des modus vivendi erhoffte und die statt einer Änderung der machtpolitischen Konstellation Verbesserungen für die Menschen anstrebte, konnte Polen einen Eigenwert darstellen.

Diese allgemeinpolitischen Überlegungen fanden ihren Niederschlag in der Handelspolitik der Bundesrepublik Deutschland gegenüber Polen. Die Bundesrepublik Deutschland orientierte sich nicht nur politisch, sondern auch wirtschaftlich beinahe ausschließlich nach Westen. Antikommunistische Emotionen wurden schon in der Frühzeit des Kalten Krieges neu belebt und bald auch auf Polen bezogen, demgegenüber der Krieg mit seinen unmittelbaren Folgen bei Millionen von Menschen ohnehin bittere Gefühle hinterlassen hatte. So ist es kaum ein Wunder, daß die Beschränkungen, die die NATO-Staaten für die Ausfuhr strategisch wichtiger Güter nach kommunistischen Ländern verhängten, nirgendwo so strikt eingehalten wurden wie in der Bundesrepublik Deutschland (und in den Vereinigten Staaten).

In der polnischen Handelspolitik gegenüber der Bundesrepublik fällt generell die Tendenz auf, jede wirtschaftliche Abhängigkeit von der Bundesrepublik Deutschland zu vermeiden. Das Motiv dafür dürfte in historischen Erfahrungen zu suchen sein: Im Jahre 1925 war das Deutsche Reich Polens mit Abstand wichtigster Handelspartner gewesen; damals entfielen 42,8 % der Ausfuhr und 31,6 % der Einfuhr Polens auf Deutschland.[1] In jenem Jahre endeten die Abnahmeverpflichtungen für polnische Waren, die Deutschland auf Grund des Vertrags von Versailles und der Teilung Oberschlesiens übernommen hatte[2], und die Reichsregierung benutzte diese Gelegenheit, Polen durch eine Anhebung der Einfuhrzölle unter Druck zu setzen in der Hoffnung, es wirtschaftlich auf die Knie zu zwingen und es dadurch zu einer Revision seiner Grenzen zugunsten Deutschlands veranlassen zu können.[3] Der achtjährige „Zollkrieg" brachte die polnische Regierung damals zeitweilig in große

1 Diese Zahlen sind aus *Daniel*, H. A., Neues geographisches Handbuch für Haus, Büro und Schule, 85. Aufl., hrsg. *Fritsche*, R., Halle 1929, S. 372. Ähnliche Zahlen bei *Weber*, Eckhard, Stadien der Außenhandelsverflechtung Ostmittel- und Südosteuropas, Stuttgart 1971, S. 22. *Tomala*, Mieczysław, nennt niedrigere Zahlen: Polska — NRF. Gospodarka — stosunki ekonomiczne. [Polen — Deutsche Bundesrepublik. Wirtschaft und Wirtschaftsbeziehungen] S. 114. Nach seinen Angaben erreichte das Deutsche Reich mit 26,9 % am Import und 34,2 % am Export Polens den höchsten Anteil im Jahre 1928. Wenn auch die Abweichung beträchtlich ist, ändert sie am Kern der Feststellung nichts.

2 Siehe *Rhode*, Gotthold, Kleine Geschichte Polens, Darmstadt 1965, S. 484.

3 *Broszat*, Martin, Zweihundert Jahre deutsche Polenpolitik, München, 1963, S. 172 f. Siehe auch Hoensch in diesem Band, S. 1—28.

wirtschaftliche Schwierigkeiten. Nach dem Zweiten Weltkrieg blieb der Anteil des polnischen Imports aus der Bundesrepublik Deutschland an der polnischen Gesamteinfuhr stets unter 6 %, und obwohl die polnische Handelspolitik generell eine Tendenz zu einem bilateralen Saldenausgleich gegenüber ihren Partnerländern erkennen ließ, erzielte Polen von 1958 bis 1971 gegenüber der Bundesrepublik Deutschland ausnahmslos aktive Salden, denen mit der gleichen Regelmäßigkeit passive Salden gegenüber Frankreich und meist auch gegenüber Großbritannien, dem bis 1971 wichtigsten westlichen Lieferland, entsprachen. Ebenso aufschlußreich sind die einzelnen Perioden des Handels zwischen Polen und der Bundesrepublik Deutschland, die später zu beleuchten sind.

Einige wirtschaftliche Überlegungen

Wären die hier kurz angedeuteten politischen Faktoren für die Handelspolitik allein entscheidend gewesen, so hätte die Bundesrepublik Deutschland nie ihren doch immerhin noch recht beachtlichen Anteil am polnischen Import erreichen können. Deswegen wollen wir an dieser Stelle zunächst einmal, so gut es geht, von der Politik abstrahieren und die „natürlichen" Voraussetzungen für eine wirtschaftliche Zusammenarbeit zwischen unseren beiden Staaten ins Auge fassen. Der Sinn jedes Handels liegt im Prinzip darin, Waren einzukaufen, die man selbst entweder gar nicht oder nicht so günstig wie der Handelspartner produzieren kann. Daraus ist das „Heckscher-Ohlin-Theorem", entwickelt worden, das besagt, daß jedes Land einen Vorteil in der Erzeugung von Gütern besitzt, in die viele von den Produktionsfaktoren eingehen, die in diesem Lande relativ reichlich vorhanden und billig sind.[4] Danach hätten „reiche" Länder einen Vorteil bei der Produktion kapitalintensiver Erzeugnisse, stellten technologisch hochentwickelte Länder am besten Waren her, die viel technisches Wissen erfordern, und lieferten Länder mit billigen Arbeitskräften am besten lohnintensive Erzeugnisse.

Dieses Theorem hat einen starken statischen Akzent. Würde man es rein praktizieren, so blieben mit großer Wahrscheinlichkeit die reichen Länder reich und die armen arm, und die wenig entwickelten Staaten hätten kaum eine Chance, ihren Rückstand aufzuholen. Nun ist, das wußten auch Heckscher und Ohlin sehr wohl, ein Theorem keine Handlungsanweisung; es ließe sich allenfalls mit Nutzen praktizieren, wenn sich die exogenen (also die nicht-wirtschaftlichen, etwa die politischen) Faktoren den endogenen (also allein von den Gesetzen der Wirtschaft bestimmten) unterordneten. In der Praxis ist dies aber nicht der Fall, und so sah sich die Bundesregierung schon in den fünfziger Jahren einem gemeinsamen Druck von Unternehmensverbänden und Gewerkschaften ausgesetzt, die Einfuhr von Stein-

4 Siehe *Ohlin*, Bertil, Die Beziehungen zwischen internationalem Handel und internationalen Bewegung von Kapital und Arbeit, in: Theorie der internationalen Wirtschaftsbeziehungen, hrsg. v. *Rose*, Klaus, Köln 1966, S. 34. Im größeren Zusammenhang auch *Predöhl*, Andreas, Außenwirtschaft, 2. Aufl. Göttingen 1971.

kohle aus Polen zu beschränken, um die Konkurrenzfähigkeit der deutschen Zechen und die Arbeitsplätze der deutschen Kumpel nicht zu gefährden. In diesem Fall wurde primär nicht ein außen-, sondern ein sozialpolitischer Einfluß wirksam. Aber natürlich blieb er nicht der einzige.

Wir haben schon erwähnt, daß das Reich 1925 mit Abstand Polens wichtigster Handelspartner gewesen ist. Gewachsene wirtschaftliche Bindungen dürften für das hohe Maß an Verflechtung in erster Linie maßgeblich gewesen sein. Schlesien war — unabhängig von ethnischen Siedlungsgrenzen — in Zusammenarbeit mit Deutschen industrialisiert worden, und der Danziger Hafen diente deutschen wie polnischen Wirtschaftsinteressen (bis politische Streitigkeiten den Ausbau von Gdynia [Gdingen] erforderlich machten). Aber diese wirtschaftliche Symbiose beschränkte sich nicht auf eine regionale Verflechtung polnischer und ostdeutscher Gebiete. Aus dem Gebiet der heutigen Bundesrepublik Deutschland kamen Techniker und Kaufleute schon zu Beginn des 19. Jahrhunderts nach Polen, etwa Textilfachleute aus dem Rheinland (namentlich aus Aachen und Monschau).[5] Die nach dem Ersten Weltkrieg festgelegte Staatsgrenze führte durch einen weitgehend integrierten Wirtschaftsraum, ohne ihn ganz zu zerschneiden. Die Transportwege waren kurz[6], die gegenseitigen Ergänzungsmöglichkeiten groß, und zu diesen Vorteilen der günstigen komparativen Kosten (im Vergleich zu weiter entfernt gelegenen Ländern) und der Komplementarität der Wirtschaftsstrukturen (durch Rohstoffreichtum auf der einen und Verarbeitungskapazität auf der anderen Seite) trat die Erleichterung, daß die deutsche Sprache in ganz Osteuropa im Geschäftsleben noch immer die lingua franca war, daß deutsche Industrienormen weitgehend anerkannt wurden und daß die Geschäftsleute, Techniker, ja bis zu einem gewissen Grade sogar die Verwaltungen miteinander vertraut waren.

Alles das war keine deutsch-polnische Besonderheit, sondern charakteristisch für einen großen ostmitteleuropäischen Wirtschaftsraum, in dem deutsches Kapital und die deutsche Industrie eine maßgebliche Rolle spielten. Es war nur eine Frage der Zeit, wann die Besorgnis laut würde, daß sich soviel Komplementarität zum Reich für die Partner in Osteuropa als unvorteilhaft erweisen könnte, und schon der „Zollkrieg" gegen Polen lieferte dafür einen handfesten Anlaß.[7] Doch bedeutet Komplementarität nicht nur, daß der eine Partner in der Regel vom anderen beherrscht wird; schlimmer noch ist der längerfristige Aspekt, und zwar für beide Sei-

5 Siehe z. B. *Heike*, Otto, Die Aufbauleistung rheinischer Textilpioniere in Mittelpolen. Schriftenreihe des rheinischen Heimatbundes, Heft 11. Das Fortschreiten der Verständigung mit Polen wird gewiß erleichtert werden, wenn es den Autoren gelingt, bei der Beschreibung menschlicher Schicksale (Die nach Polen abwandernden Textilfachleute wichen, wie Heike selbst mitteilt, wirtschaftlichem Druck) auf nationales Pathos („Aufbauleistung", „Textilpioniere") zu verzichten und statt bürokratischen („. . . Beweis dafür, daß . . . deutscherseits erfolgreich gearbeitet wurde . . ." — Heike im Schlußabsatz, S. 14) einen menschlichen Stil zu schreiben.

6 Ausführlicher darüber *Nötzold*, Jürgen, Möglichkeiten und Grenzen des Außenhandels mit den europäischen Ostblockstaaten, München 1966.

7 Für die spätere Zeit siehe *Weber*, E., a. a. O., S. 33 ff.

ten: Der Unterlegene wird in seiner benachteiligten Position festgehalten, ja er sinkt weiter ab, weil der technologische Fortschritt überwiegend dem Überlegenen zugute kommt. Aber auch diesem wird damit kein guter Dienst erwiesen: Da er auf Absatz angewiesen ist, braucht er zahlungskräftige, nicht arme Partner. Die ergiebigsten Partner im internationalen Handel sind für einen Industriestaat die hochentwickelten Konkurrenten. Daß Polen nach dem Zweiten Weltkrieg alle Kräfte darangesetzt hat, seine Industrie auf- und auszubauen, liegt daher nicht allein im polnischen Interesse, sondern auch in dem der Bundesrepublik.

Auf beiden Seiten gibt es freilich leidenschaftliche Gegner einer intersystemaren Kooperation: In den kommunistischen Ländern argumentieren sie, die westlichen Kapitalisten wollten damit das sozialistische Gesellschaftssystem aufweichen, und im Westen fragen sich ihre Gegenspieler, ob man aus der marxistisch-leninistischen Ideologie nicht den Schluß ziehen müsse, daß die Kommunisten die Weltrevolution anstrebten und dieses Ziel auch mit wirtschaftlichen Mitteln zu erreichen suchten.

Das wirtschaftliche Mittel, mit dem die westliche Wirtschaft gefährdet werden könnte, so wird hier argumentiert, sei dumping. Da die Warenpreise in den kommunistischen Ländern von zentralen Behörden nicht nach Knappheitsrelationen, sondern nach politischen Prioritäten festgelegt würden, sei die Chancengleichheit der westlichen Unternehmen gefährdet. In der Bundesrepublik Deutschland ist zur Abwehr dieser Gefahr frühzeitig ein Preisprüfungsverfahren für Waren eingerichtet worden, die aus Staatshandelsländern eingeführt werden und unter dem Verdacht stehen, zu unangemessen niedrigen Preisen verkauft zu werden.[8] Es ist verständlich, daß von Konkurrenz bedrängte Unternehmen gelegentlich einen dumping-Verdacht äußern, doch sind nachhaltige Marktstörungen dieser Art bisher nicht bekanntgeworden. Solange man in Polen an der zentralen Preisbildung festhält und der Złoty im Westen nicht konvertierbar ist, wird man sich mit dem Weiterbestehen dieses für den Exporteur gewiß ärgerlichen Verfahrens abfinden müssen.

Die großen Leistungen beim Aufbau der polnischen Industrie brauchen hier nicht im einzelnen dargestellt zu werden; das haben Zdzisław Nowak und Wirginia Grabska in diesem Band an anderer Stelle getan. Doch müssen noch einige Konsequenzen der von der Polnischen Vereinigten Arbeiter-Partei initiierten forcierten Industrialisierungspolitik für den Handel mit der Bundesrepublik Deutschland erörtert werden. Diese Politik zielte zunächst auf Unabhängigkeit von fremder wirtschaftlicher Beherrschung ab. Damit stand ausländisches Kapital zur Finanzierung der gewaltigen Aufwendungen nicht zur Verfügung. Die nötigen Mittel mußten durch Konsumverzicht der Bevölkerung selbst aufgebracht werden. Dazu mußte das Lebenshaltungsniveau lange Zeit niedrig gehalten werden. Das zentrale staatliche Einfuhrmonopol sorgte überdies dafür, daß nicht unbedingt notwendige Kon-

8 Zum Preisprüfungsverfahren siehe *Jahnke*, Joachim, Möglichkeiten und Grenzen der wirtschaftlichen Zusammenarbeit mit Osteuropa, in: Gesamteuropäische Kooperation 1970—1973. Aus Politik und Zeitgeschichte. Beilage zur Wochenzeitung Das Parlament B 36/73 vom 8. September 1973, S. 16.

sumgüter von der Einfuhr ausgeschlossen blieben. Die Bundesrepublik konnte für ihren Konsumgüterexport, aber auch für den Export von Maschinen und Anlagen für die Produktion von Konsumgütern in Polen (wie auch in den übrigen kommunistischen Staaten) für eine Reihe von Jahren nicht auf Abnehmer rechnen. Hier hat inzwischen ein Wandel eingesetzt. Die Exportfähigkeit der polnischen Wirtschaft hat — gerade auch auf dem Gebiet der Industrieerzeugnisse — beachtlich zugenommen und die Importmöglichkeiten entsprechend ausgeweitet. Polen hat als Handelspartner damit einen höheren Rang bekommen.

Gegenüber diesem entscheidenden Fortschritt verliert die Tatsache an Gewicht, daß noch immer eine Asymmetrie zur Bundesrepublik Deutschland, die natürlich in den dreißig Jahren auch Fortschritte gemacht hat, besteht. Wenn sich der Anteil der Lieferungen aus der Bundesrepublik Deutschland und West-Berlin an der polnischen Gesamteinfuhr von 2,7 % im Jahre 1966 auf 12,5 % 1973 (1974: 12,3 %) erhöhte, so ist das kein Grund zur Besorgnis, sondern das Ergebnis nüchternen ökonomischen Kalküls, und daß dieses wiederum zum Zuge gekommen ist, liefert den besten Beweis für die Gesundung des politischen Klimas in Europa. Dem steht nicht entgegen, daß der Anteil Polens am Außenhandel der Bundesrepublik Deutschland bisher 1 % bei der Einfuhr und 2 % bei der Ausfuhr noch nicht übersteigt, ja in bezug auf die Einfuhr erst ein Drittel des Anteils erreicht hat, den Polen bei der Einfuhr des Deutschen Reiches 1926 verzeichnen konnte (2,9 %).[9] Denn es gibt gute Gründe für die Erwartung, daß es Polen in gemeinsamen Anstrengungen gelingen wird, seine Position auf dem Markt der Bundesrepublik Deutschland in den nächsten Jahren auszubauen.

Politisch spielt diese Asymmetrie eine viel geringere Rolle als vielfach noch angenommen wird. Die Bundesrepublik Deutschland ist nicht eine eigenständige Großmacht wie es das Deutsche Reich gewesen ist, und Polen steht politisch und wirtschaftlich nicht mehr allein. Die weltweiten Verflechtungsprozesse im wirtschaftlichen Bereich — nicht nur innerhalb der Integrationsgruppen in West- und Osteuropa, sondern auch zwischen ihnen und mit den übrigen Staaten — nehmen der Bundesrepublik Deutschland die früher manchmal befürchtete Möglichkeit, gegenüber Polen zu politischen Zwecken eine durchschlagende wirtschaftliche Pressionspolitik in nationaler Zuständigkeit zu betreiben, und schützen andererseits Polen vor irgendwelchen wirtschaftlichen Pressionen von einer westlichen Seite. Das sind sichere Garantien auch für die Skeptiker in Polen, die in der politischen Wende der Bonner Ostpolitik von 1970 noch keine endgültige historische Entscheidung zu sehen vermögen.

Gelegentlich ist argumentiert worden[10], der Westhandel beeinflusse die Planwirtschaften der kommunistischen Staaten desintegrierend, weil dadurch Faktoren der Spontaneität in sie hineinwirkten, die die Planung sonst fernzuhalten suche. Die weltweite Rezession in den Jahren 1974 und 1975 mag solchen Befürchtungen neue

9 *Daniel,* H. A., a. a. O., S. 531.
10 *Jahnke,* a. a. O., S. 15.

Nahrung gegeben haben. Doch gibt es spontane Kräfte nicht nur im Kapitalismus — man braucht nur an die Auswirkungen des Wetters zu denken. Wenn der Westhandel nicht seine Vorteile hätte, wäre er in den Frostperioden des Kalten Krieges sicher eingefroren. In der Praxis aber hat er an Gewicht gewonnen und in den Ländern der Planwirtschaft nicht wenig zur technischen Innovation beigetragen. Unternehmen in der Bundesrepublik Deutschland haben gerade in den letzten Jahren seine konjunkturstabilisierende Wirkung, die früher oft mit Recht angezweifelt worden war, schätzen gelernt.

Hintergründe statistischer Daten

Doch kehren wir noch einmal zu rein wirtschaftlichen Faktoren zurück. Die ersten Wirtschaftsvereinbarungen zwischen dem Währungsgebiet der DM (West) und Polen wurden auf westlicher Seite am 5. Juli 1949, also noch vor der Konstituierung der Bundesrepublik Deutschland, von der Joint Export and Import Agency (JEIA) der Besatzungsmächte abgeschlossen. Damals war die Ernährung der auf dem engen Raum der westlichen Besatzungszonen zusammengedrängten Menschen das primäre Problem, und so sollten die polnischen Lieferungen fast ausschließlich aus Nahrungsmitteln, davon allein zur Hälfte aus Roggen, bestehen. Der polnische Export erreichte in Wirklichkeit zwar nicht ganz das anvisierte hohe Ziel von 35,4 Millionen US-Dollar (fast 150 Millionen DM), war aber fast viermal so hoch wie die westdeutschen Lieferungen, die damals noch nicht einmal zur Hälfte aus Erzeugnissen des Maschinenbaus bestehen sollten.[11] Dann gab es einen Fortschritt, der darin bestand, daß Polen nicht mehr nur „essentials" (das waren für uns Deutsche damals zur Existenzerhaltung notwendige Grundlebensmittel), sondern auch kleinere Mengen an solchen Luxusgütern wie Geflügel, Wild und Schinken liefern durfte.

1951 wurde die polnische bilaterale Handelsbilanz erstmals passiv, und 1953 gehörte der Hunger in der Bundesrepublik Deutschland längst der Vergangenheit an: Bonn wurde wählerisch und hielt sich mit der Abnahme polnischer Schweine und polnischen Zuckers zurück. Gleichzeitig ergaben sich Zweifel, ob Polen die vereinbarten Roggenmengen würde liefern können, und ein Zusatzprotokoll vom 19. Dezember 1955 sah nun umgekehrt die Lieferung von 300 000 Tonnen Brotgetreide, davon mindestens 100 000 Tonnen Roggen, an Polen vor. Amerikanische Wirtschaftshilfe hatte zum „Wirtschaftswunder" in der Bundesrepublik Deutschland, eine problematische Agrarpolitik in Polen zu unerwartet niedrigen Ernteergebnissen in diesem Lande beigetragen. So endete die erste Epoche unserer Wirtschaftsbeziehungen.

11 Für die Einfuhr in die drei westlichen Besatzungszonen Deutschlands waren von den insgesamt 35,4 Millionen Dollar allein 32,2 Millionen Dollar für den Ernährungssektor reserviert; davon entfielen 17,5 Millionen Dollar auf Roggen.

Selbst in der ersten Phase des Kalten Krieges dominierten wirtschaftliche Interessen über unmittelbares politisches Kalkül — die wirtschaftlichen Interessen selbst jedoch wandelten sich unter dem Einfluß politischer Faktoren weit schneller und radikaler als in „normalen" Zeiten, in der Bundesrepublik Deutschland mit dem stürmischen Wiederaufbau, zu dem die Währungsreform im Sommer 1948 die Initialzündung und der Korea-Boom 1951/52 einen zusätzlichen Anreiz gegeben hatten; in Polen mit den vom Sechsjahrplan und den folgenden Fünfjahrplänen hochgesteckten Zielen für die Errichtung einer eigenen Industrie.

Nach der auffallenden Stagnation der Wirtschaftsbeziehungen zwischen der Bundesrepublik Deutschland und Polen in der ersten Hälfte der fünfziger Jahre vervierfachte sich die Ausfuhr der bundesdeutschen Seite zwischen 1954 und 1958, und die polnische Ausfuhr stieg sogar noch steiler an. Gewiß war dies eine Zeit wirtschaftlicher Prosperität und sichtbarer Erfolge beim Wiederaufbau des vom Kriege zerstörten Europa, doch wird man nach den eigentlichen Gründen für diesen außerordentlichen Aufschwung im politischen Bereich suchen müssen, in dem auf beiden Seiten ungewöhnliche Bewegungen vonstatten gingen.[12] Die Sensation des Jahres 1955 war die Reise Konrad Adenauers nach Moskau, die von vielen Beobachtern als der Beginn einer aktiven Ostpolitik der Bundesrepublik Deutschland interpretiert wurde. Auf der anderen Seite brachte das Jahr darauf mit dem „Polnischen Oktober" einen hoffnungsvollen Neuanfang. Die Bundesrepublik räumte Polen (auf amerikanisches Drängen hin?) einen relativ bescheidenen revolvierenden Kredit zu günstigen Bedingungen ein, über den man freilich in amtlichen Verlautbarungen kein Sterbenswörtchen findet — und zwar weder auf bundesdeutscher noch auf polnischer Seite — und den Polen offenbar auch gar nicht voll in Anspruch nahm. Im Herbst 1957 schien sogar die Aufnahme diplomatischer Beziehungen, die Polen schon 1955 angeboten hatte, vor der Tür zu stehen.

In Polen diskutierte man in jenen Jahren intensiv über eine Reformierung des zu starren Wirtschaftssystems, und die polnische Diplomatie ergriff mit dem „Rapacki-Plan" eine bemerkenswerte Initiative. Es war eine Zeit der Hoffnungen in Europa, die in dem „Geist von Genf" einen ersten positiven Ausdruck fand, freilich auch eher eine Zeit des unsicheren Tastens als energischer und zielgerichteter Schritte. Vor allem aber war es eine Zeit des gegenseitigen Mißverstehens, zumal zwischen der Bundesrepublik Deutschland und Polen. Glaubte die Bundesregierung, daß die Rückkehr Władysław Gomułkas auch eine Rückwendung zum „Kapitalismus" mit sich bringen werde, und wollte sie mit ihrem Kreditangebot Polen zur Abkehr von der Sowjetunion verlocken?[13] Hielt es die polnische Führung für

12 Dafür spricht auch die Tatsache, daß sich die polnische Einfuhr aus der Bundesrepublik Deutschland über Drittländer (die sich nur aus der deutschen Statistik ablesen läßt) besonders in den Jahren 1956—1958 auffallend erhöhte; die polnische Regierung hielt es offenbar für geboten, die Intensivierung der Wirtschaftsbeziehungen zur Bundesrepublik Deutschland, die an deren Beteiligung an der Posener Messe schon deutlich genug zu erkennen war, so wenig wie möglich in Erscheinung treten zu lassen.

13 Dies deutet Tomala an (a. a. O., S. 118), der aber einschränkend bemerkt, daß ein Teil der westdeutschen Politiker und Wissenschaftler diese Hoffnung als Illusion erkannt habe

möglich, die militärische Vollendung der Westintegration der Bundesrepublik Deutschland aufzuhalten? Es war nur eine Frage der Zeit, bis der frische Schwung erlahmte. Im Frühjahr 1958 unterzeichnete Anastas Mikojan für die Sowjetunion noch das erste dreijährige Handelsabkommen eines kommunistischen Staates mit Bonn — ein halbes Jahr später, mit dem Beginn der Berlin-Krise, erstarrte auch die Bewegung in den Wirtschaftsbeziehungen zwischen Bonn und Warschau.

Es folgten wieder fünf Jahre der Stagnation, für die sich vordergründig durchaus einleuchtende ökonomische Erklärungen finden lassen. Es begann mit der Kohlenkrise: Die Haldenbestände im Steinkohlenbergbau Frankreichs und der Bundesrepublik Deutschland überstiegen jeweils zehn Millionen Tonnen, nachdem das Erdöl seinen großen Siegeszug angetreten hatte. So ging die Einfuhr von Steinkohle aus Polen 1959 gegenüber dem Vorjahr um gut ein Viertel zurück.[14] Eine leichte Rezession und das Inkrafttreten der ersten Marktordnungen für Agrargüter erschwerten die Ausfuhr polnischer Erzeugnisse und brachten namentlich die sehr zu Buche schlagenden Lieferungen von Schlachtschweinen und Eiern fast ganz zum Erliegen. Kein Wunder, daß die polnische Seite bei den alljährlichen Wirtschaftsverhandlungen über den Protektionismus der zum 1. Januar 1958 ins Leben gerufenen Europäischen Wirtschaftsgemeinschaft lebhaft Klage führte. Indessen zeigt ein Blick auf die Statistik, daß Polen die genannten erheblichen Lieferausfälle dank außerordentlichen Anstrengungen zum Aufbau einer eigenen Industrie und dank intensiver Bearbeitung des bundesdeutschen Marktes voll ausgleichen konnte, ja Polen erreichte von 1958 bis 1971 Jahr für Jahr einen — oft recht beachtlichen — Aktivsaldo im bilateralen Warenverkehr und konnte den Wert seiner Lieferungen mindestens stabil halten.

Die Einfuhr aus der Bundesrepublik Deutschland ging im gleichen Zeitraum — sicherlich nicht wegen mangelnder bundesdeutscher Lieferfähigkeit — leicht zurück. Polen benutzte seine Devisenüberschüsse im Handel mit der Bundesrepublik Deutschland in jenen Jahren offensichtlich zum Ausgleich von Defiziten im Handel mit den USA und Frankreich[15], wie die Statistik erkennen läßt, die aber bei längerfristiger Betrachtung die generelle Tendenz zum bilateralen Saldenausgleich mit

(ebda., S. 119). Auch Tomala spricht nur vage von Kreditangeboten, nicht von einer Vereinbarung. Da die Illusionen der Politiker bald verflogen seien, meint Tomala, sei auch das Interesse am Polen-Handel rasch erlahmt.

14 Von 1,2 Millionen Tonnen 1958 auf 885 000 Tonnen, wobei die Erlöse von 72,9 auf 44,2 Millionen DM fielen. (Alle Angaben nach: Jahrbuch des deutschen Bergbaus 1962, S. 931.)

15 *Olszewski*, Bogusław (Ekonomiczne uwarunkowania polityki wschodniej NRF — Ökonomische Bestimmungsfaktoren der Ostpolitik der DBR, in: *Acta Universitatis Wratislaviensis* No. 153, Nauki polityczne I, Wrocław 1972, S. 61 ff, hier S. 72 f) erwähnt, daß die Kreditlinien Frankreichs, Großbritanniens, Italiens und Japans die in der Berner Union vereinbarte Höchstlaufzeit von fünf Jahren seit Anfang der sechziger Jahre überschritten hätten. Zu jener Zeit war den Exporteuren der Bundesrepublik Deutschland lediglich die Einräumung von (nicht unbedingt an Warenrenlieferungen gebundenen) Finanzkrediten gestattet, für die keine Hermes-Bürgschaften erteilt wurden.

den einzelnen Handelspartnern deutlich macht. Um so näher liegt die Vermutung, daß die hier aufgezeigte Abweichung auf politische Gründe zurückzuführen ist. Die Höhepunkte der Auseinandersetzungen um Berlin in den Jahren 1958 und 1961/62 spiegeln sich in dem jeweils darauf folgenden Jahr in einem Rückgang der polnischen Einfuhr aus der Bundesrepublik Deutschland wider, wobei der polnische bilaterale Aktivsaldo ungewöhnlich hoch wird. Entsprechende Phänomene sind gegenüber anderen westeuropäischen Handelspartnern in diesen Jahren gar nicht oder sehr viel vager erkennbar. Es gab wohl kaum einen Zeitraum, in dem sich Mißverständnisse und Fehlurteile so katastrophal auf die Beziehungen zwischen der Volksrepublik Polen und der Bundesrepublik Deutschland ausgewirkt haben. Stichwortartig seien nur genannt der Rapacki-Plan, die Diskussion um die Aufnahme diplomatischer Beziehungen und die Adenauer-Rede zum 20. Jahrestag des deutschen Überfalls auf Polen.[16] Alles das wirkte sich auf die Handelsbeziehungen aus.

Ebenso machen auch nur politische Erklärungen den plötzlichen Anstieg der Einfuhr aus der Bundesrepublik Deutschland in den Jahren 1964 und 1965 plausibel. Hier mögen Erwägungen der polnischen Innenpolitik eine Rolle gespielt haben; jedenfalls aber findet sich hier eine Reaktion auf die „Ostpolitik der kleinen Schritte", mit der der neue Außenminister der Bundesrepublik Deutschland, Gerhard Schröder, eine neue politische Bewegung einleiten wollte und die immerhin erstmalig zum Abschluß eines Dreijahresabkommens für den Warenaustausch in den Jahren 1963 bis 1965 und zur Errichtung einer Handelsvertretung der Bundesrepublik in Warschau, der ersten in einem RGW-Land, führte. Doch wieder erwies sich nach kurzer Zeit, daß der politische Spielraum für einen Abbau des Antagonismus unter den damaligen Bedingungen zwischen den beiden Staaten ebenso unzureichend war wie zwischen den beiden Lagern.

Dagegen bewies die polnische Führung politisches Gespür, da sie die Dämpfung des Imports aus der Bundesrepublik Deutschland unverzüglich abbaute, als die Bildung der Großen Koalition in Bonn Ende 1966 neue Strömungen im ostpolitischen Denken in der Bundesrepublik Deutschland sichtbar werden ließ. Die Einfuhr aus der Bundesrepublik Deutschland erhöhte sich so sprunghaft[17], daß die polnische Ausfuhr auf dem schwierigen westdeutschen Markt seit Ende der sechziger Jahre

16 Die eindrucksvollste Darstellung dieser Vorgänge bei *Stehle,* Hansjakob, Nachbar Polen, Frankfurt/Main 1968², S. 268 ff.

17 Dafür bietet Olszewski (a. a. O., S. 67 ff) folgende Erklärungen an: Sowohl der Binnen- als auch der westliche Weltmarkt habe sich zunehmend als gesättigt erwiesen. Protektionismus in den USA und das Vordringen Japans und Italiens hätten den Absatz erschwert, zumal die Kosten deutscher Produkte — auch durch hohe Löhne — gestiegen seien. Schließlich seien viele Länder der Dritten Welt in Zahlungsschwierigkeiten geraten. — Manches davon mag richtig sein, doch stimmen hier zumindest die Proportionen nicht: Bis zum Anfang der siebziger Jahre nahm der Anteil des Ostexports an der Gesamtausfuhr der Bundesrepublik Deutschland nicht wesentlich zu, und wenn die Konkurrenzfähigkeit der deutschen Industrie zurückgegangen wäre, hätten auch die osteuropäischen Staaten ihre Käufe seit 1967 nicht so deutlich verstärkt. Man kommt an der Erklärung nicht vorbei, daß die RGW-Staaten, darunter auch Polen, die vorher aus politischen Gründen angezogenen Bremsen ihres Imports aus der Bundesrepublik Deutschland, zum Teil auf Kosten Großbritanniens und Frankreichs, lockerten.

damit nicht Schritt halten konnte. So ergab sich die eigenartige Situation, daß Polen drei Jahre lang eine passive Handelsbilanz, sozusagen als Vertrauensvorschuß für die neue Ostpolitik, hinnahm, den erst die Kleine Koalition 1970 und 1971 dadurch honorierte, daß sie die noch bestehenden Beschränkungen für eine Einfuhr aus Polen mit einer relativ weitgehenden de facto-Liberalisierung spürbar verminderte und dem polnischen Export damit eine neue Chance auf dem bundesdeutschen Markt bot.[18] Freilich achtete die polnische Führung bis 1970 darauf, daß Großbritannien unter den westlichen Lieferländern den ersten Platz einnahm.[19]

Ob dabei, wie *Olszewski* (a. a. O., S. 75) meint, die Überlegung mitspielt, daß die sozialistischen Länder die Bundesrepublik Deutschland durch umfangreiche Einkäufe von zivilen Gütern davon abhalten könnten, ein gigantisches Rüstungsprogramm zu verwirklichen, wie es die Weimarer Republik nach dem Ersten Weltkrieg getan habe, scheint mir eine etwas abenteuerliche (und angesichts der realen Entspannungspolitik der Bundesregierung auch ganz unnötige) Spekulation zu sein.

18 Dennoch beklagte die Bundesarbeitsgemeinschaft des Deutschen Groß- und Außenhandels in ihrem Jahresbericht 1974/75 (S. 23 f), daß noch etwa ein Drittel des Importvolumens aus Osteuropa der Kontingentierung unterliege; bei Textilien seien es sogar 80 %. Zusatzkontingente, die die Bundesregierung im Rahmen ihres Stabilitätsprogramms schon im Frühjahr 1974 für jenes Jahr zugesagt habe, seien erst im November freigegeben worden. Dafür habe man bei der Einfuhrabfertigung von Textilien für 1975 (außer bei Kleinkontingenten) eine Drittelung vorgenommen. Die Klagen der Außenhändler sind verständlich; es empfiehlt sich jedoch, die genannten Zahlen vorsichtig zu interpretieren: Die volle Einfuhrliberalisierung ist Polen zwar zugesagt worden, doch gibt es dafür keinen rechtsverbindlichen Termin. Die Aufnahme der weniger als 10 % der Waren des statistischen Warenverzeichnisses, die noch Einfuhrbeschränkungen unterliegen, stößt auf härtesten innenpolitischen Widerstand, zum Teil auch auf wirtschafts- und insbesondere auf schwerwiegende regionalpolitische Bedenken. Angesichts dieser Sachlage ist zu überlegen, ob die Einräumung von Kontingenten, die ja keineswegs einem generellen Einfuhrverbot gleichkommt, dem polnischen Export nicht den derzeit optimalen Marktzugang verschafft. Polen seinerseits hat ja bei seinem Beitritt zum GATT auch keine Einfuhrliberalisierung vorgenommen, sondern nur einen angemessenen Marktzugang durch eine jährliche Steigerung der Einfuhr aus den übrigen GATT-Ländern um mindestens 7 % versprochen. (Anhang B zum Polnischen Beitrittsprotokoll. Wortlaut in: Basic Instruments and Selected Documents, Schriftenreihe der Contracting Parties des GATT, 12. Ergänzungsband, S. 10, hier zitiert nach *Reinhardt,* Dietrich, Die Beziehungen zwischen dem GATT und den osteuropäischen Ländern, in: EUROPA-ARCHIV 14/1970, S. 511 und 513.) Manchmal zeitigen pragmatische Lösungen bessere Ergebnisse als das dogmatische Bestehen auf allzu oft überzogenen Rechtsstandpunkten.

Der polnischen Regierung warf der Außenhandelsverband vor, mit ihrem Verbot des Exports von bereits fest bestelltem Zucker einen Kontraktbruch begangen zu haben, als bei einer vorübergehenden Verknappung auf dem Weltmarkt die Preise kräftig anzogen (ebda., S. 19). Die polnische Seite hielt dem entgegen, die für den Außenhandel mit Agrargütern zuständige staatliche Außenhandelszentrale Rolimpex habe die vereinbarte Lieferung infolge höherer Gewalt nicht ausführen können, weil die polnische Regierung angesichts einer im Lande herrschenden Zuckerknappheit für die Zeit vom 5. 11. 1974 bis zum 1. 10. 1975 ein generelles Exportverbot erlassen habe. Das von verschiedenen westlichen Firmen angerufene Arbitragegericht in London hatte bei Drucklegung dieses Buches noch kein abschließendes Urteil gefällt; zunächst sollte geklärt werden, ob Rolimpex als eine Institution anzusehen ist, die einen Teil der Regierung darstellt.

19 In einer 1969 in Warschau erschienenen Schrift über den polnischen Außenhandel hieß es noch, man rechne damit, daß Großbritannien auch in den folgenden Jahren den ersten

Die nachdrücklichen Bemühungen des neuen Ersten Sekretärs der Polnischen Vereinigten Arbeiterpartei, Edward Gierek, um einen schnellen wirtschaftlichen Aufschwung seines Landes, resultierten in einem plötzlichen Emporschnellen der Zahlen für den Warenaustausch, besonders in den Jahren 1972 bis 1974. Damit stellte sich zum ersten Male die Frage, wie die polnische Einfuhr aus Hartwährungsländern auf die Dauer finanziert werden kann — denn bis 1971 war es Polen gelungen, gegenüber dem Wirtschaftsgebiet der OECD-Länder im ganzen einen leichten Aktivsaldo in der Handelsbilanz aufrechtzuerhalten. Die umfangreichen Kreditvereinbarungen, die Polen, in jüngster Zeit gerade mit Frankreich[20] und mit der Bundesrepublik Deutschland, getroffen hat, sowie die beträchtlichen nichtkommerziellen Zahlungen, die die Bundesrepublik Deutschland Polen — freilich nicht aus ökonomischen Gründen — zugesagt hat[21], werden dieses Problem zeitweise mildern, jedoch nicht ganz aus der Welt schaffen können. Eine dauerhafte Lösung erfordert eine langfristige Kooperation zwischen den beiden Volkswirtschaften, und es stellt sich die Frage, wieweit die dafür notwendigen Voraussetzungen schon geschaffen worden sind.

Ein neuer Anfang

Wenn sich politische Einflüsse auf den Handel zwischen der Bundesrepublik Deutschland und Polen (wie schon seinerzeit zwischen dem Deutschen Reich und Polen) früher fast nur negativ ausgewirkt haben, so besteht Grund zu der Erwartung, daß die 1970 eingeleitete Wende in den politischen Beziehungen ein neues Verhältnis einer für beide Seiten fruchtbaren Zusammenarbeit eröffnet. Diese Wen-

Platz unter den Handelspartnern Polens belegen werde (*Rurarz*, Zdzisław M., Polish Foreign Trade, Warszawa 1969, S. 25). Wenn diese Schrift auch in erster Linie für ein britisches Publikum bestimmt war, war dieser Satz doch durchaus wörtlich zu nehmen; derartige Erwartungen werden in polnischen Veröffentlichungen nicht leichtfertig geäußert. Die Möglichkeit einer Änderung kündigte Rurarz mit der Bemerkung an, politische Entspannung und handelspolitische Erleichterungen könnten den gegenseitigen Handel steigern (ebda., S. 26). Genau das trat gegenüber der Bundesrepublik Deutschland im nächsten Jahre ein.

20 Bei seinem Staatsbesuch in Polen im Juni 1975 räumte Präsident Valéry Giscard d'Estaing Polen einen Warenkredit von 7 Milliarden Francs ein (PAP 20. 6. 1975). Außer Frankreich haben auch Italien und Großbritannien Polen umfangreiche Kredite eingeräumt. Österreich und Finnland haben Kredite für den polnischen Bergbau zugesagt, wie der Erste Sekretär der PVAP, Edward Gierek, mitteilte; Verhandlungen mit weiteren Partnern seien vorgesehen (PAP 4. 7. 1975).

21 Nach dem Abkommen vom 9. 10. 1975 zahlt die Bundesrepublik Deutschland dem polnischen Staat einen Ausgleich für von ihm getragene Sozialleistungen in Höhe von 1,3 Milliarden DM. Darüber hinaus erhält Polen einen langfristigen Kredit in Höhe von 1 Milliarde DM zu günstigen Bedingungen. Einen Kredit von 50 Millionen DM hat die Handelsbank in Warschau (Bank Handlowy) zu normalen Kapitalmarktbedingungen bei einem deutschen Bankenkonsortium aufgenommen, was sich angesichts der weltweit immer noch stark steigenden Preise als volkswirtschaftlich vorteilhaft erweisen dürfte. (*Süddeutsche Zeitung*, 16. Juli 1975).

de ist keiner der beiden Seiten leichtgefallen, was nach der leidvollen jüngsten Vergangenheit nur zu verständlich ist, und sie hat von den ersten Sondierungen, die im Dezember 1970 zum Warschauer Vertrag führten, bis zur Ratifizierung der Abkommen vom 9. Oktober 1975 mehr als sechs Jahre in Anspruch genommen. Aber sie hat ein solides Fundament für gute bilaterale Beziehungen im Rahmen einer gesamteuropäischen Zusammenarbeit geschaffen, das auf folgenden Säulen ruht:

1. Der von beiden Seiten ausgesprochene Verzicht auf die Androhung und Anwendung von Gewalt enthält — im Gegensatz zu dem deutsch-polnischen Nichtangriffspakt von 1934 und wohltönenden Reden der zwanziger Jahre — keine Hintergedanken.
2. Die territorialen Streitigkeiten sind endgültig ausgeräumt worden; die Bundesrepublik Deutschland wird niemals mehr die Grenzen Polens in Frage stellen. Auf der anderen Seite hat das Viermächte-Abkommen bestätigt, daß West-Berlin, das keinen Bestandteil der Bundesrepublik bildet und nicht von ihr regiert wird, seine bestehenden Bindungen an die Bundesrepublik beibehalten und entwickeln kann; die wirtschaftliche Zusammengehörigkeit kommt u. a. darin zum Ausdruck, daß die Außenhandelsstatistik der Bundesrepublik den gesamten Geltungsbereich der Deutschen Mark, der ein einheitliches Wirtschaftsgebiet darstellt, umfaßt.
3. Mit den bilateralen Verträgen zwischen der Bundesrepublik Deutschland und der Sowjetunion, Polen, der DDR und der Tschechoslowakei, mit dem Viermächte-Abkommen und mit der Schlußakte von Helsinki bringen die beteiligten Staaten ihre Absicht zum Ausdruck, über die Grenzen der politischen Gruppierungen hinweg eine gesamteuropäische Zusammenarbeit, besonders auf wirtschaftlichem Gebiet, einzuleiten. Die Bundesrepublik Deutschland und Polen haben inzwischen mit einer Reihe von Abkommen begonnen, daraus konkrete und konstruktive Konsequenzen für ihr bilaterales Verhältnis zu ziehen.
4. Die Regierungen der Bundesrepublik Deutschland und der Volksrepublik Polen sind ehrlich bestrebt, Regelungen für noch ungelöste humanitäre Probleme und für die Aufhebung der noch bestehenden menschlichen Härten zu finden.
5. Die Abkommenspartner sind sich darüber klar, was die Abkommen n i c h t darstellen: Sie bedeuten keine Veränderung der machtpolitischen Struktur Europas und keine Aufhebung des Gegensatzes zwischen NATO und Warschauer Pakt. Sie bedeuten keinen Versuch, irgendeinen Staat aus einer Gruppierung herauszulösen, der er angehört. Aber gerade weil dies so ist, sind die Abkommen eine realistische Grundlage für eine Minderung der Spannung zwischen Ost und West, für eine praktische Zusammenarbeit zum Nutzen aller Beteiligten und vor allem für eine Überwindung der nationalen Gegensätze zwischen den Völkern in Polen und in der Bundesrepublik Deutschland.

Was jeder politisch interessierte Zeitgenosse gespürt hat und was sich objektiv aus den Außenhandelsstatistiken ablesen läßt, ist die Tatsache, daß sich die Wirtschaftsbeziehungen zwischen der Bundesrepublik Deutschland und Polen seit dem Beginn der neuen Ostpolitik und insbesondere seit dem Abschluß des (klugerweise in diese Gesamtpolitik eingebetteten) Vertrages vom 7. Dezember 1970 grundlegend gewandelt haben. Für die Hoffnung, daß die neue Grundtendenz von Dauer sein wird und damit Glaubwürdigkeit beanspruchen kann, spricht das Motiv, das die Regierung Brandt bei ihrem dramatischen ostpolitischen Kurswechsel leitete: Es war nicht die Suche nach neuen Märkten, und von einem nennenswerten Druck wirtschaftlicher Interessenten kann überhaupt keine Rede sein[22] — es war vielmehr der aufrichtige Wunsch, eine Heilung der Vergiftung einzuleiten, die das Zusammenleben dieser beiden mitteleuropäischen Völker so lange belastet hatte. Erst seit der großen internationalen Wirtschaftskrise, namentlich seit 1974, spielen wirtschaftliche Überlegungen auch für die politischen Beziehungen der Bundesrepublik Deutschland zu Polen eine gewisse Rolle. Das Treffen zwischen H. Schmidt und E. Gierek — am Rande der Konferenz von Helsinki — hat den letzten großen Problemkomplex in den bilateralen Beziehungen zwischen der Bundesrepublik Deutschland und Polen aufgelöst*, was sich bereits im September 1975 in der Handelsstatistik positiv niedergeschlagen hat. Wesentliche politisch motivierte Störfaktoren für die beiderseitigen Wirtschaftsbeziehungen werden damit in Zukunft, wenn das jetzt eingeleitete Verständigungswerk gelingt, weder von Bonn noch von Warschau ausgehen.

Das ist nach den Mißhelligkeiten der Vergangenheit sicherlich eine gute Botschaft. Sie impliziert freilich auch die Tatsache, daß die Wirtschaftsbeziehungen zwischen unseren beiden Staaten von nun an zwar eine wohlwollende Förderung von seiten der Regierungen, kaum aber noch qualitative Impulse wie in den letzten Jahren zu gewärtigen haben; mit anderen Worten: Künftig wird in wirtschaftlichen Kategorien über die weitere Entwicklung entschieden werden. Das ist gut, wenn man bedenkt, wie günstig die ökonomischen Voraussetzungen zwischen zwei so nahe beieinander gelegenen Volkswirtschaften sind, die technisch so aufeinander eingespielt sind. Doch liegt damit auch die Verantwortung im wesentlichen im mikroökonomischen Bereich — die Regierungen werden allenfalls noch marginale Hilfestellung leisten können. So kommt es jetzt mehr denn je darauf an, Vertrauen zu bilden, das sich in wirtschaftliche Zusammenarbeit ausmünzen läßt.

Freilich ist Vertrauensbildung ein schwieriges und auch ein langwieriges Unterfangen. Der Vertrag vom 7. Dezember 1970 hat nicht alle Probleme zwischen der Bundesrepublik und Polen auf einmal lösen können, genauer: Er war erst der sehr

22 Dies hat *Kreile*, Michael (Ostpolitik und ökonomische Interessen, in: *Jahn*, Egbert und *Rittberger*, Volker (Hrsg.), Die Ostpolitik der Bundesrepublik. Triebkräfte, Widerstände, Konsequenzen, Opladen 1974, S. 71—94, insbes. S. 77) im Gegensatz zu *Braunmühl* Claudia von (Ist die „Ostpolitik" Ostpolitik?, ebda., S. 13—28) überzeugend dargelegt.

* Anmerkung der polnischen Herausgeber: Vgl. den Beitrag von J. Sulek S. 131 ff.

bescheidene Anfangspunkt des Normalisierungsprozesses. Beide Seiten werden auch in Zukunft Gravamina gegeneinander vorzubringen haben, und wirtschaftliche Fragen werden dabei eine Rolle spielen. Die Einfuhr von Waren aus Polen in die Bundesrepublik Deutschland etwa ist noch nicht vollkommen liberalisiert, und weitere Fortschritte auf diesem Wege mögen der polnischen Seite recht langsam vorkommen.

Indessen liegen die Schwierigkeiten für Bonn nicht in politischer Reserve gegenüber Polen, sondern weit eher in regional-, sozial- und innenpolitischen Überlegungen, denen sich die Regierung (zu welchem Ergebnis sie dabei auch kommen mag) nicht ohne weiteres entziehen kann. Tatsächlich ist das polnische Exportpotential besonders stark und sind die Lieferwege in die Bundesrepublik Deutschland besonders kurz und kostensparend. Selbst wenn es im gesamtwirtschaftlichen Interesse der Bundesrepublik liegen sollte, diese Branchen zugunsten einer ungehemmten Arbeitsteilung mit Polen unter fairen Bedingungen schneller als bisher schrumpfen zu lassen (was aus verschiedenen Gründen von manchen in der Bundesrepublik Deutschland bestritten wird), müßte die Bundesregierung dabei sehr behutsam vorgehen. Eine weltweite Absatzkrise mit Investitionszurückhaltung eignet sich als Zeitpunkt für derartige Operationen sicherlich besonders wenig. Immerhin ist die Europäische Wirtschaftsgemeinschaft bereit, im Rahmen des Welttextilabkommens mit osteuropäischen Staaten Verhandlungen aufzunehmen, die auch zu einer Erleichterung der polnischen Textilexporte nach der Bundesrepublik Deutschland führen könnten.

Auf der anderen Seite haben durchaus wettbewerbsfähige Unternehmen der Bundesrepublik Deutschland gerade 1974 und bis zum Juli 1975 bei der Vergabe polnischer Großaufträge — zu Recht oder zu Unrecht — den Eindruck gewonnen, daß nichtdeutsche Konkurrenten bevorzugt würden und daß die polnische Führung ihre in dieser Zeit gegenüber Bonn mit besonderem Nachdruck vorgebrachten politischen Forderungen nicht nur durch eine intensive Propaganda, sondern auch durch einige geschäftspolitische Entscheidungen unterstützen wollte.*

Ob dies nun zutrifft oder nicht — zumindest bietet ein staatliches Außenhandelsmonopol für solche Zwecke rein technisch ein brauchbares Instrumentarium, das der Bundesregierung nicht in vergleichbarer Weise zur Verfügung steht. Doch gehören diese Vorgänge, wie immer man sie bewerten mag, inzwischen der Geschich-

* Anmerkung der polnischen Herausgeber: Auf der polnischen Seite wiederum entstand der Eindruck, daß die in den Jahren 1972—1975 in den politischen Beziehungen zwischen der VR Polen und der Bundesrepublik Deutschland aufgetretenen Schwierigkeiten die Enthaltsamkeit der bundesdeutschen Unternehmen bei der Inangriffnahme großer Kooperationsunternehmungen mit Polen bewirkt haben. Zu gleicher Zeit boten führende Industrieunternehmen anderer Länder des Westens Polen verhältnismäßig günstigere Kredit- und Finanzbedingungen für die Kooperationsunternehmungen an als bundesrepublikanische Firmen. Dieser Zustand erfuhr eine radikale Verbesserung in den auf den Besuch des I. ZK-Sekretärs der PVAP, Gierek, in der Bundesrepublik folgenden Jahren. Siehe hierzu den Beitrag von W. Grabska im gleichen Band, S. 221 ff.: Entwicklung wirtschaftlicher Beziehungen in der Zeit der Normalisierung zwischen der VR Polen und der Bundesrepublik Deutschland.

te an; worauf es hier ankam war zu zeigen, daß auf beiden Seiten noch eine Menge Mißtrauen abzutragen ist, und dies ist — abgesehen von allen politischen Gründen — deswegen so wichtig, weil ohne Vertrauen die dauerhafte Kooperation nicht gedeiht.

Das Zauberwort Kooperation ernstgenommen

Nun ist „Kooperation" mittlerweile ein ziemlich schillernder Begriff[23] — für manche das Zauberwort zur Lösung aller Probleme, für andere eine leere Phrase. Beides sollte sie nicht sein — was hier gemeint ist, ist im Grunde die Aufhebung jenes „Nullsummen-Denkens", das da besagt, alles, was für die andere Seite gut sei, sei für die eigene Seite schlecht, und umgekehrt. Auch wenn noch eine deutliche Trennungslinie zwischen den beiden Systemen mitten durch Europa läuft, wird heute kaum noch bestritten, daß es Dinge gibt, die für beide Seiten gut sind. Die Entspannungspolitik hat einem großen Teil des früheren Mißtrauens die Grundlage entzogen. Heute braucht niemand mehr wie 1965 zu warnen: „Aussichtslos sind Spekulationen darauf, daß Ziele einer ‚Zusammenarbeit mit dem Osten' und Wunder wirtschaftlichen Nutzens zur Desintegration des Lagers der sozialistischen Staaten führen könnten, daß man die Liquidation der DDR oder auch die Änderung von Grenzen sozialistischer Staaten im allgemeinen ‚erkaufen' könnte."[24]

Kurz bevor dieser Satz geschrieben wurde, waren prominente Politiker der Bundesrepublik Deutschland zu Gesprächen in Warschau gewesen und hatte Berthold Beitz über Kooperation zwischen dem Krupp-Konzern und der polnischen Industrie verhandelt. Gegen wen und was immer sich der zitierte Satz gewandt haben mag, daß sich Beitz seit 1958 nicht allein für die Interessen seiner Firma, sondern auch für eine Verständigung zwischen den beiden Völkern und für Kontakte zwischen den Regierungen nachdrücklich eingesetzt hat, gehört zu den nicht übermäßig zahlreichen positiven Interaktionen zwischen Wirtschaft und Politik in der Zeit des schärfsten Antagonismus[25], und zwar unter mehreren Aspekten: Bemerkenswert

23 Siehe *Jahnke*, Joachim, a. a. O., S. 13—16.

24 O co chodzi (Um was es geht), in: *Trybuna Ludu*, 21. 2. 1965, zitiert nach Tomala, a. a. O., S. 126 f. Der Artikel zielte auf eine ganze Reihe von Äußerungen Bonner Politiker in allen großen Parteien, insbesondere auf den „Jaksch-Plan", der die realen Machtverhältnisse in bemerkenswert unbefangener Weise außer acht ließ und ein riesiges finanzielles Engagement der Bundesrepublik Deutschland in Ostmitteleuropa vorschlug, um damit die bestehenden politischen Gegensätze zu überbrücken. (*Jaksch*, Wenzel, Westeuropa, Osteuropa, Sowjetunion. Perspektiven wirtschaftlicher Zusammenarbeit. Eine politisch-wirtschaftliche Studie, Bonn 1965). Im Kern bedeutet der Artikel der *Trybuna Ludu* eine scharfe Zurückweisung der Schröderschen Ostpolitik und der dadurch manchenorts ausgelösten Euphorie, die die Geschlossenheit der RGW-Länder hätte gefährden können.

25 Die erste ausführliche Würdigung der Aktivität von Berthold Beitz findet sich dankenswerterweise bei *Stehle*, Hansjakob a. a. O., S. 334 ff. Auch *Tomala* berichtet darüber (a. a. O., S. 120 ff.) in positivem Sinn.

ist zunächst das menschliche Verhalten Beitz' während der Kriegszeit, zweitens die Tatsache, daß die polnische Führung sein Verhalten selbst in einer Zeit scharfer Konfrontation würdigte und schließlich, daß die damalige Bundesregierung mit beidem nicht recht etwas anzufangen wußte.

Die politischen Voraussetzungen für eine wirtschaftliche Kooperation großen Stils, die 1965 noch fehlten, werden mit fortschreitender Entspannungspolitik mehr und mehr vervollständigt. Um die wirtschaftlichen Voraussetzungen jedoch ist es noch nicht zum besten bestellt. Das schwierigste Hindernis für eine weitreichende Kooperation auf der mikroökonomischen Ebene scheint mir gegenwärtig in der noch unterentwickelten Kommunikation zu liegen. Eine sicherlich sehr große Zahl von Unternehmen in der Bundesrepublik hat keine Vorstellung davon, daß es in Polen potentielle Partner gibt, mit denen man zum beiderseitigen Vorteil zusammenarbeiten könnte, und in polnischen Fachkreisen findet man zwar eine erstaunliche Kenntnis der Leistungsfähigkeit potenter — auch kleinerer und mittlerer — Firmen in der Bundesrepublik Deutschland, hat es aber noch nicht vermocht, einen wirksamen Kontakt zu ihnen herzustellen. Unterschiede der Wirtschaftssysteme mögen hierbei auch eine Rolle spielen, brauchen aber nicht entscheidend zu sein. Hier liegen große Aufgaben nicht nur für die eigentlichen Regierungsorgane[26], sondern auch für die sich weitgehend selbst verwaltenden Bindeglieder zwischen zentralen (oder auch dezentralisierten) Behörden und den Institutionen, die die Verbindung zu den einzelnen Unternehmen herstellen.[27]

Die Gründung eines Polen-Kreises beim Ostausschuß der Deutschen Wirtschaft 1971 und seines Gegenstücks bei der Polnischen Außenhandelskammer waren Demonstrationen des beiderseitigen Interesses. Das Zehnjahresabkommen über die Entwicklung der wirtschaftlichen, industriellen und technischen Zusammenarbeit, das die beiden Regierungen am 1. November 1974 unterzeichnet haben, mit dem am 9. Oktober 1975 unterzeichneten langfristigen Programm sind die Grundlage für die Zusammenarbeit zwischen den zuständigen Regierungsvertretern und Fachleuten aus Wirtschaftsverbänden und Unternehmen. In der von beiden Ländern gebildeten Wirtschaftskommission, die selbst schon vorbereitende Arbeiten geleistet hat, wird sich das Schwergewicht hoffentlich mehr und mehr auf die Branchen-

26 In der Bundesrepublik Deutschland ist die Bundesstelle für Außenhandelsinformation in Köln, eine nachgeordnete Dienststelle des Bundesministeriums für Wirtschaft, seit mehr als zwei Jahrzehnten in diesem Sinn tätig.

27 Der Deutsche Industrie- und Handelstag (DIHT) hat 1972 ein besonderes Merkblatt „Kooperieren mit Polen" mit den wichtigsten praktischen Ratschlägen herausgebracht. Interessierte Firmen können bei ihren Kammern und Verbänden (sowie vielfach auch bei den Banken und Sparkassen) nähere Auskünfte erhalten. Siehe zum Beispiel die nützliche Studie von *Schafgan*, Heinz und *Schenk*, Helmut, Der Handel mit den RGW-Gründungsländern Osteuropas unter besonderer Berücksichtigung von Organisations- und Marketingfragen, Stuttgart 1974, S. 168. In diesem Bereich wirkt außerdem das Rationalisierungskuratorium der Deutschen Wirtschaft (siehe *Nolde*, Winfried, Zur Praxis der wirtschaftlichen Zusammenarbeit, in: Gesamteuropäische Kooperation 1970—1973. Aus Politik und Zeitgeschichte. Beilage zur Wochenzeitung Das Parlament B 36/73 vom 8. September 1973, S. 17).

gruppen verlagern, die den entscheidenden Unternehmen am nächsten stehen. (Dabei sollte man nicht vergessen, daß die Unternehmen zwar nützliche Anregungen von Organisationen und Regierungen erhalten können — und sollten — daß sie aber letztlich ganz allein darüber entscheiden, ob sie ein Kooperationsverhältnis eingehen wollen, oder nicht.) Erfreulicherweise sind von Herbst 1975 bis Frühjahr 1976 schon sieben derartige Branchengruppen, und zwar für Kohle und Energie, für Rohstoffe, für Eisenhüttenwesen und NE-Metalle, für den Maschinen- und Fahrzeugbau, für die elektrotechnische Industrie, für den Schiffbau und für die chemische Industrie in Aktion getreten.

Doch wie soll sich die Kooperation abspielen? Die primitivste Form, bei der in „Gegenseitigkeitsgeschäften" eine Art von Naturaltausch stattfindet, entspricht nicht den Erfordernissen einer effizienten arbeitsteiligen Wirtschaft. Auch die Lohnveredelung geht über die konventionellen Einzelgeschäfte kaum hinaus. Gerade in einer Rezession wie Mitte der siebziger Jahre müssen ihre Schwächen deutlich in Erscheinung treten, ja es stellt sich die Frage, ob die altbekannte Komplementarität von Arbeitskräftemangel auf bundesdeutscher und Arbeitskräfteangebot auf polnischer Seite überhaupt noch gegeben ist. Gemeinschaftsfirmen mit beiderseitiger Kapitalbeteiligung sind heute nur auf der bundesdeutschen Seite möglich — das engt den Spielraum ein. Die theoretische Möglichkeit, daß polnische Organisationen den Absatz bundesdeutscher Erzeugnisse in Polen und vielleicht auch in einigen Drittländern übernehmen, bietet noch wenig Attraktivität, weil sich gerade die Absatzorganisationen in den kommunistischen Ländern (mit wenigen Ausnahmen) als recht schwerfällig und wenig effizient erwiesen haben.

Das Schwergewicht der Kooperation wird daher in den Bereichen der gemeinsamen Entwicklung und Produktion technisch hochwertiger Erzeugnisse liegen. Polen verfügt (was in der Bundesrepublik Deutschland noch weitgehend unbekannt ist) über ein beachtliches Potential hochqualifizierter Ingenieure, so daß eine Arbeitsteilung zwischen bundesdeutschen und polnischen Unternehmen bei der Herstellung und technischen Weiterentwicklung von Einzelteilen für gemeinsam zu bauende Aggregate interessant sein kann. Eine solche arbeitsteilige Spezialisierung ermöglicht nicht nur die Fertigung in größeren Serien, sondern auch eine Senkung des Aufwandes für die Entwicklung. Sie fördert die technische Innovation, weil die Partner an der Zusammenarbeit nur festhalten werden, wenn sie voneinander auch wirklich profitieren, und bringt dauerhafte Verbindungen zustande. Diese echte Art der Kooperation ist bisher nur in wenigen Ausnahmefällen verwirklicht worden, doch könnte sie gerade im Verhältnis zwischen der Bundesrepublik Deutschland und Polen die Kooperationsart der Zukunft darstellen, zumal Polen nicht so viele Riesenprojekte aufzuweisen hat, wie sie zu einem großen Teil die Kooperation bundesdeutscher Unternehmen mit sowjetischen Partnern tragen.

Das soll nicht heißen, daß es gar keine Großprojekte gibt, die sich für Kooperation eignen. Die Rohstoffarmut der Bundesrepublik Deutschland legt beispielsweise eine Zusammenarbeit bei der Ausbeutung der polnischen Kupfervorkommen nahe. Auch auf dem Kohlesektor sind schon Gespräche geführt worden, die von der Extraktion bis in verschiedene Verarbeitungsstufen reichen. Ein besonderer, freilich auch komplizierter Aspekt der Komplementarität der Wirtschaft in Polen und der Bundesrepublik Deutschland bezieht sich auf die unterschiedliche Siedlungsdichte. Sie bewirkt, daß es aus Gründen des Umweltschutzes für die Bundesrepublik Deutschland zunehmend schwieriger wird, bestimmte Industrieunternehmen, namentlich Wärmekraftwerke, so unterzubringen, daß nicht eine große Zahl von Menschen in der Umgebung belästigt wird. Zudem besteht die Gefahr, daß etwa Flüsse durch die benötigten Kühlsysteme in gefährlicher Weise erwärmt werden. Zwar kennt auch Polen ausgesprochene Ballungsgebiete, doch gibt es hier Regionen, die ohne übermäßige Schwierigkeiten gerade Kraftwerke aufnehmen könnten. Damit bietet sich eine Zusammenarbeit im Energiesektor geradezu an.

In diesem Zusammenhang zeigt sich mit besonderer Deutlichkeit, daß eine enge und langfristige Zusammenarbeit nicht allein aus einem bilateralen Blickwinkel gesehen werden darf. Das genannte Beispiel erfordert eine konstruktive Mitwirkung der DDR, über deren Hoheitsgebiet die Stromleitungen geführt werden müßten. Überhaupt werden die Wirtschaftsbeziehungen zwischen der Bundesrepublik Deutschland und Polen auf die Dauer nur gedeihen, wenn alle Beteiligten auch die politische Gesamtsituation — und dazu gehören auch die besonderen Bindungen, etwa in den beiden Integrationssystemen — ständig vor Augen haben.

Doch ist eine bilaterale Kooperation zwischen der Bundesrepublik Deutschland und Polen nicht überhaupt schon ein Anachronismus? In der Handelspolitik sind die Kompetenzen der Bundesrepublik Deutschland seit Anfang 1975 begrenzt. Hierfür werden künftig weitgehend die Europäischen Gemeinschaften zuständig sein. Auch Polen befindet sich innerhalb des Rats für gegenseitige Wirtschaftshilfe in einem Integrationsprozeß, und es verdient erwähnt zu werden, daß polnische Wissenschaftler es waren, die im RGW-Bereich zuerst die Gesetzmäßigkeit und Notwendigkeit wirtschaftlicher Integration über nationale Grenzen hinweg erkannt und ausgesprochen haben.[28] Deswegen ist es nicht paradox, wenn man darauf hinweist, daß die wirtschaftliche Zusammenarbeit zwischen der Bundesrepublik Deutschland und Polen in größere Einheiten eingebettet sein wird. Es wäre kurzsichtig, würde man versäumen, im Interesse einer gedeihlichen binationalen Zusammenarbeit die übergreifenden Instrumente der Integrationsgruppen rechtzeitig zu entwickeln und politisch nutzbar zu machen.

Diese Feststellung ist nicht als wohltönende und in eine ferne Zukunft weisende Phrase, sondern zunächst einmal als ein ganz aktueller Hinweis zu verstehen: Bis zum Erlöschen des bilateralen Handelsabkommens zwischen Polen und der Bundesrepublik Deutschland am 31. Dezember 1974 konnte die polnische Seite mit den jährlich wiederkehrenden Verhandlungen über ein neues Warenaustauschprotokoll jeweils einen gewissen Druck auf den bundesdeutschen Partner ausüben, in der Li-

28 Zum Beispiel Lucjan Ciamaga, Oskar Lange, Stanisław Albinowski, Andrzej Kwilecki und Zbigniew Kamecki. Näheres darüber bei *Schulz,* Eberhard, Moskau und die europäische Integration, München 1975, S. 85 ff.

beralisierung seiner Einfuhr fortzufahren. Dieser regelmäßige Verhandlungsdruck ist fortgefallen, seit die Bundesrepublik die Kompetenz für Handelspolitik verloren hat. Die Praxis des Jahres 1975 hat gezeigt, daß die Bonn vorerst verbliebene Möglichkeit, die Liberalisierungsliste autonom zu erweitern, dem protektionistischen Gegendruck von organisierten Interessenten einen höheren Wirkungsgrad eröffnet, was — zumindest unter den konjunkturellen Umständen des Jahres 1975 — nur einen winzigen Liberalisierungseffekt gezeitigt hat. Aber auch in der längerfristigen Perspektive ist die Herstellung neuer handelsvertraglicher Bindungen für beide Seiten wünschenswert — auch im Interesse eines Fortschreitens der Integrationsprozesse, in die sich die Bundesrepublik wie Polen eingereiht hat.

Anlage 1

Die Entwicklung des Warenverkehrs zwischen den EG[1]) und den RGW-Ländern

(OECD-Statistik) — in Mio US $ —

Jahr	EG-Einfuhr aus		EG-Ausfuhr in die		EG-Außenhandelsumsätze mit den	
	RGW-Ländern	davon Polen	RGW-Länder	davon Polen	RGW-Ländern	davon Polen
1968	2 128	287	2 390	368	4 518	655
1969	2 480	341	2 749	378	5 229	719
1970	2 806	445	3 055	388	5 861	833
1971	3 250	557	3 458	468	6 708	1 025
1972	5 143	972	5 386	1 078	10 529	2 050
1973	7 316	1 384	8 172	2 034	15 488	3 418
1974	9 642	1 752	12 096	2 928	21 738	4 680
1975	10 558	1 974	14 792	3 282	25 350	5 256
1976	12 616	2 209	14 168	3 168	26 784	5 377
1977	14 015	2 435	15 317	2 914	29 332	5 349
1978[2])	14 240	2 640	15 740	2 840	29 980	5 480

[1]) Hinsichtlich der Bundesrepublik Deutschland ohne innerdeutschen Handel

[2]) Hochrechnung nach 5 Monaten des Jahres 1978

Anlage 2

Außenhandel der Bundesrepublik Deutschland* mit den Staatshandelsländern in Mio DM in den Monaten Januar/Dezember 1977 im Vergleich zum Vorjahreszeitraum

(in Mio DM)

Verbrauchs- und Herstellungsländer	Jan./Dez. 1974			Jan./Dez. 1975				Jan./Dez. 1976			Jan./Dez. 1977				Veränd. gg. 1976 in %		
	Einfuhr	Ausfuhr	Umsatz	Einfuhr	Ausfuhr	Umsatz	Ausfuhr-überschuß	Einfuhr	Ausfuhr	Umsatz	Einfuhr	Ausfuhr	Umsatz	Ausfuhr-überschuß	Einfuhr	Ausfuhr	Umsatz
Sowjetunion	3 269	4 774	8 043	3 241	6 947	10 188	3 706	4 357	6 755	11 112	4 528	6 450	10 978	1 922	+ 3,9	– 4,5	– 1,2
Polen	1 426	3 615	5 041	1 436	3 213	4 649	1 777	1 919	3 219	5 138	2 089	2 888	4 977	799	+ 8,8	–10,2	– 3,1
Rumänien	964	1 836	2 800	994	1 607	2 601	613	1 197	1 307	2 504	1 069	1 485	2 554	416	–10,6	+13,6	+ 1,9
CSSR	1 035	1 782	2 817	1 158	1 678	2 836	520	1 269	2 020	3 289	1 303	1 960	3 263	657	+ 2,6	– 2,9	– 0,7
Ungarn	908	1 766	2 674	906	1 417	2 323	511	1 133	1 550	2 683	1 329	1 928	3 257	599	+17,2	+24,3	+21,3
Bulgarien	234	766	1 000	232	1 023	1 255	791	285	851	1 136	280	670	950	390	– 1,7	–21,2	–16,3
Albanien	9	34	43	10	31	41	21										
VR China	497	1 082	1 579	553	1 292	1 845	739	681	1 578	2 259	665	1 159	1 824	494	– 2,3	–26,5	–19,2
Nordkorea	58	203	261	125	187	312	62										
Ostblockländer insgesamt	8 403	15 878	24 281	8 657	17 410	26 067	8 753	10 978	17 422	28 400	11 336	16 705	28 041	5 369	+ 3,2	– 4,1	– 1,2
% Anteil	4,7	6,9	5,9	4,7	7,9	6,4	23,6	5,0	6,8	5,9	4,8	6,1	5,5	13,8			
Bundesrepublik Deutschland insgesamt	179 733	230 578	410 311	184 448	221 600	406 048	37 152	221 638	256 172	477810	235 109	273 526	508 635	38 943	+ 6,0	+ 6,7	+ 6,4

* Quelle: Stat. Bundesamt (vorl. Angaben)

Wirtschaftsbeziehungen zwischen der Bundesrepublik Deutschland und der VR Polen 1949—1970

von

Zdzisław Nowak

A. Einleitung

Die Wirtschaftspolitik spielt im Leben der gegenwärtigen Staaten eine immer wichtiger werdende Rolle. Sie ist der innenpolitische Kern eines jeden Staates, welcher seine gesellschaftlichen Ziele nicht ohne Anlehnung an solche ökonomische Prozesse wie Wachstum, Beschäftigung, Konjunktur, Preisstabilität und Zahlungsgleichgewicht erreichen kann. Eine große Bedeutung bei der Realisierung der Aufgaben einer Binnenwirtschaftspolitik kommt den internationalen Wirtschaftsbeziehungen zu, deren Rolle durch nationale Arbeitsteilung weiter verstärkt wird. Besonders in der Entwicklung der kleineren Länder spielen derartige Faktoren geradezu eine Schlüsselrolle. Die wissenschaftlich-technische Revolution, die eine Verlagerung des Schwerpunktes der internationalen Wirtschaftsbeziehungen von der Sphäre des bloßen Warenaustausches auf den Bereich gemeinschaftlicher Produktion und technologischer Zusammenarbeit bewirkt, verursacht sowohl in quantitativer als auch in qualitativer Hinsicht eine Änderung der internationalen Wirtschaftsbeziehungen. Das stellt die daran teilnehmenden Länder vor immer neue Aufgaben organisatorischer und institutioneller Art. Indem derartige Prozesse die Rolle und die Befugnisse der Staaten ausweiten, verstärken sie auch den Rang der internationalen Wirtschaftsbeziehungen als Hauptinstrument der Außenpolitik. Dies verleiht den Beziehungen einen immer größeren politischen Charakter und verschiebt dementsprechend auch den Ausgangspunkt für ihre Bewertung. Es ist daher ganz normal, daß eine Annäherung der politischen Interessen häufig einem größeren Antrieb für die Entwicklung internationaler Wirtschaftsbeziehungen darstellt als die unmittelbaren Vorteile, die rein wirtschaftlichen Interessen entspringen.

Dieser Vorrang politischer Beziehungen ist selbstverständlich desto weniger spürbar, je größer die gesellschaftspolitische Übereinstimmung zwischen den Partnerländern ist, wie im Falle der Beziehungen Polens mit den sozialistischen Ländern oder auch der Bundesrepublik Deutschland mit den Ländern der EG. Bei einer solchen Gestaltung der wirtschaftlichen Zusammenarbeit dominiert dann die wirtschaftliche Interessenlage, die vom Entwicklungsniveau der Partnerländer abhängig ist. Je mehr jedoch die politischen Interessen auseinandergehen, desto mehr verdrängen sie die wirtschaftlichen Notwendigkeiten, ohne Rücksicht darauf, welche gegenseitigen wirtschaftlichen Vorteile auf diese Art verspielt werden. Angesichts der Tatsache, daß die politischen Faktoren bei der Entwicklung der Beziehungen zwischen der VR Polen und der Bundesrepublik Deutschland eine derart vorrangige Rolle gespielt haben, scheint deren Berücksichtigung bei der Analyse der Wirtschaftsbeziehungen zwischen diesen beiden Ländern von besonderem Belang. Deshalb nehmen wir in unsere Überlegung die Darstellung der Entwicklungsbedingungen beider Volkswirtschaften einerseits unter dem Gesichtspunkt des Erfordernisses nach internationaler Zusammenarbeit andererseits unter dem Gesichtspunkt der wirtschaftlichen und politischen Entwicklung im jeweiligen Lande auf.

B. *Äußere Abhängigkeiten der wirtschaftlichen Entwicklung der Bundesrepublik Deutschland*

Die Wirtschaftsstruktur der Bundesrepublik Deutschland ist nicht — wie sonst üblich — Resultat eines historischen Entwicklungsprozesses der Volkswirtschaft, sondern Ausdruck politischer Folgen des von Deutschland verlorenen Zweiten Weltkrieges und der daraus folgenden Teilung in zwei deutsche Staaten. Das Wirtschaftspotential und die Entwicklungsmöglichkeiten waren jedoch von Anfang an bedeutend besser als man das angesichts der politischen Lage hätte erwarten dürfen. Die Bundesrepublik Deutschland ist in dem am stärksten industrialisierten Teil des ehemaligen Deutschen Reiches entstanden und hat somit die Investitionsgüterindustrie übernommen, auf der die Exportkonjunktur der Nachkriegszeit aufbauen konnte. Der Krieg brachte eine beträchtliche Ausweitung dieses Industriepotentials mit sich, das weder durch Kriegseinwirkung noch durch die Reparationsleistungen und Demontagen in den westlichen Besatzungszonen ernstlich gelitten hatte.[1] Trotzdem traten damals noch nicht die für die spätere Entwicklungsphase der Bundesrepublik Deutschland so charakteristischen Probleme auf dem Arbeitsmarkt auf, obwohl durch die bevölkerungsmäßigen Verluste eine Lücke entstanden war. Denn einige Jahre hindurch war der Arbeitsmarkt durch Aussiedler und Flüchtlinge so verstärkt worden, daß eine Zeitlang eine konsequente Niedrig-Lohn-Politik betrieben werden konnte, was deutschen Waren auf den Auslandsmärkten hohe Preisvorteile sicherte und dem Export wiederum ein absolutes Übergewicht bei der Entwicklung der Bundesrepublik Deutschland verschaffte.[2]

1 Vgl. Gleitze, B., Ostdeutsche Wirtschaft, Industrielle Standorte und volkswirtschaftliche Kapazitäten des ungeteilten Deutschlands, Berlin 1956, S. 170—172; Krengel, R., Anlagevermögen, Produktion und Beschäftigung der Industrie im Gebiet der Bundesrepublik von 1924 bis 1956, Berlin 1958, S. 94—98; Nowak, Z., Zarys czynnikow rozwoju gospodarczego Niemiec Zachodnich (Abriß der Entwicklungsfaktoren der Wirtschaft der Bundesrepublik Deutschland), Poznan 1960, S. 22—38.

2 Erhard, L., Wohlstand für alle, Düsseldorf 1957, S. 48; Grünig, F. und Krengel, R.: Die Expansion der westdeutschen Industrie 1948—1954, Berlin 1955, S. 7; Nowak, Z., Zarys czynnikow . . . (a. a. O.), S. 66—67.

Denn nur auf diesem Wege konnte man die volle Auslastung des Produktionspotentials erreichen, das weitaus größer als die Aufnahmefähigkeit des Inlandsmarktes war, der infolge der durch den Krieg eingetretenen bevölkerungsmäßigen und territorialen Verluste erheblich geschrumpft war.

Seit Beginn der fünfziger Jahre wurden die vom Export ausgehenden Impulse zum wichtigsten Dynamisierungsfaktor der Wirtschaftsentwicklung der Bundesrepublik Deutschland, wobei die Fähigkeit zur elastischen Reaktion auf den nachkriegsmäßig bedingten Boom der Investitionsgüternachfrage im Ausland der Bundesrepublik nicht nur eine immer bessere Position im Welthandel verschaffte, sondern sie auch infolge ihrer positiven Handelsbilanz zum Gläubiger der meisten Länder machte. Hierdurch verschaffte sich die Bundesrepublik Deutschland ein starkes wirtschaftliches und politische Instrument in ihren internationalen Beziehungen.

Tabelle I:
Die Entwicklung des Außenhandels der Bundesrepublik Deutschland in Mill. DM in Festpreisen aus dem Jahre 1962

	Import Mill. DM	%	Export Mill. DM	%	Saldo Mrd. DM
1950	10 700	100	10 650	100	— 0,05
1955	21 681	203	27 525	258	+ 5,8
1958	29 215	277	38 975	358	+ 8,8
1962	49 498	462	52 975	482	+ 3,5
1965	69 186	646	70 407	662	+ 1,2
1970	109 370	1 042	120 412	1 147	+ 11,0

Quelle: Deutsches Industrieinstitut, Zahlen zur wirtschaftlichen Entwicklung der Bundesrepublik Deutschland, Ausgabe 1971, S. 52, sowie: Wirtschaftsdienst 1956, Heft 3, S. 161.

In 20 Jahren sind die Handelsumsätze der Bundesrepublik Deutschland mit dem Ausland um etwa das Elffache gestiegen, d. h. im Jahresdurchschnitt stiegen die Importe um 12,4 % und die Exporte um 12,9 %, womit die Wachstumsdynamik des Außenhandels größer war als das gesamte Wachstum der westdeutschen Wirtschaft.

Tabelle II:
Grunddaten des wirtschaftlichen Wachstums der Bundesrepublik Deutschland

	1950	1955	1960	1965	1968	1970
Erzeugtes Volkseinkommen	47	74	100	123	140	159
Industrieproduktion	40	71	100	132	145	173
Import	29	60	100	174	200	270
Export	22	57	100	157	218	270

Quelle: Jahrbuch für internationale Statistik (GUS), Warszawa 1972, S. 415; Monthly Bulletin of Statistics, Januar 1968, S. 100 und Dezember 1972, S. 184; Deutsches Industrieinstitut, a. a. O., S. 8, 39.

Wie diese Statistiken zeigen, ist die Bundesrepublik Deutschland in der Zeit ihres Bestehens zu einem Staate mit einer sehr hohen Entwicklungsdynamik geworden und besitzt überdies eine Volkswirtschaft, in der der Außenhandel eine Schlüsselrolle einnimmt. Die hinsichtlich der Auslandsnachfrage vorteilhafte wirtschaftliche Position der Bundesrepublik Deutschland, die mit der Zeit noch verbessert wurde, hat ihr einen schnellen Übergang von den anfänglich negativen Zahlungsbilanzen zu großen, strukturell bedingten Zahlungsüberschüssen ermöglicht. Die Hauptbasis für die Gestaltung der finanzpolitischen Außenhandelsbeziehungen, sei es in Form von Krediten, sei es in Form von Kapitalinvestitionen, stellten die ständig wachsenden Gold- und Devisenreserven dar. Diese wuchsen von 0,17 Mrd. Dollar im Jahre 1950 auf 11,5 Mrd. Dollar am Jahresende 1970 an. Die erstarkende Gläubigerposition gab der Bundesrepublik Deutschland ein wirksames Werkzeug für ihre Außenbeziehungen auf politischer und wirtschaftlicher Ebene in die Hand (besonders hinsichtlich Europas). Die Auswahl der Außenhandelspartner hängt in der Regel von den binnenwirtschaftlichen Erfordernissen ab, die ihren Ausdruck in der Importstruktur des jeweiligen Landes finden. Import- und Exportstrukturen haben sich, was die Bundesrepublik Deutschland betrifft, folgendermaßen entwickelt:

Tabelle III:
Struktur des Außenhandels der Bundesrepublik Deutschland bzw. des Deutschen Reiches

Warengruppen	1928	1936/38	1950/52	1955	1960	1965	1970
Import	100	100	100	100	100	100	100
davon:							
Lebensmittel	40,9	37,5	40,1	31,2	26,3	23,9	19,1
Rohstoffe	28,3	36,2	33,7	29,8	21,7	16,2	13,5
Halbfabrikate	17,9	18,2	14,0	20,1	18,9	15,3	16,1
Fertigprodukte	12,9	8,1	12,2	19,0	32,2	43,5	50,0
Export	100	100	100	100	100	100	100
davon:							
Lebensmittel	6,4	1,5	2,7	2,7	2,3	2,8	3,5
Rohstoffe	12,2	9,4	9,5	5,6	4,6	3,6	2,5
Halbfabrikate	12,2	8,9	15,6	12,4	10,4	8,7	7,6
Fertigprodukte	69,2	80,2	72,2	79,1	82,4	84,5	85,8

Quelle: Wirtschaftsdienst, März 1956, Statistisches Jahrbuch des jeweiligen Jahrgangs.

Charakteristisch für die Struktur des Außenhandels der Bundesrepublik Deutschland war die anfänglich große Abhängigkeit hinsichtlich des Rohstoff- und Lebensmittelimports, die bis zu ¾ des gesamten Imports ausmachte. Diese Abhängigkeit verringerte sich danach systematisch zugunsten des Importanteils von Fertigprodukten und fiel bis zum Jahre 1970 auf ca. ⅓ des Importwertes. Der Anteil von Fertigprodukten stieg von ⅛ des gesamten Imports der ersten Nachkriegsjahre auf

50 % des Gesamtimports im Jahre 1970. Ein charakteristisches Merkmal der westdeutschen Exportstruktur war der Ausbau ihrer Position als Exporteur von Industrieerzeugnissen. Auf die übrigen Exportgüter der Bundesrepublik Deutschland entfielen im Jahre 1970 nicht ganz 15 % vom Gesamtexport.

C. *Äußere Abhängigkeiten der wirtschaftlichen Entwicklung Polens*

Die Entwicklungsbedingungen Polens in der Nachkriegszeit standen fast in einem diametralen Gegensatz zu den Verhältnissen, die den wirtschaftlichen Start der Bundesrepublik Deutschland begleitet haben. Das Vorkriegs-Polen war in erster Linie Agrarland, geplagt von permanenter Arbeitslosigkeit und wirtschaftlicher Stagnation. Das sowieso schon bescheidene Volksvermögen erlitt unter allen am Krieg beteiligten Ländern die verhältnismäßig größten Verluste. Infolge des Krieges kamen 20 % der Bevölkerung um, und 38 % des Volksvermögens wurden vernichtet. Die Bemühungen um den wirtschaftlichen Aufbau, verbunden mit einem unbeugsamen Willen, die rückständige Wirtschaftsstruktur zu zerbrechen, sollten Polen auf einen Weg der schnellen Industrialisierung und des Fortschritts bringen. Besonders verwüstet waren die westlichen und nördlichen Gebiete, deren Instandsetzung ohne den Bevölkerungstransfer eines bis dahin nicht gekannten Ausmaßes unmöglich gewesen wäre.[3] Trotz großer Bevölkerungsverluste war Polen im Verhältnis zu seinem so stark reduzierten Produktionspotential aus ökonomischer Sicht ein überbevölkertes Land. Gleichzeitig jedoch — zweifellos eine besondere, eigentümliche Reaktion auf die eingetretenen Bevölkerungsverluste — erlebte Polen in den Nachkriegsjahren ein dynamisches, demographisches Wachstum, das im Laufe von 25 Jahren einen Jahresdurchschnitt von 1,5 % erreicht hat. Dies erschwerte eine Verbesserung des Verhältnisses Kapital pro Beschäftigten in der Volkswirtschaft und zog außerdem ernste sozio-ökonomische Belastungen nach sich, indem das Kapital in beträchtlichem Ausmaß dem produktiven Bereich zu anderen Zwecken entzogen werden mußte. Unter diesen schwierigen Umständen mußte sich die Landwirtschaft entwickeln, die nur langsam ihre traditionelle Wirtschaftsstruktur ändern konnte, um nicht die Politik der Vollbeschäftigung durch eine zu schnelle Landflucht zu gefährden. Dies hat sich natürlich auch negativ auf das Tempo der Produktionssteigerung in diesem Wirtschaftszweig ausgewirkt, der erheblich hinter der Entwicklung im industriellen Bereich zurückblieb. Erst nachdem man einen verhältnismäßig hohen Industrialisierungsgrad erreicht hatte, haben sich auch Perspektiven für eine dynamische Entwicklung in der Landwirtschaft eröffnet.

3 Ausführliche Angaben über das Ausmaß der Zerstörungen in: Rocznik Statystyczny (Statistisches Jahrbuch), Warszawa 1947 und in der Gemeinschaftsarbeit: Polskie Ziemie Zachodnie (Polens Westgebiete), Poznan 1959, S. 165. Die Autoren kommen zu dem Schluß, daß nach nicht offiziellen Schätzungen das Produktionspotential dieser Gebiete gemessen am Vorkriegspotential auf 40 % gesunken ist.

Die Sicherung der Vollbeschäftigung des wachsenden Arbeitskräftereservoirs, das durch den hohen Beschäftigungsgrad der Frauen und die Abwanderung der Landbevölkerung in die neu entstandenen Industriezentren noch vergrößert wurde, wurde zum obersten Ziel der Wirtschaftspolitik, die auch mit vollem Erfolg realisiert wurde. Diese Entwicklung wurde von einem raschen Verstädterungsprozeß begleitet. Lebten 1945 nur 31,8 % der Bevölkerung in den Städten, so waren es Ende der sechziger Jahre schon ca. 50 %. Unter diesen Bedingungen hat die auf der Vergesellschaftung der Produktionsmittel und der Planwirtschaft basierende Industrialisierung einen riesigen Sprung nach vorne getan. Im Jahre 1970 war die gesamte Industrieproduktion ca. 16,5mal höher als die des Jahres 1938 und 7,6mal höher als die des Jahres 1950. Von besonderer Bedeutung für diese Entwicklung war der starke Ausbau der Rohstoffbasis im Lande, besonders hinsichtlich der für die Industrie so wichtigen Rohstoffe Kohle, Schwefel, Kupfer u. a.

Gleichzeitig wandelte sich auch rasch die Industriestruktur. Sehr schnell sank der Anteil der sogenannten traditionellen Industriezweige wie z. B. der Textil- und Lebensmittelindustrie, wohingegen der Anteil der modernen Industriezweige wie Maschinen-, Elektro-, Chemie-, Transport- und Metallindustrie dynamisch anstieg. Neben diesen sozio-ökonomischen Problemen nahm das Schritthalten mit der wissenschaftlich-technischen Revolution und deren Erfordernissen einen vorrangigen Platz ein. Dies beschleunigte die Entwicklung der sozio-ökonomischen Lebensbereiche, denen eine besondere Rolle beim Modernisierungsprozeß der Industrie zukam. Vor allem galt dies für die Entwicklung der Wissenschaft und für den Bildungsbereich, der die Aufgabe hatte, qualifizierte Nachwuchskader für eine derartige Entwicklung vorzubereiten.

Tabelle IV:
Die Entwicklung des polnischen Außenhandels in Mill. Devisen-Zlotys (laufende Preise)

	Import	*Export*
1950	2 673	2 537
1955	3 727	3 679
1960	5 980	5 302
1965	9 361	8 911
1970	14 430	14 191

Quelle: Statistisches Jahrbuch 1971, S. 419.

Im Verlauf der oben erwähnten 20 Jahre wiesen die Außenhandelsumsätze relativ kleine nagative Salden aus, die durch die in der Regel positive Dienstleistungsbilanz ausgeglichen wurden. Im Gegensatz jedoch zu anderen, oben genannten Bedingungen des intensiven Modernisierungsprozesses entwickelte sich der Außenhandel nicht so dynamisch, daß er die ihm zugedachte Funktion in diesem Prozeß hätte erfüllen können, nämlich zu einer derartigen Gestaltung und Erweiterung der internationalen Arbeitsteilung sowie des Technologietransfers beizutragen, welche die fortschreitende, wissenschaftlich-technische Revolution erforderte. Auf die Erfüllung dieser Funktion mußte man bis zum Anfang der siebziger Jahre warten. Dieser Prozeß wird durch den Vergleich der Entwicklungsdynamik des Außenhandels mit der Wachstumsdynamik des Volkseinkommens und der Industrieproduktion illustriert.

Tabelle V:
Wachstum des Volkseinkommens, der Industrieproduktion sowie des Imports und Exports Polens (Festpreise von 1950 = 100)

	1938	1947	1950	1955	1960	1965	1970
Volkseinkommen	—	57	100	151	208	280	374
Industrieproduktion	48	64	100	212	338	508	759
Import	—	45	100	138	227	363	558
Export	—	47	100	116	177	300	471

Quelle: Statistisches Jahrbuch 1971, S. 2—3 und S. 12—13.

Wie aus den oben genannten Zahlen zu ersehen ist, war das Wachstumstempo des Außenhandels nicht ganz 1½mal größer als das Wachstumstempo des Volkseinkommens; der Grad der internationalen Verflechtung der polnischen Wirtschaft hat sich dadurch vergrößert, daß der Exportanteil am BSP auf 17 % im Jahre 1970 anstieg.

Das Wachstumstempo des Außenhandels war jedoch bedeutend geringer als das Wachstumstempo der Industrieproduktion, was sich früher oder später als ein Hindernis für die Industrieentwicklung erweisen sollte. Denn ähnlich wie die Importstruktur die Entwicklungsbedürfnisse der Wirtschaft eines Landes wiederspiegelt, so zeigt die Exportstruktur manchmal mit einer gewissen Verzögerung die Produktionsstruktur eines Landes. So haben im Laufe der Zeit die Entwicklungsprozesse auch das Bild der Exportstruktur Polens verändert.

Tabelle VI:
Struktur des Außenhandels Polens

Warengruppen	1950	1955	1960	1965	1970
Import	100	100	100	100	100
davon:					
Lebensmittel	11,2	13,1	16,0	13,2	9,6
Rohstoffe	53,1	51,7	51,5	47,3	47,8
Industrieerzeugnisse	35,7	35,2	32,5	39,5	42,6
Export	100	100	100	100	100
davon:					
Lebensmittel	24,0	15,3	18,1	18,2	13,2
Rohstoffe	56,0	64,4	43,8	35,1	32,7
Industrieerzeugnisse	20,0	20,3	38,1	36,7	54,1

Quelle: Statistisches Jahrbuch 1971, S. 412.

Charakteristisch für die Umwandlung der Importstruktur ist der langsame Rückgang des Anteils an landwirtschaftlichen Erzeugnissen und an Rohstoffen zugunsten eines gestiegenen Anteils von Industrieerzeugnissen. Dies ist eine gesetzmäßige Erscheinung bei Ländern, die sich industriell entwickeln, in denen besonders der Import hochwertiger Investitionsgüter eine immer bedeutsamere Rolle spielt. Folgen einer derartigen Importpolitik zeigen sich auch an der veränderten Exportstruktur, die sich immer mehr von der Exportstruktur industriell unterentwickelter Länder entfernt und typische Züge industriell entwickelter Länder aufzuweisen beginnt. Der systematische Rückgang des Anteils von Nahrungsmitteln und Rohstoffen am Gesamtexport wird im von uns analysierten Zeitraum vom dynamischen Wachstum des Anteils von industriellen Fertigprodukten begleitet, der im Jahre 1970 mehr als 50 % des Gesamtexportes erreicht hat.

D. Gegenseitige Ergänzung der Wirtschaften Polens und der Bundesrepublik Deutschland

Auf Grund dieser kurzen Darstellung der Entwicklungsbedingungen beider Volkswirtschaften und der damit verbundenen Außenhandelsstruktur kann der Versuch unternommen werden, die gegenseitigen Ergänzungsmöglichkeiten beider Volkswirtschaften genauer zu beschreiben. Die Tatsache, daß beide Staaten ihre Entwicklung unter so diametral entgegengesetzten Bedingungen begonnen haben, schließt nicht die Möglichkeit der gegenseitigen Ergänzung im wirtschaftlichen Bereich aus. Gerade unter diesen Bedingungen hat sich eine Reihe von Tendenzen in den wirtschaftlichen Außenbeziehungen ergeben, die in besonderen, sich ergänzenden Beziehungen ihren Ausdruck gefunden haben. Dies hat zu strukturellen Veränderungen im Handelsverkehr zwischen beiden Ländern geführt, die auch gewissermaßen die gegenseitige Ergänzung noch verfestigt haben. Betrachten wir zunächst einmal diesen Ergänzungsprozeß unter dem Gesichtspunkt des Verhältnisses zwischen der Entwicklung des bundesdeutschen Imports einerseits und dem polnischen Export andererseits.

Anfangs trug der gegenseitige Handel noch den für die Vorkriegsjahre typischen Charakter. Der Lebensmittelimport in den ersten Nachkriegsjahren erreichte noch bis zu 40 % aller Importe der Bundesrepublik Deutschland, wobei sein Anteil in den darauffolgenden Jahren auf ca. 19 % zurückging. Was den polnischen Lebensmittelexport angeht, ist eine umgekehrte Erscheinung zu beobachten. Stellte der Lebensmittelhandel am Gesamtexport zu Anfang noch 25 % dar, so sank er bis zum Jahre 1970 fast um die Hälfte auf 13 %. Ein ähnlicher, wenn auch etwas langsamerer Trend ist auch hinsichtlich der Rohstoffe zu beobachten. Ihr Anteil am Import in die Bundesrepublik Deutschland ist weiterhin bedeutend, wenn er auch in den Jahren 1950—1970 von ca. 33 % auf nicht ganz 12,5 % des Imports zurückging. Im polnischen Export dagegen sank der Rohstoffanteil von anfänglich über 50 % des Gesamtexports auf ca. 33 % ab. Er nimmt damit weiterhin einen wichtigen Platz in der polnischen Exportstruktur ein und konvergiert so mit einer diesbezüglich immer noch starken Nachfrage der Bundesrepublik Deutschland. Die Strukturveränderung im Import der Bundesrepublik Deutschland hat dazu geführt, daß der Anteil der Industrieerzeugnisse am Gesamtimport innerhalb von 20 Jahren von ca. 26 % auf ca. 66 % gestiegen ist, auf polnischer Seite wiederum hat sie ein Ansteigen des Anteils von Fertigprodukten am Gesamtexport von 35 % auf 43 % bewirkt.

Auch wenn wir das von uns analysierte Verhältnis von der anderen Seite betrachten, nämlich unsere Aufmerksamkeit diesmal dem westdeutschen Export einerseits und dem polnischen Import andererseits zuwenden, werden wir den sich vertiefenden Ergänzungscharakter bei den Strukturveränderungen bemerken. Der Lebensmittelexport der Bundesrepublik Deutschland ist nie groß gewesen und zeigt weiterhin eine fallende Tendenz. Beim polnischen Import haben Lebensmittel zwar eine verhältnismäßig große Rolle in den ersten Nachkriegsjahren gespielt, seit dieser Zeit ist jedoch ihr Anteil systematisch zurückgegangen. Die Bundesrepublik Deutschland hat nie eine größere Rolle als Rohstoffexporteur gespielt; daran wird sich auch in Zukunft nichts ändern. Polen dagegen bleibt weiterhin ein wichtiger Rohstoffimporteur, doch zeigt der Rohstoffanteil am Gesamtimport eine ständig fallende Tendenz. Ähnlich wie beim ersten von uns analysierten Verhältnis (zwischen dem deutschen Import und dem polnischen Export) spielen die Veränderungen in den Warengruppen der industriellen Fertigprodukte eine entscheidende Rolle für den Ergänzungscharakter des gegenseitigen Handels.

Denn die Industrieerzeugnisse stellen heute schon über 90 % des Exports der Bundesrepublik Deutschland dar. Auch auf der Seite der polnischen Importe sind radikale Veränderungen wahrzunehmen. Der Importanteil von Industrieerzeugnissen ist von 20 % auf über 50 % angestiegen. Diese Entwicklung zeigt die günstige strukturelle Veränderung in den Volkswirtschaften beider Länder an, die neuen Formen internationaler Wirtschaftzusammenarbeit den Weg öffnet. Hierbei geht es besonders um eine langfristige, tief in die Produktion reichende, industrielle Zusammenarbeit unter voller Ausnutzung des für das jeweilige Land spezifischen Produktionsprofils, seines Arbeitskräftepotentials, des Know-Hows sowie der Rohstoffbasis und der Investitionsmöglichkeiten usw. Hierzu gehört ebenfalls die für eine solche Zusammenarbeit unerläßliche Errichtung von Wirtschaftsinstitutionen wie Handelsmissionen, Wirtschafts- und Finanzorganisationen, Dienstleistungsunternehmen u. a.

Es wurde geradezu zur Gewohnheit, all dies mit dem unpräzisen Begriff der Wirtschaftskooperation zu bezeichnen. Angesichts dieser Möglichkeiten, die durch die wachsenden wirtschaftlichen Verflechtungen verstärkt werden und ihren Ausdruck in den Strukturveränderungen des Außenhandels beider Länder finden, stellt sich natürlich die grundsätzliche Frage, inwieweit diese Chancen bis jetzt genutzt worden sind.

E. Die Nutzung der Möglichkeiten der wirtschaftlichen Zusammenarbeit

Die Nutzung der sich bietenden Chancen, die aus dem Ergänzungscharakter der Wirtschaftsstrukturen resultieren, ist in entscheidendem Maße von der Wirtschaftspolitik abhängig, die den unentbehrlichen institutionellen, ökonomischen und politischen Rahmen schaffen sollte. Die fortschreitende Internationalisierung des Wirtschaftslebens und die damit verbundenen gegenseitigen Abhängigkeitsverhältnisse bewirkten, daß die Wirtschaftsbeziehungen mit dem Ausland zu einem wichtigen Werkzeug der Außenpolitik eines jeden Staates wurden.

Die immer enger werdende Verbindung zwischen internationaler Wirtschaftszusammenarbeit und Außenpolitik bedeutet, daß günstigere Voraussetzungen für die zwischenstaatliche Zusammenarbeit geschaffen werden können, je geringer der Unterschied in ideologischer, staatsrechtlicher und besonders wirtschaftspolitischer Hinsicht ist. Unter diesem Aspekt haben sich in der Nachkriegszeit die Chancen zur gegenseitigen Ergänzung nicht gerade optimal gestaltet. Die beiden Staaten unterschieden sich voneinander nicht nur im gesellschaftlichen Bereich, sondern auch hinsichtlich ganz konkreter, gegensätzlicher wirtschaftlicher und politischer Interessen, deren Ausgleich viel Zeit und Erfahrung und guten Willen erforderte. Kontroversen vor dem Hintergrund verschiedener Gesellschaftsordnungen führten in erster Linie zu einem Zielkonflikt, der von dem System der Marktwirtschaft einerseits und dem der zentralen Planwirtschaft andererseits bedingt wurde. Die industrielle Revolution des XIX. Jahrhunderts hat dem Deutschen Reich das Instrument für seine Expansion geliefert. Unter Ausnutzung seiner Übermacht und seines Vorsprungs auf industriellem Gebiet versuchte das Deutsche Reich, die Wirtschaft Osteuropas seinen eigenen wirtschaftlichen Bedürfnissen unterzuordnen und aus diesen Ländern ein Rohstoff- und Agrarreservoir zu machen. Dies war gleichbedeutend mit der Verhinderung der Industrialisierung dieser Länder. Diese Entwicklung wurde durch die Einführung des von den sozialistischen Staaten nach dem Zweiten Weltkrieg gewählten planwirtschaftlichen Systems unterbrochen. Die vor diesem Hintergrund entstandene Interessenkollision zwischen der Bundesrepublik Deutschland und Polen fand ihren Ausdruck in einer ganzen Reihe gegen Polen gerichteter diskriminierender Maßnahmen.[4]

4 In einer Zeit, in der diese Politik ihren Höhepunkt erreichte, wurde sie vom damaligen Wirtschaftsminister und späteren Bundeskanzler Ludwig Erhard folgendermaßen formuliert: „Je länger die Unterbrechung des Ost-West-Handels anhält, desto gefährlicher wird eine strukturelle Auseinanderentwicklung, die durch die Planwirtschaft innerhalb des sowjetischen Machtkreises gefördert wird. Die Entwicklung von großen Industrialisierungsprogrammen auf der Grundlage schwerindustrieller Kombinate in Ost- und Südosteuropa schafft ähnliche Doppelstrukturen im Industriebereich, wie wir sie als Folge des Marshallplans und des wirtschaftlichen Nationalismus in Westeuropa zu verzeichnen haben. Damit geht eine Verminderung der ursprünglichen Rohstoff- und Agrarproduktion Ost- und Südosteuropas einher, die um so drastischer wird, je weniger der westöstliche Spannungszustand einen diese Tendenzen wenigstens aufhaltenden Ost-West-Handel erlaubt."
L. Erhard, Deutschlands Rückkehr zum Weltmarkt. Düsseldorf 1953, S. 194.

Die Selbstverständlichkeit, mit der diese Maßnahmen vorgenommen worden sind, hing mit dem damals zwischen Ost und West herrschenden „Kalten Krieg" zusammen, dessen ökonomische Komponente in dem westlichen Wirtschaftsembargo seinen Ausdruck fand.

In den Beziehungen zwischen der Bundesrepublik Deutschland und Polen spielten — neben dem Exportembargo — die dem aus Polen kommenden Import auferlegten Beschränkungen (sei es in Form hoher Zölle oder in Form einer Kontingentierung, die durch eine engere Auslegung der internationalen Wirtschaftsabkommen, insbesondere der Meistbegünstigungsklausel des GATT, noch verstärkt wurden) eine nicht weniger geringe Rolle. Neben den bereits institutionalisierten Formen waren für die Gestaltung der gegenseitigen Wirtschaftsbeziehungen ebenfalls die — wenn auch nicht immer so eindeutig formulierten, so doch um so dauerhafteren und gefährlicheren — dem politischen System eigenen Grundhaltungen von Bedeutung. Hierbei geht es besonders um solche Einstellungen, in denen die Überzeugung zum Ausdruck kommt, daß in den Beziehungen zu den sozialistischen Ländern wirtschaftliche Konzessionen eine besondere Rolle spielen sollten. Davon versuchte man jedesmal dann Gebrauch zu machen, wenn die östlichen Handelspartner der Bundesrepublik Deutschland mit wirtschaftlichen Problemen zu kämpfen hatten. Man erwartete, sich auf diese Weise politische Konzessionen einzuhandeln. Dies ist ein typisches Vorgehen für Politiker, die einen schnellen, effektvollen politischen Erfolg suchen, ohne dabei Rücksicht auf langfristige Gefahren und Folgen zu nehmen. Dafür kann man in den Beziehungen zwischen der Bundesrepublik Deutschland und Polen als Beispiel die lukrativen Wirtschaftsangebote anführen, die in den Jahren des „Polnischen Oktobers" an Polen gerichtet wurden und unzweideutig auf die Herbeiführung bestimmter gesellschaftspolitischer Effekte gerichtet waren.

Ungünstig für die Zusammenarbeit waren die jahrelang fehlenden diplomatischen Beziehungen zwischen der Bundesrepublik Deutschland und Polen, die erst im Jahre 1972 wieder aufgenommen wurden. Alle bis zu diesem Zeitpunkt geschaffenen Formen der Zusammenarbeit trugen in Erwartung einer völligen Normalisierung vorläufigen Charakter. Bis zum Jahre 1963 waren die institutionellen Grundformen dieser Beziehungen jährliche bzw. halbjährliche Handelsabmachungen. Erst 1969 wurde ein dreijähriges Handelsabkommen abgeschlossen. Gleichzeitig wurde als Gegenstück zu der schon bestehenden polnischen Handelsmission in Frankfurt (später in Köln) eine westdeutsche Handelsmission in Warschau errichtet. Diese wirtschaftliche Vertretung war die Keimzelle der 1972 geschaffenen diplomatischen Vertretung. Dies war also schon ein gewichtiger Schritt vorwärts, der den Wandel in den politischen Beziehungen zwischen beiden Staaten signalisierte. Neben den Wirtschaftsabkommen wurden auch noch andere Vereinbarungen institutioneller Art zur Förderung der Wirtschaftsbeziehungen abgeschlossen, wie z. B. die Bildung einer gemischten Kommission zur Schlichtung von Streitfragen, die bei der Durchführung von Abkommen entstehen könnten, oder einer Kommission für Verbesserungsvorschläge und Warenlisten.

Auch andere Übereinkünfte wurden abgeschlossen, wie z. B. in Sachen des Seetransports, wobei Schiffe nach dem Grundsatz der Gegenseitigkeit behandelt werden usw. Wenn sich auch im Laufe der Zeit einiges im politischen Bereich zum Besseren hin veränderte, und die Vorteile einer erweiterten Zusammenarbeit klarer hervortraten, so hinkte die Zusammenarbeit weit hinter den Notwendigkeiten, die sich aus der Entwicklung der wirtschaftlichen Zusammenarbeit auf internationaler Ebene ergaben, hinterher. Dies zeigt sich auch an dem Umfang und der Struktur des Außenhandels, wie die folgende Tabelle zeigt.

Tabelle VII:
Handelsaustausch der VR Polen mit der Bundesrepublik Deutschland in Mill. DM

Jahr	Import	% allgem. Import Polen	% allgem. Export BRD	Export	% allgem. Export Polen	% allgem. Import BRD	Bilanz Saldo Handel Polens
1950	75	2,6	0,8	86	2,4	0,7	+ 11
1955	116	2,5	0,5	118	3,2	0,5	+ 2
1958	331	5,5	0,9	298	6,7	1,0	— 33
1960	304	4,7	0,6	320	5,7	0,8	+ 16
1965	366	3,7	0,5	435	4,6	0,6	+ 69
1968	593	4,3	0,6	478	4,2	0,6	+ 115
1970	658	4,1	0,5	744	5,8	0,7	+ 86

Quelle: Statistisches Jahrbuch für die Bundesrepublik Deutschland — verschiedene Jahre.

Innerhalb von 20 Jahren stiegen die Handelsumsätze zwischen beiden Ländern zwar stetig an, doch erreichten sie nicht den Umfang und den Anteil an den gesamten Außenhandelsumsätzen der den wirtschaftlichen Möglichkeiten beider Länder entsprochen hätte.

Trotz der angeführten wachsenden, internationalen Verflechtung der beiden Volkswirtschaften wies der Anteil des gegenseitigen Handels am gesamten Außenhandelsvolumen keine entsprechend steigende Tendenz auf, ja er ging sogar leicht zurück. Die Handelsbeziehungen blieben in dem durch die traditionellen, kurzfristigen Handelsabkommen bestimmten Rahmen stecken, wodurch modernere Formen der Zusammenarbeit, besonders im Bereich der breit verstandenen Kooperation, nicht genutzt wurden. Dies erschwerte natürlich auch die Beseitigung wichtiger Hindernisse bei der Dynamisierung gegenseitiger Wirtschaftsbeziehungen, nämlich die Strukturveränderung des Außenhandels.

Es ist eine Gesetzmäßigkeit, daß die Exportstruktur eines jeden Landes ein Abbild seiner Produktionsstruktur widerspiegelt. Auf Welthandelsebene kommt dies durch den ständig wachsenden Anteil von Industrieerzeugnissen am internationalen Warenverkehr zuungunsten des Anteils an Agrarprodukten und Rohstoffen zum Ausdruck. So gesehen steht die Struktur des polnischen Exports in die Bundesrepublik Deutschland in einem besonders krassen Mißverhältnis nicht nur zur Wirt-

Tabelle VIII:
Struktur des polnischen Handels mit der Bundesrepublik Deutschland im Jahre 1970 in Mill DM

	Export	% allgem. Export	Import	% allgem. Import
1. Lebensmittel	241,1	32,4	102,8	15,6
2. Rohstoffe	193,0	25,9	4,6	0,7
3. Halbfabrikate	138,8	18,7	62,5	9,5
4. Industrieerzeugnisse halbfertige und fertige	151,0	20,3	485,8	73,8
5. Nicht erfaßte	20,2	2,7	2,7	0,4
Zusammen:	744,1	100,0	658,4	100,0

Quelle: Statistisches Bundesamt, Außenhandel, Reihe 3, Spezialhandel nach Ländern und Warengruppen, 1970.

schaftsstruktur Polens, sondern auch zur Struktur des gesamten polnischen Exportes. Dieses Mißverhältnis wird durch die Tatsache illustriert, daß am polnischen Export in die Bundesrepublik Deutschland die Lebensmittel überproportional beteiligt sind (32,4 % im Vergleich zu 13,2 % beim gesamtpolnischen Export), während die Industrieerzeugnisse einen vergleichsweise niedrigen Anteil halten (20,3 % im Vergleich zu 54,1 % beim gesamtpolnischen Export). Diese strukturelle Lücke beim Export in die Bundesrepublik Deutschland ist ein Beweis für die Diskrepanz zwischen den realen Möglichkeiten und dem wirklichen Zustand der wirtschaftlichen Zusammenarbeit zwischen beiden Ländern. Jeder Schritt auf dem Wege zur Besserung dieses Zustandes bedeutet eine bessere Nutzung der vorhandenen Möglichkeiten bei der wirtschaftlichen Zusammenarbeit und zugleich einen Schritt vorwärts im Prozeß der Normalisierung der gegenseitigen Beziehungen. Dies ist jedoch undenkbar ohne die Einbeziehung moderner Methoden und wirtschaftlicher Instrumente, die den Erfordernissen und dem Wesen der gegenwärtigen, internationalen Wirtschaftszusammenarbeit entsprechen. Notwendig sind vor allem immer vollkommenere Organisations- und Koordinationsformen und noch bessere institutionelle Rahmenbedingungen. Derartige Mittel, die der Natur der Sache entsprechend tief in die politische Sphäre jedes Staates eingreifen, haben keine große Erfolgschance ohne die Normalisierung politischer zwischenstaatlicher Beziehungen. Derartige Bemühungen sind in den gegenseitigen Beziehungen zwischen der VR Polen und der Bundesrepublik Deutschland praktisch erst in den 70er Jahren eingetreten.

Entwicklung wirtschaftlicher Beziehungen in der Zeit der Normalisierung (1970—1976)*

von

Wirginia Grabska

In der Entwicklungsgeschichte wirtschaftlicher Beziehungen zwischen der Volksrepublik Polen und der Bundesrepublik Deutschland ist der Zeitraum der siebziger Jahre zweifellos von einer neuen Qualität. Diese besteht darin, daß der mit dem Vertrag vom 7. Dezember 1970 begonnene Normalisierungsprozeß mit dem materiell bedingten Bedürfnis nach vertiefter wirtschaftlicher Zusammenarbeit zusammenfällt. Fehlende vertraglich geregelte politische Grundlagen verhinderten die volle Ausnutzung der in den beiden Volkswirtschaften vorhandenen Möglichkeiten. Erst der mit der Unterzeichnung des Vertrages vom 7. Dezember 1970 eingeleitete Normalisierungsprozeß hob diese wichtige Barriere auf. Denn dieser juristische Akt schuf die Bedingungen für die Festlegung des formal-rechtlichen Rahmens für die gegenseitigen wirtschaftlichen Beziehungen.

Freilich bildeten die getroffenen Regelungen lediglich den allgemeinen Rahmen, dessen konkrete Ausfüllung nur in täglicher, vom Geist des Vertrages geprägter Praxis erfolgen konnte. Sein Sinn und Zweck soll die Beseitigung der im Warenaustausch noch vorhandenen Hemmnisse sein und neuen Formen der Zusammenarbeit einen stimulierenden Impuls geben. Richtig angewandt, stellt jenes Vertragswerk einen wesentlichen Bestandteil des Instrumentariums zu einer besseren Nutzung der auf beiden Seiten beträchtlichen Möglichkeiten gegenseitiger wirtschaftlicher Ergänzung dar. Einen nicht geringen Einfluß auf die Entwicklungsdynamik der beiderseitigen Beziehungen üben ebenfalls die konkreten Wachstumsbedingungen der jeweiligen Volkswirtschaften aus. Folglich werden die Beziehungen zwischen beiden Staaten, obschon sie ihren ersten Anstoß von politisch-rechtlichen Entscheidungen empfangen haben, von einer Reihe ökonomischer Faktoren bestimmt. Wir wollen versuchen, deren Charakter und Bedeutung kurz darzustellen.

* In diesem Beitrag konnte aus technischen Gründen die Entwicklung der letzten Jahre nicht mehr berücksichtigt werden.

I. Grundfaktoren der Entwicklung der Wirtschaftsbeziehungen in den Jahren 1970—1975.

1. Neue Vertragsgrundlage

Bei der Hervorhebung der Rolle der Normalisierung politischer Beziehungen für die Aktivierung der Wirtschaft sollte man die Rückwirkung in umgekehrter Richtung ebenfalls nicht außer acht lassen. Wirtschaftliche Beziehungen, die ihren Ausdruck in täglichen, praktischen Kontakten mit Menschen finden, führen zu beiderseitig vorteilhaften Bindungen und Abhängigkeiten und tragen damit zur Entstehung eines tragfähigen Gewebes bei, das die gemeinsam erarbeiteten Grundsätze des politischen Zusammenlebens festigt. Diese Verflechtung und gegenseitige Bedingtheit politischer und ökonomischer Faktoren hat eine gewisse Gesetzmäßigkeit bei der Entwicklung, die auch bei der Errichtung eines europäischen Systems der Sicherheit und Zusammenarbeit in Europa deutlich wurde (KSZE). Hinsichtlich der polnisch-deutschen Beziehungen zeigte sich dies u. a. darin, daß die grundlegenden vertraglichen Vereinbarungen im Wirtschaftsbereich einen ersten Schritt auf dem Weg zur Normalisierung bildeten.

Ein Grunddokument in dieser Hinsicht stellt das am *15. Oktober 1970* in Warschau unterzeichnete langfristige Abkommen zwischen der Volksrepublik Polen und der Bundesrepublik Deutschland über Warenaustausch, wirtschaftliche sowie wissenschaftlich-technische Zusammenarbeit dar.[1] Dies war das *erste fünfjährige Handelsabkommen* zwischen beiden Ländern. Für einen längeren Zeitraum angelegt, sollte es den Perspektivrahmen für eine fortschreitende Normalisierung auf dem Gebiet wirtschaftlicher Beziehungen bilden. Im Bewußtsein der Bedeutung dieses ersten Schrittes und der Schwierigkeiten, die im ersten Normalisierungszeitraum zu bewältigen waren, haben sich die beiden Seiten vorgenommen, neben der Bestimmung des Ausmaßes und des Wachstumstempos des beiderseitigen Warenaustausches die notwendigen Änderungen in der Handelspolitik durchzuführen. Die Bestimmungen des Abkommens zielten auf die Beseitigung der rechtlichen Benachteiligung und Diskriminierung, denen der polnische Export in die Bundesrepublik Deutschland, auf Grund deren Handelspolitik, ausgesetzt war sowie auf die Einräumung vorteilhafter Bedingungen für eine höhere Form der Zusammenarbeit. Besonders wichtig waren in dieser Hinsicht folgende Beschlüsse:

— Anwendung der Meistbegünstigungsklausel auf Grund der Zugehörigkeit beider Staaten zum GATT. (Art. 2),
— Verpflichtung der Bundesrepublik Deutschland zu einer Liberalisierung ihrer Handelspolitik, die zu einem möglichst schnellen Abbau der Kontigentierung hinsichtlich der polnischen Hauptexportgüter führt (Art. 3),
— Gegenseitige Einräumung möglichst günstiger und langfristiger Kredite und deren Einsatz zur Förderung der Kooperation im Produktionsbereich (Art. 5),

1 Vgl. den Wortlaut des Abkommens: Polen — Bundesrepublik Deutschland. Voraussetzung und Normalisierungsprozeß, Poznan 1972, Dokumentationsanhang, S. 414—418.

— Förderung industrieller Zusammenarbeit zwischen Industriebetrieben beider Staaten durch die Herausnahme der Kooperationslieferungen aus der Kontingentierung und deren Befreiung von Lasten anderer Art, also eine Verpflichtung zur bevorzugten Behandlung bei der Einfuhr.

Die hier erwähnten Bestimmungen betrafen sehr wichtige Bereiche. Ihre volle Realisierung könnte zweifellos zur ausgewogeneren Entwicklung beider Handelsströme beitragen. Bei der Verwirklichung dieses Abkommens hat sich die Bundesrepublik als ein sehr schwieriger Partner erwiesen. Trotz ihrer erklärten Bereitschaft, die den Austausch erschwerenden Hemmnisse zu mindern, ist ihr Verhalten noch der Vergangenheit verhaftet. Das findet seinen Ausdruck in dem Bemühen, den Entwicklungsstand der Zeit vor der Normalisierung zu erhalten, bzw. die Änderungen nur langsam und nur in einigen der erwähnten Gebiete durchzuführen.

Das Ergebnis eines derartigen Vorgehens war, wie im weiteren zu sehen ist, eine Kluft zwischen der durch die polnische Nachfrage angebotenen Exportchance der Bundesrepublik Deutschland und der in einigen Teilbereichen künstlich geschmälerten Möglichkeit des polnischen Exports, Waren in der Bundesrepublik Deutschland abzusetzen. Dieser Engpaß in der Entwicklung des beiderseitigen Warenaustausches kann auch nicht mit Hilfe der industriellen Kooperation überwunden werden. Ohne die Unterstützung in Form von Krediten und Handelserleichterungen weist die Kooperation eine geringe Effektivität aus. Die Verwirklichung der vertraglich abgesteckten Ziele konnte unter anderem auch aus Zeitmangel nicht erreicht werden; denn bekanntlich ist das Abkommen zwar am 15. Oktober 1970 unterzeichnet worden, es trat jedoch rückwirkend bereits am 1. Januar 1970 in Kraft. Da das Protokoll über den Warenaustausch des Jahres 1970 früher fertig war, konnte es unmöglich Umstände berücksichtigen, die erst mit Unterzeichnung des Vertrages geregelt wurden. Außerdem ist auch noch erwähnenswert, daß das Vertragswerk grundsätzlich 1970 abgeschlossen war.

Die Entscheidung der Bundesrepublik Deutschland, das Protokoll über den Warenaustausch für das Jahr 1974 (letztes Geltungsjahr des Abkommens) nicht zu unterzeichnen, sondern das Protokoll des letzten Jahres zu verlängern, war laut Erklärung der Bundesregierung durch die Abtretung handelspolitischer Kompetenzen an die EWG-Kommission bedingt.

Die oben angeführten Tatsachen zeigen, daß das erste Fünfjahresabkommen nicht so zufriedenstellend die erhoffte Normalisierungsfunktion erfüllt hat. Man sollte sich jedoch darüber klar sein, daß dieses Abkommen trotz ernster Schwierigkeiten bei der Realisierung durch die alleinige Tatsache des Abschlusses zu einer wesentlichen Etappe auf dem Wege zur systematischen Bildung einer vertraglichen Basis für die gegenseitigen Wirtschaftsbeziehungen geworden ist. Denn dies war der erste Schritt zur Fortsetzung des begonnenen Prozesses. Beide Seiten brachten das am 1. November 1974 mit der Unterzeichnung eines zehnjährigen Abkommens über die Entwicklung der wirtschaftlichen, industriellen und technischen Zusammenarbeit zum Ausdruck. In Wirklichkeit hat dieser Vertrag, wie schon der Titel sagt, nicht alle Gebiete der beiderseitigen Wirtschaftsbeziehungen geregelt, sondern hauptsächlich nur den Bereich der Kooperation.

Auf dem Gebiet des Warenaustausches in den Beziehungen zwischen beiden Ländern besteht weiterhin ein vertragloser Zustand. Jedoch die Tatsache, daß in einem besonders wichtigen Bereich, der direkt den Kontakt zwischen den Produzenten beider Länder berührt, die Bedingungen für die Fortsetzung einer normalen Entwicklung geschaffen worden sind, mildert diesen Zustand in gewissem Maße. Man kann jedoch davon ausgehen, daß die langfristige Vertragsregelung für die Entwicklung der Zusammenarbeit im Produktionsbereich eine Grundlage für die allmähliche Ausarbeitung von Kooperationsformen höherer Art bildet. Denn auf diesem Gebiet bestehen noch viele nicht genutzte Möglichkeiten. In der bisherigen Zusammenarbeit zwischen den Wirtschaftseinheiten beider Länder haben sich auf der Produktionsebene noch keine tieferen strukturellen Bindungen ergeben.

Es fehlten ebenfalls Übereinkommen hinsichtlich großangelegter Kooperationsvorhaben, die alle Bemühungen im Bereich der Forschung, der Investitionen, der Produktion und des Verkaufs in einem harmonischen Ganzen zusammenfaßten. Auch die wissenschaftlich-technische Kooperation, die Möglichkeiten der Zusammenarbeit zur Vervollkommnung der von beiden Seiten angewandten Produktionsverfahren schaffen könnte, ist bis jetzt praktisch noch nicht zustandegekommen.

Weiße Flecke, die während der Verwirklichung des ersten Fünfjahresabkommens entstanden sind, haben in der ersten Zeit nach der Unterzeichnung des zehnjährigen Abkommens den Schwung geschwächt. Sehr negativ auf die Dynamik wirkte sich in dieser Phase des zehnjährigen Vertrages auch die mangelnde Bereitschaft der westdeutschen Seite für eine aktive Förderung der wirtschaftlichen Zusammenarbeit aus.

Eine derartige Haltung wurde zweifellos mit durch die mangelnden Fortschritte bei Verhandlungen über andere mit dem Normalisierungsprozeß zusammenhängende Probleme hervorgerufen. In dieser ungünstigen Atmosphäre wurde das zehnjährige Abkommen, obwohl es unmittelbar nach Ablauf des Fünfjahresvertrages abgeschlossen wurde, nur sehr allgemein formuliert. Die Ausformulierung konkreter Voraussetzungen eines langfristigen Kooperationsprogramms hat fast ein ganzes Jahr in Anspruch genommen. Die Tatsache jedoch, daß ein solches Programm im Laufe der Zeit ausgearbeitet wurde, beweist, daß beide Seiten sich nach den allgemeinen Erfordernissen der gegenwärtigen Wirtschaftsentwicklung richten und die Notwendigkeit einer langjährigen Förderung der beiderseitig vorteilhaften Zusammenarbeit sehen, und daß sie diesem Sachgebiet, das ein wichtiges Element der weiteren Entwicklung zur allgemeinen Normalisierung ist, eine große Bedeutung beimessen.

Nicht ohne Einfluß auf die Ausarbeitung dieses Programms war ebenfalls die allgemeine Atmosphäre in Europa. Diese ist auf Grund gemeinsamer Anstrengungen entstanden, mit dem Ziel, neue Voraussetzungen für ein friedliches und konstruktives Zusammenleben von Staaten verschiedener Gesellschafts- und Wirtschaftsordnungen zu schaffen.

Eine besondere Rolle spielte in diesem Prozeß die KSZE, bei der ein multilateraler Versuch unternommen wurde, die Grundlagen und Ziele der Zusammenarbeit zwischen den europäischen Staaten auszuarbeiten. Zwar hat die KSZE kein Dokument in der Art eines Handelsabkommens verabschiedet. Sie schuf aber die Voraussetzungen zur Einleitung neuer Schritte und Initiativen auf dem Gebiet der Zusammenarbeit zwischen den Staaten verschiedener Gesellschaftsordnungen. Die Volksrepublik Polen und die Bundesrepublik Deutschland waren Teilnehmer dieser Konferenz. Nicht ohne Bedeutung ist in diesem Zusammenhang die Tatsache, daß es in Helsinki bei dem Zusammentreffen der Staatsmänner beider Länder zu einer Übereinstimmung hinsichtlich einer ganzen Reihe von Fragen gekommen ist, die seit längerer Zeit Gegenstand gemeinsamer Verhandlungen waren (Renten, Versicherungen, Wiedergutmachungsansprüche, Umsiedlungs- und Kreditfrage). Dies wurde zu einer Grundlage für die Verwirklichung des Zehnjährigen Abkommens.

Auf dieser Basis wurden in Warschau im Oktober 1975 u. a. zwei weitere Abkommen unterzeichnet.

Der Inhalt dieser Wirtschaftsabkommen ist in den zwei folgenden Dokumenten enthalten:

a) Abkommen zwischen der Volksrepublik Polen und der Bundesrepublik Deutschland über die Gewährung eines 1-Mrd.-DM-Finanzkredits;
b) Langfristiges Programm der wirtschaftlichen, industriellen und wissenschaftlich-technischen Zusammenarbeit (Perspektivabkommen).[2]

Die in beiden Dokumenten enthaltenen vertraglichen Beschlüsse betreffen also Gebiete der Zusammenarbeit, deren Bedeutung für die langfristige Entwicklung der beiderseitigen Beziehungen schon im Fünfjahresabkommen hervorgehoben wurde. In der gegenwärtigen Lage wurde der Bereich der Zusammenarbeit unter Berücksichtigung der aktuellen Möglichkeiten und Bedürfnisse beider Volkswirtschaften sehr weit gezogen. Verhältnismäßig präzise wurden auch die Bereiche und Formen der Kooperationsunternehmungen festgelegt. Das Programm enthält 84 Kooperationsaufgaben im Produktionsbereich. Diese können in 13 Industriebranchen sowie in der Landwirtschaft realisiert werden. Zur Entwicklung der technischen Zusammenarbeit sind 10 Branchen hervorgehoben, in denen mannigfaltige Möglichkeiten für eine Inangriffnahme gegeben sind.

Präzisiert wurden ebenfalls die Hauptlinien des gemeinsamen Handelns von Unternehmungen beider Länder auf Dritt-Märkten. Dies schließt nicht die Ausweitung der Zusammenarbeit auch auf andere Gebiete aus.

Zu unterstreichen ist die Tatsache, daß beide Seiten ihre Bereitschaft bekundet haben, besondere Anstrengungen für die Schaffung günstiger Bedingungen zur Verwirklichung des gemeinsam vereinbarten Programms und zur Beseitigung von Hemmnissen zu unternehmen.

Die Art der Formulierung und der Inhalt des langfristigen Programms spiegeln die genaue Einschätzung der gegenwärtigen Erfordernisse für die Entwicklung der beiderseitigen Beziehungen wider. Dieses Programm ist somit eine gute Grundlage für die allmähliche Herausbildung von Bedingungen für eine ausgewogene Zusammenarbeit.

2 Vgl. den Wortlaut beider Dokumente, in „Trybuna Ludu" vom 10. Oktober 1975.

Die Richtigkeit des neu eingeschlagenen Weges findet ihren Ausdruck in der Tatsache, daß kaum ein Jahr nach der Unterzeichnung des Wirtschaftsabkommens von Warschau ein Besuch vom Ersten Sekretär der PVAP in der Bundesrepublik stattfinden konnte, bei dem eine Reihe von Entscheidungen getroffen wurde, die von ausschlaggebender Bedeutung für die praktische Verwirklichung des zuvor entworfenen perspektivischen Plans der beiderseitigen Zusammenarbeit sind.

2. Die wirtschaftliche Triebfeder bei der Entwicklung der Zusammenarbeit

In einer Atmosphäre verbesserter politischer Beziehungen und bei der durch die Abkommen eingetretenen Normalisierung treten als entscheidender Faktor für das Entwicklungstempo der beiderseitigen Beziehungen und deren Ausformung die ökonomischen Möglichkeiten an die erste Stelle. Den entscheidenden Impuls jedoch erhält das Wachsen des Güteraustausches durch ein dynamisches Wirtschaftswachstum im jeweiligen Land und durch die strukturelle Vervollkommnung der Industrie.

Was die polnische Wirtschaft angeht, so hängt ihr hohes Wachstumstempo besonders seit der zweiten Hälfte der sechziger Jahre mit der Kontinuität des Fortschritts im Bereich der Vervollkommnung und der Modernisierung der Industriestruktur eng zusammen. Ein besonders starker Aufschwung in dieser Hinsich vollzog sich in den siebziger Jahren. In den vergangenen fünf Jahren trat die Industrie bei anhaltend hoher Entwicklungsdynamik in breiter Front in eine Phase struktureller Umwandlungen ein. In der Zeit von 1970 bis 1975 betrug das jährliche Produktionswachstum der Industrie ca. 11 % und das des Nationaleinkommens 10 %.[3]

Der qualitative Aspekt dieses Prozesses kann daran gemessen werden, daß ca. 40 % der globalen Industrieproduktion heutzutage in ganz neuen oder modernisierten Betrieben hergestellt werden. Von der Modernisierung wurde besonders die Maschinen- und Elektroindustrie erfaßt. Im Jahre 1975 stellten die neuen Produkte schon über 25 % des Gesamtausstoßes dieser Industrien dar. Der wichtigste Weg zur beschleunigten Einführung von Neuerungen in die Produktion war zweifelsohne der massive Import moderner Ausrüstungen und Lizenzen. Man muß jedoch feststellen, daß, obwohl dies sicher ein wesentlicher Faktor war, diese Innovationen nur der Vervollständigung dienten. Die Basis für die Entwicklung dieses Prozesses ist das eigene wissenschaftlich-technische Potential Polens. Dies zeigt sich z. B. an der Tatsache, daß 80 % der Neuerungen in der Produktion der Elektroindustrie auf einheimischen Verbesserungen und Erfindungen beruht. Das war nur dank einer Umgestaltung des Industrieprofils und des Ausbaus des wissenschaftlichen Forschungspotentials möglich.

Schon im Jahre 1970 wurden die wissenschaftlichen Forschungsprojekte im Lande von 60 000 Experten mit Hochschulbildung durchgeführt. Die Aufwendungen für die Forschung und Entwicklung haben damit den Stand der hochentwickelten

3 Statistisches Jahrbuch 1975 sowie Statistisches Bulletin, Nr. 1, 1976.

Staaten erreicht. 1970 betrug ihr Anteil am Volkseinkommen 2,1 % und stieg bis 1975 auf 2,5 % an.[4]

Im Rahmen einer derartigen Wirtschaftsstrategie hat die Entwicklung der wirtschaftlichen Außenbeziehungen, die zur aktiven Umgestaltung der oben erwähnten Gegebenheiten beiträgt und zum dauerhaften Faktor beim beschleunigten Wachstum des Volkseinkommens wird, eine grundsätzliche Bedeutung. Ihren Niederschlag fand die oben erwähnte Rolle der Außenwirtschaft im dynamischen Wachstum des Warenaustausches der siebziger Jahre. In den Jahren 1970—1975 stieg das Volkseinkommen Polens um durchschnittlich 10,1 % jährlich, die Industrieproduktion um 10,6 % und der Warenumsatz mit dem Ausland um 15,3 %. Wie aus den vorangegangenen Angaben zu ersehen ist, haben sich die Proportionen im Bereich der grundsätzlichen Größen in der Wirtschaftsentwicklung im Vergleich zu den sechziger Jahren wesentlich verändert. Wenn auch im vergangenen Jahrzehnt das Außenhandelswachstum höher als das Wachstumstempo des Volkseinkommens war, hinkte es doch spürbar hinter dem Wachstumstempo der Industrieproduktion nach. Hinsichtlich der Entwicklungsdynamik ist es jedoch gegenwärtig führend.

Zweifellos ist im Anfangsstadium dieses Vorganges das Wachstum der Importe von besonderer Bedeutung; denn in Verbindung mit den Investitionsanstrengungen im Inneren trägt es zu einer beschleunigten Durchsetzung der Umgestaltungen bei und damit auch zur Bildung einer materiellen Grundlage für eine systematische Anhebung des Wachstumstempos der Industrieproduktion sowie zur Hebung der Exporteffektivität. Das soll jedoch nicht heißen, daß das momentane dynamische Ansteigen des Imports als vorübergehende Erscheinung anzusehen ist. Eine ständige Quelle der Beeinflussung auf die augenblicklich stetige Tendenz beim Importanstieg wird die immer weiter um sich greifende Strukturänderung sein, die sich an eine internationale Arbeitsteilung anlehnt und den Weg für bisher im Lande noch nicht hergestellte Importgüter öffnet.

Gleichzeitig wird die Verwirklichung breitangelegter sozialer Zielsetzungen, insbesondere das Bemühen um eine ständige Verbesserung bei der Marktversorgung, dem Import vieler, nicht im Lande hergestellter Konsum- bzw. gehobener Gebrauchsgüter stimulieren.

Insgesamt stellen die bereits vollzogenen und die sich noch vollziehenden wirtschaftlichen Umgestaltungen in Polen einen führenden Faktor bei der Beeinflussung der Wachstumsdynamik des polnischen Außenhandels dar, so auch im Handel mit der Bundesrepublik Deutschland.

Die Wirtschaft der Bundesrepublik Deutschland ist von einem hohen Entwicklungs- und Organisationsniveau gekennzeichnet sowie von einer relativ rationellen Industriestruktur. Ihr modernes Profil ist besonders durch die Entwicklung der exportorientierten Wirtschaftsbranchen gekennzeichnet, die im Wettbewerb um die Aufrechterhaltung ihrer führenden Rolle auf dem Weltmarkt systematisch das Niveau und die Qualität ihrer Erzeugnisse anhebt.

4 Vgl. die Ansprache des MPr. der VR Polen, P. Jaroszewicz, vom 8. Juli 1975 in: „Trybuna Ludu".

In den langen Jahren der Nachkriegszeit wies die Wirtschaft der Bundesrepublik Deutschland infolge einer vorteilhaften Verkettung einer Reihe von Faktoren hohe Wachstumsraten auf.

Während der letzten zehn Jahre hat das Wachstumstempo aber ständig nachgelassen. Ursache sind eine Reihe von inneren und äußeren Faktoren. Zu den inneren Faktoren gehören die Vernachlässigung struktureller Veränderungen in einigen Wirtschaftsbereichen sowie ein Mißverhältnis beim Arbeitskräfteangebot in einer Zeit der Hochkonjunktur. Bei der Gruppe der Außenfaktoren sollte besonders der ständig zunehmende Einfluß verstärkter Konjunkturschwankungen in den Hauptabsatzländern der Bundesrepublik Deutschland unterstrichen werden. Das reale Wachstum des Bruttosozialproduktes (BSP) in den Jahren 1965—1975 betrug im Durchschnitt 3,5 % jährlich gegenüber 5,8 % im vorangegangenen Jahrzehnt.[5]

Die rückläufige Wachstumsrate des letzten Jahrzents ist im schwachen Wachstum zu Beginn der siebziger Jahre begründet. Das war eine Zeit, in der das durchschnittliche Jahreswachstum des BSP auf 1,8 % zurückging, wobei in den letzten Jahren auf Grund einer sich vertiefenden Rezession in der Wirtschaft ein Nullwachstum ja sogar ein Minus zu verzeichnen war.

Zusammenfassend kann also gesagt werden, daß in beiden Ländern hinsichtlich der Einwirkung der Wachstumsfaktoren gegenläufige Tendenzen aufgetreten sind. Einerseits bot die hohe Dynamik des Wirtschaftswachstums in Polen während der Jahre 1970—1975 einen objektiven Anreiz für die Entwicklung des beiderseitigen Warenaustausches, andererseits wirkte der Konjunktureinbruch in der Bundesrepublik Deutschland belastend auf die polnischen Exporte dorthin. Dies hat zusätzlich die schon aus der Beibehaltung der handelspolitischen Schranken resultierenden Schwierigkeiten noch vertieft.

II. Entwicklungsbilanz der beiderseitigen Handelsumsätze in den Jahren 1970—1975

Die mit dem Vertrag vom Jahre 1970 aufgezeigten Grundlagen schufen in der Anfangszeit eine günstige Atmosphäre für die Entwicklung der beiderseitigen Wirtschaftsbeziehungen. Hier gab es Chancen für einen bedeutenden Ausbau von Kontakten, besonders auf zwei Gebieten: 1.) Im Bereich des Warenaustausches; 2.) Im Bereich der industriellen Kooperation.

Im Zuge der Verwirklichung des Vertrages kam es jedoch zu einer allmählichen Abkühlung dieser Atmosphäre und dadurch auch zu einer Abschwächung des anfangs vorteilhaft aussehenden Trends. Wir wollen versuchen, die Entwicklung dieses Prozesses näher zu verfolgen.

5 Berechnet nach Angaben des Statistischen Jahrbuches der Bundesrepublik Deutschland und Wirtschaft und Statistik, Nr. 1, 1976.

1. Die Entwicklung beim Warenaustausch

Eine Analyse der Daten bezüglich der Entwicklung des Warenaustausches in den vergangenen fünf Jahren zeigt die lebhafte Reaktion der Wirtschaft auf die neu entstandenen Bedingungen.

Tabelle: Umsätze beim Warenaustausch zwischen der VR Polen und der Bundesrepublik Deutschland in Mio. DM

Jahre	Global-Umsatz	Wachstum %	Import der BRD aus Polen	Wachstum %	Export der BRD nach Polen	Wachstum %
1970	1 402	22,6	744	29,8	658	7,5
1971	1 547	10,3	770	3,5	777	18,0
1972	2 440	57,6	988	28,1	1 452	86,9
1973	3 853	57,9	1 219	23,4	2 634	81,4
1974	5 041	30,8	1 426	16,9	3 615	37,2
1975	4 649	— 8,0	1 436	0,7	3 213	— 11,1

Quelle: Mitteilungen des Bundesministeriums für Wirtschaft, Jahre 1970—1975.

Die Statistiken weisen ein schnelles Wachstum der Entwicklungsdynamik des Warenaustausches auf. Stiegen die globalen Umsätze in der ersten Hälfte der sechziger Jahre um 37 % und in der zweiten Hälfte um 60 %, so stiegen sie innerhalb der ersten Jahre nach 1970 sogar um 360 %. Der Grad der Dynamisierung ist zweifellos in bestimmtem Maße durch einen gerade in diesem Moment starken Preisanstieg auf dem Weltmarkt verfälscht worden, was jedoch nichts an der Tatsache ändert, daß gerade zu diesem Zeitpunkt wesentliche qualitative Veränderungen stattgefunden haben. Dies wird bewiesen durch die gefestigte Position beider Länder im gegenseitigen Handel. Die Bundesrepublik Deutschland nahm den ersten Platz im Handel Polens mit den westlichen Industriestaaten ein, Polen dagegen belegte den dritten Platz im Warenaustausch der Bundesrepublik Deutschland mit RGW-Ländern. Auch der prozentuale Anteil des jeweiligen Landes am globalen Außenhandelsumsatz des Partnerlandes ist angestiegen. Der Anteil der Bundesrepublik Deutschland an polnischen Importen ist von 4 % im Jahre 1970 auf 11,8 % im Jahre 1974 und am Export von 5,3 % auf 6,7 % gestiegen. Der Anteil Polens am Außenhandelsumsatz der Bundesrepublik Deutschland stieg entsprechend von 0,7 % auf 0,8 % bei den Importen und von 0,4 % auf 1,6 % beim Export.[6]

Der schnell anwachsende, steigende Trend bei der Umsatzentwicklung erlag jedoch im Jahre 1974 einer deutlichen Abschwächung und ist im Jahre 1975 völlig zusammengebrochen. Viele verschiedenartige Ursachen beeinflußten diesen Entwicklungstrend. Zu den wichtigsten gehören Faktoren subjektiven Charakters, die ihren

6 Vgl. Statistisches Jahrbuch des Außenhandels 1975 und des Spezialhandels nach Länder- und Warengruppen 1968—1972, Statistisches Bundesamt, Wiesbaden 1969—1973.

Ursprung in der autonomen Gestaltung der Handelspolitik der Bundesrepublik Deutschland gegenüber Polen haben. Die objektiven Faktoren sind in der Wirtschaftsrezession des Westens begründet.

Hinsichtlich der ersten Gruppe muß hier offen gesagt werden, daß der Handelsaustausch zwischen Polen und der Bundesrepublik Deutschland eine große Chance hatte, in größerem Umfang ein Gleichgewicht der Entwicklung zu bewahren.

Unumgängliche Voraussetzung dazu war jedoch eine entgegenkommendere Haltung bei der Schaffung von Bedingungen für die Entwicklung des polnischen Exports in die Bundesrepublik Deutschland durch entsprechende Modifizierung der Handelspolitik. Es ist klar, daß die oben erwähnte Modifizierung der Handelspolitik der Bundesrepublik Deutschand reale Erfolge erzielen konnte, wenn Polen gleichzeitig die notwendigen Schritte in Richtung einer Anpassung seines Exports an die Erfordernisse des deutschen Marktes unternahm. Hier stellt sich die Frage, ob im letzten von hoher Dynamik des beiderseitigen Handelsaustausches gekennzeichneten Zeitabschnitt, eine Evolution in der polnischen Exportstruktur eingetreten ist. Wie aus offiziellen Statistiken hervorgeht, ist der Anteil an Fertigprodukten am polnischen Export in die Bundesrepublik Deutschland von 14,4 % im Jahre 1970 auf 25 % im Jahre 1973 gestiegen.[7]

Ein gewisser Fortschritt ist somit klar und sichtbar. Der polnische Export erhielt von Seiten der strukturellen Produktionsfaktoren einen unbestreitbaren Antrieb. Für eine volle Materialisierung der polnischen Exportmöglichkeiten auf dem westdeutschen Markt war es unentbehrlich, die protektionistischen Spitzen der Handelspolitik abzustumpfen. Beide Seiten waren sich in der Zeit während der Vorbereitung dieses Vertrages völlig im klaren darüber. Deshalb hat man auch bei den Beschlüssen das Problem der Beseitigung der Kontingentierung und die breitere Nutzung von Kreditspritzen besonders unterstrichen. Entscheidungen auf diesem Gebiet dürften selbstverständlich nicht als einseitige Zugeständnisse der Bundesrepublik Deutschland gegenüber dem Partner angesehen werden. Durch die Annahme dieser Beschlüsse im Rahmen des Abkommens brachte die Bundesrepublik Deutschland die Notwendigkeit zum Ausdruck, die Zugangsbedingungen für polnische Waren zum eigenen Markt mit den für sie vorteilhaften Zugangsbedingungen für ihre Waren zum polnischen Markt zu harmonisieren. Die im Rahmen des Abkommens aufgezeigten Vorhaben werden jedoch nur in geringem Ausmaß verwirklicht. Die Ergebnisse der von der Bundesrepublik Deutschland in Zuge der Liberalisierung vorgenommenen Maßnahmen werden allerdings durch die Tatsache geschmälert, daß sie nur in geringem Maße die polnischen Hauptexportgüter berücksichtigen. Der prozentuale Anteil der von der Liberalisierung betroffenen Güter des westdeutschen Imports aus den sozialistischen Ländern betrug:[8]

7 Vgl. Statistische Angaben des Polnischen Statistischen Hauptamtes (GUS) 1974.

8 Vgl. Kolasa, J., Wirtschaftliche Zusammenarbeit zwischen VR Polen und der Bundesrepublik Deutschland im Lichte der internationalen Abkommen, in: Przegląd Stosunków Międzynarodowych, Nr. 5, Opole 1975 und Handelsblatt vom 1. August 1973.

1970 — 80,1 %
1971 — 84,4 %
1972 — 88,7 %
1973 — 91,5 %

Der prozentuale Anteil des von der Liberalisierung nicht betroffenen westdeutschen Imports aus Polen betrug:

1970 — 55,5 %
1971 — 47,2 %
1972 — 51,2 %
1973 — 48,2 %
1974 — 37,5 %

Zum Vergleich lohnt es zu vermerken, daß die polnischen Exporte im Jahre 1972 nach Frankreich zu 26 %, nach Italien zu 10 % und in die Beneluxstaaten zu 17 % kontingentiert waren. Die Fortschritte der Liberalisierung in den bilateralen Handelsbeziehungen mit diesen Ländern werden durch die Tatsache belegt, daß Frankreich jegliche Mengenbeschränkung für den Import aus Polen vom 1. Januar 1975 an völlig aufhob, während Italien, trotz starker Auswirkungen der Rezession im eigenen Lande, die Kontingente beträchtlich angehoben hat.

Hier stellt sich die Frage, welcher Umstand die Bundesrepublik Deutschland davon abhält, bei einer so dynamischen Entwicklung ihres Exportes auf den polnischen Markt die Liberalisierung ihrer Importpolitik gegenüber Polen zu vergrößern. Die westdeutsche Seite unterstreicht oft die Notwendigkeit eines Interessenschutzes ihrer eigenen Industriebranchen, die Produkte herstellen, für die noch eine besonders strenge Kontingentierung besteht. Doch diese Argumentation klingt nicht sehr überzeugend; denn sie läßt die wettbewerbsmäßigen Vorteile eines Austausches außer acht und berücksichtigt nicht die Folgen eines solchen Vorgehens. Auch in den wissenschaftlichen Zeitschriften der Bundesrepublik Deutschland stößt man immer häufiger auf Kritik in dieser Frage. Es wird darauf hingewiesen, daß die Aufrechterhaltung des Protektionismus in diesem Bereich negative Folgen bei der Herausbildung einer rationellen Industriestruktur Westdeutschlands zur Folge hat.[9]

Wenn wir die bisher ungenügende Beseitigung der handelspolitischen Barrieren, die die Entwicklung des polnischen Exports bremsen, hervorheben, so wollen wir dieses Problem nicht überbewerten, sondern auf seine Bedeutung für die möglichst

9 Vgl. z. B. Schatz, K., Wachstum und Strukturwandel der westdeutschen Wirtschaft im internationalen Verbund. Analysen und Prognosen. Kieler Studien, Tübingen 1974, S. 103 ff. Indem der Autor die Notwendigkeit eines stärker selektiven Vorgehens bei der Gestaltung der Industriestruktur, die das Erreichen eines größeren vergleichbaren Nutzens aus dem internationalen Handelsverkehr ermöglicht, hervorhebt, stellt er fest: „Solche Resultate werden sehr oft nicht erreicht, wenn die Industriezweige, die keinen vergleichbaren Nutzen mehr bringen, vor der Importkonkurrenz geschützt werden oder der Export ihrer Produkte subventioniert wird. Auf diese Art bindet man Mittel, die in anderen effektiveren Branchen genutzt werden könnten. ... Wollen wir also wettbewerbsmäßige Vorteile erreichen, die aus dem Außenhandel resultieren, so müssen wir die Notwendigkeit struktureller Umwandlungen berücksichtigen, welche sich aus der Notwendigkeit dieses Handelns ergeben."

schnelle Verbesserung der Austauschbedingungen hinweisen. Dies hat unbestreitbar große Bedeutung für die Verbesserung der Exportstruktur, was allein schon die Tatsache beweist, daß der von der Kontingentierung betroffene Investitionsgüterexport Polens seinen Anteil am globalen Export in die Bundesrepublik Deutschland in den Jahren 1965—1972 von 2 % auf 16 % steigern konnte, während sich der der Kontingentierung unterliegende Export industrieller Konsumgüter nur von 5 % auf 11 % vergrößern konnte.

Außerdem sollte man darauf hinweisen, daß in den Handelsbeziehungen Polens mit den übrigen EWG-Ländern, in denen ein höheres Maß an Liberalisierung erreicht wurde, dieses Mißverhältnis zwischen den beiden Warenströmen wesentlich geringer gewesen ist als in den Beziehungen mit der Bundesrepublik Deutschland. So lag im Warenaustausch Polens mit Frankreich bzw. mit Großbritannien und den Benelux-Staaten im Jahre 1973 der Import um 35 %—50 % höher als der Export in diese Länder, während der Import im Handel mit der Bundesrepublik Deutschland um 120 % höher lag als der Export.[10] Berücksichtigt man ferner, daß diese Länder auch ein größeres Kreditvolumen zur Verfügung stellten, so wird klar, daß hier mehr Stetigkeit in der Dynamik des Austausches erreicht wurde.[11]

Von zusätzlicher Bedeutung für die Abschwächung der zunächst dynamisch verlaufenden beiderseitigen Handelsbeziehungen war die vorzeitige Beendigung des fünfjährigen Wirtschaftsabkommens (1970—1974). Die Nichtunterzeichnung eines neuen Waren-Protokolls für das Jahr 1974 schuf einen vertraglosen Zustand. Daran änderte sich auch nichts Wesentliches durch den Abschluß eines neuen zehnjährigen Abkommens über die industrielle Zusammenarbeit am Jahresende 1974, zumal dieser Vertrag, dessen Vorbedingungen nur sehr allgemein formuliert waren, keinen zusätzlichen Anreiz für die Belebung auf diesem Feld bot. Die Wirkung aller dieser Faktoren zeigt sich in einem spürbaren Rückgang der Entwicklungsdynamik der beiderseitigen Handelsbeziehungen schon im Jahre 1974. Am deutlichsten kommt dies in der radikalen Trendänderung im Jahre 1975 zum Ausdruck. Dieses Jahr brachte einen Rückgang im Handelsumsatz um 8 %.

Analysiert man die Ursachen, die die Gestaltung des bilateralen Austausches beider Staaten in den Jahren 1970—1975 beeinflußt haben, so darf man nicht einfach die wirtschaftliche Rezession außer acht lassen, die auch die westdeutsche Wirtschaft stark getroffen hat und für Polen zu Schwierigkeiten auf dem Absatzmarkt führte. Von den Konsequenzen der Rezession in Form einer abgeschwächten Aufnahmefähigkeit des westdeutschen Marktes war schon oben die Rede. Hier ist noch erwähnenswert, daß für den sowieso schon unausgeglichenen Handel zwischen Polen und der Bundesrepublik Deutschland der rezessionsbedingte Rückgang der Importnachfrage eine weitere Vertiefung der Handelsasymmetrie bedeutet. Die Fol-

10 Hierzu eigene Berechnungen auf Grund statistischer Angaben des Außenhandels. GUS, Warszawa 1974.

11 Die Bestätigung hierfür zeigt die hohe Wachstumsrate des Exports einer Reihe westlicher Länder auf dem polnischen Markt im Jahre 1975 (z. B. stieg der französische Export um 40 %, der italienische um 20 %).

gen eines solchen Tatbestandes hätten vorübergehend durch Kreditdeckungen gemildert werden können, was der Bundesrepublik Deutschland bei ihrer hervorragenden Zahlungsbilanz im Außenhandel nicht schwergefallen wäre. Denn trotz des bedeutenden Rückganges der industriellen Produktion gelang es der deutschen Wirtschaft, die Zahlungsbilanzüberschüsse im Außenhandel zu erhalten. So erreichten diese 1974 eine Rekordhöhe. Was die anderen westeuropäischen Länder angeht, so haben sie im Gegensatz zur Bundesrepublik Deutschland eine spürbare Verschlechterung ihrer Zahlungsbilanzen zu verzeichnen gehabt; dennoch haben sie nicht aufgehört, ihre aktive Handels- und Kreditpolitik im Ost-West-Handel fortzusetzen. Freilich taten diese es letztlich im wohlverstandenen eigenen Interesse; denn die hohe Dynamik des wirtschaftlichen Wachstums der sozialistischen Länder belebte die Nachfrage nach Produkten der westlichen Länder bei gleichzeitigem Versiegen der Nachfragequellen zum Durchschnitt des gesamten Weltmarktes.[12]

Die Bedeutung des sozialistischen Marktes war ebenfalls im Außenhandelsverkehr der Bundesrepublik Deutschland zu verspüren, was die Angaben über den westdeutschen Export im Jahre 1974 belegen. Stieg im Jahre 1974 der Export der Bundesrepublik Deutschland in die EWG-Länder nur um 23 % und in die USA um 15 %, so stieg die Ausfuhr in RGW-Länder um 48 %.[13] Trotz einer für die Bundesrepublik Deutschland so günstigen Situation im Warenverkehr mit den sozialistischen Ländern, in dem Polen als drittgrößter Partner hinter der UdSSR und der DDR eine wichtige Rolle spielt, hat die Bundesrepublik Deutschland keine Anstrengung zur Aufrechterhaltung dieser Lage unternommen. Erst nach der Unterzeichnung der Wirtschaftsabkommen von Warschau wurden erste Schritte in diese Richtung eingeleitet wodurch die sich im Jahre 1975 abzeichnende stark rückläufige Tendenz gebremst wurde. Stabilisierend wirkte allein schon die in Anlehnung an die Warschauer Wirtschaftsabkommen erfolgte Präzisierung des langfristigen Programms der industriellen Zusammenarbeit, weil damit der beiderseitige Handelsverkehr und die Kooperation belebt wurde. Ein erleichterndes Element bei der Entscheidungsfindung über neue Unternehmungen mit größerem Wirkungsgrad wurde die auch zum selben Paket der Wirtschaftsabkommen gehörende Finanzvereinbarung über einen günstigen Finanzkredit und über die pauschale Rentenabgeltung. Freilich sollte letzterer Faktor nicht überbewertet werden. Dadurch, daß damit die Zusammenarbeit in Teilbereichen, in denen es noch große Möglichkeiten zur Ausweitung gab, angebahnt wurde, spielte er die Rolle eines Initialzünders.

Eine weitaus größere Bedeutung für den Ausbau der Grundlagen eines ausgewogenen Warenaustausches zwischen beiden Ländern und für die Fortsetzung des Normalisierungsprozesses hatten die in Bonn im Jahre 1976 getroffenen Vereinbarungen.

12 Der Rang des sozialistischen Marktes für die Hersteller westlicher Partnerländer — besonders im Bereich von Investitionsgütern — wächst schnell. Zur Illustrierung dieser Tatsache kann man anführen, daß von 520 Verträgen, die von den 250 größten französischen Firmen über die Lieferung von Investitionsgütern im Jahre 1975 abgeschlossen worden sind, 22 % auf Verträge mit sozialistischen Ländern entfielen. Vgl.: Moniteur du Commerce International, Januar 1976.

13 Vgl. Wirtschaft und Statistik, Nr. 1, 1975.

Die Normalisierung der Beziehungen zwischen Polen und der Bundesrepublik Deutschland beinhaltet viele Elemente und spielt sich auf verschiedenen Ebenen ab. Deshalb müssen auch die Ergebnisse der im Jahre 1976 in Bonn geschlossenen Vereinbarungen unter verschiedenen Aspekten gesehen werden. Indem wir uns an dieser Stelle den rein wirtschaftlichen Ergebnissen dieser Vereinbarungen widmen, müssen wir hervorheben, daß sie in bedeutendem Maße zur Überwindung des wesentlichen Hindernisses beigetragen haben, das dem Ausbau und der rationalen Entwicklung der beiderseitigen Zusammenarbeit im Wege stand. Die Bedingungen unter denen das langfristige Kooperationsabkommen über Kohleverarbeitung zustande kam und deren Form stellen zweifellos einen bedeutenden Fortschritt im Hinblick auf die bisherigen Grundlagen der Zusammenarbeit zwischen beiden Ländern dar. Für die weitere Entwicklung der bilateralen Wirtschaftsbeziehungen spielt die Verbesserung der allgemeinen Atmosphäre, welche nach dem letzten Treffen der Führer beider Länder entstand, eine Rolle. Die von beiden Seiten eingenommene Haltung zu Schlüsselfragen der Vergangenheit und zu den Erfordernissen der Gegenwart und der Zukunft, die aus der Entwicklung der allgemeinen internationalen Lage und aus dem wohlverstandenen Interesse beider Völker resultieren, leistet einen großen Beitrag zum Werk der gegenseitigen Verständigung und Annäherung. Die Führer beider Länder, E. Gierek und H. Schmidt, sprachen offen und aufrichtig über schwierige und schmerzliche Fragen der Vergangenheit, um desto klarer und deutlicher die Verantwortung und Sorge beider Völker für die Zukunft hervorzuheben. „Das Bewußtsein eines Volkes", stellte E. Gierek fest, „wird nicht nur vom historischen Gedächtnis geprägt, sondern von der Arbeit für die Gegenwart und vom Denken und der Sorge für die Zukunft. ... Unsere gemeinsame Pflicht, die Pflicht einer Generation, die viel erlebt und viel erlitten, aber auch viel begriffen hat, ist es, eine neue Zukunft zwischen unseren beiden Völkern zu gestalten." H. Schmidt, der von den Hindernissen und Schwierigkeiten, die die bisherige Entwicklung der Wirtschaftszusammenarbeit kennzeichnete, sprach, wies auf die Möglichkeiten und Mittel zu ihrer Überwindung hin. Indem er die Meinung von E. Gierek hinsichtlich des gegenwärtigen und zukünftigen Handelns teilte, stellte er unter anderem fest: „Wir nehmen die großen Konturen dessen, was uns gemeinsam ist, wahr, dessen, wozu uns die übergeordneten Ziele der Sicherung des Friedens, das Zusammenwirken unserer beiden Völker und die Schaffung eines besseren und reicheren Lebens für die Bürger unserer beider Staaten hinführen." Die von den Führern beider Länder geäußerte Einschätzung der Lage und die ganze Atmosphäre, die die ganze Begegnung begleitete, werden selbstverständlich nicht ohne Einfluß auf die Überwindung der psychologischen Barriere der tief verwurzelten Vorurteile und des Mißtrauens bleiben, die zur Beeinträchtigung der wirtschaftlichen Beziehungen zwischen beiden Ländern beitragen, weil sie das Denken und Handeln der Wirtschaftspartner prägen.

Obwohl es vielleicht für eine Beurteilung noch zu früh ist, inwieweit diese sich im vergangenen Jahr abzeichnende Rückkehr zu Optimismus und mehr Vernunft grundlegend die langfristige Gestaltung der beiderseitigen Wirtschaftsbeziehungen gestalten wird. Bei der Bewertung der durch die Warschauer Wirtschaftsabkommen eingeleiteten Veränderungen unter den erwähnten Gesichtspunkten muß man denjenigen westdeutschen Kommentatoren Recht geben, die behaupten, dieser Schritt erfolge fünf Minuten vor Zwölf.[14] Denn eine weitere Abschwächung der Entwicklungstendenz innerhalb der wirtschaftlichen Zusammenarbeit, das durch das destruktive Einwirken der Krisenfaktoren noch verstärkt wird, könnte langanhaltende und schwer wiedergutzumachende Schäden in dem so wichtigen Bereich einer erfolgreich begonnenen Normalisierung der Beziehungen zwischen beiden Ländern verursachen.

2. Industrielle Kooperation

Unter den langfristig positiv auf die Erweiterung und Verbesserung des beiderseitigen Handelsaustausches wirkenden Faktoren spielt die Entwicklung der Industriekooperation eine wichtige Rolle. Diese Kooperation hat natürlich ihre eigenen, von den Erfordernissen des Handels unabhängigen Antriebe und eine eigenständige Bedeutung, da sie eine Form der Wirtschaftsbeziehungen zwischen Produktionseinheiten darstellt, die auf einem höheren Niveau der internationalen Arbeitsteilung beruht. Unter den konkreten Bedingungen wirtschaftlicher Beziehungen zwischen den Ländern des Ostens und des Westens erfüllt sie ebenfalls eine wesentliche Funktion bei der Bildung besserer, den realen Produktionsmöglichkeiten der sozialistischen Länder entsprechenden Bedingungen.

In den beiderseitigen Beziehungen zwischen Polen und der Bundesrepublik Deutschland ist der Handelsaustausch im Rahmen der Kooperation in den siebziger Jahren nicht beträchtlich gestiegen. Was die Anzahl der in den letzten Jahren abgeschlossenen Kooperationsverträge mit den westdeutschen Firmen anbetrifft, liegt Polen hinter Ungarn an zweiter Stelle unter den RGW-Staaten. Zwischen 1968 und 1973, also von dem Augenblick an, von dem an dieser Prozeß deutliche Gestalt annahm, stieg der Wert der Handelsumsätze im Rahmen der Kooperation um das Vierfache. Trotz des hohen prozentualen Wachstums ist der absolute Wert des Kooperationshandels gering; denn er beträgt nur 4,5 % des polnischen Exports in die Bundesrepublik Deutschland. Einen größeren Platz nehmen die Kooperationslieferungen im Export der Investitionsgüter ein, da ihr Anteil in einzelnen Bereichen des Exports 10—15 % beträgt. Die bisherigen Ergebnisse der Entwicklung der Kooperation geben wenig Anlaß zum Optimismus, besonders wenn man berücksichtigt, daß die Kooperation zwischen beiden Ländern eine ganze Reihe von Mängeln aufweist, die die Wachstumsdynamik für eine längere Zeit ernsthaft gefährden könnte. Man sollte jedoch vor allem auf die mangelnde Bereitschaft hinweisen, von ganz einfachen zu komplexeren Kooperationsvorhaben überzugehen, d. h. die

14 Vgl. Besuch des I. Sekretärs des ZK der PVAP in der Bundesrepublik Deutschland, in: „Trybuna Ludu“ vom 10. Juni 1976.

Kooperation in Anlehnung an schon angebahnte Kontakte zu vertiefen, was z. B. in der gemeinsamen Vervollkommnung der angewandten technischen Verfahren seinen Ausdruck finden könnte. Einerseits ergibt sich dies aus der unzureichenden Abstimmung der Zusammenarbeit zwischen dem Bereich der Grundlagenforschung und der Produktion, andererseits daraus, daß die Mehrzahl der Kooperationsvorhaben mit Firmen der Bundesrepublik Deutschland trotz ihrer großen Anzahl nur kleinere Transaktionen darstellen. Die breitere Anwendung neuer technologischer Verfahren ist hier allein schon durch die Größenordnung der Transaktionen naturgemäß begrenzt, wodurch eine optimale Ausnutzung der Kooperationsvorteile geschmälert wird.

Eine Reihe der für den jetzigen Stand der Kooperation charakteristischen Unzulänglichkeiten resultiert mit Sicherheit aus der noch unzureichenden Elastizität und Aktivität polnischer Unternehmen. Dieses trifft vor allem auf das Fehlen einer breiteren Marktforschung beim Partner sowie auf das unzureichende Reaktionsvermögen auf die sich in einzelnen Gebieten bietenden Möglichkeiten der Zusammenarbeit zu. Hier sei jedoch vermerkt, daß es polnischerseits, was die Einschätzung eigener Möglichkeiten und das konkrete Angebot in diesem Bereich angeht, gegen Ende der Geltungszeit des auf fünf Jahre befristeten Wirtschaftsabkommens nicht an Initiativen gefehlt hat. Die von Polen gemachten Kooperationsvorschläge wurden von der Bundesrepublik Deutschland im wesentlichen nicht wahrgenommen, hauptsächlich auf Grund divergierender Vorstellungen beider Seiten hinsichtlich der Form und der Ziele konkreter Kooperationsvorhaben. Westdeutsche Firmen, die vor allem die Ausweitung ihres Absatzmarktes anvisieren, zogen meistens die einfachen Kooperationsformen vor, die ihnen die Ausnutzung des östlichen Arbeitskräftefaktors ermöglichten.[15] Dies ist zweifellos ein sehr einseitiges und konjunkturabhängiges Verhalten, das seine Entsprechung in der westdeutschen Kreditpolitik in bezug auf die Förderung der Kooperation und in der mangelnden Bereitschaft, den Handel zu fördern, findet.[16]

Diese Ursachen bewirkten, daß sich in letzter Zeit eine fallende Tendenz des westdeutschen Anteils an den gesamten Kooperationsprojekten, die Polen mit den westlichen Ländern eingegangen ist, abzeichnet. Nahm der Anteil westdeutscher Firmen am globalen Wert der Wirtschaftskooperation Polens mit den kapitalistischen Ländern in den drei ersten Jahren nach der Unterzeichnung des Wirtschaftsabkommens von 1970 im Durchschnitt 45 % ein, so fiel er 1974 und 1975 auf 38 % bzw. 37 %. Hinzu kommt noch, daß in den zwei letztgenannten Jahren die Kooperation mit Firmen wichtiger westeuropäischer Partner einen weiteren Schritt nach vorn getan hat. Die darauf aufbauende Produktion beginnt erst jetzt am Umsatz teilzunehmen und wird eine weitere Schwächung der Position der Bundesrepublik Deutschland unter den wichtigsten Kooperationspartnern Polens verursachen.

15 Bender, P., Normalisierung ist eine ständige Aufgabe, in: Deutschland-Archiv, 2/1976.

16 Hierzu Bolz, K., Kooperationserfahrungen der Bundesrepublik Deutschland mit den sozialistischen Ländern Osteuropas, Hamburg 1973.

In der Bundesrepublik Deutschland begegnet man der Meinung, daß der oben dargestellte Prozeß der Veränderung polnischerseits das Ergebnis einer Bevorzugung der Kooperationsbeziehungen vor den Unternehmen anderer westlicher Länder, besonders im Bereich der großen Industrie-Kooperationsvorhaben ist, die von entscheidender Bedeutung für die polnische Wirtschaft sind. Dies ist selbstverständlich eine falsche Art, das Problem zu verstehen. Die großen Kooperationsverträge, die in den letzten Jahren von den polnischen Unternehmen vorwiegend im Fahrzeugbau, im Maschinenbau und in der Chemie mit den Unternehmen Italiens, Frankreichs, Österreichs und Großbritanniens abgeschlossen wurden, kamen deshalb mit diesen Ländern zustande, weil die Partnerunternehmen der oben erwähnten Länder günstige Bedingungen eingeräumt haben, die der groß angelegten Kooperation geeignete Formen und Regelungen geboten haben. Dies betrifft vor allem die die Kooperationsverträge begleitenden Bedingungen finanzieller Art wie auch die Frage der Koppelung der Produktionskooperation mit Elementen der wissenschaftlich-technischen Zusammenarbeit. Die bundesdeutschen Unternehmen wurden von der polnischen Seite als erwünschter Partner bei vielen dieser Unternehmungen gesehen. Dennoch vereitelte die von ihnen eingenommene rigide Haltung hinsichtlich der Kooperationsbedingungen ihr Mitwirken. Die Verschärfung der Schwierigkeiten bei der Enwicklung der Kooperation war aber auch von beiden Seiten durch das Prisma des wachsenden Ungleichgewichts im wechselseitigen Warenverkehr gesehen. Deswegen auch setzten die ersten Initiativen und Versuche, die die Verbesserung und Vertiefung der beiderseitigen Wirtschaftsbeziehungen zum Ziel hatten, hier an.

Zu einer wichtigen Etappe auf diesem Wege wurde die Unterzeichnung des zehnjährigen Wirtschaftsabkommens zwischen beiden Ländern im November 1974 über die Zusammenarbeit bei der Produktion und im technischen Bereich und die Präzisierung konkreter langfristiger Aufgaben im Rahmen der Warschauer Wirtschaftsabkommen von 1975. Dabei stellten sich Bereiche heraus, in denen eine Zusammenarbeit und gegenseitige Ergänzung beider Volkswirtschaften nicht nur möglich, sondern sogar wünschenswert ist.

Vielseitige Möglichkeiten bieten sich im Maschinenbau, bei der Lieferung kompletter Anlagen, besonders im Bereich solcher Branchen wie Schiffsbau und bei der Herstellung von Kugellagern, Druck-, Elektro- und Büromaschinen. Ein breites und vielfältiges Feld für eine Produktionszusammenarbeit stellt ebenfalls der Dienstleistungssektor und die Verarbeitung von Agrarerzeugnissen dar. Besonders günstige Kooperationsbedingungen gibt es auch im Rohstoffbereich, z. B. bei der Verarbeitung und der Veredelung von Kupfer und Zink, wie auch bei verschiedenen Formen der Verarbeitung von Kohle, der Förderung dieses Brennstoffes und des Exports elektrischer Energie in die Bundesrepublik Deutschland.

Der letztgenannte Bereich wurde angesichts seiner Bedeutung für die Volkswirtschaft beider Länder zum Gegenstand der praktischen Verwirklichung auf der Basis der im Jahre 1976 in Bonn unterschriebenen Vereinbarungen. Der Besuch der polnischen Partei- und Regierungsdelegation wurde mit der Unterzeichnung einer ganzen Reihe von Vereinbarungen über industrielle Kooperation abgeschlossen. Den Schwerpunkt dieser Abkommen bildeten aber zwei Abkommen, nämlich ein komplexes langfristiges Abkommen über die Kohlevergasung und Kohleverarbeitung und ein zwölfjähriges Abkommen über polnische Lieferungen von Kupfer und Kupferhalbfertigfabrikaten an die Bundesrepublik Deutschland.

Ohne hier näher auf die Einzelheiten beider Abkommen einzugehen, soll doch auf die Neuartigkeit und den exemplarischen Wert bei der zukünftigen Gestaltung der Kooperation hingewiesen werden. Die hier eingeführten Regelungen stellen nämlich den ersten Versuch zur Beseitigung der Hauptmängel dar, die schwer auf der bisherigen Kooperation lasteten. Beide Abkommen dürfen zu den langfristigen gezählt werden und füllen dadurch die auf diesem Gebiet noch vorhandene Lücke. Zu den Abkommen kamen auch noch günstige finanzielle Bedingungen. Dadurch erhalten die bundesdeutschen Unternehmen ähnliche Chancen auf dem polnischen Markt, wie sie bisher die Partnerunternehmen aus den anderen westlichen Ländern genossen haben. Auch das Interesse der deutschen Großbanken an der Kooperation belebt sich (Dresdner Bank z. B.). Die in Bonn unterzeichneten Abkommen zeichnen sich zusätzlich dadurch aus, daß sie einen besonderen Akzent auf den Forschungs- und wissenschaftlich-technischen Bereich legen.

Das hier angeführte Abkommenspaket soll darüber hinaus der Kooperation ein größeres Gewicht in den beiderseitigen Wirtschaftsbeziehungen einräumen und die Gestaltung vernünftiger Grundlagen und Formen dieser Zusammenarbeit begünstigen. Dadurch kann der beiderseitige Warenaustausch mit der Zeit qualitativ neue Impulse erhalten. Die bisherigen Ausführungen zusammenfassend, ist folgendes festzustellen:

1. Das während der Geltungsdauer des ersten Fünfjahresabkommens (1970—1974) erreichte Entwicklungsniveau der wirtschaftlichen Beziehungen zwischen beiden Ländern, sowohl auf dem Gebiet des Warenaustausches wie auch dem der Kooperation, zeugt vom Vorhandensein zahlreicher Möglichkeiten gegenseitiger Ergänzung beider Volkswirtschaften. Dies schafft die Grundlage für eine rationelle, auf wettbewerbsmäßigem Vorteil beruhende Arbeitsteilung auf längere Sicht.

2. Die Hauptantriebskraft für das Wachstum des gegenseitigen Warenverkehrs stellt die Entwicklung der Wirtschaft der beiden Länder dar. Hinsichtlich Polens bleiben diese Bedingungen auch in der Zukunft wirksam. Dabei wird ihr Einfluß auf die Dynamisierung der wirtschaftlichen Außenbeziehungen wie auch auf die Veränderung der Größenordnung verschiedener Exportgütergruppen mit der zunehmenden Verwirklichung der gegenwärtigen Entwicklungsstrategie stärker werden.

3. Anfang der siebziger Jahre nahm das Wachstum des Warenaustausches einen sprunghaften Charakter an. Dies wurde um so deutlicher, als vor dem Abschluß des Fünfjahresabkommens die Entwicklung wirtschaftlicher Beziehungen von einem gemäßigten Tempo charakterisiert war. Dazu wurde die Wachstumsdynamik des Warenaustausches in starkem Maße von einem gewaltigen Preisanstieg beeinflußt. Es ist daher selbstverständlich, daß im Laufe der Stabilisierung der Austauschbedingungen das Wachstumstempo des gegenseitigen Warenaustausches einer Abschwä-

chung unterlag. Das Problem liegt darin, daß seit dem letzten Geltungsjahr des Abkommens die Abschwächung rapide erfolgt ist.

4. Eine der Ursachen, die die radikale Änderung des Entwicklungstrends beeinflußte, ist die fehlende Bereitschaft seitens der Bundesrepublik Deutschland, den Verpflichtungen nachzukommen, günstigere Bedingungen für die Entwicklung des polnischen Exports in die Bundesrepublik Deutschland zu schaffen. Die handelspolitischen Hindernisse gestatteten den polnischen Exportgütern, die vom Preis und von der Qualität her sichere Absatzmöglichkeiten auf dem westdeutschen Markt hätten, nicht, ihre Absatzchance voll auszunutzen. So waren diese Barrieren eine der wesentlichen Ursachen für das wachsende Mißverhältnis beider Austauschströme zuungunsten Polens. Ein zusätzlicher Faktor, der das schon vorhandene Mißverhältnis noch mehr vertiefte, war die Wirtschaftskrise, durch die die Nachfrage auf dem westdeutschen Markt begrenzt wurde.

5. Da Polen diese Situation anfangs als vorübergehend ansah, zeigte es sich als solider Handelspartner und glich alle im gegenseitigen Warenaustausch entstandenen Defizite aus. Angesichts der Tatsache, daß die Bundesrepublik Deutschland keine Verbesserungen für den Import aus Polen schuf, sondern im Gegenteil ihre Restriktionspolitik infolge der zunehmenden Rezession verschärfte (Nichtrealisierung von Zusagen für eine Erweiterung der Kontingente im Jahre 1974), mußte Polen selbstverständlich die Höhe der Ausgleichszahlungen für seine Defizite, für die man die im Handel mit anderen westlichen Ländern erwirtschafteten Mittel brauchte, mindern. Der Interessenschwerpunkt Polens bei seinen Importen aus dem Westen begann sich daher auf andere Länder zu verschieben, die für den polnischen Export günstigere Absatzbedingungen boten.

6. Die oben erwähnte Lage bewirkte eine Änderung des Trends in den beiderseitigen Beziehungen von einer allmählichen Abschwächung der Dynamik bis hin zu Stagnation.

7. Von bahnbrechender Bedeutung für die Umkehr dieses Trends sollte das Warschauer Abkommen vom 9. Oktober 1975 sein. Angesichts der Erfahrungen der vergangenen Jahre und der gegenwärtigen Möglichkeiten und Bedürfnisse beider Volkswirtschaften formuliert dieses Abkommen in konkreter und vielfältiger Weise die Richtlinien für die Entwicklung der industriellen Kooperation und weist auf die Gebiete hin, wo die günstigsten Bedingungen für ihre Verwirklichung vorhanden sind.

8. Die Warschauer Wirtschaftsabkommen haben ein um so größeres Gewicht bekommen dadurch, daß sie eine Veränderung bei der praktischen Verwirklichung der industriellen Zusammenarbeit bewirkten. Das Abkommenspaket über Kooperation vom Juni 1976 berücksichtigt in beträchtlichem Maße diese neuen Regelungen, die der Ausdruck einer realistischen Einschätzung der beiderseitigen Zusammenarbeit sind. Hierbei ist zu erwähnen, daß die postulierten Änderungen nicht das alleinige Werk der Bundesrepublik Deutschland sein sollen. Die beabsichtigten Bemühungen in dieser Richtung werden ebenfalls systematisch auch von der polnischen Seite unternommen. Eine Reihe im Rahmen einer neuen Wirtschaftsstrategie einge-

führter Änderungen, sowohl im industriellen wie auch im außenwirtschaftlichen Management, bewirkte und wird noch weiter eine größere Aufnahmefähigkeit des polnischen Marktes für Importe bewirken, was unter anderem auch die Schaffung größerer Exportmöglichkeiten für Firmen der Bundesrepublik Deutschland bedeutet.

Die gegenwärtigen Veränderungen im polnischen Wirtschaftsleben erzielen für die Entwicklung der beiderseitigen Beziehungen das gleiche, was für diese Beziehungen die Liberalisierung der westdeutschen Importpolitik bedeutet. Der beste Beweis für den Erfolg dieser Maßnahme ist das von westdeutschen Firmen erreichte Exportwachstumstempo auf dem polnischen Markt.

Die beiderseitigen Wirtschaftsbeziehungen traten also nach der erfolgten Vervollkommnung des Vertragswerkes in ein neues Jahrfünft mit guten und schlechten Erfahrungen im Gepäck aus der ersten Periode des Normalisierungsprozesses.

IV. Kultur

Einstellungen von Deutschen zu Polen

von

Hubert Feger

In diesem Buch werden die Beziehungen zwischen der Bundesrepublik Deutschland und Polen auf den verschiedenen Ebenen analysiert, auch aus der Perspektive des Erlebens und Verhaltens derer, die Bürger dieser beiden Staaten sind. Wenn die sozialwissenschaftliche zu den übrigen, älteren Perspektiven, beispielsweise der historischen, politischen, ökonomischen, hinzutritt, so aufgrund einer inzwischen weitgehend akzeptierten Annahme, daß die Relationen zwischen Staaten und Völkern besser verstanden und vorhergesagt werden können, wenn das Erleben und Verhalten der betroffenen Einzelpersonen oder besonderer Personengruppen — der Führungseliten etwa — mit ins Kalkül gezogen werden.

Der sozialwissenschaftliche Forschungsansatz

Betrachten wir die empirischen sozialwisschenschaftlichen Forschungen speziell zu den deutsch-polnischen Beziehungen, so muß man allerdings feststellen, daß Arbeiten kaum zu finden sind, die über anekdotische Evidenz zu der Frage hinausgehen, wie konkret z. B. die sozialen Einstellungen der Polen und Deutschen die wirtschaftlichen Beziehungen zwischen diesen Völkern beeinflußt haben und welche qualitativen und quantitativen Unterschiede in diesen Beziehungen etwa im Vergleich zum Verhältnis zwischen Polen und Franzosen nachweisbar sind. Dem Problem der Wechselwirkung zwischen den verschiedenen Ebenen kann sich dieser Artikel mangels empirischer Evidenz also nicht zuwenden. Ein weiteres Defizit ist auffällig. Wir konnten keine empirischen Untersuchungen darüber finden, wie sich Polen und Deutsche bei Begegnungen oder auch bei indirekten, etwa brieflichen Kontakten zueinander verhalten — z. B. in Abhebung von ihrem Verhalten, wenn Deutsche oder Polen mit Russen oder Amerikanern in Interaktion treten. Auch von solchen Verhaltensstudien wird also im folgenden nicht die Rede sein können. Ebenso fehlen indirekte Einstellungsstudien, die doch so leicht realisierbar wären, wenn etwa die gleichen zum Kauf angebotenen Waren unter sonst gleichen Bedingungen einmal als polnisch, als deutsch, gar nicht etikettiert würden. Wenn schließlich die kognitive Ebene bleibt, auf der zu den Beziehungen zwischen Deutschen und Polen etwas erfahrungswissenschaftlich Begründetes ausgesagt werden kann, so muß auch hier die Einschränkung gemacht werden, daß zwar einige Studien über die Orientierung von Deutschen gegenüber Polen vorliegen, uns aber keine über die andere Richtung verfügbar sind.[1] In diesem Zusammenhang sei auf die Parallelarbeit des polnischen Kollegen Ryszka in diesem Band verwiesen.

Um die Orientierungen und Haltungen zu erfassen, die Deutsche gegenüber Polen einnehmen, stehen dem Sozialwissenschaftler mehrere, eng aufeinander bezogene Konzepte zur Verfügung: Einstellung, Vorurteil und Stereotyp. Es soll hier nicht versucht werden, die Beziehungen zwischen diesen Konzepten zu erörtern, vielmehr soll zu jedem eine Begriffsbestimmung referiert werden, die eine weitgehende Zustimmung unter Sozialpsychologen gefunden hat und die als Bezugspunkt für diese Arbeit dienen soll. Unter *sozialer Einstellung* verstehen wir mit Allport[2] „a mental and neural state of readiness, organized through experience, exerting a directive or dynamic influence upon the individual's response to all objects and situations with which it is related." Als einem Spezialfall sozialer Einstellung versteht Jones das *Vorurteil:*[3] „Prejudice is a negative attitude toward a person or group based upon a social comparison process in which the individual's own group is taken as a positive point of reference". Den Begriff des *Stereotyps* hat man u. a. wie folgt umschrieben: „Zunächst beziehen sich solche affektiv-kognitiven Orientierungen auf soziale Objekte, auf Gruppen oder Personen als Angehörige einer Gruppe, der man sie aufgrund eines äußeren Merkmals zuordnen kann. Aus dieser Kategorisierung werden Erwartungen abgeleitet, die sich im Einzelfall zwar oft als unzutreffend erweisen, aber dennoch nur widerstrebend oder gar nicht revidiert werden. Zum zweiten sind solche prägnanten verbalen Beschreibungen meist nicht das Ergebnis individueller Beobachtungen und Verallgemeinerungen; sie gewinnen ihre Fertigkeit und Prägnanz vielmehr im Verlauf des Kommunikationsprozesses innerhalb der Gruppe, in der sie anzutreffen sind."[4]

Vergleicht man diese und andere einschlägige Definitionen der drei Konzepte, so wird deutlich, daß sie sich im Zusammenhang mit dem Thema dieser Arbeit auffassen lassen als bezogen auf die Orientierung von Personen gegenüber anderen Personen als Mitglieder einer bestimmten Gruppe, hier: als Angehörige einer Nation, wobei sich die drei Konzepte im Allgemeinheitsgrad und in inhaltlichen (auch kau-

1 Zur Literatur über das Bild der D D R in Polen vgl. u. a.: Beiträge Szyrocki und Dedecius in diesem Band.

2 Vgl. Allport, G. W., Attitudes, in C. A. Murchison (ed.).A Handbook of social psychology, Worcester Mass. 1935, S. 798-844.

3 Vgl. Jones, J. M., Prejudice and racism, Reading Mass. 1972, S. 3. Vgl. außerdem: Bergler, R., Vorurteile erkennen, verstehen, korrigieren, Köln 1976, S. 101 ff.

4 Vgl. Manz, W., Das Stereotyp. Zur Operationalisierung eines sozialwissenschaftlichen Begriffes, Meisenheim Hain 1968, S. 16.

5 Vgl. Harding, J., Proshansky, H., Kutner, B. und I. Chein, Prejudice and ethnic relations, in: G. Lindzey und E. Aronson (ed.), The Handbook of social psychology, vol. 5, Reading Mass. 1969, S. 3.

sal-genetischen) Aspekten unterscheiden. Allerdings ist Harding u. a. zuzustimmen, wenn sie darauf hinweisen, wie wenig die in den Definitionen eingefangenen theoretischen Konzepte den konkreten operationalen Definitionen entsprechen, die in den meisten Untersuchungen bei den empirischen Erhebungen verwendet werden. Wir werden daher im folgenden die inhaltlichen Aussagen auf die Grenzen des empirischen Instrumentariums relativieren müssen. Nachteile eines Erhebungsverfahrens könnten durch andere Verfahren kompensiert werden, teilweise ist dies auch bei der Erforschung von Orientierungen Deutscher gegenüber Polen möglich, allerdings mit zwei Einschränkungen: Zum einen sind uns keine Arbeiten bekannt, die mit indirekten Verfahren der Einstellungsmessung arbeiten, obwohl eine Übereinstimmung von Ergebnissen, die sowohl mit direkten als auch indirekten Techniken gewonnen wurden, ein wichtiges Argument für die Gültigkeit dieser Ergebnisse darstellen könnte.[6] Zum anderen scheinen systematische Inhaltsanalysen[7] zu fehlen, die beispielsweise von Materialien ausgehen könnten, wie sie Jacobsen/Tomala zusammengestellt und veröffentlicht haben: Reden und Publikationen von bundesdeutschen und polnischen Politikern und Schriftstellern zum deutsch-polnischen Verhältnis, Berichte und Kommentare zum gleichen Thema in den Massenmedien u. a.[8]

Inhalte des Polen-Stereotyps

Damit sei die Bestandaufnahme dessen, was aus sozialwissenschaftlicher Sicht möglich wäre, jedoch nicht vorhanden ist, abgeschlossen. Im folgenden werden wir uns mit den Stereotypen und Einstellungen von Deutschen gegenüber Polen befassen, werden wir Gesichtspunkte zur Frage der Genese dieser spezifischen Orientierungen skizzieren und abschließend die vorliegende Forschung kritisch betrachten. Zunächst wenden wir uns der Stereotypieforschung zu, in deren Rahmen nach dem Zweiten Weltkrieg als erstes Ergebnisse vorlagen, und zwar in der schon als klassisch zu bezeichnenden Monographie von Sodhi und Bergius.[9] Die Autoren untersuchten mit einer modifizierten Form des oft verwendeten Eigenschaftslisten-Verfahrens von Katz und Braly[10] stereotype Vorstellungen gegenüber Amerikanern, amerikanischen Negern, Chinesen, Deutschen, Engländern, Franzosen, Indern, Italienern, Juden, Polen, Russen, Spaniern, Tschechen und Türken anonym an 881 nicht repräsentativen, freiwilligen Befragten.

6 Vgl. Feger, H., Sozialpsychologische Methoden, in: M. Blomke, Ch. v. Ferber, K. P. Kisker und H. Schäfer (Hrsg.), Handbuch der Sozialmedizin, Bd. 1, Stuttgart 1975.

7 Vgl. Holsti, O. R., Content analysis, in: G. Lindzey und Aronson, a. a. O. (s. Anm. 5), vol. 2 (1968).

8 Jacobsen, H.-A./M. Tomala (Hrsg.), Wie Polen und Deutsche einander sehen, Düsseldorf 1973.

9 Vgl. Sodhi, K. S. und Bergius, R., Nationale Vorurteile, Berlin 1953.

10 Vgl. Katz, D. und Braly, K. W., Racial stereotypes of 100 college students, in: Journal of abnormal and social psychology, 28/1 933, S. 280 ff.

Das so ermittelte Polenstereotyp ist relativ negativ, ähnlich wie das über Russen, jedoch weniger prägnant in dem Sinne, als die Übereinstimmung innerhalb der Urteilenden relativ niedrig bleibt. Einen ersten Erklärungsansatz für den Inhalt dieses Polen-Stereotyps könnte man in der Zusammenfassung der beurteilten Völker in drei Gruppen sehen (ohne daß allerdings eine Klassifizierung durch ein multivariates Verfahren, etwa eine Clusteranalyse[11] damals hätte vorgenommen werden können):

1. die romanischen Völker: Franzosen, Italiener, Spanier; mit den ihnen gemeinsam zugeschriebenen Eigenschaften: leichtlebig, lebhaft, schönheitsliebend, künstlerisch;
2. die germanischen Völker: Amerikaner, Engländer, Deutsche; mit den Eigenschaften: sauber, sportlich, intelligent, gut gewachsen, kultiviert;
3. die slawischen Völker: Russen, Polen, Tschechen; mit den häufig und übereinstimmend genannten Eigenschaften: unberechenbar, mißtrauisch.

Die Autoren vermuten, daß es sich bei diesem Befund u. U. um ein „Nachwirken der ‚sog. Rassenkunde'" handeln könne.

Zehn Jahre später legte Wolf eine Studie an rund 400 Oberschüler(innen) im Alter von 17 und 18 Jahren aus drei Bundesländern vor, in der Eigenschaften-Stereotype zu Amerikanern, Engländern, Franzosen, Italienern, Polen, Russen und Ungarn erhoben wurden[12]. Die Methode, die sich auf Fragebogen und Schulaufsatz stützt, unterscheidet sich von der bei Sodhi und Bergius angewendeten u. a. darin, daß die Eigenschaftsliste nicht vorgegeben, sondern von den untersuchten Versuchspersonen erfragt wurde, und darin, daß Wert auf die Freiwilligkeit bei der Beantwortung jeder einzelnen Frage gelegt wurde. Das methodische Vorgehen ist hier also etwas zurückhaltender und motiviert durch den sozialen Druck der Untersuchungssituation weniger zu Antworten, die als Hinweise auf Stereotype interpretiert werden können — wie dies zu bewerten ist, ist eine andere Frage, vor allem, wenn man bedenkt, daß die soziale Erwünschtheit von negativen Stereotypie-Antworten gering sein dürfte — oder gegenüber bestimmten sozialen Gegebenheiten gerade nicht?

Für ein durchgängiges Stereotyp der slawischen Völker oder der Völker im kommunistischen Osten findet Wolf[13] keinen Beleg: „Trotz ‚grausam' sind die Russen mit einer deutlich anerkennenden Haltung gekennzeichnet, die bei den Polen fast vollständig fehlt. Die Ungarn wiederum ergeben ein Bild, das sich mit keiner anderen Gruppe weiter vergleichen läßt." Leider unterscheidet sich Wolfs Studie von der von Sodhi und Bergius in mehr als einer Hinsicht, so daß alternative Annahmen diesen Unterschied erklären können. Möglicherweise sind Stichprobenunterschiede

11 Vgl. Anderberg, M. R., Cluster analysis for applications, New York 1973.
12 Vgl. Wolf, H. E., Schüler urteilen über fremde Völker, Weinheim 1963.
13 Vgl. Wolf, a. a. O. (Anm. 12), S. 63.

oder/und Methodenunterschiede verantwortlich (Wolfs Befragte dürften im Durchschnitt etwas jünger gewesen sein), oder die Nachwirkungen der „Rassenkunde“ klangen zehn Jahre später in der Tat bereits ab.

Den Befragten bei Wolf war freigestellt, zu welchen der acht Völker sie ein Urteil abgeben wollten; in der entsprechenden Rangordnung befinden sich die Polen an vorletzter Stelle. Wo Sodhi und Bergius mit anderer Methodik eine relativ geringe Prägnanz des Polen-Stereotyps feststellen, interpretiert Wolf einen geringen „Bedeutungsgrad“ dieses Stereotyps. Wahrscheinlich ist dieser Bedeutungsgrad inhaltlich zu vergleichen mit dem Aktualitätsmaß von Hofstätter[14]. Inzwischen könnte allerdings, wahrscheinlich im Zusammenhang mit der neuen Ostpolitik seit Beginn der siebziger Jahre, das Verhältnis zu Polen aktueller geworden sein[15], wenn man einige Ergebnisse der „Arbeitsgruppe“ (1974) betrachtet, könnte die Aktualisierung jedoch auf die politisch interessierten Kreise begrenzt geblieben sein.

Um die damals überwiegend negative Charakterisierung der Polen zu verstehen, bieten sich aus Wolfs Material drei Annahmen an: 1. Im Vergleich zu anderen, vor allem westlichen Völkern hatten die Befragten sowohl im Inland als auch bei Auslandsaufenthalten sehr wenig Kontakte mit Polen. Auch geben sie an, über Polen von ihren Verwandten und Bekannten oder aus Büchern oder Massenmedien wenig Information erhalten zu haben. Wenn die positive Beziehung zwischen Kontakthäufigkeit und Sympathie in der Tat auf einer Wechselwirkung beruht[16], dann ist der fehlende Kontakt einer der möglichen Gründe für das eher negative Polenstereotyp. — 2. Ein anderer Anhaltspunkt ergibt sich aus den Begründungen der Urteile, die Wolf von seinen Befragten erbat[17]: „Hinsichtlich der Polen liegen nur verhältnismäßig wenig Fälle positiver Wahlen vor. Eine quantifizierte Auswertung ist darum wenig sinnvoll ... Im Vordergrund stehen Ereignisse der jüngeren Geschichte. Etwas sekundärer sind die eigentlichen politischen Hinweise.“ Damit sind die besonderen historischen und politischen Beziehungen zwischen den beiden Völkern angesprochen, auf die wir noch zurückkommen werden. — 3. Schließlich gibt es in Wolfs Material Hinweise auf die Verschränkung des Urteils der Deutschen über die Polen und des von den Deutschen vermuteten Urteils der Polen über die Deutschen. Manz hat diese sozialpsychologische, empirisch belegte These folgendermaßen formuliert[18]: „Konkret gewendet besagt diese Annahme, daß ‚mein‘ Urteil über die Angehörigen einer anderen Gruppe mitbestimmt wird von dem Urteil der anderen über mich, und dieser Zusammenhang ist wohl unbestritten für den Fall, daß mir das Urteil der anderen explizit bewußt ist. Das Fremdurteil soll aber auch dann mein Urteil über die anderen beeinflussen, wenn es mir nicht ausdrück-

14 Vgl. Hofstätter, R.-R., Einführung in die Sozialpsychologie, Stuttgart 1959 (2. Aufl.).

15 Vgl. die Hinweise von Wick-Kmoch, A., in: Schweitzer, C. C. und H. Feger (Hrsg.), Das deutsch-polnische Konfliktverhältnis seit dem Zweiten Weltkrieg, Boppard 1975.

16 Vgl. Feger, H., Gruppensolidarität und Konflikt, in: C. F. Graumann (Hrsg.), Handbuch der Psychologie, Bd. 7/2, Sozialpsychologie, Göttingen 1972.

17 Vgl. Wolf, a. a. O. (S. Anm. 12), S. 46.

18 Vgl. Manz, a. a. O. (s. Anm. 4), S. 83 f.

lich bekannt ist: Allein das immer mitgegebene Wissen darum, daß der Urteilsgegegenstand selber urteilsfähiges Subjekt ist, soll bewirken, daß mein Urteil mitgeprägt wird von dem erwarteten Urteil der anderen über mich." Wolf berichtet[19], daß nach Ansicht seiner Oberschüler die Deutschen meinen, die Polen denken: „Die Deutschen sind gefährlich, Unterdrücker (Räuber), schlecht, unangenehme Nachbarn, Imperialisten." Man kann den Befund in zweifacher Weise deuten. Die Befragten vermuten, daß auch den Polen die belastende Vergangenheit und unfreundliche Gegenwart der Beziehungen zwischen den Völkern bewußt ist und daß die Polen entsprechend reagieren und deren Einstellung eine Art Widerspiegelung der politisch-historischen Verhältnisse ist. Und: Die Befragten sind sich ihres negativen Urteils bewußt, glauben, daß auch die Gegenseite dies weiß und entsprechend reagieren wird, und sehen ihr negatives Urteil durch diese Erwartung gerechtfertigt — ein Aufschaukelungsprozeß, der das negative Urteil stabilisieren könnte.

Kurze Zeit später, 1967, datiert Beckers Untersuchung an Hamburger Schülern im Alter von 16 und 17 Jahren[20]. Verglichen wurden in dieser Arbeit, die in der Methodik der von Wolf nahekommt, die Völker Russen, Polen, Deutsche und Franzosen. Auch die Ergebnisse stimmen weitgehend überein. Insgesamt wurde Polen relativ selten beurteilt und als unsympathisch geschildert. Bei der Begründung der Wahlen wurden ähnliche Eigenschaften wie bei Wolf genannt; politische Begründungen spielten bei Polen im Gegensatz zu den Russen kaum eine Rolle. Wenig Kontakte mit Polen und besonders geringe Kenntnisse über Polen werden berichtet. Becker erläutert: „Polen wird als kleines und unbedeutendes Nachbarland Rußlands betrachtet[21], während Hinweise auf die Nachbarschaft zu Deutschland fehlen. Geographisches Wissen ist kaum vorhanden ... Bei den politischen Gegebenheiten stehen die ‚deutschen Ostgebiete' und die enge Verbindung Polens mit Rußland im Vordergrund." Weiter führt er aus, daß die Ansichten über Russen und Polen „stereotyper" als die zu Franzosen und Deutschen seien. Die Daten, auf die sich seine Schlußfolgerung stützt, zeigen jedoch lediglich relativ wenig Varianz bei der Beurteilung des Zutreffens der vorgelegten Eigenschaften, die im Mittel zwischen „ziemlich zutreffend" und „wenig zutreffend" eingestuft wurden. Somit scheint allenfalls der Schluß gerechtfertigt, seine Befragten hätten sich recht einmütig geweigert, sich bei der Einschätzung der Polen festzulegen. In der Diskussion werden wir auf die in mehreren neueren Studien belegte Tatsache zurückkommen, daß die Befragten fast nichts über Polen wissen und sich scheuen, über Polen ein Urteil abzugeben.

19 Vgl. Wolf, a. a. O. (s. Anm. 12), S. 66.

20 Vgl. Becker, K. C., Einstellungen deutscher Schüler gegenüber Franzosen, Polen und Russen, in: Kölner Zeitschrift für Soziologie und Sozialpsychologie 22 1970, S. 737 ff.

21 ebd., S. 748 f.

Die Einstellung gegenüber Polen

Man kann mit Harding[22] bei Vorurteilen wie bei Einstellungen generell zwischen affektiven, kognitiven und konativen Komponenten analytisch trennen. Wenn zur kognitiven Komponente „perceptions, beliefs, expectations“ über das Einstellungsobjekt gerechnet werden, machen die mit dem Eigenschaftslistenverfahren erfaßten inhaltlichen Komponenten als Stereotyp einen Teil des kognitiven Aspektes von Vorurteilen aus. Zu den affektiven Komponenten einer ethnischen Einstellung gehören nach Harding sowohl eine allgemeine Freundlichkeit oder Unfreundlichkeit gegenüber dem Einstellungsobjekt als auch die verschiedenen spezifischen Emotionen, die der Einstellung ihre affektive Färbung geben. Auf der positiven Seite schließen sie Gefühle wie Verehrung, Sympathie und „Nähe“ oder Identifikation ein, auf der negativen Seite umfassen sie Gefühle wie Verachtung, Furcht, Neid und „Distanz“ oder Entfremdung. Wenn wir uns nun im folgenden einem größeren Projekt zuwenden, in dem 1972 die Haltung gegenüber Polen an einer repräsentativen Stichprobe von 1853 Befragten u. a. mit Hilfe des semantischen Differentials erhoben wurde[23], so erfassen wir mit einer anderen Methode einen grundsätzlich verschiedenen Aspekt der Orientierung gegenüber Polen. Hierbei wird nicht versucht, spezifische Attribute zu finden, vielmehr werden beim Prozeß der Konstruktion des semantischen Differentials[24] Polaritäten günstigerweise so ermittelt, daß sie auf die Beurteiler und das zu Beurteilende abgestimmt sind und dabei — im vorliegenden Fall — erkennen lassen, auf welchen Dimensionen alle beurteilten „Völker“ (Engländer, Chinesen, Tschechen, Italiener, Ostdeutsche, Polen, Amerikaner, Franzosen, Westdeutsche und Russen) von den Befragten differenziert werden. Es geht jetzt also nicht mehr darum, festzustellen, was inhaltlich einem spezifischen Einstellungsobjekt zugeschrieben wird, sondern auf welchen Dimensionen ein soziales Objekt wie stark von anderen unterschieden wird, wobei meist eine allgemeine Dimension der affektiven Orientierung (pro — contra) entweder durch die Skalenkonstruktion vorgegeben wird oder sich nach der Datenanalyse ergibt.

Harding und Mitautoren heben von den beiden anderen Einstellungskomponenten eine konative ab, in der sich Handlungsorientierungen einer Person gegenüber bestimmten Mitgliedern einer Gruppe niederschlagen. Diese Komponente wurde im erwähnten Projekt mit Hilfe einer Einstellungsskala zu erfassen versucht, die speziell die Konfliktbereitschaft gegenüber Polen messen soll[25]. Ferner wurde die Einstellung zur neuen Ostpolitik mit einer Einstellungsskala, und mit einem Eindrucksdifferential die Einschätzung zu den politischen Schlüsselwörtern Diktatur, Kirche, Mitbestimmung, Sozialdemokratie, Demokratie, Wohlstand, Nationalsozialismus, Toleranz, Fortschritt, Nation, Abrüstung und Kommunismus erhoben.

22 Vgl. Harding, a. a. O. (s. Anm. 5).

23 Vgl. Schweitzer/Feger, a. a. O. (s. Anm. 15).

24 Vgl. Schäfer, B. und Fuchs, A., Kriterien und Techniken der Merkmalsselektion bei der Konstruktion eines Eindrucksdifferenzials, in: R. Bergler (Hrsg.), Das Eindrucksdifferenzial. Theorie und Technik, Bern 1975.

25 Vgl. Schäfer, in: Schweitzer/Feger, a. a. O. (s. Anm. 15).

Erste Informationen liefern uns die Antworten auf gezielte Einzelfragen, aus denen sowohl Hinweise auf die Aktualisierung der Polenthematik um 1972 als auch auf eine gewisse Polarisierung der Einstellungen zu diesem Komplex von Kutsch sowie Kutsch und Dötsch[26] abgeleitet werden (auf die methodischen Probleme bei der Erfassung von Aktualisierung und Polarisierung, die bisher kaum angegangen wurden, kann hier nur hingewiesen werden). Aus den gleichen Arbeiten geht hervor, daß in der Tendenz eher Männer, Angehörige der jüngeren Generation und verständlicherweise Sympathisanten der Regierungsparteien SPD und FDP die neue Ostpolitik und speziell den Warschauer Vertrag günstiger bewerten. Die als polen-freundlich angesehene Regierungspolitik wird eher befürwortet durch Personen mit relativ höheren politischen Einflußmöglichkeiten, erfaßt nach dem center-periphery-Index von Galtung[27].

Einen Hinweis auf von den Deutschen subjektiv erlebte Unterschiede zwischen Polen und Deutschen geben die Antworten auf die Frage:[28]

Nr. 10
„Schon durch die völlig verschiedene Mentalität der Polen und der Deutschen ist ein Verständnis zwischen beiden Ländern sehr erschwert."

	N	= %
stimmt völlig	157	8,5
stimmt überwiegend	445	24,0
unentschieden	507	27,2
stimmt überwiegend nicht	491	26,5
stimmt überhaupt nicht	238	12,8
keine Angabe	18	1,0

Uneingeschränkt abgelehnt wird der behauptete Mentalitätsunterschied nur von knapp 13 % der repräsentativen Stichprobe. Allerdings deutet sich in den Erwartungshaltungen der Befragten ein künftiger Abbau von Reserviertheit an, wenn 63 % der Meinung sind, die junge Generation der Polen, die nach 1945 geboren ist, sei stärker am friedlichen Ausgleich mit der Bundesrepublik Deutschland interessiert als die ältere Generation (Frage 17), und die Entwicklung zwischen Polen und der Bundesrepublik Deutschland bis zum Jahre 2000 von 48,5 % als zunehmende Verständigung charakterisiert wird, nur 3,3 % zunehmenden Konflikt erwarten und 33,9 % der Meinung sind, der Unterschied/Gegensatz bleibe, doch man werde sich gegenseitig tolerieren.

26 Vgl. Kutsch, T. Konflikt und Kooperationstendenzen gegenüber Polen in der westdeutschen Bevölkerung, in: Schweitzer/Feger, a. a. O. (s. Anm. 15); Kutsch/Dötsch, W., ebd.

27 Vgl. Galtung, J., Foreign policy opinion as a function of social position, in: The journal of peace research. 3/1964, S. 206 ff.

28 Vgl. Schäfer, in: Schweitzer/Feger, a. a. O. (s. Anm. 15).

Aus der gleichen Arbeit entnehmen wir, daß sich die Beurteilungen der Völker mit Hilfe des Eindrucksdifferentials auf zwei Faktoren reduzieren lassen: Auf die Bewertung des sozialen und ökonomischen Entwicklungsstandes (hier schneiden die Polen relativ schlecht ab; weniger entwickelt sind nur noch Russen und Chinesen) und auf die Einschätzung des „Temperaments". Auf diesem Faktor werden die Polen als eher temperamentvoll charakterisiert, jedenfalls am wenigsten „kühl" von allen kommunistischen Staaten, die im übrigen als einander ähnlicher als die westlichen Staaten beschrieben werden. Berücksichtigt man die evaluative Konnotation der Eigenschaften, die für Polen als zutreffend angegeben wurden (zum Pol „temperamentvoll" gehören auch die Adjektive „faul" und „schmuddelig"), so kann man auf eine insgesamt eher negative Einstellung gegenüber Polen schließen.

Eine weitere Arbeit Schäfers[29] führt zu einer wichtigen Differenzierung was „die" Einstellung zu Polen betrifft. Wir betrachten die folgenden Produkt-Moment-Korrelationskoeffizienten, die sich auf Werte der Gesamtstichprobe beziehen, wobei „Einstellung zu Polen" dem Wert auf dem ersten Faktor (Entwicklungsstand) entspricht. Die Variablen „Einstellung zur Ostpolitik" der Regierung Brandt/Scheel und „Konfliktbereitschaft gegenüber Polen" wurden durch eine Einstellungsskala erfaßt.

	Einstellung zur Ostpolitik	Konfliktbereitschaft gegenüber Polen
Einstellung zu Polen	+ 0,10	— 0,16
Einstellung zur Ostpolitik		— 0,83

Es zeigt sich, daß die Bewertung der neuen Ostpolitik zwar nicht völlig gleichsinnig, jedoch bei vielen Befragten in die gleiche Richtung ging wie die Konfliktbereitschaft gegenüber Polen, was insofern in sich stimmig ist, als die Ostpolitik als ein wesentliches Element auch eine neue Orientierung gegenüber Polen vorsah und „Konfliktbereitschaft" sich auf allgemeine Maßnahmen in der Politik, nicht nur auf eine persönliche Handlungsbereitschaft bezog. Dennoch bleibt die geringe Korrelation zwischen „Einstellung zu Polen" und „Konfliktbereitschaft" bemerkenswert, wenn man — wie Schäfer — die eine Variable als die eher evaluative, die andere als die eher konative, d. h. die Handlungsabsicht ausdrückende Komponente der gleichen Einstellungsstruktur betrachtet.

In der repräsentativen Stichprobe findet sich nur eine wenig über dem Zufall liegende Zahl von Personen, die sowohl Polen als relativ rückständig betrachteten als auch zugleich eine eher aggressive Haltung einnahmen. Die politische Haltung gegenüber Polen wurde weniger durch die kognitive Einstellungskomponente als vielmehr, wie aus der gleichen Arbeit hervorgeht, durch die Parteipräferenz (eher konservativ versus eher progressiv) bestimmt.

29 ebd.

Auch wenn man demographische Kennzeichen zu diesen Variablen in Beziehung setzt, zeigt sich, daß man Konfliktbereitschaft und Einstellung zu Polen trennen muß. Während die affektive Einstellungskomponente fast gar keinen Zusammenhang mit demographischen Variablen aufweist, ist zwar die Stärke der Beziehung zwischen diesen Variablen und der Konfliktbereitschaft gering, die Beziehungen sind jedoch überzufällig: Frauen favorisieren eher konfliktbetonte Verhaltensweisen, mit steigendem Lebensalter oder Zugehörigkeit zu den älteren Generationen neigt man zu mehr Konfliktbereitschaft, diese nimmt deutlich mit höherem Schulabschluß und längerem Schulbesuch ab, desgleichen mit höherem Einkommen. Konfessionslose sind am positivsten orientiert. Bei der Interpretation dieser Befunde könnte man davon ausgehen, daß unterschiedliche Auswirkungen der gleichen Sozialisationsbedingungen auf verschiedene Komponenten eines Einstellungssystems nicht auszuschließen sind. Die Änderung der einen Komponente durch Einbezug in ein übergreifendes Bezugssystem, hier der parteipolitisch-ideologischen Orientierung, scheint eine Erklärungsmöglichkeit zu sein, die diejenige nicht ausschließt, SPD-Anhänger seien schon vor der neuen Ostpolitik polenfreundlicher gewesen (geringerer Flüchtlingsanteil bei den Wählern); wahrscheinlich haben beide Faktoren zu einer Art Kreisprozeß geführt.

Wir haben bisher die Einstellung zu Polen relativ isoliert betrachtet und die Haltung gegenüber anderen Völkern nicht berücksichtigt. Es könnte sein, daß die Erklärung der Orientierung gegenüber Polen nicht weiterführt, weil eine gleichartige Orientierung gegenüber anderen Völkern insgesamt besteht, also eine Person generell ethnische Vorurteile in mehr oder minder starkem Ausmaß hat, wie es etwa durch die Theorie der autoritären Persönlichkeit zu vermuten nahegelegt würde. Dieser Frage ist Schäfer[30] in einer anderen Studie nachgegangen. Er stellte fest, daß zwei Annahmen nicht haltbar sind: (1) Personen, die gegenüber einer Gruppe negativ eingestellt sind, weisen — auch wenn man die absoluten Maße betrachtet — anderen Gruppen gegenüber ungünstige Einstellungen auf. (2) Personen, die eine Gruppe relativ schlecht beurteilen, schätzen auch andere Gruppen relativ nachteilig ein.

Dennoch geschieht die Beurteilung der Völker nicht unabhängig voneinander. Kennt man die Einschätzungen der Russen, Tschechen, Ostdeutschen und Chinesen durch einen Befragten, so lassen sich durch eine multiple lineare Regressionsanalyse für die Beurteilung der Polen Werte bestimmen, die zu 56 % mit den tatsächlichen Werten der Befragten übereinstimmen. Im Vergleich dazu ist es beispielsweise für die Ableitung der Einstellung zu den Italienern wichtig, die Einstellung der Befragten zu den Franzosen, Amerikanern und Engländern zu kennen; der Vorhersageerfolg ist dabei mit 28 % jedoch deutlich geringer. Die Einstellung zu den Polen läßt sich von allen untersuchten Völkern am besten vorhersagen. Das heißt auch: Sie ist am wenigsten spezifisch. Die von Schäfer[31] berichteten Interkorrelationen zwischen den Einschätzungen der Völker zeigen deutlich eine relativ

30 ebd.
31 ebd.

hohe Ähnlichkeit der Bewertung von Völkern mit kapitalistischem Wirtschafts- und Gesellschaftssystem einerseits, sozialistischem System andererseits. Wer ein westliches Land hoch einschätzt, tendiert dazu, auch die übrigen positiv zu bewerten, und umgekehrt. Gleiches gilt für die östlichen Staaten. Schäfer weist nach, daß die Haltung gegenüber dem Kommunismus eine der Komponenten ist, die die Einstellungen zu den sozialistischen Staaten, kaum jedoch zu den westlichen bestimmen. Außerdem konnte der Autor, wenn auch mit Einschränkungen, die Wirksamkeit eines allgemeinen Vorurteilsfaktors (Xenophilie) nachweisen.

Wie die Auswertung von Biciste[32] zeigt, sind sowohl Lehrer als auch Journalisten — interessant als Meinungsführer (opinion leaders) — eher als der durchschnittliche Befragte in der repräsentativen Stichprobe bereit, den Polen entgegenzukommen. In der Einstellung zu Polen unterscheiden sich beide Gruppen nicht grundsätzlich vom Schema in der repräsentativen Stichprobe, bewerten Polen jedoch absolut gesehen günstiger. Hier zeigt sich, wie auch in anderen Untersuchungen[33], mit zunehmender Bildung weniger Vorurteil, ohne diese Beziehung kausal deuten zu wollen und insbesondere ohne annehmen zu wollen, diese Variable lasse sich nicht auf andere zumindest teilweise zurückführen.

Die jüngste uns bekanntgewordene Studie stammt von einer Arbeitsgruppe Saarbrücker Geschichtsstudenten, die 616 saarländische Schüler, etwa 14 Jahre alt, der Schultypen Hauptschule, Realschule und Gymnasium untersuchte.[34] Die Auswahl war in etwa hinsichtlich sozialer Herkunft, Geschlecht und Religion repräsentativ. Eine Reihe von Verfahren wurde verwendet, u. a. eine Eigenschaftsliste, eine modifizierte Skala der sozialen Distanz nach Bogardus, Sympathiebeurteilungen, Schätzen geographischer Distanzen und Wissensfragen. Soziale Objekte waren Russen, Polen, Tschechen, Ungarn, Jugoslawen und als westliches Vergleichsvolk die Franzosen. Von den Ergebnissen halten wir fest: (1) Über Polen lag kaum historisches, politisches oder geographisches Wissen vor, das scheint für alle osteuropäischen Länder zu gelten, vielleicht mit Ausnahme Rußlands. (2) Bei den Symphatieurteilen fand sich für Polen die höchste Quote jener Urteile, die entweder eine indifferente Haltung bezeichnen oder keine Antwort darstellen. (3) „Für die Polen zeigt unsere Eigenschaftsliste, anders als bei Becker und Wolf, keine Häufungen bei negativen Begriffen des Sozialverhaltens. Vielmehr ist der Pole ein gewissenhafter Arbeiter (Arbeitstier, gründlich, pflichtbewußt), religiös, sogar mit einem Anflug von Kultur (kultiviert, schönheitsliebend)".[35]

Da in dieser Untersuchung wie in vielen anderen vergleichbaren keine inferenzstatistische Auswertung erfolgte, haben wir sie dort vorgenommen, wo es die berich-

32 Vgl. Biciste, M., Untersuchung der beiden Sondergruppen Lehrer/Journalisten, in: Schweitzer/Feger, a. a. O. (s. Anm. 15).

33 Vgl. Harding, a. a. O. (s. Anm. 5); Bergler, a. a. O. (s. Anm. 3).

34 Vgl. Aus Politik und Zeitgeschichte. Beilage zur Wochenzeitung „Das Parlament", B 46/74, 1974.

35 a. a. O. S. 22.

teten Daten erlaubten, und zwar bei den Symphatieurteilen und den sozialen Distanzen. Auf die Einstufungen der sozialen Distanzen (dort Tab. 7) wurde der Kruskal-Wallis-Test ($H = 1{,}47$; $df = 5$)[36] angewendet. Er ergab keine statistisch als überzufällig gesicherten Unterschiede zwischen den sozialen Distanzen zu den verschiedenen Völkern. Die Symphatieurteile (dort Tab. 5) wurden einem chi^2-Test unterzogen, der bei einem chi^2 $= 57{,}8$ und $df = 15$ auf dem 1%-Niveau signifikant wurde. Um die Gründe für die Abweichung vom per Zufall zu Erwartenden annäherungsweise zu identifizieren, betrachteten wir die chi^2-Komponenten für die einzelnen Zellen. Demnach scheinen folgende Schlüsse gerechtfertigt: (1) Die Russen wurden häufiger als per Zufall zu erwarten als unsymphatisch bezeichnet. (2) Gegenüber den Polen wurde überzufällig oft eine indifferente Haltung eingenommen. (3) Seltener als man erwarten durfte wurden die Franzosen nicht beurteilt. (4) Die Ungarn wurden seltener als zu erwarten als unsymphatisch eingestuft.

Umfragen

Eine der Komponenten, die die Haltung zu Polen bestimmen, ist die *erlebte Art der politischen Beziehung,* insbesondere die Aktualität und Bedeutung von Konfliktmöglichkeiten. Dazu gehörte in der Nachkriegszeit zweifellos die Frage der deutsch-polnischen Grenze. Es ist aufschlußreich, die Ergebnisse einer Zeitreihen-Untersuchung des Instituts für Demoskopie, Allensbach, zu betrachten. Gestellt wurde die Frage: „Meinen Sie, wir sollten uns mit der jetzigen deutsch-polnischen Grenze — der Oder-Neiße-Grenze — abfinden oder nicht abfinden?“[37*]

	1951 März %	1956 Dez. %	1959 Sept. %	1962 März %	1964 Sept. %	1966 Febr. %	1967 Nov. %	1969 Mai %	1970 März %	1972 Mai %
Abfinden	9	9	12	26	22	27	46	42	58	61
Nicht abfinden	80	73	67	50	59	54	35	38	25	18
Unentschieden, kein Urteil	12	18	21	24	29	29	19	20	17	21
	100	100	100	100	100	100	100	100	100	100

↑110 %. ?
27+29+54=110 !!!

36 Vgl. Siegel, S., Nonparametric statistics for the behavioral sciences, New York 1956.
37 Vgl. Jahrbücher der öffentlichen Meinung, Allensbach-Bonn 1968/1974 (2 Bde).

*) Fragetext 1972: „... mit der deutsch-polnischen Grenze ...“

Eine Aufschlüsselung 1972 im einzelnen zeigte folgendes Bild:

	Mai 1972 Abfinden %	Nicht abfinden %	Unentschieden, kein Urteil %
Gesamtergebnis	61	18	21 = 100
Männer	69	18	13 = 100
Frauen	53	18	29 = 100
Altersgruppen:			
16 — 29 Jahre	69	10	21 = 100
30 — 44 Jahre	64	18	18 = 100
45 — 59 Jahre	59	24	17 = 100
60 Jahre und älter	49	21	30 = 100

Der Bevölkerungsprozentsatz, der sich für ein „Abfinden" ausspricht, nimmt ständig und deutlich zu. Der Aktualitätsgrad dieser Frage (bestimmt nach Hofstätter)[38] war zunächst 1951 relativ hoch, als es wenige Befragte gab, die sich „keine Meinung" leisteten, und die überwiegende Mehrheit, die sich gegen ein Abfinden aussprachen. Mitte der fünfziger bis Mitte der sechziger Jahre verlor die Frage an Interesse und Polarisierungskraft, bis sie Ende der sechziger Jahre erneut aktuell wurde, als die Mehrheiten wechselten. Betrachtet man die Aufschlüsselung nach Altersgruppen 1972, dann wird deutlich, daß man die Trendentwicklung nicht ausschließlich auf die nachrückende jüngere Generation zurückführen kann. Zwar ist diese Ursache nicht zu übersehen, aber auch die älteren Befragten müssen ihre Meinung seit 1951 deutlich zugunsten einer Anerkennung der deutsch-polnischen Grenze geändert haben.

Andere Fragen, die das politische deutsch-polnische Verhältnis berühren, ergeben das gleiche Bild, z. B. die folgende: „Zu den ehemaligen deutschen Ostgebieten: Manche Leute sagen, daß nicht nur wir einen Anspruch auf die ehemals deutschen Gebiete haben, die jetzt polnisch sind, sondern daß auch die polnischen Familien, die dort hinziehen mußten, oder die jungen Polen, die dort geboren wurden, heute ein Heimatrecht dort haben. Würden Sie sagen, auch die Polen haben inzwischen ein Heimatrecht in diesen Gebieten erworben, oder haben sie keins?" antworteten:

	1967 Nov. %	1969 Nov. %
Die Polen haben inzwischen ein Heimatrecht dort	57	68
Sie haben dort kein Heimatrecht	21	18
Unentschieden, kein Urteil	22	14
	100	100

38 Vgl. Hofstätter, a. a. O. S. 135, (s. Anm. 14).

Insgesamt ist festzuhalten, daß die Bevölkerung der Bundesrepublik Deutschland — wenn auch mit Unterschieden nach Altersgruppen und politischen Überzeugungen — in den letzten Jahrzehnten mehr und mehr eine Haltung annimmt, die einseitige Besitzansprüche aufgibt und die Rechte oder vermuteten Wünsche der polnischen Seite anerkennt. Dies stimmt mit den Ergebnissen, die in Schweitzer und Feger veröffentlicht wurden, voll überein. Aus sozialwissenschaftlicher Sicht wird die Normalisierung somit mehr und mehr zum Faktum.[39]

Ursachen und Bedingungen der gegenwärtigen Haltung gegenüber Polen

In der einschlägigen Literatur besteht weitgehend Übereinstimmung darüber, daß in der Regel mehr als ein Grund zu berücksichtigen ist, wenn Genese, Konstanz und Variabilität von ethnischen Einstellungen erklärt werden sollen und zu dieser Erklärung mehrere Einzelwissenschaften beizutragen hätten. Wir werden im folgenden deshalb mehrere Annahmen über die Gründe skizzieren, die zu der gegenwärtigen Einstellung von Deutschen in der Bundesrepublik Deutschland zu Polen geführt haben könnten; einige Annahmen wurden schon im Zusammenhang mit den einzelnen Studien, die ihre Formulierung nahelegten, geschildert. Die Annahmen, die über die fachliche Zuständigkeit eines Sozialpsychologen hinausgehen, werden dabei notwendigerweise verkürzt dargestellt. Auf die übrigen Beiträge dieses Buches sei daher auch in diesem Zusammenhang ausdrücklich verwiesen.[40]

Die Rolle der politisch-historischen Bedingungen für die Einschätzung der Polen durch die Deutschen kann kaum übersehen werden. Wir formulieren als allgemeine (ungerichtete) Annahme: Die Deutung politischer Ereignisse und Aktivitäten durch die Elite der eigenen Gruppe und ihre Kommunikation durch Massenmedien, opinion leaders u. ä. sowie — möglicherweise in geringerem Ausmaß — die eigenen Erfahrungen der von den politischen Ereignissen direkt Betroffenen, bestimmen die Haltung gegenüber den Außengruppen, die an den politischen Geschehnissen beteiligt waren. Negative Einstellungen ergeben sich bei und nach Auseinandersetzungen mit Außengruppen; Harding u. a. fassen einschlägige Studien so zusammen: „. . . undesirable characteristics are more likely to be stressed in descriptions of the group by members of another group — especially if there has been a recent history of conflict between the two groups. . .".[41]

Wir erwähnen nun stichwortartig einige historische Gegebenheiten in den Beziehungen zwischen Deutschen und Polen, die bei den jetzt lebenden Deutschen relevant sein könnten, und versuchen die Wirkung dieser Gegebenheiten auf den Prozeß der Einstellungsentwicklung abzuschätzen.[42] (1) Wir beginnen mit den revolutionären Ereignissen der Jahre 1830/31, 1848 und 1863, die Jacobsen kommentiert:

39 Vgl. Schweitzer/Feger, a. a. O. (s. Anm. 15).
40 Vgl. S. 1 ff und 44 ff
41 Vgl. Harding, a. a. O. (s. Anm. 5), S. 8.
42 Vgl. Jacobsen, a. a. O. (s. Anm. 8).

„Fraglos ergriff in diesen Monaten eine Welle des Enthusiasmus weite Teile Deutschlands für die polnische Sache". Die Belege weisen auf ein Engagement von Journalisten, Dichtern, Historikern u. ä. hin, während eine eher ablehnende Reaktion bei den damaligen, eher konservativen Regierungskreisen zu beobachten war. (2) Die zweite Aktualitätsphase läßt sich skizzieren mit dem Hinweis auf Marx und Engels, die beide für die Wiederherstellung eines demokratischen Polens als Vorbedingung für die Wiederherstellung eines demokratischen Deutschlands eintraten. (3) Erneut fand die Polenfrage in der Bismarckzeit Aufmerksamkeit, als man eine Germanisierung Polens versuchte und im Kulturkampf auch den latenten Gegensatz „deutsch-evangelisch" gegenüber „polnisch-katholisch" akzentuierte. — Diese drei Punkte könnten als einer der möglichen Gründe herangezogen werden, warum in Deutschland bis heute liberale und sozialdemokratisch-sozialistische Kreise eher polenfreundlich zu sein scheinen als konservative. Die Auseinandersetzungen in der Bismarckzeit hatten auch einen deutlichen ökonomischen Aspekt, und so gilt hier vermutlich die Beobachtung von Harding u. a.: „In these situations the attitudes of the dominant group toward the subordinate one have usually been friendly so long as the system of economic relations was not challenged, but the attitudes have become hostile whenever the subordinate group attempted to improve its position".[43]

Auch die nächste Aktualitätsphase (4) konnte nur zu einer Vertiefung des Vorurteils führen: „Dem wiedererstandenen polnischen Staat wurde durch den Versailler Vertrag im Westen Posnan (Posen), Westpreußen und Teile von Oberschlesien zugesprochen. Diese Entscheidung wandelte das Polenbild in Deutschland quantitativ und qualitativ. Wir wissen, daß bestimmte antipolnische Vorurteile in fast allen Schichten der deutschen Gesellschaft verwurzelt waren, aber doch wohl vorwiegend in bürgerlich-intellektuellen Kreisen. Nunmehr erhielten diese neue Nahrung".[44] Keine Regierung in der Weimarer Republik war bereit, die Ostgrenze anzuerkennen. Massenmedien weckten Emotionen gegen die polnische Politik. (5) Schließlich wurde während der nationalsozialistischen Zeit aus dem „Nationalfeind" ein „Rassenfeind", der Hetzpropaganda folgte (6) der Zweite Weltkrieg, der mit dem Einmarsch in Polen begann und zu Greueltaten von Deutschen in Polen führte. (7) Evakuierung, Flucht, Zwangsumsiedlung und Aussiedlung[45], sowie Übergriffe von Polen an Deutschen folgten. Wie auch der gesunde Menschenverstand vermutet, führen solche Geschehnisse dazu, daß ausgeprägte Vorurteile entstehen; Belege für solche sozialpsychologischen Auswirkungen von Kriegen finden sich bei Harding u. a.[46]

Es schloß sich (8) die Periode des „Kalten Krieges" an, für die Jacobsen[47] feststellte: „Seit Anfang der fünfziger Jahre zählte Polen in der Bundesrepublik

43 Vgl. Harding, a. a. O. (s. Anm. 5), S. 31.
44 Vgl. Jacobsen, a. a. O. (s. Anm. 8), S. 184.
45 Vgl. hierzu jetzt die Empfehlungen der Schulbuchkonferenz Bundesrepublik Deutschland — Volksrepublik Polen, Warschau 1976, S. 66 f.
46 Vgl. Harding, a. a. O. (s. Anm. 5), S. 30 f.
47 Vgl. Jacobsen, a. a. O. (s. Anm. 8), S. 196.

Deutschland zum Bestandteil des ideologischen ‚Feindbildes', das als Integrationsfaktor westdeutscher Gesellschaftspolitik diente". Auf Schäfers Befund[48], daß ein Zusammenhang zwischen Antikommunismus und Polenfeindlichkeit besteht, haben wir schon hingewiesen. (9) Nach einigen Versuchen Ende der fünfziger Jahre folgte auf breiterer Basis erst Ende der sechziger Jahre eine „Wende", die abschließend zu beurteilen noch nicht möglich ist. Insgesamt hätten die politisch-historischen Bedingungen für das Entstehen freundlicher Einstellungen kaum ungünstiger sein können.

Das politisch-historische Geschehen zu kennen, genügt alleine nicht, um Entstehen und Wandlung ethnischer Einstellungen zu verstehen. Vielmehr müssen die psychologischen Strukturen und Prozesse bekannt sein, mit deren Hilfe man erklären kann, warum bestimmte Gegebenheiten in der Außenwelt generell zu Vorurteilen führen, warum speziell gegenüber bestimmten Gruppen und besonders bei bestimmten Personen und auch noch Generationen später, wenn die Auswirkungen bestimmter historisch-politischer oder ökonomischer Umstände nicht mehr direkt von denen erfahren werden konnten, bei denen Auswirkungen in Form von Vorurteilen anzutreffen sind. Diese sozialpsychologische Perspektive wird eingenommen, wenn wir nach der Funktion von Stereotyp und Vorurteil für den Einzelnen oder eine Gruppe fragen. Die allgemeine funktionale Annahme könnte folgendermaßen formuliert werden: Psychologische Eigenschaften der Wahrnehmungs- und Urteilssysteme jedes Menschen (wenn auch in unterschiedlichem Ausmaß) verändern das Informationsangebot so, daß es notwendigerweise einseitig, konsistent, überschaubar, praktikabel usw. wird und damit ungerechtfertigte (zu stark verallgemeinerte, zu grobe, gegenüber neuen Informationen zu änderungsresistente) wertende Stellungnahmen nahelegt. Diese Bewertungen berücksichtigen die übergreifende Ziel- und Wertestruktur (auch die Selbsteinschätzung) so, daß sie miteinander möglichst übereinstimmen und sich gegenseitig stützen.

Bei dem geringen Kontakt, der zwischen Polen und Westdeutschen (auch unter diesem Aspekt wären Vergleiche mit Bürgern der DDR aufschlußreich)[49] in den letzten dreißig Jahren bestand, wird die Gruppennormtheorie des Vorurteils relevant: „So gewinnt ein Heterostereotyp seine Funktionalität nicht nur durch die Praktikabilität des Umgangs mit einem durch ein Stereotyp gekennzeichnetes Fremdgruppenmitglied, sondern auch bei völlig fehlender Interaktion, indem sich das Heterostereotyp niederschlägt, welches seinerseits direkten Bezug zur Funktionalität des eigenen Systems haben kann, etwa durch die Stärkung des Gruppenzusammenhangs".[50] Auf die mögliche Rolle der antikommunistischen Haltung für die Integration des westdeutschen Gesellschaftssystems wurde schon hingewiesen.

48 Vgl. Schäfer, in: Schweitzer/Feger, a. a. O. (s. Anm. 15).
49 Vgl. hierzu: Anm. 44
50 Vgl. Böltken, F., Determinanten nationaler Stereotype. Forschungsbericht. Institut für vergl. Sozialforschung, Univ. Köln 1972, S. 8.

Aber die funktionale Annahme leistet für unsere spezielle Thematik noch mehr: Eine bündige Erklärung von Vorurteilen muß auch in der Lage sein, nicht nur die Haltung einer repräsentativen Stichprobe aus einer Nation, sondern auch von Teilstichproben abzuleiten. Das gilt besonders dann, wenn relativ homogene Untergruppen in ihrer Einstellung deutlich von der Gesamtheit oder von anderen Untergruppen de facto abweichen oder aufgrund theoretischer Ableitungen abweichen sollten. Für die Haltung gegenüber Polen scheint insbesondere die Gruppe der Evakuierten, Flüchtlinge, Zwangsumgesiedelten und Aussiedler (in der Bundesrepublik Deutschland generell als Vertriebene bezeichnet, die selbst aus verschiedenen Teilgruppen besteht) relevant. Zum einen kann man bei ihnen eine abweichende Einstellung erwarten, zum anderen haben sie auf die öffentliche Meinung und Politik in der Bundesrepublik Deutschland gerade in diesem Zusammenhang immer wieder Einfluß zu nehmen versucht. Man kann erwarten, daß die Haltung der genannten Gruppe im Vergleich zu der der Einheimischen ungünstiger ist, und zwar aus mehreren Gründen. Sie haben ihre Heimat verloren, und zumindest einige werden dies nicht nur der nationalsozialistischen Politik anlasten. Einige haben persönlich schlimme Erfahrungen mit Polen gemacht, andere dies von Schicksalsgenossen gehört; unzulässige Verallgemeinerungen sind nicht auszuschließen. In Westdeutschland angekommen, haben einige einen wenigstens vorübergehenden sozialen Statusverlust hinnehmen müssen, was erfahrungsgemäß[51] mit einer gewissen Wahrscheinlichkeit zu Vorurteilen führt, naheliegenderweise u. a. auch gegenüber Polen.

In diesem Zusammenhang stellt Hapke[52] folgende These auf: „Einheimische übertragen tendenziell die besonderen Merkmale ihres Stereotyps bezüglich osteuropäischer Völker auf ihr Stereotyp bezüglich der Vertriebenen, zumindest haben Vertriebene eine entsprechende Erwartung. Dementsprechend werden Vertriebene aus den Ostgebieten ihre nationale Identität als Deutsche durch verschärfte Abgrenzung gegenüber den Polen dokumentieren". Hapke führt mehrere Belege für seine These an, u. a. die Tatsache, daß in dem Material der Studie von Schweitzer und Feger keine Unterschiede zwischen den Einschätzungen der „Westdeutschen" durch Einheimische und Vertriebene auf dem Polaritätenprofil bestehen, jedoch deutliche Unterschiede bei den Einschätzungen der „Polen". *Vertriebene* beschreiben Polen im Vergleich zu Einheimischen deutlich ungünstiger. Bezeichnenderweise ist der Kontrast in der Beschreibung der übrigen osteuropäischen Völker nicht so deutlich ausgeprägt. Sollte Hapkes These einer weiteren Prüfung standhalten, so könnte man sie als Spezialfall einer allgemeinen funktionalen Wirkung von Vorurteilen auffassen, die Harding[53] mit der Feststellung umschreibt, es gebe „. . . a hierarchical ranking of ethnic groups on the status scale, and this fact provides an

51 Vgl. Harding, a. a. O. (s. Anm. 5).

52 Vgl. Hapke, H. H., Einheimische und Vertriebene. Soziologische Aspekte ihrer Einstellungen zum deutsch-poln. Verhältnis, Inst. für vergl. Sozialforschung (Diplomarbeit), Univ. Köln 1973, S. 131.

53 Vgl. Harding, a. a. O. (s. Anm. 5), S. 32.

element of stability in the social position of each group member. In these circumstances each individual member of a group not at the bottom of the prestige scale has a vested interest in maintaining the belief that individuals in lower ranking groups are intrinsically inferior. The strength of this vested interest is greatest for those individuals whose own status position is most insecure".

Zweifellos können noch eine große Anzahl weiterer Annahmen über die Bedingungen formuliert werden, die für die Genese der Einstellung zu Polen bedeutsam sein könnten. Hier sei, diesen Abschnitt abschließend, nur noch auf zwei hingewiesen, die für die künftige Entwicklung und vielleicht für Beeinflussungsversuche relevant sein könnten. Mit größerem zeitlichen Abstand vom letzten Weltkrieg und seinen Folgen könnte vor allem bei jüngeren Menschen ohne eigene Kontakterfahrung ein Mechanismus wirksam werden (Ansätze sind vielleicht schon in den Ergebnissen Wolfs und der Arbeitsgruppe zu finden), den man mit dem Stichwort Subsumtions-Hypothese bezeichnen könnte: Wenn man über ein sonst wenig bekanntes soziales Objekt weiß, daß es zu einer Gruppe sozialer Objekte gehört (Polen zum „Ostblock"), und über diese Gruppe ein prägnantes Stereotyp und Vorurteil besteht, so wird die Haltung gegenüber diesem sozialen Objekt der gegenüber der Objektgruppe angeglichen. Für die künftige Gestaltung der Beziehungen zwischen Polen und der Bundesrepublik Deutschland könnte man die *Kontakthypothese* berücksichtigen, die besonders in der amerikanischen Vorurteilsforschung diskutiert wurde, da hier verschiedene ethnische Gruppen relativ häufig interagieren. Allgemein könnte man sie so formulieren: Treffen Einstellungs- und Bezugsobjekt in direktem Kontakt zusammen, so entscheiden Charakteristika der Kontaktsituation, ob und in welche Richtung sich Einstellungen ändern, und wie stark Fragen aktualisiert werden, die mit den Beziehungen zwischen verschiedenen ethnischen Gruppen zusammenhängen. Diese ungerichtete Annahme kann man in gezielte Vorhersagen verwandeln, wenn man die zahlreichen empirischen, auch experimentellen Arbeiten über Kontakt und Einstellungsänderung heranzieht.[54]

Kritik der Forschung

Wir wechseln nun die Perspektive und betrachten die Vorurteilsforschung nicht mehr unter dem Gesichtspunkt, welche Ergebnisse sie für die Beschreibung und Begründung deutscher Sichtweisen gegenüber Polen bereitgestellt hat, sondern bewerten nun die Forschung selbst. Es fällt sogleich auf, daß man sich mit dem Untersuchungsgegenstand nur sporadisch befaßt hat, insbesondere fehlen *Längsschnittstudien,* die es überhaupt erst ermöglichen würden, Trends an der gleichen Personengruppe zu registrieren und bei etwaigen Veränderungen festzustellen, ob sie altersbedingt oder generationsbedingt sind. Gerade für die Ursachenanalyse im Bereich

54 Vgl. McGuire, W. J., The nature of attitudes and attitude change, in: Lindzey, a. a. O. (s. Anm. 5), S. 136 ff.

der Vorurteilsforschung wäre eine Trennung dieser Bedingungen wichtig; der von Schäfer[55] festgestellte Zusammenhang von Lebensalter und Konfliktbereitschaft gegenüber Polen könnte sowohl in dem Sinne generationsbedingt sein als die jetzt älteren Deutschen Erfahrungen sammeln konnten, die die jüngere Generationen nicht machen mußten, als auch insofern alters- oder entwicklungsbedingt, als mit zunehmendem Lebensalter für jede Generation Sozialisationserfahrungen, insbesondere Rollenübernahmen, anstehen dürften, die mit Haltungsänderungen einhergehen könnten.

Vor allem, wenn man eine Prognose wagen möchte, wäre es gut, wenn man aus Längsschnittstudien über den gegenwärtigen Stand hinaus extrapolieren könnte. Derzeit läßt sich vor allem in der jüngeren Generation feststellen, daß bezüglich Polen kaum Wissen vorhanden ist, wenig Bereitschaft zu einer Meinungsäußerung besteht — also auch nicht zu einer negativen —, daß keine prägnante Haltung gegenüber Polen auszumachen ist. Diese Situation ist nicht ungünstig für einen Neubeginn, auch waren die in der Sozialpsychologie bekannten Einflußfaktoren in den letzten Jahrzehnten kaum jemals so günstig: Wie einige der erwähnten Studien zeigen, sind die Meinungsführer typischerweise positiver gegenüber Polen eingestellt als der Bevölkerungsdurchschnitt. Die Massenmedien berichten differenzierter und positiver als vor Jahren. Die Erwartungshaltung der in der repräsentativen Stichprobe Befragten ist günstig und auf Annäherung und Normalisierung orientiert. Vermutlich wird diejenige Komponente im Vorurteil, die vom nationalsozialistischen Rassismus bewirkt wurde, immer weniger eine Rolle spielen. Die Funktion der antikommunistischen Komponente ist freilich nicht abzuschätzen; sie hängt von politischen Entwicklungen und deren Interpretation ab, die z. Z. nicht überschaubar sind. Ungünstig könnte sich auch die parteipolitisch-weltanschauliche Bindung der Annäherungshaltung auswirken — anders als bei der voraufgegangenen Aussöhnung mit dem Westen, der weniger von parteipolitischem Dissens begleitet wurde.

Weiter fällt auf, daß es nicht zwei Studien gibt, die mit wirklich identischer Methode gearbeitet haben. Dies ist den einzelnen Forschern ebensowenig anzulasten wie das Fehlen von Längsschnittstudien. Fehlen diese in erster Linie, weil sie dem einzelnen Forscher im Hochschulbereich aus vielen Gründen praktisch unmöglich sind und es ein Zentralinstitut für diesen Zweck in Deutschland nicht gibt, so ist die Uneinheitlichkeit in der Methodik sowohl auf unterschiedliche theoretische Konzeptionen als auch auf die zunehmend erkannte Verbesserungswürdigkeit des einzelnen Verfahrens zurückzuführen.[56] Darüberhinaus wird die Vergleichbarkeit der Befunde beschränkt durch starke *Unterschiede in den Stichproben,* die bis auf eine Ausnahme nicht repräsentativ sind. Und schließlich ändert sich von Studie zu Studie der Vergleichskontext, etwa die Völker, denen gegenüber ebenfalls die Einstellung gemessen wird, oder das Bezugssystem — z. B. das Raster der Eigenschaften — in

55 Vgl. Schäfer, in: Schweitzer/Feger, a. a. O. (s. Anm. 15).
56 Vgl. die Arbeiten von Schäfer (s. Anm. 25) und Manz, a. a. O. (s. Anm. 4).

Bezug auf das die Einstellung erfaßt wird. Wenn dennoch die Ergebnisse im großen und ganzen konvergieren, beispielsweise hinsichtlich einer zunächst insgesamt eher ungünstigen und zunehmend weniger prägnanten Einstellung gegenüber Polen, so stärkt dies unser Vertrauen in die Richtigkeit der Ergebnisse.

Betrachtet man die Untersuchungen von einem rigorosen Standpunkt der Grundlagenforschung zur Einstellungsmessung, dann zeigen sich Probleme, die diese Untersuchungen mit allen vergleichbaren gemeinsam haben. Im strikten Sinne ist ungeklärt, ob die Befragten überhaupt eine Einstellung gegenüber Polen haben. In einigen Studien wurde jeder durch die Art und den sozialen Druck der Untersuchungssituation dazu gebracht, solche Fragen zu beantworten, aus denen der Forscher auf Art und Intensität der Einstellung schloß. Auffallend ist, daß in den Arbeiten, in denen die Beantwortung freigestellt war, relativ viele Befragten gerade zu Polen sich nicht äußern wollten. Aber auch bei denen, die ihre Reaktionen zu Polen freiwillig gaben, ist nicht sichergestellt, daß sie eine Einstellung aufwiesen. Um dies prüfen zu können, muß man zunächst klären, wann — anhand welcher Kriterien — man von der Existenz einer Einstellung sprechen will. Die einschlägige Literatur bietet einige Kriterien an, z. B. relative zeitliche Stabilität, Generalisierung über verschiedene Aspekte der gleichen sozialen Gegebenheit und Strukturiertheit. Neuere Verfahren, etwa der Skalierung und der Clusteranalyse, bieten Möglichkeiten zu prüfen, ob die Reaktionen gegenüber Einstellungsobjekten so strukturiert sind, daß sie sich abbilden, messen lassen. Schließlich wurde in keiner Studie das Aggregierungsproblem expliziert berücksichtigt, also die Frage, wie die Informationen über Zustände und Prozesse beim Einzelnen sich zu Aussagen über das Kollektiv zusammenfassen lassen. So bleibt die Möglichkeit offen, daß die Aussage über die untersuchten Befragtengruppen für keinen einzigen Befragten, sondern z. B. „nur" für den „statistischen Durchschnitt" o. ä. gelten.[57]

Ferner ist ungeklärt, ob es derzeit ein spezifisches Polen-Vorurteil in dem Sinne gibt, als es über die Einstellung zum Kommunismus, zum „Ostblock", zu den „slawischen Völkern" hinausgeht und sich speziell auf Polen, ihre vermuteten Eigenschaften, die ihnen zugeschriebenen Handlungen und Absichten bezieht. Auch hier könnten gezielte Studien weiterführen.

Man geht allgemein davon aus, daß Vorurteile durch mehr als eine Bedingung determiniert werden, und auch in dieser Übersicht wurden Belege für mehrere Ursachen erwähnt. U. E. müßte einer der nächsten Schritte in der Vorurteilsforschung in dem Versuch bestehen, das Gewicht der einzelnen Ursachen und das Geflecht, die Wechselwirkung zwischen den verschiedenen Bedingungen im konkreten Einzelfall zu bestimmen. Dazu haben die Sozialwissenschaftler Kausalanalysen, z. B. Pfadanalysen[58] entwickelt; wir haben an anderer Stelle[59] Überlegungen vorgelegt, die als theoretische Vorarbeit für Kausalanalysen auf diesem Gebiet angesehen wer-

57 Vgl. Feger, H., Die Erfassung individueller Einstellungsstrukturen, in: z. f. Sozialpsychologie, 1974, 5, 242 ff.

58 Vgl. Ziegler, R., Theorie und Modell. München 1972.

59 Vgl. Feger, a. a. O. (s. Anm. 15).

den können. Zugleich könnten methodische Weiterentwicklungen eingesetzt werden, wie sie u. a. von Holzkamp, Manz und Bergius & Klein[60] vorgelegt wurden. Die empirische sozialwissenschaftliche Forschung ist heute durchaus in der Lage, dem politisch Handelnden ein differenziertes und detailreiches Bild der Orientierungen der Völker zueinander bereitzustellen, damit politisches Handeln informiertes und verantwortliches Handeln sein kann.

60 Vgl. Holzkamp, K., Das Erlebnis des Verstandenwerdens von anderen Völkern, in: Psychol. und Praxis 1959/3, S. 169 ff; Manz, a. a. O. (s. Anm. 4) und Bergius/Klein, in: Psych. Beiträge 1970/13, S. 294 ff.

Die historische Grundlage des Bildes von Polen in der Bundesrepublik Deutschland und vice versa

von

Franciszek Ryszka

I.

Dem Autor der vorliegenden Studie fiel keine leichte Aufgabe zu. Wir verfügen über keine beidseitig (d. h. in beiden Ländern) glaubhaften und symmetrisch gestalteten Beobachtungen gesellschaftspsychologischer Art. Wir können daher auf die gestellte Frage auch nicht direkt in gründlicher und verantwortungsvoller Weise antworten. Es bleibt uns eigentlich nur der behavioristische Aspekt. Aus den Verhaltensweisen der Menschen suchen wir Schlüsse zu ziehen über die Gründe solcher Verhaltensweisen. Aber uns kommt deduktives Überlegen dabei zu Hilfe; die Transformation verläuft unter dem Einfluß politischer und historischer Erfahrungen oder — tout court — der Geschichte.

Informationen über die polnisch-deutschen Wechselbeziehungen in der Geschichte gibt es sehr viele, besonders für die neueste Geschichte. Es ist dies eine durch und durch dramatische Geschichte, und wollten wir sie „konfliktreich" nennen, so wäre dies eher ein euphemistischer Terminus. Diese Geschichte hinterließ in Dokumenten niedergeschriebene und in materialer Gestalt fixierte Quellen, wie z. B. die in unveränderter Form belassenen Baracken von Auschwitz (Oświęcim), die Folterkammern der Gestapo, die Vernichtungs- und Hinrichtungsstätten.

Es blieb vor allem die menschliche Erinnerung. In organisierter und spontaner Form weitergegeben, hält sie fest, was gesehen und erlebt worden ist. Die Zeit kann Einzelheiten abschwächen, aber sie verschärft die Konturen der erinnerten Bilder. Einzelbeobachtungen gehen in allgemeinen Vorstellungen auf, wenn sie auch ein von menschlichen Zügen entkleidetes Abstraktum werden mußten. Sozialpädagogik und langjährige Anstrengungen unserer staatlichen Institutionen — dabei der unbestrittene Anteil der sich mehrenden individuellen Beziehungen zwischen Bürgern Polens und der DDR — trugen viel dazu bei, daß diese tragische Episode der Geschichte nicht alle ihre Erfahrungen überschattet. Dennoch muß man das Problem klar erkennen. Die Erfahrungen des Zweiten Weltkriegs lassen sich nicht auslöschen, man kann sie nur erklären.

Die Begriffe „Faschismus“, „Hitlerismus“, „Drittes Reich“, die entsprechenden Führerfiguren ebenso wie die Gestalten mit Vor- und Nachnamen bekannter Kriegsverbrecher, die vielmals in historischem und publizistischem Schrifttum erwähnt und analysiert wurden, zeichnen sich ja doch dadurch aus, daß sie zu Symbolgröße anwachsen, in diesem Fall eines Symbols des Bösen.

Auf diese Weise unterliegen sie der Depersonalisierung und werden gewissermaßen aus dem authentischen zwischenmenschlichen Kontext ausgeschlossen. Sie wachsen gleichsam über die Kollektivvorstellungen im Verhältnis „Volk-Volk“ hinaus. Sie waren zu schrecklich und zu unmenschlich, um sich lange halten zu können, als der Zustand kondensierter Feindschaft endete. Und dennoch ist etwas davon geblieben, als Teil synkritischer Vorstellung oder als einer der nationalen Stereotype. Auf diese Weise gelangten wir zu dem Begriff, der uns unerläßlich erscheint, vom Standpunkt einer genetischen Interpretation aus, das heißt der zu Beginn erwähnten Schlüsse aus den Erfahrungen der Geschichte. Wir sprechen zwar über das „Bild zweier Länder“, was nicht dasselbe ist wie die Vorstellung von menschlichen Gruppen. Ich meine jedoch, daß immer die Menschen am wichtigsten sind. Wenn die Vorstellung von einer Landschaft und einer Umgebung entscheidend ist für die Meinung von einem Land oder auch seiner Bewertung, dann vor allem als merkmalbestimmender Faktor und verbunden mit den Merkmalen der Menschen, die das Land bewohnen. Immer entscheidet der Mensch, nicht das, was ihn umgibt. Die Landschaft wiegt weniger als die materielle und geistige Kultur, die durch den Menschen geschaffen wurde.

Kehren wir jedoch zum Stereotyp zurück.

Stereotype Vorstellungen von Menschen über Menschen oder — genauer gesagt — über „menschliche Gattungen“ sind fest in unser Ich eingebaut. Sie sind unlöslich mit unserer Zivilisation verbunden und erfüllen eine wichtige Funktion in den Beziehungen zwischen den Gruppen, wenn dies auch gewöhnlich eine negative Funktion ist, d. h. eine Funktion, die das gegenseitige Verständnis und die Beziehungen zwischen den Gruppen erschwert. Eine besondere Rolle jedoch erfüllten und erfüllen sie in der Politik. Sie bevölkern die moderne politische Landschaft trotz einer in der Geschichte unbekannten menschlichen Beweglichkeit und trotz eines, wie es scheint, noch nie für gegenseitige Annäherung und besseres Kennenlernen so günstigen geistigen Klimas.

Nach Maßgabe des Abrückens der Vorstellung vom Gegenstand wird das Stereotyp immer mehr nominalistisch, unterliegt aber zugleich der „isomorphen Reduktion“. Es wird gleichsam eine Karte von scharf gezogenen Konturen, aber einem nur spärlichen Netz von Libellen. Der bekannte amerikanische Sprachwissenschaftler der älteren Generation, Samuel I. Hayakawa[1], seinerzeit eine hervorragende Autorität auf dem Gebiet der Semantik, behauptete, daß wir in einer Welt der Worte leben, denn unser ganzes Wissen ist in Worte geschlossen. Die verbale Welt ist wie eine Karte, die die Wirklichkeit vorzustellen hat, aber nicht Wirklichkeit wer-

1 Hayakawa, S. I., Language in Action, 1939.

den kann. Stuart Chase[2] seinerseits führte aus, daß die allgemeine Semantik die Kartenanalogie auf der Grundlage dreier Hauptprämissen benutzt: 1. Die Karte ist nicht das Territorium. Die Worte sind demnach nicht das, was sie repräsentieren. 2. Die Karte repräsentiert nicht das ganze Territorium. Die Worte können demnach nicht alles sein, was sie repräsentieren. 3.: „Die Karte ist selbst-interpretativ, die ideale Karte ist eine Karte, die ein Territorium auf der Grundlage einer Karte beschreibt, und diese ihrerseits von einer anderen Karte her usw.". Ein äußerst suggestiver Vergleich, zu suggestiv vielleicht, als daß man ihn ohne Vorbehalt akzeptieren könnte. Sicher jedoch trifft die nominalistische Konstruktion des Stereotyp zu. Sie wird ausgedrückt und konnotiert in Worten. Sogar dann, wenn sie die Gestalt eines visuellen Symbols annimmt, wovon gleich die Rede sein wird.

Wohl erstes, und in der Politik wichtigstes, Designat des Stereotyp ist das Volk, das fremde Volk, die fremde nationale Gruppe, eben deshalb, weil jedes andere Volk „fremd" ist. Dies ist dann — nach der Definition des Hamburger Psychologen P. R. Hofstätter — ein Heterostereotyp — eine Vorstellung der Gruppe X im Hinblick auf die Angehörigen der Gruppe Y.[3] Nationale Stereotype müssen schon sehr lange in der Gruppenvorstellung funktioniert haben. Früher wurden ihnen viele irrationale Merkmale zugesprochen (d. h. Merkmale, die sich rational interpretieren lassen, z. B. wenn man sich diabolische Merkmale einer gewissen Gruppe, wie der „Ungläubigen", vorstellte; was nicht mit der irrationalen Genese des Stereotyp gleichzusetzen ist); in moderner Zeit, wo sich empirische Erfahrungen mehren, erscheint die Tendenz zur Rationalisierung der Gruppenvorstellungen von anderen Gruppen. Sie hören jedoch nicht auf, Stereotype zu sein. Sie sind weiterhin „Karte" und nicht „Wirklichkeit", nur daß die Karte perfekter ist.

Man kann sich leicht vorstellen, daß die Beziehungen „Volk-Volk" in stereotypen Vorstellungen oft zur Artikulation von Feindschaft wurden, Feindschaft unter dem Einfluß dramatisierter Nationalismen verstärkten. Der Hitlersche Antisemitismus hätte nicht so stark wuchern können, wenn die antisemetische Propaganda in Deutschland nicht den fruchtbaren Boden entsprechender menschlicher (zwar manipulierter) Einstellungen gefunden hätte.

Die Erfahrungen der letzten Jahrzehnte beweisen, daß das Stereotyp in den internationalen Beziehungen („international" besitzt hier wörtliche Bedeutung: Beziehungen von Volk zu Volk, nicht von Staat zu Staat) mindestens zweifach wirken kann: 1. als Niederschlag spontaner oder manipulierter affektiver Haltungen und 2. als „zusätzliche" Feindschaft erzeugender Faktor.

Ich sprach von Erfahrungen. Sie fasse ich ebenfalls zweifach auf, den historischen Gegebenheiten entsprechend. Erstens sind dies Erfahrungen aus Beobachtungen über die gegenseitigen Beziehungen der nationalen Gruppen, besonders intensiven (Beobachtungen) während des Zeiten Weltkriegs, kurz vor dem Krieg und in

2 Chase, S., The Proper Study of Mankind, 1948.

3 Hofstätter, P. R., Stereotype und auswärtige Kulturpolitik, in: Zeitschrift für Kulturaustausch, 23/1973, S. 3.

den ersten Nachkriegsjahren. Zweitens sind dies Ergebnisse von Experimenten, die von Vertretern der Wissenschaft mit dem Ziel durchgeführt wurden, Forschungshypothesen zu bestätigen oder nur Antwort zu geben auf Fragen, die sich aufdrängten aus der oberflächlichen Beobachtung (der sog. extensiven Beobachtung).

Uns interessieren eher die organisierten Beobachtungen. Sie beginnen eigentlich von dem Zeitpunkt an, zu dem die Psychologen — Erforscher gesellschaftlicher Phänomene — die Untersuchung des Phänomens der ethnischen und nationalen Antagonismen in Angriff nahmen. Es geschieht dies zuerst in den amerikanischen Vielnationalitätengesellschaften, von daher leiten sich die ersten, auf breiter Basis angewandten empirischen Forschungen über die nationalen Stereotype und ihre ideologischen und politischen Funktionen ab.

Den Anfang machten wohl die ziemlich primitiven und begrenzten Forschungen, die der amerikanische Gelehrte Emory Stephen Bogardus gegen Ende der zwanziger Jahre unseres Jahrhunderts durchführte. Seine Theorieren der „gesellschaftlichen Distanz" (zwischen den verschiedenen Gruppen von Amerikanern unterschiedlicher ethnischer Herkunft) kann man als seit langem von späteren wissenschaftlichen Untersuchungen überholt betrachten. Die siebenstufige „Bogardussche Skala" (1928), die die „gesellschaftliche Distanz" von Feindschaft bis zu Akzeptierung bezeichnet, erwies sich bald als unzuverlässiges Instrument und darüber hinaus als von Anfang an den für die Vereinigten Staaten von Nordamerika typischen Verhältnissen angepaßt. Die erste Anwendung dieser Skala gab jedoch die Grundlage ab für die Aufstellung der Hypothese, daß „Distanz" oder, einfach gesagt, Abneigung positiv korreliert mit einem niedrigeren Platz der gegebenen Gruppe in der gesellschaftlichen Schichtenfolge und mit einem allgemeinen Informationsdefizit über die gegebene ethnische Gruppe. Von daher ergibt sich die Abneigung gegen Italiener, Spanier, Polen, Neger, Indianer, Türken. Die letzte Feststellung würde die Hypothese unterstützen, daß „Fremdheit" „Feindschaft" hervorruft.

Sie wurde in noch stärkerem Maße durch andere Forschungen erhärtet, besonders durch die Experimente von E. L. Hartley[4]. Hartley fügte zu der Aufstellung der auf der Bogardus'schen Skala beurteilten nationalen Gruppen drei imaginäre Nationen hinzu: die der Danirener, Pyreneener und Wallorener und legte die Gesamtaufstellung Studenten, d. h. einer Bevölkerungsgruppe mit überdurchschnittlicher Bildung, vor. Dennoch ließen sich die Antwortenden in der Regel täuschen und notierten alle drei Nationen am untersten Ende der „gesellschaftlichen Distanz".

Man könnte von daher annehmen, daß die persönliche oder die Gruppenerfahrung (d. h. Kontakte) kein unerläßliches Element ist für die Bildung von Einstellungen, die politische Ideologien stützen, was im übrigen mehr als einmal in der Geschichte vorkam. Die Psychologen stimmen auch in anderen Punkten mit den Historikern überein. „Distanz"-haltung, Abneigung und Intoleranz können ebensogut das Ergebnis von Unwissenheit und Unbewußtheit wie auch von persönlicher Er-

4 Hartley, E. L., Problems in Prejudices, 1946.

fahrung sein. Sie können aus jahrzehntelanger oder gar jahrhundertelanger Tradition herrühren, sie können eine traumatische Grundlage haben. Jemand, der zu einer Gruppe gehört, die lange in der Geschichte für feindlich gehalten wurde, weckt feindschaftliche Gefühle. Umgekehrt ist, wer einen Gewaltakt von seiten eines einer bestimmten Gruppe zugehörigen Individuum erfuhr, geneigt, die feindschaftlichen Gefühle auf ihre Gesamtheit zu übertragen.

Es ist jedoch nicht so wichtig, woher diese Stereotype genommen sind, denn über dieses Thema könnte man sehr viel schreiben, indem man einfach (kritisch!) die Ergebnisse verschiedenartiger Studien referierte. Wichtiger ist, woraus sie bestehen und in welcher Weise sie sich ausdrücken. Die bedeutend genaueren, wenn auch relativ alten, Forschungen von H. Eysenck und S. Crown[5] und die internationalen Forschungen von W. Buchanan und H. Cantril aus etwa derselben Zeit[6] erlauben es, den Begriff des Stereotyp zu präzisieren und gewisse Gesetzmäßigkeiten aufzustellen, wenn man auch einige Verallgemeinerungen (besonders bei Buchanan und Cantril) als nicht fundiert ansehen muß.

Besonders auf der Grundlage des Buchanan-Cantril-Tests, wie auch andere Forschungen, die höchstens den Charakter von Pilotstudien haben können (wie die „Bogardus'sche Skala"), lassen sich die folgenden Merkmale des Stereotyp als „Karte" der zwischenmenschlichen Beziehungen bestimmen.

1. Das Stereotyp besitzt die Tendenz zur Qualifizierung einer gegebenen Gruppe durch ein ihr eigenes Merkmal oder durch ein Syndrom wie das Gesamtbild von Krankheitsmerkmalen.

2. Das Stereotyp drückt immer ein Übergewicht von affektiven Haltungen gegenüber kognitiven aus.

3. Das Stereotyp zeigt eine Neigung zu großer Dauerhaftigkeit. Es bleibt eher bestehen, als daß es verschwindet, trotz neuer Erfahrungen sogar.

4. Das Stereotyp kann kein „wahres Bild" sein. Wenn sich in ihm auch mit der Wahrheit übereinstimmende Beobachtungen einfügen, so werden sie doch von einem Merkmal oder Syndrom beherrscht, die als Synthese auftreten. Das Stereotyp in der klassischen Form widersetzt sich einer Korrektur im Sinne von „Durchschnitt" und „Typus" (z. B. der „typische Pole", „typische Deutsche"), sondern macht aus einer vereinfachten Konstruktion eine allgemeine Behauptung, die als allgemeingültig und wahr gilt („Die Polen sind ...", „die Deutschen sind ..." usw.).

Seit der Zeit, wo Theorie und Praxis kollektiver Handlungen auftauchen — was schon im organisierten neuzeitlichen Staat geschieht, wenn es auch in entlegenere Zeiten zurückreicht — haben wir es mit statistischen Größen zu tun. In der modernen Zeit wuchsen die statistischen Größen dermaßen mit dem menschlichen Bewußtsein zusammen, daß die statistische Einheit uns manchmal die menschliche

5 Eysenck, H. und G. Crown, National Stereotypes. An Experimental and Methodological Study, 1948.

6 Buchanan, W. und H. Cantrill, How Nations see each other. A Study in Public Opinion, 1953.

Einheit, das Individuum, verbirgt. Wir können nicht die Notwendigkeit statistischer Klassifizierung zu wissenschaftlichen und praktischen Zielen in Frage stellen. Wir müssen uns jedoch völlig im klaren sein, daß ein statistisches Individuum eine Konstruktion ist, die nicht identisch ist und sein kann mit dem menschlichen Individuum, wenn auch der Zufall bewirkt, daß die Person X oder Y über alle Merkmale einer gegebenen statistischen Klasse verfügt (z. B. der Klasse der erwachsenen Männer, der Bewohner von Städten, der Personen mit höherer Schulbildung usw.). Der statistische Mensch ist ein Individuum, das es in Wirklichkeit nicht gibt. Er ist uns in vieler Hinsicht nötig, aber begegnen werden wir ihm nirgendwo.

Das Stereotyp eines Menschen ist, im Gegensatz zur Konstruktion des statistischen Menschen, eine Vorstellung, die aus Gefühlen, Ressentiments, oberflächlicher Beobachtung, Tradition und Unwissen gewebt ist. Es ist unwichtig, ob er über Merkmale verfügt, die durch die (gewöhnlich sehr komplizierte) Benennung des Mittelwertes vieler Variablen beigebracht werden, unabhängiger Variablen: des Geschlechts, des Alters, anthropophysischer Merkmale, und abhängiger Variablen: der Bildung, der sozialen Bedingung, des Einkommens, des materiellen und geistigen Lebensstandards. Das Stereotyp ist eine Größe, die uns von der Vorstellung geliefert wird. Das Stereotyp drückt sich in möglichst einfacher Weise aus, und einfache Gefühle transformiert es zur rationalen Rechtfertigung unseres Vorgehens.

II.

Stereotype sind sehr alt. Wiederholen wir diese Wahrheit noch einmal. Wenn Caesar Gallien beschrieb („Gallia est omnis divisa in partes tres ...“), um festzustellen, daß ein Teil seiner Bewohner, die von ihm Belgier genannt werden, von allen anderen die tapfersten und hartnäckigsten sind („... horum omnium fortissimi sunt Belgae ...“), weil ihr Land am weitesten von den Kulturzentren abgelegen ist („... propterea quod a caltu atque humanitate provinciae longissime absunt“) — so haben wir es hier mit einem klassischen Beispiel des Stereotyp zu tun.

Wollten wir zeitgenössische Bezeichnungen gebrauchen, wie sie in der Politikwissenschaft angewandt werden (die dazu noch modern sind), würden wir sagen, daß das Stereotyp weniger Erkenntnisfunktion hatte, als es Manipulationsmittel war. Bei der Eroberung Galliens bedurfte Caesar einer ideologischen rationalen Rechtfertigung, er wollte zeigen, daß seine Handlungsweise richtig war.

Es scheint jedoch, daß in der europäischen Kultur — jedenfalls in den Beziehungen zwischen den sich gegenseitig „Fremden“ Mitteleuropas — sich die Vorstellungen in der Epoche der Frühaufklärung herauszukristallisieren begannen. Es steht dies sicherlich in Zusammenhang mit der für die ganze Epoche charakteristischen Auffassung von der menschlichen Natur. Wahrscheinlich fielen aber auch ins Gewicht die tatsächlichen Kontakte zwischen den Menschen und im Zusammenhang damit — die generelle Erweiterung des „Gesichtskreises“, die Tendenz zur Verallgemeinerung, zur Definition, mit einem Wort — zur Unterordnung der Beobachtungen unter die Kategorien des rationalen Denkens oder schlechthin Verhaltensnormen. Norm war das Verhalten der eigenen Gruppe, Abweichung von der Norm oder ihre Negation — das Verhalten der anderen. Der unbestrittene zivilisatorische Fortschritt veranlaßt, daß man schärfer die Grenzen gewahr wurde. Unwichtig sind dabei die Intentionen, die den Beobachtern vorschwebten. Die sich aus den Beobachtungen ergebenden Folgerungen erleichterten die Konstruktion von Auto- und Heterostereotyp.

Die Erfahrungen wurden aus Reisen, dem Kennenlernen fremder Länder und Sitten geschöpft. Reisen waren eine ebenso alte Form des Wissenserwerbs und oft (wie einst) eine unsichere. Jetzt aber — in dem Maße, in dem sich die Erfindung des Drucks verbreitete — wuchs die Möglichkeit, das Bild fremder Länder und seiner Bewohner zu verbreiten, in beträchtlichem Umfang. Es wurde allerdings in erster Linie das verbreitet, was besonders in die Augen sprang und in frappierender Weise (tatsächlich oder scheinbar) von der eigenen Kultur und dem eigenen Brauch entfernt war.

Unter den stereotypen Vorstellungen, die durch Jahrzehnte die Polen in den Augen der Deutschen begleiteten, war das berühmte „polnische Wirtschaft", allgemeiner gesagt: die Gesamtheit negativer Merkmale, die die Bewirtschaftung, auf verschiedenen Ebenen im übrigen, betreffen. „Polnische Wirtschaft" ist Chaos, Leichtsinn, Verschwendung, gleichzeitig aber auch — Unsauberkeit, Rückständigkeit, Ignoranz. Die Kombination dieser Merkmale konnte verschiedenartig vorgenommen werden. In den reicheren Schichten glaubte man Verschwendung und Leichtsinn, im „einfachen Volk" — Unsauberkeit und Ignoranz zu entdecken.

Der erste Reisende und Beobachter, der den Terminus „Polnische Wirtschaft" im Druck festhielt, war wohl kein anderer als Johann Georg Forster, der seine Eindrücke nach dem Besuch von Wilna im Jahre 1785 beschrieb.[7] Man kann jedoch freiweg annehmen, daß die Designate dieses Terminus von anderen ausgemacht und dann ausgenutzt wurden, um die polnischen Bräuche und die polnische Kultur zu kompromittieren.

Es ist wahr, daß diese nicht gerade größtenteils ermutigend waren. Während der Herrschaft von August II. und August III., aber auch in der Epoche der verspäteten Erneuerung (2. Hälfte des 18. Jh., unter der Regierung von Stanistaw August) konnte man recht viele Situationen bemerken, wo Verschwendung und Luxus an allgemeine Armut grenzten, und im Hinterland der aristokratischen Residenzen versank man förmlich im Matsch. So sah Warschau aus — im übrigen unter preußischer Regierung nach der dritten Teilung (1795) —, aber sehr ähnliche Bilder zeichnete in der Hauptstadt Frankreichs Restif de la Bretonne auf, der eher als Autor libertiner Texte bekannt, aber für den Historiker interessanter ist als rastloser Wanderer durch die Straßen von Paris gegen Ende der Epoche des „ancien régime".

7 Im Brief an Theresa Huber vom 24. Januar 1785 in: J. G. Forster, Briefwechsel I. Teil, Leipzig 1828, S. 489. Diese Information verdanke ich Herrn Dr. Thomas Szarota, der gegenwärtig das Problem der ethnischen und nationalen Stereotype untersucht.

Das Stereotyp „polnische Wirtschaft“, versetzt mit Abneigung gegen die Adelskultur und den pseudoaristokratischen Snobismus, wird mehr als einmal angesprochen, z. B. in dem bekannten Vers von Heine: „Waschlapski und Krapulinski, zwei Polen aus der Polackei...“. Merken wir an, daß dies sich zur selben Zeit abspielt, als in Deutschland eine eigenaritge Mode des Polnischen herrschte; war dies doch die Zeit der „Polenlieder“, der Verse von Georg Herwegh und der Werke der Bettina von Arnim. Es gibt jedoch keine Grundlage für die Behauptung, daß die einen oder anderen das Stereotyp von den Polen erweitert oder verfestigt hätten, insbesondere das Stereotyp des Individuums, das eine solche „polnische Wirtschaft“ führt. Dies wird sich eher in Verbindung bringen lassen mit szientistischen Erwägungen über die verschiedenen Typen von Nationalcharakter oder menschlicher Rasse. Es scheint, daß auf diesem Gebiet die Franzosen die erste Rolle spielten: von den mißratenen Gedankenfrüchten des Grafen de Gobineau in seinem „Essay über die Ungleichheiten der menschlichen Rassen“ (1853), bis zu den auf ihre Weise interessanten Feststellungen von Emile Soutmy das Thema der „politischen Psychologie des englischen Volkes“ (1900). Der deutsche Beitrag in diesem Bereich wird erst später erscheinen. Für die slawischen Völker wird sich darin ein entsprechender Platz finden.

Die Konstruktion, die der Erkenntnisstufe der Menschen der Aufklärung entstammt — Menschen guten und bösen Willens —, die im Namen irgendeiner Raison auftraten: einer wahrhaftigen oder imaginären, — diese Konstruktion hatte die Chance, sich zu vervielfältigen in der unmittelbaren Berührung zweier als fremd geltenden Gruppen, um so mehr, je sichtbarer und spürbarer die Fremdheit wurde. Das einmal geschaffene Stereotyp konnte zwar Bestätigung suchen. Jedoch setzten sich seine Designate aus konkreten Erfahrungen zusammen.

Betrachten wir die polnische Seite. Die Anwesenheit von Deutschen in der polnischen sozialen Landschaft reicht in die Zeit des frühen Mittelalters zurück und bezieht sich vor allem auf die Geschichte der polnischen Städte. Dies betrifft in erster Linie die Organisation von Kaufmanns- und Handwerkervereinigungen, von daher der große Einfluß auf die damalige materielle Kultur. Der Einfluß des Deutschtums auf die Kultur der städtischen Schichten im Mittelalter gehört zu den banalen historischen Feststellungen. Die Bezeichnungen von Handels- und Handwerkseinrichtungen, Produktionsweisen, Warenaustausch wie auch städtischer Geographie — sind vor allem aus der deutschen Sprache abgeleitet als Importe, die der Kolonisation der Deutschen folgten. Mit der Zeit aber gingen diese Bezeichnungen im polnischen Wortschatz auf, da das fremde Element mehr und mehr polonisiert wurde und dabei alle Verbindungen mit der eigenen Kultur und der eigenen Sprache verlor. Der Deutsche war „fremd“ als politischer Gegner und als Feind auf dem Schlachtfeld.

Zu wirklichen Spannungen im Gruppenmaßstab mußte es unter den Bedingungen der Zeit nach den Teilungen kommen. Das — oftmals brutale — Zusammentreffen mit der preußischen Armee und Bürokratie und die ständige Ansicht des andersartigen preußischen Lebensstils — fremdes System, fremder Brauch und Sprache, die sogleich auch Attribute der fremden Herrschaft signalisierten — all dies zusammen formte sich zum Stereotyp. In den literarischen Überlieferungen aus jener Zeit, in denen gewisse Vorstellungen so häufig auftreten, daß sie fast allgemeingültig wirken, figurieren zumeist visuelle und behavioristische Merkmale des Stereotyp, die grell verschieden sind von der eigenen sarmatischen Kultur und dem Volksbrauch. In den Überlieferungen der Volkskultur, die später durch die schöne Literatur sublimiert wurden (Mickiewicz in „Pani Twardowska", der uralten und in verschiedenen Kulturen wiederholten Legende über den Mann, der sich die Macht des Teufels zunutze macht, um sich seiner lästigen Frau zu entledigen; in der polnischen Version dieser Legende — so aus der Feder von Mickiewicz — unterliegen die bösen Mächte infolge der Intervention göttlicher Kräfte), — erscheint der Teufel in der Gestalt des Deutschen. Jedoch ist dieses „Trickteufelchen" zuweilen eher komisch als bedrohlich, anders als der „Teufel in der Adelsversion" — der bedrohliche Boruta. In den Volkssagen mußten sich noch spürbarer als die Praktiken fremder Machtorgane die Abhängigkeiten und die Ausbeutung durch den Adel ausprägen. Im übrigen ist heute nicht leicht festzustellen, wieviel darin wirkliche Vorstellung des Volkes ist und wieviel veredelnder Einfluß der Literatur. Und doch liegt darin ein Zug stereotyper Vorstellungen. Mit dem Teufel des Ivan Karamazov oder dem Teufel des Adrian Leverkühn hatte das nichts gemein.

III.

All dies erscheint jedoch sehr abgelegen und im Grunde unsicher, zumal wenn man historische Kontinuität in der naiven und karikaturhaften Version des Stereotyp sucht. Vereinfachte Bilder von nationalen Gruppen beginnen endgültig im 19. Jh. zu funktionieren. Dann sind sie eher ein Derivat von Ideologie und politischen Doktrinen und nicht eine eigenständige Schöpfung aus Vorstellung und persönlichen Erfahrungen.

Sicher irrt Eugen Lemberg nicht, wenn er behauptet[8], daß die Beziehung zu den „östlichen Völkern" — darunter natürlich auch zu den Polen — bestimmt wurde von dem Gefühl der zivilisatorischen und kulturellen Überlegenheit. Die Polen, wie auch die Tschechen, die Bewohner der baltischen Länder, wie Russen und Ukrainer mochten beeindrucken durch die Namen ihrer führenden Schöpfer in verschiedenen Bereichen der Kultur, der Kunst und der Wissenschaft, aber das Wissen davon beschränkte sich auf elitäre Schichten. In der Masse und für die Vorstellung der Allgemeinheit waren sie jedoch vor allem Bewohner rückständiger landwirtschaftlicher Regionen. Man sah sie durch das Prisma der „Folklore" und noch häufiger als billige Arbeitskraft.

8 Lemberg, E., Das Bild von osteuropäischen Völkern in Deutschland, in: Wie Polen und Deutsche einander sehen, Düsseldorf 1973.

Auf dem Arbeitsmarkt nahmen die Polen wohl den ersten Platz im Hinblick auf ihre Zahl und die Menge der Gruppeninteraktionen ein. Als Industriearbeiter, die durch die schlechteren Arbeitsbedingungen aus Schlesien in die Industrien des westlichen Deutschland vertrieben wurden, oder schlechterdings als analphabetische Saisonarbeiter, die aus den übervölkerten Gebieten Galiziens „nach Sachsen" gingen, d. h., zur Ausführung der schlimmsten und am wenigsten bezahlten Arbeiten auf den Landgütern. Auf dem Gebiet der „sieben östlichen Provinzen" blieb die Spur ihrer Mühen. Für die deutsche Umgebung aber wurden sie zu einem negativen und abstoßenden Beispiel im Rahmen der fixierten gesellschaftlichen Hierarchien. Sie bildeten einfach eine Gruppe von Menschen, die das Schicksal auf der untersten Stufe der Hierarchie angesiedelt hatte, die Gruppenvorstellung konnte sich daher in einer anderen Spur stabilisieren. So ist es leicht einzusehen, daß die Grundlage für die Fixierung der „Polaritätsprofile", wenn man solche mit Hilfe der in der modernen Sozialpsychologie[9] üblichen Methode rekonstruieren könnte — die Distanz wäre, die auf der Erfahrung konträrer sozialer Beziehung beruht. Diese Beziehung würde sich am wahrscheinlichsten (d. h. semantisch) in folgenden Bestimmungen ausdrücken: „Rückständigkeit", „Unsauberkeit", „Ignoranz", denen als Merkmale „Fortschrittlichkeit", „Sauberkeit", „Intelligenz"[10] gegenüberständen. Die in der ersten Reihe aufgezählten Merkmale würden zum Stereotyp des „Fremden" gehören, die der zweiten zur eigenen Gruppe.

Wir wären nicht imstande, die Grenzen spekulativer Überlegung zu überschreiten, von daher erklärt sich die Bezugnahme ausschließlich auf die semantische Sphäre. Dennoch ist es uns gestattet, eine solche Möglichkeit in Betracht zu ziehen, wenn wir nämlich unser Augenmerk auf Spuren richten, wie sie in ganz Mitteleuropa (und sicherlich auch anderswo) hinterlassen wurden durch die Kontakte geschlossener lokaler oder Berufsgruppen gegenüber dem Saisonarbeiter, in dem man darüberhinaus ein Instrument ökonomischer Pression oder einfach einen Streikbrecher sehen konnte.

Fügen wir hinzu, daß dies der Extremfall war. Jedoch war in den geschlossenen Gebieten des Zusammenlebens von polnischer und deutscher Bevölkerung, wo zwei Arten von Kontakten dominierten: der berufliche und der nachbarschaftliche, die Ungleichheit der Lebensstandards beider Gruppen die Regel, eine Ungleichheit, die wiederum durch zwei Umstände markiert wurde: die staatlich-administrative Hierarchie oder nur dienstliche Abhängigkeit und unüberwindliche Klassenscheidungen.

9 Osgood, C. E., The Measurement of Meaning. Schematic Differential Technique, 1957; Snider, J. G. und C. E. Osgood (Hrsg), A Sourcebook, 1969.

10 Die semantische Bezeichnung verbirgt in sich als erste Gefahr die Möglichkeit von Nichtäquivalenz der Begriffsumfänge. Buchanan und Cantrill haben darauf verwiesen, indem sie daran erinnerten, daß „Arbeitstüchtigkeit" (hard-working) für die Engländer eine geringere Bedeutung als für die Deutschen (ähnlich wie bei dem Begriff „Mut") hat. P. Kecskemeti und N. Leites verweisen ihrerseits im Aufsatz „Some Psychological Hypothesis on Nazi Germany", in: The journal of Social Psychology, 1947/48, auf die mit dem Begriff „Reinheit" (der so sehr im Sprachgebrauch des Dritten Reiches mißbraucht wurde) verbundenen Assoziationen hin.

Dies bedeutet nicht notwendig, daß negative Bewertungen identisch waren mit feindlicher Haltung. In diesem System hatte das Stereotyp „Waschlapski-Krapulinski" keine raison d'être, es verbreitete sich dagegen das Stereotyp „Antek-und-Frantek" — eine eher humoristische Gestalt des Proletariers oder Halbproletariers, Thema unzähliger Anekdoten, deren Hintergrund der Arbeitsplatz, natürlich das Militär, manchmal die Kneipe oder andere Lebenssituationen waren. Wenn wir die Rubriken des Zeitungshumors verfolgen oder Zeitschriften wie „Simplicissimus", „Lustige Blätter", bedingt „Kladderadatsch", und von den Zeitungsmitteilungen übergehen zu den durch eigene Anschauung oder regionale Tradition geprägten literarischen Quellen, die zuletzt wohl am besten Hans Lipinsky-Gottersdorf[11] darstellte, finden wir neben deutlicher Deformierung in negativer Richtung der Bewertungsskala (d. h. zur Seite des Stereotyp „Feind" hin) auch gewisse Spuren von Paternalismus, der sich nach dem Schema: „der Unsrige, aber schlechter" bestimmen läßt.

Meiner Meinung nach war Oberschlesien das Gebiet mit besonderer Frequenz solcher Vorstellungen. Die auf diesem Gebiet ausgebildeten Vorstellungen wurden weiter nach Westen übertragen in die Regionen, in denen sich geschlossene Gruppen der Erwerbsemigration ansiedelten. Im Ruhrgebiet blieben bis heute polnische Organisationen erhalten, wenn auch ihre sprachliche und kulturelle Andersartigkeit offensichtlich kein größeres Interesse unter der örtlichen Bevölkerung weckt und nicht zum Ausgraben der scharfen Antagonismen von einst führt noch in Verbindung gebracht wird mit der beruflichen oder sozialen Provenienz der Fremden. Polnisch klingende Namen, wie man sie sehr häufig im ganzen Industriegebiet antrifft, sagen nichts oder fast nichts. Die Fußballhelden der Vorkriegszeit, Millionen von Fans bekannt: Szepan, Kuzorra und die zeitgenössischen: Turek, Libuda oder Grabowski mochten einst polnische Vorfahren haben. Aber ihre hohe Stelle auf der Prestigeskala, die immerhin durch ein Massenpublikum markiert wurde, bedeutet mehr als alles andere. Jede Fremdheit mußte verschmelzen in der uniformierenden Industriezivilisation mit ihren Wertsystemen. Alle äußeren Antriebe, um die nationale Besonderheit aufrechtzuerhalten, wirkten in den folgenden Generationen immer schwächer, also mußte die Integration in Beruf und Milieu sich als stärker erweisen als die Einflüsse der von ihrem Staat getrennten nationalen Gruppe. Entscheidende Bedeutung jedoch kann man dem Druck von Zwangssituationen zuschreiben, wie sie durch Schule, Militär, Abhängigkeit in beruflichen oder formalen — und sicher nicht zuletzt: politischen — Gruppen hergestellt wurden.

Es ist jedoch schwer, in dieser Materie zu urteilen, weil deutsche Bearbeitungen aus dem Gebiet der empirischen Soziologie fast nicht existieren. Man kann daher auch nur wenig zum Thema der Integration wie auch der Konflikte sagen; man kann sich schließlich schwer vorstellen, daß die Integration konfliktlos erfolgt ist. Auf unserer Seite wäre vielleicht mehr anzumerken, wenn auch wissenschaftliche Forschungen in späterer Zeit durchgeführt wurden, schon in der Zeit zwischen den

11 Lipinsky — Gottersdorf, H., Die Prosna-Preußen, 1969.

Kriegen, als fast alle Kontakte oder Gruppeninteraktionen in den von Polen und Deutschen bewohnten Gebieten hauptsächlich von der Politik bestimmt wurden. Die Studien, die J. Chałasiński[12] in den dreißiger Jahren in dem kleinen Oberschlesischen Städtchen Murcki durchführte, bestätigen jene Abhängigkeiten, wenn sie auch nicht zu Verallgemeinerungen ausreichen.

Die Zeit zwischen den Kriegen bringt in den deutsch-polnischen Beziehungen — ich meine natürlich die Beziehungen zwischen Menschengruppen und nicht zwischenstaatliche Beziehungen — eine deutliche und dauerhafte Verschlechterung mit sich. Politische und diplomatische Aktivitäten sind zwar nicht identisch mit zwischenmenschlichen Kontakten, aber von da ab werden politische Gegensätze die Beziehung einer Gruppe zur anderen bestimmen, ohne dabei Kleinigkeiten des Alltagslebens auszuschließen. Deutlicher als bis dahin trägt nun die Politik zu den gegenseitigen Vorstellungen bei. Während der Weimarer Republik: Abneigung gegen Polen und alles Polnische. Dennoch rücken persönliche Kontakte und Erfahrungen auffällig in den Hintergrund, ganz einfach infolge der Senkung der Zahl im deutschen Staat lebender Polen und auch infolge deutlicherer Abgrenzungen zwischen den Gruppen, was den vielseitigen Einwirkungen auf die öffentliche Meinung zuzuschreiben ist.

Das heißt nicht, daß man von einem Tag auf den anderen in Nachbarn und Bekannten, die man seit Jahren kannte, einen Feind gesehen hätte, obwohl man gerade in dieser Weise zahlreiche Fälle in Oberschlesien, im Gebiet von Warmien, Mazuren und in Danzig beschreiben kann. Die Lektüre von Erinnerungen und Reportagen, Pressebefragungen und Berichten des polnischen Konsulardienstes liefern übereinstimmend äußerst reiches Dokumentationsmaterial über die Konflikte des Alltages. Es sind dies noch nicht immer Akte physischer Gewalt, aber sie drücken sich notorisch aus in Schikanen (z. B. in Handel und Dienstleistung), Spott, Kolportieren von Schimpfnamen, Abwertung der ganzen Gruppe durch das Aufzeigen vermeintlicher Merkmale, die schon früher kursierenden Stereotypen entstammen. Es war dies im übrigen eine Zeit, in der mehr als vorher „die Politik die Menschen trennte". Die Befürworter der Großmachtidee — wenn auch in bescheidenem Ausmaß —, die Mitglieder und Sympathisanten der Rechten, die „Heimattreuen" und alle die, die an die „Dolchstoßlegende" und die Katastrophe von „Versailles" glaubten, suchten den Gegner unter den „Fremden". „Fremde" waren die Kommunisten, Sozialdemokraten, Juden. Es sind dies schließlich bekannte Situationen, die vielfach beschrieben und kommentiert worden sind.

Bekannt und kommentiert wurden (auch in der Bundesrepublik Deutschland) Ereignisse auf dem Gebiet der Massenkultur und der Art der Einflußnahme auf die öffentliche Meinung. Mehr ist bekannt über die Funktion der Elitepresse[13], weniger über Zeitungen mit Massenauflage und verschiedener Schattierungen, noch weni-

12 Vgl. Chałasiński, J., Der deutsch-polnische Antagonismus in der Bergmannssiedlung „Kopalnia", 1936.

13 Vgl. „Die Tat" und ihr Osteuropa-Bild 1909—1939, 1974.

ger über die Funktion von Radio und Kino. Ich denke es wird nicht weit von der Wahrheit entfernt sein, wenn wir sagen, daß in der gängigsten Meinung der Rechts-Mitte-Kreise (die die größten Einflußmöglichkeiten auf die öffentliche Meinung hatten) Polen der „Saison-Staat" war — ausschließlich und eindeutig das „Produkt von Versailles", ein „Fremdkörper" in der Mitte Europas, der in den Plänen der Grenzrevisionen und bei der Rückkehr zum politischen status quo vor dem Krieg störte.

Aber nicht das scheint am wichtigsten für das Bild von Polen und den Polen zu sein, obschon die These Rechtfertigung in kultureller und sozialer Hinsicht verlangte. Sobald Polen eine Schöpfung fremder Handlungen und Ergebnis fremder Entscheidungen zu sein hatte, mußte das bedeuten, daß die Polen selbst weder die Fähigkeit noch die Möglichkeit zur Wahrung einer eigenständigen Existenz hatten. Sogar eine oberflächliche Analyse der einschlägigen Pressepublikationen — von den geschätzten „quality papers" (wie „Vossische Zeitung" und „Frankfurter Zeitung") bis zu den regionalen „Heimatblättern" — zeigt, daß sogar im Informationsteil übertrieben viel von wirtschaftlichen Schwierigkeiten, von der Schwäche gesellschaftlicher Institutionen oder von politischen Krisen in Polen die Rede ist. Zeitweilig wurden mehr die wirtschaftlichen und gesellschaftlichen Motive in den Vordergrund gerückt, aus denen sich eher etwas über den Mangel an Organisationstalent ableiten ließ, ein anderes Mal politische Motive, aus denen man die Überzeugung schöpfen konnte, daß Polen sich als Staat nicht halten kann.

Es scheint, daß auf die Vorstellungen und Gefühle der Menschen, genauer gesagt, der Deutschen in den westlichen (auch preußischen), nordwestlichen und nördlichen Ländern und Regionen des Reiches, das heißt unter den Menschen, die mit Polen und den Polen keinen oder nur minimalen Kontakt hatten, ein besonderer Einfluß von der systematischen Verknüpfung des Polentums mit dem Bild des „Ostens" ausging. Zwar sollte Polen der „nächste Osten" sein, wie in der Interpretation des bekannten Schriftstellers und Spezialisten der politischen Wissenschaften Adolf Grabowsky[14], aber hieraus ergaben sich eher politische (und geopolitische) als kulturelle Implikationen. Die Zugehörigkeit zum „Osten", wenn sich hiermit auch eine Ansammlung unscharfer Vorstellungen verband, die darüber hinaus verschiedenen Manipulationen unterlagen (nicht nur revisionistischen), weckte in der Regel eine abneigende Haltung, unabhängig von individuellen Motivationen, die sehr verschieden sein konnten.

Für die ehemaligen Soldaten der kaiserlichen Armee, die die östlichen Lande während des Ersten Weltkrieges durchschritten, wurde dies eine Gelegenheit für Erfahrungen und Konfrontationen zwischen der eigenen Kultur und Sitte und entsprechenden Phänomenen des „Ostens". Unter verschiedene, im übrigen nicht systematisierte, Quellen mischen sich verächtliche Meinungen im Hinblick auf die zivilisatorische Unterentwicklung der fremden Dörfer, Kleinstädte und sogar der

14 Grabowsky, A., Der nächste Osten, „Die Tat", 1929. Dort findet man auf der Seite 14 den folgenden Satz: „. . . Eigentlich gibt es in Warschau keine Sehenswürdigkeiten . . ."

Großstädte. „An sich hat Warschau keine besonderen Sehenswürdigkeiten. . .“ ließ der im Jahre 1915 herausgegebene Warschauführer für Soldaten verlauten mit den charakteristischen Beispielen soldatischer Sentimentalität, die in allen Armeen der Welt verbreitet ist. Die Tradition mußte recht stark sein, da sie sogar — o Wunder! — während des Zweiten Weltkriegs wieder auflebt, trotz starker und zuerst (in chronologischer Folge) gegen Polen gelenkter Indoktrination. Allerdings klangen die sentimentalen Lieder, die freilich nicht aus den offiziellen Liederbüchern stammten („Es war einst ein Polenstädtchen. . .“) wie eine grausame Ironie auf dem Hintergrund der verbrannten polnischen Städtchen und der Gräber ihrer ermordeten Einwohner.

Kehren wir jedoch zum Begriff des „Ostens“ zurück. Bei der aufgeklärten und an das Denken in politischen Kategorien gewöhnten Öffentlichkeit weckte er vielfach Gefühle der Angst vor seinen großen Menschenreserven (die These, daß der „Osten“ in demographischer Hinsicht Deutschland übertreffen werde), vor der „Unberechenbarkeit“ des Verhaltens der „Menschen des Ostens“, vor ihrer völlig andersartigen Mentalität, die sich nicht der Zucht rationalen Denkens unterwirft. Dies betraf zwar in erster Linie die Russen, dehnte sich aber auch auf andere Nationen des „Ostens“ aus. Mißtrauen und Furcht mußten nach der sozialistischen Revolution in Rußland der Verstärkung unterliegen; ihr Zusammenhang mit dem Begriff des „Ostens“ wurde recht deutlich akzentuiert und popularisiert, durchaus nicht nur unter den Lesern primitiver Zeitungen, obschon dies recht früh eine der vielen Prämissen für die nazistische Rassentheorie wurde. Daher auch gewisse Akzentverschiebungen. Sie traten unter der Wirkung des taktischen Vorgehens von Hitler auf, in der Absicht, aus Polen einen Bundesgenossen gegen die UdSSR zu machen.

IV.

Ein den Historikern allgemein bekanntes Phänomen ist die Tatsache, daß in den Jahren 1934 bis 1938 in Deutschland die antipolnische Propaganda zum Verstummen gebracht wurde und bekannt ist auch (allerdings weniger!) der Umstand, daß sich in Polen Politiker- und Publizistenkreise von öffentlicher Autorität fanden, die sich davon täuschen ließen. Wiederum geht es uns jedoch um potentielle psychosoziale Resultate. Ich muß es mir versagen, an interessante deutsche Publikationen zu erinnern, die man zwar nicht als Stimme der überwiegenden Meinung zu polnischen Angelegenheiten während des Dritten Reiches ansehen kann (es versteht sich, vor der Entstehung des offenen Konfliktes), die aber doch zu denken geben.

Friedrich Wilhelm von Oertzen, bekannter Schriftsteller und konservativer Publizist aus dem Kreis des sog. „revolutionären Konservativismus“, Osteuropaexperte der schon erwähnten „Die Tat“, hatte im Jahre 1931 ein Buch unter dem Titel „Das ist Polen“ herausgegeben, das dann in den Jahren 1934 und 1939 neu aufgelegt wurde. Jede Ausgabe unterschied sich von der anderen, war dies doch ein politischer Text, der Aktualität gewidmet, und kein historischer. Dennoch stellte der

Autor — eine für den deutschen Leser verblüffende und originelle Tatsache — in diesem Buch gewisse kulturelle und politische Phänomene aus der Geschichte Polens heraus, die man bei uns mit dem Terminus „jagellonische Idee" zu bezeichnen pflegte. An dieser Stelle erfolgte eine Aktualisierung: die „jagellonische Idee" kann nach Meinung des Schriftstellers in der Situation seiner Zeit Wirksamkeit erlangen. Es geht nur darum, daß Polen sich deutlich zugunsten einer Expansion nach Osten aussprechen sollte, diesmal in Übereinstimmung mit der Idee der „Mauer gegen den Bolschewismus". Von Oertzen verwies auf die Figur von Piłsudski als einem Verfechter dieser Idee. Man darf annehmen, daß er mehr als jeder andere zu der so eigentümlichen Popularisierung dieses Namens in Deutschland beitrug und die Gestalt von Piłsudski gewissermaßen zum Symbol „reduzierte" für eine eventuelle Verständigung der nationalistischen Deutschen mit dem nationalistischen Polen. Früher erschien das unmöglich. Im Dritten Reich waren Versuche in dieser Richtung weit gediehen. Fügen wir hinzu, daß uns in diesem Augenblick nicht die politischen Absichten interessieren, weil dies zu einem anderen Thema gehört. Es geht um den Versuch, das Bild von Polen zu verändern, jedoch nach dem Modell des Reichspropagandaministeriums — und in einem etwas anderen Plan — zugunsten der politischen Strategen der Wehrmacht komponiert. Wichtig für uns ist, daß das Stereotyp des Polen umgeformt wurde, indem man ihm Merkmale des „tapferen Soldaten" zugab. Es scheint nicht, als ob es lange hätte wirken können, aber die Tatsache verdient an dieser Stelle erwähnt zu werden, daß von Oertzen kurz vor dem Krieg ein neues Buch über Polen herausgab, mit dem bezeichnenden Titel „Alles oder nichts". Er läßt in ihm wiederum die Ansicht über die „Unberechenbarkeit" des polnischen Volkes aufleben, des Volkes von Romantikern, das seine eigenen Interessen weder zu begreifen noch zu realisieren imstande ist.

Man braucht sich wohl nicht zum Thema der Vorstellung zu verbreiten, die der Krieg mit sich brachte. Dem Überfall auf Polen im September 1939 ging eine massive Propagandaaktion voraus, in der sich alle bisherigen antipolnischen Motive verflochten, angereichert durch das rassische Motiv. Die „jüdische Weltplutokratie" — davon wird nach Abschluß des polnisch-britischen Vertrages gesprochen — wurde herausgestellt als eine Macht, die insgeheim die Aktionen der Polen lenkte. Auf diese Weise kehrte das Argument von der Unfähigkeit zu selbständigem Handeln zurück, vom dumpfen Starrsinn der Polen, verbunden beides mit unerhörter Megalomanie.

Die Aggression wurde begleitet von der im übrigen schon früher eingeleiteten Propaganda über brutale Verfolgung von „Volksdeutschen"; aber jene „Greuelpropaganda" nahm ungewöhnliche Ausmaße an, nachdem die Organe der staatlichen Propaganda die entsetzliche Geschichte von der angeblichen Ermordung von 58 000 Deutschen kolportierten. Dem Stereotyp des Polen wurde das Hauptmerkmal eingefügt: „Ein Volk von Banditen". Es war dies zwar eine Rechtfertigung der eigenen Brutalität, hauptsächlich vor der Weltmeinung, aber das mit penetranter Frequenz und großem Geschick gezeichnete Bild (ihm dienten die derzeit modernsten Mittel der Masseneinwirkung) mußte „nach unten" durchdringen und sich äußerst weit verbreiten. Keines der Völker, die den Armeen Hitlers Widerstand leisteten — ich unterstreiche, daß es mir um Volk, nicht um politische Gruppen wie zum Beispiel die russischen und sowjetischen Kommunisten geht — wurde in solchem Maße negativ dargestellt. Aber auch dieses Vorgehen scheint nicht in kausalem Zusammenhang mit den Verbrechen zu stehen.

Ich will jedoch im Rahmen dieser bescheidenen Studie nicht an die Verbrechen erinnern, da viele von ihnen ein solches Ausmaß von Abscheulichkeit erreichten, daß ihre Behandlung eine Depersonalisierung der Verbrechen oder einen solchen Grad von Verallgemeinerung zur Wirkung haben könnte, wo „alles" sich auf „alle" bezieht, aber nicht allzu lange bestehen kann. Ein Verbrechen ist in unserer juristischen Nomenklatur die schwerste Straftat und nur solche wurden im übrigen rechtsgültig verfolgt. Ich denke eher an Vergehen und Ausschreitungen von seiten der Vertreter des Apparates (oder „der Apparate", denn es gab ihrer viele) des Dritten Reiches, die verschiedene Funktionen ausfüllten und den meisten Kontakt mit der von der Okkupation betroffenen Bevölkerung hatten. Die institutionalisierten Verhaltensweisen dieser Repräsentanten, die ihnen von oben auferlegten Normen, aber auch Merkmale der eigenen Persönlichkeit, die sich unter solchen Umständen wirksam entwickeln konnten — all das kompromittierte zutiefst das Bild des Deutschen in den Augen der Polen und übertrug sich auf alles Deutsche. Situationen, in denen sogar ein kleiner Beamte oder Funktionär in beliebiger Uniform bei jeder Gelegenheit einem Polen Unrecht zufügen konnte — ihn beleidigen oder schlagen — das war der Okkupationsalltag, der sich tief in die Vorstellung und die Gefühle der Polen eingrub. Aber auch damals konnte man unterscheiden, indem man offensichtliche menschliche Merkmale nicht übersah, wenn auch zunächst das Kennzeichen der Uniform, des Dienstgrades oder einfach der sozialen Stellung entschied. Der „Ärmere" unterschied sich immer vom „Reicheren", der gemeine Soldat vom General.

Man braucht sich nicht zu wundern, daß damals auch Differenzierungen hinsichtlich der Stereotype auftraten. Ein Stereotyp, der recht häufig zum Ausdruck kam, wenn er auch wie jedes Stereotyp falsch war, war das des „Österreichers". Sein Pendant in der „isomorphen Reduktion" war der Begriff des Süddeutschen, gewöhnlich katholisch, ein Individuum von anderem Temperament und Gewohnheiten, das darüberhinaus Distanz zu den polnischen Angelegenheiten besaß. Wenn es sich auch nicht quantitativ aufschlüsseln läßt, so war es doch in jedem Fall eine Abweichung von der Regel, wenn auch die recht verbreitete Meinung herrschte, die „Österreicher seien besser" oder eher „weniger schlimm".

V.

Gegenseitig negative Vorstellungen mit dem Gefühl von unüberwindlichen Grenzen, die beide Gruppen trennen, eröffnen die Nachkriegszeit. Den deutschen Gruppen werden von allen Seiten Zeugnisse des Unrechts vorgehalten, das den unterjochten Völkern zugefügt wurde.

Das Unrecht gegenüber der Polen zeichnete sich im Vordergrund ab, und man darf annehmen, daß sich viele aufgeklärte und sensible Menschen fanden, die dies zur Kenntnis nahmen und in dieser Weise ihre moralische Position und ihr zukünftiges Verhältnis uns gegenüber — als einer nationalen Gruppe — bestimmten, was nicht immer gleichbedeutend ist mit der Anerkennung unseres politischen Systems. Andere Reaktionen konnte man freilich von seiten der Menschen erwarten, die gegen Hitler gekämpft hatten, die verfolgt worden waren und ebenso gelitten hatten wie die Vertreter der unterdrückten Völker. In den Konzentrationslagern geknüpfte Bande gehörten in der Regel zu den beständigsten. Die ehemaligen KZ-Häftlinge fanden am leichtesten zu einer gemeinsamen Sprache, und da es sich auf deutscher Seite überwiegend um Leute der Linken handelte, konnte man von einem Klima des Verständnisses und der Ablehnung der alten Stereotype zuerst in linken Kreisen sprechen.

Jedoch begünstigte die Aura des „Kalten Krieges", der sehr bald begann, nicht eine Entwicklung, in der dies zur Regel in Westdeutschland hätte werden können. Ich behaupte nicht, daß die Summe der individuellen Unrechtstaten auf unserer Seite sich als mathematische Gleichung ausdrücken ließe, als Summe der individuellen Schuldgefühle auf deutscher Seite. Jedoch scheint es, daß sehr häufig das von dem Ehepaar Mitscherlich in „Die Unfähigkeit zu Trauern" (1966) beschriebene Denkschema der „Situationsmoral" auftreten konnte. Die von der Obrigkeit aufgezwungene Moral war eine spezifische von der Situation aufgezwungene Moral — gleichsam eine Fortführung des Grundsatzes „cuius regio eius religio"; denn die Auslegungen dessen, was richtig und was falsch ist, standen der Obrigkeit zu. Diese Moral fundierte begangenes Unrecht.

Nach Beendigung des Kriegszustandes wird eine neue Moral auftauchen, jene wird sie aber als nicht gewesen betrachten. Ich will nicht verallgemeinern. Tatsache ist, daß das Verhältnis zur Vergangenheit, in dem immanent das Verhältnis den Polen gegenüber enthalten ist („Auschwitz" ist ein Symbol von allgemeiner Bedeutung, während Oświecim in Polen liegt), zum Politikum wird. Auf der politischen Ebene spielt es immer noch eine wichtige Rolle, nicht nur im Hinblick auf die ältere Generation.

Jede Beziehung zu fremden Völkern läßt sich sub specie politischer Kategorien betrachten. Doch die moderne Tendenz zu Empirie und Quantifizierung, die moderne Vervollkommnung der Erkenntnismethoden infolge eines unerhörten Fortschritts der Sozialpsychologie und des Operierens mit statistischen Methoden in der Erforschung von öffentlicher Meinung und Einstellungen begünstigen mehr als je zuvor synkretische und synthetische Konstruktionen. Der „durchschnittliche Angehörige der Nation X" — dies sind Ausdrucksweisen, die sich auch auf den Seiten der Fachliteratur finden. Zwar wird in diesem Kontext gewöhnlich erläutert, was das bedeutet, aber in den weiteren Ausführungen besteht die semantische Konstruktion fort.

Die in der Bundesrepublik Deutschland auf breiter Front, zugegebenermaßen bedeutend breiter als bei uns, durchgeführte Erforschung der öffentlichen Meinung erlaubt es, gewisse beharrliche Tendenzen bezüglich des Bildes von Polen und den Polen auszumachen, um nur „statistische Mittelwerte" zu benutzen, wie sie aus der Erforschung der öffentlichen Meinung gewonnen wurden, Werte im Bereich des arithmetischen Mittels und der Mediane (in einer jeweils verschiedenen Anzahl ermittelter Fälle). Von den fragmentarischen und unvollkommenen Forschungen, die im Jahre 1945 in der amerikanischen Besatzungszone in Deutschland durchgeführt wurden und über die Edgar Morin[15] schrieb, über den bekannten und bereits erwähnten Buchanan-Cantril-Test im Jahre 1948 (es wurde die Bevölkerung von Westdeutschland und von Westberlin gesondert untersucht) bis zu den jüngsten Umfragen, in denen sich die Meinung über andere Nationalitäten direkt oder anhand von Mittel- und Skalenwerten ausdrückt (wie im Bogardus-Test, aber in unvergleichlich verbesserter Form) — immer ist der Stellenwert der Polen niedrig oder sehr niedrig. Dagegen ist das Autostereotyp des Deutschen aus der Bundesrepublik Deutschland (anders jedoch aus der DDR) hoch, manchmal beunruhigend hoch.

Im ersten Fall kann man eher die Wirkung der Folgen des „Kalten Krieges" und verschiedener Arten antikommunistischer Indoktrination erkennen. Die Polen sind weiterhin dem „Osten" zugehörig, aber diesmal ist „Osten" mehr eine politische als kulturelle oder gar zivilisatorische Einheit, wenn auch die Überzeugung von der eigenen Überlegenheit auf diesem Gebiet sicherlich ein Faktor von großem Gewicht ist. Gerade dieser Faktor: das Bewußtsein des „Wirtschaftswunders" und bedeutender sozialer Stabilisierung beeinflußt die hohe Bewertung des eigenen Bildes. Im übrigen mögen wir uns in der genetischen Interpretation irren, denn vor allem zählen die festgestellten Ergebnisse.

Es verdient an dieser Stelle bemerkt zu werden, daß nüchterne Bewertungen der zwischenstaatlichen politischen Situation und die Anerkennung des status quo der Grenzen nach Potsdam sich nicht in einem symmetrischen Verhältnis zu positiven Bewertungen der Polen als nationaler Gruppe entwickelten. Die Zahl der ersten wächst bedeutend markanter als die der zweiten. Freilich ist der Vergleich nur dann möglich, wenn er methodologisch einwandfrei ist.

Man kann hier und da auch Spuren der Beständigkeit alter „Klischees" über den Polen antreffen. Von den Fronten des Zweiten Weltkrieges überlieferte Legenden (wie die berüchtigten Geschichten über die Attacke polnischer Kavalleristen auf Panzer) schichten sich auf fragmentarische Informationen über die polnische Romantik des Wiederaufbaus und die dem technologischen Denken des westeuropäischen Bourgeois unverständliche Verbundenheit mit historischen Symbolen. Nicht immer führt dies zu negativen Wertungen. Recht oft korrespondiert damit eine Faszination durch die Ergebnisse des Wiederaufbaus von historischen Bauten. Doch irritiert die traditionelle Version des Stereotyp sogar in den Werken eines Schriftstel-

15 Morin, E., L'An zéro en Allemagne, 1945.

lers vom Range Günter Grass' „O, du irrsinnige Kavallerie. . ." aus „Die Blechtrommel", wenn sie auch in der edelsten Absicht geschrieben sein mochte.

Und bei uns? Man kann mit Wahrscheinlichkeit annehmen, daß der Prozess umgekehrt verlief, und dies geschah vor allem auf Veranlassung der DDR, das heißt auch auf Veranlassung der Politik. Man wird sich dies vielleicht nicht präzise genug vorstellen können; aber unsere modernen Vorstellungen wirken in ihrer Weise zugunsten einer Reinterpretation der gesamten gemeinsamen Geschichte. Aus unserem Stereotyp des Deutschen, das in den tragischen Jahren der Okkupation fixiert wurde, werden jedenfalls nationale, das heißt historische Merkmale eliminiert, denn ein Volk ist immer ein historisches Phänomen. Es ist kein Zustand, sondern ein Prozeß.

So, auf mittelbarem Weg, wiewohl dies ein recht komplizierter Weg ist, verändert sich die Beziehung der Polen zu den Bewohnern der Bundesrepublik Deutschland, sobald man bemerkt, daß die fortschrittlichen Traditionen der Vergangenheit ihre Fortsetzung in der Politik von heute und in der heutigen Haltung gegenüber der Zukunft finden. Für die durchschnittliche Vorstellung ist diese Konstruktion zu kompliziert. Ihr vereinfachter Ausdruck ist jedoch wahrscheinlich in der durch Erforschung der öffentlichen Meinung erhärteten Popularität des ehemaligen Kanzlers und Vorsitzenden der SPD Willy Brandt zu sehen, sicher nicht nur auf Grund des symbolischen Sühneaktes im Dezember 1970 in Warschau.

Seit der Zeit ändert sich viel in den politischen Beziehungen, daran anschließend auch im Bereich des Kulturaustausches. Sicher ist es sehr wichtig, schon deshalb, weil unser Bild vom „Westdeutschen" bereichert wird und so eine weitere Grenze, ein weiterer Typus der „Karte der menschlichen Gattung", übersteigen wird. Denn wollte man ein aus nur positiven Merkmalen zusammengesetzten Stereotyp des Deutschen erzeugen, so würde dieses in den Augen des Polen fast ausschließlich aus den Errungenschaften auf dem Feld der materiellen Kultur bestehen. Der Deutsche wäre dann der Schöpfer von Mercedes und Volkswagen, aber auch in der ganzen Welt bekannter Industrieerzeugnisse. Die Sphäre der geistigen Kultur würde im Hintergrund bleiben. Jedoch stellen nach meiner persönlichen Überzeugung weder Kultur auf höchstem Niveau und nicht einmal Erscheinungen der Massenkultur in der Art eines Austauschs von „Ware gegen Ware" eine Garantie für ein wirkliches Kennenlernen dar, das heißt eine Garantie dafür, daß das wirkliche Bild der gegebenen Gruppe als wahr angenommen wird. Die Tatsache, daß die westdeutschen Zuschauer im Fernsehen einen neuen Film von Wajda sehen — in noch geringerem Umfang, ein Stück von Różewicz im Theater sehen oder die äußerst populären Aphorismen von Stanistaw Jerzy Lec lesen — kann nicht das Massenpublikum von den Massenwerten überzeugen, die vom polnischen Volk produziert werden, denn es werden ja Elitewerte präsentiert. Man kann das Genie eines Musikers oder Schriftstellers zu würdigen wissen, aber das Bild von der gesamten Bevölkerung wird sich nicht ändern. So war es früher und so blieb es auch heute, wenn man mit Polen nur den Export von Lebensmitteln („Immer empfohlen die Gänse aus Polen") und idyllische dörfliche Landschaft assoziiert.

Es gibt — stark vertretene — Meinungen, daß die beste Form des Sichkennenlernens auf dem Wege des Massenaustausches von Touristen erreicht werden können, Die Intention ist sicher edel, aber die Praxis lehrt (u. a. nach den Erfahrungen des Tourismus der Bundesrepublik Deutschland), daß die Resultate manchmal den beabsichtigten Zielen entgegenstehen, denn es handelt sich gewöhnlich um keine wirklichen Kontakte, gründen sie sich doch auf die egozentrische Suche nach Abwechslung und das Aufspüren von Kontrasten statt der Suche nach gemeinsamen allgemeinmenschlichen Merkmalen. Oft besteht die Wirkung touristischer Kontakte in der Stärkung des herrschenden Stereotyp oder in der Entstehung neuer Stereotype. Mit einem Wort, man darf hierin keine Lösung der Schwierigkeiten sehen, was nicht bedeutet, daß man auf eine solche Form von Kontakten verzichten sollte.

Es scheint, als ob in einer Zeit großer und jäher Veränderungen in Kultur und Brauch von langfristigen Perspektiven zu sprechen ein Nonsens wäre. Aber gerade deshalb sollte das Bild von der einen nationalen Gruppe, gesehen mit den Augen der anderen, mehr Zeit zu seiner Konstituierung haben. Im Strom schneller Veränderungen wird leichter die Grenze zwischen Wichtigem und Unwichtigem verwischt. Es ist auch leichter, Scheinmerkmale für Wirklichkeit zu halten — zum Beispiel die frappierende Buntheit lärmender Subkulturen für eine Äußerung der nationalen Kultur oder der nationalen Adaption universaler Kulturmerkmale.

Bedingung jedoch ist der Friede oder eher: die fundierte Friedenserwartung. Von daher nimmt erst alles seinen Anfang. Wenn dies auch eine Binsenwahrheit ist, kann man doch nicht oft genug an sie erinnern.

Bücher als Brücke
Zur Rezeption der polnischen Literatur in der Bundesrepublik Deutschland

von

Karl Dedecius

Irrungen und Wirrungen

Flüchtige Betrachtungsweisen sind kein Privileg der Analphabeten. Wie irreführend das Augenmaß sein kann, dafür gibt es auch höchst illustre Beispiele. Aus Breslau, von einer Reise nach Tarnowitz, Krakau, Wieliczka und Tschenstochau (3.—10. 9. 1790) zurück, schrieb Goethe an Herder, er habe in den acht Tagen „meist negativ Merkwürdiges" gesehen. Seiner Tarnowitzer Eintragung zufolge, sei ihm — „fern von gebildeten Menschen" — selbst Breslau noch „lärmend, schmutzig, stinkend" vorgekommen. Freilich, eine rußige Industrielandschaft ist kein Arkadien, was aber wären die bürgerlichen Refugien und die höfischen Residenzen ohne das Salz von Wieliczka, ohne die schlesische Kohle und ohne die Tarnowitzer Seife? Ungewaschen, kalt und ohne Würze.

Ähnlich befremdend wie Goethe den Osten erlebte Mickiewicz den Westen. Aus einem französisch geschriebenen Brief an Ottilie von Goethe (16. 12. 1829) erfahren wir, wie sich ihm, aus Weimar kommend und nach Italien fahrend, die westdeutsche Landschaft dargeboten hat: „Ich kann Ihnen meinen Verdruß nicht verhehlen, den ich angesichts der Ufer des Rheines empfand. Dieser urritterliche, urromantische Strom ist bürgerlich-ökonomisch geworden. Die Hacke der Zivilisation hat auf den Bergen nicht einen Wald, nicht einen Baum gelassen, der dieses Namens würdig wäre. Überall Weinberge und nichts als Weinberge. Herr von Goethe klagte einmal über die Monotonie der sizilianischen Erntefelder. Ihre deutschen Weinberge, ohne Bewegung und ohne Nuance, erscheinen mir tausendmal langweiliger . . ." Mickiewicz*, den litauischen Urwald gewohnt, mit Bären und Beeren, mit idyllisch zerfallenden Adelsnestern, artigen Amouren und zäher Zwietracht, mochte die Rheinlandschaft langweilig finden. Aber was wußte er von dem unermeßlichen Fleiß, der in Jahrhunderten die Weinkultur der Rheinlande gebaut hatte und von der „Bewegung" dieser Landschaft, die er im raschen Vorüberfahren, mehr in

* Zit. nach: Adama Mickiewicza listy nie objęte ostatnim wydaniem książkowym. Oprac. S. Pigoń, „Pamiętnik Literacki", LIII, 1962.

sich hinein als ins Freie blickend, nicht wahrnahm? Was wußte Goethe von der „Seele" des Ostens, als er — „fern von gebildeten Menschen" — die durchschwitzten Hemden der Grubenarbeiter roch, den Kohlenstaub auf seinem schneeweißen Kragen entdeckte und den üblen Geschmack des unraffinierten Salzes auf seiner Zunge schmeckte?

Zwei große Beispiele für zwei kleine, unreflektierte Urteile, also Vorurteile. Diese Beispiele sind atypisch, zugegeben, nicht desto weniger didaktisch nutzbar. Sie illustrieren die Unzuverlässigkeit der touristischen Weltanschauung. Will man von Volk zu Volk sich näherkommen, genügt es nicht, einmal „vorbeizufahren".

Ein späteres Zitat von Goethe wird dem Geheimen Rat und der Sache um vieles gerechter. Am 9. 11. 1830 schrieb Goethe an von Willemer nach Frankfurt (der Absatz bezieht sich auf Mariannens Brief vom 27. 10. 1830; er steht im Konzept, wurde aber in die Reinschrift nicht aufgenommen): „Das polnische Büchlein war willkommen; wir sind mit dieser Nation und ihrer Sprache schon viel näher verwandt als sonst; sehr oft kommen gebildete Männer dorther . . . Unsere Bibliotheken besitzen Grammatiken und Wörterbücher hinreichend, und so wirkt eine Nation immer lebhafter auf die andere." Also „Büchlein", also „willkommen", also „näher". Also „Bibliotheken".

Als die *Süddeutsche Zeitung* in München am 16. 1. 1975 über die Eröffnung der Ausstellung polnischer Bücher im Pavillon des Alten Botanischen Gartens berichtete, gab sie ihrem Vierspalten-Beitrag die Überschrift „Näher als ein Nachbar". In dieser fast polnisch hintergründigen Formulierung kam eine nicht vereinzelte Meinung zum Ausdruck: Polen, eigentlich kein Nachbar der Bundesrepublik, hat Autoren und Bücher, die uns „näher" stehen als manche der wirklichen Nachbarn.

Was im übrigen verschiedentlich von außen gesehen wurde und galt, hat sich bis 1970 und von 1970 bis 1975 nur noch gesteigert und intensiviert: daß nämlich die polnische Literatur der Welt vielfach über Deutschland vermittelt wird. So und damit „wirkt eine Nation immer lebhafter auf die andere".

Lebhafte Wirkung

Es gibt ein Dutzend Verzeichnisse, Kataloge polnischer Bücher, die nach 1945 ins Deutsche übersetzt worden sind. Sie sind alle periodisch unterschiedlich eingeschränkt und alle auf ihre Weise unvollständig. Ein junger Frankfurter Polonist, Peter Drzymalla, versuchte jüngst aus den verschiedenen Quellen[1] das Zugängliche zusammenzutragen und kam dabei auf knapp 500 Titel in den Jahren von 1945 bis 1969 und auf 150 in den Jahren von 1970 bis 1974. Wir schätzen beide, daß es mindestens 750 in der Bundesrepublik übersetzte polnische literarische Werke gibt.

1 Index Translationum Nr. 1—24; dieser lag bei Redaktionsschluß nur bis zum Jahrgang 1971 vor. Polonica-Katalog 1946—1966 des Börsenvereins des Deutschen Buchhandels Frankfurt am Main. Ludomira Ryll/Janina Wilgat: Polska literatura w przekładach 1945—1970. Agencja Autorska Warszawa 1972.

(Dazu kommt noch eine viel höhere Zahl der in der DDR, der Schweiz und in Österreich übersetzten Polonica, die in der Bundesrepublik zu kaufen und zu lesen sind, das hiesige Angebot also erweitern und vervielfältigen.)

Ich blättere in den Verzeichnissen, Teil- und Sonderkatalogen der Stadtbüchereien[2] und der Werkbüchereien[3] und sehe, wie sie das Goethe-Zitat zum Leben erwekken: „Unsere Bibliotheken besitzen ... und so wirkt eine Nation immer lebhafter auf die andere".

Diese kleinen Hauskataloge, wie fragmentarisch und dilettantisch sie auch immer sein mögen, präsentieren bereits Beachtliches: Mehrere Anthologien polnischer Prosa, Poesie und Satire, dazu Einzelausgaben von Dramen, Lyrik, Erzählungen und Märchen; Werke der Literatur- und Sprachwissenschaft, marxistische Theorie und Ökonomie, Philosophie, Pädagogik, Naturwissenschaften, Sozialwissenschaft und eine lange Reihe von Sachbüchern. Modernes steht neben Klassischem, Biographien, Folklore, Bildbände, Kinderbücher ergänzen das Angebot. Wir sehen in den Regalen Witkiewicz neben Mickiewicz, Potocki neben Putrament, Reymont neben Rudnicki, Ossowski neben Kołakowski. Ein Dutzend Bücher von Andrzejewski, noch mehr von Iwaszkiewicz, Lem, Dobraczyński. Achtzehn verschiedene Ausgaben und Titel von Gombrowicz, dessen Werk der Neske-Verlag in Pfullingen noch vor der polnischen Edition in Paris als erster vollständig vorgelegt hatte.

Polen ist in der Bundesrepublik literarisch „zugegen". Hans Werner Richter, Gründer der Gruppe 47, schrieb mir vor kurzem, seine Begegnungen mit polnischen Autoren bleiben ihm „unvergeßlich ... Die neue polnische Literatur war für viele von uns ein neuer Anfang, sowie auch einige der polnischen Schriftsteller in der Gruppe 47 etwas Neues, Hoffnungsvolles" fanden. Siegfried Unseld, Chef der Verlage Suhrkamp und Insel, in denen ein gut Teil der polnischen Gegenwartsliteratur erscheint und der sich persönlich für diese Literatur ganz besonders engagiert, meinte: „Das Verlegen polnischer Literatur bei uns ist ein Abenteuer. Wir lieben ja die Polen, obwohl das, was man von ihnen liest, nicht immer einfach ist ..." So für deutsche Leser schwierige, weil ungewohnte Bücher wie „Tage und Nächte" von Maria Dąbrowska haben gleich zwei westdeutsche Verleger nacheinander durchzusetzen versucht. Die *Frankfurter Allgemeine Zeitung* half ihnen dabei, indem sie das Werk als Fortsetzungsroman abdruckte, ähnlich wie *Die Welt* früher schon durch Vorabdruck von Jerzy Szaniawskis „Professor Tutka" diesem Autor zum Durchbruch verhalf. Seine Erzählungen sind in zwei renommierten Verlagen und Reihen hintereinander erschienen: In der *Gelben Reihe* des Carl Hanser Verlages in München und in der *Bibliothek Suhrkamp*, die die „Klassiker der Moderne" versammelt. 1975 wurde vom Fernsehen der polnische Farbfilm „Die Bauern" nach Reymont in 13 Teilen zu einer bevorzugten Zeit (jeden Sonntag ab 17. August gegen 17 Uhr) ausgestrahlt, was dem Verleger Diederichs in Köln Gelegenheit gab, eine zweite Nachkriegsausgabe dieses Werks, nun im 45 000 bereits, vorzulegen.

2 Mir lagen die von Dortmund, Göttingen und Biberach a. d. Riss vor: „Bücher von Polen, aus Polen, über Polen".

3 Bücher aus der Siemens-Werkbücherei: Nachbar Polen, April 1968.

Poesie als Verständigungsmittel

Verständnislosigkeit ist verbreitet, weil es Dinge und Vorgänge gibt, die noch keinen Namen haben, oder aber die mit den üblichen Kategorien nicht zu umschreiben sind. Poesie ist ein Versuch, diesem Mangel unserer Sprache — oder Begriffe — abzuhelfen.

Die polnische Poesie kam in der Bundesrepublik Ende der fünfziger Jahre ins Gespräch. Sie vermochte Namenloses zu umschreiben, Unverständliches näherzubringen, außerdem für sich, das heißt für das Land und das Volk, aus dem sie kam, einzunehmen.

Die polnischen Autoren — Bieńkowski, Herbert, Miłosz, Różewicz, Szymborska, Ważyk — die wir inzwischen in deutschen Einzelausgaben und vielfach in Anthologien besitzen, haben unsere Sprach- und Empfindungsgrenzen erweitert. Ihre Namen sind den deutschen Poeten ebenso ein Begriff und vertraut wie die Namen der großen französischen, italienischen oder englischen Dichter. Die deutschen Rezensionen ihrer Bücher in Presse und Funk bestätigen das Ansehen das sie genießen.

Tadeusz Różewicz war der erste, der mit seiner Lyrik eine ungewöhnliche Resonanz erreichte. Seine Gedichte waren in den Zeitungen und Zeitschriften — fast hundert Nachdrucke — zu lesen, seine Bücher hatten zweihundert Rezensionen; sie wurden mehrfach im Funk rezitiert, auf Auswahllisten empfohlen und von den deutschen Poeten in ihren Gedichten, von Filmemachern in ihren Filmen als Motto (Horst Bienek „Die Zelle") zitiert.

Mieczysław Orski untersucht in der Nr. 10 der Zeitschrift „polnische perspektiven", Warschau, Oktober 1975, das Phänomen „Różewicz im Ausland" — so der Titel seines Beitrages — und kommt dabei zu dem Schluß, daß die große Popularität seiner Werke in fremden Sprachen auf ihrem künstlerischen Rang basiere. Es sei dem Dichter gelungen, seinen persönlichen Erlebnissen und den nationalen Problemen universale Bedeutung und Eindringlichkeit zu verleihen.

Die ersten, auch die gründlichsten und die zahlreichsten Bücher (9 Titel) im Ausland hat Różewicz in der Bundesrepublik aufzuweisen. Er ist mit der Vielfalt seines differenzierten Werks repräsentativ vertreten: Mit Erzählungen, mehreren Gedichtbüchern, Stücken, mit poetischer Prosa und theoretischen Essays.

In namhaften deutschen Anthologien waren Różewicz's Gedichte in München, Darmstadt und Frankfurt bereits seit 1959 zu finden, ihnen folgten dann die italienischen Ausgaben von Verdiani 1964, die amerikanische von Miłosz bei Doubleday und die französische bei Seuil — beide 1965.

Orski hebt auch die Erfolge von Różewicz's Stücken auf deutschen Bühnen hervor, deren Reichweite die Aufführungen in Berlin (Schillertheater) und Hamburg, am Staatstheater in Kassel und an den Stadttheatern Saarbrücken, Bochun, Mannheim und Ulm, bis zu den Studententheatern von Bonn und Stuttgart markieren. Daß Różewicz in den bundesdeutschen Fernsehprogrammen kein Unbekannter ist, das versteht sich von selbst.

Auch die Gedichte des Zbigniew Herbert werden von der deutschen Öffentlichkeit zum Besten gezählt, was die Nachkriegslyrik in Europa und darüber hinaus hervorgebracht hat. „Dieser Pole läßt eine Hundertschaft von Engagierten hinter sich“, betitelte Ernst Günther Bleisch seine Rezension im *Münchner Merkur* am 3. 2. 1968 „Seine Bedeutung liegt darin, daß er die kulturelle Kontinuität im Erlebnis der heutigen Zeit spüren läßt“, lautete das Echo von Wolfgang Kraus in *Die Presse* in Wien am 23./24. 11. 1974, Karl Krolow[4] faszinierte Herberts originär engagierte „Klassizität“ und „die philosophische Klarheit und die akribische Einzelheit“. Walter Helmut Fritz[5] hob in *Frankfurter Hefte* Nr. 2/1968 „das Gleichgewicht zwischen individuellem Ausdruck und Öffentlichkeitscharakter“ dieser Poesie hervor und widmete Herbert ein eigenes, aus Herberts Gedichtstiteln montiertes Gedicht, das von intimem Verständnis des deutschen Lyrikers für seinen polnischen Kollegen zeugt:

Zbigniew Herbert lesend

Zum Beispiel
Die Heimkehr des Prokonsuls
Nike wenn sie zögert
Fortinbras Klage

Verstehe ich besser
wie die Wahrheit
ums Leben kommt

wie hinterhältig die Frage ist
ob das Entsetzliche
sinnvoll war

daß unsere Angst
keine Eulenaugen hat
keine Kerzen löscht

Daß Schutzengel
ohne Rücksicht sein können

Herberts polnisches Werkverzeichnis enthielt 1975 neun Buchtitel, das deutsche im gleichen Jahr ebensoviele.

4 Vizepräsident der Deutschen Akademie für Sprache und Dichtung in Darmstadt.

5 Lyriker, Erzähler und Kritiker, Mitglied der Deutschen Akademie für Sprache und Dichtung in Darmstadt und der Bayrischen Akademie der schönen Künste in München.

Das Ansehen der polnischen Dichtung drückt sich nicht zuletzt in den Ehrungen aus, die ihr zuteil werden. Herbert haben gleich zwei Akademien zu ihrem Mitglied gewählt, die Bayerische (1967) und die Berliner (1974). Auf Grund seiner in Frankfurt am Main in deutscher Sprache erschienen Bücher wurde ihm 1960 der Österreichische Staatspreis für europäische Literatur (der Nikolaus-Lenau-Preis) und 1973 der Herder-Preis der Hamburger F. V. S.Stiftung in Wien verliehen. Prof. Manfred Mayrhofer[6] sagte in seiner Laudatio damals, er finde es besonders ergreifend, wie sich in Herberts Dichtung die tief humanistische Gesinnung mit der Einsicht in die Tröstung der Geschichte verbinde. Dies sei „doppelt kostbar, als heute der Geschichte doch vielfach unter der Fahne eines neuen Humanismus ein tiefer, unversöhnlicher Haß entgegenschlägt".

Herberts Bücher haben sich als tragfähige Zugbrücke erwiesen. Sie standen früher mehrfach auf Empfehlungslisten, zum Beispiel der Redakteure der Hamburger Zeit, und sie tauchen auch heute aus der Flut der Neuerscheinungen unversehrt empor, um exzeptionelle Aufmerksamkeit zu erregen — wie zum Beispiel der letzte Gedichtband „Herr Cogito", Frankfurt am Main 1974, den die Darmstädter Jury im Februar 1975 zum „Buch des Monats" gewählt hat. Wenn man bedenkt, daß diese Auszeichnung nur zwölf Büchern im Jahr — unter den vielen tausenden der jährlichen Neuerscheingungen — zuteil wird, wird das Gewicht dieses Urteils offensichtlich. Darin und in ähnlichem zeigt sich die Wirkung der polnischen Poesie auf die deutschen — die kompetenten — Leser.

Warum sind diese Komödien so traurig?

Dem Interesse am polnischen Theater kamen zunächst Informationen entgegen, die man in der westdeutschen Tages- und Fachpresse — von der kleinen Notiz bis zum analytischen Aufsatz — von Jahr zu Jahr häufiger zu lesen bekam. 1964 veröffentlichte dann Karl Hartmann seine sachliche Einführung in die polnische Dramatik der Gegenwart — „Das polnische Theater nach dem Zweiten Weltkrieg", Marburg 1964 —, dem drei Jahre später eine zweibändige Präsentation bei Luchterhand folgte — „Modernes Polnisches Theater, herausgegeben und mit einem Nachwort von Andrzej Wirh", Neuwied und Berlin 1967 — mit Stücken von Witkiewicz, Szaniawski, Kruczkowski, Gombrowicz, Różewicz, Broszkiewicz, Mrożek, Abramow, Grochowiak und Iredyński. Inzwischen waren auch polnische Referenten wie Jacek Frühling in der Bundesrepublik mit öffentlichen Vorträgen über das Theater in Polen aufgetreten und Theoretiker der polnischen Schule wie Jan Kott mit Buchpublikationen über das Welttheater in polnischer Sicht zu hohem Ansehen gelangt. Weder Spezifitäten wie das Theater von Grotowski und das von Tomaszewski, noch andere authentische Inszenierungen aus Polen blieben dem deutschen Publikum fremd. Der schöne Brauch der Gastspiele machte das unmittelbare Kennenler-

6 Stiftung F. V. S. zu Hamburg. Gottfried-von-Herder-Preise 1973, S. 22 f.

nen möglich, einige Städte — wie Saarbrücken und Dortmund zum Beispiel — haben im Rahmen von eigens eingerichteten „Polnischen Theatertagen" oder „Polnischen Kulturwochen" ein ganzes, reichhaltiges Repertoire an polnischen Sprech- und Musikstücken gezeigt. Am Mittwoch, den 6. Mai 1964 meldete die Deutsche Presse-Agentur „Ein polnischer Musik-Triumph in Wiesbaden — Das Gastspiel der Warschauer Oper bei den Maifestspielen" anläßlich der Aufführung der Moniuszko-Oper „Das Gespensterschloß", die der Kritiker „hinreißend ursprünglich" und „außerordentlich erfolgreich" nannte. In Saarbrücken konnte man während der dortigen „Polnischen Theatertage" Moniuszkos Nationaloper „Halka" erleben, daneben Stücke von Witkacy und Mrożek kennenlernen. Von beiden Dramatikern liegen in deutscher Fassung Stücke in Buchform vor, von Mrożek sämtliche dramatischen Werke, die der Berliner Verleger K. H. Henssel ediert hat; über beide Autoren gibt es deutsche Dissertationen und monographische Publikationen.

In den Spielplänen der Berliner, Münchener, Düsseldorfer, Hamburger, Frankfurter und anderer Bühnen begegnet man polnischen Namen immer häufiger. Besonders lobenswert ist die Tatsache, daß an den Aufführungen deutscher Ensembles hervorragende polnische Regisseure beteiligt sind, wie Dejmek, Swinarski, Jarocki, Axer, die uns das nicht immer ohne weiteres einleuchtende polnische Theater zu verdeutlichen helfen.

Das Besondere des polnischen Theaters ist seine groteske Exzentrik und sein tragisches — selbst im Absurden — Engagement. Das Komische, das Ironische steht im Vordergrund, ist das beherrschende Stilmittel, dessen Verfremdungsabsicht ist aber sehr bald zu erraten. Wie Borowski und Nałkowska seinerzeit die nationale Qual gnadenlos protokollarisch, scheinbar gefühllos und distanziert zu Papier brachten, um damit eine umso wirksamere Katharsis zu erreichen, so bedienen sich die polnischen Dramatiker der Gegenwart des Zerrbilds und der Farce des läuternden Kontrastes wegen: Dahinter verbirgt sich das Irrsinnige und das Unbegreifliche der menschlichen Charaktere in unserer Zeit und Geschichte.
Darum sind diese Komödien — in der Nachwirkung, durch Nachdenken — so traurig.

Lec oder die Fruchtbarkeit des Denkens

„Die Satire hat auszugraben, was das Pathos zugeschüttet hat." Unter diesem Motto von Lec machte eine Anthologie — „Polnische Pointen, Satiren und kleine Prosa", München 1962 — die deutschen Leser erstmalig mit dem Reichtum und der Brillanz der polnischen Satire bekannt. Diese erwies sich für den deutschen Leser sehr bald — wie das polnische Theater auch — als eine Qualität sui generis. „Explosivkörper auf jeder Seite; und man weiß nicht, was man mehr bewundern soll: Den Mut der Aussage oder die Kunst der Formulierung", urteilte die *Neue Zürcher Zeitung* am 19. 11. 1962 „Ein scharfer, süßsaurer Coctail. Man muß sich Zeit nehmen und genießen", meinte E. Ottevaere in *de Standaard* Brüssel am 27./28. 10.

1962. Und der *Österreichische Rundfunk* in Wien lobte die „Wachheit des Geistes, Intelligenz und Sprachkultur". Wir zitieren drei ausländische Stimmen, um zu belegen, daß der deutsche Erfolg der polnischen satirischen Literatur (drei Auflagen mit insgesamt 31 000 Exemplaren, die Auflagen sind vergriffen) nicht eine Sache der westdeutschen Provinz geblieben ist.

Der Höhepunkt dieser erfolgreichen Auswahl war zweifelsohne Stanisław Jerzy Lec. Seine „Unfrisierten Gedanken", die vier Auswahlfolgen 26 Auflagen erreicht haben, waren von einer erstaunlichen, weil ebenso in die Tiefe wie in die Breite gehenden Wirkung. Prof. Bauer[7] nannte in seiner Antrittsvorlesung über „Lec und die Politisierung einer intellektuellen Dichtart" den Polen den „wichtigsten modernen Aphoristiker". Insgesamt erreichten Lec' Bücher (die zahlreichen Nachdrucke in Anthologien nicht gerechnet) eine Gesamtauflage von über 150 000 Exemplaren. Damit hätte Lec sein Ziel — „Man muß die Anzahl der Gedanken derart vervielfachen, daß die Anzahl der Wächter für sie nicht ausreicht" — erreicht. „Lec war ein Schütze, der letztlich mehr trifft, als er treffen wollte. Dies, meine ich, gehört zu den wichtigsten Kennzeichen, die gute Literatur von mittelmäßiger unterscheidet", stand in *Die Zeit* zu lesen.

Die Frage, wo, mit welchen, wie gewählten und warum wann zitierten Gedanken Lec überall vertreten ist, oder bestätigt (oder bestohlen) wird, wäre geeignet, ein literarsoziologisches Sonderseminar zu beschäftigen. Bonner Parlamentarier schmücken mit ihm ihre Reden in den Bundestagsdebatten, die Berliner Studenten trugen ihn — „Liebet eure Feinde, vielleicht schadet das ihrem Ruf" — transparent bei der Demonstration am 29. 1. 1967 voran, der Verlag für kirchliche Kunstdrucke in Bremen kolportierte Postkarten mit Grafik von Rainer Trüstedt und je einem Merksatz von Lec als große Wurfsendung (Nr. SP 681—683); in einer Anthologie des Evangelischen Studienwerks Villigst stand Lec an erster Stelle vor Zitaten aus den Korinthern, Römern, aus Brecht, Weizsäcker, Mann und Marcuse.

Die „Unfrisierten" sind so sehr zum Gemeingut geworden, daß es an Gemeinheit grenzt, wie man sie in Axel Springers Kalendarien, in der *Frankfurter Zeitung Blick durch die Wirtschaft*[8] und im *Spiegel* (dort sogar als „slowakisches Sprichwort" apostrophiert)[9] namenlos ausbeutet.

So schmücken sich mit und profitieren von Lec die Burschenschaftsblätter (Acrimonia), die Pressebüros und -Dienste, selbst die Besinnungsblätter für Soldaten, die das Evangelische Kirchenamt für die Bundeswehr im Kreuz Verlag Stuttgart herausgibt. Sogar — und das schlägt dem Faß den Boden aus — in Polizei-Festschriften[10] sind sie zu finden, und darunter solche Gedanken wie folgende: „Er war ein

7 Prof. Dr. Helmut Bauer: „Lec und die Politisierung einer intellektuellen Dichtart", Antrittsvorlesung, Nachgedruckt in: „Sprache im technischen Zeitalter", Stuttgart.

8 Jahrgang 15/Nr. 63/D 1914 A vom 5. März 1972.

9 Nr. 30 vom 28. Juli 1968, S. 56.

10 Polizeifest Leverkusen 1969. Gewerkschaft der Polizei. Kreisgruppe Leverkusen. Redaktion: Rudolf Blatnik.

vorzüglicher Hüter des Rechts. Er behütete es so gut, daß niemand in dessen Genuß kam." Oder: „Auch an den Kreuzwegen der Geschichte versucht die Polizei den Verkehr zu regeln." Oder: „Er lachte nur im Geiste — und wenn, dann in dem des Gesetzes". Sage da einer, die Polizei hätte keinen Sinn für Humor. Sie hat sogar einen für Selbstironie! In der Grußadresse dieser Festschrift zeichneten verantwortlich: „1. Vorsitzender der Gewerkschaft der Polizei gez. Tretschok / Oberbürgermeister gez. Dopatka." In Leverkusen wird also polnisch gelacht — und signiert.

Fest steht, daß Lec in der Bundesrepublik der in Vergessenheit geratenen Gattung des Aphorismus zu einer Renaissance verholfen hat. Poetische und geistreiche Köpfe[11] ließen sich von ihm inspirieren, Erich Frieds „Warngedichte" und epigrammatische „Zeitfragen" sind leibliche Schwestern der Lecschen „Steckbriefe" und Mahngedichte „An Abel und Kain":

Lec: „Im Hause des Gehenkten spricht man nicht vom Galgen".

Fried: *Taktfrage*

Im	darf	nicht	sein
Haus	man	reden	Henker
des	vom	weil	dort
Gehenkten	Strick	jetzt	im
			Ruhestand
			lebt

Jüngere Autoren befruchtete Lec auf ähnliche Weise. Ulrich Erckenbrecht stellte seiner Aphorismen-Sammlung „Ein Körnchen Lüge", Gießen 1974, einen Lec-Aphorismus voran und schrieb dazu: „von der polnischen Aphoristik lernte ich viel." Wolfgang Eschker vom Goethe-Institut in Göttingen setzte über seine Aphorismen als Motto den Satz: „Aphorismen können verLECen."

Janusz Korczak und die deutschen Lehrer und Kinder

Ausschlaggebend für das Verhältnis eines Volkes zum Buch ist seine (geleistete und genossene) Erziehung zum Lesen. Es ist deshalb für das deutsch-polnische Verhältnis und Verständnis nicht unwichtig, ob und wie die polnischen Autoren Eingang in deutsche Schulbuchverlage finden.

Ein entscheidender Durchbruch gelang dem pädagogischen Buch aus Polen — diesmal gleichermaßen für die Erzieher wie die zu Erziehenden — mit der posthumen Auszeichnung des Werkes von Janusz Korczak im Jahre 1972. Die Autorität des Friedenspreises des Deutschen Buchhandels und die von Hartmut von Hentig

11 Herbert Heckmann, An den Rand geschrieben, in: Neue Rundschau, 4/1968; Gabriel Laub, Verärgerte Logik, München 1969.

vor Verlegern und Buchhändlern aus vielen Ländern der Erde gehaltene Festrede — „Janusz Korczak oder Erziehung in einer friedlosen Welt" — begründeten Korczaks deutschen und weltweiten Ruhm.

Bekannt wurde Janusz Korczak in der Bundesrepublik durch Erwin Sylvanus, dessen Stück „Korczak und die Kinder" 1957 in Rowohlts Theaterverlag erschien, danach ein zweites Mal als Buch 1959 in St. Gallen und ein drittes 1973 bei Suhrkamp in Frankfurt am Main. Das Stück ist auf vielen Bühnen der Bundesrepublik gespielt worden. Ein Korczak-Jugendbuch — „Der Bankrott des kleinen Jack" — gab es schon 1935 bei Williams in Berlin, doch es war bis zu seiner Neuauflage — „Jack handelt für alle" 1972 in Hamburg — ohne Beachtung geblieben.

Die pädagogischen Grundschriften des ‚Doktors aus der Krochmalna' Janusz Korczak (eigentlich Henryk Goldschmit), der 1942 in einem deutschen Vernichtungslager umkam, werden seit 1967 im Verlag Vandenhoeck und Ruprecht in Göttingen verlegt: Übersetzt von Armin Droß und herausgegeben von Elisabeth Heimpel und Hans Roos. Die *Süddeutsche Zeitung* bezeichnete „Wie man ein Kind lieben soll" (1973 in der 4. Auflage) einen „Glücksfall in der großen pädagogischen Literatur ... Selten treffen wissenschaftliche, humane und schriftstellerische Qualitäten so glänzend zusammen". Auch das Kinderbuch „König Hänschen I." — deutsch von Katja Weintraub — erlebte in kurzer Zeit, bis 1973, vier Auflagen.

Die wissenschaftliche Erschließung des Werkes in der Bundesrepublik wurde mit Studien von Erich Dauzenroth eingeleitet. Sie sind u. a. in *Frankfurter Hefte, Emuna, Pädagogische Rundschau* zu lesen gewesen und waren anschließend ins Englische, Niederlänische und Polnische übersetzt erschienen. Die erste italienische Korczak-Publikation von Bruno Maria Bellarate entstand durch Anregung der Gießener internationalen pädagogischen Kolloquien.

Der Höhepunkt der wissenschaftlichen Beschäftigung mit Korczak war das von Dauzenroth und Hampel im Mai 1973 an der Gießener Justus Liebig-Universität organisierte Internationale Korczak-Symposion mit Teilnehmern aus der Bundesrepublik, Polen, Italien und Belgien. Unter den zahlreichen Korczak-Artikeln in der Tagespresse sind die von Rudolf Gönner und Erina Kumm besonders lesenswert. 1973 entstand — in deutsch-israelischer Koproduktion — ein Korczak-Film „Der Märtyrer". Korczak zu Ehren haben Schulen in Göttingen, Gießen, Villingen-Schwenningen seinen Namen angenommen. Eine vollständige Zusammenstellung aller Korczak-Editionen und -Literatur besorgte Ursula Assmus[12].

Zweifelsohne trug die Korczak-Publizität dazu bei, daß die Präsenz des polnischen Kinderbuches in der Bundesrepublik weiterhin wuchs. Dieser Anteil reicht inzwischen von den didaktischen „Fabeln" des Ignacy Krasicki über „Durch Wüste und Wildnis" von Henryk Sienkiewicz (über zehn Auflagen in zwei verschiedenen Übersetzungen) und Bücher solcher Autoren wie Ossendowski, Iłłakowicz, Tuwim, Brzechwa bis zu den Autoren der allerjüngsten Gegenwart.

12 Börsenblatt für den deutschen Buchhandel, Frankfurter Ausgabe. Nr. 73 vom 12. September 1972.

Zusammen mit den Autoren setzten sich in der Bundesrepublik auch polnische Buchillustratoren durch: Zum Beispiel Janusz Grabiański, Jan Marcin Szancer, Andrzej Wierciński und Józef Wilkoń.

Zwischen den westdeutschen (und auch ausländischen) Kinderbuchautoren und den polnischen Illustratoren haben sich ersprießliche Gemeinschaftsarbeiten entwikkelt, wofür der Kölner Gertraud Middelhauve Verlag ein Beispiel statuiert. Die Kinderbücher „Der Kranich auf einem Bein" von Paul Schaaf (1963) und „Herr Minkepatt und seine Feunde" von Ursula Valentin, beide mit Illustrationen von Wilkoń, sind mit dem Jugendbuchpreis 1964 und 1965 und als „Schönste deutsche Bücher" ausgezeichnet und in die Bestlisten aufgenommen worden.

Von Wilkoń bebildert sind im gleichen Verlag Robert W. Schnells „Bonko", Janosch' „Die Löwenkinder" und Uwe Friesels „Der kleine Herr Timm und die Zauberflöte Tirili". Die Presse hob die „Anmut, Leichtigkeit und Atmosphäre" der „unnachahmlich sanft und differenziert illustrierten" Bücher hervor, ihren „weichen und dennoch entschiedenen Schwung" *(Saarländischer Rundfunk)*, ihre zurückhaltende „Sensibilität" *(Neue Ruhr-Zeitung)*, die „aufregend schön" *(Frankfurter Allgemeine Zeitung)* wirkten und als „künstlerische Kostbarkeiten" *(Norddeutsche Rundschau)* zu würdigen seien. Diese Bücher, häufig nachgedruckt, finden über Westdeutschland Lizenzausgaben in England, Frankreich, Holland, Japan, Schweden, Südafrika, USA. Der deutsch-polnische „Herr Minkepatt" wurde 1965 mit dem Premio Europeo ‚Città di Caorle' für hervorragende Illustrationen prämiert. Die oben genannten Kinderbücher — auch andere — gibt es inzwischen in Taschenbuch- und Heftausgaben sowie in Buchgemeinschaften (des Deutschen Bücherbundes und der Büchergilde).

Bilanz

Die Bilanz dessen, was die polnische Literatur in der Bundesrepublik nach dem Kriege erreicht hat, was oben an einigen Beispielen angezeigt wurde, läßt sich in vier Thesen zusammenfassen.

1. Die polnische Literatur ist in der Bundesrepublik gegenwärtig. Das Interesse wurde 1956 — durch, zugegeben, politische Initialzündung — wach, bekam um 1960 Richtung und Breite und hat sich nun aus einem modischen Phänomen zu einem festen Bestandteil der literarischen Diskussion in der Bundesrepublik Deutschland, auch der Weltliteratur, entwickelt. Wir haben zahlreiche Anthologien, die Überblick schaffen und vermitteln, und wir beobachten eine Präsenz vieler Einzelautoren, die erstaunlich ist. Von einigen — Andrzejewski, Brandys, Gombrowicz, Herbert, Hłasko, Iwaszkiewicz, Kołakowski, Lec, Lem, Różewicz, Bruno Schulz — sind inzwischen auf Deutsch mehrere Auflagen und Ausgaben — repräsentative, preiswerte, Taschenbuchausgaben und andere — erschienen. Von manchen liegt das Gesamtwerk vor (Mrożek), von anderen (Gombrowicz) kam die deutsche Gesamtausgabe ihrer Werke einige Jahre vor der polnischen — in Paris — zustande.

2. Die polnische Literatur findet ein breites Echo und Anerkennung. Man entnehme das nicht den Auflagenziffern — wir wissen, daß diese nicht immer viel besagen, es haben auch ausgezeichnete deutsche Autoren kleine Auflagen und große Bedeutung — man entnehme es den deutschen Sachverständigenstimmen: der Kritik, der Verleger, der Schriftsteller-Kollegen, der Buchhändler, der Bibliothekare. Das bestätigen auch hohe internationale Auszeichnungen für polnische Autoren und ihre Anwesenheit in Spitzengremien der internationalen Repräsentanz. Günter Grass zum Beispiel hält Tadeusz Różewicz für den bedeutendsten Dichter seiner Generation, andere räumen diesen Platz Zbigniew Herbert ein. Mit Różewicz, Herbert, Szymborska werden Akademievorlesungen veranstaltet und über sie Examensarbeiten geschrieben — diese Beispiele, sie ließen sich fortsetzen, zeugen davon, daß die auswahlbewußten und kritischen Leser in der Bundesrepublik sehr wohl begriffen haben, daß wir es hier mit einem untersuchungswürdigen Gegenstand zu tun haben, der zwar national geprägt ist, der aber zur internationalen Allgemeinbildung gehört.

3. Das deutsche Publikum schätzt an der polnischen Literatur zweierlei. Erstens die Auskunft über wenig bekannte, äußere und innere Vorgänge eines sehr wichtigen Nachbarn; den Wahrheitsfanatismus dieser Aussage; den Mut zu philosophischen Schlußfolgerungen. Zweitens die Originalität dieser Aussagen; die künstlerische Kraft, mit der sich starke, zum Teil unterschiedliche Persönlichkeiten, unabhängig von ihren Erfahrungen, artikulieren und nachdrücklich durchsetzen. Faszinierend ist der formale Reichtum dieser Begabungen, der im geistigen kein Einerlei kennt und im Künstlerischen keine Uniform trägt. Die Individualität und Toleranz sind kennzeichnend. Ich unterstreiche, daß ich nur von guten Büchern guter Autoren spreche, nur diese in Betracht ziehe, nicht aber die indiskutablen anderen, die es in Polen genauso gibt und in genau solchen Mengen wie bei uns und anderswo. Die polnische Literatur ist in der Bundesrepublik erfolgreich aus Gründen ihrer Qualität.

4. Nicht unwichtig allerdings sind die glücklichen Umstände, die der polnischen Literatur halfen und immer noch helfen, sich gebührend durchzusetzen. Der offene, vorurteilsfreie Blick nach dem Osten war uns lange Jahre verbaut. Das deutsche Bedürfnis, diesen Blick freizubekommen, wurde immer stärker. Und hier erwies sich die polnische Literatur als ein ausgezeichnetes, souveränes und zuverlässiges Medium, das den freien Blick ermutigt, ermöglicht. Sehr wichtig ist auch die große Zahl der aus dem Osten stammenden, am Thema Polen unmittelbar interessierten Deutschen. Es sind Millionen, und diese Millionen bilden die potentielle Leserschaft der polnischen Literatur. Daher kam es, daß man in der Bundesrepublik Deutschland in diese Literatur tiefer eindringen konnte als in irgendeine beliebig fremde. Es war zum Teil auch unsere, von uns nicht geschriebene Literatur. Dichter, Erzähler und Kritiker wie Grass, Piontek, Lenz, Härtling, Bienek, die aus dem Osten kamen, bauten ihr ein solides kritisches Fundament, auf dem sie bestehen konnte. Nicht unwichtig sind dabei natürlich auch die bildungspolitischen Bemühungen, die von den berufenen Stellen unternommen werden, um das günstig sich anbahnende Verhältnis zwischen dem polnischen Buch und dem deutschen Leser zu unterstützen. Dazu zähle ich die polnischen Wochen und Kulturtage, die polnischen Buchausstellungen und Theatertage, veranstaltet von den Städten, Rundfunkanstalten und Organisationen. Dazu zähle ich auch die Kongresse und Symposia der Akademien, Universitäten und Schulen, die Stipendien und den akademischen Austausch, sowie alle Formen des Informationsdienstes, den die Medien geleistet haben und leisten. Zur Förderung des Interesses an der polnischen Literatur trägt natürlich auch der wachsend gute Ruf der anderen Künste in und aus Polen bei: des Theaters, der Musik, des Films, des Plakats.

Das wäre die eine Seite, die Aktiva. Doch eine Bilanz hat auch Passiva aufzuweisen. Es wäre falsch, ja Fälschung, auf diese nicht wenigstens andeutend hinzuweisen.

1. Auf die erste Entdeckung guter Autoren folgte allzu rasch das beliebige literarische Geschäft. Daß das Buch auch eine Ware ist, daran haben wir uns gewöhnt. Deshalb wäre es nicht schlimm, auch den zweit- und drittklassigen Büchern eine Chance zu geben — wenn man sie nicht mit einer falschen Verlagsreklame befrachtete, die das Vertrauen des Lesers in diese Literatur insgesamt zu erschüttern droht. Falsche Etikettierung rächt sich allemal.

2. Auf die erste Periode der unschuldigen Enthusiasten pflegt oft zu übergangslos die zweite Periode der nicht immer kundigen Pragmatiker zu folgen. Eine florierende Verwaltung ist im Kulturaustausch eminent wichtig. Aber sie hat eine dienende Funktion zu erfüllen, wessen sie sich nicht immer bewußt ist. Der organisierte Kulturaustausch von heute — nicht nur zwischen der Volksrepublik Polen und der Bundesrepublik Deutschland, insgesamt — vermittelt nicht selten den Eindruck, als diene dieser mehr oder weniger der Administration.

Auch bloßer Veranstaltungstourismus, naturgemäß der Oberfläche verhaftet, schafft nicht das, worauf die Völker angewiesen sind — die Annäherung durch Kultur, die immer tiefer reicht und gründliches Wissen voraussetzt. Man könnte manche Rechnungen aufmachen, wieviel kostbare Energie, Hoffnung, Zeit, Gelder und Chancen durch mangelnden Sachverstand, durch Flüchtigkeit und Kurzsichtigkeit vertan werden.

Da jetzt, erfreulicherweise, auf diesem Gebiet sehr viel geschieht, sollte man darauf achten, daß das Richtige auf rechte Art und zurecht geschieht. Dabei sind neben den offiziellen bilateralen Initiativen, die sich in letzter Zeit vielversprechend vermehrt haben, auch die Privatinitiativen, die spontanen, inoffiziellen Begegnungen und Kooperationen im Zeitalter der Entspannung nicht minder wichtig als zuvor.

ANLAGE 1

Statistik der in der Bundesrepublik Deutschland veröffentlichten Übersetzungen aus dem Polnischen ins Deutsche für die Zeit von 1946 bis 1969:

	I	II	III	IV	V	VI	VII	VIII	IXa	IXb	IXc	
1946				1		1						2
1947				1		2						3
1948						1						1
1949				2	1	3						6
1950				1								1
1951				1	1							2
1952		1			1	2						4
1953					5	6						11
1954					3	4				1		8
1955	1				2	2	2					7
1956				1	3	7	1					12
1957		1		3	1	6	1			1		13
1958					1	8				1		10
1959			1		1	17				2		21
1960	2			7	3	15	1		3	3		34
1961	1			2	2	18	1	1	2	2		29
1962		2		1	2	24		1	6	1		37
1963	1		1	2	3	18	2	3	7	2	1	40
1964	3	3		3	1	18	1	2	5	4	1	41
1965	5	1	1	4	3	20	2	5	4	1		46
1966	2			4	3	20	1	2	3			35
1967	2	1		5	8	17	2	2	2		3	42
1968	3	1	2	6	2	20			1	4	1	40
1969	1	3	2	4	3	19	1	2	3	2	1	41
	21	13	7	48	49	248	15	18	36	24	7	486

Die Statistik ist nach folgenden Gebieten (mit römischen Zahlen gekennzeichnet) aufgeschlüsselt:

I. Allgemeines, Religion, Philosophie, Literatur- und Sprachwiss.
II. Recht, Pädagogik, Sozialwissenschaften, Ökonomie.
III. Natur- und angewandte Wissenschaften.
IV. Spiel, Kunst, Folklore, Bildbände, Kinderbücher, Musik.
V. Geographie, Politik, Geschichte, Biographie.
VI. Prosa.
VII. Poesie.
VIII. Drama, Opern-, Film-Texte.
IXa. Anthologien, Prosa.
IXb. Anthologien, Poesie.
IXc. Anthologien, Drama, Oper, Film.

Die Rezeption der Literatur der Bundesrepublik Deutschland in der Volksrepublik Polen

von

Marian Szyrocki

Die Literaturgeschichte der Bundesrepublik Deutschland beginnt mit dem Jahr 1949, als durch die Gründung der Bundesrepublik und der Deutschen Demokratischen Republik die politische Teilung des ehemaligen Reiches vollzogen wurde. Dieser Vorgang war eine Folge des Zweiten Weltkriegs. Trotzdem werden in Anthologien und Literaturbearbeitungen der Bundesrepublik Deutschland auch ältere Werke, die in den Jahren von 1945 bis 1948 entstanden, zur Literatur der Bundesrepublik gerechnet. Das betrifft unter anderem das Schaffen von Wolfgang Borchert, der doch zwei Jahre vor der Gründung des Staates zwischen Elbe und Rhein gestorben ist.[1] Auch die Geschichte der Gruppe 47, die seinerzeit repräsentativ für die Literatur der Bundesrepublik Deutschland war, beginnt, wie schon ihr Name sagt, noch in den westlichen Besatzungszonen. Ferner ist die Bestimmung dessen, was unter der Literatur der Bundesrepublik Deutschland zu verstehen ist, welche Kriterien darüber entscheiden, wer Schriftsteller der Bundesrepublik Deutschland ist, nicht immer leicht. Es entsteht zum Beispiel die Frage, ob das Werk von Peter Weiss, der seit dreißig Jahren in der Emigration lebt, einen schwedischen Paß besitzt und seine literarische Laufbahn in schwedischer Sprache begann, zur Literatur der Bundesrepublik Deutschland gehört, ob und weshalb Hermann Kesten, der seit 1933 im Exil lebte, die amerikanische Staatsbürgerschaft besitzt und in New York oder Rom wohnt, Autor der Bundesrepublik Deutschland ist, ob Uwe Johnson, dessen Werke zum größten Teil in der DDR und in den Vereinigten Staaten geschrieben wurden, mit seinem literarischen Schaffen die Bundesrepublik Deutschland repräsentiert, oder ob der Österreicher Peter Handke, der seit einigen Jahren in der Bundesrepublik Deutschland wohnt, schon ein Schriftsteller dieses Landes ist? Es ist schwer zu entscheiden, ob für den Schriftsteller die Staatsbürgerschaft, der Wohnort oder die geschichtlich-literarische Zugehörigkeit relevant ist. Letztere könnte

1 Das Buch „Die Literatur der Bundesrepublik Deutschland", 1973 von Dieter Lattmann herausgegeben, rechnet z. B. das Schaffen der österreichischen Schriftsteller Paul Celan, Ingeborg Bachmann, Erich Fried, Carl Zuckmayer, Ödön von Horváth zur Literatur der Bundesrepublik Deutschland sowie auch das der westdeutschen Schriftsteller von 1945—1949.

freilich ein Kriterium zur Eingliederung des Schriftstellers bilden, wenn ihre eindeutige Feststellung möglich wäre.

Obige Fragen und Zweifel verlieren ihre Bedeutung, wenn wir die Reichweite unserer Überlegungen ausdehnen und die Rezeption der Literatur der Bundesrepublik Deutschland in Volkspolen auf dem breiten Hintergrund der Rezeption der deutschsprachigen Literatur überhaupt darstellen. Das aber ermöglicht uns gleichfalls die Bestimmung, welchen Platz die Literatur der Bundesrepublik Deutschland bei uns einnimmt.

Die ersten Jahre nach dem Zweiten Weltkrieg waren bei uns ungünstig für die deutsche Literatur. Die Ausrottung von Millionen Menschen lastete wie ein böser Traum auf der polnischen Nation, und die Trauer vereinte sich mit dem Haß gegen alles , was deutsch war; schon allein der Klang der deutschen Sprache rief tragische Assoziationen hervor. In einer Zeit, in welcher der Satz von der „Nation der Dichter und Denker“ Schreckensvisionen erweckte, als zahlreiche Kriegsverbrecher vor Gericht standen und verurteilt wurden, ein Jahr nach Beendigung des Zweiten Weltkriegs, wurde Hermann Hesse, einem Schriftsteller deutscher Herkunft, der Nobelpreis verliehen. Diese Nachricht mußte bei uns unbedingt die öffentliche Meinung erregen und die Kritiker und Publizisten auf die Barrikaden rufen. So begann also die Rezeption der deutschsprachigen Literatur in Polen nach dem Zweiten Weltkrieg mit einem kritischen Blick auf die Biographie von Hermann Hesse und sein Werk.

Der Rezensent der „Gazeta Ludowa“ erinnerte daran, daß Hesse kein politischer Emigrant war und, obwohl er „in Lostrennung von der deutschen Frage“ lebte, habe er doch nach dem Ersten Weltkrieg an einem Protest seiner Landsleute gegen den Anschluß Oberschlesiens an Polen teilgenommen.[2] Die Kritiker konnten auch nicht vergessen, daß Hesses Schaffen in den Lexika deutscher Schriftsteller des Dritten Reiches besprochen worden war.[3]

Im Schatten dieser leidenschaftlichen Polemik um den Nobelpreisträger erschienen in einigen privaten Verlagen vereinzelte Übersetzungen deutschsprachiger Werke, die schon vor dem Krieg gute Aufnahme bei unseren Lesern gefunden hatten. Zu diesen gehörte der Roman „El Hakim“ (1946, 1947, 1949) des Schweizers John Hermann Knittel. Der erste Lesererfolg, den ein Buch eines deutschen Autors in Polen nach dem Zweiten Weltkrieg zu verzeichnen hatte, war dagegen der 1947 erschienene Roman „Der Triumphbogen“ des Emigranten Erich Maria Remarque. Dieses Buch erlebte noch zwei Neuauflagen (1948, 1957). Ein Jahr später erschien „Der jüdische Krieg“ von Lion Feuchtwanger, und kurz danach kamen zwei weitere Bücher dieses Schriftstellers heraus: „Waffen für Amerika“ (1949) und „Die häßliche Herzogin Margarete Maultasch“ . (1949). Seitdem gehörte er viele Jahre lang zu den meistgelesenen deutschen Schriftstellern in Polen.[4]

2 Vgl. „Gazeta Ludowa“ 1946, Nr. 336.

3 Lennartz, Franz, Die Dichter unserer Zeit, Stuttgart 1941, 4. Aufl., S. 173—176.

4 Kowalowa, Bożena, Powieści polityczne Liona Feuchtwangera. Wrocław 1965. [Politische Romane von Lion Feuchtwanger].

Während des Weltkongresses der Intellektuellen zum Schutze des Friedens, der im August 1948 in Wrocław (Breslau) tagte, saßen zum erstenmal am gemeinsamen Tagungstisch auch deutsche Schriftsteller — die Mitglieder der Delegation aus der damaligen sowjetischen Besatzungszone — die Antifaschisten Anna Seghers, Willi Bredel, Hans Marchwitza und andere.

Mit der Entstehung von zwei deutschen Staaten im Jahre 1949 änderte sich auch die Beziehung Polens zu seinem westlichen Nachbarn, der DDR, die im Görlitzer Vertrag die Oder-Neiße-Grenze anerkannt hatte. Zahlreichen antifaschistischen Schriftstellern wurde der junge demokratische deutsche Staat zum neuen Vaterland. Ihre Werke wie auch die Bücher von Schriftstellern der DDR wurden schon in der ersten Hälfte der fünfziger Jahre, oftmals in hohen Auflagen, dem polnischen Leser zugänglich gemacht.[5] Diese Werke, die uns mit dem Kampf und dem Martyrium der deutschen Antifaschisten bekannt machten, trugen in nicht geringem Maße zum Abbau der Vorurteile bei, die man bei uns gegen die Deutschen hegte. Aus dieser Literatur schöpften wir damals auch die Hoffnung auf ein besseres Zusammenleben mit unserem westlichen Nachbarn. Das Schaffen u. a. von Anna Seghers, Becher, Bredel, Weinert und Wolf, mit dem der polnische Leser nun vertraut wurde, war ein nachdrückliches Zeugnis, daß es in den Jahren des braunen Terrors auch noch andere Deutsche gegeben hatte, die am Kampf gegen den Faschismus teilnahmen, die verfolgt und gemartert wurden und in Gefängnissen und Konzentrationslagern ums Leben kamen.

Eine bedeutende Rolle in der Rezeption der deutschsprachigen Literatur in unserem Land fiel dem Werk Brechts zu. Seine Gedichte wurden mehrmals übersetzt, und seine Dramen provozierten eine lang andauernde literaturtheoretische Diskussion über den Realismus.

1952 führte das Theater „Berliner Ensemble“ in Warszawa (Warschau) das Stück „Mutter Courage“ von Brecht auf. In dieser Zeit scharfer ideologischer Diskussionen forderte das Stück die Kritiker und Literaturwissenschaftler heraus, zu seinen behandelten Problemen Stellung zu beziehen. Einige von ihnen warfen der „Mutter Courage“ pazifistische Tendenzen, dekadenten Naturalismus, Symbolismus oder auch Expressionismus vor, dem Autor dagegen sagten sie nach, ihm fehle der Glaube an den Menschen, er sei ein Pessimist und ein Fatalist. Andere hielten der Vorstellung übergroße Raffiniertheit vor und befürchteten, daß die Mittel, deren Brecht sich bediente, als fremde Elemente in den sozialistischen Realismus eingehen könnten. Einzig der Rezensent der „Trybuna Ludu“ Roman Szydłowski lobte den demaskierenden, antimilitaristischen und gegen den Krieg gerichteten Inhalt der „Mutter Courage“.[6]

5 Siehe: Szyrocki, Marian, Literatura Niemieckiej Republiki Demokratycznej w Polsce Ludowej [Die Literatur der Deutschen Demokratischen Republik in Volkspolen], in: Germanica Wratislawiensia XXV, Wrocław 1975.

6 Mit der Rezeption des Schaffens von Bertholt Brecht befaßte sich Konrad Gajek in der Monographie: Bertholt Brecht na scenach polskich [Bertholt Brecht auf polnischen Bühnen], Wrocław 1974.

Im Mittelpunkt der hitzigen Polemik, die auch noch im folgenden Jahr fortgeführt wurde, stand die Frage, ob das epische Theater Brechts sich seinen Platz innerhalb des sozialistischen Realismus verdient habe. Die Zahl der positiven Stimmen nahm nach und nach zu, und die Anhänger Brechts wurden unterstützt durch die Verleihung des Leninpreises an den Autor im Jahr 1954. Im selben Jahr führte zum erstenmal nach dem Krieg unser Theater ein Stück von Brecht auf.[7] Der Regisseur dieser Inzenierung war der Student des dritten Studienjahres an der Theaterhochschule Konrad Świnarski, dessen glänzende Karriere als eines der bedeutendsten Theaterregisseure damit begann.

Seitdem dauert die Beliebtheit Brechts in Polen bis zum heutigen Tage an; in den letzten zehn Jahren wurden alljährlich bei uns etwa sechs Stücke aufgeführt, die in jeder Theatersaison beinahe 100 000 Zuschauer ins Theater lockten.[8]

Bis 1955 fanden sich in polnischen Verlagskatalogen außer Autoren aus der DDR nur vereinzelt Namen anderer deutschsprachiger Schriftsteller. Zu diesen gehörten der schon erwähnte Lion Feuchtwanger und Heinrich Mann. Von den Werken Thomas Manns wurden damals nur die Romane „Buddenbrooks" (1949) und „Der Zauberberg" (1953) sowie ein Band Erzählungen veröffentlicht. In den ersten Nachkriegsjahren wurden die Klassiker Goethe und Schiller nicht verlegt; auch die Feiern zum 200. Geburtstag Goethes riefen in Polen kein größeres Interesse hervor. Jedoch schon ein Jahr später erschien in den Büchereien eine Neuauflage der ausgezeichneten Übersetzungen von Staff; es waren der Roman „Die Leiden des jungen Werthers" sowie das Epos „Reinecke Fuchs". Die Jahre 1954—1955 brachten eine vierbändige Auswahl der Werke des Weimaraners und eine umfangreiche Sammlung seiner Gedichte. 1955, zum 150. Todestag Schillers, wurden seine wichtigsten Dramen sowie eine Auswahl seiner Lyrik in drei Bänden herausgegeben.

Der beliebteste deutsche Dichter dieser Jahre war neben Brecht jedoch ohne Zweifel Heinrich Heine. Eine Auswahl seiner Gedichte wurde schon 1951 veröffentlicht. Die Zeitschriften druckten gern seine Verse, die polnischen Schriftsteller und Kritiker lobten oft seine scharfe Feder und versuchten wiederholt, ihn nachzuahmen.

Eine entscheidende Wende in der Verlagspolitik brachte, parallel zu wichtigen politischen Ereignissen, erst das Jahr 1956. Die Literaturkritiker traten damals energisch gegen die allzu enge Auffassung des Realismus und des progressiven Schaffens auf. Diesem Umstand ist es zu verdanken, daß man seit der Mitte der fünfziger Jahre begann, nicht nur die Werke von Schriftstellern aus der DDR oder von einigen in der Emigration lebenden Schriftstellern zu veröffentlichen, sondern auch auf zeitgenössische Werke der Dichter aus anderen deutschsprachigen Ländern zu-

7 Das erste in Polen aufgeführte Stück von Brecht war die „Dreigroschenoper". Die polnische Uraufführung fand am 4. Mai 1929 im Teatr Wielki in Warschau statt. Der Regisseur war Leon Schiller.

8 Alle Angaben bezüglich der Besucherzahl zitiere ich nach dem „Almanach sceny polskiej".

rückzugreifen. Es war eine Zeit, in der bei uns ungewöhnlich viel gelesen wurde. Die Auflagen der Zeitschriften stiegen rasch an, neu herausgegebene Bücher waren im Handumdrehen vergriffen. Dieses Interesse betraf auch die deutschsprachige Literatur, die vordem unseren Lesern nur in polnischen Übersetzungen zugänglich war. Die Leser in jener Zeit hofften, aus den Büchern bundesdeutscher Autoren umfassendere Informationen über das Geschehen in dem Staat westlich der Elbe, über die Abrechnung mit der Vergangenheit in diesem Staat, über die literarische Bewertung des Gestern sowie aktueller Begebenheiten zu erhalten.

Einer der ersten Autoren der Bundesrepublik Deutschland, die in Polen Interesse erweckten, war Heinrich Böll. In den Jahren 1956—1957 wurden bei uns vier seiner Bücher herausgegeben: „Und sagte kein einziges Wort", „Wo warst du, Adam?", „Haus ohne Hüter" und der Erzählband „Das Brot der frühen Jahre". Auch die Zahl der Böll gewidmeten Artikel und Rezensionen war so bedeutend, daß Wanda Wiewiórowa schon 1958 in der Zweimonatsschrift „Przeglad Zachodni" einen Bericht über die Rezeption der Werke Bölls in Polen veröffentlichen konnte. Seit dieser Zeit verging kein Jahr, in dem nicht wenigstens eins seiner Bücher bei uns erschien.

Das Jahr 1956 brachte aber noch einen anderen Bestseller eines Schriftstellers der Bundesrepublik Deutschland, und zwar den von Kirst: „08/15", dessen erster Band von den Rezensenten besonders günstig beurteilt wurde. In kurzer Zeit wurde dessen Trilogie noch zweimal herausgegeben, und ihre Verfilmung schlug alle Besucherrekorde. Das größte Kino „Gigant" in der Hala Ludowa in Wrocław (Breslau) war längere Zeit hindurch ausverkauft, und der Held des Buches lieferte das Thema zu scharfem Meinungsstreit, besonders hinsichtlich der Idealisierung des Begriffs „Kameradschaft".

Bei den jungen Lesern erfreute sich damals Erich Kästner besonderer Beliebtheit. Den Anfang einer ganzen Serie von Jugendbüchern machte 1956 die Erzählung „Das doppelte Lottchen", die in Abschnittslesungen vom Polnischen Rundfunk gesendet wurde. 1957 erschienen fünf Titel von Kästner in polnischer Sprache: „Emil und die Detektive", „Pünktchen und Anton", „Das fliegende Klassenzimmer", „Der fünfunddreißigste Mai oder Konrad reitet in die Südsee", „Die verlorene Miniatur". Später wurde noch sein Stück „Die Schule der Diktatoren" (1958) übersetzt und sein Vorkriegsroman „Fabian" (1960) herausgegeben, der so charakteristisch war für die gesellschaftskritische Literatur aus der Zeit der Weimarer Republik. Viel Aufmerksamkeit wurde auch dem Roman von Wolfgang Koeppen „Der Tod in Rom" (1957) gewidmet, der eine Bestätigung der in Polen bekannten Stereotypen eines Deutschen zu sein schien. Um die Verbreitung der Werke katholischer Schriftsteller machte sich vor allem der Verlag PAX verdient, indem er zahlreiche Bücher von Gertrud von Le Fort, Andres, Bergengrün, Luise Rinser und Wiechert veröffentlichte.

9 Wiewiórowa, Wanda, „Heinrich Böll w Polsce" [Heinrich Böll in Polen], „Przegląd Zachodni", 1958, Nr. 3.

Obgleich sich das Interesse des polnischen Lesers für die Kriegsthematik positiv auf die Rezeption der bundesdeutschen Literatur in unserm Land auswirkte, trugen die größten Verlagserfolge an der Wisła doch andere deutschsprachige Autoren von höherem künstlerischem Rang davon, und diese erlangten die ersten Plätze in der Statistik des Buchverkaufs. So war Thomas Mann in der zweiten Hälfte der fünfziger Jahre ein besonders beliebter Schriftsteller. Im Laufe von fünf Jahren erschien ein Dutzend Titel von ihm, und Hunderte von Artikeln und Rezensionen beschäftigten sich mit seinem faszinierenden Werk. Der Zeitschriftenleser wurde aufs genaueste unterrichtet, in welchem Sanatoriumszimmer Mann in Davos wohnte, sogar die metallene Nummer und die Farbe der Tür wurden beschrieben. In wissenschaftlichen Studien und Monographien beschäftigten sich die Kritiker und Literaturforscher nicht nur mit der literarischen Tätigkeit Manns[10], sondern sie erörterten eingehend auch künstlerische und politische Probleme.[11] Die Werke von Thomas Mann gehören auch, neben dem Schaffen von Brecht, Anna Seghers und Heinrich Böll, zum Literaturkanon unserer Mittelschulen.

Die zweite Hälfte der fünfziger Jahre war im polnischen kulturellen Leben ein ungewöhnlich bewegter Zeitabschnitt. Indem sie einen Nachholbedarf befriedigten, brachten die Verleger eine ganze Kollektion von Meisterwerken auf den Buchmarkt. Eine Sensation folgte auf die andere. Soeben noch begeisterte man sich für das Werk des Senatorensohns aus Lübeck und nahm mit Enthusiasmus das Theater Brechts auf, als sich die Schweizer Dürrenmatt und Frisch zu Worte meldeten. Nach den Erfolgen des „Besuchs der alten Dame“ von Dürrenmatt nahmen seine „Physiker“ in zwei Theaterspielzeiten (1962—1963 und 1963—1964) den zweiten Platz ein auf der Liste der Stücke, die die höchste Besucherzahl zu verzeichnen hatten. Bei einer Umfrage unter Studenten der Universität Wrocław (Breslau) nach dem beliebtesten Roman eines ausländischen Schriftstellers trug dagegen „Homo Faber“ von Max Frisch den Sieg davon. Durch glänzende schauspielerische Leistungen wurden die Dramen von Friedrich Schiller populär, und einige Inszenierungen gingen in die Theatergeschichte der Volksrepublik Polen ein. Zweimal nahm Schiller nach Shakespeare den zweiten Platz ein auf der Liste der ausländischen Autoren, deren Stücke die höchste Besucherzahl zu verzeichnen hatten; es waren dies die Dramen „Kabale und Liebe“ und „Don Carlos“.

Mit der Neuauflage von Kafkas „Prozeß“ im Jahre 1957 in der ausgezeichneten Übersetzung von Bruno Szulc begann an der Wisła die Diskussion über das Werk dieses Schriftstellers. Die einen warfen ihm Nihilismus und Elitarismus vor, für andere war Kafka ein großer Moralist, ein Ankläger des gefühllosen technisch-bürokratischen Zivilisationsautomaten oder auch der Entsetzen erregende Prophet einer

10 Rogalski, Aleksander, Most nad przepaścią. O Tomaszu Mannie [Die Brücke über dem Abgrund. Über Thomas Mann], Warszawa 1963; Orłowski, Hubert, Prädestination des Dämonischen. Zur Frage des bürgerlichen Humanismus in Thomas Manns „Doktor Faustus“, Poznań 1969.

11 Honsza, Norbert, Nad twórczością Tomasza Manna [Über das Schaffen von Thomas Mann], Katowice 1972.

nahenden Katastrophe und kommender Grausamkeit, die erst der Zweite Weltkrieg entfesselt hat. Der gehetzte Held in den Werken Kafkas wurde zu einer besonders vertrauten Gestalt, zu einem besonders verständlichen Menschentyp neuester Zeit.[12]

Im Laufe der seitdem vergangenen Jahre kamen bei uns über 160 000 Exemplare seiner Werke heraus, und einige Bühneninszenierungen der Erzählungen Kafkas erhielten ausgezeichnete Rezensionen. Das Schaffen dieses Schriftstellers fasziniert – davon zeugt u. a. eine reichhaltige Bibliographie zu diesem Thema – bis heute unsere Kritiker und Literaturwissenschaftler.

Den großen polnischen Erfolgen von Thomas Mann, Anna Seghers, Brecht, Kafka, Dürrenmatt und Frisch schloß sich unter den Schriftstellern der Bundesrepublik nur Heinrich Böll an. Fast alles, was er schrieb, wurde in polnischer Übersetzung veröffentlicht. Sein Schaffen, aus den tragischen Kriegserlebnissen und der komplizierten moralischen Situation der Gesellschaft der Bundesrepublik erwachsen, erfreute und erfreut sich noch großer Beliebtheit auch bei unseren Lesern. Die polnische Gesamtauflage seiner Werke beträgt 214 000 Exemplare. In dieser Hinsicht ist Böll allerdings nicht mit der populärsten Schriftstellerin der DDR, Anna Seghers, zu vergleichen (618 000 Exemplare). Unter allen deutschsprachigen Schriftstellern führt Thomas Mann mit einer Gesamtauflage von 1 900 000 Exemplaren.[13]

In der ersten Hälfte der 60er Jahre fand auch der Roman von Paul Schallück „Engelbert Reineke" (1960) große Anerkennung, und Günter Grass stand wegen der polnisch-deutschen Thematik seiner Bücher im Brennpunkt des Interesses unserer Kritiker und Literaturwissenschaftler, die ihm einige Dutzend Artikel und Studien widmeten.[14] Seitdem gilt Grass, obwohl es um ihn in den letzten Jahren stiller wurde, bei uns noch immer als erstrangiges literarisches Talent der Bundesrepublik.

Jahre hindurch befand sich die Prosa der Bundesrepublik im Mittelpunkt der Aufmerksamkeit unserer Leser. Unter den Lyrikern waren nur Benn und Hans Magnus Enzensberger Gegenstand von Meinungsverschiedenheiten. Ihre Dichtungen gehören zu den meist übersetzten aller Lyriker der Bundesrepublik Deutschland. Auch die Gedichte von Marie Luise Kaschnitz, Helmut Heißenbüttel, Heinz Piontek und vor allem die des zu Beginn der siebziger Jahre in Paris verstorbenen Österreichers Paul Celan fanden Widerhall in unserem Land. Denn Celan ist ja der Autor der „Todesfuge", dieses erschütternden Bildes der Judenvernichtung, des berühmtesten deutschen Gedichts, das nach 1945 entstand. Die faszinierende Lyrik Celans übersetzten verschiedene polnische Poeten, die hier auch gewisse Anregung für ihre eigene Dichtung fanden.[15]

12 Szewczyk, Wilhelm, Literatura niemiecka w dwudziestym wieku [Die deutsche Literatur im 20. Jahrhundert], Katowice 1972, S. 129.

13 Am Rande muß noch bemerkt werden, daß unter den ausländischen Schriftstellern den Rekord in bezug auf die Gesamtauflage Maxim Gorki hält mit über 3 000 000 Exemplaren.

14 Trotzdem hatte er nur eine polnische Buchausgabe zu verzeichnen, die keinen größeren Anklang fand („Katz und Maus").

15 Enzensberger, Hans Magnus, Poezje [Poesie], Wrocław 1968; Celan, Paul, Wybór poezji [Poesie-Auswahl], Warszawa 1974.

In der Dramatik der Bundesrepublik war fünfzehn Jahre lang kein gutes Stück zu verzeichnen. Erst das Jahr 1965 brachte eine Theatersensation — den „Stellvertreter" von Rolf Hochhuth, ein Werk, das zwei Jahre später bei uns den zweiten Platz auf der Liste der aufgeführten ausländischen Stücke mit der höchsten Besucherzahl einnahm. Dieses Drama von Hochhuth, in dem der Autor aufgrund von Dokumenten die Einstellung von Papst Pius XII. zum Nazismus und seinen Verbrechen zu deuten versucht hat, war der Anfang eines Reihenerfolges des Dokumentartheaters. Kipphardts „In der Sache J. Robert Oppenheimer" – eine Montage von Dokumenten und Protokollen vom Verfahren gegen den „Vater der Atombombe", die durch die Kommission für Atomenergie durchgeführt wurde — sowie die Stücke „Die Verfolgung und Ermordung Jean Paul Marats" und „Die Ermittlung" des in Schweden lebenden Schriftstellers Peter Weiss erregten damals unsere Theaterkritiker. Eine scharfe Diskussion entbrannte besonders um das Stück „Die Ermittlung", das sich auf die Akten des Auschwitz-Prozesses stützt, der seinerzeit in Frankfurt/Main stattgefunden hatte. Darin wurde versucht, auf die Frage zu antworten, ob bzw. inwiefern man auf der Bühne die Verbrechen der Vernichtungslager widerspiegeln kann.

Bis 1966 betrachtete unsere Kritik als Repräsentanten der Literatur der Bundesrepublik Deutschland die Schriftstelleer der Gruppe 47 mit Hans Werner Richter an der Spitze, den verdienten Organisator des literarischen Lebens in diesem Staat. Sie lobte die gut durchdachte, einfache Organisationsstruktur sowie die Tagungen und Arbeitsdiskussionen als eine ausgezeichnete Schule des literarischen Handwerks. Sie begrüßte auch die dauernde Ergänzung der Mitglieder der Gruppe 47 durch junge talentvolle Schriftsteller. Mitte der sechziger Jahre erschienen jedoch bei uns (wie auch in der Bundesrepublik Deutschland) Stimmen der Kritik, die der Gruppe 47 vorwarfen, daß sie eine Interessengemeinschaft bilde, eine „Clique", und daß sie ein „Monopol auf literarische Qualität" in Anspruch nehme, somit die Entwicklung der jungen Schriftsteller hemme, daß sie zumindest mittelbar den Autoren, die ihr nicht angehören, schade. Man stellte auch die Frage, ob Hans Werner Richter das Recht der Entscheidung darüber zustehe, was gute und was schlechte Literatur sei.

Unsere Kritiker bemerkten, daß sich trotz der Konzentration der Aufmerksamkeit von Rezensenten und Literaturwissenschaftlern auf das literarische Schaffen der Gruppe 47 unter den Bestsellern auf dem polnischen Buchmarkt außer den Büchern von Böll keine Werke von Schriftstellern, die ihr angehörten, befanden.

Der „Niedergang der Gruppe" fand unerwartet schnell statt, unter anderem hervorgerufen durch den Auftritt des jungen Autors Peter Handke im Jahre 1966 in Princeton gegen die Herren vom „Literarischen Establishment", denen er eine absolute schöpferische Impotenz vorwarf. Unseren Kritikern wurde damals bewußt, daß die Hauptvertreter der Gruppe, die man immer noch bis dahin zu der jungen Literatur gerechnet hatte, inzwischen das vierzigste und sogar oft das fünfzigste Lebensjahr überschritten hatten und daß in ihrem Schatten eine neue Generation von Schriftstellern aufgewachsen war. Die eigentliche Ursache für den Bedeutungsschwund der Gruppe soll man jedoch nach der Meinung des Verfassers dieses Aufsatzes nicht einzig in dem Aufruhr der Jugend gegen die älteren Schriftsteller suchen, sondern in der neuen politischen Situation, die entstand, als die SPD an die Regierung kam. Die Gruppe 47, die sich bis dahin im Lager der Opposition befunden hatte, verlor als Sympathisant der SPD angesichts des neuen politischen Kräfteverhältnisses gegen ihren Willen den oppositionellen Charakter und somit ihre ursprüngliche Bedeutung.[16] Die Mitglieder der Gruppe wurden sozusagen automatisch zu Sprechern der Regierungspartei und machten Platz für Verfasser, die zu Sprechern der neuen Opposition wurden, der sogenannten außerparlamentarischen Opposition. Nur wenige, wie zum Beispiel Böll und Walser, konnten infolge eines Linksrutsches der Schaffenskrise entgehen.

In der zweiten Hälfte der sechziger Jahre erschienen auf unserem Buchmarkt neue Talente aus der DDR, die Schriftsteller Hermann Kant, Rolf Schneider, Christa Wolf; die Diskussion regte auch eine Reihe neuübersetzter Werke von Autoren der Zwischenkriegszeit an. Unter ihnen befand sich der große Roman Musils „Der Mann ohne Eigenschaften" (1971); auch Peter Handke fand früh den Weg auf die polnischen Studentenbühnen. Doch allgemein kann man sagen, daß nicht nur die deutschsprachige Literatur, sondern die schöne Literatur im allgemeinen mit Beginn der zweiten Hälfte der sechsziger Jahre viel von ihrer alten Bedeutung zugunsten des Sachbuchs, der Erinnerungen, der Tagebücher verlor.

Erst zwei politische Ereignisse — die Öffnung der Grenze zwischen der Volksrepublik Polen und der Deutschen Demokratischen Republik und die Normalisierung der Beziehungen zur Bundesrepublik, verstärkten wieder das Interesse an deutschsprachiger Literatur. Die Verleihung des Nobelpreises an Böll wurde zum Impuls für die Kritiker, sich wieder mit seinem Schaffen zu befassen und veranlaßte die Herausgeber, seine Prosa neu aufzulegen. Einen lauten Widerhall fand der Roman „Die Deutschstunde" (1972) über die moralischen Konflikte von Menschen, die in der faschistischen Gesellschaft lebten, aus der Feder von Siegfried Lenz, eines Autors, der bereits seit Jahren dem polnischen Leser bekannt war. Mit Aufmerksamkeit verfolgte man auch bei uns das Schaffen der Arbeiterschriftsteller, die in der Gruppe 61 sowie in den Werkkreisen organisiert sind.

In den letzten Jahren gab man eine Reihe von Anthologien deutschsprachiger Literatur heraus, unter anderm die Auswahlen der Lyrik und der Prosa der DDR sowie der zeitgenössischen österreichischen Lyrik und Prosa. Ende 1974 erschien eine repräsentative Sammlung von Erzählungen und Kurztexten bundesrepublikanischer Autoren[17], eine Anthologie der Lyrik bundesrepublikanischer Dichter ist für den Druck vorbereitet.

16 Siehe Szewczyk, Wilhelm, Ambiwalencja polityczna Güntera Grassa [Die politische Ambivalenz von Günter Grass], in: Okulary z Firmy Brauxel et Co, Łódź 1969.

17 Nieznany cel. Antologia opowiadań RFN [Das unbekannte Ziel. Eine Anthologie der Erzählungen der Bundesrepublik Deutschland], herausgegeben und mit einem Vorwort versehen von Orłowski, Hubert, Warszawa 1974.

In der Volksrepublik Polen unternahm man auch den Versuch, die Geschichte der deutschen Literatur seit ihren Anfängen bis zur Gegenwart darzustellen[18], und einige Bücher widmete man der Literatur des 20. Jahrhunderts, wobei man besondere Aufmerksamkeit ihren gesellschaftlichen und politischen Aspekten schenkte.[19] Diese Veröffentlichungen, die auch die Literatur der Bundesrepublik behandeln, erschienen in der Gesamtauflage von 50 000 Exemplaren. Zudem gab man ein Dutzend von Lehrbüchern und Skripten zum Bereich der deutschsprachigen Literatur für die vielen polnischen Germanistikstudenten, eine fast 3000 zählende Schar, heraus.[20] Viel Aufmerksamkeit schenkte man den Untersuchungen der deutsch-polnischen literarischen Beziehungen.[21] Die Frucht dieses Interesses sind Buchpublikationen, Aufsätze, Studien und Anthologien. Ein besonders bevorzugtes Forschungsgebiet ist auch wegen ihrer Beziehungen zur polnischen Literatur die deutsche Barockliteratur.[22] Unsere gesellschaftlichen literarischen Zeitschriften: „Kultura", „Życie Literackie", „Literatura", „Twórczość", „Poezja" usw. verfolgen mit großer Intensität außerdem den Buchmarkt der Staaten im deutschsprachigen Bereich. Sie bringen Übersetzungen neuer Werke sowie ihre Besprechungen. „Dialog" druckt regelmäßig Übersetzungen von Stücken und „Literatura na świecie" Prosaübertragungen.

Zwar nimmt auf den Übersetzungslisten das deutschsprachige Schrifttum nach der russischen, angloamerikanischen und französischen Literatur erst den vierten Platz ein; trotzdem hat man noch nie in der Geschichte unseres Landes soviel aus der deutschen Sprache übersetzt. In der Zeit der letzten dreißig Jahre erschienen bei uns, wenn wir den Übersetzungsbibliographien[23] glauben dürfen, über tausend

18 Szyrocki, Marian, Dzieje literatury niemieckiej [Geschichte der deutschen Literatur], Bd. I und II, Warszawa 1969, 1972.

19 Szewczyk, Wilhelm, Literatura niemiecka w dwudziestym wieku [Deutsche Literatur des zwanzigsten Jahrhunderts], Katowice 1972; Honsza, Norbert, Zur literarischen Situation nach 1945 in der Bundesrepublik Deutschland, in Österreich und in der Schweiz, Wrocław 1974.

20 Unter anderem wurde eine vierbändige Geschichte des deutschen Sprachgebiets in Deutsch herausgegeben: Zygulski, Zdzisław und Szyrocki, Marian, Geschichte der deutschen Literatur, 3. Aufl. Warszawa 1974.

21 Chodera, Jan, Literatura niemiecka o Polsce w latach 1918—1939 [Die deutsche Literatur über Polen in den Jahren 1918—1939], Katowice 1969; Sługocka, Ludmiła, Die deutsche Polenliteratur auf dem Gebiet der Deutschen Demokratischen Republik in der Zeit von 1945 bis 1960, Poznań 1964; Will, Arno, Polska i Polacy w niemieckiej prozie literackiej XIX wieku [Polen und die Polen in der deutschen Prosaliteratur des 19. Jahrhunderts], Łódź 1970.

22 Szyrocki, Marian, Die deutsche Literatur des Barock. Eine Einführung, Reinbek bei Hamburg 1968.

23 Bibliografia przekładów niemieckiej literatury pięknej na język polski (wybór do 1968 r.) [Bibliographie der Übersetzungen deutscher schöner Literatur ins Polnische (Auswahl bis 1968)], in: Szyrocki, Marian, Dzieje literatury niemieckiej [Geschichte der deutschen Literatur], Band II, Warszawa 1972, S. 321—329. Eine vollständige Bibliographie der Übersetzungen deutscher Literatur ins Polnische wird seit Jahren vom Germanistischen Institut in Poznań vorbereitet. Bisher erschien der Band: Wrzeciono, Maria, Literatura niemiecka w

Titel; auch waren die Buchauflagen noch nie so hoch. Manche deutsche Romane gab man einmalig in 50 000 Exemplaren[24] heraus, die Durchschnittsauflage beträgt 10 000 Exemplare. Trotzdem sind die guten Bücher, unter ihnen auch die der Verfasser der Bundesrepublik, fast immer schnell vergriffen; gerade dies kennzeichnet wohl am besten die Rolle, die heute deutschsprachige Literatur in unserem Land spielt.

Polsce. Bibliografia 1945—1958 [Deutsche Literatur in Polen. Bibliographie 1945—1958], Poznań 1966.

24 Angaben über die Auflagenhöhen ausländischer Schriftsteller wurden unter anderem aus „Ruch wydawniczy w liczbach 1944—1973" [Verlagstätigkeit in Zahlen 1944—1973], Warszawa 1974, entnommen.

Kulturkontakte zwischen der Bundesrepublik Deutschland und der Volksrepublik Polen 1970—1976

— Ein Überblick —

von

Gerlind Nasarski

„Gegenwärtig haben wir einen Zeitpunkt erreicht, in dem beide Seiten — ohne die Vergangenheit zu vergessen — an die Ausarbeitung von Konzeptionen ihrer gegenseitigen Beziehungen herangetreten sind — der Weg zur Normalisierung", sagte der bekannte polnische Publizist Ryszard Wojna anläßlich des Besuchs Edward Giereks in der Bundesrepublik im Juni 1976. Dieser Ausspruch markiert eine weitere Phase des Aufeinanderzugehens zwischen der VR Polen und der Bundesrepublik Deutschland, die mit dem Vertrag von 1970 eingeleitet worden ist. Euphorisch — aber auch mißverständlich wurde in der Öffentlichkeit beider Staaten die 1972 unter Schwierigkeiten erfolgte Ratifizierung der Verträge als vollendeter Akt einer Normalisierung der Beziehungen gefeiert. In Wirklichkeit waren dadurch erst die Voraussetzungen für den mühevollen Weg, die Vergangenheit zu bewältigen, geschaffen worden — zumindest für die Deutschen, die sich als Erbe der Hauptströmung der deutschen Geschichte bis 1945 angesehen haben.

In der polnischen katholischen Wochenzeitung ‚Tygodnik Powszechny' ist 1972 davon die Rede, daß „. . . in einer Atmosphäre des Dialogs und der Entspannung die Furcht vor einem Krieg verschwindet und die Abschreckung überflüssig wird . . . Aber Normalisierung bedeutet auch, daß es Aufgaben gibt, deren Erfüllung nicht den Regierungen, sondern den Völkern obliegt".[1]

Tatsächlich nahmen Anfang der siebziger Jahre die menschlichen Kontakte und Begegnungen zwischen Polen und Deutschen aus der Bundesrepublik zu. Polnische Journalisten und Schriftsteller besuchten mehr als zuvor die Bundesrepublik Deutschland und umgekehrt, reisten in verstärktem Maß Deutsche nach Polen. Als Ergebnis ist festzuhalten: Publikationen von beiden Seiten mit dem augenfälligen Trend einer von Emotionen freieren Betrachtungsweise auf polnischer Seite und auf deutscher — ein sachliches, anhaltendes, lebhaftes Interesse an Polen.

So erschienen z. B. in Polen 1971 in einer Gesamtauflage von 45 000 Exemplaren vier Bücher über die Bundesrepublik Deutschland, die den tiefgreifenden Wandel in der Behandlung der deutschen Frage, die Absage von früher verwendeten Propa-

1 Mieczysław Pszon, Tygodnik Powszechny 22./28. 5. 1972

gandaklischees deutlich machen.[2] Alle vier Autoren interessiert vor allem die Frage: Haben die Deutschen sich verändert? Wie stehen sie zur jüngsten Geschichte? Welche Folgerungen ziehen sie daraus?

In diesem Zusammenhang ist festzustellen, daß die Zahl der polnischen Veröffentlichungen über die Bundesrepublik Deutschland weit höher liegt, als die der deutschen Publikationen über die VR Polen in der Bundesrepublik.

Die deutschen Autoren beschäftigte in der Mehrzahl das deutsch-polnische Verhältnis und die gegenseitigen Beurteilungen der beiden Völker, sowie die bestehenden Vorurteile.

Neu ist dabei der 1973 in der Bundesrepublik Deutschland unternommene Versuch, ein gemeinsames Werk polnischer und deutscher Autoren zu veröffentlichen.[3] In dieser Atmosphäre der Entkrampfung häuften sich auch Äußerungen über Gemeinsamkeiten zwischen Polen und Deutschen. Zbigniew Herbert, der bekannte polnische Dichter erklärte 1972 in Warschau nach seiner Rückkehr aus der Bundesrepublik Deutschland: „Die Deutschen gehören zu den wenigen europäischen Völkern, die sich ähnlich wie wir Polen dafür interessieren, wie sie von anderen Völkern eingeschätzt werden. Sowohl hier wie dort werden Anthologien herausgegeben, die diesen Gesichtspunkt zum Inhalt haben. Den Engländern und Franzosen würde so etwas nie einfallen ... Diese nationale Mentalität, diese verschiedenen Komplexe der Polen und Deutschen erleichtern — so paradox das auch klingen mag — den Dialog."[4]

Kulturelle Kontakte

Die kulturellen Beziehungen zwischen der Bundesrepublik Deutschland und der VR Polen haben sich — entsprechend der offiziellen Politik — bedeutend intensiviert.

Lange Zeit hindurch hat vornehmlich die DDR u. a. mit ihren Kulturzentren die deutsche Kultur in Polen repräsentiert. Sie hat mit Erfolg dazu beigetragen, die Abneigung der Polen gegen alles Deutsche zu überwinden und das Interesse für deutsche Literatur wieder zu wecken. Die steigende Übersetzungsliteratur machte das deutlich.

In der Bundesrepublik Deutschland war das Interesse an Polen von speziellen Organisationen und Gesellschaften aufrechterhalten worden. Seit 1955 erschienen die ‚Mickiewicz-Blätter', die polnische Literatur und Sekundärliteratur zum Inhalt

2 Wieslāw Górnickï, Raport z Hamburga. Warszawa 1971, Eugeniusz Guz, Metamorfozy Niemcy za Laba, Warszawa 1971; Mieczyslāw Rakowski, Klimaty w NRF, Warszawa 1971; Ryszard Wojna, Sopkojnie plynie Ren, Warszawa 1971.

3 Hans-A. Jacobsen/Mieczyslāw Tomala, Wie Deutsche und Polen einander sehen, Düsseldorf 1973.

4 vgl. allgemein Dedecius, K., Überall ist Polen, Frankfurt 1974, S. 60 ff.

haben. Seit 1961 existiert die Vereinigung ‚Amici Poloniae', die es sich zum Ziel gemacht hat „das Verständnis der Deutschen zu seinem polnischen Nachbarn zu wekken und zu vertiefen". Die in Düsseldorf ansässige ‚Deutsche Gesellschaft für Kultur- und Wirtschaftsaustausch mit Polen' gibt die Monatszeitschrift ‚Begegnung mit Polen' heraus, die den Standpunkt Volkspolens widerspiegelt.

Aber erst Anfang der siebziger Jahre öffnete sich das Spektrum der kulturellen Beziehungen in seiner ganzen Breite. Deutsch-polnische Gesellschaften schossen in vielen Städten der Bundesrepublik Deutschland aus dem Boden, angetrieben durch die Diskussionen um die Vertragsratifizierung. In Nordrhein-Westfalen wurde 1973 ein „Deutsch-polnischer Kulturkreis" gegründet, der es sich — wie die meisten deutsch-polnischen Gesellschaften — zur Aufgabe gemacht hat, das Interesse an Polen in der Öffentlichkeit aufrechtzuerhalten, die polnische Wirklichkeit mit Hilfe polnischer Wissenschaftler, Schriftsteller und Publizisten zu vermitteln, sowie Vortragsreihen und Ausstellungen zu organisieren.

Von einer Reihe von Städten, Schulen, Rundfunk- und Fernsehanstalten wurden „Polnische Tage" oder „Polnische Wochen" veranstaltet.[5] Trotz der in der Öffentlichkeit bestehenden Meinungsverschiedenheiten wurde Polen in der ersten Hälfte der siebziger Jahre in das bundesdeutsche Bewußtsein gerückt, wie man es sich weder in der Bundesrepublik Deutschland noch in Polen einige Jahrzehnte zuvor hätte träumen lassen.

Umgekehrt hat bisher die Selbstdarstellung der Bundesrepublik Deutschland in Polen noch nicht in dieser Breitenwirkung stattfinden können. Ähnliche Veranstaltungen fanden bisher in Warszawa (Warschau) 1974 als „Tage Bremens" und im gleichen Jahr in Kalisz als „Tage Göttingens" statt; 1977 folgten ihnen „Tage Hamburgs" in Gdańsk (Danzig).

Die mangelnde Ausgewogenheit wird bei der Gegenüberstellung der zentral organisierten Kulturpolitik der VR Polen — die natürlich auch ihre Vorteile z. B. im Bereich der Schulbuchempfehlungen hat — und andererseits den individuellen, regionalen Initiativen in der Bundesrepublik Deutschland deutlich. Es ist zu erwarten, daß mit der 1976 neu in der Bundesrepublik formulierten Kulturpolitik eine Verbesserung im Gleichgewicht des kulturellen Austausches eintritt.

Die zweifellos lebendigsten Kontakte betrafen bezeichnenderweise den Bereich der Musik, der von allen kulturellen Erscheinungen politischer Interpretation am weitesten entfernt ist. Neben einer großen Anzahl polnischer Solisten traten in den Jahren 1970—1975 60 polnische Ensembles in der Bundesrepublik Deutschland auf. U. a. die Nationalphilharmonie aus Warszawa (Warschau), die Schlesische Philharmonie, die Warschauer Oper, die Lódzer Oper, das Kammerorchester der Nationalphilharmonie, das Warschauer Quintett, der Knaben- und Männerchor aus Poz-

5 Das Zweite Deutsche Fernsehen veranstaltete „Polnische Wochen" im September 1972, ferner der Norddeutsche Rundfunk und Radio Bremen; in Hamburg, Hannover, Mannheim, Lübeck, Göttingen, Essen, Bremen, Dortmund und Saarbrücken fanden „Polnische Tage" statt.

nań (Posen) und zahlreiche Gesangs- und Tanzensembles mit den bekanntesten Folklore-Gruppen „Mazowsze" und „Slask" an der Spitze.

In Polen dagegen gastierte in den letzten Jahren die Deutsche Oper am Rhein, die Oper aus Wiesbaden, das Symphonieorchester aus Stuttgart, das Hessische Rundfunkorchester, der Bachchor und das Bachorchester, das Collegium Musicum aus Köln, der Knabenchor aus Hannover und der Chor ‚Schola Cantorum'. Als besonderes Ereignis wurde die Aufführung von Richard Wagners romantischer Oper „Tannhäuser oder der Sängerkrieg auf der Wartburg" 1974 in der Warschauer Oper, dem ‚Teatr Wielki' angesehen. Das bedeutete zwar keinen völligen Neubeginn, denn 1956 hatte es eine eigene polnische Inszenierung von „Lohengrin" gegeben und 1967 wurde von der Ost-Berliner Staatsoper „Tristan und Isolde" aufgeführt, aber erst die „Tannhäuser"-Aufführung wurde nach der Meinung von vielen Musikkritikern in der Bundesrepublik als eine echte Anknüpfung an eine lange und reiche Wagner-Tradition empfunden.

Auch über die bildnerische Gestaltungskunst in Polen konnten sich die Bundesdeutschen in einer Reihe von Ausstellungen informieren. In Hamburg und Hannover fanden 1975 Ausstellungen des „polnischen Porträts" statt. Die Werke des Bildhauers Dunikowski wurden in Duisburg, die des Malers Stanislaw Witkiewicz 1974 in Essen ausgestellt.

Außerdem wurden die Werke zeitgenössischer Künstler gezeigt, wie z. B. Stążewski, Kulisiewicz, Mroszczak, Dobkowski, Strumiłło, Dominik, Lenica, Tarasin, Makowski, Tomaszewski, Abakanowicz, Hasior und Owidzka — als Sammel- oder Einzelausstellungen der Malerei, Graphik, Skulptur und des Kunstgewerbes. Es fanden auch Ausstellungen der naiven Maler statt, von Zegadło, Ociepka, Płaskocinski sowie Ausstellungen der polnischen Volkskunst, z. B. auch der Hinterglasmalerei. In Polen dagegen gab es Ausstellungen der Arbeiten junger Maler aus Essen 1971, der Skulpturen W. Lehmbrucks, der Sammlung der Malerei und Graphik von Max Slevogt, des deutschen Barock, der Plakate Hans Hillmanns, die Ausstellung „Multiple", Arbeiten von Plastikern aus Göttingen sowie von naiven Malern.

Zur Tradition gehört die Teilnahme von westdeutschen Künstlern an internationalen plastischen Veranstaltungen in Polen, hauptsächlich an der Internationalen Plakatbiennale in Warszawa (Warschau) und der Internationalen Graphikbiennale in Kraków (Krakau).

Polnische Plakatkunst und Graphik stellen neben dem polnischen Film, der in dieser Bezeichnung schon eine Qualitätskategorie bedeutet, nicht nur in der Bundesrepublik Deutschland, sondern international einen Markenartikel dar und erfreuen sich besonderen Interesses und Anerkennung. Außerdem wurden neben bekannten polnischen Kurz- und Trickfilmen auch zahlreiche Spielfilme in der Bundesrepublik Deutschland vorgeführt. In den letzten fünf Jahren liefen in den Kinos z. B. Filme von Andrzej Wajda, Krzystof Zanussi, Kazimierz Kutz, Jan Łomnicki und T. Makarczyński.[6]

6 Filme A. Wajdas: „Birkenhain" 1971, „Alles zum Verkauf" 1971, „Landschaftsbild nach der Schlacht" 1972, „Die Hochzeit" 1973. Filme von K. Zanussi: „Familienleben" 1971,

Unabhängig vom kommerziellen Austausch wurden polnische Filme bei den internationalen Filmfestspielen in der Bundesrepublik Deutschland gezeigt, z. B. bei den Internationalen Kurzfilmfestspielen in Oberhausen, den Filmfestspielen in Mannheim, den Festspielen der Zeichentrickfilme in Bad Godesberg, bei denen die Polen nur selten ohne Preise nach Hause gefahren sind.

In Polen dagegen sind deutsche Filme wie „Katz und Maus", „Jagdszenen aus Niederbayern" in der Regie von Fleischmann und „Helga" in der Regie von E. F. Bender bekanntgeworden. Im polnischen Fernsehen wurden ältere Filme der fünfziger und sechziger Jahre aus der Bundesrepublik Deutschland gezeigt. Ferner ist der BRD-Film am Internationalen Kurzfilmfestival in Kraków (Krakau), sowie an den Weltfilmschauen „Konfrontationen" beteiligt.

Obwohl problematischer, auf Grund der sprachlichen Schwierigkeiten, kam es in den letzten Jahren auch im Bereich des Theaters zu zahlreichen künstlerischen Ereignissen, die Aufmerksamkeit verdienen. So war in der Bundesrepublik Deutschland z. B. das Pantomimentheater aus Wrocław (Breslau) unter der Leitung von Henryk Tomaszewski 1971, 1972 und 1973 zu Gast, ferner das Theater „Laboratorium" von Jerzy Grotowski, das Theater „Studio" aus Warszawa (Warschau) unter Leitung Józef Szajnas mit „Replik" und „Dante", das Ensemble des ‚Athenäum'-Theaters aus Warschau unter der Leitung von Janusz Warminski mit dem „Totentanz" von Strindberg und dem „Ball der Mannequins" von Bruno Jasienski, sowie das „Dramatische Theater" aus Warszawa (Warschau) mit „Auf allen vieren" von Różewicz und der „Trauung" von Gombrowicz.

Polnische Theaterkunst demonstrierten aber nicht nur polnische Ensembles in der Bundesrepublik Deutschland, sondern auch polnische Regisseure und Bühnenbildner, die mit deutschen Schauspielern Aufführungen inszenierten.[7]

In Polen dagegen war bei den Festspielen der Studententheater in Wrocław (Breslau) das Tübinger Zimmertheater 1971 zu Gast, 1973 das Freie Theater, 1974 das Theater aus Göttingen, das in Kalisz den „Sturm" von Shakespeare aufführte. Nicht zu zählen sind die Aufführungen deutscher Autoren in polnischer Übersetzung in Polen und polnischer Autoren in der Bundesrepublik Deutschland, wo zu den beliebtesten und am häufigsten gespielten die Werke von Jarosław Iwaszkiewicz, Tadeusz Różewicz und Witold Gombrowicz gehören.

„Quartalsbilanz" 1974. „Illumination" 1974. Film von K. Kutz: „Eine Perle in der Krone" 1972. Film von L. Łomnicki: „Unfallstrecke" 1974. Film von T. Makaczyński: „Warschauer Kalender" 1974.

7 Z. B. Konrad Świnarski, der in Zusammenarbeit mit dem Bühnenbildner K. Wiśniak „Richard III" 1972 und 1973 Shakespeares „Sommernachtstraum" in Darmstadt inszenierte. Adam Hanuszkiewicz und die Bühnenbildnerin Xymena Żaniewska bereiteten 1973 in Karlsruhe und „Komödie der Irrungen" vor. Der bekannte Regisseur Kazimierz Dejmek und der Bühnenbildner J. Krzywicki führten in Essen die „Geschichte von der rühmlichen Auferstehung" 1972 auf und im selben Jahr in Düsseldorf den „Prozeß gegen die Neun in Cantonsville". Regisseur Henryk Kajzar inszenierte 1972 in Göttingen das Stück „Der unterbrochene Akt" von Różewicz und 1974 das eigene Werk „Der Stern" in Tübingen.

Wissenschaftskontakte

Die wissenschaftlichen Beziehungen zwischen der Bundesrepublik Deutschland und der VR Polen sind viel eher den Trends offizieller Politik unterworfen als literarische Beziehungen.

Hier wurden die Auswirkungen der Vertragsratifizierung am deutlichsten sichtbar. Getragen von einer Reihe von Stiftungen[8] und einer Erhöhung der Mittel für die auswärtige Kulturpolitik verbreiterte sich die Basis für den Wissenschaftleraustausch. Zur VR Polen entwickelten sich in den letzten fünf Jahren die intensivsten Beziehungen auf diesem Gebiet unter den Staaten Osteuropas. Wissenschaftleraustausch stieg durchschnittlich über 50 % (teilweise sogar um 70—80 %).[9]

Dabei ist festzustellen, daß es sich bei den polnischen Stipendiaten, die in die Bundesrepublik Deutschland kommen, selten um Studenten, sondern um qualifizierte Wissenschaftler handelt, die meist zweijährige Forschungsaufenthalte in der Bundesrepublik Deutschland wahrnehmen. Die Stipendiaten aus der Bundesrepublik, die nach Polen gehen, haben entweder Kurzstipendien, besuchen Feriensprachkurse, unternehmen Informationsreisen oder es handelt sich um Fortbildungsstipendien junger Wissenschaftler. Die wenigen vollqualifizierten Wissenschaftler kommen meist aus „unpolitischen" Fachgebieten. In erster Linie handelt es sich dabei um Naturwissenschaftler, Mediziner, gelegentlich Juristen und nur wenige Historiker, die sich mit Themen befassen, die keinen unmittelbaren politischen oder zeitgeschichtlichen Bezug haben.

Die vorhandenen Austauschprogramme decken — trotz des großen Ausbaus — den Bedarf noch immer nicht ganz. Geplante Studienaufenthalte scheitern auch heute noch am Mangel an Geldmitteln oder auch an bürokratischen Hemmnissen beider Seiten.

Unabhängig von den offiziellen wissenschaftlichen Austauschprogrammen hat sich auch der Jugendaustausch zwischen der Bundesrepublik und der Volksrepublik Polen in den letzten Jahren intensiviert. Polnische Studenten nahmen im Mai 1971 an einem Seminar über „Europäische Sicherheit" in der Bundesrepublik Deutschland teil, das die „Jungen Europäischen Föderalisten" veranstalteten. Delegationen konfessioneller, gewerkschaftlicher und parteilicher Jugendorganisationen der Bundesrepublik Deutschland reisten nach Polen, so daß sich bereits 1971 der Jugendaustausch gegenüber 1970 vervierfachte.

8 Führend sind in diesem Zusammenhang: der DAAD (Deutsche Akademische Austauschdienst), die Alexander von Humboldt-Stiftung, die Max Planck-Stiftung, ferner: Friedrich Ebert-Stiftung, Friedrich Naumann-Stiftung und private Stiftungen wie z. B. die Volkswagen-Stiftung, Krupp-Stiftung und Thyssen-Stiftung. Vgl. auch die Bilanz von: Jacobsen, H.-A., Fünf Jahre Warschauer Vertrag, in: Von der Strategie der Gewalt zur Politik der Friedenssicherung, Düsseldorf 1977, S. 332 ff.

9 So hatte z. B. die Max Planck-Stiftung 1970 vier polnische Stipendiaten und Gastwissenschaftler an Max Planck-Instituten, 1974 dagegen 40 polnische Stipendiaten und Gastwissenschaftler. Die Alexander von Humboldt-Stiftung förderte 1970 elf Wissenschaftler aus Polen, 1975 dagegen bereits 90 Wissenschaftler aus Polen. Nicht alle Stiftungen waren bereit, statistische Angaben zu machen, bestätigten aber einen starken prozentualen Anstieg im Wissenschaftler- und Studentenaustausch zwischen Polen und der Bundesrepublik.

Ein nicht zu übersehendes Handicap sind bei allen diesen Begegnungen die sprachlichen Voraussetzungen. Während die jungen Polen heute wieder zum Erlernen der deutschen Sprache tendieren, ist die Motivation bei den jungen Deutschen Polnisch zu lernen — gemäß dem mangelnden internationalen Verbreitungsgrad — gering, aber auch die Möglichkeiten. In der Bundesrepublik Deutschland existiert Polnisch als Unterrichtssprache nur in den 35 sogenannten Förderschulen, die von Kindern der Spätaussiedler besucht werden. Um das Projekt für ein polnisches Internat in der Bundesrepublik Deutschland, das die „national-religiöse Tradition" der drei polnischen Vorkriegs-Gymnasien in Deutschland fortsetzen soll, wurde viel diskutiert, bis es schließlich 1971 zur Gründung eines Schulvereins kam, der die Vorbereitungen treffen soll. Dagegen nimmt in der DDR die Zahl der Polnisch-Kurse ständig zu.[10]

In Polen führt Deutsch seit Mitte der fünfziger Jahre im westeuropäischen Fremdsprachenunterricht. Während früher Deutsch mehr auf dem Land verbreitet war, Englisch dagegen in den Städten, hat inzwischen eine Angleichung stattgefunden. Die steigende Zahl der Germanistik-Studenten ist Beweis für diese Entwicklung. Zweifellos sind dafür die guten nachbarschaftlichen und kulturellen Beziehungen Polens zur DDR ausschlaggebend. Für polnische Schüler und Studenten besteht die Möglichkeit, ohne große Schwierigkeiten ihre Sprachkenntnisse in der DDR zu intensivieren, leichter als zum Beispiel Englisch in England oder Französisch in Frankreich.

Damit ist das Germanistikstudium in Polen an die erste Stelle aller Studienzweige westeuropäischer Sprachen gerückt.

In der Bundesrepublik Deutschland ist die Polonistik in das Studienfach Slavistik integriert. Hier war das Interesse für polnische Sprach- und Literaturwissenschaften in den sechziger Jahren am stärksten ausgeprägt, als die zwanzigjährigen Spätaussiedler — auf Grund mangelnder Kenntnis westeuropäischer Sprachen — auf das Studium der Slavistik auswichen. Außerdem versprach die beginnende Aufgeschlossenheit gegenüber Polen, in wirtschaftlicher und kultureller Hinsicht, den Studenten der polnischen Sprach- und Literaturwissenschaften gute Berufschancen. Mit den politischen Ereignissen um die ČSR 1968 wandte sich das Interesse der Slavistikstudenten (die zwischen Polnisch, Tschechisch und Slovakisch wählen können) den tschechischen Sprach- und Literaturwissenschaften zu. In den siebziger Jahren führten die bildungspolitischen Probleme und die wirtschaftliche Situation in der Bundesrepublik Deutschland dazu, daß Studenten eher zu einer „handfesten" Ausbildung neigen, die berufliche Sicherheit verspricht, als zum Studium von „Neigungsfächern" und damit einem möglichen beruflichen Risiko.

10 Wichtig sind in diesem Zusammenhang „Kultur- und Informationszentren der VR Polen" in Ost-Berlin und in Leipzig. An beiden Instituten kann man Zertifikate — nach erfolgreich besuchten Polnisch-Kursen — erlangen, die zum Hochschulstudium in Polen berechtigen (für Polonistik-Studien). An sechs Oberschulen wird in der DDR Polnisch unterrichtet.

An der Ost-Berliner Immanuel Kant-Schule ist Polnisch Abiturfach. Auch die Zahl der polnischen Abendkurse ist in den Bezirks- und Großstädten der DDR in den letzten Jahren gestiegen.

Die kulturelle und wissenschaftliche Zusammenarbeit zwischen der Volksrepublik Polen und der Bundesrepublik Deutschland von 1949—1976

von

St. Cholewiak und M. Suchocki (†)

Man kann die bilateralen kulturellen Beziehungen zwischen der Bundesrepublik Deutschland und Polen etwa in die drei Phasen einleiten, und zwar: vom Jahre 1949—1957, von 1958—1966 und seit 1967. Betrachten wir die drei Phasen im einzelnen, wobei wir die erste nur ganz allgemein charakterisieren.

Die Jahre 1949—1957

Die Normalisierung der Beziehungen zu andern Staaten — politisch, wirtschaftlich und kulturell —, gehörte zu jenen Aufgaben, die der in den neuen Grenzen wiederaufgebaute polnische Staat zu meistern hatte.

Die auswärtige Kulturpolitik, die wissenschaftliche und kulturelle Zusammenarbeit soll — nach polnischer Auffassung — dem Frieden dienen und die Verständigung zwischen den Völkern erleichtern. Die Präsentation der Errungenschaften im Bereich der Kultur sollte dazu beitragen, sich gegenseitig kennenzulernen und die im Bewußtsein beider Gesellschaften vorhandenen Feindschaften und Vorurteile zu beseitigen; mit andern Worten — sie sollte Bedingungen schaffen, unter denen ein weithin objektives Bild des Volkes und des Staates im Bewußtsein anderer Völker entstehen konnte.

Von den Aufgaben, die der neuentstandene westdeutsche Staat zu erfüllen hatte, war die Rückgewinnung des tief erschütterten moralischen Ansehens neben dem Wiederaufbau des wirtschaftlichen und politischen Lebens, wohl eine der wichtigsten. Die wirtschaftliche, politische und militärische, später auch die ideologisch-moralische Integration sollte der Bundesrepublik Deutschland grundsätzlich — wie es auch später geschah — die „Gleichberechtigung" mit dem Westen einbringen. Diese Politik bestimmte zugleich die Einstellung gegenüber den sozialistischen Staaten in Osteuropa. Zu den wesentlichen Faktoren der damals von der Bundesrepublik Deutschland unternommenen „Selbstdarstellung" zählten u. a. die darin auftretenden historischen und nunmehr eigenartig aufgefaßten humanistischen Ideengehalte und der Antikommunismus. Auch die auswärtige Kulturpolitik sollte helfen, das moralische Ansehen Deutschlands, d. h. der Bundesrepublik Deutschland im Westen wiederzugewinnen. Hierzu hatte man drei Jahre nach der Gründung der Bundesrepublik Deutschland (1952) im Bonner Auswärtigen Amt die Kulturabteilung aufgebaut, die insbesondere die Koordinierung der genannten Bemühungen übernahm. In der auswärtigen Politik war die Bundesrepublik Deutschland bestrebt, zu beweisen, daß die politischen Veränderungen auch zur Änderung der Motivation der Kulturarbeit beigetragen haben. Selbstverständlich hat sich dieser Komplex allgemeiner Faktoren recht negativ auf die Entwicklung der polnisch-westdeutschen Kulturbeziehungen ausgewirkt. Es kamen auch noch solche Faktoren hinzu, die für die Beziehungen zwischen der Bundesrepublik Deutschland und der Volksrepublik Polen als spezifisch galten. Der Ausbau der revisionistischen Infrastruktur in der Bundesrepublik Deutschland und die Infragestellung der im Nachkriegseuropa bestehenden politisch-territorialen Realitäten hatten — objektiv gesehen — einen ausgesprochen antipolnischen Akzent und erschwerten die von der Vergangenheit erheblich belasteten Beziehungen zwischen der Volksrepublik Polen und der Bundesrepublik Deutschland. Kein Wunder also, daß unter solchen Umständen die gegenseitigen Kulturbeziehungen beider Länder nur einen begrenzten Umfang hatten. Dennoch hat sich schon in diesem Rahmen eine gewisse Möglichkeit der Zusammenarbeit abgezeichnet, und zwar vor allem auf dem Gebiet der Wissenschaft, zumal die Kulturabteilung des Bonner Auswärtigen Amtes eine große Aktivität auf diesem Feld entfaltete. So hat die Regierung der Bundesrepublik Deutschland bereits im Jahre 1952 ein Austauschprogramm entwickelt, das bekanntesten Wissenschaftlern aus dem Ausland ermöglichte, in die Bundesrepublik Deutschland zu reisen. Auch der internationale Studentenaustausch wurde neben dem Austausch von Professoren, Lehrkräften oder Assistenten zu einem wichtigen Element der westdeutschen Kulturpolitik. Zu diesem Zweck hat man ein entsprechendes Stipendiumsprogramm ausgearbeitet, mit dessen Realisierung, — unter Förderung durch die Kulturabteilung — hauptsächlich folgende zwei Institutionen beauftragt wurden: der Deutsche Akademische Austauschdienst (DAAD) und die Alexander von Humboldt-Stiftung. Das Programm des Wissenschaftleraustausches, in den Jahren 1952—1954 noch beschränkt, wurde weiter ausgebaut. Dabei kam es auch zu den ersten Kontakten mit den sozialistischen Staaten, u. a. mit Polen.

Es gab mehrere Faktoren, die solche Kontakte erschwerten, darunter: das Fehlen diplomatischer Beziehungen, ein ungünstiges politisches Klima und das Ausbleiben der Kulturabkommen zwischen der Bundesrepublik Deutschland und den sozialistischen Staaten. Der kulturwissenschaftliche Austausch wurde nachträglich dadurch erschwert, daß man in der Bundesrepublik Deutschland um die Wende der vierziger und fünfziger Jahre die sogenannte Ostforschung wieder aufgebaut hatte, die unter den veränderten Bedingungen und mit Hilfe neuer Darstellungen darauf abzielte, die einstigen nationalistischen Ziele zu erreichen. Das alles bewirkte, daß die damaligen bilateralen wissenschaftlichen Kontakte vorwiegend die Differenzen widerspiegelten, die in den Beziehungen zwischen den beiden Staaten aufgetreten waren. Dennoch war die wissenschaftliche Tätigkeit eben jenes Gebiet, auf dem man versuchte, bereits Kontakte aufzunehmen und den Austausch von Forschern und Studenten beider Länder zu organisieren.

Das künstlerische Schaffen dagegen, d. h. Theater, Film, Musik oder bildende Kunst blieb als ein Gegenstand der kulturellen Zusammenarbeit in dieser Phase eine Randerscheinung. Mit der Entwicklung der Beziehungen auf diesem Gebiet waren vorwiegend die Berufsorganisationen und Verbände der Schaffenden beauftragt, die nicht selten den internationalen Organisationen angehörten. Die Kulturabteilung in Bonn versuchte, mit Subventionen den Inhalt und die Richtung des sich auf diese Weise vollziehenden Austausches zu beeinflussen.

Zu dieser Zeit konnte auch von einer Aufnahme der kulturellen Kontakte auf dem Gebiet der Massenmedien nicht die Rede sein, weil die Massenmedien in der Bundesrepublik Deutschland damals darauf gerichtet waren, die öffentliche Meinung im Sinne des „Kalten Krieges" zu beeinflussen.

Die Jahre 1958—1966

Die auswärtige Kulturpolitik Polens in der zweiten Hälfte der fünfziger Jahre, die die Entwicklung der Zusammenarbeit mit allen Staaten anstrebte, hat weitere Möglichkeiten zur Erweiterung der Kontakte mit der Bundesrepublik Deutschland gefunden. Auch in der Bundesrepublik Deutschland tauchten damals Tendenzen auf, um an die Fragen der auswärtigen Kulturpolitik völlig neu heranzugehen. Inzwischen war die wirtschaftliche und militärische Bedeutung der Bundesrepublik Deutschland in der kapitalistischen Welt gestiegen. Indem die Bundesrepublik Deutschland auf dem Gebiet der Wirtschaft die Position einer führenden kapitalistischen Großmacht in Westeuropa erreichte, konnte sie einen größeren Handlungsspielraum in der internationalen Arena gewinnen. In politischer Hinsicht hingegen strebte die Bundesrepublik Deutschland danach, ihre relativ niedrige Rolle aufzuwerten; die auswärtige Kulturpolitik sollte hierzu als eines der vielen Instrumente benutzt werden. Dieses Problem hat seinen Niederschlag in einer breiten Diskussion gefunden, die nach einer diesbezüglichen Konferenz im Jahre 1958 von der Friedrich-Ebert-Stiftung weiterentwickelt und in Büchern und Zeitschriften vertieft wurde. Von den verschiedenen Tendenzen gegenüber der auswärtigen Kulturpolitik haben sich schließlich diejenigen durchgesetzt, deren Anhänger gefordert hatten, die Kulturpolitik den aktuellen Erfordernissen und Veränderungen in der Welt anzupassen. Diese Anpassung kann erfolgen, wenn die Kulturpolitik neben dem wirtschaftlichen und politischen, auch den Status der sogenannten dritten Säule erhält und aktionsfähig gemacht wird. Sie sollte zugleich den Zielen der Außenpolitik untergeordnet werden, insbesondere denen bei der weiteren Zurückgewinnung des erschütterten moralischen Ansehens, der sogenannten „Selbstdarstellung".

Obwohl sich auf diese Weise nicht der Inhalt der auswärtigen Kulturpolitik, sondern lediglich ihre Taktik geändert hatte, — was kaum zur Überwindung des weiterbestehenden Mißtrauens beitragen konnte — übte doch die allgemeine Aktivierung der auswärtigen Kulturpolitik der Bundesrepublik Deutschland ohne Zweifel ihren Einfluß auf einen merklichen Anstieg der kulturellen Kontakte mit den sozialistischen Staaten aus, u. a. mit Polen. Dies führte auch zu einer weiteren Entwicklung der wissenschaftlichen Kontakte. Sie entfalteten sich auf Grund von Vereinbarungen, die an Stelle der offiziellen zwischenstaatlichen Verträge traten. Seitens der Volksrepublik Polen wurden sie nicht nur von der Polnischen Akademie der Wissenschaften, dem Ministerium für Hochschulwesen, dem Ministerium für Gesundheit und soziale Fürsorge, sondern auch von anderen Ministerien und den ihnen unterstehenden Forschungsstellen abgeschlossen. In der Bundesrepublik Deutschland haben sich mit der Entwicklung dieser Kontakte weiterhin die bereits genannten Forschungsstellen befaßt, und zwar: der Deutsche Akademische Austauschdienst, die Alexander von Humboldt-Stiftung, die Deutsche Forschungsgemeinschaft und darüber hinaus auch andere Forschungszentren, wie z. B. einzelne Universitäten, Lehrstühle oder sogar Privatpersonen. Im Jahre 1966 wurde zwischen dem Leiter des internationalen Studentenheimes Fridtjof-Nansen-Haus in Göttingen und dem Ministerium für Hochschulwesen ein Abkommen geschlossen, auf Grund dessen der Austausch von Professoren, wissenschaftlichen Mitarbeitern, Studenten und Praktikanten erweitert werden sollte.

Neben diesen bilateralen Kontakten hat man auch andere Kontakte entwickelt, vor allem solche, die im Rahmen der multilateralen Kooperation von den großen internationalen Organisationen, denen sowohl die Volksrepublik Polen, als auch die Bundesrepublik Deutschland angehören, aufgenommen werden. Von diesen Organisationen können hier folgende genannt werden: UNESCO, Organisation für Ernährung und Landwirtschaft [FAO], Weltorganisation für Gesundheit [WHO], Internationale Agentur für Atomenergie, eine Reihe internationaler Sonderausschüssen, die dem Internationalen Rat der Union der Wissenschaften [ICSU] angehören, wie z. B. Internationales Komitee für Weltraumforschung [GOSPAR] und Internationales Komitee für Ozeanographie-Forschung [SCOR]. Im Rahmen der oben genannten bi- und multilateralen Kontakte haben polnische Wissenschaftler an in der Bundesrepublik Deutschland organisierten Kongressen, Tagungen, Konferenzen und Seminaren teilgenommen. Sie haben Referate über Ergebnisse eigener Forschungen und über Erfolge der polnischen Wissenschaft gehalten, sie haben Diskussionen geführt und bei der Besichtigung der Fachwissenszentren, Versuchslaboratorien und Versuchsstellen Erfahrungen ausgetauscht, wobei sie sich mit den Methoden, der Organisation und der Thematik der wissenschaftlichen Forschungsarbeiten im Gastland vertraut gemacht haben. Sie haben auch verschiedentlich Vortragsreihen für die Studenten einer Fakultät oder einer Hochschule, die sie eingeladen hatten, gehalten. Zahlreiche Wissenschaftler haben ihre eigenen Forschungen in der Bundesrepublik Deutschland durchgeführt; dies betraf vor allem junge wissenschaftliche Mitarbeiter, die ihr wissenschaftliches bzw. Forschungspraktikum entweder an den Universitätslehrstühlen oder in den akademischen bzw. auch in den industriellen Forschungsinstituten machten.

Der Prozentanteil der Vertreter einzelner Wissenschaftszweige, die im Auftrag der Forschungsstellen der Polnischen Akademie der Wissenschaften und der Hochschulen in der Bundesrepublik Deutschland ausgetauscht worden sind, gliedert sich wie folgt: Mathematik, Physik, Chemie — 27,8 % technische Wissenschaften — 26,0 %, Gesellschaftswissenschaften — 19,1 %, biologische Wissenschaften — 12,9 %, Land- und Forstwissenschaften — 9,4 %, Medizin — 3,4 %, andere — 0,9 %. Unter diesen Vertretern betrug der Anteil der selbständigen Wissenschaftler (Professoren und Dozenten) — 77,9 %, davon: mathematisch-physikalische Wissenschaften — 25,2 %, technische Wissenschaften — 19,1 %, Gesellschaftswissenschaften — 18,2 %, biologische Wissenschaften — 6 %, Land- und Forstwissenschaften — 6 %, Medizin — 3,4 %. Zu den wissenschaftlichen Kontakten der Bundesrepublik Deutschland mit Polen kann auch der Austausch der Ferienpraktiken für Studenten der technischen Fachrichtungen gerechnet werden, der sich im Rahmen der internationalen Studentenvereinbarungen entwickelt hat. Im Rahmen zwei- oder dreimonatiger Ferienpraktiken in den Industriebetrieben sind in den Jahren 1958—1965 176 Studenten aus der Bundesrepublik Deutschland nach Polen gereist und 182 Studenten aus Polen in die Bundesrepublik Deutschland.

Nach 1958 erfolgte ein merklicher Anstieg der Kontakte zwischen Polen und der Bundesrepublik Deutschland auf dem Gebiet von Musik, Theater, Film, Kunst usw. Das westdeutsche Publikum wurde mit den Leistungen des polnischen Theaters vertraut gemacht. So traten u. a. das Pantomime-Theater aus Wrocław (Breslau) und das Ensemble des Alten Theaters aus Kraków (Krakau) auf; polnische Puppentheater nahmen an den Festspielen in München (UNIMA) teil. Die Studententheater beteiligten sich wiederum an den XVI. Internationalen Festspielen der Studententheater in Erlangen. Allein im Jahre 1966 wurden in der Bundesrepublik Deutschland 23 polnische Theaterstücke aufgeführt. Man lud in die Bundesrepublik Deutschland polnische Regisseure ein, die für dortige Theater Stücke inszenierten. Großes Interesse fanden in der Bundesrepublik Deutschland polnische Filme, insbesondere zur Zeit ihrer internationalen Erfolge. Bester Ausdruck dafür war die Veranstaltung der „Tage des polnischen Films", die zum erstenmal in Kiel und Hamburg 1966 stattfanden. Laut Statistik hat man 1966 über 50 polnische Filme im Fernsehen, in den Filmtheatern und auf den geschlossenen Vorstellungen ausgestrahlt. Auch auf dem Gebiet der Musik sind die Kontakte angeknüpft worden. In Warszawa spielte das Kammerorchester aus Stuttgart, in Łódz, Warszawa und Poznań (Posen) — die Capella Coloniensis. Polnische Musik wurde häufig in der Bundesrepubik Deutschland gespielt, z. B. die gegenwärtige Musik in Münster und Kassel, wobei ihre Komponisten nicht selten Auszeichnungen erhielten und ihre Veranstaltungen preisgekrönt wurden. In Köln veranstaltete man eine polnische Musikwoche, an der der Knabenchor aus Poznań (Posen), die Philharmonie aus Kraków und die Capella Bydgostiensis pro Musica Antiqua teilnahmen. Es traten auch Bigbeat-Gruppen und Jazz-Ensembles auf. Im Jahre 1966 wurden in der Bundesrepublik Deutschland insgesamt ca. 30 Konzerte polnischer Musik organisiert.

In den Jahren 1958—1966 wurde auch die bildende Kunst zum Gegenstand des kulturellen Austausches zwischen beiden Staaten. In Polen organisierte man in Kraków (Krakau) die Ausstellung der koptischen Kulturdenkmäler aus dem Museum in Recklinghausen, ferner solche der Schaffenden aus dem Künstlerkreis in Bergen (mit ihrem Sitz in Wuppertal). Im Rahmen der Zusammenarbeit zwischen Museen haben das Nationalmuseum in Kraków und das Ikonenmuseum in Recklinghausen, in dieser Stadt sowie in Essen eine gemeinsame Ikonenausstellung vorbereitet, insbesondere der Exponate aus den polnischen Museen, wie auch eine Ausstellung der Gemälde von Canaletto. Die Ausstellung in Essen: „Polnische Malerei seit Ende des 19. Jahrhunderts", die später auch in Stuttgart und Bremen gezeigt wurde, hatte einen repräsentativen Charakter; sie wurde oft in der westdeutschen Presse besprochen. Einen repräsentativen Charakter hatte auch die in der Serie „Profile" von der Kunstgalerie in Bochum vorbereitete Ausstellung: „Polnische Kunst heute", welche Malerei, Bildhauerei und Graphik umfaßte und auch in Kassel gezeigt wurde. Einige polnische moderne Maler konnten ihre Werke in Hamburg, Frankfurt am Main und Freiburg ausstellen und wurden preisgekrönt. Die graphische Kunst Polens wurde auf der Ausstellung der bildenden Kunst in Augsburg und Hamburg gezeigt. In Darmstadt und München hat man die Ausstellung des polnischen Plakats organisiert. Aus diesem Anlaß erschien die in Düsseldorf herausgegebene Arbeit von J. Morszczak „Polnische Plakatkunst", die große Beachtung fand. Auch in Frankfurt am Main und Kaiserslautern sind Theaterplakate aus Warszawa ausgestellt worden. In München wurde ein Satz der Farbfotografien von L. Wilczek „Farbwunder in der Natur" herausgegeben.

Die kulturelle Zusammenarbeit zwischen Polen und der Bundesrepublik Deutschland hat sich allmählich entfaltet. Auch die Massenmedien und vor allem Rundfunk und Fernsehen beider Länder unterstützten die Erweiterung der beiderseitigen kulturellen Kontakte. Die westdeutschen Rundfunkstationen organisierten Veranstaltungen „Die Woche Polens" (der Rundfunk Bremen — im Jahre 1968 und der Rundfunksender in Baden-Baden im Jahre 1966). In den westdeutschen Rundfunkprogrammen kam es zu Sendungen polnischer Autoren und Konzerten polnischer Symphonieorchester. Im zweiten und dritten Programm des Fernsehens wurde das Konzert ausgestrahlt, das auf den Festspielen in Bergen vom Warschauer Orchester des polnischen Rundfunks gespielt worden war, während das polnische Fernsehen 1964 die Filme von H. J. Stehle gezeigt hat. 1965 kam die erste Gruppe der Mitarbeiter der Rundfunkstationen aus der Bundesrepublik Deutschland nach Polen. Das Ziel dieses Besuches war, sich mit der Tätigkeit des polnischen Rundfunks und TV sowie mit den Möglichkeiten einer Zusammenarbeit auf diesem Gebiet vertraut zu machen.

Im Vergleich mit dem vorhergehenden Zeitraum hat sich 1958—1967 der Umfang der kulturellen Kontakte zwischen Polen und der Bundesrepublik Deutschland bedeutend erweitert, aber er hatte immer noch nicht die Stufe erreicht, die den potentiellen Möglichkeiten entsprochen hätte. Es ließ sich zwar in der Bundesrepublik Deutschland ein zunehmendes Interesse für die Problematik der polnischen Kultur und Wissenschaft registrieren, weiterhin jedoch blieben in der westdeutschen Gesellschaft bestimmte traditionelle Stereotypen Polens und der Polen erhalten. Die Politik der Bundesrepublik Deutschland gegenüber Polen und den anderen sozialistischen Ländern erschwerte aus polnischer Sicht den Prozeß einer Objektivierung des gegenwärtigen Polenbildes in der Bevölkerung der Bundesrepublik Deutschland.

Die Jahre 1967—1976

Die 1966 gebildete Regierung der „Großen Koalition" CDU/CSU-SPD hat die vom damaligen Außenminister in der Regierung L. Erhard's, G. Schröder eingeleitete „neue Ostpolitik" im Bereich der Kultur bedeutend aktiviert. Die initiierten Maßnahmen nahmen an Kraft und Schwung zu, vor allem nachdem W. Brandt das Amt des Außenministers der Bundesrepublik Deutschland angetreten hatte.

Die auswärtige Kulturpolitik hatte einen bedeutenden Platz in den Außenbeziehungen der Bundesrepublik Deutschland errungen. W. Brandt, indem er 1967 an die Konzeption der „dritten Säule" anknüpfte, bezeichnete die auswärtige Kulturpolitik als einen von den drei „tragenden Pfeilern" der gegenwärtigen zwischenstaatlichen Beziehungen.

Die Übernahme der Macht in Bonn 1969 durch die sozialliberale Koalition von SPD/FDP hat den Prozeß konkreter Veränderungen der Außenpolitik der Bundesrepublik Deutschland in bezug auf die sozialistischen Länder eingeleitet. Die vertragsmäßige Anerkennung der in der Nachkriegseuropa entstandenen territorialpolitischen Realitäten durch die Bundesrepublik Deutschland hat den Weg zu der von den sozialistischen Staaten längst geforderte Normalisierung der Beziehungen mit der Bundesrepublik Deutschland angebahnt. In diesem Normalisierungsprozeß nahmen die Kulturbeziehungen einen wesentlichen Platz ein. Eine weitere Konsequenz war, daß die Bundesrepublik auf alte Positionen des „Kalten Krieges" und des Antikommunismus in den zwischenstaatlichen Beziehungen verzichtete. Unter diesen Umständen hatte die auswärtige Kulturpolitik u. a. die Aufgabe, die Handlungen der Bundesrepublik Deutschland glaubwürdiger zu machen und den Boden für die politischen Maßnahmen und Entscheidungen vorzubereiten.

In den Jahren 1969—1971 ist daher die Aktivität der westdeutschen Seite im Bereich des wissenschaftlichen und kulturellen Austausches mit den sozialistischen Staaten bedeutend gestiegen. Auf Anregung W. Scheels, des damaligen Außenministers in der Regierung W. Brandts, wurde ein neues Programm ausgearbeitet, das im ersten Halbjahr 1971 als „Leitlinien für die auswärtige Kulturpolitik" der Bundesrepublik Deutschland veröffentlicht wurde.

Diejenigen Formen, die die Massen ansprechen und breitere Gesellschaftskreise einbeziehen konnten, sollten im oben genannten Programm in den Vordergrund gestellt werden, als eine neue Form in der internationalen Zusammenarbeit. Die polnische Seite geht von dem Standpunkt aus, daß die kulturelle und wissenschaftliche Zusammenarbeit ein äußerst wichtiges Element des Normalisierungsprozesses der beiderseitigen Beziehungen ist. Deshalb muß auch der kulturelle und wissenschaftliche Austausch mit den gesamten Normalisierungsprozessen synchronisiert werden. Diese sollten zu tiefen Veränderungen im Bewußtsein der westdeutschen Gesellschaft gegenüber Polen und zur Verifikation des Bildes unseres Landes und der Landsleute in der Bundesrepublik Deutschland führen.

Wenn man von der Überprüfung des Polenbildes in der Bevölkerung der Bundesrepublik Deutschland redet, so geht es uns dabei nicht um eine Verschönerung dieses Bildes, sondern um dessen möglichst objektive und nicht verfälschte Darstellung. Die kulturelle und wissenschaftliche Zusammenarbeit sollte also dazu beitragen, solche Erscheinungen wie die revisionistischen Tendenzen, die der Normalisierung schaden, sowie diejenigen, die die Wirklichkeit verfälschen, zu beseitigen.

Was die wissenschaftlichen Kontakte anbetraf, so entwickelten sich diese auf Grund der Vereinbarungen, die von den schon früher damit beauftragten Einrichtungen und Organisationen getroffen worden waren. So wurde im Oktober 1970 von dem Deutschen Akademischen Austauschdienst und der Polnischen Akademie der Wissenschaften ein Abkommen unterzeichnet. Demgemäß können polnische Wissenschaftler auf der Basis der Gegenseitigkeit zu einem kurzen Informations- und Forschungsaufenthalt in die Bundesrepublik Deutschland eingeladen werden; den jüngeren polnischen Wissenschaftlern steht die Möglichkeit offen, ein einjähriges Stipendium zu erhalten, um ihre Forschungspraktika in deutschen Einrichtungen durchzuführen. Dieses Abkommen hat alle Gebiete des wissenschaftlichen Lebens in Polen umfaßt, wobei es neben den Forschungsinstituten der Polnischen Akademie der Wissenschaften auch alle Hochschulen und andere Forschungsstellen in diese Austauschaktion miteinbezogen hat. Die Polnische Akademie der Wissenschaften soll dabei die Rolle eines Koordinators spielen.

Von den Wissenschaftlern aus der Bundesrepublik Deutschland, die im Rahmen der sich entwickelnden wissenschaftlichen Kontakte in den Jahren 1971—1973 nach Polen gekommen sind, betrug der Anteil der Spezialisten aus dem Bereich der Mathematik, Physik und Chemie — 45 %, der Gesellschaftswissenschaften — 15 %, der biologischen und der Land- und Forstwissenschaften — 10 %, der Medizin — 20 % und der anderen — 10 %. Diese Wissenschaftler kamen nach Polen auf Einladung der entsprechenden Fachinstitute der Polnischen Akademie der Wissenschaften, um die Bedingungen der Zusammenarbeit zu erörtern, Konsultationen durchzuführen, Vorlesungen und Referate zu halten, wobei sie zugleich manchmal einige Städte Polens besichtigen konnten. Der Prozentanteil der Vertreter einzelner polnischer Wissenschaftszweige, die in die Bundesrepublik Deutschland reisten, entwickelte sich von 1967—1973 wie folgt: Mathematik, Physik, Chemie — 32 %, technische Wissenschaften — 15,2 %, Gesellschaftswissenschaften — 20 %, geographische, biologische, Land- und Forstwissenschaften — 13,6 %, Medizin — 16 %, andere — 3,2 %. Von der Gesamtzahl dieser Vertreter entfallen auf die selbständigen Wissenschaftler — 80,8 %, davon auf die Mathematik, Physik- und Chemiewissenschaften — 28,8 %, auf technische Wissenschaften — 10,4 %, auf Gesellschaftswissenschaften — 17,6 %, auf geographische, biologische und Land- und Forstwissenschaften — 8,8 %, auf Medizin — 13,6 % und auf andere — 1,6 %.

Die Wissenschaftler nahmen entweder an einer Konferenz, an einer Tagung oder einem Symposium teil, oder aber sie folgten speziellen Einladungen, manchmal auch um eigene Forschungen durchzuführen. Die Teilnahme an den internationalen Konferenzen bot eine Möglichkeit, wissenschaftliche Zentren zu besuchen, Fachleute zu konsultieren, Diskussionen zu führen und Referate außerhalb des Konferenzprogramms zu halten.

Die Einladungen zu Vorlesungen oder Vortragsreihen ermöglichten die Durchführung eigener Forschungsvorhaben, andererseits waren eigene Forschungen auch manchmal mit dem Abhalten von Vorlesungen verbunden. Intensiviert wurden weiterhin der Studentenaustausch und gegenseitige Besuche der Studentengruppen bzw. Oberschuljugend. Eine große Bedeutung für die weitere Entwicklung der wissenschaftlichen Kontakte hatte der Besuch, den die Delegation der Polnischen Akademie der Wissenschaften auf Einladung der Deutschen Forschungsgemeinschaft in der Bundesrepublik Deutschland abgestattet hat. Die Delegation der Polnischen Akademie der Wissenschaften und die Delegation der DFG haben ihr Interesse an der gegenseitigen Zusammenarbeit geäußert und die Gespräche über deren Aufnahme auf einem bestimmten Forschungsgebiet durchgeführt.

In den Jahren 1967—1976 intensivierten sich die Kontakte auf dem Gebiet der künstlerischen Tätigkeit. Auf Einladung des Nationaltheaters weilte in Polen das Theaterensemble aus Essen. In Polen trat auch das Göttinger Theater auf, und das dramatische Studententheater „Freies Theater" nahm an den IV. Internationalen Studentenfestspielen des Offenen Theaters in Wrocław (Breslau) teil. In der Bundesrepublik Deutschland gastierten das Alte Theater aus Kraków, das Pantomime-Theater aus Wrocław (Breslau) und das Theater „Laboratorium", Staatliches Jüdisches Theater, Studententheater „Kalambur", Staatliches Puppentheater „Guliwer" aus Warszawa und das Puppen- und Schauspiel-Theater aus Wrocław (Breslau).

In der Bundesrepublik Deutschland wurden Theaterstücke polnischer Autoren gespielt, polnische Regisseure wurden in die Bundesrepublik Deutschland eingeladen, um Theaterstücke zu inszenieren.

Auf dem Kurzfilmfestival in Kraków (Krakau) hat man in den Jahren 1972—1975 Filme aus der Bundesrepublik Deutschland gezeigt. In diesen Jahren wurden fünf Spielfilme aus der Bundesrepublik Deutschland, sechs weitere aus der Koproduktion importiert. Polnische Filme fanden auf den internationalen Kurzfilmfestivalen, die man in der Bundesrepublik Deutschland veranstaltete, großen Anklang. Auch auf den Festivalen sowie im Rahmen der Veranstaltungen „Tage" und „Wochen" des polnischen Films oder polnischer Kultur, die man in den verschiedenen Städten der Bundesrepublik Deutschland organisiert hat, wurden polnische Filme vorgeführt. Im Jahre 1972 hat die Bundesrepublik Deutschland in Polen sieben Spielfilme und eine größere Zahl der Kurzfilme eingekauft; man hat zudem die Zusammenarbeit im Bereich der Filmproduktion eingeleitet. Die kulturellen

Kontakte zwischen Polen und der Bundesrepublik Deutschland wurden immer intensiver. Musikensembles aus der Bundesrepublik Deutschland traten in Polen auf. Die Rheinische Oper präsentierte ihr musisches Programm in Warszawa und Łódź, die Orchestermusik wurde von dem Symphonieorchester des Kölner Rundfunks, Symphonieorchester aus Stuttgart, Symphonieorchester des Hessischen Rundfunks und dem Kammerorchester aus Braunschweig vorgeführt. Es traten in Polen auch Gesangensembles aus der Bundesrepublik Deutschland auf, darunter der Studentenchor aus Stuttgart, der Knabenchor aus Hannover, der Universitätschor aus Erlangen, die Schola Cantorum aus Stuttgart, der Bachchor und das Bachorchester aus Mainz und das Collegium Musicum aus Bonn. Der Auftritt dieser Ensembles war meistens mit ihrer Teilnahme an den internationalen Musikfestspielen verbunden. Vertreter der Bundesrepublik Deutschland haben sich als Jury und Beobachter an dem Internationalen H. Wieniawski-Preisausschreiben in Poznań (Posen) beteiligt. Am IX. Chopin-Preisausschreiben haben auch Pianisten aus der Bundesrepublik Deutschland teilgenommen. Unter den Musikern, die aus der Bundesrepublik Deutschland nach Polen kamen, waren Solisten, Instrumentalisten und zahlreiche Dirigenten. Im Jahre 1975 sind 17 von ihnen aus der Bundesrepublik Deutschland gekommen und haben an vierzig Gastspielen teilgenommen. Die Werke polnischer, vor allem gegenwärtiger Komponisten wurden in den verschiedenen Städten der Bundesrepublik Deutschland gespielt. Ganze Konzerte wurden der polnischen Musik gewidmet; polnische Komponisten gehörten zum Programm der bestimmten Musikfestspiele. Viele Werke polnischer Gegenwartsmusik haben ihre Uraufführungen gerade in der Bundesrepublik Deutschland erlebt. Polnische Komponisten reisten in die Bundesrepublik Deutschland auf Einladungen oder wurden Teilnehmer der dort organisierten Veranstaltungen, wobei sie auch Vorlesungen hielten und Seminare über die polnische Gegenwartsmusik.

Polnische Musikwissenschaftler nahmen an den in der Bundesrepublik Deutschland organisierten internationalen wissenschaftlichen Konferenzen teil; dort hielten sie Referate und beteiligten sich an den Diskussionen. Polnische Musiker und Musikensembles wurden in der Bundesrepublik Deutschland auf den verschiedensten Gebieten der Musik tätig. Auf dem Gebiet der Opernmusik zeigte sich das in der Zusammenarbeit bei der Aufführung einiger Opern, besonders bei den Vorstellungen, die in der Bundesrepublik Deutschland vom Warschauer Großen Theater und von der Łódźer Oper gezeigt wurden. Polnische Orchestermusik wurde präsentiert von der Krakauer Philharmonie, dem Kammerorchester der Nationalphilharmonie, dem Schlesischen Studentenorchester und auch von den kleineren fünf-, drei- und zweiköpfigen Gruppen. Von der polnischen Chormusik haben die Bundesrepublik Deutschland besucht: der Staatliche Knaben- und Männerchor aus Poznań (Posen), der Chor „Harfa", das Ensemble „Cantores Minores Wratislavienses", Studentenchöre aus Poznań und Lublin, überdies polnische Solisten, wie z. B. Vokalisten, Pianisten, Geigenspieler, Orgelspieler und eine Cembalospielerin, und einige Dirigenten. Polnische Interpreten nahmen an den in der Bundesrepublik Deutschland veranstalteten Musikpreisausschreiben teil. In Polen weilten auf Gastspielen die

Volkskunstensembles, Jazz- und Unterhaltungsensembles aus der Bundesrepublik Deutschland und in der Bundesrepublik Deutschland waren auf Gastspielen die bekanntesten derartigen Ensembles aus Polen, wobei sich manche von ihnen, besonders Jazzgruppen, dort an den internationalen Musikfestspielen beteiligt haben.

Neben der Musik wurden die kulturellen Kontakte zwischen Polen und der Bundesrepublik Deutschland auf dem Gebiet der bildenden Kunst in größerem Umfang entwickelt. Sie konzentrieren sich vor allem auf eine dauernde Organisation wechselseitiger Ausstellungen. Die Ausstellungen wurden sowohl der Geschichte wie auch der Gegenwart gewidmet, sowohl bestimmten Sachgebieten der bildenden Kunst, wie auch den Milieus der Schaffenden. Am weitesten reichte hier in die Vergangenheit zurück die in Warszawa veranstaltete Ausstellung: „Johann Gutenberg — 1968.“ Als Antwort auf die in der Stadt Braunschweig organisierte Ausstellung „Der Barock in Polen“ wurde von dieser Stadt in Warszawa die Ausstellung „Die Kunst des Barocks in Deutschland“ veranstaltet. Im Jahre 1970 wurde im Nationalmuseum in Wrocław (Breslau) die Ausstellung „Die Industrie und Technik in der deutschen Malerei seit der Romantik bis auf die Gegenwart“ organisiert und im Warschauer Nationalmuseum die Ausstellung der Malerei und Graphik von M. Slevogt aus der Wende des XIX. und XX. Jahrhunderts.

Wenn es um die Gegenwartskunst der Bundesrepublik Deutschland geht, so machte uns mit ihr im Jahre 1968 die Gruppe „Tendenzen“ aus München bekannt, die in der Warschauer Kunstgalerie „Zacheta“ ihre Arbeiten ausstellte. Im Jahre 1972 wurden in Warszawa die Arbeiten von W. Lembruck präsentiert und 1974 in Łódź die „Strukturen“ von G. Necker, einem Mitglied der Gruppe „Null“ aus Düsseldorf. Die westdeutschen Graphiker nahmen an der Internationalen Biennale der Graphik in Kraków (Krakau) teil. Hier wurde auch die Ausstellung „Die Graphiker aus der Bundesrepublik Deutschland“, die sich auf die Sammlungen der Folkwang-Museums in Essen stützt, organisiert. Künstler aus der Bundesrepublik Deutschland beteiligten sich 1972 an der IV. Internationalen Plakatbiennale in Warszawa und in Poznań (Posen) wurden Plakate von H. Hillmann ausgestellt. Die Photographiker aus der Bundesrepublik Deutschland nahmen an dem Internationalen Salon der Kunstphotographie „Venus“ teil; sie präsentierten auch ihre Arbeiten in Gdańsk (Danzig). Im Jahre 1975 gab es in Polen sieben Ausstellungen der bildenden Kunst aus der Bundesrepublik Deutschland und zwei Ausstellungen der Photographie. Von den Ausstellungen der polnischen Kunst in der Bundesrepublik Deutschland reichte am weitesten in die Vergangenheit zurück die Ausstellung „Die Barockkunst in Polen“, die 1974 in Braunschweig von dem dortigen Museum und dem Nationalmuseum in Warszawa organisiert worden war. Auch die in der Bundesrepublik Deutschland veranstaltete Ausstellung „Warschau seit den Zeiten von Canaletto“ hat eine historische Basis. Den Ausgangspunkt für die Organisierung dieser Ausstellung bildeten die aus Polen ausgeliehenen zwölf Gemälde von Canaletto; sie wurden zuerst während der „Kieler Woche“ und dann in Hamburg zusammen mit den Aquarellen von Z. Vogel gezeigt.

Die Werke von X. Dunikowski wurden in Duisburg ausgestellt und die Arbeiten polnischer Konstruktivisten aus den Jahren 1923—1936 in Essen. Einige Ausstellungen hat man in den verschiedenen Städten der Bundesrepublik Deutschland der polnischen Gegenwartskunst gewidmet. Sie enthielten entweder die Werke der bildenden Künstler, die in einer bestimmten Zeit entstanden sind, worauf schon ihre Titel verwiesen, wie z. B. „Polnische Gegenwartsmalerei", „Polnische Kunst 1973", „Polnische Gegenwartskunst 1945—1973", oder Werke einiger bzw. eines Künstlers. Mehrere Expositionen hat man in der Bundesrepublik Deutschland der polnischen Graphik gewidmet. Man setzte auch die Ausstellungen des polnischen Plakats fort, genannt „Polnische Plakatenkunst", „Warschauer Theaterplakate", ferner wurden polnische Gegenwartsplakate auch 1971 ausgestellt, ebenso an der Internationalen Ausstellung des Olympischen Plakats teilgenommen.

Mit den anderen Formen der künstlerischen Tätigkeit z. B. auf dem Gebiet der Möbelherstellung, des Kunstgewerbes oder Weberhandwerkes konnte sich das westdeutsche Publikum auf den verschiedenen internationalen Veranstaltungen, auch auf der Messe bekannt machen. Polnische Künstlerinnen haben ihre selbsterzeugten Teppiche und Raumstoffe präsentiert. Die größte Anerkennung fand in der Bundesrepublik Deutschland neben der schon erwähnten Graphik, die sogenannte „polnische naive Kunst", zu der die Werke aus den verschiedenen Gebieten, von den Volkskünstlern und den nicht beruflichen Künstlern gerechnet werden. Die Arbeiten polnischer Künstler dieser Art hat man schon in einigen Städten der Bundesrepublik Deutschland ausgestellt und 1972 wurde dort die Ausstellung „Naive Kunst der Gegenwart aus Polen" vorbereitet. Eine Übersicht der polnischen Malerei, der Bildhauerkunst, der Graphik, der Wandteppiche und der anderen kleinen Kunstformen boten auch die im Rahmen der „Polnischen Tage" organisierten Basare. Die Kontakte mit den Kulturzentren der Bundesrepublik Deutschland wurden auch von der polnischen „DESA" aufgenommen.

Wegen der Mannigfaltigkeit und Komplexität der Thematik wie auch des Zeitraumes ihrer Präsentierung haben die in Polen veranstalteten „Tage" und „Wochen" der westdeutschen Kultur und der polnischen Kultur in der Bundesrepublik Deutschland eine große Bedeutung. Sie gewährten einen weiten Überblick über das Kulturwerk und hatten einen großen Wirkungsbereich. Solche „Tage" wurden in Polen einzelnen Städten der Bundesrepublik Deutschland gewidmet, die hier die Kontakte zu den anderen Städten von einem ähnlichen Charakter aufgenommen hatten. So fanden z. B. 1972 in Gdynia (Gdingen) die „Kölner Tage" statt, Nürnberg hat die Zusammenarbeit mit Kraków aufgenommen, die „Göttinger Tage" dagegen fanden 1974 in Kalisz (. . .) und „Hamburger Tage" in Gdańsk (Danzig) im Jahre 1977 statt. Im Jahre 1972 hat man in Bad Kreuznach die „Woche Polens", u. a. mit den Referaten und der Diskussion über „Grundlagen und Bedingungen der Normalisierung der Beziehungen zwischen der VRP und der Bundesrepublik Deutschland" veranstaltet. „Polnische Tage" wurden auch in Darmstadt von der dortigen F. Chopin-Gesellschaft und mit Hilfe von der F. Chopin-Gesellschaft aus Warszawa organisiert. Das Programm der „Polnischen Tage" in Göttingen, die von den dortigen Stadtbehörden in den Jahren 1972 und 1973 vorbereitet wurden, enthielten die sogenannten Göttinger Gespräche; sie wurden entsprechend künstlerisch gestaltet. Eine komplexe Übersicht der politischen, gesellschaftlichen, wirtschaftlichen und kulturellen Entwicklung brachte schließlich die polnische Nationalausstellung in Essen „Polen 74". Im Jahre 1975 haben in der Bundesrepublik Deutschland drei weitere ähnliche Komplexveranstaltungen (in Hannover, Hamburg und Dortmund) stattgefunden.

In den Jahren 1967—1976 wurde polnische Thematik in den Massenmedien der Bundesrepublik Deutschland verstärkt behandelt. So wurden z. B. polnische Fragen 1971 im I. TV-Programm der Bundesrepublik Deutschland dreizehnmal, im II. Programm fünfzehnmal, im III. Programm zweimal präsentiert. Im Jahre 1972 erschienen die polnischen Sendungen im I. TV-Programm fünfmal, im II. Programm achtzehnmal, im III. Programm elfmal; im II. und III. Programm hat man die sogenannte „Polnische Woche" veranstaltet. Im Jahre 1973 tauchte die polnische Thematik im I. Programm neunmal, im II. Programm neunmal, im III. Programm dreimal auf. Polnische Probleme wurden in den ständigen Programmen für politisches Zeitgeschehen und für kulturelle Publizistik in den Filmreportagen und den Dokumentarfilmen, die von den Gruppen und Korrespondenten einzelner TV-Stationen realisiert wurden, zudem auch in den Filmprogrammen, die die polnischen Spielfilme, Fernsehfilme und Kurzfilme umfaßten, erörtert.

Eine große Bedeutung für die Entwicklung der kulturellen Kontakte zwischen Polen und der Bundesrepublik Deutschland hat schließlich die Teilnahme dieser beiden Staaten an den von ihnen organisierten großen Verlagsveranstaltungen, zu denen die Internationale Buchmesse in Frankfurt/Main und in Warszawa gezählt werden soll. An der XIV. Internationalen Buchmesse in Warszawa im Jahre 1958 waren 28 westdeutsche Verlage vertreten.

Schlußbemerkungen

Schon dieses unvollständige Bild der kulturellen Kontakte zwischen Polen und der Bundesrepublik Deutschland kann den Eindruck erwecken, daß sie sehr intensiv seien. Doch wenn man diese Kontakte näher betrachtet, so muß man feststellen, daß wir uns immer noch erst auf dem Wege zu einer vollen Ausnutzung der in diesem Bereich bestehenden Möglichkeiten und damit zur Normalisierung der Beziehungen auf diesem Gebiet befinden. Die Ursache dessen ist darin zu sehen, daß es noch bis vor kurzem keine formelle Grundlage gegeben hat, deren Aufgabe es wäre, ausführlich alle Möglichkeiten der internationalen Zusammenarbeit zu bestimmen und sich einander sowohl in dem historischen als auch dem aktuellen Aspekt kennenzulernen. Die aufgezeigten Mängel führten dazu, daß die zwischen der Bundesrepublik Deutschland und Polen aufgenommenen Kontakte zufällig und oberflächlich waren, daß der Wille, der anderen Seite zu imponieren nicht selten an die Stelle eines tieferen gegenseitigen Kennenlernens getreten ist. Denn erst, wenn der Platz jedes Staates auf der kulturellen Karte in Europa erläutert und objektiv festgelegt wird, können die Möglichkeiten einer Koexistenz auch auf diesem Gebiet geschaffen werden. Die Basis für das Zustandekommen solcher Beziehungen auf dem Gebiet der kulturellen Zusammenarbeit zwischen der Bundesrepublik Deutschland und Polen bildet die Schlußakte der KSZE von Helsinki. Im Punkt drei und vier dieser Schlußakte, die sich auf die Zusammenarbeit und den Austausch auf dem Gebiet der Kultur und Bildung beziehen, bestätigen die Mitgliedstaaten die Schlußfolgerungen, die im Verlauf der im Juni 1972 von der UNESCO organisierten internationalen Konferenz für Kulturpolitik in Europa vereinbart wurden. Sowohl diese Schlußfolgerungen als auch die eingehenden EUROCULT-Empfehlungen werden zur Grundlage einer Reihe der Beschlüsse. Indem diese Beschlüsse die bisher angewandten Formen der kulturellen Zusammenarbeit zwischen den Staaten erweitern, präzisieren und vervielfachen, bestimmen sie die Grundlagen und den weiten Rahmen dieser Zusammenarbeit: 1. auf dem Gebiet der Förderung des gegenseitigen Kennenlernens und der Völkerverständigung, 2. auf dem Gebiet der Entwicklung der Volksbildung und der Kulturverbreitung und 3. auf dem Gebiet der Förderung, der Entwicklung und der Verbreitung der wissenschaftlichen Errungenschaften. Die Bestimmung dieser Grundlagen und Rahmen schafft die Bedingungen dazu, in eine neue Phase der kulturellen Zusammenarbeit zwischen Polen und der Bundesrepublik Deutschland einzutreten. Das von den Außenministern beider Staaten am 11. 6. 1976 unterzeichnete Kulturabkommen verweist noch einmal auf den Rang der Kulturpolitik. Der Vertrag schafft neue, größere Möglichkeiten im Bereich der Präsentation des gegenseitigen Kulturwerkes beider Länder. Die Verwirklichung der Bestimmungen dieses Vertrages sollte auch zur Vertiefung des Normalisierungsprozesses der Beziehungen zwischen der VRP und Bundesrepublik Deutschland beitragen.

Schulbuchgespräche zwischen der Bundesrepublik Deutschland und der Volksrepublik Polen

Entwicklung — Probleme — Perspektiven

von

Udo Arnold

Schulbuchgespräche sind stets auf dem Hintergrund von Friedens- und Entspannungsbemühungen zu sehen; weder Krieg noch Kalter Krieg bieten einen Nährboden für sie, sondern nur politische Anerkennung eines anderen als Partner und der Wille zur Kooperation. Sie spiegeln dementsprechend auch immer das Bemühen wider, einen anderen in seinem Anderssein zu sehen und zu verstehen, seine Bindungen und Normen zu erfragen, dabei gleichzeitig die eigenen zu benennen und zu relativieren und die eigenen — in diesem Bereich die nationalen — Anschauungen unter dem Aspekt übergeordneter Ziele zu betrachten, unter welcher Prämisse die Gemeinsamkeiten meist stärker wiegen als die Gegensätzlichkeiten. Eine solche Fragestellung erwächst selten ohne Anstoß, und diesen bieten meist zu befürchtende oder überstandene internationale Erschütterungen. Schulbuchgespräche finden stets ihren Boden in der Frage, wie es zu einer internationalen Erschütterung oder gar Katastrophe kommen konnte und wie sich eine Wiederholung vermeiden läßt. An dem Punkt wird dann die Erziehung ins Auge gefaßt, sei es als Sündenbock, dem man Vergangenes anlasten kann, oder aber als Möglichkeit, eine Wiederholung des Vergangenen auszuschließen. Der politische Stellenwert von Erziehung wird damit deutlich gemacht, und auch Schulbuchgespräche stehen somit im Kontext politischer Zielvorstellungen. Dabei ist es wesentlich zu beachten, daß die politische Zielvorstellung solcher Gespräche dem Anlaß von Friedens- und Entspannungsbemühungen entsprechen muß. Ansonsten werden sie instrumentalisiert, zum Zweck der Durchsetzung nationaler Zielsetzung mißbraucht, somit degradiert auf die Ebene des bilateralen politischen Mächtekampfes. Dann aber werden sie letztlich Scheingespräche bleiben, abhängig von der tagespolitischen Konstellation zwischen Gegnern und ihr dienlich. Sicher ist der Zusammenhang nicht aufzulösen zwischen politischer Konstellation und Schulbuchgesprächen, nur dürfen sie nicht machtpolitisches Instrument, sondern müssen eigenständiges Ergebnis, dürfen nicht der Tagespolitik untergeordnet, sondern müssen auf eine andere Ebene herausgehoben werden — sicherlich keine leichte Aufgabe, aber eine Notwendigkeit im Hinblick auf die Gründe zum Beginnen.[1]

1 Die nun folgenden Ausführungen sind zum Teil Ergebnisse eines Seminars „Deutsch-polnische Schulbuchgespräche: Entwicklung — Problematik — eigene Schulbuchanalyse“,

Aufgrund der anfänglichen Überlegungen nimmt es nicht wunder, daß die ersten Bemühungen um Schulbuchgespräche im Rahmen der Weltfriedensbestrebungen des 19. Jahrhunderts aufscheinen.[2] Nach dem Pariser Weltfriedenskongreß von 1889 wurde die Erste Interparlamentarische Konferenz gegründet, ihr folgte die Genfer Ständige Interparlamentarische Union; diese beiden Gremien richteten ihr Augenmerk zum erstenmal auf die historischen Aussagen von Schulbüchern und deren Stellenwert und bemühten sich um wahre, entemotionalisierte Darstellung. Doch wie jenen Organisationen im Zeitalter des Imperialismus ein Schattendasein beschieden war, so gering mußten auch die Ergebnisse für eine Schulbuchrevision bleiben.

Nach dem Ersten Weltkrieg begann die nächste Phase der Schulbuchrevision im Zusammenhang mit den Bemühungen des Völkerbundes. Das „International Committee on Intellectual Cooperation" prüfte über mehrere Jahre die Schulbücher der Länder des Völkerbundes und regte die 1926 angenommene, nach ihrem spanischen Verfasser genannte „Casares-Resolution" zur Revision von Schulbüchern an; 1932 wurde sie noch erweitert. Die Unverbindlichkeit ihrer Formulierungen sowie der Widerstand föderalistisch aufgebauter und daher zentralstaatlich-dirigistische Eingriffe ins Schulwesen ablehnender Staaten beschieden ihr ebenfalls keinen Erfolg. Südamerika dagegen kam 1933 zu ersten vertraglichen Abmachungen, und die skandinavischen Staaten entwickelten vorbildhafte Verfahren gerade in jener Zwischenkriegszeit: Zum einen wurden Sammelbände erstellt, die auf dem neuesten Forschungsstand umstrittene Fragen der skandinavischen Geschichte darstellten; zum zweiten erfolgte die Schulbuchbegutachtung bereits im Manuskript gegenseitig, um Revisionswünsche vor dem Druck zu berücksichtigen; zum dritten wurde kein Buch von den Schulbehörden eingeführt, das nicht diese Manuskriptprüfung erfolgreich überstanden hatte; zum vierten sollten auch die genehmigten Bücher regelmäßig erneut untersucht werden, um sie dem jeweiligen Erkenntnisstand anpassen zu können. Trotz der Umständlichkeit und Dauer des Verfahrens muß man ihm doch die beste Effektivität bescheinigen und darauf hinweisen, daß es auch heute z. B. in der Bundesrepublik nicht erreicht, geschweige denn übertroffen ist.

das ich im Wintersemester 1974/75 an der Pädagogischen Hochschule Rheinland, Abteilung Bonn abhielt. Dessen Teilnehmer waren bis in die Endfassung dieses Textes beteiligt, wenn auch das Material der Arbeitsgruppen, die die Schulbuchanalyse vornahmen, hier aufgrund der Themenstellung nicht verwandt ist. — Den Bereich der Entwicklung von Schulbuchgesprächen bereiteten Birgit Scheuer und Antje Schillo vor. Manuskriptabschluß: Herbst 1977.

2 Vgl. zum Hintergrund Schieder, Theodor, Europa im Zeitalter der Nationalstaaten und europäische Weltpolitik bis zum Ersten Weltkrieg (1870—1918), in: Handbuch der europäischen Geschichte, hg. v. Schieder, Theodor, Bd. 6, Stuttgart 1968, S. 1—196, hier S. 129—140. Einen Überblick über die Entwicklung von Schulbuchgesprächen gibt Schüddekopf, Otto-Ernst, Zwanzig Jahre Westeuropäischer Schulgeschichtsbuchrevision 1945—1965. Tatsachen und Probleme, Braunschweig 1966, S. 10—16 (Schriftenreihe des Internationalen Schulbuchinstituts 12) und zuletzt, wesentlich kritischer, Hirsch, Helmut, Lehrer machen Geschichte, Wuppertal 1971, S. 53— 64.

Seit 1926 war das Deutsche Reich Mitglied des Völkerbundes, und auch über das Jahr 1933 hinaus blieben bilaterale Kontakte zum Zweck der Schulbuchrevision bestehen. Das Entspannungsklima zwischen Polen und dem Deutschen Reich seit 1934 bereitete den Boden für die ersten deutsch-polnischen Schulbuchgespräche unter Leitung von Hermann Aubin und Jan Dąbrowski in Breslau und Warszawa (Warschau). Ihre Dauer war kurz, ebenso wie die deutsch-polnische Entspannungsphase: die deutsche Reichsregierung war offensichtlich mit dem Ergebnis der Gespräche nicht einverstanden. Verlauf und Ergebnis waren allerdings bis vor kurzem leider unbekannt, denn es wäre sicher möglich gewesen, aus den damaligen Fehlern wie auch aus den wissenschaftlichen Diskussionspunkten wesentliche Einsichten zu erhalten.[3] 1975 wurde auf polnischer Seite dazu Material publiziert, das u. a. die Einwände gegen die deutschen Schulbücher jener Zeit in umfangreicher Form widerspiegelt, leider jedoch zu spät, um in die jetzigen Gespräche einbezogen zu werden.[4]

Nach dem Zweiten Weltkrieg wurden die Schulbuchgespräche zwischen der Bundesrepublik Deutschland und den west-, süd- und nordeuropäischen Staaten verhältnismäßig bald wieder aufgenommen.[5] Mit Polen konnte dies erst in der jüngsten Vergangenheit geschehen, völlig der eingangs genannten Prämisse entsprechend, wenn auch dafür einige Vorläufer genannt werden müssen. So formulierte bereits die polnische Historikertagung zum Thema „Forschungen über die polnisch-deutschen Beziehungen in der Vergangenheit" in Wrocław (Breslau) 1950 in ihrer Resolution: „Es ist die dringlichste Aufgabe der polnischen Geschichtsschreibung, die positiven Traditionen der Zusammenarbeit der fortschrittlichen Faktoren in der Geschichte Polens und Deutschlands hervorzuheben sowie die Genesis ihrer (historischen) Konflikte aufzuklären."[6] Doch diese Forderung bezog sich weniger

3 Vgl. zu jenen Gesprächen Labuda, Gerard, Ein Versuch, die deutsch-polnischen Beziehungen im Schulunterricht neu darzustellen, in: Internationales Jahrbuch für Geschichtsunterricht 6, 1957/58, S. 311—325 (Original: Próba nowego ukazania stosunków polsko-niemieckich w nauczaniu szkolnym, in: Przegląd Zachodni 12, 1956, Heft 3, S. 346—356 und ergänzend ebd., 13, 1957, Heft 3, S. 244 f); Aubin, Hermann, Ergänzung zu: Enno Meyer, Probleme einer deutsch-polnischen Diskussion über den Inhalt der Geschichts-Lehrbücher, in: Geschichte in Wissenschaft und Unterricht 9, 1958, S. 429 f; Meyer, Enno, Deutsch-polnische Schulbuchgespräche. Ein Zwischenbericht zu den gegenwärtigen deutsch-polnischen Schulbuchkonferenzen der beiderseitigen Unesco-Kommissionen, in: ebd., 24, 1973, S. 35—43, hier S. 35 f; Rhode, Gotthold, Deutsch-polnische Schulbuchkonferenzen. Hoffnungen, Möglichkeiten, Probleme, in: Deutsche Studien 12, 1974, S. 127—140, hier S. 129.

4 Vgl. Gelles, Romuald, Sprawy polskie w niemieckich podręcznikach szkolnych z lat trzydziestych XX wieku w ocenie historyków polskich, in: Przegląd Zachodni 1975, Heft 2, S. 338—341 sowie Wyniki badań Polskiej Komisji Miedzynarodowej Współpracy Intelektualnej nad niemieckimi książkami szkolnymi, in: ebd., S. 341—370.

5 Vgl. hierzu besonders Schüddekopf. Als Materialsammlung gut: Geschichtsunterricht ohne Vorurteil. Empfehlungen internationaler Historikerkonferenzen 1950—1963, Bonn 1964.

6 Labuda, Gerard, Das Bild des Deutschen und die deutsch-polnischen Beziehungen in den polnischen Schulbüchern, in: Polens Gegenwart, Nr. 5, Oktober 1971, S. 5—13; Wiederab-

auf einen Kooperationsansatz als — zu jenem Zeitpunkt sehr verständlich — auf das Problem der Standortbestimmung der polnischen Historikerkollegen. Das 1951 unter Georg Eckert gegründete Internationale Schulbuchinstitut in Braunschweig[7] gab hier wie in anderen Bereichen kurz nach seiner Gründung einen wesentlichen Anstoß zur Vorbereitung und anschließenden Veröffentlichung von Thesen „Über die Darstellung der deutsch-polnischen Beziehungen im Geschichtsunterricht".[8] Sie wurden, ebenso wie fast die gesamte anschließende, lebhafte Diskussion von polnischer und deutscher Seite, im Internationalen Jahrbuch für Geschichtsunterricht publiziert, dem Organ des Schulbuchinstituts.[9] Während bereits die Stellungnahmen von Otto Haintz, erst recht von Jakub Hoffmann nur noch einen Nachklang der

druck in: Internationales Jahrbuch für Geschichts- und Geographieunterricht 14, 1972/73, S. 178—187, hier S. 181 sowie in: Empfehlungen zur Behandlung der deutsch-polnischen Beziehungen in den Schulbüchern der Volksrepublik Polen und der Bundesrepublik Deutschland. Bericht über die erste und zweite deutsch-polnische Schulbuchkonferenz der Deutschen und Polnischen UNESCO-Kommission vom 22. bis 26. Februar 1972 in Warschau bzw. vom 10. bis 17. April 1972 in Braunschweig, Sonderdruck aus: Internationales Jahrbuch 13, 1970/71 [richtig: 14, 1972/73], Braunschweig 1972, S. 29—36, hier S. 32, sowie in: Wie Polen und Deutsche einander sehen. Beiträge aus beiden Ländern, hg. v. Jacobsen, Hans-Adolf, und Tomala, Mieczysław, Düsseldorf 1973, S. 141—150, hier S. 146. — Vgl. Konferencja naukowa na temat badań nad stosonkami polsko-niemieckimi w przeszłości, in: Sobótka 5, 1950, S. 1—90, sowie Ludat, Herbert, Polen und Deutschland. Wissenschaftliche Konferenz polnischer Historiker über die polnisch-deutschen Beziehungen in der Vergangenheit, Köln 1963 (Quellenhefte zur Geschichtswissenschaft in Osteuropa nach dem Zweiten Weltkrieg I, 1).

7 Vgl. ausführlich Hirsch, S. 53 ff.

8 Meyer, Enno, Über die Darstellung der deutsch-polnischen Beziehungen im Geschichtsunterricht, in: Internationales Jahrbuch für Geschichtsunterricht 5, 1956, S. 225—243.

9 Vgl. Rhode, Gotthold, Einige Bemerkungen zu Enno Meyers Beitrag: Über die Darstellung der deutsch-polnischen Beziehungen im Geschichtsunterricht, in: ebd., S. 267—273; Labuda, Ein Versuch; Meyer, Enno, Probleme einer deutsch-polnischen Diskussion über den Inhalt der Geschichtslehrbücher, in: Geschichte in Wissenschaft und Unterricht 9, 1958, S. 13—22 und 90—105; Piwarski, Kazimierz, Bedeutet das einen Schritt vorwärts?, in: Internationales Jahrbuch 6, 1957/58, S. 326—337 (Original: Czy to oznacza krok naprzód?, in: Historia i Nauka o Konstytucji. Czasopismo dla Nauczycieli 5, 1957, Heft 4/5, S. 284—293); Maleczyńska, Ewa, und Popiołek, Kazimierz, Zu den westdeutschen Thesen über die Darstellung der polnisch-deutschen Beziehungen im Geschichtsunterricht, in: ebd., S. 337—346 (Original: W sprawie zachodnio-niemieckich tez dotyczących ujecia stosunków polsko-niemieckich w nauce historii, in: Kwartalnik Historyczny 64, 1957, Heft 2, S. 290—296); Meyer, Enno, Anmerkungen zu drei polnischen Kritiken der Thesen „Über die Darstellung der deutsch-polnischen Beziehungen im Geschichtsunterricht", in: ebd., S. 347—360; Haintz, Otto, Deutschland-Polen. Zu den Thesen von Enno Meyer, in: ebd., 7, 1959/60, S. 225—233; Hoffmann, Jakub, Bermerkungen zu den Thesen Enno Meyers und Gotthold Rhodes über das Problem der deutsch-polnischen Beziehungen im Geschichtsunterricht, in: ebd., 8, 1961/62, S. 314—331 (Original: Uwagi o tezach Enno Meyera i Gottholda Rhodego w sprawie nauczania historii stosunków polsko-niemieckich, in: Teki Historyczne 10, London 1959, S. 253—275). — Vgl. auch Rhode, Deutsch-polnische Schulbuchkonferenzen, S. 130—133, sowie zum Entstehen jener Diskussionsbeiträge in Polen aus einer Ostberliner deutsch-polnischen Historikerkommission heraus Meyer, Deutsch-polnische Schulbuchgespräche, S. 36 f.

eigentlichen Diskussion darstellten, war jene längst wieder verstummt. Nur Enno Meyer widmete sich auch weiterhin fast als einziger jenen Problemen.[10] Letztlich bot die Epoche des Kalten Krieges keine wirkliche Kooperationsmöglichkeit für die Wiederaufnahme von direkten Schulbuchgesprächen.

Erst im Zuge der Überwindung jener Epoche konnte an die Realisierung jener älteren Ansätze gedacht werden. Das Interesse an Polen, an den deutsch-polnischen Beziehungen sowie an der Darstellung im Geschichtsunterricht und im Schulbuch erwachte auf deutscher Seite erneut, nicht zuletzt durch den Abschluß des Warschauer Vertrages vom 7. Dezember 1970.[11]

Als Vorform der eigentlichen Schulbuchgespräche darf die Verbindung zwischen der Evangelischen Akademie Berlin-Wannsee mit Pfarrer Günter Berndt und dem Instytut Zachodni Poznań mit seinem Leiter Władysław Markiewicz angesehen werden. 1969 veranstaltete Berndt eine Tagung „Polen im Unterricht".[12] Ihr folgte 1970 eine Tagung im Instytut Zachodni Poznań zum selben Thema[13], unmittelbar anschließend eine solche in Berlin zum Thema „Deutschland im polnischen Schul-

10 Vgl. Meyer, Enno, Polen in deutschen Geschichtsbüchern, in: Internationales Jahrbuch 7, 1959/60, S. 106—116; ders., Deutschland und die Deutschen in polnischen Geschichtslehrbüchern, in: aus politik und zeitgeschichte, B 2/70 vom 10. 1. 1970, S. 19—30. Vgl. außerdem Rhode, Gotthold, Die deutsch-polnischen Beziehungen und ihre neuralgischen Punkte, in: West-Ost-Berichte, Heft 2/3, 1961, S. 83—102, sowie Skowronnek, Christiane, Probleme des deutsch-polnischen Verhältnisse in westdeutschen Schulbüchern, in: Geschichte in Wissenschaft und Unterricht 17, 1966, S. 78—88. — Weitgehend unbekannt blieb: Die Darstellung Osteuropas im deutschen Bildungswesen. Ein Beitrag zur Erziehung zu internationaler Verständigung. Bericht über eine Tagung vom 21.—24. November 1966, bearb. v. Lemberg, Eugen, Hamburg: UNESCO-Institut für Pädagogik 1968 (Internationale pädagogische Studien 16); Polen dort S. 28—33, ein Unterrichtsbericht S. 53—57. Allerdings können jene Überlegungen, bes. S. 31 f, nicht als Vorläufer der jetzigen Schulbuchempfehlungen angesehen werden, sowohl inhaltlich als auch vom seinerzeitigen Echo her gesehen. — Auf polnischer Seite ist als Beispiel zu nennen Sobański, Wacław, Podręczniki szkolne w NRF, Warszawa 1961 (engl. Ausgabe: School Textbooks in the German Federal Republic, 1962; franz. Ausgabe: Manuels Scolaires en République Fédérale Allemande, 1962).

11 Vgl. Hoffmann, Johannes, Die Geschichte der deutsch-polnischen Nachbarschaft bis zum Zeitalter des Absolutismus in Anlehnung an die Ausstellung „Leistung und Schicksal". Eine Unterrichtsreihe im Geschichtsunterricht der Obersekunda eines Gymnasiums, in: Geschichte in Wissenschaft und Unterricht 22, 1971, S. 265—295; dazu Grüger, Heinrich, Die Geschichte der deutsch-polnischen Nachbarschaft im Unterricht der gymnasialen Oberstufe. Eine notwendige Erwiderung, in: ebd. 23, 1972, S. 166—175; dazu Hausmann, Kurt Georg, Und eine Erwiderung auf die Erwiderung, in: ebd., S. 175—179; Kleßmann, Christoph, Polen in deutschen Geschichtsbüchern, in: ebd., S. 731—753; Jacobmeyer, Wolfgang, Deutsch-polnische Nachbarschaft. Ein Überblick, in: Friedenserziehung als Aufgabe des Geschichtsunterrichts, (Dillingen) 1971, S. 18—39 (Akademie für Lehrerfortbildung Dillingen, Akademiebericht Nr. 4); weitere Beispiele ließen sich anführen, zuletzt: Peternek, Günther — Renz, Rudolf, Die Ostverträge des Jahres 1970 unter besonderer Berücksichtigung des deutsch-polnischen Verhältnisses. Ein Unterrichtsmodell für eine 10. Klasse, in: Geschichte in Wissenschaft und Unterricht 25, 1974, S. 469—502.

12 Vgl. Berndt, Günter, Polen im Unterricht, in: Kommunität. Vierteljahreshefte der Evangelischen Akademie 14, Berlin 1970, S. 16 f.

13 Vgl. Polen in deutschen Schulbüchern, in: ebd., 15, 1971, S. 13.

buch".[14] 1971 schließlich wurden Verleger, Autoren und Pädagogen nach Berlin eingeladen zu einer Tagung „Polen im Schulbuch".[15] Resolutionen, beispielsweise zur Abschaffung der Ostkundeempfehlungen der Ständigen Konferenz der Kultusminister vom Jahre 1956 oder zur Einberufung von deutsch-polnischen Schulbuchkonferenzen, und Publikationen waren das Ergebnis.[16] Fortgesetzt wurde die Diskussion auf einem auf evangelische Initiative 1971 in Frankfurt am Main veranstalteten Kongreß „Friede mit Polen".[17]

Dokumentiert sich darin auf deutscher Seite in erster Linie ein Interesse einzelner oder kleinerer Gruppen, so wurde gerade im Hinblick auf Schulbuchrevision in Polen das offizielle Interesse bereits in der Verhandlungsphase vor Vertragsabschluß bekundet[18], nicht zuletzt auch in der tragenden Beteiligung der Angehörigen des Westinstituts Posen (Instytut Zachodni Poznań) an den genannten Initiativen, und schlug sich ebenfalls schon in der 16. Generalkonferenz der UNESCO 1970 in Paris nieder.[19] Ebenso legte die polnische Seite bereits vor Beginn der Gespräche einen offiziösen Katalog der möglichen Diskussionspunkte durch Gerard Labuda vor[20], sowie eine Analyse der eigenen Schulbücher[21]; hinzu kam in die Anlaufphase

14 Vgl. Berndt, Günter — Dross, Armin — Geiss, Imanuel — Hoensch, Jörg — Meyer, Enno — Strecker, Reinhard, Deutschland im polnischen Schulbuch, in: ebd., 15, 1971, S. 13—15; zum Echo, beispielsweise im Fernsehen, vgl. Deutsch-polnische Schulbuchkonferenz, in: ebd., 15, 1971, S. 15—17 sowie Urteil und Vorurteil im Schulbuch, in: ebd., 15, 1971, S. 17 f.

15 Vgl. Berndt, Günter, Polen im Schulbuch, in: ebd., 15, 1971, S. 120 f.

16 Vgl. Berndt, Günter, Schulbuchrevision — eine politische Aufgabe, in: ebd., 14, 1970, S. 121 —124; Strecker, Reinhard, Ostkunde durch mehrere Generationen. Zitate als Beispiel einer deutschen Tradition, in: ebd., 14, 1970, S. 124—138; vor allem aber: Polen — ein Schauermärchen oder Gehirnwäsche für Generationen, hg. v. Berndt, Günter u. Strecker, Reinhard, Reinbek 1971.

17 Friede mit Polen. Kongreß zu Frankfurt/Main. Dokumentation vom 27.—28. Februar 1971, hg. v. Döhrmann, Rudolf u. Würmell, Klaus, Hamburg 1971, S. 38—45: Arbeitsgruppe 2: Schulbücher und Landkarten — ihre Änderung als Beitrag zum Frieden, mit Referaten von Berndt, Günter und Rachocki, Janusz (Instytut Zachodni Poznań). — Selbstverständlich gingen solchen Veranstaltungen andere Bemühungen, vor allem von seiten der katholischen und evangelischen Kirche, voraus; auf diese wird jedoch nicht eingegangen, da sie nicht direkt zum Problem der Schulbuchgespräche beitrugen.

18 Vgl. Kulak, Zbigniew, Das Bild Polens in den westdeutschen Schulbüchern, in: Volksrepublik Polen — Bundesrepublik Deutschland. Probleme der Normalisierung gegenseitiger Beziehungen. Texte und Dokumente, hg. u. mit Vorwort versehen v. Rachocki, Janusz, Poznań 1972, S. 200—221, hier S. 201.

19 Vgl. Meyer, Deutsch-polnische Schulbuchgespräche, S. 38; zu den Vorgesprächen vgl. auch Sievers, Rosemarie, Deutsch-polnische Schulbuchrevision, in: Politik und Kultur, Jg. 1974, Heft 3, S. 52—62, hier S. 55 f.

20 Vortrag vor dem Schulbucharbeitskreis der Evangelischen Akademie Berlin-Wannsee im West-Institut im Oktober 1970, Druck unter dem Titel: Strittige Fragen der deutsch-polnischen Beziehungen. Zehn Thesen über Polen und Deutschland bis 1939, in: Kommunität 15, 1971, S. 3—12; Wiederabdruck unter dem Titel: Umstrittene Fragen der deutsch-polnischen Beziehungen. Zehn Thesen über Polen und Deutschland, in: Internationales Jahrbuch 14, 1972/73, S. 166—173, sowie in: Empfehlungen zur Behandlung (vgl. Anm. 6), S. 37—44.

21 Ders., Das Bild des Deutschen (vgl. Anm. 6).

der Schulbuchgespräche hinein eine Analyse von Schulbüchern in der Bundesrepublik.[22] Dem hatte die deutsche Seite nichts Entsprechendes entgegenzustellen, da man offenbar sehr viel mehr dem Verlauf der Konferenzen selber überlassen als vorher bereits Positionen abstecken wollte. Man mag darüber streiten, ob eine intensive fachliche Vorbereitung auf deutscher Seite sinnvoll gewesen wäre oder nicht; aus dem Blickwinkel des Jahres 1978 erscheint ein solcher Streit müßig. Sicher ist aber diese mangelnde Vorbereitung in der Bundesrepublik Deutschland nicht so negativ beurteilt worden wie jenes Positionsabstecken Labudas und anderer Mitarbeiter des Posener Westinstituts, wenn es im Oktober 1970 auf jener bereits erwähnten Posener Tagung auf die polnischen Lehrbücher besonders für den Oberschul- und Hochschulbereich bezogen heißt: „Diese Lehrbücher sind von hervorragenden Forschern geschrieben worden. Diese Bücher charakterisierten faktographische Treue, methodische Reife und volle Verantwortung für jede Synthese. Das soll natürlich nicht bedeuten, daß sie von deutscher Seite nicht in Frage gestellt werden können. Das heißt nur, daß die in ihnen ausgedrückten Standpunkte nicht Gegenstand von Vereinbarungen und Anpassungen sein können. Sie können allein und ausschließlich Gegenstand einer Diskussion und wissenschaftlicher Kritik sein."[23] Dementsprechend konsequent ist der Blick auf die deutschen Schulbücher: „Es ist unmöglich, feste Grundlagen für ein friedliches Zusammenleben, für eine volle Normalisierung und allseitige Entwicklung normaler und guter polnisch-westdeutscher Beziehungen zu schaffen, ohne den Inhalt der westdeutschen Schulbücher, die sich mit Polen und den polnisch-deutschen Beziehungen befassen zu verifizieren."[24] Diese ausgeprägte Beurteilung der bundesrepublikanischen und der polnischen Schulbücher war nicht unbedingt ein guter Auftakt der Gespräche, doch wurde er durch den Verlauf wesentlich entschärft, nicht zuletzt durch die Bereitschaft beider Seiten zur Diskussion und zur Korrektur des Bildes vom Nachbarn.

Spätestens an dieser Stelle muß die Frage gestellt werden, die bislang unterschwellig mit Ja beantwortet wurde, ob denn deutsch-polnische Schulbuchgespräche überhaupt notwendig waren, ob die Darstellung der Beziehungen beider Länder zueinander im Schulbuch überhaupt korrigiert werden mußte. Der gerade zitierten Feststellung Labudas über die polnischen Geschichtsbücher soll noch ein weiteres Ergebnis derselben Untersuchung an die Seite gestellt werden, das sich stärker auf Grundschul- und Oberschulbücher bezieht:

„1. . . . Bei der Lektüre der polnischen Geschichtsbücher bemerkte ich keine bewußte Neigung zur Entstellung oder Verdrehung von historischen Tatsachen, zur

22 Vgl. Kulak, sowie Konieczny, Józef, Die Geschichte Polens in den westdeutschen Schulbüchern, in: Volksrepublik Polen — Bundesrepublik Deutschland, S. 222—240.

23 Labuda, Das Bild des Deutschen, in: Internationales Jahrbuch S. 182, Empfehlungen zur Behandlung S. 33, Wie Polen und Deutsche S. 146 f; zur Tagung vgl. Anm. 14 und Guz, Eugeniusz, Lehrbücher, die lügen, in: Wie Polen und Deutsche, S. 65—83, hier S. 80 (Original: Podręczniki, ktore kłamią, in: ders., Metamorfozy Niemca za Łabą, Warszawa 1971, S. 356—390); vgl. auch Rhode, Deutsch-polnische Schulbuchkonferenzen, S. 133.

24 Kulak, S. 200.

tendenziösen Anschwärzung oder Anklage des deutschen Volkes wegen irgendeiner Unwürdigkeit oder dem polnischen Volke gegenüber verübten Verbrechens. ... (Allerdings,) ein Kapitel für sich stellt die Geschichte des Kreuzritterstaates und der Naziherrschaft dar. Die Nachbarschaft der Kreuzritter und der Nazis ist — wie es scheint — keineswegs zufällig.
2. In den Schulbüchern der Grundschulen kommen hin und wieder Reminiszenzen der früheren nationalistischen Schemen und Stereotypen vor, die als Ausdruck methodologischer Verspätung bei dem Heranreifen der Verfasser der Schulbücher anzusehen sind, wobei es sich meistens um Lehrer-Praktiker handelt; hier und dort kommen auch wissenschaftliche Fehler vor, die manchmal der polnischen Seite oder manchmal — was seltener eintritt — der deutschen Seite zugute kommen...
3. Man wendet nicht konsequent die methodologischen Voraussetzungen des geschichtlichen Materialismus bei der Einschätzung der klassenmäßigen Wirklichkeit an. ... Nicht immer korrekt ist die Auswahl der Tatsachen, wodurch eine Verdrehung der Entwicklung in den deutsch-polnischen Beziehungen verursacht wird."[25]

Diese, wenn auch vorsichtig zurückhaltende polnische Feststellung, daß das Deutschlandbild in polnischen Schulbüchern der Zeit um 1970 der Revision bedarf, wird auch von deutscher Seite voll bestätigt. Mehr am Detail dargestellt kam Enno Meyer 1970 zu der Überzeugung: „Wenn auch nicht alles, was in den Lehrbüchern steht, ... die Schüler überzeugen wird — daß Polen Deutschland zu fürchten hat, das wird ihnen als sicher erscheinen. Mag man als Deutscher diese Furcht auch für unbegründet halten, sie ist eine Tatsache und damit — neben anderen Umständen — ein Hindernis, das die Annäherung zwischen beiden Völkern noch immer erschwert."[26]

Für die deutschen Schulbücher wurde von polnischer Seite die Revisionsbedürftigkeit stets erneut betont, so 1962 von Wacław Sobański[27], 1972 in die Anlaufphase hinein von Zbigniew Kulak und Jósef Konieczny.[28] Auch von deutscher Seite ist diese Notwendigkeit gesehen worden. Bereits 1959/60 stellte Enno Meyer fest: „Die deutschen Lehrbücher bringen insgesamt nur wenig über Polen... Öfters werden überholte Ansichten als Tatsachen gebracht, besonders dann, wenn sie dem deutschen Selbstbewußtsein schmeicheln und der deutschen Meinung von der Unfähigkeit der Polen auf vielen Gebieten entgegenkommen. Zum Teil handelt es sich um solche, die in den 20er Jahren — wohl unter dem Einfluß der Tagespolitik — aufgekommen sind. Vielfach zeigt sich ein gewisser Mangel an Genauigkeit. Symptomatisch dafür sind die falsch geschriebenen Eigennamen ... und fehlerhaften Skizzen. ..."[29] Christoph Kleßmann faßte 1971 seine Gymnasialbuchuntersuchung zusammen: „Ausgesprochen tendenziöse Darstellungen finden sich nicht, auch wenn

25 Labuda, Das Bild des Deutschen, in: Internationales Jahrbuch S. 183 f, Empfehlungen zur Behandlung S. 34 f, Wie Polen und Deutsche S. 148.
26 Meyer, Deutschland und die Deutschen, S. 30.
27 Vgl. Sobański (Anm. 10 Ende).
28 Vgl. Anm. 18 und 22.
29 Meyer, Polen in deutschen Geschichtsbüchern, S. 116.

unterschwellig noch eine Reihe von einseitigen Schilderungen und schiefen Urteilen zu registrieren ist. ... Eine gefühlvolle Verklärung des deutschen Ostens ... ist nicht mehr zu bemerken, auch wenn es nach wie vor viele Anklänge an alte Schablonen wie ‚Abendland und der Osten', ‚west-östliches Kulturgefälle' usf. gibt. Zusammenhängende Abschnitte zur polnischen Geschichte finden sich selten. ... Es ist zwar anhand der untersuchten Bücher ... möglich, gute und präzise Informationen über Polen zu gewinnen, fraglich indes bleibt, ob sich aus den verstreuten Daten so etwas wie ein mit auch nur annähernd konkreter Vorstellung über Polen und polnische Geschichte verbundenes Bild und ein historisch-politischer Zusammenhang ergeben. Vor allem wird bestenfalls andeutungsweise deutlich, welche Relevanz historische Ereignisse und Zusammenhänge für die politischen Beziehungen zwischen Deutschland und Polen haben."[30] Noch deutlicher wird das in der 1973 abgeschlossenen und sich auf noch vor Beginn der Schulbuchgespräche erschienene Hauptschulbücher beziehenden Arbeit von Irene Schmillen: „Wie die Analyse ... erkennen läßt, leisten die Schulbücher keinen Beitrag zum Abbau von Vorurteilen gegenüber den osteuropäischen Völkern. ... Die angestrebte bewußtseinsmäßige Konzentration auf die ehemals deutschen Gebiete jenseits von Oder und Neiße und die einseitige Behandlung des Problems der Vertreibung vermitteln dem Schüler keine Orientierungshilfen für seine Situation, die kooperatives Verhalten und Handeln mit Menschen anderer Gesellschaftssysteme erfordert."[31]

Diese Urteile, vor allem von politischer Seite über polnische Schulbücher, von deutscher Seite über deutsche Schulbücher, gehen zwar von unterschiedlichen Analysekriterien aus; das wird besonders bei Irene Schmillen und ihrem wesentlich kritischeren, wissenschaftlich vorangetriebenen Ansatz einsichtig.[32] Doch machen sie wohl mit wünschenswerter Klarheit deutlich, daß Schulbuchgespräche zwischen der Bundesrepublik Deutschland und der Volksrepublik Polen unbedingt notwendig waren, daß die Darstellung des jeweils anderen Landes bzw. der Beziehungen beider Länder zueinander der Revision bedurfte.

Während Schulbuchkonferenzen auf deutscher Seite normalerweise vom Internationalen Schulbuchinstitut (seit 1975: Georg Eckert-Institut für Internationale Schulbuchforschung) in Braunschweig, auf polnischer Seite vom Instytut Programów Szkolnych in Warschau ausgerichtet werden, standen die deutsch-polnischen Gespräche unter der Schirmherrschaft der beiden nationalen UNESCO-Kommissionen, auf deutscher Seite dadurch erleichtert, daß Georg Eckert beiden Institutionen präsidierte. Die Ebene der UNESCO-Kommissionen zeigt, welche Bedeutung diesen Gesprächen beizumessen ist, weist aber auch auf das Bemühen hin, bereits

30 Kleßmann, Polen in deutschen Geschichtsbüchern, S. 751 f.

31 Schmillen (vgl. Anm. 65), S. 116 u. 118.

32 Eine Übersicht zur Problematik der Analysemethoden bei Arnold, Udo, Schulbuchanalyse und deutsch-polnische Schulbuchgespräche. Eine Einleitung, in: Schmillen, S. 1—10, hier bes. S. 3—6; zuletzt dazu Meyers, Peter, Methoden zur Analyse historisch-politischer Schulbücher, in: Studien zur Methodenproblematik wissenschaftlicher Schulbucharbeit, hg. v. Schallenberger, Ernst Horst (Zur Sache Schulbuch 5), Kastellaun 1976, S. 47—73.

vom Organisatorischen her nationalistische Beeinflussungen möglichst zu eliminieren; allerdings war die UNESCO-Ebene auch die einzig mögliche, solange zwischen beiden Staaten noch kein Kulturabkommen existierte. Auf Einladung der polnischen UNESCO-Kommission fand dann vom 22.—26. Februar 1972 in Warschau die erste Konferenz statt.[33]

33 Zum folgenden Verlauf der Gespräche vgl. die offiziellen Kommuniqués u. Berichte der Teilnehmer: a) Empfehlungen zur Behandlung der deutsch-polnischen Beziehungen in den Schulbüchern der Volksrepublik Polen und der Bundesrepublik Deutschland. Bericht über die erste und zweite deutsch-polnische Schulbuchkonferenz der Deutschen und Polnischen UNESCO-Kommission vom 22. bis 26. Februar 1972 in Warschau bzw. vom 10. bis 17. April 1972 in Braunschweig, Sonderdruck aus: Internationales Jahrbuch 13, 1970/71 [richtig: 14, 1972/73], Braunschweig 1972; auch in: Internationales Jahrbuch 14, 1972/73, S. 237—263. — Deutschland, Polen und der Deutsche Orden, Sonderdruck der Deutschen UNESCO-Kommission, [Köln 1974] und Sonderdruck aus: Internationales Jahrbuch 16, 1975 [dort jedoch nicht erschienen], Braunschweig 1974. — Empfehlungen zur Darstellung der Nachkriegsgeschichte in den Schulbüchern der Volksrepublik Polen und der Bundesrepublik Deutschland. Empfehlungen der 6. und 8. deutsch-polnischen Schulbuchkonferenz, Köln 1975 (Sonderdruck der Deutschen UNESCO-Kommission). Den Zusammendruck aller Empfehlungen in der Form, wie sie die 9. (Redaktions-)Konferenz ergeben hat, vgl. in Anm. 48. — Die Empfehlungen der zweiten Konferenz sind auch in Polen gedruckt: Konferencja polskich i zachodnioniemieckich ekspertów w sprawie szkolnych podręczników historii i geografii. Zalecenia przyjęte na spotkaniu w Brunszwiku w dniach 12—15 kwietnia 1972 r., Warszawa 1972.

b) Hoensch, Jörg K., Lehrbuchrevision — ein Schritt auf dem Wege zur Verständigung. Erfahrungen der ersten Deutsch-polnischen Schulbuchkonferenz in Warschau, in: Kulturpolitische Korrespondenz Nr. 120/121 v. 15. 3. 1972, S. 9—12; Wiederabdruck in: Wie Polen und Deutsche, S. 303—306. — Ders., Präzisierung und Ausweitung der deutsch-polnischen Schulbuch-Diskussion. Das Ergebnis der zweiten Gesprächsrunde in Braunschweig, in: Kulturpolitische Korrespondenz Nr. 125/126 v. 5. 5. 1972, S. 7 f; Wiederabdruck in: Wie Polen und Deutsche, S. 307 f. — Vom Gedankenaustausch zu neuen Praktiken. KK-Gespräch mit Prof. Dr. Georg Eckert, in: Kulturpolitische Korrespondenz Nr. 125/126 v. 5. 5. 1972, S. 7 f; Wiederabdruck in: Wie Polen und Deutsche, S. 309 f; Erfahrungen, Möglichkeiten und Grenzen der Deutsch-Polnischen Schulbuchgespräche. Exclusiv-Interview mit Prof. Dr. Gotthold Rhode — Mainz, in: Kulturpolitische Korrespondenz, Sonderdienst Nr. 22 v. 30. 5. 1972, S. 5—9; Wiederabdruck in: Wie Polen und Deutsche, S. 311—315; Meyer, Deutsch-polnische Schulbuchgespräche. — Hoensch, Jörg K., Sichtbare Fortschritte nur bei den Geographen. Dritte Runde der deutsch-polnischen Schulbuchkonferenz, in: Kulturpolitische Korrespondenz Nr. 160 v. 25. 4. 1973, S. 9 f. — Rhode, Gotthold, Ein weiterer Schritt auf einem langen Weg. Zur Vierten deutsch-polnischen Schulbuch-Konferenz in Warschau und Krakau, in: ebd., Nr. 177 v. 15. 10. 1973, S. 9—12; Hoensch, Jörg K., Schulbuchrevision — ein Schritt auf dem Wege zur Verständigung, in: Begegnung mit Polen 12, 1974, Heft 1/2, S. 35—40. — Ders., Auf dem Wege zu akzeptablen Schulbuchvereinbarungen. Die Ergebnisse der 5. Braunschweiger Expertengespräche, in: Kulturpolitische Korrespondenz Nr. 197/198 v. 3. 5. 1974, S. 12 f. — Rhode, Gotthold, Der Deutsche Orden in polnischer und deutscher Sicht, in: ebd., Nr. 212/213 v. 15. 10. 1974, S. 7 f; Hellmann, Manfred, Deutsch-polnische Historikerkonferenz über den Deutschen Orden in Toruń (Thorn) 1974, in: Jahrbücher für die Geschichte Osteuropas 23, 1975, S. 151—153; Arnold, Udo — Nowak, Zenon, Konferencja historyków z Republiki Federalnej Niemiec i Polskiej Rzeczypospolitej Ludowej dotycząca dziejów Zakonu Krzyżackiego w podręcznikach szkolnych. Sprawozdanie, in: Rola Zakonu ... (vgl. Anm. 41); die deutsche Fassung dieses Tagungsberichts: Arnold, Udo — Nowak, Zenon, Konferenz der Historiker aus der Bundesrepublik Deutschland und der Volksrepublik Polen

Es ist wahrscheinlich am ehesten aus einer Übersicht über den Verlauf und die Ergebnisse der bisherigen Konferenzen möglich, sich einen Eindruck über Schwierigkeiten und Möglichkeiten zu verschaffen. An der ersten Konferenz nahmen Historiker, Geographen, Schulbuchexperten und Verleger aus beiden Staaten teil. Es galt vor allem, methodische und sachliche Grundlagen für die zukünftige Zusammenarbeit zu erarbeiten. Zusätzliches, nach außen greifbares Ergebnis bildete die Verabschiedung von 14 provisorischen Empfehlungen zu folgenden Themenbereichen: 1. Slawen und Germanen im Altertum und frühen Mittelalter. 2. Die Entstehung der europäischen Staaten im Mittelalter. 3. Das Kaisertum und die deutsch-polnischen Beziehungen im hohen Mittelalter. 4. Die mittelalterliche deutsche Siedlung im östlichen Mitteleuropa. 5. Polen und der Deutsche Orden. 6. Die polnische Kultur im Zeitalter der Renaissance und der Aufklärung. 7. Die polnischen Teilungen. 8. Der Kampf des polnischen Volkes um Freiheit und Unabhängigkeit. 9. Der Einfluß des polnischen Freiheitskampfes auf Deutschland. 10. Industrialisierung. 11. Polenpolitik. 12. Zu den deutsch-polnischen Beziehungen 1933—1939. 13. Die nationalsozialistische Besatzungspolitik und der Widerstand. 14. Geographie. Auf die inhaltlichen Probleme dieser Komplexe bleibt zurückzukommen.[34]

zur Geschichte des Deutschen Ordens in Schulbüchern. Bericht (vgl. Anm. 41); Multhoff, Robert, Deutsch-polnische Schulbuchkonferenz in Toruń (Thorn) zum Deutschen Orden. Vorbemerkung, in: Internationales Jahrbuch 16, 1975, S. 255 f. — Broszat, Martin, Sechste deutsch-polnische Schulbuchkonferenz vom 3.—7. Oktober 1974 in Warschau, in: Vierteljahrshefte für Zeigeschichte 22, 1974, S. 461—464, hier S. 461; Rhode, Gotthold, Eine Zwischenbilanz nach sechs deutsch-polnischen Schulbuchgesprächen, in: Kulturpolitische Korrespondenz Nr. 216 v. 25. 11. 1974, S. 3—7; besonders auf die 6. Konferenz eingehend Markiewicz, Władysław, Die Revision der Schulbücher in der VRP und BRD, in: Polens Gegenwart 1975, Nr. 1, S. 10—17. — Hoensch, Jörk K., Das mühsame Geschäft der Schulbuchrevision. Über die VII. deutsch-polnische Schulbuch-Konferenz in Braunschweig, in: Kulturpolitische Korrespondenz Nr. 232 v. 10. 5. 1975, S. 9—11. — Rhode, Gotthold, Im Geist gegenseitiger Achtung des anderen Standpunktes. Zum Ablauf und Ergebnis der achten Deutsch-Polnischen Schulbuchkonferenz, in: ebd., Nr. 248 v. 10. 10. 1975, S. 3—6; Mertineit, Walter, Die deutsch-polnische Schulbuchkommission und ihre Empfehlungen zur Zeitgeschichte, in: Geschichte in Wissenschaft und Unterricht 27, 1976, S. 329—344. — Rhode, Gotthold, Das Ziel bleibt: sachliche Unterrichtung und gegenseitige Verständigung. Zum Ergebnis der IX. deutsch-polnischen Schulbuchkonferenz, in: Kulturpolitische Korrespondenz Nr. 267 v. 30. 4. 1976, S. 5—7. — Zusammenfassend bis zum Tode Eckerts Sievers; bis zur 5. Konferenz auch Rhode, Deutsch-polnische Schulbuch-Konferenzen; bis zur 7. Konferenz Meyer, Enno, sind die deutsch-polnischen Schulbuchgespräche am Ende?, in: Deutsche Ostkunde 21, 1975, S. 59—62 mit gutem Aufzeigen der politischen Implikationen; überblickartig, jedoch besonders auf Arbeitsweise, Probleme und publizistische Folgen der 8. Konferenz eingehend: Jacobsen, Hans-Adolf, Fünf Jahre Warschauer Vertrag. Versuch einer Bilanz der Beziehungen zwischen der Bundesrepublik Deutschland und der Volksrepublik Polen 1970—1975, Berlin 1976 (Einzelausgabe aus: Die Friedens-Warte 58, 1975, Heft 3 u. 4), bes. S. 32—36; Gesamtüberblick bei Markiewicz, Władysław, Abschluß der ersten Etappe der gemeinsamen Schulbücherkommission Polens und der Bundesrepublik Deutschland, in: Polens Gegenwart 10, 1976, Heft 1, S. 8—14. — Den folgenden Abschnitt bereiteten Dieter Breuer und Helmut Franz vor.

34 Diese wie die folgenden Empfehlungen sind vielfach gedruckt worden. Sie haben in der Bundesrepublik eine sehr weite Verbreitung erfahren. Eine komplette Bibliographie ist hier nicht sinnvoll, ein erster Ansatz dazu im Internationalen Jahrbuch 14, 1972/73, S. 269 f.

Bereits wenige Wochen später, vom 10.—17. April 1972, fand in Braunschweig die zweite Konferenz statt. Die Teilnehmer arbeiteten in drei Gruppen: Mittelalter und Neuzeit, Neueste Geschichte, Geographie. Dabei wurden die Warschauer Empfehlungen vertieft und ergänzt. Während für die Zeit vom 16.—18. Jahrhundert sich leichter Übereinstimmungen erzielen ließen, sollten für den Komplex Deutscher Orden erst in der Zukunft detailliertere Empfehlungen erarbeitet werden. Das eigentliche thematische Schwergewicht der Konferenz lag auf der Zeit von 1914 bis 1933.

Während diese beiden Konferenzen stark auf Außenwirkung bedacht waren, wie nicht zuletzt die Vielzahl der Empfehlungsveröffentlichungen verdeutlicht haben, folgte nun die etwas ruhigere Phase der Zwischengespräche. Vom 27.—30. September 1972 fand eine Expertentagung in Warschau statt, die ein Resümee der bisherigen Konferenzen ziehen und die Leitlinien für die kommenden abstecken wollte. Eine entsprechende Vereinbarung bildete das Ergebnis der nächsten Expertentagung vom 15.—17. Oktober in Braunschweig, die offenbar keine thematischen Erörterungen zum Inhalt hatte.[35] Wesentliches Ergebnis bildete die Anregung, zu besonders kontroversen Punkten der gegenseitigen Beziehungen Spezialtagungen zu veranstalten; man dachte dabei an zehn bis zwölf. Sichtbar werden hier bereits die Probleme der Diskussion von Spezialfragen im allzu großen Rahmen und damit der Versuch, in kleineren Gruppen fachintensiver zu arbeiten, sicher eine Notwendigkeit nach der Überwindung der ersten, aufwendigen Anlaufphase. Vom 2.—5. April 1973 tagte daher in Braunschweig als dritte Konferenz nur eine kleine Gruppe und beschäftigte sich mit den bisherigen Ergebnissen und vorbereitend der Periode nach 1945; die Geographen kamen hierbei offenbar etwas besser vorwärts.[36] Nun setzte allerdings das Problem der Publikumswirksamkeit und der äußerlichen Effektivität ein. Spezialfragen bedürfen stets der intensiveren Vorbereitung, der vertieften Diskussion, des Ausreifens, damit also auch eines längeren Zeitraumes zum Herausarbeiten von Übereinstimmungen und Divergenzen. In der ersten Phase hatten es die Kommissionsmitglieder bei ihren Empfehlungen vielleicht etwas leichter; der wichtigere Abschnitt der Gespräche begann erst jetzt. Dementsprechend standen in der Folgezeit weniger die Formulierung neuer Empfehlungen als die intensivere Diskussion und Vertiefung der Probleme im Mittelpunkt. So erörterte man auf der vierten Konferenz vom 16.—22. September 1973 in Warschau die Zeit ab 1944 und in einer Expertengruppe den Schwerpunkt „Deutscher Orden"; daneben tagten die Geographen. Empfehlungen wurden nicht formuliert, jedoch Themen für die zukünftige Arbeit in allen drei Gruppen festgelegt.[37] Dar-

35 Vgl. ebd., S. 264—269.

36 Vgl. das Kommuniqué vom 4. 4. 1973 sowie die Resolution der Arbeitsgruppe Geographie vom selben Tage; masch. verv.

37 Vgl. das Kommuniqué vom 19. 9. 1973 sowie die Resolution der Arbeitsgruppen Deutscher Orden und Geographie vom selben Tage; masch. verv.

über hinaus wurden die Referate der Expertengruppe Deutscher Orden in der Bundesrepublik veröffentlicht.[38]

Das Jahr 1974 brachte keine Zäsur der Arbeit, jedoch im personellen Bereich. Der unermüdliche Motor der Gespräche auf deutscher Seite, Georg Eckert, starb völlig unerwartet am 7. Januar.[39] Doch es sprach für das inzwischen recht positive Klima der häufigen Begegnungen, zu dem sicher die beiden Delegationsleiter Georg Eckert und Władysław Markiewicz wesentlich beigetragen hatten, daß mit diesem Einschnitt keine Gefährdung der Fortführung der Gespräche gegeben war. Walter Mertineit übernahm die kommissarische Leitung der deutschen Delegation, so daß vom 1.—3. April 1974 in Braunschweig die fünfte Konferenz stattfinden konnte. Sie widmete sich erneut der Zeit nach 1944 in Form von Eigendarstellungen zur deutschen und zur polnischen Entwicklung.[40] Für den Themenbereich Deutscher Orden vereinbarte man eine Spezialtagung, die vom 19.—22. September 1974 in Toruń (Thorn) stattfand.[41] Weder die fünfte Konferenz noch die Thorner Tagung formulierten Empfehlungen, sondern dienten der Vertiefung der Diskussion über die offensichtlich stark kontroversen Gebiete.[42] Erst auf der sechsten Konferenz vom 3.—7. Oktober 1974 in Warschau konnten neue Empfehlungen erarbeitet werden, und zwar zur „Entstehung und Konsolidierung der territorialen und Grenz-Veränderungen (Oder-Neiße-Grenze)“ und zu „Flucht, Zwangsumsiedlung und Ausreise der deutschen Bevölkerung aus den Gebieten östlich der Oder und Neiße sowie die soziale Eingliederung und politische Aktivität dieser Bevölkerungs-

38 Deutschland, Polen und der Deutsche Orden (s. oben Anm. 33); auch dieser Sonderdruck fand in der Bundesrepublik Deutschland eine sehr weite Verbreitung.

39 Vgl. neben vielen anderen die Nachrufe in: Internationales Jahrbuch 15, 1974, S. 5—8, sowie in: Historische Zeitschrift 218, 1974, S. 784 f.

40 Vgl. das Kommuniqué vom 3. 4. 1974 sowie das Protokoll der Arbeitsgruppe Geographie vom 2. 4. 1974; masch. verv.

41 Die Referate der Thorner Tagung liegen im Druck vor (in der Reihenfolge des Tagungsverlaufs hier angeführt): Wunder, Heide, Sozialstruktur des Deutschen Ordens und der Bevölkerung des Ordensstaates Preußen, in: Internationales Jahrbuch 16, 1975, S. 300—313; Powierski, Jan, Die ethnische Struktur der Gesellschaft im Ordensstaat im 13. bis zum 16. Jahrhundert, in: ebd., S. 265—275; Arnold, Udo, Der Deutsche Orden im Schulbuch der Bundesrepublik Deutschland, in: ebd., S. 276—291; Thielen, Peter G., Die Lernzielproblematik im Unterricht über die Geschichte des Deutschen Ordens, in: ebd., S. 292—299; Trawkowski, Stanisław, Der Deutsche Orden in den polnischen Schulbüchern, in: ebd., S. 257—264. Sonderdruck: Deutsch-polnische Schulbuchgespräche in Thorn (Toruń) zum Deutschen Orden, Braunschweig 1975. Sonderdruck in polnischer Sprache einschließlich des Tagungsberichtes von Arnold, Udo und Nowak, Zenon: Rola Zakonu Krzyżackiego w podręcznikach szkolnych Republiki Federalnej Niemiec i Polskiej Rzeczypospolitej Ludowej, Wrocław etc. 1976. Die deutsche Fassung des Tagungsberichtes von Arnold, Udo und Nowak, Zenon, Konferenz der Historiker (vgl. Anm. 33 b) als Anhang bei: Arnold, Udo, Deutschordensgeschichte und deutsch-polnische Schulbuchgespräche, in: Von Akkon bis Wien. Studien zur Deutschordensgeschichte vom 13. bis zum 20. Jahrhundert, hg. v. Udo Arnold, Bonn 1977 (Quellen und Studien zur Geschichte des Deutschen Ordens 20),S. 344—361.

42 Vgl. die Teilnehmerberichte in Anm. 33. Für die Thorner Tagung war an die Formulierung von Empfehlungen offensichtlich auch nicht gedacht.

gruppe in der Bundesrepublik Deutschland."[43] Interessant ist, daß die Geographen eine stets größere Selbständigkeit innerhalb der Konferenzen erreichten. So veranstalteten sie vom 22.—28. Oktober 1974 in Braunschweig und Eschwege eine eigene Konferenz, in der offiziellen Zählung der zweite Teil der sechsten Konferenz, die mit einem Programm für die nächste Konferenz und einer Reihe von Empfehlungen abschloß.[44] Vom 13.—15. April 1975 fand in Braunschweig die siebte Konferenz statt, die sich die Fortsetzung der Behandlung der jüngsten Vergangenheit zur Aufgabe gemacht hatte.

Während die Geographen erneut einen Schritt voran und zur Formulierung von Arbeitsthemen für die nächste Gesprächsrunde kamen, konnten die Historiker für „den besonderen Charakter der Beziehungen zwischen der Bundesrepublik Deutschland und der Volksrepublik Polen von 1949 bis zur Gegenwart . . . noch keine abschließende Formulierung der Empfehlungen" erreichen.[45] Dies gelang erst der vom 29. September — 2. Oktober 1975 in Warschau tagenden achten Konferenz zu den Komplexen: 1. Territoriale Veränderungen, 2. Bevölkerungsverschiebungen, 3. Aufbauprobleme, 4. Bewältigung der Vergangenheit, 5. Der internationale Rahmen, 6. Auf dem Wege zur Normalisierung.[46] Damit konnte zur großen Erleichterung und Befriedigung der Konferenzteilnehmer ein erster Durchgang durch das Jahrtausend deutsch-polnischer Beziehungen abgeschlossen werden.[47]

1976 erfolgte in einer abschließenden neunten Konferenz in Braunschweig vom 4.—7. April die redaktionelle Zusammenfassung der bisher erarbeiteten Empfehlungen für den Geschichts- und Geographieunterricht, die jetzt in beiden Staaten veröffentlicht wurde.[48] „Damit ist der erste besonders fruchtbare, aber auch außergewöhnlich schwierige Abschnitt der Arbeiten der gemeinsamen Schulbuchkommis-

43 Vgl. das Kommuniqué und die Empfehlungen vom 7. 10. 1974, veröffentlicht in: UNESCO-Dienst 9—12, 1974, S. 12—14, Broszat, Sechste deutsch-polnische Schulbuchkonferenz, S. 461—464, sowie Mertineit, Walter, Weiterführung der deutsch-polnischen Schulbuchrevision, in: Politik und Kultur, Jg. 1975, Heft 1, S. 60—68, hier S. 63—68.

44 Vgl. das Kommuniqué und die Empfehlungen vom 27. 10. 1974, masch. verv. Ebenso fanden bereits vom 19.—25. 3. und 19.— 25. 8. 1973 zwei Seminare deutscher Geographen in Polen bzw. polnischer Geographen in der Bundesrepublik Deutschland statt; vgl. Internationales Jahrbuch 15, 1974, S. 346—356. Die Sonderstellung der Geographie wird sehr gut deutlich bei Sievers, S. 59. Vgl. auch Mertineit, Weiterführung, S. 68.

45 Kommuniqué (vom 15. 4. 1975); masch. verv.

46 Vgl. das Kommuniqué v. 1. 10. 1975, masch. verv., sowie den in der Anm. 33 zitierten Sonderdruck der Deutschen UNESCO-Kommission; auch bei Jacobsen, Fünf Jahre Warschauer Vertrag, a. a. O., S. 58—63.

47 Vgl. die in Anm. 33 genannten Berichte von Rhode und Mertineit sowie den Gesamtüberblick von Markiewicz, Abschluß.

48 Empfehlungen für Schulbücher der Geschichte und Geographie in der Bundesrepublik Deutschland und in der Volksrepublik Polen, Braunschweig 1977 (Schriftenreihe des Georg-Eckert-Instituts für internationale Schulbuchforschung 22) (zweisprachig); unter demselben Titel in: Internationales Jahrbuch 17, 1976, S. 158—184 (deutsch); Zalecenia komisji UNESCO Polskiej Rzeczypospolitej Ludowej i Republiki Federalnej Niemiec do spraw podręczników szkolnych w zakresie historii i geografii, Warszawa 1976 (zweisprachig); unter demselben Titel in: Kwartalnik historyczny 84, 1977, H. 1, S. 129—150 (polnisch).

sion abgeschlossen."[49] Gleichzeitig erfolgte die Formulierung der künftigen Aufgaben: „Bei der Fortsetzung der Arbeit der gemeinsamen Kommission wird der Schwerpunkt auf der Durchführung von alljährlichen Konferenzen, die abwechselnd in der Volksrepublik Polen und in der Bundesrepublik Deutschland stattfinden sollen, liegen. In diesen Konferenzen sollen ausgewählte Probleme der Geschichte und der Geographie behandelt, außerdem die notwendigen Arbeiten im Bereich der Schulbuchanalyse als Daueraufgabe geleistet werden."[50] Auch die Themen für 1977 bis 1980 sind bereits formuliert: 1. Die Widerstandsbewegung in Polen und Deutschland; 2. Die deutsch-polnischen Beziehungen 1830—1848; 3. Die Rolle Schlesiens in den deutsch-polnischen Beziehungen; 4. Polen im Zeitalter der Aufklärung, Reformen und Teilungen. Damit ist die eigentliche Empfehlungsphase der Schulbuchkonferenzen abgeschlossen. Es beginnen nunmehr Spezialkonferenzen, die 1974 in Toruń (Thorn) mit dem Thema „Deutscher Orden" bereits ihren Vorläufer hatten. Die erste dieser Tagungen „Die Widerstandsbewegung in Polen und Deutschland", fand im Juni 1977 in Łańcut statt.[50a]

II.

Die Skizzierung der bisherigen Gespräche zeigte bereits an etlichen Stellen die Problemlage auf. Dabei handelt es sich vor allem um die Beurteilung der gegenseitigen Beziehungen in der Vergangenheit. Neben der Nachkriegsgeschichte scheint die Beurteilung der Geschichte des Deutschen Ordens und seines Staates in Preußen die schwierigste Aufgabe für die Schulbuchgespräche gewesen zu sein.[51] Gewiß, auch bei den Geographen gab es Probleme und Diskussionen, doch ist die Möglichkeit der Einigung dort viel eher gegeben, da sie nur eine, die gegenwärtige Zeitkomponente zu berücksichtigen haben. Daher soll im folgenden der Bereich der Geographen nicht mehr berücksichtigt werden.

Zunächst muß aber noch auf den übereinstimmenden Eindruck fast aller Teilnehmer hingewiesen werden, daß nämlich trotz sachlicher Meinungsverschiedenheiten bei allen Kommissionsmitgliedern die Bereitschaft zur Verständigung und die Fähigkeit, Argumente und Anschauungen der anderen Seite zur Kenntnis zu nehmen, vorhanden und damit die Grundlage für eine weitere positive Zusammenarbeit gegeben gewesen sei. Vor diesem Hintergrund sollten auch die nachfolgenden Überlegungen über Aspekte der bilateralen Beziehungsgeschichte gesehen werden.

Bereits die Warschauer Empfehlungen von 1972 sind an einigen Punkten signifikant, und sei es nur vom Umfang her. So erfuhr z. B. die knappste Berücksichti-

49 Kommuniqué v. 7. 4. 1976, S. 1; masch. verv.

50 Ebd., S. 2.

50a Vgl. Rhode, Gotthold, Widerstandsbewegung und ihre Problematik. Zum deutsch-polnischen Historiker-Treffen in Łańcut, in: Kulturpolitische Korrespondenz Nr. 310 v. 30. Juni 1977, S. 4—7.

51 Das betont auch Markiewicz, Die Revision der Schulbücher (vgl. Anm. 33), S. 12 f.

gung das Thema „Polen und der Deutsche Orden", sicher nicht wegen mangelnder Divergenzen, sondern gerade als Ergebnis sehr unterschiedlicher Beurteilungen. Insgesamt entsteht bei den Empfehlungen aufgrund der angeführten Vorschläge vielleicht der Eindruck, als gehe es vor allem um eine Revision der deutschen, weniger der polnischen Schulbücher, eine Beobachtung, die in erstaunlicher Weise mit dem den Gesprächen voraufgegangenen Positionsabstecken übereinstimmt.[52] Die Braunschweiger Empfehlungen desselben Jahres lassen einen damit in Zusammenhang stehenden Punkt noch deutlicher werden, indem sie den offenbar von der polnischen Delegation vertretenen Bemühungen Rechnung tragen, weniger die Unzulänglichkeit der vorliegenden Darstellung in deutschen Lehrbüchern zu korrigieren, als vor allem die national-polnische Geschichte und die damit verbundenen Leistungen für Europa hervorzuheben und in die Schulbücher aufnehmen zu lassen.[53]

Am stärksten wurden in der Öffentlichkeit der Bundesrepublik Deutschland die wohl auch am härtesten erarbeiteten Empfehlungen zur Nachkriegsgeschichte kritisiert. Deshalb seien die wesentlichen Punkte kurz vorgestellt.[54] Die Oder-Neiße-Grenze wird als Ergebnis des Zweiten Weltkrieges dargestellt und im Zusammenhang damit die „territoriale Westverschiebung" Polens genannt, wobei völkerrechtliche Erörterungen bewußt ausgeklammert sind. Im Komplex „Bevölkerungsverschiebungen" ist anstelle des Begriffs „Vertreibung" differenziert worden. Es wurden Phasen unterschieden, unter denen die deutsche Bevölkerung jener heute polnischen Gebiete ihre Heimat verloren haben: 1. Evakuierung durch deutsche Behörden, 2. selbständige (vor Kriegsende) Flucht nach Westen, 3. Zwangsumsiedlung durch polnische Behörden nach Kriegsende und 4. Aussiedlung. Diese Differenzierung einschließlich der sprachlichen Darstellung schildert die gerade für die Betroffenen äußerst harten Vorgänge stark entemotionalisiert, unterkühlt, „mit der Nüchternheit eines Wetterberichts."[55] Zum einen dürfte dies aber die einzige, gemeinsame Zustimmung findende Formulierungsmöglichkeit gewesen sein, nicht zuletzt aufgrund eigenen Erlebens auch in Polen; zum zweiten greift die Differenzierung auf die früher auch in der Bundesrepublik übliche Trennung von Evakuierung, Flucht und Vertreibung zurück, die allerdings zugunsten des letzten Begriffes

52 Diese Meinung vertreten auch Markiewicz, Władysław und Wojciechowski, Marian, in einem im polnischen Parteiorgan im September 1975 veröffentlichten Artikel: Z prac komisji podręcznikowej Polska — RFN, in: Nowe Drogi 1975, Heft 9, S. 132—141, hier S. 133.

53 Mit Verweis auf die Genese der Empfehlungen nennt auch Rhode, Deutsch-polnische Schulbuchkonferenzen, S. 138, diesen Punkt.

54 Vgl. Anm. 46. — Inzwischen liegt ein Abdruck mit ausführlicher Stellungnahme seitens des Bundes der Vertriebenen vor: Neuhoff, Hans—Parplies, Hans-Günther, Die deutsch-polnischen Schulbuchempfehlungen zur Nachkriegsgeschichte. Eine kritische Stellungnahme, Bonn 1976; dort wird der Unterschied der Diskussionsebenen zwischen historisch-politischer de-facto-Sicht auf seiten der Schulbuchkonferenz und völkerrechtlich begründeter Ablehnung auf seiten ihrer Gegner besonders deutlich. — Eine Stellungnahme zu allen Empfehlungen von seiten der Kulturstiftung der deutschen Vertriebenen befindet sich in Vorbereitung.

55 Baader, Erik Michael, Künftige Wahrheiten im deutsch-polnischen Schulbuch, in: Frankfurter Allgemeine Zeitung, Nr. 236 v. 11. 10. 1974, S. 27.

allmählich aus dem Bewußtsein schwand. Darüber hinaus ist im gemeinsamen Empfehlungstext ebenfalls die Differenzierung der politischen Haltung und Situation jener unter dem Begriff „Vertriebene“ zusammengefaßten Bevölkerungsteile der Bundesrepublik Deutschland gelungen, was im Vergleich zu bisherigen zu vereinfachten Aussagen in Polen ebenfalls einen wesentlichen Schritt nach vorne bedeutet. In ähnlicher Form sind die Aufbauprobleme der nach 1945 entstandenen Staaten angedeutet worden — wobei mit Nennung der DDR wiederum unter Ausklammerung völkerrechtlicher Streitfragen der politischen Realität Rechnung getragen worden ist —, die auf deutscher Seite vorgenommene Bewältigung der nationalsozialistischen Vergangenheit, der internationale Rahmen sowie abschließend der Weg zur Normalisierung, mit den Vereinbarungen von Helsinki am 1. August 1975 im Text endend. Mit dieser Darstellung der letzten drei Jahrzehnte deutsch-polnischer Nachbarschaft ist sicher nicht alles erfaßt worden, was zu der in unserem heutigen Bewußtsein problembeladensten Epoche gehört, aber es ist ein entscheidender Anfang gemacht in dem Sinn, wie es der deutsche Delegationsleiter kürzlich ausdrückte: „Die Empfehlungen zur Zeitgeschichte müssen wie die früheren Empfehlungen als ein offener, weiterzuführender Dialog verstanden werden.“[56]

Schließlich hat dieser Dialog erst begonnen und er scheint in Form der Arbeit in den Delegationen, die letztlich zu diesen Empfehlungen führte, nicht ganz einfach gewesen zu sein. Markiewicz formuliert dies vorsichtig: „Die Beratungen wurden in Plenarsitzungen und in Fachgruppen für Geschichte und Geographie wie auch in Kommissionen geführt, die ad hoc eingesetzt wurden, um die auftretenden Streitfälle zu diskutieren. Es wurde so lange diskutiert, bis eine volle Übereinstimmung der Standpunkte erzielt wurde. Der von der Gründung der gemeinsamen Kommission verfolgte Grundsatz der Offenheit und Aufrichtigkeit, der jedoch scharfe Polemik nicht ausschloß, wurde streng respektiert.“[57], und an anderer Stelle sagte er: „In einigen Formulierungen der Empfehlungen erblicken manche ... einige Zweideutigkeiten, die die Möglichkeit verschiedener Interpretationen der Thesen eröffnen. Man kann solche Möglichkeiten nicht vollständig ausschließen, doch muß man unterstreichen, daß Vorfälle dieser Art in keiner Weise das Ergebnis einer planvollen Taktik sind, die versucht, Kompromißlösungen in einer Situation zu finden, in der es zum Zusammenstoß gegenteiliger Auffassungen kommt. Die Diskussionen in der gemeinsamen Kommission haben einen prinzipiellen Charakter und nicht den eines Miteinanderhandelns. Zu einem beiderseitigen Quasi-Kompromiß entschließen sich die Mitglieder der Kommission dann, wenn nach Erschöpfung aller von beiden Seiten vorgebrachten Argumente jede Seite fest bei ihrem Standpunkt bleibt. So war es in dem beschriebenen Fall des Kreuzritterordens. Ähnlich endete auch die

56 Mertineit, Schulbuchkommission, S. 332. Vgl. in ähnlich einschränkendem Tenor bei Einzelproblemen, jedoch insgesamt positiv Kieniewicz, Stefan, Polen, Deutschland, der Schulunterricht und die Frage des Friedens. Einige Fragmente, die manche Leser verwundern werden, in: Polityka, 20. Jg., Warszawa 1976, Nr. 34 v. 21. August 1976 (zitiert nach einer dt. Übers. v. Armin Dross).

57 Markiewicz, Abschluß, S. 11.

Diskussion zum Thema der Umsiedler-Verbände. ... Es blieb nichts anderes übrig, als in den Empfehlungen die Unterschiede der Anschauungen zu diesem Thema festzustellen und den Schulbuchautoren die Wahl der sie mehr überzeugenden Version zu überlassen."[58]

Diese angedeuteten Schwierigkeiten während der Beratungen wurden auch deutlich bei dem Versuch, über die nicht sehr ergebnisreiche siebente Konferenz zu berichten.[59] Es fand hier eben eine Zusammenarbeit nicht nur zwischen Angehörigen zweier Staaten, sondern zwischen Angehörigen zweier unterschiedlicher Gesellschaftssysteme statt. Daraus ergaben sich einerseits verschiedene Probleme, die im Zusammenhang mit der jeweiligen Wissenschaft, ihren Fragestellungen, ihren Methoden und somit ihren Ergebnissen stehen. Andererseits meinte auch Hans-Adolf Jacobsen als Mitglied der Kommission: „Die Ergebnisse der deutsch-polnischen Schulbuchkonferenz demonstrieren in überzeugender Weise, wie und in welchen Grenzen Vertreter unterschiedlicher Gesellschaftssysteme im Interesse des friedlichen Wandels konstruktiv zusammenarbeiten können. Dies sollte bei aller manchmal im Detail berechtigten Kritik nicht vergessen werden."[60] Ähnlich äußerten sich deutsche und polnische Kommissionsmitglieder in dem Interview der wichtigen Warschauer Zeitung „Polityka".[61]

Ein zweites Implikationsfeld für die Schulbuchgespräche ist natürlich die Rücksicht auf die politische Interessenlage, die dazu gezwungen hat — und dies wurde wiederholt in der Bundesrepublik Deutschland kritisiert —, bestimmte Probleme der bilateralen Beziehungen zunächst einmal auszuklammern.[62]

Aus diesen Darstellungen des Verhandlungsganges und den anschließenden Überlegungen wurden die Phasen der Diskussionen deutlich, die Abstimmung darüber verständlich, was man überhaupt ansprechen konnte, auch die offensichtlich vorhandenen harten Diskussionen und Kontroversen. Gleichzeitig wurden die Grenzen deutsch-polnischer Gespräche erkennbar, die im gesellschaftlichen System und in der außenpolitischen Verflechtung liegen, aber auch der Fortschritt, der mit den bisherigen Ergebnissen für beide Seiten bereits erzielt worden ist.

Jener etwas einseitig deklamatorische Charakter der Empfehlungen von 1972 hat manche scharfe Reaktion in der öffentlichen Meinung in der Bundesrepublik mitbe-

58 Markiewicz/Wojciechowski, Z prac komisji, S. 137 (zitiert nach der masch. Übersetzung von Gotthold Rhode).

59 Vgl. Hoensch, Das mühsame Geschäft, S. 9—11.

60 Jacobsen, Hans-Adolf, Ein Stück aktiver Friedenspädagogik, in: Vorwärts, Nr. 24 v. 12. 6. 1975, S. 13; vgl. auch Mertineit, Die deutsch-polnische Schulbuchkommission, S. 332.

61 Wietrzenie uprzedzeń i stereotypów, in: Polityka, 19. Jg., Warszawa 1975, Nr. 43 v. 25. 10. 1975, S. 8 f; deutsche Fassung unter dem Titel: Schulbücher der Entspannungszeit, in: polnische perspektiven 6, Nr. 2, Warszawa 1976, S. 13—23.

62 Das betonen auch Markiewicz/Wojciechowski, Z prac komisji, S. 133. Vgl. auch Markiewicz, Władysław, Volksrepublik Polen — Bundesrepublik Deutschland. Ein Schritt in der geeigneten Richtung, in: Polityka, 20. Jg., Warszawa 1976, Nr. 40 v. 2. 10. 1976: „... die Kommission hat aus verständlichen Gründen das Prinzip der Bilateralität sehr rigoros beachtet ..." (zitiert nach einer dt. Übers. v. Armin Dross).

dingt. Deswegen war der erste große Schwung, den man aufgrund der raschen Thesenerstellung und Veröffentlichung in der Bundesrepublik vielleicht fast euphorisch nennen darf, einer größeren Nüchternheit gewichen mit dem Zwang zum Einstieg in intensivere Arbeit. Damit ergaben sich aber weitere Probleme. Bislang hatte man die schwierigsten Themen ausgeklammert oder weniger intensiv angegangen: so z. B. die Zeit von 1933 bis heute oder den Bereich des Deutschen Ordens. Das war so lange möglich, wie sich die Empfehlungen in recht allgemeinem Rahmen hielten. Die weitere Arbeit ab 1973 verlangte jedoch stärkere Intensität an Details, und damit stellte sich sofort die Frage nach den beteiligten Personen im Hinblick auf die Fachkompetenz oder die Aufgabenstellung. Die Teilnehmerlisten der ersten beiden Konferenzen und der zwei Expertentagungen des Jahres 1972 sind veröffentlicht.[63] Sie machen deutlich — abgesehen davon, daß das jeweilige Gastland stets eine wesentlich größere Delegation gestellt hat —, in welchem Dilemma die Konferenzen stecken: sind sie stärker unter dem Aspekt des Schulbuchs oder unter dem der historischen Fachwissenschaft zu sehen? Hier liegt ein wesentliches Problem, das erst in den späteren Konferenzen erörtert worden ist, wahrscheinlich aufgrund jener Anfangserfahrungen, obwohl bei beiden Partnern doch bereits Gesprächserfahrungen mit anderen Staaten vorlagen. Allerdings war das nicht nur eine Organisationsfrage, sondern auch eine der Finanzen. Davon jedoch abgesehen mußte die personelle Zusammensetzung der deutschen Delegation auf Widerspruch stoßen, wenn die Empfehlungen geschichtswissenschaftlich bezogen, die Fachvertreter der historischen Forschung jedoch in der Minderzahl waren. Das wäre vielleicht anders gewesen, hätte man sich zunächst stärker auf weitere Schulbuchanalysen konzentriert. Diese aber wurden nicht hinreichend durchgeführt, sieht man einmal von den beiden polnischen Untersuchungen von Zbigniew Kulak und Jósef Konieczny ab und von der Tatsache, daß verschiedene Stichpunktanalysen ohne Erarbeitung didaktischer Kriterien für eine Schulbuchanalyse erfolgten.[64] Erst 1974

63 Siehe unten S. 365 f. mit Anm. 1 und 2.

64 Beispiele einer solchen stichpunktartigen und sehr vertiefungsbedürftigen Analyse: Hantsche, Irmgard, Die deutsche Ostsiedlung in Schulbüchern der Bundesrepublik Deutschland und der DDR, in: Das Schulbuch als Politikum. Sozialwissenschaftliche Beiträge zur Medien- und Unterrichtsforschung, hg. v. Neumann, Günther, Schoeps, Julius H. und Wiedner, Wolfgang, Duisburg 1974, S. 108—124 (Sozialwissenschaftl. Schriften 6); Ryszka, Franciszek, Deutsch-polnische Problematik nach 1945 in den Schulbüchern, in: Internationales Jahrbuch 15, 1974, S. 79—85; Hantsche, Irmgard, Die Rolle der Kirche bei der mittelalterlichen deutschen Ostsiedlung und ihre Darstellung in deutschen Schulgeschichtsbüchern der letzten hundert Jahre, in: ebd., 16, 1975, S. 35—46 (u. a. ohne Berücksichtigung der Arbeit von Schmillen); zwar umfang- und materialreicher, jedoch ebenfalls ohne sinnvolle Analysekriterien: Schneider, Hagen, Die Darstellung Polens in Geschichtsbüchern des Kaiserreiches, in: Internationales Jahrbuch 16, 1975, S. 164—239; völlig ungenügend Monshausen, Theo, Die deutsch-polnischen Beziehungen nach 1945 in Geschichts- und Sozialkundebüchern am Beispiel des Regierungsbezirks Koblenz, in: Das deutsch-polnische Konfliktverhältnis seit dem Zweiten Weltkrieg, hg. v. Schweitzer, Carl Christoph und Feger, Hubert, Boppard 1975, S. 533—541.

wurde eine entsprechende Arbeit vorgelegt, die allerdings nicht aus dem Kreis der Teilnehmer an den Schulbuchgesprächen erwuchs.[65]

Es war sicher richtig zu sagen, daß mehr oder weniger alle deutschen und polnischen Schulbücher der Revision bedurften, doch hätte eine genaue Analyse vor Beginn der Gespräche diese erleichtert. So war man gezwungen, die in der Geschichtswissenschaft divergenten Ansichten zu diskutieren und stieß bei Schulbuchgesprächen damit automatisch in den Bereich zwischen beiden Gebieten, wo weder der Pädagoge noch der Historiker sich ganz zu Hause fühlt, vom ganz seltenen Fall der Verbindung von Fachhistoriker auf jenem Bereich der deutsch-polnischen Beziehungen und Fachdidaktiker einmal abgesehen.

Jene Form des Zugriffs zu den Gesprächen bildete den Hintergrund für die zum Teil recht starken Angriffe in der Bundesrepublik. Da die Empfehlungen fachhistorische Aussagen machten, war die Kritik besonders stark von den Stellen, die sich fachhistorisch kompetent, aber übergangen fühlten. So wurden beispielsweise die Historischen Kommissionen für die Landesforschung der ehemals zum Deutschen Reich gehörenden Gebiete, zusammengefaßt im Johann Gottfried Herder-Forschungsrat*, von deutscher Seite nicht zur Teilnahme an einem Gespräch eingeladen.[66] Gerade aber sie, die sich immer stärker aus jüngeren Wissenschaftlern zusammensetzen, die dort nicht aufgrund geographischer Herkunft, sondern fachlicher Interessen an der Erforschung vor allem auch der deutsch-polnischen Beziehungsgeschichte mitarbeiten, sind ein stets wichtiger werdendes Potential zukünftiger Kooperation. Nicht nur im Hinblick auf die Erarbeitung der Empfehlungen — damit ist der Meinungspluralismus der Forschung angesprochen, der in der Diskussion gerade divergenter Punkte die unwesentlichen Randerscheinungen als solche erkennen lassen und zu den Kernpunkten hinführen kann —, sondern auch für die

65 Schmillen, Irene, Brandenburgisch-Preußische Geschichte in Schulbüchern der Bundesrepublik Deutschland. Ein Beitrag zu den deutsch-polnischen Schulbuchgesprächen, Bonn 1974 (Reihe Argo 4).

66 Eine Form der Reaktion ist z. B. das Vorgehen der Historischen Kommission für Schlesien; vgl. dazu Stellungnahme der Historischen Kommission für Schlesien zu den deutsch-polnischen Schulbuchempfehlungen, (Mainz 1972) masch.; Menzel, Josef Joachim, Schlesien vom 10. bis 14. Jahrhundert (Zur Braunschweiger Schulbuchempfehlung 2 a—c), (Mainz 1972), masch.; Kuhn, Walter, Zur Warschauer Schulbuch-Empfehlung Nr. 4. Die mittelalterliche deutsche Siedlung im östlichen Mitteleuropa, (Mainz 1972), masch.; ders., Die oberschlesische Frage (Zur Braunschweiger Schulbuchempfehlung 4), (Mainz 1972), masch. Menzel, Josef Joachim, Im Widerstreit zwischen historischer Wahrheit und ideologischer Befangenheit. Die deutsch-polnischen Schulbuchgespräche in kritischer Sicht, in: Kulturpolitische Korrespondenz Nr. 238/239 v. 10. 7. 1975, S. 7—9; ders., Schlesien in den deutsch-polnischen Schulbuchempfehlungen. Eine kritische Analyse, in: Schlesischer Kulturspiegel 11, 1976, Folge 1—3, S. 2 f. Veröffentlichung von Stellungnahmen zur Behandlung der deutsch-polnischen Beziehungen in Schulbüchern. Antwort der Landesregierung auf die kleine Anfrage 1701 der Abgeordneten Schulze-Stapen, Scholz und Mader (CDU), Drucksache 7/4653 vom 10. 1. 1975 des Landtages Nordrhein-Westfalen.

* Anm. der polnischen Herausgeber: Es bleibt fraglich, ob alle Mitglieder des Johann Gottfried Herder-Forschungsrates dem Vertrag vom 7. 12. 1970 zugestimmt haben. Dies war aber einer der entscheidenden Voraussetzungen für die Mitarbeit in der Kommission.

Unterstützung und bessere Umsetzung von Empfehlungen sollte man die Heranziehung dieser kompetenten Gruppen in Zukunft ernsthaft bedenken. Einen möglichen Ansatz dazu könnten die geplanten Spezialkonferenzen bieten, doch wird sich gerade bei sehr divergenten Themen die Problematik in einer einzigen Spezialkonferenz nicht klären lassen. Das zeigte deutlich die Thorner Konferenz zum Thema „Deutscher Orden" 1974, deren Fortsetzung im übrigen von den polnischen wie deutschen Kollegen dringend gewünscht wird, weil man gerade die unterschiedlichen Beurteilungen gemeinsam diskutieren möchte.[66a]

Mit der angedeuteten Problematik hängt auch die Reaktion in der öffentlichen Meinung der Bundesrepublik zusammen, d. h. in erster Linie die der Presseberichterstattung.[67] Letztere begann im Vorstadium der Gespräche mit gedämpftem Optimismus einerseits, leiser Skepsis andererseits. Ein Teil von ihr nahm lebhaft Anteil und stimmte mit sachlichen Argumenten zu, ging manchmal bis zu vorbehaltloser Unterstützung aufgrund der Realität des Warschauer Vertrages. Überregionale Organe der „Mitte", wie z. B. die „Frankfurter Allgemeine Zeitung", die „Süddeutsche Zeitung", die „Stuttgarter Zeitung", „Die Zeit", „Der Spiegel" werteten die Konferenzen von Anbeginn an relativ positiv, nämlich als Beitrag zur deutsch-polnischen Aussöhnung, im Zusammenhang mit dem west-östlichen Entspannungsbemühen stehend, als logische Folge des deutsch-polnischen Vertrages und ihn mit Leben füllend. Im allgemeinen wurde bedauert, daß die Ergebnisse der Konferenzen in der Bundesrepublik so schwerfällig in die Tat umgesetzt, also in den Schulbüchern realisiert werden könnten. Dabei wurde durchaus auf das Ringen um die kontroversen Standpunkte in Sachfragen hingewiesen, wobei man auch die durch eine leidvolle Vergangenheit zwischen beiden Völkern aufgebauten Schwierigkeiten nicht aussparte. Allmählich verloren dann die Schulbuchkonferenzen etwas von dem Sensationellen des Jahres 1972; sie wurden in der Presse als Routineangelegenheit behandelt. Über die Verhandlungsfortschritte wurde aber insgesamt sachlich und nüchtern berichtet. Ähnliches traf für Organe zu, die der „linken" Seite zuzuordnen sind, wie die „Frankfurter Rundschau" und „Der Vorwärts". Dies änderte sich erst wieder besonders im Anschluß an die achte Konferenz im Herbst 1975 mit den Empfehlungen für die unmittelbare Nachkriegszeit.

Doch die Arbeit der Kommission wurde auch von den verschiedensten Seiten — z. T. heftig — kritisiert, darunter in den „rechten" Organen wie z. B. in „Die Welt", „Rheinischer Merkur", „Deutsche Tagespost", „Münchener Merkur" und dem „Bayernkurier". Dort wurden u. a. Vorwürfe gegen die Zusammensetzung der Delegationen oder gegen einzelne Mitglieder erhoben, die in dieser Form sicherlich

66a Zur Fortsetzung des Dialoges — allerdings nicht im Rahmen der Schulbuchgespräche — vgl. Arnold, Deutschordensgeschichte, S. 352 f.

67 Den folgenden Komplex bereiteten Uwe Albrecht, Monika Böddeker und Horst Kolvenbach vor; außerdem stellte mir Dr. Robert Multhoff vom Georg-Eckert-Institut für Internationale Schulbuchforschung Braunschweig das Manuskript eines Vortrages, auf einer Tagung des Landesbeirates für Vertriebenen- und Flüchtlingsfragen am 1. 3. 1974 in Düsseldorf gehalten, u. a. zu diesem Komplex zur Verfügung. — Hier kann nur eine generelle Tendenz aufgezeigt werden, eine Einzelanalyse würde den Rahmen hoffnungslos sprengen.

nicht immer gerechtfertigt waren, die aber das Problem betrafen, das ich bereits angesprochen habe. Überdies wurde die einseitige Revision deutscher Schulbücher zugunsten des polnischen Standpunktes befürchtet; die Verhandlungsführung sei zu hektisch, Polen erbringe keine Gegenleistungen, die Konferenzen stünden im Schatten politischen Opportunismus und liefen auf eine „zweite deutsche Vertreibung", nunmehr aus den Schulbüchern, hinaus. Es artikulierten sich hier ähnlich wie bei dem Ratifizierungsverfahren des Vertrags zwischen der Bundesrepublik Deutschland und der Volksrepublik Polen die Stimmen der Opposition. Freilich: selbst wenn viele der Vorwürfe sachlich unzutreffend gewesen sein mögen, so hat man von seiten der Kommission doch nicht die entsprechenden Maßnahmen ergriffen, um derartigen, vereinzelt auch unqualifizierten Vorwürfen von vornherein den Wind aus den Segeln zu nehmen. Das stellt sicher ein nicht zu unterschätzendes Problem für die Umsetzung der Konferenzergebnisse dar.

Aus diesen Überlegungen erklärt es sich, daß die Pressedienste und Zeitungen der Vertriebenen und Landsmannschaften eine noch entschiedenere Ablehnung formulierten.

Bei der Analyse des Presseechos wurde die Frage der Verbindung mit der Politik deutlich. Es ist selbstverständlich, daß sowohl der Presseberichterstatter als auch der Konferenzteilnehmer kein politisches Neutrum sein können. Jeder von ihnen ist aufgrund seiner Zugehörigkeit zu einer politisch bestimmten Gesellschaft und seinen Gruppen gebunden. Allerdings, und darin liegt ein weiteres Problem, kommt es auf die Form der Bindung an. Das heißt für die Schulbuchkonferenzen, daß sich entscheidend die Prioritätssetzung auswirken muß: sie dürfen nicht zum Instrument der Politik bzw. partikularer Interessen werden. Selbstverständlich ist das Wollen des einzelnen Teilnehmers dafür ausschlaggebend, doch stellt sich stets das Problem, das Wollen auch dem Außenstehenden gegenüber glaubhaft zu verdeutlichen — eine schwere Aufgabe, die gerade im Hinblick auf die Kritik bewältigt werden muß. Nicht zuletzt davon hängen Glaubwürdigkeit und Umsetzung der Konferenzergebnisse ab, was sich bereits bei der Veröffentlichung der Empfehlungen[68] durch die Kultusministerien der Bundesländer bemerkbar gemacht hat.[69]

68 Vgl. Anm. 34.

69 Das hängt nicht von den Vertriebenenverbänden ab; vgl. Kommuniqué und Empfehlungen vom 7. 10. 1974, masch. verv. — Im Hinblick auf die Gesamteinschätzung dieser Gruppen „haben z. B. die polnischen Experten den Standpunkt ihrer Gesprächspartner aus der Bundesrepublik Deutschland als begründet anerkannt", wie Markiewicz, Die Revision der Schulbücher, S. 16, sagt. Das Ergebnis neuester Untersuchungen bestätigt diese Sicht völlig: „Rückblickend muß die Frage, ob die Vertriebenenorganisationen Ursache des mehr als zwei Jahrzehnte nach 1945 währenden belasteten Verhältnisse zwischen beiden Staaten war, verneint werden. Die Verbände sind in Bonn, aber auch in Warschau, zu Konflikstoffen hochstilisiert worden, wenn es im Interesse beider Seiten lag. Ihr eigener Einfluß aber war nie so groß, daß sie auf die Dauer außenpolitische Entscheidungen beeinflussen konnten." Mühlen, Patrik von zur — Müller, Bernhard — Schmitz, Kurt, Vertriebenenverbände und deutsch-polnische Beziehungen nach 1945, in: Das deutsch-polnische Konfliktverhältnis, S. 96—161, hier S. 161.

Neben all jenen Problemen der Konferenzthemen, der Teilnehmer, der Darstellung und Selbstdarstellung der Ergebnisse, nicht zuletzt der politischen Bedingtheiten, steht ein Problem, das immer wieder von polnischer wie von deutscher Seite angesprochen wird, nämlich das der Umsetzung oder „Realisierung" der Konferenzergebnisse. Darin liegt vielleicht eine der größten Schwierigkeiten der Schulbuchgespräche überhaupt.[70] Denn hier treten die Probleme der unterschiedlichen Gesellschafts- und Staatsformen Polens und der Bundesrepublik am deutlichsten zutage; in diesem Zusammenhang gibt es wohl auch die größte Verständigungsschwierigkeit auf polnischer Seite. Markiewicz deutet dies an, wenn er hervorhebt, daß in der Bundesrepublik „bekanntlich das Schulwesen den einzelnen Landesregierungen untersteht, die häufig in Opposition zur SPD/FDP-(Bundes-)Regierungskoalition stehen".[71] Da diese Situation in dem Beitrag im polnischen Parteiorgan „Nowe Drogi" nur knapp ausgeführt wurde[72], sei hier nochmals kurz darauf hingewiesen.

In der Bundesrepublik Deutschland untersteht das Schulwesen keiner zentralen Bundesbehörde; es gibt kein Bundeskultusministerium. Zuständig sind die jeweiligen Kultusministerien der einzelnen Bundesländer, also elf verschiedene Ministerien; die Bundesregierung hat keinerlei Weisungsbefugnis. Das war auch ein besonderes Problem bei dem Abschluß des Kulturabkommens zwischen Polen und der Bundesrepublik anläßlich des Besuches von Edward Gierek in Bonn am 11. Juni 1976. Gierek betonte in seiner offiziellen Tischrede den Wunsch nach „Umsetzung in die Praxis der gemeinsam unter der Schirmherrschaft der UNESCO ausgearbeiteten Empfehlungen für Schulbücher."[73] Wenn auch die Bundesregierung diesen Wunsch nicht nur verstehen kann, sondern wohl auch teilt, war ihr keine weitergehende Formulierung möglich, als im Abschnitt VI der Gemeinsamen Erklärung über die Entwicklung der Beziehungen zwischen der Bundesrepublik Deutschland und der Volksrepublik Polen — sowie kürzer, aber wörtlich im Abkommen über kulturelle Zusammenarbeit — festgelegt worden ist: „Angesichts der großen Bedeutung, die die Schule und die Schulbücher für die Jugenderziehung haben, würdigen beide Seiten die Arbeit der seit 1972 stattfindenden gemeinsamen Schulbuchkonferenzen. Sie werden ihre Bemühungen fortsetzen, in den Schulbüchern eine Darstellung der Geschichte, Geographie und Kultur des anderen Landes zu erreichen, die eine umfassendere Kenntnis und ein besseres gegenseitiges Verständnis

70 Bei den folgenden Überlegungen lasse ich die durchaus diskutierenswerte Fragestellung außer acht, daß es nicht sinnvoll sei, die 1972 sich selbst als „provisorisch" bezeichnenden Empfehlungen, „die auf künftigen Tagungen ergänzt und vertieft werden sollen", „zur öffentlichen Diskussion zu stellen" und gleichzeitig ihre Realisierung in den Lehrbüchern zu fordern; vgl. dazu Stellungnahme der Historischen Kommission für Schlesien, S. 5.

71 Markiewicz, Abschluß, S. 14; diese Zeitschrift wendet sich allerdings an den deutschen, nicht den polnischen Leser.

72 Vgl. Markiewicz/Wojciechowski, Z prac komisji, S. 132 f.

73 Presse- und Informationsamt der Bundesregierung. Bulletin Nr. 70 v. 12. 6. 1976, S. 661—676, hier S. 665; das folgende Zitat ebd., S. 671.

fördert; sie werden darauf hinwirken, daß dabei die Empfehlungen der Gemeinsamen Schulbuchkommission berücksichtigt werden." Immerhin bedeutet diese Formulierung auch eine beachtliche offizielle Anerkennung der bisherigen Schulbuchgespräche auf höchster Ebene.

Dieses angesprochene föderalistische System böte im Bereich der Kulturhoheit in der Bundesrepublik viel weniger Probleme für die Umsetzung der Konferenzergebnisse, wenn alle Länderregierungen von den gleichen Parteien gestellt würden wie die Bundesregierung. Aber sechs von elf Landesregierungen werden von der oppositionellen CDU bzw. CSU gestellt, die den Empfehlungen vorläufig noch ablehnend gegenüberstehen. Damit kommen zu den aus der föderalistischen Struktur der Bundesrepublik herrührenden Problemen noch diejenigen hinzu, die aus dem Mehrparteiensystem resultieren. Es entspricht eben dem Wesen eines solchen demokratischen Mehrparteiensystems, daß vieles von den Parteien unterschiedlich beurteilt wird; dazu gehören auch die deutsch-polnischen Schulbuchempfehlungen. In einem Staatssystem, das auf den Machtwechsel zwischen mehreren Parteien ausgerichtet ist, werden die Minderheitsparteien stets versuchen, ihren Standpunkt — abgehoben von der Regierung — zu vertreten. Je mehr sich eine Regierung in einer Angelegenheit engagiert, für den Wähler damit auch „profiliert", desto stärker kann die Gegenreaktion der jeweiligen Opposition sein. Daß dieses positive Engagement bei der SPD/FDP-Bundesregierung für die Schulbuchempfehlungen vorliegt, steht außer Zweifel. So stellen Föderalismus und demokratisches Parteiensystem bundesrepublikanischer Prägung die deutsche Seite vor schwierigere Probleme als die polnische.

Hinzu kommt, daß die deutsche Delegation kein amtliches Organ der Bundesregierung ist und ein solches auch gar nicht sein sollte, um die Ergebnisse der Konferenzen nicht von vornherein im parteipolitischen Sinne zu belasten. Diese entsprächen damit auch kaum der eingangs erhobenen Forderung der Lösung aus dem Bereich der tagespolitischen Ereignisse. Das ist von polnischer Seite durchaus als Problem gesehen worden: „Eine Kommission nämlich, die keine amtliche Exekutive gegenüber den Bildungsbehörden und den Verlagen hat, kann zu einem Diskussionsorgan werden, das ‚nur für sich und die Musen singt'."[74]

In Polen war die Umsetzung der Empfehlungen wesentlich einfacher. Im sozialistischen Staatssystem bedurfte es nur der Anbindung der Delegation an die Regierung. „Die polnische Seite löste dieses [auf deutscher Seite vorhandene] Dilemma auf verhältnismäßig einfache Weise durch die Verbindung der Kommission mit dem Außenministerium in Gestalt eines zu ihr delegierten Ressortvertreters, und mit dem Ministerium für Aufklärung und Erziehung dadurch, daß dieses durch sein Institut für Lehrprogramme die Funktion eines Ständigen Sekretariats der Kommission übernommen hat."[75]

74 Markiewicz/Wojciechowski, Z prac komisji, S. 132, mit dem Zitat aus einem Gedicht des polnischen Renaissance-Dichters Kochanowski.

75 Ebd., S. 132 f.

So ist auch der nächste Schritt für Polen einfacher, weil „in einem einheitlichen System der Schulverwaltung und des Schulbuch-Verlagswesens die Einführung der Empfehlungen in unsere [d. i. die polnischen] Schulbücher ein verhältnismäßig einfacher Prozeß ist. Lediglich die Vorbereitung der Lehrer bedarf einer gewissen Zeit, aber auch in diesem Falle erlaubt es das weit ausgebaute System der Unterrichtung und Fortbildung, den Zeitraum vorübergehender Desorientierung auf ein Minimum zu reduzieren."[76]

In der Bundesrepublik Deutschland sieht das anders aus, nicht nur aus den schon genannten Gründen, sondern auch deshalb, weil es kein einheitliches Schulbuch gibt, genau gesagt, eine Vielzahl von Büchern unterschiedlichster Art. Eine im Herbst 1975 abgeschlossene Aufstellung zählt allein für die 5. und 6. Klasse fast 40 verschiedene Geschichtslehrbücher auf![77] Da die Geschichte der deutsch-polnischen Beziehungen damit aber nur zu einem Teil erfaßt worden ist, ist die Zahl der wirklich zu berücksichtigenden Bücher weit größer und läßt sich nur schätzen, wobei eine Zahl von 100 vielleicht realistisch sein mag. Hinzu kommt, daß nicht alle Bücher eine gleich große Verbreitung haben[78] und in allen Bundesländern amtlich zugelassen sind. Die Dimension der Schulbuchrevisionsprogrammatik auf deutscher Seite im Vergleich zu Polen wird damit deutlicher.

Außerdem ist noch das Genehmigungsverfahren für Schulbücher zu bedenken, das von den Länderkultusministerien zwingend vorgeschrieben ist, bevor diese in der Schule benutzt werden dürfen. Für ein solches Verfahren ernennt das jeweilige Kultusministerium eine meist anonym bleibende Kommission, in der Lehrer, Hochschullehrer und Schulaufsichtsbeamte vertreten sein können. Diese beurteilen nach gewissen Kriterien das zur Prüfung vorgelegte Buch; eine wesentliche Rolle spielt dabei die Feststellung, ob das Buch den jeweiligen Rahmenlehrplänen des Landes entspricht. Diese Lehrpläne stellen jedoch keine feste inhaltliche Verpflichtung für den Geschichtsunterricht dar, somit auch nicht unbedingt für das Lehrbuch, sondern einen Orientierungsrahmen. Zwar wird der Schulbuchautor versuchen, diesen Orientierungsrahmen auszufüllen — stets unter Berücksichtigung der Lehrpläne möglichst vieler Bundesländer, um eine hohe Zulassungsquote zu erreichen. Doch wird hier der zur Verfügung stehende Spielraum des Autors als auch nachher des Lehrers im Unterricht selber deutlich sichtbar. „Während das Zulassungsverfahren in Bayern und Hessen mit Ablehnungsquoten von über 20 Prozent eine erhebliche Hürde darstellt, spielt es in den anderen Bundesländern mit Ablehnungsquoten von erheblich unter 10 Prozent kaum eine Rolle."[79]

76 Ebd., S. 138.

77 Vgl. Lackamp, Angelika — Ziegenspeck, Jörg, Lehrbücher für die Klassen 5 und 6. Eine Schulbuchliste für die Hauptschule, die Realschule, das Gymnasium und die Orientierungsstufe (Stand: Herbst 1975), Lüneburg 1975.

78 Vgl. Hoof, Dieter, Methodische Probleme, in: Freiwald, Helmut — Moldenhauer, Gebhard — Hoof, Dieter — Fischer, Hans Joachim, Das Deutschlandproblem in Schulbüchern der Bundesrepublik Deutschland, Düsseldorf 1973, S. 21—26, hier S. 23.

79 Naumann, Jens, Schulbuch und Lernmittelmarkt, in: betrifft: erziehung 8, 1975, Nr. 12, S. 28—33, hier S. 29. Vgl. neuerdings Lackamp, Angelika — Ziegenspeck, Jörg, Schulbuchge-

Nach dem Genehmigungsverfahren erfolgt das Einführungsverfahren. Je nachdem wie die Schulbücher finanziert werden, entweder vom Land oder den kommunalen Schulträgern oder den Eltern, werden pro Schulart, Klassenstufe und Fach nur wenige Titel eingeführt, also von den genehmigten Titeln zum Kauf freigegeben. Aus diesen Titeln kann dann der Lehrer in eigener Entscheidung das ihm geeignet erscheinende Buch auswählen. Über den Unterricht selbst, für den die Lehrpläne nur Richtlinien, also Orientierungshilfen, nicht aber Direktiven darstellen, das Schulbuch dementsprechend inhaltlich für den Unterricht erst recht nicht verpflichtend ist, sondern nur eine — wenn auch zumeist genutzte — Anregung sein kann, ist damit noch gar nichts ausgesagt.

Die Vielzahl der Schulbücher und der Schulbuchverlage zeigt überdies (auch wenn sich bei einigen Verlagen die Produktion konzentriert), daß das Schulbuch ein kommerzielles Unternehmen im Rahmen einer freien Marktwirtschaft darstellt.[80] So wird jeder Verlag versuchen, seine Bücher in möglichst vielen Bundesländern durch das Zulassungsverfahren zu bringen. Selbst wenn ein Autor mehr Gewicht auf die inhaltliche Seite seines Buches legt, wird er an entsprechenden Interessen des Verlages nicht vorbeikommen. Ist diese Hürde dann genommen, wird kein Verlag gerne eine noch vorhandene, gängige Schulbuchausgabe aus dem Verkehr ziehen und überarbeiten lassen, sofern sie noch Gewinn abwirft. Denn Überarbeitung bedeutet, sich erneut dem Zulassungsverfahren zu unterwerfen, während einmal eingeführte Bücher später keiner Überprüfung mehr unterliegen. Genehmigungsverfahren der Kultusbürokratie, Einführungsverfahren in den Schulen und nicht zuletzt das marktwirtschaftliche Moment bieten also wesentliche Hindernisse für eine rasche Realisierung der Schulbuchempfehlungen.

Trotz dieser Schwierigkeiten haben jedoch einige Schulbücher die Konferenzergebnisse bereits berücksichtigt.[81] Als erstes war das die „Reise in die Vergangenheit". Der 1973 neu erschienene Band 4 widmete sich ausführlicher, als es bisher üblich war, dem deutsch-polnischen Verhältnis, wobei ihm ein Verständnis und Bemühen um Objektivität bescheinigt werden kann, das leider noch nicht Allgemeingut der Schulbücher ist.[82] Das ist ebenfalls im zugehörigen Lehrerband der Fall, obwohl erstaunlicherweise die Schulbuchkonferenzen selber keine Erwähnung finden,

nehmigung und Zulassung in der Bundesrepublik Deutschland, in: Schulmanagement 1976, Heft 3, S. 50—59 sowie jüngst ausführlich einschließlich der historischen Dimension des Problems Müller, Walter, Schulbuchzulassung. Zur Geschichte und Problematik staatlicher Bevormundung von Unterricht und Erziehung, Kastellaun 1977.

80 Vgl. vor allem zum Sektor des Verlagswesens beim Schulbuch Naumann.

81 Zu den Änderungen bei den Geographen vgl. Sievers, S. 61. Spürbar werden die Änderungen bei der Frage der Grenzeinzeichnungen und der Doppelsprachigkeit der Ortsnamen in: Diercke Weltatlas, Braunschweig: Westermann, 2. Aufl. der Neubearbeitung 1974. — Auf die polnischen Änderungen dürfte Władisław Markiewicz in diesem Bande eingehen, weshalb ich hier nicht darauf zu sprechen komme.

82 Vgl. Ebeling, Hans und Birkenfeld, Wolfgang, Die Reise in die Vergangenheit. Ein geschichtliches Arbeitsbuch, Bd. 4: Geschichte und Politik in unserer Zeit, Braunschweig: Westermann 1973, bes. S. 203—205.

was man im Hinblick auf die Verlagswerbung erwartet hätte.[83] Während sich also in Band 4 der „Reise in die Vergangenheit" erste Auswirkungen der Empfehlungen feststellen lassen, ist das bei Band 2 für den Bereich der deutschen Ostsiedlung und des Deutschen Ordens nicht der Fall; für ihn gilt nach wie vor das bei Irene Schmillen und Udo Arnold Gesagte.[84] Im 1974 erschienenen Lehrerband allerdings ist das anders. In diesem wird das Problem, mit dem unveränderten Schülertext zurechtzukommen, auf einfache Weise gelöst: in ihm werden die Empfehlungen vier und fünf der ersten Konferenz zitiert, ohne allerdings dann weiter auf die Problematik einzugehen.[85] Bei der Darstellung der polnischen Teilungen wird zumindest auf die Empfehlungen hingewiesen.[86]

Anders verfährt ein neues Buch, Band 1 der „Geschichtlichen Weltkunde". In ihm ist der Einfluß der Schulbuchempfehlungen erkennbar. Die Autoren gehen neben der Tradierung alter deutscher Schulbuchfehler in offensichtlich propolnischem Bemühen so weit, daß sie die „Deutsche Ostkolonisation" ebenso wie „Der Staat der deutschen Ordensritter" dem Kapitel „Nachbarn und Fremde im Osten", Abschnitt „Polen, der Nachbar im Osten", subsumieren. Text und Begleitliteratur sind dementsprechend einseitig, bzw. recht mager.[87] Keinesfalls wird hier das Vorurteilsproblem sinnvoll gelöst, vielmehr verfällt man in den Fehler des Normenaustauschs: ein Vorurteil wird durch ein anderes ersetzt. Dieser Punkt wird im folgenden anzusprechen sein.

Während sich in der „Reise in die Vergangenheit" und in der „Geschichtlichen Weltkunde" ein Einfluß der Schulbuchempfehlungen zeigen läßt, kommt dieser in anderen Neuerscheinungen mehr indirekt zum Tragen, was jedoch eher positiv vermerkt werden sollte als bei dem zuletzt genannten Buch.[88] Bei vielen Neuerscheinungen läßt sich allerdings ein Einfluß der Empfehlungen nicht erkennen. Außerdem kann man nicht von Änderungen sprechen, wenn keine älteren Auflagen existieren. Deshalb mögen die angedeuteten Beispiele genügen. Eine weitere Detailun-

83 Vgl. Ebeling/Birkenfeld, Bd. 4, Lehrerausgabe 1975, bes. S. L 202—L 205.

84 Vgl. Schmillen, S. 62—88 und Arnold, Der Deutsche Orden im Schulbuch, S. 276—291.

85 Vgl. Ebeling/Birkenfeld, Bd. 2, 1971 und Lehrerausgabe 1974 (inzwischen [7]1975), S. 59—64 und L 59—L 64, hier bes. S. L 59.

86 Vgl. ebd., S. L 188 f.

87 Vgl. Hug, Wolfgang und Busley, Hejo, unter Mitarbeit v. Bahl, Franz, Geschichtliche Weltkunde 1, Frankfurt/Main: Diesterweg 1974, S. 186—189. Dem entspricht das Begleitheft: Hug, Wolfgang, Lernimpulse 1, Frankfurt/Main [2]1974, S. 61 f. Deutlich wird z. B. die Einseitigkeit in einer Fragestellung wie: „Wie konnten sich Vorurteile der Deutschen gegenüber den Polen bilden?", der die notwendige Gegenfrage zur vollen Ausschöpfung des Problems fehlt.

88 Vgl. z. B. Der Mensch und seine Welt. Geschichte-Politik für die Sekundarstufe I, hg. v. Thielen, P. G. und Walzik, G., Bd. 2, Bonn: Dümmler 1974. — Allerdings dürfte es nicht vorkommen, daß ein neues Buch den polnischen Teilungen noch nicht einmal ein eigenes Kapitel gönnt, wie z. B. Grundriß der Geschichte 2: Neuzeit bis 1815, bearb. v. Lachner, Max, München — Paderborn: Blutenburg — Schöning 1973 (zugelassen für Bayern).

tersuchung wäre Aufgabe einer Schulbuchanalyse, die hier nicht geleistet werden kann.[89]

Es dürfte sicher im Interesse der Schulbuchkonferenz liegen, wenn sich auch der Rundfunk stärker mit der Umsetzung der Ergebnisse befassen würde. So veranstaltete im ersten Halbjahr 1975 der Westdeutsche Rundfunk Köln im Schulfunk eine Sendereihe „Deutschland-Polen", die offensichtlich durch die Schulbuchkonferenzen inspiriert worden war und die durch die Behandlung kontroverser Themen zum Abbau der nationalen Vorurteile und einem besseren Verständnis beitragen wollte. Auch der Norddeutsche Rundfunk Hamburg berücksichtigte im November 1976 diese Thematik.[90]

Somit zeigen die Schulbuchkonferenzen erste, langsame Auswirkungen im angesprochenen Umsetzungsbereich, wenn diese auch nicht einheitlich beurteilt werden können. Das sollte aber nicht entmutigen, ebensowenig wie die noch nicht ausreichende Umsetzung in den polnischen Büchern, die zugegebenermaßen auch revidiert werden müssen[91], wobei die jeweilige Quantität des zu Ändernden keinen Streitpunkt bilden dürfte.

III.

Über diesen Problemen sollen jedoch keineswegs die Perspektiven der zukünftigen Zusammenarbeit zwischen Deutschen und Polen auf dem Sektor der Schulbuchrevision vergessen werden. Gerade im Hinblick auf den bisherigen Verlauf und die Probleme lassen sich Perspektiven und konkrete Vorschläge aufzeigen, natürlich stets unter der Bedingung, daß ein besseres Nachbarschaftsverhältnis zwischen beiden Staaten als bisher, d. h. auch eine Politik wirklicher Entspannung und Verständigung zustande kommt.

89 Vgl. Multhoff, Robert, Polen und die deutsch-polnischen Beziehungen in den neuesten Schulgeschichtslehrbüchern der Bundesrepublik Deutschland, Analyse für die 7. Konferenz im April 1975, masch. verv. Eine weitere Analyse referierte Kleßmann, Christoph, Die Darstellung des deutsch-polnischen Verhältnisses und Polens in den deutschen Geschichtsbüchern auf einer Tagung des Ostkollegs Köln der Bundeszentrale für politische Bildung vom 3.—6. März 1976 zum Thema „Die deutsch-polnischen Beziehungen im Unterricht"; der Druck ist geplant.

90 Vgl. Westdeutscher Rundfunk, Schulfunk, Sendereihe Deutschland — Polen (Beiheft), (Köln 1975) sowie Wie es damals war. Geschichte. 2. Halbjahr 1976, Schulfunk NDR (Beiheft), Hamburg (1976), S. 101—110; abgesehen werden muß hier natürlich von der reinen Berichterstattung der Rundfunkanstalten.

91 Dazu lagen der 7. Konferenz zwei polnische Zusammenstellungen vor: Zusammenstellung der Korrekturen, die im Lehrbuch „Geschichte für die 8. Klasse" von Marian Wojciechowski zum Gegenstand der deutsch-polnischen Beziehungen, der Geschichte Deutschlands, sowie beider deutscher Staaten (nach 1949) durchgeführt wurden; Zusammenstellung der Veränderungen, die in den polnischen Lehrbüchern für Geographie im Bereich der Informationen über die Bundesrepublik Deutschland vorgenommen worden sind.

In der Phase ab 1973 haben sich die Gespräche immer mehr zu bilateralen historischen Fachtagungen entwickelt, was die aufgezeigte Zwitterstellung im Jahre 1972 ablöste. Gerade unter diesem Aspekt ist die Forderung nach der fachlichen Kompetenz der Teilnehmer, je nach zu behandelndem Thema wechselnd, eine Selbstverständlichkeit, die es aber trotzdem auszusprechen gilt, und sei es nur, um eventuelle Vorwürfe der Zukunft abzufangen.[92] Dabei sollten auch wissenschaftlich kompetente Vertreter anderer Gruppen berücksichtigt werden.

Zu wünschen wäre überdies eine weitere Entemotionalisierung der Gespräche durch Nachlassen des tagespolitischen Erfolgsdruckes.[93]

Schließlich bleibt noch ein Punkt der Empfehlungen anzudeuten, der in erster Linie den pädagogischen Aspekt betrifft. Die Schulbuchanalyse von Irene Schmillen hat anhand konkreter Analysekriterien und eines fest umrissenen thematischen Bereichs sowie klar abgegrenzten Untersuchungsmaterials deutlich gemacht, daß es bei den Schulbüchern und dementsprechend bei deren Revision nicht allein darum geht, Fakten zu korrigieren oder anders zu gewichten, sondern daß es sich hierbei vor allem auch um Einstellungs- und Bewußtseinsprobleme handelt.[94] Bewußtseinsbildung und Einstellungsänderung unter der Zielsetzung von Entspannung und Verständigung, allerdings unter fundierter, rationaler Zustimmung der Beteiligten, stellt die entscheidende Aufgabe dar, jedoch ohne Ersatz bisheriger Normen und Klischees durch andere; nur durch einen Normentausch käme man dem eigentlichen Ziel der Schulbuchrevision kaum einen Schritt näher.[95]

Während der Blick auf die Perspektiven bislang allgemeinerer Natur war, soll nun versucht werden, konkretere Vorschläge für die Weiterarbeit zu erörtern. Thematisch gesehen ist in den Gesprächen jetzt der erste Durchgang durch die deutsch-polnische Nachbarschaftsentwicklung abgeschlossen. Es wurden zu allen wesentlichen Komplexen Empfehlungen formuliert, die je nach Divergenz der angesprochenen Komplexe allgemeiner oder konkreter gefaßt sind. Nach Abschluß dieses ersten Durchgangs empfiehlt sich ein kritischer Rückblick. Nötig wäre jetzt die Benennung der problemreichsten Komplexe. Doch nicht allein dies kann das Ziel sein, sondern die Begründung, warum denn gerade diese Komplexe so unterschiedlich beurteilt werden. Eine solche Begründung bietet die beste Möglichkeit zur Bestimmung des eigenen Standortes, damit der Bewußtmachung der eigenen wissenschaft-

92 Dies betont auch Sievers, S. 60; ausführlich bei Rhode, Deutsch-polnische Schulbuchkonferenzen, S. 134 f, der betont: „Auch polnischerseits wurde gelegentlich angedeutet, daß man sich ... möglichst sachkundige Gespächspartner wünsche."

93 Darauf weist auch Rhode, Zwischenbilanz, S. 3, hin.

94 Vgl. Anm. 65. Das Problem bei Sievers, S. 58, in einem Nebensatz erwähnt.

95 „Wirkliche Neuansätze werden erst durch die Analyse der gesellschaftlichen Verhältnisse möglich, die Vorurteile nationaler und innergesellschaflicher Art überhaupt erzeugen." Leggewie, Claus, Geschichte in Schul- und Sachwörterbüchern, in: Das Argument 14, 1972, S. 218—265, hier S. 236. Vgl. in Weiterführung dieser Überlegungen Arnold, Udo, Schulbuchrevision zwischen Politik und Didaktik. Ein Beitrag zu den deutsch-polnischen Schulbuchgesprächen, in: Die Deutsche Schule 70, 1978, S. 81—90; zum Komplex neuerdings Ostermann, Änne — Nicklas, Hans, Vorurteile und Feindbilder, München 1976.

lichen Erkenntnisse, aber auch der Bildungs- und Einstellungstraditionen, die in die eigene Beurteilung eines solchen Komplexes — fast stets unbewußt — mit einfließen. Ein solcher Verbalisierungs- und Begründungsvorgang bietet die beste Gewähr zum Abbau traditioneller nationaler Vorurteile zugunsten einer Entemotionalisierung zukünftiger Gespräche.[96] Hand in Hand mit einer guten öffentlichen Information über solche Aufarbeitungsprozesse von Traditionen ließe sich das Ergebnis sogar im Hinblick auf die angesprochenen Einstellungsveränderungen weiten Bevölkerungskreisen beider Länder vermitteln. An einem Beispiel möchte ich diese Möglichkeit kurz veranschaulichen.

Aus dem Verlauf der Gespräche wurde deutlich, daß offenbar die Beurteilung des Deutschen Ordens einen der problembeladensten Gesprächspunkte darstellt. Das zeigt bereits die Empfehlung Nr. 5 der ersten Konferenz in Warschau 1972: „In den polnischen Schulbüchern wird vor allem die säkular-staatliche und militärisch-expansive Rolle des Ordens hervorgehoben, in den westdeutschen seine zivilisatorische und missionarische Aufgabe betont. Es würde die weitere Diskussion erleichtern, wenn beide Momente berücksichtigt würden."[97] Die Erklärung zu dieser Feststellung lieferte die zweite Konferenz in Braunschweig als dritte Empfehlung für den Bereich Mittelalter und Neuzeit. Der erste Satz blieb stehen, dann heißt es: „Dieser Sachverhalt spiegelt zu einem guten Teil die zwischen der polnischen und der deutschen/westdeutschen Forschung grundsätzlich bzw. punktuell kontroverse Einschätzung des Deutschen Ordens wider, welche daher bei der Behandlung folgender wesentlicher Fakten der Ordensgeschichte zukünftig zu berücksichtigten sind: . . ." (es folgt die Aufzählung von acht Themen vom 13. bis ins 16. Jahrhundert).[98] Diese Konstatierung der Gegensätze wurde anschließend beispielhaft belegt durch die Aufsätze von Hartmut Boockmann und Gotthold Rhode sowie Marian Biskup.[99] Auch die Spezialkonferenz zum Thema „Deutscher Orden" verdeutlicht diese Punkte, weniger in den Referaten, als in der anschließenden Diskussion, obwohl dort weniger Probleme der Einschätzung als der faktographischen Erarbeitung zur Sprache kamen.[100] Warum aber ist jene Einschätzung so divergent? Denn darin liegt doch letzlich die Problematik der gesamten Schulbuchgespräche und -revision, nicht in der Frage richtiger oder falscher Fakten.

Wenn wir versuchen wollen, die Wurzeln jener Divergenz aufzuspüren, müßten wir zum Teil weit zurückgreifen. Denn gerade für das deutsch-polnische Verhältnis spielt dabei die mittelalterliche Geschichte eine wesentliche Rolle, sei es für Polen die wechselnde Reichsidee eines piastischen oder jagiellonischen Polens oder aber — auf polnischer wie auf deutscher Seite — die Beurteilung des Deutschen Ordens. Gerade diese zeigt Traditionslinien auf, deren Analyse auf ihre jeweilige

96 Vgl. dazu die auf die politische Didaktik bezogenen Ausführungen von Staehr, Gerda von, Kritische Theorie und politische Didaktik, Bonn 1973, S. 120 f. (Reihe Argo 3).

97 Empfehlungen zur Behandlung, S. 5.

98 Ebd., S. 13.

99 Vgl. Deutschland, Polen und der Deutsche Orden (vgl. Anm. 33).

100 Den Druck der Referate und des Tagungsberichts vgl. Anm. 33 u. 41.

politische Funktion hin interessant ist.[101] Eine solche Analyse ist jedoch nicht nur aus historischem Interesse erforderlich, zumal solche Beurteilungstraditionen sich nicht plötzlich vom Tisch fegen lassen. Wenn auch sicher unbewußt, so finden sie sich doch oft genug auch heute noch — wobei es unwichtig ist für unsere Fragestellung, ob stärker auf polnischer oder auf deutscher Seite — und führen zu stark divergierenden Ansichten und Einstellungen. Falls jedoch jene Divergenzen aufgearbeitet und bewußt gemacht werden, könnte zum Abbau derselben und zur Entemotionalisierung beigetragen und somit die Voraussetzung geschaffen werden, jene problemreichen Komplexe der Schulbuchgespräche für beide Seiten erfolgreicher anzugehen.

Der nächste Schritt wäre eine Darstellung der noch divergenten Probleme in parallelen Arbeiten aus der jeweiligen Sicht deutscher und polnischer Wissenschaftler zur besseren Eingrenzung der Komplexe und konkreteren Diskussionsgrundlage. Daß ein solches Verfahren nicht nur möglich, sondern auch erfolgreich sein kann, zeigen sehr deutlich die skandinavischen Ansätze zwischen den beiden Weltkriegen. Das Ergebnis eines oder mehrerer solcher wissenschaftlichen Sammelbände — nicht zuletzt unter dem Gesichtspunkt der individuell, nicht unbedingt national bedingten Interpretationsunterschiede — wäre eine entemotionalisierte, sachliche Darstellung der divergenten Fragen, nicht als Ausgangspunkt neuer Vereinbarungen zu sehen, sondern als wissenschaftlich divergente Probleme, die als solche ohne weiteres bestehen bleiben können, denn schließlich sind kontroverse Ansichten im Wissenschaftsbereich nicht nur üblich, sondern auch notwendig — sofern sie sich sachlich begründen lassen. Nicht zuletzt sind solche Kontroversen bedingt durch unterschiedliche Interpretationsmuster, die zum — ausgesprochenen oder nicht ausgesprochenen — Ziel einer Geschichtsdarstellung auch im Schulbuch führen. Wenn die Entwicklung soweit vorangetrieben sein sollte, bleibt allerdings zu fragen, wieviel vom dann noch divergierenden Komplex überhaupt in ein Schulbuch Eingang finden kann, ob das meiste nicht durch ein Schulbuchraster hindurchfällt.

Während die beiden ersten Schritte auf beiden Seiten zu tun wären, kann der dritte nur von deutscher Seite aus betrachtet, seine Entsprechung auf polnischer Seite von einem polnischen Kollegen formuliert werden. Es geht dabei um die „Ostkunde“. Es ist viel darüber geschrieben worden, nicht zuletzt aufgrund der nach den Ostverträgen in der Bundesrepublik neu aufgeflammten Diskussionen.[102] Leider liegt aber bereits im Begriff eine stark emotionale Hypothek, ebenso in dem der Ostforschung, deren Emotionalität allerdings wesentlich von ihren Gegnern immer wieder hochgespielt wird. Sie verführt zu einer alleinigen Betrachtung der deutschen, nationalen Leistung im Osten und stellt sich daher manchmal als natio-

101 Vgl. dazu ausführlich Arnold, Schulbuchrevision.

102 Erwähnt sei nur der letzte Diskussionsbeitrag, der aufgrund des Publikationsorgans weite Verbreitung und daher entsprechendes Gewicht in der Diskussion erfährt: Protzner, Wolfgang, „Ostkunde“ — Geschichte eines politisch umstrittenen Unterrichtsanliegens, in: aus politik und zeitgeschichte, B 46/74 v. 16. 11. 1974, S. 3—15.

nale Nabelschau dar. Damit aber wird sie weder modernen historiographischen Erfordernissen noch der damaligen historischen Realität gerecht. Anzustreben ist vielmehr eine Landesforschung und Landeskunde Ostmitteleuropas unter Einschluß aller in der Geschichte beteiligten Kräfte.[103] Hier ist anzusetzen und das, was an Rudimenten aus der Nachkriegszeit noch existiert, zu ersetzen durch sachliche Richtlinien und Erlasse ebenso wie durch Unterstützung der auf jenes Ziel gerichteten Forschung. Es gibt sie auch jetzt bereits, nur wird sie als solche kaum gewürdigt.

Diese drei Schritte, von denen der dritte bewußt weniger konkretisiert ist, da er nur eine Seite der Konferenzteilnehmer berücksichtigt, lassen sich jedoch um weitere Ansatzpunkte vermehren, denn sie betreffen nur den geschichtswissenschaftlichen Bereich, während der didaktische Bereich noch unberücksichtigt ist. Neben jenem zuerst genannten Schritt der Divergenzverbalisierung und -aufarbeitung sowie dem zweiten der wissenschaftlichen Paralleldarstellungen schwieriger, unterschiedlich beurteilter Themen kann ein weiterer parallel laufen. Es sind dies detaillierte und konkrete Schulbuchanalysen, die bislang von seiten der Konferenz erst in einem Fall, beim Deutschen Orden, durchgeführt wurden.[104] Es stellt sich hier die Frage — sie ist nicht neu, sondern in der Presse öfter aufgetaucht — , ob solche Analysen nicht eigentlich die Grundvoraussetzung von Schulbuchgesprächen sein müssen. Von der Konzeption her ist das sicher richtig, und dem entspricht auch die Aussage von Rosemarie Sievers, daß vor Konferenzbeginn die Schulbücher ausgetauscht und begutachtet worden seien;[105] allerdings hat die interessierte Öffentlickeit vom Ergebnis der Begutachtung bislang nichts erfahren.

Bei den notwendigen Schulbuchanalysen kann es aber nicht nur um Aufdeckung von Fehlern — wie etwa falschen Jahreszahlen — gehen. Es muß vielmehr, wie bereits erwähnt, nach den zugrundeliegenden Einstellungen und Denkstrukturen sowie den Lernzielen der Bücher gefragt werden. Damit aber sind wir an einem entscheidenden Punkt angelangt, den es in anderem Zusammenhang nochmals aufzugreifen gilt. Hier geht es um die Vorabentscheidungen didaktischer Art im Hinblick auf Geschichtsunterricht ganz allgemein, sowie die ihm zuzuordnenden Hilfsmittel und Materialien, von denen das Schulbuch nur eins, wenn auch das wichtigste darstellt. Wie diese Vorabentscheidung auch ausfällt, es ist jedenfalls sicher, daß die Analyse der vorliegenden Bücher unter eindeutiger Benennung des Kriterienkatalogs sowohl im jeweils eigenen als auch im Partnerland eine unabdingbare Vor-

103 Vgl. ausführlicher dazu Arnold, Udo, Aufgaben und Perspektiven ostdeutscher Landesgeschichtsschreibung in der Gegenwart, in: Altpreußische Geschlechterkunde, N. F. Bd. 8, 1975, S. 3—14; überarbeiteter Neudruck: Aufgaben und Perspektiven ostdeutscher Landesgeschichtsschreibung. Notwendige Wandlungen und neue Möglichkeiten = Kulturpolitische Korrespondenz. Sonderdienst 37/77 (1977).

104 Vgl. Trawkowski, Stanisław, Der Deutsche Orden in den polnischen Schulbüchern (vgl. Anm. 41, in polnischer und deutscher Sprache vorliegend); Arnold, Udo, Der Deutsche Orden im Schulbuch der Bundesrepublik Deutschland, wo nur die Hauptschule bzw. Sekundarstufe I berücksichtigt ist (vgl. Anm. 41, in polnischer und deutscher Sprache vorliegend); vgl. ferner Schmillen.

105 Vgl. Sievers, S. 56.

aussetzung weiterer Gespräche darstellt. Denn erst eine unter dem Gesichtspunkt der Aufdeckung existenter Einstellungen und Vorurteile vorgenommene Schulbuchanalyse klärt wirklich die kritischen und divergenten Punkte der Geschichtsbetrachtung. An dieser Stelle treffen sich dann der erste Schritt, den die Geschichtswissenschaftler zu tun hätten — Divergenzverbalisierung und -aufarbeitung — mit dem der Schulbuchanalyse auf derselben Ebene, nur anhand anderen Materials.

Bei jenen aufgezeigten Möglichkeiten der parallelen Arbeit von verschiedenen Expertengruppen ist sozusagen die „Wirkung im Innern" angesprochen. Sie bleibt jedoch Selbstzweck, wenn sie nicht in der Öffentlichkeit beider Staaten hinreichend bekannt gemacht wird. Es reicht einfach nicht aus, entweder nur durch ein offizielles Kommuniqué bzw. offiziöse oder gar private Mitteilungen von Konferenzteilnehmern über die Ergebnisse zu unterrichten. Diese Art der Information hat nicht zuletzt einen Teil der Pressekampagne gegen die Konferenzen erst ermöglicht. Es sollte daher einen Planungsausschuß der Konferenz für eine sinnvolle und systematische Öffentlichkeitsarbeit geben, denn wenn es im Kern um Einstellungs- und Vorurteilsproblematik im Hinblick auf weite Bevölkerungskreise geht, sollten auch die Medien mit einbezogen werden, die die Aufgabe der Berichterstattung haben und dementsprechend fundiert unterrichtet werden müssen.

Während all diese Vorschläge, abgesehen von dem zum Bereich „Ostkunde", sich auf den Fortgang der Gespräche beziehen, ist noch die Frage der Umsetzung und Realisierung der Ergebnisse anzusprechen. Die Chancen der Ergebnisverwirklichung hängen nicht zuletzt von den Punkten ab, die ich im Abschnitt über die Probleme der Konferenzen erwähnte und die letztlich auf die Glaubwürdigkeit und Seriosität über Parteigrenzen hinweg abzielen. Erreicht die Konferenz dieses Ziel, dürfte sich auch der Komplex der „Ostkunde" leichter bewältigen lassen. Dann aber kann auch der folgende Vorschlag realisierbar sein, der sich ebenso wie der Bereich der „Ostkunde" nicht auf die direkten Schulbuchgespräche der bilateralen Konferenz, sondern auf die nötigen Folgen in der Bundesrepublik bezieht. Es bedarf zur sinnvollen Umsetzung einer großen Zahl von Partnern, vor allem auch aufgrund der bereits angesprochenen föderalistischen Struktur der Bundesrepublik. Das Gremium dieser Partner müßte umfassen Vertreter aller Kultusministerien, Fachhistoriker, wissenschaftliche Pädagogen nebst Vertretern der Nachbar- und Nebendisziplinen wie Psychologie und Soziologie sowie praktische Pädagogen, im fortgeschrittenen Stadium auch Schulbuchautoren und Verleger. Ein solches Gremium erst wäre möglicherweise in der Lage, dazu beizutragen, die Ergebnisse der Schulbuchgespräche konkreter umzusetzen und dorthin zu führen, wo sie zum Tragen kommen sollen: ins Schulbuch und in die Schule, letztlich ins gesamte Bildungssystem.

Außerdem werden eine Vielzahl von Einzelinitiativen und Einzelveranstaltungen notwendig sein, um weite Bevölkerungskreise zuerst einmal sachlich zu informieren, im nächsten Schritt die Probleme der deutsch-polnischen Beziehungen bewußt zu machen und schließlich auf die Schwierigkeiten hinzuweisen bei der Darstellung der Beziehungsgeschichte. Dazu sollten die verschiedensten Möglichkeiten ins Auge gefaßt werden, von offiziellen Organen bis hin zu privaten Vereinigungen (z. B. die Bundeszentrale für politische Bildung und die entsprechenden Landeszentralen der einzelnen Bundesländer). Aufgegriffen hat dies bereits die Bundeszentrale mit einer Tagung im März 1976 zum Thema „Die deutsch-polnischen Beziehungen im Unterricht". Hier wären auch die anerkennenswerten Bemühungen der Forschungsstelle Ostmitteleuropa an der Pädagogischen Hochschule Ruhr, Abteilung Dortmund, des Deutsch-Polnischen Länderkreises an der Rheinisch-Westfälischen Auslandsgesellschaft Dortmund, der Deutsch-Polnischen Gesellschaft und anderer Institutionen zu nennen, die wesentlich auf private Initiativen zurückgehen.[106] Doch über die speziellen Institutionen hinaus gilt es weitere anzusprechen, wie die vielen Jugendverbände, die es nicht nur im politischen Bereich gibt.[107] Auch in die wissenschaftlichen Vereinigungen ist die Fragestellung der Schulbuchrevision und ihrer Probleme hineinzutragen.[108]

Erst recht muß der zukünftige oder bereits im Beruf stehende Lehrer mit dieser Thematik und Problematik vertraut gemacht werden, nicht nur im Bereich der Hochschulen, sondern auch im Rahmen von Lehrerfortbildungstagungen[109] und größeren Kongressen zu allgemeineren Themenkomplexen wie auf der 5. Internationalen Schulausstellung im Mai 1976 in Dortmund.[110] Dabei ist auch mit den Gegnern der Schulbuchempfehlungen die Diskussion zu suchen, um Argumente und Gegenargumente auszutauschen und einem interessierten Publikum beides darzubieten, im Interesse der Umsetzung der bisherigen Ergebnisse ebenso wie im Interesse der Weiterführung der Gespräche.[111]

106 Vgl. z. B. Brücken nach Polen. Beiträge aus Anlaß der 18. Auslandskulturtage der Stadt Dortmund, hg. v. der Rheinisch-Westfälischen Auslandsgesellschaft, Dortmund 1975; Hoffmann, Johannes, Polen, unser östlicher Nachbar. Bücher — Medien — Unterrichtsmaterialien. Eine Auswahlbibliographie, Dortmund 1975; Völker, Klaus, Die deutsch-polnischen Beziehungen im Spiegel bundesdeutscher Schulbücher, hg. v. der Deutsch-Polnischen Gesellschaft im Saarland, o. O. u. J. (1972?); Das Deutschlandbild in internationalen Geschichtsbüchern, hg. v. Reinhard Sprenger, Kastellaun 1977 (Zur Sache Schulbuch 6), S. 101—129: Diskussionsbeiträge von Irmgard Hantsche, J. K. Hoensch, Johannes Hoffmann, R. J. Sattler und R. Sprenger im Rahmen der 4. Paderborner Hochschulwoche 1975.

107 Verwiesen sei auf eine Tagung der Jungen Union Deutschlands, der Jugendorganisation der CDU, im November 1974 zum Thema „Probleme der deutsch-polnischen Schulbuchrevision", die jedoch offensichtlich ohne Konsequenzen blieb.

108 So plant beispielsweise die Historische Kommission für ost- und westpreußische Landesforschung für 1978 eine Jahrestagung zum Thema „Preußen im Unterricht".

109 Verwiesen sei auf eine Lehrerfortbildungstagung des Niedersächsischen Kultusministeriums im Dezember 1975 zum Thema „Probleme deutsch-polnischer Nachbarschaft — Ergebnisse der 8 deutsch-polnischen Schulbuchkonferenzen".

110 Dort in der Pädagogischen Veranstaltungsreihe „Erziehung zum Frieden" Vorträge und Diskussion mit Władysław Markiewicz und Walter Mertineit zum Thema „Deutsch-Polnische Schulbuch-Kontroverse — die Bemühungen um die deutsch-polnischen Schulbuchvereinbarungen".

111 Als Beispiel einer solchen Veranstaltung ist zu nennen die vom Bund der Vertriebenen, Landesverband Nordrhein-Westfalen veranstaltete Podiumsdiskussion im Rahmen der 5. Internationalen Schulausstellung zum Thema „Deutsch-polnische Schulbuchkontroverse" mit

Fassen wir den Komplex der Perspektiven kurz zusammen. Allgemeiner Art ist die Forderung nach fachlicher Kompetenz der Teilnehmer der künftigen Gesprächsrunden, eng damit verbunden die Beteiligung der wissenschaftlich sachkundigen Gruppen. Hinzu kommt die Forderung nach Nachlassen des politischen Drucks auf die Gespräche und eine Entemotionalisierung. Weiterhin muß der Zeitfaktor großzügiger bemessen sein, da es um Einstellungs- und Vorurteilsfragen geht. Dieser Bereich läßt sich nicht unter Zeitdruck zwingen, soll es nicht zu einem einfachen Normentausch kommen, also einem sehr vordergründigen Ergebnis.

Konkret sind die verbleibenden Problembereiche zu benennen und herauszuarbeiten, warum diese existieren, um eine Standortbestimmung der Bedingtheiten und Traditionen der jeweils eigenen Einstellung vorzunehmen und damit bereits dem Abbau möglicher Vorurteile näher zu kommen. In denselben Bereich gehört die Veröffentlichung wissenschaftlicher Sammelwerke mit der Darstellung der anstehenden Problemkomplexe von jeweils polnischen und deutschen Fachkollegen, unter anderem als vertiefte Diskussionsgrundlage für die Gesprächsfortsetzung. Dem entspricht die Forderung nach konkreten und detaillierten Schulbuchanalysen beider Länder, sowohl als weitere Diskussionsgrundlage als auch als Mittel zur Aufarbeitung des Einstellungs- und Vorurteilsbereiches. Nicht zuletzt gehört in diesen Bereich neben guter Arbeit in der Konferenz eine gute Öffentlichkeitsarbeit in beiden Ländern. Hierzu müßte die Konferenz aus ihrer Mitte einen eigenen Ausschuß bilden.

Nur die Bundesrepublik Deutschland betreffen die Überlegungen bezüglich der Ostkunde sowie der überregionalen interdisziplinären Kommission für die Umsetzung der Konferenzergebnisse. Beides ist nicht einfach; es müßte aber möglich sein, wenn die Arbeit der Konferenz auch als wissenschaftliches ernsthaftes Bemühen anerkannt wird. Gerade im Umsetzungsbereich für die bisherigen Ergebnisse ließen sich sodann ganz konkrete Ansatzmöglickeiten, mit Beispielen belegt, anführen. Es ist klar, daß diese nur anregend, nicht jedoch als erschöpfende Ansätze gemeint sein können. Je nach Situation wird sich das Spektrum der Möglichkeiten erweitern lassen.

Bewußt betreffen diese Überlegungen nur den Bereich in der Bundesrepublik Deutschland, doch gerade diese Beschränkung enthält die Aufforderung zu parallelen Überlegungen in Polen, sei es auf dem Gebiet der Forschungen über Westeuropa oder aber der Vermittlung des gleichen sachgebundenen und glaubwürdigen Eindrucks über alle Teilnehmer der Konferenz, wie er auf deutscher Seite anzustreben ist. Daß geplante Veröffentlichungen in beiden Ländern und in beiden Sprachen erscheinen müssen, sei als Selbstverständlichkeit nur am Rande erwähnt.

Allerdings lassen sich die hier aufgezeigten Perspektiven nicht ohne Vorbedingungen erfüllen; sie sollen hier abschließend genannt werden. Zum einen sind diese Vorbedingungen politischer Natur, zum anderen didaktischer. Eine Grundbedin-

Hans-Adolf Jacobsen und Rudolf von Thadden einerseits, Herbert Hupka und Hans-Günther Parplies andererseits und Udo Arnold als Diskussionsleiter.

gung zur erfolgreichen Weiterarbeit der Schulbuchkonferenz ist der Wille zur wirklichen Verständigung und Entspannung. Das aber bedeutet gerade auf deutscher Seite auch die Ermöglichung fachlicher Vorbereitung auf eine Konferenz. Es wurde bereits betont, daß das Braunschweiger Schulbuchinstitut völlig überfordert ist, wenn es neben der Konferenzorganisation noch die geschichtswissenschaftliche Vorarbeit, die didaktischen Grundlagen und die Schulbuchanalysen erarbeiten soll. Es geht allerdings auch nicht an, daß all diese Probleme nebenamtlich von den zuständigen Fachleuten erarbeitet werden, noch dazu, wo von seiten der Bundesregierung manches getan wird, um die Fachleute in ihrer Arbeit zu beschneiden. Es ist dies eine Entwicklung neuesten Datums, die im westlichen Ausland höchste Verwunderung erregt hat, da dort die Meinung herrscht, daß im Zuge einer intensiveren Ostpolitik der Bundesrepublik auch die Forschung über die Territorien der Nachbarländer intensiviert werde. Das heißt: intensive fachwissenschaftliche Konferenzvorbereitung und detaillierte Schulbuchanalysen benötigen Bearbeiter, die sich verstärkt solcher Thematik widmen können. Dazu bedarf es der Forschungsmittel, um fähige Wissenschaftler vor allem auf Seiten des Nachwuchses heranziehen zu können. Schließlich geht es nicht um Gesprächssollerfüllung schematischer Natur, sondern um die Problematik der Einstellungen und Vorurteile zweier Völker. Nicht zuletzt an diesem Punkt wird sich das Bemühen um Verständigung über den Weg des intensiveren Kennenlernens im gegenwärtigen und historischen Begegnungsraum messen lassen müssen!

Neben diese aufs engste miteinander verbundenen Punkte tritt als weitere Vorbedingung die Kooperationsbereitschaft der an den Gesprächen Beteiligten, der Wille, sich den Argumenten des Anderen nicht zu verschließen, sie zu verstehen und sie seiner eigenen Argumentation zu integrieren — nicht um Überredung, sondern um wissenschaftlich-argumentative Überzeugung muß es den Beteiligten gehen. Allerdings dürfte das, auf den bisherigen Verlauf der Gespräche blickend, das wesentlich kleinere Problem sein.

Zuletzt sollen hier noch die Vorbedingungen didaktischer Natur für die Schulbuchentwicklung angesprochen werden, da sich bei der hergebrachten Konzeption der Bücher gerade im Umsetzungsbereich auf deutscher Seite entscheidende Probleme ergeben.[112] Aus diesen Problemen erhebt sich die Forderung nach einer Neukonzeption des Geschichtsunterrichts und damit des Buches, daß nämlich der Hintergrund der Schulbuchgespräche, die Einstellungsproblematik selber thematisiert wird am Beispiel der Geschichte. Das heißt, wenn dem Schüler nicht alleine Fakten vermittelt werden, sondern vor deren Vermittlung die Fragestellung steht, die auf Beteiligung des Schülers im Lernprozeß und darüberhinaus eine Umsetzung in

112 Vgl. Nolte, Hans-Heinrich, Die Empfehlungen zur Behandlung der deutsch-polnischen Beziehungen in den Schulbüchern im Lichte der Lehrpläne für Geschichte in den Ländern der Bundesrepublik Deutschland, in: Internationales Jahrbuch 15, 1974, S. 87—94. Es muß allerdings dazu angemerkt werden, daß die Richtlinien nicht Inhalte bindend vorschreiben, sondern auch selbstgewählte Alternativen zulassen.

eigene Einstellungen und Handlungsmodelle abzielt.[113] Das bedeutet nicht etwa einen Verlust an Geschichte, sondern im Gegenteil eine Intensivierung, die umso einleuchtender für den Schüler erscheint, als bislang totes Faktenwissen plötzlich einen persönlichen Relevanzhorizont erfährt.[114] Die Einstellungs- und Vorurteilsproblematik gibt einen hervorragenden Rahmen dafür ab, und gerade in jenem Rahmen könnten die Komplexe der deutsch-polnischen Schulbuchgespräche einen hohen Stellenwert erhalten. Dieser Ansatz ist eine wesentliche Überlegung im Sinne einer Friedenspädagogik, wie sie auf die Jugend im schulischen Bereich zugeschnitten sein sollte, denn gerade eine solche Konzeption fördert besseres Kennenlernen und Verständigung, die erklärtes Ziel der Volksrepublik Polen und der Bundesrepublik Deutschland sind, „in dem Bewußtsein, daß die künftige Gestaltung der Beziehungen zwischen beiden Staaten und Völkern wesentlich von dem gegenseitigen Verständnis der jungen Generation abhängt.“[115]

113 Ausführlicher hierzu Arnold, Schulbuchrevision.

114 Weiterführende Überlegungen anhand eines Modells vgl. bei Arnold, Udo, Herrschaft und Verfassung in einer mittelalterlichen Stadt (Danzig) — didaktische Aspekte für einen historisch-politischen Unterricht, in: Zeitschrift für Stadtgeschichte, Stadtsoziologie und Denkmalpflege 3, 1976, S. 181—209.

115 Presse- und Informationsamt der Bundesregierung. Bulletin, S. 671.

Die Tätigkeit der UNESCO-Schulbuchkommission der VR Polen und der Bundesrepublik Deutschland (1972—1976)

von

Wladyslaw Markiewicz

Seitdem Schulbücher ein unerläßliches Mittel öffentlicher Bildung und Erziehung sind, ist man sich ihrer Bedeutung für die Gestaltung des Bewußtseins und der Verhaltensweise der Jugend bewußt. Aufgeklärte Pädagogen haben schon früh erkannt, daß Schulbücher für den Menschen häufig die einzige Quelle des systematisierten Wissens sind, aus der er sein ganzes Leben lang schöpft. Eine besondere Bedeutung wurde seit jeher Geschichts- und Geographiebüchern, d. h. den Schulbüchern, die Auskunft über die Rolle und den Platz des eigenen Volkes in der Völker- und Staatengemeinschaft geben, beigemessen. Im XIX. Jahrhundert, das von einigen Gesellschaftstheoretikern als das „Jahrhundert des Nationalismus" bezeichnet worden ist, dominierten in den Schulbüchern für Geschichte und Geographie in der Regel extrem ethnozentrische Auffassungen, die die Überzeugung von der Überlegenheit des eigenen Volkes im Bewußtsein der Schüler festigten und sie dazu verleiteten, die Beziehungen zu anderen Völkern im Freund-Feind-Schema zu sehen.

Die Folgen einer solchen Indoktrination waren u. a. an den Geschehnissen des Ersten Weltkrieges deutlich abzulesen, in dem der Chauvinismus und der Fremdenhaß zur wichtigsten staatsbürgerlichen Tugend erhoben wurden. Daher ist es auch nicht verwunderlich, daß nach Kriegsende viele europäische Länder Maßnahmen zur Ausmerzung nationalistischer Stereotypen in den Schulbüchern, die ein friedliches Zusammenleben der Völker erschwerten, trafen. Pionierarbeit leisteten hierbei die skandinavischen Länder mit ihrer bereits 1919 beschlossenen Vereinbarung zur Frage der Schulbuchverbesserung.[1] Unter der Schirmherrschaft des Völkerbundes haben auch andere Länder, darunter Polen, ähnliche Aktionen in die Wege geleitet.

Am 9. Juni 1933 trat in Warszawa (Warschau) ein Unterausschuß der Polnischen Kommission für Internationale Intellektuelle Zusammenarbeit zur Untersuchung ausländischer Schulbücher zusammen. Dieser Ausschuß setzte Experten, hauptsächlich Historiker und Geographen, ein und übertrug ihnen die Aufgabe, die Schulbücher zu untersuchen, die in 25 dem Völkerbund angehörenden Staaten be-

1 Vgl. Schüddekopf, O. E., 20 Jahre Schulbuchrevision in Westeuropa 1945—1965, Braunschweig 1966, S. 15.

nutzt wurden.[2] Schon damals wurde die Revision der Schulbücher für Geschichte und Geographie, aber auch für die Staatsbürgerkunde, die in den deutschen Schulen benutzt wurden, als eine der wichtigsten und zugleich schwierigsten Fragen angesehen. Das nationalsozialistische Regime in Deutschland legte der Tätigkeit des Unterausschusses verschiedene Hindernisse in den Weg. Trotzdem gelang es einem Arbeitskreis von 21 Rezensenten, etwa 200 Schul- und Lehrbücher und andere als Lehrmittel gebrauchte Veröffentlichungen zu untersuchen. Bei diesen wurden fast 100 Positionen beanstandet.[3] Die Ergebnisse der Arbeit polnischer Experten wurden 1937 der deutschen Seite in Gestalt eines umfangreichen allgemeinen Berichts unterbreitet.[4] Aus diesen ging hervor, daß eigentlich kein Teilabschnitt der Geschichte der polnisch-deutschen Beziehungen in den Schulbüchern des Dritten Reiches objektiv und frei von nationalistischen Einflüssen dargestellt worden war. Mit Ausnahme von zwei unformellen Begegnungen zwischen Vertretern beider Länder ist es jedoch zu keiner ernsthaften Diskussion über die Revision der Schulbücher gekommen. Der Ausbruch des Zweiten Weltkrieges machte einen Strich durch die Bemühungen um die Verbesserung der Schulbücher in ganz Europa.

Nach der Zerschlagung des Dritten Reiches sollten die Deutschen gemäß den Bestimmungen des Potsdamer Abkommens umerzogen werden. Dies sollte u. a. durch eine Ausmerzung nationalsozialistischer und militaristischer Lehren aus dem System der Volksbildung geschehen, um so den demokratischen Ideen den Weg zu ebnen. Die alliierten Besatzungsbehörden konkretisierten nach und nach durch Sonderverfügungen, u. a. auch über Schulbücher, diese ziemlich allgemein formulierten Weisungen des Potsdamer Abkommens.[5] In der sowjetischen Besatzungszone Deutschlands wurde eine tiefgreifende Reform des Schulwesens aller Stufen durchgeführt. Nach der Gründung der Deutschen Demokratischen Republik und nach der Anbahnung freundschaftlicher Beziehungen mit diesem Land durch Polen, wurde die Frage der Erziehung der jungen Generation im Geiste der Freundschaft zwischen beiden Völkern sozusagen automatisch gelöst.[6]

In der Bundesrepublik Deutschland wurde nach der Gründung dieses Staates im Jahre 1949 eine umfassende Aktion zur Säuberung der Schulbücher von der durch den Nationalismus entstellten Darstellung vor allem der westeuropäischen Völker

2 Gelles, R., Sprawy polskie w niemieckich podręcznikach szkolnych z lat trzydziestych XX wieku w ocenie historyków polskich (Polnische Angelegenheiten in den deutschen Schulbüchern der Dreißiger Jahre im Urteil polnischer Historiker), in: Przegląd Zachodni, 2/1975, S. 338.

3 Ebenda, S. 340.

4 Wyniki badań Polskiej Komisji Międzynarodowej Współpracy Intelektualnej nad niemieckimi książkami szkolnymi (Untersuchungsergebnisse des Polnischen Ausschusses für Internationale Intelektuelle Zusammenarbeit über deutsche Schulbücher), in: Przegląd Zachodni, 2/1975, S. 341—370.

5 Schüddekopf, a. a. O., S. 17—18.

6 Systematische Arbeit an der Abstimmung der Ansichten über die Geschichte der deutsch-polnischen Beziehungen und deren Einführung in die Erziehungspraxis wird seit 20 Jahren durch eine Historikerkommission der VR Polen und der DDR geleistet.

unternommen. Dabei maß man den Verhandlungen mit den französischen Historikern und Pädagogen über dieses Thema eine besondere Bedeutung bei. Eine ähnliche Erörterung von Problemen, die die Beziehungen zu den osteuropäischen Ländern betrafen, wurde auf die lange Bank geschoben, nicht zuletzt aufgrund des „Kalten Krieges" und der daraus resultierenden Anwendung der sog. Hallsteindoktrin durch die Bundesrepublik Deutschland, die die Aufnahme diplomatischer Beziehungen mit den sozialistischen Staaten verhinderte.

In Polen wurde in jener Zeit die Entwicklung des Bildungssystems in der Bundesrepublik Deutschland mit Aufmerksamkeit verfolgt. Systematisch wurden die Schulbücher der Bundesrepublik Deutschland hinsichtlich ihres sachlichen und erzieherischen Inhalts durchgesehen.[7] Die aus diesen Analysen erwachsenden Schlußfolgerungen stimmten überaus pessimistisch: die Mehrzahl der Autoren stellte fest, daß die Art der Darstellung der Geschichte der polnisch-deutschen Beziehungen und der Nachkriegsrealitäten in Polen in den Schulbüchern der Bundesrepublik Deutschland von einer weithin nicht überwundenen „traditionellen" Feindseligkeit und Verachtung gegenüber den Polen durch die Deutschen zeugte. Als überzeugender Beweis für das bewußte Schüren des antipolnischen Chauvinismus in der Bevölkerung der Bundesrepublik Deutschland wurde in Polen die Einführung eines besonderen Unterrichtsfaches, mit der Bezeichnung „Ostkunde", in den Lehrbetrieb betrachtet.

Hinsichtlich der polnischen Schulbücher für Geschichte und Geographie war die Öffentlichkeit unseres Landes der Ansicht, daß sie die Geschichte der polnisch-deutschen Beziehungen sowie die gesellschaftlich-politische Wirklichkeit in der Bundesrepublik Deutschland objektiver beleuchteten, so daß kein nennenswerter Anlaß zu Beanstandungen bestand.[8] Allein die Existenz der mit Polen befreundeten Deutschen Demokratischen Republik, vor allem aber die Anwendung klassenmäßiger Bewertungskriterien in bezug auf historische Ereignisse und Prozesse bewirkte, daß in unseren Schulbüchern der Begriff „Deutscher", der unmittelbar nach dem Kriege entgegen allen Regeln der polnischen Rechtschreibung mit kleinem Anfangsbuchstaben geschrieben wurde, von pejorativen Assoziationen befreit wurde. Man begann sich dieses Begriffes einfach als konkret-historischer Kategorie zu bedienen. Im Zusammenhang damit spielte sich z. B. die tausendjährige Auseinandersetzung nicht mit den Deutschen „an sich", sondern mit den deutschen Feudalherren ab. Nicht die Deutschen „als solche", sondern das nationalsozialistische Reich

7 Vgl. auch Sobański, W., Podręczniki szkolne w NRF (Schulbücher in der Bundesrepublik Deutschland), Warszawa-Poznań 1961; Drecki, R., Pokolenie na rozdrożu (Generation am Scheideweg. Skizze über politische Erziehung und weltanschauliche Einstellung der Jugend in der Bundesrepublik Deutschland), Poznań 1964; Rogalski, A., Niemiecka Republika Federalna... (Die Bundesrepublik Deutschland: Fakten, Konfrontationen, Meinungen), Poznań 1962; Markiewicz, W., Społeczeństwo i socjologia w NRF (Gesellschaft und Sozialwissenschaften in der Bundesrepublik Deutschland), Poznań 1966.

8 Vgl. „Über die Darstellung der deutsch-polnischen Beziehungen im Geschichtsunterricht", Braunschweig 1960[3].

Hitlers hat Polen überfallen und ihm in den Jahren der Okkupation ein grausames Schicksal bereitet. Nichtsdestoweniger wurde ähnlich wie in der ganzen Propaganda auch in den Schulbüchern für Geschichte und Staatsbürgerkunde das Bild der Bundesrepublik Deutschland in entschieden dunklen Farben gezeichnet. Die Nichtanerkennung der polnischen Grenze an Oder und Neiße durch die Bundesrepublik Deutschland, die Unterstützung der Landsmannschaften durch die Regierungen der Bundesrepublik Deutschland, der Beitritt der Bundesrepublik Deutschland zur NATO usw. wurden in Polen als unmittelbarer Beweis dafür angesehen, daß in Westdeutschland die schlimmsten Traditionen des deutschen Expansionismus, Militarismus und Revanchismus fortgesetzt wurden.

In den Schulbüchern beider Länder hat sich der angeführte Sachverhalt auch in dem Zeitraum nicht grundsätzlich verändert, als sich mit dem allmählichen Abklingen des „Kalten Krieges“ in den Beziehungen zwischen der VR Polen und der Bundesrepublik Deutschland Anzeichen der Entspannung und der Annäherung bemerkbar machten, die in der nichtdiplomatischen Sphäre, in der Aktivierung der wirtschaftlichen, kulturellen und zwischenmenschlichen Kontakten zum Ausdruck kamen. Zwar wurden 1956 auf Initiative des Internationalen Schulbuchinstituts in Braunschweig und des Instytut Zachodni (Westinstitut) in Poznan eine Diskussion in den Zeitschriften über die Notwendigkeit der Schulbuchrevision für Geschichte und Geographie eingeleitet, doch dieser Dialog verstummte schon bald und hinterließ keinerlei sichtbare Spuren in Gestalt einer institutionalisierten Zusammenarbeit. Als wirkungsvoller erwies sich schon die Zusammenarbeit der Evangelischen Akademie in Westberlin mit dem Instytut Zachodni (Westinsitut), die 1966 begonnen wurde. Beide Insitutionen bahnten dauerhafte Kontakte an. U. a. kam es zu einer Expertenbegegnung zunächst in Poznan und danach in Westberlin. Aber auch in diesem Falle beschränkte man sich grundsätzlich auf an und für sich nützliche Deklarationen des guten Willens. In der Öffentlichkeit fand diese Aktion jedoch keinen breiteren Widerhall. Weiterhin fehlte es an den erforderlichen politischen Voraussetzungen für die Anbahnung fruchtbarer Verhandlungen in der Frage der Schulbuchrevision in Gestalt einer authentischen Entspannung in den gegenseitigen Beziehungen zwischen der VR Polen und der Bundesrepublik Deutschland.

Erst der Vertrag über die Grundlagen der Normalisierung vom 7. Dezember 1970 schuf eine Lage, in der die Anbahnung der Zusammenarbeit zwischen beiden Ländern in der Frage der Schulbücher möglich und auf lange Sicht sogar unausweichlich und erforderlich wurde. Hätte man nämlich eine so wesentliche Frage wie die der Erziehung der Jugend im Geiste der Verständigung und der gegenseitigen Annäherung übergangen, so hätte dies die Aufrichtigkeit der von Polen und der Bundesrepublik Deutschland im Vertrag vom Dezember 1970 übernommenen Verpflichtungen in Frage gestellt. Dies begriffen auch die Wissenschaftler und Bildungsfachleute beider Länder, die schon früher an der Normalisierung zwischen dem polnischen Volk und dem in der Bundesrepublik lebenden Teil des deutschen Volkes gearbeitet hatten, sehr gut. Auf ihre Initiative hin, vor allem aber dank des Einsatzes von Prof. Georg Eckert für die polnisch-deutsche Versöhnung, wurde eine gemeinsame Expertenkommission für die Schulbuchrevision in beiden Ländern gebildet.

Diese Kommission konstituierte sich als Organ der nationalen UNESCO-Kommitees Polens und der Bundesrepublik, was insofern zweckmäßig war, als diese Organisation schon kurz nach ihrer Gründung im November 1945 die Verbesserung der Schulbücher zu einer ihrer Hauptaufgaben erklärt hatte. Der Kommission gehörten in erster Linie Wissenschaftler — hauptsächlich Historiker, Politologen und Geographen —, daneben Vertreter des Schulwesens, von Bildungsorganisationen und von Verlagen an. Die deutsche Expertengruppe wurde von Prof. Eckert angeführt, während den Vorsitz der polnischen Gruppe Prof. W. Markiewicz übernahm. Nach dem Tode von Prof. Eckert im Jahre 1974 trat Prof. W. Martineit an seine Stelle. Die Funktion des Sekretariats und die organisatorische Betreuung der Kommission übernahm seitens der Bundesrepublik Deutschland das Internationale Schulbuchinstitut (heute „Georg-Eckert-Institut") und auf polnischer Seite das Institut für Schulprogramme des Ministeriums für Bildung und Erziehung. Die Mitglieder der Kommission wechselten je nach der zur Behandlung anstehenden Problematik. Mit der Zeit bildete sich jedoch in beiden Gruppen ein Kern von Experten heraus, die ständig und systematisch an den Arbeiten der Kommission teilnahmen und ihre Fortschritte entscheidend beeinflußt haben.[9] Dies hatte eine wesentliche Bedeutung für die Tätigkeit der Kommission, deren Mitglieder sich gegenseitig kennenlernten, zueinander Vertrauen faßten und in vielen Fällen eine wissenschaftliche Zusammenarbeit entwickelten, die sich auf einer von ihrer Zugehörigkeit zur Kommission unabhängigen Ebene abspielte.

Die Kommission tagte in Konferenzen, die in Halbjahresabständen abwechselnd in Braunschweig und in Warszawa (Warschau) abgehalten wurden. Die Arbeit fand entweder in Plenarsitzungen oder auch in einzelnen Arbeitsgruppen für Geschichte und für Geographie statt. Manchmal wurden ad hoc sachliche und redaktionelle Arbeitsgruppen eingesetzt. Die Beschlüsse wurden jedoch immer auf Plenarsitzungen, und zwar grundsätzlich einstimmig gefaßt. Die Verhandlungssprache war Deutsch, was die Arbeit der polnischen Delegation erschwerte. Die erste Konferenz fand in der Zeit vom 22.—26. Februar 1972 in Warszawa (Warschau) statt, die nächste folgte vom 4.—7. April desselben Jahres in Braunschweig. Die letzte, 9. Konferenz wurde vom 4.—7. April 1976 ebenfalls in Braunschweig durchgeführt. Zwischen den Konferenzen kamen die Vorstände der Kommission zusammen, um organisatorische Einzelheiten zu besprechen.

Die Hauptaufgabe der einzelnen Konferenzen war die Ausarbeitung von Empfehlungen für Schulbuchautoren und Lehrer beider Länder in bezug auf die Art der

9 Während der ganzen Zeit ihrer Tätigkeit bestand die polnische Expertengruppe aus folgenden Mitgliedern: W. Markiewicz — Vorsitzender, J. Tazbir und M. Wojciechowski — stellvertretende Vorsitzende, G. Labuda, J. Barbag, M. Wawrykowa, H. Zieliński, W. Kusiński. Außerdem nahmen an verschiedenen Sitzungen teil: F. Ryszka, M. Orzechowski, S. Traukowski, J. Kulak, J. Sobczak, L. Trzeciakowski, W. Gierłowski, A. Krol.

Darstellung der polnisch-deutschen Beziehungen seit den frühesten Zeiten bis zum Ende des Zweiten Weltkrieges sowie der Beziehungen zwischen der VR Polen und der Bundesrepublik Deutschland (unter Berücksichtigung der Besatzungszeit in den Westzonen 1945—1949). Parallel dazu wurden Empfehlungen für den Geographieunterricht vorbereitet. Die Vorarbeiten wurden auf der 8. Konferenz im Oktober 1975 in Warszawa (Warschau) abgeschlossen. Auf der 9. Konferenz wurden sämtliche Empfehlungen für den Geschichtsunterricht gebilligt, und es wurde beschlossen, diese in polnischer und deutscher Sprache in der VR Polen und der Bundesrepublik Deutschland zu veröffentlichen.[10] Die Veröffentlichung dieser Empfehlungen schließt die erste, besonders fruchtbare, zugleich aber wohl schwierigste Etappe der Arbeiten der gemeinsamen Schulbuchkommission ab.

Auf den ersten Blick scheint diese Etappe sehr lang, weil sie über vier Jahre in Anspruch genommen hat. In Wirklichkeit ist dies ein geradezu unglaublich kurzer Zeitraum, wenn man die folgenden Umstände bedenkt: 1. vergleichbare Arbeiten auf dem Gebiet der Schulbuchrevision, die sowohl von Polen als auch von der Bundesrepublik Deutschland mit anderen Ländern durchgeführt wurden, dauerten in der Regel wesentlich länger (z. B. die polnisch-österreichischen Verhandlungen), obwohl ihr Gegenstand bedeutend weniger delikat war; 2. die Mitglieder der Kommission, die ihre Pflichten gänzlich ehrenamtlich erfüllten, waren in der Regel Wissenschaftler, die sich mit ihren eigenen wissenschaftlichen Forschungs-, organisatorischen und didaktischen Arbeiten befassen mußten; 3. die Tätigkeit der Kommission entfiel in einen Zeitraum, als der Ausgang der Normalisierung der Beziehungen zwischen der VR Polen und Bundesrepublik Deutschland noch keinesfalls entschieden war (die Ratifizierungsdebatte im Bundestag über den Vertrag vom 7. Dezember, die Bundestagswahlen 1972, die Bundestags- und Bundesratsdebatte über die Ratifizierung der Vereinbarungen mit Polen, die im Ergebnis der Gespräche zwischen Edward Gierek und Helmut Schmidt in Helsinki getroffen worden waren, was nicht gerade eine Ermunterung für die Arbeit der Kommission war).

Selbstverständlich ist der Zeitfaktor als sekundär anzusehen angesichts des Werts des Geleisteten — des objektiven wie auch erzieherisch-moralischen Werts der schließlich angenommenen Empfehlungen. Zwar sollte sich der Mitautor eines Werturteils enthalten. Ich möchte mir dennoch eine Stellungnahme erlauben, weil ich als Vorsitzender der Kommission weniger als Mitbeteiligter denn als Moderator sprechen kann.[11]

Man braucht nur den oben erwähnten Bericht des von der Polnischen Kommission für Internationale Intellektuelle Zusammenarbeit eingesetzten Unterausschuß

10 In Polen erschien der Text des Dokuments „Empfehlungen der UNESCO-Kommission der VR Polen und der Bundesrepublik Deutschland über Geschichts- und Geographieschulbücher" im Juni 1976 im Verlag PWSP in Warschau. Der erste Teil der Broschüre enthält den polnischen, der zweite den deutschen Text. Nach der Durchführung zusätzlicher Sprachkorrekturen wird die polnische Version in „Kwartalnik Historyczny" erscheinen.

11 Die „Empfehlungen" wurden einer kritischen, aber wohlwollenden Beurteilung in einem Aufsatz von Prof. S. Kieniewicz in: Polityka, Nr. 34, 1976, unterzogen.

über die deutschen Schulbücher mit den Empfehlungen zu vergleichen, um sich darüber klarzuwerden, wie grundlegend anders das Geschichtsbild der Jugend beider Länder in der Vorkriegszeit hinsichtlich des eigenen Volkes und der gegenseitigen Beziehungen hätte sein müssen, wenn diese Jugend schon damals diese Probleme gemäß den in den Empfehlungen enthaltenen Richtlinien betrachtet hätte. Die 19 Empfehlungen, die den Zeitraum vom frühen Mittelalter bis zum Ausbruch des Zweiten Weltkrieges umfassen, beziehen sich auf historische Ereignisse und Entwicklungen, die bislang von der polnischen und deutschen Geschichtsschreibung von zwei entgegengesetzten Standpunkten aus dargestellt wurden, so z. B. die Frage der slawisch-germanischen Nachbarschaft im Altertum und im frühen Mittelalter, die Entstehung der europäischen Staaten im Mittelalter, das Kaiserreich und die polnisch-deutschen Beziehungen im Hohen Mittelalter, Schlesien und Pommern in der frühen Geschichte Polens (X. bis XIII. Jahrhundert), die deutsche Kolonisation des östlichen Mitteleuropas im Mittelalter, Polen und der Kreuzritterorden, die polnisch-deutschen kulturellen und religiösen Beziehungen während der Renaissance und des Barocks, der polnische Staat in der Epoche der Aufklärung, Preußen und die Teilungen Polens, der Kampf des polnischen Volkes um Freiheit und Unabhängigkeit, der Einfluß des polnischen Kampfes um die nationale Befreiung auf Deutschland, die Industrialisierung im XIX. Jahrhundert (unter besonderer Berücksichtigung der Rolle polnischer Arbeiter beim Ausbau der Schwerindustrie und der Städte im Ruhrgebiet und der deutschen Weber und Tuchmachermeister beim Ausbau der Textilindustrie in Łódź [Lodz] und Umgebung), die Polenpolitik des Deutschen Reiches (vor allem Bismarcks „Kulturkampf" und die „Vertreibung durch die Preußen"), der Erste Weltkrieg und die polnisch-deutschen Beziehungen, die Oktoberrevolution und Polen, die Niederlage der Mittelmächte und die polnisch-deutschen Beziehungen, die Grenzfrage (Volksabstimmung in Oberschlesien, Ermland, Masuren und Weichselmündung, die schlesischen Aufstände, das Problem von Gdańsk [Danzig] und des sog. Korridors), die polnisch-deutschen Beziehungen während des Bestehens der Weimarer Republik, die polnisch-deutschen Beziehungen in den Jahren 1933—1939.

Von den aufgeführten 19 Empfehlungen, von denen natürlich jede ein gesondertes Kapitel von stattlichem Umfang im Lehrbuch für die Geschichte der polnisch-deutschen Beziehungen bilden könnte, ist nur das Problem „Polen und der Kreuzritterorden" ungelöst geblieben. Da die Autoren hier keine Übereinstimmung erzielen konnten, beschlossen sie, in dieser Empfehlung die Probleme nur aufzuzählen, die — ihrer Meinung nach — bei der Erörterung der grundlegenden Fragen der Geschichte des Ordens berücksichtigt und zum Gegenstand eindringlicher wissenschaftlicher Diskussionen gemacht werden sollten.[12]

12 Die in Toruń (Thorn) von der Abteilung I für Sozialwissenschaften der PAN im September 1974 veranstaltete Konferenz über den Kreuzritterorden unter Teilnahme von Historikern aus Polen und der Bundesrepublik Deutschland hat eine Annäherung der Ansichten beider Seiten ermöglicht, die grundlegenden Unterschiede jedoch konnten nicht beseitigt werden. Die Unterschiede in der Beurteilung der Rolle des Kreuzritterordens haben ihren Grund

Obwohl die Empfehlungen meistens äußerst kurz gefaßt sind, gestatten sie dem potentiellen Schulbuchautor und dem Geschichtslehrer dennoch, sich schnell einen Überblick über die Schlüsselprobleme in der tausendjährigen Geschichte der polnisch-deutschen Nachbarschaft zu verschaffen und zu verstehen, wie diese im Licht der jüngsten historischen Forschungsergebnisse zu deuten und zu verstehen sind. Den Autoren der Empfehlungen ist es — wie ich meine — gelungen, ziemlich plastisch und kompakt die ganze Tragik dieser nur selten friedlichen Nachbarschaft aufzuzeigen und hinweisend auf die positiven wie negativen Aspekte dieser Nachbarschaft die Geschichte der polnisch-deutschen Beziehungen zu entdämonisieren, die angeblich nur mit „Blut und Eisen" geschrieben worden ist.

Die verbleibenden sechs Empfehlungen beziehen sich auf den Zeitraum des Zweiten Weltkrieges und der Nachkriegsjahre. Die Empfehlungen über die nationalsozialistische Besatzungspolitik und die Widerstandsbewegung und die Empfehlungen hinsichtlich der deutsch-polnischen Beziehungen in den Jahren 1933—1939 tragen einen vorläufigen Charakter. Ihre weitere Ausarbeitung sollte im Laufe weiterer für das Jahr 1977 vorgesehener Konferenzen und Symposien stattfinden. So lesen wir beispielsweise in der 20. Empfehlung: „Besonders sollte hervorgehoben werden, daß die Politik des nationalsozialistischen Regimes nicht nur die Auflösung des polnischen Staates, sondern auch die Ausrottung der polnischen Intelligenz und Kultur, die Versklavung des polnischen Volkes und die Verwandlung Polens in ein Kolonialgebiet bezweckte." Es wäre angebracht, an dieser Stelle hinzuzufügen, daß nach einigen polnischen Kritikern die oben angeführte Formulierung noch zu euphemistisch ist, da man — ihrer Meinung nach — das Tüpfelchen auf das „i" setzen und kurz und bündig vom vorsätzlichen Völkermord seitens des Hitlerismus sprechen sollte.[13]

Die größten Schwierigkeiten hatte die Kommission bei der Formulierung des Textes der Empfehlungen hinsichtlich der Nachkriegszeit. Diese Schwierigkeiten hatten mehrere Gründe: 1. es ging um den Zeitraum der jüngsten Geschichte, der noch relativ schwach und ungenau erforscht ist, da einerseits riesige, kaum zu durchdringende Quellenbestände vorhanden und andererseits viele wichtige Dokumente noch unzugänglich sind; 2. die jüngste Geschichte galt schon immer — allein deshalb, weil sie von Menschen gestaltet wird, die die analysierten Ereignisse meistens persönlich miterlebt oder aktiv mitgestaltet haben — als eine überaus subjektivistisch gefärbte und mit einem Übermaß an wertenden Elementen belastete Disziplin; 3. die Kommission hat sich aus verständlichen Gründen an die Regel des Bilaterismus gehalten. Aber nach dem Zweiten Weltkrieg wurden Polen und die Bundesrepublik Deutschland aufgrund des Entstehens zweier gegensätzlicher Gesellschaftssysteme unter Führung der Sowjetunion und der USA in gegensätzliche

in dem unterschiedlichen Stellenwert, den der Orden in der Geschichte Polens und in der Geschichte Deutschlands einnimmt.

13 Kieniewicz, S., a. a. O.

Blöcke eingebettet und gerade diese internationale Verflechtung begann immer stärker auf die gegenseitigen Beziehungen zwischen den kleinen und mittleren Staaten einzuwirken.

Dies alles hat bewirkt, daß es sogar innerhalb der einzelnen nationalen Expertengruppen gar nicht einfach war, Einmütigkeit zu erzielen. Jede scheinbar triviale Bezeichnung und jeder Satz wurde, ehe er in die entsprechende Empfehlung aufgenommen wurde, von den Mitgliedern der Kommission überaus sorgfältig abgewogen und einer fast mikroskopischen Prüfung unterzogen. Es ging ja immerhin um kontroverse, zugleich politisch und ideologisch überaus delikate Probleme, die überdies emotional aufgeladene Reminiszenzen, wie territoriale Veränderungen, die Umsiedlung der Bevölkerung und die Überwindung der Vergangenheit, hervorriefen.

Es ist daher nicht verwunderlich, daß einige Formulierungen in den letzten fünf Empfehlungen von außenstehenden Beobachtern als vieldeutig verstanden wurden, weil sie — ihrer Meinung nach — eine unterschiedliche Interpretation des vereinbarten Textes ermöglichten. Eine solche Möglichkeit kann nie ganz ausgeschlossen werden. Der Wahrheit halber muß jedoch betont werden, daß diese Fälle nicht das Ergebnis einer von vorneherein beabsichtigten Taktik waren, Kompromißlösungen um jeden Preis zu finden, wenn kontroverse Argumente aufeinanderprallten. Auf einen beiderseitigen Quasi-Kompromiß ließen sich die Mitglieder der Kommission nur dann ein, wenn keines der vorgebrachten Argumente den Verhandlungspartner überzeugen konnte und jeder entschieden auf seinen Argumenten und seinem Standpunkt bestand.[14]

So betrachteten die polnischen Experten den Standpunkt ihrer Gesprächspartner aus der Bundesrepublik Deutschland als begründet, daß die Bundesregierung und die Länderregierungen in Westdeutschland bedeutende Anstrengungen unternommen haben, um in möglichst kurzer Zeit die Umsiedler in die einheimische Bevölkerung in ökonomischer, sozialer und kultureller Hinsicht zu integrieren. Diese Bemühungen seien daran zu messen, daß sich — wie aus zahlreichen soziologischen Untersuchungen und amtlichen Berichten in der Bundesrepublik Deutschland hervorgeht — die Position und der gesellschaftliche Status der ehemaligen Umsiedler schon in der ersten Generation nur noch geringfügig von dem der alteingesessenen Mitbürger unterscheiden, und daß in den jüngeren Generationen sämtliche Unterschiede im Zusammenhang mit der regionalen Herkunft der Eltern bereits verschwunden sind. Dies ist der objektive Grund des Mißerfolges der Führer der Landsmannschaften, die bestrebt waren, die ehemaligen Umsiedler in eine politische Massenbewegung einzubeziehen, die sich als selbständige Partei mit einem unverhüllt revanchistischen Programm konstituieren sollte. Im Zusammenhang damit hat sich in den Gesellschaftswissenschaften und in der gesellschaftlich-politischen Pu-

14 Vgl. Markiewicz, W. und M. Wojciechowski, Z prac Komisji podręcznikowej Polska — RFN (Aus den Arbeiten der Schulbuchkommission Polen — Bundesrepublik Deutschland), in: Nowe Drogi, 9/1975.

blizistik der Bundesrepublik Deutschland die Ansicht verbreitet, daß in diesem Land eine vollständige politisch-ideologische Identifizierung der Umsiedler mit der sog. demokratisch-pluralistischen Gesellschaftsordnung des westdeutschen Staates eingetreten sei. Von den Umsiedlerverbänden, die das sog. Recht auf Heimat proklamieren, wird gesagt, daß sie eine unbedeutende Randerscheinung des politischen wie auch kulturellen Lebens der Bundesrepublik Deutschland darstellen.

Die Ansichten der polnischen Politologen und Sozialwissenschaftler hierzu sind jedoch grundsätzlich verschieden. Die Landsmannschaften wurden und werden noch weiterhin von den aufeinanderfolgenden Regierungen der Bundesrepublik Deutschland finanziert. Sie verfügen über starke „pressure groups" in den größten politischen Parteien, in den Soldatenverbänden, in der Presse usw., sprechen sich gegen den Vertrag vom 7. Dezember 1970 aus und stellen somit eine künstlich genährte, aber reale, potentielle Bedrohung für die Politik der Normalisierung der Beziehungen zu Polen dar. Daher wurde in den Empfehlungen auf Antrag der polnischen Experten die Formel angenommen, daß die Landsmannschaften, die auf ihr Recht auf Heimat pochen, in Polen als Zentren des Revisionismus angesehen werden. Der Kompromißcharakter dieser Formel ist — wie man leicht feststellen kann — insofern nur scheinbar, weil sie nichts eindeutig entscheidet und nur auf den Diskussionscharakter des Problems hinweist und dem Adressaten, d. h. dem Lehrer und dem Schüler, dies zu bedenken empfiehlt.

Wir haben jedenfalls in unseren Verhandlungen das Element der Rivalität ausgeschlossen und den festen Grundsatz verfolgt, daß aus den Auseinandersetzungen zwischen den Experten aus beiden noch vor kurzem stark verfeindeten Ländern keine Sieger und Besiegte hervorgehen können. Niederlagen oder Siege in diesem edlen Meinungsstreit können nur gemeinsam sein, da ja auch das Ziel unteilbar ist, dem die Schulbuchkommission dient, der Erziehung der polnischen und der deutschen Jugend im Geiste eines besseren gegenseitigen Kennenlernens und somit der Versöhnung und Freundschaft.

Obwohl an der Ausarbeitung der Empfehlungen hervorragende Experten der Geschichte, der Geographie und der Politikwissenschaft beteiligt waren, konnten sie dennoch nicht immer und nicht alle Kontroversen oder noch nicht genügend erforschten Probleme aus dem Bereich der polnisch-deutschen oder der gegenseitigen Beziehungen zwischen der VR Polen und der Bundesrepublik Deutschland auf eine völlig befriedigende Weise lösen. Überdies konnten die in die Form von Direktiven gekleideten Empfehlungen die verschiedenen und nicht selten auch gegensätzlichen Standpunkte bezüglich von Ereignissen und Prozessen von entscheidender Bedeutung für unsere Völker und Staaten nicht allzu erschöpfend berücksichtigen. Daher hat die gemeinsame Kommission auf ihrer 9. Konferenz beschlossen, ihre Tätigkeit mit Hilfe wissenschaftlicher Konferenzen oder Symposien fortzusetzen, auf denen die Probleme erörtert werden. Dabei sollen die einzelnen, manchmal ziemlich knapp formulierten Empfehlungen vertieft, entwickelt und um neue erkenntnismäßige und didaktische Inhalte bereichert werden. Die Materialien, die von diesen Konferenzen erarbeitet werden, sollen in beiden Ländern veröffentlicht und als Anlagen zu den Empfehlungen behandelt werden. Im Veranstaltungsplan dieser Konferenzen für die Jahre 1977—1980 sind u. a. solche Themen vorgesehen wie die antifaschistische Widerstandsbewegung in Polen und in Deutschland*, die polnisch-deutschen Beziehungen in den Jahren 1830—1848**, die Rolle Schlesiens in den polnisch-deutschen Beziehungen; Polen während der Zeit der Aufklärung, während der Reformzeit und während der Teilungen sowie die Geschichtsschreibung über die polnisch-deutschen Beziehungen.

Man kann davon ausgehen, daß nach der Veröffentlichung sämtlicher Empfehlungen und nach ihrer systematischen Ergänzung anhand der Ergebnisse der vorgesehenen wissenschaftlichen Konferenzen sie ein Eigenleben führen werden. Schon heute tritt ein eigenartiges Paradoxon zutage, nämlich, daß die erbitterten Gegner der Empfehlungen in der Bundesrepublik Deutschland, wie vor allem die CDU-Abgeordneten Hupka, Czaja, Carstens und andere, durch ihre Äußerungen u. a. selbst im Bundestag in nicht geringerem Maße zur Popularisierung der Empfehlungen als deren Befürworter beitragen. Es erweist sich also, daß die Empfehlungen bereits ein materieller Faktor und ein Element des Normalisierungsprozesses in den Beziehungen zwischen der VR Polen und der Bundesrepublik Deutschland von derartig wesentlicher Bedeutung sind, daß man sie nicht mehr übergehen oder ignorieren kann.

Der Umstand allein jedoch, daß die Empfehlungen in den wissenschaftlich-bibliographischen Kreislauf eingegangen sind und in gewissem Ausmaß das Bewußtsein von Schulbuchautoren und Pädagogen gestalten werden, kann noch keinen zufriedenstellen. Die Empfehlungen wurden ja im Gedanken daran konzipiert, sie in der Praxis des Unterrichts einzuführen und dies nicht nur in den Schulen, sondern auch in den Massenmedien, im ganzen Bildungssystem, in Lexiken, Wörterbüchern usw. Die auf der 9. Konferenz vorgenommene Analyse des Inhalts der Geschichtsschulbücher hat erwiesen, daß man in der Mehrzahl ihrer neuesten Ausgaben in der Bundesrepublik Deutschland weiterhin die alten Inhalte verbreitet, die im Bewußtsein der Schüler das traditionell negative Klischee Polens und der Polen verfestigen. Auch einige polnische Schulbücher berücksichtigen die Empfehlungen nicht in dem Ausmaß, wie dies möglich und wünschenswert wäre.

Daher hat die 9. Konferenz mit ihrem Beschluß über die Änderung ihrer bisherigen Arbeitsform zugleich bestimmt, bei jeder zukünftigen wissenschaftlichen Veranstaltung systematische Analysen des Verwirklichungsgrades der Empfehlungen in der Bildungs- und Erziehungspraxis durchzuführen. Die polnische Seite hält ihren Vorschlag weiterhin aufrecht, die gemeinsame Kommission in ein von den Regierungen beider Länder getragenes Organ zu verwandeln, das mit entsprechenden Kompetenzen ausgestattet wäre, die eine wirkungsvolle Beeinflussung des Bildungsprozesses ermöglichen würden. In Polen wurde diese Frage übrigens schon von Anfang an so entschieden, daß, obwohl die Kommission formell mit der

* Die Konferenz fand in Łańcut im Jahre 1977 statt (Anm. der Red.).
** Die Konferenz fand in Deidesheim im Jahre 1978 statt (Anm. der Red.).

UNESCO verbunden ist, sie faktisch vom Ministerium für Bildung und Erziehung als sein zuständiges Organ betrachtet wird.

Die Struktur der Schulbildung in der Bundesrepublik Deutschland, die den Landesregierungen die Exekutive in den Fragen der Bildung zuweist, ermöglicht keine solche Lösung der Durchsetzung der Empfehlungen, daß man sie einem Bundesorgan übertragen könnte. Dennoch könnte man erwarten, daß die ständige Konferenz der Kultusminister der Länder eine Befolgung der schon vorhandenen und der noch ausstehenden Empfehlungen in der Erziehungspraxis empfehlen wird. Unabhängig davon müßte aber auch die konsequente Beseitigung der Richtlinien der Ostkunde aus dem Lehrangebot, die mit Buchstaben und Geist des Vertrages vom 7. Dezember 1970 und anderer bilateraler Vereinbarungen im Widerspruch stehen, erfolgen. Darüber hinaus bedeuten Erklärungen seitens der führenden Persönlichkeiten des öffentlichen Lebens, wie die Erklärungen des ehemaligen Bundespräsidenten Heinemann und des jetzigen Bundespräsidenten Scheel, von Bundeskanzler Schmidt, Außenminister Genscher und einigen Bundestagsabgeordneten, für die Durchsetzung der Empfehlungen in der Praxis eine große Hilfe. Ist dies doch eine Ermunterung für Schulbuchautoren, Verleger, Schulbehörden und „Bildungsbeamte", sich für die Normalisierung der Beziehungen zwischen der VR Polen und Bundesrepublik Deutschland auf dem ungemein wichtigen Abschnitt der Erziehung der Jugend beider Länder im Geiste der gegenseitigen Verständigung und Wertschätzung einzusetzen. Die besondere Bedeutung dieses Vorganges hoben beide Seiten in einer gemeinsamen „Erklärung zur Entwicklung der Beziehungen zwischen der VR Polen und der Bundesrepublik Deutschland" hervor, die im Juni 1976 in Bonn vom 1. Sekretär des ZK der PVAP, Gierek, und Bundeskanzler H. Schmidt unterzeichnet wurde und dann noch einmal beim Besuch des Bundeskanzlers H. Schmidt in Polen im November 1977. Eine besondere Aufmerksamkeit verdient hier außerdem die Tatsache, daß sich die Regierungen Polens und der Bundesrepublik Deutschland im Artikel 4 des Abkommens über die Zusammenarbeit im Kulturbereich eindeutig verpflichtet haben, daß „beide Seiten ihre Bemühungen fortsetzen werden, um eine realitätsgerechte Darstellung der Wirklichkeit beider Partnerländer in den Schulbüchern zu erreichen, die ein gegenseitiges besseres Kennenlernen und Verstehen ermöglicht."[15]

Die Bemühungen der Experten der Bundesrepublik Deutschland, die der Kommission angehörten, vor allem aber ihres Vorsitzenden, Prof. Walter Martineit, um die Gewinnung einer möglichst großen Anzahl von Verbündeten für diese große Sache, zeitigen sichtbare Erfolge. Immer mehr Bildungsinstitutionen und -organisationen in der Bundesrepublik Deutschland setzen sich in letzter Zeit, unabhängig von ihrer politischen und weltanschaulichen Orientierung aktiv für die Verbreitung der Empfehlungen und deren praktische Durchsetzung ein.

Andererseits aber intensivierten Kräfte der politischen Rechten und des Revisionismus ihre Tätigkeit gegen die Empfehlungen.

15 Abkommen vom 11. 6. 1976, in: Bulletin des Presse- und Informationsamtes der Bundesregierung, Nr. 70, S. 673.

Für die polnische öffentliche Meinung stellt die Haltung der deutschen Institutionen gegenüber den Empfehlungen einen Prüfstein für die wirklichen Absichten der Deutschen gegenüber Polen und seinen Bürgern dar; sie ist zugleich ein Prüfstein der Glaubwürdigkeit und Wirksamkeit der Politik der Verständigung und der Normalisierung zwischen den beiden Ländern. Daher nimmt die polnische öffentliche Meinung mit Interesse Notiz von jeder Information über die Bemühungen, die in manchen von der SPD regierten Ländern unternommen werden in Richtung auf die Einführung der Empfehlungen. Kritisch dagegen wurden in Polen Nachrichten über die ablehnende Haltung der Regierungen bzw. der Parlamente der CDU und CSU regierten Länder gegenüber den Empfehlungen aufgenommen.

Über die Bedeutung der Schulbuchempfehlungen für die Beziehung zwischen Polen und der Bundesrepublik Deutschland und besonders für den eingeleiteten Normalisierungsprozeß wird vor allem die Umsetzung derselben in die Praxis entscheiden.

Gewiß hat Prof. Stefan Kieniewicz recht mit seiner Feststellung, daß von den „Empfehlungen" bis zur Ausarbeitung entsprechender Schulbücher, bis zur Durchsetzung dieser Schulbücher in den Schulen und im Unterrichtsprozeß und anschließend erst bis zur Umgestaltung der Ansichten der jungen polnischen Generation in bezug auf die Deutschen und der deutschen Jugend in bezug auf die Polen der Weg noch weit ist. Dieser Prozeß wird Jahrzehnte erfordern. Der erste Schritt wurde jedoch, vielleicht noch schüchtern und nicht ohne Widerstände, aber in der richtigen Richtung getan.[16]

16 Kieniewicz, S., a. a. O.

Zusätzliche Anmerkungen der polnischen Herausgeber zum Beitrag Schweitzer, S. 112.

* Anmerkung polnische Mitherausgeber: s. S. 112 —Vergleiche hierzu den Beitrag von J. Sułek in dem vorliegenden Band, S. 131 ff.

** Anmerkung Sułek s. S. 112 — Polen — wie viele sozialistische und auch kapitalistische Länder — erwartete die Anerkennung der Oder-Neiße-Grenze durch die Bundesrepublik Deutschland in der Übezeugung, daß dadurch ein Herd eines internationalen Konflikts in Europa, der nicht nur die Beziehungen zwischen der Bundesrepublik Deutschland und Polen, sondern auch allgemein die Ost-West-Beziehungen belastete, beseitigt werde.

* Anmerkung Sułek s. S. 118 — Die oben erwähnte Frage der Entschädigung, die Gierek in der hier zitierten Rede zum Ausdruck brachte, resultierte nach polnischer Auffassung ganz eindeutig aus dem von der polnischen Regierung schon früher eingenommenen Standpunkt. Dieser Standpunkt war der Bundesregierung durch diplomatische Kontakte bekannt.

** Anmerkung der polnischen Mitherausgeber s. S. 118. Es sollen hier zwei Sachverhalte unterschieden werden: Einerseits Entschädigungen als zivilrechtliche Forderungen polnischer Staatsangehöriger für die erlittenen nationalsozialistischen Verfolgungen und andererseits Entschädigungen als staatliche Forderungen Polens an Deutschland (Reparationen) wegen der erlittenen Aggression, Ausbeutung besetzter Gebiete und Kriegszerstörungen. Hinsichtlich der Entschädigungsfrage siehe J. Sułek, Stosunki polityczne . . ., a. a. O., wie auch Veröffentlichungen von C. Pilichowski und S. Cholewiak in: Sprawy Międzynarodowe, Nr. 4 und 11/ 1974. Was die Reparationen angeht (staatliche Forderungen Polens an Deutschland) sei hier daran erinnert, daß die zitierte Erklärung der polnischen Regierung vom 23. August 1953 ähnlich wie die frühere Regierungserklärung vom 15. Mai 1950 nicht an die Bundesrepublik Deutschland, sondern an die Regierung der DDR gerichtet war. Jene damalige Entscheidung der polnischen Regierung, mit dem 1. Januar 1954 auf die Erhebung von Reparationen von der DDR zu verzichten, sollte der wirtschaftlichen wie der politischen Stärkung des sozialistischen deutschen Staates und seiner Behauptung gegen die Bundesrepublik Deutschland dienlich sein und stellte zugleich ein wichtiges Element bei der Beseitigung der Kriegsfolgen in den bilateralen Beziehungen zwischen Polen und der DDR dar (Texte der Regierungserklärungen in: Zbiór Dokumentów, 7/1950 u.9/1953).

* Anmerkung Janicki s. S. 120 — Die durch das Potsdamer Abkommen beschlossene Zwangsaussiedlung deutscher Staatsangehöriger aus Polen nach Deutschland wurde schon in den ersten Nachkriegsjahren durchgeführt. Diese Aktion umfaßte nicht die in diesem Gebiet ansässigen Polen — ehemalige Staatsangehörige des Reiches — und die sogenannte autochtone Bevölkerung, die sich durch eindeutige oder zumindest partielle ethnisch-kulturelle Bande an die polnische Nation ausweisen konnte. Diese Bande wurden im übrigen später im neuen polnischen Staat noch gestärkt. Die verwandschaftlichen Beziehungen der Bevölkerung mit den Bewohnern der Bundesrepublik Deutschland haben ihren Ursprung in bedeutendem Maße in der bekannten Tatsache der Migration (in der Zeit vor dem 1. Weltkrieg, d. h. während der Zeit der Teilungen Polens) auch der polnischen Bevölkerung aus dem damaligen preußischen Teilungsgebiet Polens und überhaupt aus dem Osten des Deutschen Reiches in seine westlich gelegenen Industrie- und Handelszentren.

** Anmerkung Janicki s. S. 120 — Polen — obwohl es die genannte Konvention erst 1977 ratifizierte — handelte in ihrem Geist schon seit einer Reihe von Jahren. Die Zahl von ca. 500 000 Menschen — nach polnischem Recht polnische Staatsangehörige — die *seit* 1956 freiwillig aus Polen in die Bundesrepublik Deutschland emigrierten, also in einer Zeit, wo dieser Staat keine diplomatischen Beziehungen mit Polen unterhielt und offiziell den polnischen territorialen Besitzstand in Frage stellte, lieferte dafür ein gutes Beispiel.

* Anmerkung Janicki s. S. 121 — Die von der Bundesrepublik Deutschland aus der Gesetzgebung des ehemaligen Deutschen Reiches übernommene Institution der deutschen Staatangehörigkeit kann im Einklang mit dem Völkerrecht lediglich eine rechtliche Institution der Bundesrepublik Deutschland sein. Sie weiterhin als eine Institution des Deutschen Reiches zu betrachten unter der Voraussetzung des angeblichen rechtlichen Fortbestand des Reiches in

den Grenzen vom 31. 12. 1937, stellt eine dem Völkerrecht widersprechende Fiktion dar. Da kein Deutsches Reich mehr besteht (ein gesamtdeutscher Staat), kann es auch keine Staatsangehörgkeit im gesamtdeutschen Sinne geben. Es sei hier auf eine der neuesten Auffassungen der bundesrepublikanischen Staatslehre hingewiesen (Prof. H. Ridder), nach der alle gegenwärtigen Versuche, in der „deutschen Staatsangehörigkeit" etwas mehr oder etwas anderes zu sehen als die Staatsangehörigkeit der Bundesrepublik Deutschland sensu stricto, eine fiktive Duplizierung dieses Staates bedeuten. Es steht außer Zweifel, daß die Bundesrepublik Deutschland nie über eine andere als ihre eigene Staatsangehörigkeit verfügte, so sehr sie auch glauben möchte, daß es eine solche Staatsangehörigkeit nicht gäbe und daß anstatt dieser die alte „deutsche Staatsangehörigkeit" im gesamtdeutschen Sinne (d. h. als Institution des angeblich weiterhin existierenden Deutschen Reiches in den Grenzen von 1937) immer noch gelte. Mit der Konsequenz, daß das u. a. auch aus den Ostverträgen der Bundesrepublik Deutschland resultierende Erfordernis der formalen (gesetzlichen) Errichtung der Staatangehörigkeit der Bundesrepublik Deutschland sensu stricto auch ohne Rücksichtnahme auf den Artikel 16 des Grundgesetzes erfolgen kann, der übrigens einen Verlust — kraft Gesetzes — der „deutschen Staatsangehörigkeit" zuläßt, wenn die betroffenen Personen dadurch nicht staatenlos werden. Unter anderem besitzen die „autochtonen" Staatsangehörigen der Volksrepublik Polen (spätestens seit 1949) keine „deutsche Staatsangehörigkeit" im gesamtdeutschen Sinne mehr und noch weniger, wenn diese als Staatsangehörigkeit der Bundesrepublik Deutschland (was die einzige mögliche Auslegung darstellen würde) verstanden wird.
Dazu Anmerkung der deutschen Herausgeber: Nach der herrschenden Rechtsauffassung in der Bundesrepublik Deutschland muß klar zwischen einem Fortbestehen des „Deutschen Reiches" in den Grenzen 1937 und der Frage eines zukünftigen gesamtdeutschen Staates unterschieden werden.

* Anmerkung Janicki s. S. 122 — Die formale Aufrechterhaltung der Institution der Staatsangehörigkeit des nichtexistierenden gesamtdeutschen Staates in seinem territorialen Umfang (Inland) von 1937 durch die Bundesrepublik Deutschland widerspricht eben nach polnischer Auffassung weiterhin in formaler Hinsicht dem Völkerrecht im allgemeinen und den Ostverträgen im besonderen (einschließlich des Vertrages vom 7. 12. 1970).

Dazu Anmerkung der deutschen Herausgeber: Dieser Auffassung können die deutschen Herausgeber nicht zustimmen. Vgl. Beitrag Schweitzer, a. a. O.

** Anmerkung Janicki s. S. 122 — Der Vertrag vom 7. 12. 1970 konnte nach polnischer Auffassung nicht zum Verlust individueller Rechte in den Fällen führen, wo diese Rechte nach dem Völkerrecht schon beim Inkrafttreten des Vertrages nicht mehr bestanden. Gegenstandslos ist es daher, Vermutungen anzustellen, daß der Vertrag bestimmte Personenkreise von der „deutschen Staatsangehörigkeit" ausschloß, wenn diese noch vor Inkrafttreten des Vertrages erlosch.

*** Anmerkung Janicki s. S. 122 — Urteile — selbst höchster Justizinstanzen wie des Bundesverfassungsgerichtes — können nach polnischer Auffassung keine Vertragsbestimmungen und aus ihnen sich ergebende rechtliche Konsequenzen, die auf Völkerrecht basieren, ändern. Sie besitzen nicht die geringste rechtliche Bedeutung im völkerrechtlichen Sinne.

* Anmerkung Janicki s. S. 126 — Aus polnischer Sicht wurden leider die hier erwähnten Urteile unterer Instanz später durch das Bundessozialgericht in seinem Entscheid vom 30. 9. 1976 wieder aufgehoben. Das Bundessozialgericht nahm eine diametral entgegengesetzte Haltung ein in Anlehnung an die gegen die polnische territorial Integrität verstoßene These, daß ein Teil des polnischen Staatsterritoriums für die Bundesrepublik Deutschland kein Ausland sei.

Dokumentation (1945—1978)*

— Auswahl —

1. Auszüge aus dem Kommuniqué der Potsdamer Konferenz vom 2. August 1945.
2. Erklärung des Deutschen Bundestages auf seiner 68. Sitzung am 13. Juni 1950.
3. Abkommen zwischen den Regierungen der Deutschen Demokratischen Republik und der Republik Polen über die Markierung der deutsch-polnischen Staatsgrenze vom 6. Juli 1950 in Zgorzelec (Görlitzer Abkommen).
4. Vertrag über die Beziehungen zwischen der Bundesrepublik Deutschland und den Drei Mächten (Deutschlandvertrag) in der geänderten Fassung vom 23. Oktober 1954 (Auszug).
5. Beschluß des Staatsrates der VR Polen über die Beendigung des Kriegszustandes zwischen Polen und Deutschland vom 18. Februar 1955.
6. Exposé des Vorsitzenden des Ministerrates, J. Cyrankiewicz, im Sejm der VR Polen vom 16. März 1955.
7. 14. Februar 1958: Polnisches Memorandum zur Schaffung einer atomwaffenfreien Zone in Mitteleuropa.
8. Aide-Mémoire der Regierung der Bundesrepublik Deutschland an die Regierung der Volksrepublik Polen vom 24. Februar 1958.

* Redaktionelle Bearbeitung der Dokumentation, der Chronik und Bibligraphie von polnischer Seite: Piotr Lippóczy (Warschau)

9. Entschließungsanträge des Auswärtigen Ausschusses des Deutschen Bundestages zur Ostpolitik vom 31. Mai und 9. Juni 1961, angenommen am 14. Juni 1961.

10. Kommuniqué über die Wirtschaftsverhandlungen in Warschau vom 8. März 1963.

11. Memorandum der polnischen Regierung vom 29. Februar 1964 betr. das „Einfrieren" der nuklearen Rüstungen in Mitteleuropa.

12. Aide-Mémoire der Bundesregierung der Bundesrepublik Deutschland vom 1. Mai 1964, überreicht an die Regierung der Volksrepublik Polen via Botschaft der VR Polen in New Delhi in Antwort auf das polnische Memorandum vom 29. Februar 1964.

13. Aide-Mémoire der Regierung der Volksrepublik Polen an die Regierung der Bundesrepublik Deutschland vom 16. Juni 1964.

14. Note der Bundesregierung zur Abrüstung und Sicherung des Friedens vom 25. März 1966.

15. Antwortnote der polnischen Regierung vom 29. April 1966 auf die Note der deutschen Bundesregierung vom 25. März 1966.

16. Aus der Rede des Ersten Sekretärs des ZK der PVAP, W. Gomulka, vom 17. Mai 1969.

17. Aus der Regierungserklärung von Bundeskanzler Brandt vom 28. Oktober 1969.

18. Information der Regierung der Volksrepublik Polen vom 18. November 1970.

19. Vertrag zwischen der Bundesrepublik Deutschland und der Volksrepublik Polen über die Grundlagen der Normalisierung ihrer gegenseitigen Beziehungen vom 7. Dezember 1970.

20. Gemeinsame Erklärung des Ersten Sekretärs des Zentralkomitees der Polnischen Vereinigten Arbeiterpartei, Edward Gierek, und des deutschen Bundeskanzlers, Helmut Schmidt, vom 2. August 1975 in Helsinki.

21. Abkommen zwischen der Bundesrepublik Deutschland und der Volksrepublik Polen über Renten- und Unfallversicherung vom 9. Oktober 1975.

22. Vereinbarung über die pauschale Abgeltung von Rentenansprüchen vom 9. Oktober 1975.

23. Abkommen zwischen der Regierung der Bundesrepublik Deutschland und der Regierung der Volksrepublik Polen über die Gewährung eines Finanzkredits vom 9. Oktober 1975.

24. Protokoll vom 9. Oktober 1975.

25. Langfristiges Programm für die Entwicklung der wirtschaftlichen, industriellen und technischen Zusammenarbeit zwischen der Regierung der Bundesrepublik Deutschland und der Regierung der Volksrepublik Polen vom 9. Oktober 1975.

26. Aus den Empfehlungen der UNESCO-Schulbuchkommission: Bundesrepublik Deutschland — Volksrepublik Polen vom April 1976 über Geschichte und Geographie.

27. Gemeinsame Erklärung über die Entwicklung der Beziehungen zwischen der Bundesrepublik Deutschland und der Volksrepublik Polen vom 11. Juni 1976.

28. Abkommen zwischen der Regierung der Bundesrepublik Deutschland und der Regierung der Volksrepublik Polen über kulturelle Zusammenarbeit vom 11. Juni 1976.

29. Abkommen zwischen der Regierung der Bundesrepublik Deutschland und der Regierung der Volksrepublik Polen über die weitere Entwicklung der Zusammenarbeit auf wirtschaftlichem Gebiet vom 11. Juni 1976.

30. Kommuniqué vom 12. Juni 1976.

31. Kommuniqué vom 25. November 1977.

32. Kommuniqué vom 3. November 1978.

1

Auszüge aus dem Kommunique der Potsdamer Konferenz vom 2. August 1945*

(Deutsche Übersetzung)

[...]

III. Deutschland

Alliierte Armeen führen die Besetzung von ganz Deutschland durch, und das deutsche Volk fängt an, die furchtbaren Verbrechen zu büßen, die unter der Leitung derer, welche es zur Zeit ihrer Erfolge offen gebilligt hat und denen es blind gehorcht hat, begangen wurden. Auf der Konferenz wurde eine Übereinkunft erzielt über die politischen und wirtschaftlichen Grundsätze der gleichgeschalteten Politik der Alliierten in bezug auf das besiegte Deutschland in der Periode der alliierten Kontrolle.

Das Ziel dieser Übereinkunft bildet die Durchführung der Krim-Deklaration über Deutschland. Der deutsche Militarismus und Nazismus werden ausgerottet, und die Alliierten treffen nach gegenseitiger Vereinbarung in der Gegenwart und in der Zukunft auch andere Maßnahmen, die notwendig sind, damit Deutschland niemals mehr seine Nachbarn oder die Erhaltung des Friedens in der ganzen Welt bedrohen kann.

Es ist nicht die Absicht der Alliierten, das deutsche Volk zu vernichten oder zu versklaven. Die Alliierten wollen dem deutschen Volk die Möglichkeit geben, sich darauf vorzubereiten, sein Leben auf einer demokratischen und friedlichen Grundlage von neuem wiederaufzubauen. Wenn die eigenen An-

* [Vgl. S. 392]

Quelle: Amtsblatt des Kontrollrates in Deutschland, Ergänzungsblatt Nr. 1, Sammlung von Urkunden betreffend die Errichtung der Alliierten-Kontrollbehörde, hrsg. vom Alliierten Sekretariat, Berlin, 30. April 1946. S. 14 ff.

strengungen des deutschen Volkes unablässig auf die Erreichung dieses Zieles gerichtet sein werden, wird es ihm möglich sein, zu gegebener Zeit seinen Platz unter den freien und friedlichen Völkern der Welt einzunehmen.
Der Text dieser Übereinkunft lautet:
„Politische und wirtschaftliche Grundsätze, deren man sich bei der Behandlung Deutschlands in der Anfangsperiode der Kontrolle bedienen muß:

A. Politische Grundsätze

1. Entsprechend der Übereinkunft über das Kontrollsystem in Deutschland wird die höchste Regierungsgewalt in Deutschland durch die Oberbefehlshaber der Streitkräfte der Vereinigten Staaten von Amerika, des Vereinigten Königreichs, der Union der Sozialistischen Sowjetrepubliken und der Französischen Republik nach den Weisungen ihrer entsprechenden Regierungen ausgeübt, und zwar von jedem in seiner Besatzungszone, sowie gemeinsam in ihrer Eigenschaft als Mitglieder des Kontrollrates in den Deutschland als Ganzes betreffenden Fragen.
2. Soweit dieses praktisch durchführbar ist, muß die Behandlung der deutschen Bevölkerung in ganz Deutschland gleich sein.
3. Die Ziele der Besetzung Deutschlands, durch welche der Kontrollrat sich leiten lassen soll, sind:
   (I) Völlige Abrüstung und Entmilitarisierung Deutschlands und die Ausschaltung der gesamten deutschen Industrie, welche für eine Kriegsproduktion benutzt werden kann oder deren Überwachung. Zu diesem Zweck:
   a) werden alle Land-, See- und Luftstreitkräfte Deutschlands, SS, SA, SD und Gestapo mit allen ihren Organisationen, Stäben und Ämtern, einschließlich des Generalstabes, des Offizierkorps, der Reservisten, der Kriegsschulen, der Kriegervereine und aller anderen militärischen und halbmilitärischen Organisationen zusammen mit ihren Vereinen und Unterorganisationen, die den Interessen der Erhaltung der militärischen Tradition dienen, völlig und endgültig aufgelöst, um damit für immer der Wiedergeburt oder Wiederaufrichtung des deutschen Militarismus und Nazismus vorzubeugen;
   b) müssen sich alle Waffen, Munition und Kriegsgerät und alle Spezialmittel zu deren Herstellung, in der Gewalt der Alliierten befinden oder vernichtet werden. Der Unterhaltung und Herstellung aller Flugzeuge und aller Waffen, Ausrüstung und Kriegsgeräte wird vorgebeugt werden.
   (II) Das deutsche Volk muß überzeugt werden, daß es eine totale militärische Niederlage erlitten hat und daß es sich nicht der Verantwor-

tung entziehen kann für das, was es selbst dadurch auf sich geladen hat, daß seine eigene mitleidlose Kriegsführung und der fanatische Widerstand der Nazis die deutsche Wirtschaft zerstört und Chaos und Elend unvermeidlich gemacht haben.

(III) Die Nationalsozialistische Partei mit ihren angeschlossenen Gliederungen und Unterorganisationen ist zu vernichten; alle nationalsozialistischen Ämter sind aufzulösen; es sind Sicherheiten dafür zu schaffen, daß sie in keiner Form wieder auferstehen können; jeder nazistischen und militaristischen Betätigung und Propaganda ist vorzubeugen.

(IV) Die endgültige Umgestaltung des deutschen politischen Lebens auf demokratischer Grundlage und eine eventuelle friedliche Mitarbeit Deutschlands am internationalen Leben sind vorzubereiten.

4. Alle nazistischen Gesetze, welche die Grundlagen für das Hitlerregime geliefert haben oder eine Diskriminierung auf Grund der Rasse, Religion oder politischer Überzeugung errichteten, müssen abgeschafft werden. Keine solche Diskriminierung, weder eine rechtliche noch eine administrative oder irgendeiner anderen Art, wird geduldet werden.

5. Kriegsverbrecher und alle diejenigen, die an der Planung oder Verwirklichung nazistischer Maßnahmen, die Greuel oder Kriegsverbrechen nach sich zogen oder als Ergebnis hatten, teilgenommen haben, sind zu verhaften und dem Gericht zu übergeben. Nazistische Parteiführer, einflußreiche Nazianhänger und die Leiter der nazistischen Ämter und Organisationen und alle anderen Personen, die für die Besetzung und ihre Ziele gefährlich sind, sind zu verhaften und zu internieren.

6. Alle Mitglieder der nazistischen Partei, welche mehr als nominell an ihrer Tätigkeit teilgenommen haben, und alle anderen Personen, die den alliierten Zielen feindlich gegenüberstehen, sind aus den öffentlichen oder halböffentlichen Ämtern und von den verantwortlichen Posten in wichtigen Privatunternehmungen zu entfernen. Diese Personen müssen durch Personen ersetzt werden, welche nach ihren politischen und moralischen Eigenschaften fähig erscheinen, an der Entwicklung wahrhaft demokratischer Einrichtungen in Deutschland mitzuwirken.

7. Das Erziehungswesen in Deutschland muß so überwacht werden, daß die nazistischen und militaristischen Lehren völlig entfernt werden und eine erfolgreiche Entwicklung der demokratischen Ideen möglich gemacht wird.

8. Das Gerichtswesen wird entsprechend den Grundsätzen der Demokratie und der Gerechtigkeit auf der Grundlage der Gesetzlichkeit und der Gleichheit aller Bürger vor dem Gesetz ohne Unterschied der Rasse, der Nationalität und der Religion reorganisiert werden.

9. Die Verwaltung Deutschlands muß in Richtung auf eine Dezentralisation der politischen Struktur und der Entwicklung einer örtlichen Selbstverantwortung durchgeführt werden. Zu diesem Zwecke:
   (I) Die lokale Selbstverwaltung wird in ganz Deutschland nach demokratischen Grundsätzen, und zwar durch Wahlausschüsse (Räte), so schnell wie es mit der Wahrung der militärischen Sicherheit und den Zielen der militärischen Besatzung vereinbar ist, wiederhergestellt.
   (II) In ganz Deutschland sind alle demokratischen politischen Parteien zu erlauben und zu fördern mit der Einräumung des Rechtes, Versammlungen einzuberufen und öffentliche Diskussionen durchzuführen.
   (III) Der Grundsatz der Wahlvertretung soll in die Gemeinde-, Kreis-, Provinzial- und Landesverwaltungen, so schnell wie es durch die erfolgreiche Anwendung dieser Grundsätze in der örtlichen Selbstverwaltung gerechtfertigt werden kann, eingeführt werden.
   (IV) Bis auf weiteres wird keine zentrale deutsche Regierung errichtet werden. Jedoch werden einige wichtige zentrale deutsche Verwaltungsabteilungen errichtet werden, an deren Spitze Staatssekretäre stehen, und zwar auf den Gebieten des Finanzwesens, des Transportwesens, des Verkehrswesens, des Außenhandels und der Industrie. Diese Abteilungen werden unter der Leitung des Kontrollrates tätig sein.
10. Unter Berücksichtigung der Notwendigkeit zur Erhaltung der militärischen Sicherheit wird die Freiheit der Rede, der Presse und der Religion gewährt. Die religiösen Einrichtungen sollen respektiert werden. Die Schaffung Freier Gewerkschaften, gleichfalls unter Berücksichtigung der Notwendigkeit der Erhaltung der militärischen Sicherheit, wird gestattet werden.

B. Wirtschaftliche Grundsätze

11. Mit dem Ziele der Vernichtung des deutschen Kriegspotentials ist die Produktion von Waffen, Kriegsausrüstung und Kriegsmitteln, ebenso die Herstellung aller Typen von Flugzeugen und Seeschiffen zu verbieten und zu unterbinden. Die Herstellung von Metallen und Chemikalien, der Maschinenbau und die Herstellung anderer Gegenstände, die unmittelbar für die Kriegswirtschaft notwendig sind, ist streng zu überwachen und zu beschränken, entsprechend dem genehmigten Stand der friedlichen Nachkriegsbedürfnisse Deutschlands, um die in dem Punkt 15 angeführten Ziele zu befriedigen. Die Produktionskapazität, entbehrlich für die Industrie, welche erlaubt sein wird, ist entsprechend dem Reparationsplan, empfohlen durch die interalliierte Reparationskommission und bestätigt durch die beteiligten Regierungen, entweder zu entfernen oder, falls sie nicht entfernt werden kann, zu vernichten.

12. In praktisch kürzester Frist ist das deutsche Wirtschaftsleben zu dezentralisieren mit dem Ziel der Vernichtung der bestehenden übermäßigen Konzentration der Wirtschaftskraft, dargestellt insbesondere durch Kartelle, Syndikate, Trusts und andere Monopolvereinigungen.
13. Bei der Organisation des deutschen Wirtschaftslebens ist das Hauptgewicht auf die Entwicklung der Landwirtschaft und der Friedensindustrie für den inneren Bedarf (Verbrauch) zu legen.
14. Während der Besatzungszeit ist Deutschland als eine wirtschaftliche Einheit zu betrachten. Mit diesem Ziel sind gemeinsame Richtlinien aufzustellen hinsichtlich:
    a) der Erzeugung und der Verteilung der Produkte der Bergbau- und der verarbeitenden Industrie;
    b) der Landwirtschaft, Forstwirtschaft und der Fischerei;
    c) der Löhne, der Preise und der Rationierung;
    d) des Import- und Exportprogramms für Deutschland als Ganzes;
    e) der Währung und des Bankwesens, der zentralen Besteuerung und der Zölle;
    f) der Reparationen und der Beseitigung des militärischen Industriepotentials;
    g) des Transport- und Verkehrswesens.

    Bei der Durchführung dieser Richtlinien sind gegebenenfalls die verschiedenen örtlichen Bedingungen zu berücksichtigen.
15. Es ist eine alliierte Kontrolle über das deutsche Wirtschaftsleben zu errichten, jedoch nur in den Grenzen, die notwendig sind:
    a) zur Erfüllung des Programms der industriellen Abrüstung und Entmilitarisierung, der Reparationen und der erlaubten Aus- und Einfuhr;
    b) zur Sicherung der Warenproduktion und der Dienstleistungen, die zur Befriedigung der Bedürfnisse der Besatzungsstreitkräfte und der verpflanzten Personen in Deutschland notwendig sind und die wesentlich sind für die Erhaltung eines mittleren Lebensstandards in Deutschland, der den mittleren Lebensstandard der europäischen Länder nicht übersteigt. (Europäische Länder in diesem Sinne sind alle europäischen Länder mit Ausnahme des Vereinigten Königreiches und der Sowjetunion);
    c) zur Sicherung — in der Reihenfolge, die der Kontrollrat festsetzt — einer gleichmäßigen Verteilung der wesentlichsten Waren unter den verschiedenen Zonen, um ein ausgeglichenes Wirtschaftsleben in ganz Deutschland zu schaffen und die Einfuhrnotwendigkeit einzuschränken;
    d) zur Überwachung der deutschen Industrie und aller wirtschaftlichen und finanziellen internationalen Abkommen einschließlich der Aus- und Einfuhr mit dem Ziel der Unterbindung einer Entwicklung des

Kriegspotentials Deutschlands und der Erreichung der anderen genannten Aufgaben;

e) zur Überwachung aller deutschen öffentlichen oder privaten wissenschaftlichen Forschungs- oder Versuchsanstalten, Laboratorien usw., die mit einer Wirtschaftstätigkeit verbunden sind.

16. Zur Einführung und Unterstützung der wirtschaftlichen Kontrolle, die durch den Kontrollrat errichtet worden ist, ist ein deutscher Verwaltungsapparat zu schaffen. Den deutschen Behörden ist nahezulegen, in möglichst vollem Umfange die Verwaltung dieses Apparates zu fördern und zu übernehmen. So ist dem deutschen Volk klarzumachen, daß die Verantwortung für diese Verwaltung und deren Versagen auf ihm ruhen wird. Jede deutsche Verwaltung, die dem Ziel der Besatzung nicht entsprechen wird, wird verboten werden.

17. Es sind unverzüglich Maßnahmen zu treffen zur:
    a) Durchführung der notwendigen Instandsetzungen des Verkehrswesens,
    b) Hebung der Kohlenerzeugung,
    c) weitestmöglichen Vergrößerung der landwirtschaftlichen Produktion und
    d) Durchführung einer beschleunigten Instandsetzung der Wohnungen und der wichtigsten öffentlichen Einrichtungen.

18. Der Kontrollrat hat entsprechende Schritte zur Verwirklichung der Kontrolle und der Verfügung über alle deutschen Guthaben im Auslande zu übernehmen, welche noch nicht unter die Kontrolle der alliierten Nationen, die an dem Krieg gegen Deutschland teilgenommen haben, geraten sind.

19. Die Bezahlung der Reparationen soll dem deutschen Volke genügend Mittel belassen, um ohne eine Hilfe von außen zu existieren. Bei der Aufstellung des Haushaltsplanes Deutschlands sind die nötigen Mittel für die Einfuhr bereitzustellen, die durch den Kontrollrat in Deutschland genehmigt worden ist. Die Einnahmen aus der Ausfuhr der Erzeugnisse der laufenden Produktion und der Warenbestände dienen in erster Linie der Bezahlung dieser Einfuhr. Die hier erwähnten Bedingungen werden nicht angewandt bei den Einrichtungen und Produkten, die in den Punkten 4a und 4b der Übereinkunft über die deutschen Reparationen erwähnt sind.

IV. Reparationen aus Deutschland

In Übereinstimmung mit der Entscheidung der Krim-Konferenz, wonach Deutschland gezwungen werden soll, in größtmöglichem Ausmaß für die Verluste und die Leiden, die es den Vereinten Nationen verursacht hat, und wofür das deutsche Volk der Verantwortung nicht entgehen kann, Ausgleich zu schaffen, wurde folgende Übereinkunft über Reparationen erreicht:

1. Die Reparationsansprüche der UdSSR sollen durch Entnahmen aus der von der UdSSR besetzten Zone in Deutschland und durch angemessene deutsche Auslandsguthaben befriedigt werden.
2. Die UdSSR wird die Reparationsansprüche Polens aus ihrem eigenen Anteil an den Reparationen befriedigen.
3. Die Reparationsansprüche der Vereinigten Staaten, des Vereinigten Königreiches und der anderen zu Reparationsforderungen berechtigten Länder werden aus den westlichen Zonen und den entsprechenden deutschen Auslandsguthaben befriedigt werden.
4. In Ergänzung der Reparationen, die die UdSSR aus ihrer eigenen Besatzungszone erhält, wird die UdSSR zusätzlich aus den westlichen Zonen erhalten:
   a) 15 % derjenigen verwendungsfähigen und vollständigen industriellen Ausrüstung, vor allem der metallurgischen, chemischen und Maschinen erzeugenden Industrien, soweit sie für die deutsche Friedenswirtschaft unnötig und aus den westlichen Zonen Deutschlands zu entnehmen sind, im Austausch für einen entsprechenden Wert an Nahrungsmitteln, Kohle, Kali, Zink, Holz, Tonprodukten, Petroleumprodukten und anderen Waren, nach Vereinbarung.
   b) 10 % derjenigen industriellen Ausrüstung, die für die deutsche Friedenswirtschaft unnötig ist und aus den westlichen Zonen zu entnehmen und auf Reparationskonto an die Sowjetregierung zu übertragen ist ohne Bezahlung oder Gegenleistung irgendwelcher Art.

   Die Entnahmen der Ausrüstung, wie sie oben in a) und b) vorgesehen sind, sollen gleichzeitig erfolgen.
5. Der Umfang der aus den westlichen Zonen zu entnehmenden Ausrüstung, der auf Reparationskonto geht, muß spätestens innerhalb sechs Monaten von jetzt ab bestimmt sein.
6. Die Entnahme der industriellen Ausrüstung soll so bald wie möglich beginnen und innerhalb von zwei Jahren, gerechnet vom Zeitpunkt der in § 5 spezifizierten Bestimmung, abgeschlossen sein. Die Auslieferung der in § 4 a) genannten Produkte soll so schnell wie möglich beginnen, und zwar in durch Vereinbarung bedingten Teillieferungen seitens der Sowjetunion, und innerhalb von fünf Jahren von dem erwähnten Datum ab erfolgen. Die Bestimmung des Umfanges und der Art der industriellen Ausrüstung, die für die deutsche Friedenswirtschaft unnötig ist und der Reparation unterliegt, soll durch den Kontrollrat gemäß den Richtlinien erfolgen, die von der alliierten Kontrollkommission für Reparationen, unter Beteiligung Frankreichs, festgelegt sind, wobei die endgültige Entscheidung durch den Kommandierenden der Zone getroffen wird, aus der die Ausrüstung entnommen werden soll.

7. Vor der Festlegung des Gesamtumfanges der der Entnahme unterworfenen Ausrüstung sollen Vorschußlieferungen solcher Ausrüstung erfolgen, die als zur Auslieferung verfügbar bestimmt werden in Übereinstimmung mit dem Verfahren, das im letzten Satz des § 6 vorgesehen ist.
8. Die Sowjetregierung verzichtet auf alle Ansprüche bezüglich der Reparationen aus Anteilen an deutschen Unternehmungen, die in den westlichen Besatzungszonen in Deutschland gelegen sind. Das gleiche gilt für deutsche Auslandsguthaben in allen Ländern, mit Ausnahme der weiter unten in § 9 gekennzeichneten Fälle.
9. Die Regierungen der USA und des Vereinigten Königreichs verzichten auf ihre Ansprüche im Hinblick auf Reparationen hinsichtlich der Anteile an deutschen Unternehmungen, die in der östlichen Besatzungszone in Deutschland gelegen sind. Das gleiche gilt für deutsche Auslandsguthaben in Bulgarien, Finnland, Ungarn, Rumänien und Ostösterreich.

[. . .]

VI. Stadt Königsberg und das anliegende Gebiet

Die Konferenz prüfte einen Vorschlag der Sowjetregierung, daß vorbehaltlich der endgültigen Bestimmung der territorialen Fragen bei der Friedensreglung derjenige Abschnitt der Westgrenze der Union der Sozialistischen Sowjetrepubliken, der an die Ostsee grenzt, von einem Punkt an der östlichen Küste der Danziger Bucht in östlicher Richtung nördlich von Braunsberg-Goldap und von da zu dem Schnittpunkt der Grenzen Litauens, der Polnischen Republik und Ostpreußens verlaufen soll.
Die Konferenz hat grundsätzlich dem Vorschlag der Sowjetregierung hinsichtlich der endgültigen Übergabe der Stadt Königsberg und des anliegenden Gebietes an die Sowjetunion gemäß der obigen Beschreibung zugestimmt, wobei der genaue Grenzverlauf einer sachverständigen Prüfung vorbehalten bleibt.
Der Präsident der USA und der britische Premierminister haben erklärt, daß sie den Vorschlag der Konferenz bei der bevorstehenden Friedensregelung unterstützen werden.

[. . .]

IX. Polen

Die Konferenz hat die Fragen, die sich auf die Polnische Provisorische Regierung der Nationalen Einheit und auf die Westgrenze Polens beziehen, der Betrachtung unterzogen.
. . .

b) Bezüglich der Westgrenze Polens wurde folgendes Abkommen erzielt:
In Übereinstimmung mit dem bei der Krim-Konferenz erzielten Abkommen haben die Häupter der drei Regierungen die Meinung der Polnischen Provisorischen Regierung der Nationalen Einheit hinsichtlich des Territoriums im Norden und Westen geprüft, das Polen erhalten soll. Der Präsident des Nationalrates Polens und die Mitglieder der Polnischen Provisorischen Regierung der Nationalen Einheit sind auf der Konferenz empfangen worden und haben ihre Auffassungen in vollem Umfange dargelegt. Die Häupter der drei Regierungen bekräftigten ihre Auffassung, daß die endgültige Festlegung der Westgrenze Polens bis zu der Friedenskonferenz zurückgestellt werden soll.*
Die Häupter der drei Regierungen stimmen darin überein, daß bis zur endgültigen Festlegung der Westgrenze Polens die früher deutschen Gebiete östlich der Linie, die von der Ostsee unmittelbar westlich von Swinemünde und von dort die Oder entlang bis zur Einmündung der westlichen Neiße und die westliche Neiße entlang bis zur tschechoslowakischen Grenze verläuft, einschließlich des Teiles Ostpreußens, der nicht unter die Verwaltung der Union der Sozialistischen Sowjetrepubliken ... gestellt wird und einschließlich

nischen Staates kommen und in dieser Hinsicht nicht als Teil der sowjetischen Besatzungszone in Deutschland betrachtet werden sollen.

[...]

XIII. Ordnungsmäßige Überführung deutscher Bevölkerungsteile

Die Konferenz erzielte folgendes Abkommen über die Ausweisung Deutscher aus Polen, der Tschechoslowakei und Ungarn:
Die drei Regierungen haben die Frage unter allen Gesichtspunkten beraten und erkennen an, daß die Überführung der deutschen Bevölkerung oder Bestandteile derselben, die in Polen, der Tschechoslowakei und Ungarn zurückgeblieben sind, nach Deutschland durchgeführt werden muß. Sie stimmen darin überein, daß jede derartige Überführung, die stattfinden wird, in ordnungsgemäßer und humaner Weise erfolgen soll. Da der Zustrom einer großen Zahl Deutscher nach Deutschland die Lasten vergrößern würde, die bereits auf den Besatzungbehörden ruhen, halten sie es für wünschenswert, daß der Alliierte Kontrollrat in Deutschland zunächst das Problem unter besonderer Berücksichtigung der Frage einer gerechten Verteilung dieser Deutschen auf die einzelnen Besatzungszonen prüfen soll. Sie beauftragen demgemäß ihre jeweiligen Vertreter beim Kontrollrat, ihren Regierungen so bald wie möglich über den Umfang zu berichten, in dem derartige Personen schon

* Dazu Anmerkung von H. P. Lippóczy: Vgl. die polnische Übersetzung des Potsdamer Abkommens mit dem englischen Originaltext und mit der deutschen Übersetzung, die an manchen Stellen von der authentischen englischen Fassung wesentlich abweicht.

aus Polen, der Tschechoslowakei und Ungarn nach Deutschland gekommen sind, und eine Schätzung über Zeitpunkt und Ausmaß vorzulegen, zu dem die weiteren Überführungen durchgeführt werden könnten, wobei die gegenwärtige Lage in Deutschland zu berücksichtigen ist. Die Tschechoslowakische Regierung, die Polnische Provisorische Regierung und der Alliierte Kontrollrat in Ungarn werden gleichzeitig von obigem in Kenntnis gesetzt und ersucht werden, inzwischen weitere Ausweisungen der deutschen Bevölkerung einzustellen, bis die betroffenen Regierungen die Berichte ihrer Vertreter an den Kontrollausschuß geprüft haben.

(Englischer Originaltext)

[...]

VI. City of Koenigsberg and the adjacent area

The Conference examined a proposal by the Soviet Government that pending the final determination of territorial questions at the peace settlement, the section of the western frontier of the Union of Soviet Socialist Republics which is adjacent to the Baltic Sea should pass from a point on the eastern shore of the Bay of Danzig to the east, north of Braunsberg-Goldap, to the meeting point of the frontiers of Lithuania, the Polish Republic and East Prussia.
The Conference has agreed in principle to the proposal of the Soviet Government concerning the ultimate transfer to the Soviet Union of the City of Koenigsberg and the area adjacent to it as described above subject to expert examination of the actual frontier.
The President of the United States and the British Prime Minister have declared that they will support the proposal of the Conference at the forthcoming peace settlement.

[...]

IX. Poland

The Conference considered questions relating to the Polish Provisional Government and the western boundary of Poland.

...

B — The following agreement was reached on the western frontier of Poland: In conformity with the agreement on Poland reached at the Crimea Conference the three Heads of Government have sought the opinion of the Polish Provisional Government of National Unity in regard to the accession of territory in the north and west which Poland should receive. The President

Quelle: Foreign Relations of the United States. Diplomatic Papers. The Conference of Berlin (The Potsdam Conference) 1945. Washington 1960, Vol. II, p. 1507 ff., 1511;

of the National Council of Poland and members of the Polish Provisional Government of National Unity have been received at the Conference and have fully presented their views. The three Heads of Government reaffirm their opinion that the final delimitation of the western frontier of Poland should await the peace settlement.

The three Heads of Government agree that, pending the final determination of Poland's western frontier, the former German territories east of a line running from the Baltic Sea immediately west of Swinemunde, and thence along the Oder River to the confluence of the western Neisse River and along the western Neisse to the Czechoslovak frontier, including that portion of East Prussia not placed under the administration of the Union of Soviet Socialist Republics in accordance with the understanding reached at this conference and including the area of the former free city of Danzig, shall be under the administration of the Polish State and for such purposes should not be considered as part of the Soviet zone of occupation in Germany.

[. . .]

XIII. Orderly transfers of German populations

The Conference reached the following agreement on the removal of Germans from Poland, Czechoslovakia and Hungary:

The three Governments, having considered the question in all its aspects, recognize that the transfer to Germany of German populations, or elements thereof, remaining in Poland, Czechoslovakia and Hungary, will have to be undertaken. They agree that any transfers that take place should be effected in an orderly and humane manner.

Since the influx of a large number of Germans into Germany would increase the burden already resting on the occupying authorities, they consider that the Alliied Control Council in Germany should in the first instance examine the problem with special regard to the question of the equitable distribution of these Germans among the several zones of occupation. They are accordingly instructing their respective representatives on the Control Council to report to their Governments as soon as possible the extent to which such persons have already entered Germany from Poland, Czechoslovakia and Hungary, and to submit an estimate of the time and rate at which further transfers could be carried out, having regard to the present situation in Germany.

The Czechoslovak Government, the Polish Provisional Government and the Control Council in Hungary are at the same time being informed of the above, and are being requested meanwhile to suspend further expulsions pending the examination by the Governments concerned of the report from their representatives on the Control Council."

2

Erklärung des Deutschen Bundestages auf seiner 68. Sitzung am 13. Juni 1950

[. . .]

Alterspräsident . . . Im Namen aller Fraktionen und Gruppen des Bundestages mit Ausnahme der kommunistischen Fraktion, zugleich mit Zustimmung der Bundesregierung und des Bundesrates gebe ich folgende Erklärung ab:
In der von einer Delegation der sogenannten Provisorischen Regierung der Deutschen Demokratischen Republik und der Regierung der Republik Polen unterzeichneten Vereinbarung vom 6. Juni 1950 wird die völker- und staatsrechtlich unhaltbare Behauptung aufgestellt, daß zwischen der sowjetisch besetzten Zone Deutschlands und Polen eine sogenannte Friedensgrenze festgelegt worden ist.
Gemäß dem Potsdamer Abkommen ist das deutsche Gebiet östlich von Oder und Neiße als Teil der sowjetischen Besatzungszone Deutschlands der Republik Polen nur zur einstweiligen Verwaltung übergeben worden. Das Gebiet bleibt ein Teil Deutschlands.

[. . .]

Meine Damen und Herren, niemand hat das Recht, aus eigener Machtvollkommenheit Land und Leute preiszugeben oder eine Politik des Verzichts zu treiben.
Die Regelung dieser wie aller Grenzfragen Deutschlands, der östlichen wie der westlichen, kann nur durch einen Friedensvertrag erfolgen, der von einer demokratisch gewählten deutschen Regierung als ein Vertrag der Freund-

Quelle: Verhandlungen des 1. Deutschen Bundestages, 68. Sitzung v. 30. 6. 1950, S. 2457-2458

schaft und der guten Nachbarschaft mit allen Nationen baldigst geschlossen werden muß.

Die Mitwirkung an der Markierung der Oder-Neiße-Linie als angeblich ‚unantastbarer' Ostgrenze Deutschlands, zu der sich die sogenannte Provisorische Regierung der Deutschen Demokratischen Republik bereitgefunden hat, ist ein Beweis für die beschämende Hörigkeit dieser Stelle gegenüber einer fremden Macht.

Der Bundestag weiß, daß er bei der Zurückweisung dieser Handlung auch im Namen der Deutschen in der sowjetischen Besatzungszone spricht.

[...]

3

Abkommen zwischen den Regierungen der Deutschen Demokratischen Republik und der Republik Polen über die Markierung der deutsch-polnischen Staatsgrenze vom 6. Juli 1950 in Zgorzelec (Görlitzer Abkommen).

Der Präsident der Deutschen Demokratischen Republik und der Präsident der Republik Polen, geleitet von dem Wunsch, dem Willen zur Festigung des allgemeinen Friedens Ausdruck zu verleihen, und gewillt, einen Beitrag zum großen Werk der einträchtigen Zusammenarbeit der friedliebenden Völker zu leisten,
in Anbetracht, daß die Zusammenarbeit zwischen dem deutschen und dem polnischen Volke dank der Zerschlagung des deutschen Faschismus durch die UdSSR und dank der Entwicklung der demokratischer Kräfte in Deutschland möglich wurde — sowie gewillt, nach den tragischen Erfahrungen aus der Zeit des Hitlersystems eine unerschütterliche Grundlage für ein friedliches und gutnachbarliches Zusammenleben beider Völker zu schaffen, geleitet von dem Wunsch, die gegenseitigen Beziehungen in Anlehnung an das die Grenze an der Oder und der Lausitzer Neiße festlegende Potsdamer Abkommen zu stabilisieren und zu festigen,
in Durchführung der Bestimmungen der Warschauer Deklaration der Delegation der Provisorischen Regierung der Deutschen Demokratischen Republik und der Regierung der Republik Polen vom 6. Juni 1950,
in Anerkennung, daß die festgelegte und bestehende Grenze die unantastbare Friedens- und Freundschaftsgrenze ist, die die beiden Völker nicht trennt, sondern einigt — haben beschlossen, das folgende Abkommen abzuschließen: [. . .] [folgen Namen der Bevollmächtigten]:

Artikel 1
Die Hohen Vertragschließendenden Parteien stellen übereinstimmend fest, daß die festgelegte und bestehende Grenze, die von der Ostsee entlang der Linie westlich von der Ortschaft Swinoujscie* und von dort entlang dem Fluß Oder bis zur Einmündung der Lausitzer Neiße

* Swinemünde

Quelle: Gesetzblatt der Deutschen Demokratischen Republik, Jahrgang 1950, 2. Halbj., S. 1205 ff.

und die Lausitzer Neiße entlang bis zur tschechoslowakischen Grenze verläuft, die Staatsgrenze zwischen Deutschland und Polen bildet.

Artikel 2
Die laut vorliegendem Abkommen markierte deutsch-polnische Staatsgrenze grenzt in vertikaler Linie auch den Luft- und Seeraum, sowie das Innere der Erde ab.

Artikel 3
Zwecks Markierung im Terrain der im Artikel 1 genannten deutsch-polnischen Staatsgrenze berufen die Hohen Vertragschließenden Parteien eine gemischte deutsch-polnische Kommission mit dem Sitz in Warszawa. Diese Kommission besteht aus acht Mitgliedern, von denen vier von der Provisorischen Regierung der Deutschen Demokratischen Republik und vier von der Regierung der Republik Polen ernannt werden.

Artikel 4
Zwecks Aufnahme der in Artikel 3 bestimmten Tätigkeit wird die gemischte deutsch-polnische Kommission spätestens bis zum 31. August 1950 zusammentreten.

Artikel 5
Nach Durchführung der Markierung der Staatsgrenze im Terrain werden die Hohen Vertragschließenden Parteien einen Akt über die Ausführung der Markierung der Staatsgrenze zwischen Deutschland und Polen abschließen.

Artikel 6
In Ausführung der Markierung der deutsch-polnischen Staatsgrenze werden die Hohen Vertragschließenden Parteien Vereinbarungen betreffs der Grenzübergänge, des lokalen Grenzverkehrs, sowie der Schiffahrt auf den Grenzgewässern abschließen. Diese Vereinbarungen werden innerhalb eines Monats nach dem Inkrafttreten des im Artikel 5 genannten Aktes über die Ausführung der Markierung der Staatsgrenze zwischen Deutschland und Polen abgeschlossen werden.

Artikel 7
Das vorliegende Abkommen unterliegt einer Ratifikation, die in möglichst kürzester Frist stattfinden soll. Das Abkommen tritt in Kraft mit dem Austausch der Ratifikationsurkunden, der in Berlin stattfinden wird.

Zu Urkund dessen haben die Bevollmächtigen dieses Abkommen unterzeichnet und mit ihrem Siegel versehen

Artikel 8
Ausgefertigt am 6. Juli 1950 in Zgorzelec* in zwei Urschriften, beide in deutscher und polnischer Sprache, wobei beide Wortlaute die gleiche Gültigkeit haben."

In Vollmacht des Präsidenten der Deutschen Demokratischen Republik
O. Grotewohl
G. Dertinger

in Vollmacht des Präsidenten der Republik Polen
J. Cyrankiewicz
St. Wierblowski

* Görlitz

4

Vertrag über die Beziehungen zwischen der Bundesrepublik Deutschland und den Drei Mächten (Deutschlandvertrag) in der geänderten Fassung vom 23. Oktober 1954

[Auszug]

DIE BUNDESREPUBLIK DEUTSCHLAND,
DIE VEREINIGTEN STAATEN VON AMERIKA,
DAS VEREINIGTE KÖNIGREICH VON GROSSBRITANNIEN UND NORD-IRLAND
und
DIE FRANZÖSISCHE REPUBLIK

haben zur Festlegung der Grundlagen ihres neuen Verhältnisses den folgenden Vertrag geschlossen:

Artikel 1

1. Mit dem Inkrafttreten dieses Vertrags werden die Vereinigten Staaten von Amerika, das Vereinigte Königreich von Großbritannien und Nordirland und die Französische Republik (in diesem Vertrag und in den Zusatzverträgen auch als „Drei Mächte" bezeichnet) das Besatzungsregime in der Bundesrepublik beenden, das Besatzungsstatut aufheben und die Alliierte Hohe Kommission sowie die Dienststellen der Landeskommissare in der Bundesrepublik auflösen.

2. Die Bundesrepublik wird demgemäß die volle Macht eines souveränen Staates über ihre inneren und äußeren Angelegenheiten haben.

Artikel 2

Im Hinblick auf die internationale Lage, die bisher die Wiedervereinigung Deutschlands und den Abschluß eines Friedensvertrags verhindert hat, behalten die Drei Mächte die bisher von ihnen ausgeübten oder innegehabten Rechte und Verantwortlichkeiten in bezug auf Berlin und auf Deutschland als Ganzes einschließlich der Wiedervereinigung Deutschlands und einer friedensvertraglichen Regelung. Die von den Drei Mächten beibehaltenen Rechte und Verantwortlichkeiten in be-

Quelle: BGBl. 1955 II, S. 306-320

zug auf die Stationierung von Streitkräften in Deutschland und der Schutz der Sicherheit dieser Streitkräfte bestimmen sich nach den Artikeln 4 und 5 dieses Vertrags.

Artikel 3

1. Die Bundesrepublik wird ihre Politik in Einklang mit den Prinzipien der Satzung der Vereinten Nationen und mit den im Statut des Europarates aufgestellten Zielen halten.

2. Die Bundesrepublik bekräftigt ihre Absicht, sich durch ihre Mitgliedschaft in internationalen Organisationen, die zur Erreichung der gemeinsamen Ziele der freien Welt beitragen, mit der Gemeinschaft der freien Nationen völlig zu verbinden. Die Drei Mächte werden zu gegebener Zeit Anträge der Bundesrepublik unterstützen, die Mitgliedschaft in solchen Organisationen zu erlangen.

3. Bei Verhandlungen mit Staaten, mit denen die Bundesrepublik keine Beziehungen unterhält, werden die Drei Mächte die Bundesrepublik in Fragen konsultieren, die deren politische Interessen unmittelbar berühren.

4. Auf Ersuchen der Bundesregierung werden die Drei Mächte die erforderlichen Vorkehrungen treffen, die Interessen der Bundesrepublik in ihren Beziehungen zu anderen Staaten und in gewissen internationalen Organisationen oder Konferenzen zu vertreten, soweit die Bundesrepublik dazu nicht selbst in der Lage ist.

Artikel 4

1. Bis zum Inkrafttreten der Abmachungen über den deutschen Verteidigungsbeitrag behalten die Drei Mächte weiterhin ihre bisher ausgeübten oder innegehabten Rechte in bezug auf die Stationierung von Streitkräften in der Bundesrepublik. Die Aufgabe dieser Streitkräfte wird die Verteidigung der freien Welt sein, zu der die Bundesrepublik und Berlin gehören. Vorbehaltlich der Bestimmungen des Artikels 5 Absatz (2) dieses Vertrags bestimmen sich die Rechte und Pflichten dieser Streitkräfte nach dem Vertrag über die Rechte und Pflichten ausländischer Streitkräfte und ihrer Mitglieder in der Bundesrepublik Deutschland (im folgenden als „Truppenvertrag" bezeichnet), auf den in Artikel 8 Absatz (1) dieses Vertrags Bezug genommen ist.

2. Die von den Drei Mächten bisher ausgeübten oder innegehabten und weiterhin beizubehaltenden Rechte in bezug auf die Stationierung von Streitkräften in Deutschland werden von den Bestimmungen dieses Artikels nicht berührt, soweit sie für die Ausübung der im ersten Satz des Artikels 2 dieses Vertrags genannten Rechte erforderlich sind. Die Bundesrepublik ist damit einverstanden, daß vom Inkrafttreten der Abmachungen über den deutschen Verteidigungsbeitrag an Streitkräfte der gleichen Nationalität und Effektivstärke wie zur Zeit dieses Inkrafttretens in der Bundesrepublik stationiert werden dürfen. Im Hinblick auf die in Artikel 1 Absatz (2) dieses Vertrags umschriebene Rechtsstellung der Bundesrepublik und im Hinblick darauf, daß die Drei Mächte gewillt sind, ihre Rechte betreffend die Stationierung von Streitkräften in der Bundesrepublik, soweit diese betroffen

ist, nur in vollem Einvernehmen mit der Bundesrepublik auszuüben, wird diese Frage in einem besonderen Vertrag geregelt.

Artikel 5 [. . .]

Artikel 6

1. Die Drei Mächte werden die Bundesrepublik hinsichtlich der Ausübung ihrer Rechte in bezug auf Berlin konsultieren.

2. Die Bundesrepublik ihrerseits wird mit den Drei Mächten zusammenwirken, um es ihnen zu erleichtern, ihren Verantwortlichkeiten in bezug auf Berlin zu genügen.

Artikel 7

1. Die Unterzeichnerstaaten sind darüber einig, daß ein wesentliches Ziel ihrer gemeinsamen Politik eine zwischen Deutschland und seinen ehemaligen Gegnern frei vereinbarte friedensvertragliche Regelung für ganz Deutschland ist, welche die Grundlage für einen dauerhaften Frieden bilden soll. Sie sind weiterhin darüber einig, daß die endgültige Festlegung der Grenzen Deutschlands bis zu dieser Regelung aufgeschoben werden muß.

2. Bis zum Abschluß der friedensvertraglichen Regelung werden die Unterzeichnerstaaten zusammenwirken, um mit friedlichen Mitteln ihr gemeinsames Ziel zu verwirklichen: Ein wiedervereinigtes Deutschland, das eine freiheitlich-demokratische Verfassung, ähnlich wie die Bundesrepublik, besitzt und das in die europäische Gemeinschaft integriert ist [. . .]

4. Die Drei Mächte werden die Bundesrepublik in allen Angelegenheiten konsultieren, welche die Ausübung ihrer Rechte in bezug auf Deutschland als Ganzes berühren.

Artikel 8 [. . .]

Artikel 9 [. . .]

Artikel 10

Die Unterzeichnerstaaten überprüfen die Bestimmungen dieses Vertrags und der Zusatzverträge:

a) auf Ersuchen eines von ihnen im Falle der Wiedervereinigung Deutschlands oder einer unter Beteiligung oder mit Zustimmung der Staaten, die Mitglieder dieses Vertrags sind, erzielten internationalen Verständigung über Maßnahmen zur Herbeiführung der Wiedervereinigung Deutschlands oder der Bildung einer europäischen Föderation, oder

b) in jeder Lage, die nach Auffassung aller Unterzeichnerstaaten aus einer Änderung grundlegenden Charakters in den zur Zeit des Inkrafttretens des Vertrags bestehenden Verhältnissen entstanden ist.

In beiden Fällen werden sie in gegenseitigem Einvernehmen diesen Vertrag und die Zusatzverträge in dem Umfang ändern, der durch die grundlegende Änderung der Lage erforderlich oder ratsam geworden ist.

Artikel 11

[. . .]

3. Dieser Vertrag und die Zusatzverträge werden in den Archiven der Regierung der Bundesrepublik Deutschland hinterlegt; diese wird jedem Unterzeichnerstaat beglaubigte Ausfertigungen übermitteln und jeden Unterzeichnerstaat vom Zeitpunkt des Inkrafttretens dieses Vertrags und der Zusatzverträge in Kenntnis setzen.

Zu Urkund dessen haben die unterzeichneten von ihren Regierungen gehörig beglaubigten Vertreter diesen Vertrag unterschrieben.

Geschehen zu Bonn am sechsundzwanzigsten Tage des Monats Mai 1952 in deutscher, englischer und französischer Sprache, wobei alle drei Fassungen gleichermaßen authentisch sind.

Für die Bundesrepublik Deutschland gezeichnet:
Adenauer

Für das Vereinigte Königreich und Großbritannien und Nordirland gezeichnet:
Anthony Eden

Für die Vereinigten Staaten von Amerika gezeichnet:
Dean Acheson

Für die Französische Republik gezeichnet:
Robert Schuman

5

Beschluß des Staatsrats der VR Polen über die Aufhebung des Kriegszustandes zwischen Polen und Deutschland vom 18. Februar 1955

In Anbetracht dessen:

daß seit dem bewaffneten Überfall Hitlerdeutschlands auf Polen 15 Jahre vergangen sind;

daß nach 5 Kriegsjahren, in denen das polnische Volk heldenhaft gegen die Hitlerokkupanten kämpfte, der deutsche Militarismus durch den Sieg der UdSSR und der mit ihr in der Anti-Hitler-Koalition verbündeten Länder niedergeschlagen wurde, wodurch die Grundlagen für die Herstellung einer dauerhaften Sicherheit in Europa und für eine friedliche Zusammenarbeit der europäischen Völker geschaffen wurden;

daß die friedliche Lösung der Deutschlandfrage im Lebensinteresse des polnischen Volkes liegt;

daß die Regierung der Volksrepublik Polen stets die Bemühungen unterstützt hat, die darauf abzielten, eine friedliche Stabilisierung der Beziehungen in Europa zu gewährleisten, die ein Wiedererstehen des deutschen Militarismus und die Einbeziehung Westdeutschlands in militärische Blocks unmöglich macht, eine Stabilisierung, die untrennbar verbunden ist mit der Wiedervereinigung Deutschlands auf demokratischen und friedlichen Grundlagen;

daß die Volksrepublik Polen freundschaftliche Beziehungen mit der Deutschen Demokratischen Republik begründet hat und danach strebt, diese Beziehungen weiter zu vertiefen;

daß die Volksrepublik Polen bestrebt ist, friedliche und gutnachbarliche Beziehungen mit dem ganzen deutschen Volk auf der Grundlage der Friedensgrenze an Oder und der Lausitzer Neiße herzustellen,

beschließt der Staatsrat:

1. Der Kriegszustand zwischen der Volksrepublik Polen und Deutschland wird als beendet betrachtet.

2. Zwischen der Volksrepublik Polen und Deutschland werden friedliche Beziehungen hergestellt.

Quelle: Johannes Maass: Dokumentation der deutsch-polnischen Beziehungen nach dem Zweiten Weltkrieg, Bonn, Wien, Zürich 1960, S. 107

3. Die Volksrepublik Polen, die auf Grund der Rechte und Pflichten handelt, die sich aus den internationalen Abkommen über die Beseitigung der Auswirkungen des Krieges mit Deutschland ergeben, wird ihre Bemühungen fortsetzen, die auf die Herbeiführung einer friedlichen Lösung der Deutschlandfrage im Interesse des Friedens und der Sicherheit Polens und der anderen europäischen Völker abzielen.“

6

Exposé des Vorsitzenden des Ministerrates J. Cyrankiewicz im Sejm der VR Polen

Auszug

vom 16. März 1955

(...) Volkspolen hat — in seiner Politik die wichtigsten Lebensinteressen und tiefsten Gefühle des ganzen Volkes wiedergebend — auf allen Gebieten der internationalen Zusammenarbeit seinen Beitrag zur Festigung des Friedens auf der Welt und zur Entwicklung der freundschaftlichen Beziehungen zwischen den Völkern geleistet und leistet ihn weiterhin.

Die internationale Zusammenarbeit, Bemühungen zur Beseitigung von Spannungen in den internationalen Beziehungen, aktives Mitwirken bei der Lösung von Kriegsbrandherden — dies sind unveränderlich die Richtlinien für die Arbeit der Regierung auf dem Gebiet der Außenpolitik.

Wir haben den Kriegszustand mit Deutschland beendet, wir entwickeln freundschaftliche Beziehungen mit unseren allernächsten Nachbarn: mit der UdSSR, DDR, Tschechoslowakei. Wir sind bereit, die Beziehungen mit Westdeutschland zu normalisieren.

Quelle: Zbiór Dokumentów 1955, Nr. 3, S. 502-503 (eigene Übersetzung)

7

14. Februrar 1958: Polnisches Memorandum zur Schaffung einer atomwaffenfreien Zone in Mitteleuropa

Am 2. Oktober 1957 hat die Regierung der Volksrepublik Polen auf der Vollversammlung der Organisation der Vereinten Nationen ihren Vorschlag zur Frage der Schaffung einer atomwaffenfreien Zone in Mitteleuropa unterbreitet. Die Regierungen der ČSR und der DDR haben ihre Bereitschaft erklärt, dieser Zone beizutreten.

Die Regierung der Volksrepublik Polen ging dabei davon aus, daß die Schaffung der sogenannten atomwaffenfreien Zone eine Verbesserung der internationalen Atmosphäre mit sich bringen sowie umfassendere Abrüstungsgespräche und die Lösung anderer strittiger internationaler Probleme erleichtern könnte, während eine Fortsetzung und Ausdehnung der nuklearen Rüstungen nur zu einer weiteren Versteifung der Spaltung Europas in gegeneinandergerichtete Blocks und zur Komplizierung der Situation führen müsse, namentlich in Mitteleuropa. Im Dezember 1957 hatte die Regierung der Volksrepublik Polen ihren Vorschlag auf diplomatischem Wege erneuert.

In Anbetracht des breiten Echos, das die polnische Initiative gefunden hat, und unter Berücksichtigung der Schlußfolgerungen aus der Diskussion, die sich über diesen Vorschlag entwickelt hat, unterbreitet die Regierung der Volksrepublik Polen hiermit eine detailliertere Weiterentwicklung ihrer Vorschläge, die geeignet wären, die Aufnahme von Besprechungen sowie die Erzielung eines Übereinkommens in dieser Frage zu erleichtern.

I. Die vorgeschlagene Zone sollte das Gebiet Polens, der Tschechoslowakei, der Deutschen Demokratischen Republik und der Deutschen Bundesrepublik umfassen. Auf ihrem Territorium würden Kernwaffen weder hergestellt noch gelagert, weder Geräte noch Vorrichtungen, die zu ihrer Bedienung bestimmt sind, stationiert. Der Einsatz von Kernwaffen gegen das Gebiet der Zone wäre verboten.

II. Dem Inhalt der Verpflichtungen, die sich aus der Errichtung einer atomwaffenfreien Zone ergeben, würden folgende Prinzipien zugrunde liegen:

1. Die Staaten der Zone würden sich verpflichten, Kernwaffen aller Arten weder

Quelle: Dokumente zur Deutschlandpolitik III/4 (1958), S. 529 ff.

zu produzieren, zu unterhalten noch für eigene Zwecke anzuschaffen und ihre Stationierung in ihren Gebieten nicht zu erlauben, wie auch Vorrichtungen und Geräte, die für den Einsatz von Kernwaffen bestimmt sind, wie Raketenabschußrampen, auf ihren Territorien nicht aufzustellen und nicht zuzulassen.

2. Die vier Mächte (Frankreich, die Vereinigten Staaten, Großbritannien und die UdSSR) würden sich verpflichten:

a) zur Ausrüstung ihrer auf dem Territorium der Staaten der Zone stationierten Truppen keine Kernwaffen zu unterhalten, auf den Territorien der Staaten der Zone keinerlei Vorrichtungen und Geräte, die zu ihrer Bedienung bestimmt sind, darunter Raketenabschußrampen, zu unterhalten und zu errichten;

b) auf keinerlei Wegen und unter keinerlei Vorwand den Regierungen oder anderen Organen dieses Gebietes Kernwaffen oder Vorrichtungen und Geräte, die zu ihrer Bedienung bestimmt sind, zu überlassen.

3. Die Mächte, die über Kernwaffen verfügen, müßten sich verpflichten, daß diese Waffen nicht gegen das Gebiet der Zone oder gegen irgendwelche Objekte innerhalb dieser zum Einsatz gelangen.

Damit würden die Mächte die Verpflichtung übernehmen, den Status der Zone zu achten als ein Gebiet, in dem es keine Kernwaffen gäbe und gegen das keine Kernwaffen angewandt würden.

4. Die anderen Staaten, deren Truppen auf dem Gebiet irgendeines der der Zone zugehörenden Staaten stationiert sind, würden sich gleichfalls verpflichten, daß sie zur Ausrüstung ihrer Truppen keine Kernwaffen unterhalten werden und derartige Waffen auch nicht den Regierungen bzw. anderen Organen dieses Gebietes überlassen, sowie daß sie auf den Territorien der Staaten dieser Zone keinerlei Anlagen und Geräte, die zum Einsatz von Kernwaffen bestimmt sind, errichten, darunter auch Raketenabschußrampen, oder diese den Regierungen oder anderen Organen dieses Gebietes überlassen.

Die Art und das Verfahren der Realisierung dieser Verpflichtungen könnten Gegenstand detaillierter Vereinbarungen sein.

III. 1. Um die Wirksamkeit und die Erfüllung der in Absatz II Punkt 1, 2 und 4 genannten Verpflichtungen zu gewährleisten, würden sich die in Frage kommenden Staaten verpflichten, auf dem Territorium der vorgeschlagenen Zone ein System einer umfassenden und wirkungsvollen Kontrolle zu errichten und sich seinem Funktionieren zu unterwerfen.

Dieses System könnte sowohl eine Boden- als auch eine Luftkontrolle umschließen. Auch könnten geeignete Kontrollpunkte errichtet werden, die mit Befugnissen und Möglichkeiten zum Handeln ausgestattet sind, die die Wirksamkeit der Inspektion gewährleisten.

Einzelheiten und Formen der Kontrollausübung könnten in Anlehnung an die auf diesem Gebiet bereits gemachten Erfahrungen sowie an die von den verschiedenen Staaten bei den bisherigen Abrüstungsverhandlungen gemachten Vorschläge vereinbart werden — in einer Form und in einem Umfang, in welchem sie auf das Gebiet der Zone anwendbar sind.

Das für die atomwaffenfreie Zone geschaffene Kontrollsystem könnte nützliche Erfahrungen für die Einführung weitergehender Abrüstungsvereinbarungen liefern.

2. Zur Überwachung der Einhaltung der vorgeschlagenen Verpflichtungen müßte ein entsprechender Kontrollapparat berufen werden. In ihm könnten beispielsweise Vertreter mitwirken, die von Organen des Nordatlantikpaktes und des Warschauer Paktes berufen werden (eventuell ad personam). In ihm könnten auch Bürger bzw. Vertreter von Staaten mitwirken, die keiner Militärgruppierung in Europa angehören.

Die Art der Berufung, des Funktionierens und der Berichtstätigkeit des Kontrollapparates kann Gegenstand weiterer Vereinbarungen sein.

IV. Die einfachste Form, um die Verpflichtungen der der Zone angehörenden Staaten in einen Rahmen zu fassen, wäre der Abschluß eines entsprechenden internationalen Vertrages. Um jedoch Komplikationen aus dem Wege zu gehen, die einige Staaten bei einer solchen Lösung sehen könnten, wäre es möglich:

1. diese Verpflichtungen in die Form von vier einseitigen Deklarationen zu fassen, die den Charakter einer internationalen Verpflichtung hätten und bei einem vereinbarten Verwahrer hinterlegt werden;
2. die Verpflichtungen der Großmächte in die Form eines gemeinsamen Dokuments bzw. einseitiger Deklarationen zu fassen (wie oben unter Punkt 1);
3. die Verpflichtungen der anderen Staaten, deren Truppenabteilungen im Gebiet der Zone stationiert sind, in die Form einseitiger Deklarationen zu fassen (wie oben unter Punkt 1).

Gestützt auf obige Darlegungen, schlägt die Regierung der Volksrepublik Polen vor, mit Gesprächen zu beginnen, um den Plan für die Schaffung einer atomwaffenfreien Zone, die Dokumente und die damit zusammenhängenden Garantien sowie die Wege zur Verwirklichung der übernommenen Verpflichtungen weiter zu präzisieren.

Die Regierung der Volksrepublik Polen hat Grund zu der Feststellung, daß die Annahme des Vorschlages für die Schaffung einer atomwaffenfreien Zone in Mitteleuropa die Erreichung eines Abkommens über eine entsprechende Begrenzung der konventionellen Rüstungen und der auf den Gebieten der Staaten der Zone stationierten fremden Truppen erleichtern wird.

8

Aide-Mémoire der Regierung der Bundesrepublik Deutschland an die Regierung der Volksrepublik Polen vom 24. Februar 1958

Die Regierung der Bundesrepublik Deutschland erklärt zu dem ihr von der polnischen Regierung am 13. Februar 1958 durch das Königlich Schwedische Außenministerium übermittelte Aide-mémoire:

Der Rapacki-Plan stellt nach Auffassung der Bundesregierung lediglich einen von vielen Vorschlägen für ein künftiges europäisches Sicherheitssystem dar, über das ohne Zusammenhang mit der Frage der Wiedervereinigung Deutschlands nicht verhandelt werden kann. Diese Verhandlungen gehören in erster Linie zur Verantwortlichkeit der vier Mächte, die als die Besatzungsmächte von 1945 ihre Verpflichtung in der Genfer Direktive der Regierungschefs vom 23. Juli 1955 ausdrücklich anerkannt haben. Bedauerlicherweise ist die Sowjetunion als einzige dieser Mächte bisher nicht willens, die übernommene Verpflichtung einzulösen. Die Bundesregierung sieht daher im Interesse einer dauerhaften Sicherheit in Europa, die ohne Wiedervereinigung Deutschlands nicht denkbar ist, zur Zeit leider keinen besseren Weg, als die Regierung der Sowjetunion immer wieder an ihre Verpflichtung zu erinnern, die Wiedervereinigung Deutschlands in Verbindung mit Fragen der europäischen Sicherheit alsbald zum Gegenstand ernsthafter Verhandlungen unter den vier Mächten zu machen. Die Bundesregierung würde es außerordentlich begrüßen, wenn die polnische Regierung diese Bemühungen unterstützen und damit für Frieden und Sicherheit in Europa einen wesentlichen Beitrag zu leisten bereit wäre.

Die Bundesregierung ist jedoch bereit, das polnische Memorandum im Licht der obigen Ausführungen sorgfältig zu studieren.

Quelle: Dokumente zur Deutschlandpolitik III/4 (1958), S. 582 f.

9

Entschließungsanträge des Auswärtigen Ausschusses des Deutschen Bundestages zur Ostpolitik vom 31. Mai und 9. Juni 1961, angenommen am 14. Juni 1961

I

Der Bundestag wolle beschließen:

1. Die Bundesregierung wird aufgefordert, gemeinsam mit ihren Verbündeten eine Ostpolitik zu führen, deren Ziel die Wiederherstellung eines freien Gesamtdeutschlands ist, das auch mit der Sowjetunion und allen osteuropäischen Staaten friedliche und gedeihliche Beziehungen unterhält.

Zu diesem Ziel soll die Bundesregierung jede sich bietende Möglichkeit ergreifen, um ohne Preisgabe lebenswichtiger deutscher Interessen zu einer Normalisierung der Beziehungen zwischen der Bundesrepublik und den osteuropäischen Staaten zu gelangen, den weiteren Ausbau der bestehenden Beziehungen zu diesen Staaten auf wirtschaftlichem, humanitärem, geistigem und kulturellem Gebiet anstreben, bei der Gestaltung der Beziehungen zu Polen den besonderen psychologischen Belastungen des deutsch-polnischen Verhältnisses Rechnung tragen und gegenüber solchen Ländern, die deutsche Bevölkerungsteile deportiert oder deutsches Gebiet unter vorläufiger Verwaltung haben, bei der etwaigen Herstellung amtlicher Kontakte die jeweils erforderlichen völkerrechtlichen Vorbehalte geltend machen.

2. Die Bundesregierung wird ferner aufgefordert, innerhalb der zuständigen Ressorts jene institutionellen Maßnahmen zu treffen, die die Gewähr bieten, daß sowohl der Gesamtkomplex Osteuropa als auch die Entwicklung innerhalb der einzelnen osteuropäischen Staaten ihrer Bedeutung gemäß behandelt werden. Dem Ausschuß für auswärtige Angelegenheiten ist über die ergriffenen Maßnahmen zu berichten. Die Bundesrepublik muß gegenüber den Staaten und Völkern Osteuropas zu sorgfältig durchdachtem und den Verhältnissen angemessenem politischem Handeln fähig sein.

Quelle: Dokumente zur Deutschlandpolitik IV/6 (1961), S. 787 u. 859

II

Der Bundestag wolle beschließen:

Die Bundesregierung wird aufgefordert, bei der Gestaltung der Beziehungen zu den osteuropäischen Ländern und der Sowjetunion besondere Aufmerksamkeit und Sorge den erheblichen menschlichen Notständen zuzuwenden, die dort für deutsche Staats- und Volkszugehörige noch immer bestehen und die im Bericht des Ausschusses für auswärtige Angelegenheiten über die Schicksale der deutschen Bevölkerungen in Osteuropa und der Sowjetunion seit 1939 — Drucksache 2807 — dargelegt sind.

10

Kommunique über die Wirtschaftsverhandlungen in Warschau vom 8. März 1963

Das Auswärtige Amt teilt mit: Am 7. März 1963 wurden die Wirtschaftsverhandlungen zwischen Regierungsdelegationen der Volksrepublik Polen und der Bundesrepublik Deutschland beendet. Sie führten zur Unterzeichnung eines dreijährigen Handelsabkommens. Die vereinbarten Warenlisten bilden die Grundlage für den Warenverkehr zwischen den beiden Ländern in den Jahren 1963—1965.

Die neue Vereinbarung trägt der Aufwärtsentwicklung des gegenseitigen Warenaustausches Rechnung. Sie berücksichtigt sowohl neue Liefer- und Abnahmemöglichkeiten, die sich aus der veränderten Produktions- und Marktlage ergeben, als auch den traditionellen Warenstrom. Dementsprechend wurden auf der polnischen Ausfuhrseite die Kontingente der gewerblichen Wirtschaft, insbesondere für Holz, chemische Erzeugnisse und Rohstoffe, verschiedene Maschinen und Ausrüstungen, Walzwerkerzeugnisse und andere Erzeugnisse der Schwer- und Leichtindustrie festgesetzt. Auch wurde der Fächer der Fertigprodukte erweitert und gegenüber den früheren Vereinbarungen spezifiziert. Auf dem Gebiet der Land- und Ernährungswirtschaft wurde eine Reihe von Kontingenten für Agrarerzeugnisse und Lebensmittel tierischen und pflanzlichen Ursprungs dem anwachsenden Volumen weitgehend angepaßt. Die polnischen Liefermöglichkeiten für Obst und Gemüse sowie Konserven wurden den Aufnahmemöglichkeiten des Marktes angeglichen.

Auch die deutsche Ausfuhr nach Polen wurde unter Zugrundelegung ihrer traditionellen Struktur den veränderten Gegebenheiten angepaßt. Die deutschen Lieferungen betreffen insbesondere Maschinen aller Art, chemische und pharmazeutische Erzeugnisse, Eisen und Stahl, Erzeugnisse der Ziehereien und Kaltwalzwerke, der Feinmechanik und der Optik, elektrotechnische Artikel sowie NE-Metalle, Halbmaterial und feuerfeste Erzeugnisse, deren Kontingente größtenteils erhöht werden konnten. Auf dem Gebiet des deutschen Agrarexports sind Kontingente unter anderem für Zuchtvieh, sonstige land- und forstwirtschaftliche Erzeugnisse sowie Fischereierzeugnisse vereinbart worden.

Quelle: Bulletin des Presse- u. Informationsamtes der Bundesregierung 1963, Nr. 43, S. 390

Darüber hinaus wurde eine besondere Vereinbarung über die Grundsätze erzielt, die für den Seeschiffahrtsverkehr zwischen der Bundesrepublik Deutschland und der Volksrepublik Polen maßgebend sein und auf der Grundlage der Gegenseitigkeit eine gleiche Behandlung der Seeschiffahrt beider Länder sicherstellen sollen.

Ferner ist die Errichtung einer Handelsvertretung der Bundesrepublik Deutschland in der Volksrepublik Polen vereinbart worden, die ihren Sitz in Warschau haben wird. Ihre Aufgabe wird ebenso wie die der bereits bestehenden Handelsvertretung der Volksrepublik Polen in der Bundesrepublik Deutschland darin liegen, die wirtschaftlichen Beziehungen zwischen den beiden Ländern zu fördern und insbesondere die Abwicklung des dreijährigen Handelsabkommens zu erleichtern. Zu diesem Zweck sollen die Leiter der beiden Handelsvertretungen in der Regel den Vorsitz in der Gemischten Kommission übernehmen, deren Zusammentritt in dem Handelsabkommen vorgesehen ist, um alle bei der Durchführung des Handelsabkommens auftauchenden Fragen gemeinsam zu klären und zu lösen.

Die Verhandlungen fanden in einer Atmosphäre gegenseitigen Verständnisses und des gemeinsamen Willens statt, die Handelsbeziehungen zwischen beiden Ländern zu beiderseitigem Vorteil zu konsolidieren und weiter auszubauen. Das Protokoll über die abgeschlossenen Vereinbarungen wurde für die Regierung der Bundesrepublik Deutschland von Ministerialdirektor Dr. Helmut Allardt und für die Regierung der Volksrepublik Polen von Vizeminister Franciszek Modrzewski unterzeichnet. Bei der Unterzeichnung war der polnische Außenhandelsminister, Dr. Trąmpczyński, anwesend.

11

Memorandum der polnischen Regierung vom 29. Februar 1964 betr. das „Einfrieren" der nuklearen Rüstungen in Mitteleuropa

Die Regierung der Volksrepublik Polen gab schon wiederholt ihrem konsequenten Streben Ausdruck, Lösungen zu finden, die die internationale Entspannung sowie die Abrüstung zum Ziel haben, und unterstützte alle diesbezüglichen konstruktiven Vorschläge. Gegenstand der besonderen Sorge der polnischen Regierung war und ist die Erreichung einer Verminderung der internationalen Spannungen und die Schaffung von Bedingungen für die Sicherheit in Mitteleuropa. Dieses Ziel kann und muß vor allem durch die Einstellung des Wettrüstens in diesem Teil der Welt erreicht werden.

Davon ausgehend, hatte die Regierung der Volksrepublik Polen seinerzeit den Plan zur Schaffung einer atomwaffenfreien Zone in Europa unterbreitet, der bekanntlich das Interesse vieler Staaten sowie der Weltöffentlichkeit fand und nach Meinung der polnischen Regierung weiterhin voll und ganz aktuell ist.

Die polnische Regierung ist der Ansicht, daß gegenwärtig geeignete Bedingungen für sofortige Schritte bestehen, deren Verwirklichung weitere Maßnahmen zur Entspannung, zur Festigung der Sicherheit und zum Fortschritt auf dem Gebiet der Abrüstung erleichtern könnte.

Von diesem Grundsatz ausgehend, unterbreitet die Regierung der Volksrepublik Polen den Vorschlag zum Einfrieren der nuklearen und thermonuklearen Rüstungen in Mitteleuropa. Die Realisierung eines solchen Vorschlags wäre von besonderer Bedeutung für die Sicherheit sowohl Polens als auch aller Länder dieses Gebietes sowie ganz Europas, da sie, ohne im geringsten das bestehende Kräfteverhältnis zu verletzen, zur Einstellung des Kernwettrüstens beitragen würde.

I. Die polnische Regierung schlägt vor, daß durch das Einfrieren der nuklearen und thermonuklearen Rüstungen prinzipiell die Territorien der Volksrepublik Polen, der Tschechoslowakischen Sozialistischen Republik, der Deutschen Demokratischen Republik und der Bundesrepublik Deutschland einschließlich der entsprechenden Territorialgewässer und des Luftraumes erfaßt werden.

Quelle: Dokumente zur Deutschlandpolitik IV/10 (1964), S. 292 ff.

Die Regierung der Volksrepublik Polen sieht die Möglichkeit einer Erweiterung dieses Gebiets durch den Beitritt anderer europäischer Staaten.

II. Gegenstand des Einfrierens wären nukleare und thermonukleare Ladungen aller Art, unabhängig von der Art ihrer Anwendung oder ihrer Trägerwaffen.

III. Die Parteien, die über Streitkräfte auf dem für das Einfrieren der Rüstungen vorgeschlagenen Gebiet verfügen, übernehmen die Verpflichtung, die oben erwähnten nuklearen und thermonuklearen Waffen auf diesem Gebiet nicht zu produzieren, sie nicht einzuführen oder zu beziehen, sie nicht an andere Parteien in diesem Gebiet weiterzugeben und sie nicht von anderen Seiten anzunehmen.

IV. Um die Erfüllung dieser Verpflichtungen zu gewährleisten, müßte ein entsprechendes Aufsichts- und Garantiesystem festgelegt werden.

Die Aufsicht über die Erfüllung der Verpflichtungen, keine durch das Einfrieren erfaßten nuklearen und thermonuklearen Waffen zu produzieren, würde in den Betrieben erfolgen, die für eine solche Produktion genutzt werden oder genutzt werden können.

Zur Gewährleistung der Erfüllung der anderen Verpflichtungen würde eine Kontrolle festgesetzt werden, die sich nach einem vereinbarten Verfahren an den entsprechenden Grenzknotenpunkten des Eisenbahn-, Straßen- und Flußverkehrs sowie in See- und Flughäfen vollziehen würde.

Die Kontrolle und die Aufsicht könnten durch paritätisch aus Vertretern des Warschauer Vertrags und des Nordatlantikpakts zusammengesetzte Kommissionen ausgeübt werden. Die Zusammensetzung dieser Kommissionen kann auch auf Vertreter anderer Staaten ausgedehnt werden. Die Zusammensetzung, die Struktur und die Arbeitsmethoden der Kontrollorgane werden Gegenstand detaillierter Vereinbarungen sein.

Die Parteien, deren Streitkräfte sich auf dem Gebiet des Einfrierens der Rüstungen befinden und die über nukleare und thermonukleare Waffen verfügen, würden auf periodischen Treffen ihrer Vertreter alle Informationen und Berichte austauschen, die für die Verwirklichung der Verpflichtungen über das Einfrieren der nuklearen und thermonuklearen Rüstungen notwendig sind.

V. Die Bestimmungen hinsichtlich der Realisierung der oben unterbreiteten Vorschläge müssen in Form entsprechender Dokumente abgefaßt werden.

Die Regierung der Volksrepublik Polen ist bereit, Gespräche und Verhandlungen mit den interessierten Seiten aufzunehmen, um in der Frage der Realisierung der dargelegten Ziele zu einer Verständigung zu gelangen. Die polnische Regierung wird allen konstruktiven Vorschlägen, die den Zielen des unterbreiteten Vorschlags entsprechen und auf das Einfrieren der Rüstungen in Mitteleuropa gerichtet sind, die gebührende Aufmerksamkeit schenken.

Die Regierung der Volksrepublik Polen erwartet, daß der Vorschlag, den sie unterbreitet, eine positive Aufnahme findet.

12

Aide — Mémoire der Bundesregierung der Bundesrepublik Deutschland vom 1. Mai 1964, überreicht an die Regierung der Volksrepublik Polen via Botschaft der VR Polen in New Delhi in Antwort auf das polnische Memorandum vom 29. Februar 1964.

Die Regierung der Bundesrepublik Deutschland hat das Memorandum der Volksrepublik Polen über das Einfrieren der nuklearen und thermonuklearen Rüstungen in Mitteleuropa einer sorgfältigen Prüfung unterzogen und ist zu folgenden Schlußfolgerungen gekommen:

Die Mitglieder der Nordatlantik-Organisation haben Truppen und Waffen, einschließlich Nuklearwaffen, im west- und mitteleuropäischen Raum stationiert, um der Bedrohung entgegenzuwirken, die von den Truppen und Waffen des Warschauer Paktes ausgeht, und zwar nicht nur von denen, die in der Volksrepublik Polen, der CSSR und der SBZ, sondern vor allem von denjenigen, die in der westlichen Sowjetunion stationiert sind. Der polnische Vorschlag umfaßt nur Mitteleuropa und würde zur Folge haben, daß das nukleare Potential der NATO-Streitkräfte in diesem Bereich eingefroren würde, während die auf Europa gerichteten nuklearen Waffen auf sowjetischem Gebiet jederzeit verstärkt werden könnten. Ohne Einbeziehung derjenigen Teile der westlichen Sowjetunion, in denen die sowjetischen auf Mitteleuropa gerichteten Kernwaffen stationiert sind, befindet sich der Vorschlag daher nach Auffassung der Bundesregierung nicht im Einklang mit der gemeinsamen Erklärung über vereinbarte Prinzipien vom 20. September 1961, die vorsieht, daß Abrüstungs- und Rüstungskontrollmaßnahmen augewogen sein müssen und das militärische Kräfteverhältnis nicht verändern dürfen.

Im übrigen scheinen die in dem polnischen Memorandum aufgezeigten Kontrollbestimmungen nicht präzise genug zu sein.

Angesichts der Schwierigkeit einer Kontrolle der z. T. kleinen und von konventionellen Sprengköpfen kaum unterscheidbaren nuklearen Sprengköpfe wäre eine wirksame Kontrolle notwendig.

Ein weiteres schwerwiegendes Hindernis für eine positive Bewertung des Planes ist die Tatsache, daß er von der Spaltung Deutschlands ausgeht. Um die Sicherheit Europas zu erhöhen, müßte er mit Fortschritten in der Deutschlandfrage verbunden

Quelle: Botschaft der Bundesrepublik Deutschland, New Delhi (Privatarchiv v. H.-A. Jacobsen)

sein, damit er nicht zu einem Instrument der Vertiefung der deutschen Spaltung würde. Jede Verhärtung dieser unnatürlichen Situation aber kann die Unsicherheit in Europa nur vergrößern. Jeder Schritt in Richtung auf die Wiedervereinigung würde die Sicherheit erhöhen. Die Bundesregierung strebt die Wiedervereinigung Deutschlands in Frieden und Freiheit als vornehmste Aufgabe an, und sie meint, daß gerade in Polen für dieses Ziel des deutschen Volkes und seiner Regierung Verständnis vorhanden sein müßte.

New Delhi, den 1. Mai 1964

13

Aide-mémoire der Regierung der Volksrepublik Polen an die Regierung der Bundesrepublik Deutschland vom 16. Juni 1964:

Die Regierung der Polnischen Volksrepublik teilt nicht die Auffassung der Regierung der Deutschen Bundesrepublik, daß die Durchführung des polnischen Plans das Gleichgewicht der Kräfte stören könnte. Dieser Einwand ist angesichts einer objektiven Beurteilung der zur Zeit in der Welt bestehenden Situation wie auch angesichts der Erklärungen von Staatsmännern und Fachleuten im Westen ungerechtfertigt. Die Regierung der Polnischen Volksrepublik ist bereit, ihren Standpunkt in der weiteren Erörterung des polnischen Vorschlags zu rechtfertigen. Auf jeden Fall aber können Anregungen zur Einbeziehung von Teilen des Territoriums der Sowjetunion in die Zone des Einfrierens der Kernwaffen weder mit Argumenten gerechtfertigt werden, die sich auf das Gleichgewicht der Kräfte beziehen, noch mit politischer Logik.

Unerklärlich ist die Behauptung der Regierung der Deutschen Bundesrepublik hinsichtlich des Mangels an Wirksamkeit der vorgeschlagenen Kontrollmaßnahmen, da die Bundesregierung selbst behauptet, daß diese Maßnahmen in dem Memorandum der Regierung der Polnischen Volksrepublik nicht genügend detailliert dargelegt seien. In der Tat wünschte die polnische Regierung, Einzelheiten hinsichtlich der Zusammensetzung, Struktur und Arbeitsmethoden der Kontrollorgane direkten Verhandlungen der betroffenen Parteien zu überlassen. Da die Bundesregierung in dieser Hinsicht keine konkreten Vorschläge vorbringt, muß man schon zu der Schlußfolgerung kommen, daß auch das Kontrollproblem nicht der Grund für die Einwände der Bundesregierung ist.

Andererseits berührt die Bundesregierung in ihrer Antwort politische Probleme, die angeblich ein Hinderungsgrund für die Durchführung des polnischen Vorschlags sind.

Als die Regierung der Polnischen Volksrepublik das Einstellen der Kernwaffenrüstung in Mitteleuropa vorschlug, ließ sie sich lenken vom Wunsch nach internationaler Entspannung und nach Schaffung von Verhältnissen der Sicherheit in Mittel-

Quelle: Dokumente zur Deutschlandpolitik IV/10 (1964) s. 744 ff.

europa. Die polnische Regierung hat sich ihre Meinung darüber gebildet, wo die Quelle der gegenwärtigen Spannung ist und wer eine Gefahr für die europäische Sicherheit darstellt, und hat dies auch mehr als einmal ausgedrückt. Nichtsdestoweniger hielt es die Regierung der Polnischen Volksrepublik im Interesse einer konstruktiven Diskussion nicht für zweckmäßig, dieses Problem in ihrem Memorandum anzusprechen. Wenn es aber die Bundesregierung für richtig hält, die These vorzubringen, daß die Staaten des Warschauer Vertrages eine Gefahr für die europäische Sicherheit darstellen, eine These, die mit der Geschichte und den Tatsachen der heutigen Situation unvereinbar ist, dann sieht sich die polnische Regierung gezwungen, gewisse unbestreitbare Tatsachen in Erinnerung zu bringen.

Die europäischen Nationen erinnern sich sehr gut ihrer Erfahrungen der letzten Jahrzehnte. Angesichts dieser Erfahrungen muß die Politik der Bundesregierung große Besorgnis hervorrufen, eine Politik, die gekennzeichnet ist von der Befürwortung der Rüstung, von dem auf verschiedene Weise zum Ausdruck gebrachten Streben nach dem Besitz von Kernwaffen und von der Propagierung strategischer Theorien, die zu diesem Streben passen, und gleichzeitig von der Unterbreitung territorialer Ansprüche und Zurückweisung und Behinderung der Durchführung von Initiativen, die auf Entspannung und Abrüstung abzielen und nicht nur von sozialistischen Staaten ausgehen.

Wie ferner aus ihrer Antwort hervorgeht, macht die Regierung der Bundesrepublik Deutschland ihre Haltung gegenüber Teilmaßnahmen und gegenüber dem polnischen Vorschlag abhängig von der Erfüllung politischer Bedingungen, besonders bei Problemen, die mit der Vereinigung Deutschlands zusammenhängen.

Die polnische Regierung steht mit ihrer Meinung nicht allein da, daß die Lösung des Problems der Vereinigung Deutschlands nur das Resultat eines Entwicklungsprozesses sein kann. Dieser Prozeß kann durch die Atmosphäre des Wettrüstens und der wachsenden Spannung in Europa nicht unterstützt werden. Auf diese Weise schafft die Bundesregierung einen Circulus vitiosus. Man kann auf diese Weise jede konstruktive Anstrengung lähmen, die darauf gerichtet ist, die Lage in Europa zu verbessern. Mittlerweile schafft diese Lage, besonders das fortdauernde Wettrüsten, immer neue Gefahren.

Die Regierung der Polnischen Volksrepublik ist der Ansicht, daß es im Interesse von Frieden und Sicherheit unumgänglich ist, die Diskussion über den polnischen Plan des Einfrierens der Kernwaffen so bald wie möglich in das Gleis eines sachlichen Meinungsaustausches zu bringen.

14

Note der Bundesregierung zur Abrüstung und Sicherung des Friedens vom 25. März 1966

I

Das deutsche Volk will in Frieden und Freiheit leben. Seine größte nationale Aufgabe sieht es darin, die Teilung zu überwinden, unter der es seit vielen Jahren leidet. Die Regierung der Bundesrepublik Deutschland hat mehrfach erklärt, daß das deutsche Volk bereit wäre, für seine Wiedervereinigung auch Opfer auf sich zu nehmen. Es ist entschlossen, diese Aufgabe nur mit friedlichen Mitteln zu lösen.

Der Gedanke an einen neuen Krieg, der ganze Länder und Völker und selbst Erdteile vernichten würde, ist ihm unerträglich. Es will dazu beitragen, daß sich eine solche Katastrophe niemals ereignen kann; und in diesem Wunsche weiß es sich mit allen vernünftigen Menschen einig.

Seit vielen Jahren bemühen sich die Regierungen, die politischen Probleme zu lösen, die den Spannungen zwischen den Mächten zugrunde liegen, und die Gefahren abzuwenden, die sich aus dem Wettrüsten, vor allem aus der Zunahme der Massenvernichtungswaffen, ergeben. Das Ergebnis dieser Anstrengungen ist enttäuschend. Die entscheidenden Fragen sind ungelöst, und der Wille, sie überhaupt ernsthaft zu erörtern, ist bei den einzelnen Atommächten nicht gleich stark.

Die Regierung der Bundesrepublik Deutschland ist nach wie vor der Ansicht, daß eine weltweite, allgemeine und kontrollierte Abrüstung das Ziel sein muß. An diesem Ziel ändert sich auch nichts durch eine monotone Propaganda, die den Standpunkt der Bundesregierung zu den Fragen der Abrüstung und Sicherheit in Zweifel zu ziehen und zu mißdeuten sucht.

Getragen von der Sorge um die weitere Entwicklung beehrt sie sich deshalb, der Regierung der Volksrepublik Polen in dieser Note ihre Friedenspolitik zusammenhängend darzustellen und einige Vorschläge zur Abrüstung, Rüstungskontrolle und europäischen Sicherheit zu unterbreiten.

Quelle: Bulletin des Presse-und Informationsamtes der Bundesregierung 1966, Nr. 42, S. 329 ff.

II

Die Bundesregierung ist der Ansicht, daß — guten Willen und redliche Absichten auf jeder Seite vorausgesetzt — auch die schwierigsten Probleme zwischen den Völkern auf friedliche und gerechte Weise gelöst werden können. So hat sie sich mit Deutschlands Nachbarn im Westen über alle Fragen verständigt, die nach dem Kriege zwischen ihnen offengeblieben waren.

Das deutsche Volk wünscht in einem guten Verhältnis zu allen seinen Nachbarn, also auch den osteuropäischen, zu leben. Die Bundesregierung hat daher auf mannigfache Weise versucht, die Beziehungen zu den Staaten und Völkern Osteuropas zu verbessern. Wenn man berücksichtigt, daß manche diese Politik mit unbegründetem Mißtrauen beobachten oder sie sogar nach Kräften zu hintertreiben suchen, sind die Ergebnisse, im ganzen gesehen, doch befriedigend; sie ermutigen die Bundesregierung, diesen Kurs fortzusetzen.

Obwohl die Bundesregierung sich besondere Mühe gab, das Verhältnis zu Polen zu pflegen, das von allen osteuropäischen Nationen im Zweiten Weltkrieg am meisten gelitten hatte, konnte sie hier nur geringe Fortschritte erzielen. Die polnische Regierung ist zwar offensichtlich an einem regeren deutsch-polnischen Handel interessiert, hat aber bisher nicht erkennen lassen, daß ihr an einer Verständigung zwischen den beiden Völkern gelegen ist. Sie erschwert vielmehr die von uns erstrebten kulturellen Kontakte, tritt dafür ein, daß die Teilung Deutschlands weiter aufrechterhalten wird und verlangt gleichzeitig von der Bundesregierung die Anerkennung der Oder-Neiße-Linie, obwohl allgemein bekannt ist, daß die Regelung der Grenzfragen nach den alliierten Vereinbarungen des Jahres 1945 bis zum Abschluß eines Friedensvertrages mit ganz Deutschland aufgeschoben ist und daß Deutschland völkerrechtlich in den Grenzen vom 31. Dezember 1937 fortbesteht, solange nicht eine frei gewählte gesamtdeutsche Regierung andere Grenzen anerkennt.

Wenn zu gegebener Zeit die Polen und die Deutschen über die Grenze in dem gleichen Geiste sprechen, der den Ausgleich zwischen Deutschland und seinen westlichen Nachbarn herbeigeführt hat, dann werden auch Polen und Deutsche sich einigen. Denn in dieser Frage darf weder die Leidenschaft noch allein die Macht des Siegers entscheiden, hier muß die Vernunft siegen.

Die Bundesregierung hat in den vergangenen Jahren mit Polen, Rumänien, Ungarn und Bulgarien amtliche Beziehungen aufgenommen. Sie bemüht sich um solche Beziehungen auch zur Tschechoslowakei und würde es begrüßen, wenn sich wieder ein freundlicheres Verhältnis zwischen der Bevölkerung jenes Staates und dem deutschen Volk ergeben würde.

Die Bundesregierung ist der Auffassung, daß das Münchener Abkommen aus dem Jahre 1938 von Hitler zerrissen wurde und keine territoriale Bedeutung mehr hat. Sie erhebt daher, wie sie mehrfach erklärt hat, gegenüber der Tschechoslowakei keine territorialen Ansprüche; sie betont, daß dies die verantwortliche Darstellung der deutschen Politik ist.

Die Bundesregierung verfolgt weder eine Revanchepolitik noch eine restaurative Politik. Ihr Blick ist nicht rückwärts, sondern vorwärts gewandt. Ihr Ziel ist eine gerechte, auf friedlichen Vereinbarungen beruhende europäische Ordnung, in der alle Völker frei und als gute Nachbarn miteinander leben können. Auch die Sowjetunion und die osteuropäischen Staaten sind Teil Europas.

Schon durch ihre Mitarbeit an der Neugestaltung Westeuropas hat die Bundesregierung gezeigt, daß sie über die Verhältnisse Vorkriegseuropas hinausblickt. Sie sucht neue Formen internationaler Zusammenarbeit, weil sie überzeugt ist, daß die alte nationalstaatliche Ordnung unseres Erdteils den großen politischen, wirtschaftlichen und technischen Aufgaben unserer Zeit nicht mehr gewachsen ist. Diese Aufgaben lassen sich nur gemeinschaftlich lösen.

Daher hat sich die Bundesregierung an allen Vorhaben beteiligt, die auf einen europäischen Zusammenschluß hinsteuern. Nirgendwo hat der Gedanke einer Einigung Europas solchen Widerhall gefunden wie in der Bundesrepublik Deutschland, die sogar in ihrem Grundgesetz die Abtretung von Hoheitsrechten an übernationale Organisationen vorsieht. Eine Politik nun, die auf internationale Zusammenarbeit und Zusammenschlüsse gerichtet ist, dient dem Frieden; sie braucht den Frieden, wenn sie ihre Ziele erreichen will.

III

Dieser Frieden ist aber nicht gesichert. Die Regierung der UdSSR hat wiederholt verkündet, sie wünsche keinen Krieg. Die Bundesregierung geht davon aus, daß dieser Wunsch ernst gemeint ist. Die sowjetischen Versicherungen werden jedoch entwertet durch ganz eindeutige und massive Drohungen, wie sie nicht selten an die Bundesregierung gerichtet wurden, z. B. in der Note der sowjetischen Regierung vom 5. Februar 1963, wo es heißt:

„Man kann sich unschwer vorstellen, daß im Falle eines thermonuklearen Krieges die mächtigen und konzentrierten Schläge der Raketen- und Kernwaffen unausbleiblich über Westdeutschland hereinbrechen und daß es einen dritten Weltkrieg nicht überleben würde."

Und am 16. Januar 1963 erklärte der damalige sowjetische Ministerpräsident in Ost-Berlin, die Bundesrepublik Deutschland „werde, wenn ein Krieg ausbricht, schon in der ersten Stunde abbrennen wie eine Kerze".

Noch im vergangenen Monat behaupteten sowjetische Marschälle, „jeden beliebigen Gegner in kürzester Zeit von der Erde hinwegfegen zu können"; sie erklärten, „die Arroganz der westdeutschen Revanchisten zwinge sie dazu, ihr Pulver trockenzuhalten", aber man habe ja die Mittel, „um die Hitzköpfe abzukühlen". — In einer solchen Sprache zeigt sich eine Einstellung, die die Bundesregierung nur mit Sorge betrachten kann. Sie hat dazu um so mehr Anlaß, als die Sowjetunion tatsächlich über die stärksten Landstreitkräfte Europas verfügt und darüber hinaus ein sehr großes Arsenal von Atom- und Wasserstoffbomben, Trägerraketen und eine

Flotte von Atombombern sowie Raketen-U-Booten besitzt. Sowohl ihre konventionellen wie ihre nuklearen Streitkräfte hat sie im Westen ihres Machtbereiches konzentriert.

IV

Die Bundesrepublik Deutschland hatte bis 1955 keine eigenen Truppen. Ihre Sicherheit beruhte allein auf dem Schutz, den ihr die westlichen Alliierten gewährten. Erst im Mai 1955 trat sie der NATO bei und begann den Aufbau der Bundeswehr. Heute hat die Bundesrepublik Deutschland eine Verteidigungsmacht, besitzt aber keine Kernwaffen und verfügt auch nicht über sie.

Die Bundesrepublik Deutschland hat schon in den Pariser Verträgen des Jahres 1954 auf die Herstellung von Massenvernichtungswaffen, insbesondere von atomaren Waffen, verzichtet und sich insoweit einer internationalen Kontrolle durch die Westeuropäische Union unterworfen.

Die Bundesregierung ist entschlossen, sich im Verein mit ihren Verbündeten gegen jeden Angriff auf ihre Freiheit zu verteidigen. Für einen Angriffskrieg ist sie nicht gerüstet. Sie wäre auch gar nicht imstande, ihn zu führen, weil sie alle ihre Kampfverbände der NATO, einem nur auf die Verteidigung eingestellten Bündnis, unterstellt hat. Im Rahmen dieses Bündnisses tritt sie zusammen mit anderen Alliierten dafür ein, daß alle Bündnispartner an der Verantwortung für die nukleare Verteidigung beteiligt werden. Dagegen strebt sie — wie sie wiederholt erklärt hat — den nationalen Besitz atomarer Waffen nicht an.

Ihre Politik ist darauf gerichtet, die Sicherheit in Europa zu erhöhen und eine Lage zu schaffen, in der Drohungen, Pressionen, Ultimaten und jede Form von Gewaltanwendung unmöglich werden. Ihr Ziel ist es, die Ursachen für die politischen Spannungen zu beseitigen. Daher tritt sie sowohl für eine Lösung der deutschen Frage wie für eine konsequente Abrüstungspolitik ein, die zur Friedenssicherung beiträgt.

Bei diesen allgemeinen Hinweisen will es die Regierung der Bundesrepublik Deutschland jedoch nicht belassen. Sie beehrt sich daher, der Regierung der Volksrepublik Polen folgende Gedanken und Vorschläge zur Abrüstung und Sicherung des Friedens zu unterbreiten:

V

1. Die Bundesregierung ist sich der Gefahren bewußt, die mit einer Weiterverbreitung der Atomwaffen verbunden sind. Wenn eine umfassende Regelung des Nichtverbreitungsproblems sich als zu schwierig erweist, hält es die Bundesregierung für ratsam, schrittweise vorzugehen. Offensichtlich gibt es für einen Staat nur zwei Möglichkeiten, in den Besitz von Kernwaffen zu kommen: entweder diese Waffen

selbst zu produzieren oder sie von einer Atommacht zu erhalten. Beide Möglichkeiten sollten ausgeschlossen werden.

Was die erste Möglichkeit betrifft, so hat die Bundesrepublik Deutschland — wie erwähnt — schon im Jahre 1954 auf die Herstellung atomarer Waffen verzichtet und sich insoweit einer internationalen Kontrolle unterworfen. Darauf aufbauend appelliert die Bundesregierung an alle Nicht- Nuklear-Staaten, die Militärallianzen in Ost und West angehören, den gleichen Verzicht auszusprechen und sich einer entsprechenden internationalen Kontrolle zu unterwerfen. Weitere Schritte, die allianzfreien Staaten betreffend, sollten hinzukommen.

Um auch die zweite Möglichkeit der Verbreitung von Kernwaffen auszuschalten, regt die Bundesregierung an, daß die Nuklear-Mächte übereinkommen, keine Kernwaffen in die nationale Kontrolle anderer Länder zu geben.

2. Niemand wird behaupten können, daß das Wettrüsten mit atomaren Vernichtungswaffen die Sicherheit in Europa und der Welt erhöht.

Die Bundesregierung erklärt sich daher bereit, einem Abkommen zuzustimmen, in dem die in Frage kommenden Staaten sich verpflichten, die Zahl der Atomwaffen in Europa nicht weiter zu erhöhen, sondern sie stufenweise zu verringern. Ein solches Abkommen müßte sich auf ganz Europa erstrecken, das Kräfteverhältnis insgesamt wahren, eine wirksame Kontrolle vorsehen und mit entscheidenden Fortschritten bei der Lösung der politischen Probleme in Mitteleuropa verbunden werden.

3. Die Bundesrepublik Deutschland hat sich als Empfängerland von spaltbarem Material internationalen Kontrollen unterworfen, die sicherstellen, daß dieses Material nicht zur Herstellung von Kernwaffen verwendet wird. Als Lieferland ist die Bundesrepublik Deutschland bereit, in ihren Lieferverträgen mit Empfängerländern außerhalb des Euratom-Gebietes allgemein entsprechende Kontrollen durch die Internationale Atom-Energie-Organisation zu fordern. Sie geht davon aus, daß andere Lieferländer die gleiche Auflage machen.

4. Die Bundesrepublik Deutschland hat bereits mit ihren westlichen Verbündeten Gewaltverzichtserklärungen ausgetauscht. Da die Regierungen der Sowjetunion und einiger osteuropäischer Staaten wiederholt ihre — wenn auch unbegründete — Sorge über einen deutschen Angriff ausgedrückt haben, schlägt die Bundesregierung vor, auch mit den Regierungen der Sowjetunion, Polens, der Tschechoslowakei und jedes anderen osteuropäischen Staates, der dies wünscht, förmliche Erklärungen auszutauschen, in denen jede Seite gegenüber dem anderen Volk auf die Anwendung von Gewalt zur Regelung internationaler Streitfragen verzichtet.

5. Um das Mißtrauen vor angeblichen deutschen Aggressionsabsichten zu zerstreuen, schlägt die Bundesregierung ferner bilaterale Vereinbarungen mit der sowjetischen, polnischen, tschechoslowakischen, ungarischen, rumänischen und bulgarischen Regierung über den Austausch militärischer Beobachter bei Manövern der Streitkräfte vor.

6. Schließlich ist die Bundesregierung bereit, an einer Weltabrüstungskonferenz oder an jeder anderen Abrüstungskonferenz, soweit sie Erfolg versprechen, teilzunehmen und in konstruktivem Geist mitzuarbeiten.

VI

Die Bundesregierung ist der Ansicht, daß diese Anregungen und Vorschläge im gegenwärtigen Stadium am ehesten Aussicht haben, verwirklicht zu werden. Sie ist sich jedoch darüber klar, daß es weiterreichender Vorschläge bedarf, wenn man der Welt in jeder Hinsicht Sicherheit geben und sie vor dem Risiko eines nuklearen Krieges bewahren will. Sie ist bereit, auch an solchen umfassenderen Plänen mitzuarbeiten, glaubt jedoch, daß alle Bemühungen um Sicherheit, Abrüstung und Rüstungskontrolle nur dann entscheidenden und dauerhaften Erfolg haben, wenn man Schritt für Schritt auch die Ursachen der Spannung in der Welt beseitigt. In Europa heißt das vor allem, die Deutschlandfrage in gerechter Weise lösen, indem man dem gesamten deutschen Volk das Recht gewährt, frei über seine politische Lebensform und sein Schicksal zu bestimmen.

15

Antwortnote der polnischen Regierung vom 28. April 1966 auf die Note der deutschen Bundesregierung vom 25. März 1966

Unter Bezugnahme auf die Note der Regierung der Bundesrepublik Deutschland vom 24. März 1966 beehrt sich die Regierung der Volksrepublik Polen, folgendes zu erklären:

In ihrer Note hat die Regierung der Bundesrepublik Deutschland ihre Ansichten zur gegenwärtigen internationalen Lage unter besonderer Berücksichtigung ihrer Beziehungen zu den Ländern Osteuropas, namentlich zu Polen, dargelegt. Nachdem sich die Regierung der Volksrepublik Polen mit der von der Bundesregierung eingenommenen Haltung vertraut gemacht hat, muß sie feststellen, daß diese Haltung in keiner Weise den Beweis für eine Änderung der bisherigen Politik der Bundesregierung erbringt. Die Bundesregierung hält an ihren alten Ansichten zu den grundlegenden Problemen der europäischen Sicherheit und des Friedens fest und versucht zugleich unbegründet, die Verantwortung für den Stand der Beziehungen zwischen Polen und der Bundesrepublik Deutschland auf Polen abzuwälzen. Um dies zu ereichen, macht sie der polnischen Regierung u. a. den Vorwurf, sie fordere von der Bundesregierung die Anerkennung der „Oder-Neiße-Linie". Mit anderen Worten: die Bundesregierung erdreistet sich, von Polen den Verzicht auf souveräne Rechte hinsichtlich eines erheblichen Teils seines Hoheitsgebiets zu fordern.

Die Regierung der Volksrepublik Polen möchte hiermit feststellen, daß die in der Note behandelten Probleme von der Bundesregierung in einer Form dargestellt werden, die von der historischen Wahrheit abweicht und davon zeugt, daß sie die tatsächlichen Verhältnisse im Europa der Nachkriegszeit ignoriert. Es ist unbestreitbar, daß die Geschichte der Beziehungen Deutschlands zu seinen Nachbarn und insbesondere zu Polen, eine Geschichte des Dranges des deutschen Militarismus nach Osten ist und daß der Zeitraum zwischen den beiden Weltkriegen eine Kette von Versuchen des deutschen Imperialismus darstellt, das polnische Staatswesen zu schwächen, ja sogar zu vernichten. Gerade Deutschland war es, welches nach 1918 die These vom saisonalen Charakter des polnischen Staates verfocht, der

Quelle: Europa-Archiv, 1966, D 279 ff.

nach einer 150jährigen Periode der Knechtschaft wiedererstanden war. Die Aggression des Hitlerregimes gegen Polen im Jahre 1939, deren Auftakt die Annexion Österreichs und der Tschechoslowakei bildete, war die logische Folge der deutschen Expansionspolitik. Politische Kurzsichtigkeit bewiesen seinerzeit diejenigen, die bei ihrem Bestreben, den deutschen Militarismus gegen die Sowjetunion zu orientieren, darauf gerechnet hatten, er werde sich auf Eroberungen nur im Osten beschränken. Von der Aggression wurden auch die Staaten im Westen nicht verschont.

Die Bilanz des Zweiten Weltkriegs und der nazistischen Besatzung ist bekannt. Die Erinnerung an jene Zeit ist im polnischen Volk besonders lebendig und unauslöschlich. An allen Fronten des letzten Kriegs und in den nazistischen Todeslagern haben infolge von Massenvernichtungen und Terror des Okkupanten über sechs Millionen polnische Staatsbürger den Tod gefunden; von je 1000 Einwohnern sind 222 umgekommen; die materiellen Verluste betrugen 38 v. H. des Volksvermögens, und die Hauptstadt Polens, Warschau, wurde nahezu völlig zerstört.

Die unermeßlichen Gewalttaten und Leiden, die dem polnischen Volk sowie anderen europäischen Völkern durch die auf Völkermord abzielende Politik des Hitlerregimes zugefügt wurden, sowie die Weltherrschaftspläne des „tausendjährigen" Dritten Reichs und die Gefahr der Ausrottung ganzer Völker bewirkten, daß die Forderung nach Zerschlagung des Nazismus und nach Sicherung der Menschheit vor der Gefahr des Wiederauflebens des deutschen Militarismus zur Grundlage des Programms der Anti-Hitler-Koalition wurde.

Der Akt der bedingungslosen Kapitulation des Hitlerreichs und das Potsdamer Abkommen, die ein für allemal den Weg für Expansionen und territoriale Eroberungen, welche die Menschheit während des Zweiten Weltkriegs mit über 38 Millionen Toten bezahlen mußte, versperren sollten, bedeuteten die angemessene Befriedigung der Sicherheitsbedürfnisse Polens, der Sowjetunion und anderer europäischer Völker.

So sieht die historische Wahrheit, so sehen die Tatsachen aus. Vergeblich sucht man jedoch in der Note der Bundesregierung nach Beweisen für die Anerkennung dieser Tatsachen oder gar nach einem Gefühl der Verantwortung gegenüber dem polnischen Volk und anderen Völkern für die durch Hitler-Deutschland verübte Aggression und die begangenen Grausamkeiten. Es wäre gleichfalls verlorene Mühe, wollte man in diesem Dokument die aufrichtige Bereitschaft suchen, den Weg einer Politik zu beschreiten, die auf Entspannung und Sicherheit in Europa ausgerichtet ist. In diesem Zusammenhang muß man sich fragen, welches wohl die wirklichen Beweggründe für die Initiative der Bundesregierung gewesen sind.

1. In der von der Bundesregierung als ein Akt des guten Willens präsentierten Note ist die absurde These enthalten, Deutschland bestehe weiterhin in den Grenzen von 1937. Die Regierung der Volksrepublik Polen hat bereits wiederholt auf die Haltlosigkeit eines derartigen Standpunkts hingewiesen und lehnt ihn hiermit abermals kategorisch ab. Die Grenze an der Oder und an der Lausitzer Neiße ist endgültig. Sie wurde auf der Potsdamer Konferenz im Namen der Anti-Hitler-

Koalition durch Beschluß der Siegermächte unter Berücksichtigung der Stimme Polens festgelegt. Dieser Beschluß, der einen Akt historischer Gerechtigkeit darstellt, wurde unverzüglich realisiert, u. a. durch Verwirklichung der Bestimmungen über die Umsiedlung der deutschen Bevölkerung aus den Polen zurückgegebenen West- und Nordgebieten.

Was nun die Friedenskonferenz anbelangt, so bleibt für sie, wie unbestreitbar aus dem Wortlaut des Potsdamer Abkommens hervorgeht, nur noch die formale Bestätigung der polnischen Westgrenze zu tun übrig. Es ist heute eine allgemein bekannte und anerkannte Tatsache, daß die polnischen West- und Nordgebiete ein integrierender Bestandteil Polens sind, ebenso wie Polen ein Teil Europas ist. Die polnisch-deutsche Grenze wurde durch den bereits im Jahre 1950 in Görlitz zwischen Polen und seinem Nachbarn, der Deutschen Demokratischen Republik, abgeschlossenen Vertrag endgültig festgelegt. Diese Grenze kann nicht Gegenstand irgendwelcher Diskussionen oder irgendeines Tauschhandels sein und somit auch nicht Gegenstand von Ansprüchen seitens der Bundesrepublik Deutschland. Es gibt somit kein Grenzproblem. Hingegen gibt es das Problem des Friedens in Europa, weil nämlich die territorialen Ansprüche der Bundesrepublik Deutschland gegenüber Polen den Frieden gefährden.

2. Die Haltung, die die Bundesregierung gegenüber der Deutschen Demokratischen Republik einnimmt und die in einer Politik der Nichtanerkennung und Feindseligkeit gegenüber diesem Staat zum Ausdruck kommt, ist ebenfalls der Sache des Friedens höchst abträglich.

Die Deutsche Demokratische Republik ist der Staat, der die große historische Chance genutzt hat, die sich dem deutschen Volk dadurch bot, daß die Siegermächte in Potsdam reale Perspektiven für die Wiedergeburt Deutschlands auf einer neuen, friedlichen und demokratischen Grundlage aufzeigten. Die Deutsche Demokratische Republik ist der Staat, der sich mit Entschiedenheit von der verderbenbringenden Politik des deutschen Militarismus losgesagt und den Weg des Friedens und des friedlichen Zusammenlebens mit anderen Völkern eingeschlagen hat.

Die Bundesrepublik Deutschland hingegen hat sich vom ersten Augenblick ihres Bestehens an für eine Politik entschieden, die dem Buchstaben und Geist des Potsdamer Abkommens widerspricht, wobei sie bestrebt ist, die Ergebnisse des verlorenen Angriffskriegs ungeschehen zu machen und sich vor den Konsequenzen zu drücken. Dies geschieht, obwohl die Bundesregierung keinen rechtlichen oder moralischen Grund besitzt, sich vor den aus dem Akt der bedingungslosen Kapitulation Deutschlands und aus dem Potsdamer Abkommen herrührenden Konsequenzen zu drücken. Diese Konsequenzen sind in vollem Umfang verbindlich.

3. Die Bundesregierung, die Polen vorwirft, es trete für die Beibehaltung der Teilung Deutschlands ein, betreibt im Grunde genommen eine Politik, die darauf abzielt, die Chancen für eine Vereinigung zunichte zu machen. Die Ursachen der gegenwärtigen internationalen Spannung sind nicht in der Tatsache des Bestehens zweier deutscher Staaten zu suchen. Das Fehlen guter Aussichten für die Vereinigung Deutschlands ist indes die Folge der Spannung, die aus der Politik vor allem

der Bundesregierung resultiert. Es unterliegt keinerlei Zweifel, daß die Verwirklichung des berechtigten Strebens des deutschen Volkes nach Vereinigung nur in einer Atmosphäre der Entspannung, im Wege einer schrittweisen Annäherung zwischen den beiden deutschen Staaten und unter Berücksichtigung des Grundsatzes möglich ist, daß ein künftiges vereinigtes Deutschland ein friedlicher und demokratischer Staat sein muß, der keine Bedrohung für seine Nachbarn darstellt.

4. Die Bundesregierung, die seit Jahren alle konstruktiven Entspannungsvorschläge Polens, der Sowjetunion und anderer sozialistischer Länder systematisch ablehnt, unterbreitet in ihrer Note Konzeptionen, die angeblich eine Entspannung in Europa herbeiführen sollen. Nach Vornahme einer Analyse dieser Konzeptionen läßt sich unschwer feststellen, welches die wahren Motive für ein derartiges Vorgehen der Bundesregierung sind. Es steht außer Frage, daß, obschon 21 Jahre seit Beendigung der Kampfhandlungen vergangen sind, die Verhältnisse in Europa durchaus nicht als normal bezeichnet werden können. Das Wettrüsten nimmt zu, die Atomwaffenarsenale bersten, es wächst die Gefahr der Verbreitung dieser Waffen, und noch dazu in einem besonders neuralgischen Raum.

Es ist seit langem notwendig, Anstrengungen zu unternehmen, um Europa die für seine friedliche Entwicklung erforderlichen Voraussetzungen zu garantieren. Die Bemühungen der polnischen Regierung in dieser Richtung sind allgemein bekannt. Angefangen von dem Dokument, welches der Konferenz der stellvertretenden Außenminister in London im Jahre 1947 vorgelegt wurde, hat die polnische Regierung in Anlehnung an die Grundsätze des Potsdamer Abkommens wiederholt konstruktive Vorschläge in bezug auf eine friedliche Regelung der deutschen Frage unterbreitet und zugleich vor den unheilvollen Auswirkungen der Politik der Westmächte gegenüber Deutschland gewarnt. Mit dem Ziel, eine Entspannung herbeizuführen und die Gefahr eines Konflikts an der Nahtstelle zweier militärischer Gruppierungen zu vermindern, hat die polnische Regierung im Jahre 1958 vorgeschlagen, eine atomfreie Zone zu schaffen, die das Hoheitsgebiet der Volksrepublik Polen, der Tschechoslowakischen Sozialistischen Republik, der Deutschen Demokratischen Republik und der Bundesrepublik Deutschland umfassen sollte. Im Jahre 1964 legte die Regierung der Volksrepublik Polen einen Plan zur Einfrierung der im Gebiet dieser Staaten vorhandenen atomaren Rüstungen vor. Die polnischen Vorschläge wurden jedoch jedesmal von der Bundesregierung zurückgewiesen. Auch der von der Deutschen Demokratischen Republik unterbreitete Plan für eine schrittweise Abrüstung der beiden deutschen Staaten wurde abgelehnt.

Die Note der Bundesregierung enthält Vorschäge in bezug auf die Nichtvergrößerung der Zahl der Atomwaffen in Europa und auf eine allmähliche Verringerung dieser Zahl. Es ist jedoch offensichtlich, daß dieser Vorschlag nichts weiter als eine Verzerrung der Ideen darstellt, die den bekannten Initiativen der sozialistischen Länder zugrunde liegen. Die Bundesregierung macht nämlich ihren Vorschlag von der Erfüllung von Bedingungen abhängig, die bar jedes politischen Realismus sind. Dies gilt insbesondere für diejenigen Bedingungen, denen zufolge solche Verpflichtungen sich auf den europäischen Teil des Hoheitsgebiets der Sowjetunion erstrekken sollen, während das Hoheitsgebiet der Vereinigten Staaten unberücksichtigt bleibt. Um das Maß voll zu machen, knüpft die Bundesregierung ihren Vorschlag an die Bedingung, daß bei der Lösung der politischen Probleme in Mitteleuropa entscheidende Fortschritte im Sinne ihrer Konzeption erzielt werden. Dieselben Forderungen erhob die Bundesregierung, als sie die polnischen Vorschläge zurückwies, wobei sie alle Maßnahmen auf dem Gebiet der Abrüstung von sogenannten politischen Lösungen in Europa abhängig zu machen suchte. Die Bundesregierung schafft somit einen Circulus vitiosus, wodurch sie faktisch einen Fortschritt in beiden Bereichen unmöglich macht. Mit ihrem Vorschlag, Erklärungen zwischen der Bundesregierung und den Regierungen Polens und der anderen europäischen sozialistischen Staaten über den Verzicht auf Gewaltanwendung auszutauschen, verfälscht die Bundesregierung ebenfalls den eigentlichen Sinn derartiger Ideen. Die Bundesregierung weicht nämlich der Abgabe einer solchen Erklärung gegenüber der Deutschen Demokratischen Republik aus. Es ist ganz offenkundig, daß es hierbei um eine Sanktionierung der Politik der Bundesrepublik Deutschland geht, die auf eine Einverleibung der Deutschen Demokratischen Republik abzielt. Die Regierung der Volksrepublik Polen hat wiederholt betont und stellt hiermit erneut fest, daß die Frage der Souveränität und der Unverletzlichkeit der Grenzen der Deutschen Demokratischen Republik untrennbar mit der Frage der Sicherheit Polens und der anderen sozialistischen Länder verbunden ist. Sämtliche Erklärungen der Bundesregierung über ihre Bereitschaft, auf die Anwendung von Gewalt gegenüber Polen und den anderen sozialistischen Ländern zu verzichten, haben, solange sie ihre Politik der Feindseligkeit gegenüber der Deutschen Demokratischen Republik fortsetzt, keinen realen Wert.

Polen sowie die anderen sozialistischen Staaten schlagen seit Jahren den Abschluß eines Nichtangriffsvertrags zwischen den Staaten des Warschauer Vertrags und den NATO-Staaten vor. Zu einer Verwirklichung dieses Vorschlags kommt es jedoch nicht, und zwar wegen der hartnäckigen ablehnenden Haltung vor allem seitens der Bundesrepublik Deutschland. Es ist auch kein Zufall, daß die Bundesregierung, wenn sie in ihrer Note ihre Bereitschaft erklärt, zu einem Fortschritt in der Frage der Nichtverbreitung von Atomwaffen beizutragen, sich auf das Verbot der Herstellung und den Verzicht auf die sogenannnte nationale Kontrolle über diese Waffen beschränkt. Auf diese Art und Weise umgeht die Bundesregierung durch verschiedene Formen des Mitbesitzes im Rahmen von Militärbündnissen, der Mitverfügung und der gemeinsamen Entscheidung über den Einsatz dieser Waffen das Verbot ihrer Weiterverbreitung.

Es fällt schwer, eine derartige Haltung anders zu bezeichnen denn als politische Heuchelei. Es ist völlig klar, daß der Zugang der Bundesrepublik Deutschland zu Atomwaffen, den die Bundesregierung seit Jahren hartnäckig anstrebt — gleich in welcher Form er erfolgen würde —, ein weiteres Anwachsen der Spannung in Europa zur Folge hätte und jedwede Chancen für ein Abkommen in der Frage der Nichtverbreitung von Atomwaffen zunichte machen würde. Eine derartige Politik der Bundesrepublik Deutschland birgt die Gefahr verhängnisvoller Auswirkungen auch für ihre eigenen Verbündeten in sich, die — sogar unabhängig von ihren eigenen Absichten — in die Folgen eines von der Bundesrepublik provozierten Konflikts verwickelt werden könnten.

Auch die Vorschläge der Bundesregierung hinsichtlich der Kontrolle von spaltbarem Material und der Beobachter bei Manövern der Streitkräfte sind ohne praktischen Wert, wenn man berücksichtigt, daß die Bundesregierung sich weigert, endgültig auf den Zugang zu Atomwaffen zu verzichten. Die vorstehende Analyse der jüngsten Initiativen der Bundesregierung gestattet es, deren wahren Sinn und Gehalt näher zu bezeichnen. Wie sich erweist, wurden diese Vorschläge gemacht, um die öffentliche Meinung irrezuführen und um zugleich die von der Bundesregierung betriebene Politik der Aufrüstung und der revanchistischen Ansprüche zu rechtfertigen. Trotz der Anstrengungen der sozialistischen Länder betreibt Westdeutschland unter dem Deckmantel des Atlantischen Bündnisses wie bisher eine Politik der intensiven Militarisierung und gleichzeitig eine Politik der Revanche und der territorialen Ansprüche. Der Personalbestand der Bundeswehr beträgt nun bald eine Million Mann, und der Militärhaushalt der Bundesrepublik Deutschland beläuft sich auf 19 Milliarden Mark. Die Bundeswehr ist mit den allermodernsten Waffentypen ausgerüstet, zu denen auch Raketen gehören; dies steht im Widerspruch zu der in der Note enthaltenen Behauptung, die Bundesregierung verfüge über keine Mittel für einen Angriffskrieg.

5. Zu der in der Note enthaltenen Behauptung, Polen habe kein Interesse an einer Verständigung zwischen dem polnischen und und dem deutschen Volk, möchte die polnische Regierung nochmals feststellen, daß dies nicht den Tatsachen entspricht.

Das deutsche Volk lebt zur Zeit im Gebiet zweier deutscher Staaten, der Deutschen Demokratischen Republik und der Bundesrepublik Deutschland. Mit der Deutschen Demokratischen Republik ist Polen nicht nur durch ein Abkommen, sondern durch enge Freundschaft und Zusammenarbeit verbunden. Die Regierung der Volksrepublik Polen hat wiederholt ihren guten Willen zum Ausdruck gebracht, die Beziehungen zur Bundesrepublik Deutschland zu normalisieren. Jedoch betreibt die Bundesregierung, die in ihrer Note behauptet, sie habe sich „besondere Mühe" gegeben, um die Beziehungen zu Polen zu verbessern, im Grunde genommen eine Politik, die jedwede Verständigungsmöglichkeit untergräbt.

Der Stand der gegenwärtigen Beziehungen zwischen Polen und der Bundesrepublik Deutschland ist das Ergebnis der Politik der Bundesrepublik und ihrer Einstellung zu den lebenswichtigen Interessen Polens. Die Voraussetzungen für eine volle Normalisierung werden gegeben sein, wenn die Bundesregierung ohne Vorbehalt die bestehende Grenze Polens an der Oder und Lausitzer Neiße anerkennt und endgültig auf ihre Forderungen in bezug auf die polnischen West- und Nordgebiete verzichtet. Der Regierung der Volksrepublik Polen ist bekannt, daß ein Teil der westdeutschen Bevölkerung von dem Streben erfüllt ist, auf der Grundlage der gegebenen politischen Realitäten zur Gewährleistung der Sicherheit in Europa und zu einer Verständigung mit Polen zu gelangen. Dieses Streben wird jedoch durch die Politik der Bundesregierung gehemmt.

6. Um ihre Rüstungspolitik zu rechtfertigen, nimmt die Bundesregierung wahllos zu Unterstellungen Zuflucht, die das Vorhandensein einer Bedrohung der Sicherheit der Bundesrepublik Deutschland von seiten der Sowjetunion aufzeigen sollen. Diese haltlosen Behauptungen der Bundesregierung werden durch die Tatsache widerlegt, daß weder die UdSSR noch Polen oder die anderen Länder des Warschauer Vertrags Westdeutschland oder irgendein anderes Land nicht nur bedrohen, sondern seit Jahren konsequent eine Entspannung und die Schaffung dauerhafter Voraussetzungen für die Sicherheit in Europa anstreben.

Das Bemühen der Bundesregierung, sich in der Rolle eines Kämpfers für Frieden und Entspannung in Europa zu präsentieren, wird nicht durch Tatsachen bestätigt. Auf Grund einer Gegenüberstellung der Note der Bundesregierung mit der von ihr betriebenen Politik ist die Regierung der Volksrepublik Polen gezwungen, erneut festzustellen, daß das ihr übermittelte Dokument die Haltung der Bundesregierung um keine neuen Elemente ergänzt. Schließlich erklärt die Bundesregierung selbst in ihrer Note, daß sie die Ergebnisse ihrer Politik im Verhältnis zu den sozialistischen Ländern, und insbesondere gegenüber Polen, als befriedigend betrachte und daß sie diese Politik forzusetzen gedenke.

Um in der Frage der Entspannung, der Abrüstung und der europäischen Sicherheit voranzukommen, ist eine grundlegende Änderung des bisherigen politischen Kurses der Bundesregierung namentlich im Verhältnis zu den sozialistischen Staaten, aber auch in bezug auf die Sicherheit Europas insgesamt unerläßlich.

Der Verzicht auf territoriale Ansprüche gegenüber Polen, die Anerkennung der Grenze an Oder und Neiße, die Anerkennung der Tatsache, daß das Münchener Abkommen null und nichtig ist, und zwar nicht deshalb, weil Hitler es durch sein treubrüchiges Verhalten und seine Verbrechen zerrissen hat, sondern deshalb, weil es die Sanktionierung der Gewalt gegenüber der Tschechoslowakei und eine Etappe auf dem Wege der Eroberungspolitik bedeutete, die Anerkennung der Existenz der Deutschen Demokratischen Republik als gleichberechtigten deutschen Staat und Partner für die Vereinigung Deutschlands, eine klare Antwort auf die Frage, wie dieses vereinigte Deutschland aussehen soll, der Verzicht auf Rüstung und insbesondere die Aufgabe der Kernwaffen-Ambitionen, eine konstruktive Haltung in bezug auf Teillösungen und auf in Etappen zu realisierende Lösungen, die eine Entspannung in Europa bezwecken — dies ist der richtige und einzige Weg, der zur Konsolidierung von Sicherheit und Frieden führt.

Die Antwort auf die Frage, wie lange die schwergeprüften, aber auch wachsamen Völker Europas auf eine solche Note der Bundesrepublik Deutschland noch werden warten müssen, hat selbstverständlich einzig und allein die Bundesregierung zu geben.

Die Regierung der Volksrepublik Polen benutzt diese Gelegenheit, um die Regierung der Bundesrepublik Deutschland ihrer Achtung zu versichern.

16

Aus der Rede des Ersten Sekretärs des ZK der PVAP W. Gomulka vom 17. Mai 1969

(. . .) Aufmerksam verfolgen wir jeden positiven Widerhall des Budapester Appells. Mit Befriedigung haben wir die wertvolle Initiative der Regierung Finnlands aufgenommen, die die Bereitschaft erklärt hat, die gesamteuropäische Konferenz in ihrem Lande durchzuführen und zu ihrer Organisation beizutragen.

Es ist klar, daß wir besonders aufmerksam die Reaktion der Deutschen Bundesrepublik verfolgen. Die einzelnen Regierungen dieses Landes blockierten seit Jahren hartnäckig alle Initiativen, die die Abrüstung und Schaffung einer dauerhaften Sicherheit und des Friedens in Europa zum Ziele hatten. So war es mit allen Vorschlägen, die die sozialistischen Länder zum deutschen Problem machten. So war es mit dem polnischen Projekt der Schaffung einer atomwaffenfreien Zone in Mitteleuropa und später mit dem Projekt des Einfrierens der nuklearen Waffen in diesem Gebiet. So war es mit dem sowjetischen Entwurf eines Nichtangriffspakts zwischen der NATO und dem Warschauer Vertrag sowie mit anderen Vorschlägen. Die Deutsche Bundesrepublik trat stets gegen komplexe oder teilweise Unternehmungen auf, die auf die Erhaltung der Sicherheit in Europa gerichtet waren.

Was sind die Ursachen dieser Politik der Bundesrepublik, die den Tendenzen der Abrüstung und Normalisierung der Beziehungen in Europa entgegengerichtet ist?

Diese Haltung entstammt dem Boden der beharrlichen Negation der im Ergebnis des Zweiten Weltkrieges entstandenen Grenzen, vor allem der Grenze an Oder und Neiße, der Negierung der Existenz eines souveränen sozialistischen deutschen Staates, der Deutschen Demokratischen Republik, sowie der Negierung des besonderen Status Westberlins. Sie ergibt sich auch aus dem Streben nach dem Besitz von Kernwaffen militaristischer Kreise der Bundesrepublik.

Die Haltung der Bundesrepublik in all diesen Fragen ist eng verbunden mit dem in der ganzen bisherigen Politik dominierenden Kurs dieses Staates, die Ergebnisse der Niederlage des faschistischen III. Reiches zu beseitigen und ein imperialistisches großdeutsches Reich wiederaufzubauen. Eben dieser Kurs der offiziellen Bonner Politik schuf die Voraussetzungen für die Wiedergeburt äußerst revanchistischer,

Quelle: Europa-Archiv 1969, D 313 ff.

neofaschistischer Kräfte in Westdeutschland. Sie besitzen heute wieder eine legale Partei, die sich in diesem Jahr zu den allgemeinen Wahlen stellt. Diese Partei ist noch nicht allzu stark. Aber das Problem besteht darin, daß der Nationalismus und revanchistische Tendenzen zum Programm der bisher im Leben der Bundesrepublik dominierenden bürgerlich-demokratischen Parteien, besonders der CSU, wurden. Ihr Führer, Strauß, propagiert das Programm der Vorherrschaft des westdeutschen Imperialismus unter dem Deckmantel des „vereinten Europas" und der „Europäisierung der deutschen Politik". Er möchte ganz Westeuropa vor den Bonner Wagen einspannen, um ihn stärker in die Fahrbahn des Revanchismus zu ziehen.

Die ganze bisherige Ostpolitik Bonns ignoriert die Realität und ist auf die Untergrabung der Realitäten der gegenwärtigen Situation in Europa gerichtet. Dieser Kurs steht also in tiefem Widerspruch zu den Interessen der Sicherheit und des Friedens aller Völker Europas. Diese Interessen sind unlösbar verbunden mit der aktuellen politischen Karte unseres Kontinents.

Seit einer gewissen Zeit machen sich in der Deutschen Bundesrepublik in bestimmten Kreisen Tendenzen bemerkbar, die auf Absichten einer etwas anderen Richtung der Ostpolitik hinzuweisen scheinen. Beim gegenwärtigen Stand der Dinge ist es schwer darüber zu urteilen, inwieweit diese Tendenzen Widerspiegelung von Taktik und politischem Manöver sind und inwieweit Ausdruck des Versuchs einer realistischen Einschätzung der Wirklichkeit Deutschlands und Europas. Ich denke hier vor allem an einige Äußerungen von Führern der westdeutschen sozialdemokratischen Partei auf ihren Parteitagen in Nürnberg und Bad Godesberg und auch an andere öffentliche Äußerungen, besonders des Vorsitzenden dieser Partei, des Vizekanzlers der Bundesrepublik, Herrn Brandt.

Hauptkriterium der Politik der Bundesrepublik war, ist und wird das Verhältnis der westdeutschen Regierung zur endgültigen Anerkennung der bestehenden Grenzen in Europa sein, darunter der Grenze an Oder und Lausitzer Neiße, sowie das Verhältnis zur Anerkennung der Existenz der Deutschen Demokratischen Republik als eines souveränen und gleichberechtigten deutschen Staates.

Am 21. Oktober 1949 gab Bundeskanzler K. Adenauer im Bundestag folgende Erklärung zur Frage der Ostgrenze Deutschlands und ihrer Anerkennung durch die Deutsche Demokratische Republik ab: „Die Bundesrepublik Deutschland ist allein befugt, für das deutsche Volk zu sprechen. Sie erkennt die Erklärungen der Sowjetzone nicht als verbindlich für das deutsche Volk an. Das gilt insbesondere auch für die Erklärungen, die in der Sowjetzone über die Oder-Neiße-Linie abgegeben worden sind."

Bei dieser Erklärung ist jeder Kommentar überflüssig.

In dem Memorandum vom 29. Mai 1953, das Kanzler Adenauer an den Präsidenten der USA, D. Eisenhower, richtete und das das Problem des Friedensvertrages und der Ostgrenze Deutschlands behandelt, lesen wir:

„In diesem Friedensvertrag sollte das Recht aller Menschen auf die Heimat Berücksichtigung finden, wie es sich aus christlichen und naturrechtlichen Grundsätzen ergibt. Keine deutsche Regierung wird je in der Lage sein, die Oder-Neiße-Linie anzuerkennen."

Diese revanchistische Erklärung ist wirklich äußerst gelungen. Jedes seiner Worte atmet den Geist des Revanchismus. In dieser Hinsicht war die Lage während der gesamten Amtsperiode Adenauers klar.

Im Jahr 1963 übernahm L. Erhard das Kanzleramt. Am 18. Oktober, nach der Bildung seiner ersten Regierung, sagte er im Regierungsexposé, daß es nach Überzeugung der Bundesregierung einen „durch eine gesamtdeutsche Regierung frei verhandelten und geschlossenen Friedensvertrag" geben werde, und fügte hinzu: „In diesem Vertrag — und nur in ihm — können und müssen die endgültigen Grenzen Deutschlands, das nach gültiger Rechtsauffassung in seinen Grenzen vom 31. Dezember 1937 fortbesteht, festgelegt werden."

Der Ton dieser Äußerung Kanzler Erhards unterscheidet sich etwas von den harten Worten seines Vorgängers, jedoch ihr Inhalt, das Wesen der Sache wurde nicht verändert.

Am 13. Dezember 1966 gab der nächste Bundeskanzler, K. G. Kiesinger, im Bundestag eine Erklärung ab, in der er sagte:

„In weiten Schichten des deutschen Volkes besteht der lebhafte Wunsch nach einer Aussöhnung mit Polen. . . Die Grenzen eines wiedervereinigten Deutschlands können nur in einer frei vereinbarten Regelung mit einer gesamtdeutschen Regierung festgelegt werden, einer Regelung, die die Voraussetzungen für ein von beiden Völkern gebilligtes, dauerhaftes und friedliches Verhältnis guter Nachbarschaft schaffen soll."

Diese Erklärung deckt sich inhaltsmäßig mit dem Standpunkt, den die westdeutsche Regierung des Kanzlers Erhard einnahm. Die Veränderung besteht nur darin, daß Bundeskanzler Kiesinger es sich geschenkt hat, *urbi et orbi* den von den westdeutschen Revisionisten mit einer Rechtsfiktion verschleierten politischen Unsinn zu verkünden, Deutschland „existiere in den Grenzen vom 31. Dezember 1937" und für uns Polen dagegen ein paar billige und leere Worte übrig hatte.

Der Standpunkt Kanzler Kiesingers zur Frage der Grenzen in der erwähnten Erklärung hat sich bis heute nicht geändert.

Die Regierung des Kanzlers Kiesinger ist bekanntlich eine Koalitionsregierung. Außer den Vertretern der zwei christlichen Parteien gehören ihr Vertreter der Sozialdemokratischen Partei mit ihrem Vorsitzenden, Herrn Brandt, an, der in dieser Regierung die Funktion des Vizekanzlers und gleichzeitig des Außenministers bekleidet. Wie aus vielen Publikationen hervorgeht, nehmen die Vertreter der Sozialdemokratischen Partei in dieser Regierung in manchen wichtigen Fragen der Bonner Politik einen eigenen Standpunkt ein, der nicht ganz dem Standpunkt ihrer Koalitionspartner entspricht. Das betrifft besonders die Haltung zum Budapester Appell und die Frage der Unterzeichnung des Vertrages über die Nichtweitergabe von Kernwaffen; es treten auch differenzierte Ansichten zur Frage des Verhältnisses der Bundesrepublik zur DDR und in der Frage der Bonner Ostpolitik auf. Befassen wir uns mit dieser letzten Frage.

In seiner Rede auf dem SPD-Parteitag in Nürnberg erklärte Willy Brandt am 16. 3. 68:

„. . . ich bin außerhalb der Diskussion von mehr als einem Genossen gefragt worden, was ich mit meiner Bemerkung zur Oder-Neiße-Linie gemeint habe. Ich wiederhole den betreffenden Satz: ‚Daraus ergibt sich', so sagte ich, ‚die Anerkennung bzw. Respektierung der Oder-Neiße-Linie bis zur friedensvertraglichen Regelung.' Das heißt, wir wollen Gewaltverzicht und Aussöhnung mit Polen. Wir wollen das auch vor dem Friedensvertrag, wenn es möglich ist. Wir wollen und wir können keine der bestehenden Grenzen in Europa gewaltsam ändern. Das gilt auch für die innerdeutsche Grenze. Das gilt auch für die Oder-Neiße-Linie, die übrigens nicht die Grenze der Bundesrepublik Deutschland ist."

Das Wesen des Standpunktes Brandts in der Frage der Oder-Neiße-Grenze wurde auch in dem Dokument des Nürnberger Parteitages wiederholt. Dort lesen wir:

„Diese Politik wird um so erfolgreicher sein, je klarer unser Wille zum Ausdruck kommt, die bestehenden Grenzen in Europa, insbesondere die gegenwärtige polnische Westgrenze, zu respektieren und anzuerkennen, bis die deutschen Grenzen in einer friedensvertraglichen Regelung, die von allen Beteiligten als gerecht und dauerhaft empfunden werden kann, endgültig festgelegt werden."

Nach dem SPD-Parteitag in Nürnberg wurden im Inhalt ähnliche Erklärungen des Vizekanzlers Brandt und anderer SPD-Führer mehrfach wiederholt. Bundeskanzler Kiesinger bestätigte nicht die Formel des Außenministers und Vizekanzlers seiner Regierung in der Frage der Anerkennung der bestehenden Grenzen in Europa. Faktisch wiederholen diese Formel einzig und allein die der SPD angehörenden Mitglieder der Koalitionsregierung.

Es darf nicht unterschätzt werden, daß politisch gesehen die Nürnberger Formel der SPD in der Frage der Anerkennung der Oder-Neiße-Grenze durch die Bundesrepublik im Vergleich zu dem Standpunkt, den in dieser Frage bisher alle Regierungen der Bundesrepublik vertreten haben, einen Schritt nach vorn darstellt. Gleichzeitig müssen wir voll und ganz erkennen, daß jeder zwischenstaatliche Vertrag zwischen Polen und der Bundesrepublik, der sich auf diese Formel stützt, selbst bei einer für uns günstigsten Auslegung nicht mehr beinhalten könnte, als die de-facto-Anerkennung der Oder-Neiße-Grenze durch die Bundesrepublik und dazu nur eine vorübergehende Anerkennung, d. h. bis zum Abschluß eines Friedensvertrages mit Deutschland. Also selbst wenn wir annehmen würden, daß sich die Bonner Regierung die Nürnberger Formel des Vizekanzlers Brandt zu eigen macht, würde dies faktisch nichts an der heutigen Sachlage ändern. Eine Veränderung kann nur dann eintreten, wenn die Bundesregierung die bestehende Grenze Polens an der Oder und Neiße vorbehaltlos als endgültig und unantastbar anerkennt.

In seinem Buch „Friedenspolitik in Europa" schreibt Herr Brandt: „Die Westgrenze des polnischen Staates ist in unser Angebot zum Gewaltverzicht gegenüber jedem einbezogen. Gute Beziehungen mit Polen sind für uns besonders wichtig. Das ist der Grundstein unserer nach Osten gerichteten Politik. . . . Die Aussöhnung mit Polen ist für uns eine moralische und politische Pflicht. Zu dieser Aussöhnung gehört nicht nur, daß wir jeden Gedanken an Gewalt aus unseren Bestrebungen verbannen, sondern auch das Bewußtsein, daß man keinen Keim für zukünftige Streitigkeiten zurücklassen darf."

Eben darum geht es uns: die Anerkennung der Westgrenze Polens durch die Bundesrepublik muß eindeutig sein und, wie Herr Brandt schreibt, darf sie „keinen Keim für künftige Streitigkeiten zurücklassen. Erst eine solche Form der Anerkennung dieser Grenze kann die Versicherungen des Herrn Brandt und der Bundesregierung über die Bereitschaft zur Aussöhnung mit Polen und den anderen sozialistischen Ländern glaubwürdig machen.

Entgegen den Versicherungen des Herrn Brandt schließt die Nürnberger Formel der SPD bezüglich der Anerkennung der Grenzen in Europa selbst schon einen potentiellen Revisionismus ein, denn sie geht von vornherein davon aus, daß die endgültige Festlegung dieser Grenzen eine offene Frage ist, die bis zu einer Friedenskonferenz zurückgestellt ist. Mit Hilfe der Nürnberger Formel möchte sich die Bundesrepublik in der öffentlichen Meinung vor dem Vorwurf schützen, sie stelle die Grenzen an der Oder und Neiße in Frage. Gleichzeitig will sie sich faktisch der Anerkennung dieser Grenze als endgültig entziehen, indem sie behauptet, sie könne dies auf Grund des Buchstabens des Potsdamer Abkommens nicht tun, in dem festgestellt wird, daß mit der endgültigen Markierung der Westgrenze Polens bis zu einer Friedenskonferenz zu warten ist.

Es gibt keine rechtlichen Hindernisse dafür, daß die Bundesrepublik die bestehende Westgrenze Polens nicht als endgültig anerkennt. Wir sind jederzeit bereit, mit der Bundesrepublik einen solchen zwischenstaatlichen Vertrag abzuschließen, ähnlich wie wir mit der DDR vor 19 Jahren in dieser Frage einen Vertrag geschlossen haben. Wenn jedoch die Regierung der Bundesrepublik der Meinung ist, daß der Abschluß eines solchen Vertrages mit Polen vor dem Abschluß eines Friedensvertrages mit Deutschland gegen das Potsdamer Abkommen verstoßen würde, dann müßten wir ihr vorschlagen, sich an die Regierungen der Sowjetunion, Frankreichs, Großbritanniens und der Vereinigten Staaten mit der Frage zu wenden: Hat die Deutsche Bundesrepublik das souveräne Recht, mit Polen einen Vertrag abzuschließen, in dem die bestehende Grenze Polens an der Oder und Neiße als endgültig anerkannt wird? Jede Antwort wird für ganz Europa lehrreich sein.

Polen wird niemals mit der Bundesrepublik einen Vertrag in der Frage Oder-Neiße-Grenze abschließen, der von dem mit der Deutschen Demokratischen Republik abgeschlossenen Vertrag von Zgorzelec abweicht. Denn das wäre ein Schritt zurück, ein Schlag gegen Polen selbst und gegen alle unsere Verbündeten und Freunde sowie gegen die Staaten und politischen Kräfte im Westen, die unseren Standpunkt teilen, daß diese Grenze endgültig ist.

Die SPD spricht in ihrem Beschluß in bezug auf Deutschland davon, daß „es ... der Wirklichkeit widersprechen würde, wenn wir dem zweiten Teil Deutschlands die staatliche Existenz absprechen oder ihn nicht zur Kenntnis nehmen wollten". Man kann dies als Bereitschaft zur De-facto-Anerkennung des anderen deutschen Staates, der Deutschen Demokratischen Republik, deuten. Also auch von diesem

Standpunkt aus betrachtet, kommt Bonn nicht umhin, den Vertrag von Zgorzelec als existent und bindend zu akzeptieren.

Auf ein Grenzprovisorium, wie es Bonn vorschlägt, wird Polen niemals eingehen. Ein solcher Vertrag mit der Bundesrepublik würde den Lebensinteressen des polnischen Volkes schaden. Wir werden niemals, weder heute noch morgen, die revanchistischen Gebietsansprüche, ob offen oder verborgen, legalisieren. Für uns, für Polen, gibt es kein Grenzproblem. Es gibt nur das Problem des Friedens, das ganz Europa betrifft. Es ist unser ehrlicher Wunsch und unser Bestreben, daß man diese Haltung in Bonn begreift.

Wenn Westdeutschland ein friedliches Zusammenleben mit anderen Ländern Europas, wenn es eine wirkliche Aussöhnung mit den Völkern Europas wünscht, so muß es von der einzigen realen Grundlage ausgehen, die die gegenwärtige politische Karte Europas darstellt. Das ist auch der einzig mögliche Weg zur echten Normalisierung der Beziehungen zwischen der Deutschen Bundesrepublik und den sozialistischen Ländern. Er erfordert die Anerkennung der Grenzen, die im Ergebnis des Zweiten Weltkrieges festgelegt wurden, darunter vor allem der Grenze an Oder und Lausitzer Neiße, den Verzicht der Bundesregierung auf den rechtswidrigen Alleinvertretungsanspruch, d. h. die Anerkennung des anderen deutschen Staates, der DDR, und die Unterzeichnung des Vertrages über die Nichtweitergabe von Kernwaffen.

Wir möchten hoffen, daß sich in der westdeutschen Bevölkerung genügend Vernunft und Realismus finden wird, damit endlich die Politik dieses Staates auf Bahnen geleitet wird, die den Interessen der Sicherheit und des Friedens in Europa, darunter der Sicherheit und des Friedens für das deutsche Volk entspricht. (. . .)

17

Aus der Regierungserklärung von Bundeskanzler Brandt vom 28. Oktober 1969

I. Kontinuität und Erneuerung

... Wir sind entschlossen, die Sicherheit der Bundesrepublik Deutschland und den Zusammenhalt der deutschen Nation zu wahren, den Frieden zu erhalten und an einer europäischen Friedensordnung mitzuarbeiten, die Freiheitsrechte und den Wohlstand unseres Volkes zu erweitern und unser Land so zu entwickeln, daß sein Rang in der Welt von morgen anerkannt und gesichert sein wird. Die Politik dieser Regierung wird im Zeichen der Kontinuität und Zeichen der Erneuerung stehen...

II. Deutschlandpolitik

Diese Regierung geht davon aus, daß die Fragen, die sich für das deutsche Volk aus dem Zweiten Weltkrieg und aus dem nationalen Verrat durch das Hitlerregime ergeben haben, abschließend nur in einer europäischen Friedensordnung beantwortet werden können. Niemand kann uns jedoch ausreden, daß die Deutschen ein Recht auf Selbstbestimmung haben wie alle anderen Völker auch.

Aufgabe der praktischen Politik in den jetzt vor uns liegenden Jahren ist es, die Einheit der Nation dadurch zu wahren, daß das Verhältnis zwischen den Teilen Deutschlands aus der gegenwärtigen Verkrampfung gelöst wird.

Die Deutschen sind nicht nur durch ihre Sprache und ihre Geschichte — mit ihrem Glanz und ihrem Elend — verbunden; wir sind alle in Deutschland zu Haus. Wir haben auch noch gemeinsame Aufgaben und gemeinsame Verantwortung: für den Frieden unter uns und in Europa.

20 Jahre nach Gründung der Bundesrepublik Deutschland und der DDR müssen wir ein weiteres Auseinanderleben der deutschen Nation verhindern, also versuchen, über ein geregeltes Nebeneinander zu einem Miteinander zu kommen.

Quelle: Bulletin des Presse- und Informationsamtes der Bundesregierung 1969, Nr. 132, S. 1121 ff.

Dies ist nicht nur ein deutsches Interesse, denn es hat seine Bedeutung auch für den Frieden in Europa und für das Ost-West-Verhältnis. Unsere und unserer Freunde Einstellung zu den internationalen Beziehungen der DDR hängt nicht zuletzt von der Haltung Ostberlins selbst ab. Im übrigen wollen wir unseren Landsleuten die Vorteile des internationalen Handels und Kulturaustausches nicht schmälern.

Die Bundesregierung setzt die im Dezember 1966 durch Bundeskanzler Kiesinger und seine Regierung eingeleitete Politik fort und bietet dem Ministerrat der DDR erneut Verhandlungen beiderseits ohne Diskriminierung auf der Ebene der Regierungen an, die zu vertraglich vereinbarter Zusammenarbeit führen sollen. Eine völkerrechtliche Anerkennung der DDR durch die Bundesregierung kann nicht in Betracht kommen. Auch wenn zwei Staaten in Deutschland existieren, sind sie doch füreinander nicht Ausland; ihre Beziehungen zueinander können nur von besonderer Art sein.

Anknüpfend an die Politik ihrer Vorgängerin erklärt die Bundesregierung, daß die Bereitschaft zu verbindlichen Abkommen über den gegenseitigen Verzicht auf Anwendung oder Androhung von Gewalt auch gegenüber der DDR gilt.

Die Bundesregierung wird den USA, Großbritannien und Frankreich raten, die eingeleiteten Besprechungen mit der Sowjetunion über die Erleichterung und Verbesserung der Lage Berlins mit Nachdruck fortzusetzen. Der Status der unter der besonderen Verantwortung der Vier Mächte stehenden Stadt Berlin muß unangetastet bleiben. Dies darf nicht daran hindern, Erleichterungen für den Verkehr in und nach Berlin zu suchen.

Die Lebensfähigkeit Berlins werden wir weiterhin sichern. West-Berlin muß die Möglichkeit bekommen, zur Verbesserung der politischen, und wirtschaftlichen und kulturellen Beziehungen der beiden Teile Deutschlands beizutragen.

Wir begrüßen es, daß der innerdeutsche Handel wieder zunimmt. Hierzu haben auch die Erleichterungen beigetragen, die durch die Vereinbarung am 6. Dezember 1968 eingetreten sind. Die Bundesregierung hält einen weiteren Ausbau der nachbarlichen Handelsbeziehungen für wünschenswert.

Wir haben das bisherige Ministerium für gesamtdeutsche Fragen entsprechend seinen Aufgaben in Ministerium für innerdeutsche Beziehungen umbenannt. Die Deutschlandpolitik insgesamt kann nicht Sache eines Ressorts sein. Sie ist eine ständige Aufgabe der ganzen Regierung und umfaßt Aspekte der Auswärtigen Politik, der Sicherheits- und Europapolitik, ebenso wie die Bemühungen um den Zusammenhalt unseres Volkes und um die Beziehungen im geteilten Deutschland...

[...]

V. Reformpolitik

[...]

Das Vertriebenenministerium wird in das Innenministerium eingegliedert... Die Bundesregierung bleibt sich ihrer Verantwortung für die Vertriebenen, Flüchtlinge und Kriegsgeschädigten bewußt. Sie wird die notwendigen Maßnahmen zur Eingliederung vollenden. Sie wird den Lastenausgleich und die Kriegsfolgegesetzgebung, auch im Interesse der Flüchtlinge aus der DDR, zu einem gerechten Abschluß bringen. Sie wird weiter alle vernünftigen Bestrebungen fördern, die der Erhaltung und Entfaltung der kulturellen Leistungen und Werte Ostdeutschlands dienen...

XII. Außen- und Sicherheitspolitik

Bei alledem dürfen wir nicht vergessen: Nur der Friede macht unsere Welt sicher; nur auf der Grundlage der Sicherheit kann der Friede sich ausbreiten. Diese Erkenntnis teilen wir mit den meisten Völkern dieser Erde. Die Bundesregierung ist entschlossen, dazu den deutschen Anteil zu leisten im Bewußtsein ihrer besonderen Verantwortung in Europa und nach besten Kräften, die wir aber nicht überschätzen...

Die Außenpolitik dieser Bundesregierung knüpft an die Friedensnote vom März 1966 und die Regierungserklärung vom Dezember 1966 an. Die in diesen Dokumenten niedergelegte Politik hat damals die Zustimmung aller Fraktionen dieses Hauses erhalten. Der Wille zu Kontinuität und konsequenter Weiterentwicklung gestattet es, auf Wiederholungen zu verzichten.

Die Bundesregierung beabsichtigt, in den Vereinten Nationen und in anderen internationalen Organisationen verstärkt mitzuarbeiten. Dies gilt auch für weltweite Abkommen der Abrüstung und Rüstungsbegrenzung, die zunehmend Bedeutung gewinnen. Die Bundesregierung wird dabei die Politik fortsetzen, die ich als Außenminister am 3. September 1968 auf der Konferenz der Nichtkernwaffenmächte in Genf entwickelt habe.

Wir unterstreichen die grundsätzliche Bereitschaft, mit allen Staaten der Welt, die unseren Wunsch nach friedlicher Zusammenarbeit teilen, diplomatische Beziehungen zu unterhalten und die bestehenden Handelsbeziehungen zu verstärken.

Die Bundesregierung lehnt jede Form von Diskriminierung, Unterdrückung und fremder Beherrschung ab, die das friedliche Zusammenleben der Völker in unseren Tagen immer von neuem gefährdet.

Das Nordatlantische Bündnis, das sich in den zwanzig Jahren seiner Existenz bewährt hat, gewährleistet auch in Zukunft unsere Sicherheit. Sein fester Zusammenhalt ist die Voraussetzung für das solidarische Bemühen, zu einer Entspannung in Europa zu kommen.

Welche der beiden Seiten der Sicherheitspolitik wir auch betrachten, ob es sich um unseren ernsten und nachhaltigen Versuch zur gleichzeitigen und gleichwertigen Rüstungsbegrenzung und Rüstungskontrolle handelt oder um die Gewährleistung ausreichender Verteidigung der Bundesrepublik Deutschland: unter beiden Aspekten begreift die Bundesregierung ihre Sicherheitspolitik als Politik des Gleichgewichts und der Friedenssicherung. Und ebenso versteht sie unter beiden Aspekten die äußere Sicherheit unseres Staates als eine Funktion des Bündnisses, dem wir angehören und als dessen Teil wir zum Gleichgewicht der Kräfte zwischen West und Ost beitragen.

Wir brauchen zu unserer Sicherheit Freunde und Verbündete, so wie sie zu ihrer Sicherheit uns und unseren Beitrag brauchen. Ohne gegenseitiges Vertrauen in die politische Stabilität dieser Einsicht sind weder Bündnis noch Sicherheit aufrechtzuerhalten. Wir werden deshalb in und gegenüber dem Bündnis die bisherige Politik fortsetzen und erwarten dies auch von unseren Bündnispartnern und von ihren Beiträgen zur gemeinsamen Sicherheitspolitik und zu den vereinbarten gemeinsamen Sicherheitsanstrengungen.

So wie das westliche Bündnis defensiv ist, so ist auch unser eigener Beitrag dazu defensiv. Die Bundeswehr ist weder nach ihrer Erziehung und Struktur noch nach ihrer Bewaffnung und Ausrüstung für eine offensive Strategie geeignet. Die Bundesregierung wird an dem ihrer Verteidigungspolitik zugrunde liegenden Defensivprinzip keinen Zweifel lassen.

Die engen Beziehungen zwischen uns und den Vereinigten Staaten von Amerika schließen für die Bundesregierung jeden Zweifel an der Verbindlichkeit der Verpflichtungen aus, die von den USA nach Vertrag und Überzeugung für Europa, die Bundesrepublik und West-Berlin übernommen worden sind. Unsere gemeinsamen Interessen bedürfen weder zusätzlicher Versicherungen noch sich wiederholender Erklärungen. Sie sind tragfähig für eine selbständigere deutsche Politik in einer aktiveren Partnerschaft.

Die Bundesregierung wird sich gemeinsam mit ihren Verbündeten konsequent für den Abbau der militärischen Konfrontation in Europa einsetzen. Sie wird zusammen mit ihnen auf gleichzeitige und ausgewogene Rüstungsbeschränkung und Truppenreduzierung in Ost und West hinwirken.

Zur Thematik einer Konferenz, die der europäischen Sicherheit dienen soll, bekräftigt die Bundesregierung die Haltung, die in dem am 12. September 1969 in Helsinki übergebenen Memorandum eingenommen worden ist. Eine derartige Konferenz kann nach sorgfältiger Vorbereitung eine wichtige Etappe auf dem Wege zu größerer Sicherheit bei geringerer Rüstung und zu Fortschritten zwischen den Partnern Ost- und Westeuropas werden. . .

XIII. Europäische Zusammenarbeit und Verständigung

. . . Unser nationales Interesse erlaubt es nicht, zwischen dem Westen und dem Osten zu stehen. Unser Land braucht die Zusammenarbeit und Abstimmung mit dem Westen und die Verständigung mit dem Osten.

Auf diesem Hintergrund sage ich mit starker Betonung: Das deutsche Volk braucht den Frieden im vollen Sinne dieses Wortes auch mit den Völkern der Sowjetunion und allen Völkern des europäischen Ostens. Zu einem ehrlichen Versuch der Verständigung sind wir bereit, damit die Folgen des Unheils überwunden werden können, das eine verbrecherische Clique über Europa gebracht hat.

Dabei geben wir uns keinen trügerischen Hoffnungen hin: Interessen, Machtverhältnisse und gesellschaftliche Unterschiede sind weder dialektisch aufzulösen, noch dürfen sie vernebelt werden. Aber unsere Gesprächspartner müssen auch dies wissen: Das Recht auf Selbstbestimmung, wie es in der Charta der Vereinten Nationen niedergelegt ist, gilt auch für das deutsche Volk. Dieses Recht und dieser Wille, es zu behaupten, können kein Verhandlungsgegenstand sein.

Wir sind frei von Illusionen, zu glauben, das Werk der Versöhnung sei leicht oder schnell zu vollenden. Es handelt sich um einen Prozeß; aber es ist an der Zeit, diesen Prozeß voranzubringen.

In Fortsetzung der Politik ihrer Vorgängerin erstrebt die Bundesregierung gleichmäßig verbindliche Abkommen über den gegenseitigen Verzicht auf Anwendung oder Androhung von Gewalt. Die Bereitschaft dazu gilt — ich darf es wiederholen — auch gegenüber der DDR. Ebenso unmißverständlich will ich sagen, daß wir gegenüber der uns unmittelbar benachbarten Tschechoslowakei zu d e n Abmachungen bereit sind, die über die Vergangenheit hinausführen.

Die Politik des Gewaltverzichts, die die territoriale Integrität des jeweiligen Partners berücksichtigt, ist nach der festen Überzeugung der Bundesregierung ein entscheidender Beitrag zu einer Entspannung in Europa. Gewaltverzichte würden eine Atmosphäre schaffen, die weitere Schritte möglich macht.

Diesem Zwecke dienen auch gemeinsame Bemühungen, um den Handel, die technische Kooperation und den kulturellen Austausch zu fördern.

Die Bundesregierung verzichtet heute bewußt darauf, über den in dieser Erklärung gesetzten Rahmen hinaus Festlegungen vorzunehmen oder Formeln vorzutragen, welche die von ihr erstrebten Verhandlungen erschweren könnten. Sie ist sich bewußt, daß es Fortschritte nur geben kann, wenn die Regierungen in den Hauptstädten der Staaten des Warschauer Vertrages eine kooperative Haltung einnehmen.

XIV. Politische Entscheidungen

Kurzfristig wird die Bundesregierung eine Reihe von Entscheidungen treffen, die ihren Willen zur kontinuierlichen und konsequenten Weiterführung der bisherigen Politik beispielhaft deutlich machen wird: ...

4. Sie wird demnächst das sowjetische Aide-mémoire zum Thema Gewaltverzicht beantworten und einen Termin für die von der Sowjetunion angeregten Verhandlungen in Moskau vorschlagen.

5. Sie wird der Regierung der Volksrepublik Polen einen Vorschlag zur Aufnahme von Gesprächen zugehen lassen, mit dem sie die Ausführungen Wladislaw Gomulkas vom 17. Mai 1969 beantwortet.

6. Sie wird den Vertrag über die Nichtverbreitung von Atomwaffen unterzeichnen, sobald — entsprechend den Beschlüssen der letzten Bundesregierung — die noch ausstehenden Klärungen herbeigeführt sind...

18

Information der Regierung der Volksrepublik Polen vom 18. November 1970

Die Regierung der Volksrepublik Polen hat die Bundesregierung mit nachstehender Information über Maßnahmen zur Lösung humanitärer Probleme unterrichtet:

1.

Im Jahre 1955 hat die polnische Regierung dem Polnischen Roten Kreuz empfohlen, eine Vereinbarung mit dem Roten Kreuz der BRD über die Familienzusammenführung abzuschließen, auf Grund deren bis 1959 aus Polen etwa eine Viertelmillion Menschen ausgereist ist. In den Jahren von 1960 bis 1969 sind im normalen Verfahren zusätzlich etwa 150 000 Menschen aus Polen ausgereist. Bei der Aktion der Familienzusammenführung hat sich die polnische Regierung vor allem von humanitären Gründen leiten lassen. Sie war und ist jedoch nicht damit einverstanden, daß ihre positive Haltung in der Frage der Familienzusammenführung für eine Emigration zu Erwerbszwecken von Personen polnischer Nationalität ausgenutzt wird.

2.

In Polen ist bis heute aus verschiedenen Gründen (z. B. enge Bindung an den Geburtsort) eine gewisse Zahl von Personen mit unbestreitbarer deutscher Volkszugehörigkeit und von Personen aus gemischten Familien zurückgeblieben, bei denen im Laufe der vergangenen Jahre das Gefühl dieser Zugehörigkeit dominiert hat. Die polnische Regierung steht weiterhin auf dem Standpunkt, daß Personen, die auf Grund ihrer unbestreitbaren deutschen Volkszugehörigkeit in einen der beiden deutschen Staaten auszureisen wünschen, dies unter Beachtung der in Polen geltenden Gesetze und Rechtsvorschriften tun können.
Ferner werden die Lage von gemischten Familien und getrennten Familien sowie solche Fälle polnischer Staatsangehöriger berücksichtigt werden, die entweder infolge ihrer veränderten Familienverhältnisse oder infolge der Änderung ihrer früher

Quelle: Bulletin des Presse- und Informationsamtes der Bundesregierung 1970, Nr. 171, S. 1817

getroffenen Entscheidung den Wunsch äußern werden, sich mit ihren in der BRD oder in der DDR lebenden nahen Verwandten zu vereinigen.

3.

Die zuständigen polnischen Behörden verfügen nicht einmal annähernd über solche Zahlen von Anträgen auf Ausreise in die BRD, wie sie in der BRD angegeben werden. Nach den bisherigen Untersuchungen der polnischen Behörden können die Kriterien, die zu einer eventuellen Ausreise aus Polen in die BRD oder die DDR berechtigen, einige Zehntausende Personen betreffen. Die polnische Regierung wird daher entsprechende Anordnungen erlassen, zwecks sorgfältiger Untersuchung, ob die Anträge, die eingereicht worden sind, begründet sind und zwecks Prüfung derselben in möglichst kurzer Zeit.
Die polnische Regierung wird das Polnische Rote Kreuz ermächtigen, vom Roten Kreuz der BRD Listen über die Personen entgegenzunehmen, deren Anträge sich im Besitz des DRK befinden, um diese Listen mit den entsprechenden Zusammenstellungen, die sich bei den zuständigen polnischen Behörden befinden, zu vergleichen und sorgfältig zu prüfen.

4.

Die Zusammenarbeit des Polnischen Roten Kreuzes mit dem Roten Kreuz der BRD wird in jeder erforderlichen Weise erleichtert werden. Das Polnische Rote Kreuz wird ermächtigt werden, Erläuterungen des DRK zu den Listen entgegenzunehmen und das DRK über das Ergebnis der Prüfung übermittelter Anträge durch die polnischen Behörden zu unterrichten. Das Polnische Rote Kreuz wird darüber hinaus ermächtigt sein, gemeinsam mit dem Roten Kreuz der BRD alle praktischen Fragen zu erwägen, die sich aus dieser Aktion etwa ergeben könnten.

5.

Was den Personenverkehr anbelangt, und zwar im Zusammenhang mit Besuchen von Familienangehörigen, so werden die zuständigen polnischen Behörden nach Inkrafttreten des Vertrages über die Grundlagen der Normalisierung der Beziehungen zwischen den beiden Staaten die gleichen Grundsätze anwenden, die gegenüber anderen Staaten Westeuropas üblich sind.

19

Vertrag zwischen der Bundesrepublik Deutschland und der Volksrepublik Polen über die Grundlagen der Normalisierung ihrer gegenseitigen Beziehungen (vom 7. Dezember 1970)

Die Bundesrepublik Deutschland
und die
Volksrepublik Polen

IN DER ERWÄGUNG, daß mehr als 25 Jahre seit Ende des Zweiten Weltkrieges vergangen sind, dessen erstes Opfer Polen wurde und der über die Völker Europas schweres Leid gebracht hat,
EINGEDENK DESSEN, daß in beiden Ländern inzwischen eine neue Generation herangewachsen ist, der eine friedliche Zukunft gesichert werden soll,
IN DEM WUNSCHE, dauerhafte Grundlagen für ein friedliches Zusammenleben und die Entwicklung normaler und guter Beziehungen zwischen ihnen zu schaffen,
IN DEM BESTREBEN, den Frieden und die Sicherheit in Europa zu festigen,
IN DEM BEWUSSTSEIN, daß die Unverletzlichkeit der Grenzen und die Achtung der territorialen Integrität und der Souveränität aller Staaten in Europa in ihren gegenwärtigen Grenzen eine grundlegende Bedingung für den Frieden sind,
SIND wie folgt übereingekommen:

Artikel I

1. Die Bundesrepublik Deutschland und die Volksrepublik Polen stellen übereinstimmend fest, daß die bestehende Grenzlinie, deren Verlauf im Kapitel IX der Beschlüsse der Potsdamer Konferenz vom 2. August 1945 von der Ostsee unmittelbar westlich von Swinemünde und von dort die Oder entlang bis zur Einmündung der Lausitzer Neiße und die Lausitzer Neiße entlang bis zur Grenze mit der Tschechoslowakei festgelegt worden ist, die westliche Staatsgrenze der Volksrepublik Polen bildet.

Quelle: Bulletin des Presse- und Informationsamtes der Bundesregierung 1970, Nr. 1815 ff.

2. Sie bekräftigen die Unverletzlichkeit ihrer bestehenden Grenzen jetzt und in der Zukunft und verpflichten sich gegenseitig zur uneingeschränkten Achtung ihrer territorialen Integrität.

3. Sie erklären, daß sie gegeneinander keinerlei Gebietsansprüche haben und solche auch in Zukunft nicht erheben werden.

Artikel II

1. Die Bundesrepublik Deutschland und die Volksrepublik Polen werden sich in ihren gegenseitigen Beziehungen sowie in Fragen der Gewährleistung der Sicherheit in Europa und in der Welt von den Zielen und Grundsätzen, die in der Charta der Vereinten Nationen niedergelegt sind, leiten lassen.

2. Demgemäß werden sie entsprechend den Artikeln 1 und 2 der Charta der Vereinten Nationen alle ihre Streitfragen ausschließlich mit friedlichen Mitteln lösen und sich in Fragen, die die europäische und internationale Sicherheit berühren, sowie in ihren gegenseitigen Beziehungen der Drohung mit Gewalt oder der Anwendung von Gewalt enthalten.

Artikel III

1. Die Bundesrepublik Deutschland und die Volksrepublik Polen werden weitere Schritte zur vollen Normalisierung und umfassenden Entwicklung ihrer gegenseitigen Beziehungen unternehmen, deren feste Grundlage dieser Vertrag bildet.

2. Sie stimmen darin überein, daß eine Erweiterung ihrer Zusammenarbeit im Bereich der wirtschaftlichen, wissenschaftlichen, wissenschaftlich-technischen, kulturellen und sonstigen Beziehungen in ihrem beiderseitigen Interesse liegt.

Artikel IV

Dieser Vertrag berührt nicht die von den Parteien früher geschlossenen oder sie betreffenden zweiseitigen oder mehrseitigen internationalen Vereinbarungen.

Artikel V

Dieser Vertrag bedarf der Ratifikation und tritt am Tage des Austausches der Ratifikationsurkunden in Kraft, der in Bonn stattfinden soll.

ZU URKUND DESSEN haben die Bevollmächtigten der Vertragsparteien diesen Vertrag unterschrieben.

GESCHEHEN zu Warschau am 7. Dezember 1970 in zwei Urschriften, jede in deutscher und polnischer Sprache, wobei jeder Wortlaut gleichermaßen verbindlich ist.

Für die Bundesrepublik Deutschland
Willy Brandt
Walter Scheel

Für die Volksrepublik Polen
Józef Cyrankiewicz
Stefan Jędrychowski

20

Gemeinsame Erklärung des Ersten Sekretärs des Zentralkomitees der Polnischen Vereinigten Arbeiterpartei, Edward Gierek, und des deutschen Bundeskanzlers, Helmut Schmidt, vom 2. August 1975 in Helsinki

Der Erste Sekretär des Zentralkomitees der Polnischen Vereinigten Arbeiterpartei, Edward Gierek, und der Bundeskanzler der Bundesrepublik Deutschland, Helmut Schmidt, sind anläßlich der Konferenz für Sicherheit und Zusammenarbeit in Europa am 1. August 1975 in Helsinki zusammengetroffen und haben eine eingehende Besprechung über die Beziehungen zwischen der Volksrepublik Polen und der Bundesrepublik Deutschland geführt. An der Besprechung nahmen der Vorsitzende des Ministerrats der Volksrepublik Polen, Piotr Jaroszewicz, sowie die Außenminister beider Länder, Olszowski und Genscher, teil.

Der Erste Sekretär des ZK der PVAP, Edward Gierek, und der Bundeskanzler Helmut Schmidt betonten übereinstimmend die große Bedeutung der Beziehungen zwischen ihren Völkern und Staaten für die Festigung des Friedens und der Zusammenarbeit in Europa und erklärten ihre Entschlossenheit, sich für die volle Verwirklichung der Beschlüsse der KSZE im Interesse der dauerhaften Entspannung und der vollen Normalisierung der Beziehungen auf unserem Kontinent einzusetzen.

Sie wiesen auf die Fortschritte hin, die seit Abschluß des Vertrages zwischen der Volksrepublik Polen und der Bundesrepublik Deutschland über die Grundlagen der Normalisierung ihrer gegenseitigen Beziehungen vom 7. Dezember 1970 erreicht worden sind. Sie erklärten ihre Entschlossenheit, in Übereinstimmung mit dem Vertrag weitere Anstrengungen zur Entwicklung der Beziehungen zwischen der Bundesrepublik Deutschland und der Volksrepublik Polen in allen Bereichen zu unternehmen.

Sie stellten mit Befriedigung fest, daß zwecks Lösung wichtiger Fragen der gegenseitigen Beziehungen zwischen beiden Ländern Vereinbarungen in Vorbereitung sind. Sie betonten ihren gemeinsamen Willen, sich für den Abschluß und danach für die Durchführung dieser Vereinbarungen voll einzusetzen.

Quelle: Bulletin des Presse- und Informationsamtes der Bundesregierung 1975, Nr. 99, S. 929

21

Abkommen

zwischen der Bundesrepublik Deutschland und der Volksrepublik Polen über Renten- und Unfallversicherung vom 9. Oktober 1975

DIE BUNDESREPUBLIK DEUTSCHLAND UND DIE VOLKSREPUBLIK POLEN

zur Regelung der Beziehungen auf dem Gebiet der Renten- und Unfallversicherung

SIND wie folgt ÜBEREINGEKOMMEN:

I. Allgemeine Bestimmungen

Artikel 1
Für die Anwendung dieses Abkommens bedeuten die Begriffe:

1. „Zuständige Behörde“
   — für die Bundesrepublik Deutschland — den Bundesminister für Arbeit und Sozialordnung,
   — für die Volksrepublik Polen — den Minister für Arbeit, Löhne und Sozialangelegenheiten;
2. „Wohnort“ oder „wohnen“
   — für die Bundesrepublik Deutschland — den Ort des gewöhnlichen Aufenthaltes oder sich gewöhnlich aufhalten,
   — für die Volksrepublik Polen — den Ort des ständigen Wohnsitzes oder ständig wohnen;
3. „Rentenversicherung“
   — für die Bundesrepublik Deutschland — die Rentenversicherung für den Fall des Alters, der Invalidität oder des Todes,
   — für die Volksrepublik Polen — die Versorgung für den Fall des Alters, der Invalidität oder des Todes;

Quelle: Bulletin des Presse- und Informationsamtes der Bundesregierung 1975, Nr. 121, S. 1193 ff.

4. „Unfallversicherung“
   — für die Bundesrepublik Deutschland — die Versicherung bei Arbeitsunfällen und Berufskrankheiten,
   — für die Volksrepublik Polen — das besondere Rentensystem für Arbeitnehmer bei Arbeitsunfällen und Berufskrankheiten;
5. „Ermessensleistungen“
   die Renten, die von den Versicherungsträgern nach den Vorschriften der Renten- oder Unfallversicherung gezahlt werden können, aber nicht Pflichtleistungen dieser Versicherungsträger sind.

Artikel 2

(1) Dieses Abkommen bezieht sich:

— hinsichtlich der Bundesrepublik Deutschland auf
  a) die Rentenversicherung der Arbeiter, die Rentenversicherung der Angestellten und die knappschaftliche Rentenversicherung,
  b) die Unfallversicherung;

— hinsichtlich der Volksrepublik Polen auf
  a) die Altersversorgung der Arbeitnehmer einschließlich der Versorgungssysteme für Bergleute und Eisenbahner,
  b) die Unfallversorgung.

(2) Dieses Abkommen findet auf alle Änderungen der Regelungen in den in Absatz 1 genannten Zweigen Anwendung.

Artikel 3

Dieses Abkommen berührt nicht

a) Abkommen eines Staates, die mit dritten Staaten geschlossen worden sind;
b) Bestimmungen, die von einer zwischenstaatlichen Einrichtung erlassen sind, deren Mitglied ein Staat ist;
c) das Abkommen vom 25. April 1973 zwischen der Bundesrepublik Deutschland und der Volksrepublik Polen über Sozialversicherung von Arbeitnehmern, die in das Gebiet des anderen Staates vorübergehend entsandt werden.

II. Rentenversicherung

Artikel 4

(1) Renten der Rentenversicherung werden vom Versicherungsträger des Staates, in dessen Gebiet der Berechtigte wohnt, nach den für diesen Träger geltenden Vorschriften gewährt.

(2) Der in Absatz 1 genannte Träger berücksichtigt bei Feststellung der Rente nach den für ihn geltenden Vorschriften Versicherungszeiten, Beschäftigungszeiten und diesen gleichgestellte Zeiten im anderen Staat so, als ob sie im Gebiet des ersten Staates zurückgelegt worden wären.

(3) Renten nach Absatz 2 stehen nur für die Zeit zu, in der die betreffende Person im Gebiet des Staates wohnt, dessen Versicherungsträger die Rente festgestellt hat. In dieser Zeit hat ein Rentenempfänger keinen Anspruch auf Grund von Versicherungszeiten, Beschäftigungszeiten und diesen gleichgestellte Zeiten im anderen Staat gegenüber dem Versicherungsträger dieses Staates, soweit nicht Artikel 15 oder 16 etwas anderes bestimmt.

Artikel 5
(1) Verlegt ein Rentner seinen gewöhnlichen Aufenthalt in das Gebiet des anderen Staates, so wird die Zahlung der Rente mit Ablauf des Monats eingestellt, in dem der Wohnort gewechselt wurde.
(2) Der Versicherungsträger des Staates, in den der Rentner seinen gewöhnlichen Aufenthalt verlegt hat, entscheidet für die Zeit nach Einstellung der Rentenzahlung nach den für ihn geltenden Vorschriften in entsprechender Anwendung des Artikels 4 Absatz 2 über den Rentenanspruch.
(3) Der Antrag auf Gewährung einer Rente gemäß Absatz 2 ist innerhalb von drei Monaten zu stellen. Bei späterer Antragstellung richtet sich der Beginn der Rentenzahlung nach den Vorschriften des Staates, in den der Rentner seinen gewöhnlichen Aufenthalt verlegt hat.
(4) Verlegt ein Rentner seinen gewöhnlichen Aufenthalt erneut in das Gebiet des ersten Staates, so nimmt der Versicherungsträger dieses Staates die Rentenzahlung vom ersten Tage des der Rückkehr folgenden Monats wieder auf.

Artikel 6
(1) Personen, die im Gebiet der Bundesrepublik Deutschland wohnen, haben keinen Anspruch auf Erstattung der Beiträge, die sie an Versicherungsträger der Volksrepublik Polen entrichtet haben.
(2) Personen, die im Gebiet der Volksrepublik Polen wohnen, haben keinen Anspruch auf Erstattung der Beiträge, die sie an Versicherungsträger der Bundesrepublik Deutschland entrichtet haben.
(3) Die Versicherungsträger dürfen bereits erstattete Beiträge nicht zurückfordern.

III. Unfallversicherung

Artikel 7
(1) Renten der Unfallversicherung werden vom Versicherungsträger des Staates, in dessen Gebiet der Berechtigte wohnt, nach den für diesen Träger geltenden Vorschriften gewährt.
(2) Der in Absatz 1 genannte Träger berücksichtigt bei Feststellung der Rente nach den für ihn geltenden Vorschriften Unfälle oder Krankheiten, die im Gebiet des anderen Staates eingetreten sind oder als dort eingetreten gelten, so, als ob sie im Gebiet des ersten Staates eingetreten wären.
(3) Renten nach Absatz 2 stehen nur für die Zeit zu, in der die betreffende Person im Gebiet des Staates wohnt, dessen Versicherungsträger die Rente festgestellt hat.

In dieser Zeit hat ein Rentenempfänger keinen Anspruch auf Grund von Arbeitsunfällen oder Berufskrankheiten im anderen Staat gegenüber dem Versicherungsträger dieses Staates, soweit nicht Artikel 15 oder 16 etwas anderes bestimmt.

Artikel 8
Verlegt eine Person, die Rente aus der Unfallversicherung bezieht, ihren gewöhnlichen Aufenthalt in das Gebiet des anderen Staates, so gilt Artikel 5 entsprechend.

IV. Gemeinsame Bestimmungen

Artikel 9
Andere Geldleistungen als Renten und Sachleistungen, einschließlich der Leistungen zur Rehabilitation, aus der Renten- oder Unfallversicherung gewährt nach den für ihn geltenden Vorschriften nur der Versicherungsträger des Staates, in dessen Gebiet die berechtigte Person wohnt. Artikel 4 Absatz 2 gilt entsprechend.

Artikel 10
Der Versicherungsträger, der Leistungen nach diesem Abkommen gewährt, erhält keinen Ersatz der Aufwendungen für die gewährten Leistungen von einem Versicherungsträger des anderen Staates.

Artikel 11
Zur Durchführung dieses Abkommens:
a) verkehren die zuständigen Behörden unmittelbar miteinander;
b) können die zuständigen Behörden die hierzu erforderlichen Maßnahmen vereinbaren;
c) können die zuständigen Behörden, jede für ihren Bereich, eine oder mehrere Verbindungsstellen einsetzen;
d) unterrichten sich die zuständigen Behörden gegenseitig über die geltende Gesetzgebung auf dem Gebiet der Sozialversicherung sowie über alle späteren Änderungen.

Artikel 12
(1) Die Behörden und Träger gewähren sich gegenseitig, erforderlichenfalls durch Vermittlung der Verbindungsstellen, unentgeltlich Amts- und Rechtshilfe bei der Durchführung dieses Abkommens sowie bei der Entscheidung von Streitfällen im Zusammenhang mit diesem Abkommen.
(2) Die Behörden und Träger übermitteln sich, erforderlichenfalls durch Vermittlung der Verbindungsstellen, auf Anforderung unentgeltlich Auskünfte und Nachweise über den Arbeits- und Versicherungsverlauf im Gebiet des anderen Staates.
(3) Die zuständigen Stellen und Personen, die im Gebiet des anderen Staates wohnen, können unmittelbar miteinander korrespondieren. Urteile, Bescheide und andere zustellungsbedürftige Schriftstücke können durch eingeschriebenen Brief mit Rückschein zugestellt werden.

Artikel 13
Schriftstücke, insbesondere Anträge, Erklärungen und Rechtsbehelfe können in deutscher oder polnischer Sprache abgefaßt werden und dürfen wegen der Wahl einer der beiden Sprachen nicht zurückgewiesen werden.

Artikel 14
Urkunden, Dokumente und andere Schriftstücke, die im Rahmen der Anwendung dieses Abkommens vorzulegen sind, bedürfen nicht der Legalisation durch diplomatische oder konsularische Vertretungen.

V. Übergangs- und Schlußbestimmungen

Artikel 15
(1) Dieses Abkommen begründet Rechte und Leistungsverpflichtungen nur für einen Zeitraum nach seinem Inkrafttreten.
(2) Für die Feststellung einer Leistung nach diesem Abkommen werden auch Versicherungszeiten, Beschäftigungszeiten und gleichgestellte Zeiten sowie andere in diesem Zusammenhang erhebliche Tatbestände vor seinem Inkrafttreten berücksichtigt.
(3) Soweit auf Grund eines bindenden Rentenbescheids oder eines rechtskräftigen Urteils Renten der Renten- oder Unfallversicherung in der Zeit vor dem Inkrafttreten dieses Abkommens an Personen im Gebiet des anderen Staates gezahlt wurden, berührt dieses Abkommen die Zahlung dieser Renten auch für die Zeit nach seinem Inkrafttreten nicht.
(4) Bei Anwendung des Absatzes 3 gilt eine Unfallrente als in der Zeit vor Inkrafttreten dieses Abkommens gezahlt, wenn auf Grund des Übereinkommens Nr. 19 der Internationalen Arbeitsorganisation diese Rente rückwirkend für einen Zeitraum vor Inkrafttreten des Abkommens gezahlt wird.
(5) Renten nach Absatz 3 und 4 gelten bei Anwendung des Artikels 9 als Renten, die von einem Versicherungsträger des Staates gezahlt werden, in dem der Berechtigte wohnt.

Artikel 16
Soweit Renten der Renten- oder Unfallversicherung der Bundesrepublik Deutschland für den Kalendermonat, der dem Inkrafttreten des Abkommens vorhergeht, an Personen im Gebiet der Volksrepublik Polen zu zahlen sind, berührt dieses Abkommen die Zahlung dieser Renten auch für die Zeit nach seinem Inkrafttreten nicht; dies gilt auch für einen neuen, unmittelbar anschließenden Versicherungsfall. Soweit Renten nach den Vorschriften der Bundesrepublik Deutschland über die Rentenzahlung bei Auslandsaufenthalt an Personen in der Volksrepublik Polen für Zeiten vor Inkrafttreten des Abkommens zu zahlen sind, beginnt die Rentenzahlung frühestens vier Jahre vor Inkrafttreten dieses Abkommens.

Ermessensleistungen der Renten- oder Unfallversicherung nach den in einem der Staaten geltenden Vorschriften werden an Personen im Gebiet des anderen Staates nicht gezahlt. Soweit Ermessensleistungen auf Grund eines bindenden Bescheids oder eines rechtskräftigen Urteils an Personen im Gebiet des anderen Staates in der Zeit vor Unterzeichnung dieses Abkommens gezahlt wurden, berührt dieses Abkommen die Zahlung dieser Ermessensleistungen auch für die Zeit nach seinem Inkrafttreten nicht.

Artikel 17
Entsprechend dem Viermächte-Abkommen vom 3. September 1971 wird dieses Abkommen in Übereinstimmung mit den festgelegten Verfahren auf Berlin (West) ausgedehnt.

Artikel 18
(1) Dieses Abkommen wird auf unbestimmte Zeit geschlossen. Es kann von jedem Staat schriftlich gekündigt werden, jedoch nicht später als sechs Monate vor Ablauf des jeweiligen Kalenderjahres; in einem solchen Falle tritt es mit Ablauf dieses Jahres außer Kraft.
(2) Tritt das Abkommen außer Kraft, so gelten seine Bestimmungen für die bis zu seinem Außerkrafttreten erworbenen Ansprüche und Anwartschaften weiter.

Artikel 19
(1) Dieses Abkommen bedarf der Ratifikation. Die Ratifikationsurkunden werden so bald wie möglich in Bonn ausgetauscht.
(2) Das Abkommen tritt am ersten Tag des zweiten Monats nach Ablauf des Monats in Kraft, in dem die Ratifikationsurkunden ausgetauscht werden.*

GESCHEHEN zu Warschau am 9. Oktober 1975

in zwei Urschriften, jede in deutscher und polnischer Sprache, wobei jeder Wortlaut gleichermaßen verbindlich ist.

Für die Bundesrepublik Deutschland Hans-Dietrich Genscher	Für die Volksrepublik Polen Stefan Olszowski

* Anmerkung der Herausgeber: Anläßlich der Unterzeichnung zwischen der Bundesrepublik Deutschland und der Volksrepublik Polen des Abkommens über Renten- und Unfallversicherungen fand ein Notenaustausch statt, demgemäß die Versicherungsanstalten beider Länder als Mitglieder der internationalen Arbeitsorganisation verpflichtet werden, die gegenseitigen Rentenleistungen gemäß der Konvention Nr. 19 (die die gleiche Behandlung der eigenen und der fremden Arbeitnehmer in Unfallsfällen vorsieht) zu erbringen. Die Renten werden ab dem 1. September 1972, d. h. seit der Aufnahme diplomatischer Beziehungen zwischen der Bundesrepublik Deutschland und der Volksrepublik Polen, ausgezahlt.

22

Vereinbarung

über die pauschale Abgeltung von Rentenansprüchen vom 9. Oktober 1975

DIE REGIERUNG DER BUNDESREPUBLIK DEUTSCHLAND
UND DIE REGIERUNG DER VOLKSREPUBLIK POLEN

— UNTER BERÜCKSICHTIGUNG, daß diese Vereinbarung dem Abschluß eines Abkommens zwischen der Bundesrepublik Deutschland und der Volksrepublik Polen über Renten- und Unfallversicherung dient
— ZUR REGELUNG einer gegenseitigen Verrechnung im Bereich der Renten- und Unfallversicherung

SIND wie folgt ÜBEREINGEKOMMEN:

Artikel 1
(1) Zur wechselseitigen Abgeltung aller Ansprüche auf dem Gebiet der Renten- und Unfallversicherung sowie unter Berücksichtigung der Kosten für Leistungen aus diesen Versicherungen, die von den Versicherungsträgern der Bundesrepublik Deutschland und der Volksrepublik Polen erbracht worden sind, sowie wegen Übernahme von Rentenleistungen dieser Träger, zahlt die Bundesrepublik Deutschland der Volksrepublik Polen einen Betrag in Höhe von 1,3 Milliarden Deutsche Mark.
(2) Diese Vereinbarung betrifft die Regelung von Ansprüchen aus der Renten- und Unfallversicherung zwischen den beiden Staaten und den Versicherungsträgern. Sie betrifft nicht Ansprüche von Einzelpersonen aus diesen Versicherungen, und die Zahlung des in Absatz 1 genannten Betrages begründet keine Verpflichtungen für die Regierung der Volksrepublik Polen gegenüber diesen Personen. Die Rechte der Einzelpersonen regelt das Abkommen zwischen der Bundesrepublik Deutschland und der Volksrepublik Polen über Renten- und Unfallversicherung.

Quelle: Bulletin des Presse- und Informationsamtes der Bundesregierung 1975, Nr. 121, S. 1197

(3) Auf der Grundlage dieser Vereinbarung und gleichzeitig mit ihrem Inkrafttreten erlöschen in den gegenseitigen Beziehungen zwischen den Versicherungsträgern beider Staaten und damit zwischen der Bundesrepublik Deutschland und der Volksrepublik Polen alle Ansprüche in dem in Absatz 1 genannten Bereich.

Artikel 2
Der in Artikel 1 Absatz 1 genannte Betrag wird in drei Jahresraten ausgezahlt. Die erste Rate in Höhe von 440 Millionen Deutsche Mark wird binnen 14 Tagen nach Inkrafttreten der Vereinbarung gezahlt, die folgenden Raten in Höhe von 430 Millionen Deutsche Mark in Abständen von jeweils 12 Monaten.

Artikel 3
Entsprechend dem Viermächte-Abkommen vom 3. September 1971 wird diese Vereinbarung in Übereinstimmung mit den festgelegten Verfahren auf Berlin (West) ausgedehnt.

Artikel 4
Diese Vereinbarung tritt am ersten Tage des zweiten Monats nach Ablauf des Monats in Kraft, in dem die Regierung der Bundesrepublik Deutschland der Regierung der Volksrepublik Polen notifiziert hat, daß auf seiten der Bundesrepublik Deutschland die innerstaatlichen Voraussetzungen für das Inkrafttreten erfüllt sind.

GESCHEHEN zu Warschau am 9. Oktober 1975

in zwei Urschriften, jede in deutscher und polnischer Sprache, wobei jeder Wortlaut gleichermaßen verbindlich ist.

Für die Regierung
der
Bundesrepublik Deutschland

Hans-Dietrich Genscher

Für die Regierung
der
Volksrepublik Polen

Stefan Olszowski

23

Abkommen

zwischen der Regierung der Bundesrepublik Deutschland und der Regierung der Volksrepublik Polen über die Gewährung eines Finanzkredits vom 9. Oktober 1975

DIE REGIERUNG DER BUNDESREPBULIK DEUTSCHLAND
UND DIE REGIERUNG DER VOLKSREPUBLIK POLEN

— IN DEM BESTREBEN, in Übereinstimmung mit dem Vertrag zwischen der Bundesrepublik Deutschland und der Volksrepublik Polen über die Grundlagen der Normalisierung der gegenseitigen Beziehungen vom 7. Dezember 1970 die Bedingungen für die Entwicklung der wirtschaftlichen Zusammenarbeit und industriellen Kooperation zu fördern,

— UNTER BEZUGNAHME auf die Gemeinsame Erklärung des Bundeskanzlers der Bundesrepublik Deutschland und des Ersten Sekretärs des Zentralkomitees der Polnischen Vereinigten Arbeiterpartei vom 2. August 1975,

SIND wie folgt ÜBEREINGEKOMMEN:

Artikel 1
Die Regierung der Bundesrepublik Deutschland ermöglicht der Bank Handlowy S. A. in Warschau, bei der Kreditanstalt für Wiederaufbau in Frankfurt am Main einen Finanzkredit in Höhe von einer Milliarde Deutsche Mark aufzunehmen.

Artikel 2
Der Finanzkredit wird der Bank Handlowy S. A. in drei Jahresraten in den Jahren 1975, 1976 und 1977 zur Verfügung gestellt. Die erste Rate wird 340 Millionen Deutsche Mark betragen und bis zum 15. November 1975 ausgezahlt werden. Die zweite und die dritte Rate werden jeweils 330 Millionen Deutsche Mark betragen; sie werden spätestens bis 15. November 1976 bzw. am 15. November 1977 ausgezahlt werden.

Quelle: Bulletin des Presse- und Informationsamtes der Bundesregierung 1975, Nr. 121, S. 1198

Artikel 3
Der Finanzkredit wird vom Tage der Auszahlung einer jeden Rate an mit 2,5 % jährlich auf den jeweils ausstehenden Betrag verzinst. Die Zinsen werden jeweils nachträglich in Deutscher Mark am 15. November eines jeden Jahres gezahlt, beginnend am 15. November 1976.
Die Rückzahlung des Kredits erfolgt in Deutscher Mark in 20 gleichen Jahresraten, beginnend am 15. November 1980.
Der Vertrag über den Finanzkredit, der Bedingungen gemäß diesem Abkommen enthalten wird, wird zwischen der Kreditanstalt für Wiederaufbau und der Bank Handlowy S. A. so rechtzeitig abgeschlossen, daß die in Artikel 2 genannten Zahlungstermine eingehalten werden können; er unterliegt den Rechtsvorschriften, die in der Bundesrepublik Deutschland gelten.

Artikel 4
Die Regierung der Volksrepublik Polen übernimmt gegenüber der Kreditanstalt für Wiederaufbau die Garantie für alle Zahlungen und den sich daraus ergebenden Transfer in Erfüllung von Verbindlichkeiten der Bank Handlowy S. A. auf Grund des abzuschließenden Kreditvertrages.
Die Regierung der Volksrepublik Polen stellt die Kreditanstalt für Wiederaufbau von allen Steuern, Stempelgebühren und sonstigen öffentlichen Abgaben frei, die bei Abschluß oder Durchführung des Kreditvertrages in der Volksrepublik Polen erhoben werden.

Artikel 5
Entsprechend dem Viermächte-Abkommen vom 3. September 1971 wird dieses Abkommen in Übereinstimmung mit den festgelegten Verfahren auf Berlin (West) ausgedehnt.

Artikel 6
Dieses Abkommen wird durch Notenwechsel in Kraft gesetzt.

GESCHEHEN zu Warschau am 9. Oktober 1975

in zwei Urschriften, jede in deutscher und polnischer Sprache, wobei jeder Wortlaut gleichermaßen verbindlich ist.

Für die Regierung
der
Bundesrepublik Deutschland

Hans-Dietrich Genscher

Für die Regierung
der
Volksrepublik Polen

Stefan Olszowski

24

Protokoll vom 9. Oktober 1975

Der Bundesminister des Auswärtigen der Bundesrepublik Deutschland, Hans-Dietrich Genscher, und der Minister für Auswärtige Angelegenheiten der Volksrepublik Polen, Stefan Olszowski, sind am 1. August 1975 in Helsinki zusammengetroffen und haben einen Bericht über die Ergebnisse der Gespräche entgegengenommen, die zwischen dem Staatssekretär des Auswärtigen Amts, Walter Gehlhoff, und dem Botschafter der Volksrepublik Polen, Wacław Piątkowski, über humanitäre Fragen geführt worden sind. Sie nahmen von diesem Bericht zustimmend Kenntnis.
Minister Olszowski stellte fest, daß in den Jahren 1971 bis 1975 auf der Grundlage der „Information der Regierung der Volksrepublik Polen" von 1970 etwa 65 000 Personen die Ausreisegenehmigung für den ständigen Aufenthalt in der Bundesrepublik Deutschland und der Deutschen Demokratischen Republik erhalten haben.
Minister Olszowski erklärte die Bereitschaft der Regierung der Volksrepublik Polen, unter Berücksichtigung aller Aspekte dieser Angelegenheit und im Bestreben nach ihrer umfassenden Lösung sich an den Staatsrat der Volksrepublik Polen zu wenden, um das Einverständnis zur Ausreise einer weiteren Personengruppe auf der Grundlage der „Information" und in Übereinstimmung mit den in ihr genannten Kriterien und Verfahren zu erlangen.
In diesem Zusammenhang stellte die polnische Seite fest, daß sie auf Grund der Untersuchungen der zuständigen polnischen Behörden in der Lage ist zu erklären, daß etwa 120 000 bis 125 000 Personen im Laufe der nächsten vier Jahre die Genehmigung ihres Antrages zur Ausreise erhalten werden. Dies bezieht sich auch auf die Prüfung und Bearbeitung von bereits eingereichten Ausreiseanträgen von Personen, deren nächste Familienangehörige (Ehegatten sowie Verwandte in gerader Linie) in der Bundesrepublik Deutschland aus unterschiedlichen Gründen nicht zu ihren Familien in Polen zurückgekehrt sind.

Quelle: Bulletin des Presse- und Informationsamtes der Bundesregierung 1975, Nr. 121, S. 1199

Die Ausreisegenehmigungen werden in dem vorgenannten Zeitraum möglichst gleichmäßig erteilt werden.
Es wird keine zeitliche Einschränkung für die Antragstellung durch Personen vorgesehen, die die in der „Information" genannten Kriterien erfüllen.
Minister Genscher erklärte seinerseits, daß nach den geltenden Gesetzen der Bundesrepublik Deutschland grundsätzlich jedermann ausreisen kann, der dies wünscht. Dies gelte auch für jedermann, der auf Grund eines von den polnischen Behörden genehmigten Ausreiseantrages in die Bundesrepublik Deutschland gelangt ist und später wieder in die Volksrepublik Polen zurückzukehren wünscht.

gez.	gez.
Hans-Dietrich Genscher	Stefan Olszowski

25

Langfristiges Programm

für die Entwicklung der wirtschaftlichen, industriellen und technischen Zusammenarbeit zwischen der Regierung der Bundesrepublik Deutschland und der Regierung der Volksrepublik Polen vom 9. Oktober 1975

DIE REGIERUNG DER BUNDESREPUBLIK DEUTSCHLAND
UND DIE REGIERUNG DER VOLKSREPUBLIK POLEN —
IN DEM BESTREBEN, die Bestimmungen des Abkommens zwischen der Regierung der Bundesrepublik Deutschland und der Regierung der Volksrepublik Polen über die Entwicklung der wirtschaftlichen, industriellen und technischen Zusammenarbeit vom 1. November 1974 zu verwirklichen —
IN DEM WUNSCHE, die beiderseitig günstige langfristige Zusammenarbeit auf wirtschaftlichem, industriellem und technischem Gebiet in einzelnen Wirtschaftszweigen zu fördern —
IN DER ERKENNTNIS, daß die Möglichkeiten einer solchen Entwicklung in den einzelnen Wirtschaftszweigen noch nicht voll ausgenutzt werden —
IN ANERKENNUNG der notwendigen und angestrebten Vertiefung der direkten Kontakte zwischen den interessierten Unternehmen, Organisationen und Institutionen beider Länder —
IN DER ÜBERZEUGUNG, daß die Verwirklichung dieses Langfristigen Programms günstige Voraussetzungen für eine Intensivierung und Diversifizierung des beiderseitigen Waren- und Dienstleistungsverkehrs bietet sowie zu einer größeren Ausgeglichenheit des Waren- und Dienstleistungsverkehrs beitragen wird —
HABEN EINIGUNG über ein Langfristiges Programm der Entwicklung der wirtschaftlichen, industriellen und technischen Zusammenarbeit ERZIELT.

Artikel 1
Die Vertragsparteien sind sich darin einig, daß für die Entwicklung der wirtschaftlichen, industriellen und technischen Zusammenarbeit zwischen Unternehmen, Organisationen und Institutionen in den folgenden Wirtschaftsbereichen besonders günstige Perspektiven bestehen:

Quelle: Bulletin des Presse- und Informationsamtes der Bundesregierung 1975, Nr. 121, S. 1200 ff.

(1) Wirtschaftliche und industrielle Zusammenarbeit

a) Kohle- und Energiewirtschaft

- Entwicklung der Kohleförderung in Verbindung mit langfristigen Lieferungen aus der Volksrepublik Polen in die Bundesrepublik Deutschland;
- Projektierung, Neubau und Ausbau von Kohlegruben;
- Produktion und Lieferung von Bergbauausrüstungen, insbesondere von Förderanlagen, Bohreinrichtungen sowie Kohleaufbereitungsanlagen;
- Projektierung, Neubau und Ausbau von Kraftwerken; Kooperation und gegenseitige Lieferung von Kraftwerksanlagen und -ausrüstungen (zum Beispiel Überlandleitungen, Turbinen, Kessel, Generatoren);
- Lieferung von Elektroenergie;

b) Eisen-, Stahl- und NE-Metall-Industrie

- Kooperation bei der Produktion von Maschinen und der Errichtung von Anlagen für Eisen- und Stahlhütten, insbesondere für die Verarbeitung von Hüttenerzeugnissen und Herstellung von Rohren (zum Beispiel Hochofenanlagen, Konverter, Walz- und Ziehanlagen);
- Kooperation beim Bau von Gießereien und Schmieden;
- Kooperation beim Bau von Maschinen und bei der Errichtung von Anlagen für die NE-Metall-Verhüttung und -Verarbeitung;
- Kooperation bei der Erschließung, Förderung und Verarbeitung von Kupfer, Blei und Zink in Verbindung mit langfristigen Lieferungen;

c) Maschinen- und Fahrzeugbau

- Produktion von Werkzeugmaschinen (einschließlich numerisch gesteuerter) und von Präzisionswerkzeugen;
- Produktion von Bau- und Straßenbaumaschinen;
- Produktion von landwirtschaftlichen Maschinen;
- Herstellung von ausgewählten Baugruppen und Untergruppen für Kraftfahrzeuge (auch von Elektroausrüstungen);
- Kooperation bei der Herstellung von Wälzlagern;
- Kooperation bei der Herstellung von Schienenfahrzeugen auf der Grundlage der Spezialisierung, insbesondere bei Eisenbahnwaggons;

d) Elektrotechnische Industrie

- Herstellung von Elektromotoren für Gleich- und Wechselstrom, auch hoher Leistung;
- Herstellung von Tonaufnahmen- und Tonwiedergabegeräten (auch Tonträgern), Rundfunk- und Fernsehempfängern;
- Herstellung von Elektrohaushaltsgeräten;
- Herstellung von Elektroschalt- und Steuerungsgeräten;
- Herstellung von Fernsprechanlagen und Fernsprechgeräten;

— Herstellung von elektronischen Fernsprechschaltzentralen;
— Herstellung von analogen und digitalen Übertragungseinrichtungen, insbesondere PCM;
— Herstellung von Systemen und Anlagen zur Datenübertragung;
— Herstellung von Rundfunk- und Fernseh-Sendeanlagen;
— Herstellung von Ausrüstungen zur Mechanisierung und Automatisierung des Postwesens;
— Herstellung von Ventilations-, Klima- und Entstaubungsanlagen;

e) Schiffbau
— Herstellung von Schiffsausrüstungen;

f) Chemische Industrie
— Entwicklung verschiedener Formen der Industrie-Kooperation einschließlich der Lieferung kompletter Industrieanlagen (zum Beispiel von Chlor-Fabriken);
— Zusammenarbeit bei der Herstellung von Kunststoffen, Farben und Lacken (insbesondere von Isolierlacken und Autofarben), chemischen Reagenzien, chemischen Hilfsstoffen, Farbstoffen, Pflanzenschutzmitteln, technischen Gummierzeugnissen, Kosmetika und Erzeugnissen der Haushaltschemie;
— Entwicklung technologischer Verfahren sowie Produktion von Maschinen und Ausrüstungen, insbesondere für die Weiterverarbeitung polnischer Rohstoffe (zum Beispiel Schwefel, Karbid);

g) Bauwesen
— Bauarbeiten, insbesondere bei der Errichtung von Industrieanlagen;
— Spezial-Bauarbeiten des Hoch- und Tiefbaues;
— Renovierung und Konservierung von Baudenkmälern;

h) Landwirtschaft und Ernährungsindustrie
— Viehzucht;
— Herstellung von Viehfutter;
— Verwertung von Schlachtabfall;
— Pflanzenzucht;

i) Andere Industriebereiche
— Zusammenarbeit bei der Errichtung von Fabriken für die Herstellung von Möbeln, Möbelbeschlägen und Holzkonstruktionen;
— Kooperation bei der Herstellung von Ausrüstungen für Möbelfabriken;
— Kooperation bei der Herstellung von Möbeln;
— Zusammenarbeit im Bereich der Textil- und Bekleidungsindustrie;
— Kooperation bei der Herstellung von Schuhen;

k) Zusammenarbeit auf dritten Märkten
   - Kraftwerke und Kraftwerksausrüstungen;
   - Projektierung, Bau, Ausrüstung und Montage von Maschinen und Anlagen für Eisen-Hütten, NE-Hütten sowie Ziehereien und Walzwerke;
   - Baumaschinen;
   - Chemische Anlagen, insbesondere für die Erzeugung von Schwefelsäure, Methanol, Kaprolaktam und Soda;
   - Hoch- und Tiefbauarbeiten, insbesondere beim Bau von Industrieanlagen;
   - Projektierung, Bau und Ausrüstung von Bergbauanlagen, Bohreinrichtungen;
   - Gemeinsame Lieferungen von Schiffsausrüstungen.

(2) Technische Zusammenarbeit

a) Kohle und Energiewirtschaft
   - Forschungs- und Entwicklungsarbeiten auf dem Gebiet der neuen Technologien zur Weiterverarbeitung von Kohle, insbesondere Vergasung mit konventionellen Methoden oder mit Hilfe der Hochtemperaturreaktorenwärme sowie die Gewinnung von flüssigen Kraftstoffen und Rohstoffen (Methanol);
   - Methoden der verbundenen energochemischen Kohleverarbeitung;
   - Automatisierung der Kohlegewinnung und der nachgeschalteten Betriebe im Bergbau unter Tage;
   - Technologie und Herstellung koksähnlicher Brennstoffe aus energetischer Kohle;
   - Maßnahmen zur Verringerung bzw. Vermeidung von Einwirkungen des Bergbaues auf die Umwelt; Vorausberechnung und Bekämpfung von Bergbauschäden;
   - Neue Lösungen der mechanischen Kohleverarbeitung;
   - Entwicklung von neuartigen energetischen Anlagen und Ausrüstungen;

b) Eisen-, Stahl- und NE-Metall-Industrie
   - Neue Technologien im Eisen-, Stahl- und Metall-Hüttenwesen;
   - Vervollkommnung und Entwicklung von Ventilations-, Klimatisierungs- und Entstaubungsanlagen;
   - Neuartige Herstellungsmethoden besonders reiner Metalle (Oxide, seltene Erdmetalle);

c) Maschinen- und Fahrzeugbau
   - Neue Konstruktionen, Werkstoffe und Herstellungsmethoden von Werkzeugmaschinen und Produktionsanlagen;
   - Neuartige Lösungen in der Fahrzeugindustrie;

— Neuartige Konstruktionen und Herstellungsmethoden von landwirtschaftlichen Maschinen;
— Neuartige Konstruktionen und Herstellungsmethoden von Baumaschinen und Ausrüstungen zur Herstellung von Baustoffen;
— Neuartige Konstruktionen und Herstellungsmethoden von Textilmaschinen;
— Neuartige Maschinen zur Verarbeitung von Lebensmitteln und landwirtschaftlichen Erzeugnissen;
— Neuartige Anlagen für die Viehzucht und Schlachtung;

d) Elektrotechnische Industrie
— Neuartige Lösungen im Bereich der Automatisierungs- und Meßgeräte sowie Präzisionsmechanik;
— Neuartige Haushaltsgeräte;
— Neuartige Lösungen im Bereich der Unterhaltungselektronik;
— Neuartige Systeme und Fernsprech-, Fernseh-, Rundfunk-Anlagen wie auch die Mechanisierung und Automatisierung des Postwesens;

e) Schiffbau
— Neuartige Konstruktionen und Herstellungsmethoden von Schiffen, Schiffsausrüstungen;

f) Chemische Industrie
— Neuartige Herstellungsmethoden von Kunststoffen, insbesondere von Polyurethanen;
— Industrie-Forschungsarbeiten an thioorganischen und Schwefel-Verbindungen;

g) Landwirtschaft und Ernährungsindustrie
— Neuartige Verarbeitungsmethoden und Ausrüstungen zur Verarbeitung von Obst und Gemüse;
— Neuartige Produktionsverfahren in der Fleischwirtschaft, im Brauereiwesen und in der Hefeindustrie;

h) Leicht-Industrie
— Neuartige Herstellungsmethoden von Wirkwaren;
— Neuartige Herstellungsmethoden und Entwurf von Mustern im Bereich der Schuh- und Lederindustrie;

i) Holz- und Papier-Industrie
— Neuartige Verfahren in der Papier-Industrie (Oberflächenveredelung von Druck- und Verpackungspapier, Herstellung von Schicht- und Faserstoffen);
— Neuartige Herstellungsmethoden von Spanplatten;
— Neuartige Methoden zur Oberflächenbehandlung von Möbeln;

k) Allgemeine Bereiche der Zusammenarbeit
- Erfahrungsaustausch, Vergleichsmessungen und gemeinsame Bearbeitung von Problemen in der Metrologie (zum Beispiel Zähl-, Meß- und Probengeräte, explosionsgeschützte elektrische Betriebsmittel sowie Zulassungs- und Eichwesen);
- Erfahrungsaustausch und Zusammenarbeit in der Materialprüfung (zum Beispiel Holzschutz und Holztechnologie, biologische Werkstofffragen, Tragfähigkeit von Baukonstruktionen, zerstörungsfreie Materialprüfung und Gütesicherung);
- Erfahrungsaustausch und Zusammenarbeit auf dem Gebiet der Normung (zum Beispiel Ergonomie, Normendatenbanken, Maschinenelemente wie Ketten, Getriebe, Kupplungen, Hüttenwesen, Elektronik, Elektrotechnik, Industrie- und Wohnungsbau), sowie Abnahmeprüfungen bei Personen- und Lastenaufzügen, Kränen und anderen Hebezeugen sowie bei weiteren Einrichtungen (wie zum Beispiel Kesseln und Bergbauanlagen).

Die Vertragsparteien sind sich darüber einig, daß die oben erwähnten Bereiche Leitlinien für die Möglichkeiten der wirtschaftlichen, industriellen und technischen Zusammenarbeit bilden und die Zusammenarbeit in anderen, in diesem Programm nicht erwähnten Bereichen der Kooperation nicht ausschließen.

Artikel 2

Die Vertragsparteien werden besondere Anstrengungen unternehmen, um günstige Bedingungen zu schaffen, damit die in Artikel 1 dieses Programms enthaltenen langfristigen Perspektiven voll ausgeschöpft werden.

Sie erklären ihre Bereitschaft, auf der Grundlage auch der Artikel 9 und 10 des Abkommens vom 1. November 1974 aktiv zur Verwirklichung der im Programm enthaltenen Kooperationsvorhaben beizutragen.

Die vertraglichen Bedingungen für die einzelnen Vorhaben der wirtschaftlichen, industriellen und technischen Zusammenarbeit werden von den jeweils interessierten Unternehmen, Organisationen und Institutionen beider Seiten im Einklang mit den in jedem der beiden Staaten geltenden Rechtsvorschriften vereinbart.

Die Vertragsparteien sind der Auffassung, daß die beiderseitigen Bemühungen und Maßnahmen eine ausgeglichenere und harmonischere Entwicklung ihrer Wirtschaftsbeziehungen zum Ziel haben sollten. Zu diesem Zweck soll vor allem die Kooperation auf eine breitere Grundlage gestellt werden, auch durch Kooperationsvorhaben auf der Basis der Selbstfinanzierung (Bezahlung durch Lieferungen von Erzeugnissen, die aus der Zusammenarbeit hervorgehen).

Artikel 3

Die gemäß Artikel 11 des Abkommens vom 1. November 1974 eingesetzte Gemischte Regierungskommission wird die Möglichkeiten ausschöpfen, um günstige Bedingungen für die Durchführung des Langfristigen Programms im Sinne des Artikels 2 zu schaffen. Die Gemischte Regierungskommission wird unter anderem die Durchführung dieses Programms periodisch überprüfen und bei Bedarf Ergänzungsvorschläge dazu ausarbeiten.

Artikel 4
Entsprechend dem Viermächte-Abkommen vom 3. September 1971 wird dieses Programm in Übereinstimmung mit den festgelegten Verfahren auf Berlin (West) ausgedehnt.

Artikel 5
Dieses Langfristige Programm tritt am Tage seiner Unterzeichnung in Kraft. Es hat dieselbe Geltungsdauer wie das Abkommen vom 1. November 1974.

GESCHEHEN zu Warschau am 9. Oktober 1975

in zwei Urschriften, jede in deutscher und polnischer Sprache, wobei jeder Wortlaut gleichermaßen verbindlich ist.

Für die Regierung der Bundesrepublik Deutschland	Für die Regierung der Volksrepublik Polen
Hans-Dietrich Genscher	Jerzy Olszewski

26

Aus den Empfehlungen der UNESCO-Schulbuchkommission Bundesrepublik Deutschland — Volksrepublik Polen vom April 1976 über Geschichte und Geographie

I. Geschichte

[...]

21. Territoriale Veränderungen

Die deutsch-polnische Grenzregelung nach dem Zweiten Weltkrieg ist im Zusammenhang der allgemeinen Territorial- und Grenzveränderungen als Ergebnis des Krieges zu betrachten. In den alliierten Kriegskonferenzen von Moskau, Teheran und Jalta spielte die Frage der polnischen Westgrenze eine bedeutende Rolle. Die unterschiedlichen Auffassungen bezüglich des Ausmaßes der neuen polnischen Westgebiete waren unter den Alliierten vor der Potsdamer Konferenz nicht beizulegen. Vor Konferenzbeginn war jedoch die staatliche Hoheitsgewalt de facto bereits den polnischen Behörden übertragen worden. Die Anerkennung der polnischen Administration durch die Westalliierten bedeutete nach deren Auffassung mit zunehmendem zeitlichen Abstand von der Konferenz noch keine völkerrechtlich definitive Anerkennung der Grenzlinie. Mit der gleichzeitigen Einigung über den Art. XIII („Orderly Transfers of German Populations") und der Aufstellung eines Aufnahmeplans des Alliierten Kontrollrates in Deutschland im November 1945 wurde aber von den Alliierten selbst präjudiziert, daß es sich bei der polnischen Herrschaft über die ehemals deutschen Gebiete nicht um ein revidierbares Provisorium handeln könne.

Das Staatsgebiet Polens, das sich 1939 auf ca. 389 000 km² belaufen hatte, umfaßt in der Konsequenz der Grenzveränderungen ca. 312 000 km². Vom Territorium des ehemaligen Deutschen Reiches, 1937 mit einer Fläche von ca. 470 000 km², gingen mit den Oder-Neiße-Gebieten ca. 102 000 km² (zusätzlich ca. 2 000 km² der ehemaligen Freien Stadt Danzig) an den polnischen Staat über.

Quelle: Empfehlungen für Schulbücher der Geschichte und Geographie in der Bundesrepublik Deutschland und in der Volksrepublik Polen, Sonderdruck aus: Internationales Jahrbuch für Geschichts- und Geographieunterricht, Band XVII, Braunschweig 1977

Die Regierung der Deutschen Demokratischen Republik erkannte im Görlitzer Vertrag 1950 die Oder-Neiße-Linie gemäß den Potsdamer Beschlüssen als endgültige Grenze gegenüber der Volksrepublik Polen an. In der Zeit des Kalten Krieges bis zur Mitte der fünfziger Jahre verschärften sich die unterschiedlichen Auslegungen der Potsdamer Beschlüsse. Mit dem Beginn der Entspannungspolitik wuchs auf der Seite der ehemaligen Westalliierten, und auch schließlich in der Bundesrepublik Deutschland, die Bereitschaft zur Respektierung der bei Kriegsende geschaffenen territorialen Veränderungen.

22. Bevölkerungsverschiebungen

Die territorialen Veränderungen bei Ende des Zweiten Weltkrieges wurden mit umfangreichen Bevölkerungsverschiebungen verbunden. Sie zielten darauf ab, staatliche und ethnische Grenzen nach Möglichkeit in Übereinstimmung zu bringen. Die historischen Erfahrungen der Nationalitätenkonflikte und die unmittelbar vorhergegangene gewaltsame nationalsozialistische Bevölkerungs- und Besatzungspolitik spielten in diesem Zusammenhang eine erhebliche Rolle.

In den Polen gemäß den Potsdamer Beschlüssen übertragenen ehemaligen Reichsgebieten östlich von Oder und Neiße lebten 1939 ca. 8,5 Mill. Menschen. Etwa die Hälfte von ihnen, außerdem die Mehrzahl der deutschen Bevölkerung Gdańsks (Danzigs) sowie der in Polen lebenden Deutschen, wurden entweder evakuiert oder flüchteten unter großen Verlusten noch vor Kriegsende in die deutschen Gebiete westlich von Oder und Neiße. Der größte Teil der in den Oder-Neiße-Gebieten verbliebenen deutschen Bevölkerung wurde in den Jahren 1945 bis 1947 ausgewiesen bzw. im Rahmen des interalliierten Transferabkommens zwangsumgesiedelt. In der Folgezeit fanden noch einzelne Übersiedlungen und individuelle Ausreisen im Rahmen der Familienzusammenführung u. a. in den Jahren 1956/57 statt.

In den von der deutschen Bevölkerung geräumten Gebieten wurde systematisch eine inzwischen dort ansässig gewordene polnische Bevölkerung angesiedelt.

In den vier Besatzungszonen Deutschlands wurden die Flüchtlinge und Zwangsumgesiedelten schon nach kurzer Zeit in die Gesellschaft integriert. Sie spielten eine große Rolle bei dem wirtschaftlichen Aufschwung in Westdeutschland. In der Bundesrepublik Deutschland wurden alle diese Gruppen unter dem Begriff „Heimatvertriebene“ zusammengefaßt. Ein großer Teil von ihnen schloß sich in landsmannschaftlichen Verbänden zusammen. Der Versuch, durch eine eigene Partei (BHE) eine besondere politische Kraft zu bilden, scheiterte bereits im Jahre 1957. Sofern in diesen Gruppen, von den früheren Bundesregierungen unterstützt, ein Recht auf Heimat proklamiert wurde, werden sie in Polen als Hort des Revisionismus angesehen.

Die Bundes- und Länderregierungen förderten jedoch auf verschiedenen Wegen ihre materielle und soziale Eingliederung. Dadurch wurde vermieden, daß diese Bevölkerungsgruppe sich zu einem Element permanenter sozialer Unzufriedenheit entwickelte und daß damit auch außenpolitisch gefährlicher Sprengstoff entstand. Sie ist seit langem auch politisch in den großen Parteien und gesellschaftlichen Organisationen der Bundesrepublik Deutschland integriert.

23. Aufbauprobleme

Als Folge des Zweiten Weltkrieges und des Zusammenbruchs des nationalsozialistischen Regimes kam es zu einer neuen weltpolitischen Konstellation. Sie setzte den Rahmen auch für das deutsch-polnische Verhältnis. Auf polnischer Seite kam es zur Wiederherstellung des eigenen Staates als ethnisch geschlossener Nationalstaat in neuen Grenzen, der aber der außenpolitischen Sicherung bedurfte, auf deutscher Seite zu der faktischen Auflösung des Deutschen Reiches.

Kriegsverluste und Kriegsverwüstungen stellten beide Länder vor komplizierte Aufbauprobleme. In Polen, das in besonderem Maße unter den Kriegseinwirkungen zu leiden gehabt hatte, schufen die Befreiung, das politische Übergewicht der linken Parteien und die territoriale Westverschiebung historische Voraussetzungen für die revolutionären Veränderungen seiner ökonomisch-gesellschaftlichen und politischen Struktur und dadurch andere Ansatzmöglichkeiten des politischen und wirtschaftlichen Aufbaus als in den vier Besatzungszonen Deutschlands. In den Ländern der amerikanischen, britischen und französischen Besatzungszone knüpfte man an Traditionen der parlamentarischen Demokratie an.

Die Grundsätze der Alliierten hinsichtlich der Entnazifizierung, Entmilitarisierung, Demokratisierung und eines nur begrenzten und verzögerten wirtschaftlichen Aufbaus Deutschlands entsprachen den damaligen interalliierten Auffassungen zur europäischen Nachkriegsordnung und auch den polnischen Interessen. Als die drei westlichen Besatzungszonen Deutschlands in das amerikanische Wiederaufbauprogramm für Europa (Marshallplan) einbezogen wurden, sah man in Polen wie in anderen Staaten hierin eine Abkehr von den bisherigen interalliierten Grundsätzen des politisch-wirtschaftlichen Aufbaus in Europa. Aus politischen und ökonomischen Gründen intensivierte Polen seine vielseitige Kooperation vor allem mit den Ländern Osteuropas. Die unterschiedliche wirtschaftliche Entwicklung war begleitet von wachsenden politischen und ideologischen Meinungsverschiedenheiten unter den ehemaligen Kriegsalliierten, was zu einer zunehmend kontroversen Auslegung einiger Potsdamer Beschlüsse führte. Dies konnte nicht ohne Auswirkungen auf das deutsch-polnische Verhältnis bleiben.

24. Bewältigung der Vergangenheit

Überaus nachhaltig ist das deutsch-polnische Verhältnis durch die Erfahrungen mit der nationalsozialistischen Gewaltherrschaft belastet worden. Polen hat, mehr noch als andere besetzte Länder, durch die Gewaltpolitik des Hitler-Regimes schwere Verluste erlitten (vgl. Empfehlung 20). Auch das deutsche Volk hat den Terror der nationalsozialistischen Herrschaft und die Schrecken des Krieges erlebt.

Erst nach Kriegsende jedoch wurde dem deutschen Volk das volle Ausmaß der nationalsozialistischen Verbrechen in Europa deutlich. Nachdem die Hauptverantwortlichen durch die alliierten Militärgerichte abgeurteilt worden waren, wie es in den Potsdamer Beschlüssen vorgesehen war, übertrugen die Alliierten den deutschen Behörden die Entnazifizierung der Mitglieder der NSDAP und ihrer Organisationen. Diese Maßnahmen wurden Anfang der 50er Jahre abgeschlossen. Erst danach setzte die grundsätzliche geistige und moralische Auseinandersetzung mit dem Nationalsozialismus im größeren Umfange ein. Die Art und Weise, wie die Auseinandersetzung mit der nationalsozialistischen Vergangenheit häufig geführt wurde, insbesondere Inkonsequenzen bei der Durchführung der Entnazifizierung und der gerichtlichen Verfolgung nationalsozialistischer Verbrechen, haben die Beziehungen der Bundesrepublik Deutschland zu Polen und zu anderen Ländern in vieler Hinsicht belastet.

25. Der internationale Rahmen

Im Jahre 1949 konstituierten sich zwei deutsche Staaten mit unterschiedlicher Gesellschaftsordnung als Ergebnis des 2. Weltkrieges und der verschiedenen Entwicklungsbedingungen für die drei westlichen und die sowjetische Besatzungszone: die Bundesrepublik Deutschland und die Deutsche Demokratische Republik. Je mehr sich beide in den folgenden Jahren in die entstehenden politischen Wirtschafts- und Bündnissysteme in West und Ost eingliederten, desto stärker wirkte sich die deutsche Zweistaatlichkeit auf das deutsch-polnische Verhältnis aus.

Während sich die gesellschaftspolitischen Systeme in der Bundesrepublik Deutschland und Polen grundsätzlich unterschieden, war für Polen mit der Deutschen Demokratischen Republik ein deutscher Grenznachbar entstanden, der die Oder-Neiße-Linie als deutsch-polnische Grenze anerkannte (6. 7. 1950) und als sozialistischer Partner die weltpolitische Lage prinzipiell übereinstimmend beurteilte. Das deutsch-polnische Verhältnis wurde so auf der einen Seite durch die aktiven Beziehungen Polens zur Deutschen Demokratischen Republik, auf der anderen Seite weitgehend durch Beziehungslosigkeit zwischen der Bundesrepublik Deutschland und Polen bestimmt. Polen war vital daran interessiert, die endgültige Anerkennung der Oder-Neiße-Grenze zu erreichen. Es sah darin einen wesentlichen Beitrag zur Festigung der europäischen Sicherheit. Dagegen sah die Bundesrepublik Deutschland den Schwerpunkt ihrer Außenpolitik in der Westintegration und in der Aufrechterhaltung der Wiedervereinigungsmöglichkeiten auf der Grundlage der Prinzipien der Deutschland- und Ostpolitik. Dies bedeutete die Nichtanerkennung der Oder-Neiße-Grenze.

Daraus ergab sich, daß die politischen Beziehungen zwischen beiden Staaten faktisch ausgeklammert wurden. Das beiderseitige Verhältnis wurde durch die internationalen Spannungen zu Beginn der fünfziger Jahre und in deren Folge durch den Entschluß zum Aufbau von Streitkräften in der Bundesrepublik Deutschland im Rahmen der Westeuropäisch-Atlantischen Sicherheitsgemeinschaft (NATO-Beitritt 1955) zusätzlich erschwert. Entsprechend erfolgte die bündnispolitische und militärische Integration Polens und anderer sozialistischer Staaten im Warschauer Pakt. Zunehmende Bedrohungsvorstellungen waren die Folge.

Andererseits gab es seit 1955 auch Anzeichen für die Möglichkeit einer Änderung dieser Konstellationen. Die Erklärungen über den Verzicht auf Kriegsreparationen zum 1. 1. 1954 und über die Beendigung des Kriegszustandes mit Deutschland durch Polen im Februar 1955 sowie die Aufnahme diplomatischer Beziehungen zwischen der Bundesrepublik Deutschland und der Sowjetunion im September 1955 waren in dieser Hinsicht besonders wichtig. Polen sah jetzt weitere Perspektiven für die Festigung der europäischen Sicherheit durch die Anerkennung des territorialen und politischen Status quo in Europa, auch im Rahmen internationaler Organisationen und verbesserter zwischenstaatlicher Beziehungen (z. B. Atomwaffenfreie Zone, Angebot der Aufnahme diplomatischer Beziehungen mit der Bundesrepublik Deutschland 1957). In diesen Jahren haben auch die Westmächte gemeinsam mit der Bundesrepublik Deutschland wiederholt Vorschläge vorgelegt, die Sicherheit in Europa mit friedlichen Mitteln zu fördern und so die Konfrontation zu reduzieren.

Obwohl die Politik der Annäherung auf staatlich-diplomatischer Ebene ohne Erfolg blieb, wurde mit den kulturellen, wirtschaftlichen und zwischenmenschlichen Kontakten seit 1957 doch ein außerdiplomatisches Beziehungsfeld aktiviert.

Polen erklärte sich bereit, Maßnahmen der Familienzusammenführung einzuleiten. Diese führten in den folgenden Jahren zur Übersiedlung von mehr als 450 000 Personen. Insgesamt sind seit 1957 weit über 500 000 Personen aus Polen in die Bundesrepublik Deutschland und in die Deutsche Demokratische Republik übergesiedelt. Jedoch war eine Normalisierung des Verhältnisses zwischen der Bundesrepublik Deutschland und der Volksrepublik Polen zunächst nicht zu erreichen.

26. Auf dem Wege zur Normalisierung

Anfang der sechziger Jahre wurden die wirtschaftlichen und kulturellen Kontakte erneut aktiviert. Seitdem verstärkte sich in der Bundesrepublik Deutschland das Interesse an polnischer Kultur und an der politischen Realität des neuen Polen. In der Öffentlichkeit der Bundesrepublik Deutschland mehrten sich Stimmen und Stellungnahmen unterschiedlicher gesellschaftlicher Gruppen, die eine Verständigung mit Polen forderten. Diese beginnende Bewußtseinsveränderung fand eine zunehmend positive Resonanz in Polen.

Dies alles war für den Abbau des geschichtlich bedingten Mißtrauens zwischen Polen und Deutschen deshalb wichtig, weil sich darin eine Normalisierung in der gegenseitigen Wahrnehmung ankündigte. Gleichzeitig wurde seit dem Abschluß des Handelsvertrages und der Errichtung von Handelsmissionen im Jahre 1963 eine Intensivierung der wirtschaftlichen Beziehungen ermöglicht. Dadurch ist die Bundesrepublik inzwischen zum größten westlichen Handelspartner Polens geworden. Ungeachtet der damit erzielten Verbesserungen und der auf friedliche Verständigung abzielenden Erklärungen der damaligen Bundesregierungen (Friedensnote vom 25. März 1966, Regierungserklärung der Großen Koalition vom 13. Dezember 1966) wurde in Polen das Festhalten an der deutschlandpolitischen Rechtsauffassung als Fortsetzung revisionistischer Politik bewertet. Für Polen blieb die Anerkennung der Oder-Neiße-Grenze die Grundbedingung für die Normalisierung der zwischenstaatlichen Beziehungen.

Im Rahmen einer weltweiten Entspannungspolitik und auch vor dem Hintergrund einer neuen Einschätzung der Beziehungen zu Polen in der öffentlichen Meinung der Bundesrepublik Deutschland leitete die 1969 gebildete Bundesregierung eine neue Phase in der Politik gegenüber den sozialistischen Staaten, und so auch gegenüber Polen ein. Dabei handelte die Bundesregierung nur im Namen der Bundesrepublik Deutschland. Diese Politik fand zunächst ihren Niederschlag im Moskauer Vertrag vom 12. August 1970.

Aufgrund der polnischen Vorschläge vom Mai 1969 wurden seit Februar 1970 konstruktive Verhandlungen geführt. Diese mündeten in den Warschauer Vertrag zwischen der Volksrepublik Polen und der Bundesrepublik Deutschland vom 7. Dezember 1970. Darin stellten beide Vertragspartner fest, daß die bestehende Grenzlinie, deren Verlauf in den Potsdamer Beschlüssen festgelegt ist, die westliche Staatsgrenze der Volksrepublik Polen bildet. Beide Staaten sichern einander die „Unverletzlichkeit ihrer bestehenden Grenzen jetzt und in Zukunft“ und die „uneingeschränkte Achtung ihrer territorialen Integrität“ zu. Sie erklärten, daß sie „gegeneinander keinerlei Gebietsansprüche haben und solche auch in Zukunft nicht erheben werden“.

Der Warschauer Vertrag bietet Grundlagen zur Normalisierung und Verbesserung der Beziehungen zwischen der Volksrepublik Polen und der Bundesrepublik Deutschland in wesentlichen Bereichen. Beide Regierungen haben die Absicht bekräftigt, diese Zusammenarbeit im Geiste der Vereinbarungen von Helsinki vom 1. August 1975 konstruktiv weiterzuentwickeln.

II. Geographie

Vorbemerkung

Bei der Schulbuchrevision im Fach Geographie war davon auszugehen, daß der Geographieunterricht in den Schulen für die Erziehung des heranwachsenden Staatsbürgers eine entscheidende Bedeutung hat: Er zeigt, daß sich das Handeln des Menschen auf der Basis der natürlichen Ressourcen und im Rahmen der technischen, ökonomischen, sozialen und politischen Bedingungen vollzieht. Der Geographieunterricht trägt dazu bei, daß der Schüler befähigt wird, an der rationalen und verantwortlichen Gestaltung der Umwelt mitzuwirken. Der heranwachsende Staatsbürger gewinnt Kenntnisse und Einsichten in die vielseitigen Probleme des eigenen Landes und anderer Länder. Hierdurch ist er in der Lage, die Leistungen anderer Völker zu bewerten. Toleranz und Achtung vor der Leistung fremder Völker werden gefördert.

Die Reduzierung des Geographieunterrichts in den Schulen oder seine Begrenzung auf wenige problemorientierte Themen muß daher zu einer nicht mehr zu verantwortenden Einengung des Weltbildes und zur Verringerung der politischen Urteilsfähigkeit beim Schüler führen.

Das in der Geschichte begründete besondere deutsch-polnische Verhältnis verlangt, daß die gegenseitige Behandlung beider Länder im Schulunterricht objektiv und verständnisvoll erfolgt. Die Curricula für den Geographieunterricht beider Länder sind verschieden. Im Geographieunterricht der Volksrepublik Polen wird die Bundesrepublik Deutschland im Rahmen einer allgemeinen politischen, ökonomischen Geographie und in der regionalen Geographie/Länderkunde behandelt. Die derzeitige Entwicklung des Curriculums für Geographie geht in der Bundesrepublik Deutschland von einer anderen Konzeption aus. Die Volksrepublik Polen wird dabei einerseits als Beispiel für politische, soziale und ökonomische Entwicklungen in einem sozialistischen Staat, andererseits idiographisch und zugleich problemorientiert behandelt.

Eine Besonderheit der Schulbuchrevision im Fach Geographie liegt darin, daß in den Schulbüchern nahezu ausschließlich gegenwartsbezogene Fakten und Probleme behandelt werden. Diese betreffen nur zu einem Teil die politischen Beziehungen zwischen der Bundesrepublik Deutschland und Polen. Andererseits wirken die unterschiedlichen sozio-ökonomischen Systeme beider Länder zum Teil auf die Auswahl von Fakten und auf Wertungen in den Schulbüchern. Hieraus resultierende kontroverse Positionen wurden offen, vertrauensvoll und in Achtung der gegenseitigen Standpunkte behandelt.

Zusammenfassend stellten sich der Schulbuchrevision im Fach Geographie drei Aufgaben:

a) Wiederholte Begutachtung der Schulbücher und Vorschläge zu ihrer Veränderung. Hierbei entfiel ein großer Teil der Arbeit auf die Korrektur von sachlichen Fehlern, die nicht die Kernaufgabe der Schulbuchrevision sein kann.

Das Vorliegen eindeutiger Fakten erleichterte die Konzentration auf das Problem ihrer Auswahl und Darstellung. Schulbuch und Schulatlas standen von Anfang an im Mittelpunkt der Arbeit.

b) Erarbeitung von Grundlagen für bessere Schulbücher durch Vermittlung von Material und Informationen, vor allem in Form von Symposia zu spezifischen Problemen beider Länder (in geographischer Hinsicht z. B. Strukturwandel in der Landwirtschaft der Bundesrepublik Deutschland, die Wirtschaft der Küstenregion am Beispiel der Dreistadt Danzig/Gdańsk — Zoppot/Sopot — Gdingen/Gdynia).* Diese Symposia haben sich nach übereinstimmender Auffassung beider Delegationen voll bewährt.

c) Angesichts der Entwicklung des Curriculums in der Bundesrepublik Deutschland — nunmehr auch in der Volksrepublik Polen — waren der Standort und die Probleme, mit denen das jeweils andere Land behandelt werden sollte, zu bestimmen. Dies führte zu einer intensiven und fruchtbaren Diskussion über Aufgaben, Methoden und Didaktik der Geographie in den Schulsystemen beider Länder. Der Fortführung dieser Arbeit soll das Forschungsvorhaben „Grundlagen und Bildungswert der regionalen Geographie (Länderkunde bzw. regionale ökonomische Geographie)“ dienen.

Empfehlungen

1. Die Geographie ist vorwiegend eine Gegenwartswissenschaft. Die Darstellung beider Länder muß daher von gegenwärtigen Realitäten ausgehen. Der Geographieunterricht soll objektive Informationen vermitteln. Er soll ein wohlwollendes Interesse im Sinne eines friedlichen Zusammenlebens der Völker wecken sowie Fehlinformationen, Mißverständnisse und Vorurteile abbauen helfen. Es wird empfohlen, den Normalisierungsprozeß zwischen den beiden Staaten dadurch zu fördern, daß die Probleme beider Länder in den Lehrbüchern und im Unterricht angemessen berücksichtigt werden.

Das Fach Geographie/Erdkunde muß, um seiner Bedeutung in Bildung und Erziehung gerecht zu werden, im Schulunterricht in hinreichendem Umfang sowie in Methode und Problemen an alle Altersstufen angepaßt bis zur letzten Klasse berücksichtigt werden.

Das Schulfach Geographie muß auch im neuen Curriculum den Auftrag erfüllen, seinen Teil zur Erziehung der Heranwachsenden zum Staatsbürger zu leisten.

2. Obwohl in den beiden Ländern unterschiedliche Gesellschafts- und Wirtschaftssysteme bestehen, ist es notwendig, die Leistungen beider Völker in gegenseitiger Toleranz und mit Achtung zu behandeln.

3. Politische Fragen sollen im Geiste des Vertrages zwischen der Bundesrepublik Deutschland und der Volksrepublik Polen vom 7. Dezember 1970 behandelt werden. Wenn zum Verständnis gegenwärtiger geographischer Sachverhalte historische Erklärungen notwendig sind, gelten sinnentsprechend die Empfehlungen zur Revision der Lehrbücher für Geschichte. Historische Sachverhalte, die von der Wis-

* Vgl. hierzu „Das Symposium der Arbeitsgruppe Geographie im Rahmen der VI. deutsch-polnischen Schulbuchkonferenz in Braunschweig/Eschwege, 22.—27. Oktober 1974“, in: „Internationales Jahrbuch für Geschichts- und Geographieunterricht“, Band XVI, Braunschweig 1975, S. 315—371; Geographie-Symposium im Rahmen der IX. deutsch-polnischen Schulbuchkonferenz in Zoppot/Sopot, 5.—11. Oktober 1976, in: „Internationales Jahrbuch für Geschichts- und Geographieunterricht“, in Vorbereitung.

senschaft unterschiedlich interpretiert werden, sollen in ihrer Problematik und unter gleichgewichtiger Berücksichtigung beider Standpunkte dargestellt werden.

4. Bei der Auswahl der in Text, Karten, Abbildungen usw. dargestellten Fakten sollen sich die Autoren ihrer Verantwortung im Sinne der genannten Ziele bewußt sein. Die Auswahl der Fakten, die von der didaktischen und methodischen Zielsetzung und dem verfügbaren Raum abhängt, muß in jedem Fall objektiv und aktuell sein. Die Auswahl der Fakten soll daher so erfolgen, daß tendenziöse und diskriminierende Interpretationen verhindert werden. Obwohl seit Beginn der Schulbuchrevision die Tendenz zu verbesserter und versachlichter Darstellung auf beiden Seiten in den Schulbüchern deutlich zu erkennen ist, werden Autoren und Verlage beider Länder erneut aufgefordert, die Schulbücher zur Geographie zu überprüfen und ggfs. zu verbessern. Hierdurch soll verhindert werden, daß auch weiterhin sachliche Fehler und nicht gerechtfertigte Aussagen und Wertungen in immer neuen Auflagen wiederholt werden. Die raumgestaltenden Leistungen beider Völker sind angemessen und ausgewogen darzustellen.

5. Für die Verwendung geographischer Namen werden folgende Grundsätze empfohlen: In Karten und Darstellungen für den Schulgebrauch sollen Autoren und Verleger die offiziell im jeweils anderen Land verwendeten Ortsnamen berücksichtigen. Aus didaktischen Gründen kann eine zweisprachige Bezeichnung erforderlich sein. Andere geographische Namen (von Flüssen, Seen, Landschaften usw.) können ebenso zweisprachig oder nur in der Muttersprache der Schüler gebraucht werden. Namen, die auf eine gezielte Germanisierungstendenz zurückgehen, sollen nicht verwendet werden. Das Problem der geographischen Namen bedarf noch weiterer Erörterungen, wobei auch die sich entwickelnden internationalen Grundsätze berücksichtigt werden sollen.

6. Als notwendige Voraussetzung für die ständige Verbesserung und Aktualisierung der Schulbücher wird empfohlen:

a) Gegenseitige Begutachtung der Lehrbücher bzw. der Lehrbuchausschnitte, die das jeweilige Land betreffen, vor der endgültigen Drucklegung. Dies gilt auch für Neuauflagen.

b) Für eine objektive und verantwortungsbewußte Unterrichtung des Schülers durch Schulbücher und andere Medien ist es unbedingt erforderlich, Fakten zu verwenden, die wissenschaftlich abgesichert sind. Daher sollen die Verantwortlichen, vor allem Schulbuchautoren, Lektoren bzw. Redakteure sowie Begutachter der Verlage, Wege suchen, welche die Zusammenarbeit zwischen Autoren und Wissenschaftlern gewährleisten.

c) Besonderer Nachdruck ist auf den Austausch und die Bereitstellung von Informationsmaterial (z. B. neue statistische Daten, neues kartographisches Material, Forschungsergebnisse) zu legen.

Die Bereitstellung von geeigneten Fotos, Diapositiven, Abbildungen, Karten, Plänen und Skizzen ist auf beiden Seiten zu gewährleisten. Die zuständigen wissenschaftlichen Institutionen sowie die geographischen und kartographischen Verlage sollen diese Initiativen beraten und unterstützen.

Als Kontaktstellen werden von den UNESCO-Kommissionen der Volksrepublik Polen und der Bundesrepublik Deutschland empfohlen:

Der Verlag für Schule und Pädagogik (Wydawnictwa Szkolne i Pedagogiczne/ WSiP) und der Staatliche Verlag für Kartographie (Państwowe Przedsiębiorstwo Wydawnictw Kartograficznych/PPWK) in Warschau, das Georg-Eckert-Institut für internationale Schulbuchforschung in Braunschweig.

d) Der Austausch von Schulbuchautoren und Wissenschaftlern ist zu fördern, da jeder objektive und die Annäherung künftiger Generationen fördernde Unterricht in Schulen und Universitäten mehr als in anderen Fächern Landeskenntnis voraussetzt. Außerdem sollen zur Verbesserung des Informationsstandes von Schulbuchautoren und Curriculumexperten der Geographie Seminare und Symposien durchgeführt werden. Die Ergebnisse dieser Arbeit sollen publiziert und damit den interessierten Fachleuten beider Länder zugänglich gemacht werden.

7. Zur Behandlung der Geographie der Volksrepublik Polen in den Lehrbüchern der Bundesrepublik Deutschland werden für die altersgemäße Behandlung in den Sekundarstufen I und II folgende Problemfelder und Themen empfohlen:

a) Bevölkerungsbewegungen und ihre Ursachen — regionale und soziale Mobilität: „Demographische Veränderungen in Polen nach dem Zweiten Weltkrieg — Kriegsverluste, Migrationen, Veränderungen der ethnischen Struktur, Berufsstruktur."

b) Grenzen in ihrer politischen, ökonomischen und sozialen Wirksamkeit:

„Polen in seinen neuen Grenzen — Veränderung des Potentials als eine der Grundlagen ökonomischen Aufbaus."

c) Sozio-ökonomische Systeme in ihrer spezifischen Raumwirksamkeit:

„Die ‚sozialistische Industrialisierung' — naturräumliche, historische und ökonomische Aspekte (Instrumente, Etappen, Trends, Standortentscheidungen) am Beispiel Polen."

d) Raumordnung und Landesplanung:

„Raumplanung in den sozialistischen Ländern — Grundlagen und Instrumente des Abbaus räumlicher Disproportionen in Polen."

e) Die sozialistische Stadt:

„Grundlagen und Instrumente des Städtebaus und der Stadterneuerung in Polen — Funktion des Stadtzentrums, typische Elemente im Grund- und Aufriß, Ausmaß des Städtewachstums, Konzeptionen und Realisierungsmöglichkeiten der Stadtplanung."

f) Probleme der Landwirtschaft:

„Formen und Funktionen des sozialistischen und privaten Sektors der Landwirtschaft in Polen."

g) Rohstoffpotential und Weltwirtschaft:

„Die Verteilung der Ressourcen und ihre Bedeutung für Arbeitsteilung bzw. wirtschaftliche Kooperation am Beispiel Polen — Kohle, Kupfer, Schwefel."

Ebenso wird empfohlen, Problemfelder und Themen zur Geographie der Bundesrepublik Deutschland für die Darstellung in Lehrbüchern in Polen zu erarbeiten.

27

Gemeinsame Erklärung

über die Entwicklung der Beziehungen zwischen der Bundesrepublik Deutschland und der Volksrepublik Polen vom 11. Juni 1976

Der Bundeskanzler der Bundesrepublik Deutschland, Helmut Schmidt, und der Erste Sekretär des Zentralkomitees der Polnischen Vereinigten Arbeiterpartei, Edward Gierek, gaben zum Abschluß der während des Besuchs in der Bundesrepublik Deutschland vom 8. bis 12. Juni 1976 geführten Gespräche die folgende Gemeinsame Erklärung ab:

I.

Beide Seiten erinnern daran, daß sie mehr als 25 Jahre nach dem Ende des Zweiten Weltkrieges, dessen erstes Opfer Polen wurde, und der über die Völker Europas schweres Leid gebracht hat, den Vertrag vom 7. Dezember 1970 in dem Wunsche geschlossen haben, dauerhafte Grundlagen für ein friedliches Zusammenleben und die Entwicklung normaler und guter Beziehungen zwischen ihnen zu schaffen. Beide Seiten bekräftigen die bahnbrechende Bedeutung dieses Vertrages, der Ausgangsbasis für die Entwicklung ihrer Beziehungen nach den Grundsätzen der guten Nachbarschaft und der konstruktiven Zusammenarbeit ist.

Beide Seiten stellen mit Genugtuung fest, daß die während des Treffens der führenden Repräsentanten beider Staaten in Helsinki erzielten und anschließend in Warschau am 9. Oktober 1975 unterzeichneten bedeutsamen Vereinbarungen sowie ihre abschließende Billigung die Voraussetzungen für die vollständige Normalisierung und die allseitige Entwicklung der Beziehungen zwischen der Bundesrepublik Deutschland und der Volksrepublik Polen geschaffen haben. Beide Seiten sind überzeugt, daß dieser historische Prozeß im Interesse beider Staaten und Völker und einer friedlichen Entwicklung in ganz Europa liegt.

Beide Seiten erklären ihren Willlen, sich in ihren gegenseitigen Beziehungen von den Zielen und Grundsätzen der Charta der Vereinten Nationen sowie den Zielset-

Quelle: Bulletin des Presse- und Informationsamtes der Bundesregierung 1976, Nr. 70, S. 670 ff.

zungen ihres Vertrages vom 7. Dezember 1970 und der am 1. August 1975 in Helsinki unterzeichneten Schlußakte der Konferenz für Sicherheit und Zusammenarbeit in Europa leiten zu lassen.

II.

Beide Seiten würdigen übereinstimmend die Konferenz über Sicherheit und Zusammenarbeit als bedeutsames Ereignis in der Geschichte Europas. Sie sind der Meinung, daß die Beachtung der in der Schlußakte von Helsinki aufgeführten Grundsätze über die Beziehungen zwischen den Teilnehmerstaaten und die Verwirklichung der in der Schlußakte enthaltenen Beschlüsse und Absichtserklärungen den Frieden festigen. Die Bestimmungen der Schlußakte der Konferenz weisen den Weg, um die Sicherheit, den Frieden und die umfassende, gleichberechtigte Zusammenarbeit in Europa dauerhaft zu gewährleisten. Beide Seiten drücken ihre Entschlossenheit aus, sich aktiv an den weiteren Bemühungen um die Erreichung der in Helsinki vereinbarten Ziele und an der Entwicklung der Zusammenarbeit auf allen Ebenen der europäischen Beziehungen zu beteiligen.

Beide Seiten stellen fest, daß sie weiterhin für die Vertiefung und die kontinuierliche Entwicklung des Entspannungsprozesses eintreten werden, der einen dauerhaften und umfassenden Charakter haben soll.

Beide Seiten würdigen die Verträge zwischen der Bundesrepublik Deutschland und der Union der Sozialistischen Sowjetrepubliken, der Volksrepublik Polen, der Deutschen Demokratischen Republik und der Tschechoslowakischen Sozialistischen Republik sowie das Viermächte-Abkommen vom 3. September 1971, deren Abschluß große Bedeutung für die Entspannung, für die friedliche Entwicklung auf dem europäischen Kontinent und für die Vertiefung der Zusammenarbeit hat und die wesentlich zur erfolgreichen Durchführung der Konferenz über Sicherheit und Zusammenarbeit in Europa beigetragen haben.

III.

Beide Seiten betonen die Bedeutung allseitiger Bemühungen bei der Lösung solcher Schlüsselprobleme wie die Festigung der internationalen Sicherheit, die Beendigung des Rüstungswettlaufs und die Abrüstung. Sie werden sich bemühen, die in diesem Bereich abgeschlossenen Verträge zielstrebig zu verwirklichen und auszubauen und weitere, unumgängliche Vereinbarungen abzuschließen. Nach der Überzeugung beider Seiten bleibt die allgemeine und vollständige Abrüstung unter wirksamer internationaler Kontrolle, die sowohl Kernwaffen als auch die konventionelle Rüstung umfaßt, eine wichtige Aufgabe.

Beide Seiten sind der Auffassung, daß die politischen und die militärischen Aspekte der Sicherheit sich ergänzen. Sie legen großen Wert auf den Erfolg der in

Wien geführten Verhandlungen über die gegenseitige Verminderung von Streitkräften und Rüstungen und damit zusammenhängende Maßnahmen in Mitteleuropa. Sie stimmen darin überein, daß diese Verhandlungen zu stabileren Beziehungen und zur Festigung von Frieden und Sicherheit in Europa beitragen sollen.

IV.

Beide Seiten sind entschlossen, die Organisation der Vereinten Nationen tatkräftig bei der Erfüllung ihrer Aufgaben zu unterstützen. Sie treten ein für die Beachtung der Ziele und Grundsätze der Charta der Vereinten Nationen.

Beide Seiten heben die Bedeutung der im Rahmen der Vereinten Nationen unternommenen Bemühungen um eine ausgeglichenere und gerechtere Struktur der internationalen wirtschaftlichen Beziehungen hervor. Das Ziel dieser Bemühungen ist die Förderung der internationalen Arbeitsteilung gemäß den Grundsätzen der Gleichheit und des gegenseitigen Nutzens und in Übereinstimmung mit den legitimen Interessen aller Staaten.

V.

In Anbetracht der Bedeutung des Handelsaustausches sowie der wirtschaftlichen, industriellen und technischen Zusammenarbeit für die Festigung der friedlichen Beziehungen erklären beide Seiten ihre Absicht, dem Ausbau ihrer Wirtschaftsbeziehungen und der Intensivierung der industriellen Zusammenarbeit besondere Aufmerksamkeit zu widmen und sie im Rahmen aller ihrer Möglichkeiten nachdrücklich zu fördern. Sie würdigen die Entwicklung des beiderseitigen Warenaustausches, der in den vergangenen Jahren eine sehr dynamische Ausweitung erfahren hat. In diesem Zusammenhang halten es beide Seiten für erforderlich, die Handelsbilanz zwischen beiden Ländern unter Aufrechterhaltung des hohen Niveaus des Handelsvolumens wieder ausgeglichener zu gestalten. Sie streben eine weitere Steigerung der polnischen Ausfuhren in die Bundesrepublik Deutschland sowie die Ausschöpfung bisher noch nicht genutzter Möglichkeiten für die Unternehmenskooperation und den Ausbau der Zusammenarbeit auf Drittmärkten an.

Beide Seiten sind der Auffassung, daß das „Abkommen zwischen der Regierung der Bundesrepublik Deutschland und der Regierung der Volksrepublik Polen über die Weiterentwicklung der Zusammenarbeit auf wirtschaftlichem Gebiet", das während des Besuchs des Ersten Sekretärs des Zentralkomitees der Polnischen Vereinigten Arbeiterpartei in der Bundesrepublik Deutschland unterzeichnet wurde, insbesondere die industrielle Kooperation sowie die Zusammenarbeit in den Bereichen Rohstoffe und Energie vertiefen sowie Geschäftskontakte erleichtern wird.

Beide Seiten wollen die wissenschaftlich-technische Zusammenarbeit durch Erweiterung der Kontakte und des gegenseitigen Austausches nachdrücklich fördern.

Sie bekunden die Absicht, baldmöglichst auch entsprechende Abkommen und Vereinbarungen zu schließen.

Beide Seiten begrüßen die Vereinbarungen über die Zusammenarbeit bei einem Großprojekt für Vergasung und chemische Verarbeitung von Kohle sowie eine gemeinsame Erklärung zur Vorbereitung eines langfristigen Vorhabens der Kooperation im Kupferbereich. Sie betrachten die Durchführung dieser wichtigen Kooperationsvorhaben als wegweisend für die sich ausweitende wirtschaftliche Partnerschaft beider Länder.

Beide Seiten betonen die verantwortungsvolle Rolle, die die Gemischte Regierungskommission für die Erleichterung und Förderung intensiver Wirtschaftsbeziehungen und insbesondere der Unternehmenskooperation zwischen beiden Ländern hat.

VI.

Beide Seiten werden sich bemühen, auf der Grundlage der zwischen ihnen getroffenen Verträge und Vereinbarungen und gemäß den Zielen der Schlußakte von Helsinki durch Steigerung des Austausches auf dem Gebiet der Kultur und Bildung, durch eine größere Verbreitung von Information, durch Kontakte zwischen den Menschen und durch die Lösung humanitärer Probleme zur Verwirklichung der Zielsetzungen dieser Gemeinsamen Erklärung beizutragen.

Angesichts der besonderen Bedeutung enger und vielfältiger kultureller Kontakte für die Förderung des gegenseitigen Verständnisses und die Annäherung zwischen den Völkern halten beide Seiten einen weiteren Ausbau der kulturellen Zusammenarbeit für ein wichtiges Ziel gemeinsamer Anstrengungen. Sie messen der Durchführung des am heutigen Tage unterzeichneten Abkommens über die kulturelle Zusammenarbeit große Bedeutung bei. Sie werden weitere Initiativen unterstützen, die dem Austausch im Bereich der Kultur, Wissenschaft und Information dienen, wie z. B. Kontakte zwischen entsprechenden Vereinigungen und Institutionen.

Beide Seiten befürworten Vorhaben, die zu einer besseren Kenntnis des anderen Landes und zu einem besseren gegenseitigen Verständnis führen.

Sie stimmen darin überein, daß die Förderung der Kenntnis und die Verbreitung der Sprache und Kultur des anderen Landes im Interesse der Zusammenarbeit liegen.

Angesichts der großen Bedeutung, die die Schule und die Schulbücher für die Jugenderziehung haben, würdigen beide Seiten die Arbeit der seit 1972 stattfindenden gemeinsamen Schulbuchkonferenzen. Sie werden ihre Bemühungen fortsetzen, in den Schulbüchern eine Darstellung der Geschichte, Geographie und Kultur des anderen Landes zu erreichen, die eine umfassendere Kenntnis und ein besseres gegenseitiges Verständnis fördert; sie werden darauf hinwirken, daß dabei die Empfehlungen der Gemeinsamen Schulbuchkommission berücksichtigt werden.

In dem Bewußtsein, daß die künftige Gestaltung der Beziehungen zwischen beiden Staaten und Völkern wesentlich von dem gegenseitigen Verständnis der jungen Generation abhängt, bekräftigen beide Seiten ihren Willen, die Jugendkontakte auf breiter Basis besonders zu fördern. In diesem Zusammenhang begrüßen sie Initiativen, die der Begegnung der Jugend beider Länder dienen, und sprechen sich für die gemeinsame Einrichtung einer Jugendbegegnungsstätte in Polen aus, die von der Regierung der Bundesrepublik Deutschland und der Regierung der Volksrepublik Polen gefördert wird. Beide Seiten haben die Absicht, eine Vereinbarung über den Jugendaustausch abzuschließen.

Die Entwicklung des Reiseverkehrs zwischen beiden Ländern wird von ihnen als ein Beitrag zur Vertiefung des gegenseitigen Verständnisses angesehen; sie stimmen darin überein, den Reiseverkehr zwischen beiden Ländern weiter zu fördern und zu erleichtern.

VII.

Zur Intensivierung des Meinungsaustausches über gemeinsam interessierende Fragen und der Zusammenarbeit beider Regierungen im Geiste dieser Erklärung sind beide Seiten übereingekommen, den politischen Dialog kontinuierlich weiterzuführen und regelmäßig Konsultationen der Außenminister und ihrer Mitarbeiter mindestens einmal jährlich über bilaterale und internationale Angelegenheiten, darunter insbesondere Fragen der Festigung des Friedens und der Sicherheit in Europa, durchzuführen.

Beide Seiten befürworten verstärkte parlamentarische Kontakte. Sie unterstützen Bemühungen, die geeignet sind, die Kontakte zwischen Städten und Gemeinden sowie gesellschaftlichen Gruppen wie Gewerkschaften, Journalistenverbänden und anderen Berufsgruppen sowie zwischen den Menschen in beiden Ländern zu entwickeln.

Mit dem Ziel, das gegenseitige Verstehen und die Zusammenarbeit zu vertiefen, wurde vereinbart, ein Forum für regelmäßige Treffen von Politikern, Wirtschaftlern, Wissenschaftlern und Publizisten beider Länder zu schaffen, um im beiderseitigen Interesse liegende Fragen gemeinsam zu diskutieren sowie Anregungen für den Ausbau der Beziehungen zu geben.

VIII.

Die Bundesrepublik Deutschland und die Volksrepublik Polen sind überzeugt, daß die weitere Entwicklung ihrer gegenseitigen Beziehungen im Geiste dieser Gemeinsamen Erklärung insbesondere auch aus den historischen Erfahrungen geboten ist, dem wohlverstandenen Interesse beider Seiten entspricht, eine gute Basis für eine auf die Zukunft gerichtete Zusammenarbeit bildet und zur Festigung der Zusammenarbeit und der friedlichen Zukunft Europas insgesamt beiträgt.

Bonn, den 11. Juni 1976

Helmut Schmidt
Bundeskanzler
der
Bundesrepublik Deutschland

Edward Gierek
Erster Sekretär des
Zentralkomitees der Polnischen
Vereinigten Arbeiterpartei

28

Abkommen

zwischen der Regierung der Bundesrepublik Deutschland und der Regierung der Volksrepublik Polen über kulturelle Zusammenarbeit vom 11. Juni 1976

Das Auswärtige Amt teilt mit:

Das Abkommen zwischen der Regierung der Bundesrepublik Deutschland und der Regierung der Volksrepublik Polen über kulturelle Zusammenarbeit wurde am 11. Juni 1976 im Beisein von Bundeskanzler Helmut Schmidt und dem Ersten Sekretär der Polnischen Vereinigten Arbeiterpartei, Edward Gierek, durch den Bundesminister des Auswärtigen, Hans-Dietrich Genscher, und Außenminister Stefan Olszowski im Bundeskanzleramt in Bonn unterzeichnet.

Das Kulturabkommen ist eine Rahmenvereinbarung, in der die einzelnen kulturellen Bereiche festgelegt sind, die in den Kulturaustausch und die kulturelle Zusammenarbeit einbezogen sind.

Die im Kulturabkommen angestrebte kulturelle Zusammenarbeit bezieht unter anderem die Gebiete Kunst, Wissenschaft, Bildung, Sprachförderung, Jugend, Sport und Massenmedien ein.

Zur Durchführung dieses Abkommens wird eine Gemischte Kommission eingerichtet, die vor allem die konkreten Zweijahres-Austauschprogramme vereinbaren wird.

DIE REGIERUNG DER BUNDESREPUBLIK DEUTSCHLAND
UND DIE REGIERUNG DER VOLKSREPUBLIK POLEN

— GELEITET von dem Willen zur umfassenden Entwicklung ihrer gegenseitigen Beziehungen in Übereinstimmung mit dem am 7. Dezember 1970 in Warschau unterzeichneten Vertrag zwischen der Bundesrepublik Deutschland und der Volksrepublik Polen über die Grundlagen der Normalisierung ihrer gegenwärtigen Beziehungen,

Quelle: Bulletin des Presse- und Informationsamtes der Bundesregierung 1976, Nr. 70, S. 672 ff.

— BESTREBT, die Bestimmungen der Schlußakte der Konferenz über Sicherheit und Zusammenarbeit in Europa gebührend zu berücksichtigen und durchzuführen,
— ÜBERZEUGT von der Notwendigkeit, auf den Grundsätzen des gegenseitigen Verständnisses und der gegenseitigen Achtung beruhende Beziehungen zu gestalten,
— IN DER ERKENNTNIS, daß eine Ausweitung der Zusammenarbeit im Bereich der kulturellen und wissenschaftlichen Beziehungen im gemeinsamen Interesse liegt,
— IN DEM WUNSCH, daß diese Zusammenarbeit zur Festigung des friedlichen Zusammenlebens sowie guter und freundschaftlicher Beziehungen beitragen möge,

SIND wie folgt ÜBEREINGEKOMMEN:

Artikel 1
Die Vertragsparteien werden den Austausch und die Zusammenarbeit im Bereich der Kultur und Kunst, der Wissenschaft, der Bildung, der Jugendarbeit, des Sports sowie im Bereich der Massenmedien fördern und sich bemühen, ihre Bevölkerung mit der Entwicklung des anderen Landes bekanntzumachen.

Artikel 2
Zwecks Entwicklung der Zusammenarbeit im Bereich von Wissenschaft und Bildung werden die Vertragsparteien

a) die Zusammenarbeit zwischen wissenschaftlichen und Forschungsinstitutionen, Hochschulen und anderen Bildungseinrichtungen, wie auch zwischen den entsprechenden Behörden der öffentlichen Verwaltung,
b) den Austausch von Wissenschaftlern zur Durchführung von Forschungsarbeiten, zu Vorlesungen, zum Kennenlernen der wissenschaftlichen Arbeit sowie zur Teilnahme an Symposien und Konferenzen,
c) die Durchführung gemeinsamer Forschungsvorhaben,
d) die Aufnahme von Studenten und Wissenschaftlern der anderen Seite zu Studienzwecken beziehungsweise zu wissenschaftlicher Arbeit sowie die Gewährung von Stipendien für diesen Personenkreis,
e) den Austausch von Forschungsmaterial, wissenschaftlichen, didaktischen und fachlichen Publikationen, Filmen, Ausstellungen, statistischem Material und ähnlichen Informationen

erleichtern und im Rahmen ihrer Möglichkeiten fördern.

Artikel 3
Die Vertragsparteien werden auf der Grundlage der Gegenseitigkeit, gemäß den in ihrem Land geltenden Bestimmungen Wissenschaftlern und anderen Personen der anderen Seite, die auf Grund dieses Abkommens entsandt werden, die Benutzung von Bibliotheken, Archiven und Museen erleichtern sowie die Aufnahme der Zusammenarbeit zwischen Bibliotheken, Archiven und Museen ermutigen.

Artikel 4
In Anbetracht der großen Bedeutung, die die Schule und die Schulbücher für die Jugenderziehung haben, werden die Vertragsparteien ihre Bemühungen fortsetzen, in den Schulbüchern eine Darstellung der Geschichte, Geographie und Kultur der anderen Seite zu erreichen, die eine umfassendere Kenntnis und ein besseres gegenseitiges Verständnis fördert; sie werden darauf hinwirken, daß dabei die Empfehlungen der gemeinsamen Schulbuchkommission berücksichtigt werden.

Artikel 5
In Anbetracht der Bedeutung, die der Kenntnis der Sprache und Literatur der anderen Seite zukommt, unterstützen die Vertragsparteien die Erteilung des Unterrichts der polnischen Sprache in der Bundesrepublik Deutschland und der deutschen Sprache in der Volksrepublik Polen und unternehmen entsprechende Schritte zur Entwicklung der Zusammenarbeit auf dem Gebiet des Unterrichts der beiden Sprachen. Die Vertragsparteien bemühen sich um die Entwicklung der germanistischen beziehungsweise polonistischen Studien.

Artikel 6
Die Zusammenarbeit auf wissenschaftlich-technischem Gebiet bleibt einem besonderen Abkommen vorbehalten.

Artikel 7
Die Vertragsparteien unterstützen und erleichtern:

a) die Zusammenarbeit zwischen künstlerischen Institutionen und Verbänden von Kunstschaffenden sowie zwischen den entsprechenden Verwaltungsstellen;

b) die Durchführung von Gastspielen einzelner Künstler und künstlerischer Ensembles sowie von Theatervorstellungen, Ausstellungen, Filmvorführungen und anderen künstlerischen Veranstaltungen;

c) den Austausch kulturell und schöpferisch Tätiger und anderer Vertreter des kulturellen Lebens zum Zwecke des Erfahrungsaustausches und der Information;

d) die Zusammenarbeit im Bereich des Verlags- und Übersetzungswesens sowie die Zusammenarbeit zwischen den entsprechenden Institutionen beider Seiten.

Artikel 8
Die Vertragsparteien erleichtern die Teilnahme von Vertretern der anderen Seite an Konferenzen, die Fragen der Kultur, Wissenschaft und Bildung gewidmet sind, wie auch an Ausstellungen, Festspielen, Wettbewerben und ähnlichen Veranstaltungen.

Artikel 9
Die Vertragsparteien erleichtern den Austausch auf dem Gebiet des Sports und der Leibesübungen, der im Rahmen von Jahresplänen erfolgt, die zwischen den zuständigen Stellen beider Seiten vereinbart werden.

Artikel 10
Die Vertragsparteien fördern den Jugendaustausch und die Zusammenarbeit zwischen den Jugendorganisationen und Institutionen der außerschulischen Jugendbildung.

Artikel 11
Die Vertragsparteien erleichtern die Entwicklung der Zusammenarbeit zwischen Hörfunk, Fernsehen sowie anderen Institutionen und Vertretern der Massenmedien.

Die Vertragsparteien werden Bemühungen unterstützen, die den Wissensstand über das andere Land und über die Entwicklung der gegenseitigen Zusammenarbeit erweitern und die zum besseren gegenseitigen Kennenlernen und Verständnis beitragen.

Artikel 12
Die Vertragsparteien bemühen sich, die Zusammenarbeit auf dem Gebiet des Filmwesens zu fördern. Die unmittelbare Zusammenarbeit zwischen Filmherstellern und -organisationen und der Austausch von Delegationen von Filmschaffenden und einzelnen Fachleuten werden ermutigt.

Artikel 13
Die Vertragsparteien erleichtern die nichtkommerzielle Einfuhr der für die Zwecke dieses Abkommens erforderlichen Gegenstände kulturellen oder wissenschaftlichen Charakters nach Maßgabe der jeweils in ihrem Land geltenden Rechtsbestimmungen.

Artikel 14
Zur Durchführung dieses Abkommens wird eine Gemischte Kommission gebildet, die wenigstens einmal in zwei Jahren abwechselnd in der Bundesrepublik Deutschland und in der Volksrepublik Polen zusammentreten wird, um Durchführungsprogramme für bestimmte Zeitabschnitte auszuarbeiten, den Stand der Verwirklichung dieses Abkommens zu beurteilen und entsprechende Empfehlungen vorzuschlagen.

Spätestens zwei Monate vor dem vereinbarten Termin für das Treffen der Gemischten Kommission tauschen die Vertragsparteien ihre Entwürfe für das nächste Durchführungsprogramm und Vorschläge zur Tagesordnung aus.

Die Förderung von Maßnahmen, die in den Durchführungsprogrammen nicht enthalten sind, jedoch dem Geist dieses Abkommens entsprechen, wird nicht ausgeschlossen.

Artikel 15
Entsprechend dem Viermächte-Abkommen vom 3. September 1971 wird dieses Abkommen in Übereinstimmung mit den festgelegten Verfahren auf Berlin (West) ausgedehnt.

Artikel 16
Dieses Abkommen tritt in Kraft, sobald die Vertragsparteien sich durch Noten mitteilen, daß die für das Inkrafttreten des Abkommens erforderlichen innerstaatlichen Voraussetzungen erfüllt sind.

Artikel 17
Dieses Abkommen wird auf unbestimmte Zeit geschlossen. Jede der Vertragsparteien kann es durch Notifizierung kündigen; in diesem Fall tritt es nach Ablauf von sechs Monaten nach dem Tage der Kündigung außer Kraft.

GESCHEHEN zu Bonn am 11. Juni 1976

in zwei Urschriften, jede in deutscher und polnischer Sprache, wobei jeder Wortlaut gleichermaßen verbindlich ist.

Für die Regierung der
Bundesrepublik Deutschland

Hans-Dietrich G e n s c h e r

Für die Regierung der
Volksrepublik Polen

Stefan O l s z o w s k i

29

Abkommen

zwischen der Regierung der Bundesrepublik Deutschland und der Regierung der Volksrepublik Polen über die weitere Entwicklung der Zusammenarbeit auf wirtschaftlichem Gebiet vom 11. Juni 1976

Das Auswärtige Amt teilt mit:

Am 11. Juni 1976 ist im Bundeskanzleramt in Bonn das Abkommen zwischen der Regierung der Bundesrepublik Deutschland und der Regierung der Volksrepublik Polen über die weitere Entwicklung der Zusammenarbeit auf wirtschaftlichem Gebiet durch den Bundesminister des Auswärtigen, Hans-Dietrich Genscher, und den Stellvertretenden Vorsitzenden des Ministerrates und Vorsitzenden der Planungskommission, Tadeusz Wrzaszczyk, unterzeichnet worden.

Das Abkommen ergänzt das deutsch-polnische Kooperationsabkommen vom 1. November 1974 (vgl. BULLETIN Nr. 132 vom 8. November 1974) und rundet den rechtlichen Rahmen für die Unternehmenskooperation zwischen beiden Ländern ab. Das Abkommen sieht insbesondere eine Vertiefung der Zusammenarbeit in den Bereichen Rohstoffe und Energie sowie die Erleichterung von Geschäftskontakten vor.

DIE REGIERUNG DER BUNDESREPUBLIK DEUTSCHLAND
UND DIE REGIERUNG DER VOLKSREPUBLIK POLEN

— IN DEM WUNSCHE, die beiderseitigen Wirtschaftsbeziehungen in Übereinstimmung mit dem Abkommen vom 1. November 1974 zwischen der Regierung der Bundesrepublik Deutschland und der Regierung der Volksrepublik Polen über die Entwicklung der wirtschaftlichen, industriellen und technischen Zusammenarbeit weiter auszubauen,

— IN DER ERKENNTNIS, daß es zweckmäßig ist, den Abkommensrahmen für diese Zusammenarbeit auf wirtschaftlichem, industriellem und technischem Gebiet näher zu präzisieren,

Quelle: Bulletin des Presse- und Informationsamtes der Bundesregierung 1976, Nr. 70, S. 675 f.

— IN DEM BESTREBEN, den weiteren Ausbau der Zusammenarbeit in Europa zu fördern,
— IN DEM WUNSCHE, die Durchführung des langfristigen Programms für die Entwicklung der wirtschaftlichen, industriellen und technischen Zusammenarbeit zwischen der Regierung der Bundesrepublik Deutschland und der Regierung der Volksrepublik Polen vom 9. Oktober 1975 in besonderem Maße zu unterstützen,
— UNTER BEZUGNAHME auf die Zugehörigkeit beider Vertragsparteien zum Allgemeinen Zoll- und Handelsabkommen (GATT),

SIND wie folgt ÜBEREINGEKOMMEN:

Artikel 1
Die Vertragsparteien werden die Zusammenarbeit auf wirtschaftlichem, industriellem und technischem Gebiet zwischen beiden Staaten auf der Grundlage des beiderseitigen Nutzens entwickeln und vertiefen.

Sie streben dabei einen möglichst hohen Stand der Entwicklung ihrer Wirtschaftsbeziehungen auf langfristiger Basis an.

Artikel 2
Die Vertragsparteien werden im Rahmen ihrer Möglichkeiten alle Initiativen und Maßnahmen unterstützen, die zu einer verstärkten Anwendung weiterentwickelter Formen der wirtschaftlichen, industriellen und technischen Zusammenarbeit beitragen und die der Erleichterung der Geschäftskontakte sowie der Vereinbarung und Durchführung von Projekten zwischen Unternehmen, Organisationen und Institutionen beider Seiten dienen; insbesondere erwarten sie von der Verwirklichung der Projekte, die in dem „Langfristigen Programm" vorgeschlagen sind, günstige Bedingungen für eine möglichst dynamische, harmonische und ausgeglichene weitere Entwicklung der beiderseitigen Wirtschaftsbeziehungen.

Artikel 3
Die Vertragsparteien werden sich im Rahmen aller ihnen zur Verfügung stehenden Möglichkeiten bemühen, Maßnahmen zu treffen, um die Vereinbarung und Durchführung von Kooperationsvorhaben zu erleichtern. In diesem Rahmen werden sie die Durchführung von Großprojekten unterstützen; dabei kann die Bezahlung mit Erzeugnissen erfolgen, die aus den einzelnen Vorhaben der Zusammenarbeit hervorgehen, soweit hieran ein Interesse der Kooperationspartner besteht. Die Vertragsparteien werden auch die Zusammenarbeit mittlerer und kleinerer Unternehmen fördern.

Artikel 4
Die entsprechenden Verträge für die einzelnen Vorhaben werden von den interessierten Unternehmen, Organisationen und Institutionen beider Seiten zu den zwischen ihnen im Einklang mit den in jedem der beiden Staaten geltenden Rechtsvorschriften zu vereinbarenden Bedingungen abgeschlossen.

Artikel 5
Die Vertragsparteien werden angesichts der Bedeutung der Rohstoffe und Energie für die Volkswirtschaften beider Staaten im Rahmen ihrer Möglichkeiten Vereinbarungen über eine langfristige Zusammenarbeit bei der Erzeugung von Rohstoffen und Energie unterstützen. Diese Zusammenarbeit wird auf der Grundlage des beiderseitigen Nutzens erfolgen und soll zur langfristigen Versorgung mit Rohstoffen und Energie in den kommenden Jahren beitragen. Allgemeine Grundsätze der Zusammenarbeit ihm Rohstoffbereich können im Rahmen der Gemischten Regierungskommission zur Entwicklung der wirtschaftlichen, industriellen und technischen Zusammenarbeit erörtert werden.

Artikel 6
Die Vertragsparteien werden im Rahmen ihrer Möglichkeiten und im Einklang mit den in jedem der beiden Staaten jeweils geltenden Gesetzen und Verordnungen die Herstellung und Pflege von Geschäftskontakten ihrer für die wirtschaftliche, industrielle und technische Zusammenarbeit zuständigen Unternehmen, Organisationen und Institutionen fördern, insbesondere Reisen von Vertretern der Unternehmen, Organisationen und Institutionen zu Geschäftszwecken, die Errichtung ständiger oder zeitweiliger Firmenvertretungen oder Niederlassungen der einen Vertragspartei im Gebiet der anderen Vertragspartei, die Anmietung von geeigneten Geschäfts-, Lager- und Wohnräumen, die Beschäftigung von Büro- und Hilfskräften aus dem Gebiet der anderen Vertragspartei und die Einfuhr von erforderlichen Büro- und Lagerausstattungen sowie die Errichtung von gemischten Gesellschaften in der Bundesrepublik Deutschland.

Beide Vertragsparteien werden in Übereinstimmung mit den innerstaatlichen Bestimmungen und in den notwendigen Fällen die möglichst rechtzeitige Erteilung von Sichtvermerken einschließlich solcher, die für mehrfache Ein- und Ausreisen während der Zeit der Geschäftstätigkeit gelten, unterstützen.

Artikel 7
Angesichts der Bedeutung, die die Finanzierung einschließlich der Gewährung von Krediten für die weitere Entwicklung der wirtschaftlichen Zusammenarbeit hat, werden die Vertragsparteien Anstrengungen unternehmen, damit derartige Finanzierungen unter Einschluß von Krediten im Rahmen der in jedem der beiden Staaten bestehenden Regelungen zu möglichst günstigen Bedingungen gewährt werden.

Artikel 8
Vertreter beider Staaten werden wenigstens einmal jährlich, abwechselnd in einem der beiden Staaten, zusammentreffen, um die Durchführung dieses Abkommens und des langfristigen Programms zu prüfen sowie Vorschläge zur Unterstützung ihrer weiteren Durchführung vorzubereiten. Die genannten Vertreter werden auch entsprechende Informationen über grundsätzliche wirtschaftliche Entwicklungstendenzen austauschen. Sie werden der Gemischten Regierungskommission zur Entwicklung der wirtschaftlichen, industriellen und technischen Zusammenarbeit über die Ergebnisse ihrer Arbeit berichten.

Artikel 9
Entsprechend dem Viermächte-Abkommen vom 3. September 1971 wird dieses Abkommen in Übereinstimmung mit den festgelegten Verfahren auf Berlin (West) ausgedehnt.

Artikel 10
Dieses Abkommen berührt nicht die von der Bundesrepublik Deutschland und der Volksrepublik Polen früher abgeschlossenen zweiseitigen und mehrseitigen Verträge und Vereinbarungen.

In diesem Zusammenhang werden die Vertragsparteien, falls erforderlich, auf Vorschlag einer Vertragspartei Konsultationen durchführen, wobei diese Konsultationen jedoch die grundlegende Zielsetzung dieses Abkommens nicht in Frage stellen dürfen.

Artikel 11
Dieses Abkommen tritt am Tage seiner Unterzeichnung in Kraft und gilt für die Dauer von fünf Jahren. Es verlängert sich stillschweigend um weitere fünf Jahre, sofern es nicht vorher von einer der beiden Vertragsparteien mit einer Frist von 6 Monaten vor Ablauf der Gültigkeitsdauer gekündigt wird.

GESCHEHEN zu Bonn am 11. Juni 1976

in zwei Urschriften, jede in deutscher und polnischer Sprache, wobei jeder Wortlaut gleichermaßen verbindlich ist.

Für die Regierung der Bundesrepublik Deutschland	Für die Regierung der Volksrepublik Polen
Hans-Dietrich Genscher	Tadeusz Wrzaszczyk

30

Kommuniqué vom 12. Juni 1976

Auf Einladung des Bundeskanzlers der Bundesrepublik Deutschland, Helmut Schmidt, besuchte der Erste Sekretär des Zentralkomitees der Polnischen Vereinigten Arbeiterpartei, Edward Gierek, in Begleitung von Frau Gierek vom 8. bis 12. Juni 1976 die Bundesrepublik Deutschland.

Während seines Aufenthaltes in der Bundesrepublik Deutschland besuchte der Erste Sekretär des Zentralkomitees der Polnischen Vereinigten Arbeiterpartei auch die Länder Hamburg, Nordrhein-Westfalen, Rheinland-Pfalz und Bremen.

Der Erste Sekretär des Zentralkomitees der Polnischen Vereinigten Arbeiterpartei stattete dem Präsidenten der Bundesrepublik Deutschland, Walter Scheel, einen Besuch ab.

Der Erste Sekretär des Zentralkomitees der Polnischen Vereinigten Arbeiterpartei führte Gespräche mit dem Bundeskanzler der Bundesrepublik Deutschland, Helmut Schmidt, über den weiteren Ausbau der Beziehungen zwischen der Bundesrepublik Deutschland und der Volksrepublik Polen sowie über beiderseitig interessierende internationale Fragen.

An den Gesprächen nahmen seitens der Bundesrepublik Deutschland teil:

Hans-Dietrich Genscher, Bundesminister des Auswärtigen; Dr. Hans Friderichs, Bundesminister für Wirtschaft; Klaus Bölling, Chef des Presse- und Informationsamtes der Bundesregierung; Dr. Peter Hermes, Staatssekretär im Auswärtigen Amt; Karl Otto Pöhl, Staatssekretär, Bundesministerium der Finanzen; Dr. Detlev Rohwedder, Staatssekretär, Bundesministerium für Wirtschaft; Karl Fred Zander, Parlamentarischer Staatssekretär, Bundesministerium für Jugend, Familie und Gesundheit; Dr. Jürgen Ruhfus, Leiter der Politischen Abteilung im Bundeskanzleramt; Dr. Dieter Hiss, Leiter der Abteilung Wirtschaft im Bundeskanzleramt; Günther van Well, Leiter der Politischen Abteilung 2 im Auswärtigen Amt; Frau Helga Steeg, Leiterin der Abteilung Außenwirtschaftspolitik im Bundesministerium für Wirtschaft, und andere offizielle Persönlichkeiten.

Quelle: Bulletin des Presse- und Informationsamtes der Bundesregierung 1976, Nr. 70, S. 669

An den Gesprächen nahmen seitens der Volksrepublik Polen teil:
Edward Babiuch, Stellvertretender Vorsitzender des Staatsrates der Volksrepublik Polen, Vorsitzender der Fraktion der Polnischen Vereinigten Arbeiterpartei im Sejm; Tadeusz Wrzaszczyk, Stellvertretender Vorsitzender des Ministerrates, Vorsitzender der Plankommission; Stefan Olszowski, Minister für Auswärtige Angelegenheiten; Jerzy Olszewski, Minister für Außenhandel und Seewirtschaft; Jerzy Waszczuk, Leiter des Büros des Sekretariats des Zentralkomitees der Polnischen Vereinigten Arbeiterpartei; Józef Czyrek, Vizeminister im Ministerium für Auswärtige Angelegenheiten, Sprecher der Delegation; Stanislaw Dlugosz, Vizeminister im Ministerium für Außenhandel und Seewirtschaft; Benon Stranz, Vizeminister im Ministerium für Bergbau; Jerzy Kopytowski, Vizeminister im Ministerium für Chemische Industrie; Czeslaw Brózda, Vizeminister im Ministerium für Schwer- und Landmaschinenbau; Maciej Szczepanski, Vorsitzender des Komitees für Rundfunk und Fernsehen, und andere offizielle Persönlichkeiten.

An den Gesprächen nahmen auch der Botschafter der Bundesrepublik Deutschland in der Volksrepublik Polen, Hans Hellmuth Ruete, und der Botschafter der Volksrepublik Polen in der Bundesrepublik Deutschland, Waclaw Piątkowski, teil.

Während des Besuches traf der Erste Sekretär des Zentralkomitees der Polnischen Vereinigten Arbeiterpartei sowohl mit führenden Vertretern der politischen Parteien, darunter dem Vorsitzenden der SPD, Willy Brandt, dem Vorsitzenden der FDP, Hans-Dietrich Genscher, und dem Vorsitzenden der CDU, Helmut Kohl, sowie mit führenden Vertretern der Wirtschaft und der Gewerkschaften zusammen.

Der Bundeskanzler der Bundesrepublik Deutschland und der Erste Sekretär des Zentralkomitees der Polnischen Vereinigten Arbeiterpartei unterzeichneten zum Abschluß der Gespräche am 11. Juni 1976 eine Gemeinsame Erklärung über die Entwicklung der Beziehungen zwischen der Bundesrepublik Deutschland und der Volksrepublik Polen.

Am gleichen Tage wurden von der Regierung der Bundesrepublik Deutschland und der Regierung der Volksrepublik Polen unterzeichnet:
— ein Abkommen über die kulturelle Zusammenarbeit,
— ein Abkommen über die weitere Entwicklung der Zusammenarbeit auf wirtschaftlichem Gebiet.

Beide Seiten werteten den Besuch des Ersten Sekretärs des Zentralkomitees der Polnischen Vereinigten Arbeiterpartei, Edward Gierek, als ein Ereignis von historischer Bedeutung in den Beziehungen zwischen der Bundesrepublik Deutschland und der Volksrepublik Polen, das nach Auffassung beider Seiten den erfolgreichen Verlauf des Prozesses der Normalisierung widerspiegelt.

Beide Seiten äußerten ihre tiefe Befriedigung über die offene und freundschaftliche Atmosphäre und die positiven Ergebnisse des Besuchs. Sie halten die Gespräche, die im Geiste gegenseitigen Verständnisses und Vertrauens geführt wurden, für fruchtbar und nützlich und erwarten von ihnen neue entscheidende Impulse für die weitere Entwicklung der gegenseitigen Beziehungen. Sie sehen in diesem Besuch des Ersten Sekretärs des Zentralkomitees der Polnischen Vereinigten Arbeiterpartei ein Symbol für die erfolgreichen Bemühungen beider Seiten um die Überwindung dessen, was trennend zwischen beiden Völkern stand, und für die Schaffung einer neuen Qualität der Beziehungen zwischen der Bundesrepublik Deutschland und der Volksrepublik Polen. Beide Seiten äußerten sich überzeugt davon, daß die auf eine wachsende Zusammenarbeit zwischen ihren Völkern und Staaten gerichtete Politik zugleich der Festigung des Friedens in Europa dient.

Der Erste Sekretär des Zentralkomitees der Polnischen Vereinigten Arbeiterpartei hat den Bundeskanzler der Bundesrepublik Deutschland, Helmut Schmidt, zu einem offiziellen Besuch in die Volksrepublik Polen eingeladen. Die Einladung wurde mit Dank angenommen.

31

Kommuniqué vom 25. November 1977

Auf Einladung des Ersten Sekretärs des Zentralkomitees der Polnischen Vereinigten Arbeiterpartei, Edward Gierek, die im Namen der höchsten Gremien der Volksrepublik Polen ausgesprochen wurde, hielten sich der Bundeskanzler der Bundesrepublik Deutschland, Helmut Schmidt, und Frau Schmidt vom 21. bis zum 25. November 1977 zu einem offiziellen Besuch in der Volksrepublik Polen auf.

Bundeskanzler Helmut Schmidt und der Erste Sekretär des ZK der PVAP, Edward Gierek, führten einen umfassenden Meinungsaustausch über die Beziehungen zwischen der Bundesrepublik Deutschland und der Volksrepublik Polen sowie über aktuelle internationale Probleme.

Bundeskanzler Helmut Schmidt stattete dem Vorsitzenden des Staatsrats der Volksrepublik Polen, Henryk Jabloński, einen Besuch ab.

Bundeskanzler Helmut Schmidt besuchte Warschau und verschiedene Landesteile der Volksrepublik Polen und besichtigte dabei einige wichtige Industriebetriebe. In Auschwitz-Birkenau gedachte er der Opfer der nationalsozialistischen Gewaltherrschaft.

Der Bundeskanzler wurde begleitet von dem Vorsitzenden der SPD-Fraktion im Deutschen Bundestag, Herbert Wehner, dem stellvertretenden Vorsitzenden der FDP-Fraktion im Deutschen Bundestag, Hans A. Engelhard, dem Chef des Bundeskanzleramtes, Staatssekretär Manfred Schüler, dem Chef des Presse- und Informationsamtes der Bundesregierung, Staatssekretär Klaus Bölling, dem Staatssekretär des Auswärtigen Amtes, Günther van Well, dem Staatssekretär im Bundesministerium für Wirtschaft, Detlev Rohwedder, und dem Botschafter der Bundesrepublik Deutschland in der Volksrepublik Polen, Werner Ahrens. Darüber hinaus begleitete den Bundeskanzler eine Gruppe von Vertretern der Wirtschaft, der Gewerkschaften, der Kultur und der Jugend.

Von polnischer Seite nahmen an den Gesprächen teil: der Ministerpräsident, Piotr Jaroszewicz, der stellvertretende Vorsitzende des Staatsrates und Vorsitzende

Quelle: Bulletin des Presse- und Informationsamtes der Bundesregierung 1977, Nr. 125, S. 1153

des Abgeordnetenklubs der PVAP, Edward Babiuch, der stellvertretende Ministerpräsident und Vorsitzende der Plankommission beim Ministerrat, Tadeusz Wrzaszczyk, der Vorsitzende des Ausschusses für Auswärtige Angelegenheiten im Sejm, Ryszard Frelek, der Minister für Auswärtige Angelegenheiten, Emil Wojtaszek, der Leiter der Kanzlei des Sekretariats des Zentralkomitees der PVAP, Jerzy Waszczuk, der stellvertretende Vorsitzende der Plankommission beim Ministerrat, Janusz Hrynkiewicz, der Vizeminister für Auswärtige Angelegenheiten, Jósef Czyrek, der Botschafter der Volksrepublik Polen in der Bundesrepublik Deutschland, Waclaw Piatkowski, der Vizeminister für Außenhandel und Seewirtschaft, Stanislaw Dlugosz, der Vizeminister beim Ministerrat für Informations- und Pressefragen, Wlodzimierz Janiurek, sowie Berater und Experten.

Der Bundeskanzler der Bundesrepublik Deutschland, Helmut Schmidt, und der Erste Sekretär des Zentralkomitees der Polnischen Vereinigten Arbeiterpartei, Edward Gierek, unterzeichneten zum Abschluß der Gespräche am 25. November 1977 eine Gemeinsame Erklärung.

Am selben Tage wurde ein Memorandum über die Erweiterung der wirtschaftlichen Zusammenarbeit zwischen mittleren und kleineren Unternehmen unterzeichnet.

Das Abkommen über die kulturelle Zusammenarbeit zwischen der Bundesrepublik Deutschland und der Volksrepublik Polen wurde durch Notenaustausch in Kraft gesetzt.

Beide Seiten äußerten sich befriedigt über die aufgeschlossene Atmosphäre und das gegenseitige Verständnis, von denen die Gespräche und Begegnungen geprägt waren. Sie gaben der Überzeugung Ausdruck, daß der Besuch des Bundeskanzlers der Bundesrepublik Deutschland in der Volksrepublik Polen einen weiteren wesentlichen Schritt in der Entwicklung normaler und guter Beziehungen zwischen der Bundesrepublik Deutschland und der Volksrepublik Polen bildet. Die fruchtbaren und nützlichen Gespräche haben neue Perspektiven für die weitere Entwicklung und Vertiefung der Beziehungen zwischen den beiden Staaten und Völkern eröffnet. Beide Seiten äußerten die Überzeugung, daß das zunehmende Vertrauen und die engere Zusammenarbeit zwischen der Bundesrepublik Deutschland und der Volksrepublik Polen der Sicherung des Friedens dienen und zugleich einen wichtigen Beitrag zur Entspannung und Zusammenarbeit in Europa leisten.

Der Verlauf des Besuches des Bundeskanzlers Helmut Schmidt, die während des Besuchs geführten Gespräche sowie die unterzeichneten Dokumente bringen den entschiedenen Willen zum Ausdruck, konsequent und beharrlich auf dem Weg fortzuschreiten, der durch den Vertrag vom 7. Dezember 1970 und die seitdem getroffenen Vereinbarungen bestimmt worden ist.

Der Bundeskanzler der Bundesrepublik Deutschland, Helmut Schmidt, lud den Ersten Sekretär des Zentralkomitees der Polnischen Vereinigten Arbeiterpartei, Edward Gierek, zu einem offiziellen Besuch in die Bundesrepublik Deutschland ein. Die Einladung wurde mit Dank angenommen.

32

Kommuniqué vom 3. November 1978

Über den offiziellen Besuch des Stellvertreters des Bundeskanzlers und Bundesministers des Auswärtigen der Bundesrepublik Deutschland, Hans-Dietrich Genscher, in der Volksrepublik Polen in der Zeit vom 2. bis 4. November 1978 wurde nach Abschluß der politischen Gespräche in Warschau am 3. November 1978 folgendes Kommuniqué veröffentlicht:

Auf Einladung des Ministers für Auswärtige Angelegenheiten der Volksrepublik Polen, Emil Wojtaszek, stattete der Stellvertreter des Bundeskanzlers und Bundesminister des Auswärtigen der Bundesrepublik Deutschland, Hans-Dietrich Genscher, der Volksrepublik Polen in der Zeit vom 2. bis 4. November 1978 einen offiziellen Besuch ab.

Während des Besuchs wurde der Stellvertreter des Bundeskanzlers und Bundesminister des Auswärtigen, Hans-Dietrich Genscher, vom Ersten Sekretär des Zentralkomitees der Polnischen Vereinigten Arbeiterpartei, Edward Gierek, zu einem Gespräch empfangen.

Der Vorsitzende des Staatsrats, Henryk Jablonski, und der Vorsitzende des Ministerrats, Piotr Jaroszewicz, empfingen Minister Genscher ebenfalls zu Gesprächen.

Außerdem traf der Bundesvorsitzende der Freien Demokratischen Partei, Bundesminister Genscher, mit dem Vorsitzenden des Zentralkomitees der Demokratischen Partei, Tadeusz Witold Mlynczak, zusammen.

An den Gesprächen nahmen der Botschafter der Bundesrepublik Deutschland in Warschau, Werner Ahrens, und der Botschafter der Volksrepublik Polen in Bonn, Jan Chylinski, teil.

Im Rahmen seines Aufenthaltes in Polen reist der Bundesminister des Auswärtigen auch nach Krakau. In Auschwitz wird er der Opfer der nationalsozialistischen Gewaltherrschaft gedenken.

Der Besuch diente einem umfassenden Meinungsaustausch über die weitere Entwicklung der Beziehungen zwischen der Bundesrepublik Deutschland und der

Quelle: Bulletin des Presse- und Informationsamtes der Bundesregierung 1978, Nr. 125, S. 1162

Volksrepublik Polen sowie über beide Seiten interessierende internationale Probleme.

Bei der Erörterung des gegenwärtigen Standes und der Perspektiven der Beziehungen zwischen der Bundesrepublik Deutschland und der Volksrepublik Polen stellten beide Seiten fest, daß sich der Normalisierungsprozeß auf der Grundlage des Vertrages vom 7. Dezember 1970 sowie der späteren Vereinbarungen und Übereinkünfte fortsetzt und daß auf verschiedenen Gebieten der Beziehungen wesentliche Fortschritte zu verzeichnen sind. Diese positive Entwicklung werteten sie zugleich als einen wichtigen Beitrag zur Entspannung und zur Zusammenarbeit in Europa.

Sie waren sich in dem Willen einig, auf dem Wege der Normalisierung fortzuschreiten und in diesem Sinne Lösungen für die noch vor ihnen liegenden Aufgaben zu erzielen.

Beide Seiten unterstrichen die wichtige Funktion des direkten Dialogs zwischen den führenden politischen Persönlichkeiten beider Staaten. In diesem Zusammenhang würdigten sie vor allem die hervorragende Bedeutung der Besuche des Ersten Sekretärs des Zentralkomitees der Polnischen Vereinigten Arbeiterpartei, Edward Gierek, 1976 in der Bundesrepublik Deutschland und des Bundeskanzlers der Bundesrepublik Deutschland, Helmut Schmidt, 1977 in der Volksrepublik Polen für die Zukunft des Verhältnisses zwischen beiden Staaten und Völkern. Sie stellten übereinstimmend fest, daß die während dieser Besuche unterzeichneten Gemeinsamen Erklärungen unverändert die Leitlinien für den umfassenden weiteren Ausbau der gegenseitigen Beziehungen bilden. Beide Seiten bekräftigten ihre Entschlossenheit, sich weiterhin aktiv für die Verwirklichung der in diesen Erklärungen enthaltenen Absichten einzusetzen.

Beide Seiten betonten den Wert der regelmäßigen Konsultationen zwischen den Außenministerien. Sie befürworteten den weiteren Ausbau der Kontakte und der Zusammenarbeit auf staatlicher Ebene. Sie äußerten sich befriedigt über die zunehmenden Kontakte zwischen gesellschaftlichen Gruppen und den Menschen in beiden Ländern und sind bereit, diese Entwicklung weiter zu fördern.

Sie begrüßten die konstruktiven Ergebnisse des II. Treffens des Forums zwischen der Bundesrepublik Deutschland und der Volksrepublik Polen und stellten fest, daß diese Institution eine wichtige Rolle in den beiderseitigen Beziehungen spielt. Ebenso positiv bewerteten sie die Wirkung des ersten Jugendforums und sehen in ihm ein wichtiges Element für ein besseres Verständnis der jungen Generation.

Große Aufmerksamkeit wurde der Erörterung der bilateralen Wirtschaftsbeziehungen gewidmet. Beide Seiten gaben der Überzeugung Ausdruck, daß die Ergebnisse der dritten Tagung der Gemischten Regierungskommission zur Entwicklung der wirtschaftlichen, industriellen und technischen Zusammenarbeit, die am 17./18. Mai 1978 in Warschau stattfand, zu einer weiteren Intensivierung der wirtschaftlichen Zusammenarbeit beitragen werden. Beide Seiten hielten weitere Anstrengungen zur Steigerung und zu einer größeren Ausgewogenheit des Warenverkehrs zwischen beiden Ländern für erforderlich. Sie unterstrichen die Bedeutung, die dabei die Durchführung neuer Kooperationsvorhaben, darunter auch solcher auf Drittmärkten, zukommt.

Beide Minister bewerteten die stetige Entwicklung des Kulturaustauschs positiv, der einem besseren Kennenlernen, einer Vertiefung des gegenseitigen Verständnisses und des Vertrauens zwischen beiden Völkern dient. Sie stimmten in der Absicht überein, diesen Austausch weiter auszubauen und dadurch die Information über das kulturelle und gesellschaftliche Leben im anderen Land zu verbessern und zu erweitern.

Beide Minister erklärten ihre Bereitschaft, sich für das gemeinsame Ziel einer vorurteilsfreien, auf gegenseitiges Verstehen gerichteten Erziehung der Jugend einzusetzen und weiterhin darauf hinzuwirken, daß dabei die Empfehlungen der Gemeinsamen Schulbuchkommission berücksichtigt werden.

Sie betonten die Mitverantwortung der jungen Generation für die Gestaltung der Beziehungen zwischen den beiden Völkern, würdigten die bisherige Entwicklung des Jugendaustausches und der Jugendkontakte und sprachen sich für deren Erweiterung und für den Abschluß einer entsprechenden Vereinbarung aus.

Die beiden Minister sind übereingekommen, zur Behandlung der mit der weiteren Entwicklung der kulturellen Zusammenarbeit verbundenen Fragen die im Kulturabkommen vom 11. Juni 1976 vorgesehene Gemischte Kommission für Anfang 1979 einzuberufen.

Die beiden Minister bekräftigten die Bedeutung, die der weiteren Verbesserung der Beziehungen auch im konsularischen Bereich zukommt, und begrüßten es, daß Gespräche hierüber im Dezember dieses Jahres zwischen den zuständigen Abteilungen beider Ministerien stattfinden werden.

Im Mittelpunkt des umfassenden Meinungsaustauschs über internationale Themen standen Fragen der Entspannung, der Abrüstung, der Sicherheit und der Zusammenarbeit in Europa.

Beide Seiten bekräftigten die Notwendigkeit, den Prozeß der Entspannung kontinuierlich weiterzuführen, zu vertiefen und ihn fortschreitend und dauerhaft zu machen.

Sie treten weiterhin entschieden ein für die strikte Beachtung der Grundsätze über die Beziehungen der Teilnehmerstaaten und die volle Verwirklichung der Bestimmungen der Schlußakte der KSZE in ganz Europa, um auf dieser Grundlage einen dauerhaften Frieden und die breite Entwicklung der Zusammenarbeit im Interesse aller Staaten und zum Wohl der Menschen zu sichern.

Beide Seiten stimmten in dem Grundsatz überein, daß sich die politischen und militärischen Aspekte der Sicherheit ergänzen müssen und betonten die Notwendigkeit von Fortschritten auf dem Gebiet der Abrüstung und Rüstungskontrolle mit dem Ziel allgemeiner und vollständiger Abrüstung unter wirksamer internationaler Kontrolle. Sie wiesen dabei auf die Bedeutung konkreter Maßnahmen hin, um das Wettrüsten in der Welt einzudämmen.

Beide Seiten werden weiterhin alle Bemühungen unterstützen, die geeignet sind, die Verbreitung von Kernwaffen zu verhindern, ohne die friedliche Nutzung von Kernenergie zu beeinträchtigen.

Die beiden Minister maßen den amerikanisch-sowjetischen Verhandlungen über die Begrenzung strategischer Waffen größte Bedeutung bei und äußerten die Hoffnung, daß diese Gespräche bald zum Abschluß einer weiteren Vereinbarung führen werden.

Beide Seiten besprachen den Stand der Wiener Verhandlungen über die gegenseitige Verminderung von Streitkräften und Rüstungen und damit zusammenhängende Maßnahmen in Mitteleuropa und bekundeten ihren Willen, zum Erfolg dieser Verhandlungen beizutragen.

Beide Seiten begrüßten das Ergebnis der Ersten Sondergeneralversammlung der Vereinten Nationen über Abrüstungsfragen und betonten die Notwendigkeit, das dort erreichte Maß an Übereinstimmung weiter auszubauen.

Beide Minister bewerteten die Konsultationen, die zwischen den Außenministerien der beiden Länder über Abrüstungsfragen durchgeführt wurden, positiv und beschlossen, diese Konsultationen auch in der Zukunft fortzusetzen.

Beide Seiten äußerten die Überzeugung, daß es im Interesse der Sicherung eines gerechten und dauerhaften Friedens im Nahen Osten erforderlich ist, eine umfassende Regelung auf der Grundlage der Resolution des Sicherheitsrates Nr. 242 und 338 unter Beteiligung aller interessierten Parteien zu erreichen.

Bei der Erörterung der jüngsten Entwicklung der Lage in Afrika verurteilten beide Seiten die Apartheidpolitik in Südafrika.

Beide Seiten treten mit Nachdruck dafür ein, daß die Völker Namibias und Simbabwes so schnell wie möglich ihr Recht auf Selbstbestimmung und Unabhängigkeit gemäß den Prinzipien und Resolutionen der Vereinten Nationen verwirklichen können.

Beide Seiten befürworteten die weitere Stärkung der Vereinten Nationen und ihrer wichtigen Rolle bei der Erhaltung des Friedens und der Sicherheit in der Welt. Sie bekräftigten ihren Willen, die Zusammenarbeit im Rahmen der Vereinten Nationen und anderer internationaler Organisationen fortzusetzen.

Beide Minister äußerten sich befriedigt über die gute Atmosphäre und den Inhalt der Gespräche und gaben der Überzeugung Ausdruck, daß sie der weiteren positiven Entwicklung der Beziehung dienen werden.

Der Bundesminister des Auswärtigen, Hans-Dietrich Genscher, lud den Minister für Auswärtige Angelegenheiten der Volksrepublik Polen, Emil Wojtaszek, zu einem Gegenbesuch in der Bundesrepublik Deutschland ein.
Die Einladung wurde mit Dank angenommen.

Ausgewählte Bibliographie

a) Volksrepublik Polen (und DDR)

bearbeitet
von
P. Lippóczy

1. Dokumentationen

BULLETIN. Ministerium für Auswärtige Angelegenheiten Presse- und Informationsabteilung. Polnisches Institut für Internationale Angelegenheiten. Warszawa, November 1970, Nr. 1, [Beziehungen zwischen der Volksrepublik Polen und der Bundesrepublik Deutschland 1949—1970], Januar 1971, Nr. 3, [Vertrag zwischen der Volksrepublik Polen und der Bundesrepublik Deutschland über die Grundlagen der Normalisierung ihrer gegenseitigen Beziehungen].

CHOLEWIAK, Stanisław; Polityka zagraniczna RFN ze specjalnym uwzgzględnieniem polityki wschodniej [1969—1970]. Warszawa 1971, Polski Instytut Spraw Międzynarodowych.

LA FRONTIÈRE occidentale de la Pologne. Documents, déclarations, opinions. Édité par Andrzej Leśniewski. Warszawa 1966, Polski Instytut Spraw Międzynarodowych.

DATNER, Szymon, LESZCZYŃSKI, Kazimierz; Zbrodnie okupanta hitlerowskiego na ludności cywilnej w czasie Powstania Warszawskiego w 1944 roku w dokumentach. Wybór i oprac. Wstęp: Janusz Gumkowski. Warszawa 1962, MON, S. 443.

DOCUMENTA OCCUPATIONIS Komit. Red.; Zygmunt Wojciechowski i in. Poznań, Instytut Zachodni.
1. POSPIESZALSKI, Karol Marian; Memoriał pt. Die Bedeutung des Polenproblems für die Rüstungswirtschaft Oberschlesiens. 1945, S. 219;
2. SERWAŃSKI, Edward, TRAWIŃSKA, Irena; Zbrodnia niemiecka w Warszawie 1946, S. XXIII, 246;
3. GROT, Zdzisław, OSTROWSKI, Wincenty; Wspomnienia młodzieży wielkopolskiej 1939—1945, 1946, S. 315;
4. POSPIESZALSKI, Karol Marian; Niemiecka lista narodowa w „Kraju Warty". Wybór dokumentów, 1949, S. 379;
5. POSPIESZALSKI, Karol Marian; Hitlerowskie „prawa" okupacyjne w Polsce. Wybór dokumentów. Cz. 1 Ziemie „wcielone". 1952, S. XV, 442;
6. POSPIESZALSKI, Karol Marian; Hitlerowskie „prawa" okupacyjne w Polsce. Cz. 2 Generalna Gubernia. Wybór dokumentów i próba syntezy. 1958, S. 652;
7. POSPIESZALSKI, Karol Marian; Sprawa 58 000 Volksdeutschów. 1959, S. 220;
8. ŁUCZAK, Czesław; Wysiedlenia ludności polskiej na tzw. ziemiach wcielonych do Rzeszy 1939—1945. Wybór źródeł. 1969, S. XIII, 134;
9. ŁUCZAK, Czesław; Położenie polskich robotników przymusowych w Rzeszy. 1939—1945. Wybór źródeł. 1975, S. 355. [Główna Komisja Badania Zbrodni Hitlerowskich w Polsce].

10. KONIECZNY, Alfred, SZURGACZ, Herbert; Praca przymusowa Polaków pod panowaniem hitlerowskim 1939—1945. 1976, S. LXX, 564.

DOCUMENTA SILESIAN. Wrocławskie Towarzystwo Miłośników Historii. Wrocław, Zakł. Narodowy Ossolińskich.

Z.1. ORZECHOWSKI, Marian; Ludność polska na Dolnym Sląsku w latach 1918—1939. 1959, S. 142;

Z.2. FIEDOR, Karol; Dolny Śląsk w świetle dokumentów niemieckich z lat 1926—1939. 1963, S. 160;

Z.3. ORZECHOWSKI, Kazimierz; Materiały do dziejów polskiego szkolnictwa na Śląsku Opolskim w międzywojennym dwudziestoleciu. 1965, S. 220;

Z.4. FIEDOR, Karol; Walka z nazewnictwem polskim na Śląsku w okresie hitlerowskim. 1933—1939. 1966, S. 158;

Z.5. BROŻEK, Andrzej; Obraz gospodarczy rejencji opolskiej w przededniu wybuchu drugiej wojny światowej. 1968, S. 143;

Z.6. WRZESIŃSKI, Wojciech; Antypolska polityka władz hitlerowskich na Śląsku Opolskim w latach 1933—1939 w świetle raportów konsulów polskich. 1970, S. 313.

LA FRONTIÈRE occidentale de la Pologne. Documents, déclarations, opinions. Édité par Andrzej LEŚNIEWSKI. Warszawa 1966, Polski Instytut Spraw Międzynarodowych, Zachodnia Agencja Prasowa, p. 472 [także w wersji ang.].

GOMUŁKA, Władysław; Über das deutsche Problem. Reden und Aufsätze. 1957—1970, Warszawa 1971 (Książka i Wiedza).

KOWALSKI, Włodzimierz Tadeusz / LIPPÓCZY, Piotr; Granica na Odrze i Nysie Łużyckiej [Zbiór matériałów i dokumentów ze wstępem]. Warszawa 1971, Polski Instytut Spraw Międzynarodowych, T. 1, T. II, tab., bibliogr. pow.

KRÓL, Bogumił; Polityka zagraniczna rządu NRF [ze szczególnym uwzględnieniem polityki wschodniej] listopad 1968 — grudzień 1969. Dokumentacja z komentarzem. Warszawa 1970.

KRÓL, Bogumił / LIPPÓCZY, Piotr; Organizacje przesiedleńcze w NRF wobec polityki zagranicznej rządu zachodnioniemieckiego [1963—1970]. Dokumentacja ze wstępem., Warszawa 1971, (Polski Instytut Spraw Międzynarodowych).

LIPPÓCZY, Piotr; Polityka NRF wobec krajów socjalistycznych. Wybór podstawowych dokumentów i materiałów na temat polityki wschodniej [lata 1949—1969 oraz aneks za okres 1970—1973] Warszawa 1974 (Polski Instytut Spraw Międzynarodowych).

LIPPÓCZY, Piotr, SUŁEK, Jerzy; Nowa polityka na starych pozycjach. O tzw. pokojowej i odprężeniowej polityce rządu wielkiej koalicji NRF. Dokumentacja z komentarzem. Warszawa 1967 (Polski Instytut Spraw Międzynarodowych).

LIPPÓCZY, Piotr, WALICHNOWSKI, Tadeusz; Przesiedlenie Niemców z Polski po II wojnie światowej w świetle dokumentów. Warszawa 1977, PWN Naczelna Dyrekcja Archiwów Państwowych.

ŁUCZAK, Czesław; Grabież polskiego mienia na ziemiach zachodnich Rzeczypospolitej „wcielonych" do Rzeszy 1939—1945. Wydawnictwo źródłowe. Poznań 1969, Uniwersytet im. A. Mickiewicza w Poznaniu, S. 341.

MADAJCZYK, Czesław; Hitlerowski terror na wsi polskiej 1939—1945. Zestawienie większych akcji represyjnych. Przy współudz. Stanisławy Lewandowskiej. Warszawa 1965, PWN, S. 169.

NAGÓRSKI, Wojciech / TOMALA, Mieczysław; Plan Rapackiego. Dokumenty i materiały, Warszawa 1959.

OKUPACJA i ruch oporu w Dzienniku Hansa Franka 1939—1945. [Wybór i oprac. pod nauk.kier. Stanisława PŁOSKIEGO, Lucjan DOBROSZYCKI i in.]. Warszawa 1972, Książka i Wiedza. T.1. 1939—1942, S. VII, 616; T.2. 1943—1945, S. VIII, 674. [wyd.II — 1972].

ORĘDZIE biskupów polskich do biskupów niemieckich. Materiały i dokumenty. II wyd., Warszawa 1966 (Wydawnictwo Polonia).

POLAND, Germany and European Peace. Official Documents 1944—1948. London 1949, The Polish Embassy, P. 116.

POLEN, Deutschland und die Oder-Neiße-Grenze. Hrsg. vom Deutschen Institut für Zeitgeschichte in Verbindung mit der Deutsch-Polnischen Historiker-Kommission unter der verantwortlichen Redaktion von Rudi Goguel. Berlin (Ost) 1959.

POLISH Viewpoint. Disarmament, Denuclearization, European Security. Documents, Declarations, Statements, Warszawa 1967 (Interpress, Polonia).

RYSIAK, Gwidon; Zachodnia granica Polski na konferencji poczdamskiej. Zbiór dokumentów. Wstęp Jósefa Kokota pt. Poczdam i Moskwa, Opole 1970 (Instytut Śląski).

SKOWROŃSKI, Andrzej; Dokumenty o przesiedleniu Niemców z Polski, in: Sprawy Międzynarodowe, 7/1970, S. 120—141.

SKOWROŃSKI, Andrzej; Dokumenty poczdamskie. Sprawy Międzynarodowe 1969, Nr. 7/8, S. 91—115.

SŁUGOCKA, Ludmiła; Über die Grenzen hinaus. Deutsche Polenlyrik seit den Anfängen bis 1965 [Auswahl]. Aufl. 2. Warszawa 1968, PWN, S. 191 [Wyd. 1 — 1968].

SPRAWA polska w czasie drugiej wojny światowey na arenie międzynarodowej. Zbiór dokumentów. Red. Tadeusz CIEŚLAK [przewodniczący] i in. Warszawa 1965, PWN, S. XII, 837 [Polski Instytut Spraw Międzynarodowych].

SPRAWOZDANIE w przedmiocie strat i szkód wojennych Polski w latach 1939—1945, Warszawa 1947 (Biuro Odszkodowań Wojennych przy Prezydium Rady Ministrów).

SUŁEK, Jerzy; Bonn wobec problemu wyrzeczenia się przemocy w stosunkach NRF z krajami socjalistycznymi. Wybór dokumentów ze wstępem, Warszawa 1968 (Polski Instytut Spraw Międzynarodowych.

SUŁEK, Jerzy; Bońska koncepcja „ładu pokojowego", w Europie. Wybór dokumentów ze wstępem, Warszawa 1968 (Polski Instytut Spraw Międzynarodowych.

SUŁEK, Jerzy; Nowa polityka na starych pozycjach. Polityka zagraniczna rządu NRF ze szczególnym uwzględnieniem polityki wschodniej. Dokumentacja z komentarzem, Warszawa 1968, (Polski Instytut Spraw Międzynarodowych).

SUŁEK, Jerzy / TOMALA, Mieczysław; Polska-NRD. Materiały i dokumenty, Warszawa 1970 (Polski Instytut Spraw Międzynarodowych) [Biblioteka Zbioru Dokumentów, Nr. 32].

TOMALA, Mieczysław; Polityka wschodnia NRF. Dokumenty i materiały, Warszawa 1958.

TOMALA, Mieczysław; Układ PRL-NRF. [Dokumenty i materiały]. Warszawa 1971.

UKŁADY Związku Radzieckiego i Polski z Niemiecką Republiką Federalną. Dokumenty, przemówienia, wywiady, komentarz: Tadeusz Walichnowski — Zasady i kierunki normalizacji, Warszawa 1972 (Książka i Wiedza).

WALICHNOWSKI, Tadeusz; Układy graniczne Niemieckiej Republiki Federalnej. Wybór dokumentów. Warszawa 1970, Polksi Instytut Spraw Międzynarodowych, S. 58, pow.

WOJNA obronna Polski 1939. Wybór źródeł. Zebrali i oprac. M. CIEPLEWICZ [i in.] pod kier. Eugeniusza J. KOZŁOWSKIEGO. Warszawa 1968, MON, S. 1254 [Wojskowy Instytut Historyczny].

WOJNAR, Wiesław: Polityka zagraniczna RFN ze szczególnym uwzględnieniem polityki wschodniej w latach 1971—1972. Wybór dokumentów. Warszawa 1977 (Polski Instytut Spraw Międzynarodowych).

ZABIEŁŁO, Stanisław; Sprawa polska podczas II wojny światowej w świetle pamiętników. Warszawa 1958, Polski Instytut Spraw Międzynarodowych, S. 594.

ZALECENIA Komisji UNESCO Polskiej Rzeczypospolitej Ludowej i Republiki Federalnej Niemiec do Spraw Podręczników Szkolnych w zakresie historii i geografii. Warszawa 1976.

ZAMOJSZCZYZNA — Sonderlaboratorium SS. Zbiór dokumentów polskich i niemieckich. Wstęp Czesława Madajczyka. Dokumenty zebrali i oprac.: Franciszek CIEŚLAK, Stanisława LEWANDOWSKA, Czesław MADAJCZYK i Tadeusz TARNOGRODZKI. Warszawa 1977, Ludowa Spółdzielnia Wydawnicza, t. 1—2, S. 531.

ZE WSPÓLNYCH walk niemieckiego i polskiego rewolucyjnsgo ruchu robotniczego w latach 1918—1939. Dokumenty i materiały. Wybór dokumentów i materiałow opracowali i słowem wstępnym poprzedzili: Franciszek Hawranski, Wiesław Lesiuk, Klaus Mammach, Stefan Popiołek. Opole 1976, Instytut Śląski, S. 350 [Instytut Marksizmu-Leninizmu przy KC SED w Berlinie].

ZE WSPÓLNYCH walk demokratów polskich i niemieckich. Materiały i dokumenty. Oprac. Henryk ZIELIŃSKI, Wacław DŁUGOBORSKI. Warszawa 1957, PWN, S. 199.

2. Publikationen

ALBRECHT, Andrzej; Der Rapacki-Plan. Neue Aspekte, Warszawa 1964.

BANASIAK, Stefan; Działalność osadnicza Państwowego Urzędu Repatriacyjnego na Ziemiach Odzyskanych w latach 1945—1947. Poznań 1963, Instytut Zachodni, S. 243.

BARTOSZ, Julian; Rewizjonizm w programach partii politycznych NRF. Opole 1965, Instytut Śląski, S. 83.

BARTOSZ, Julian; Ludzie ze znakiem P. Wrocław 1969, Zakł.Nar. im.Ossolińskich, S. 158.

BASIŃSKI, Euzebiusz; Wspólne stanowisko w sprawie niemieckiej [1945—1964]. Z Dziejów stosunków polsko-radzieckich, t.2; 1966, S. 77—107.

BEZPIECZEŃSTWO Europy a groźba militaryzmu zachodnioniemieckiego. Materiały Międzynaraodowej Konferencji Naukowej. Praga, 23—27 Maja 1961 r, Warszawa 1961, Polski Instytut Spraw Międzynarodowych (Biblioteka „Spraw Międzynarodowych").

BIAŁECKI, Tadeusz; Przesiedlenia ludności niemieckiej z Pomorza Zachodniego po II wojnie światowej, Poznań 1969, Wyd. Poznańskie (Instytut Zachodnio-Pomorski w Szczecinie. Z prac Sekcji Historycznej, Nr. 8).

BILANS rządów „małej koalicji" w RFN w latach 1970—1975. Red. Tadeusz GRABOWSKI. Warszawa 1976, Wojskowa Akademia Polityczna im.F.Dzierżyńskiego, S. 192

BŁAHUT, Karol J.; Polsko-niemieckie stosunki gospodarcze w latach 1919—1939. Wrocław, 1975, Zakł.Narod.im.Ossolińskich, S. 367.

BUCHAŁA, Rudolf; Polska-NRD-NRF-Watykan a status quo w Europie środkowej. Zarys problemu, Katowice 1972, Śląski Instytut Naukowy, S. 113.

BUCHAŁA, Rudolf; Zachodnioniemieckie poglądy o tzw. „Recht auf die Heimat" w zakresie psychologii i socjologii, Katowice 1964, Śląski Instytut Naukowy, S. 58.

BUCHAŁA, Rudolf; „Recht auf die Heimat". Studium z problematyki stosunkow między NRF a wschodnimi sąsiadami Niemiec, Kraków 1969.

CHODERA, Jan; Literatura niemiecka o Polsce w latach 1918—1939. Katowice 1969, „Śląsk", S. 419.

CIESLAK, Tadeusz; Przeciw pruskiej przemocy. Walka o ziemię na Pomorzu na przełomie XIX i XX w. Warszawa 1959. Ludowa Spółdzielnia Wydawnicza, S. 194.

CYPRIAN, Tadeusz, SAWICKI, Jerzy; Nuremberg in Retrospect People and Issues of the Trial. Warszawa 1967, Zachodnia Agencja Prasowa, S. 245.

CYPRIAN, Tadeusz, SAWICKI, Jerzy; Siedem procesów przed Najwyższym Trybunałem Narodowym. Poznań 1962, Instytut Zachodni, S. XXVIII, 384.

CYPRIAN, Tadeusz, SAWICKI, Jerzy; Sprawy polskie w procesie norymberskim. Poznań 1956, Instytut Zachǫdni, S. 814.

CZERWIŃSKI, Jan; NRF — państwo przesiedleńców, Warszawa 1968,

DDR-VRP. Bündnis und Zusammenarbeit. 25. Jahrestag der DDR. 30. Jahrestag der VRP. Hrsg. v. Institut für Internationale Beziehungen der Akademie für Staats- und Rechtswissenschaft der DDR — Polski Instytut Spraw Międzynarodowych. Warszawa Berlin 1974.

DASZKIEWICZ, Krystyna; Przedawnienie zbrodni wojennych i zbrodni przeciw ludzkości w prawie karnym NRF. O roli i funkcji § 50, ust.2 k.k. z 1971 r., Warszawa 1970, Wyd.Prawnicze, S. 129 [Główna Komisja Badań Zbrodni Hitlerowskich w Polsce].

DATNER, Szymon, GUMKOWSKI, Janusz, LESZCZYŃSKI, Kazimierz; Eksterminacja ludności w Polsce w czasie okupacji niemieckiej 1939—1945. Poznań 1962, Wyd.Zachodnie, S. 315 [Zachodnia Agencja Prasowa].

DATNER, Szymon, GUMKOWSKI, Janusz, LESZCZYŃSKI, Kazimierz; Genocide 1939—1945. War Crimes in Poland. Poznań 1962, Wydawnictwo Zachodnie, S. 334 [Zachodnie Agencja Prasowa] [także w wersji franc.].

DĄBROWSKI, Stanisław; Koncepcje powojennych granic Polski w programach i działalności polskiego ruchu ludowego w latach 1939—1945. Wrocław 1971, Zakł.Nar. im.Ossolińskich, S. 195.

DEDECIUS, Karl; Polacy-Niemcy. Posłannictwo książek. Przeł. [z niem.] Irena i Egon Naganowscy. Przedm. E. Naganowski. Kraków 1973, Wyd.Literackie, S. 138.

DERESIEWICZ, Janusz; Okupacja niemiecka na ziemiach polskich włączonych do Rzeszy 1939—1945. Studium historyczno-gospodarcze. Poznań 1950, Instytut Zachodni, S. XXXVII, 599.

DOBRZYCKI, Wiesław; Granica zachodnia w polityce polskiej 1944—1947, Warszawa 1974.

DOLATA, Bolesław; Wyzwolenie Polski 1944—1945. Wyd.3. Warszawa 1974, MON, S. 700 [Wojskowy Instytut Historyczny] [Wyd.1 — 1971].

DRECKI, Ryszard; Pokolenie na rozdrożu. Szkice o wychowaniu politycznym i postawie ideowej młodzieży w NRF. Poznań 1964, Wyd.Poznańskie, S. 232.

DŁUGOBORSKI, Wacław; Śląsk w oczach zachodnieniemieckiej Ostforschung. Katowice 1962, Śląski Instytut Naukowy, S. 64.

DOBROWOLSKI, Piotr, WUTTKE, Henryk; Ostforschung. Organizacja i zainteresowania. Katowice 1967, Śląski Instytut Naukowy, S. 87.

DULCZEWSKI, Zygmunt; Społeczne aspekty migracji na Ziemiach Zachodnich. Poznań 1964, Instytut Zachodni, S. 172.

EHRLICH, Ludwik; Suwerenność Polski na Ziemiach Zachodnich i Północnych. Zagadnienia prawa międzynarodowego. Wyd. II rozszerzone, Katowice 1967.

EKSTERMINACYJNA polityka hitlerowska wobec narodu polskiego. Praca zbiorowa. Przewedniczący Komitetu Redakcyjnego: Halina SZWARC. Warszawa 1976, Ministerstwo Sprawiedliwości. Głowna Komisja Badania Zbrodni Hitlerowskich w Polsce, S. 351.

FAJKOWSKI Józef; Wieś w ogniu. Eksterminacja wsi polskiej w okresie okupacji hitlerowskiej. Warszawa 1972, Ludowa Spółdzislnia Wydawnicza, S. 511.

FELDMAN, Józef; Problem polsko-niemiecki w dziejach. Katowice 1946, Instytut Śląski, S. 174.

FIEDOR, Karol; Antypolskie organizacje w Niemczech 1918—1933. Wrocław 1973, Zakł.Nar. im.Ossolińskich, S. 304.

FRIEDBERG, Marian; Kultura polska a niemiecka. Elementy rodzime a wpływy niemieckie w ustroju i kulturze Polski średniowiecznej. Poznań 1946, Instytut Zachodni, t.1, S. 363; t.2, S. 310.

FRIEDENSSTÖRER in Bonn — Gebietsforderungen der Bundesrepublik. Praca zbiorowa, Warszawa 1961 (Zachodnia Agencja Prasowa).

FUKS, Rafał; Organizacje ziomkowskie w NRF w latach 1945—1967. Ze szczególnym umwględnieniem Ziomkostwa Prus Zachodnich, Związku Gdańszczan i Ziomkostwa Wisły-Warty, Poznań 1968.

GALOS, Adam, GENTZEN, Felix Heinrich, JAKÓBCZYK, Witold; Dzieje Hakaty. Red. Janusz PAJEWSKI. Poznań 1966, Instytut Zachodni, S. 486.

GALOS, Adam, GENTZEN, Felix Heinrich, JAKÓBCZYK, Witold; Die Hakatisten. Der Deutsche Ostmarkenverein [1894—1934]. Ein Beitrag zur Geschichte der Ostpolitik des deutschen Imperialismus. Bearb. der deutschen Ausg.: Felix Heinrich Gentzen. Gesamtred.: Janusz PAJEWSKI. Berlin 1966, Deutscher Verl. der Wissenschaften, S. 529 [Schriftenreihe der Kommission der Historiker der DDR und Volkspolens].

GELBERG, Ludwik; Układ PRL-NRF z 7 grudnia 1970 r. Analiza prawna, Wrocław 1974. (Instytut Nauk Prawnych PAN).

GOLCZEWSKI, Kazimierz; Przymusowa ewakuacja z prowincji nadbałtyckich III Rzeszy. 1943—1945. Poznań 1971, Wyd.Poznańskie, S. 316.

GOŁĘBIOWSKI, Janusz Wojciech; Pierwsze lata 1945—1947. Wyd.2, Katowice 1974, „Śląsk", S. 390 [Śląski Instytut Naukowy] [Wyd.1 — 1969].

GÓRA, Władysław, OKĘCKI, Stanisław; Für unsere und eure Freiheit. Deutsche Antifaschisten im polnischen Widerstandskampf. Hrsg. von Reinhold Jeske. Berlin 1975, Militärverlag der Deutschen Demokratischen Republik, S. 561.

GÓRA, Władysław, OKĘCKI, Stanisław; Niemieccy antyfaszyści w polskim ruchu oporu. Poznań 1966, Wyd.Poznańskie, S. 194.

GÓRA, Władysław, OKĘCKI, Stanisław; Walczyli o nowe Niemcy. Niemieccy antyfaszyści z ruchu oporu na ziemiach polskich. Warszawa 1972, Książka i Wiedza, S. 352.

GRABSKA, Wirginia; Ekonomiczna ekspansja Niemiec na wschód w latach 1870—1939. Wrocław 1964, Zakł.Nar. im.Ossolińskich, S. 211 [Polski Instytut Spraw Międzynarodowych].

GRABSKA, Wirginia; Ekonomiczne aspekty polityki wschodniej NRF. Warszawa 1969, Polski Instytut Spraw Międzynarodowych, S. VII, 267.

GRÜNBERG, Karol; Niemcy i ich organizacje polityczne w Polsce międzywojennej. Warszawa 1970, Wiedza Powszechna, S. 160.

GRZEŚ, Bolesław, KOZŁOWSKI, Jerzy, KRAMSKI, Aleksander; Niemcy w Poznańskiem wobec polityki germanizacyjnej. Pod redakeją Lecha TRZECIAKOWSKIEGO. Poznań 1976, Instytut Zachodni, S. 472.

GUMKOWSKI, Janusz, KUŁAKOWSKI, Tadeusz; Zbrodniarze hitlerowscy przed Najwyższym Trybunałem Narodowym. Wyd.3. Warszawa 1967, Wyd.Prawnicze, S. VII, S. 269 [Wyd.1 — 1961].

„HEIMATRECHT" a społeczna rzeczywistość. Warszawa 1962, Zachodnia Agencja Prasowa, S. 186.

„HEIMATRECHT", Instument of Revisionism, Warszawa 1963, Zachodnia Agencja Prasowa, S. 175.

JABŁOŃSKA, Dorota; Ziomkostwo pomorskie. 1945—1969. Poznań 1973, Wyd.Poznańskie, S. 138 [Instytut Zachodnio-Pomorski w Szczecinie].

JAKÓBCZYK, Witold; Pruska Komisja Osadnicza 1886—1919. Poznań 1976, Wyd.Poznańskie, S. 200.

JANICKI, Lech; Partie polityczne w systemie prawnym Republiki Federalnej Niemiec. Poznań 1975, Instytut Zachodni, S. 326.

JASTRZĘBOWSKI, Wacław; Gospodarka niemiecka w Polsce 1939—1944. Warszawa 1946, Czytelnik, S. 410.

JASTRZĘBSKI, Włodzimierz; Hitlerowskie wysiedlenia z ziem polskich wcielonych do Rzeszy, 1939—1945. Poznań 1968, Instytut Zachodni, S. 142.

JĘDRZEJEWSKI, Edward; Hitlerowska koncepcja administracji państwowej 1933—1945, Wrocław 1974, Zakład Narod. im. Ossolińskich.

KĄKOL, Kazimierz; Zbrodnia nie ukarana. Ściganie zbrodniarzy hitlerowskich w NRF [1959—1969]. Warszawa 1970, Książka i Wiedza, S. 312.

KIEŁCZEWSKA, Maria, GRODEK Andrzej; Odra-Nysa najlepsza granica Polski. Poznań 1945, Instytut Zachodni, S. 60.

KLAFKOWSKI, Alfons; Granica polsko-niemiecka a konkordaty z lat 1929 i 1933. Warszawa 1958, Pax, S. 486.

KLAFKOWSKI, Alfons; L'imprescriptibilité des crimes de guerre et l'Allemagne Fédérale au regard du droit international. Poznań 1970, Wyd.Poznańskie, S. 250.

KLAFKOWSKI, Alfons; Likwidacja państwa pruskiego. Ustawa Nr. 46 Sojuszniczej Rady Kontroli nad Niemcami. Warszawa 1967, PWN, S. 149.

KLAFKOWSKI, Alfons; Okupacja niemiecka w Polsce w świetle prawa narodów. Poznań 1946, Instytut Zachodni, S. 196.

KLAFKOWSKI, Alfons; Die deutsch-polnische Grenze nach dem II. Weltkrieg, Poznań 1970.

KLAFKOWSKI, Alfons; The Legal Effects of the Second World War and the German Problem, Warszawa 1968 (Interpress).

KLAFKOWSKI, Alfons; Podstawowe problemy prawne likwidacji skutków wojny 1939—1945 a dwa państwa niemieckie, Poznań 1966 (Instytut Zachodni).

KLAFKOWSKI, Alfons; The Potsdam Agreement, Warszawa 1963.

KLAFKOWSKI, Alfons; Umowa poczdamska z dnia 2. VIII. 1945 r. Podstawy prawne likwidacji skutków wojny polsko-niemieckiej z lat 1939—1945, Warszawa 1960. (PAX).

KLAFKOWSKI, Alfons; Umowa poczdamska a sprawy polskie 1945—1970, Poznań 1970.

KLAFKOWSKI, Alfons; Der Vertrag zwischen der Volksrepublik Polen und der Bundesrepublik Deutschland vom 7. Dezember 1970 — Grundlagen für eine völkerrechtliche Interpretation. Warszawa 1973 (Interpess) (Polski Instytut Spraw Międzynarodowych).

KOKOT, Józef, BROŻEK, Andrzej; The Policy of Misinformation in Publications of the Statistisches Bundesamt. Opole 1966, Instytut Śląski, S. 100.

KOKOT, Jósef; Kwestia niemiecka w ćwierć wieku po bezwarunkowej kapitulacji III Rzeszy. Wyd. 2 przejrz. i uzup., Wrocław 1970. (Instytut Śląski w Opolu).

KOKOT, Jósef; The Logic of the Oder-Neiße Frontier, Warszawa 1959.

KOKOT, Jósef; Logika Poczdamu, Katowice 1961. (Śląski Instytut Naukowy).

KOKOT, Jósef; Od Poczdamu do Helsinek. Koniec okresu powojennego w Europie, Opole 1974 (Instytut Śląski).

KOKOT, Jósef / BROŻEK, Andrzej; Intergracja przesiedleńców w Niemczech po II wojnie światowej, Wrocław 1966 (Zakład Narod. im. Ossolińskich) (Śląski Instytut Naukowy).

KOLIPIŃSKI, Juliusz; Granica pokoju. Wpływ granicy na Odrze i Nisie na gospodarkę Niemiec i Polski. Poznań 1948, Wyd.Zachodnis, S. 129.

KOŁOMEJCZYK, Norbert; Ziemie Zachodnie w działalności PPR. Poznań 1966, Wyd.Poznańskie, S. 283.

KONSEKWENCJE polityczne klęski III Rzeszy w Europie środkowej i południowowschodniej. Red. Tadeusz Walichnowski, Warszawa 1971.

KOSIŃSKI, Leszek; Procesy ludnościowe na Ziemiach Odzyskanych w latach 1945—1960. Warszawa 1963, PWN, S. 127 [Instytut Geografii PAN].

KOWALAK, Tadeusz; Prasa niemiecka w Polsce 1918—1939. Powiązania i wpływy. Warszawa 1971, Książka i Wiedza, S. 416.

KOWALAK, Tadeusz; Zagraniczne kredyty dla Niemców w Polsce 1919—1939. Warszawa 1972, Książka i Wiedza. S. 230.

KOWALSKI, Włodzimierz Tadeusz; Polityka zagraniczna Rzeczypospolitej Polskiej 1944—1947. Warszawa 1971, Książka i Wiedza, S. XII, 418 [Polski Instytut Spraw Międzynarodowych].

KOWALSKI, Włodzimierz Tadeusz; ZSRR a granica na Odrze i Nysie Łużyckiej 1941—1945. Warszawa 1965, MON, S. 279.

KOWALSKI, Włodzimierz Tadeusz; Walka dyplomatyczna o miejsce Polski w Europie 1939—1945. Wyd. 4, Warszawa 1972 (Książka i Wiedza).

KRASUSKI, Jerzy; Stosunki polsko-niemieckie 1871—1939, Warszawa 1967.

KRASUSKI, Jerzy; Stosunki polsko-niemieckie 1919—1932, Poznań 1975.

KRASUSKI, Józef; Tajne szkolnictwo polskie w okresie okupacji hitlerowskiej 1939—1945. Warszawa 1971, PWN, S. 369.

KUCHARSKI, Władysław; Związek Polakow „Zgoda" w Republice Federalnej Niemiec. Lublin 1976, Wydawn.Polonijnego Centrum Kulturalno-Oświatowego Uniwersytetu Marii Curie-Skłodowskiej, S. 204.

LABUDA, Gerard; Polska granica zachodnia. Tysiąc lat dziejéw politycznych. Wyd. 2, Poznań 1974 (Wyd. Poznańskie).

LACHS, Manfred; Die Westgrenze Polens. Recht, Tatsachen, Logik der Geschichte, Warszawa 1967 (Państwowe Wyd. Nauk.).

LEŚNIEWSKI, Andrzej; „Ostpolitik" a samostanowienie narodów, Warszawa-Poznań 1963.

LEŚNIEWSKI, Andrzej; Self-Determination as Smokescreen for Ostpolitik, Warszawa 1963.

ŁOSSOWSKI, Piotr; Między wojną a pokojem. Niemieckie zamysły wojenne na wschodzie w obliczu traktatu wersalskiego. Marzec-czerwic 1919 roku. Warszawa 1976, Książka i Wiedza, S. 350.

ŁUCZAK, Czesław; Polscy robotnicy przymusowi w Trzeciej Rzeszy podczas II wojny światowej, Poznań 1974 (Wyd. Poznańskie).

MADAJCZYK, Czesław; Polityka III Rzeszy w okupowanej Polsce. Warszawa PWN. T. 1 — 1970, T. 2 — 1970.

MAŁCUŻYNSKI, Karol; Gomułka-Plan zum Einfrieren der Kernrüstungen in Mitteleuropa, Warszawa 1965 (Zachodnia Agencja Prasowa).

MAREK, Ryszard; Kościół Rzymskokatolicki wobec Ziem Zachodnich i Północnych. Warszawa 1976, PWN, S. 359.

MARKIEWICZ, Stanisław; Watykan i NRF wobec spraw polskich. Warszawa 1964, MON, S. 277.

MARKIEWICZ, Władysław; Społeczeństwo i socjologia w Niemieckiej Republice Federalnej, Poznań 1966 (Wyd. Poznańskie).

MADRY, Jósef; Prasa przesiedleńcza i ziomkowska w latach 1945—1970. Katowice 1971, Śląski Instytut Naukowy, S. 136.

MĘCLEWSKI, Edmund; Niemcy w Europie, Warszawa 1974 (Iskry).

MEISSNER, Lucjan; Niemieckie organizacje antyfaszystowskie w Polsce 1933—1939. Warszawa 1973, Książka i Wiedza, S. 301.

MONOGRAFIA Niemiec Współczesnych. Pod red. Gerarda LABUDY. Poznań, Instytut Zachodni. T.1: Niemiecka Republika Demokratyczna. Praca zbiorowa pod red. Bohdana GRUCHMANA i Bolesława WIEWIÓRY. 1963, S. 449; T.2.: Niemiecka Republika Federalna. Praca zbiorowa pod red. Karola Mariana POSPIESZALSKIEGO i Janusza ZIÓŁKOWSKIEGO. 1965, S. 733.

MOROZ, Piotr; Polityka wschodnia FDP w latach 1961—1970, Warszawa 1976.

MURZYNOWSKA, Krystyna; Polskie wychodźstwo zarobkowe w Zagłębiu Ruhry w latach 1880—1914. Wrocław 1972, Zakł.Nar. im.Ossolińskich, S. 279 [Instytut Historii PAN].

NAHLIK, Stanisław Edward; Grabież dzieł sztuki. Rodowód zbrodni międzynarodowej. Wrocław 1958, Zakł.Nar. im.Ossolińskich, S. 482.

NIEMCY wspołczesne jako przedmiot badań nauki polskiej [1945—1970]. Praca zbiorowa pod red. Janusza Rachockiego, Poznań 1971 (Instytut Zachodni).

NIEMIECKA Republika Federalna. Praca zbiorowa pod red. Karola Mariana Pospieszalskiego i Janusza Ziółkowskiego, Poznań 1965 [Monografia Niemiec współczesnych pod red. Gerarda Labudy. Tom 2].

O PROBLEMIE niemieckim. Autorzy; Gerard LABUDA i in. Warszawa 1962, Książka i Wiedza, S. 319.

ODBUDOWA Ziem Odzyskanych [1945—1955]. Praca zbiorowa pod red. Kazimierza PIWARSKIEGO i Stanisławy ZAJCHOWSKIEJ. Poznań 1957, Instytut Zachodni, S. 491.

OLSZEWICZ, Bolesław; Lista strat kultury polskiej [1. IX. 1939—1. III. 1946]. Warszawa 1947, S.Arct., S. XVI, 336.

ORZECHOWSKI, Marian; Ludność polska w Niemczech w latach 1922—1939. Warszawa 1967, Polonia, S. 65.

ORZECHOWSKI, Marian; Odra-Nysa Łużycka-Bałtyk w polskiej myśli politycznej okresu II wojny światowej, Wrocław 1969, (Zakł. Narod. im. Ossolińskich).

OSMAŃCZYK, Edmund Jan; Nasza Europa. Poznań 1971, Wyd.Poznańskie, S. 245.

OSMAŃCZYK, Edmund Jan; Sprawy Polaków. Wyd.5. Katowice 1948, AWiR, S. 159 [Wyd.1 — 1946].

PAJEWSKI, Janusz, GŁOWACKI Włodzimierz; Analogie rewizjonizmu niemieckiego. Poznań 1947, Wyd.Zachodnie, S. 176.

PASIERB, Bronisław; Migracja ludności niemieckiej z Dolnego Śląska w latach 1944—1947, Wrocław 1969 (Zakład Narod. im. Ossolińskich) [Monografie Śląskie Ossolineum, Nr. 17].

PASTUSIAK, Longin; Podział i zjednoczenie Niemiec w dyplomacji wielkiej czwórki. Katowice, „Śląsk“, S. 299.

PIETRUCHA, Jerzy; Die Bevölkerung West- und Nordpolens, Warszawa 1973 (Interpress).

PILICHOWSKI, Czesław; Badanie i ściganie zbrodni hitlerowskich 1944—1974. Warszawa 1975, Główna Komisja Badania Zbrodni Hitlerowskich w Polsce, S. 233.

PIOTROWSKI, Stanisław; Hans Frank's Diary. Warszawa 1961, PWN, S. 320.

PIOTROWSKI, Stanisław; Sprawy polskie przed Międzynarodowym Trybunałem Wojennym w Norymberdze. Warszawa, Wyd.Prawnicze. T.1. Dziennik Hansa Franka. 1956, S. XXI, 551 [wyd.2 — 1957]; T.2. Proces Hansa Franka i dowody polskie przeciw SS. 1970, S. XI, 350.

POLAND and the German Question. Warszawa 1963, Wyd.Zachodnie, P.141 [Zachodnia Agencja Prasowa] [także w wersjach franc. i hiszp.].

POLAND's Place in Europe. By Maria KIEŁCZEWSKA-ZALESKA [i inni]. Edited by Zygmunt WOJCIECHOWSKI. Poznań 1947, Instytut Zachodni, P.460.

POLITYKA wschodnia NRF. Wybrane kierunki i problemy [1969—1972]. Praca zbiorowa pod red. Bronisława Kowalskiego, Katowice 1973 (Śląski Instytut Naukowy).

POLITYKA zagraniczna PRL w świetle Układu Poczdamskiego. Warszawa 1972.

DIE POLNISCHEN Westgebiete. Poznań 1960, Instytut Zachodni, S. 320 [także w wersjach franc. i ang.].

POLSKA a problem niemiecki. Warszawa 1962, Wyd.Zachodnie, S. 124.

POLSKA Zachodnia 1 Północna. T.1. Oprac. St.GOLACHOWSKI [i in.] Poznań 1962, Wyd.Zachodnie, S. 542 [Zachodnia Agancja Prasowa] [Wyd.1 — 1961].

POLSKIE Ziemie Zachodnie. Praca zbiorowa. Poznań 1959, Instytut Zachodni, S. 271.

POSPIESZALSKI, Karol Marian; Polska pod niemieckim prawem 1939—1945 [Ziemie zachodnie]. Poznań 1946, Instytut Zachodni, S. 279.

POTOCKI, Stanisław; Położenie mniejszości niemieckiej w Polsce 1918—1938. Gdańsk 1969, Wyd.Morskie, S. 502 [Instytut Bałtycki w Gdańsku].

PRL-NRD. Sojusz i współpraca, 30-lecie PRL, 25-lecie NRD. Pod redakcją Jerzego Sułka i Wernera Hänischa. Polski Instytut Spraw Międzynarodowych, Warszawa; Institut für Internationale Beziehungen der Akademie für Staats- und Rechtswissenschaft der DDR, Potsdam-Babelsberg, Warszawa 1974.

PROBLEM polsko-niemiecki w traktacie wersalskim. Praca zbiorowa pod red. J. Pajewskiego przy współudziale J. Krasuskiego, G. Labudy, K. Piwarskiego, Poznań 1963.

PRZEDAWNIENIE zbrodni hitlerowskich w NRF. Materiały sesji naukowej Komitetu Koordynacyjnego Badań Niemcoznawczych. Warszawa, 8. marca 1965 r. Warszawa 1965, Polski Instytut Spraw Międzynarodowych, S. 113.

PRZEMIANY społeczne na Ziemiach Zachodnich. Praca zbiorowa pod red. Władysława MARKIEWICZA i Pawła RYBICKIEGO. Poznań 1967, Instytut Zachodni, S. 456.

PRZEMIANY w świadomości społecznej mieszkańców województw zachodnich i północnych w latach 1945—1970. Autorzy: Władysław MARKIEWICZ i in. Wrocław 1974, Zakł.Nar. im.Ossolińskich, S. 159.

PRZESIEDIENIA ludności przez III Rzeszę i jej sojuszników podczas II wojny światowej. Międzynarodowe kolokwium Zamość 17.—20. X. 1972 r. Lublin, 1974, Wyd.Lubelskie, S. 373.

RAWSKI, Tadeusz, STĄPOR, Zdzisław, ZAMOJSKI, Jan; Wojna wyzwoleńcza narodu polskiego w latach 1939—1945. Węzłowe problemy. Wyd.2. Warszawa 1966, MON, S. XIX, 881 [Wojskowy Instytut Historyczny] [Wyd.1 — 1963].

RACHOCKI, Janusz; Volksrepublik Polen — Bundesrepublik Deutschland. Probleme der Normalisierung gegenseitiger Beziehungen. Texte und Dokumente. Hrsg. und mit Vorwort versehen von Janusz Rachocki. Auswahl der Dokumente von Jósef Muszyński, Poznań 1972.

RADOS, Julian; Rehabilitacja na Pomorzu Gdańskim, Gdańsk 1969 (Wyd. Morskie).

RECHOWICZ, Henryk; Western and Northern Poland. Warszawa 1972, Interpress, S. 138 (także w wersji polskiej).

ROLA Zakonu Krzyżackiego w podręcznikach szkolnych Republiki Federalnej Niemiec i Polskiej Rzeczypospolitej Ludowej. Materiały konferencji historyków RFN i PRL. Toruń, wrzesień 1974. Pod red. Mariana BISKUPA. Wrocław 1976, Zakł.Nar. im.Ossolińskich, S. 111 [Polska Akademia Nauk, Wydz. I Nauk Społecznych].

ROTFELD, Adam Daniel, SUŁEK, Jerzy; Układ PRL-NRF na tle umowy poczdamskiej, układu w Zgorzelcu i układu ZSRR-NRF. Analiza porównawcza. Warszawa 1970, Polski Instytut Spraw Międzynarodowych, S. 44, pow.

ROZWÓJ organizacyjny i ewolucja programowa Socjaldemokratycznej Partii Niemiec 1875—1975. Materiały sympozjum naukowego z okazji setnej rocznicy zjednoczenia partii socjalistycznych w Niemczech [22.—23. V. 1975]. Pod red. Antoniego CZUBIŃSKIEGO. Poznań 1976, Uniwersytet im.A.Mickiewicza, S. 349.

RUSIŃSKI Władysław; Położenie robotników polskich w czasie wojny 1939—1945 na terenie Rzeszy i obszarów wcielonych. Poznań, Instytut Zachodni, Cz.1 — 1949, S. XII, 560; Cz.2 — 1955, S. VI, 325.

RYBICKI, Remigiusz; Status prawny Berlina Zachodniego, Warszawa 1972.

SCHIMITZEK, Stanisław; Przeciwko fałszerstwom, Warszawa 1966.

SCHIMITZEK, Stanisław; Vertreibungsverluste? Westdeutsche Zahlenspiele, Warszawa 1966 (Zachodnia Agencja Prasowa).

SKIBIŃSKI, Jerzy; Polska-RFN. Problemy normalizacji stosunków, Warszawa 1974 (Wyd. Interpress).

SKOWROŃSKI, Andrzej; Polska a problem Niemiec 1945—1965, Warszawa 1967.

SKUBISZEWSKI, Krzysztof; Zachodnia granica Polski. Gdańsk, Wyd.Morskie, S. 630 [Instytut Bałtycki w Gdańsku].

SKUBISZEWSKI, Krzysztof; Wysiedlenie Niemców po II wojnie światowej, Warszawa 1968.

SKUBISZEWSKI, Krzysztof; Zachodnia granica Polski w świetle traktatów, Poznań 1975.

SŁUGOCKA, Ludmiła; Powojenna zachodnioniemiecka liryka o Polsce w świetle zaangażowania pisarzy, Poznań 1975 (Poznańskie Towarzystwo Przyjaciół Nauk).

SŁUGOCKA, Ludmiła; Über die Grenzen hinaus. Deutsche Polenlyrik seit den Anfängen bis 1965 [Auswahl]. Aufl. 2. Warszawa 1968 (PWN).

SOBAŃSKI, Wacław; School Textbooks in the German Federal Republic, Warszawa 1962.

SOBCZAK, Janusz; Polityka wschodnia NRF w okresie rządów Erharda, Warszawa 1971.

SOBCZAK, Janusz; Progaganda zagraniczna Niemiec weimarskich wobec Polski, Poznań 1973 (Instytut Zachodni).

SOBCZAK, Janusz; Przesiedleńcy w NRF., Poznań 1962 (Wyd. Poznańskie).

SOBCZAK, Janusz; Hitlerlowskie przesiedlenia ludności niemieckiej w dobie II wojny światowej. Poznań 1966, Instytut Zachodni, S. 371.

SOSNOWSKI, Kirył; The Tragedy of Children under Nazi Rule. Poznań 1962, Zachodnia Agencja Prasowa, S. 470.

SROCKI, Bolesław; Nowa Polska i nowe Niemcy. Gdańsk 1947, Inst. Bałtycki, S. 144.

STAATSANGEHÖRIGKEIT — Soziale Grundrechte — Wirtschaftliche Zusammenarbeit nach dem Recht der Bundesrepublik Deutschland und der Volksrepublik Polen. Referate des Rechtscolloquiums 1974, herausgegeben von Józef KOKOT und Krzysztof SKUBISZEWSKI. Opole 1976, Instytut Śląski; Berlin, Heidelberg, New York, Springer Verlag, S. 293.

STOSUNKI polsko-niemieckie w historiografii. Cz. 1. Studia z dziejów historiografii polskiej i niemieckiej pod red. Jerzego Krasuskiego, Gerarda Labudy, Antoniego W. Walczaka, Poznań 1974 (Instytut Zachodni).

STRATY wojenne Polski w latach 1939—1945. Wyd.2 usup. Poznań 1962, Zachodnia Agencja Prasowa, S. 142 [I wyd. 1960].

SUŁEK, Jerzy; Polityka wschodnia rządu „Wielkiej koalicji" 1966—1969, Warszawa 1972.

SUŁEK, Jerzy; Stanowisko rządu NRF wobec granicy na Odrze i Nysie Łużyckiej (1949—1966), Poznań 1969 (Instytut Zachodni).

SZŁAPCZYŃSKI, Jósef / WALICHNOWSKI, Tadeusz; Ostforschung. The Role of West German Political Science, Warszawa 1970.

SYLWESTER, Antoni; Polska w zachodnioniemieckich podręcznikach geografii. Opole 1965, Instytut Śląski, S. 31.

SYLWESTER, Antoni; Sprawy polskie w nauce historii w szkołach podstawowych i średnich w Niemieckiej Republice Federalnej. Opole 1963, Instytut Śląski, S. 86.

SYMONIDES, Janusz; Terytorium państwowe w świetle zasady efektywności. Toruń 1971, PWN, S. 260 [Tow.Naukowe w Toruniu].

SZEFER, Andrzej; Mniejszość niemiecka w Polsce i Czechosłowacji w latach 1933—1938. Przedmowa: Henryk Batowski. Katowice 1967, Śląski Instytut Naukowy, S. 241.

SZENIC, Stanisław; Za zachodnią miedzą. Polacy w życiu Niemiec XVIII i XIX wieku. Warszawa 1973, PIW, S. 374.

SZEWCZYK, Wilhelm; O politycznym charakterze recepcji literatury polskiej w Niemieckiej Republice Federalnej. Katowice 1968, ?, S. 20.

SZNAJDER, Waldemar; Ideowo-polityczne wychowanie młodzieży szkolnej w RFN [1945—1969]. Opole 1976, Instytut Śląski, S. 215.

SZNAJDER, Waldemar; „Ostkunde" w szkołach Niemieckiej Republiki Federalnej. Wybrane zagadnienia, Katowice 1964 (Śląski Instytut Naukowy).

SZURGACZ, Herbert; Przymusowe zatrudnienie Polaków przez hitlerowskiego okupanta w latach 1939—1945. Studium prawno-polityczne. Wrocław 1971, Zakł.Nar. im.Ossolińskich, S. 250 [Główna Komisja Badania Zbrodni Hitlerowskich w Polsce].

SZYDLAK, Jan Władysław; Układ Polska-NRF z 7. XII. 1970 r. o podstawach normalizacji ich wzajemnych stosunków a umowa poczdamska, Poznań 1974 (Wyd. Poznańskie).

SZYROCKI, Marian; Historia literatury niemieckiej. Zarys. Wyd. 2 posz, Wrocław 1971.

SZYROCKI, Marian / URBANOWICZ, Mieczysław; Deutsche und österreichische Prosa des 20. Jahrhunderts, Warszawa 1969, (PWN).

SZYROCKI, Marian / URBANOWICZ, Mieczysław; Deutsches und österreichisches Drama des 20. Jahrhunderts, Warszawa 1968 (PWN).

SZYROCKI, Marian; Dzieje literatury niemieckiej. Podręcznik. Warszawa, PWN. T.I — 1969, S. 376; t.II — 1972, S. 381 [W t.II S. 321—339: Bibliografia przekładów niemieckiej literatury pięknej na język polski — wybór — do 1968 r.].

TOMALA, Mieczysław; Polska-NRF. Gospodarka, stosunki ekonomiczne, Warszawa 1973.

TRZECIAKOWSKI, Lech; Pod pruskim zaborem 1850—1918, Warszawa 1973.

TRZECIAKOWSKI, Lech; Kulturkampf w zaborze pruskim. Poznań 1970.

TRZECIAKOWSKI, Lech; Walka o polskość miast Poznańskiego na przełomie XIX i XX wieku. Poznań 1964, Wyd.Poznańskie, S. 252.

TYSIĄC lat nad Odrą i Bałtykiem. Praca zbiorowa pod red. Kazimierza GOLCZEWSKIEGO. Szczecin 1966, Instytut Zachodnie-Pomorski, S. 206.

VERBRECHEN an polnischen Kindern 1939—1945. Eine Dokumentation. Mit einem Anhang. Dokumente deutscher Verwaltung im besetzten Polen. München 1973, Verlag Anton Pustet [PWN — Polnischer Verlag der Wissenschaften, GłKBZHwP — Hauptkommission zur Untersuchung der Naziverbrechen in Polen], S. 239.

WALCZAK, Antoni Władysław; BHE / Block der Heimatvertriebenen und Entrechteten, [Zachodnioniemiecka Partia Przesiedleńców], Poznań 1967 (Instytut Zachodni).

WALCZAK, Antoni Władysław; Rodowód polityki wschodniej NRF, Warszawa 1972.

WALICHNOWSKI, Tadeusz; Die Achse Tel Aviv — Bonn und Polen, Warszawa 1968.

WALICHNOWSKI, Tadeusz; Status quo w Europie, Warszawa 1970.

WALICHNOWSKI, Tadeusz; Przynależność terytorialna archiwaliow w stosunkach międzynarodowych. Warszawa 1977, PWN.

WAR Losses in Poland 1939—1945 [Ed. Roman NUROWSKI]. Poznań 1960, Wyd.Zachodnie, S. 135 [Zachodnia Agencja Prasowa] [także w wersji franc., ros.].

WESTERN and Northern Poland. Historical Outline, Nationality Problems, Legal Aspect, New Society, Economie Survey. Elaborated by Tadeusz DERLATKA [i in.]. Warszawa 1962, Zachodnia Agencja Prasowa, S. 534.

WIEWIÓRA, Bolesław; Granica na Odrze i Nysie Łużyckiej w polityce Zachodu, Poznań 1958.

WIEWIÓRA, Bolesław; The Polish-German Frontier in Light of International Law. Poznań 1964.

WOJCIECHOWSKI, Marian; Die polnisch-deutschen Beziehungen 1933—1938, Leiden 1971.

WOJCIECHOWSKI, Zygmunt; Polska-Niemcy. Dziesięć wieków zmagania. Poznań 1945, Instytut Zachodni, S. 267.

WRÓBLEWSKI, Tadeusz Seweryn; Slawistyka w NRD i w NRF na tle historycznego rozwoju. Poznań 1973, Instytut Zachodni, S. 266.

WRZESIŃSKI, Wojciech; Polski ruch narodowy w Niemczech 1922—1939. Poznań 1970, Wyd.Poznańskie, S. 431.

WSCHODNIA ekspansja Niemiec w Europie Środkowej. Zbiór studiów nad tzw. niemieckim Drang nach Osten. Pod red. Gerarda Labudy, Poznań 1963.

WUTTKE, Henryk; Współczesne granice niemieckie a bezpieczeństwo. Katowice 1971, Śląski Instytut Naukowy, S. 82.

Z DZIEJÓW stosunków polsko-niemieckich. Praca zbiorowa pod red. Ignacego PAWŁOWSKIEGO i Janusza WOLIŃSKIEGO. [Aut.: Tadeusz CIEŚLAK i in.]. Warszawa 1964, MON, S. 163 [Wojskowa Akademia Polityczna im.F.Dzierżyńskiego].

ZABIEŁŁO, Stanisław; O rząd i granice. Walka dyplomatyczna o sprawę polską w drugiej wojnie światowej. Wyd.3 popr. i rozszerz. Warszawa 1970 Pax, S. 321 [Wyd.1 — 1964].

ZABOROWSKI, Jan; Die Kirche an der Oder und Neiße. Warszawa 1969, Novum, Chrześcijańskia Stowarzyszenie Społeczne, S. 87 [także w wersjach wł. i ang. i polskiej].

ZBRODNIE hitlerowskie na dzieciach i młodzieży polskiej 1939—1945. Praca zbiorowa. Warszawa 1969. Wyd.Prawnicze, S. XXXI, 168 [Główna Komisja Badania Zbrodni Hitlerowskich w Polsce].

ZIELIŃSKI, Józef; Stosunki gospodarcze NRF z krajami RWPG. Warszawa 1970, ???, S. 77.

ZIEMIE Zachodnie w granicach Macierzy. Drogi integracji. Przewodn. Kom. red. Gerard Labuda, Poznań 1966 (Wyd. Poznańskie).

ŻYGULSKI, Kazimierz; Repatrianci na Ziemiach Zachodnich. Studium socjologiczne. Poznań 1962, Instytut Zachodni, S. 222.

3. Artikel und Materialien

BANASIAK, Stefan; Settlement of the Polish Western Territories in 1945—1947, in: Polish Western Affairs 1965, Nr. 1, S. 121—149.

BANASIAK, Stefan; Warunki przesiedlenia ludności niemieckiej z Polski na podstawie decyzji konferencji poczdamśkiej, in: Kumunikaty Instytutu Bałtyckiego 1967, Nr. 6, S. 37—75.

BANASIAK, Stefan; Organizacja repatriacji ludności niemieckiej z Polski w latach 1946—1950. Przegląd Zachodni 1963, Nr. 5, S. 102—116.

DANASIAK Stefan: Geneza przesiedlenia ludności niemieckiej z Polski po drugiej wojnie światowej. Zeszyty Naukowe Uniwersytetu Łódzkiego. Nauki Humaniczno-Społeczne, Seria I, 1977, z. 111, S. 183—197.

BEZPIECZEŃSTWO Europy a groźba militaryzmu zachodnieniemieckiego. Materiały Międzynarodowej Konferencji Naukowej. Praga, 23—27 maja 1961 r. Warszawa 1961, Polski Instytut Spraw Międzynarodowych, S. 413.

BIERZANEK, Remigiusz; Le „Volksgruppenrecht" et le „Heimatrecht", in: Annuaire Polonais des Affaires Internationales 1961, S. 152—178.

BROŻEK, Andrzej; Niemcy na Ziemiach Polskich przed drugą wojną światową. Próba szacunku liczbowego. Zeszyty Naukowe Wyższej Szkoły Pedagogicznej w Opolu, Ekonomia, 1965, Nr. 1, S. 53—89.

BROŻEK, Andrzej, SUCHOŃSKI, Adam; Przeszłość Ziem Zachodnich w obowiązujących polskich podręcznikach szkolnych historii. Przegląd Zachodni 1971, Nr. 3, S. 24—53.

BYCZKOWSKI, Józef; Patronaty formą utrzymywania i szerzenia nastrojów rewizjonistycznych w NRF. Biuletyn Niomcoznawczy Instytutu Śląskiego 1967, Nr. 2, S. 25—34.

CHODERA, Jan; „Deutsche Mission im Osten" und Germanisierung der polnischen Bevölkerung in der deutschen Literatur des 20. Jh., in: Studia historica slavo-germanica. Bd. I; 1972, S. 195—213.

CHODERA, Jan; Der Deutsche Ritterorden und Polen in der deutschen Literatur 1918—1939, in: Studia historica slavo-germanica, Bd. III; 1974, S. 64—83.

CHOLEWIAK, Stanisław; Odszkodowania wojenne RFN dla obywateli polskich, in: Sprawy Międzynarodowe 1974, Nr. 4, S. 99—112.

CHOLEWIAK, Stanisław; Reparations by the European Axis States after the Second World War, in: Studies on International Relations 1973, Nr. 2, S. 115—136.

CHOLEWIAK, Stanisław; The FRG War Indemnities to polish Citizens, in: Studies on International Relations, 1975, Nr. 4, S. 79—98.

CYGAŃSKI, Mirosław; Kryzys polityki wschodnisj z pozycji siły K.Adenauera 1961—1963 i elastyczna „polityka ruchu" w Ostpolitik NRF za Erharda i Schrödera w latach 1963—1966. Biulatyn Niemcoznawczy Instytutu Śląskiego 1970, Nr. 1, S. 26—78.

CYGAŃSKI, Mirosław; Mniejszość niemiecka w Polsce centralnej w latach 1919—1939. Łódź 1962, Wyd.Łódzkie, S. 186.

CYGAŃSKI, Mirosław; Nazi Persecutions of Polish National Minorities in the Rhineland-Westphalia Provinces in the Years 1933—1945. Polish Western Affairs 1976, Nr. 1—2, p. 115—138.

CYGAŃSKI, Mirosław; Niemiecka emigracja polityczna wobec Polski w latach drugiej wojny światowej 1939—1945. Przegląd Stosunków Międzynarodowych 1975, Nr. 4, S. 55—84.

CYGAŃSKI, Mirosław; Polityka wschodnia SPD 1956—1968. Biuletyn Niemcoznawczy Instytutu Śląskiego 1970, Nr. 2—3, S. 106—134.

CZUBIŃSKI, Antoni; Stanowisko SPD wobec narodu i państwa polskiego w okresie dyktatury hitlerowskiej (1933—1945), in: Studia hostorica slavo-germanica, Bd. I; 1972, S. 181—194.

DĄBROWA, Sławomir; Zasady nienaruszalności granic i integralności terytorialnej państw na KBWE, in: Sprawy Międzynarodowe 1975, Nr. 11, S. 7—16.

DASZKIEWICZ, Krystyna; Prescription of Nazi Crimes in the German Federal Republic in Relation to Law-keeping. Polish Western Affairs 1971, No 1, P.87—115 [także w wersji franc.].

DESTRUKCYJNE tendencje w nauce prawa i polityce międzynarodowej NRF. Sesja naukowa KKBN [Katowice, 29—30. XI. 1965], in: Studia o Niemczech Współczesnych, Bd. 2; 1967, S. 201—306.

DŁUGOBORSKI, Wacław; Ostforschung and Upper Silesian Problems, Polish Western Affairs 1963, No 1, P.91—119.

DRECKI, Ryszard; Polityka wschodnia rządu „wielkiej koalicji" NRF [grudzień 1966 — wrzesień 1967 r.]. Przegląd Zachodni 1967, Nr. 6, S. 380—390.

DROPIŃSKI, Feliks; Obywatelstwo polskie na Ziemiach Odzyskanych. Administracja i Samorząd na Ziemiach Odzyskanych, Seria A, 1946, Nr. 2—3, S. 3—52.

DUDEK, Wiesław; Regulowanie odszkodowań za przejęte mienie na Ziemiach Zachodnich jako przyczynek do kwestii uznania suwerenności Polski na tym terenie. Państwo i Prawo 1969, Nr. 7, S. 53—59.

DZIURZYŃSKI, Patrycy; Integracja prawna i gospodarcza Ziem Odzyskanych. Roczniki Dziejów Ruchu Ludowego, Nr. 12, 1970, S. 57—96.

EHRLICH, Ludwik; „Recht auf die Heimat", in: Cahiers Pologne — Allemagne 1962, Nr. 2, S. 19—29.

FRELEK, Ryszard; Niemcy — w ćwierć wieku po wojnie. Sprawy Międzynarodowe 1970, Nr. 5, S. 5—23.

FRELEK, Ryszard; Podstawa normalizacji. Sprawy Międzynarodowe 1971, Nr. 1, S. 5—14.

GELBERG, Ludwik; Granica zachodnia Polski [Uwagi prawne], in: Sprawy Międzynarodowe 1964, Nr. 11, S. 31—60.

GELBERG, Ludwik; Observations juridiques sur la frontière occidentale de la Pologne, in: Annuaire Polonais des Affaires Internationales 1964/1965, S. 130—146.

GELBERG, Ludwik; Stare mity prawne a nowa rzeczywistość. [Na temat wyroku Federalnego Trybunału Konstytucyjnego z 31 lipca 1973 r.], in: Przegląd Stosunków Międzynarodowych 1974, Nr. 1, S. 43—56.

GELBERG, Ludwik; Die Umsiedlung der deutschen Bevölkerung nach dem gegenwärtigen Völkerrecht, in: Osteuropa-Recht 1968, Nr. 2, S. 86—108.

GELLES, Romuald; Polish Issues in German Schoolbooks in the 1930's in the Evaluation of Polish Historians. Polish Western Affairs 1975, No.2, P.205—221 [także w wersji franc.].

GELLES, Romuald; Sprawy polskie w niemieckich podręcznikach szkolnych z lat trzydziestych XX wieku w ocenie historyków polskich. Przegląd Zachodni 1975, Nr. 2, S. 338—369.

GOŁĄBEK, Czesław, TRYC, Ryszard; Z genezy powstania i działalności Werwolfu na polskich Ziemiach Zachodnich. Wojskowy Przegląd Historyczny 1963, Nr. 2, S. 125—152.

GOŁĘBIOWSKI, Janusz Wojciech; L'attitude de la Pologne à l'égard de la population autochtone de la Silesie d'Opole de 1945 à 1947. Acta Poloniae Historica, t.13: 1966, S. 41—64.

GRABSKA, Wirginia; Polityka wschodnia NRF, in: Nowe Drogi 1969, Nr. 3, S. 46—62.

GRABSKA, Wirginia; Wirtschaftsbeziehungen Polen — Bundesrepublik, in: Deutschland Archiv 1975, Nr. 8, S. 824—833.

GRZEDA, Marian; Kształtowanie się wschodniej orientacji SPD na emigracji [1939—1945], in: Przegląd Zachodni 1973, Nr. 3, S. 41—64.

GUZ, Eugeniusz; Zum Stand deutsch-polnischen Schulbücherrevision, in: Blätter für deutsche und internationale Politik 1973, Nr. 7, S. 693—696.

IZDEBSKI, Zygmunt; Podstawy prawne wysiedlenia Niemców. Strażnica Zachodnia 1947, Nr. 6—8, S. 187—195.

JAKUBOWSKI, Jerzy; Z problematyki prawnej umów kooperacynjnych między przedsiębiorstwami polskimi a firmami RFN. Przegląd Stosunków Międzynarodowych 1974, Nr. 5, S. 5—18.

JANICKI, Lech; Niektóre aspekty ratyfikacji układu z Polską w prawie państwowym NRF, in: Przegląd Zachodni 1971, Nr. 2, S. 279—301.

JANICKI, Lech; Die Rückwirkungen des Vertrages zwischen der BRD und der VR Polen auf das Rechtssystem der BRD, in: Wissenschaftliche Zeitschrift Gesellschafts- und Sprachwissenschaftliche Reihe. Karl-Marx-Universität, Leipzig 1973, H. 3—4, S. 265—276.

JANICKI, Lech; The Territory and State Citizenship in the Legal System of the German Democratic Republik and the German Federal Republic, in: Polish Western Affairs 1971, Nr. 1, S. 44—86.

JASICA, Roman; Zachodnioniemiecka ustawa o „wypędzonych i uciekinierach" a program normalizacji stosunków między PRL i RFN, in: Państwo i Prawo 1974, Nr. 3, S. 59—67.

JASICA, Roman; Zur Frage der Normalisierung der Beziehungen zwischen der Volksrepublik Polen und der Bundesrepublik Deutschland, Studia Juridica Silesiana 1976, Nr. !, S. 50—66.

JAŚKIEWICZ, Zbigniew; Rozwój stosunków kulturalnych międzu Polską a Niemiecką Republiką Federalną [1969—1972], in: Przegląd Zachodni 1973, Nr. 1, S. 201—216.

JĘDRUSZCZAK, Tadeusz; Anti-Nazi Organizations of the Resistance Movement in Poland [1939—1945]. Polish Western Affairs 1975, No.2, P.168—204 [także w wersji franc.].

JĘDRUSZCZAK, Tadeusz; La Pologne et la genése de la deuxième guerre mondiale. Revue d'histoire de la deuxième guerre mondiale 1970, Nr. 78, p.1—15.

JOŃCA, Karol; Polityka narodowościowa III Rzeszy na Śląsku Opolskim [1933—1940]. Studium polityczno-prawne. Katowice 1970, „Śląsk", S. 507.

KACZMARCZYK, Zdzisław; German Colonization in Mediaeval Poland in the Light of the Historiography of Both Nations. Polish Western Affairs 1970, No.1, P.3—40 [także w wersji franc.].

KAMIŃSKI, Piotr; Granica na Odrze i Nysie Łużyckiej w opinii społeczeństwa NRF. Acta Universitati Wratislaviensis. Nauki polityczne. T.1: 1972, S. 77—96.

KLAFKOWSKI, Alfons; The Legal Basis of Oder-Lusatian Nisa, Frontier. The Western Review [Przegląd Zachodni] Supplementary Number for Abroad. July-Aug. 1947, P.92—106.

KLAFKOWSKI, Alfons; Prosecution of War Criminals in the Light of International Law and the United Nations Concention for Europe. Sprawy Międzynarodowe 1971, Spec. Edition, P.117—124.

KERSTEN, Krystyna; The Transfer of German Population from Poland in 1945—1947 (on Example of West Pomerania], in: Acta Poloniae Historica 1964, Bd. X, S. 27—48.

KLAFKOWSKI, Alfons; Le droit international et les réparations aux personnes déportées pour les traveaux forcés, in: Annuaire Polonais des Affaires Internationales 1962, S. 83—103.

KLAFKOWSKI, Alfons; The Polish-German Frontier and Two German States, in: Polish Western Affairs 1966, Nr. 1, S. 109—124.

KLAFKOWSKI, Alfons; The Polish-German Frontier in the System of International Agreements, in: Polish Western Affairs 1960, Nr. 2, S. 213—245.

KLAFKOWSKI, Alfons; The Treaty between Poland and the German Federal Republik concerning the Bases of Normalization of their Mutual Relations as an Element of the Recognition of the Status Quo in Europe, in: Studies on International Relations 1973, Nr. 1, S. 34—55.

KLAFKOWSKI, Alfons; Układ Polkska-NRF w świetle prawa międzynarodowego, in: Państwo i Prawo 1972, Bd. 6, S. 5—13.

KOKOT, Jósef; The Economic Aspects of the Resettlement of German Population after the Second World War, in: Polish Western Affairs 1964, Nr. 1, S. 92—119.

KOKOT, Jósef; The Logic of Potsdam Verified, in: Polish Western Affairs 1971, Nr. 1, S. 24—43.

KOKOT, Jósef; Polska ludność rodzima na ziemiach zachodnich i północnych, in: Biuletyn Niemcoznawczy Instytutu Śląskiego w Opolu 1970, Nr. 2—3, S. 5—41.

KOKOT, Josef; Pozycja prawna RFN w układach normalizacyjnych z Polską i ZSRR. [Na marginesie komentarzy zachodnioniemieckich o sprawach obywatelstrwa itp.], in: Przegląd Stosunków Międzynarodowych 1974, Nr. 6, S. 7—22.

KOKOT, Józef; Normalizacja stosunków pomiędzy PRL a NRF. Biuletyn Niemceznawczy Instytutu Śląskiego 1971, Nr. 1, S. 5—24.

KOKOT, Józef; Um ein neues Polenbild in der BRD [Einige Gedanken zum Thema Schulbuchrevision]. Przegląd Stosunków Międzynarodowych 1975, Nr. 6, S. 97—108.

KOKOT, Józef; Wojenne i powojenne losy byłej ludności niemieckiej Śląska. Zeszyty Naukowe Wyższej Szkoły Pedagogicznej Opole, Ekonomia, 1965, z.1, S. 5—51.

KOKOT, Józef, RYSIAK, Gwidon; Obywatelstwo polskie [Zasady ogólne — nabycie — utrata]. Przegląd Stosunków Międzynarodowych 1974, Nr. 3—4, S. 15—38.

KOKOT, Józef, RYSIAK Gwidon; Układ poczdamski nadal podstawą pokoju i bezpieczeństwa w Europie. Przegląd Stosunków Międzynarodowych 1976, Nr. 2, S. 7—32.

KOLASA, Jan; Współpraca gospodarcza między Polską a NRF w świetle umow międzynarodowych, in: Przegląd Stosunków Międzynarodowych 1974, Nr. 5, S. 19—36.

KONCEPCJE politiyki wschodniej Niemiec w latach 1918—1968. Ogólnokrajowa konferencja naukowa [Opole, 11. XII. 1968 r.] [Tezy referatów]. Studia o Niemczech Współczesnych, T.3: 1971, S. 81—128.

KONIECZNY, Josef; Information about Poland's Western Territories in the German Federal Republic, in: Polish Western Affairs 1970, Nr. 1, S. 41—66.

KONIECZNY, Jósef; Poland in West German Plans for European Integration, in: Polish Western Affairs 1969, Nr. 2, S. 286—310.

KONIECZNY, Jósef; The Problem of Political Education in the German Federal Republic, in: Polish Western Affairs 1971, Nr. 2, S. 226—246.

KONIECZNY, Jósef; Zagadnienie informacji o Polsce w Niemieckiej Republice Federalnej, in: Przegląd Zachodni 1967, Nr. 1, S. 51—73.

KONIECZNY, Józef; Historia Polski w zachodnioniemieckich podręcznikach szkolnych. Nowe Drogi 1972, Nr. 5, S. 79—90.

KONIECZNY, Józef; Nowe elementy w postawach zachodnioniemieckiego społeczeństwa wobec Polski. Przegląd Zachodni 1964, Nr. 4, S. 292—316.

KONIECZNY, Józef; Motywy działalności informacyjnej o Polsce w Niemieckiej Republice Federalnej. Przegląd Zachodni 1967, Nr. 5, S. 49—71.

KONIECZNY, Józef; Polskie Ziemie Zachodnie w publicystyce zachodnioniemieckiej. Przegląd Zachodni 1970, Nr. 4, S. 255—279.

KORBEL, Jan; Akcja łączenia rodzin [1957—1958], in: Studia Śląskie, Bd. 24, 1973, S. 285—308.

KORBEL, Jan; Z badań nad akcją łączenia rodzin [1957—1958], in: Studia Śląskie, Bd. 22, 1972, S. 311—334.

KOWALSKI, Włodzimierz Tadeusz; Allied Policy, 1939—1945 — Problems of Peace in Post-War Europe, in: Polish Western Affairs, 1970, Nr. 2, S. 209—233.

KOWALSKI, Włodzimierz Tadeusz; Problem bezpieczeństwa europejskiego w polityce Wielkiej Koalicji [1943—1945], in: Sprawy Międzynarodowe 1970, Nr. 9, S. 70—86.

KOWALSKI, Włodzimierz Tadeusz; The Western Powers and the Polish-German Frontier during the Second World War [1943—1945]. Polish Western Affairs 1965, No.1, P.85—120 [także w wersji franc.].

KOŹNIEWSKI, Kazimierz; German Problems in the Literature of People's Poland. Polish Western Affairs 1975, No.2, P.143—167 [także w wersji franc.].

KRASUSKI, Jerzy ; Poland, the German Problem and the Two German States [1944—1974], in: Polish Western Affairs 1974, Nr. 1, S. 17—45.

KUBALA, Włodzimierz; Les relations juridiques à la frontière de la République Populaire de Pologne. The Polish Yearbook of International Law No.7, 1975; P.105—120.

KULAK, Zbigniew; Polen und die deutsch-polnischen Beziehungen in den neuesten Schulgeschichtsbüchern der Bundesrepublik Deutschland im Lichte der Empfehlungen der UNESCO — Schulbuchkommissionen der BRD und der VRP Polish Western Affairs 1976, No.1—2, P.173—189.

KULAK, Zbigniew; Obraz Polski w zachodnioniemieckich podręcznikach szkolnych. Nowe Drogi 1972, Nr. 5, S. 91—102.

LABUDA, Gerard; Poland's Return to the Baltic and the Odra and Nysa in 1945 — Historical and Current Conditions. Polish Western Affairs 1975, No.1, P.3—36 [także w wersji franc.].

LABUDA, Gerard; Próba nowego ukazania stosunków polsko-niemieckich w nauczaniu szkolnym. Przegląd Zachodni 1956, Nr. 11—12, S. 346—356.

LABUDA, Gerard; A Historiographic Analysis of the German Drang nach Osten, in: Polish Western Affairs 1964, Nr. 2, S. 221—265.

LABUDA, Gerard; Ideolgia nacjonalizmu i rewizjonizmu w poglądach na przeszłość stosunków polsko-niemieckich, in: Przegląd Zachodni 1966, Nr. 4, S. 187—210.

LABUDA, Gerard; The Territorial, Ethnical and Demographic Aspects of Polish-German relations in the Past (X—XX Centuries), in: Polish Western Affairs 1962, Nr. 2, S. 223—260.

LIBERA, Kazimierz; La reconnaissance internationale de la souverainetè de le Pologne sur ses territoires occidentaux, in: Annuaire Polonais des Affaires Internationales 1963, S. 72—99.

LIPPÓCZY, Piotr; Les bases juridiques internationales du transfert de la population allemande, in: Annuaire Polonais des Affaires Internationales 1966, S. 176—200.

LIPPÓCZY, Piotr; Przesiedlenie ludności niemieckiej z Polski po drugiej wojnie światowej. Sprawy Międzynarodowe 1977.

LUBOJAŃSKI, Josef; Worum geht es? Über die Aktion der Familienzusammenführung, in: Begegnung mit Polen 1973, Nr. 3/3, S. 1—7.

MARKIEWICZ, Ryszard; Polska-NRF — bezpieczeństwo europejskie. Sprawy Międzynarodowe 1970, Nr. 12, S. 8—19.

MARKIEWICZ, Władysław, WOJCIECHOWSKI, Marian; The Work of the Poland-FRG Joint Text-book Commission. Polish Western Affairs 1975, No.1, P.53—64 [także w wersji franc.].

MARKIEWICZ, Władysław, WOJCIECHOWSKI, Marian; Z prac komisji podręcznikowej Polska-RFN. Nowe Drogi 1975, Nr. 9, S. 132—141.

MARKIEWICZ, Władysław; Perspectives of the So-called Versöhnung [Reconciliation] between Germans and Poles, in: Polish Western Affairs 1966, Nr. 2, S. 233—256.

MARKIEWICZ, Władysław; Polish-West German Discussion on Textbooks, in: Polish Western Affairs 1972, Nr. 2, S. 367—371.

MIEDZIŃSKI, Florian; Repatriacja do NRF w ramach akcji „łączenia rodzin", in: Przegląd Zachodni, 1958, Nr. 2, S. 311—329.

NOWAK, Zdzisław; Some Economic Aspects of the Eastern Policy of the GFR, in: Polish Western Affairs 1961, Nr. 2, S. 235—259.

NOWAK, Zdzisław; Ekonomiczne kontrukcje rewizjonistyczne w nauce zachodnioniemieckiej. Przegląd Zachodni 1961, Nr. 6, S. 245—260.

NOWAK, Zdzisław; Niaktóre ekonomiczne problemy granicy na Odrze i Nysie. Przegląd Zachodni 1957, Nr. 1, S. 52—71.

NOWAK, Zdzisław; Territorial Changes and the Economy of the GFR. Polish Perspectives 1964, No.2, P.22—29 [także w wersji franc.].

NOWAKOWSKI, Jerzy; Kościoły w RFN wobec porozumień z Polską, in: Życie i Myśl 1976, Nr. 6, S. 1—13.

OLSZYŃSKI, Jósef; Handel i kooperacja przemysłowa między Polską a NRF, in: Sprawy Międzynarodowe, 1974, Nr. 5, S. 21—34.

ORZECHOWSKI, Marian; German Emigrants and the Polish Western Frontier during the Second World War, in: Polish Western Affairs 1961, Nr. 2, S. 284—308.

ORZECHOWSKI, Marian; Polish Conception of the Polish-German Frontier during World War II, in: Polish Western Affairs 1970, Nr. 2, S. 234—270.

ORZECHOWSKI, Marian; Le retour de la Pologne sur l'Odra, la Nysa Lusacienne et la Baltique: un débat, in: Acta Poloniae Historica, 25 / 1972, S. 125—155.

ORZECHOWSKI, Marian; Spór o źródła powrotu Polski nad Odrę, Nysę, Bałtyk. Kwartalnik Historyczny 1970, Nr. 2, S. 404—427.

ORZECHOWSKI, Marian, WRZESIŃSKI, Wojciech; Przemiany terytorialne Polski po II wojnie światowej w świadomości społecznej. Przegląd Zachodni 1970, Nr. 4, S. 233—254.

PAJEWSKI, Janusz; Polityka imperializmu niemieckiego w sprawie polskiej podczas pierwszej wojny światowej. Studia i Materiały do Dziejów Wielkopolski i Pomorza, t.1, zesz.2, 1956, S. 137—177.

PAJEWSKI, Janusz; Germany-Poland-Mitteleuropa during the First World War. Polish Western Affairs 1961, No.2, P.215—234.

PASIERB, Bronisław; Problem niemiecki w polskiej myśli politycznej lat 1944—1949. Acta Universitatis Wratislaviensis, Nauki polityczne, t.1: 1972, S. 39—60.

PILICHOWSKI, Czesław; Hitlerowska polityka eksterminacji w Polsce. Nowe Drogi 1972, Nr. 6, S. 169—197.

PILICHOWSKI, Czesław; Hitlerowski program zagłady narodu polskiego i jego realizacja w latach 1939—1945 [Na tle porównawczym]. Dzieje Najnowsze 1973, Nr. 1—2, S. 225—232.

PILICHOWSKI, Czesław; Tradycje przyjaźni niemiecko-polskiej 1850—1964. Rocznik Ziem Zachodnich i Północnych 1965, S. 308—364.

PILLICHOWSKI, Czesław; Zasady norymberskie a sprawa ścigania i karania hitlerowskich zbrodniarzy wojannych (1945—1971]. Sprawa Międzynarodowe 1971, Nr. 11, S. 28—49.

PILICHOWSKI, Czesław; FRG Indemnities for Poles, in: Studies on International Relations 1975, Nr. 5, S. 85—98.

PODKOWIŃSKI, Marian; Mity zachodnioniemieckie w świetle prawdy. Nowe Drogi 1966, Nr. 8, S. 49—56.

POLACY w Republice Weimarskiej i w III Rzeszy. Materiały z seminarium w Rucianem 26.—30. VI. 1964 r. [Red. Janina Wrzesińska]. Olsztyn 1965, Stow.Społ.Kult.Pojezierz, S. 130, pow. [Ośrodek Badań Nauk. im.W.Kętrzyńskiego].

POSPIESZALSKI, Karol Marian; Le Status du Peuple polonais. Revue d'histoire de la deuxième guerre mondiale 1960, Nr. 40, p.1—20.

RADOS, Julian; Prawne aspekty „akcji łączenia rodzin“ [1955—1959] na przykładzie Województwa Gdańskiego, in: Komunikaty Instytutu Bałtyckiego, 1972, Bd. 17, S. 35—51, tab.

RAKOWSKI, Mieczysław F.; O polityce zagranicznej RFN, in: Nowe Drogi 1976, Nr. 4, S. 164—173.

RAKOWSKI, Mieczysław F.; Bilateral Relations between Poland and the Federal Republic of Germany [1970—1975]. Polish Western Affairs 1975, No.2, P.129—142 [także w wersji franc.].

RAKOWSKI, Mieczysław F.; O polityce zagranicznej RFN. Nowe Drogi 1976, Nr. 4, S. 164—173.

ROSSET, Edward; Demographic Factors Concerning the Re-Polonization of Western and Northern Territories, in: Polish Western Affairs 1970, Nr. 1, S. 67—88.

ROTFELD, Adam Daniel; Legal Foundations of the West Berlin Status, in: Polish Yearbook of International Law, Bd. 6/ 1974, S. 97—143.

ROTFELD, Adam Daniel; Wokół ratyfikacji układu PRL — NRF. Problemy polityczno-prawne, in: Sprawy Międzynarodowe 1972, Nr. 4, S. 27—46.

ROTFELD, Adam Daniel / RYSZKA, Franciszek; Polityka wschodnia NRF. Tradycje — działania — perspektiywy, in: Studia o Niemczech Wspołczesnych. Bd. 3/ 1971, S. 7—27.

ROTFELD, Adam Daniel; Prawne-polityczne problemy normalizacji stosunków między Polską a RFN. Sprawy Międzynarodowe 1977, Nr. 1, S. 20—39.

ROTFELD, Adam Daniel, RYSZKA, Franciszek; La prescription des orimes hitlériens. Problème politique et juridique. Annuaire Polonais des Affaires Internationales 1966, p.143—175.

ROTFELD, Adam Daniel, SKOWROŃSKI, Andrzej; Polska, Niemcy i bezpisczeństwo Europy. Sprawy Międzynarodowe 1967, Nr. 7—8, S. 52—83.

RYSIAK, Gwidon; Warszawski układ normalizacyjny z 7 grudnia 1970 a Karta Narodów Zjednoczenych. Biuletyn Niemcoznawezy Instytutu Śląskiego 1971, Nr. 5, S. 5—22.

RYSZKA, Franciszek; La position de la Pologne dans la question allemande, in: Annuaire Polonais des Affaires Internationales 1964/1965, S. 114—129.

RYSZKA, Franciszek; The Problem of Settling Accounts with the Past. A Contribution to the History of Public Opinion in Post-War Western Germany, in: Polish Western Affairs 1973, Nr. 1, S. 49—77.

RYSZKA, Franciszek; La position de la Pologne dans la question allemande. Annuaire Polonais des Affaires Internationales 1964/1965, p.114—129.

RYSZKA, Franciszek; Powojenne Niemcy w polityce PRL. Sprawy Międzynarodowe 1964, Nr. 7, S. 121—139.

SKOWROŃSKI, Andrzej; Program Polskiej Partii Robotniczej wobec problemu powojennej granicy polsko-niemieckiej. Przegląd Zachodni 1962, Nr. 2, S. 236—252.

SKOWKOŃSKI, Andrzej; L'évolution de l'idée des zones dénuclearisées, in: Annuaire Polonais des Affaires Internationales 1963, S. 118—139.

SKOWROŃSKI, Andrzej; Kształtowanie się zasad transferu ludności niemieckiej z Polski, in: Sprawy Międzynarodowe 1970, Nr. 7, S. 42—63.

SKOWROŃSKI, Andrzej; La Pologne, L'Allemagne et la sécurité de l'Europe, in: Annuaire Polonais des Affaires Internationales 1967, S. 48—70.

SKOWROŃSKI, Andrzej; Les problèmes de la sécurité collective en Europe, in: Annuaire Polonais des Affaires Internationales 1966, S. 30—51.

SKOWROŃSKI, Andrzej; La proposition polonaise du gel des armements nucléaires et thermonucléaires en Europe centrale. [Analyse polititique et juridique], in: Annuaire Polonais des Affaires Internationales 1964/1965, S. 147—158.

SKUBISZEWSKI, Krzysztof; The Frontier between Poland and Germany as a Problem of International Law and Relations, in: Polish Western Affairs 1964, Nr. 2, S. 311—331.

SKUBISZEWSKI, Krzysztof; Les traités sur les frontières en Europe centrale [1970—1973], in: The Polish Yearbook of International Law, Bd. 6/1974, S. 7—26.

SKUBISZEWSKI, Krzysztof; The Western Frontier of Poland and the Treaties with Federal Germany, in: The Polish Yearbook of International Law, Bd. 3/1970, S. 53—68.

SKUBISZEWSKI, Krzysztof; La fin d'un contentieux territorial-l'accord Bonn-Varsovie. Annales d'Études Internationales 1972, Vol.3, p.23—46.

SKUBISZEWSKI, Krzysztof; The Great Powers and the Settlement in Central Europe. Jahrbuch für Internationales Recht, Band 18: 1975, S. 92—126.

SKUBISZEWSKI, Krzysztof; Uznanie zachodniej granicy Polski. Studia Prawnicze 1974, z.4, S. 29—55.

SOBCZAK, Janusz; Polityka wschodnia SPD. Sprawy Międzynarodowe 1969, Nr. 1, S. 66—81; Nr. 2, S. 48—62.

SOBCZAK, Janusz; La volonté de retour? Cahiers Pologne-Allemagne 1961, No.1, p.24—41.

SOBCZAK, Janusz; Tzw. Rückkehrswille w świetle zachodnioniemieckich materiałów. Przegląd Zachodni 1960, Nr. 3, S. 58—78.

STANIEWICZ, Restytut W.; Mniejszość niemiecka w Polsce — V kolumna Hitlera? Przegląd Zachodni 1959, Nr. 2, S. 394—438.

STANIEWICZ, Restytut W.; Niemcy w Polsce a odbudowa państwa polskiego. Przegląd Zachodni 1968, Nr. 5—6, S. 90—138.

STUDIA z dziejów imperializmu niemieckiego. Red. Antoni CZUBIŃSKI. Zeszyty Naukowe Uniwersytetu im.A.Mickiewicza w Poznaniu 1968, Nr. 67, Historia, z.8, S. 1—458.

SUCHOCKI, Mieczysław / JAŚKIEWICZ Zbigniew; Koncepcje polityki kulturalnej NRF wobec zagranicy, a zwłaszcza Polski, in: Przegląd Zachodni 1974, Nr. 1, S. 20—39.

SUŁEK, Jerzy; Główne kierunki politycznej i prawnej interpretacji układu. PRL—NRF z 7 grudnia 1970 r, in: Sprawy Międzynarodowe 1972, Nr. 6, S. 5—21.

SUŁEK, Jerzy; The Main Directions of the Political and Legal Interpretation of the Polish-West German Treaty of 7 December 1970, in: Studies on International Relations, 1973, Nr. 1, S. 56—74.

SUŁEK, Jerzy; Der Normalisierungsprozeß Bundesrepublik Deutschland — Polen aus polnischer Sicht, in: Deutschland Archiv 1973, H. 12, S. 1258—1266.

SUŁEK, Jerzy; Normalization Agreements of 1970—1972 and the European Security, in: Studies on International Relations 1973, Nr. 2, S. 23—36.

SUŁEK, Jerzy; Politische und rechtliche Aspekte des Vertrages repblik Volksrepublik Polen — Bundesrepublik Deutschland, in: IPW-Berichte, Berlin 1973, Nr. 1.

SUŁEK, Jerzy; Zur politischen und juristischen Interpretation des Vertrages zwischen Volksrepublik Polen und der Bundesrepublik Deutschland vom 7. 12. 1970, in: Deutsche Außenpolitik 1973, Nr. 1

SUŁEK, Jerzy; Die polnische Außenpolitik und die Beziehungen der Volksrepublik Polen zur Bundesrepublik Deutschland. W: Polnisches Mosaik, Köln 1974, Verlag Klaus Hesse, S. 11—29.

SUŁEK, Jerzy; Rewizjonizm terytorialny — generalna linia polityki wschodniej NRF. Sprawy Międzynarodowe 1965, Nr. 5, S. 27—43; Nr. 6, S. 31—54.

SUŁEK, Jerzy; Stanowisko zachodnioniemieckich partii politycznych wobec granicy na Odrze i Nysie w latach 1945—1949. Przegląd Zachodni 1966, Nr. 1, S. 31—46.

SUŁEK, Jerzy; Terminologia rewizjonostyczna rządu NRF. Sprawy Międzynarodowe 1965, Nr. 10, S. 77—86.

SZAROTA, Elida Maria; Deutsche Literaturforschung in Polen. Polnische Perspektiven 1971, Nr. 9, S. 19—26.

SZEWCZYK, Wilhelm; The Revanchist Trend in West German Fiction, in: Polish Western Affairs 1963, Nr. 1, S. 120—143.

SZNAJDER, Waldemar; Ostkunde: integralna część systemu wychowania politycznego w Niemczech Zachodnich [1946—1969] in: Studia Śląskie, Bd. 21/1972, S. 223—244.

SZYROCKI, Marian; Przekłady literatury polskiej na język niemiecki w latach 1945—1963, in: Przegląd Zachodni 1963, Nr. 6, S. 305—313.

SZYROCKI, Marian; Die deutsch-polnischen literarischen Beziehungen. Historischer Überblick. Acta Universitatis Wratislaviensis. Germanica Wratislaviensia. T.26 [Nr. 309]: 1976, S. 3—20.

SZYROCKI, Marian; Związki literackie polsko-niemieckie. Acta Universitatis Wratislaviensis. Germanica Wratislaviensia. T.20 [Nr. 221]: 1974, S. 219—235.

TOMALA, Mieczysław; Koncepcje polityki wschodniej w NRF. Sprawy Międzynarodowe 1959, Nr. 4/5, S. 22—37.

TOMALA, Mieczysław; Nowe elementy w polityce zagranicznej NRF [ze szczególnym uwzględnieniem „polityki wschodniej"]. Studia o Niemczech Współczesnych. T.2: 1967, S. 12—30.

TOPOLSKI, Jerzy; The Partitions of Poland in German and Polish Historiography, in: Polish Western Affairs 1972, Nr. 1, S. 3—42.

TOPOLSKI, Jerzy; Rozbiory Polski i ich wpływ na mentalność Niemców i Polaków, in: Studia historica slavo-germanica, Bd. IV/1975, S. 3—14.

WALCZAK, Antoni Władysław; The Conception of Heimat - Politik in the Foreign Policy of West Germany, in: Polish Western Affairs 1962, Nr. 1, S. 38—79.

WALCZAK, Antoni Władysław; „Heimatpolitik" w polityce rządu NRF i Bundestagu, in: Przegląd Zachodni 1961, Nr. 6, S. 210—244.

WALCZAK, Antoni Władysław; Polityka Niemieckiej Republiki Federalnej wobec Polski [1949—1961], in: Studia o Niemczech Współczesnych, Bd. 1/1965, S. 7—99.

WALCZAK, Antoni Władysław; The Source of West Germany's Eastern Policy [1939—1945], in: Polish Western Affairs 1972, Nr. 2, S. 270—304.

WALICHNOWSKI, Tadeusz: Der Warschauer Vertrag und die politische Wirklichkeit der Bundesrepublik Deutschland. Politischrechtliche Grundlagen und die praktischen Konsequenzen, in: Blätter für deutsche und internationale Politik 1972, Nr. 7, S. 681—686.

WALICHNOWSKI, Tadeusz; Bezwarunkowo i konsekwentnie. Prawo i Życie 1972, Nr. 10, S. 1, 7.

WALICHNOWSKI, Tadeusz; Rewizjonizm zachodnioniemiecki na tle normalizacji stosunków RFN z Polską i innymi państwami socjalistycznymi. Ideologia i Polityka 1975, Nr. 3, S. 77—87.

WIEWIÓRA, Bolesław; The Aims of the Present Eastern Policy of the German Federal Republic, in: Polish Western Affairs 1963, Nr. 1, S. 3—19.

WIEWIÓRA, Bolesław; The Attitude of the German Federal Republic to the Frontier on the Oder and Lusatian Neiße, in: Polish Western Affairs 1965, Nr. 1, S. 25—58.

WIEWIÓRA, Bolesław; Territorial Changes after the Second World War, in: Polish Western Affairs 1964, Nr. 1, S. 21—64.

WIEWIÓRA, Bolesław; Problem nawiązania stosunków dyplomatycznych między Polską a Niemiecką Republiką Federalną, in: Przegląd Zachodni 1957, Nr. 3, S. 44—57.

WIEWIÓRA, Bolesław; West German Territorial Claims against Poland and International Law, in: Polish Western Affairs 1961, Nr. 1, S. 3—30.

WIEWIÓRA, Bolesław; Zachodnioniemieckie roszczenia terytorialne wobec Polski a prawo międzynarodowe, in: Państwo i Prawo 1960, Nr. 12, S. 923—940.

WIEWIÓRA, Bolesław; Zmiany terytorialne po II wojnie światowej, in: Przegląd Zachodni 1963, Nr. 3, S. 3—36.

WIĘCEK, Wanda; Deutsch-Polnische Gesellschaft e. V. in der Bundesrepublik Deutschland w procesie normalizowania stosunków z Polską. Przegląd Stosunków Międzynarodowych 1975. Nr. 6, S. 61—76.

WIĘCEK, Wanda; Organizacje ziemkowskie w RFN w okresie procesu odprężenia i normalizacji stosunków z Polską. Przegląd Stosunków Międzynarodowych 1975, Nr. 1, S. 75—92.

WITKOWSKI, Cezary; Normalization of Relations between Poland and the Federal Republic of Germany on the Basis of Security and Cooperation. Polish Western Affairs 1973, Nr. 2, P.270—290 [także w wersji franc.].

WOJCIECHOWSKI, Marian; Die Rolle der deutsch-polnischen Beziehungen in der Genesis des zweiten Weltkrieges. Deutsche Außenpolitik 1967, Nr. 9, S. 1150—1158.

WOJCIECHOWSKI, Marian; Pięćdziesiąt lat stosunków polsko-niemieckich [1918—1968], in: Przegląd Zachodni 1968, Nr. 5/6, S. 22—34.

WOJNA, Ryszard: Zmiana polityki czy zmiana rządu?, in: Sprawy Międzynarodowe 1970, Nr. 1, S. 5—18.

WOJNA, Ryszard; Present Day Directions of FRG Foreign Policy, in: Studies on international relations 1975, Nr. 5, S. 75—84.

WOJNA, Ryszard; Nisktóre uwarunkowania polityki wschodniej RFN. Sprawy Międzynarodowe 1976, Nr. 11, S. 15—22.

WOJNAR, Wiesław; Kto jest Niemcem według Bonn. Polityka 1975, Nr. 6, S. 12, 13.

WOLFF-POWĘSKA, Anna; Sprawa nazewnictwa geograficznego w NRF. Przegląd Zachodni 1972, Nr. 3, S. 175—179.

WOLFF-POWĘSKA Anna; Zachodnioniemieckie organizacje przesiedleńcze wobec procesu normalizacji stosunków między RFN a Polską. Przegląd Zachodni 1976, Nr. 1, S. 133—146.

WRÓBLEWSKI, Tadeusz Seweryn; Kościół Katolicki i Ewangelicki w NRF a problem normalizacji stosunków z Polską, in: Przegląd Zachodni 1972, Nr. 3, S. 29—48.

WRÓBLEWSKI, Tadeusz Seweryn; Zachodnioniemiecki Kościół Katolicki wobec normalizacji stosunkow kościelnych w Polsce Zachodniej i Północnej, in: Przegląd Zachodni 1973, Nr. 1, S. 181—191.

WUTTKE, Henryk; O humanitarnych i niehumanitarnych kwestiach między PRL i RFN, in: Chrześcijanin w świecie 1971, Nr. 10, S. 46—61.

ZIELIŃSKI, Henryk; Conceptions of the Polish Western Frontier. Polish Western Affairs 1968, No.1, P.3—18 [także w wersji franc.].

ZIÓŁKOWSKI, Janușz; Poland's Trade Relations with the German Federal Repablic, in: Polish Western Affairs 1961, Nr. 1, S. 161—177.

ZNAMIEROWSKI, Czesław; L'aspect moral des rapports polono-allemands. Cahiers Pologne-Allemagne 1961, No.4, p.6—21.

ZNAMIEROWSKI Czesław; Aspekt moralny spraw polsko-niemieckich. Kultura i Społeczeństwo 1965, Nr. 1, S. 23—34.

ZUBIAK, Marian; Rola kościelnych instytucji i organizacji w polityce rewizjonizmu Niemieckiej Republiki Federalnej. Przegląd Zachodnio-Pomorski 1970, Nr. 2, S. 147—168.

ZWIĄZEK Polaków w Niemczech. Materiały z sesji naukowej w 50 rocznicę powstania ZPwN. Opole 15. X. 1972. Red. Franciszak Hawranek. Opole 1974, Instytut Śląski, S. 322, pow.

ŻYGULSKI, Kazimierz; The German Conception of Fatherland and Social Reality. Polish Western Affairs 1960, No.2, P.290—321.

ŻYGULSKI, Kazimierz; Niemieckie „prawo do ojczyzny" a społeczna rzeczywistość. Kultura i Społeczeństwo 1959, Nr. 4, S. 52—77.

Nachtrag zur polnischen Bibliographie

(2. Publikationen)

BASIŃSKI, E., W jednym organizmie. Podstawy i przebieg procesu integracyjnego nad Odrą i Bałtykiem. Warszawa 1977.

DRĄŻEK, E., PAKIER, P., ZIELIŃSKI, K., Stosunki polsko-niemieckie. Materiały do bibliografii. Warszawa 1971.

JACEWICZ, T., WOŚ, J., Martyrologium polskiego duchowieństwa rzymskokatolickiego pod okupacją hitlerowską w latach 1939—1945. Zesz. I Straty osobowe. Warszawa 1977.

KORBEL, J., Wyjazdy i powroty. Migracje ludności w procesie normalizacji stosunków między Polską a RFN. Opole 1977.

LIPPÓCZY, P., Niemcy i stosunki polsko-niemieckie w przeszłości i obecnie. Literatura naukowa, popularno-naukowa, dokumenty i reportaże. Warszawa 1970.

LIPPÓCZY, P., Bibliografia niemcoznawcza. Warszawa. (T.I) 1960—1965, 1967; (T.II) 1966—1967, 1968; (T.III) 1968—1969, 1970; (T.IV) 1970—1971, 1972; (T.V) 1972—1973, 1975.

MĘCLEWSKI, E., Nie przezwyciężona przeszłość. Problematyka polsko-niemiecka w podręcznikach szkolnych RFN. Warszawa 1977.

MĘCLEWSKI, E., Rachunek zbrodni. Warszawa 1977.

PILICHOWSKI, CZ., Fałszerstwo czy prowokacja? Odwetowcy w roli oskarzycieli. Warszawa 1977.

SUŁEK, J., Geneza Republiki Federalnej Niemiec, Poznań 1977.

WRZECIONO, M., Literatura niemiecka w Polsce. Bibliografia 1945—1958. Poznań 1966.

Nachtrag zur polnischen Bibliographie

(3. Artikel und Materialien)

BOŻYK, Paweł, Economic Relations between Poland and the Federal Republic of Germany. Polish Western Affairs 1977, No. 1, P. 64—65.

DĄBROWA, Sławomir, The Principles of Inviolability of Frontiers and Integrity of States at CSCE. Studies on International Relations 1976, No. 7, P. 35—47.

JANICKI, Lech, Legal Problems Involved in the Realization by the Federal Republic of Germany of Treaty with Poland Dated 7th December 1970. Polish Western Affairs 1977, No. 1, P. 76—103.

KUCZYŃSKI, Krzysztof, A., West German Literature in Polish Translations (1949—1976). Polish Western Affairs 1977, No. 1, P. 162—170.
ORŁOWSKI, Hubert, The Need and Scope of Studies on „Polish Subjects" in the Literature of the German-Speaking Countries. Polish Western Affairs 1977, No. 1, P. 104—124.
PAŁUCKI, Władysław, Polska w niemieckiej powojennej kartografii historycznej. Kwartalnik Historyczny 1977, nr. 2, P. 416—432.
SOBCZAK, Janusz, The Visit of Edward Gierek, First Secretary of the Central Committee of the Polish United Workers' Party to the Federal Republic of Germany. Polish Western Affairs 1977, No. 1, P. 3—25.
SUŁEK, Jerzy, Stosunki polityczne Polska-RFN w latach siedemdziesiątych. Sprawy Międzynarodowe 1977, nr. 4, s. 25—44.

Ausgewählte Bibliographie

b) Bundesrepublik Deutschland

A. Dokumentationen

Die Auswärtige Politik der Bundesrepublik Deutschland. Hrsg. vom Auswärtigen Amt, Köln 1972.

Die Bemühungen der deutschen Regierung und ihrer Verbündeten um die Einheit Deutschlands 1955—1966, hrsg. v. Auswärtigen Amt, Bonn 1966.

Bensberger Kreis (Hrsg.), ein Memorandum deutscher Katholiken zu den polnisch-deutschen Fragen, Mainz 1968.

Die Bundesrepublik Deutschland in der polnischen Politik, in: Osteuropa, 7/1970, S. A 466—487.

Deutschland — Ost-Europapolitik (II). Die Ostverträge in Dokumenten, Argumenten, hrsg. v. Presse- und Informationsamt d. Bundesregierung, Stuttgart 1972.

Die deutsch-polnischen Vereinbarungen vom 9. Okt. 1975 und ergänzenden Texte, Bonn 1976 (Presse- und Informationsamt der Bundesregierung).

Die deutschen Vertreibungsverluste. Bevölkerungsbilanzen für die deutschen Vertreibungsgebiete 1939/1950, hrsg. v. Statistischen Bundesamt, Wiesbaden, Stuttgart 1958.

Dokumentation zur Entspannungspolitik der Bundesregierung, hrg. v. Presse- und Informationsamt der Bundesregierung, Hof 1977 (5).

Dokumentation „Oder-Neiße-Linie", hrsg. v. Auswärtigen Amt (Ostabt.) Bonn, 1959.[2]

Dokumentation der Vertreibung 1945—1949, hrsg. v. Bundesministerium f. Vertriebene, Flüchtlinge und Kriegsgeschädigte, Bd. I, 1—3, Bonn o. J.

Dokumente der Deutschlandpolitik III. u. IV. Reihe, 1955—1971, hrsg. v. Bundesministerium f. gesamtdeutsche Fragen bzw. innerdeutsche Beziehungen (Wiss. Ltg.: Deuerlein, Ernst (†); Bracher, K. D. u. H.-A. Jacobsen), Bonn, Berlin, Frankfurt 1961 ff.

Dokumente der Menschlichkeit aus der Zeit der Massenvertreibungen, Kitzingen o. J.

Jahnke, J. und R. Lucas: Osthandel — Ostpolitik in der Praxis (BMWF Dokumentation), Bonn 1972.

Jaksch, W., Deutsche Osteuropa-Politik, zwei Dokumente des 3. Bundestages, Bonn 1964.

Länderberichte. Polen 1973, hrsg. v. Statist. Bundesamt Wiesbaden (Allg. Statistik d. Auslandes), Stuttgart, Mainz 1973.

Die Lage der Vertriebenen und das Verhältnis des deutschen Volkes zu seinen östlichen Nachbarn, Hannover 1965.

Maas, Joachim: Dokumentation der deutsch-polnischen Beziehungen 1945—1959, Bad Godesberg 1960.

Marzian, H. (Hrsg.), Zeittafel und Dokumente zur Oder-Neiße-Linie, in: Jb. d. Albertus-Universität zu Königsberg, Kitzingen 1953.

Meissner, B. (Hrsg.), Die deutsche Ostpolitik 1961—1970. Dokumentation, Köln 1970.

Olbert, F. und B. Schmidt-Egger, Deutsche und Polen. Dokumente II, München 1971.

Ostverträge 2. Deutsch-polnische Verträge. Zusammengest. v. I. v. Münch, Berlin, New York 1971.

Perlich, A. (Bearb.) Ostdeutsche Bibliographie, (1945—1963), 5 Bde., Troisdorf, Bd. 1 1953, Bd. 2 1956, Bd. 3 1959, Bd. 4 1962, Bd. 5 1965.

Polnische Gesetze und Verordnungen 1944—1955. Dokumentation der Vertreibung der Deutschen aus Ost-Mitteleuropa Bd. 13, Bonn 1960.

Quellen zur Entstehung der Oder-Neiße-Linie in den diplomatischen Verhandlungen während des 2. Weltkrieges, hrsg. v. G. Rhode und W. Wagner, Stuttgart 1959.[2]

Strobel, G. W., Deutschland-Polen. Dokumentation zum Problem der Normalisierung der deutsch-polnischen Beziehungen nach 1945 . . ., in: Dokumente und Kommentare zu Osteuropa-Fragen, Bd. 3, Bonn, Bruxelles 1971.[2]

Der Vertrag zwischen der Bundesrepublik Deutschland und der VR Polen, hrsg. vom Presse- und Informationsamt der Bundesregierung, Bonn 1970.

Weber, W. und W. Jahn, Synopse zur Deutschlandpolitik 1941—1973, Göttingen 1973.

Zettl, L. und F. Olbert (Hrsg.), Deutsche und Polen. Dokumente zur Versöhnung, München 1969.

B. Publikationen

Arndt, Claus, Die Verträge von Moskau und Warschau. Politische, verfassungsrechtliche und völkerrechtliche Aspekte, Bonn-Bad Godesberg 1973.

Aschenbrunner, Viktor u. a. (Hrsg.), Die Deutschen und ihre östlichen Nachbarn. Ein Handbuch, Frankfurt/M. 1967.

Ashkenasi, Abraham, Reformpartei und Außenpolitik. Die Außenpolitik der SPD, Berlin-Bonn, Köln und Opladen 1968.

Aurich, Peter (Hrsg.), Jenseits des Stromes. Die deutschen Ostgebiete im westdeutschen Rundfunkprogramm (1956—1960), Leer 1961.

Außenpolitische Perspektiven des westdeutschen Staates. Bd. 1. Ende des Provisoriums, München, Wien 1971.

Baehr, Albrecht, Auf dem Wege. Eine Zwischenbilanz des Vertriebenen- und Flüchtlingsproblems, Troisdorf 1960.

Bandulet, Bruno, Adenauer zwischen West und Ost. Alternativen der deutschen Außenpolitik, München 1970.

Baring, Arnulf, Außenpolitik in Adenauers Kanzlerdemokratie. Bonns Beitrag zur Europäischen Verteidigungsgemeinschaft, München und Wien 1969.

Baring, Arnulf, Sehr verehrter Herr Bundeskanzler! H. v. Brentano im Briefwechsel mit K. Adenauer 1949—1964, Hamburg 1974.

Becker, Rolf D., Niederschlesien 1945. Die Flucht — die Besetzung, Bad Nauheim 1965.

Behnke, Joachim, Nach 20 Jahren. Die Arbeit der katholischen Vertriebenenorganisationen. Rückblick und Schwerpunkte für die Zukunft, Hildesheim 1966.

Bender, Peter, Offensive Entspannung. Möglichkeit für Deutschland, Köln-Berlin 1964.

Bender, Peter, Die Ostpolitik Willy Brandts oder die Kunst des Selbstverständlichen, Rheinbach 1962.

Besson, Waldemar, Die Außenpolitik der Bundesrepublik. Erfahrungen und Maßstäbe, München 1970.

Birrenbach, Kurt u. a., Außenpolitik nach der Wahl des 6. Bundestages, Opladen 1969.

Birke, E., Neumann, R. und E. Lemberg, Die Sowjetisierung Ost-Mitteleuropas, Frankfurt/M.-Berlin 1959.

Birnbaum, Immanuel, Entzweite Nachbarn. Deutsche Politik in Osteuropa, Frankfurt/M. 1968.

Bluhm, Georg, Die Oder-Neiße-Linie in der deutschen Außenpolitik, Freiburg i. Br. 1963.

Bluhm, Georg, Die Oder-Neiße-Frage, Hannover 1967.

Boettcher, Erik (Hrsg.), Wirtschaftsbeziehungen mit dem Osten, Stuttgart 1971.

Bohmann, A., Menschen und Grenzen. Bd. 1 Strukturwandel der deutschen Bevölkerung im polnischen Staats- und Verwaltungsbereich, Köln 1969.

Bontschek, Frank, Die VR Polen und die DDR. Ihre Beziehungen und Probleme, Köln 1975.

Brandt, Willy, Die Verträge von Moskau und Warschau 1971. In: Ostpolitik im Kreuzfeuer, Stuttgart 1971.

Brandt, Willy, Begegnungen und Einsichten. Die Jahre 1960—1975, Hamburg 1976.

Braun, Joachim v., Gericht ohne Gnade? Ein evangelischer Christ und Staatsbürger zur Ost-Denkschrift der EKD, Würzburg 1966.

Braun, Joachim v., Deutschlands Osten als außenpolitische Aufgabe, Leer 1964.

Breyer, R., Die Oder-Neiße-Linie bei Stettin. In: Recht im Dienste der Menschenwürde, Würzburg 1964.

Breyer, R. (Hrsg.), Probleme der Wissenschaft im heutigen Polen, Marburg/Lahn 1968.

Broszat, Martin, 200 Jahre deutsche Polenpolitik, München 1963.

Broszat, M., Nationalsozialistische Polenpolitik 1939—1945, Stuttgart 1965.

Brücken zwischen Ost und West. Polen heute. Hrsg. v. Arbeits- und Sozialminister des Landes NRW, Troisdorf 1962.

Conze, W. und Kostkonti E., J. Kaiser, Politiker zwischen Ost und West 1945—1949. Bd. 3, Stuttgart 1969.

Dedecius, K., Polnische Profile, Frankfurt/M. 1975.

Dedecius, K., Überall ist Polen, Frankfurt/M. 1974.

Deuerlein, Ernst, Deutschland nach dem Zweiten Weltkrieg 1945—1955, Konstanz 1964.

Deuerlein, E., Die Einheit Deutschlands. 2. Aufl., Frankfurt, Berlin 1961.

Deuerlein, E., Deklamation oder Ersatzfrieden? Die Konferenz von Potsdam 1945, Stuttgart, Berlin, Köln 1970.

Deutschland und die östlichen Nachbarn. Beiträge zu einer evangelischen Denkschrift, Stuttgart, Berlin 1966.

Deutschlands Ostproblem. Eine Untersuchung der Beziehungen des deutschen Volkes zu seinen östlichen Nachbarn. Hrsg. Göttinger Arbeitskreis, Würzburg 1957.

Deutsch-polnische Begegnungen 1945—1958. Eine Berichtssammlung. Hrsg. Göttinger Arbeitskreis, Würzburg 1960.

Das Deutschland- und Rußlandbild unserer osteuropäischen Nachbarn. Referate des 14. Barsinghausener Gesprächs, Leer 1964.

Deutsch-polnischer Dialog. Briefe der polnischen und deutschen Bischöfe und internationale Stellungnahmen, Bonn 1967.

Dohrmann, R., Versöhnung hat politische Gestalt. Stimmen zur Begegnung mit Polen, Hamburg 1968.

Domes, Alfred (Hrsg.), Osteuropa und die Hoffnung auf Freiheit, Köln 1967.

Dross, Armin, Deutschland und Polen in Geschichte und Gegenwart. Beiheft zu einer Dokumentar-Lehrschau. Gesamteuropäisches Studienwerk, Hannover, Dortmund 1966.

Evertz, A., Fechner, H. und W. Petersmann: Revision der Denkschrift. Eine Forderung an die Evangelische Kirche, o. O. 1966.

Faust, Fritz, Das Potsdamer Abkommen und seine völkerrechtliche Bedeutung, Frankfurt/M., Berlin 1969.

Fechner, Helmuth, Verzicht, Völkerrecht und Versöhnung. Aspekte der Ostkunde unter Berücksichtigung der Denkschrift der EKD, Wolfenbüttel 1969.

Fehr, Götz (Hrsg.), Polen und Deutsche, Stuttgart 1973.

Freiwald, H. u. a., Das Deutschlandproblem in Schulbüchern der Bundesrepublik, Düsseldorf 1973.

Geilke, G., Einführung in das Recht der Polnischen Volksrepublik, Darmstadt 1971.

Geiss, Immanuel, Die Rechtsopposition und ihr Kampf gegen die Ostverträge, München 1972.

Geyr, H., Auf dem Wege zur Aussöhnung, Stuttgart 1978.

Göttinger Gespräch, Deutsche und Polen, Göttingen 1971.

Golombek, Oskar, Dialog mit dem Bensberger Kreis, Köln 1968.

Grewe, W., Deutsche Außenpolitik der Nachkriegszeit, Stuttgart 1960.

Gumpert, J., Polen-Deutschland auf dem Weg zur Verständigung. Bestandsaufnahme einer tausendjährigen Nachbarschaft, München 1970.

Habel, Fritz P. und H. Kistler, Die Grenze zwischen Deutschen und Polen, Bonn 1971.

Haftendorn, H., u. a. (Hrsg.), Verwaltete Außenpolitik, Köln 1978.

Hanrieder, Wolfram F., Die stabile Krise. Ziele und Entscheidungen der bundesrepublikanischen Außenpolitik 1949—1969, Düsseldorf 1972.

Hartmann, K., Hochschulwesen und Wissenschaft in Polen. Entwicklung, Organisation und Stand 1918—1960, Frankfurt 1961.

Hartmann, K., Polen (Kultur der Nationen), Nürnberg 1966.

Heimatrecht in polnischer und deutscher Sicht. Hrsg. v. niedersächs, Min. f. Vertriebene, Flüchtlinge u. Kriegsbeschädigte, Leer 1962.

Heiner, E., Der Osthandel — eine politische Waffe? Stuttgart 1964.

Henkys, R. (Hrsg.), Deutschland und die östlichen Nachbarn. Beiträge zu einer evangelischen Denkschrift, Stuttgart, Berlin 1966.

Hertz-Kleptow, J.-W., Gedanken zur Denkschrift der EKD zur deutsch-polnischen Nachbarschaft, Peine 1966.

Hoensch, J. K., G. Nasarski, Polen. 30 Jahre Volksdemokratie, Hannover 1975.

Hoepker, W., Bilanz der neuen Ostpolitik, Hamburg 1971.

Hubatsch, W. u. a., Die deutsche Frage, Würzburg 1964.

Huber, W., Die Ostverträge, das zweite Versailles, Hannover 1972.

Internationale Beziehungen der VR Polen. Hrsg. v. Forschungsdienst Osteuropa, Düsseldorf 1964.

Ipsen, K., Diskrepanz zwischen der Grenzklausel des Warschauer Vertrages und dem faktischen Grenzverlauf? In: Ostverträge . . . (Kieler Symposium), Hamburg 1971.

Internationale Politik 1955 ff, Jahrbücher des Forschungsinstituts der DGAP, München 1958 ff.

Die völkerrechtlichen Irrtümer der evangelischen Ost-Denkschrift. Hrsg. v. Ausschuß f. gesamtdeutsche Fragen im BdV, Bonn 1966.

Jablonowski, H., Die deutsche Ostgrenze von 1937, Köln, Graz 1967.

Jacobsen, H.-A. (Hrsg.), Mißtrauische Nachbarn. Deutsche Ostpolitik 1919—1970, Düsseldorf 1970.

Jacobsen, H.-A. und Tomala, M. (Hrsg.), Wie Polen und Deutsche einander sehen, Düsseldorf 1973.

Jacobsen, H.-A. und Stenzl, O. (Hrsg.), Deutschland und die Welt. Zur Außenpolitik der Bundesrepublik 1949—1963, München 1964.

Jahn, E., Rittberger V. (Hrsg.), Die Ostpoliktik der Bundesrepublik Deutschland. Triebkräfte, Widerstände, Konsequenzen, Düsseldorf 1974.

Jaksch, W., Westeuropa, Osteuropa, Sowjetunion. Perspektiven wirtschaftlicher Zusammenarbeit, Bonn, Brüssel, New York 1965.

Jaspers, K., Freiheit und Wiedervereinigung. Über Aufgaben deutscher Politik, München 1960.

Jaspers, K., Wohin treibt die Bundesrepublik? München 1966.

Jüttner, A., Die deutsche Frage. Eine Bestandsaufnahme, Köln 1971.

Kaiser, K., German Foreign Policy in Transition. Bonn between East and West, Oxford, New York 1968.

Kaps, J. (Bearb.), Handbuch über die katholischen Kirchenbücher in der Ostdeutschen Kirchenprovinz östlich der Oder und Neiße und dem Bistum Danzig, München 1962.

Kellermann, Brücken nach Polen, Stuttgart 1973.

Kimminich, O., Die Ostverträge, Köln 1970.

Koepke, C., Oder-Neiße, Die Pflicht zur Entscheidung, München 1970.

Kraus, H., Die Oder-Neiße-Linie. Eine völkerrechtliche Studie. In: Das östliche Deutschland, hrsg. v. Göttinger Arbeitskreis.

Kraus, H., Internationale Gegenwartsfragen, Würzburg 1963.

Kretschmer, G. (Bearb.), Verfassungsrechtliche Überlegungen zu den Verträgen mit Moskau und Warschau, Bonn 1972.

Kröger, H., Die staatsrechtliche Bedeutung des Potsdamer Abkommens für das deutsche Volk. In: Festschrift f. E. Jacobi, Berlin 1957.

Krülle, Siegrid, Die völkerrechtlichen Aspekte des Oder-Neiße-Problems, Berlin 1970.

Kreuzel, Rolf, Die Bedeutung der Ost-West-Handelspolitik für die Ost-West-Beziehungen, Göttingen 1967.

Laeuen, H., Polen nach dem Sturz Gomulkas, Stuttgart 1972.

Laeuen, H., Polnische Tragödie, Stuttgart 1955.

Lammich, S., Das sozialistische Parlament Polens, Köln 1971.

Lammich, S., Regierung und Verwaltung in Polen, Köln 1975.

Lehndorff, H. v., Ein Bericht aus Ost- und Westpreußen 1945—47, Düsseldorf 1960.

Lemberg, E., Edding, F. (Hrsg.), Die Vertriebenen in Westdeutschland, drei Bde., Kiel 1959.

Leptin, G., Handelspartner Osteuropa, Berlin 1974.

Liberale für Entspannung und Zusammenarbeit. Aus der Debatte über die Ostverträge. Mit Beitr. von W. Scheel und W. Mischnick, Bonn 1972.

Lindenfelser Gespräche. Ein Bericht über fünf deutsch-polnische Symposien 1946—1971 v. J. Hauptmann und G. Rhode, Bonn, Bruxelles, New York 1972.

Löwenthal, R., Vom Kalten Krieg zur Ostpolitik. In: Die zweite Republik. 25 Jahre Bundesrepublik Deutschland. Eine Bilanz, Stuttgart 1974.

Lojewski, W. v., Bonn am Wendepunkt. Die Krise der deutschen Außenpolitik. Analyse und Bilanz, München-Esslingen 1965.

Ludat, H., Liegt Polen noch in Europa? Gießen 1961.[2]

Machowski, H., Die abgebremste Reform. In: Die Wirtschaftsordnungen Osteuropas im Wandel. Bd. 1, Freiburg 1973.

Majonica, E., Deutsche Außenpolitik. Probleme, Entscheidungen, Stuttgart 1965.

Mann, Golo, Verzicht oder Forderung? Die deutschen Ostgrenzen, Freiburg i. Br. 1974.

Marienfeld, W., Heimatverzicht, ja oder nein? Eine Stellungnahme zur Denkschrift der EKD, Dortmund-Martens 1965.

Markert, W. (Hrsg.), Polen, Osteuropa-Handbuch, Köln Graz 1959.

Marzian, H., Politikwissenschaft und Oder-Neiße-Linie. Entwurf einer Grundlagen- und Methodenkritik, Würzburg 1965.

Marzian, H., Politischer Realismus, Ein Beitrag zur Oder-Neiße-Frage, Göttingen 1969.

Mehnert, K., Der deutsche Standort, Stuttgart 1967.

Meissner, B. (Hrsg.), Das Selbstbestimmungsrecht der Völker in Osteuropa und China, Köln 1968.

Meissner, B., Rußland, die Westmächte und Deutschland. Die sowjetische Deutschlandpolitik 1943—1953, Hamburg 1954.[2]

Möglichkeiten deutsch-polnischer Beziehungen. Barsinghausener Gespräch, 23, Leer 1967.

Moltmann, J., Stoehr, M. (Hrsg.), Begegnung mit Polen. Evangelische Kirchen und die Herausforderung durch Geschichte und Politik, München 1974.

Munch, J. v. und W. Rudolf (Hrsg.), Deutsch-polnisches Völkerrechtkolloquium 1972, Frankfurt 1972.

Nasarski, P. (Bearb.), Wandlungen und Erkenntnisse in zwei Nachkriegsjahrzehnten, Leer 1965.

Nau, Peter, Revanchismus, ja oder nein? Frankfurt 1965.

Neumann, Rudolf J., Polens Westarbeit, Bremen 1966.

Noebel, W., Deutschland-Dialog 1970. Eine synoptische Darstellung, Bonn, Berlin 1970.

Nötzold, J. unter Mitarbeit v. L. Janssen, Möglichkeiten und Grenzen des Außenhandels mit den europäischen Ostblockstaaten, München 1974.

Nowak, Paul H., Entstehung und Begründung der territorialen Forderungen Polens auf die Gebiete östlich der Oder-Neiße-Linie unter Einbeziehung der Problematik des Schutzes sprachlicher Minderheiten, Marburg 1960, (Diss.)

Oder-Neiße. Die Tatsachen und ihr Weg in der internationalen Politik, Berlin 1965.

Offizielle Beziehungen. Ein politischer Weg? Ein Tagungsbericht des Barsinghausener Gesprächs v. 26.—28. Oktober 1959, Leer 1960.

Pfeifer, W., Kritische Bemerkungen zur Denkschrift der EKD, Husum 1966.

Polen — ein Schauermärchen oder Gehirnwäsche für Generationen. Hrsg. v. Berndt, G. u. Strecker, R., Reinbeck 1971.

Polen und Deutsche als Nachbarn. Versuch einer deutsch-polnischen Aussprache, München 1959.

Potsdam und die deutsche Frage. Mit Beitr. v. E. Deuerlein, A. Fischer, E. Menzel u. a., Köln 1973.

Posser, D., Nordrhein-Westfalen zu den Ostverträgen, Düsseldorf 1972.

Quist, R., Ostpolitik, Völkerrecht und Grundgesetz, Starnberg 1972.

Radau, D., Moskau, Bonn, Warschau. Zehn Thesen zur neuen Ostpolitik, Glückstadt 1971.

Rasch, H., Die Bundesrepublik und Osteuropa. Grundfragen einer künftigen deutschen Ostpolitik, Köln 1965.

Rehs, R., Rechtswissenschaftliche Gegendarstellung zu Abschnitt IV „Völkerrechtliche Fragen“ der Evangelischen Ostdenkschrift, Bonn 1966.

Rochlin, Raffael P., Die Entwicklung der außenwirtschaftlichen Beziehungen Polens nach dem Zweiten Weltkrieg. Bundesinstitut Köln 1968.

Roegele, Otto B., Versöhnung oder Haß? Der Briefwechsel der Bischöfe Polens und Deutschlands, Osnabrück 1966.

Roggemann, H. (Hrsg.), Die Staatsordnung der VR Polen, Berlin 1974.

Roos, H., Geschichte der polnischen Nation 1916—1960. Von der Staatsgründung im Ersten Weltkrieg bis zur Gegenwart, Stuttgart 1961.

Roos, H., Polen und Europa. Studien zur polnischen Außenpolitik 1931—1939, Tübingen 1957.

Roos, H., Adam Rapacki — ein Lebensbild. In: Tradition und Reform in der deutschen Politik, Frankfurt 1976.

Roth, P., Deutschland und Polen. In: Schriften des Arbeitskreises für Ostfragen, München 1958.

Rumbaur, W., Betrachtungen über die Denkschrift der EKD. Analyse und Wertung, o. O. u. J.

Salm, K., Eine evangelische Antwort zur Denkschrift der EKD über die deutsche Ostpolitik, Stuttgart 1966.

Sasse, H. G., Der heutige Stand der Interpretation der Oder-Neiße-Frage nach dem Potsdamer Abkommen, Würzburg 1965.

Scharffenorth, G., Bilanz der Ostdenkschrift. Echo und Wirkung in Polen, Hamburg 1968.

Schickel, A., Fragen, Argumente und Probleme zur Ostpolitik, München 1972.

Schlesser, W. F., Die deutsche Staatsangehörigkeit, Frankfurt 1976.

Schmid, G., Entscheidung in Bonn. Die Entstehung der Ost- und Deutschlandpolitik 1969/70, Köln 1979.

Scholz, F., Die Versöhnungsbotschaft der polnischen Bischöfe. Hintergründe, Motive, Folgen. Fulda 1966.

Schütz, Wilhelm W., Deutschland-Memorandum. Eine Denkschrift und ihre Folgen, Frankfurt 1968.

Schütz, Wilhelm W., Modelle der Deutschlandpolitik, Wege zu einer neuen Außenpolitik, Köln-Berlin 1966, 1967.[2]

Schulz, E., An Ulbricht führt kein Weg mehr vorbei. Provozierende Thesen zur deutschen Frage, Hamburg 1967.

Schulz, G., Die deutschen Ostgebiete. Zu ihrer historisch-politischen Lage, Pfullingen 1967.

Schuster, R., Deutschlands staatliche Existenz im Widerstreit politischer und rechtlicher Gesichtspunkte 1945—1963, München 1963.

Schwarz, Hans-Peter (Hrsg.), Handbuch der deutschen Außenpolitik, München, Zürich 1975.

Schwarz, Hans-Peter (Hrsg.), Vom Reich zur Bundesrepublik. Deutschland im Widerstreit der außenpolitischen Konzeption in den Jahren der Besatzungsherrschaft 1945—1949, Neuwied und Berlin 1966.

Schweitzer, Wolfgang, Gerechtigkeit und Friede an Deutschlands Ostgrenzen, Berlin 1964.

Schweitzer, C. C. und Hubert Feger, Das deutsch-polnische Konfliktverhältnis seit dem Zweiten Weltkrieg, Boppard 1975.

Sethe, P., Zwischen Bonn und Moskau, Frankfurt 1966.

Sethe, P., Öffnung nach Osten, Weltpolitische Realitäten zwischen Bonn, Paris, Moskau, Frankfurt 1966.

Standke, Klaus H., Der Handel mit dem Osten, Baden-Baden 1972.

Stasiewski, B. und P. Scheibert, Polen zwischen Ost und West. Arbeitsmaterial zur deutsch-polnischen Frage, Köln 1960.

Steffens, R., Die Praxis des Osthandels, Hamburg 1973.

Stehle, Hansjakob, Nachbarn im Osten, Frankfurt 1971.

Stehle, Hansjakob, Nachbar Polen, Frankfurt 1968.

Stehle, Hansjakob, Die Ostpolitik des Vatikans 1917—1975, München, Zürich 1975.

Stehle, Hansjakob, Deutschlands Osten — Polens Westen? Frankfurt 1965.

Stöckl, G., Osteuropa und die Deutschen. Geschichte und Gegenwart einer spannungsreichen Nachbarschaft, Oldenburg 1967.

Stoll, Christian Th., Die Rechtsstellung der deutschen Staatsangehörigen in den polnisch-verwalteten Gebieten. Zur Integration der sog. Autochtonen in die polnische Nation, Frankfurt, Berlin 1968.

Strobel, G. W., Auswahlbibliographie westsprachigen Schrifttums über Polen, Köln 1968.

Strobel, G. w., Delbrueck, J., Das deutsch-polnische Verhältnis in Gegenwart und Zukunft, Flensburg 1971.

Strobel, G. w., Sozialistische Kulturpolitik und polnische Gesellschaftsproblematik der Wechselbeziehungen zwischen Kultur und Politik. In: Die Politik des Westens und Osteuropa, o. O. u. o. J.

Strothmann, D., Die Vertriebenen. In: Nach 25 Jahren. Eine Deutschland-Bilanz, München 1970.

30 Thesen zur Wiedervereinigung Deutschlands, insbesondere zum Oder-Neiße-Problem, Göttingen 1963.

Toppe, Hilmar, Elisabeth Wiskemann und Deutschlands Nachbar Polen, Essen 1960.

Uschakow, A., Das Erbe Stalins in den deutsch-polnischen Beziehungen, Köln 1970.

Vierheller, V., Polen und die Deutschlandfrage. 1939—1949. Köln 1970.

Vogelsang, Th., Das geteilte Deutschland, München 1973.[5]

Wagner, W., Die Entstehung der Oder-Neiße-Linie in den diplomatischen Verhandlungen während des Zweiten Weltkrieges, Stuttgart 1953.

Wambach, Max M., Verbändestaat und Parteioligopol. Macht und Ohnmacht der Vertriebenenverbände, Stuttgart 1971.

Wenger, Paul W., Die Falle. Deutsche Ost-, russische Westpolitik, Stuttgart 1971.

Wermke, E., Bibliographie der Geschichte von Ost- und Westpreußen für die Jahre 1939—1970, Bonn-Bad Godesberg 1974.

Wilkens, E., Kirchlicher Beitrag zur deutschen Ostpolitik, Berlin 1966.

Wilkens, E. (Hrsg.), Vertreibung und Versöhnung. Die Synode der EKD zur Denkschrift „Die Lage der Vertriebenen . . .“, Stuttgart 1966.

Wilpert, F. v., Das Oder-Neiße-Problem, Leer 1969.

Zernack, K., Zwischen Kritik und Ideologie. Methodologische Probleme der polnischen Geschichtswissenschaft auf dem 7. Historikerkongreß, Köln, Graz 1964.

Zellentin, Gerda, Intersystemare Beziehungen in Europa. Bedingungen der Friedenssicherung, Leiden 1970.

Ziemer, G., Deutscher Exodus. Vertreibung und Eingliederung von 15 Mio. Ostdeutschen, Stuttgart-Degerloch 1973.

C. Artikel

Abendroth, W., Die gegenwärtige völkerrechtliche Bedeutung des Potsdamer Abkommens, in: Europa-Archiv, Jg. 7, 1952, S. 4943—4954.

Adler-Karlsson, G., Die deutsche Frage und der Ost-West-Handel, in: Außenwirtschaft, 3/1970.

Allardt, H., Deutschland und Polen, in: Außenpolitik, Jg. 14, 1963, S. 295—300.

Anweiler, O., Berufliches Bildungswesen in Ost- und Südosteuropa (Polen), in: Caritas, Mai 1975, S. 136 ff.

Baring, A., Unsere östlichen Nachbarn, in: Der Monat, H. 187, S. 7—16.

Baukloh, F., Landsmannschaften als Stützen der „neuen Ostpolitik", in: Blätter für deutsche und internationale Politik, Bd. 12/2 1967, S. 1235 ff.

Bender, P., Entspannung oder Sicherheit, in: Der Monat, 11/1968, S. 5—8.

Bender, P., Verzögerte Einsichten. Wandlungen in der Deutschlandpolitik? in: Der Monat, 2/1967, S. 21—27.

Bender, P., Polenverträge, in: liberal, 4/1976, S. 246—257.

Bender, P., Polen — die Zeit drängt, in: liberal, 4/1975, S. 271—276.

Bender, P., Normalisierung ist ständige Aufgabe, in: Deutschland Archiv, 2/1976, S. 139—142.

Bender, P., Deutsch-polnische Asymmetrie, in: liberal, 12/1973, S. 894—901.

Berndt, G., Polen in Schulbüchern der Bundesrepublik Deutschland, in: Bl. f. Deutsche u. Intern. Politik, Jg. 16, 1971.

Besser, J., Verständnis für die Polen, in: Dokumente, 3/1974, S. 177—179.

Stand unserer Beziehungen zu Warschau und Moskau, in: Rissener Informationen, 2/1974, S. 34—38.

Bingen, D., Die Bundesrepublik Deutschland aus polnischer Sicht, in: Aus Politik und Zeitgeschichte, Beilage zur Wochenzeitung „Das Parlament", B 22/78.

Bismarck, K. v., Nach dem Warschauer Kniefall. Gedanken zum Verhältnis zwischen Deutschen und Polen, in: Evangelische Kommentare, 9/1974, S. 536—538.

Bittermann, G., Die Oder-Neiße-Linie. Literaturbericht und Bibliographie in: Jahresbibliographie. Bibl. f. Zeitgeschichte, 44/1972, S. 444—489.

Boldirev, Z., Polen zwischen Szylla und Charybdis, in: Osteuropa, 6—7/1957, S. 645—650.

Bonn und Warschau — vier Jahre nach dem Vertrag, in: Osteuropa, 4/1975, S. A 211—A 217.

Borries, K., Das Dilemma der Oder-Neiße-Linie, in: Außenpolitik, 10/1956, S. 650—653.

Borries, K., Deutschland und Polen zwischen Diktatur und Verständigung, in: Die Welt als Geschichte, 4/1958, S. 222—255.

Breyer, R., Hinkel, H., Verwaltungsgliederung und Raumplanung in Polen. Ostdeutschland vor und nach 1945, in: Ztschr. f. Ostforschung, 8/1959, S. 83 ff.

Broszat, M., Von der Teilung Polens zum Warschauer Vertrag, in: Neues Hochland, 4/1972, S. 343—351.

Buchhofer, E., Der Aufsiedlungsgrad der polnisch verwalteten dt. Ostgebiete von 1946—1966, in: Geographische Rundschau, 10/1968, S. 365—372.

Buchhofer, E., Bevölkerungsbewegungen in den polnisch verwalteten dt. Ostgebieten, in: Deutsche Ostkunde, 3/1968, S. 58—65.

Burmeister, A., Polen auf eigenem Weg. Die Wahlen vom 20. Januar, in: Beilage zur Wochenzeitung „Das Parlament" B XXIV/57, S. 372—382.

Die Bundesrepublik Deutschland in der polnischen Politik, in: Osteuropa, 7/1970, S. A 466—A 487.

Conze, O., Nationalismus und Kommunismus als politische Triebkräfte in historischer Sicht, in: Moderne Welt, 4/1963, S. 227 ff.

Über die Darstellung der deutsch-polnischen Beziehungen im Geschichtsunterricht, in: Intern. Jb. f. Geschichtsunterricht, 1957/58.

Denkschrift der EKD, Botschaftenwechsel des polnischen mit dem deutschen Episkopat. Stellungnahmen, in: Weltgeschehen, 10—12/1965, S. 427—446.

Deumlich, G., Die Verträge im Ratifizierungsprozeß, in: Marxistische Bl. 2/1972, S. 1—4.

Deuerlein, E., „Mit den Polen sprechen ...", in: Die Politische Meinung, H. 102, 1965, S. 56—68.

Die deutschen Ostgebiete, in: Information f. die Truppe, 2/1968, S. 82—106, Beiheft S. 1—40.

Deutsch-polnische Beziehungen, in: Europäische Begegnung, H. 7—8, 1965, S. 406—504.

Zu den deutsch-polnischen Beziehungen zwei Vorträge, in: Jb. d. Albertus-Universität zu Königsberg/Preußen, Bd. 19, S. 27—78.

Deutsch-polnisches Historikergespräch über die Oder-Neiße-Grenze, in: Dokumentation der Zeit, H. 135, 1957, S. 83—95.

Der deutsch-polnische Vertrag in der polnischen Presse, in: Osteuropa, 4/1971, S. A 217—A 231.

Dreißig Jahre VR Polen, in: Kommunität, Jg. 18, H. 69—70/1974, S. 1—82.

Dross, A., Deutsch-polnische Komplexe, in: Moderne Welt, 4/1963, S. 360—377.

Eissner, A., Polens materielle Verluste im Zweiten Weltkrieg, in: Außenpolitik, 12/1962, S. 830—836.

Eissner, A., Polen drängt weiter nach Westen, in: Außenpolitik, 7/1966, S. 438—444.

Eissner, A., Stockende Besiedlung der deutschen Ostgebiete, in: Außenpolitik, 11/1961, S. 789—792.

Eissner, A., Die deutschen Ostgebiete zwischen den Kriegen, in: Außenpolitik, 2/1962, S. 106—113.

EKD-Denkschrift und Bensberger Memorandum, in: Weltgeschehen, 1—3/1968, S. 28—35.

Neue Entwicklung im Dialog zwischen Polen und der Bundesrepublik Deutschland, in: Weltgeschehen, 3/1969, S. 329—337.

Erb, Gottfried, Das „Bensberger Memorandum". Geschichte und erste Stellungnahmen, in: Frankfurter Hefte, 4/1969, S. 219—221.

Erdmann, K. D., Deutschland und der Osten. Zur historischen Einschätzung der gegenwärtigen Lage, in: Europäische Begegnung, 4/1966, S. 192—198.

Erklärungen aus Ost und West im Zusammenhang mit dem 20. Jahrestag des Zusammenbruchs des Hitler-Regimes, in: Weltgeschehen, 4—5/1965, S. 224—238.

Erneuerung des sowj.-poln. Vertrages über Freundschaft, Zusammenarbeit und gegenseitigen Beistand; Stellungnahme der Bundesregierung, in: Weltgeschehen, 4—6/1965, S. 239—242.

Faust, Fritz, Die Oder-Neiße-Linie in heutiger völkerrechtlicher und politischer Sicht, in: Wehrwiss. Rundschau, 4/1969, S. 204—235.

Faust, Fritz, Die Oder-Neiße-Linie als Rechtsproblem. Notwendigkeit und Bedeutung der Regierungserklärung, in: Die Politische Meinung, 1/1968, S. 91—97.

Froese, L., Reform der Deutschland- und Ostpolitik, in: Frankf. Hefte, 6/1966, S. 377—389.

Goerlitz, W., Preußen und Polen. Erbfeindschaft oder Nachbarschaft? In: Zeitwende. Die Neue Furche. 11/1962.

Grossmann, K. R., Die Geschichte der deutsch-polnischen Verständigung, in: Die Neue Gesellschaft, 1/1971, S. 28—35.

Grueger, H., Die Geschichte der deutsch-polnischen Nachbarschaft im Unterricht der gymnasialen Oberstufe. Eine notwendige Erwiderung, in: Geschichte in Wissenschaft und Unterricht, 3/1972, S. 166—175.

Hartmann, K., Vier Jahre deutsch-polnischer Vertrag, in: Osteuropa, 4/1975, S. 246—256.

Hartmann, K., Der polnische Episkopat und die Oder-Neiße-Gebiete, in: Osteuropa, 3/1971, S. 165—170.

Hartmann, K., Vatikan, polnischer Episkopat, Oder-Neiße, in: Außenpolitik, 6/1970, S. 348—357.

Hartmann, K., Polens geistiges Leben in der Krise, in: Osteuropa, 12/1972, S. 573 ff.

Hartmann, K., Das jüdische Theater in Polen nach dem Zweiten Weltkrieg, in: Zs. f. Ostforschung 17/1968, S. 633 ff.

Hartmann, K., Das polnische Theater nach dem Zweiten Weltkrieg, Zusammendruck aus: Zs. f. Ostforschung, H. 1 und 2 1963.

Hartmann, P., Schwierige Normalisierung zwischen Bonn und Warschau, in: Osteuropa, 3/1973, S. 161—173.

Herde, G., Die Rolle der Landsmannschaften im politischen Leben der Bundesrepublik Deutschland, in: Bl. f. Deutsche und Internationale Politik, Jg. 11, 1966.

Hermes, P., Wirtschaftl. Engagement der Bundesrepublik Deutschland im Osten, in: E—A, 28/1973, S. 1.

Hertz-Kleptow, J. W., Leidvolle Geschichte deutscher Unterdrückungsmaßnahmen gegenüber dem polnischen Volk? In: Burschenschaftliche Blätter, 4/1966, S. 56—58.

Hilf, R., Mitteleuropa als Aufgabe der 70er Jahre, in: Merkur, 24/1970, S. 134—150.

Hinkel, H., Das östliche Mitteleuropa im Bilde in- und ausländischer Atlanten nach 1945, in: Osteuropa, 4/1956, S. 311—320.

Hoepker, W., Ratifikation — und was dann? Ein Katalog der Pressionen für die Zukunft, in: Die Politische Meinung, H. 140, 1972, S. 69—77.

Hubatsch, W., Das historische Recht auf die deutschen Ostgrenzen, in: Politik, 1/1966, S. 58—70.

Huebbenet, G. v., Polen als Statist der Weltpolitik, in: Außenpolitik, 10/1961, S. 697—762.

Huebbenet, G. v., Weniger Raum für eine Sonderstellung Polens, in: Außenpolitik, 2/1960, S. 125—129.

Imhoff, Ch. v., Polen — Land der gedämpften Gewalt, in: Außenpolitik, 1/1959, S. 45—59.

Imhoff, Ch. v., Ein Dialog zwischen Deutschen und Polen, in: Außenpolitik 2/1966, S. 100—109.

Jacobsen, H.-A., Bundesrepublik Deutschland und VR Polen, in: liberal, 1/1974, S. 17—29.

Jacobsen H.-A., Fünf Jahre Warschauer Vertrag. Versuch einer Bilanz der Beziehungen zwischen der Bundesrepublik Deutschland und der Volksrepublik Polen 1970—1975, in: Friedens-Warte, 1975, S. 161—194 und S. 279—338.

Jaeckel, Hartmut, Die Verträge von Moskau und Warschau, in: Gegenwartskunde, 1/1971, S. 3—11.

Jering, K., Das Ostbild im Spiegel der Generationen, in: Die Sammlung, 2/1960, S. 75—87.

Jernsson, F., Das Ostdeutschtum vor der Entscheidung, in: Politische Studien, Beiheft 7, 1967.

Jernsson, F., Die Vertreibung der Deutschen aus Polen, in: Politische Studien, 18/1967.

Kewenig, W., Die deutsche Ostpolitik und das Grundgesetz, in: E—A, 14/1971, S. 469—480.

Kimminich, O., Der Warschauer Vertrag — Grundlage oder Vernichtung privater Entschädigungsformen? In: Regensburger Universitätszeitung, 9/1971, S. 7—12.

Kimminich, O., Ungelöste Rechtsprobleme der deutsch-polnischen Beziehungen, in: Zs. f. Politik, 4/1971, S. 333—347.

Knirsch, P., Vom Ost-Westhandel zur Wirtschaftskooperation, in: E—A, 28/1973, S. 2.

Kratoschin, V., Nachbarschaft ohne Nachbarn. Das deutsch-polnische Verhältnis verlangt Geduld, in: Die Politische Meinung, 1/1970, S. 75—88.

Krumwiede, H. W., Die Lage der Vertriebenen und das Verhältnis des deutschen Volkes zu seinen östlichen Nachbarn, in: Lutherische Monatshefte, 11/1965, S. 518—52S.

Küchenhoff, E., Die Verfassungsmäßigkeit des Warschauer Vertrages, in: Bll. d. Presse- und Informationsamtes d. Bundesregierung, 1970, S. 1822 ff.

Labroisse, G., Die Verträge von Moskau und Warschau und die Politik der Bundesregierung, in: International Spectator, 13/1971.

Laeuen, H., Die Märzunruhen und ihre Folgen, in: Osteuropa 1/1969, S. 1—17 u. 110—124.

Laeuen, H., Nationalismus und Kommunismus am Beispiel Polens, in: Moderne Welt, 4/1963, S. 131 ff.

Laeuen, H., Vertrag mit Polen, in: Osteuropa, 3/1971, S. 145—164.

Laeuen, H., Polen: Außenpolitik und Außenhandel-Chronik, in: Osteuropa, 7—8/1957, S. 567—572.

Laeuen, H., Um Polens Platz in Europa, in: Osteuropa, 10/1966, S. 696—705.

Lammich, S., Die verfassungsrechtliche Organisation und Funktion der Exekutive in Polen, in: Jb. d. öff. Rechts der Gegenwart, 1975.

Lammich, S., Die Rechtsstellung staatlicher Unternehmen und großer Wirtschaftsorganisationen in Polen, in: Jb. f. Ostrecht, Bd. 14, 1973.

Lammich, S., Die Rechtsstellung der römisch-kath. Kirche in der VR Polen, in: Österr. Archiv f. Kirchenrecht, 23/1972, S. 3 ff.

Landsberg, Ludwig, Deutschland und Polen. Was kann geschehen, um das deutsch-polnische Problem einer Lösung näherzubringen? In: Deutsch-Polnische Hefte, 1/1963, S. 1—3.

Leitsätze zum Selbstbestimmungsrecht der Völker, in: Internationales Recht und Diplomatie, 1968, S. 174—186.

Lemberg, E., Polen und Tschechen. Voraussetzungen und Hemmnisse einer Versöhnung mit den Deutschen, in: Gegenwartskunde, 4/1966, S. 296—307.

Lindner, R., Polen 1972, in: Osteuropa, 11/1973, S. 889—901.

Lindner, R., Polen 1973, in: Osteuropa, 4/1975, S. 273—285.

Ludat, H., Die deutsch-polnische Vergangenheit in marxistischer Sicht, in: Zs. f. Ostforschung, 1/1951, S. 87—101.

Ludat, H., Die Anfänge des polnischen Staates und das Verhältnis der Polen zu ihrer Geschichte, in: Geschichte in Wissenschaft und Unterricht, 10/1960, S. 581—599.

Maas, Johannes, Zur Geschichte der VR Polen, in: Aus Politik und Zeitgeschichte, Nr. B 17/1961, S. 225—244.

Maas, Johannes, Die Gomulka-Legende. Polen geht keinen eigenen Weg, in: Die Politische Meinung, 44/1960, S. 26—33.

Machowski, H., Außenwirtschaftliche Reformen in den RGW-Staaten, in: Beihefte der Konjunkturpolitik, 17/1970, S. 52 ff.

Mahnke, Hans H., Die Deutschland-Frage in den Freundschafts- und Beistandspakten der DDR mit Polen und der CSSR, in E—A, 9/1967, S. 323—328.

Mahnke, Hans H., Die Deutschland-Frage im Lichte des polnisch-sowj. Beistandspaktes v. 8. April 1965, in: E—A, 16/1965, S. 591—600.

Marzian, H., Deutschland, Polen und die europäischen Mächte seit 1939. Eine historisch-politische Analyse, in: Jb. d. Albertus-Universität zu Königsberg/Preußen, Bd. 19, 1969.

Menzel, E., Die ersten Entscheidungen des Bundesverf.-Gerichtes zu den Ostverträgen von 1970, in: Juristenzeitung, 17/1972, S. 501—504.

Meyer, E., Über die Darstellung der deutsch-polnischen Beziehungen im Geschichtsunterricht, in: Intern. Jb. f. Geschichtsunterricht, 1956, S. 225—243.

Meyer, E., Literaturbericht: Polen und Nachbargebiete, in: Geschichte u. Unterricht, 1/1967, S. 53—64.

Meyer-Lindenberg, H., Deutschlands Grenzen, in: Intern. Recht u. Diplomatie, 1964, S. 9—19.

Moeller, D., Haben wir eine Polen-Politik? In: Deutschland-Archiv, 4/1975, S. 355—358.

Mostowski, J., Der große Polenplan, in: Der europäische Osten, Nr. 136, 1966, S. 403—413.

Münch, F., Die Rechtsstellung der deutschen Ostgebiete, in: Intern. Recht u. Diplomatie, Juli—Dezember 1970, S. 29—45.

Neumann, E. P., Furcht vor der Wiedervereinigung? Umfragen in sieben Ländern, in: Die Politische Meinung, 3/1969, S. 95—102.

Neumann, R., „Oder-Neiße" — Eine Dokumentation. Kritischer Bericht über eine sowjetzonale Propaganda-Schrift, in: Aus Politik und Zeitgeschichte, B XIII/1957, S. 203—209.

Die Neuordnung der polnischen Kirchenprovinzen und analoge Bestrebungen der DDR, in: Weltgeschehen, 3/1972, S. 315—325.

Opel, F., Ostpolitik und Ostkontakte der Gewerkschaften in der Bundesrepublik Deutschland, in: Revue d'Allemagne, 3/1973,S. 477—489.

Oschlies, W., Bonn-Warschau: Verschiedener Kontext von „Normalisierung", in: Deutschland-Archiv, 7/1975, S. 736—738.

Peternek, G., Renz, R., Die Ostverträge des Jahres 1970 unter besonderer Berücksichtigung des deutsch-polnischen Verhältnisses, in: Geschichte in Wissenschaft u. Unterricht, 8/1974, S. 469—502.

Polen — Abbau der Vorurteile, in: Monat, H. 264, 1970, S. 25—93.

Polen: Innenpolitik und Beziehungen zur Bundesrepublik Deutschland, in: Rissener Informationen, 3/1973, S. 14—16.

Das Polenmemorandum des Bensberger Kreises, in: Herder Korrespondenz, 4/1968, S. 172—178.

Polnische Journalisten und Politiker über Entspannung in Europa, in: Osteuropa, 1/1974, S. A 22—A 29.

Raiser, L., Ohne Mißtrauen und Angst, in: Lutherische Monatshefte, 11/1971, S. 595—597.

Raschhofer, H., Die Vertreibung der Ostdeutschen. Völkerrechtliche und politische Fragen, in: Ostdeutsche Wissenschaft, Bd. 11, 1964.

Rhode, G., Brief an Bischof Lilje. Anmerkungen zur Diskussion um eine Denkschrift, in: Die Politische Meinung, 11/1966, S. 15—30.

Rhode, G., Die polnische politische Emigration, in: Berichte u. Informationen d. Österr. Forschungsinstituts f. Wirtschaft u. Politik, 8/1953, S. 376—387.

Riemeck, R., Das Memorandum des Bensberger Kreises, in: Stimme, 7/1968, S. 198—200.

Roegele, O. B., Die Widersprüche der Bonner Ostpolitik. Zwischen Euphorie und Verzicht, in: Die Politische Meinung, 16/1971, S. 61—78.

Roth, P., Deutschland und Polen, in: Stimmen der Zeit, 1/1957, S. 1—12.

Rubin, H., Die Stunde der Wahrheit, in: liberal, 3/1967, S. 161—164.

Schack, A. v., Heimatrecht und Selbstbestimmung, in: Außenpolitik, 6/1963, S. 411—417.

Schack, A. v., Zum nächsten Abschnitt deutscher Ostpolitik, in: Außenpolitik, 2/1968, S. 81—89.

Schack, A. v., Grundprobleme der Außenpolitik Polens, in: Außenpolitik, 5/1959, S. 307—313.

Schack, A., v., Alternativen der polnischen Deutschland-Politik, in: Außenpolitik, 11/1963, S. 790—795.

Schack, A., v., Die Rechtsnatur der polnischen Hoheitsgewalt in den sog. Oder-Neiße-Gebieten, in: Moderne Welt, 6/1965, S. 115—135.

Scheuner, U., Die Oder-Neiße-Grenze und die Normalisierung der Beziehungen zum Osten, in: E—A, 11/1970, S. 377—386.

Schickel, A., Verwaltung bis zur Friedenskonferenz. 50 Jahre umstrittene deutsche Ostgrenze, in: Die Politische Meinung, 5—6/1971, S. 75—80.

Schlenzer, H., Schrifttum über die deutschen Ostgebiete und ihre Nachbarräume, in: Geschichte in Wissenschaft und Unterricht, 11/1960, S. 236—249 u. S. 311—323.

Schmidt-Jortzig, E., Der verfassungsrechtliche Gehalt des Warschauer Vertrages, in: Der Staat, 3/1971, S. 311—338.

Schmitt, M., Ökonomische Perspektiven in der Ostpolitik, in: Außenpolitik, 22/1971, S. 193—208.

Schnoering, K., 50 Jahre deutsch-polnische Beziehungen, in: Begegnung mit Polen, 11—12/1968, S. 313—326.

Schnoering, K., Die katholische Kirche Polens und die Oder-Neiße-Grenze, in: Deutsch-polnische Hefte, 3/1960, S. 332—342.

Schollwer, W., Fixiert auf Grenzen und Kooperation. Eindrücke einer Polenreise im Frühjahr 1970, in: liberal, 5/1970, S. 351—357.

Schultz, K., P., Grenze von gestern, Brücke von morgen, in: Der Monat, H. 172, 1963, S. 42—54.

Schweitzer, W., Die evangelische Denkschrift zur Ostpolitik, in: Bl. f. Deutsche u. Intern. Politik, 11/1965, S. 894—897.

Schweitzer, W., Ideologisierung des „Recht auf Heimat“? In: Zs. f. evangelische Ethik, Jg. 7, 1963.

Selbmann, E., Die Verträge, in: Die Neue Gesellschaft, 7/1972, S. 483—487.

Simonitsch, P., Vor der Aussöhnung mit Polen? In: Gewerkschaftliche Monatshefte, 6/1970, S. 377—382.

Skowronnek, Ch., Probleme des deutsch-polnischen Verhältnisses in westdeutschen Schulbüchern, in: Geschichte in Wissenschaft u. Unterricht, 17/1966.

Smolka, G., Das Gespräch mit Polen fortsetzen, in: Der Europäische Osten, Nr. 139, 1966, S. 563—568.

Spiegel-Schmidt, F., Zur theologischen Diskussion um das Recht auf Heimat, in: Lutherische Monatshefte, 4/1965, S. 212—221.

Stadtmüller, G., Deutsch-polnische Nachbarschaft, in: Deutsche Rundschau, 10/1954, S. 1002—1007.

Stasiewski, B., Die Organisation der katholischen Kirche im Westen und Osten der Oder-Neiße-Linie in den letzten 25 Jahren, in: Deutsche Ostkunde, 17/1971, S. 73—82.

Stöcker, H. A., Völkerrechtliche Implikationen des Heimatrechts, in: E—A, 21/1966, S. 547—554.

Strobel, G. W., Die Oder-Neiße-Gebiete in der polnischen soziologischen Forschung, in: Deutsche Studien, 7/1969, S. 57—62.

Strobel, G. W., Minderheiten in VR Polen, in: Berichte d. Bundesinstituts f. ostwissen. u. intern. Studien, H. 22, 1964.

Strobel, G. w., Deutsche Sprache und Kultur im heutigen Polen, in: Berichte . . ., H. 49, 1970.

Strobel, G. W., Voraussichtliche Auswirkungen demographischer Faktoren auf Wirtschaft und Gesellschaft des westlichen Ostblocks, in: Berichte . . ., H 25, 10/1964.

Strobel, G. W., Die Dezemberkrise 1970 in Polen — Gründe und Auswirkungen, in: Berichte . . ., H. 9, 1972.

Strobel, G. W., Das Problem der Normalisierung der deutsch-polnischen Beziehungen, in: Berichte . . ., H. 7, 1969.

Strobel, G. W., Vorbedingungen, Probleme und Ergebnisse der Modernisierung in Polen 1945—1972, in: Berichte . . ., H. 45, 1973.

Strobel, G. W., Warschauer Vertrag, Dezemberunruhen 1970 und das Problem der Beziehungen zu Bonn, in: Berichte . . ., H. 23, 1971.

Strobel, G. W., Von der wirtschaftlichen Konfrontation zur industriellen Kooperation, in: Berichte . . ., H. 34, 1973.

Strobel, G. W., Einige Probleme der Außenpolitik Polens, in: Berichte . . ., H. 42, 1967.

Strobel, G. W., Deutschland und Polen seit 1945, in: Deutsche Studien, 26/1969, S. 122—141.

Strobel, G. W., Die junge Generation im kommunistischen Polen, in: Moderne Welt, H. 2, 1965, S. 134 ff.

Strobel, G. W., Der neue Kurs in Polen. Giereks Bemühungen um die Überwindung der Dezemberkrise von 1970, in: E—A, 12/1972, S. 407—420.

Strobel, G. W., Die soziale Problematik der Industrialisierung Polens, in: Europäische Begegnung, 5/1965, S. 320 ff.

Strobel, G. W., Die deutsche Frage und Polen im Jahre 1962. Das Deutschlandbild der Polen in der öffentlichen Meinung und die Entwicklung der auswärtigen Beziehungen, in: Osteuropa, 3/1964, S. 196—202.

Strobel, G. W., Die Warschauer Verträge und die Nationale Volksarmee, in: Wehrpolitische Schriftenreihe, H. 18, 1965.

Toppe, H., Bibliographie zur Geschichte der deutsch-polnischen Beziehungen, in: Politische Studien, Nr. 94, 1958, S. 141—144.

Uschakow, A., Die auswärtige Gewalt der VR Polen, in: Intern. Recht u. Diplomatie, 1969, S. 25—39.

Uschakow, A., Deutschland in der Außenpolitik Polens, in: Außenpolitik, 8/1970, S. 470—481.

Zum Verhältnis Polen — Deutschland, in: Christ Unterwegs, 4/1966, S. 1—8.

Die aufhaltsame Versöhnung. Eindrücke aus dem unbekannten Nachbarland Polen, in: Evangelische Kommentare, 12/1975, S. 716—719.

„Versöhnung um der Zukunft willen." Gespräch zwischen Karl Donat und Bruno Friedrich zu den Polen-Vereinbarungen, in: Die Neue Gesellschaft, 4/1976, S. 278—286.

Vocke, K., Politische Gefahren der Theorien über Deutschlands Rechtslage, in: E—A, 1957, S. 10199 ff.

Wagner, H., Um die Zukunft Europas. Antwort auf polnische Reflektionen zur deutschen Frage, in: Osteuropa, 12/1969, S. 860—868.

Wagner, W., Ein neuer Anfang zwischen Polen und Deutschen. Der Vertrag von Warschau, in: E—A, H. 23, 1970.

Elisabeth Wiskemann und die Oder-Neiße-Frage. Deutschlands östlicher Nachbar, in: Außenpolitik, 2/1957, S. 94—102.

Zinsser, Ch., Deutschlands Ostgrenze zwischen Macht und Recht, in: Deutschland-Magazin, 5/1972, S. 11—21.

Zipfel, F., Vernichtung und Austreibung der Deutschen aus den Gebieten östlich der Oder-Neiße-Linie, in: Jb. f. die Gesch. Mittel- und Ostdeutschlands, 3/1954, S. 145 ff.

Zuleeg, M., Die Oder-Neiße-Grenze aus der völkerrechtlichen Sicht von heute, in: Zs. f. Rechtspolitik, 1969, S. 226—231.

Chronik der deutsch-polnischen Beziehungen 1945—1978

8. 5. 1945
Der Zweite Weltkrieg endet mit der bedingungslosen Kapitulation Deutschlands.

5. 6. 1945
Übernahme der obersten Regierungsgewalt durch die Siegermächte. Deutschland wird in vier Besatzungszonen aufgeteilt und ein Alliierter Kontrollrat eingesetzt.

17. 7. bis 2. 8. 1945
Potsdamer Konferenz der Regierungschefs der SU, der USA und Großbritanniens (s. Anhang S. 384 ff.).

16. 8. 1945
Polen und die SU unterzeichnen in Moskau ein Abkommen, in dem gemäß den Potsdamer Beschlüssen das Ausmaß des an Polen zu leistenden Schadensersatzes für die während der deutschen Besatzung erlittenen Verluste festgesetzt wird.

13. 11. 1945
Der polnische Nationalrat veröffentlicht ein Dekret über die Verwaltung der polnischen Westgebiete.

20. 11. 1945
Der auf Grund des Potsdamer Abkommens einberufene Alliierte Kontrollrat nimmt einen Plan für die Umsiedlung der deutschen Bevölkerung aus Österreich, der CSSR, Ungarn und Polen in die vier deutschen Okkupationszonen an. Insgesamt verließen Polen bis 1950 ca. 3,196 Millionen Deutsche.

5. 3. 1946
Der ehemalige Ministerpräsident Großbritanniens und Führer der Konservativen Partei, W. Churchill, stellt in einer Rede in Fulton (USA) die Endgültigkeit der Oder-Neiße als deutsch-polnische Grenze in Frage. Die Rede stößt auf scharfe Kritik in der SU und Polen.

28. 4. 1946
Der polnische Nationalrat beschließt ein Gesetz über die polnische Staatsangehörigkeit derjenigen Personen, die polnischen Volkstums sind und in den neuen westlichen Wojewodschaften leben.

11. 7. 1946
Die polnische Militärmission protestiert beim Alliierten Kontrollrat gegen die „Verbreitung antipolnischer, revisionistischer Propaganda" in den westlichen Besatzungszonen. (Dies ist der erste einer langen Reihe polnischer Proteste beim Alliierten Kontrollrat und bei den Besatzungsbehörden der jeweiligen Zone).

6. 9. 1946
Der amerikanische Außenminister Byrnes kündigt in Stuttgart eine Änderung der amerikanischen Deutschlandpolitik an. Er erklärt, die USA seien bereit, sich für eine Revision der polnischen Grenzen einzusetzen, jedoch müsse das Ausmaß der an Polen abzutretenden Gebiete durch eine künftige Friedenskonferenz geregelt werden. Die Rede stößt auf scharfe Kritik seitens der SU und Polens. Beide Staaten betonen den endgültigen Charakter der Oder-Neiße-Grenze.

14. 11. 1946
Die polnische Regierung richtet an die vier Großmächte eine Note, in der sie eine Teilnahme Polens an der Vorbereitung zu einem Friedensvertrag mit Deutschland fordert.

23. 1. 1947
Der Vertreter der polnischen Regierung überreicht der Londoner Konferenz der Stellvertretenden Außenminister der vier Großmächte ein Memorandum zum Friedensvertrag mit Deutschland.

25. 2. 1947
Der Alliierte Kontrollrat veröffentlicht das Gesetz Nr. 46 über die „Auflösung des preußischen Staates".

10. 3. bis 24. 4. 1947
Auf der 4. Tagung der Konferenz der Stellvertretenden Außenminister der vier Großmächte in Moskau bestreiten die Westmächte am 9. und 10. April den endgültigen Charakter der Potsdamer Entscheidung hinsichtlich der deutsch-polnischen Grenze. Dies stößt auf eine negative Haltung seitens der SU. Die polnische Regierung protestiert gegen die Infragestellung der Oder-Neiße-Linie am 10. April.

23. 2. bis 6. 3. und 20. 4. bis 2. 6. 1948
Die Londoner Sechs-Mächte-Konferenz trifft eine Reihe von Entscheidungen hinsichtlich der wirtschaftlichen Bindung Westdeutschlands an Westeuropa und der zukünftigen Bildung eines westdeutschen Staates.

20. 3. 1948
Beginn des 2. Deutschen Volkskongresses für Einheit und gerechten Frieden in der SBZ, auf dem sich O. Grotewohl (SED) für die Anerkennung der Oder-Neiße-Linie ausspricht.

20. 3. 1948
Der Alliierte Kontrollrat stellt angesichts der unüberwindbaren Gegensätze zwischen der SU und den Westmächten seine Tätigkeit ein.

30. 3. 1948
Beginn der ersten Berlinkrise (Ende: 4. Mai 1949).

23. bis 24. 6. 1948
Die Außenminister Albaniens, Bulgariens, der CSSR, Jugoslawiens, Polens, Rumäniens, Ungarns und der SU verurteilen in einem gemeinsamen Kommuniqué die Beschlüsse der Londoner Sechs-Mächte-Konferenz als einen Verstoß gegen das Potsdamer Abkommen.

22. 12. 1948
In Frankfurt/Main wird das erste Handelsabkommen zwischen Polen und den Vertretern der westlichen Besatzungsmächte und den westdeutschen Behörden unterzeichnet. Polen eröffnet eine Handelsvertretung in Frankfurt/Main.

11. 1. 1949
Das polnische Parlament (Sejm) verabschiedet ein Gesetz, durch das die ehemals deutschen Ostprovinzen in ihrer Verwaltung an Polen angeschlossen werden.

4. 4. 1949
Gründung der NATO.

23. 5. 1949
Verkündung des Grundgesetzes in Westdeutschland (Entstehung der Bundesrepublik Deutschland). Die Präambel enthält das Wiedervereinigungsgebot und fordert Selbstbestimmung.

20. 9. 1949
In seiner ersten Regierungserklärung spricht sich Bundeskanzler Adenauer gegen die Anerkennung der Oder-Neiße-Grenze aus.

5. 10. 1949
Polen protestiert bei den Westmächten gegen die Bildung der Bundesrepublik Deutschland.

7. 10. 1949
Gründung der Deutschen Demokratischen Republik.

12. 10. 1949
Der Ministerpräsident der DDR, Grotewohl, erklärt in seiner ersten Regierungserklärung, daß die DDR die Westgrenze Polens als endgültig anerkennt.

18. 10. 1949
Polen erkennt die DDR an und nimmt mit ihr diplomatische Beziehungen auf.

21. 10. 1949
Bundeskanzler Adenauer protestiert im Bundestag gegen die Gründung der DDR und gegen die Anerkennung der Oder-Neiße-Grenze durch diese.

6. 6. 1950
Polen und die DDR unterzeichnen in Warschau eine Deklaration über die Markierung der deutsch-polnischen Grenze an Oder und Neiße.

13. 6. 1950
Der Bundestag beschließt gegen die Stimmen der KPD-Abgeordneten eine Erklärung, in der sie die Warschauer Grenz-Vereinbarung zwischen der DDR und Polen verurteilt.

6. 7. 1950
Polen und die DDR unterzeichnen in Görlitz ein Abkommen. „Über die Markierung der festgelegten und bestehenden deutsch-polnischen Staatsgrenze" (s. Anhang).

29. 7. 1950
Konstituierung in Düsseldorf der „Hellmut-von-Gerlach-Gesellschaft zur Förderung des deutsch-polnischen Kultur- und Wirtschaftsaustausches" (später umbenannt in „Deutsche Gesellschaft für Kultur- und Wirtschaftsaustausch mit Polen" und ab 1973 in „Deutsch-polnische Gesellschaft in der Bundesrepublik Deutschland").

5. 8. 1950
Die in Stuttgart versammelten ostdeutschen Landsmannschaften verkünden in der „Charta der Heimatvertriebenen" ihr „Recht auf Heimat" und den Verzicht auf „Rache und Vergeltung".

19. 9. 1950
Die Außenminister der drei Westmächte erklären auf der Konferenz in New York in einem gemeinsamen Kommuniqué, daß sie die Bundesregierung als die einzig le-

gitime deutsche Regierung anerkennen, die Verantwortung für die Sicherheit der Bundesrepublik Deutschland und West-Berlins übernehmen und eine Wiederbewaffnung der Bundesrepublik Deutschland erwägen.

21. 10. 1950
Die in Prag versammelten Außenminister Albaniens, Bulgariens, der CSSR, der DDR, Polens, Rumäniens, Ungarns und der SU legen Protest gegen die Beschlüsse der New Yorker Konferenz der Westmächte ein. Sie fordern eine Deutschlandpolitik entsprechend dem Potsdamer Abkommen.

14. 2. 1951
Die polnische Regierung warnt in einer Note an die Regierungen der Benelux-Staaten und Dänemarks vor der Wiederbewaffnung der Bundesrepublik Deutschland.

9. 7. 1951
Die Westmächte erklären die Beendigung des Kriegszustandes mit Deutschland.

10. 3. 1952
Die sowjetische Regierung legt einen Vorschlag zum Friedensvertrag mit Deutschland vor. Darin wird hervorgehoben, daß „das deutsche Territorium durch die in der Schlußakte der Potsdamer Konferenz der Großmächte festgelegten Grenzen bestimmt wird". Der Vorschlag trifft auf Ablehnung seitens der Westmächte (25. März 1952) und der Bundesrepublik Deutschland (12. März 1952). Die polnische Regierung unterstützt den sowjetischen Vorschlag (24. April 1952).

22. 7. 1952
Die neue polnische Verfassung bezeichnet die Oder-Neiße-Grenze als „wiedergewonnene Lande, auf ewig zurückgekehrt".

27. 2. 1953
Die Bundesrepublik Deutschland schließt in London mit 17 Staaten des Westens und Jugoslawien ein Schuldenabkommen ab. Darin wird beschlossen, die aus dem Zweiten Weltkrieg resultierenden Wiedergutmachungsansprüche gegenüber Deutschland bis zu einer endgültigen Regelung der ganzen Wiedergutmachungsfrage zurückzustellen.

23. 8. 1953
Die polnische Regierung gibt in einer Erklärung den Verzicht auf weitere Wiedergutmachung von der DDR mit dem 1. Januar 1954 bekannt. Am 22. August 1953 trifft die sowjetische Regierung eine ähnliche Entscheidung.

15. 12. 1953
Der Bund der Landsmannschaften und der Deutsche Städtetag beschließen in Bonn die Richtlinien für die Übernahme von Patenschaften durch Länder, Städte und Gemeinden der Bundesrepublik Deutschland für die ehemals deutschen Ostgebiete.

28. 9. bis 3. 10. 1954
Die Londoner Konferenz der neun Staaten: Frankreich, Italien, Benelux-Staaten, Großbritannien, Kanada, USA, und Bundesrepublik Deutschland entscheidet sich für die Aufnahme der Bundesrepublik Deutschland in die WEU und in die NATO. Bundeskanzler Adenauer versichert aus diesem Anlaß, daß „die Bundesrepublik Deutschland weder versuchen wird, die deutsche Wiedervereinigung mit Gewalt durchzuführen, noch eine Revision der heute bestehenden Grenzen der Bundesrepublik Deutschland anzustreben". Die Außenminister der Großmächte erkennen die Bundesregierung als die einzig legale deutsche Regierung an, der es allein zustehe, im Namen ganz Deutschlands zu sprechen. Sie stellen außerdem fest, daß die endgültige Festlegung der deutschen Grenzen bis zu einer „friedensvertraglichen Regelung" zwischen Deutschland und seinen ehemaligen Kriegsgegnern zurückgestellt werden muß.

23. 10. 1954
Auf der Pariser Konferenz der 15 westlichen Staaten (19. Oktober bis 23. Oktober 1954) werden die sogenannten Pariser Verträge unterzeichnet, die eine Verwirklichung der Londoner Beschlüsse darstellen (s. S. 400 ff.).

29. 11. bis 2. 12. 1954
Die sozialistischen Staaten Osteuropas verurteilen in einer gemeinsamen Erklärung auf der Moskauer Konferenz die Pariser Verträge als einen offenen Verstoß gegen die Vereinbarungen der Alliierten über Deutschland und warnen vor den Folgen der Verwirklichung dieser Verträge.

18. 2. 1955
Der polnische Staatsrat erklärt den Kriegszustand mit Deutschland für beendet. Am 25. Januar 1955 traf das Präsidium des Obersten Sowjets der UdSSR eine ähnliche Entscheidung.

16. 3. 1955
Der polnische Ministerpräsident Cyrankiewicz kündigt in einer Regierungserklärung die polnische Bereitschaft an, die Beziehungen zur Bundesrepublik Deutschland zu normalisieren.

5. 5. 1955
Der Beitritt der Bundesrepublik Deutschland zur NATO wird rechtswirksam.

14. 5. 1955
Albanien, Bulgarien, CSSR, DDR, Polen, Rumänien, Sowjetunion und Ungarn unterzeichnen einen Beistands- und Freundschaftspakt (Warschauer Pakt).

14. 9. 1955
Anläßlich der Aufnahme diplomatischer Beziehungen zwischen der SU und der Bundesrepublik Deutschland hebt Bundeskanzler Adenauer in einem Brief an den Vorsitzenden des Ministerrates der UdSSR, Bulganin, hervor, daß die Aufnahme diplomatischer Beziehungen „keinesfalls die Anerkennung des gegenwärtigen territorialen Status" bedeute, und daß die „endgültige Grenzfestlegung einem Friedensvertrag vorbehalten bleibe".

16. 9. 1955
In ihrer Antwort läßt die sowjetische Regierung durch TASS erklären, daß „die Grenzfrage Deutschlands schon im Potsdamer Abkommen entschieden sei und die Bundesrepublik Deutschland die Hoheitsrechte auf dem ihrer Souveränität unterstehenden Territorium ausübe".

22. 9. 1955
In einer Regierungserklärung stellt Bundeskanzler Adenauer u. a. fest, daß die Bundesregierung allein befugt ist, für das ganze Deutschland zu sprechen; die Aufnahme diplomatischer Beziehungen mit der DDR durch dritte Staaten, mit denen Bonn offizielle Beziehungen unterhält, wird als „unfreundlicher Akt" angesehen (sog. „Hallstein-Doktrin").

5. 12. 1955
Das Polnische und das Deutsche Rote Kreuz unterschreiben eine Vereinbarung hinsichtlich der Familienzusammenführung der Deutschstämmigen.

28. 6. 1956
Außenminister H. von Brentano stellt in einer Regierungserklärung fest, daß „das Deutsche Reich weiterhin in den Grenzen von 1937 bestehe", und daß die Bundesregierung „das Heimat- und Selbstbestimmungsrecht für unveräußerliche Rechte halte".

29. 6. 1956
Der SPD-Vorsitzende Ollenhauer schlägt im Bundestag vor, die Beziehungen mit osteuropäischen Ländern — an erster Stelle mit Polen und der CSSR — zu normalisieren. Nach seiner Ansicht „darf diese Normalisierung weder die Anerkennung der Teilung Deutschlands noch der vorläufigen Ostgrenze Deutschlands bedeuten".

8. 11. 1956
In einer Regierungserklärung gibt Bundeskanzler Adenauer seiner Hoffnung auf ein „freies Polen“ Ausdruck, mit dem man dann zu geordneten Beziehungen und „zur Regelung aller Streitfragen“ kommen könne.

14. 12. 1956
Die Ständige Konferenz der Kultusminister der Länder beschließt auf ihrer Tagung in Hamburg die Richtlinien für die sogenannte Ostkunde, die von der These des Fortbestandes des Deutschen Reiches in den Grenzen von 1937 ausgehen.

14. 1. 1957
Der 1. Sekretär der PVAP, W. Gomulka, äußert die Bereitschaft der polnischen Regierung zu normalen Beziehungen zur Bundesrepublik Deutschland.

31. 1. 1957
Bundesaußenminister v. Brentano erklärt im Bundestag, daß nur eine gesamtdeutsche Regierung befugt sei, über die künftigen Grenzen Deutschlands zu entscheiden; Grundlage dafür bilde das Deutsche Reich in seinen Grenzen von 1937.

22. 9. 1957
Der 1. Sekretär der PVAP, W. Gomulka, erklärt erneut, Polen sei zu einer Normalisierung der Beziehungen mit der Bundesrepublik Deutschland bereit, falls die Oder-Neiße-Grenze anerkannt werde.

2. 10. 1957
Außenminister Rapacki legt der 12. Generalversammlung der UN den Plan zur Schaffung einer atomwaffenfreien Zone in Mitteleuropa vor, die Polen, die CSSR, DDR und Bundesrepublik Deutschland umfassen würde. Dieser Vorschlag wurde später mehrmals von Polen modifiziert.

23. 1. 1958
Die Bundestagsfraktionen der SPD und der FDP schlagen im Bundestag vor, diplomatische Beziehungen mit Polen aufzunehmen.

14. 2. 1958
Absendung eines polnischen Memorandums an zehn Staaten zum Rapacki-Plan.

24. 2. 1958
Die Regierung Adenauer lehnt den Rapacki-Plan ab; über diesen könne nur in Verbindung mit der deutschen Wiedervereinigungspolitik verhandelt werden.

11. 3. 1958
In der Warschauer Universität erklärt Carlo Schmid (SPD), daß jeder aufrechte Deutsche die Untaten der NS-Vergangenheit zutiefst bedaure. — Am 16. März be-

fürwortet er diplomatische Beziehungen zwischen der Bundesrepublik Deutschland und Polen.

25. 3. 1958
Der Bundestag billigt mit den Stimmen der CDU-Mehrheit gegen die Stimmen der SPD eine Resolution über die atomare Bewaffnung der Bundeswehr.

11. 4. 1958
Polen äußert erneut seine Sorge vor einer atomaren Bewaffnung der Bundeswehr.

5. 5. 1958
Polen und die Bundesrepublik Deutschland unterzeichnen ein Abkommen über die Binnenwasserschiffahrt.

23. 5. 1958
Auf ihrem Stuttgarter Parteitag fordert die SPD Aufnahme diplomatischer Beziehungen mit Polen und anderen östlichen Staaten.

24. 5. 1958
Auf der Tagung des Politischen Beratenden Komitees des Warschauer Paktes in Moskau wird ein Nichtangriffspakt zwischen den Warschauer-Pakt-Staaten und den NATO-Staaten vorgeschlagen.

27. 11. 1958
Die sowjetische Regierung schlägt die Aufhebung des Besatzungsstatus in West-Berlin und die Umwandlung West-Berlins in eine entmilitarisierte Freie Stadt vor. Der sowjetische Vorschlag, unterstützt von Polen und anderen sozialistischen Staaten, wird von den Westmächten und der Bundesrepublik Deutschland abgelehnt. (Note vom 5. Januar 1959).

10. 1. 1959
Die sowjetische Regierung legt den Regierungen aller am Krieg gegen Deutschland beteiligten Staaten und den Regierungen der DDR und der Bundesrepublik Deutschland eine Note über einen Friedensvertrag mit Deutschland vor, der von beiden deutschen Staaten unterzeichnet werden soll. Hervorgehoben wird, daß die im Einklang mit dem Potsdamer Abkommen verlaufende deutsch-polnische Grenze eine Gewähr für den Frieden darstelle.

20. 1. 1959
In ihrer Antwort auf die sowjetische Note vom 10. Januar stellt die polnische Regierung fest, der sowjetische Vorschlag „könnte und sollte der Grundstein einer friedlichen Lösung der deutschen Frage und der Normalisierung der Beziehungen in Europa sein“.

16. 2. 1959
Die Westmächte und die Bundesrepublik Deutschland lehnen die sowjetische Note ab.

18. 3. 1959
Die SPD legt den sogenannten Deutschland-Plan vor, in dem sie die Schaffung einer Entspannungszone vorschlägt, die zunächst beide Teile Deutschlands, Polen, die CSSR und Ungarn umfassen würde.

22. 5. 1959
Außenminister H. v. Brentano erklärt in Genf, daß die Bundesrepublik Deutschland bereit wäre, mit Polen und der CSSR einen Nichtangriffspakt zu schließen, wenn die Genfer Konferenz der Außenminister der UdSSR und der Westmächte die deutschen Vorschläge zur Lösung der Deutschlandfrage entgegennähme.

4. 8. 1959
Der Vorsitzende des Ministerrates der VR Polen, Cyrankiewicz, erklärt der FAZ, ein deutsch-polnischer Nichtangriffspakt würde diplomatische Beziehungen voraussetzen und müßte in ein gesamteuropäisches Sicherheitssystem eingebettet werden.

31. 8. 1959
In einer Rundfunkrede zum 20. Jahrestag des Kriegsausbruchs erklärt Adenauer die Bereitschaft der Bundesrepublik Deutschland, mit Polen in Verständnis, Achtung und Sympathie zusammenzuleben.

19. 7. bis 25. 7. 1960
Aus Anlaß der Rede Adenauers in Düsseldorf vom 10. 7. 1960 (mögliche Revision der Ostgrenze mit Hilfe der Westmächte) protestiert die polnische Regierung in einer Note an die NATO-Staaten.

1. 2. 1961
Die Bundesregierung erläßt Richtlinien für eine einheitliche kartographische Orts- und Grenzbezeichnung. Die Richtlinien gehen vom Fortbestand des Deutschen Reiches in den Grenzen vom 31. Dezember 1937 aus. Im August 1965 erläßt die Bundesregierung weitere detaillierte Richtlinien.

14. 6. 1961
Der Bundestag fordert die Regierung auf, ohne Preisgabe von Interessen eine Normalisierung der Beziehungen zu Polen anzustreben und kulturelle, wirtschaftliche und humanitäre Beziehungen herzustellen, allein schon aus Rücksicht auf Personen deutscher Volks- bzw. Staatsangehörigkeit.

28. 2. 1962
Memorandum der acht Persönlichkeiten des EKD; sie sprechen sich gegen die Hallstein-Doktrin sowie für einen Nicht-Angriffspakt mit Polen und eine begrenzte Anerkennung der Oder-Neiße-Grenze aus.

4. 6. 1962
Außenminister Schröder spricht sich in Dortmund für die Politik des Brückenschlages zwischen West und Ost sowie für bessere kulturelle und zwischenmenschliche Kontakte zwischen den Deutschen und den Völkern Osteuropas aus.

28. 10. 1962
Der Kongreß der DFU (Frankfurt) spricht sich für die Anerkennung der Oder-Neiße-Grenze aus.

7. 3. 1963
Unterzeichnung eines dreijährigen Handelsabkommens zwischen Polen und der Bundesrepublik Deutschland, Errichtung von Handelsmissionen in Warschau und Köln. Außenminister Schröder betont, daß damit ein Schritt zu verbesserten Beziehungen getan sei (s. S. 413).

18. 10. 1963
In seiner ersten Regierungserklärung stellt Bundeskanzler Erhard fest, daß Deutschland bis zu einem Friedensvertrag in den Grenzen von 1937 fortbestehe.

29. 12. 1963
W. Gomulka schlägt vor, die atomare und thermonukleare Rüstung in Mitteleuropa — in der Bundesrepublik Deutschland, der DDR, der CSSR und Polen — einzufrieren. Dieser Plan („Gomulka-Plan") wird im Memorandum der polnischen Regierung vom 29. Februar 1964 weiterentwickelt und präzisiert.

1. 5. 1964
Die Bundesregierung weist in einer Note an die polnische Regierung den Gomulka-Plan vom 29. Februar zurück mit der Begründung, daß die Verwirklichung dieses Planes das Gleichgewicht in Europa stören, die Teilung Deutschlands vertiefen und den Status Quo verfestigen würde. Nach Auffassung der Bundesregierung enthält das Memorandum keine ausreichenden Kontrollmaßnahmen.

14. 12. 1964
Außenminister Rapacki schlägt auf der 19. Generalversammlung der UNO die Einberufung einer Konferenz aller europäischen Staaten einschließlich der SU und der USA über die europäische Sicherheit vor. Am 20. Januar 1965 unterstützt das Politische Beratende Komitee des Warschauer Paktes die polnische Initiative.

5. 3. 1965
Die polnische Regierung veröffentlicht ein Memorandum, in dem sie die Verlängerung der Verfolgung von Kriegsverbrechen und Verbrechen gegen die Menschlichkeit fordert.

25. 3. 1965
Der Bundestag verlängert die Verjährungsfrist für die Verfolgung von Kriegsverbrechen in der Bundesrepublik Deutschland vom 8. Mai 1965 auf den 31. Dezember 1969.

15. 4. 1965
In einer Regierungserklärung verwahrt sich die Bundesregierung gegen den sowjetisch-polnischen Freundschafts- und Beistandspakt vom 8. April, in dem die Oder-Neiße als polnische Staatsgrenze bezeichnet wird.

2. 5. 1965
Bundeskanzler Erhard spricht sich gegen die Aufnahme diplomatischer Beziehungen zu den osteuropäischen Staaten aus.

September
Eröffnung der Flugverbindung Warschau-Frankfurt/Main (beflogen durch LOT).

21. 9. 1965
Außenminister Schröder befürwortet eine Annäherung in wirtschaftlichen und kulturellen Fragen mit den osteuropäischen Staaten ohne Gefährdung des Alleinvertretungsanspruches.

14. 10. 1965
Veröffentlichung der EKD-Denkschrift „Die Lage der Vertriebenen und das Verhältnis des deutschen Volkes zu seinen östlichen Nachbarn".

18. 11. 1965
Botschaft der polnischen Bischöfe an die deutschen Bischöfe zur Aussöhnung zwischen den Völkern. („Wir vergeben und bitten um Vergebung"; die Oder-Neiße-Grenze ist für Polen lebenswichtig.) Am 15. Dezember bekunden die deutschen Bischöfe ihre Bereitschaft zur Versöhnung (ohne Erwähnung der Oder-Neiße-Grenze).

25. 3. 1966
In einer Friedensnote bekundet die Bundesregierung ihre Bereitschaft zum Gewaltverzicht und einer Annäherung an Polen. Sie erklärt, daß Deutschland völkerrechtlich in den Grenzen von 1937 fortbesteht (s. S. 421 ff.).

28. 4. 1966
Polen beantwortet die Note der Bundesregierung und lehnt die These vom Fortbestand der Grenzen von 1937 ab. Es bezweifelt die Friedensbereitschaft und verlangt, die Bundesrepublik Deutschland solle die Oder-Neiße-Grenze und die DDR anerkennen.

1. 9. 1966
Der polnische Ministerpräsident, Cyrankiewicz, kritisiert in Warschau anläßlich des 28. Jahrestages des deutschen Angriffs auf Polen die deutsche „Ostpolitik" und nennt als Bedingungen zur Normalisierung der Beziehungen die Anerkennung der bestehenden Grenzen durch die Bundesrepublik Deutschland, Anerkennung der DDR und den Verzicht der Bundesrepublik Deutschland auf Kernwaffen.

13. 12. 1966
Der neue Bundeskanzler Kiesinger (CDU) bekennt sich in seiner Regierungserklärung, der sogenannten „Großen Koalition" (CDU/CSU und SPD), zur Versöhnung mit Polen, das das Recht habe, in einem Staatsgebiet mit gesicherten Grenzen zu leben; die deutsch-polnische Grenze könne jedoch nur von einer gesamtdeutschen Regierung in einem Friedensvertrag ausgehandelt werden.

8. 2. 1967
W. Gomulka setzt sich in seiner Rede in Kattowitz mit der neuen Ostpolitik der Bundesrepublik Deutschland auseinander und stellt fest, daß Bonn in allen Grundfragen weiterhin die alte Haltung einnimmt. Die neue Bonner Ostpolitik bezeichnet Gomulka als die Verfolgung der alten Ziele mit neuen Methoden.

3. 3. 1967
Der Pressesprecher der FDP, Schollwer, schlägt eine generelle Umgestaltung der Ostpolitik der Regierung vor und tritt für die Anerkennung der Oder-Neiße-Grenze und für die Aufnahme diplomatischer Beziehungen mit allen osteuropäischen Staaten ein. Mit ähnlichen Postulaten tritt am 19. März 1967 der Schatzmeister der FDP, Rubin, auf. Beide Vorschläge finden auf dem FDP-Parteitag in Hannover keine Mehrheit.

15. 3. 1967
In Warschau wird ein 20jähriges Abkommen über Freundschaft und Zusammenarbeit zwischen Polen und der DDR unterzeichnet. Darin wird festgestellt, daß die territoriale Integrität beider Staaten und die Unantastbarkeit der Oder-Neiße-Grenze und der Grenze zwischen der DDR und der Bundesrepublik Deutschland von grundlegender Bedeutung für die europäische Sicherheit sind.

25. 4. 1967
Die Tagung der europäischen kommunistischen und Arbeiterparteien in Karlovy Vary (Karlsbad) beschließt eine „Erklärung über Frieden und Sicherheit in Europa". Darin wird die Notwendigkeit der Anerkennung und der Unantastbarkeit der bestehenden Grenzen in Europa betont.

29. 4. 1967
Außenminister Brandt hebt die Bedeutung einer deutsch-polnischen Aussöhnung hervor, die derjenigen mit Frankreich vergleichbar sei. Am 2. Mai bekundet er die Bereitschaft der Bundesrepublik zu diplomatischen Beziehungen zum Osten.

20. 7. 1967
In Warschau wird ein Abkommen zwischen dem polnischen Rentenversicherungsträger und den westdeutschen Landesversicherungsanstalten über die Rentenüberweisung an die in Polen lebenden kriegsversehrten ehemaligen Wehrmachtsangehörigen abgeschlossen.

2. 3. 1968
Der „Bensberger Kreis" prominenter katholischer Laien veröffentlicht ein Memorandum zur deutsch-polnischen Frage und stellt fest, „daß eine Friedensregelung mit Polen nicht ohne Gebietsverluste denkbar erscheint".

18. 3. 1968
Auf dem Parteitag der SPD in Nürnberg fordert Brandt die „Anerkennung bzw. Respektierung der Oder-Neiße-Linie" bis zu einem Friedensvertrag. Diese Forderung nimmt der Parteitag in seinen Beschluß auf. — Am 22. März legt hiergegen der Ständige Rat der ostdeutschen Landesvertretung massiven Protest ein.

27. 11. 1968
Die Generalversammlung der UNO billigt auf ihrer 32. Sitzungsperiode die auf Grund polnischer Initiative erarbeitete Konvention über die Nichtanwendung der Verjährungsfrist bei der Verfolgung von Kriegsverbrechen und Verbrechen gegen die Menschlichkeit.

17. 3. 1969
Das Politische Beratende Komitee des Warschauer Paktes tritt in einem in Budapest beschlossenen „Appell an alle Länder Europas" für die Einberufung einer KSZE-Konferenz ein. Dabei wird betont, daß die grundlegende Voraussetzung für die europäische Sicherheit die Unantastbarkeit der bestehenden Grenzen in Europa sei.

17. 5. 1969
Auf einer Wahlversammlung in Warschau schlägt Gomulka der Bundesrepublik Deutschland einen Vertrag, ähnlich dem des Görlitzer Vertrages von 1950 mit der DDR zur Anerkennung der Oder-Neiße-Grenze vor (s. S. 434 ff.).

19. 5. 1969
Bundesaußenminister Brandt bietet unter Berufung auf die Regierungserklärung vom 13. Dezember 1966 Polen eine Gewaltverzichtserklärung unter Einschluß der Grenzfrage an.

11. 9. 1969
Zwischen Polen und der Bundesrepublik Deutschland wird ein Transportabkommen abgeschlossen.

27. 9. 1969
Die polnische Regierung veröffentlicht eine Erklärung über die Wiedergutmachung für Kriegsverbrechen und Verbrechen gegen die Menschlichkeit. Darin wird betont, daß „das in der Bundesrepublik Deutschland geltende Wiedergutmachungsrecht für die Opfer des Nationalsozialismus bestimmte Vorschriften enthält, die die Staatsangehörigen einiger Staaten, darunter Polens, diskriminieren".

28. 10. 1969
In seiner Regierungserklärung bekundet Bundeskanzler Brandt die Bereitschaft der Bundesrepublik Deutschland zur Aussöhnung mit Polen und zur Zusammenarbeit sowie einen Gewaltverzicht. — In einem Interview am 23. November bietet Brandt Polen Verhandlungen auf der Basis der Gomulka-Vorschläge an (s. S. 440 ff.).

21. 11. 1969
Der Leiter der deutschen Handelsmission in Warschau, Böx, überreicht eine Note, in der Polen Verhandlungen ohne Vorbedingungen über alle strittigen Fragen angeboten werden.

22. 12. 1969
Der polnische Ministerpräsident Cyrankiewicz geht in einer Sejm-Rede positiv auf das Angebot Bonns zu Gesprächen ein. Der Leiter der polnischen Handelsmission in Köln, Piątkowski, überreicht am selben Tag eine polnische Note, in der gleichfalls die polnische Gesprächsbereitschaft bekundet wird.

22. bis 24. 1. 1970
Der polnische Minister für Außenhandel, Burakiewicz, besucht die Bundesrepublik Deutschland und führt Wirtschaftsgespräche. (Erster Besuch eines Mitgliedes der polnischen Regierung in der Bundesrepublik Deutschland.)

4. bis 7. 2. 1970
AA-StS Duckwitz und Vize-Außenminister Winiewicz führen Vorgespräche über das politische Verhältnis Polen — Bundesrepublik Deutschland. — Am 8. bis 12. März Fortsetzung der Vorgespräche Duckwitz — Winiewicz.

8. bis 11. 2. 1970
Eine DGB-Delegation unter H. O. Vetter besucht zum erstenmal Polen.

22. bis 24. 4. 1970
Dritte Runde der Vorverhandlung Duckwitz — Winiewicz. Duckwitz überreicht Gomulka einen Brandt-Brief, in dem es unter anderem heißt, daß die Bundesrepublik Deutschland die Nachkriegsgrenzen respektiere und die Unversehrtheit des polnischen Territoriums nicht in Frage stelle.

12. 5. 1970
Unterzeichnung eines Protokolls zwischen beiden Ländern über einen Warenaustausch mit Warenlisten und Briefen über Warenaustausch.

8. bis 10. 6. 1970
Vierte Gesprächsrunde zwischen Duckwitz und Winiewicz.

22. bis 23. 6. 1970
Bundeswirtschaftsminister Schiller besucht als erstes Mitglied der Bundesregierung offiziell die VR Polen. Am 23. Juni wird in Warschau ein fünfjähriges Abkommen über den Warenverkehr sowie die wirtschaftliche und wissenschaftlich-technische Zusammenarbeit paraphiert.

23. bis 25. 7. 1970
Fünfte Gesprächsrunde Winiewicz — Duckwitz. Beginn konkreter Formulierungen in Warschau.

12. 8. 1970
Im Moskauer Vertrag zwischen der Bundesrepublik Deutschland und der Sowjetunion verzichtet die deutsche Seite auf Gebietsansprüche und bezeichnet die Oder-Neiße-Grenze und die DDR-Grenze als unverletzlich.

5. bis 7. 10. 1970
Sechste Gesprächsrunde Duckwitz und Winiewicz in Bonn. Veröffentlichung einer „Grenzformel".

10. 10. 1970
Unterzeichnung eines Protokolls über wissenschaftliche Zusammenarbeit zwischen der polnischen Akademie der Wissenschaften und des DAAD.

15. 10. 1970
Unterzeichnung eines Abkommens zwischen der Bundesrepublik Deutschland und der VR Polen über Warenaustausch, wirtschaftliche und wissenschaftlich-technische Zusammenarbeit (1970—1974).

30. 10. 1970
Der Präsident des Bundes der Vertriebenen richtet an den Bundeskanzler Brandt, Außenminister Scheel, den Minister des Inneren Genscher und an die Bundestagsfraktionsvorsitzenden Barzel, Wehner und Mischnick gleichlautende Briefe, in denen er gegen die Anerkennung der bestehenden Grenzen durch die Bundesregierung und gegen den „Verzicht auf deutsche Rechte" protestiert.

2. bis 18. 11. 1970
In Warschau finden offizielle Verhandlungen auf der Ebene der Außenminister statt. Sie enden am 18. November mit der Paraphierung des Vertrages (s. Anhang). Die polnische Regierung überreicht der Bundesregierung eine Information hinsichtlich der Ausreise von Personen deutscher Volkszugehörigkeit aus Polen (Text der Information im Anhang).

19. 11. 1970
Die Bundesregierung richtet gleichlautende Noten an die Westmächte, in denen sie hervorhebt, daß der Vertrag mit Polen nicht die Rechte und die Verantwortung der Westmächte berührt, die ihren Ausdruck in den bekannten Verträgen und Vereinbarungen gefunden haben.

4. 12. 1970
Die CDU/CSU-Bundestagsfraktion erläutert im Bundestag ihre Haltung zur Ostpolitik der Bundesregierung. (Vertrag mit Polen als modus vivendi; Respektierung der Oder-Neiße-Linie bis zum Friedensvertrag mit Gesamtdeutschland.)

6. bis 8. 12. 1970
Bundeskanzler Brandt besucht an der Spitze einer deutschen Delegation Warschau und legt an den dortigen Gedenkstätten Kränze nieder. Am 7. Dezember unterzeichnen Brandt und Cyrankiewicz sowie die Außenminister Scheel und Jędrychowski den Warschauer Vertrag.

20. 12. 1970
Die drei Westmächte beantworten die Note der Bundesregierung vom 19. November 1970. Sie betonen, daß sie die Paraphierung des Vertrages mit Polen zur Kenntnis nehmen.

20. bis 23. 1. 1971
Der Fraktionsvorsitzende der CDU/CSU Barzel besucht Polen.

24. bis 30. 1. 1971
Auf Einladung der SPD- und FDP-Bundestagsfraktion hält sich in Bonn eine zehnköpfige Sejm-Abgeordnetengruppe auf.

26. 1. bis 6. 2. 1971
In Warschau findet die 1. Tagung der gemischten Kommission beider Länder für Wirtschafts- und Handelsfragen und Fragen der wissenschaftlich-technischen Zusammenarbeit statt.

14. bis 18. 2. 1971
Der Vorsitzende der SPD-Bundestagsfraktion, Herbert Wehner, besucht die VR Polen.

11. bis 12. 5. 1971
In Bonn findet die erste Round-Table-Begegnung (veranstaltet von der DGAP und dem PISM) unter Beteiligung von Parlamentariern, Politikern, Wissenschaftlern und Publizisten aus der Bundesrepublik Deutschland und Polen statt. (Weitere Gesprächsrunden: 1. bis 3. November 1973 in Warschau und 16. bis 17. Februar 1976 in Bonn.)

17. bis 21. 5. 1971
Besuch von Mitgliedern der FDP-Bundestagsfraktion unter Mischnick in Polen.

20. bis 22. 5. 1971
Besuch einer DKP-Delegation in Polen unter K. Bachmann.

30. 6. 1971
Die Bundesregierung beschließt, die Richtlinien über die Ortsbezeichnung und kartographischen Darstellungen vom Jahr 1965 außer Kraft zu setzen ohne neue festzulegen.

25. 11. 1971
Die Regierungen Polens und der DDR unterzeichnen ein Abkommen über den Grenzverkehr. Mit dem Inkrafttreten des Abkommens am 1. Januar 1972 wird die Grenze für Staatsangehörige beider Länder offen.

13. 12. 1971
Die Bundesregierung leitet das parlamentarische Ratifizierungsverfahren für die Verträge von Moskau und Warschau ein.

5. bis 10. 2. 1972
Der Vorsitzende der SPD-Bundestagsfraktion, Herbert Wehner, besucht erneut Polen.

9. 2. 1972
Erste Kraftprobe um die Ostverträge zwischen der Regierungskoalition und den Unionsparteien anläßlich der 1. Lesung der Ratifikationsgesetze im Bundestag. Der

Bundesrat stimmt mit 21 Stimmen der CDU/CSU gegen 20 einer Entschließung zu, in der die Bedenken gegen die Ostverträge zusammengefaßt worden sind.

18. 2. 1972
In Warschau wird ein Doppelbesteuerungsabkommen zwischen Polen und der Bundesrepublik Deutschland unterzeichnet.

22. bis 26. 2. 1972
In Warschau findet die erste Tagung einer aus Vertretern der Bundesrepublik Deutschland und Polen unter Leitung von Professor Markiewicz und Professor Ekkert zusammengesetzten UNESCO-Kommission zur Ausarbeitung von Empfehlungen für eine Revision von Schulbüchern (Geschichte und Geographie) statt. Weitere Tagungen der Kommission finden abwechselnd in Braunschweig und Warschau statt.

17. 5. 1972
Der Bundestag befindet endgültig über die Ostverträge. (Für den Vertrag mit Polen stimmen 248 Abgeordnete der Regierungskoalition.) Die CDU/CSU-Fraktion übt dabei, mit Ausnahme einiger Abgeordneter, die die Verträge ablehnen, Stimmenthaltung. Zusätzliche „Gemeinsame Resolution" zur Grenzfrage von staatsrechtlicher, aber nicht völkerrechtlicher Relevanz.

19. 5. 1972
Der Bundesrat billigt die Ostverträge. Für die Ratifizierung stimmen die von der SPD und von SPD/FDP-Koalitionen regierten Länder, während die fünf CDU-regierten Länder sich der Stimme enthalten. Dagegen billigt der Bundesrat einstimmig die Bundestagsresolution vom 17. Mai.

23. 5. 1972
Bundespräsident Heinemann unterzeichnet in Bonn die Verträge von Moskau und Warschau.

26. 5. 1972
Der polnische Staatsrat billigt den Vertrag vom 7. Dezember 1970. Dabei werden die in der Bundestagsresolution enthaltenen, relativierenden Aussagen zur Grenzfrage zurückgewiesen.

3. 6. 1972
Der Stellvertretende polnische Außenminister Czyrek und der Bonner Staatssekretär Frank tauschen in Bonn die Ratifikationsurkunden aus. Damit tritt der Vertrag in Kraft.

13. bis 14. 9. 1972
Besuch des polnischen Außenministers S. Olszowski in Bonn. Mit sofortiger Wirkung wird die Errichtung von Botschaften in Bonn und Warschau vereinbart.

6. 11. 1972
Der erste polnische Botschafter in der Bundesrepublik Deutschland, W. Piątkowski, überreicht sein Beglaubigungsschreiben dem Bundespräsidenten Heinemann.

8. 11. 1972
Der erste Botschafter der Bundesrepublik Deutschland in der Volksrepublik Polen, H. Ruete, überreicht dem polnischen Staatspräsidenten H. Jabłonski sein Beglaubigungsschreiben.

16. 11. 1972
In Genf wird eine Vereinbarung zwischen dem polnischen Gesundheitsministerium und dem Wirtschafts- und Finanzministerium der Bundesrepublik Deutschland über pauschale Hilfe für die Opfer der pseudo-medizinischen Versuche während der NS-Zeit unterzeichnet (in Höhe von rd. 100 Millionen DM).

21. 3. 1973
In Frankfurt/Main unterzeichnen die Vorstandsvorsitzenden der Bank Handlowy S. A. in Warschau und der HELABA ein Abkommen über die Gründung einer gemeinsamen Bank in Frankfurt/Main, der „Mitteleuropäischen Handelsbank AG". Die Bank soll den Handelsaustausch zwischen beiden Ländern fördern.

22. 3. 1973
E. Gierek erinnert in einer Rede in Poznań (Posen) an die Notwendigkeit, im Rahmen des Normalisierungsprozesses „die Rechnung der Leiden, die dem polnischen Volk vom Nationalsozialismus zugefügt worden sind" zu begleichen.

25. 4. 1973
In Warschau wird ein Versicherungsabkommen für die in das jeweilige Land delegierten Arbeitnehmer unterzeichnet.

18. bis 28. 7. 1973
Der Vorsitzende des Auswärtigen Ausschusses des Deutschen Bundestages, Schröder (CDU), besucht Polen. Er betont bei dieser Gelegenheit, daß die Ostverträge auch für die Oppositionsparteien bindend seien.

22. bis 28. 7. 1973
Auf Einladung des DGB weilt eine polnische Gewerkschaftsdelegation in der Bundesrepublik Deutschland und führt Gespräche über den Ausbau der Kontakte zwischen beiden Gewerkschaftszentralen.

31. 7. 1973
Das Bundesverfassungsgericht entscheidet über die Übereinstimmung des Grundvertrages mit dem Grundgesetz. Es weist den bayrischen Antrag vom 28. Mai 1973 auf Erklärung der Unvereinbarkeit des Vertrages mit dem Grundgesetz zurück. Es geht dabei von dem Fortbestand des Deutschen Reiches in den Grenzen von 1937 aus.

18. bis 20. 10. 1973
Außenminister W. Scheel stattet in Warschau seinen ersten offiziellen Besuch nach dem Vertragsabschluß ab.

6. bis 7. 12. 1973
Arbeitsbesuch des polnischen Außenministers Olszowski in Bonn. Es wird beschlossen, eine gemeinsame Arbeitsgruppe für Kredit-, Renten- und Versicherungsfragen zu bilden.

12. bis 14. 12. 1973
Der Bundesminister für Wirtschaft, H. Friedrichs, führt in Warschau detaillierte Gespräche über wirtschaftliche Fragen.

20. bis 24. 2. 1974
Eine DKP-Delegation unter H. Mies besucht Polen.

17. 5. 1974
Der neugewählte Bundeskanzler Schmidt kündigt in seiner ersten Regierungserklärung die Fortsetzung der Außenpolitik des Kabinetts Brandt/Scheel an.

22. bis 27. 7. 1974
Eine DGB-Delegation unter H. O. Vetter besucht Polen.

26. 7. 1974
Botschafter Ruete überreicht E. Gierek einen Brief von Bundeskanzler Schmidt mit dem Vorschlag, die Verhandlungen über die verbleibenden Streitfragen wieder aufzunehmen.

20. 9. 1974
Der 1. Sekretär des ZK der PVAP, E. Gierek, äußert in einem Brief an den Bundeskanzler Schmidt die Bereitschaft, eine neue Gesprächsrunde zwischen Polen und der Bundesrepublik Deutschland einzuleiten.

27. bis 31. 10. 1974
Eine Bundestagsdelegation unter Leitung der Präsidentin A. Renger besucht Polen.

1. 11. 1974
Der Stellvertretende Ministerpräsident Polens Olszewski und Außenminister Genscher unterzeichnen in Bonn ein zehnjähriges Abkommen über die wirtschaftliche, industrielle und technische Zusammenarbeit zwischen beiden Ländern. Dieses Abkommen bildet den Rahmen für die industrielle Kooperation zwischen beiden Ländern. Über die Realisierung des Abkommens soll eine ständige gemischte Kommission wachen.

23. 11. 1974
E. Gierek empfängt den Staatssekretär im Auswärtigen Amt, Gehlhoff, dem dieser einen Brief von Bundeskanzler Schmidt überreicht.

17. bis 18. 3. 1975
In Warschau tagt zum erstenmal die gemischte Regierungskommission für Fragen der wirtschaftlichen, technischen und industriellen Zusammenarbeit zwischen Polen und der Bundesrepublik Deutschland.

7. 7. 1975
Das Bundesverfassungsgericht weist die Individualklagen von Bürgern der Bundesrepublik Deutschland gegen die Ratifikationsgesetze zu den Ostverträgen ab und bestätigt die Übereinstimmung dieser Gesetze mit dem Grundgesetz. Es weist u. a. darauf hin, daß sich der rechtliche Status der Oder-Neiße-Gebiete mit der Unterzeichnung des Warschauer Vertrages nicht geändert habe, da dieser nichts anderes als eine „bloße Konkretisierung des Gewaltverzichts" sei; mit dem Abschluß der Ostverträge habe die Bundesrepublik Deutschland nicht auf die Rückerstattung des durch die Vertreibung verlorengegangenen Vermögens verzichtet.

30. 7. bis 1. 8. 1975
3. Konferenzrunde der KSZE in Helsinki. Unterzeichnung der Schlußakte. Darin wird die Unantastbarkeit der Grenzen und der territorialen Integrität der europäischen Staaten betont.

1. 8. 1975
Bundeskanzler Schmidt und Parteichef Gierek treffen in einer Besprechung am Rande der Abschlußtagung der KSZE in Helsinki die Entscheidung für noch offene Punkte in den bilateralen Beziehungen (s. S. 449).

9. 10. 1975
Die Außenminister H.-D. Genscher und S. Olszowski unterzeichnen in Warschau ein Abkommen über Renten- und Unfallversicherungen sowie die dazugehörige Vereinbarung über die pauschale Abgeltung von Rentenansprüchen, ein Abkommen über einen Finanzkredit, ein Protokoll über Ausreisen und ein langfristiges Programm für die wirtschaftliche, industrielle und technische Zusammenarbeit (s. S. 462 ff.).

4. 11. 1975
Die CDU/CSU-Bundestagsfraktion entscheidet sich gegen die Vereinbarungen vom 9. Oktober 1975. (174 Abgeordnete lehnen die Vereinbarungen ab, elf stimmen aus „humanitären Gründen" dafür).

1. bis 4. 12. 1975
Der Stellvertretende polnische Ministerpräsident Olszewski besucht Bonn und führt Gespräche über die weitere Verbesserung der wirtschaftlichen Zusammenarbeit zwischen beiden Ländern.

6. bis 8. 1. 1976
Eine SPD-Bundestagsdelegation unter Leitung von H. Wehner besucht Polen.

19. 2. 1976
Der Bundestag billigt das Renten- und Versicherungsabkommen vom 9. Oktober 1975 mit 276, davon 14 CDU/CSU-Stimmen, gegen 191 Stimmen.

9. 3. 1976
Die polnische Presseagentur (PAP) veröffentlicht eine Erklärung des Außenministers Olszowski, in der es heißt, Polen stelle keine Zeitbeschränkung für die Ausreiseanträge von Deutschstämmigen.

12. 3. 1976
Nach Erläuterungen durch die Bundesregierung stimmt der Bundesrat den Vereinbarungen mit Polen vom 9. Oktober, auch mit den Stimmen der von der CDU/CSU geführten Länder, einstimmig zu.

15. 3. 1976
Der polnische Staatsrat ratifiziert das Rentenabkommen, billigt die im Ausreiseprotokoll getroffenen Feststellungen und genehmigt die Ausreise von 120 000 bis 125 000 Personen in Übereinstimmung mit den in der „Information" enthaltenen Kriterien.

22. bis 26. 3. 1976
Der Bundesminister für Erziehung und Wissenschaft, H. Rhode, besucht Polen.

24. 3. 1976
Außenminister Genscher und der polnische Botschafter Piątkowski tauschen die Ratifikationsurkunden zum Renten- und Versicherungsabkommen aus. Dabei überreicht Piątkowski Genscher einen Brief des polnischen Außenministers vom 15. März in Antwort auf einen Brief Genschers vom 9. März. Außerdem tauschen Genscher und Piątkowski Schriftstücke zum formalen Inkrafttreten der ratifizierten Vereinbarungen zum 1. Mai desselben Jahres aus.

4. bis 7. 4. 1976
Auf der neunten gemeinsamen Schulbuchkonferenz in Braunschweig wird die endgültige Fassung der bis dahin ausgearbeiteten Empfehlungen für den Geschichts- und Erdkundeunterricht verabschiedet. Es wird beschlossen, gleichlautende Texte in deutscher und polnischer Sprache zur Verbreitung in beiden Ländern zu veröffentlichen (Auszüge aus den Richtlinien im Anhang).

6. bis 8. 4. 1976
Offizieller Besuch des polnischen Außenministers Olszowski in der Bundesrepublik Deutschland. Im gemeinsamen Kommunique wird ein Fortschritt in beiderseitigen Verhandlungen festgestellt und der Besuch E. Giereks in der Bundesrepublik Deutschland für Juni 1976 angekündigt.

11. bis 14. 4. 1976
Auf Einladung des Stadtpräsidenten von Gdańsk (Danzig) weilt der stellvertretende SPD-Vorsitzende und Bürgermeister von Bremen, H. Koschnick, in Polen. Am 12. April unterzeichnen sie eine Vereinbarung über die Zusammenarbeit zwischen beiden Städten. (Erste Vereinbarung dieser Art.)

6. bis 7. 5. 1976
Der polnische Bildungsminister Kuberski besucht die Bundesrepublik Deutschland.

2. bis 3. 6. 1976
In Bonn tagt zum zweitenmal die gemischte Kommission für Fragen der wirtschaftlichen, industriellen und technischen Kooperation zwischen Polen und der Bundesrepublik Deutschland.

8. bis 12. 6. 1976
Besuch des ersten Sekretärs der ZK der PVAP, E. Gierek, in der Bundesrepublik Deutschland. Am 7. Juni unterzeichnen Gierek und Bundeskanzler Schmidt eine gemeinsame Erklärung über die Entwicklung der Beziehungen zwischen beiden Staaten. Außerdem werden ein fünfjähriges Wirtschaftsabkommen, ein Kulturabkommen, ein Protokoll über Wirtschaftsgespräche, ein Abkommen über wissenschaftlich-technische Zusammenarbeit bei der Kohlevergasung und 14 andere Vereinbarungen zwischen den polnischen Außenhandelszentralen und den westdeutschen Firmen unterzeichnet. Bundeskanzler Schmidt wird zu einem offiziellen Besuch nach Polen eingeladen (Text der Abkommen und des gemeinsamen Kommuniqués im Anhang).

8. 9. 1976
Der polnische Minister für Post- und Telekommunikationswesen, E. Kowalczyk, besucht die Bundesrepublik Deutschland.

16. bis 20. 9. 1976
In Einklang mit den im Juli 1976, während des Besuchs vom 1. Sekretär der PVAP, E. Gierek, in Bonn, getroffenen Vereinbarungen findet in Warschau die erste politische deutsch-polnische Konsultationsrunde der Ministerien für Auswärtiges unter der Leitung vom Stellvertretenden Außenminister J. Czyrek und Ministerialdirektor G. van Well statt.

30. 9. 1976
Das Bundessozialgericht in Kassel befindet hinsichtlich der Rentenfrage, daß „die Gebiete jenseits der Oder-Neiße-Linie für die Bundesrepublik Deutschland kein Ausland sind."

2. 11. 1976
Unterzeichnung in Warschau eines langfristigen Abkommens über Kupferlieferungen aus Polen an die Bundesrepublik Deutschland. Zu gleicher Zeit wird ein Kreditabkommen zwischen einem westdeutschen Bankenkonsortium und der Bank Handlowy S. A. in Warschau über einen deutschen Kredit für die Förderung der polnischen Kupferindustrie abgeschlossen.

15. 11. 1976
Vorstandsvorsitzender der Deutschen Bundesbank Karl Klasen besucht Polen.

10. bis 12. 1. 1977
Eine Delegation der SPD-Bundestagsfraktion mit dem stellvertretenden Fraktionsvorsitzenden B. Friedrichs besucht Polen.

22. 1. 1977
Die Bundesrepublik Deutschland eröffnet an ihrer Botschaft in Warschau eine Handelsförderungsstelle (eine ähnliche Stelle existiert bereits an der deutschen Botschaft in Moskau).

24. bis 28. 1. 1977
In der Bundesrepublik Deutschland weilt eine Delegation des Zentralrates des Bundes der Sozialistischen Jugendorganisationen der VR Polen.

7. bis 11. 2. 1977
Der polnische Justizminister Prof. Dr. J. Bafia stattet der Bundesrepublik Deutschland einen Besuch ab.

28. 2. 1977
Dr. H. Ahrens wird zum neuen Botschafter der Bundesrepublik Deutschland in Warschau ernannt; er übermittelt am 23. 5. sein Beglaubigungsschreiben an den Vorsitzenden des polnischen Staatsrates H. Jabłoński.

25. bis 27. 4. 1977
Der polnische Minister für Außenhandel und Seewirtschaft, J. Olszewski, besucht die Bundesrepublik Deutschland.

28. 4. bis 2. 5. 1977
Auf Einladung des Vorstandes der DKP weilt in der Bundesrepublik Deutschland eine Delegation des ZK der PVAP unter Leitung von J. Maciszewski.

24. bis 27. 5. 1977
Auf Einladung der SPD-Bundestagsfraktion stattet eine Delegation des PVAP-Sejm-Klubs unter Leitung des Mitglieds des Politbüros des ZK, E. Babiuch, einen Gegenbesuch in der Bundesrepublik Deutschland ab.

13. bis 17. 6. 1977
Auf Einladung des Vorsitzenden des DGB, H. O. Vetter, stattet in der Bundesrepublik Deutschland eine Delegation des Zentralrates des Gewerkschaftsbundes der VR Polen unter Leitung des Vorstandsvorsitzenden W. Kruczek den Gegenbesuch ab; es wird eine Zusammenarbeit zwischen den beiden Gewerkschaftszentralen vereinbart.

14. bis 16. 6. 1977
In Bonn findet das erste „Forum Bundesrepublik Deutschland — VR Polen" statt, unter Teilnahme der Vertreter von Politik, Wirtschaft, Wissenschaft und führenden Publizisten beider Länder. Das Hauptgesprächsthema stellte die Probleme der Normalisierung der beiderseitigen Beziehungen dar.

20. bis 23. 6. 1977
Eine Delegation der DKP mit H. Mies besucht Polen.

23. 6. 1977
Ende der zweiten politischen Konsultationsrunde zwischen den Außenministerien der Bundesrepublik Deutschland, vertreten durch den Staatssekretär G. van Well und der VR Polen, vertreten durch den Stellvertretenden Außenminister J. Czyrek.

27. bis 30. 6. 1977
Der SPD-Vorsitzende W. Brandt besucht Polen und führt Gespräche mit E. Gierek.

2. 8. 1977
Der Bremer Senat nennt das bisherige Landesamt für Vertriebene, Flüchtlinge und Aussiedler in Amt für Emigranten- und Aussiedlerfragen um.

25. bis 28. 8. 1977
Auf Einladung des Sejm-Klubs der Demokratischen Partei weilt in Polen der Vorsitzende der FDP-Bundestagsfraktion, W. Mischnick.

29. 8. 1977
Vertreter der Bank Handlowy S. A. in Warschau einerseits und Vertreter eines aus 26 Banken bestehenden westdeutschen Bankenkonsortiums andererseits unterzeichnen in Warschau ein Rahmenabkommen über einen 2 Mrd. DM-Anschlußkredit für Projekte der Kohlevergasung.

30. bis 31. 8. 1977
In Warschau findet eine weitere politische Konsultationsrunde zwischen den Ministerien für Auswärtiges der Bundesrepublik Deutschland und der VR Polen statt; Gesprächspartner sind Stellvertretender Außenminister Czyrek und Staatssekretär G. van Well.

2. bis 6. 9. 1977
Auf Einladung des Zentralrates des Bundes der Sozialistischen Jugendorganisationen weilt in Polen eine Delegation des DBJR.

10. 11. 1977
Der Vorsitzende der CDU und der CDU/CSU-Bundestagsfraktion, H. Kohl, stellt auf einer Pressekonferenz das Weißbuch über die Lage der Nation und die Verwirklichung der Menschenrechte in Deutschland vor. In dem Buch, wo die DDR und ein Teil des Territoriums der VR Polen formalrechtlich als gehörig zu Deutschland in den Grenzen von 1937 bezeichnet werden, wird eine Reihe von Vorwürfen an die Adresse Polens und anderer sozialistischer Länder erhoben. Der Antrag der CDU/CSU-Bundestagsfraktion, das Buch als ein offizielles Dokument des Bundestages anzuerkennen, wird in einer Namensabstimmung abgelehnt.

10. bis 11. 11. 1977
In Bonn finden weitere politische Konsultationen zwischen den Außenministerien der Bundesrepublik Deutschland und der VR Polen, vertreten durch den Staatssekretär G. van Well und den Stellvertretenden Außenminister J. Czyrek statt.

9. bis 16. 11. 1977
Auf Einladung der FDP-Bundestagsfraktion stattet in der Bundesrepublik Deutschland eine Delegation des Sejm-Klubs der Demokratischen Partei unter Leitung ihres Vorsitzenden P. Stefański einen Gegenbesuch ab.

21. bis 25. 11. 1977
Bundeskanzler Helmut Schmidt stattet als erster Bundeskanzler der VR Polen einen offiziellen Besuch ab. In seinen Ansprachen in Warschau und Auschwitz spricht er über historische und aktuelle Gefahren des Nationalismus und über die Naziverbrechen in Polen. Bei einem festlichen Abendessen gehen beide Hauptredner, Gierek und Schmidt, auf die historischen Belastungen und gegenwärtigen Möglichkeiten der deutsch-polnischen Beziehungen ein. In einer gemeinsamen Erklärung zum Abschluß des Besuches bekräftigen beide Seiten ihre Entschlossenheit, auf der Grundlage des Vertrages vom 7. Dezember 1970 und anderer Vereinbarungen weitere Anstrengungen zur umfassenden Entwicklung und Vertiefung der gegenseitigen Beziehungen zu unternehmen.

20. 6. 1978
Zum neuen Botschafter der VR Polen in der Bundesrepublik Deutschland wird der bisherige stellvertretende Vorsitzende der Planungskommission, J. Chylinski, ernannt.

20. bis 25. 9. 1978
Eine Delegation des polnischen Episkopats unter Führung des Primas von Polen, Stefan Kardinal Wyszyński, und des Erzbischofs von Krakau, Kardinal Wojtyła, stattet erstmalig der deutschen Bischofskonferenz einen offiziellen Besuch ab.

17. bis 19. 10. 1978
In Olsztyn (Allenstein) findet das zweite Forum „Bundesrepublik Deutschland — VR Polen“ statt.

2. bis 4. 11. 1978
Der Bundesminister des Auswärtigen H.-D. Genscher stattet einen offiziellen Besuch in der VR Polen ab.

Bundesrepublik Deutschland: Verzeichnis der Mitarbeiter und Herausgeber

Arnold, Udo, Dr. phil., geb. 1940, Professor an der Pädagogischen Hochschule Rheinland, Abteilung Bonn; Forschungsbereiche: Geschichte, Didaktik des Geschichtsunterrichts, Politische Bildung; Vorsitzender der Historischen Kommission für ost- und westpreußische Landesforschung und Herausgeber der „Quellen und Studien zur Geschichte des Deutschen Ordens". Veröffentlichungen: Studien zur preußischen Historiographie des 16. Jhdt., Bonn 1967; Scriptores rerum Prussicarum, Bd. 6, Frankfurt am Main 1968; zahlreiche Publikationen zur Geschichte der deutschen geistlichen Orden in Europa vom 12. bis zum 20. Jhdt., zur Geschichte Preußens und Geschichte Deutschlands des Mittelalters und der Neuzeit wie auch zur Didaktik des Geschichtsunterrichtes.

Dedecius, Karl, geb. 1921 in Lodz; Direktor der Zweigniederlassung einer Versicherungsgesellschaft in Frankfurt/Main. Autor, Verleger, Übersetzer von über 50 Buchpublikationen (aus der slawischen, insbesondere polnischen Literatur). Dr. hon. caus. der Universität Köln, ordentliches Mitglied der bayerischen Akademie der Schönen Künste und des deutschen PEN-Clubs, Ehrenmitglied des Verbandes deutschsprachiger Übersetzer. Veröffentlichungen: Anthologien — polnische Prosa, Dichtung, Epigramme des 20. Jhdt.; Monographien (Gedichte und Satiren) von Ajgi, Brudzinski, Gałczynski, Herbert, Jesienin, Lec, Majakowski, Miłosz, Nowaczyński, Popa, Przybós, Rożewicz, Szaniawski, Szymborska, Ważyk u. a.; Essays: Deutsche und Polen, München 1971, 2. Auflage Stuttgart 1974; „Überall ist Polen", Frankfurt/Main 1974; „Polnische Profile", Frankfurt/Main 1975; in polnischer Sprache: „Polacy i Niemcy", Kraków 1973; „Notatnik Tłumacza", Kraków 1974.

Feger, Hubert, Dr. phil., geb. 1938; seit 1971 o. Professor für Psychologie und Direktor des Instituts für Psychologie an der Technischen Hochschule NRW in Aachen. Veröffentlichungen in Sozialpsychologie, Allgemeiner Psychologie wie auch im Bereich der Didaktik der Psychologie, u. a.: „Das Deutsch-Polnische Konfliktverhältnis seit dem 2. Weltkrieg." Multidisziplinäre Studien über konfliktfördernde und konfliktmindernde Faktoren in den internationalen Beziehungen (zusammen mit C. C. Schweitzer), Boppard/Rhein 1975.

Hoensch, Jörg K., Dr. phil., geb. 1935; o. Professor für Osteuropäische Geschichte an der Universität Saarland in Saarbrücken. Wichtigste Veröffentlichungen: „Der ungarische Revisionismus und die Zerschlagung der Tschechoslowakei", Tübingen 1967; „Soziale Verfassung und Politische Reformen in Polen im vorrevolutionären Zeitalter", Köln-Wien 1973; „Polen: 30 Jahre Volksdemokratie", Hannover 1975; „Die sowjetische Osteuropapolitik (1955—1973)", in: Osteuropahandbuch, Sowjetunion, Außenpolitik 1955—1973, Köln-Wien 1976.

Jacobsen, Hans-Adolf, geb. 1925; o. Univ. Professor, Direktor des Seminars für Politische Wissenschaft an der Universität Bonn. Veröffentlichungen: Zahlreiche Studien und Dokumentationen zur Geschichte des Dritten Reiches und des Zweiten Weltkrieges, u. a. „Mißtrauische Nachbarn. Deutsche Ostpolitik 1919—1970", Düsseldorf 1970; „Wie Polen und Deutsche einander sehen", Düsseldorf 1973; „Sicherheit und Zusammenarbeit in Europa (KSZE)", Bde. I—II. 1973—1978; „Von der Strategie der Gewalt zur Politik der Friedenssicherung", Düsseldorf 1977; „Karl Haushofer. Leben und Werk", 2 Bde. 1979.

Nasarski, Gerlind, Dr. phil., geb. 1944; 1972—1976 wissenschaftliche Assistentin von Professor J. K. Hoensch am Historischen Institut (Abteilung für osteuropäische Geschichte) der Universität Saarland. Ab 1976 tätig als Fernsehjournalistin mit Interessenschwerpunkt: Sozialproblematik.

Schulz, Eberhard, Dr. phil., geb. 1926; stellvertretender Direktor des Forschungsinstituts der Deutschen Gesellschaft für Auswärtige Politik in Bonn. Wichtigste Veröffentlichungen: Paulus Vladimiri und das jagellonische Polen, Göttingen 1951; „Die Oder-Neiße-Gebiete aus polnischer Sicht" in: Henkys R. (Hrsg.), Deutschland und die östlichen Nachbarn, Stuttgart 1966; „An Ulbricht führt kein Weg vorbei", Hamburg 1967; „Moskau und die europäische Integration", München 1975; „Die Ostbeziehungen der Europäischen Gemeinschaft" (Hrsg.), München 1977.

Schweitzer, Carl-Christoph, Dr. Phil., geb. 1924; o. Prof. u. Direktor des Seminars für Politische Wissenschaft an der Pädagogischen Hochschule Rheinland in Bonn, Hon. Prof. für Internationale Politik an der Universität Köln. Wichtigste Veröffentlichungen: „Amerikas chinesisches Dilemma", Opladen 1969; „Die USA und der Vietnam-Konflikt 1944—1967", Opladen 1969; „Chaos und Ordnung — Einführung in die Probleme der Internationalen Politik", Köln 1973; „Krisenherd Nahost" (zusammen mit M. Nimitz), Köln 1973; „Das Deutsch-Polnische Konfliktverhältnis seit dem Zweiten Weltkrieg" (zusammen mit H. Feger), Boppard/Rhein 1975; „Die deutsche Nation von Bismarck bis Honecker", Köln 1976; „Die nationalen Parlamente in der Gemeinschaft — ihr schwindender Einfluß in Bonn und Westminster auf die Europagesetzgebung", Bonn 1978.

Volksrepublik Polen:

Cholewiak, Stanislaw, Dr. rer. pol., geb. 1939; wissenschaftlicher Mitarbeiter am Polnischen Institut für Internationale Fragen in Warschau, 1. Botschafts-Sekretär an der Botschaft der VR Polen in Köln. Veröffentlichungen: Nacjonalizm w programach i działalnosci partii politycznych w RFN (Nationalismus in den Programmen und Tätigkeit der politischen Parteien in der BRD), Warszawa 1977;

Grabska, Wirginia, Dr. rer. pol., geb. 1920; Prof. für Wirtschaftswissenschaften, wissenschaftlicher Mitarbeiter an der Abteilung „Probleme der europäischen Sicherheit" am Polnischen Institut für Internationale Fragen in Warschau. Veröffentlichungen: Ekonomiczna ekspansja Niemiec na Wschod w latach 1870—1939 (Wirtschaftliche Ostexpansion Deutschlands 1870—1939), Wroclaw 1963; Mitverfasser von: Intergracja i współpraca gospodarcza w Europie (Wirtschaftliche Integration und Zusammenarbeit in Europa), Warszawa 1971.

Janicki, Lech, Dr. jur., geb. 1925; Dozent, Stellvertretender Direktor des Westinstituts in Posen und Leiter der Rechtswissenschaftlichen Abteilung am selben Institut. Veröffentlichungen: Ustrój polityczny NRD (Politisches System der DDR) Poznan 1964; Ewolucja ustroju politycznego NRD (Die Entwicklung des politischen Systems der DDR), Wrocław 1974; Partie polityczne w systemie prawnym RFN (Politische Parteien im Rechtssystem der BRD), Poznań 1975.

Kokot, Josef, Dr. jur., geb. 1916 — gest. 1975; Prof. für Politische Wissenschaft, langjähriger Direktor (1966—1975) des Schlesischen Instituts in Oppeln. Veröffentlichungen: Logika Poczdamu (Die Logik von Potsdam), Katowice 1957 (1959 in Englisch); Przemiany gospodarcze na Śląsku 1945—1955 (Die wirtschaftlichen Wandlungen in Schlesien 1949—1955), Opole 1966; Kwestia niemiecka w cwierć wieku po bezwarunkowej kapitulacji . . . (Die Deutsche Frage ein Vierteljahrhundert nach der bedingungslosen Kapitulation des Dritten Reiches), Wrocław 1968; Problemy narodowościowe na Śląsku od X do XX wieku (Nationalitätsprobleme in Schlesien vom 10. bis ins 20. Jahrundert), Opole 1973; Od Poczdamu do Helsinek (Von Potsdam bis Helsinki), Opole 1974.

Krasuski, Jerzy, Dr. rer. pol., geb. 1930; Prof. für Zeitgeschichte, Leiter der Abteilung für Geschichte im Westinstitut in Posen. Veröffentlichungen: Spór o orientację imperializmu niemieckiego w dobie wilhelmińskiej (Streit und die Orientierung des deutschen Imperialismus in der Wilhelminischen Zeit), Poznań 1961; Kulturkampf. Katolicyzm i liberalizm w Niemczech w XIX wieku (Kulturkampf. Katholizismus und Liberalismus in Deutschland im 19. Jahrhundert), Poznań 1963; Z dziejów niemieckiej myśli politycznej XIX i XX wieku (Aus der Geschichte der politischen Ideen im Deutschland des 19. u. 20. Jahrhunderts), Poznań 1965; Polityka czterech mocarstw wobec Niemiec 1945—1949 (Politik der Vier Mächte gegenüber Deutschland 1945—1949), Poznań 1967; Podział Niemiec... (Teilung Deutschlands. Die DDR und die BRD in den Jahren 1949—1955), Poznań 1969; Historia Rzeszy Niemieckiej 1871—1945), Geschichte des Deutschen Reiches 1871—1945), Poznań 1971; Niemiecka Rep. Fed. w NATO i EWG 1955—1970 (Die BRD in der NATO und der EWG 1955—1970), Poznań 1972; Stosunki polsko-niemieckie 1919—1932 (Die deutsch-polnischen Beziehungen von 1919—1932), Poznań 1975; W poszukiwaniu sensu dziejów (Auf der Suche nach dem Sinn der Geschichte), Poznań 1976.

Lippóczy, Piotr, Wissenschaftlicher Mitarbeiter am Forschungsinstitut für Sozialistische Länder der Polnischen Akademie der Wissenschaften. Veröffentlichungen: zusammen mit J. Sułek: Spadkobiercy swastyki-NPD (Die Erben des Haken-Kreuzes — die NPD), Warszawa 1969; Ziemie zachodnie i północne Polski. (West- und Nordterritorien Polens in der Vergangenheit und der Gegenwart), Warszawa 1970; Przesiedlenie Niemców z Polski... (Umsiedlung der Deutschen aus Polen nach dem Zweiten Weltkrieg im Lichte der Dokumente) Warszawa 1977.

Markiewicz, Władysław, Dr. rer. pol., geb. 1920; Prof. für Sozialwissenschaften, Ordinarius am Institut für Sozialwissenschaften an der Universität Warschau, Mitglied der Polnischen Akademie der Wiessenschaften und Leiter der polnischen Expertengruppe bei der deutsch-polnischen Schulbuchkommission. Veröffentlichungen: Przeobrażenia świadomości narodowej reemigrantów polskich z Francji (Wandlungen im Nationalbewußtsein der polnischen Rückwanderer aus Frankreich), Poznań 1960; Społeczne procesy uprzemysłowienia (Soziale Aspekte der Industrialisierung), Poznań 1962; Społeczeństwo i socjologia w RFN (Gesellschaft und Sozialwissenschaft in der BRD), Poznań 1966; Socjologia a służba społeczna (Sozialwissenschaft und der soziale Dienst), Poznań 1972.

Nowak, Zdzislaw, Dr. rer. pol., geb. 1923; Dozent und Leiter der Wirtschaftsabteilung am Westinstitut in Posen. Veröffentlichungen: Zarys czynników rozwoju gospodarczego RFN (Grundriß der Entwicklungsfaktoren der Wirtschaft der BRD), Poznań 1960; Koncepcja integracji Europy Zachodniej (Entwurf zur Integration Westeuropas), Poznań 1965; Procesy dezintegracji i integracji ekonomicznej (Integrations- und Auflösungsprozesse in der kapitalistischen Wirtschaft der Gegenwart), Poznań 1972.

Orzechowski, Marian, Dr. jur., Prof. für Politische Wissenschaft an der Universität Wrocław. Veröffentlichungen: Narodowa Demokracja na Górnym Śląsku (Die Nationaldemokratische Partei in Ober Schlesien vor 1918), Wrocław 1965

Odra-Nysa Łużycka-Bałtyk... Die Oder, die Lausitzer Neiße und die Ostsee im polnischen politischen Denken während des Zweiten Weltkrieges), Wrocław 1969; zusammen mit R. Heck: Historia Czechoslowacji (Geschichte der Tschechoslowakei), Wrocław 1970; W. Korfanty... (W. Korfanty. Eine politische Biographie), Wrocław 1975; Rewolucja-socjalizmtradycja (im Druck), Warszawa 1978.

Ryszka, Franciszek, Dr. jur., geb. 1924; Prof. für Politische Wissenschaft am Institut für Geschichte der Polnischen Akademie der Wissenschaften und am Institut für Politische Wissenschaft der Universität Breslau. Veröffentlichungen: Państwo stanu wyjątkowego (Der Staat des Ausnahmezustandes) 1964; Historia doktryn politycznych i prawnych (Geschichte der Doktrinen in Politik und Recht im 19. und 20. Jahrundert), 1969; Polityka i wojna (Politik und Krieg), 1975; Wstęp do nauki o polityce (Einführung in die Politische Wissenschaft 1970 und 1977[2].

Szyrocki, Marian, Dr. phil., geb. 1928; Prof. für Germanistik; Direktor des Germanistischen Seminars an der Universität Breslau. Veröffentlichungen: Martin Opitz, 1. Auflage Berlin (Ost) 1956, 2. Auflage München 1974; Der junge Gryphius, Berlin (Ost) 1959; Historia literatury niemieckiej (Geschichte der deutschen Literatur), Wrocław 1963; Die deutsche Literatur des Barocks, Reinbek 1968; Dzieje literatury niemieckiej (Geschichte der deutschen Literatur), Warszawa 1969 und 1972, 2 Bde.

Suchocki, Mieczysław, Dr. phil., geb. 1908 — gest. 1976; von 1945 bis zu seinem Tode wissenschaftlicher Mitarbeiter am Westinstitut in Posen, zunächst als Direktor der Publikationen später als Leiter der Abteilung für Kulturgeschichte. Veröffentlichungen: Problematyka kultury wielkopolskiej (Problematik der Kultur Großpolens), Poznań 1939; zusammen mit J. Koraszewski: Rola twórczości Mickiewicza w rozbudzeniu i utrzymaniu polskości na Śląsku (Rolle des Werkes von A. Mickiewicz bei der Wiederbelebung und Erhaltung des polnischen Nationalgefühls in Schlesien), Poznań 1957.

Sułek, Jerzy, Dr. rer. pol., geb. 1939; Dozent, Stellvertretender Direktor des Polnischen Instituts für Internationale Fragen in Warschau. Veröffentlichungen: Stanowisko Rządu NRF wobec granicy na Odrze i Nysie Luzykiej 1949—1966 (Haltung der Regierung der BRD der Oder-Neiße-Grenze gegenüber 1949—1966), Poznań 1969, zusammen mit P. Lippóczy: NPD — Spadkobiercy swastyki (Erben des Hakenkreuzes — die NPD), Warszawa 1969; zusammen mit M. Tomala: Polska — NRD. Materiały i dokumenty (Polen — DDR. Materialien und Dokumente), Warszawa 1969; Polityka wschodnia rządu „Wielkiej Koalicji" 1966—1969 (Ostpolitik der Großen Koalition 1966—1969), Warszawa 1972; Geneza Rep. Fed. Niemiec — studium politologiczne (Entstehung der BRD — eine politikwissenschaftliche Studie), Poznań 1977.

Trzeciakowski, Lech, Dr. rer. pol., geb. 1931; Prof. für Geschichte an der Universität Posen; Direktor des Westinstituts in Posen (1973—1978). Veröffentlichungen: Polityka polskich klas posiadajacych w erze Capriviego 1890—1899 (Politik der polnischen Grundbesitzer in der Caprivi-Ära 1890—1894), 1960; Walka o polskość miast Poznańskiego na przełomie XIX i XX wieku (Kampf um den polnischen Charakter der Städte in der Posener Provinz auf der Schwelle des 19. und 20. Jahrhunderts), 1964; Kulturkampf w zaborze pruskim (Kulturkampf im preußischen Teilgebiet Polens), 1970; Pod pruskim zaborem (Unter preußischer Herrschaft), Warszawa 1973; Mitverfasser der großen Synthese: Dzieje Polski (Geschichte Polens), 1975.

Personenregister